Handbuch Nachkriegskultur

De Gruyter Handbook

Handbuch Nachkriegskultur

Literatur, Sachbuch und Film in Deutschland
(1945–1962)

Herausgegeben von
Elena Agazzi und Erhard Schütz

DE GRUYTER

Dieser Band ist text- und seitenidentisch mit der 2013 erschienenen gebundenen Ausgabe.

ISBN 978-3-11-046200-5

Library of Congress Cataloging-in-Publication Data
A CIP catalog record for this book has been applied for at the Library of Congress.

Bibliografische Information der Deutschen Nationalbibliothek
Die Deutsche Nationalbibliothek verzeichnet diese Publikation in der Deutschen Nationalbibliografie; detaillierte bibliografische Daten sind im Internet über http://dnb.dnb.de abrufbar.

© 2016 Walter de Gruyter GmbH, Berlin/Boston
Einbandabbildung: Tony Vaccaro/akg-images
Druck: CPI books GmbH, Leck
♾ Gedruckt auf säurefreiem Papier
Printed in Germany

www.degruyter.com

Inhalt

Vorbemerkung – *Elena Agazzi* —— XIII

Nach dem Entkommen, vor dem Ankommen
Eine Einführung – *Erhard Schütz* —— 1

    I.   Vorab —— 1

    II. Deutschland heute – damals —— 6

    III. Deutschland in Europa —— 26

    IV. Die Rolle der Medien —— 56

    V. Konzepte und Ideengeber —— 88

    VI. Alltagsverhältnisse —— 111

    VII. Konfigurationen des Übergangs —— 135

(1) Krieg und Zivilisationsbruch
Einleitung – *Raul Calzoni* —— 141

    Theodor Plievier: Stalingrad (1945) – *Cecilia Morelli* —— 153

    Gerhard Lamprecht: Irgendwo in Berlin (1946) – *Manuel Köppen* —— 156

    Gerhard Boldt: Die letzten Tage der Reichskanzlei (1947) – *David Oels* —— 159

    Hans Erich Nossack: Der Untergang (1948) – *Raul Calzoni* —— 162

    Ilse Aichinger: Die größere Hoffnung (1948) – *Elena Agazzi* —— 166

    Jakob Littner: Aufzeichnungen aus einem Erdloch (1948) – *Jörg Döring* —— 169

    Peter Bamm: Die unsichtbare Flagge (1952) – *Erhard Schütz* —— 173

    Alfred Andersch: Die Kirschen der Freiheit (1952) – *Andrea Rota* —— 176

    Paul Celan: Mohn und Gedächtnis (1952) – *Raul Calzoni* —— 178

    Hans Hellmut Kirst: Null-Acht Fünfzehn (Roman-Trilogie, 1954/1955) – *Erhard Schütz* —— 182

    Gert Ledig: Vergeltung (1956) – *Henning Wrage* —— 185

Bernhard Wicki: Die Brücke (1959) – *Matteo Galli* —— **189**

Günter Reisch, Hans-Joachim Kasprzik: Gewissen in Aufruhr (Fernseh-Fünfteiler, 1961) – *Henning Wrage* —— **192**

(2) Gefangenschaft und Heimkehr
Einleitung – *Erhard Schütz* —— **197**

Wolfgang Borchert: Draußen vor der Tür (1947) – *Raul Calzoni* —— **210**

Harald Braun: Zwischen gestern und morgen (1947) – *Manuel Köppen* —— **213**

Joseph von Baky: ... und über uns der Himmel (1948) – *Wolfgang Kabatek* —— **218**

Günter Eich: Abgelegene Gehöfte (1948) – *Eva Banchelli* —— **222**

Walter Kolbenhoff: Heimkehr in die Fremde (1949) – *Eva Banchelli* —— **224**

Alfred Döblin: Schicksalsreise (1949) – *Raul Calzoni* —— **226**

Hans Werner Richter: Sie fielen aus Gottes Hand (1951) – *Jochen Vogt* —— **229**

Helmut Gollwitzer: ... und führen, wohin du nicht willst (1951) – *Erhard Schütz* —— **230**

George Forestier: Ich schreibe mein Herz in den Staub der Straße (1952) – *David Oels* —— **234**

Josef Martin Bauer: So weit die Füße tragen (1955) – *Henning Wrage* —— **237**

(3) Flucht und Vertreibung
Einleitung – *Kirsten Möller und Alexandra Tacke* —— **243**

Jürgen Thorwald: Es begann an der Weichsel, Das Ende an der Elbe (1949/50) – *David Oels* —— **253**

Edwin Erich Dwinger: Wenn die Dämme brechen ... (1950) – *Walter Delabar* —— **255**

Arno Schmidt: Die Umsiedler (1953) – *Cecilia Morelli* —— **257**

Siegfried Lenz: So zärtlich war Suleyken (1955) – *Michael Kleeberg* —— **259**

Wolfgang Liebeneiner: Waldwinter (1956) – *Wolfgang Kabatek* —— **263**

Frank Wisbar: Nacht fiel über Gotenhafen (1960) – *Geesa Tuch* —— **267**

Heiner Müller: Die Umsiedlerin oder Das Leben auf dem Lande (1961) – *Kristin Schulz* —— **270**

Franz Fühmann: Böhmen am Meer (1962) – *Andrea Rota* —— **275**

Marion Gräfin Dönhoff: Namen, die keiner mehr nennt (1962) –
Cecilia Morelli —— **278**

(4) Die Schuldfrage
Einleitung – *Elena Agazzi* —— **281**

Ernst Wiechert: Der Totenwald (1946) – *Carola Schiefke* —— **291**

Eugen Kogon: Der SS-Staat (1946) – *Meike Herrmann* —— **294**

Wolfgang Staudte: Die Mörder sind unter uns (1946) – *Wolfgang Kabatek* —— **296**

Karl Jaspers: Die Schuldfrage (1946) – *Elena Agazzi* —— **300**

Victor Klemperer: LTI (1947) – *Andrea Rota* —— **304**

Ernst von Salomon: Der Fragebogen (1951) – *David Oels* —— **307**

Helmut Käutner: Des Teufels General (1955) – *Anna Sophie Koch* —— **311**

Bruno Apitz: Nackt unter Wölfen (1958) – *Cecilia Morelli* —— **315**

Heiner Carow: Sie nannten ihn Amigo (1959) – *Matteo Galli* —— **318**

Max Frisch: Andorra (1961) – *Marco Castellari* —— **321**

(5) Seelenheil und Religion
Einleitung – *Carola Schiefke* —— **325**

Hermann Hesse: Das Glasperlenspiel (1943/46) – *René Perfölz* —— **341**

Elisabeth Langgässer: Das unauslöschliche Siegel (1946) – *Carsten Dutt* —— **345**

Thomas Mann: Doktor Faustus (1947) – *Jochen Vogt* —— **349**

Harald Braun: Nachtwache (1949) – *Carola Schiefke* —— **353**

Stefan Andres: Die Sintflut (Roman-Trilogie, 1949/51/59) – *Michael Braun* —— **357**

Albrecht Goes: Das Brandopfer (1954) – *Massimo Salgaro* —— **361**

Klemens Brockmöller, S. J.: Christentum am Morgen des Atomzeitalters (1954) –
Nicolai Hannig —— **364**

Werner Keller: Und die Bibel hat doch recht (1955) – *David Oels* —— **369**

Martin Hellberg: Thomas Müntzer – Ein Film deutscher Geschichte (1956) – *Jay Julian Rosellini* —— 372

Uwe Johnson: Ingrid Babendererde. Reifeprüfung 1953 (1956/85) – *Fabrizio Cambi* —— 377

(6) Technische Zeit
Einleitung – Erhard Schütz —— 381

Hermann Kasack: Die Stadt hinter dem Strom (1947) – *Elena Agazzi* —— 395

Ernst Jünger: Heliopolis (1949) – *Patrick Ramponi* —— 397

Weltall Erde Mensch (1954) – *Henning Wrage* —— 402

Bertolt Brecht: Leben des Galilei (3. Fassung, 1955) – *Marco Castellari* —— 404

Heinrich Schirmbeck: Ärgert dich dein rechtes Auge (1957) – *Erhard Schütz* —— 407

Arnold Gehlen: Die Seele im technischen Zeitalter (1957) – *Patrick Ramponi* —— 410

Gotthard Günther: Das Bewußtsein der Maschinen (1957) – *Engelbert Kronthaler* —— 416

Heinrich Hauser: Gigant Hirn (1958) – *Andy Hahnemann* —— 422

Erich Engels: Natürlich die Autofahrer (1959) – *Erhard Schütz* —— 427

Kurt Maetzig: Der schweigende Stern (1960) – *Elena Meilicke* —— 429

(7) Die atomare Situation
Einleitung – Andy Hahnemann —— 433

Karl Aloys Schenzinger: Atom (1950) – *Tim Sparenberg* —— 441

Robert Jungk: Die Zukunft hat schon begonnen (1952) – *Till Greite* —— 444

Günther Anders: Die Antiquiertheit des Menschen (Bd. I, 1956) – *Uwe C. Steiner* —— 448

Hans Hellmut Kirst: Keiner kommt davon (1957) – *Andy Hahnemann* —— 452

Karl Jaspers: Die Atombombe und die Zukunft des Menschen (1958) – *Saskia Wiedner* —— 455

Konrad Wolf: Sonnensucher (1959/72) – *Marc Silberman* —— **458**

Friedrich Dürrenmatt: Die Physiker (1962) – *Malte Lohmann* —— **462**

(8) Kritik der Medienkultur
Einleitung – Andrea Rota —— **467**

Max Horkheimer, Theodor W. Adorno: Dialektik der Aufklärung (1947) – *Uwe C. Steiner* —— **477**

Max Picard: Die Welt des Schweigens (1948) – *Till Greite* —— **480**

Rudolf Jugert: Film ohne Titel (1948) – *Manuel Köppen* —— **484**

Karl Korn: Die Kulturfabrik (1953) – *Erhard Schütz* —— **488**

Heinrich Böll: Doktor Murkes gesammeltes Schweigen (1955) – *Andrea Rota* —— **492**

Martin Walser: Ehen in Phillipsburg (1957) – *Elena Agazzi* —— **494**

Hans Magnus Enzensberger: verteidigung der wölfe (1957) – *Patrick Ramponi* —— **497**

Hans Werner Richter: Linus Fleck oder Der Verlust der Würde (1959) – *Erhard Schütz* —— **501**

Exkurs: Fernsehkulturen der fünfziger Jahre – *Henning Wrage* —— **504**

(9) Kulturimport
Einleitung – David Oels —— **509**

Michail Aleksandrovič Šolochov: Neuland unterm Pflug (Teil 1, 1946, EA 1932) – *Hannes Bajohr* —— **524**

Jean-Paul Sartre: Die Fliegen (1947, EA 1943) – *Eva Banchelli* —— **526**

James Burnham: Das Regime der Manager (1948/EA 1941) – *Stephen Brockmann* —— **528**

Ernest Hemingway: Wem die Stunde schlägt (1948/EA 1940) – *Michael Kleeberg* —— **532**

Curzio Malaparte: Die Haut (1950/EA 1949) – *Luca Bani* —— **536**

Nicholas Ray: Denn sie wissen nicht, was sie tun (1956/UA 1955) – *Christian Jäger* —— **540**

David Riesman: Die einsame Masse (1956/EA 1950) – *Erhard Schütz* —— **542**

Michail Kalatozov: Die Kraniche ziehen (1958/UA 1957) – *Matteo Galli* —— **546**

Vance Packard: Die geheimen Verführer (1958/EA 1957) – *Andy Hahnemann* —— **550**

(10) Nonkonformismus und Experiment

Einleitung – *Eva Banchelli* —— **553**

Ernst Kreuder: Die Gesellschaft vom Dachboden (1946) – *Stephan Rauer* —— **562**

Ernst Jünger: Der Waldgang (1951) – *Erhard Schütz* —— **564**

Günter Eich: Träume (1951) – *Manuela Gerlof* —— **567**

Theodor W. Adorno: Minima Moralia (1951) – *Patrick Ramponi* —— **570**

Arno Schmidt: Aus dem Leben eines Fauns (1953) – *Cecilia Morelli* —— **574**

Wolfgang Koeppen: Das Treibhaus (1953) – *Erhard Schütz* —— **575**

Helmut Heißenbüttel: Kombinationen: Gedichte 1951–1954 (1954); Topographien. Gedichte 1954/55 (1956) – *Raul Calzoni* —— **578**

Alfred Andersch (Hg.): Texte und Zeichen (1955–1957) – *Erhard Schütz* —— **581**

Walter Höllerer (Hg.): Transit. Lyrikbuch der Jahrhundertmitte (1956) – *Erhard Schütz* —— **584**

Ingeborg Bachmann: Der gute Gott von Manhattan (1958) – *Andrea Rota* —— **588**

Günter Grass: Die Blechtrommel (1959) – *Eva Banchelli* —— **590**

Uwe Johnson: Mutmaßungen über Jakob (1959) – *Viviana Chilese* —— **593**

(11) Wünsche des Alltags

Einleitung – *Cecilia Morelli* —— **597**

C. W. Ceram: Götter, Gräber und Gelehrte (1949); Rudolf Pörtner: Mit dem Fahrstuhl in die Römerzeit (1959) – *David Oels* —— **607**

Gottfried Benn: Späte Lyrik (1951–1955) – *Thomas Wegmann* —— **611**

Wolfgang Hildesheimer: Lieblose Legenden (1952) – *Andy Hahnemann* —— **614**

Heinrich Harrer: Sieben Jahre in Tibet (1952) – *Björn Weyand* —— **618**

Gerd Gaiser: Schlußball (1958) – *Erhard Schütz* —— **620**

Rolf Thiele: Das Mädchen Rosemarie (1958) – *Daniele Vecchiato* —— **624**

Kurt Hoffmann: Wir Wunderkinder (1958) – *Anna Sophie Koch* —— **627**

Géza von Cziffra: So ein Millionär hat's schwer (1958) – *Cecilia Morelli* —— **632**

Wolfgang Staudte: Rosen für den Staatsanwalt (1959) – *Manuel Köppen* —— **634**

Heinrich Böll: Billard um halbzehn (1959) – *Raul Calzoni* —— **637**

(12) Neue Jugend

Einleitung – Henning Wrage —— **641**

Das „Steckenpferd" und die Jugendzeitschriften der fünfziger Jahre – *Evan Torner* —— **652**

Dieter Meichsner: Die Studenten von Berlin (1954) – *Jörg Döring* —— **655**

Hans Baumanns „Steppensöhne" (1954) und die westdeutsche Kinder- und Jugendliteratur der fünfziger Jahre – *Rüdiger Steinlein* —— **659**

Benno Pludra: Sheriff Teddy (1956) – *Henning Wrage* —— **663**

Georg Tressler: Die Halbstarken (1956) – *Manuel Köppen* —— **666**

Gerhard Klein: Berlin – Ecke Schönhauser (1957) – *Henning Wrage* —— **669**

Helmut Schelsky: Die skeptische Generation (1957) – *Manuel Köppen* —— **672**

Hans Heinrich Muchow: Sexualreife und Sozialstruktur der Jugend (1959) – *Erhard Schütz* —— **678**

Anhang

Chronologisches Verzeichnis der besprochenen Literatur und Filme —— **681**

Autoren und Herausgeber —— **686**

Personenregister —— **690**

Vorbemerkung

Das vorliegende Handbuch bietet ein Kompendium zur Selbstdarstellung und Selbstreflexion der deutschen Nachkriegszeit in fiktionaler Literatur, Sachbuch und Film. Sein Aufbau erscheint zunächst recht einfach, ja schematisch: Einem längeren Problemaufriss (Erhard Schütz) zu den allgemeinen Rahmenbedingungen der Zeit zwischen 1945 und 1962 folgen zwölf thematische Module, die ihrerseits aus einem einleitenden Aufsatz bestehen, dem jeweils etwa sieben bis dreizehn Einzeldarstellungen von für das Thema signifikanten Werken folgen. Angestrebt ist keine weitere Kulturgeschichte der deutschen Nachkriegszeit – obgleich eine wirklich gesamtdeutsche Kulturgeschichte[1] noch immer fehlt, in der der Anteil der DDR auf ebenso intensiven und breiten Forschungen beruhte wie die zur Bundesrepublik und sie nicht etwa, wie im fünften Band von Hans-Ulrich Wehlers *Deutscher Gesellschaftsgeschichte* (2008), abgekanzelt am Katzentisch sitzen muss.

Dieses Buch soll keine bloße Literaturgeschichte sein.[2] In der Zusammenschau von fiktionaler Literatur, Sachbuch und Film soll vielmehr rekonstruiert werden, wie die Zeit sich selbst sah, welche Themen sie – auf welche Weise und in welchen Formen – behandelte. Diese Rekonstruktion anhand einzelner, durch Intensität der Diskussion, Reflexion und Rezeption oder durch breite Wahrnehmung und Publikumserfolg symptomatisch erscheinender Werke ist, durchaus intendiert, zugleich auch eine Revision – eine mehrfache: gegenüber den negativen Pauschalurteilen, die nachfolgende Generationen fällten, ebenso wie gegenüber den positiven, z. T. geradezu nostalgischen Legendenbildungen. Vorgenommen wird eine Revision zuvor verbreiteter gesinnungssicherer Gewissheiten über eine westliche Epoche angeblich düsterer Restauration materialistischer Gewissensbetäubung und durch den Kalten Krieg lizenzierter Zukunftsverdrängung, in

---

[1] Anzuknüpfen wäre hier an den immer noch bemerkenswerten Versuch von Hermann Glaser. Vgl. Glaser, Hermann: *Deutsche Kultur. Ein historischer Überblick von 1945 bis zur Gegenwart*. 2. erw. Aufl. Bonn 2000. Dazu die sehr populär, z. B. ohne Quellenangaben gehaltene Fassung. Vgl. ders.: *Kleine deutsche Kulturgeschichte von 1945 bis heute*. Frankfurt am Main 2004. Im Untertitel lediglich als *Kulturgeschichte der Bundesrepublik* bezeichnet, stellt sich die ansonsten durchaus verdienstvolle Darstellung heraus: Schildt, Axel; Siegfried, Detlef: *Deutsche Kulturgeschichte. Die Bundesrepublik von 1945 bis zur Gegenwart*. München 2009.

[2] Aus naheliegenden Gründen sind die beiden in der DDR verlegten Bände zur Literatur der DDR und zur Bundesrepublik allenfalls wegen ihres Materialreichtums brauchbar. Vgl. Haase, Horst; Geerdts, Hans Jürgen; Kühne, Erich; Pallus, Walter (Leitung Autorenkollektiv): *Geschichte der Literatur der Deutschen Demokratischen Republik*. Berlin 1976; Bernhard, Hans-Joachim (Leiter Autorenkollektiv): *Geschichte der Literatur der Bundesrepublik Deutschland*. Berlin 1983. Unverzichtbar hingegen Barner, Wilfried (Hg.): *Geschichte der deutschen Literatur von 1945 bis zur Gegenwart*. München 1994.

der das Ideal einer humanistischen Kultur und Kunst für alle – unausgesprochen der DDR gutgeschrieben – zerrieben wurde zwischen linksintellektuellem Snobismus, politisch-moralischer Selbstgefälligkeit des konservativen Restbürgertums und vor allem einer amerikanisierenden (Un-)Kultur der massenmedialen Unterhaltung. Die obsolete Natur solch schematischer Konstruktion setzt allerdings umgekehrt nicht automatisch die allfälligen Erfolgserzählungen einer heroisch gegen die dumpfbürgerlichen oder borniert intellektuellen Vorurteile obsiegenden populären Massenkultur an deren Stelle.[3]

Zu revidieren ist zudem aber auch eine auffällige Gleichgültigkeit gegenüber den kulturellen Spezifika und Leistungen der DDR generell wie insbesondere gegenüber deren immanenten Differenzierungen und Qualitätsunterschieden. Hier besteht ein mindestens zweifaches Handicap: zum einen – wie im nachfolgenden ausführlichen Problemaufriss noch erläutert werden wird – in den wirtschaftlichen, politischen und speziell auch kulturpolitischen Restriktionen, denen die kulturelle Produktion und Teilhabe unterlag, zum anderen in dem bis heute anhaltenden Ungleichgewicht der einschlägigen Forschungen zur DDR gegenüber denen zur Bundesrepublik.

So sehr sich unser Handbuch um angemessene Repräsentanz bemüht, so wenig geht es jedoch aufgrund seiner Befunde davon aus, dass die Kultur der beiden deutschen Staaten damals kaum Gemeinsames gehabt habe, wie davon, beider Entwicklungen müssten nun in nachträglicher Kompensation gleich gewichtet werden. Nicht nur aus der Perspektive einer Geschichtsschreibung der Sieger, sondern auch aus der von Besiegten waren – abgesehen von einer kurzen Phase unmittelbar nach Kapitulation und Kriegsende – beide nie gleichauf.

Mit der Fokussierung auf fiktionale Literatur, Sachbuch und Film haben wir überdies deutungsintensive Sektoren der kulturellen Produktion zusammengeführt, die entweder – wie Literatur und Film – meist separat verhandelt werden, oder – wie das Sachbuch – ignoriert zu werden pflegen, wiewohl gerade das Sachbuch damals ein besonders intensives wie weit verbreitetes Medium der zeitgenössischen Selbstverständigung darstellte.

Die Integration aller drei Medien in aufeinander bezogenen Modulen – deren apostolische Zwölfzahl nicht zwingend letzter Weisheit Schluss, sondern am Ende auch eine pragmatische Entscheidung zur Handhabbarkeit war[4] – erfasst

---

3 Vgl. besonders pointiert Hecken, Thomas: *Das Versagen der Intellektuellen. Eine Verteidigung des Konsums gegen seine deutschen Verächter*. Bielefeld 2010, zudem Faulstich, Werner (Hg.): *Die Kultur der 50er Jahre*. München 2002.
4 Indes wurden z.B. bewusst Themen wie ‚Geschlechterverhältnisse' oder das weite Feld ‚deutsche Einheit/deutsche Teilung' nicht eigens Module gewidmet, weil sie alle anderen grundlegend durchziehen.

deren je spezifische und gemeinsame Beiträge zur Konturierung der jeweiligen Themen. In der integrativen Zusammenstellung von im Westen und im Osten produzierten Werken aus den Bereichen fiktionale Literatur, Sachbuch und Film lassen sich beide Systeme übergreifende Problemwahrnehmungen ebenso wie systemspezifische Bearbeitungs- und Lösungsformen erkennen und für weitere, tiefergehende Forschungen hoffentlich nützlich machen.

Dieses Handbuch geht auf eine mehrjährige intensive Zusammenarbeit von Literaturwissenschaftlerinnen und Literaturwissenschaftlern der *Universität Bergamo* und der *Humboldt-Universität zu Berlin* zurück. Die ursprünglich entwickelte Vorstellung, es ließe sich ein komparatives Forschungsvorhaben zur deutschen und italienischen Nachkriegszeit realisieren, mussten wir zwar angesichts der damit verbundenen organisatorischen Überforderungen schnell aufgeben; aber für das nun vorliegende Handbuch hat sich die deutsch-italienische Kooperation allein schon durch die unterschiedlichen Perspektiven als äußerst fruchtbar erwiesen.

Das Vorhaben wurde in den Jahren 2008 und 2009 vom *Deutschen Akademischen Austauschdienst* (DAAD) und vom *Ateneo Italo-Tedesco* in Trient im Rahmen der *Vigoni-Projekte* gefördert und darüber hinaus von der *Deutschen Forschungsgemeinschaft* (DFG), der Villa Vigoni und den jeweiligen Instituten für deutsche Literatur unterstützt. Den genannten Institutionen sei an dieser Stelle ebenso herzlich gedankt wie den zahlreichen Autorinnen und Autoren, die am Entstehen des Bandes mitgewirkt haben.

Bergamo, im November 2012   *Elena Agazzi*

Nach dem Entkommen, vor dem Ankommen

Eine Einführung[1]
Von Erhard Schütz

I Vorab

Nachkriegskultur – der Begriff wird so selbstverständlich gebraucht und erscheint so selbstverständlich, dass schon die derart *apostrophierte* Zeit selbst den Begriff umstandslos auf sich anwendete.[2] Er erscheint ja auch auf den ersten Blick selbstevident: eben jene Kultur bezeichnend, die nach einem Krieg entstanden ist – freilich hier nach *dem* Krieg, nämlich nach dem Zweiten Weltkrieg, dem Krieg des deutschen Kulturbruchs. Allein aber das schon macht ihn wiederum unselbstverständlich: Wie kann oder wie müsste eine Kultur aussehen, um unter diesen Vorbedingungen überhaupt emphatisch als Kultur bezeichnet werden zu können? Eben solche Selbstbefragung gehört nicht durchweg, aber von Fall zu Fall zur Nachkriegskultur selbst. Wenn man einen der grundlegend kritischen Texte, Theodor W. Adornos *Auferstehung der Kultur* von 1950, heranzieht und sein misstrauisches Diktum darin über die Gegenwartsliteratur nach 1945 – sie „erinnert zuweilen an einen mit purpurrotem und gold-grünem Laub reich und sorgsam zugeschütteten Kommißstiefel"[3] – auf die gesamte Kultur erweitert, von der Adorno ohnehin gewiss war, dass sie „im traditionellen Sinn tot ist" und im Nachkriegsdeutschland „etwas von dem gefährlichen und zweideutigen Trost der Geborgenheit im Provinziellen" biete,[4] dann wird darin deutlich, dass diese Kultur auch für sich selbst eine war, die nachhaltig vom Krieg und seinem Aus-

---

1 Den Beiträgerinnen und Beiträgern dieses Bandes danke ich für ihre Geduld. Für ihre Vorablektüren und guten Ratschläge habe ich Prof. Dr. Roland Berbig, Prof. Dr. Stephen Brockmann und Prof. Dr. Peter Uwe Hohendahl sehr zu danken. Wenn das Vorliegende nun doch nicht ihren Erwartungen entsprechen sollte, liegt das allein an mir. Sehr zu danken habe ich weiterhin ganz herzlich Dr. Rainer Rutz für sein Lektorat, vor allem aber Dr. Brigitte Peters von der *Zeitschrift für Germanistik*, ohne deren ständigen Ansporn und beherzte Unterstützung ich das ganze Vorhaben wohl eher drangegeben hätte. Nicht zuletzt danke ich auch meiner Frau, Ellen Lissek-Schütz, dass sie den Zeitdiebstahl fast ebenso klaglos hingenommen hat wie die allfälligen Bücherbarrikaden.
2 Vgl. z. B. Vietta, Egon: Deutsche Nachkriegskultur in den USA. In: *Die Zeit*, 13/1951 (29. 3. 1951).
3 Adorno, Theodor W.: Auferstehung der Kultur in Deutschland (1950). In: Ders.: *Kritik. Kleine Schriften zur Gesellschaft*. Frankfurt am Main 1971, S. 20–33, hier S. 27.
4 Ebd., S. 23

gang geprägt war, sei es in programmatisch radikaler Abwendung, subkutanem Fortwirken oder erneuerter Militarisierung. Was Eckart Conze für die Politikgeschichte der Bundesrepublik als Narrativ ausgemacht hat, nämlich „Suche nach Sicherheit"[5], das kann man getrost auf die Kultur der Nachkriegszeit übertragen – und nicht nur für den Westen, sondern auch für den Osten Deutschlands. Geprägt war diese Kultur durch staatliche, institutionelle wie private, materielle wie geistige Sicherungen und Versicherungen. Selbst die künstlerischen Avantgardismen waren ja eher Rückversicherungen im Avantgardistischen der klassischen Moderne oder der internationalen Standards denn Durchbrechungen kultureller Sicherheiten. Beginnt für diese Nachkriegskultur ihre Zeit spätestens mit dem Mai 1948, so fragt sich freilich, wo sie denn endet. Es sind zwei zusammenhängende politische Daten, die aber auch zu kulturellen Zäsuren wurden: zum einen der Bau der Berliner Mauer im August 1961 und die Eskalation der Ost-West-Konfrontation in der Kuba-Krise. Hier beginnt nicht nur die Kultur sich zwischen dem Osten und Westen Deutschlands zu spalten, hier hat auch der Krieg einen neuen Status darin. Je nach Sichtweise: als abgewendeter oder immer noch drohender Dritter Weltkrieg. Derart wurde die Nachkriegszeit abgelöst durch ein Amalgam aus Vorkriegs-, Zwischenkriegs- und kriegsfreier Zeit – Freizeit vom Krieg. Das mag nicht ohne Illusionen gewesen sein, aber – so Wilfried Barner – auch „Epochenillusionen sind geschichtliche ‚Tatsachen', die Handeln bestimmen, ja mitunter überhaupt erst ermöglichen".[6] In diesem Sinne soll hier die Nachkriegskultur der Jahre 1945 bis 1962 als Epoche verstanden sein, zugleich aber auch als Zeitraum einer exemplarischen Mentalität.

Seit geraumer Zeit wird die Zeit nach 1945 – insbesondere für die Bundesrepublik – anders bewertet. Nicht mehr von Restauration, Muff, Enge und Verstocktheit ist die Rede, sondern von Liberalisierung, Modernisierung, Westernisierung, Normalisierung oder Rezivilisierung. Aus der patriarchal-autoritären „Adenauerzeit" wurde *Die geglückte Demokratie*. So der programmatische Titel von Edgar Wolfrums *Geschichte der Bundesrepublik Deutschland von ihren Anfängen bis zur Gegenwart*.[7] Es war, nach Konrad Jarausch, eine Geschichte der *Umkehr* zur Demokratie und Zivilität, entschieden mehr denn eine der autoritär gebremsten Demokratie, Liberalisierung und Sozialisierung. Wobei freilich dann

---

[5] Conze, Eckart: Sicherheit als Kultur. In: *Vierteljahreshefte für Zeitgeschichte*, 53 (2005), S. 357–380, hier S. 361. Vgl. auch ebd., S. 380.
[6] Barner, Wilfried: Zum Problem der Epochenillusion. In: *Epochenschwelle und Epochenbewußtsein*. Hg. von Reinhart Herzog und Reinhart Koselleck. München 1987 (= Poetik und Hermeneutik, Bd. XII), S. 517–529, hier S. 522.
[7] Wolfrum, Edgar: *Die geglückte Demokratie. Geschichte der Bundesrepublik Deutschland von ihren Anfängen bis zur Gegenwart*. Stuttgart 2006.

doch nach der „relativen Stabilisierung in der Adenauerzeit" die eigentliche Wandlungsdynamik den sechziger Jahren zugesprochen wurde.[8]

Hans Magnus Enzensberger, seinerzeit einer der vehementesten Kritiker der sogenannten Adenauerzeit, hat den emphatischen Verweisen auf Comics, Jeans, Hollywood-Filme, Amerikahäuser, SB-Läden und Ratenzahlungen als praktische Auflösung von Aggressivität und Autoritarismus seine eigenen – und nicht nur seine – Erinnerungen polemisch entgegengesetzt, die Erinnerungen nämlich daran, dass etwa der männliche Haushaltsvorstand nahezu uneingeschränkt über Frau und Kinder gebieten konnte:

> Unbekleidete Damen waren nur im Museum zu besichtigen, andernfalls kam der Staatsanwalt. Für unverheiratete Paare galt der Kuppelei-Paragraf. Kondome gab es nur für Volljährige und nur in der Apotheke, Homosexualität wurde mit gesellschaftlicher Ächtung, Abtreibung mit Gefängnis bestraft. Polizisten trugen Tschako und führten sich wie zu Kaiser Wilhelms Zeiten auf. Die Frauen wurden nicht nur in der Kirche zum Schweigen angehalten. In der Schule gab es Tatzen mit der Rute. In der Arztpraxis und der Klinik hatte der Patient nichts zu melden. Und so weiter und so fort.[9]

Nun schließt das eine das andere nicht aus. Denn zweifellos wird niemand, der sich noch persönlich an jene Zeiten erinnern kann, Enzensbergers Beschreibung widersprechen wollen. Immerhin aber konnte der schließlich erfolgreiche Kampf gegen alles dies, der freilich zugleich die alten durch neue Zwänge und Probleme ersetzte, in einem demokratisch geregelten und gesicherten Rahmen stattfinden, auch wenn die allfälligen undemokratischen Restriktionsversuche durch die Obrigkeiten nicht von der Hand zu weisen sind.

Symptomatisch für eine differenziertere Sichtweise scheint auch zu sein, dass in jüngster Zeit autobiographisch geprägte Texte von Intellektuellen erschienen sind, die ihre Prägung in unterschiedlichen Phasen der Nachkriegszeit erfahren haben. Bei Karl Heinz Bohrer[10] (Jg. 1932), Michael Rutschky[11] (Jg. 1943) und Hans Ulrich Gumbrecht[12] (Jg. 1948) wird bei allen unterschiedlichen Intentionen und Formaten auf plastische Weise deutlich, wie hier die fünfziger Jahre nicht mehr zuerst als Zeiten repressiver Dumpfheit o. Ä. erfahren werden, sondern Breite und auch Widersprüchlichkeiten des Spektrums kultureller Angebote zwischen Science-Fiction und Sartre, Kinofilmen und Auslandsreisen, überhaupt bei

---

8 Jarausch, Konrad: *Die Umkehr. Deutsche Wandlungen 1945–1995*. München 2004, S. 29.
9 Enzensberger, Hans Magnus: Die falschen Fünfziger. Eine westdeutsche Reminiszenz. In: *Neue Zürcher Zeitung*, 16. 6. 2007.
10 Bohrer, Karl Heinz: *Granatsplitter. Erzählung einer Jugend*. München 2012.
11 Rutschky, Michael: *Das Merkbuch. Eine Vatergeschichte*. Berlin 2012.
12 Gumbrecht, Hans Ulrich: *Nach 1945. Latenz als Ursprung der Gegenwart*. Berlin 2012.

allen leibhaftig erlebten Spannungen autoritativer Beharrung und geistigen Aufbruchs die Offenheit auf Zukunft hin erlebt, reflektiert und im Nachhinein nicht ohne Dankbarkeit und auch Verwunderung für das Unwahrscheinliche daran dargestellt werden.

Die beiden Seiten von ordofixierter Einhegung und lockerndem Aufbruch gehören für jene Zeit äußerst spannungsvoll zusammen. Ist das schon eine komplexe Herausforderung für eine Rekonstruktion, um ein erweitertes, vielleicht sogar Gesamtbild jener Zeit zu erlangen, so umso mehr die Einbeziehung von Sowjetischer Besatzungszone (SBZ) und DDR. Denn auch 20 Jahre nach Mauerfall und Beitritt zur Bundesrepublik ist der Kampf um Deutungshegemonien noch nicht erlahmt, während die Rekonstruktion bei weitem noch nicht abgeschlossen ist, ja, in vielem noch nicht einmal begonnen hat. Klaus Körner bemerkt dazu:

> Wie immer man die Ergebnisse der sogenannten systemimmanenten DDR- und vergleichenden Deutschlandforschung zwischen 1967 und 1989 bewerten mag, so kann man doch die Frage stellen, ob sich die heutige Abwicklungsforschung nicht auf den Fundamentalismus der frühen Jahre zubewegt und der Wandel der Forschung nicht auch stark vom Wandel der Politik und deren Förderungspolitik mitbestimmt ist.[13]

Mag das Verdikt einer diensteifrigen „Abwicklungsforschung" allzu forciert sein, so sind darin die Bedenken gegenüber schlichten Umwertungen doch ernst zu nehmen.

Derzeit jedenfalls bewegt sich die Spannweite zwischen Hans-Ulrich Wehlers *Deutscher Gesellschaftsgeschichte*, in deren fünftem und letztem Band die DDR explizit marginalisiert wird,[14] und den zahlreichen, mehrheitlich intransigenten bis verstockten Memoiren und Deklarationen von ehemaligen Politikern, Militärs oder Wirtschaftsleitern der DDR, deren Höhepunkt wohl in Erich Honeckers *Letz-*

---

13 Körner, Klaus: Ein „Phänomen" wird entlarvt. Antikommunistische Schriften gegen die DDR aus der Frühzeit der Bundesrepublik. In: *Heimliche Leser in der DDR. Kontrolle und Verbreitung unerlaubter Literatur*. Hg. von Siegfried Lokatis und Ingrid Sonntag. Berlin 2008, S. 156–167, hier S. 167.
14 Wehler, Hans-Ulrich: *Deutsche Gesellschaftsgeschichte*. Bd. 5.: *Bundesrepublik und DDR: 1949–1990*. München 2008. Ähnlich vorher schon Kielmannsegg, Peter Graf: *Nach der Katastrophe. Eine Geschichte des geteilten Deutschland*. Berlin 2000. Eine Ausnahme bildet – noch vor der ‚Wende' – Kleßmann, Christoph: *Die doppelte Staatsgründung. Deutsche Geschichte 1945–1955*. Bonn 1982; ders.: *Zwei Staaten, eine Nation. Deutsche Geschichte 1955–1970*. Bonn 1988. Auch Peter Bender (*Deutschlands Wiederkehr. Eine ungeteilte Nachkriegsgeschichte 1945–1990*. Stuttgart 2007) ist eine zwar ohne Quellenarbeit auskommende, aber in der bedachtsamen Wertung höchst lesenswerte Darstellung. Einen Ansatz zu einem umfassenderen, allerdings auch sehr punktuellen Vergleich bietet Wengst, Udo; Wentker, Hermann (Hg.): *Das doppelte Deutschland. 40 Jahre Systemkonkurrenz*. Berlin 2008.

ten *Aufzeichnungen*[15] und Margot Honeckers Interviewäußerungen liegen dürfte.[16] Hierher gehören schließlich auch viele der immer zahlreicheren Bildbände zur Alltagsgeschichte der DDR, ob nun zu Autos, Lebensmitteln, Mode und Wohnen oder zu Freikörperkultur, Humor und Musik.[17]

Eine umfassende Kulturgeschichte der DDR, geschweige denn eine Konkurrenz von Kulturgeschichten, wie man sie zur Bundesrepublik vorfindet, ist momentan zumindest noch nicht in Sicht. Insofern wird auch dieser hier vorliegende Versuch einer integralen Darstellung zwar unausweichlich ein Provisorium bleiben, aber immerhin einen Beitrag zu einer künftig intensiver auszuarbeitenden „asymmetrischen Beziehungsgeschichte" liefern können, in der – wie es auch Konrad Jarausch für seinen Versuch reklamiert hat – „die Darstellung nicht schematisch gleichgewichtig vorgehen" kann.[18]

Faktum wird so oder so aber bleiben, dass schon aufgrund des demokratisch-kapitalistischen Gebots zur Pluralität und Konkurrenz die Kultur der Bundesrepublik jener Jahre eine entschiedenere Vielfalt und einen größeren Facettenreichtum zeigt als die der DDR, die nun einmal unter der Maxime der Gleichheitsideologie und unter zentralistischem Dirigat stand. Wenigstens insofern kann man Hermann Glasers Diktum, die „Fuffziger" hätten in der DDR nicht stattgefunden,[19] gelten lassen.

Zum nachfolgenden Kern, zu den thematisch organisierten Modulen, die den Anspruch auf integrierte Darstellung einlösen müssen, soll diese Einführung zum einen den allgemeinen und kulturhistorischen Rahmen liefern, zum anderen Verbindungen zwischen den einzelnen thematischen Elementen herstellen wie schließlich diese in exemplarisch genommenen Fällen illustrierend ergänzen.

---

15 Honecker, Erich: *Letzte Aufzeichnungen. Vorwort von Margot Honecker*. Berlin 2012.
16 Vgl. Honecker, Margot: *Zur Volksbildung. Gespräch*. Berlin 2012. Dazu die Fernsehdokumentation von Eric Fiedler: *Der Sturz – Honeckers Ende*, ARD, 2. 4. 2012.
17 Eine entschiedene Ausnahme macht der vom Dokumentationszentrum Alltagskultur der DDR herausgegebene Band *Alltag: DDR. Geschichte/Fotos/Objekte*. Berlin 2012.
18 Jarausch: *Die Umkehr*. 2004, S. 28.
19 Nämlich indem sie mit einem „bewegten und bewegenden, strukturell wie in seinen Erscheinungsformen vielseitigen und vielfarbigen" Umbruch konnotiert wurden, so Glaser, Hermann: *Die 50er Jahre. Deutschland zwischen 1950 und 1960*. Hamburg 2005, S. 146, 148.

II Deutschland heute – damals

> Die nationalsozialistische Gewaltherrschaft, deren Zusammenbruch am 8. Mai 1945 ungezählte Menschen in der Welt und in Deutschland von einem Alpdruck befreite, hatte ein unvorstellbares Trümmerfeld zurückgelassen. Die Lebensbasis des deutschen Volkes schien zerstört [...]. Was aber ebenso schwer wog: Deutschland hatte das Vertrauen der Welt verloren. Beim Rückblick auf die wenigen Jahre, die seither vergangen sind, erscheint die Wandlung kaum faßbar. Durch den Fleiß und den Arbeitswillen des ganzen deutschen Volkes [...] und durch die sorgfältig planende und mutige Politik der Bundesregierung ist in allen Bereichen ein Wiederaufbau verwirklicht worden, den 1945 niemand für möglich gehalten hätte.[20]

Derart begann Bundeskanzler Konrad Adenauer 1953 sein Geleit zu dem Band *Deutschland heute*, in dem die Bundesregierung *Acht Jahre danach ...*, so der Untertitel, eine erste Bilanz vorlegte. Die war, so der nachmals legendäre Bundespressechef Felix von Eckardt im Vorwort, zur Vergewisserung des deutschen Volkes gedacht, „daß seine politische Führung in der Vergangenheit nichts versäumt hat, um sein soziales, staatliches und wirtschaftliches Leben wieder aufzubauen, und daß seinen Mühen auch in Zukunft Erfolg beschieden sein wird", gedacht aber auch, im Ausland, das dem schnellen Wiederaufstieg „vielfach besorgt gegenübersteht", durch nüchterne Tatsachen „Verständnis für das deutsche Volk und seine einzigartige Situation zu wecken".[21]

Schon der Titel des Bandes reklamiert den Anspruch, nicht nur die Bundesrepublik, sondern ganz Deutschland heute zu repräsentieren. Oder liest sich darin nicht auch mit: Wir sind das eigentliche Deutschland? Es lohnt jedenfalls, sich diesen Band, zu dem es anscheinend in der DDR kein Pendant gab, zum Einstieg etwas ausführlicher anzusehen.

Der Band startet mit Beschreibungen der deutschen „Landesnatur" und führt über Außenpolitik, Wiedervereinigung, innere Sicherheit, öffentliche Meinung, Kriegsopfer, Heimatvertriebene, öffentliche Haushalte, Bauen und Wirtschaftsaufbau, Marshall-Plan, Europäische Gemeinschaft, Verkehr, Postwesen, Deutschland als Reiseland, Rolle der christlichen Kirchen und jüdischen Gemeinden schließlich auch zur Kulturpolitik, Jugend, Wissenschaft – und Literatur. Unter dem Titel *Kulturpolitik und Kulturarbeit* werden auf 13 Seiten im Wesentlichen die gesetzlichen und institutionellen Rahmenbedingungen referiert, gefolgt von knappen Einschätzungen zu Lage und Aufgaben von Wissenschaft, Erwachsenenbildung, Büchereiwesen, Theater, Musik, bildender Kunst und Film, ergänzt

---

[20] Adenauer, Konrad: Zum Geleit. In: *Deutschland heute. Acht Jahre danach ...* Hg. vom Presse- und Informationsamt der Bundesregierung. Wiesbaden 1953, S. 5.
[21] Eckardt, Felix von: Vorwort. In: *Deutschland heute*. 1953, S. 7.

um einen Bildteil: Gustaf Gründgens in Pirandellos *Heinrich IV.*, Wilhelm Furtwängler, die Berliner Philharmoniker dirigierend, Bilder von Schwarzwälder, Schwälmer, Friesischer und Bodensee-Tracht, der Deutsche Reichstag in Berlin und die Trauerfeier des Bundestages zu Ehren der Opfer des 17. Juni 1953. Es ist bemerkenswert, dass nach Abschnitten zur Situation der Jugend und der Wissenschaft auch der Literatur ein eigener, abschließender Artikel von immerhin sieben Seiten Umfang gewidmet wird, in dem es heißt:

> Wer Zerstörung bis auf den Grund nicht erlebt hat, weiß nicht, wie komplex das Gebilde, wie empfindlich der Apparat ‚Literatur' in Wahrheit ist. Wie schwer er wieder in Gang kommt, wenn die buchhändlerische Organisation zerschlagen ist; wenn die Verleger auf die Lizenz der Besatzung, die Druckereien auf die Matrizen, die Papiermühlen auf Holz warten – und die Schriftsteller, wider alles Erwarten, am Tag, da Zwang und Ungeist weichen, ohne Manuskripte sind.[22]

Skizziert wird der Aufbau von Zeitungen und Zeitschriften, von dem, was die Gesellschaft „in jedem Falle *vor*"[23] der Literatur brauche, um dann auf *Rowohlts Rotations-Romane* einzugehen. Anders als ein Jahrzehnt später über diese Zeit zu behaupten begonnen wurde, dass sie nämlich der eigenen Unbußfertigkeit nicht einmal ansichtig geworden sei, zeigt sich hier, wie deutlich die Schuldauseinandersetzung gesehen und ihr Mangel bemerkt, reflektiert – und gerechtfertigt wurde. Dies geschieht mit einem Argument, dem man aus Sicht menschlicher Erfahrung außer abstrakten Sollensforderungen wenig entgegenzusetzen haben dürfte:

> Man hat richtig bemerkt, daß die Schilderungen des Grauens aus der Hölle des Dritten Reichs und die Erörterung der Schuld an diesem schauerlichen Abgleiten eines Kulturvolks nicht so viele Leser fanden, wie man vielleicht erwartet, jedenfalls gewünscht hätte. Der Vorwurf unbußfertiger Verstocktheit, den man daraus erhob, erscheint (zum mindesten in seiner Verallgemeinerung) übereilt; er übersieht, daß ein Volk, das, die Schrecken der nächtlich brennenden Städte und die grauenhaften Menschenverluste noch im Blute, durch eine verfallene Währung in Trümmern, Entbehrungen und Untätigkeit festgehalten, mit manchem Recht freundlicheren Bildern entgegenstrebt: nicht auf der Flucht in wohlfeile Träume, – wie die Literatur beweist, die in dieser zerstörten Welt am lebhaftesten diskutiert wird.[24]

---

22 Bundesregierung (Hg.): *Deutschland heute.* 1953, S. 400.
23 Hervorhebung im Original.
24 Ebd., S. 401. Eine ähnliche, Verständnis beschwörende Argumentation findet sich auch auf S. 293 im Teil über den Marshall-Plan: „In den Jahren vor 1948 mußte das deutsche Volk aus einfachem Selbsterhaltungstrieb danach trachten, die Bilder des Kriegselends und des allgemeinen Chaos der ersten Nachkriegsjahre aus seiner Erinnerung zu bannen. [...] Nachdem nun aber das Vertrauen in die Solidarität der freien Völker und in die eigene Kraft den Mut zu neuem Beginn geweckt haben und der Arbeitswille der Bevölkerung sich neu entfaltet hat, ist es in mehr als einer Hinsicht von Nutzen, sich ins Gedächtnis zurückzurufen, wie steinig und dornenvoll der Weg war [...]."

Als Zeugen einer durchaus ernsten und ernsthaften Befassung unmittelbar nach 1945 mit dem Jüngstvergangenen werden nun Werke angeführt, die im Religiösen wurzeln: von Elisabeth Langgässer, Gertrud von le Fort und Ernst Wiechert, wobei Letzterer sogar vorsichtig kritisiert wird, da er „in seiner Religiosität und Mystik und eben daher auch in seiner Kunst einigermaßen fragwürdig[ ]" sei. Genannt werden weiterhin Kasimir Edschmid und Hermann Kasack als Beispiele eindringlicher Alltagsschilderungen, Theodor Plieviers *Stalingrad* (1945), „zwischen Reportage und Epos", als erschütterndes Fresko des infernalischen Krieges, dazu Hermann Hesse und Thomas Mann als die „am meisten besprochenen Schriftsteller dieser Jahre".[25] Hingewiesen wird schließlich auch auf die Bedeutung der Amerikahäuser für die Möglichkeiten, mit ausländischer Literatur wieder bekannt zu werden, aber auch auf die zunächst schleppend anlaufende Übersetzungstätigkeit.

Gar nicht dem späteren Klischee über die Zeit entsprechend, wird die aktuelle Situation umrissen, in der die Dominanz von Autoren wie Hesse, Hugo von Hofmannsthal, Ina Seidel und Werner Bergengruen „einen eher beim Alten verharrenden, vielleicht gar leicht überalterten Eindruck" machen könnte. Durchaus kritisch angemerkt wird auch die Zurückhaltung gegenüber den Emigranten und – nochmals – die intellektuelle Fixation auf Vorkriegsautoren und Avantgarde von ehedem, so auf Gottfried Benn, Ernst Jünger, Robert Musil und Hermann Broch. Als Beispiele jüngster, schwieriger und gewöhnungsbedürftiger Autoren hingegen, von denen „die Kunst des Romans weit vor und von dem Leser abgetrieben" werde, erscheinen Hans Henny Jahnn, Heinrich Böll, Arno Schmidt, Hans Erich Nossack, Ernst Kreuder und der von allen Literaturgeschichten längst vergessene Jürgen Rausch.

Es ist durchaus kennzeichnend, dass der 1910 geborene Jürgen Rausch, vor dem Krieg Privatdozent für Philosophie in Jena, nach Krieg und Gefangenschaft freier Schriftsteller in Bayern, seinerzeit Beachtung fand: eine phantasmatisch-surreale Traum-Prosa voller Identitätszweifel und christlich-mythischer Elemente zwischen Adam und Kain: „Auf und ab – von Wand zu Wand – von Schuld zu Trotz – von Trotz zu Angst – rund um den Tod!"[26] Am Ende ruft er obendrein den Topos der Triarier an und stellt sich damit in die Linie des Radikalkonservatismus.[27]

---

25 Ebd., S. 401f.
26 Rausch, Jürgen: *Nachtwanderung*. Stuttgart 1949, S. 129.
27 Ebd., S. 139. Vgl. Streim, Gregor: Der Auftritt der Triarier. Radikalkonservative Zeitkritik im Zeichen Jüngers und Heideggers, am Beispiel von Gerhard Nebel und Egon Vietta. In: *Solitäre und Netzwerker. Akteure des kulturpolitischen Konservatismus nach 1945 in den Westzonen Deutschlands*. Hg. von Erhard Schütz und Peter Uwe Hohendahl. Essen 2009, S. 69–85.

Ein ähnlich signifikantes Beispiel für die Präferenz sinnhubernder Desorientierungen ins mythisch oder magisch aufgeladene, existenziell-parabolische Ungefähr – um dieser Linie noch für einen Moment zu folgen – ist die Verleihung des nach einem Preisausschreiben vergebenen *Europäischen Buchpreises* 1953, in dessen Jury u. a. Benn und Ignazio Silone saßen. Außer an den polnischen Exilierten Czesław Miłosz ging er nämlich an den bis dato literarisch unbekannten und danach auch nicht mehr sonderlich erfolgreichen Bibliothekar Werner Warsinsky für den Roman *Kimmerische Fahrt* (1953). Im Grunde handelt es sich hierbei um eine sprachlich stark an Ernst Jünger orientierte, visionär-traumhafte Geschichte eines Heimkehrers von der Ostfront, ein – an den 11. Gesang der *Odyssee* angelehnter – Gang ins Totenreich, zu dem es zeitgenössisch freilich nicht eben wenige Mustertexte gab, von Jean-Paul Sartre oder Jean Cocteau etwa, aber auch von Hermann Kasack und Hans Erich Nossack. Diese privilegierte Situierung der Literatur zwischen Magismus, Mythisierung und Parabolik hat Hermann Glaser auf den treffenden Satz gebracht: „Eine eigenartige Paradoxie kennzeichnet das literarische Weltbild der Trümmerzeit. Die Entfernung von der Realität erschien als Annäherung ans Wesentliche."[28]

Der Einstieg der Rezension zu Jürgen Rausch im *Merkur* liest sich in dem maniert hohen Ton wie eine nahezu karikaturhafte Illustration dessen: „Ehe sich das Ungeheure, Unsagbare, Unsägliche erfahrenen, erlittenen Daseins im Kennwort des Deuters klären, im Gleichnis des Dichters verklären kann, muß es vor dem unbestechlichen Auge des Gewissens noch einmal geprüft, gewogen, gesiebt und geläutert werden."[29]

Doch zurück zur damaligen Bilanz. Nach einer ausgesprochen wohlwollenden Hervorhebung der zeitgenössischen Essayistik werden fürs zeitnah Aktualistische Walter Kolbenhoff und Hans Werner Richter als „begabte[ ] Neo-Realisten" genannt, die aber mit ihren „unbequemen Themen" wenig erfolgreich seien, so dass der amerikanische Unterhaltungsroman breitenwirksam in diese Lücke eingedrungen sei, nicht nur aus Gründen der heimischen Wirklichkeitsflucht, sondern durch Neugierde auf die „so plötzlich und energisch in unser Blickfeld gerückten" USA.

Es ist kennzeichnend für die literarische Situation der Zeit, dass zwar einerseits immer wieder gegen einen Realismus der Reportage polemisiert und zugunsten eines Werks gerne gesagt wurde, es sei poetisch und keine Reportage,

---

28 Glaser, Hermann: *Kleine deutsche Kulturgeschichte von 1945 bis heute*. Frankfurt am Main 2004, S. 33.
29 Einsiedel, Wolfgang von: Wagnis der Selbstbegegnung. In: *Merkur*, 4 (1950) 2, S. 233f., hier S. 233.

andererseits aber reportageartige, dokumentarische und informationshaltige Werke tatsächlich ein breites Interesse fanden. Vor allem Autoren, die ihr Handwerk als Kriegsberichterstatter in den Propagandakompanien (PK) der Wehrmacht und der Waffen-SS gelernt hatten, dominierten nun die Berichterstattung in den Illustrierten sowie die Produktion von Heftchenliteratur. Sie traten oftmals auch mit dokumentaristischen Bestsellern hervor, ebenso wie zahlreiche einstmals zivile oder halb-zivile Mitarbeiter im NS-Propaganda-Geflecht – besonders eklatant Jürgen Thorwald (d. i. Heinz Bongartz), zuvor im Oberkommando der Marine,[30] oder Paul Carell (d. i. Paul Karl Schmidt), zuvor Leiter von Ribbentrops Presseabteilung.[31]

Zur Lyrik erwähnt die offizielle Kulturbilanz neben Gottfried Benn, Wilhelm Lehmann, Hans Egon Holthusen, Marie Luise Kaschnitz und Karl Krolow auch den hochstaplerischen Fälscher George Forestier als einen der „repräsentativen Namen". Auch das ist, wie der einschlägige Eintrag in unserem Handbuch darlegt, symptomatisch für die Stimmungslage der Zeit.[32]

Ganz knapp wird schließlich noch bedauert, dass der deutschen Bühnenproduktion mit Ausnahme von Carl Zuckmayer kein Erfolg beschieden sei. Nichtsdestotrotz aber sei die deutsche Dramatik *„durchaus kein Sorgenkind"*.[33] Zweifellos ist daran richtig, dass das Theater in einer ungemein starken Intensität in der unmittelbaren Nachkriegsöffentlichkeit präsent war, schon, weil – gemessen am Verlagswesen – die Wiederaufnahme des Theaterbetriebs vergleichsweise unkompliziert war, aber neue deutsche Produktionen jedoch kaum dauerhafte Aufmerksamkeit erfuhren. In den oft improvisierten Spielstätten bestimmten die Klassiker das Repertoire. Zugleich sog man die modernen Autoren des Auslands geradezu auf: Jean Anouilh, Jean-Paul Sartre, Albert Camus oder Thornton Wilder. Dafür liefern Walther Karschs gesammelte Kritiken der Spielzeit 1945/46 ein prägnantes Beispiel, zugleich auch eines für die Vielfalt der Aufführungen. Zwischen *Nathan der Weise*, *Urfaust* und *Hamlet* finden sich u. a. Bertolt Brechts *Dreigroschenoper*, Friedrich Wolfs *Professor Mamlock*, Čechovs *Onkel Wanja*, Anouilhs *Antigone*, Oskar Wildes *Bunbury* und *Eine Frau ohne Bedeutung*, aber auch Günther Weisenborns damals vielbeachtetes Werk *Die Illegalen*, dazu schließlich noch Stücke von J. K. Priestley, Carl Sternheim oder Georg

---

30 Vgl. *Non Fiktion. Arsenal der anderen Gattungen*, 6 (2011) 1/2 (Sonderheft zu Jürgen Thorwald). Göttingen 2011.
31 Vgl. Benz, Wigbert: *Paul Carell. Ribbentrops Pressechef Paul Karl Schmidt vor und nach 1945*. Berlin 2005.
32 Zu Forestier vgl. in diesem Band auch den Eintrag in Kapitel 2 („Gefangenschaft und Heimkehr").
33 *Deutschland heute*. 1953, S. 405f. Kursivierung im Original.

Kaiser.[34] Wenn man also beklagte, dass es außer Carl Zuckmayers Drama *Des Teufels General*, das zwischen 1947 und 1950 weit über 3000 Aufführungen erlebte, keine nennenswerten deutschen Stücke gebe, dann ist das – abgesehen etwa von Wolfgang Borcherts 1947 uraufgeführtem Drama *Draußen vor der Tür* – zwar für den Erfolg und die Durchsetzung relativ zutreffend, aber nicht, was die Produktion von Stücken anging. Denn inzwischen hat man eine insgesamt fast unüberschaubare Vielzahl an Zeit-, Heimkehrer-, Holocaust- und Schuld-Dramen der unmittelbaren Nachkriegsjahre nachgewiesen. Auch die im Zusammenhang angeblicher Schuldverdrängung gelegentlich behauptete Dominanz von Komödien trifft keineswegs zu.[35]

So weit, so symptomatisch. Die kunsthafte Literatur immerhin wird charakterisiert über Namen und Titel; der Film wird dagegen lediglich pauschal und im Wesentlichen nach seinen wirtschaftlichen Umständen skizziert; der Sektor des Sachbuchs indes gar nicht erwähnt, wiewohl von hier doch zeitgenössisch die wirkungsvolleren und nachhaltigeren (Um-)Orientierungen ausgingen, vor allem durch die zahlreichen aus dem Amerikanischen übernommenen Titel. Und ein Buch wie *Götter, Gräber und Gelehrte* (1949) von C. W. Ceram (d. i. Kurt Marek) – auch er ein ehemaliger PK-Berichterstatter – war damals der Best- und Dauerseller schlechthin.

Das zumindest ändert sich auch in der Folgezeit nicht. Sieht man sich eine aktualisierte Ausgabe von *Deutschland heute* (1959) an, nach zehn Jahren Bundesrepublik, dann ist diese fünfte, völlig neu bearbeitete Auflage mit fast 1000 Seiten doppelt so umfangreich, nun auf qualitativ hochwertigerem Dünndruckpapier herausgebracht und in Leinen gebunden. Doch nicht nur das zeigt ‚Wir sind wieder wer'. Die Leistungsbilanz ist systematischer aufgebaut, der Erfolgston eindeutiger und der kulturbezogene Teil erweitert – im Tenor konservativer, nun noch deutlicher christlich wertorientiert – und vor allem dezidiert gegen das „System[ ] der sogenannten DDR" abgesetzt, für deren Kulturspalterisches exemplarisch die Namen Brecht, Hermlin und „Lukasz [sic!]" angeführt werden.[36] Der

---

34 Karsch, Walther: *Was war – was blieb ... Theaterspielzeit 1945–1946 in der Kritik von Walther Karsch*. Berlin 1947.
35 Vgl. dazu erschöpfend Schmidt, Wolf Gerhard: *Zwischen Antimoderne und Postmoderne. Das deutsche Drama und Theater der Nachkriegszeit im internationalen Kontext*. Stuttgart, Weimar 2009.
36 Presse- und Informationsamt der Bundesregierung (Hg.): *Deutschland heute. Mit einem Geleitwort von Bundeskanzler Konrad Adenauer*. 5., völlig neu bearbeitete Ausgabe. Wiesbaden 1959. In meinem – antiquarisch erworbenen – Exemplar sind in der abschließenden Zeittafel u.a. die Namen Churchill mit „Bandit" und Henry Morgenthau mit „Jud" per Bleistift adnotiert! Die 6., neu bearb. Auflage von 1961, gedruckt im April des Jahres, in dem die Mauer gebaut wurde, ist zu-

Bildteil ist signifikant verändert: Er wird durch Fotos von Sportarten zwischen Autorennen und Fußball sowie einer Doppelseite zur deutschen Weinkultur eröffnet. Gründgens ist durch eine Szene der *Ruhrfestspiele Recklinghausen* und Furtwängler durch von Karajan ersetzt worden. Sakrale Kunst ist hinzugekommen und die seinerzeitigen Trachtenbilder sind durch eine Doppelseite mit acht Porträts des „Deutsche[n] Volksgesicht[s]" ersetzt worden; dazu kontrastieren auf der Abschlussseite Porträts von Max Hartmann, Otto Hahn und u.a. die Abbildungen eines Elektronen-Synchrotrons und des Atom-Forschungsreaktors der *Technischen Universität* München.

Die Literatur ist jetzt eingerückt in eine systematische Darstellung der Künste, u.a. ergänzt um das Fernsehen, mit dem das Kapitel auch schließt. Bücher der Vergangenheitsauseinandersetzung werden als erfüllte Leistung bilanziert, zusätzlich wird jetzt aber explizit an jüdische und exilierte Autoren erinnert, darunter an Else Lasker-Schüler, Gertrud Kolmar, Walter Benjamin, Hermann Broch oder Joseph Roth. Bei der Lyrik wird auf die forciert modernen Anthologien *Transit* (1956, hg. von Walter Höllerer) und *Mein Gedicht ist mein Messer* (1955, hg. von Hans Bender) verwiesen, bei der Prosa die Spannung zwischen den Polen experimentell-„fortschrittliche[r]" und traditionalistischer Autoren hervorgehoben. Auf der einen Seite stehen neben den schon 1953 Angeführten jetzt zusätzlich Alfred Andersch, Max Frisch, Wolfgang Koeppen, Heinrich Schirmbeck und Ernst Schnabel. Auf der anderen, neu hinzugekommenen Seite u.a. Stefan Andres, Horst Lange und Gerd Gaiser. Spätestens wenn daran der Wunsch geknüpft wird, dass die Pyramide der Literatur „breiter im Traditionellen ruhte", dass die Talente zahlreicher wären, „die aus der Tradition zu schaffen sich entschlössen, und welthaltiger in ihren Hervorbringungen", ist die Präferenz wieder eindeutig.[37]

II.1 Am Tiefpunkt: Trümmerlandschaft

Um das Spektrum nun über die zeitgenössische, offiziell-deklaratorische Selbstbeschreibung hinaus ins Grundsätzlichere zu öffnen, gilt es, noch einmal an den Anfang zurückzugehen. Denn: „1945 war ein Tiefpunkt der europäischen Ge-

---

mindest im Kulturteil nicht gravierend verändert. Indes bekundet Konrad Adenauer nun in seinem Geleitwort den „Stolz" auf das sechste Jahr der Souveränität, die die Bundesrepublik mit der offiziellen Aufhebung des Besatzungsstatus am 5. Mai 1955 erhalten hatte. Von der Vergangenheit ist nun gar keine Rede mehr, nurmehr von der Betrübnis über die deutsche Teilung und vom festen Willen zur friedlichen Wiedervereinigung.

37 Bundesregierung (Hg.): *Deutschland heute*. 1959, S. 758f.

schichte. Dieser lastete umso mehr auf dem Kontinent, als das Jahr zwar ein Ende des Krieges, aber noch keinen Aufbruch aus der Krise brachte. Er war in diesem Sinne keine Trennlinie zwischen zwei Epochen."[38] Zwar ging, so Hartmut Kaelble, eine Schreckenszeit zu Ende, aber erst jetzt wurde das ganze Ausmaß der Katastrophe ersichtlich, in die das Nazi-Regime den Kontinent geführt hatte. 1945 war ein Jahr der Erschöpfung, Ermüdung und Lähmung, der zerstörten Infrastrukturen, Industrie und Landwirtschaft wie überhaupt der allgemeinen Lebensverhältnisse, vom Wohnen bis zu den Geschlechterbeziehungen.

Davor jedoch stehen noch die Zahlen. Zwar findet man solche Zahlen allenthalben, aber auch hier muss man sie rekapitulieren, um die Dimensionen des Unheils abzustecken, auf dessen Boden der Versuch stattfand, das Leben von der auf Dauer gestellten Anomalie wieder in eine, wie sehr auch provisorische, gefährdete und – angesichts der stattgehabten Schrecken – selbst anomale Normalität zu überführen: Mindestens 45 Millionen Menschen hatten in Europa ihr Leben verloren, allein fast 21 Millionen, davon ein Drittel Zivilisten, in der Sowjetunion. Drei Millionen Sowjetsoldaten starben in deutscher Gefangenschaft. In Polen starben ca. 300 000 Soldaten und 4,2 Millionen Zivilisten.[39] Etwa sechs Millionen europäische Juden waren bestialisch umgebracht worden. In der deutschen Bevölkerung – die deutschen Juden gar nicht mit eingerechnet – kamen über fünf Millionen um, darunter etwa 600 000 Zivilisten durch Bombenangriffe. An die zwei Millionen Tonnen Bomben hatten die Alliierten auf Deutschland und die besetzten Gebiete geworfen; drei Millionen Menschen waren aus den bombardierten Städten evakuiert worden. Weit über drei Millionen Wohnungen wurden zerstört, über sieben Millionen Menschen obdachlos. Zwölf Millionen Deutsche flohen vor der Roten Armee oder wurden anschließend aus Polen, der Tschechoslowakei, Rumänien, Ungarn und Jugoslawien vertrieben.[40] Zwei Millionen sind dabei ums Leben gekommen. Man geht heute davon aus, dass insgesamt fast zwei Millionen Frauen und Mädchen von Sowjetsoldaten vergewaltigt wurden, allein in Berlin mindestens 110 000.[41] Von den insgesamt 80 Millionen mobilisierten Soldaten kamen 35 Millionen in Kriegsgefangenschaft, allein elf Millionen Deutsche, von denen zunächst über drei Millionen in der Sowjetunion zurückgehalten wurden und die letzten erst 1956 wieder zurückkehrten.

---

38 Kaelble, Hartmut: *Kalter Krieg und Wohlfahrtsstaat. Europa 1945–1989*. München 2011, S. 13.
39 Snyder, Timothy: *Bloodlands. Europa zwischen Hitler und Stalin*. München 2012, geht allerdings „nurmehr" von einer Million nichtjüdischer Polen aus.
40 Zu Ausmaß, politischer Gewolltheit und Organisiertheit der Vertreibung der Deutschen aus Ost-, Mittel- und Südosteuropa vgl. zuletzt Douglas, Ray M.: *Ordnungsgemäße Überführung. Die Vertreibung der Deutschen nach dem Zweiten Weltkrieg*. München 2012.
41 Vgl. dazu Glaser: *Kulturgeschichte*. 2004, S. 82.

Um die allermeist erzwungene Mobilität und Unruhe der Zeit festzuhalten, muss man auch noch die weit über 2,5 Millionen hinzunehmen, die die SBZ bzw. dann die DDR zwischen 1945 und 1961 verließen, wie die ca. eine Million, die umgekehrt vom Westen in die DDR ging – und schließlich auch die über eine halbe Million Deutsche, die in den fünfziger Jahren, nach Aufhebung des Auswanderungsverbots durch die Alliierten, allermeist nach Übersee auswanderte.[42]

„Die Deutschen der Bundesrepublik sind ein Volk auf dem Wege. Der Zwangseinsiedlung der Flüchtlinge, dem niemals zur Ruhe kommenden Einsickern der aus der Sowjetzone Weichenden, folgte eine Binnenwanderung, die in kürzester Zeit wiederholte, wozu der Industrieaufbau Westdeutschlands früherer Jahrzehnte gebraucht hatte." – Was Hans Aichinger, Professor für Sozialpolitik, 1954 für einen Sonderband des *Merkur* bilanzierte,[43] galt cum grano salis auch für die DDR, die die dort ‚Umsiedler' Genannten ebenso zu integrieren hatte wie sie von Wanderungsbewegungen, etwa in Richtung Ost-Berlin, vor allem aber auch zu den großen Industriebaustellen, durchzogen wurde.

„Germany will not be occupied for the purpose of liberation but as a defeated enemy nation", statuierte die Dienstanweisung JCS 1067/6 des *Office of Military Government for Germany (U.S.)* (OMGUS) vom 20. April 1945 in Part I 4.b. Und genau dieser Punkt markiert einen in der Geschichte außergewöhnlichen Zustand, dass nämlich Deutschland nicht als ein wie auch immer gearteter Verhandlungspartner akzeptiert wurde, sondern nurmehr reines Objekt von Siegerhandeln war, reines Besatzungsgebiet von Besatzungsmächten, deren politische und soziale Vorstellungen so stark wie nur irgend denkbar divergierten und die von dieser Situation zunächst weithin überfordert waren. Zudem war der Versuch zu einer Neuordnung in Deutschland eingebettet in ein wirtschaftlich wie politisch krisengeschütteltes, sich nicht nur teilendes, sondern auch bis tief in die einzelnen Länder hinein politisch zerrissenes Europa. Dies wiederum in einer Weltlage, die von der zunehmenden Konfrontation der beiden blockbildenden Supermächte dominiert war – im Zeichen eines möglichen atomaren Krieges, als dessen Präludium der Korea-Krieg (1950–1953) gesehen wurde –, aber ebenso in der Folgezeit durch die Bürgerkriegszustände und antikolonialen Freiheitsbewegungen in Asien und Afrika.

Dennoch standen, wie Kaelble betont, für die Einzelnen am Anfang die Beschwernisse der je subjektiven Lage, freilich im Alltag zunächst recht ähnlich:

---

42 Vgl. ausführlicher dazu in diesem Band Kapitel 3 („Flucht und Vertreibung").
43 Aichinger, Hans: Die soziale Odyssee. In: *Deutscher Geist zwischen Gestern und Morgen. Bilanz der kulturellen Entwicklung seit 1945*. Hg. von Joachim Moras und Hans Paeschke. Stuttgart 1954, S. 33–45, hier S. 41.

Mehrere Familien mussten häufig für ein paar Jahre zusammen in einer einzigen Wohnung wohnen und sich damit abfinden, Zimmer, Küche, Toilette und Garten zu teilen und auf die gewohnte Intimität zu verzichten. Zudem sprangen die Scheidungsraten in die Höhe, weil viele rasch geschlossene Kriegsehen in die Brüche gingen oder weil die Rollen, in die sich Ehemänner und Ehefrauen durch den Krieg einleben mussten, nicht zusammenpassten.[44]

Mehr noch als in Literatur und bildender Kunst dominierte den Film – wenngleich nur für die ersten Jahre – die Auseinandersetzung mit den ruinierten Städten, mit dem Überleben in Trümmern und der Notwendigkeit des Wiederaufbaus. Der Trümmerfilm war zeitweilig ein eigenes Genre, das freilich durch die Stereotypie seiner Settings schon bald in Rudolf Jugerts *Film ohne Titel* (1948) parodiert wurde und schnell Überdruss erzeugte:

Wenn das Stichwort ‚Zeitnaher Film' fiel in diesen Jahren, stellten sich automatische Assoziationen ein: Trümmer, Bunker, alles kaputt, aber dann, auf einmal, Hau-Ruck, Aufbau, Demokratie, Erneuerung ... Die Darsteller: bekannte Stars, die sich bemühten, möglichst schäbig und möglichst erneuert auszusehen. Der Nachwuchs: selten und schwach. Ein neues Klischee. Bald mochte es niemand mehr sehen.[45]

So zumindest blickte der einflussreiche Filmkritiker Gunter Groll bereits 1950 auf ‚jene Tage' zurück, die noch kaum vergangen waren.

Nehmen wir einen der am bekanntesten gebliebenen Trümmerfilme, die stets auch immer Heimkehrerfilme waren, Gerhard Lamprechts *Irgendwo in Berlin* (1946). Da sagt ein traumatisierter Heimkehrer angesichts einer Mitwelt, für die die Trümmerlandschaft Berlins zum Alltag geworden scheint: „Die ganzen Jahre draußen. Immer im Dreck. Dann die Gefangenschaft. Man hält das ja nur aus, weil man an zu Hause denkt. Da ist die Frau, der Junge, die Garage. Alles habe ich vor mir gesehen, so wie es aussah, als ich weg mußte. Und dann kommt man zurück. Und alles, was man sich so mühsam geschaffen hatte, ist zerstört. Einfach nicht mehr da."

Dieser Film, dessen zentrale Figur am Ende durch die aufbauwillige Gemeinschaft aus ihrer larmoyanten Lethargie geholt wird, weist zugleich alle Elemente auf, die fest zum Trümmerfilm gehören werden: Neben den zu integrierenden Heimkehrern sind das die zupackenden Trümmerfrauen, die Bar oder das Kabarett als Gegenort zum provisorischen, bescheidenen Heim. Sie sind Orte der Verführung, aber auch der – meist nur indirekt gezeichneten – Besatzer (der Fremden). Und dazu gehört unbedingt der Schwarzmarkt, als Ort sichtbaren Gefälles

---

44 Kaelble: *Kalter Krieg und Wohlfahrtsstaat*. 2011, S. 18.
45 Groll, Gunter: Deutscher Nachkriegsfilm – Klamauk oder Welträtsel. In: *Die Neue Zeitung*, 27. 9. 1950.

zwischen Schiebern und verarmten Bürgern, Kulturgütern und Lebensmitteln – Inbegriff egoistischer Störung des gemeinschaftlichen Aufbaus. Die Filme polemisierten zwar oft gegen die der Wiederaufbauhektik inhärente Schuldverdrängung, aber am Ende ging es doch vor allem um die möglichst schnelle Integration der Verzweifelten und Lethargischen wie die Bekehrung (oder den Ausschluss) der egoistischen Schieber gegenüber der aufbauwilligen Gemeinschaft.

Wenn Peter Suhrkamp 1946 einem Heimkehrer empfahl: „[...] sehen Sie bewußt die Zerstörungen überall und die Ruinen von Menschen in den Trümmern. Das ist unsere augenblickliche Existenz, die Gegenwart –: das Ergebnis unserer Vergangenheit. Müssen nicht Dämonen gehaust haben? [...] Eine solche Situation verlangt den metaphysischen Menschen"[46] – dann indiziert das eine der Quellen, aus denen sich der Metaphysizismus jener unmittelbaren Nachkriegsjahre speiste. Es verweist aber zugleich auch auf die objektiven Gegebenheiten. Tatsächlich waren die Städte in ganz elementarem Sinne Orte der gestörten Orientierung. Für amerikanische Soldaten in Berlin lautete zum Beispiel die Empfehlung für eine Stadtfahrt: „Retracing our route up Hardenberg Strasse, we go the north side, through a barricade of wreckage and into the Zoological Garden."[47]

Allerdings änderte sich das schnell – und erzeugte neue, andere Orientierungsschwierigkeiten.

II.2 Neubau oder Wiederaufbau?

„Die Ruinen helfen wenigstens noch der Erinnerung nach, wie alles ausschaute, bevor sie Ruinen waren; die Neubauten aber löschen alles Erinnern aus, sie formen eine fremde Stadt", zitiert Hermann Glaser Nobert Mühlens Bericht von einer Deutschlandreise, *Land der großen Mitte*, der 1953 im *Monat* erschienen war.[48]

1962 stellte Wilhelm Westecker, nationalkonservativer Kulturjournalist, vor 1945 u. a. Literaturredakteur bei der *Berliner Börsen-Zeitung*, im Vorwort zu seinem Buch *Die Wiedergeburt der deutschen Städte* nicht ohne Befriedigung fest: „Heute wissen die Kinder nicht mehr, wie ein Trümmerfeld aussieht, als nackte Rohre aus morschen Ruinen herausragten. [...] In einigen Jahren werden diese Kinder aber schon fragen: Was habt ihr gebaut, weshalb habt ihr so gebaut?"[49] Sein Buch, das darauf Antwort geben will, hebt nun das Konzept der ‚autogerech-

---

46 Suhrkamp, Peter: Brief an einen Heimkehrer. In: *Taschenbuch für junge Menschen*. Hg. von Peter Suhrkamp. Berlin 1946, S. 145–174, hier S. 145.
47 Office for Military Government for Germany (Hg.): *Berlin Aftermath*. o.O. o.J. (ca. 1946), S. 7.
48 Glaser: *Kulturgeschichte*. 2004, S. 95.
49 Westecker, Wilhelm: *Die Wiedergeburt der deutschen Städte*. Düsseldorf, Wien 1962, S. 7.

ten Stadt' hervor und lobt die Schönheit der neuen Stadtplanung. Wenn er gleich eingangs als Pionier der „vorausschauenden Planung" exemplarisch Rudolf Hillebrecht für Hannover herausstellt,[50] so jemanden, der tatsächlich sehr vorausschauend, nämlich schon im ‚Dritten Reich', den Wiederaufbau zu planen begonnen hatte ...

Eben die Kontinuitäten solcher Städteplanung und solchen Wiederaufbauens – bei allerdings wenig realistischen Alternativen – gerieten bereits zeitgenössisch in die Kritik. So lässt etwa Wolfgang Koeppen 1953 seinen Abgeordneten Keetenheuve im Roman *Das Treibhaus* sinnieren:

> Was waren denn diese Siedlungen anders als die nationalsozialistischen Siedlungen der Kinderreichen, als SA- und SS-Siedlungen, nur billiger, nur enger, nur schäbiger, nur dürftiger? Und wenn man die Blaupausen betrachtete, es war der Nazistil, in dem weitergebaut wurde, und wenn man die Namen der Baumeister las, es waren die Nazibaumeister, die weiterbauten [...].[51]

Zwar haben Werner Durth und Niels Gutschow in ihrer umfänglichen Untersuchung über *Träume in Trümmern* den Prozess der Stadtplanung zwischen 1940 und 1950 differenzierter aufgefächert,[52] die Grundfiguration, die Koeppen hier idiosynkratisch beschreibt, trifft jedoch zu. Der Ersatz für das zerstörte Alte, der die Vorstellungen aus der Zeit der Zerstörung gerade in den Zügen des Provisorischen transportierte, wurde in den sechziger Jahren überführt in die möglichst umfassende Beseitigung auch des noch verbliebenen Alten. Gerade so, als ob sich der Hass auf das Alte mit der Scham angesichts dessen verband, woran das Alte in seinen Relikten erinnerte. In seiner Vorlesung *Zur Lehre von der Geschichte und der Freiheit* von 1964/65 hat Theodor W. Adorno eine Bemerkung zu einem „in dem gesellschaftlichen Gesamtprozeß sich kristallisierenden Zug, der die Neigung hat, alles sich einzuverleiben", angefügt:

> Ganz sicher haben die Bombenangriffe auf die deutschen Städte während des vorigen Weltkriegs nicht mit irgendwelchen Maßnahmen zum slum clearing und zur ‚Amerikanisierung' des deutschen Städtebildes zu tun gehabt; im Effekt laufen sie [...] doch heraus auf jene merkwürdige Anähnlichung auch des Bildes der deutschen Städte an das der amerikanischen [...].[53]

---

50 Ebd., S. 10.
51 Koeppen, Wolfgang: *Das Treibhaus. Roman*. Frankfurt am Main 1976, S. 108 (Erstausgabe: Stuttgart 1953).
52 Durth, Werner; Gutschow, Niels: *Träume in Trümmern. Stadtplanung 1940–1950*. München 1993. Vgl. auch Nerdinger, Winfried; Florschütz, Inez: *Architektur der Wunderkinder. Aufbruch und Verdrängung in Bayern 1945–1960*. München 2005.
53 Adorno, Theodor W.: *Zur Lehre von der Geschichte und der Freiheit (1964/65)*. Hg. von Rolf Tiedemann. Frankfurt am Main 2001, S. 55f.

Eben dieses *slum clearing* war durchaus auch ein Impuls der Nazi-Planer um Albert Speer gewesen – und der fusionierte nun mit der Scham angesichts der defizienten Modernisierung, für die vermeintlich die Relikte des Alten zeugten.

„Nichts Trostloseres als die gemäßigte Moderne des deutschen Wiederaufbaustils"[54] fand Adorno damals und hat zugleich auch daran erinnert, „wie sehr das Fachwerk zur Konservierung von Muff herhielt, dem Komplement technifizierten Unheils", wie er andererseits kategorisch erklärte: „Real verlorene Tradition ist nicht ästhetisch zu surrogieren."[55] Das Aporetische, das Adorno genau darin erkannte, verdient noch immer festgehalten zu werden:

> Inhuman aber ist das Vergessen, weil das akkumulierte Leiden vergessen wird; denn die geschichtliche Spur an den Dingen [...] ist immer die vergangenen Leidens. Darum stellt Tradition heute vor einen unauflöslichen Widerspruch. Keine ist gegenwärtig und zu beschwören; ist aber eine jegliche ausgelöscht, so beginnt der Einmarsch in die Unmenschlichkeit.[56]

Und 1965 – inmitten einer städtebaulichen Abriss- und Umbaupolitik – befand er in *Funktionalismus heute* noch einmal rückblickend: „Die jüngstvergangene [Katastrophe], die Bombenangriffe, brachten die Architektur in eine Lage, aus der sie sich nicht herauszuarbeiten vermochte."[57]

II.3 Industrialisierungslandschaft im Osten

Die SBZ und dann die DDR hingegen hatten städtebaulich einen eigenen, gegen die ‚Amerikanisierung' gerichteten Weg propagiert, der zwar zunächst Elemente des deutschen Klassizismus aufnahm, faktisch alsbald aber völlig in die Linie sowjetischer Vorgaben geriet. Insbesondere das zentralistische Stadtkonzept einer um eine Mitte von Aufmarschplätzen, Politik- und Verwaltungsgebäuden geordneten Wohnmaschinerie wurde in den sogenannten Aufbaustädten – Dresden, Rostock, Magdeburg und Leipzig – mit teilweise langfristig verheerenden Folgen für das soziale Leben durchzusetzen unternommen.[58]

Die wirtschaftliche Ausgangslage, insbesondere der Schwerindustrie, war in der SBZ äußerst ungünstig gewesen. Zwar trug die dort angesiedelte Industrie in Friedenszeiten etwa ein Viertel zur Reichsproduktion bei, doch die Schwerindus-

---

54 Ders.: Funktionalismus heute (1965). In: Ders.: *Ohne Leitbild. Parva Aesthetica.* Frankfurt am Main 1967, S. 104–127, hier S. 114.
55 Ders.: Thesen über Tradition (1966). In: Ders.: *Ohne Leitbild.* 1967, S. 29–41, hier S. 34 u. 31.
56 Ebd., S. 35.
57 Ders.: Funktionalismus heute. In: Ders.: *Ohne Leitbild.* 1967, S. 114.
58 Vgl. Glaser: *Kulturgeschichte.* 2004, S. 99f.

trie war darin auch schon vor 1939 unterrepräsentiert: 1,3 Prozent Roheisen, 2,3 Prozent Steinkohle und 6,6 Prozent Walzstahl. Durch die rabiate sowjetische Demontage wurde die Industrie, die bereits im Krieg schwere Verluste erlitten hatte, noch weiter geschwächt. Gemessen an der Bevölkerungszahl leistete die DDR dreimal so viele Reparationen wie die Bundesrepublik. Die SBZ/DDR soll dabei die höchsten Reparationsleistungen im 20. Jahrhundert überhaupt erbracht haben, nämlich, in Preisen von 1938 berechnet, im Wert von ca. 14 Milliarden Dollar. Insbesondere die Kfz-Industrie und das Transportwesen haben sich von diesen Einbußen nie wieder erholen können.[59]

Wiewohl der Aufbau der Industrie nur schleppend voranging, lagen die jährlichen Zuwachsraten des Nationaleinkommens bis 1954 – mit Ausnahme des Krisenjahres 1953 – im zweistelligen Bereich. Die Rohstahlerzeugung stieg zwischen 1946 und 1953 von 150000 auf immerhin 221 Millionen Tonnen, mithin das Doppelte von 1936. Ebenso forciert wurden die chemische Industrie und die Energiewirtschaft. Die Konsumgüterindustrie blieb jedoch – entgegen aller Propaganda – deutlich zurück und trotz vieler Versprechungen der SED-Führung (Ulbricht 1949: „Jetzt kommt die Zeit der Erfolge") unzureichend. Der allgemeine Lebensstandard lag ganz klar unter dem der Bundesrepublik. Fett, Fleisch und Zucker blieben rationiert, Alltagsgüter waren oft von schlechter Qualität oder überhaupt Mangelware, die Durchschnittseinkommen zudem sehr gering.[60]

Das änderte sich nach dramatischen politischen Entwicklungen: Konrad Adenauer hatte Stalins Angebot zur Neutralisierung Deutschlands vom 10. März 1952, die sogenannte Stalin-Note – im Gegensatz zu Sozialdemokraten und Liberalen –, von vornherein rigoros abgelehnt, damit die unbedingte Westbindung der Bundesrepublik durchgesetzt, aber auch deutlich gemacht, dass jenseits von Reden und Westpaketen („Dein Päckchen nach drüben') die DDR-Bevölkerung von hier einstweilen keine Unterstützung mehr zu erwarten hatte. Kurz nach Stalins Tod (4./5. März 1953), während in der Sowjetunion erbittert um die Nachfolge gekämpft wurde, protestierten die Arbeiter in der DDR, allen voran jene des Ost-Berliner Renommier-Projekts Stalin-Allee, gegen die neuerliche Heraufsetzung der Normen bei verschlechterter Versorgungslage. Der Protest und die Streiks entwickelten sich schnell zu einem regelrechten Aufstand, dem bis dahin größten innerhalb des Ostblocks. Die offizielle östliche Lesart, dass hier westliche Provokateure am Werk waren – abgesehen von späteren Fluchthilfeunternehmen, die

---

[59] Vgl. Ciesla, Burghard: Wirtschaftliche Entwicklung und Lebenslage in der DDR. In: *Deutschland in den fünfziger Jahren*. Hg. von der Bundeszentrale für politische Bildung. Bonn 1997 (= *Informationen zur politischen Bildung*, 256), S. 39–45, hier S. 40.
[60] Nach Weber, Hermann: *DDR. Grundriß der Geschichte 1945–1976*. Hannover 1976, S. 30, 54. Vgl. dazu auch in diesem Band Kapitel 11 („Wünsche des Alltags").

letzte aktive Unterstützung aus dem Westen –, ist zwar nicht gänzlich von der Hand zu weisen, aber gemessen an der Kraft und Ausbreitung der Aufstände sind solche Einflüsse allenfalls marginal geblieben. Die Verhängung des Ausnahmezustands und die Erklärung des Kriegsrechts am Mittag des 17. Juni 1953 durch die sowjetische Kommandantur präludierte einem rigorosen Truppen- und Panzereinsatz, in dem der Aufstand schließlich niedergeschlagen wurde.[61] Nun war die Hoffnung auf den Westen vollends desillusioniert, zugleich verschärfte sich die politische Knebelung der Bevölkerung. Kompensatorisch zur diktatorischen Rigidität musste allerdings auf das Begehren nach Verbesserung der wirtschaftlichen Lage eingegangen werden. Der Aufstand, der – so Peter Bender – „nicht als nationale, sondern als soziale Revolte" begonnen hatte,[62] führte mithin zu einer intensiveren und zügigeren Bemühung der SED um eine Verbesserung der Lebenslage. Die angestrebte Produktionssteigerung von Konsumgütern und Nahrungsmitteln, die direkt zu Lasten des Ausbaus der Schwerindustrie ging, war indes nur von kurzer Dauer: Bereits 1955 wurde dieser „Neue Kurs" wieder beendet, die Schwerindustrie erneut forciert.

II.4 Exempel: Eisenhüttenstadt und Wolfsburg

> Deutschland hat aus den letzten Jahrzehnten nur zwei Beispiele städtebaulicher Neuschöpfung aufzuweisen: die sogenannte Volkswagenstadt, eine Neuansiedlung von Arbeitern, Ingenieuren, Beamten der großen Automobilwerke, die Hitler zur Herstellung des Volkswagens bauen ließ – und die Stadt der Hermann-Göring-Werke, jener großen Verhüttungs- und Walzanlage, die zur Vermehrung der deutschen Stahlproduktion in den Jahren 1935 bis 1939 gebaut wurden.[63]

Diese Aussage von 1954 – die Alleinstellung von Wolfsburg, der Volkswagenstadt, und Salzgitter, der Stadt der Hermann-Göring-Werke – ist gleich doppelt ignorant, zum einen gegenüber der Gegenwart, zum anderen gegenüber der DDR. Denn bei der dortigen Entwicklung der Schwerindustrie spielte eine reine Planstadt eine besonders signifikante Rolle: Eisenhüttenstadt, die als erste „sozialistische Stadt" der DDR gilt. Entstanden war die ‚städtebauliche Neuschöpfung' Ost in der Nähe der Kleinstadt Fürstenberg/Oder, wo die Nazis in einem Außenlager des Konzentrationslagers Sachsenhausen und einem Kriegsgefangenenlager

---

61 Vgl. Wolfrum: *Die geglückte Demokratie*. 2006, S. 113–129.
62 Bender: *Deutschlands Wiederkehr*. 2007, S. 20.
63 Leitl, Alfons: Irrtümer und Lehren des Wiederaufbaus der Städte. In: Moras; Paeschke (Hg.): *Deutscher Geist*. 1954, S. 138–150, hier S. 143. Grammatikfehler im Original.

Zwangsarbeiter – u.a. für die Degussa und Borsig – untergebracht hatten. Auf ihrem III. Parteitag im Juli 1950 hatte die SED den Bau eines Eisenhüttenkombinats Ost (EKO) und einer angegliederten „sozialistischen Wohnstadt" beschlossen. Schon am 18. August 1950 wurde die Errichtung des Kombinats unter dem Banner „Stahl – Brot – Frieden" offiziell in Angriff genommen. Der erste Hochofen, dem bis 1955 noch fünf weitere folgten, nahm im Herbst 1951 seinen Betrieb auf. Anfang 1953 war die Siedlung selbstständig geworden und nach Stalins Tod am 7. Mai 1953 auf den Namen Stalinstadt getauft worden. Ende desselben Jahres hatte Stalinstadt 2400, 1960 bereits 24372 und 1961, als sie mit Fürstenberg/Oder zusammengelegt und dabei in Eisenhüttenstadt umbenannt wurde, fast 33000 Einwohner.[64] Begleitet wurden Bau und Wachstum des Kombinats wie der Stadt mit großem propagandistischem Aufwand in den Medien.

Einen – naturgemäß skeptischen – Blick aus der Perspektive des westlichen Berlin liefert 1958 der Journalist Eberhard Schulz in einem bei *Ullstein* als Taschenbuch erschienenen Band. Die ganze Anlage von Eisenhüttenstadt, schreibt Schulz hier in einer längeren Betrachtung über die sozialistische Neugründung, erinnere ihn an die Erweiterung der Berliner Friedrichstadt Anfang des 18. Jahrhunderts durch den preußischen Soldatenkönig Friedrich Wilhelm I. – „schematisch und in starren Achsenkreuzen aufgebaut". Ob preußischer Militarismus oder „Herrschaftswille des Kommunismus": Hier wie dort basiere das städtebauliche Konzept auf „einem ähnlichen absolutistischen Empfinden": „Die Unterwerfung der Einwohner unter eine straffe Ordnung und ein zu Stein gefrorener Paradegedanke leuchten als erstes aus diesen Bauformen hervor."

Schon jetzt, rund sechs Jahre nach der Gründung der Stadt, gebe es überdies erste Baumängel zu beklagen. So seien bereits Risse in den Flachdächern aufgetreten, die nun den Regen durchlassen: „Man wird den Kurs ändern. Die neuen Dächer werden nicht mehr flach sein, sondern steigen mit roten Ziegeln schräg himmelan. Es sieht nicht mehr revolutionär aus." Gegen die Wohnungen selbst – auch sie anfangs falsch geplant, nämlich viel zu klein – will Schulz dabei nur wenig sagen. Preiswert seien sie, Badewannen hätten sie „und als unfreiwilligen Luxus ein aus Porzellanstutzen zusammengesetztes dickes Abflußrohr, das bei dem hastigen Tempo des Bauens nicht, wie es eigentlich gehört, in die Wand gerückt und verkleidet wurde."

Schulz berichtet sodann von Gesprächen und einer Versammlung, von den darin geäußerten Alltagsproblemen. Was er über die besonders kinderreiche

---

64 Vgl. dazu Beier, Rosemarie (Hg.): *aufbau west aufbau ost. Die Planstädte Wolfsburg und Eisenhüttenstadt in der Nachkriegszeit.* Ostfildern 1997; Mangelsdorf, Frank (Hg.): *Einst und Jetzt. Eisenhüttenstadt.* Berlin 2010.

Stadt wiedergab, die mit einem Durchschnittsalter von 24 Jahren auch in dieser Hinsicht die jüngste der DDR war, dürfte – bei aller polemischen Intention – nicht weit von der Realität gelegen haben:

> Tatsächlich ist das Klima seit der Anarchie der ersten Barackenzeit, als es mit Weibern, Alkohol und hohen Löhnen – die inzwischen gedrückt worden sind – wüst herging, sehr brav und fast kleinbürgerlich geworden. Diese Sonntagspromenade draußen hätte sich auch in einem biederen holländischen Städtchen abspielen können, wenn wir die Schichtarbeiter, die auch an diesem Tag am Hochofen standen, und die andere Schicht, die von der Nachtarbeit ausruhte, abrechnen.

Probleme mache vor allem die Abgehobenheit der Planung, die im Osten dominierende städtebauliche „Halbbildung und Phrasendrescherei". Nicht Sachkenntnis, sondern Dogmatismus beherrsche Leben und Gestalt der Stadt. Jede sozialistische Stadt hinterlasse „Invest-Ruinen" als „Denkmäler eines besserwisserischen Zentralismus".[65]

Soweit der Blick aus West-Berlin auf die etwas mehr als 100 Kilometer weiter östlich gelegene Stadt an der Oder. Eine – auch das liegt in der Natur der Sache – fundamental andere Sicht auf die ‚sozialistische Aufbauleistung' boten freilich die zahlreichen ostdeutschen Aufbauromane.

In diesen Romanen, die in der Regel ausschließlich um die schwerindustrielle Baustelle kreisen, kommen für gewöhnlich Menschen verschiedenster Herkunft, verschiedensten Hintergrunds, verschiedensten Alters zusammen, um schließlich – nachdem alle Interessens- und Zielkonflikte ausgeräumt sind – eine neue, bessere, glorreichere Gemeinschaft zu bilden.[66] Eine Gemeinschaft, die gekennzeichnet ist durch Selbstüberwindung zur Höchstleistung und Normübererfüllung.[67] Nun waren Bücher wie Eduard Claudius' *Menschen an unserer Seite* (1951) oder Hans Marchwitzas *Roheisen* (1955) – um nur die bekanntesten zu nennen – zwar vordergründig am sowjetischen Modell orientiert. Der interessierte Leser kannte diese Muster indes zugleich aus dem ‚Dritten Reich', etwa aus den Autobahn- oder Staudamm-Romanen.[68]

---

65 Schulz, Eberhard: *Deutschland heute. Der Mensch der Nachkriegszeit.* Frankfurt am Main 1958, S. 70–78.
66 Vgl. Silberman, Marc: Spuren der Zeitgeschichte in Zukunftsphantasien früher DDR-Gegenwartsromane. In: *Keiner kommt davon. Zeitgeschichte in der Literatur nach 1945.* Hg. von Erhard Schütz und Wolfgang Hardtwig. Göttingen 2008, S. 35–46.
67 Vgl. dazu auch in diesem Band die Einleitung zu Kapitel 6 („Technische Zeit").
68 Vgl. dazu Graeb-Könneker, Sebastian: *Autochthone Modernität. Eine Untersuchung der vom Nationalsozialismus geförderten Literatur.* Opladen 1996.

Allerdings gab es auch im literarischen Segment DDR-Aufbauroman Veröffentlichungen, die – anders als die nach dem Hauruck-Muster des Sozialistischen Realismus geschriebenen – nicht nur komplexere Figuren boten, sondern überdies sogar – zumindest zu ihrer Zeit – als kritisch wahrgenommen wurden, so etwa Karl Mundstocks *Helle Nächte* von 1952, dessen Schutzumschlag von Wolfgang Mattheuer stammt. Mundstock, Jahrgang 1915, proletarischer Herkunft und als Kommunist von den Nazis verfolgt, geht es um nichts weniger als die Entstehung eines Werks im Verbund mit einer kompletten Stadt, eben der späteren Stalin- bzw. Eisenhüttenstadt.

Helle Nächte schildert vor allem den Einsatz der Jugend bei der Raumgewinnung durch Waldrodung und Sumpftrockenlegungen, beim Bau der Ofenanlagen und dann der Wohnungen. Die Jugend steht hier selbstverständlich nicht nur für sich, sondern soll, zusammen mit der entstehenden Kombination aus Werk und Stadt, exemplarisch den entstehenden neuen – jungen – Staat repräsentieren. Das ist insofern eine Belastung für die Darstellung, als die Figuren immer wieder entsprechend programmatisch träumen, visionieren und deklarieren müssen, wiewohl der Roman durchaus kritisch mit den Floskeln der Politbürokratie umzugehen gedenkt. Zudem müssen die Figuren noch verschiedene Herkünfte und Lebenswege verkörpern, die Spannungen der Geschlechter, der Generationen, von Stadt und Land, Intelligenz und Faust, alten Kommunisten und bekehrten Jungnazis, Idealisten und Karrieristen, die Vertreter des Bösen nicht zu vergessen. Da wäre als ein solcher zunächst der Bauer Röpke, der wirkt, als sei er dem Bauernroman der Jahrhundertwende entsprungen. Und dann sind da die Leitenden, die ihre Fehler haben, bloß persönlich ehrgeizig oder zu bürokratisch sind. Etwa auch die tüchtige Sekretärin Schreivogel, die mit einem der Funktionäre anbandelt, sich aber von bösen westlichen Kapitalisten hat anheuern lassen, dazu der ‚Sabogent' Möllner, der sich mit falschen Papieren eingeschlichen hat. Schließlich noch eine eigentümliche Figur, der West-Berliner Dichter Schureck, der von seinem Dichten im Kapitalismus natürlich nicht leben kann, zumal er von Hause aus Idealist ist. Er wird von einem Ostler als Reporter ans Werk geschickt, wo ihn die Arbeitenden wie die Leitenden als Spion bemisstrauen. Am Werk arbeitet dann auch noch das sozialistische Brudervolk der Polen mit, dessen Vertreter im Zeichen des gemeinsamen Sozialismus großmütig die Gräueltaten der Deutschen an seiner Familie verzeiht. Am Ende steht eine große gemeinsame Feier.

Weil aber im Zeichen der Ulbricht'schen Prüderie die erste Auflage wegen diverser Trink- und Turtel-Szenen stark kritisiert worden war, lieferte der Autor 1953 ein Nachwort als „Nachspiel", in dem er seine guten Absichten noch einmal in aller Deutlichkeit beteuert und erklärt. Besonders deutlich lässt sich die Krux dieser zur ständigen Deklaration gezwungenen Darstellung erkennen, wenn sie „historische Wahrheit" für sich reklamiert:

> Ja, Hans Joachim, ich zeige, wie du säufst und noch Übleres. Ich zeig' nicht, daß Jürgen oder Günther oder Weber oder Gerda saufen. Die geschichtliche Wahrheit gilt und das wäre gelogen, selbst wenn es einer von ihnen täte! Es gibt so Autoren, die ihren Aktivisten Sauf- und Bettgeschichten anhängen, um ihnen ‚menschliche' Züge zu. geben. Pfui Deibel! Du magst fragen: Und Gerda? – Nun, sie steckt am Anfang in solch einer schlimmen Geschichte; aber mir genügt es, daß der Leser knapp erfährt, aus welcher Tiefe sie sich emporringt. Wichtig sind ihre Kämpfe, nicht ihre Zustände ...[69]

Der noch junge Uwe Johnson hatte in einem Gutachten für den *Mitteldeutschen Verlag* den Roman auf fast allen Ebenen kritisiert: Das Aufbauwerk selbst komme zu kurz, „indem es plötzlich da ist", die verwendeten Mittel seien zu konventionell, schlecht am Film orientiert, die Sprache sei klischiert, die Ironie im Schlussteil seicht, Agenten durch „Fisteln im Falsett oder goldene Uhrkettchen" charakterisiert, und die Figuren verwandelten sich nicht durch die Herausforderung ihrer Probleme, „sondern haben immer nur die richtige Meinung oder entsinnen sich ihrer rechtzeitig". Es bleibe schließlich bei der „Illustration zu dem Bericht einer Kreisleitung"[70].

War Eisenhüttenstadt mit der vergangenheitsentbundenen Zukunftsvision ein Ideal der sozialistischen Planung, so kann man Wolfsburg fast als Allegorie der westlichen Industrie- und Stadtentwicklung nehmen: Basierend auf Entwicklungen des ‚Dritten Reichs', von den Alliierten gefördert und bald ein so überragendes Erfolgsmodell, dass es lange Zeit schwerfiel, die alsbald verdrängte Vergangenheit kritisch in den Blick zu nehmen.[71]

Nachdem die ersten Prototypen des im Auftrag Hitlers von der *Deutschen Arbeitsfront* (DAF) geplanten Volkswagens, offiziell nach der Freizeitorganisation *Kraft durch Freude* (KdF) als „KdF-Wagen" benannt, 1936 in den Dauer-Test gegangen waren, hatte man mit Planungen und Bau des „KdF-Werks" und der dazugehörigen zukünftigen „Stadt des KdF-Wagens" begonnen, deren Standort in der Nähe von Fallersleben der DAF-Funktionär Bodo Laffrentz aus der Luft bestimmt hatte. Am 1. Juli 1938 war durch die Vereinigung mehrerer kleiner Orte offiziell die „Stadt des KdF-Wagens bei Fallersleben" gebildet worden. Durch den baldigen Kriegsausbruch wurden die ursprünglichen – durch die üblichen Sichtachsen und Monumente, aber auch durch im Stil von Gartenstadtarchitektur und

---

69 Mundstock, Karl: *Helle Nächte*. 2. Aufl., Halle/Saale 1953, S. 562.
70 Vgl. Johnson, Uwe: Helle Nächte. Roman von Karl Mundstock. In: Ders.: „*Wo ist der Erzähler auffindbar?*". *Gutachten für Verlage 1956–1958*. Frankfurt am Main 1992, S. 155–165.
71 In jeder Hinsicht vorbildlich für eine umfassende kritische Aufarbeitung ist nach wie vor Mommsen, Hans; Grieger, Manfred: *Das Volkswagenwerk und seine Arbeiter im Dritten Reich*. Düsseldorf 1996, sowie die Schriften der Abteilung Historische Kommunikation des Unternehmens.

Heimatschutz konzipierte Wohngebiete geprägten – Planungen nicht realisiert. Als die Bautätigkeit 1943 endgültig eingestellt wurde, waren immerhin etwa 3000 der geplanten 90 000 Wohnungen entstanden. Geprägt wurde die Stadt aber stärker durch die Lager für die italienischen ‚Fremdarbeiter' sowie die Zwangsarbeiter, die dort zu Tausenden eingesetzt wurden.

Am 25. Mai 1945 wurde die Stadt auf britisches Geheiß in Wolfsburg umbenannt. Das schwerzerstörte VW-Werk, das durch Aufträge der britischen Besatzungsmacht vor der Demontage bewahrt wurde, wurde nun sehr schnell zum Wachstumsmotor nicht nur der Stadt und der Region, sondern der gesamten deutschen Wirtschaft.[72] 1951 war die Stadt in die Kreisfreiheit entlassen worden. 1955, als der einemillionenste „Käfer" vom Band lief, begann die Bevölkerung, die bis dahin durch die Integration der Heimatvertriebenen und Flüchtlinge geprägt worden war, sich neuerlich zu verändern. Auf der Basis eines deutsch-italienischen Anwerbeabkommens kamen zunächst vorwiegend italienische ‚Gastarbeiter' in die Stadt. Deren mediterranem Lebensstil meinte man durch eine Reihe von Piazzen Rechnung tragen zu sollen. 1959 waren aus den ursprünglich 18 000 Barackenbewohnern Wolfsburgs, das per Poststempel als „die junge, aufstrebende Volkswagenstadt" firmierte, 55 000 Einwohner der „blitzende[n] Musterstadt"[73] geworden.[74]

Paradigmatisch für die damalige Wahrnehmung Wolfsburgs und auch für die bevorzugte literarische Form, nämlich die des „Tatsachenromans", kann Horst Mönnichs außerordentlich erfolgreicher „Roman" *Die Autostadt* von 1951 gelten.[75] Mönnich, Jahrgang 1918, auch er ehemaliger PK-Berichterstatter, zu dessen lyrischem Erstling der NS-Dichter Herybert Menzel ein Vorwort schrieb, bewegte sich nach 1945 zunächst im Umfeld der *Gruppe 47* und reüssierte mit Hörspielen und Sachbüchern. *Die Autostadt* nun will die Geschichte des Volkswagens, der Stadt und von – herausragenden – Menschen erzählen. Manfred Grieger bemerkt zum Stil: „Vieles – etwa die verbindenden Erzählpassagen oder die Dynamik herausstellende Montagetechnik – wirkt heute denkbar aufgesetzt. Die Wortwahl blieb in dem stecken, was mit Blick auf die literarisch-ideologische Autorenprägung des Autors als stereotypisierender HJ-Expressionismus bezeichnet werden könnte".[76]

---

72 Vgl. Schütz, Erhard: Der „Käfer". Die Ikone des Wirtschaftswunders. In: *Bilder, die Geschichte schrieben. 1900 bis heute.* Hg. von Gerhard Paul. Göttingen 2011, S. 156–163.
73 Bittorf, Wilhelm: *Die Geschichte eines Autos.* Braunschweig o.J. [1960], S. 50.
74 Vgl. dazu Stölzl, Christoph (Hg.): *Die Wolfsburg-Saga.* Stuttgart 2008.
75 Mönnich, Horst: *Die Autostadt. Roman.* München 1951.
76 Grieger, Manfred: Eine Meistererzählung vom Volkswagen und der dazugehörigen Stadt. Der Roman ‚Die Autostadt' von Horst Mönnich aus dem Jahre 1951. In: Stölzl (Hg.): *Die Wolfsburg-Saga.* 2008, S. 144–147, hier S. 146.

Das Buch, das zunächst Ferdinand Porsche glorifiziert und erst nach zwei Dritteln in der Zeit nach 1945 anlangt, verschweigt auch die Zwangsarbeiter nicht, nimmt sie aber erst so recht in den Fokus, als sie, 1945 befreit, zur Bedrohung der übrigen Bevölkerung zu werden scheinen. Und kurz vor Schluss – und auf einer einzigen Seite – kommt erst die Stadt vor, die das Buch doch im Titel trägt.

> Die Stadt, deren Besonderheit sich aus der Art ihrer Gründung ergab – sie war ja wie Spargelkraut in die Höhe geschossen, hatte Konjunkturen erzeugt, wie sie kein anderes Gemeinwesen irgendwo in Deutschland verursacht –, die Stadt behielt auch jetzt das alte Klima ihrer Ausnahmestellung bei: [...] Grund und Boden samt allem, was sich an festen Bauten darüber befand, waren also ohne eigentlichen Besitzer. Niemand wußte, wem sie gehörten. [...] So blieben die Trümmer, so blieben die häßlichen Flecken innerhalb des Stadtbildes liegen, und der Zustand der Stagnation breitete sich aus. Doch erzeugte auf der anderen Seite das Bewußtsein, daß niemandem hier mehr gehörte als dem andern, ein Gefühl, das, wären die Zeiten nicht von so unerbittlicher Härte gewesen, paradiesisch genannt hätte werden müssen; es gab hier keine Klüfte, die sich aufgetan hätten zwischen den unverschuldet um ihren Besitz Gebrachten und den ohne eigenes Zutun des Besitzes sich Erfreuenden. Hier war wirklich ein Anfang. Hier hatte einer so viel wie der andere. Und wenn man die Schieber, die Günstlinge der Parteien und all jene ausnahm, die sich auf Grund von Gesinnung Vorteil zu verschaffen wußten, so kam es hier in ungleich stärkerem Maße darauf an, wie tüchtig einer war und wieviel einer aus seinen eigenen Kräften zu machen verstand.[77]

III Deutschland in Europa

Nicht allein Deutschland, sondern ganz Europa – mit Ausnahme der Schweiz, Schwedens und der Iberischen Halbinsel – war von den tiefgreifenden Verwerfungen der Kriegs- und Besatzungsfolgen geprägt: Anpassung und Widerstand, Täter und Opfer, Soldaten und Zivilisten, Besatzer, Besetzte und Befreite, Männer- und Frauenrollen, Besitz, gerettet oder gehortet, und Verelendung, Obdach und Heimat oder nicht, heil davongekommen oder versehrt, vertrieben oder vergewaltigt – alt oder jung.

Gerade die Spannung von Alt und Jung wurde, entgegen den tatsächlich viel komplizierteren Bruchlinien und über ihre reale Basis hinaus, sehr schnell existenziell überhöht in Kriegsverantwortliche und nun wieder herrschende Alte hier und kriegsgeopferte, zukunftsverwehrte Jugend dort. Das prägte die öffentliche Selbstdarstellung der intellektuellen Meinungsführerschaft – in Deutschland noch mehr als in den anderen Ländern. Gerade ambitionierte Intellektuelle deklarierten sich als ‚jung', mithin als unbelastet, gar Opfer, wiewohl nicht wenige von

---

77 Mönnich: *Autostadt*. 1951, S. 300.

ihnen – wie etwa die Fälle Alfred Andersch, Günter Grass, Hans Robert Jauß oder Walter Jens, um nur einige zu nennen – späterhin zeigten, dass sie stärker in die Nazi-Vergangenheit involviert waren, als sie sich und anderen zugeben wollten.

Umso mehr setzte man auf ein – junges – Europa. Andersch versammelte beispielsweise 1949 mit programmatischem Ehrgeiz eine *Europäische Avantgarde*, bequemerweise gepaart mit westbindungsskeptischem Antiamerikanismus: „Und das Abendland? Wir laufen ihm mit hängender Zunge nach, immer weiter nach Westen, um schließlich zu entdecken, daß aus der Kathedrale eine Eisschrankfabrik wurde. Dort lagern unsere Ideale. Aber es ist kalt dort, so kalt! Das will heißen, daß es keine Hoffnung für Europa gibt, die außerhalb Europas läge." Die von ihm Versammelten – u.a. Simone de Beauvoir, Albert Camus, Erich von Kahler, Arthur Koestler, Eugen Kogon, Jean-Paul Sartre, Ignazio Silone und Stephen Spender – sind es, auf denen die Hoffnung Europas ruht: „Die hier sprechen, sind Europäer, zumeist sogar junge Europäer [...]. Europas junge Geister [...] aus der Nacht, aus dem Kampf, aus den Ruinen treten sie hervor [...]."[78] Und schon 1947 hatte es Hans Werner Richter sogar unternommen, dichtende deutsche Kriegsgefangene als Söhne Europas zu etikettieren.[79]

Allerdings ergaben sich bald tatsächlich engere, über West- und Mitteleuropa geknüpfte kulturelle Verbindungen und Beziehungen. Das war nicht die geringste Folge des Marshall-Plans – siehe weiter unten –, vor allem dann aber der wirtschaftlichen Kooperations- (OEEC ab 1948) und politischen Koordinationsbestrebungen (Europarat seit 1949), dazu die Montan-Union ab 1950, die bei allen national unterschiedlichen Ausprägungen nicht nur eine gemeinsame Tendenz zur Sozial- resp. Wohlfahrtsstaatlichkeit erkennen ließen, sondern auch zu transnationalen, europäisch aufgefassten Kulturbeziehungen führten, sichtbar insbesondere in Festivals, Expositionen oder Kongressen – etwa Theater- und Musikfestivals in Avignon, Donaueschingen, Edinburgh oder Salzburg, Filmfestivals in Berlin, Cannes, Karlsbad oder Locarno, Ausstellungen bildender Kunst in Kassel oder Venedig, der West-Berliner *Kongreß für kulturelle Freiheit* 1950, schließlich auch Schriftstellertreffen wie das in Knokke 1954.

Diese Veranstaltungen waren meist avantgardistisch orientiert, allerdings in einem sozusagen renovierten, durch Entideologisierung und Entkollektivierung geläuterten – oder nach anderer Lesart: entschärften – Avantgardismus. Denn die Aufbruchsbewegungen nach dem Ersten Weltkrieg, die künstlerischen und – fatal – politischen Avantgardismen des ‚neuen', d.h. immer auch als ‚jung' ge-

---

[78] Andersch, Alfred (Hg.): *Europäische Avantgarde*. Frankfurt am Main 1949, S. 5f.
[79] Richter, Hans Werner (Hg.): *Deine Söhne, Europa. Gedichte deutscher Kriegsgefangener*. München 1947.

dachten Menschen in den faschistischen, nationalrevolutionären und kommunistischen Kollektivbewegungen hatten sich zunächst grundsätzlich desavouiert, eindeutig für Faschismus und Nationalsozialismus, beim Kommunismus und Stalinismus – leider – nicht in den Augen aller. Im Gegenteil übten deren zum Faschismus homologen Erscheinungsformen der diktierten und diktierenden Kollektivität eine nicht geringe intellektuelle Faszination aus. Verständlicherweise waren sie in Italien und Frankreich angesichts der engen Verkopplung mit dem Widerstand besonders einflussreich, in den Ländern des Ostblocks hingegen meist eine oktroyierte Umkehrung der realen Mehrheitsverhältnisse. Man denke etwa an den kommunistischen Staatsstreich 1948 in der Tschechoslowakei. Auch für den deutschen Westen war die intellektuelle Faszination an radikalantagonistischen und -agonalen, kollektivistischen, in jedem Falle aber demokratiefernen Optionen nicht unerheblich, woran auch ein Euphemismus wie „demokratischer Zentralismus" nichts änderte.

Zu den mentalen Grundfigurationen der Zeit gehörte es, den rabiaten Avantgarde-Optimismus der vorausgegangenen Nachkriegszeit nicht mehr teilen zu können. Es gab vielmehr eine starke Strömung von Niedergang und Endzeitlichkeit; apokalyptische Verdüsterung bestimmte die intellektuelle Situation – sei es aus den Enttäuschungen des Stalinismus heraus, so etwa bei George Orwell mit *1984* (1949), bei Arthur Koestler in *Sonnenfinsternis* (*Darkness at Noon*, 1940, dt. 1946) oder bei Jan Valtin (d. i. Richard Krebs) im *Tagebuch der Hölle* (*Out of the Night*, 1941, dt. 1957), später, aber von besonders nachhaltiger Wirkung bei Wolfgang Leonhard in *Die Revolution entläßt ihre Kinder* (1961), sei es in Renovation von Oswald Spenglers *Untergang des Abendlandes*, so etwa in Arnold Toynbees vieldiskutierter *Weltgeschichte* (1934–1961), sei es schließlich in radikalisierter Aufklärungsskepsis wie in *Dialektik der Aufklärung* (1944/47) von Adorno und Horkheimer oder in den Schriften von Günther Anders.

Insgesamt jedoch bestimmte im Westen mindestens ebenso sehr eine uneinheitliche Mischung aus restituiertem künstlerischem Avantgardismus der Vorkriegszeit, Existentialismus und Sozialismus die Szenerie der veröffentlichten intellektuellen Meinung. Dem wiederum stand – tatsächlich meist von einer älteren Generation getragen – ein Konservatismus und Traditionalismus der Rückbesinnung auf das Religiöse und Kirchliche, das Katholische zumal, auf das Klassische und Abendländische gegenüber. Also alles insgesamt die beste Voraussetzung dafür, dass die eine die andere Seite verachtete, diese jene perhorreszierte.

III.1 Die Stunde Null

In diesem Kontext ist auch die trotzige Behauptung eines Nullpunkts, von Tabula rasa und radikalem Bruch zu sehen. Ihre – durchaus stimulierenden – Wirkungen kann man bis heute erkennen, etwa in den einschlägigen Darstellungen zur deutschen Nachkriegskulturgeschichte von Hermann Glaser, die immer noch von der Emphase spüren lassen, mit der diese Generation, befreit, ihre Chancen wahrzunehmen suchte.[80] Selbst ein Historiker wie Reinhart Koselleck, der im Rückblick nüchtern bekannte: „Und zu behaupten, ich sei befreit worden, widerspricht völlig meiner Erfahrung"[81], hat gleichwohl die Situation als pivotal begriffen. Auch für die Geschichtsschreibung: Im Status des Besiegten oder Verlierers, so sagte er 1985, sehe er „die formale Bedingung, ein guter Historiker werden zu können", und, kann man hinzusetzen, geworden zu sein.[82]

Real hat es die angebliche Stunde Null nie gegeben. Auch nicht im Wirtschaftlichen. Geradezu genervt fragt Werner Abelshauser daher in seiner *Deutschen Wirtschaftsgeschichte*: „Oder würde heute noch jemand bestreiten, dass die Vorstellung einer Stunde Null, einer wirtschaftlichen *tabula rasa* als Folge des Bombenkriegs falsch gewesen ist?"[83] Schon, kann man hinzusetzen, weil die Bomben zwar die Wohngebiete, aber nicht ebenso die Industrieanlagen zerstörten. Dies formulierte bereits eine explizit kapitalismuskritische Studie von 1972, allerdings mit einem nicht unwesentlichen Zusatz: „Das Jahr 1945 war nicht das ‚Jahr Null'; gleichwohl war es eine Zäsur: der deutsche Faschismus war besiegt. Die Deutschen, die ihn gestützt oder erduldet hatten, waren politisch entmündigt."[84]

Indes war die Situation insofern etwas komplizierter, als die Rede von der Stunde Null vor allem eine spätere Erfindung zum Zweck ihres Dementis ist. Helmut Peitsch hat in seiner umfassenden kritischen Untersuchung zur Nachkriegsliteratur plausibel die Formeln von der Stunde Null, vom Nullpunkt, ‚Kahlschlag' oder von der Tabula rasa gewissermaßen als Unterstellung der sechziger Jahre für

---

[80] Vgl. Glaser, Hermann: *Deutsche Kultur. Ein historischer Überblick von 1945 bis zur Gegenwart.* 2. erw. Aufl., Bonn 2000; ders.: *Kulturgeschichte.* 2004.
[81] „Ich war weder Opfer noch befreit". Der Historiker Reinhart Koselleck über die Erinnerung an den Krieg, sein Ende und seine Toten. In: *Berliner Zeitung,* 7./8. 5.2005, S. 28.
[82] Zitiert nach Koselleck, Reinhart: Arbeit am Besiegten. In: *Zeitschrift für Ideengeschichte,* 6 (2012) 1, S. 5–10, hier S. 6. Unterstreichung im Original.
[83] Abelshauser, Werner: *Deutsche Wirtschaftsgeschichte. Von 1945 bis zur Gegenwart.* 2. überarb. u. erw. Aufl., München 2011, S. 16.
[84] Autorenkollektiv Huster, Ernst Ulrich; Kraiker, Gerhard; Scherer, Burkhard; Schlotmann, Friedrich-Karl; Welteke, Marianne: *Determinanten der westdeutschen Restauration 1945–1949.* Frankfurt am Main 1972, S. 69.

das Jahrzehnt zuvor herausgearbeitet, und dies zum Zweck einer nachträglichen Desillusionierung von befreitem Aufbruch oder temporärer Vorherrschaftsfreiheit im Zeichen kritisch gedeuteter Kontinuitäten, um nun sich selbst davon abzusetzen und damit brechen zu können. Zugespitzt liest sich das 1977 in dem für die weitere Rezeption nachhaltig wirksamen *Literaturmagazin 7* zur Nachkriegsliteratur, in dem – durchaus zu Recht – Hans Dieter Schäfer auf die großen Kontinuitätsbögen der deutschen Literatur- und auch Kulturgeschichte zwischen 1930 und 1960 hinwies.[85] Tatsächlich war, wie Peitsch ausführlich zeigt, die Zeitgenossenschaft nach 1945 viel differenzierter.

In der DDR hatte man ohnehin keinen Nullpunkt, sondern gerade Kontinuitäten, nämlich mit der ‚bürgerlich-humanistischen' einerseits, der ‚proletarisch-revolutionären' Tradition andererseits propagiert. Und Hans Mayer etwa konstatierte 1967 rückblickend: „Das Neueste erwies sich als Novität der zweiten Hand."[86]

Allerdings gibt es dennoch gute Gründe, die Vorstellung von einem Nullpunkt neuen Beginnens nicht einfach von der Hand zu weisen. Denn die Formel von der Stunde Null, so 1977 Heinrich Vormweg treffend, war „Metapher für eine Stimmung"[87] – und zwar in beiden Teilen Deutschlands. Oder mit den Worten von Friedrich Kießling: „Halb Hoffnung, halb tatsächlicher Eindruck, sprach aus ihr vor allem das Zeitempfinden der Menschen direkt nach Kriegsende."[88]

Uta Gerhardt hat in ihrer *Soziologie der Stunde Null* (2005) herausgearbeitet, wie das Konzept der Nullstellung zumindest ein von den Amerikanern vorab konzipierter und intendierter Zustand zur Re- und Neuorganisation, Unterbrechung und Neuformatierung aller Lebensbereiche war, vor Kriegsende bereits vorbereitet in zahlreichen Handbüchern,[89] zentriert um ‚Re-Education' – allerdings nicht als Bildungspolitik,[90] wie frühere Untersuchungen das Thema einengten, son-

---

85 Schäfer, Hans Dieter: Zur Periodisierung der deutschen Literatur seit 1930. In: *Literaturmagazin 7: Sonderband Nachkriegsliteratur*. Hg. von Nicolas Born und Jürgen Manthey. Reinbek 1977, S. 95–115.
86 Zitiert nach Peitsch, Helmut: *Nachkriegsliteratur 1945–1989*. Göttingen 2009, S. 16.
87 Vormweg, Heinrich: Literatur war ein Asyl. In: Born; Manthey (Hg.): *Literaturmagazin 7*. 1977, S. 203–208, hier S. 203.
88 Kießling, Friedrich: *Die undeutschen Deutschen. Eine ideengeschichtliche Archäologie der alten Bundesrepublik 1945–1972*. Paderborn 2012, S. 11.
89 Dazu gehören auch die Einschätzungen darüber, mit wem man nach Kriegsende in der Kultur kooperieren könne und mit wem nicht, wie sie etwa Carl Zuckmayer für den amerikanischen OSS lieferte. Vgl. Zuckmayer, Carl: *Geheimreport*. Göttingen 2002. Vgl. dazu auch die Diskussion im Einzelnen in *Zuckmayer-Jahrbuch*. Bd. 5 (2002): Zur Diskussion: Zuckmayers ‚Geheimreport'. Göttingen 2002.
90 Vgl. dazu Bungenstab, Karl-Ernst: *Umerziehung zur Demokratie? Re-education-Politik im Bildungswesen der US-Zone 1945–1949*. Düsseldorf 1970.

dern als generelle psychosoziale Umprogrammierung in allen gesellschaftlichen Bereichen und ihren Institutionen.[91]

III.2 Systemkonkurrenzen

„Deutsche Geschichte ist seit 1945 vor allem Wirtschaftsgeschichte."[92] Diesen apodiktischen, aber wohl zutreffenden Satz Werner Abelshausers belegt nicht zuletzt, dass die DDR schließlich am Wirtschaftlichen scheiterte.[93] Und allein schon über soziale Marktwirtschaft, allgemeinen Wohlstand, Konsum und Konsumproduktion – oder deren Fehlen in der DDR – ist, bei allen intendierten Widersetzlichkeiten, die Geschichte der Nachkriegskultur in ganz besonderer Weise auch von der Geschichte der Wirtschaft bestimmt worden.

Eine entscheidende Wende in der wirtschaftlichen Entwicklung nach 1945 – und auch zur anschließenden Auseinanderdrift der beiden deutschen Staaten – brachte das *European Recovery Program* (ERP), üblicherweise als Marshall-Plan betitelt, über dessen reale wirtschaftliche Auswirkungen die politischen und stimmungsmäßigen weit hinausgingen. Hatte der Plan ursprünglich die Länder des östlichen Europa nicht ausschließen wollen, erfolgte auf die kategorische Ablehnung durch die Sowjetunion ein – mit Ausnahme von Jugoslawien von 1950 an, nämlich nach dem Bruch mit der Sowjetunion – auf Westeuropa konzentrierter und dieses integrierender wirtschaftlicher Aufschwung, dessen Zentrum die nachmalige Bundesrepublik war: „Es hat in Deutschland keinen Wiederaufbau des Kapitalismus gegeben, weil er nicht untergegangen war. Unter der Oberfläche gleichsam, für viele unbemerkt, aus politischen Gründen zunächst noch zögernd, haben die USA – das meint: amerikanische Kapitalinteressen – dem deutschen Kapital sukzessive auf die Beine geholfen."[94]

Bei allem antikapitalistischen Dogmatismus stimmt an diesem Urteil zweifellos, dass die USA vor allem in Sorge um die heimische Wirtschaft handelten. Tatsächlich hat nach heutigem Kenntnisstand der Marshall-Plan wirtschaftlich in

---

91 Gerhardt, Uta: *Soziologie der Stunde Null. Zur Gesellschaftskonzeption des amerikanischen Besatzungsregimes in Deutschland 1944–1945/1946.* Frankfurt am Main 2005, S. 37 ff.
92 Abelshauser: *Wirtschaftsgeschichte.* 2011, S. 11.
93 Weber, Hermann: *Geschichte der DDR.* Erw. Neuausg., München 1999, ist immer noch ein Grundlagenwerk, das die SED ins Zentrum der Darstellung nimmt. Staritz, Dietrich: *Geschichte der DDR.* Erw. Neuausg., Frankfurt am Main 1996, ist hingegen stärker auf Sozioökonomisches orientiert. Als kompakte Einführung sehr nützlich ist Mählert, Ulrich: *Kleine Geschichte der DDR.* 6. überarb. Aufl., München 2009.
94 Huster; Kraiker; Scherer u.a.: *Determinanten der westdeutschen Restauration.* 1972, S. 70.

den USA stärker gewirkt als in Europa, aber sein Effekt war in Europa und speziell in Deutschland letztlich – mehr noch als wirtschaftlich – politisch, psychologisch und gesamtkulturell durchaus positiv.

III.3 Funktionen des Marshall-Plans

Der Marshall-Plan wurde von den Kommunisten von vornherein als Instrument des ‚Dollar-Imperialismus' zur Unterwerfung Europas verdammt. Und auch die Sozialdemokraten lehnten ihn ab, weil sie sahen, dass er die von ihnen noch angestrebte deutsche Einheit konterkarierte.[95] Er hatte, in Gang gesetzt, zwar nicht den erhofften unmittelbaren wirtschaftlichen Effekt, in einigen Branchen brachte er zunächst sogar eher Turbulenzen, aber längerfristig war er wirksam, dynamisierend, sowohl ordnungspolitisch wie handelspolitisch, und führte zur Rehabilitation und Integration der Bundesrepublik in einen internationalen Kontext.[96]

Wiewohl es schon seit 1946 Überlegungen zu einer wirtschaftlichen Hilfe für Europa gegeben hatte, gilt die Rede des damaligen US-Außenministers und nachmaligen Friedensnobelpreisträgers George C. Marshall am 5. Juni 1947 an der *Harvard University* als die Geburtsstunde des Plans, der am 3. April 1948 offiziell von Präsident Truman unterzeichnet wurde. Darin hatte Marshall angekündigt, die Initiative zur wirtschaftlichen Regeneration Europas den Europäern zu überlassen, diese aber zu unterstützen.

Zwischen 1948 und 1953 erhielt Italien ebensoviel, Frankreich das Doppelte und Großbritannien das Dreifache der an die Bundesrepublik vergebenen Mittel, dennoch wurde die Bundesrepublik zum Motor der europäischen Wirtschaft. Das lag nicht zuletzt daran, dass hier trotz der Kriegseinwirkungen das größte industrielle Potenzial erhalten geblieben war. Der ehemalige Präsident Herbert Hoover hatte bereits im März 1947 aus Europa berichtet, dass die gesamte europäische Ökonomie sowohl hinsichtlich der Rohstoffe wie auch der Industrieprodukte so eng mit der deutschen Wirtschaft verflochten sei, dass Europa nur durch die Wiederherstellung der deutschen Wirtschaft zu helfen sei.[97]

Die bereitgestellten, langfristigen und günstigen Kredite gingen direkt an amerikanische Firmen, die Waren nach Europa lieferten, während die europäischen Firmen ihre Importe aus den USA unmittelbar bei ihren Regierungen be-

---

95 Vgl. Abelshauser: *Wirtschaftsgeschichte*. 2011, S. 132.
96 Vgl. ebd., S. 151.
97 Vgl. Wala, Michael: The Marshall Plan and the Origins oft the Cold War. In: *The United States and Germany in the Era of Cold War, 1945–1990*. Vol. I: *1945–1968*. Hg. von Detlef Junker. Cambridge 2004, S. 73–77, hier S. 73.

zahlten, die damit wiederum Wirtschaftsförderung vor allem in Form von Infrastrukturprojekten betrieben. Ludwig Erhards Optimismus allerdings, die finanziellen Mittel des Marshall-Plans könnten die gesamte Kapitalbildung abdecken und „praktisch das deutsche Volkseinkommen in den unteren, mittleren und gehobenen Schichten tatsächlich wesentlich konsumptiv verwendet werden",[98] erfüllte sich zunächst nicht. Nicht nur die Lieferpläne für Industriegüter konnten, zumindest nicht so schnell wie vorgesehen, nicht eingehalten werden. Auch wurden offenbar in großem Maße die falschen oder nicht passenden Güter hergestellt oder es wurde nicht rechtzeitig geliefert.[99] Dennoch traf zu, was ein Berater 1948 präventiv formulierte, „dass man dem Wesen des Marschallplans nicht gerecht werde, wenn man ihn nur nach seinen unmittelbar greifbaren wirtschaftlichen Ergebnissen beurteile."[100] 1952 konnte die Bundesrepublik – durch den Boom im Gefolge des Korea-Kriegs – einen immens expandierenden Außenhandel und damit den endgültigen Übergang zu einem selbsttragenden Wirtschaftswachstum verbuchen. Das war die Phase, die dann Wirtschaftswunder genannt wurde.[101] Wobei auch hier sowohl die Pläne zu Ludwig Erhards legendärer ‚sozialer Marktwirtschaft'[102] wie die Wirtschaftseliten starke Kontinuitäten mit den Jahren vor 1945 aufwiesen.[103]

Man war sich schon damals weitgehend darüber einig, dass der Marshall-Plan für die Bundesrepublik weit über die realen wirtschaftlichen Gegebenheiten hinaus eine stimulierende Wirkung auf die Wiedererlangung des Selbstbewusstseins haben würde, die eigene Zukunft in die Hand nehmen zu können.[104]

Der Marshall-Plan war intensiv propagandistisch begleitet worden. Vor allem mit Filmen versuchte man zum einen, die breite Bevölkerung über die Segnungen des ERP aufzuklären, zugleich für eine deutsch-amerikanische Verständigung zu werben und – seit 1949 spätestens – drastisch die kommunistische Gefahr vor Augen zu führen. Für Letzteres steht z. B. ein neunminütiger Film von 1949, *Zwei Städte*, worin zwei Doppelfronten aufgeführt werden: Ost/West und Besatzungs-

---

98 Zitiert nach Abelshauser: *Wirtschaftsgeschichte*. 2011, S. 130.
99 Vgl. ebd., S. 136, 138 f.
100 Vgl. ebd., S. 130. Rechtschreibfehler im Original.
101 Vgl. zur Illustration den opulenten Bildband von Darchinger, Josef Heinrich: *Wirtschaftswunder. Deutschland nach dem Krieg 1952–1967*. Hong Kong u. a. 2008.
102 Vgl. Herbst, Ludolf: Krisenüberwindung und Wirtschaftsneuordnung. Ludwig Erhards Beteiligung an den Nachkriegsplanungen am Ende des zweiten Weltkrieges. In: *Vierteljahreshefte für Zeitgeschichte*, 25 (1977), S. 305–360.
103 Vgl. Grunenberg, Nina: *Die Wundertäter. Netzwerke der deutschen Wirtschaft 1942 bis 1966*. Berlin 2006.
104 Vgl. dazu z. B. Wala: The Marshall Plan. In: Junker (Hg.): *The United States and Germany I*. 2004, S. 79.

macht/Einheimische. Dabei werden die unterschiedlichen Entwicklungen in Stuttgart und Dresden außerordentlich schematisch kontrastiert. Im Osten Transparente, im Westen Waren, wobei im Westen die Stelle der östlichen Schlagworte „das Preisschild an den Waren" einnimmt. Die US-Army wird en passant vom Vorwurf der mutwilligen Zerstörung Dresdens entlastet, indem die „Luftangriffe nur auf Anforderung der Roten Armee" geflogen wurden. Und fünf Richtlinien für den Wohlstand gilt es kennenzulernen: 1. Persönliche Initiative, 2. Gesunde Währung, 3. Import/Export, 4. Britisch-amerikanische Hilfe und 5. den Marshall-Plan zur Gesundung Europas. Für eine bessere deutsch-amerikanische Verständigung warb beispielsweise 1951 *Der unsichtbare Stacheldraht*, in dem u. a. über Kinder – das eine Kind in Lederhosen, das andere im Ringel-Shirt – eine deutsche und eine amerikanische Familie über den Austausch von Ess- und Trinkgewohnheiten – Knollen- gegen Staudensellerie, Coca Cola gegen Bier – sich näherkommen, wie ihre Hunde bereits zuvor. Einzig eine Katze ist am Ende der kommunistische Störenfried.[105]

III.4 Amerikahäuser

Nachhaltiger wirksam dürften die Amerikahäuser gewesen sein. Deren Vorläufer existierten – etwa in München – schon 1945 als *Reading Rooms* der *U.S. Information Center* (USIC). Das erste vollausgestattete Haus wurde 1946 in Frankfurt am Main eröffnet, Ende 1946 existierten bereits 24 dieser Einrichtungen, die 1947 offiziell in Amerikahäuser umbenannt und im Rahmen der propagandistischen Begleitung des Marshall-Plans besonders unterstützt wurden. Das geschah vor allem in Form von Buchspenden, die nicht nur aus Armeebeständen, sondern auch aus diversen privaten Spenden kamen und offenbar nicht selten den Charakter von Entrümpelungen trugen. Hansjörg Gehring z.B. führt – aus deutscher Sicht offenbar selbst noch 1976 horribel – als ein Beispiel *Tarzan and the Apes* an und zitiert aus den Akten den Brief eines gewissen H. C. Otto, der am 14. Juli 1947 an George C. Marshall schrieb, man möge doch unbedingt seine Gedichte ins Buchprogramm der Amerikahäuser aufnehmen, da sie besser seien als „alles bisher von Goethe und Schiller Erdachte" und die Deutschen wieder auf kulturelle Höhen führen könnten.[106] Vor allem auf diese unkontrollierten – und in ihrer

---

[105] Vgl. dazu Bundeszentrale für politische Bildung (Hg.): *Selling Democracy. Die Filme des Marshallplans.* Bonn 2010.
[106] Gehring, Hansjörg: *Amerikanische Literaturpolitik in Deutschland 1945–1953. Ein Aspekt des Re-Education-Programms.* Stuttgart 1976, S. 32, 61.

Menge auch gar nicht kontrollierbaren – Buchbestände wird zurückgeführt, dass 1953, als die Amerikahäuser wieder in die unmittelbare politische Propaganda einbezogen und nahezu die Hälfte von ihnen geschlossen wurden, bei Bestandsaufnahmen angeblich 30 000 „kommunistische" Bücher darunter gewesen sein sollen. Als solche wurden u. a. auch die Schriften von John Dos Passos oder Frank Lloyd Wright inkriminiert![107]

III.5 Sich trennende Wege

> Man muß nur genau hinblicken, Kassel und Fulda sind beinahe schon östliche Grenzstädte, von Lübeck ganz zu schweigen [...]. Inzwischen sind wir bedenklich an den Rand des Abendlandes verschoben, und uns ist manchmal etwas schwindlig zumute, als wandelten wir auf scharfer Kante dahin. Der Osten rückt uns gleichsam auf den Leib, und da, wo die Sonne aufsteigt, geht es plötzlich nicht mehr weiter. So blicken wir denn in den Sonnenuntergang. Das ist politisch zweifellos die gute Richtung, und wenn uns trotzdem nicht wohl dabei ist, so dürfen wir daraus folgern, dass der Mensch in Harmonie mit dem Umriß seines Landes leben muß, wenn er im Einklang mit sich selbst sein will.[108]

Das Unbehagen von Friedrich Sieburg 1953 zeigt plastisch die Fixationen der beiden deutschen Staaten aufeinander, im Zeichen der noch immer aufrechterhaltenen Vorstellung der Einheit.

Die deutsche Nachkriegsgeschichte war, darin ist wohl Konrad Jarausch und Hannes Siegrist zuzustimmen, weniger eine Geschichte der Entwicklung zweier Einzelstaaten denn eine „eigenartige Parallelgeschichte: Vom gleichen kulturellen und politischen Hintergrund ausgehend, standen die Deutschen im Jahre 1945 einer gemeinsamen Besatzung gegenüber und hatten ähnliche Startprobleme zu überwinden."[109] Unter den sich trennenden Besatzungsinteressen jedoch bildeten sich zwei unterschiedliche, eigenlogische Modelle heraus, deren Pfadabhängigkeiten auch 20 Jahre nach dem Beitritt der DDR zur Bundesrepublik nicht verschwunden sind.

---

[107] Vgl. dazu Gienow-Hecht, Jessica C. E.: American Cultural Policy in the Federal Republic of Germany, 1949–1968. In: Junker (Hg.): *The United States and Germany I*. 2004, S. 401–408, hier S. 405.
[108] Sieburg, Friedrich: Die Flucht nach Europa. In: *Die Zeit*, 11/1953 (12. 3. 1953), S. 3.
[109] Jarausch, Konrad H.; Siegrist, Hannes: Amerikanisierung und Sowjetisierung. Eine vergleichende Fragestellung zur deutsch-deutschen Nachkriegsgeschichte. In: *Amerikanisierung und Sowjetisierung in Deutschland 1945–1970*. Hg. von Konrad Jarausch und Hannes Siegrist. Frankfurt am Main, New York 1997, S. 11–46, hier S. 43.

Die Gründung der DDR am 7. Oktober 1949, also deutlich nach der der Bundesrepublik am 24. Mai 1949, der eine längere Vorbereitungsphase vorangegangen war, täuscht, so Horst Möller, eine Ursächlichkeit vor, die in dieser Form nicht besteht. Die Forschung hat herausgearbeitet, dass „die Sowjetische Besatzungszone bereits früher den ‚Charakter der Staatlichkeit' besaß als die drei Westzonen."[110] Während die drei westlichen Alliierten noch unterschiedliche Ziele verfolgten, hatte die Sowjetunion einen zentralistischen Aufbau im Sinne des Bolschewismus forciert. Und zwar durchaus für ganz Deutschland. Was als „Demokratisierung" Deutschlands propagiert wurde, war faktisch dessen Sowjetisierung. So waren die 1946 resp. 1947 gegründeten *Deutsche Verwaltung des Innern* und *Deutsche Wirtschaftskommission* Behörden mit gesamtdeutschem Anspruch, modellhaft für das, was unter ‚Demokratisierung' verstanden werden sollte. Freilich blieb deren Machtausübung dann doch auf die SBZ beschränkt.[111] Neben der Konstellation zu den anderen Besatzungsmächten war es auch eine dem diktatorischen System eigene Realitätsblindheit, die die eigene Mission, ein im Zeichen des Kommunismus vereinigtes Deutschland, letztlich scheitern ließ. Das lässt sich sehr gut am Bericht und Verhalten von Oberst Sergej Tjul'panov erkennen, seines Zeichens zwischen 1945 und 1948 Leiter der *Informationsverwaltung*, d. h. der Propagandaabteilung, der *Sowjetischen Militäradministration in Deutschland* (SMAD). Das beginnt schon mit der formelhaften Restringiertheit der eigenen Aufgabenstellung. Hier ausführlich zitiert:

> Unsere Propaganda in Deutschland ist während der drei Jahre nicht unverändert geblieben. Sie hat sich in Inhalt und Form verändert entsprechend der Veränderungen der politischen und ökonomischen Aufgaben aufgrund der neuen Lage in Deutschland. Doch die Grundzüge unserer Propaganda blieben unverändert:
> a) Entlarvung der faschistischen, nationalistischen Ideologie;
> b) Propagierung der Deutschland-Politik der UdSSR und Entlarvung der reaktionär-imperialistischen Politik der Westmächte in Deutschland. Popularisierung aller Maßnahmen der SMAD zur deutschen Frage;
> c) Propagierung der gesellschaftlich-politischen Ordnung der UdSSR und der Vorzüge des sowjetischen sozialistischen Wirtschaftssystems [und] Propagierung der militärischen und ökonomischen Stärke der UdSSR und ihrer friedlichen Außenpolitik;
> d) Propagierung des Marxismus-Leninismus;

---

110 Möller, Horst: Zwei deutsche Staaten, eine Nation? Zum nationalen Selbstverständnis in den Verfassungen der Bundesrepublik Deutschland und der DDR. In: Wengst; Wentker (Hg.): *Das doppelte Deutschland*. 2008, S. 15–33, hier S. 17.
111 Vgl. Wettig, Gerhard: Einleitung und Kommentar. In: *Der Tjul'panov-Bericht. Sowjetische Besatzungspolitik in Deutschland nach dem Zweiten Weltkrieg*. Hg. von Gerhard Wettig. Göttingen 2012, S. 11–138, hier S. 85.

e) Propagierung der Erfolge und der gesellschaftlichen-demokratischen Umwälzungen in den Ländern der Volksdemokratie;
f) Kritik an der bürgerlichen Demokratie und Kampf gegen die bürgerliche Ideologie;
g) Entlarvung der Theorie und Praxis der Rechtssozialisten und ihrer verräterischen Rolle in der Arbeiterbewegung;
h) Entlarvung der Brandstifter eines neuen Krieges.[112]

Dass diese Propaganda ganz offensichtlich nicht wirkte und die überwiegende Mehrheit der Bevölkerung die kommunistische Verwaltung ablehnte, dafür machte Tjul'panov die Nachwirkungen der Nazi-Propaganda und westliche Agenten verantwortlich. Dass aber die Ablehnung auch in der Arbeiterschaft überwog, das konnte nur an den verräterischen Sozialdemokraten liegen.[113]

Während die sowjetische Politik die eigene Einflusssphäre durch verschärfte Abgrenzung und Binnenkontrolle zu sichern unternahm, gab sie die Versuche zur Erweiterung der eigenen Einflusssphäre keineswegs auf, wofür die Blockade West-Berlins vom 24. Juni 1948 bis zum 12. Mai 1949 nur ein besonders spektakuläres Zeichen war.

Aber auch in anderen Beziehungen zeigten sich die Symptome für die Auseinanderdrift von Ost und West, gerade auch in künstlerischen Dingen. Hier war der Osten bereits dogmatisch festgelegt, und der Westen reagierte unsouveräner als es möglich und wünschenswert gewesen wäre. Bertolt Brecht beispielsweise – dessen Aufstieg 1948 in Ost-Berlin inmitten der allgemeinen finanziellen Krise des Theaters wegen der Währungsreform und zugleich auch in der politischen Krise begonnen hatte, die durch den verschärften sowjetischen Druck auf den Westen und speziell in der Berlin-Blockade entstanden war – wurde mit seiner längst legendären Inszenierung der *Mutter Courage* im Januar 1949 Gegenstand des Boykotts durch westliche Medien. Und auch im Goethe-Jahr 1949 zeigte sich die Spaltung, selbst wenn Thomas Mann sowohl in Frankfurt am Main als auch in Weimar sprach: Die SBZ suchte über den im Westen inzwischen verbotenen *Kulturbund zur demokratischen Erneuerung Deutschlands* Thomas Mann als Repräsentanten in der Goethe-Nachfolge für sich einzuvernehmen, durchaus erfolgreich. Im Westen hingegen gab es nicht unerhebliche Ressentiments bis offene Schmähungen gegenüber Thomas Mann.[114] Ein deutliches Zeichen war dann die Spaltung des deutschen PEN im Oktober 1951.

---

112 Tjul'panov, Sergej: Drei Jahre Arbeitserfahrung der Informationsverwaltung der SMAD (Oktober 1945–Oktober 1948). In: Wettig (Hg.): *Tjul'panov-Bericht*. 2012, S. 139–401, hier S. 350 f.
113 Vgl. dazu Wettig: Einleitung. In: Ders. (Hg.): *Tjul'panov-Bericht*. 2012, S. 26.
114 Vgl. Weber, Petra: Thomas Mann in Frankfurt, Stuttgart und Weimar. Umstrittenes kulturelles Erbe und deutsche Nation. In: Wengst; Wentker (Hg.): *Das doppelte Deutschland*. 2008, S. 35–63.

Zumindest bis 1955, bis die Bundesrepublik völkerrechtlich souverän geworden war und auch die DDR durch die sowjetische Zwei-Staaten-Theorie eine gewisse Eigenständigkeit gewann, findet man die paradoxale Situation, Demokratie ohne wirkliche Souveränität ein- und ausüben zu sollen. Dabei handelte es sich allerdings nicht nur um eine unvollständige Demokratie, sondern diese eingeschränkte Souveränität bot für den Westen zugleich auch Ernstfallentlastung oder gar ein Spielfeld demokratischer Selbsterprobungen. Man konnte sich füglich im Rahmen dessen auf den (Wieder-)Aufbau und die Integration der Flüchtlinge konzentrieren.

Für die SBZ/DDR wiederum kann man annehmen, dass sie den real eingeschlagenen Weg eines als „demokratischen Zentralismus" beschönigten Diktatorialsystems nicht zwingend hätte gehen müssen, dass es immer wieder auch andere Optionen gegeben hätte. Zugleich muss man aber festhalten, dass der Spielraum unter der obwaltenden Sowjethegemonie relativ gering und daher der Weg – zumindest vor der Ära Honeckers – auch kaum signifikant anders hätte sein können.

III.6 Zwischenstück: Hymnenkonkurrenz

Was für die beiden deutschen Staaten unmittelbar nach ihrer Gründung zwingend wurde, war, sich den Fragen nach Staatsangehörigkeit und Staatssymbolen zu stellen. In Sachen Staatsangehörigkeit hielten zunächst beide Staaten an einer einheitlichen deutschen Staatsbürgerschaft fest, bis die DDR 1967 eine eigene Staatsbürgerschaft einführte, während die Bundesrepublik weiterhin auf einer gesamtdeutschen Staatsbürgerschaft beharrte. Ebenso flaggten – im Zeichen der von beiden Seiten reklamierten Wiedervereinigung – beide Staaten zunächst das demokratisch-republikanische Schwarz-Rot-Gold. Erst am 1. Oktober 1959 fügte die DDR das Emblem aus Hammer, Zirkel und Ährenkranz ein, was im Westen fortan zur Etikettierung als ‚Spalterflagge' und zum Verbot, sie zu zeigen, führte.

Eine besondere Herausforderung aber stellte die Frage nach der Nationalhymne dar. *Das Lied der Deutschen* von Hoffmann von Fallersleben, auf die Melodie Joseph Haydns zu *Gott erhalte Franz den Kaiser* gesungen, von Wilhelm II. zunehmend bei offiziellen Anlässen favorisiert, von Reichspräsident Friedrich Ebert 1922 als Hymne der Republik festgelegt, von den Nazis beibehalten, meist nur die umstrittenste, die erste Strophe und in Verbindung mit dem *Horst-Wessel-Lied*, war am 14. Juli 1945 vom alliierten Kontrollrat verboten worden. In der DDR wurde dieses Verbot aufrechterhalten, in der Bundesrepublik war die Haltung dazu nicht ganz so eindeutig.

In beiden Staaten wurde indes nach einer neuen Hymne gesucht. In der DDR waren konkurrierend Bertolt Brecht und Johannes R. Becher mit dem Projekt befasst worden. Brecht hatte dazu eine *Kinderhymne* (*Anmut sparet nicht und Mühe*) vorgelegt, die sich nach der Haydn-Melodie singen ließ, aber inhaltlich eben keine Hymne war. Bechers Text hingegen – *Auferstanden aus Ruinen* – hielt sich zwar, wie auch die dynamischer wirkende Vertonung durch Hanns Eisler, ans Hymnische, war aber nicht so leicht sangbar. Gleichwohl erklärte sie am 5. November 1949 der Ministerrat der DDR zur Nationalhymne. Im Westen hingegen wurde sie von der Presse geschmäht, vor allem wegen der Melodie, die dem Hans-Albers-Song *Goodbye Johnny* aus dem Abenteuerfilm *Wasser für Canitoga* (1939) nicht unähnlich war. Uwe Johnson hat in seinem Roman *Das dritte Buch über Achim* (1961) darauf Bezug genommen, wenn er schrieb:

> Ja dann war es vielleicht die ostdeutsche Melodie, die mehr nach seinem Geschmack entnommen war einem trutzigen Film der verbrannten Regierung über die harten Männer der nordamerikanischen Pionierzeit, die etwas verändert dann nicht mehr bedauerte wie schön es war mit uns zwein. Aber leider, aber leider: kann es nun nicht mehr sein – sondern mit edlerer Wortgebärde die Singenden zusammenholte aus den Ruinen und der Zukunft zuwandte überhaupt, so daß dereinst die Sonne schön wie nie über Deutschland scheine, keine Mutter mehr ihren Sohn beweine.[115]

Weil Becher in seiner Hymne aber Deutschland als „einig Vaterland" beschworen hatte, wurde der Text unter Honecker nicht mehr gesungen und die Hymne nurmehr konzertant aufgeführt.

In der Bundesrepublik verlief das Hymnenverfahren komplizierter. Bundespräsident Theodor Heuss hatte den protestantischen Lyriker Rudolf Alexander Schröder um einen Textvorschlag gebeten, und der legte seine Hymne an Deutschland, *Land des Glaubens, deutsches Land*, im Mai 1950 vor. Da aber hatte Konrad Adenauer – wenngleich unter starkem Protest – schon Fakten geschaffen, indem er während einer Kundgebung in Berlin im April dazu aufforderte, die dritte Strophe des *Deutschlandliedes* zu singen. Heuss hingegen hielt an Schröders Hymne fest und stellte sie Silvester 1950 bei seiner Rundfunkansprache vor. Er erntete dafür jedoch weithin nur Spott. Der sozialdemokratische Oppositionsführer Kurt Schumacher titulierte sie etwa als „schwäbisch-protestantischen Nationalchoral", und Gottfried Benn meinte, ihre Entsprechung sei „dann ein Kaninchenfell

---

[115] Johnson, Uwe: *Das dritte Buch über Achim*. Frankfurt am Main 1964, S. 284 (Erstausgabe: Frankfurt am Main 1961).

als Reichskriegsflagge".[116] Während aus der Bevölkerung Textvorschläge – meist als Umdichtungsversuche zur ersten Strophe des Deutschlandliedes – waschkörbeweise bei Heuss eingingen, hatte sich der *Deutsche Sportbund* schon Adenauers Vorschlag zu eigen gemacht. Allerdings wurde bei den Olympischen Winterspielen 1952 in Oslo Beethoven/Schillers *Ode an die Freude* gespielt. Das blieb so, bis 1968 beide Nationalhymnen getrennt gespielt wurden. Am 6. Mai 1952 hatte sich Adenauer endgültig durchgesetzt: Die dritte Strophe des *Deutschlandliedes* wurde zur offiziellen Hymne der Bundesrepublik – allerdings unter anhaltenden internationalen Protesten und weiterhin interner politischer Kritik.[117]

Zwar blieben die beiden Staaten schon mit ihrem offiziell nie aufgegebenen, beiderseitigen Anspruch auf Wiedervereinigung aufeinander bezogen, aber in der Konkurrenz je exemplarisch angesehener Stellvertreterschaft für sozialistische Diktatur und kapitalistische Demokratie standen alle Maßnahmen nach innen zugleich immer auch unter der Wirkungskalkulation nach außen, auf den anderen Staat auf deutschem Boden und seine Bevölkerung. Freilich entwickelte sich hier schnell und zunehmend eine deutliche Asymmetrie zuungunsten der DDR:[118] „Der gegenwärtige Forschungsstand zu den Schlüsselbegriffen Amerikanisierung und Sowjetisierung ist durch eine deutliche Asymmetrie gekennzeichnet. Einer reichen Literatur über Amerikanisierung steht ein begrenzter Bestand an Werken der Sowjetisierung gegenüber."[119] – Was Jarausch und Siegrist ihrem einschlägigen Band 1997 vorausschickten, gilt noch immer und – cum grano salis – weiterhin für die Forschungen zur Geschichte der Bundesrepublik Deutschland und der Deutschen Demokratischen Republik überhaupt.

---

116 Zitiert nach Kiesel, Helmuth; Pape, Birgit: Zur Schröder-Hymne ein Kaninchenfell! In: *Geschichtserfahrung im Spiegel der Literatur*. Hg. von Cornelia Blasberg und Franz-Josef Deiters. Tübingen 2000, S. 290–303.
117 Vgl. auch Escher, Clemens: „Deutschland, Deutschland Du mein Alles". Hymnenvorschläge aus der bundesdeutschen Bevölkerung 1949–1952. In: *Zeitschrift für Geschichtswissenschaft*, 58 (2010) 11, S. 924–938.
118 Vgl. hierzu besonders Lemke, Michael: Deutschlandpolitik zwischen Sowjetisierung und Verwestlichung 1949–1963. In: Jarausch; Siegrist (Hg.): *Amerikanisierung und Sowjetisierung*. 1997, S. 87–110, bes. S. 95 ff.
119 Jarausch; Siegrist: Amerikanisierung und Sowjetisierung. In: dies. (Hg.): *Amerikanisierung und Sowjetisierung*. 1997, S. 14.

III.7 Antifaschismus

Die aus der Sowjetunion zurückgekehrten Kader der *Kommunistischen Partei Deutschlands* (KPD), die die stalinistischen Säuberungen durch Zufall, Opportunismus oder Verstrickungen überstanden hatten, erhoben – unter den Maßgaben der sowjetischen Besatzungsmacht – den Antifaschismus zur gewissermaßen offiziellen Staatsdoktrin – als kollektive ‚Entlastung' der Bewohner der SBZ bzw. DDR. Fortan gab es ‚Faschisten' – so der kommune Begriff, der dem historisch Erinnernden nicht verbergen konnte, dass die Kommunisten vor 1933 die Sozialdemokraten als Sozialfaschisten titulierten – nur noch im Westen, wiewohl noch Anfang der sechziger Jahre ehemalige NSDAP-Mitglieder gut zwölf Prozent der Abgeordneten der Volkskammer stellten und in hohen Staatsämtern, gerade auch in der Presse, ehemalige Nazis saßen. So etwa Günter Kertzscher, der sich später an der Hetzjagd gegen Wolf Biermann beteiligte (von 1949 bis 1955 Chefredakteur der von den sowjetischen Besatzern gegründeten *Berliner Zeitung*, danach bis 1983 stellvertretender Chefredakteur des Zentralorgans der SED, *Neues Deutschland*) oder Kurt Blecha (vor 1945 u. a. Autor der SS-Hetzzeitschrift *Das Schwarze Korps*, nach dem Krieg Chefredakteur der Zeitschrift *Deutsche Außenpolitik*, von 1958 bis 1989 zudem Leiter des Presseamts beim Ministerrat der DDR).[120]

Die sowjetische Besatzungsmacht hatte 1948 zum Zweck der Integration der als zumindest reaktionär bis konservativ eingeschätzten Bauern die Gründung der *Demokratischen Bauernpartei Deutschlands* (DBD) initiiert, als Auffangbecken für Nationalisten und ehemalige Nazis die *National-Demokratische Partei Deutschlands* (NDPD). Diese traten damit neben die 1946 zur SED zwangsvereinigte SPD und KPD und die beiden zunächst selbstständigen Parteigründungen der *Liberal-Demokratischen Partei Deutschlands* (LDP, ab 1951 LDPD) und *Christlich-Demokratischen Union Deutschlands* (CDU) – allesamt Blockparteien mit scheindemokratischer Alibifunktion unter der unanfechtbaren Hegemonie der SED.

Im Westen erleichterte – gewollt oder nicht – der Antitotalitarismus, der Nationalsozialismus wie Stalinismus gleichermaßen umfasste, zumindest damals die Möglichkeit, sich nicht mit dem Nationalsozialismus so auseinandersetzen zu müssen, wie es nötig gewesen wäre, sicherte dabei aber im Kern wiederum die Ansprüche und Verpflichtungen der einzelnen Individuen. Der Antifaschismus im Osten exkulpierte seinerseits die in der SBZ/DDR gebliebenen Nazis – sofern sie das Glück hatten, nicht zu denen zu gehören, die recht wahllos in sowjeti-

---

120 Vgl. detailliert dazu Kappelt, Olaf: *Braunbuch DDR*. 2. überarb. Aufl., Berlin 2009.

schen Lagern, nicht selten zuvor von den Nazis errichtet, inhaftiert und umgebracht wurden –, um dafür die gesamte Bundesrepublik pauschal unter Faschismusverdacht zu stellen. Was darin freilich bestehenblieb, waren die nur begrenzt umcodierten, vom Nationalsozialismus her eingeübten Symbole, Organisationsformen und Verhaltensweisen – sowie eine Politik der strafenden Bevormundung und rationierten Teilhabe von allem und jedem. Simone Barck hat diesen Antifaschismus zusammen mit der deutsch-sowjetischen Beziehung zu Grundkonstanten erklärt: „Bei dem ostdeutsch-sowjetischen Beziehungsgeflecht, seinen Inhalten und Formen, haben wir es – in ähnlicher Weise wie beim Antifaschismus – mit einer politischen und ideologischen Grundkonstante der DDR-Geschichte zu tun."[121]

III.8 Sowjetisierung

Was im Osten als deutsch-sowjetische Freundschaft sakrosankt war, wurde im Westen als Sowjetisierung, Stalinisierung oder Bolschewisierung entschieden geschmäht. Umgekehrt jedoch war eine ebenso eindeutig pejorative Besetzung von Amerikanisierung trotz allen propagandistischen Bemühungen im Osten nicht durchsetzbar. Denn die Sowjetisierung hatte über politisch einschlägige und dogmatische intellektuelle Kreise hinaus so gut wie keinerlei Attraktionen zu bieten, auch im ihr ausgelieferten Osten nicht. Geschweige denn für den Westen. Trotz aller im Westen faktisch verbreiteten und im Osten systematisch propagandistisch betriebenen Ablehnung, verhielt es sich mit dem Amerikanismus umgekehrt. So urteilt denn auch Michael Lemke pointiert: „Der Widerspruch zwischen der von der ostdeutschen Bevölkerung getragenen Tendenz einer ‚Verwestlichung von unten' und der ‚Sowjetisierung von oben' geriet der SED zu dem vielleicht folgenreichsten geistigen Entwicklungsproblem der DDR zumindest bis zum Mauerbau."[122]

Die Geschichte der Sowjetisierung war schon zeitgenössisch vor allem eine der gescheiterten direkten Übernahmeversuche oder besser: -zwänge von spezifisch sowjetischen Modellen, Praktiken und Techniken. So zeitigten Irrwege einer ‚sowjetischen Wissenschaft', das System der personalisierten Hochleistung von ‚Helden der Arbeit', aber auch die unzähligen, lächerlichen Verpflichtungen –

---

[121] Barck, Simone: Die fremden Freunde. Historische Wahrnehmungsweisen deutsch-sowjetischer Kulturbeziehungen in der SBZ in den Jahren 1948 und 1949. In: Jarausch; Siegrist (Hg.): *Amerikanisierung und Sowjetisierung*. 1997, S. 335–386, hier S. 335.
[122] Lemke: Deutschlandpolitik. In: Jarausch; Siegrist (Hg.): *Amerikanisierung und Sowjetisierung*. 1997, S. 96.

von der Maschinenpflege nach dem Verfahren Nina Nasarovas bis zur Verwendung des Kusovkin-Meißels[123], von abstrusen landwirtschaftlichen Methoden[124] bis zur Übernahme unangemessenen oder unbrauchbaren Geräts – schnell bei der Bevölkerung geradezu höhnische Reaktionen, bei den einsichtigeren der Funktionäre dilemmatische Verzweiflung. Die unvermittelte Sowjetisierung in der DDR, da ist Jürgen Danyel nur zuzustimmen, „ist eine Art Geschichte von ‚Pleiten, Pech und Pannen'", die in der Tat mit „beachtlichen Verlusten an gesellschaftlichen und ideologischen Ressourcen" einherging.[125]

Der Aufrechterhaltung und Intensivierung der Beziehungen zur Sowjetunion diente die *Deutsch-Sowjetische Freundschaft* (DSF), eine Gesellschaft, die 1949 aus der 1947 gegründeten *Gesellschaft zum Studium der Kultur der Sowjetunion* hervorgegangen war. Sie wurde nach dem *Freien Deutschen Gewerkschaftsbund* (FDGB) die zweitgrößte Massenorganisation, der – Erzählungen nach – wegen der verschwindend geringen realen Kontakte und Aktivitäten gerne Personen beitraten, die sich ansonsten nicht organisieren lassen wollten. Intensiver – und auch attraktiver für die DDR-Bürger – waren die staatlich geförderten Reisen (Motto: „Von der Sowjetunion lernen, heißt siegen lernen"), Studienaufenthalte, persönliche Kontakte und auch kulturelle Produkte.

Das war – wenngleich nicht so kontrolliert und formell gebahnt – im Westen gegenüber den USA ähnlich. Gerade in den Anfangsjahren bemühten sich die USA, möglichst viele Meinungsbildner zu Besuchen einzuladen. Hinzu kamen Programme für Studienaufenthalte. Indes zeigten allein schon die Differenzen der vergleichsweise zahlreichen deutsch-amerikanischen Heiraten[126] gegenüber den spärlichen deutsch-sowjetischen das inhärente Attraktivitätsgefälle.

In der DDR konnte zwar der vor 1945 stimulierte Antiamerikanismus in einen neuen Prosozialismus integriert werden; im Westen aber erlaubte selbst noch der amerikanische Manichäismus der Truman-Doktrin antiamerikanische Ressentiments unter letztlich proamerikanischer Rahmung. Denn zum einen wurden die Amerikaner zunehmend als Schutzmacht gegenüber den sowjetischen Bedro-

---

123 Vgl. dazu ausführlicher Hartmann, Anneli; Eggeling, Wolfram: „Das zweitrangige Deutschland" – Folgen des sowjetischen Technik- und Wissenschaftsmonopols für die SBZ und die frühe DDR. In: *Der Technikdiskurs in der Hitler-Stalin-Ära*. Hg. von Wolfgang Emmerich und Carl Wege. Stuttgart, Weimar 1995, S. 189–202, hier S. 199.
124 Wie überhaupt auch ihre Kollektivierung. Vgl. dazu Schöne, Jens: *Frühling auf dem Lande? Die Kollektivierung der DDR-Landwirtschaft*. Berlin 2005.
125 Danyel, Jürgen: Politische Rituale als Sowjetimporte. In: Jarausch; Siegrist (Hg.): *Amerikanisierung und Sowjetisierung*. 1997, S. 67–86, hier S. 72.
126 Vgl. zu den Realien wie Imaginationen Brauerhoch, Annette: *‚Fräuleins' und GIs. Geschichte und Filmgeschichte*. Frankfurt am Main 2006.

hungen angesehen, zum anderen boten sie in den Ballungsräumen und Kasernenorten als attraktive Arbeitgeber einen entsprechenden Zugang zu Lebens- und Genussmitteln, überhaupt Produkten des amerikanischen Lebensstils. Dem standen – insbesondere im ländlichen Raum – zahlreiche negative Erfahrungen mit rücksichtslosem Verhalten – etwa bei Manövern – gegenüber. (Das wurde aber allemal durch das Verhalten der in dieser Hinsicht besonders gefürchteten belgischen Truppen überboten.)

Die Angehörigen der Roten Armee indes waren strikt von der deutschen Bevölkerung separiert und durften nur im Kollektiv die Kaserne verlassen. Sie litten zudem ganz offenkundig in jeder Hinsicht unter noch größerem Mangel als die deutsche Zivilbevölkerung.[127]

Insgesamt verhielt sich die DDR gegenüber der Sowjetunion, der gegenüber sie nun einmal eine größere Abhängigkeit und wenig Spielraum hatte, eher reaktiv. Die Westmächte hingegen wollten nicht nur die Demokratie durchsetzen, zu der nolens volens auch mehr Autonomie gehören musste, sondern gebrauchten die gewährte Autonomie und größeren Freiheiten auch als Gratifikationen für Bündnisverlässlichkeit. Zudem darf man nicht vergessen, dass sie weniger monolithisch auftreten konnten als die Sowjetunion, da sie intern von widerstrebenden Interessen geprägt waren und man sich beispielsweise nicht wenig sorgte, das Nachkriegs-Frankreich könnte den Weg der Weimarer Republik gehen.

III.9 Amerikanismus und Antiamerikanismus

Allein schon deshalb war der – vor allem kulturelle – Antiamerikanismus im Westen zwar ein Indiz für Borniertheit und Unbelehrbarkeit, zugleich aber auch ein Gratismut vor Herrscherthronen – und damit letztlich ein – sedierendes – Ventil.

Verbunden war er allerdings mit einem Ressentiment gegen Demokratie. „Erinnern wir uns, wenn wir jetzt ungeduldig werden wollen, an die Geduld, die wir mit Hitler gehabt haben. [...] Fraglos ist heute in Deutschland niemand mehr, der sich offen zu seinen schlechten Instinkten bekennt oder offen der scheußlichsten aller Vergangenheiten nachtrauert. Aber wie steht es damit im Geheimen?"[128] – Erik Regers besorgte Frage von 1947 bekam gar nicht so geheime Antworten, allerdings in angebliche Besorgnis verpackt. So schrieb der spätere Staatssekre-

---

127 Vgl. differenziert dazu Müller, Christian Th.: *US-Truppen und Sowjetarmee in Deutschland. Erfahrungen, Beziehungen, Konflikte im Vergleich*. Paderborn 2011.
128 Reger, Erik: *Vom künftigen Deutschland. Aufsätze zur Zeitgeschichte*. Berlin 1947. Hier zit. nach Reger, Erik: *Kleine Schriften*. Bd. 2. Hg. von Erhard Schütz. Berlin 1993, S. 31–240, hier S. 34, 49.

tär im Wirtschaftsministerium Alfred Müller-Armack 1949 in kaum diplomatischer Verblümtheit: „Die politische Umerziehung der Besiegten wird zutiefst in Frage gestellt, seit die Labilität der demokratischen Formen in ihren Traditionsländern allgemein zu Bewußtsein kommt."[129] Glücklicherweise gelang den Westmächten, den Amerikanern voran, was Erik Reger damals als allererste Voraussetzung gedeihlicher Demokratie ausmachte, nämlich Zustände, „die das tägliche Leben nicht zu einer beständigen Hölle machten"[130]. Aber auch dies: „Der Leute, die aller Demokratie gefährlich sind, weil sie Demokratie als das ausgeben, was ihnen gerade genehm ist, sind wir nun überdrüssig."[131] Das war nicht lediglich in Richtung Osten gesprochen, sondern ebenso gegen jene Demokratieverächter, die sich nun insbesondere gegenüber den Amerikanern als demokratische Puristen gaben.

> Die Dummheit ist das Normale. Keine Macht der Welt wird mich zu der völkerverhetzenden Behauptung bewegen können, die Amerikaner seien anomal. [...] Um es gleich zu sagen: ich war unter Umständen gern bereit, mit den amerikanischen Dollars und amerikanischen Waren neben Autos, Kühlschränken, Radio-Apparaten, auch die amerikanischen Sitten und Gebräuche, wie die Gewohnheit, täglich zu baden, Kaugummi zu lutschen und Magazine zu lesen, mit Wohlwollen entgegenzunehmen, wenn ich dies alles nämlich ehrlich zu bezahlen in der Lage war.[132]

Ernst von Salomon, aus dessen Bestseller *Der Fragebogen* (1951) das Zitat stammt, war mit seinem perfiden Unternehmen, die amerikanische Entnazifizierungspolitik ad absurdum zu führen, wahrscheinlich der Erfolgreichste im allgemeinen intellektuellen Nachkriegssport der Amerikanerverspottung. Die Amerikaner dürften damals wohl die am meisten ironisierte, verhöhnte oder demonstrativ verachtete Besatzungsmacht gewesen sein. Beim gnadenlosen Regiment der Sowjets und auch der Franzosen ließ man Kritik lieber bleiben; die Briten gaben in ihrer ideologischen Laxheit dazu weniger Anlass. Der Entnazifizierungs- und ‚Re-Education'-Impetus der Amerikaner forderte die deutschen Reserven geradezu heraus, dies umso leichter, als man derart die von den Amerikanern propagierten Tugenden der Meinungs- und Pressefreiheit testen konnte. Die Vorurteile sind geläufig: Ahnungs- und kulturlos, infantil und sprunghaft, technikversessen

---

[129] Müller-Armack, Alfred: *Diagnose unserer Gegenwart. Zur Bestimmung unseres geistesgeschichtlichen Standorts*. Gütersloh 1949, S. 305. Hier zit. nach Greven, Michael Th.: *Politisches Denken in Deutschland nach 1945*. Opladen, Farmington Hills 2007, S. 276.
[130] Reger: Vom künftigen Deutschland. Nach Schütz (Hg.): *Reger: Kleine Schriften*. 1993, S. 50.
[131] Ebd., S. 52.
[132] Salomon, Ernst von: *Der Fragebogen*. Reinbek 1985, S. 217 (Erstausgabe: Hamburg 1951).

und kontrollwütig – um nur einige zu nennen – standen die Amerikaner den Deutschen gegenüber, deren ruinierte Städte und benebelte Gehirne noch immer mehr Kultur enthalten sollten, als den Besatzern je vorstellbar war. Das alles ist in historiographischen Lobgesängen auf die musterhafte Entwicklung der Bundesrepublik, in Studien zur Massen- und Pop-Kultur, erst recht in zahllosen Arbeiten zur Imagologie oder Alteritätsforschung dargelegt worden.[133]

Gerade sich explizit als konservativ verstehende Autoren sind hier besonders aufschlussreich. Die allermeisten der Nazi-Journalisten aus der PK-Generation sahen schon unmittelbar nach 1945 keinerlei Probleme, sich – vorwiegend im Illustriertenjournalismus – den Gegebenheiten anzupassen.[134] Die sich mehr oder weniger links verstehenden Journalisten – exemplarisch die der *Neuen Zeitung*, des *Ruf* oder der *Frankfurter Hefte* – übten kontinuierliche politische Kritik an den Entscheidungen der westlichen Besatzungsmächte, vor allem an den Amerikanern. Einschlägig eingerichtete Organe wie *Der Monat* – exemplarisch hier seit 1948 die Berichte Norbert Mühlens aus den USA – sangen allenfalls mit gelinder Kritik dekorierte Loblieder. Figuren der Konservativen Revolution, wie Giselher Wirsing oder Hans Zehrer, die sich den Nazis attachiert hatten, traten nun gar als feurige Atlantiker auf. Für jene Konservativen jedoch, die sich zumindest in einer gewissen Reserviertheit gegenüber NS-Regime und -Alltag geübt hatten, war die Situation entschieden schwieriger. Die Heteronomie der Besatzungs- als Führungsmacht setzte ihrem Nationalismus zu. Das politisch postulierte System der Demokratie unterlief ihren Autoritarismus. Und die mit der Demokratie einhergehende massenhafte Konsumkultur bedrohte ihren Elitismus. Machtpolitische Realisten, die sie waren, war ihnen schnell nur allzu klar, dass sie sich auf die Rückkehr der parlamentarischen, gar partizipatorischen Demokratie, die man vor 1933 verachtet und bekämpft hatte, einstellen, mit einem renovierten Kapitalismus und einer industriegesellschaftlichen Konsumkultur arrangieren mussten.[135] Denn einer strikt antidemokratischen, antiwirtschaftsliberalistischen und

---

133 Vgl. zuletzt Vogt, Jochen; Stephan, Alexander (Hg.): *Das Amerika der Autoren*. München 2007; dies. (Hg.): *America on my Mind. Zur Amerikanisierung der deutschen Kultur seit 1945*. München 2006. In Letzterem spricht Alexander Stephan von einem deutschen „Sonderfall der Amerikanisierung": Alexander Stephan: Culture Clash? Die Amerikanisierung der Bundesrepublik Deutschland. In: Vogt; Stephan (Hg.): *America on my Mind*. 2006 S. 29–50, hier S. 29.
134 Vgl. dazu exemplarisch Rutz, Rainer: Alte Netze – neu gestrickt. Von der NS-Auslandspropaganda zur konservativen Nachkriegspresse. Die Netzwerke von ‚Signal'. In: Schütz; Hohendahl (Hg.): *Solitäre und Netzwerker*. 2009, S. 167–184; generell Hodenberg, Christina von: *Konsens und Krise. Eine Geschichte der westdeutschen Medienöffentlichkeit 1945–1973*. Göttingen 2006.
135 Vgl. auch Kroll, Frank-Lothar (Hg.): *Die kupierte Alternative. Konservatismus in Deutschland nach 1945*. Berlin 2005.

massenkulturfeindlichen Position war – bis auf den letzten Punkt – durch die nicht hinreichend markierbare Differenz zur jüngsten Vergangenheit der Boden entzogen, jedenfalls dann, wenn man nicht bloß arkan Ressentiments pflegen, sondern politisch mitmischen wollte.

Noch weit vor irgend Ranküne, Niedertracht und Hochmut ging es daher bei ihnen zuallererst um die Exploration von Spielräumen des Widerstands und unvermeidlicher Anpassung. Man war sich – viel stärker als die Linke – bewusst, dass ‚Amerika', die Amerikaner und ihr Lebensstil nun einmal da waren, bleiben würden und sie fortzuwünschen wenig nützen würde. Zu dem schon lange existierenden Topos, dass die USA die „vorweggenommene Zukunft" zeigten,[136] war deren massive Anwesenheit in Europa und ihre zunehmende Unentbehrlichkeit als Garant gegen die Sowjetisierung hinzugekommen. Nicht zuletzt daraus resultierte die Notwendigkeit, genauer hinzusehen. Und daraus folgte oftmals eine integrierende Differenzierung. Drei Felder sind es vor allem, auf die ihre aufmerksame Auseinandersetzung führte: Hegemonialpolitik, Demokratiemaschinerie und Konsumkultur.

Bereits 1953 hatte beispielsweise Karl Korn in einem Leitartikel der *Frankfurter Allgemeinen Zeitung* (FAZ) dazu aufgerufen, dass

> wir uns angewöhnen müssen, das Phänomen Amerika so komplex und vielfältig zu sehen, wie es sich uns allen heute darstellt. Wir können es uns angesichts des kulturellen Gewichts, das die Vereinigten Staaten heute in der Welt darstellen, nicht mehr leisten, Technik und Managerwirtschaft, Standardisierung und Normung als Amerikanismus abzutun, wenn wir uns auf die Reste unseres kulturellen Dünkels besinnen.[137]

Das antiamerikanische Ressentiment, so Korn in seinem Buch *Faust ging nach Amerika*, komme in Deutschland immer dann auf, „wenn man den Problemen der modernen Industriegesellschaft im eigenen Lande ausweichen will"[138]. In seinem

---

136 Vgl. Payk, Marcus M.: Deutsche Visionen eines amerikanisierten Faust. Die vereinigten Staat im deutschen Feuilleton der 1950er Jahre. In: Vogt; Stephan (Hg.): *Amerika der Autoren*. 2007, S. 209–232, hier S. 213. Vgl. auch ders.: Der ‚Amerikakomplex'. ‚Massendemokratie' und Kulturkritik am Beispiel von Karl Korn und dem Feuilleton der Frankfurter Allgemeinen in den 1950er Jahren. In: *Demokratiewunder. Transatlantische Mittler und die kulturelle Öffnung Westdeutschlands von 1945 bis 1970*. Hg. von Arnd Bauerkämper, Konrad H. Jarausch und Marcus M. Payk. Göttingen 2005, S. 190–217. Vor allem aber die grundlegende Studie von Payk: *Der Geist der Demokratie. Intellektuelle Orientierungsversuche im Feuilleton der frühen Bundesrepublik: Karl Korn und Peter de Mendelssohn*. München 2008.
137 Korn, Karl: Der Amerikakomplex. In: *FAZ*, 3. 1. 1953, S. 1. Zuvor schon hatte er sich gegen die stereotype Fetischisierung von ‚Freiheit' in Westeuropa und den USA gewandt. Vgl. ders.: Zurück zur Kultur? In: *FAZ*, 21. 6. 1952, S. 1.
138 Ders.: *Faust ging nach Amerika*. Olten, Freiburg i. Br. 1958, S. 81.

Amerikabuch wird er darum von vornherein die Phänomene der Massengesellschaft, ihrer Konsumkultur und der Kulturindustrie[139] als „gemeinsame[ ], beide Nationen verbindende[ ] Bedrohungslage" voraussetzen.[140] Dabei stützte sich Korn – wie auch andere – zum Beleg gerade auf amerikanische Autoren, die übrigens in einer erstaunlichen Vielzahl und sehr schnell ins Deutsche übersetzt wurden – u. a. auf James Burnham, John Kenneth Galbraith, Russell Kirk, Max Lerner, Russell Lynes, Vance Packard, David Riesman oder William H. Whyte jr. Aber was in den USA demokratieimmanente Diskussionsbeiträge waren, wird hier unter der Hand mit älteren deutschen Impulsen der Antiliberalität, mit gemeinschaftsideologischem Konsensualismus und Konformismus zusammengespannt. Eine von Korns Bilanzen lautet daher: „Gewinn an Individualität und Verlust an Gemeinsinn."[141]

Sein späterer *FAZ*-Kollege Friedrich Sieburg, der – anders als Korn – bis dato keine persönlichen Erfahrungen mit den USA aufzuweisen hatte, konnte dafür umso heftiger nach innen polemisieren. So schreibt Sieburg:

> Vom politischen und sozialen Denken der Neuen Welt hätten wir viel zu lernen, die Produktionsenergie, die Planmäßigkeit und internationale Pflichterfüllung Amerikas wäre unserer Bewunderung wert. Aber es bleibt in den meisten Fällen bei den großblumigen Hemden, den Cowboyhosen und der Coca Cola. [...] Uns war von den Siegern die Lehre Abraham Lincolns zugedacht, wir haben uns mit den Chesterfields begnügt.[142]

Träger dieses, das eigene Wesen preisgebenden Amerikanismus ist der deutsche Spießer, der davon profitiert, dass es „sich auch im Dunstkreis der amerikanischen Zivilisation sehr bequem als Spießer leben läßt". Diese fast kabarettistisch anmutende Beschreibung will auf den deutschen Sündenfall hinaus, in der „verzweifelten Lage" der Niederlage den „eigenen Wesenskern fortzuwerfen". „Aber es war nur die hastige Preisgabe alles Dauerhaften, durch die wir unseren Verstrickungen zu entrinnen hofften."[143]

---

139 Ders.: Kulturindustrie? In: *FAZ*, 12. 7. 1952, S. 1. Vgl. auch ders.: *Die Kulturfabrik*. Wiesbaden 1953.
140 Payk: ‚Amerikakomplex'. In: Bauerkämper; Jarausch; Payk (Hg.): *Demokratiewunder*. 2005, S. 207. Vgl. auch ders.: Deutsche Visionen. In: Vogt; Stephan (Hg.): *Amerika der Autoren*. 2007; sowie ders.: *Der Geist der Demokratie*. 2008, S. 266 ff.
141 Korn: *Faust ging nach Amerika*. 1958, S. 50.
142 Sieburg, Friedrich: Vom Sieger lernen. In: Ders.: *Die Lust am Untergang. Selbstgespräche auf Bundesebene*. Hamburg 1954, S. 166–174, hier S. 168.
143 Ebd., S. 169, 171, 173.

Sieburg sieht durchaus, dass der Westen, der für ihn bis dahin immer auf Frankreich fokussiert war,[144] nun durch die USA Sicherheit vor der sowjetischen Unfreiheit garantiert; er sieht, dass das Volk der Bundesrepublik inzwischen an einen Sozialkomfort gewöhnt ist, der mehr ist als Brot und Spiele, den man ihm schwerlich wird wieder entziehen können und – mit Blick auf die eigenen Lebensumstände – auch nicht wird wollen. Er sieht im sozialen Komfort und der durch ‚fremde' Mächte garantierten Sicherheit jedoch die Entwöhnung von persönlicher Verantwortung und Riskanz wie das Schwinden persönlicher Autonomie und des Bewusstseins davon. Unter der Frage „Darf man noch konservativ sein?" gibt er gegen Ende 1959 die schlichte Definition: „Konservativ sein heißt bewahren wollen. Es heißt, bewahren wollen, was ist, nicht zurückrufen, was gewesen ist."[145] Diese Sicherung des Status quo sagt inzwischen immerhin Ewiggestrigen und Reaktionären ab, sieht in ihm aber zugleich das entscheidende Dilemma des Konservatismus, nämlich seine allgemeine Durchsetzung darin, „daß die meisten freien Völker heute eine konservative Gesinnung hegen und konservativ regiert werden"[146]. Dieser Konservatismus gründe in „Sicherheit" und „Sicherung des Wohlstands", was im „Versorgungsstaat" auch den Liberalen „automatisch konservativ" werden lasse, wie umgekehrt.[147] In dieser vermeintlichen Konvergenz von Konservatismus und Fortschrittlichkeit nun heiße konservativ sein, „das deutsche Geschick als ein Ganzes zu sehen und nicht nur an der vom Schein der Vergangenheit beleuchteten Geschichte teilhaben, sondern auch die Verantwortung für die Schuld der jüngsten Vergangenheit auf sich nehmen." Und nun ein bemerkenswerter Satz: „Wer wirklich konservativ ist, zieht den Trennungsstrich zwischen Vergangenheit und Gegenwart nicht da, wo es ihm gerade gefällt, sondern macht sich klar, daß es Trennungsstriche dieser Art überhaupt nicht gibt."[148]

So erstaunlich diese Position für ihn ist, dem man – ähnlich wie Gottfried Benn oder Ernst Jünger – übelnahm, nicht öffentlich von der eigenen Vergangenheit abgerückt zu sein, so macht sie zugleich deutlich, dass der Zustand einer staatlichen Garantie formaler individueller Freiheit der emphatischen Position von Singularität und persönlicher Riskanz den Boden entzieht. „Das wirkliche

---

144 Zu Friedrich Sieburg immer noch am maßgeblichsten ist Krause, Tilmann: *Mit Frankreich gegen das deutsche Sonderbewußtsein. Friedrich Sieburgs Wege und Wandlungen in diesem Jahrhundert.* Berlin 1993.
145 Sieburg, Friedrich: Darf man noch konservativ sein? (zuerst in: *FAZ*, 23. 9. 1959). In: Ders.: *Abmarsch in die Barbarei. Gedanken über Deutschland.* Hg. von Klaus Harprecht. Stuttgart 1983, S. 384–387, hier S. 386.
146 Ebd., S. 384.
147 Ebd., S. 385.
148 Ebd., S. 386.

konservative Denken" – nicht: Handeln – „aber bewahrt sich die Abneigung dagegen, vom Staate das besorgen zu lassen, was Sache des einzelnen ist. Darum wird dieses Denken immer notwendiger und immer seltener."[149]

Was 1945 in einer Allianz von links bis rechts, von Erich Kuby bis Hans Egon Holthusen, als kulturkritische und zumindest amerikaaversive Kritik an kultureller Überwältigung, um nicht einmal mehr zu sagen, Überwältigung der Kultur durch Zivilisation, begonnen hatte, wandelt sich im Verlauf des folgenden Jahrzehnts zunehmend in die Prognostik vorlaufender amerikanischer und damit europäisch weithin unausweichlicher Entwicklungen. Das ursprüngliche Bild einer befremdlich fremden Macht und Gesellschaft verwandelt sich in Vorstellungen vom notgedrungen notwendigen eigenen Anderswerden, in die Position einer – leider – unausweichlichen, aber vielleicht wenigstens steuerbaren Selbstanpassung. Die anfangs, etwa bei Karl Korn, noch virulente Position, dass eine Kultur, die nicht zum Widerstand gegen hegemoniale Überwältigung in der Lage ist, am Ende auch nicht wert sei, erhalten und verteidigt zu werden,[150] weicht bald der gelasseneren Einsicht, dass die Welt im Zweifelsfalle eher an anderem als an der konsumistischen Massenkultur demokratischer Verfasstheit unterginge – und vor allem diese verächtliche Massenkultur auf Dauer einen besonders exquisiten und exklusiven Platz für die konservativen Kulturelitisten zu bieten vermochte, nämlich als integrierten Widerpart mit entsprechender Aufmerksamkeitsgarantie.

Eben das hatte Jürgen Habermas 1957 diesem Konservatismus „in dritter Generation" diagnostiziert: „[S]ie vermeidet sowohl die historische Betrachtung der Alt- als auch die revolutionäre der Jungkonservativen." Stattdessen betreibe sie lediglich Gegenwartskritik als „Kritik an der Leine des Konformismus."[151]

III.10 Kulturbund und KPD-Verbot

Die sowjetische Politik in der unmittelbaren Nachkriegszeit hatte ursprünglich zwischen einer Konzentration auf eine Sowjetisierung ihrer Besatzungszone und einer Einflussnahme über die KPD/SED auf die anderen Zonen und damit einer Schwächung der Position der dortigen westlichen Besatzungsmächte geschwankt. Vor allem über die Kulturpolitik versuchte sie, im Westen Einfluss zu gewinnen.[152]

---

149 Ebd., S. 387.
150 Vgl. Korn: *Die Kulturfabrik*. 1953.
151 Habermas, Jürgen: Konsumkritik – eigens zum Konsumieren. In: *Frankfurter Hefte*, 12 (1957) 9, S. 641–645, hier S. 641.
152 Vgl. Pike, David: *The Politics of Culture in Soviet-Occupied Germany, 1945–1949*. Stanford 1992.

Die kulturpolitische Linie, die zunächst von der sowjetischen Militäradministration ausgegeben wurde, war faktisch – und noch ohne intendierte antiamerikanische Stoßrichtung – ein Gegenprogramm zu dem, was als kultureller Amerikanismus wahrgenommen wurde. Es waren aber nicht nur die oft hochgebildeten, im Geiste der klassischen deutschen Kultur erzogenen sowjetischen Offiziere, die Rückbesinnung auf die humanistischen Traditionen der deutschen Kultur als ein nötiges Antidot gegen die Vergiftung durch die Nazi-Barbarei sahen; auch die deutschen Remigranten sahen alle Hoffnungen in einer erneuerten Heranführung an die Größe nationaler Kultur.

Exemplarisch für beides steht der bereits erwähnte *Kulturbund zur demokratischen Erneuerung Deutschlands*, den der aus der Sowjetunion zurückgekehrte Johannes R. Becher initiiert und den die sowjetische Militärkommandantur bereits im Juni 1945 zugelassen hatte. Er operierte fortan in allen Besatzungszonen und fand zunächst auch im Westen ein durchaus reges Interesse. Der *Kulturbund* sollte insbesondere bürgerliche Intellektuelle und Künstler, aber auch Akademiker und Wissenschaftler integrieren, indem er bewusst an traditionalistisches und nationales Gedankengut anknüpfte. Überhaupt umwarben die sowjetischen Kulturoffiziere zunächst prominente Künstler, selbst wenn sie im ‚Dritten Reich' eine nicht unbedenkliche Rolle gespielt und die amerikanischen Behörden sie auf eine ihrer ‚schwarzen Listen' gesetzt hatten. Der *Kulturbund* trug zugleich – eher in der DDR, die sich wesentlich großzügiger und offener zeigte als der Westen – zur Wiederaufnahme der Emigrierten bei. Während im Frühsommer 1946 eine Kulturtagung der KPD sich noch demonstrativ offen für das weitgefasste, ebenso liberale wie traditionale Kulturverständnis des *Kulturbundes* gegeben hatte, machte die erste Kulturtagung der SED im Mai 1948 – hier durchaus im Einklang mit der inzwischen geltenden Praxis der sowjetischen Besatzungsmacht – unmissverständlich deutlich, dass der ideologische und administrative Kampf sich zukünftig gegen das Bürgerliche richten würde. Das schloss insbesondere den Kampf gegen den Einfluss der Kirchen ein.[153] Immer wieder zeigte sich darin das grundsätzliche Paradox des Anspruchs, im Namen des Volkes handeln zu wollen, dem Volk aber ideologisch grundsätzlich zu misstrauen.

Ohnehin waren nun die als Bourgeoise apostrophierten Selbstständigen, Akademiker und Fabrikanten sowie die als Junker stigmatisierten Großgrundbesitzer die hauptsächlichen Gegner. Die systematischen Schikanen diesen wirtschaftlich und sozial tragenden Bevölkerungsgruppen gegenüber führten alsbald

---

[153] Vgl. – bei allen interpretatorischen Schwächen der Arbeit – dazu das überwältigende Material in Jander, Ingrid: *Politische Verfolgung in Brandenburg 1949–1953. Der Kampf gegen Ost-CDU, Bauern und Kirchen im Spiegel der Akten der SED und Staatssicherheit*. Düsseldorf 2011.

zu einem erheblichen *braindrain* in den Westen, der erst mit dem Mauerbau gewaltsam gestoppt werden konnte.

Im Westen hatte der *Kulturbund* ebenfalls namhafte Künstler und Wissenschaftler gewinnen können, als Gründungsmitglied am prominentesten und integersten vielleicht der Philosoph Hans-Georg Gadamer, zunächst Rektor der Universität Leipzig, der 1947 einen Ruf nach Frankfurt am Main erhielt und dann nach Heidelberg ging. Der *Kulturbund* war mit seiner Insistenz u.a. auf Pazifismus und deutscher Einheit der amerikanischen Hegemonialmacht schnell ein Dorn im Auge. Man versuchte daher, ihn als kommunistische Tarnorganisation zu diskreditieren. Was er – zumindest in seiner Führung – ja auch war.

Das stand im Zusammenhang mit dem spezifischen Verhalten der KPD in der Bundesrepublik und des oppressiven Kampfes der Bundesregierung gegen sie. 1952 war die *Sozialistische Reichspartei* (SRP) wegen ihres offen vertretenen Nationalsozialismus verboten worden. Schon zuvor wurde die KPD, eine offizielle Neugründung der in der NS-Zeit verbotenen KPD, die mit fast sechs Prozent Stimmen 1949 in den Bundestag gekommen war, stark behindert. Sie war als verfassungsfeindlich erklärt worden, und im Herbst 1950 wurde die Mitgliedschaft in verfassungsfeindlichen Organisationen für öffentliche Bedienstete verboten. Das wiederum führte zu einer Welle von Entlassungen aus dem Staatsdienst. Im Sommer 1951 wurde ihre – von der DDR gesteuerte – Jugendorganisation *Freie Deutsche Jugend* (FDJ) verboten. Im November desselben Jahres stellte die Bundesregierung den Antrag, die KPD als verfassungswidrig zu verbieten. In der Folgezeit kam es zu zahlreichen Durchsuchungen und Verhaftungen. Im Bundestag wurde der KPD der Fraktionsstatus aberkannt. Moskauhörig und weitgehend von der DDR gelenkt, hatte sich die KPD u.a. strikt gegen eine „Remilitarisierung" der Bundesrepublik ausgesprochen. In ihrem Parteiprogramm vom 2. November 1952 rief sie dann zum „unversöhnliche[n] und revolutionäre[n] Kampf", zum „Sturz des Adenauer-Regimes" als einer „Stütze der Herrschaft der amerikanischen Imperialisten in Westdeutschland" auf. Damit hatte die Partei, die 1953 mit nur 2,2 Prozent der Stimmen nicht mehr in den Bundestag kam, selbst eine Vorlage für das Verbot geliefert. Dennoch zog sich wegen richterlicher Bedenken das Verfahren durch das Bundesverfassungsgericht bis 1956 hin. Das am 17. August 1956 ausgesprochene Verbot, in der Sache sicherlich zurecht, da die KPD zweifellos auf die Beseitigung der freiheitlich-demokratischen Grundordnung, wie sie im Grundgesetz festgehalten ist, hinarbeitete, wurde unter Opportunitätsgesichtspunkten heftig diskutiert, da die Partei ohnehin schon marginalisiert war und, was in der Folgezeit auch eintrat, ihre Aktivitäten vollends in die Illegalität abgedrängt wurden. Zudem war das Verbot – wie schon vorher die Verfolgung der Partei – oft mit harten persönlichen Schicksalen von ehemaligen KZ-Insassen oder Exilierten verbunden.

Ein besonders spektakulärer Fall war der von Richard Scheringer, der als Offizier der Reichswehr 1930 wegen des ‚Versuchs einer nationalsozialistischen Zellenbildung innerhalb der Reichswehr' inhaftiert wurde, sich in der Haft zum Kommunismus bekannte und daraufhin wiederum verfolgt wurde. Scheringer, der im Zweiten Weltkrieg als Hauptmann an der Ostfront diente, trat 1945 der KPD bei, amtierte kurzzeitig als Staatssekretär im Bayerischen Landwirtschaftsministerium und war Fraktionsvorsitzender der KPD im Bayerischen Landtag. Er blieb über das Verbot hinaus in der Partei, in der Illegalität, bis er 1968 der formalen Neugründung als *Deutsche Kommunistische Partei* (DKP) beitreten konnte, der er bis zu seinem Tod 1986 angehörte.

Scheringer war für seine Arbeit am revolutionären *Programm zur nationalen Wiedervereinigung Deutschlands* zu zwei Jahren Haft und zur Aberkennung der bürgerlichen Ehrenrechte verurteilt worden. Wegen einer Herzerkrankung wurde das Urteil nicht vollzogen und 1958 zur Bewährung ausgesetzt. Eine Karikatur des damaligen Bundesverteidigungsministers Franz-Josef Strauß in einem hektographierten Blättchen wurde zum Anlass genommen, ihn 1961 in Landsberg/Lech, wo Adolf Hitler eingesessen war, zu inhaftieren. 1962 kam er durch einen Gnadenerlass des damaligen Bundespräsidenten Heinrich Lübke frei. Gegen seine Inhaftierung hatten zahlreiche Prominente protestiert, darunter auch Ernst Jünger.[154]

Da die DDR seit 1957 noch massiver als bisher gegen die Bundeswehr und deren möglichen Atomwaffenzugang agitierte, hatte Konrad Adenauer die Initiative zu einer gemeinsamen Propaganda-Instanz der Westmächte ergriffen. Nach dem Misserfolg wurde 1958 im Verteidigungsministerium eine Abteilung zur psychologischen Kampfführung eingerichtet. Aus deren Kooperation mit dem Verfassungsschutz entstand die als Dokumentation angelegte Schrift *Die trojanische Herde* (1959) von Karl Richter (d. i. Werner Sticken[155]). Sie kam als Schrift der *Bundeszentrale für Heimatschutz* im *Verlag für Politik und Wirtschaft*, einem Tochterunternehmen des Kölner Verlags *Kiepenheuer & Witsch*, heraus. Als *dokumentarischer Bericht*, so der Untertitel, sollte sie die kommunistische Dominiertheit und Steuerung des *Kulturbundes* durch die DDR belegen. Das Register liest sich weithin wie ein *Who is Who?* des bundesrepublikanischen Kulturlebens. Und der Text

---

154 Vgl. Schüddekopf, Otto-Ernst: *Nationalbolschewismus in Deutschland*. Frankfurt am Main, Berlin, Wien 1972; Arnold, Heinz Ludwig: *Wilflinger Erinnerungen. Mit Briefen von Ernst Jünger*. Göttingen 2012, S. 22–25.
155 Der Techniker und Lokalredakteur der *Niedersächsischen Volksstimme* Werner Sticken war KPD-Mitglied und wurde als niedersächsischer Landessekretär des *Kulturbundes* eingesetzt. Er avancierte in den Kern der Organisation, wurde aber Juni 1959 als Zuträger des Verfassungsschutzes enttarnt.

endet mit dem dräuenden Satz: „Sie sind mitten unter uns – gestern, heute, morgen – solange sie Menschen finden, die sich für ihre Zwecke einspannen lassen."[156] Das Buch löste verständlicherweise heftige Abwehrreaktionen bei den Kommunisten und ihren *fellow travellers* aus. Aber selbst Heinrich Böll polemisierte 1960 in einer Rezension für die *Frankfurter Hefte* gegen das Buch, das beabsichtige, den Eisernen Vorhang noch undurchdringlicher zu machen.[157]

Indes steht außer Frage, dass sich der *Kulturbund*, wie andere kommunistisch kontrollierte Organisationen auch, – nicht nur – prominenter, besorgter Pazifisten, Atomkraftgegner u. ä. zu bedienen suchte, um gegen die Politik der Bundesrepublik zu agitieren. Umgekehrt suchten in ihrer ernsthaften Besorgnis gegenüber den politischen und militärischen Entwicklungen prominente Künstler und Wissenschaftler die ihnen gebotene organisatorische Plattform für ihre ideellen Anliegen zu nutzen, unbeschadet der kommunistischen Dominiertheit.

III.11 Exkurs: Das Jahr 1956

Die Position der Kommunisten in Fragen der Atombewaffnung war nicht ohne Zynismus, war es doch die Sowjetunion, die 1956 offen mit einem kriegerischen Einsatz von Atomwaffen drohte. An diesem Jahr 1956 lässt sich die reale Krisenhaftigkeit der Zeit besonders deutlich beobachten, aber auch ein exponentiell gestiegenes Krisenbewusstsein feststellen, das in den folgenden Jahren bis hinein in die Sechziger beständig zunahm.

So wurde 1956 zum einen die Unabhängigkeitsbewegung in Algerien kritisch. Frankreich hatte nach dem Fall von Dien Bien Phu 1954 – der auch in der Bundesrepublik mit besonderer öffentlicher Aufmerksamkeit verfolgt wurde, da unter den dort eingesetzten Fremdenlegionären sehr viele Deutsche waren – seine indochinesische Kolonie verloren. Das löste Befreiungsimpulse in seinen afrikanischen Kolonien, insbesondere aber in Algerien aus, das 1956 – offen unterstützt von Marokko und Tunesien – in das Stadium von Bürgerkrieg und faktischem Kriegszustand überging.

Frankreich und England verbündeten sich darüber hinaus im selben Jahr zu einem eher verzweifelten Versuch zur Rettung ihrer kolonialen Vormachtstellung, indem sie zusammen mit Israel kriegerisch gegen die Verstaatlichung des Suez-Kanals durch Ägypten intervenierten. Das hatte nicht nur eine Verurteilung durch

---

156 Richter, Karl: *Die trojanische Herde. Ein dokumentarischer Bericht.* Köln 1959, S. 295.
157 Böll, Heinrich: Register-Demokratie. In: Ders.: *Werke.* Bd. 12: *1959–1963.* Hg. von Robert C. Conard. Köln 2008, S. 63–66.

die UN und eine Distanzierung der USA zur Folge, auch die Sowjetunion, die ihren Einfluss im Nahen Osten gefährdet sah, drohte mit besagtem Atomschlag.

Ebenfalls im Jahr 1956, in dem mit der Ausstellung der zurückgegebenen Dresdner Gemäldesammlung in der DDR der ‚Großmut' der Sowjetunion demonstriert werden sollte, ging diese wiederum ihrerseits brutal gegen die freiheitlichen, reformerischen Aufstandsbewegungen in Polen und vor allem Ungarn vor. In unmittelbarer Folge kam es auch in der DDR zu Verhaftungen und Verurteilungen, zu langjährigen Zuchthausstrafen für Stalinismuskritiker und Reformer wie Wolfgang Harich, Walter Janka, Gustav Just oder Erich Loest. Georg Lukács, der sich in Ungarn reformerisch engagiert hatte, wurde dort nicht nur ausgestoßen, sondern er, sein Werk und seine Schüler fielen auch in der DDR in offiziellen Acht und Bann.

Unter den Auspizien einer 1954 der NATO beigetretenen Bundeswehr war ohnehin der Protest der Bewegung gegen die Atombewaffnung in der Bundesrepublik gewachsen; die kriegerischen Interventionen und Bürgerkriegsgeschehen bildeten u. a. die Folie für den Protest von 18 Atomwissenschaftlern im Frühjahr 1957, die in der *Göttinger Erklärung* die Bundesrepublik aufforderten, auf den Besitz von Atomwaffen in jeglicher Form zu verzichten und sich selbst zukünftig der Herstellung und Erprobung von Atomwaffen verweigerten.

Aus einer nachträglichen Perspektive mag der Protest in jenem Jahr 1956, in dem Brecht und Benn starben und Werner Steins *Kulturfahrplan*, dem solche Bemerkungen sich leicht attachieren, sein zehnjähriges Bestehen erlebte, zum einen hin und wieder exaltierte oder hysterische Züge angenommen haben, zum anderen mag die Motivation von Kommunisten und vormaligen Nazis oder Nationalrevolutionären wie Ernst von Salomon nicht eben aufrichtig gewesen sein.

Man sollte aber zumindest bedenken, wie dramatisch die Bedrohungslage damals erscheinen musste, wenn allein 1956 angesichts der angespannten Weltlage kein Friedensnobelpreis vergeben und das Weltpotenzial an Atombomben auf 50 000 geschätzt wurde, die USA, wie ein Jahr zuvor schon die Sowjetunion, eine Wasserstoffbombe vom Flugzeug aus abwarfen, entscheidende Schritte in der Forschung zur Kernfusion bekannt gegeben und zugleich besorgniserregende, amerikanische und britische Studien zu Strahlenbelastung und Strahlenfolgeschäden publik gemacht wurden – und schließlich in Deutschland ernsthaft darüber diskutiert wurde, dass das ausgesprochen schlechte Sommerwetter auf Atombombenversuche zurückzuführen sei.

Auf der Kehrseite freilich, in geradezu fröhlicher Schizophrenie, wurden gleichzeitig die utopischsten Vorstellungen zu den Möglichkeiten friedlicher Atomkraftnutzung verbreitet.[158]

---

[158] Zur Komplexität dieses Themas vgl. in diesem Band das Kapitel 7 („Die atomare Situation").

IV Die Rolle der Medien

IV.1 Rundfunk

An keinem Tag seit dem 29. Oktober 1923, dem Beginn eines regelmäßigen Rundfunkprogramms in Deutschland, so hat Hans Bausch, der ehemalige Intendant des *Süddeutschen Rundfunks* (SDR), in seiner vierbändigen Geschichte des Rundfunks in Deutschland stolz vermerkt, habe „Funkstille in Deutschland" geherrscht.[159] Zwar hatte sich der letzte Reichssender am 1. Mai 1945 offiziell abgemeldet, aber noch fünf Tage nach der bedingungslosen Kapitulation des Deutschen Reiches am 8. Mai 1945 lief ein *Reichssender Flensburg*, während bereits am 4. Mai von Hamburg aus zu hören gewesen war: „This is Radio Hamburg, a station of the Alliied Military Government." Am 13. Mai dann meldeten sich die sowjetischen Besatzungstruppen aus Tegel, und im französischen Besatzungsbereich wurde ab dem 14. Oktober 1945 ein Regionalprogramm von Koblenz aus gesendet. Ungeachtet dessen war allen vier Besatzungsmächten klar, dass der Rundfunk, als das zu dem Zeitpunkt effizienteste und flächendeckendste Informationsmedium, zugleich ein hochrangiger Ordnungs- und Kontrollfaktor, neu organisiert werden musste. Ein einheitliches Konzept, wie das zu geschehen habe, gab es indes nicht.

Die Sowjets etwa konzentrierten den Rundfunk in ihrem Machtbereich zunächst auf Berlin und Leipzig und ließen die ehedem sehr wichtigen Sender Breslau, Königsberg und Danzig ihren Betrieb nicht wieder aufnehmen. Anders als die Presse, in der man zunächst mit einer größeren Zahl nichtkommunistischer Journalisten arbeiten musste, war der Hörfunk von Anfang an strikt linientreu kommunistisch besetzt worden. Am 12. Oktober 1949 wurde die Kontrolle des Hörfunks an die Regierung der DDR übergeben und unterstand fortan de facto der *Abteilung für Agitation und Propaganda beim ZK der SED*. Die Landessender Dresden, Erfurt, Halle, Potsdam und Schwerin wiederum unterstanden dem *Berliner Rundfunk*. Dessen Gebäude stand ursprünglich im Westteil der Stadt, er wurde jedoch schon 1946 von den Sowjets in den Ostteil verlegt. Der *Berliner Rundfunk* war vor allem für Politiksendungen, aber auch für Unterhaltung aus Berlin zuständig, das 1953 eingerichtete Programm *Radio DDR* (ab 1958 *Radio DDR I*) hatte einen Schwerpunkt bei Nachrichten und Unterhaltung, *Radio DDR II* (ab 1958) bei Kultur und Bildung. Hinzu kam der *Deutschlandsender*, der ein propagandistisch gesamtdeutsch orientiertes Programm ausstrahlte, wie zwei ausschließlich in die Bundesrepublik hineinwirkende Sender. Während der *Deutsche*

---

[159] Bausch, Hans: *Rundfunk in Deutschland*. Bd. 4: *Rundfunkpolitik nach 1945*. München 1980, S. 13.

Freiheitssender 904 (1956–1971) u.a. verschlüsselte Nachrichten für Angehörige der verbotenen KPD brachte, lockte der vor allem an die Bundeswehr gerichtete *Deutsche Soldatensender 935* (1960–1972) mit populärer Musik, die in der DDR verpönt und nicht zu hören war.

Hatte der Rundfunk im Osten unmittelbar nach Kriegsende relativ stark an die musikalischen Unterhaltungssendungen der letzten Kriegsjahre angeknüpft, teils aus taktischem Anschluss an unterstellte Gewohnheiten, teils aus Mangel an Alternativen, geriet er 1949, als die Deutschen auch offiziell die Leitung übernahmen, in eine Krise, in der vor allem diejenigen Mitarbeiter denunziert und vertrieben wurden, die auf Professionalität Wert legten, darunter viele ursprüngliche West-Emigranten.

Mit den Säuberungen von ‚bürgerlichen' oder ‚unzuverlässigen Elementen' einher ging eine forcierte Politisierung bei gleichzeitiger Rücknahme der Unterhaltungsanteile. Schon 1948 hatte man im Radioprogramm der SBZ vier inhaltliche Schwerpunkte eingeführt: 1. Propaganda nach Westen, 2. intensivierte Berichterstattung über die Sowjetunion, 3. Schulungskurse in marxistisch-leninistischer Gesellschaftstheorie und 4. erweiterte Wirtschaftsberichterstattung. Wortanteile stiegen so auf die Hälfte aller Beiträge, insbesondere die Hauptnutzungszeit ab 19 Uhr war davon betroffen. Eine gewisse Ausnahme stellte in dieser Hinsicht der *Mitteldeutsche Rundfunk* dar. Allerdings wurde der Sender, der den Süden Ostdeutschlands abdeckte, bereits 1952 als selbstständige Rundfunkanstalt eingestellt. Zeitgleich verloren auch alle anderen Sender ihre Selbstständigkeit, wobei die Zentralisierung zu einer noch stärkeren Verlautbarungsdominanz führte. Die Folge war ein massiver Hörerschwund.[160] Zwar hatte es schon früh Warnungen gegeben, die Bedeutung der Unterhaltung zu unterschätzen, doch diese Stimmen von Fritz Erpenbeck bis Peter Huchel wurden nicht gehört.[161]

Welchen Sendern sich die ostdeutschen Hörer in und um Berlin wie auch in den grenznahen Gebieten zuwandten, liegt auf der Hand. Wobei die von den westlichen Besatzungsmächten jeweils eingerichteten Rundfunkanstalten strukturell unterschiedlicher kaum hätten sein können. So gingen die Amerikaner in ihrem Kontrollbereich dezentralistisch vor und griffen auf die stark föderalen Strukturen des Rundfunks in seiner Anfangszeit zurück. Unter der Ägide der US-

---

160 Vgl. Classen, Christoph: Revolution im Radio. Zur institutionellen Entwicklung des Hörfunks in der SBZ/DDR 1945–1953. In: *Zwischen Pop und Propaganda. Radio in der DDR.* Hg. von Klaus Arnold und Christoph Classen. Berlin 2004, S. 47–66.
161 Vgl. Mühl-Benninghaus, Wolfgang: „Der Mensch ist nichts Ewiges …'. Zu Problemen von Unterhaltungssendungen des Rundfunks der Sowjetischen Besatzungszone. In: Arnold; Classen (Hg.): *Zwischen Pop und Propaganda.* 2004, S. 67–82.

Propaganda- und Zensurabteilung *Information Control Division* – jeweils unterteilt auf die von den Amerikanern proklamierten Länder Bayern, (Groß-)Hessen, Württemberg-Baden (alle drei noch 1945) und den Stadtstaat Bremen (1947) – entstanden entsprechende Sendeanstalten. Dazu in Berlin der *Rundfunk im amerikanischen Sektor* (RIAS). Bis auf den RIAS, der erst 1954 einen deutschen Intendanten erhielt, wurden die vier Anstalten *Radio München/Bayerischer Rundfunk*, *Radio Frankfurt/Hessischer Rundfunk*, *Radio Stuttgart*/SDR und *Radio Bremen* 1949 in deutsche Zuständigkeit übergeben. Die Briten hingegen setzten von vornherein ein am heimischen BBC orientiertes, straff zentralistisches Konzept durch, in dessen Gefolge die Großorganisation des *Nordwestdeutschen Rundfunks* (NWDR) geschaffen wurde. Seine Zentrale wurde in Hamburg eingerichtet; Köln und Berlin fungierten als Nebenzentren. Weil damit traditionale Föderalstrukturen und vorhandene bürokratische Komplexe ignoriert wurden, kam es schnell zu heftigen inneren und äußeren Spannungen, um Hierarchien ebenso wie um Gebührenverteilung. Alles drängte auf Auflösung. Zunächst wurden der Berliner Sender unter dem Namen *Sender Freies Berlin* (SFB) 1953, dann faktisch 1954 – offiziell aber erst mit der Aufhebung der Verordnung Nr. 118 der britischen Militärregierung am 1. Februar 1955 – der *Westdeutsche Rundfunk* (WDR) mit Hauptsitz in Köln und in Hamburg der *Norddeutsche Rundfunk* (NDR) in die Selbstständigkeit entlassen. Frankreich hatte sich zunächst abwartend verhalten. Neben dem *Sender Koblenz* installierten die Franzosen vom *Sender Baden-Baden* aus zunächst den *Südwestdeutschen Rundfunk* und dann den *Südwestfunk* (SWF), der vergleichsweise spät, ab dem 31. März 1946 sein offizielles Programm aufnahm. Die Franzosen achteten allerdings auf einen strikt französischen Einfluss. Dies vor allem im Saarland, wo man im Zuge der Annexionspolitik eine eigene, an der französischen Rundfunkorganisation ausgerichtete Entwicklung nahm. Unter dem Schlagwort der *pénétration culturelle* stand der Sender unter strikter französischer Kontrolle, die bis in die Zensur einzelner Nachrichten ging. Diese Entwicklung endete erst 1957 mit der Eingliederung des Saargebietes in die Bundesrepublik.

Die Amerikaner hatten bis 1951 in ihrem Kontrollbereich von Amerikanern gefertigte Sendeteile in deutscher Sprache, als *Stimme Amerikas*, obligatorisch gemacht. Bis 1957, also zwei Jahre nach der offiziell wiedererlangten deutschen Rundfunkhoheit, wurden von den Sendern noch gewisse Kontingente der *Stimme Amerikas* abgenommen.

Neben den deutschen gab es weitere einflussreiche Sender, wie *Europa 1*, der vom Saarland aus in französischer Sprache sendete, oder *Radio Free Europe* und *Radio Liberty*, als amerikanische Sender von München aus vorwiegend in den Ostblock gerichtet. Für die deutsche Jugend aber waren *Radio Luxemburg* und vor allem die Sender für die Besatzungstruppen, AFN (in Frankfurt am Main) und

BFBS (zunächst als BFN in Hamburg, danach in Köln und Berlin) mit ihren großen Anteilen an Musiksendungen, vom Jazz über Country & Western bis hin zur harten Rockmusik, besonders populär und einflussreich, während die deutschen Sender sich lange mit Musik jenseits von Schlager, Volkslied, Operette und Klassik schwer taten.

Mit sichtlichem Bedauern konstatierte hingegen Jost Hermand, dass die deutschen Rundfunkanstalten der Tendenz zur Unterhaltungsmusik dann doch nachgaben und „sich vor allem an jene Bevölkerungsschichten" zu wenden begannen, „die vom Radio lediglich ein beschwingt-dudelndes Hintergrundgeräusch erwarteten". Wohingegen er mit Wehmut auf jene Anfangsjahre zurückblickt, in der die vielen Sendungen klassischer Musik in Rundfunkzeitschriften wie *HÖR ZU!* sogar noch eigens „durch Fett- oder Sperrdruck" hervorgehoben worden waren.[162] Das „hohe Kulturbewußtsein", das Hermand den Sendern zunächst attestierte, hat sich im Bereich der Wortbeiträge vor allem in der damaligen favorisierten Entwicklung des Hörspiels niedergeschlagen.

Die besondere Stellung des Hörspiels in der Wertungshierarchie medialer Formen kommt schon darin zum Ausdruck, dass es als einzige mediale Form in der Literaturgeschichtsschreibung zugelassen war, als diese noch die mediale Verfasstheit unserer kulturellen Verhältnisse allenfalls als düsteren Hintergrund drohender Massengesellschaft perhorreszierte. Hörspiel wurde selbstverständlich mit ‚literarischem' bzw. gar ‚dichterischem' Hörspiel gleichgesetzt. Damit nahm man die Tradition der zwanziger Jahre auf. Bei dieser Wiederaufnahme übersah man geflissentlich, dass das Hörspiel gerade auch personell starke Kontinuitäten mit dem ‚Dritten Reich' aufwies. Wenn etwa der Rundfunk- und Hörspielpraktiker Eugen Kurt Fischer in seinem Buch *Das Hörspiel* dezent schrieb, dass Günter Eich und Wolfgang Weyrauch „schon vor den Tagen des Dritten Reiches zum Rundfunk gekommen sind"[163], umgeht er, dass nicht nur diese beiden, sondern sehr viele andere der nach dem Krieg Hörspiele verfassenden Autoren, u. a. Fischer selbst, ihr Handwerk während der Nazi-Zeit gelernt oder perfektioniert hatten.

Diese Ausklammerung sollte nicht zuletzt der Geschichtsenthebung und damit leichteren Etablierung des Genres in den ewigen Kanon dichterischer Formen dienen. Indes verdankt sich der legendäre Ruhm des dichterischen Nachkriegshörspiels, wie Horst Ohde zutreffend schreibt, einem „sozialgeschichtlich erklärbare[n] Zusammentreffen von ökonomischer und technologischer Entwicklung,

---

162 Hermand, Jost: *Kultur im Wiederaufbau. Die Bundesrepublik Deutschland 1945–1965.* München 1986, S. 332.
163 Fischer, Eugen Kurt: *Das Hörspiel. Form und Funktion.* Stuttgart 1964, S. 7.

von kulturideologischer Interessensausrichtung und [...] Bewußtsein einer Gesellschaft, deren Widersprüche durch das Radio eine Zeit lang am konsumgerechtesten angesprochen wurde."[164]

IV.2 Presse

Das Massenmedium, das neben dem Rundfunk in ganz besonders strikter Weise unter die Kontrolle der Besatzungsmächte genommen wurde, war freilich die Presse. Noch in den letzten Kriegsjahren hatte man dazu Konzepte ausgearbeitet. Nach der Einstellung deutscher Zeitungen erschienen zunächst alliierte Armeegruppenzeitungen und Informationsblätter, um diese wiederum durch eine lizenzierte Presse abzulösen. Als erste lizenzierten die Amerikaner nach einem Panel-Modell: Mindestens drei gut beleumundete und unterschiedlichen Richtungen angehörende Männer (!) durften die neuen Zeitungen gründen und leiten. Nach den *Aachener Nachrichten*, die bereits Ende Januar 1945 erschienen, aber von Angehörigen der US-Armee betrieben wurden, war die *Frankfurter Rundschau*, die am 1. August 1945 herauskam, die erste nach dem Panel-Modell lizenzierte Zeitung. Ihr folgten u.a. die *Stuttgarter Zeitung* und die *Süddeutsche Zeitung*.

Daneben (und davor) existierten mit der *Täglichen Rundschau*, der *Neuen Zeitung* und den Blättern *Die Welt* und *Nouvelles de France*[165] Zeitungen unter der Kontrolle der jeweiligen Alliierten. Interessant ist in diesem Zusammenhang der Fall der *Welt* in der britischen Besatzungszone. So war die ab 2. April 1946 in Hamburg erscheinende Zeitung zwar nominell an Rudolf Küstermeier, ein im KZ inhaftiert gewesenes SPD-Mitglied, lizenziert, wurde aber von der britischen Besatzungsbehörde stark gegängelt. Zugleich schrieben in ihr – verstärkt noch, als Axel Springer die Zeitung 1953 übernahm – Nationalkonservative, ehemalige Nazis und linke wie liberale Emigranten nebeneinander. Eine der profiliertesten Figuren im Kulturbereich war dabei zweifellos Willy Haas, der ehemalige Gründer der *Literarischen Welt*.[166]

---

164 Ohde, Horst: Das literarische Hörspiel – Wortkunst im Massenmedium. In: *Hansers Sozialgeschichte der deutschen Literatur*. Bd. 10: *Literatur in der Bundesrepublik Deutschland bis 1967*. Hg. von Ludwig Fischer, München 1996, S. 469–492, hier S. 475.
165 Die auflagenmäßig vergleichsweise schwache Konstanzer *Nouvelles de France* erschien ab 26. 9. 1945 zunächst nur in französischer Sprache. Um halbwegs wettbewerbsfähig zu bleiben, wurde Anfang 1947 eine zweisprachige Ausgabe eingeführt. Am 30. 6. 1949 wurde das Blatt eingestellt.
166 Vgl. dazu Prüver, Christina: *Willy Haas und das Feuilleton der Tageszeitung „Die Welt'*. Würzburg 2007.

Gleichwohl war es keine Besonderheit, dass ‚Edelfedern' – mit welcher Vorgeschichte auch immer – in den Redaktionen besatzungskontrollierter Zeitungen zum Zuge kamen. Das galt für *Die Welt*, das galt für *Die neue Zeitung* der US-Amerikaner – auf die später noch einmal genauer eingegangen wird –, das galt aber auch für die von den Sowjets in Berlin herausgegebene *Tägliche Rundschau*. Am 15. Mai 1945 erstmals und bis zum 30. Juni 1955 sechsmal wöchentlich erschienen, zunächst als *Frontzeitung für die deutsche Bevölkerung*, dann als *Zeitung für Politik, Wirtschaft und Kultur*, wurde auch sie von markanten Journalisten und Schriftstellern bestückt, darunter Wolfgang Leonhard, Wolfgang Harich, Stefan Heym, Hans Fallada oder Theodor Plievier.

Generell ist zur Presse der DDR festzustellen, dass sich die Forschungslage hierzu noch immer eher rudimentär ausnimmt. Es gibt bisher keine auch nur annähernd mit der Vielzahl und Intensität derer zur Bundesrepublik vergleichbaren Untersuchungen, nicht einmal nennenswerte Dokumentationen. Und was vorliegt, ist entweder apologetisch oder von Eiferei nicht frei, wie die einzige aktuellere Darstellung durch Gunter Holzweißig, deren besonderes Anliegen die Parallelisierung von DDR und ‚Drittem Reich', sowie die Kritik moderater Positionen ist.[167]

Darum hier nur so viel: Die sowjetische Besatzungsmacht hatte neben der *Täglichen Rundschau* u. a. die *Berliner Zeitung* initiiert, die bereits am 21. Mai 1945 als Lokalzeitung auf den Markt kam. Daneben erschienen alsbald Zeitungen der verschiedenen lizenzierten Parteien, der Massenorganisationen – so etwa der Einheitsgewerkschaft FDGB (*Tribüne*) oder der FDJ (*Junge Welt*) – und der Kirchen. Im August 1949 wurde die sowjetische Vorzensur offiziell abgeschafft und die Kontrolle der Presse im September der *Hauptverwaltung für Information* übergeben, die mit der Gründung der DDR in *Amt für Information* und 1953 wiederum in *Presseamt beim Ministerpräsidenten der Regierung der Deutschen Demokratischen Republik* umbenannt wurde. Die Aufgabe blieb freilich gleich: Kontrolle und Lenkung der Presse. Zusätzlich wurde dies durch den monopolistischen *Allgemeinen Deutschen Nachrichtendienst* (ADN) gewährleistet, der – abgesehen vom *Neuen Deutschland*, dem Organ der SED – exklusive Korrespondentenberichte und eine faktische Sprachregelung lieferte. Zudem war die Journalistenausbildung – ähnlich wie in der Nazi-Zeit – staatlich kontrolliert, wobei den Journalisten die Rolle staatlicher Funktionäre zugewiesen wurde.

---

167 Holzweißig, Gunter: *Die schärfste Waffe der Partei. Eine Mediengeschichte der DDR.* Köln, Weimar, Wien 2002. Das als Informatorium bislang unverzichtbare Buch ist leider nur mangelhaft lektoriert. Vgl. die jetzt digital erschlossenen Tageszeitungen (*Neues Deutschland, Berliner Zeitung, Neue Zeit*) der SBZ (1945–49) und der DDR (1949–1990); http://zefys.staatsbibliothek -berlin.de/ddr-presse (Stand: 15. 3. 2013).

Die SED sorgte schon früh mit dem *Neuen Deutschland*, den über indirekte Wege von ihr kontrollierten Ost-Berliner Blättern *Berliner Zeitung* und *BZ am Abend* sowie 14 weiteren Zeitungen mit insgesamt weit über 70 Regional- und Kreisausgaben für eine flächenmäßige Durchdringung der SBZ/DDR. Über das *Presseamt* wurden auch die Zeitungen der Blockparteien, die ursprünglich eigenständiger waren, koordiniert und kontrolliert. Dabei hatte etwa die *Neue Zeit*, die Zeitung der CDU, deren Chefredakteure Emil Dovifat und Rudolf Pechel noch 1945 schnell hintereinander aus ideologischen Gründen abgesetzt wurden, gegenüber den SED-Zeitungen etwas mehr journalistischen Spielraum, um bürgerliche Kreise zu binden; aber das war, wie die vermeintliche Titelvielfalt, lediglich ein taktisches Mittel in der Strategie umfassender Lenkung.

Die Kommunisten, ohnehin jeglicher Form von Unterhaltung misstrauisch gegenüber, favorisierten auch in den SED-Zeitungen einen Journalismus hauptsächlich der Verlautbarungen, Redenabdrucke und Offizialkommentare, ergänzt um einen Kampagnenjournalismus, sei es in der Attacke des Westens, sei es der inneren Sicherheit oder des Ansporns zu mehr Leistung.

1953, nach dem Aufstand vom 17. Juni, wurden taktische Konzessionen an Publikumswünsche gemacht. So entstand *Das Magazin*, das mit Unterhaltsamem, Literarischem, Fotos und Zeichnungen an ein Vorgängermodell der zwanziger Jahre anknüpfte, dazu (ähnlich wie der schon seit 1946 vom *Kulturbund* herausgegebene *Sonntag*) die *Wochenpost*, die vor allem wegen ihrer Feuilletontradition (Heinz Knobloch) und ihrer vergleichsweise ungeschminkteren Reportagen sehr beliebt, aber auch immer wieder Gegenstand der ideologischen Kritik war, ebenso die Satirezeitschrift *Eulenspiegel*, die ebenfalls gegängelt wurde. So vermerkt etwa 1955 ein ZK-Protokoll, dass „die vorhandenen Tendenzen einer kleinbürgerlichen, verantwortungslosen Nörgelei" in der Zeitschrift mithilfe sofortiger Beratung einmal wöchentlich durch „ein Mitglied der Kommission für Agitation" und die Vorgabe der „Schwerpunkte der Thematik" zu unterbinden sei. Und: „Die Direktive ist im ‚Sonntag' zu veröffentlichen, ohne daß sie als Direktive des Sekretariats des ZK gekennzeichnet wird."[168]

All diese Publikationen blieben trotz z.T. hoher Auflagen „Bückware", d.h. sie wurden an bevorzugte Kunden unter dem Ladentisch verkauft. Den Vertrieb und die jeweilige Zuteilung von Presserzeugnissen regelte nämlich in der DDR der monopolistische Postzeitungsvertrieb der Deutschen Post, wobei nicht nur die Kontingentierung gesteuert wurde, sondern eine Herausnahme aus der Vertriebsliste einer faktischen Zensur gleichkam.

---

168 Zitiert nach ebd., S. 221.

Doch noch einmal zurück in den Westen – und hier insbesondere zur *Neuen Zeitung*, die unter den besatzungskontrollierten Zeitungen eine Sonderstellung einnahm.[169] Es lohnt jedenfalls, einen zumindest streifenden Blick auf ihren Inhalt zu werfen, weil er die politischen, kulturellen und sprachlichen Widersprüchlichkeiten der Nachkriegszeit wie in einem Brennglas fasst. *Die neue Zeitung* erschien erstmals am 17. Oktober 1945 in München, danach auch in Frankfurt am Main und Berlin, bis sie zum 30. Januar 1955 eingestellt wurde. Sie wurde von der bereits erwähnten amerikanischen *Information Control Division* herausgeben. Das markierte schon die Titelzeile: *Die neue Zeitung – Eine amerikanische Zeitung für die deutsche Bevölkerung.* In ihr schrieben allerdings durchweg deutsche Redakteure, Journalisten und Schriftsteller. Von unbelehrbaren Nazis, Nationalisten und Reaktionären immer wieder befehdet, galt sie alsbald als intellektuell unabhängig und als die kulturell anregendste unter den damaligen Zeitungen. In ihr schrieb, was irgend in Journalismus, Literatur, Kunst und Wissenschaft Rang und Namen hatte oder noch bekam:

> „Die Neue Zeitung", 9, in Berlin erscheinendes Tagesblatt, schaufelte sich am 30. Januar 1955 bei voller Gesundheit (wochentags 40000, sonntags 70000) das eigene Grab. Die NZ, 1945 in München aus dem leeren Boden des totalen Zusammenbruches gestampft, verfügte vorwährungsreformlich über fast 2 Millionen Leser, Tummelplatz einer halbpopulären Brillanzjournalistik mit Starredakteuren internationalen Kalibers.

So eine Meldung des Magazins *Der Spiegel*. Die war von den Fakten her zutreffend, aber dennoch fingiert, Teil einer Reihe von Parodien, mit denen die NZ-Mitarbeiter von sich selbst Abschied nahmen. Was die Redakteure Friedrich Luft, Hans Schwab-Felisch, Wolf Jobst Siedler, Charlotte Stephan, Hans Heinz Stuckenschmidt und Georg Zivier als Abgesang u. a. Erich Kästner, Gottfried Benn, Ernest Hemingway oder Ernst Jünger parodistisch in die Feder gelegt hatten, war ästhetisch zweifellos gelungener, aber ihr *Spiegel* zeigte präzise, wie die *Neue Zeitung* aufgenommen wurde. Allein die Korrespondenz mit den Lesern war unglaublich: Nicht selten gingen 10000 Briefe auf einen Artikel ein – die von bis zu zehn Mitarbeitern gesichtet wurden.

General Eisenhower hatte der in München auf Maschinen des *Völkischen Beobachters* gedruckten *Neuen Zeitung* mit auf den Weg gegeben, dass sie „ein offizielles Organ der amerikanischen Behörden", eine „amerikanische Zeitung für die deutsche Bevölkerung" sein werde. Hans Habe, ihr Initiator, war auch ihr ers-

---

[169] Hierzu und zum Folgenden vgl. die Texte in Schoeller, Wilfried F.: *Diese merkwürdige Zeit. Leben nach der Stunde Null. Ein Textbuch aus der 'Neuen Zeitung'.* Frankfurt am Main, Wien, Zürich 2005.

ter Chefredakteur. Ihm folgte Hans Wallenberg, der durch drei amerikanische Chefs in Folge abgelöst wurde, die es schafften, noch vor der Währungsreform die Auflagenzahl zu halbieren. Wallenberg durfte Ende 1949 wieder übernehmen, konnte aber trotz der Dezentralisierung auf München, Frankfurt am Main und Berlin den Niedergang nicht aufhalten. Die Berliner Ausgabe schloss zuletzt.

Das Impressum nannte zunächst keine Namen. Dabei waren die durchaus vorzeigbar: Erich Kästner im Feuilleton, zeitweilig auch Alfred Andersch, Stefan Heym für die Außenpolitik, Hildegard Brücher (später Hamm-Brücher) für Wissenschaft oder Robert Lembke, nachmals legendärer Fernseh-Showman, für Innenpolitik. Um sie gruppierte sich ein großes Spektrum klangvoller Namen: von Karl Jaspers über Romano Guardini und Theodor W. Adorno bis zu Alexander Mitscherlich. Exilierte schrieben neben sogenannten Inneren Emigranten oder unverdächtig scheinenden Jungen: Martin Gumpert, Alfred Kerr, Carl Zuckmayer ebenso wie Bruno E. Werner, Max Frisch, Walther Killy, Manfred Hausmann oder Max Bense.

Die *Neue Zeitung* wurde zu einem ganz besonders sensiblen Indikator des deutschen Bewusstseinswandels. Am Anfang stand der Appell, sich den grauenhaften Tatsachen der eigenen Schuld zu stellen. Stefan Heym argumentierte gegen die übliche Unterstellung von Gräuelpropaganda: Das Grundgesetz der Propaganda laute, „dem zu Beeinflussenden nichts zu erzählen, was diesem zu glauben schwer fällt". Darum müssten die Berichte von so unglaublichen Untaten einfach wahr sein.[170] Der Abdruck von Pastor Martin Niemöllers Ansprache vor Studenten Anfang 1946 in Erlangen verzeichnet „Empörung, Scharren und Zwischenrufe" wie „Und die Schuld der anderen?" Niemöller darauf: „Ein Christ hat nie Anlaß, auf die Sünden der anderen zu sehen, er soll erst einmal seine eigenen sehen!"[171] Zum Jahresende 1952 wird Theodor Heuss den Verweis auf ‚die anderen' als „das Verfahren der moralisch Anspruchslosen" bezeichnen.[172] 1949 stellte man ratlos fest, „daß vieles, was vor zwei oder drei Jahren noch fest im Bewußtsein des einzelnen verankert war, heute oft wie weggelöscht ist".[173]

Zunehmend verzahnt sich das Thema von Schuld und Erinnerung allerdings mit der Konfrontation unter den Alliierten. Im November 1945 hatte Hans Habe noch mit rhetorischem Nachdruck gegen die illusionären Nachwirkungen von Goebbels' Propaganda gekämpft, die Amerikaner würden zusammen mit den Deutschen gegen die Sowjetunion vorgehen. Er beteuerte, „daß es die Amerika-

---

170 Zitiert nach ebd., S. 17f.
171 Zitiert nach ebd., S. 72f.
172 Zitiert nach ebd., S. 462.
173 Zitiert nach ebd., S. 351.

ner mit ihrer Freundschaft zu Sowjetrußland ernst gemeint haben und heute ebenso ernst meinen".[174] 1948 dagegen findet man eine eigenständige Berliner Ausgabe der *Neuen Zeitung* mit Stimmungsberichten „unter einer dröhnenden Brücke, unter der Luftbrücke" (Martin Stiebing)[175], die, wie bei Ruth Andreas-Friedrich, an die Zeit von 1943 bis 1945 erinnern.[176] Erschütternder aber noch als der ungezeichnete Artikel im Verlautbarungsstil über den 17. Juni 1953 ist die lange Chronik ungesühnter Todesopfer sowjetischer Gewaltverbrechen in Weimar.[177]

Es gibt auch andere Akzente. Ursula von Kardorff liefert 1952 ein Gespräch im Speisewagen, in dem der gegenwärtige Luxus mit Erinnerungen an Fahrten in Güterwagen, Hungerödeme und Vergewaltigungen durch „Kalmücken" konfrontiert wird. „‚Das alles ist nun sieben Jahre her', sagt Nick und bestellt sich einen Whisky."[178] Nicht viel länger zurück lagen freilich auch Kardorffs Durchhalte-Artikel in der *Deutschen Allgemeinen Zeitung*.

Wie durchmengt die Lage war, zeigt der Satz, mit dem Cornelia Hellmer ihren Bericht über *Sommer-Mode 1949* einleitete: „Je mehr die Schrecken des Krieges verdämmern und das normale Leben wieder an Geltung gewinnt, desto mehr erwächst uns auf modischem Gebiet die Verpflichtung, uns in den Rhythmus der übrigen Welt einzuordnen."[179] Die alten Denkfiguren sind noch da. Auch das Vokabular. Ludwig Erhard spricht von „artfremden Bereichen"[180], Pastor Albrecht Goes attestiert einem Juden die „zähe Rüstigkeit seiner Rasse"[181]. Walter Gropius darf in aller Unbefangenheit fragen, ob der Architekt „Diener oder Führer"[182] sei.

Es gibt Autoren, die vorher anderes geschrieben hatten, z.B. Gert H. Theunissen, Propagandist für Fritz Todt, den NS-Reichsminister für Bewaffnung und Munition, und seinen Nachfolger Albert Speer. Luise Rinser, die sich mit einem Hitler-Heil-Gedicht bekleckert hatte, propagierte nun „Sachlichkeit" in der Erziehung.[183] Eben jene „Sachlichkeit" hatte Walter Kiaulehn, der nun neckisch über die wiederaufgetauchte Seeschlange schrieb, in der Propagandazeitschrift *Signal* zur Grundlage der Rache für den „Bombenterror" erklärt. Und Sigismund von Radecki lieferte einen harmlosen Text über Langeweile, den er schon 1937 hatte drucken lassen.

---

174 Zitiert nach ebd., S. 51f.
175 Zitiert nach ebd., S. 286.
176 Vgl. ebd., S. 290f.
177 Vgl. ebd., S. 419ff., 480ff.
178 Zitiert nach ebd., S. 453f.
179 Zitiert nach ebd., S. 342.
180 Zitiert nach ebd., S. 183.
181 Zitiert nach ebd., S. 114.
182 Zitiert nach ebd., S. 512.
183 Vgl. ebd., S. 59.

Aber all das steht in einem Kontext sichtlichen Bemühens um Besserung und Änderung und ist mitnichten zu vergleichen mit dem, was das Netzwerk der Kollegen aus den Propagandakompanien zwischen *Spiegel* und *Kristall*, *Stern* und *Quick* in den Anfangsjahren der Bundesrepublik produzierte. Es waren auch nicht nur die drei- bis vierfach höheren Honorare als bei der Konkurrenz, die die *Neue Zeitung* für Autoren so attraktiv machten. Es war ihr intellektuelles Spektrum, der reflektierte Umgang mit der, so Eugen Kogon, „Himmel-Höllenfahrt"[184] vor 1945. Man prüft die alten Werte, Ernst Robert Curtius den Humanismus, Max Horkheimer die Bildung, Ernst Beutler Goethe. Alfred Weber propagiert einen „freien marktwirtschaftlichen Sozialismus" mit „möglichst kleinen Sozialunternehmen" als Garanten für Bürokratieabbau und Erziehung zur Demokratie.[185] Man erklärte den Existenzialismus und die angebliche Beschränktheit des Fernsehens, aber auch die drei Wellen des deutschen Films (Trümmer, Marrakesch, Gabriela). Und was später von W. G. Sebald als Beschweigen der Bombenkriegsfolgen behauptet wurde, wird hier einmal mehr widerlegt, etwa in beeindruckenden Reiseskizzen von Alfred Kerr, Gustav René Hocke oder in erzählerischen Meditationen von Walter Jens darüber, was man den aus dem Krieg nach Hamburg Heimkehrenden zumuten dürfe. In den vielen Beiträgen über den Wiederaufbau war das ohnehin präsent. Gerade in ihnen verknoteten sich alle die Themen der Nachkriegszeit: Resignation und Optimismus, Rekonstruktion des Alten oder großzügige Neuplanung, Nachwirken der NS-Muster und Sentimentalisierung des Provisorischen.

IV.3 Film, Kino, Fernsehen

„Die Probleme des Films sind vielschichtig. Materiell im Vordergrund steht die wirtschaftliche Seite. Die ideell bedeutsamere geistige Seite des Films wird bestimmt durch kulturelle, erzieherische (Jugendschutz) und politische Gesichtspunkte."[186] Was der Selbstbericht der Bundesregierung 1953 so lapidar formulierte, wird 1959 etwas mehr entfaltet: „Der Film ist eines der größten Unterhaltungsmittel unserer Zeit. Seine wirtschaftliche Rolle ist unbestritten. Er bildet aber zugleich ein Stück nationaler Repräsentanz im kulturellen Bereich und stellt eines der bedeutendsten Instrumente der Volksbeeinflussung im Guten wie Bösen dar."[187]

---

184 Zitiert nach ebd., S. 281.
185 Zitiert nach ebd., S. 326 ff.
186 Bundesregierung (Hg.): *Deutschland heute*. 1953, S. 576.
187 Bundesregierung (Hg.): *Deutschland heute*. 1959, S. 797.

Geprägt wurde die Situation des Films durch den Umstand, dass vor 1945 über die Produktionen der *Ufa Film* (Ufi), in der die UFA mit der *Tobis, Terra, Bavaria, Wien-Film* vom NS-Staat konzerniert worden waren, „[p]raktisch ganz Europa [...] von den Zentren des deutschen Films mit Kinoware versorgt"[188] worden war, dass die Produktionsanlagen vor allem in der sowjetischen Besatzungszone lagen und der Vertikaltrust Ufi – Filmproduktion, Filmverleih und Kinos – von den Alliierten zerschlagen wurde und aus den genannten Gründen der erhofften wie befürchteten „Volksbeeinflussung" die Filmproduktion einer staatlich kontrollierenden Zensur unterworfen sein sollte.

In der sowjetischen Besatzungszone erteilte die SMAD bereits 1946 eine Lizenz an die neugegründete DEFA, die fortan das Monopol auf die Filmproduktion in der SBZ resp. DDR hatte. Nominell zunächst als eine GmbH gegründet, musste sie ihre Ateliers in Berlin und Babelsberg von einer sowjetischen Aktiengesellschaft, die die Vermögenswerte von UFA und *Tobis* verwaltete, pachten. Diese Aktiengesellschaft kontrollierte auch die großen Filmtheater, die zuvor zur UFA gehört hatten. Die über tausend privaten Kinos wurden ab 1949 nach und nach verstaatlicht. 1948 wurde die DEFA, die nun auch den Filmvertrieb kontrollierte, in eine deutsch-sowjetische Aktiengesellschaft umfirmiert. Deutscher Aktionär war faktisch die SED.[189]

Die westlichen Besatzungsmächte hatten sich zunächst auf die Zerschlagung der Ufi konzentriert; die Entflechtung und Privatisierung des Konzerns, der bei Kriegsende noch aus 138 Firmen bestanden hatte, wurde 1949 per Gesetz verkündet. Der von den Alliierten gebotene Privatverkauf des offiziell mit 85,4 Millionen DM (neu) angegebenen ehemaligen Reichsvermögens der Ufi, wurde von der bundesdeutschen Bürokratie so lange hinausgezögert, bis 1953 ein modifiziertes Ufi-Gesetz vom Bundestag beschlossen werden konnte. So gingen aus der Ufi drei neue Gesellschaften hervor, die *Bavaria*, die *Ufa-Theater AG* mit Sitz in Düsseldorf und die *Ufa-Produktion u. Verleih* in West-Berlin. Diese wiederum wurden an Konsortien verkauft, die von der Deutschen Bank, die schon an der Gründung der UFA beteiligt war, dirigiert wurden. Nach Klaus Kreimeier gab die Bundesregierung das Ufi-Vermögen damals zu etwa der Hälfte des eigentlichen Werts ab.[190]

---

188 Radevagen, Til: Wie die blonden Tanten bei Capri baden gingen. Bundesrepubliks-deutscher Film in den 50er Jahren. In: *Heiss und Kalt. Die Jahre 1945–69. Das BilderLeseBuch*. Hg. von Eckhard Siepmann. 3. Aufl., Berlin 1988, S. 382–395, hier S. 382 (Erstausgabe: Berlin 1986).
189 Vgl. Dietrich, Gerd: „... wie eine kleine Oktoberrevolution ...". Kulturpolitik der SMAD 1945–1949. In: *Kulturpolitik im besetzten Deutschland 1945–1949*. Hg. von Gabriele Clemens. Stuttgart 1994, S. 219–236, hier S. 229.
190 Vgl. Kreimeier, Klaus: *Die Ufa-Story. Geschichte eines Filmkonzerns*. München 1992, S. 447f.; ders.: *Kino und Filmindustrie in der BRD. Ideologieproduktion und Klassenwirklichkeit nach 1945*. Kronberg/Ts. 1973, S. 182.

Bereits Anfang 1946 hatten die Amerikaner aber eine zentrale Verleihorganisation, die *Motion Picture Export Association* (MPEA), etabliert, die nominell die Aufgabe hatte, im Sinne der ‚Re-Educations'-Politik dem deutschen Publikum demokratisch-aufbauende Filme nahezubringen, faktisch aber das Einfallstor für das amerikanische Filmkapital auf den deutschen und westeuropäischen Markt war, unterstützt durch Subventionen der US-Regierung von allein fünf Millionen Dollar zur Etablierung des amerikanischen Films in Westdeutschland.[191] In Westeuropa war der amerikanische Film ohnehin weitgehend in das Vakuum eingedrungen, das die während des Krieges auch im besetzten Ausland aktive Ufi hinterlassen hatte.

Überblickt man den Gesamtzeitraum von 1945 bis 1952, so stammten von 2157 auf den deutschen Markt gelangten Filmen 1182 Filme aus ausländischer, davon wiederum 641 aus amerikanischer Produktion.[192] 975 der bis 1952 gezeigten Filme stammten aus deutscher Produktion, davon 17 Filme von der DEFA, 110 aus Österreich und 226 aus westdeutscher Produktion. Hinzu kamen 52 sogenannte Überläufer, Filme, die noch unter der Ägide der Ufi vor 1945 begonnen und erst nach 1945 fertiggestellt wurden, darunter Bearbeitungen durch die ostdeutsche DEFA bzw. österreichisch-sowjetische Kooperationen, so etwa die Operettenfilme *Die Fledermaus* (1944–1946), *Wiener Mädeln* (1944–1949) oder *Das kleine Hofkonzert* (1944–1949). Der Löwenanteil von 570 Filmen aber stammte aus deutscher Produktion vor 1945.

Das stand auf den ersten Blick dem zunächst erlassenen Totalverbot der Aufführung von deutschen Filmen aus der Zeit von 1933 bis 1945 entgegen. Dass so viele Produktionen der Nazi-Zeit so schnell wieder auf den (bundes-)deutschen Markt kamen, ist nicht zuletzt den Briten geschuldet. Sie hatten zunächst beschlossen, in ihrer Zone überhaupt keine deutschen Filme mehr vorzuführen. Da man aber zur beruhigenden Ablenkung der Bevölkerung den Film für unerlässlich fand, jedoch nahezu keine Filme aus britischer Produktion zur Verfügung standen und man keinesfalls dem amerikanischen Film das Feld überlassen wollte, wurden von über 1000 zensurierten deutschen Fil-

---

191 Vgl. ders.: Der westdeutsche Film in den fünfziger Jahren. In: *Die fünfziger Jahre. Beiträge zu Politik und Kultur*. Hg. von Dieter Bänsch. Tübingen 1985, S. 283–305, hier S. 288.
192 Im Jahr 1958 spielten amerikanische Filme in der Bundesrepublik über 51 Millionen D-Mark ein, wohingegen deutsche Produktionen im selben Jahr in den USA ganze 208 000 DM erlösten. Vgl. Borgelt, Hans: Der Untergang des deutschen Films in der Nachkriegszeit. In: *Die Ufa – auf den Spuren einer großen Filmfabrik*. Hg. vom Bezirksamt Tempelhof, Abteilung Volksbildung. Berlin 1987, S. 87–91, hier S. 89.

men schließlich ca. 700 wieder freigegeben, einige darunter unter Schnittauflagen.[193]

Insbesondere Kriminal-, Western-, Abenteuer-, Science-Fiction- und Horrorfilme waren amerikanische Domänen. Diese Genres umfassten im Zeitraum zwischen 1945 und 1964 immerhin knapp 50 Prozent des gesamten Angebots. Rechnet man noch die beträchtlichen amerikanischen Anteile am sogenannten Zeitfilm, am Kriegsfilm und an den Revue- und Komödienfilmen hinzu, dann wird auch von dieser Seite noch einmal die amerikanische Hegemonialstellung in der medialen Prägung westdeutscher Nachkriegskultur deutlich.

Indes gibt es mindestens eine unbestrittene Domäne des westdeutschen Nachkriegsfilms: den sogenannten Heimatfilm.[194] Dessen Anteil betrug zwar nur 6,4 Prozent an der gesamten Filmproduktion, aber dieses Genre, das sowohl in personeller wie ideologischer Hinsicht eine bruchlose Kontinuität mit dem ‚Dritten Reich' aufwies, erfreute sich besonderer Publikumsgunst – in Farbe und notorisch mit Gesang. Bissig schrieb Curt Riess schon 1958, als die Heimatwelle noch lief, dass man bei diesen Filmen das Gefühl habe, „als seien nicht Millionen Menschen, sondern Millionen Mitglieder von Gesangvereinen aus ihrer Heimat vertrieben worden".[195]

Zunehmend, von der Situation des Kalten Krieges befördert, treten dann auch Kriegsfilme hinzu, die die ‚sauber gebliebene' Wehrmacht in tragischen Helden glorifizierten, so etwa *Canaris* (1954), *Kapitänleutnant Prien* (1958) oder *Der Wüstenfuchs* (1951), bis hin zu Filmen, denen man eine antimilitaristische Absicht attestieren konnte, wie den drei Teilen von *08/15* (1954/55) oder dem zweifellos beeindruckendsten, Bernhard Wickis *Die Brücke* (1958). Gedreht wurden aber auch wieder humorig gemeinte Militärklamotten wie Helmut Käutners *Die Gans von Sedan* (1959), über die die französischen *Cahiers du Cinéma* spotteten: „Die

---

193 Vgl. Clemens, Gabriele: Die britische Kulturpolitik in Deutschland: Musik, Theater, Film und Literatur. In: dies. (Hg.). *Kulturpolitik*. 1994, S. 200–218, hier S. 209; dies.: *Britische Kulturpolitik in Deutschland 1945–1949*. Stuttgart 1997, S. 127 ff.
194 Vgl. dazu u. a. Bliersbach, Gerhard: *So grün war die Heide. Der deutsche Nachkriegsfilm in neuer Sicht*. Weinheim, Basel 1985; Kaschuba, Wolfgang (Hg.): *Der deutsche Heimatfilm. Bildwelten und Weltbilder*. Tübingen 1989; Beindorf, Claudia: *Terror des Idylls. Die kulturelle Konstruktion von Gemeinschaften in Heimat- und Landsbygdsfilm 1930–1960*. Baden-Baden 2001; Shandley, Robert H.: *Trümmerfilme. Das deutsche Kino der Nachkriegszeit*. Berlin 2010; Segeberg, Harro (Hg.): *Mediale Mobilmachung*. Bd. 3: *Das Kino der Bundesrepublik Deutschland als Kulturindustrie (1950–1962)*. München 2009; Greffrath, Bettina: *Gesellschaftsbilder der Nachkriegszeit. Deutsche Spielfilme 1945–1949*. Pfaffenweiler 1995; Davidson, John; Hake, Sabine (Hg.): *Framing the Fifties. Cinema in a Divided Germany*. New York, Oxford 2007.
195 Riess, Curt: *Das gibts nur einmal. Das Buch des deutschen. Films nach 1945*. Hamburg 1958, S. 266.

Franzosen sind nett, die Deutschen sind nett, die Historie ist nett, die Ufa ist nett, keiner will den Krieg, also gibt es auch keinen Krieg, wozu also Filme über den Krieg drehen?"[196]

Die DEFA hingegen hatte neben Märchenfilmen, die bis heute zu den Klassikern des Genres zählen, wie Paul Verhoevens *Das kalte Herz* (1950) oder Wolfgang Staudtes *Die Geschichte vom kleinen Muck* (1953), insbesondere auf den zeitnahen Problemfilm gesetzt, als Aufarbeitung des Faschismus, vor allem aber als sozialistische Integrationsmotivation. Auch diese Filme von hoher künstlerischer Qualität sind nahezu allesamt heute Filmklassiker: Darunter gleich der erste Film, Wolfgang Staudtes *Die Mörder sind unter uns* (1946), dazu sein Film *Rotation* (1949), dann *Irgendwo in Berlin* (1946) von Gerhard Lamprecht, *Razzia* (1947) von Werner Klingler, *Ehe im Schatten* (1947), *Die Buntkarierten* (1949) oder *Der Rat der Götter* (1950) von Kurt Maetzig, später etwa auch *Berlin – Ecke Schönhauser* (1957) von Gerhard Klein. Daneben verschiedenste Literaturverfilmungen wie – nach Heinrich Mann – *Der Untertan* (1951) von Staudte, – nach Fritz Reuter – *Kein Hüsung* (1954) von Arthur Pohl oder – nach Arnold Zweig – *Das Beil von Wandsbek* von Falk Harnack. Letzterer war auch ein Beispiel für die rigide Zensur: Der 1951 gedrehte Film konnte erst 1962 in einer stark zensurierten Fassung in die Kinos kommen. Ernesto Remanis *Die Schönste* (1957), wiewohl ein stramm antikapitalistischer Film, war der erste, der gänzlich verboten blieb.

Was nun die Kontrolle und Zensur der Filmproduktion anging, so hatte es – wie in allen anderen Bereichen der kulturellen Produktion – zunächst in allen Besatzungszonen eine Vorzensur gegeben. Diese wurde – außer in der SBZ – dann durch eine Nachzensur abgelöst.

In der Bundesrepublik war 1949 – vor allem auf Drängen der Amerikaner, die nicht in den Geruch der Fortsetzung der NS-Zensur kommen wollten – die Freiwillige Selbstkontrolle (FSK) institutionalisiert worden. Sie war paritätisch besetzt mit Vertretern der Filmwirtschaft, des Bundes, der Länder, der Kirchen und Institutionen wie dem Bundesjugendring. Zwar wurden von den im Zeitraum 1949 bis 1955 geprüften 3611 Spielfilmen nicht einmal 1,5 Prozent, nämlich 53 Filme, verboten, dafür aber immerhin 17 Prozent, d.h. 566 Filme, mit z.T. gravierenden Schnittauflagen versehen. Diese Auflagen betrafen Gewaltszenen oder solche, die positiv an die Nazi-Vergangenheit, insbesondere deren Embleme, erinnerten (wobei einige führende Mitarbeiter der FSK in dieser Hinsicht insofern einschlägige Erfahrung mitbrachten, als sie zuvor schon in der NS-Filmwirtschaft aktiv gewesen waren[197]), vor allem aber, was irgend sexuell anrüchig wirken

---

[196] Zitiert nach Kreimeier: *Kino und Filmindustrie*. 1973, S. 126.
[197] Vgl. ebd., S. 197.

konnte. Kennzeichnend für die Moralprüderie der Zeit war der Entrüstungssturm, den eine kurze Szene in Willi Forsts *Die Sünderin* (1950) auslöste, in der Hildegard Knef für einen Moment für äußerst geistesgegenwärtige Scharf-Seher vage als nacktes Malermodell zu sehen war.

Entschiedene Träger der Kontrolle wie des Protestes waren die Kirchen, vor allem die katholische, die schon in den zwanziger Jahren eine offensive Medienpolitik betrieben hatte. In der Nachkriegszeit war ihr Einfluss insbesondere durch die engen Verflechtungen mit der regierenden CDU geradezu dominant.

Ihr selbsternanntes Wächteramt über Ordnung und Moral übte sie auf vielfältige Weise aus. Zum einen über ein eigenes System der katholischen Filmbewertung, dessen Ergebnisse, oft schwere Bannflüche, über alle Pfarreien verbreitet wurden und in der Provinz häufig Anlass waren, Filme abzusetzen oder erst gar nicht aufzuführen. Einfluss nahm sie aber auch über den militant autoritär-klerikalen *Volkwartbund*, der allerdings zunehmend zum Inbegriff unzeitgemäßer Borniertheit wurde. Der Einfluss der Kirche war freilich nicht nur auf Proteste oder Verbote beschränkt, sondern wurde auch positiv durch Beteiligung an und Förderung von etwa Eheproblem-, oft als Heimkehrerfilmen vorgetragen. Ähnliches gilt für die zahlreichen Filme, in deren Mittelpunkt katholische Priester und Kleriker stehen. Viele der männlichen Stars jener Zeit findet man denn zumindest einmal in der obligatorischen Priesterrolle, ob nun Dieter Borsche, Karlheinz Böhm, O. W. Fischer, Curd Jürgens oder Heinz Rühmann.

Schon 1945 hatte man ca. 150 Millionen Zuschauer in den zumeist provisorisch hergerichteten Kinos gezählt, 1946 waren es dann 300 Millionen, 1948 443 Millionen, bis schließlich 1956, auf dem Höhepunkt des Kinobesuchs in der Bundesrepublik, 817 Millionen Zuschauer registriert wurden. Diese großen Publikumszahlen wirkten sich auch auf die Schriftmedien aus. Es entstanden zahlreiche Filmzeitschriften und ein neuer Typus von Jugendzeitschrift als Fan- und Starkultmagazin wie die *Bravo*, 1956 erschienen und bis heute die größte deutsche Jugendzeitschrift.[198] In den fünfziger Jahren soll es 750 Fanclubs mit insgesamt 100 000 Anhängern gegeben haben.[199]

Das immense Zuschauerinteresse führte überdies zu einer großen Zahl von Kinoneubauten, deren Kapazitäten z. T. gigantisch waren: In Mittelstädten wie Kassel, Mannheim, Ulm oder Würzburg gab es Kinos mit weit über 1000 Sitzplätzen, Spitzenreiter waren der *Metropol-Palast* in Berlin mit 2017 und das *Apollo-Theater* in Düsseldorf mit 2811 Sitzplätzen. Keines dieser Kinos existiert heute

---

198 Vgl. Hoersch, Teddy (Hg.): *Bravo 1956–2006*. München 2006.
199 Vgl. Radevagen: Bundesrepubliks-deutscher Film. In: Siepmann (Hg.): *Heiß und Kalt*. 1986, S. 389.

mehr – oder zumindest nicht in der damaligen Form, denn seit 1956 begannen die Zuschauerzahlen nahezu kontinuierlich zu schrumpfen, jährlich um zehn bis 15 Prozent. Und auch die Filmproduktion ging zurück: Hatte die westdeutsche Spielfilmproduktion 1955 mit 128 Filmen ihren Höhepunkt erreicht, so waren es 1962 nur noch 61 Filme.

1961 machte Alfred Andersch das Desinteresse der Autoren am Film für dessen Krise verantwortlich.[200] Auch wenn im folgenden Jahr sein 1960 erschiener Roman *Die Rote* mit Ruth Leuwerik in der Hauptrolle von Helmut Käutner verfilmt wurde und programmatisch eine Gruppe junger Filmer auftrat, die sich bewusst als Autoren verstanden, so war doch ihr *Oberhausener Manifest* eher ein Symptom als ein Ausweg aus der Krise. Im Jahr des symbolträchtigen Verkaufs der inzwischen bankrotten Rest-UFA an den *Bertelsmann*-Konzern formulierten nämlich 1962 anlässlich der *8. Westdeutschen Kurzfilmtage* in Oberhausen junge Autorenfilmer, darunter Alexander Kluge, Edgar Reitz oder Peter Schamoni, selbstbewusst:

> Der Zusammenbruch des konventionellen deutschen Films entzieht einer von uns abgelehnten Geisteshaltung endlich den wirtschaftlichen Boden. Dadurch hat der neue Film die Chance, lebendig zu werden. Die [...] [bisherigen] Arbeiten und ihre Erfolge zeigen, daß die Zukunft des deutschen Films bei denen liegt, die bewiesen haben, daß sie eine neue Sprache des Films sprechen. [...] Wir erklären unseren Anspruch, den neuen deutschen Film zu schaffen. [...] Der alte Film ist tot. Wir glauben an den neuen.[201]

Dieser neue deutsche (Autoren-)Film, gelegentlich auch als ‚literarisch' apostrophiert, erzielte zwar einige Erfolge, insgesamt zeigte er aber eher das verstärkte Auseinanderdriften von intellektuell-experimentellen Filmen und Konventionen des Massengeschmacks.

1963, ein Jahr nach dem *Manifest*, demonstrierte der Sendebeginn des *Zweiten Deutschen Fernsehens* (ZDF) die gewandelten Medienverhältnisse und Publikumsinteressen. Es zeigte sich damit auch offiziell, dass das Fernsehen inzwischen zu einem publikumswirksamen und damit auch wirtschaftlich lukrativen Faktor der Medienlandschaft geworden war. Ein weiteres Indiz dessen war schon zuvor die Einführung des Werbefernsehens im Jahre 1956, bereits zwei Jahre nach dem offiziellen Start des *Ersten Deutschen Fernsehens* der *Arbeitsgemeinschaft der Rundfunkanstalten Deutschlands* (ARD).

---

200 Andersch, Alfred: Das Kino der Autoren (1961). In: Ders.: *Die Blindheit des Kunstwerks. Literarische Essays und Aufsätze*. Zürich 1979, S. 61–81, hier bes. S. 71f.
201 Oberhausener Manifest vom 28. 2. 1962 In: *VIII. Westdeutsche Kurzfilmtage Oberhausen. Bericht 1962*. Oberhausen 1963, S. 119.

Die Filmbranche in Deutschland hatte weitgehend nicht wahrgenommen, dass die medialen Innovationen um den Kinofilm herum – etwa die Versuche mit dreidimensionalen Filmen oder Breitleinwandfilmverfahren wie Todd-AO, Cinerama, Vista Vision oder CinemaScope – in den USA schon Defensivmaßnahmen in Konkurrenz zum Fernsehen waren, während sie hierzulande eher als Beweise des unentwegten Kinofortschritts galten. Zwar nimmt sich die Zahl der 1957 angemeldeten Fernsehgeräte mit gerade einer Million gegen die 817 Millionen Filmbesucher des Vorjahres höchst bescheiden aus, doch muss man berücksichtigen, dass der Fernseher täglich genutzt wurde, zudem Fernsehen in diesen Anfangsjahren fast durchweg ein familiales, häufig nachbarschaftliches Ereignis war, dass viele Geräte zunächst in Gaststätten standen, wo sie beeindruckende, teils turbulente Zuschauerzahlen anzogen, ob es sich hierbei nun um die Übertragung von Fußballspielen wie zur Weltmeisterschaft 1954 handelte, um erste Krimi-Serien oder die alljährlichen Karnevalssendungen. Gaststätten und Rundfunkfachgeschäfte stellten somit auch in den Anfangsjahren des Fernsehens etwa die Hälfte der Geräteanmeldungen. Vor allem aber erzeugte das Fernsehen einen Aktualitäts- als Gleichzeitigkeitsdruck, dem das Kino mit den z. T. mit einjähriger Verspätung in die Provinz gelangenden ‚neuesten' Filmen kaum standzuhalten vermochte. So waren 1960 bereits 4,6 Millionen Geräte angemeldet, 1963, mit Sendebeginn des ZDF, sogar 8,5 Millionen.

Dabei hatte der Sendebetrieb im Nachkriegsdeutschland vergleichsweise spät angefangen: 1950, als man in Westdeutschland vom NWDR in Hamburg aus das erste Testbild sendete, zählte man in England bereits eine halbe Million Fernsehgerätebesitzer, in den USA vier Millionen. Als man am 1. November 1954 das erste offizielle Gemeinschaftsprogramm der ARD ausstrahlte, gab es in England bereits einen zweiten, kommerziellen Kanal und in den USA schon Farbfernsehen, das in der Bundesrepublik erst ab 1967 angeboten werden wird. (Zuvor behalf man sich mit dreifarbig kolorierten Scheiben.)

Der Grund für die Verspätung lag nicht in den technischen Gegebenheiten, denn Deutschland war ja in der Fernsehentwicklung führend gewesen, sondern zum einen darin, dass das Rundfunkpotenzial über die Besatzungszonen ungleichmäßig verteilt war, so dass ca. 80 Prozent der Funkindustrie auf dem Gebiet der SBZ lag und damit in den Westzonen die Basis fehlte für eine privatwirtschaftliche Organisation des kapitalintensiven Rundfunks, die die Amerikaner gegenüber dem bemisstrauten staatlichen System favorisierten. Zum anderen darin, dass es gerade in der amerikanischen Besatzungszone mehrere Sendezentralen gab (Frankfurt am Main, München, Stuttgart, Bremen und der RIAS in Berlin). So kam es auch, dass der Neubeginn des Fernsehens in Westdeutschland dem NWDR in Hamburg und damit der britischen Besatzungszone zufiel. Dort hatte man mit einem Team und Gerät aus der Nazi-Zeit des Fernsehens – auch hier eine ungebrochene Kontinuität mit der jüngsten Vergangenheit – schon 1948 wieder am Fernsehen zu arbeiten begonnen und sich gleichzeitig auf die europäische 625-Zeilen-Norm festgelegt. Von Hamburg aus erfolgte auch die erste Übertragung eines Fernsehbildes nach dem Kriege: am 22. März 1950. Zwei Jahre später, bedeutungsträchtig zu Weihnachten, wurde von Hamburg aus der erste Programmbetrieb aufgenommen: dreimal täglich von 20 bis 22 Uhr, inklusive eines zusätzlichen ca. einstündigen Nachmittagsprogramms. „Spielfilme, Reportagen – Reportagen, Spielfilme hieß der Sendeablauf im gleichmäßigen Wechsel."[202]

Gleichzeitig mit der Installation der ARD erfolgte die Ankoppelung an die *Eurovision*, so dass schon 1953 der pionierhafte Zuschauer die Krönung Elizabeths II. von England oder eben 1954 die Fußballweltmeisterschaft in Bern erleben durfte.

Die Formen und Inhalte dessen, was man damals senden konnte, waren zum einen von den verhältnismäßig kargen finanziellen Mitteln des Fernsehens bestimmt, wobei zugleich die Produktion insofern sehr teuer war, als man noch keine elektronischen bzw. magnetischen Aufzeichnungsmöglichkeiten hatte und alle nicht unmittelbar ‚live' gesendeten Beiträge über teures Filmmaterial kopieren musste.

Zum anderen wurden Inhalte und Formen auch von der allgemeinen intellektuellen Abwehr oder Verachtung gegenüber der kleinbildlichen ‚Glotze' und ihrer bemisstrauten miefig-familialen Rezeptionssituation geprägt. Während etwa Theodor W. Adorno im Rückgriff auf seine Erfahrungen in den USA schon 1954 eine ähnliche Entwicklung für die Bundesrepublik prognostizierte und geradezu altväterlich vor dem durch das Fernsehen erzeugten „Eindruck unvermittelter, protokollarischer Wirklichkeit auf Kosten des ästhetischen Moments"[203] warnte und befürchtete, dass gerade die in Fernsehseminaren ausgebildeten Spezialisten vor allem die Verwaltungsapparatur ausbauen würden, hielten die meisten jungen Intellektuellen, die etwas auf sich hielten, vom Fernsehen rein gar nichts. Die jungen Intellektuellen, die gegen Ende der fünfziger, Anfang der sechziger Jahre einmal mehr für den Film sich stark machten, der ja nun längst approbiert war, betrachteten das Fernsehen als den vorläufig äußersten Punkt menschheitlicher Verblödung – billig produzierbare Familienserien (*Familie Schölermann*, *Familie Hesselbach*), Quizsendungen von Hans-Joachim Kulenkampff oder Peter Frankenfeld, dazu massenwirksame und ebenfalls vergleichsweise billig produzierbare Sportsendungen. Das alles galt in der veröffentlichten Meinung gerne als

---

202 Schöne, Werner: *Als die Bilder ins Wohnzimmer liefen ... Die ersten 10 Jahre Fernsehen in Berlin*. Berlin 1984, S. 50
203 Adorno, Theodor W.: Der Schwarzseher antwortet (1954). In: Ders.: *Gesammelte Schriften*. Bd. 20: *Vermischte Schriften 1*. Hg. von Rolf Tiedemann. Frankfurt am Main 1986, S. 339–340, hier S. 339.

degoutantes Selbstverblödungsvergnügen einer verspießernden Massengesellschaft.

Entsprechend ihrem offiziellen kulturellen Bildungsauftrag und dem Ehrgeiz nach gesellschaftlicher Anerkennung der eigenen Arbeit, setzten deshalb parallel dazu die Fernsehverantwortlichen auf kulturell ‚hochwertige' Produktionen – und damit, wie der Film, auf Literaturadaptionen. Dies nun in der genuinen Form des Fernsehspiels. „Verinnerlichung, Vertiefung, Sammlung" wurde vom Fernsehspiel erwartet, weil seine moderateren Formen des Bildwechsels „gesünder und gemäßigter" seien als die des Films.[204]

Tatsächlich versuchte man fast allenthalben, aus technischer Not eine künstlerische Tugend zu machen. Die knappen finanziellen Ressourcen und das teure Aufzeichnungsmaterial führten zur Favorisierung einer billigeren ‚Live'-Dramaturgie, bei der die jeweiligen Stücke am Stück durchgespielt, von Kameras aus verschiedenen Perspektiven aufgenommen wurden, deren Aufnahmen, meist sehr lange Sequenzen, dann gemischt wurden, wobei man in den Umbaupausen vorfabrizierte Filmstreifen einblendete. Mit wachsendem Programmvolumen wurden die Live-Spiele allerdings zu einem immer größeren organisatorischen Problem – und als ab 1958 das Ampex-Verfahren zur magnetischen Bildaufzeichnung aus den USA eingeführt wurde, war es schnell dahin. Mit der Einführung der neuen elektronischen Aufzeichnungstechnik änderte sich auch die Sendeform der *Tagesschau*, der prototypischen Nachrichtensendung des deutschen Fernsehens. Einen Tag nach der ersten offiziellen NWDR-Sendung, am 26. Dezember 1952, war auch die erste *Tagesschau* ausgestrahlt worden, aber erst ab dem 1. Oktober 1956 täglich.

Wie schwer man sich unter Intellektuellen tat, das Medium integrativ zu begreifen, auch wenn man sich dabei Mühe gab, zeigt eine Diskussion der *Darmstädter Akademie für Sprache und Dichtung*, die 1955 auf Einladung des NWDR in Hamburg über das Fernsehen diskutierte.[205] Dort referierte u. a. Erwin Piscator positiv über die Rolle des Fernsehens in der amerikanischen Gesellschaft,[206] woraufes auch zustimmende Äußerungen gab, aber Vorbehalte blieben, etwa in der verquasten Form von Wilhelm Lehmann: „Am Anfang war die Sendung – für

---

204 Hickethier, Knut: Das Fernsehspiel. In: Fischer (Hg.): *Hansers Sozialgeschichte.* 10: *Literatur in der Bundesrepublik.* 1996, S. 585–97, hier S. 587 f. Vgl. auch Kreuzer, Helmut; Prümm, Karl (Hg.): *Fernsehsendungen und ihre Formen. Typologie, Geschichte und Kritik des Programms in der Bundesrepublik Deutschland.* Stuttgart 1979.
205 Vgl. Fernsehtagung in Hamburg 27.–30. 6. 1955. In: *Deutsche Akademie für Sprache und Dichtung Darmstadt: Jahrbuch 1955.* Heidelberg, Darmstadt 1956, S. 21–54.
206 Piscator, Erwin: Die Rolle des Fernsehens in der amerikanischen Gesellschaft. In: *Akademie Darmstadt: Jahrbuch 1955.* 1956, S. 43–49.

sie geschieht die Welt. So hat es Dr. Anders formuliert. Nun. Es ist die Aufgabe, Dichtung wieder so darzustellen: die Welt geschieht – und dann geschieht die Sendung."[207] Die Zusammenfassung der Diskussion durch Eugen Kogon lohnt, ausführlicher zitiert zu werden, da sich in ihr, bei allem Bemühen, das neue Medium positiv zu erfassen, die eigentümlichen Beschränktheiten der Zeit darstellen, und zwar nicht nur das technische Unverständnis, das Kamera und Bildschirm verwechselt, die Rolle des Worts betont und sich den Adressaten patriarchal als unmündig denkt, sondern zugleich auch die eigene Profession in den Stand der exklusiven Freiheitsverteidigung erhebt – und darum statuiert:

> 1. daß das Fernsehen die Möglichkeit einer Kunstgattung eigener Art bietet [...], 2. daß diesem Instrument die Fähigkeit innewohnt, Sachverhalte bis zur Enthüllung deutlich zu machen, 3. daß das erzählerische oder dialogische Wort im Fernsehen große Möglichkeiten hat, wenn es – bei voller Gegenwart des Geistes – einfach und volksliedhaft schlicht gesagt wird, 4. daß es ein Beitrag der Schriftsteller sein kann, die ganze Wirklichkeit des Lebens (im Geistigen wie im Gesellschaftlichen) vor dem Bildschirm zu spiegeln, 5. daß es zur Überwindung der um sich greifenden Kräfte der Anonymität beitragen kann, indem sie vor dem Bildschirm von dem Recht der freien Meinung Gebrauch machen. Das ist auch ein Beitrag zur Stabilisierung der immer wieder bedrohten Freiheit [...].[208]

In der DDR gab es ein offizielles Versuchsprogramm ab dem 21. Dezember 1952, offizieller Sendebeginn war am 3. Januar 1956. Beim Beginn des Versuchsprogramms waren gerade einmal 70 Geräte gemeldet. Die Millionengrenze wurde erst 1961, fast vier Jahre nach der Bundesrepublik, überschritten. Was Konrad Adenauer mit dem *Zweiten Deutschen Fernsehen* nicht so recht gelungen war, es zu einem politischen Lenkungsinstrument zu machen, das unternahm die SED naturgemäß radikaler. Ohnehin verstand das Fernsehen von Anfang an der direkten Administration durch Staat und Partei. Abgesehen von der direkten Unterstellung war das Fernsehen der *Abteilung für Agitation und Propaganda beim ZK der SED* rechenschaftspflichtig.

Die Diskrepanz zwischen der Rigidität der politischen Vorstellungen und den Wünschen des Publikums konnte trotz aller Machtmittel nicht einfach zugunsten der Politik gelöst werden, hatten doch zumindest größere Teile der Bevölkerung die Möglichkeit, das Westfernsehen einzuschalten. Der Einsatz von Störsendern erwies sich ebenso wie der Bau in der Empfangsfähigkeit entsprechend eingeschränkter Geräte als nicht durchführbar. So wurde der *Deutsche Fernsehfunk* (DFF) permanent gezwungen, sein Angebot zumindest halbwegs an die im Westen gängigen Unterhaltungsformate anzupassen. Die Attraktion für westliche Zu-

---

207 Fernsehtagung. In: *Akademie Darmstadt: Jahrbuch 1955.* 1956, S. 53.
208 Ebd., S. 54.

schauer blieb ohnehin äußerst gering – abgesehen von den später eingeführten Ausstrahlungen alter UFA-Filme aus den Zeiten vor 1945.[209]

IV.4 Zeitschriften: Schuld und Abtrag – „Restauration"

Man ist sich darin einig, dass das wesentliche Medium der intellektuellen, moralischen, politischen wie gesamtkulturellen Selbstverständigungsversuche sofort nach Kriegsende die Zeitschrift war. Allerdings darf man dabei nicht die Rolle vor allem von Broschüren, aber auch Büchern unterschätzen, die in meist sehr hohen Auflagen grundsätzlich zu den Problemen der Zeit Stellung zu nehmen versuchten.[210] Ebenso wenig sollte man die Bedeutung vergessen, die seit Anfang der fünfziger Jahre in der Bundesrepublik dem Rundfunk mit seinen Feature- und Essay-Sendungen zukam. Diese Sendungen spätabends, vor allem aus Stuttgart und Frankfurt am Main, erreichten schon 1950 um die 100 000 Hörer, mithin weit mehr, als Zeitschriften erfassen konnten. Sie waren nicht nur Foren für literarische Autoren wie Alfred Andersch, Wolfgang Koeppen oder Arno Schmidt, sondern wurden auch gern von damals maßgeblichen Intellektuellen wie Max Bense, Theodor W. Adorno oder Arnold Gehlen genutzt.[211]

Spätestens mit dem 8. Mai 1945 blieb den Deutschen nichts anderes übrig, als sich zur jüngsten Vergangenheit und deren Ende zu verhalten. Aus der Sicht von Widerständigen und Distanzierten war der 8. Mai der Tag der Befreiung, wie er dann im Namen des offiziellen Antifaschismus in der sowjetischen Besatzungszone ritualisiert wurde; Konservative, Soldatische und Unbelehrbare empfanden die Situation als Niederlage. Dem korrespondierte auf der einen Seite die Vorstellung von Aufbruch zum Neubeginn, auf der anderen die der Konfrontation mit dem „Zusammenbruch" – sei es der alten Ordnung, sei es der Illusionen, sei es der eigenen Existenzbedingungen –, eine Position, wie sie in den drei westlichen Besatzungszonen verbreitet war.[212]

---

209 Vgl. ausführlicher dazu in diesem Band die Kapitel 6 („Technische Zeit") und 8 („Kritik der Medienkultur").
210 Vgl. dazu grundsätzlich Greven: *Politisches Denken*. 2007.
211 Vgl. dazu etwa Warner, Ansgar: ‚*Kampf der Gespenster'. Die Radio-Essays Wolfgang Koeppens und Arno Schmidts im Nachtprogramm des Süddeutschen Rundfunks als kritisches Gedächtnismedium*. Bielefeld 2007, bes. S. 40–54. Vgl. dazu auch kompakt informierend Kießling: *Die undeutschen Deutschen*. 2012, S. 235–240.
212 Vgl. Rothenhöfer, Andreas: Befreiung, Zusammenbruch und Schuld. In: *Die Schuldfrage. Untersuchungen zur geistigen Situation der Nachkriegszeit*. Hg. von Carsten Dutt. Heidelberg 2010, S. 45–64.

Alliierte oder emigrierte Besucher Deutschlands in den unmittelbaren Nachkriegsjahren berichteten jedenfalls immer wieder mehr oder weniger angewidert von deutscher Unterwürfigkeit und Selbstmitleid. Stephen Brockmann zitiert z. B. den Reporter der Luce-Presse, Percy Knauth, der sich 1946 darüber mokierte, wie die Deutschen binnen weniger Monate von Kriegsverursachern zu -opfern mutiert seien.[213] Ähnlich Saul K. Padover 1946[214] oder Hannah Arendt 1950.[215] Und Stig Dagerman berichtete 1946 nach Schweden: „In deutschen Städten kommt es häufig vor, daß der Fremde von Leuten um die Bestätigung gebeten wird, gerade ihre Stadt sei die allerverbrannteste, allerzerschlagenste und zusammengebrochenste von ganz Deutschland."[216]

Auf der Kehrseite etablierte sich in der breiten Bevölkerung jenes Renitenzmuster, nach dem Hitler ‚das mit dem Krieg' oder ‚das mit den Juden' nicht hätte machen sollen, dass aber nicht alles schlecht gewesen sei, z. B. die Autobahnen. Auf dieses Muster rekurrierte etwa Manfred Schmidt, der zuvor u. a. für das Propagandaministerium gezeichnet hatte und ab 1950 mit seiner Comic-Krimi-Serie *Nick Knatterton* in der Illustrierten *Quick* bekannt wurde, in seinem *Bilderbuch für Überlebende*, das 1947 im *Rowohlt Verlag* herauskam. Dort wird in der Eingangsgeschichte das ‚Dritte Reich' als Omnibusfahrt mit Totalunfall dargestellt, an dessen Ende die Überlebenden in einem Krankenhaus liegen:

> Die Überlebenden fanden sich mit schweren seelischen und körperlichen Schäden im Krankenhaus wieder. Einige hatten sehr hohe Temperaturen und konnten sich gar nicht erinnern, jemals in den Omnibus eingestiegen zu sein. Während sie so auf ihrem Krankenlager hin und her meditierten, sagte einer von ihnen: ‚Ihr könnt sagen, was ihr wollt, aber fahren konnte er!' Die anderen waren noch zu schwach, ihn zu erschlagen, und wenn er nicht gestorben ist, dann lebt er noch heute.[217]

Nicht zuletzt solche Wahrnehmungen mögen die spätere Einschätzung bestimmt haben, dass die Deutschen sich nach 1945 ihrer Schuld zu stellen nicht gewillt oder in der Lage waren. Tatsächlich hatte man sich schon mit der zunehmenden

---

213 Brockmann, Stephen: *German Literary Culture at the Zero Hour*. Rochester 2004, S. 22.
214 Vgl. Padover, Saul K.: *Experiment in Germany. The Story of an American Intelligence Officer*. New York 1946 (auf dt. u. d. T. *Lügendetektor. Vernehmungen im besiegten Deutschland 1944/45*. Frankfurt am Main u. a. 2001).
215 Vgl. Arendt, Hannah: Besuch in Deutschland 1950. Die Nachwirkungen des Naziregimes. In: dies.: *Zur Zeit. Politische Essays*. Hg. von Marie Luise Knott. München 1989, S. 43–70.
216 Dagermann, Stig: Deutschland, Herbst 1946. In: *Europa in Ruinen. Augenzeugenberichte aus den Jahren 1944–1948*. Hg. von Hans Magnus Enzensberger. Frankfurt am Main 1990, S. 202f.
217 Schmidt, Manfred: *Bilderbuch für Überlebende. Mit einem Vorwort von Werner Finck*. Stuttgart, Hamburg 1947, S. 12.

Einsicht, dass der angezettelte Krieg doch nicht so fulminant enden würde, wie anfangs geglaubt, noch verschärft durch die alliierten Bombenangriffe, bereits im ‚Dritten Reich' auf ein Argumentationsmuster eingestellt, wonach die Nazis, die NS-Führung, an allem Schuld seien, so, wie es noch aus der Tagebuchnotiz von Ursula von Kardorff anklingt, wenn sie Anfang Februar 1944 über die Bombardements schreibt: „Die Katastrophen, die Nazis wie Antinazis gleichermaßen treffen, schweißen das Volk zusammen."[218]

Aber das ist so wenig zutreffend wie die hartnäckigen Gerüchte, die Alliierten hätten pauschal eine Kollektivschuldthese vertreten, was übrigens recht bequem für die Nazis war, weil sie dadurch entlastet wurden. Und nicht zuletzt waren es Angehörige der ehemaligen militärischen, verwalterischen und publizistischen NS-Eliten, die weiterhin die Kollektivschuld als angeblich von den Besatzern dekretierte Position insinuierten, um Ressentiments zu schüren. Frauke Klaska kommt daher zu dem Ergebnis:

> Als politische oder juristische Anspruchsgrundlage für weitreichende Forderungen wurde die Kollektivschuldthese [...] nie propagiert, vielmehr distanzierte sich die alliierte Seite ausdrücklich davon. Schriftliche Dokumente, die Gegenteiliges belegen könnten, existieren nicht [...]. Gleichwohl war es nach Kriegsende wichtig, die Deutschen davon zu überzeugen, dass sie eine totale militärische Niederlage erlitten hatten, und zu zeigen, was in ihrer aller Namen geschehen war, um die unbedingte Abkehr von der NS-Ideologie zu fördern.[219]

Der Vorwurf der allgemeinen Ignoranz oder der ungerührten Schuld-Zuschreibung an ‚die' Nazis trifft für die intellektuelle Debatte mehrheitlich nicht zu. Sehr wohl hat es in der unmittelbaren Nachkriegszeit eine sehr ernsthafte und gründliche Auseinandersetzung gegeben – dies freilich nicht nur und oft nicht zuallererst im Blick auf den Genozid, sondern mit der Frage nach der Schuld an der Nazi-Herrschaft und dem Krieg.

Allerdings darf nicht vergessen werden, dass lange vor den Auschwitz-Prozessen, bereits im September 1945, ein von großer publizistischer Aufmerksamkeit verfolgter Prozess gegen die Lagermannschaft des KZ Bergen-Belsen geführt wurde, bei dem auch dortige KZ-Häftlinge als Zeugen befragt wurden.[220] Richtig

---

218 Kardorff, Ursula von: *Berliner Aufzeichnungen. Aus den Jahren 1942–1945*. München 1981, S. 116.
219 Klaska, Frauke: Kollektivschuldthese. In: *Lexikon der „Vergangenheitsbewältigung" in Deutschland*. Hg. von Torben Fischer und Matthias N. Lorenz. Bielefeld 2007, S. 43f. Vgl. auch Frei, Norbert: Von deutscher Erfindungskraft oder: Die Kollektivschuldthese in der Nachkriegszeit. In: Ders.: *1945 und Wir. Das Dritte Reich im Bewusstsein der Deutschen*. München 2005, S. 145–155.
220 Vgl. Cramer, John: *Belsen Trial 1945. Der Lüneburger Prozess gegen Wachpersonal der Konzentrationslager Auschwitz und Bergen-Belsen*. Göttingen 2011.

ist allerdings auch, dass der Prozess weniger auf reuige Einsicht denn auf Abwehr stieß. Und man muss sich vor Augen führen, dass im Nürnberger Prozess immerhin 806 Todesurteile verhängt wurden – auch wenn nur die Hälfte vollstreckt wurde – und bis zur Gründung der Bundesrepublik über 5000 Urteile gegen NS-Verbrecher gefällt wurden. Die Statistik der Entnazifizierung führte für diese Zeit weit über 3,5 Millionen bearbeitete Fälle an, von denen allerdings mehr als 2,2 Millionen als Mitläufer und Entlastete eingestuft wurden.[221]

Mit Gewissheit hat es allerdings zugleich die, sei es larmoyante, sei es aggressive Selbstdarstellung als Opfer gegeben, nicht selten verbunden mit dem Versuch der Aufrechnung. Eine eher unrühmliche Rolle spielte die Zeitschrift *Der Ruf*, die 1946 aus einer Zeitung von deutschen Kriegsgefangenen in den USA hervorgegangen war und nun den programmatischen Untertitel *Unabhängige Blätter der jungen Generation* trug. In der Nummer 8 des ersten Jahrgangs hieß es z. B. in einem Beitrag der Redaktion:

> Selbst die allerunwilligsten und strengsten Beobachter der deutschen Entwicklung im In- und Ausland kommen nicht um die Feststellung umhin, daß das deutsche Schuldkonto sich allmählich zu schließen beginnt. Die grundsätzliche Kriegsschuld der deutschen Führung und die von ihr begangenen Verbrechen erfahren ihre Kompensation [...] durch die Fülle der Leiden, die, scheinbar als natürliche Folge einer totalen Schuld, über Deutschland hereinbrechen.[222]

Exemplarisch wird hier die angebliche Kollektivschuldthese der Besatzungsmächte insinuiert, um sie als unsinnig erscheinen zu lassen, die Judenvernichtung wird gar nicht erst erwähnt und die Kriegsschuld allein auf die Führung abgewälzt. Umso mehr kann man dort einen emphatischen Sozialismus pflegen wie allerdings zugleich auch einen recht unverhohlenen Nationalismus, der sich nur bedingt hinter der Evokation von Europa camoufliert.

Noch eindeutiger wird die Selbstexkulpation dieser jungen und angeblich doppelten Opfergeneration, nämlich sowohl der Nazi-Führung wie nun der Alliierten, nimmt man einen redaktionellen Kommentar zu den Nürnberger Prozessen aus gleich der ersten Nummer hinzu, in dem es u. a. heißt, dass die „erstaunlichen Waffentaten junger Deutscher" im Krieg – genannt werden Stalingrad, El Alamein und Monte Cassino – in keinem Zusammenhang mit den Taten derjenigen Älteren stünden, gegen die nun in Nürnberg verhandelt werde. Selbstredend

---

[221] Vgl. Möller, Horst: Unser letzter Stolz. In: *FAZ*, 9. 6. 2012, S. 8. Vgl. dazu auch in diesem Band Kapitel 4 („Die Schuldfrage").
[222] Grundlagen einer deutschen Opposition. In: *Der Ruf*, 1 (1946) 8; hier zit. nach Kießling: *Die undeutschen Deutschen*. 2012, S. 130.

seien die Jungen auch „unschuldig an den Verbrechen von Dachau und Buchenwald"[223]. (Von den Vernichtungsfabriken im Osten, wie Auschwitz, ist nicht die Rede, nur von jenen Orten, in denen politische Gefangene eine nicht unerhebliche Rolle spielten.)

Es ist immer noch umstritten, ob solche Äußerungen taktischer Natur waren, um dadurch Verführte und Verbohrte der jüngeren Generation auf den Boden der Demokratisierung zu ziehen, oder nicht doch eher die Ressentiments und die Überheblichkeit ehrgeiziger Selbstentlaster.[224]

Deutlich anders hingegen *Die Wandlung*, von Dolf Sternberger, Karl Jaspers, Werner Krauss und Alfred Weber herausgegeben. Sie brachte gleich im ersten Heft im November 1945 Karl Jaspers Rede zur Eröffnung der medizinischen Fakultät der Heidelberger Universität vom August 1945, *Erneuerung der Universität*, in der er Kerngedanken dessen formulierte, was er dann in seiner vielbeachteten und auch heftig umstrittenen Publikation *Die Schuldfrage* (1946) ausführlich darstellte. Jaspers spricht hier unmissverständlich von der Schuld aller, die nicht im Widerstand den Tod fanden, die nicht auf die Straße gingen, als die Juden deportiert wurden. Auch andere Autoren, etwa Dolf Sternberger oder der Theologe Erwin Groß, gingen sehr konkret auf die Schuld speziell an den Deportationen und Morden in den Konzentrationslagern ein. Thematisiert wurde aber auch das Euthanasie-Programm.[225] Ähnlich die *Frankfurter Hefte*, seit April 1946 herausgegeben von Walter Dirks und Eugen Kogon, von einer Position aus, die man am ehesten als katholisch geprägten Sozialismus bezeichnen könnte.

Symptomatisch für die Linie der Hefte ist auch, dass hier viele der nachmaligen Mitglieder der *Gruppe 47* schrieben, vor allem Alfred Andersch. Hier veröffentlichte beispielsweise der Theologe Heinrich Scholz im April 1947 eine erwähnenswerte Abhandlung mit dem Titel *Zur deutschen Kollektiv-Verantwortlichkeit*, in der es heißt:

> Gegenüber der individuellen Verantwortlichkeit soll die Kollektiv-Verantwortlichkeit dadurch gekennzeichnet sein, daß das Subjekt dieser Verantwortlichkeit eine Gesamtheit von verantwortungsfähigen Individuen ist [...]. Aber die Verantwortlichkeit, mit der wir jemanden belasten, erstreckt sich nicht nur in die Vergangenheit, sondern auch in die Zukunft [...]. Es gibt also zwei Hauptgestalten der individuellen Verantwortlichkeit. Die *retrospektive*

---

[223] Notwendige Aussage zum Nürnberger Prozeß. In: *Der Ruf*, 1 (1946) 1; hier zit. nach Kießling: *Die undeutschen Deutschen*. 2012, S. 140.
[224] Zur zwiespältigen Rolle von Alfred Andersch, der zu dem Zeitpunkt maßgeblich mitverantwortlich für die Linie der Zeitschrift war, vgl. Döring, Jörg; Joch, Markus (Hg.): *Alfred Andersch ‚revisited'. Werkbiographische Studien im Zeichen der Sebald-Debatte*. Berlin 2011.
[225] Vgl. dazu Kießling: *Die undeutschen Deutschen*. 2012, S. 132–137.

Verantwortlichkeit erstreckt sich auf Handlungen oder auf Unterlassungen, die der Vergangenheit angehören. Die prospektive Verantwortlichkeit erstreckt sich in die Zukunft. Sie erfaßt die vorauszusehenden Folgen unseres gegenwärtigen Verhaltens.[226]

Den retrospektiven Teil der Verantwortlichkeit ortet Scholz, hier Jaspers nahe,[227] in der zwölf Jahre langen Tolerierung des Nationalsozialismus, ohne jeglichen Versuch zum Widerstand. Aus dieser Verantwortung seien allerdings auszuschließen: die Jugendlichen, die 1935 noch keine 20 Jahre alt waren, und jene Märtyrer, die bereits mit dem Opfer ihres Lebens ihre Entschiedenheit des Widerstands bewiesen hatten, sich dem Totalitarismus zu widersetzen. Scholz schließt mit einem Appell an die Notwendigkeit einer zukünftigen Bekämpfung des um sich greifenden Nihilismus.

Weitere, ähnliche Beispiele finden sich bei Stephen Brockmann, der nicht nur auf die Westzonen, sondern auch auf den Ostbereich eingeht.[228] Zwar befassten sich hier 1945 drei Viertel aller Aufsätze in der vom *Kulturbund* herausgegebenen Zeitschrift *Aufbau* mit dem Nationalsozialismus oder, wie es dort hieß, Faschismus, seinen historischen und ideologischen Voraussetzungen,[229] aber mit der Herleitung einer historischen Kausalität war zugleich eine kollektive Entlastung des ‚Volkes' verbunden. An einem Beispiel von Johannes R. Becher, einem Aufsatz vom Januar 1946 zu den Nürnberger Prozessen unter dem Titel *Deutschland klagt an!*, den Brockmann anführt, kann man exemplarisch die konsequente Intention – analog zu dem Stalin zugeschriebenen Spruch, die Hitlers kämen und gingen, das deutsche Volk aber bleibe bestehen – erkennen, ‚den Nazis' alle Schuld anzulasten, deren Opfer demnach auch das deutsche Volk wurde: „Wir legen Zeugnis ab von den ungeheuerlichen Verbrechen, wie sie von seiten der Nazikriegsverbrecher gegen uns, das deutsche Volk, begangen wurden."[230]

Wie der seit September 1945 herausgegebene *Aufbau*, der vor allem die Zusammenführung von Emigranten und Daheimgebliebenen im Zeichen des Antifaschismus betrieb, so widmeten sich auch die anderen im Osten herausgegebenen Zeitschriften in den Anfangsjahren vor allem dem Blick nach vorn und

---

226 Scholz, Heinrich: Zur deutschen Kollektiv-Verantwortlichkeit. In: *Frankfurter Hefte*, 2 (1947) 4, S. 357–373, hier S. 360. Kursivierung im Original.
227 Von Jaspers, den er erst während der Drucklegung seines Aufsatzes gelesen haben will, setzt sich Scholz wegen dessen zu pauschaler Schuldbehauptung ab. Vgl. ebd., S. 370.
228 Vgl. Brockmann: *German Literary Culture*. 2004, S. 21–70.
229 Vgl. Engelbach, Horst; Krauss, Konrad: Der Kulturbund und seine Zeitschrift ‚Aufbau' in der SBZ. In: *Zur literarischen Situation 1945–1949*. Hg. von Gerhard Hay. Kronberg/Ts. 1977, S. 169–188, hier S. 179.
230 Becher, Johannes R.: Deutschland klagt an! In: *Der Aufbau*, 2 (1946) 1, S. 9–18, hier S. 9; zit. nach Brockmann: *German Literary Culture*. 2004, S. 63.

konzentrierten sich auf die Beschwörung von Einheit auf den verschiedensten Ebenen – so die von Alfred Kantorowicz seit Juli 1947 herausgegebene Zeitschrift *Ost und West*, in betontem Versuch, durch entsprechende Beiträge die Besatzungsmächte als produktive Einheit erscheinen zu lassen,[231] so auch die von der Gegengründung zur von den Nazis missbrauchten preußischen Akademie, der *Deutschen Akademie der Künste*, unter der Chefredaktion von Peter Huchel seit 1949 herausgegebene Zeitschrift *Sinn und Form*, die es vor allem auf die Integration sozialistischer und bürgerlicher Künstler und Intellektueller, bis 1961 in betont gesamtdeutscher Perspektive, abgesehen hatte.

Während im Osten die Zeitschriften zunehmend Kontrollversuchen der SED ausgesetzt waren oder in ständige Auseinandersetzungen mit der offiziellen Kulturpolitik gerieten, als Organe der Selbstverständigung und als Indikatoren kulturpolitischer Tendenzen aber maßgeblich blieben, wurde die Position der Zeitschriften im Westen in der Folge der Währungsreform und der damit veränderten wirtschaftlichen Lage und Konkurrenz der Medien geschwächt. Auch wenn man nicht, wie später dramatisiert wurde, von einem regelrechten Zeitschriftensterben sprechen kann, so kam es doch nicht nur zur Einstellung verschiedener Titel, auch die verbliebenen führenden wie *Frankfurter Hefte*, *Merkur* und *Wandlung* verloren bis zur Hälfte der Abonnenten. Und *Der Ruf* wurde im März 1949 eingestellt.

IV.5 Verlage und Buchproduktion

Auch die Situation der Buchverlage hatte sich – vor allem im Westen – deutlich zu verändern begonnen. Am Anfang standen auch hier die Säuberungs- und Verbotsaktionen, Indexlisten etwa, die nicht nur von Zone zu Zone unterschiedlich gehandhabt wurden, sondern auch innerhalb der Zonen z.T. konkurrierten,[232] und die sich nicht sehr vom Listenchaos der Jahre unmittelbar nach 1933 unterschieden. Alsbald aber widmeten sich die Alliierten auch dem Verlagswesen selbst und begannen die Verlage durch Lizenzierungen, geförderte Übersetzungen, Druckgenehmigungen und Papierzuteilungen zu steuern.

Eine Politik, von der man sich nach 1949 in der DDR naturgemäß nicht verabschieden wollte. 1955 brachte Anderschs Zeitschrift *Texte und Zeichen* einen Bericht über die Situation des Buchverlagswesens in der DDR, in dem es u.a. hieß:

---

[231] Vgl. hierzu Heinschke, Christian: ‚Ost und West' oder die Eintracht der Literaturen. In: Hay (Hg.): *Zur literarischen Situation*. 1977, S. 189–204.
[232] Vgl. Peitsch: *Nachkriegsliteratur*. 2009, S. 52ff.

> Wie alles andere, so sind auch das Verlagswesen und die Buchproduktion in der DDR das Objekt einer staatlich gelenkten und zentralisierten Planung und Koordinierung. Das erweist sich schon rein materiell als notwendig, denn die Buchproduktion in der DDR stellt sich in erster Linie nicht als ein Absatz-, sondern als ein Produktionsproblem dar. Quantität und Qualität der Papiererzeugung entsprechen noch nicht dem Bedarf, der Maschinenpark der Setzereien und Druckereien ist überaltert und erneuerungsbedürftig, wozu verschärfend hinzukommt, daß ein Teil der Facharbeiter in andere, besser bezahlte Berufe abgewandert ist. Eine weitere Belastung der Produktion besteht darin, daß eine ganze Anzahl polnischer und tschechischer Schul- und Lehrbücher in den Druckereien und Buchbindereien der DDR hergestellt werden, als Exportgut Vorrang haben, und daher, vor allem in den Sommermonaten, zuweilen die eigene Buchproduktion zwar nicht blockieren, aber doch verzögern.[233]

Im Osten waren die Verlage durch ihre faktische staatliche Garantiertheit und Subventionierung, auch wenn sie als GmbHs konstruiert und wie der auf Belletristisches und speziell die Publikation von exilierten Autoren fokussierte *Aufbau Verlag* dem *Kulturbund* oder wie *Neuer Weg*, später *Dietz*, der KPD gehörten, gegen wirtschaftliche Konjunkturen unanfälliger. Im Gegenteil, da die Presse – bis auf wenige Ausnahmen – parteikonform und verlautbarungsmonoton war, fanden – wie vorsichtig und eingeschränkt auch immer, da bis 1989 jedes Manuskript vorab zensuriert wurde[234] – die Auseinandersetzungen um gesellschaftliche Probleme und Veränderungen vorzugsweise in Büchern und speziell in der künstlerisch-belletristischen Literatur statt.

Dass die „Literaturgesellschaft", deren Begriff Johannes R. Becher 1956 offiziell geprägt und vollmundig als nunmehrige „geistige Großmacht" avisiert hatte,[235] sich wesentlich dem Mangel an diskursiven Möglichkeiten in den anderen Medien verdankte, wurde spätestens nach 1989 offenbar. Und klar war auch der Auftrag für die Ausrichtung der Buchproduktion: die Erzeugung sozialistischer Subjekte wie sozialistischer Gesellschaft. Angesichts der zensuriellen Rigidität will es daher etwas euphemisch scheinen, wenn in diesem Zusammenhang von einer „Übertragung des demokratischen Zentralismus auf die Literaturgesellschaft" gesprochen wurde.[236]

Da den traditionellen Verlagsstandort Leipzig einige renommierte Verlage in den Westen zu verlassen begonnen hatten, so u.a. *Brockhaus* und *Insel*, erteilte

---

[233] Die zweite deutsche Literatur. In. *Texte und Zeichen. Eine literarische Zeitschrift.* Hg. von Alfred Andersch, 1 (1955) 1, S. 551–557, hier S. 552f.
[234] Zur Entwicklung der Zuständigkeiten und Verfahren vgl. Walther, Joachim: *Sicherungsbereich Literatur. Schriftsteller und Staatssicherheit in der Deutschen Demokratischen Republik.* Berlin 1996.
[235] Nach Peitsch: *Nachkriegsliteratur.* 2009, S. 118.
[236] Ebd., S. 119.

die SMAD hier und in der übrigen SBZ bis 1949 160 private Lizenzen. Bedenkt man, dass vor dem ‚Dritten Reich' dort einmal fast das Zehnfache an Verlagen existierte, ist das nicht eben überwältigend, aber den begrenzten Möglichkeiten jener Zeit angemessen. Allerdings wurden in den folgenden Jahren nur 120 Lizenzen erneuert, davon die Hälfte für Verlage in staatlichem Besitz, 40 Prozent im Besitz von Parteien und Organisationen und nur zehn Prozent in Privatbesitz – und selbst das meist nur nominell.[237]

Von diesen 120 Verlagen widmeten sich wiederum 40 wissenschaftlicher, politischer und fachlicher Literatur, 22 im engeren Sinne der Belletristik, Kinder- und Jugendliteratur.[238] *Texte und Zeichen* beobachtete dazu:

> Unter den schöngeistigen Verlagen finden sich neben manchen Neugründungen aus der Zeit nach 1945 eine ganze Anzahl alter und traditionsreicher deutscher Verlagsnamen, so der Insel-Verlag in Leipzig, der Paul List Verlag, Rütten & Loening, der Reclam Verlag, F. A. Brockhaus, der Greifenverlag in Rudolstadt, Kiepenheuer und einige andere. Soweit die ehemaligen Besitzer nicht zurückgekehrt sind oder in den vergangenen Jahren das Gebiet der DDR verlassen und in der Bundesrepublik eine Neugründung ihres Verlages vorgenommen haben, sind ihre Unternehmungen in Ostdeutschland enteignet und unter staatliche Treuhänderschaft gestellt worden. Sie werden voraussichtlich über kurz oder lang in volkseigene Betriebe umgewandelt werden.[239]

Im Westen war die Entwicklung vielfältiger, aber auch unübersichtlicher. Auf der einen Seite stand die Vielzahl der verlegerischen Neugründungen auf der Grundlage einer unterschiedlichen Lizenzierungspolitik der westlichen Alliierten, wobei insbesondere die Amerikaner auf wirtschaftliche Konkurrenz drangen und beispielsweise den Kontrollbestrebungen des erst 1948 zugelassenen *Börsenvereins Deutscher Verleger- und Buchhändler-Verbände e. V.* Widerstand entgegensetzten. Der *Börsenverein des deutschen Buchhandels*, der eine zumindest dubiose Rolle bei der Verfemung jüdischer Publikationen und Verlage schon zu Beginn des ‚Dritten Reichs' gespielt hatte, betrieb erfolgreich eine vertikale Durchorganisation des Buchmarktes vom Verlag über den Vertrieb bis zum Verkauf, aber auch über die bis heute währende Buchpreisbindung. Seine Neugründung hatten die Amerikaner eben wegen solcher Kartellisierungstendenzen zu unterbinden versucht. Als im Herbst 1949 in Frankfurt am Main die erste

---

[237] Vgl. Links, Christoph: *Das Schicksal der DDR-Verlage. Die Privatisierung und ihre Konsequenzen.* Berlin 2009, S. 19–28.
[238] Vgl. Barck, Simone: Bildung und Kultur in der DDR. In: *Deutschland in den fünfziger Jahren.* Hg. von der Bundeszentrale für politische Bildung. Bonn 1997 (= *Informationen zur politischen Bildung*, 256), S. 49–55, hier S. 54.
[239] Die zweite deutsche Literatur. In: *Texte und Zeichen*, 1 (1955) 1, S. 553.

Buchmesse – fortan als Gegenveranstaltung zur traditionellen Leipziger Messe – stattfand, hatten sich bereits der Frankfurter vom Leipziger Börsenverein separiert.

Die Jahre unmittelbar nach der Währungsreform brachten auch hier einschneidende Veränderungen: Von den zunächst 850 lizenzierten Verlagen waren bis 1955, bis zur sogenannten Reinigungskrise des Buchhandels,[240] ein Drittel vom Markt verschwunden. Hingegen bildeten vor allem die traditionellen Verlage, die aus unterschiedlichen Gründen gut über das ‚Dritte Reich' gekommen waren, den stabilen Wachstumskern des deutschen Buchhandels der Nachkriegszeit.

Ein Beispiel ist der *Bertelsmann Verlag*, der ursprünglich einmal christliche Traktätchen vertrieben hatte, im ‚Dritten Reich' u.a. mit strammen Feldpostausgaben erfolgreich war, zwar 1944 wegen Korruption geschlossen wurde,[241] aber nach 1945 mit britischer Lizenz sich sehr schnell wieder auf dem Markt etablierte. Motor des Erfolgs, aus dem einer der größten Medienkonzerne der Welt hervorgegangen ist, war der 1950 gegründete *Bertelsmann Buchclub*, der 1955, im Jahr des einemillionsten Volkswagens, bereits das einemillionste Mitglied begrüßen konnte. Nicht unähnlich die Karriere des *Goldmann Verlags*, der nach 1945 vor allem mit Sachbüchern, Unterhaltungs- und Kriminalliteratur erfolgreich war.

Der *Rowohlt Verlag*, während der NS-Zeit geschickt zwischen naziaffiner und -distanzierter Literatur balancierend und vor allem auch jenseits der offiziellen Verlagseinstellung Ende 1943 mit Feldpostausgaben reüssierend, hatte sich nach 1945 auf dem west- und bundesdeutschen Markt schnell etabliert: mit der Jugendzeitschrift *Pinguin*, der Erzähltext-Zeitschrift *story*, vor allem aber mit *Rowohlts Rotations-Romanen*, die zunächst im Zeitungsformat, dann als RO-RO-RO-Taschenbücher erschienen, darunter ab 1955 *rowohlts deutsche enzyklopädie*, die bald der Inbegriff des Taschenbuchs schlechthin wurden. Auch hier setzte sich die Verlagspolitik des unbekümmert breiten Spektrums fort, auf der einen Seite Fallada, Plievier oder Tucholsky, auf der anderen etwa Hjalmar Schachts *Abrechnung mit Hitler* (1948) oder Hans Zehrers *Der Mensch in dieser Welt* (1948) und ganz besonders dann Ernst von Salomons *Der Fragebogen* (1951), einem der ersten großen Bestseller der Nachkriegszeit. Noch größer und ausdauernder war freilich der Erfolg von Cerams im November 1949 erschienenem Buch *Götter, Gräber und Gelehrte*. In edler Aufmachung und zum damals horrenden Preis von 18 DM,

---

240 Vgl. Schwenger, Hannes: Buchmarkt und literarische Öffentlichkeit. In: Fischer (Hg.): *Hansers Sozialgeschichte*. 10: *Literatur in der Bundesrepublik*. 1996, S. 99–124, hier S. 105.
241 Vgl. Friedländer, Saul; Frei, Norbert; Rendtorff, Trutz; Wittmann, Reinhard: *Bertelsmann im Dritten Reich*. München 2002.

wurde dies erzählende Sachbuch zur Geschichte der Archäologie und untergegangener Reiche geradezu zum Prototypus des erfolgreichen Sachbuchs der Nachkriegszeit.[242]

Der *Suhrkamp Verlag* hatte sehr früh durch zu modernen Klassikern gewordene Autoren wie Bertolt Brecht, Hermann Hesse oder Samuel Beckett eine kulturell führende Position und etablierte unter Siegfried Unseld vor allem in der *edition suhrkamp* einen linksintellektuellen Avantgardismus, den George Steiner später, in den siebziger Jahren, schließlich zu einer eigenen „Suhrkamp-Kultur" erklärte. Der Verlag war gewissermaßen aus dem *S. Fischer Verlag* hervorgegangen, den Peter Suhrkamp von der jüdischen Eigentümerfamilie treuhänderisch übernommen hatte, als diese fliehen musste. 1942 war der Verlag in *Suhrkamp Verlag* umfirmiert worden. Und als solcher erhielt er bereits im Oktober 1945 eine Lizenz. Warum nun genau der Verlag nicht wieder in den *S. Fischer Verlag* rücküberführt wurde, darüber gibt es keine eindeutigen Belege. Sicher scheint nur, dass Gottfried Bermann Fischer und Peter Suhrkamp unterschiedlicher Auffassung über die Verlagsentwicklung waren, so dass Bermann Fischer den Verlag zurückerhielt und Suhrkamp den seinen 1950 neu gründete, wobei 33 von 48 Autoren – darunter Brecht und Hesse, aber auch George Bernhard Shaw und T. S. Eliot – mit ihm gingen.[243]

Der *Ullstein Verlag* wiederum, von den Nazis erst ‚arisiert', dann in *Deutscher Verlag* umbenannt, firmierte zunächst ersatzweise seit 1946 unter der Lizenzierung als *Verlag Druckhaus Tempelhof*, der dann schon ein Gutteil der zuvor bei *Ullstein* bzw. dem *Deutschen Verlag* erschienenen Werke wieder herausbrachte. Die Rückübertragung an die Erben der jüdischen Familie Ullstein gestaltete sich schwierig, teils weil die Amerikaner Überkapazitäten am Buchmarkt fürchteten, vor allem aber wegen innerfamiliärer Unklarheiten und Restitutionsprobleme, so dass das Unternehmen, das mit der *Berliner Morgenpost* und dem Boulevardblatt *B.Z.* zunächst an seine Tradition als Zeitungsverlag anknüpfte, erst im Januar 1952 wieder auftreten konnte. Ab 1955 stieg der *Ullstein Verlag* dann erfolgreich ins Taschenbuchgeschäft ein[244] und gehörte bald neben *Rowohlt*, *Fischer*, *Goldmann* und *Heyne* zu den führenden Taschenbuchverlagen.

---

242 Vgl. Oels, David: *RowohltsRotationsRoutine. Taschenbuch, Sachbuch und der Rowohlt Verlag vom Ende der Weimarer Republik bis in die fünfziger Jahre*. Diss. HU Berlin 2008 (im Druck, u. d. T. *RowohltsRotationsRoutine: Markterfolge eines Kulturverlags vom Ende der Weimarer Republik bis in die fünfziger Jahre*. Essen 2013).
243 Vgl. *Die Geschichte des Suhrkamp Verlags. 1. Juli 1950–30. Juni 1990*. Frankfurt am Main 1990; *S. Fischer Verlag. Von der Gründung bis zur Rückkehr aus dem Exil*. Marbach 1985
244 Vgl. Schmidt-Mühlisch, Lothar: Am Anfang war das Chaos. Ullstein-Propyläen von 1945 bis 1960. In: *Ullstein Chronik 1903–2011*. Hg. von Anne Enderlein. Berlin 2011, S. 269–294.

Zumindest erwähnt werden muss in dem Zusammenhang auch der Erfolg der deutschen Ausgabe des amerikanischen *Reader's Digest*, der seit 1948 unter dem Titel *Das Beste aus Reader's Digest* u. a. kompakte Fassungen von familientauglich bereinigten und gekürzten Bestsellerromanen lieferte.

In der zeitgenössischen, kulturkritischen Wahrnehmung wurden Taschenbücher – neben den Buchclubausgaben das lang anhaltende Erfolgssegment des Buchhandels – freilich bemisstraut. Das Taschenbuch wurde zwar einerseits als Möglichkeit zu einer verbreiterten Bildung akzeptiert, andererseits aber seine unkontrollierte Massenhaftigkeit im Unterhaltungssektor befürchtet, so etwa von Karl Korn, der, allerdings ohnehin im Buchmarkt betrübliche Tendenzen zum Geschmack des Massenkonsums, erkennen wollte:

> Der farbige, mit synthetisch bunten Abziehbildern verzierte Buchumschlag, der das Buch verteuert, hat sich, wie ein Gang durch die Frankfurter Buchmessen zeigt, so ziemlich durchgesetzt. Es sei fern von uns zu behaupten, daß dabei nicht mit viel graphischem Geschmack zu Werk gegangen werde. Wir können uns aber des Eindrucks nicht erwehren; daß hier aus kommerziellen Rücksichten, deren Fundiertheit nicht einleuchtet, die Ware Buch gefährlich in die Nähe von Pralinen- und Kosmetikpackungen gerate.[245]

Wie Helmut Peitsch resümiert, entwickelten sich nach 1949 „durch das Ende der Lizenzierung und der Vorzensur im Westen und deren sich verändernde Fortsetzung im Osten zwei grundsätzlich verschiedene Systeme der Literaturvermittlung von Autoren über Verlage und Literaturkritik an die Leser".[246] Die Auseinanderdrift war allerdings schon vorher erkennbar, so in den wechselweisen Behinderungen im Buchhandelsaustausch oder in bewusster Ignoranz der DDR gegen bestehende Lizenzen, vor allem, wenn es um den Druck von Autoren wie Thomas Mann oder Hermann Hesse ging, deren humanitäres Gedankengut der eigenen Bevölkerung günstig nahegebracht werden sollte.

V Konzepte und Ideengeber

V.1 Schreibweisen

Während der Buchmarkt im Osten von der dortigen Lizenz- und Zensurpolitik bestimmt war, wurde der im Westen durch sukzessives Verschwinden und Konzentration geprägt. Die divergierenden Entwicklungen im literarischen Feld wurden

---

245 Korn: *Kulturfabrik*. 1953, S. 48 f.
246 Peitsch: *Nachkriegsliteratur*. 2009, S. 120.

aber nicht nur von den unterschiedlichen Verlags- und Distributionsvoraussetzungen bestimmt, sondern auch durch die vorhandenen oder nicht vorhandenen politischen Rahmenvorgaben und Kontrollen gegenüber den differierenden Literaturkonzepten, durch die erlaubten, erwünschten oder pönalisierten literarischen Muster im weiten Spektrum zwischen den Polen von ‚absoluter Literatur', Hermetismus und radikalisierter Autonomie einerseits und Gesinnungsbekundungen, Auftragselogen und staatlicher Propaganda andererseits.

Dabei ist nun einmal Faktum, dass eine radikale Autonomie im Osten zwar nicht gänzlich, aber so gut wie unmöglich war, wie umgekehrt kommunistische oder einheitssozialistische Propaganda im Westen verpönt bis sekretiert wurde, dass die Modernismusreprisen im Westen als avantgardistisch galten, während sie im Osten – ähnlich wie Mythomimetisches, magischer Realismus oder Existenzialparabolik – marginalisiert oder sanktioniert wurden. Der Sozialistische Realismus des Ostens wiederum fand im Westen sein ungefähres Pendant nur in den Depravationsformen der Heftchenliteratur, im erzählenden Sachbuch oder in einem Reportagerealismus, der – die in der Regel sehr differenten politischen Vorzeichen in Rechnung gestellt – seine Wurzeln weniger bei Ernest Hemingway und anderen als in den Propagandakompanien der Wehrmacht und der Waffen-SS hatte.

Die Verhältnisse im Osten waren aufgrund der zentralistisch-diktierenden Vorgaben zweifellos übersichtlicher als im Westen. Normative Vorgaben, zensurielle Eingriffe oder nachträgliche Sanktionen setzten den Fokus jedenfalls wesentlich enger als das finanz- wie aufmerksamkeitsökonomische Gebot zur permanenten Auslotung und Strapazierung von thematischen und formalen Möglichkeiten im Westen.

Die im Westen verehrten, wenngleich auch nicht unumstrittenen, vor allem meist eher aufgerufenen als gelesenen Vertreter einer klassischen Moderne – seien es Franz Kafka, Hermann Broch oder Robert Musil, vor allem aber James Joyce, John Dos Passos oder Marcel Proust – blieben im Osten ausgeschlossen, während wiederum die deutsche klassische oder in den Augen der Literaturbürokratie fortschrittliche internationale Literatur jeden siebten verlegten Titel ausmachte. Im Kern dominierte – abgesehen von dem begrenzten und ziemlich stereotypen Genre der Aufbauromane – für die fünfziger Jahre eindeutig die Literatur eines wie auch immer gearteten Antifaschismus. Das reichte von kommunistischen Offizialautoren wie Johannes R. Becher, Anna Seghers, Willi Bredel, Hans Marchwitza oder Friedrich Wolf, meist in ganzen Werkausgaben, bis zu anderen Autoren des Exils wie Bertholt Brecht, Lion Feuchtwanger, Heinrich und Thomas Mann oder Arnold Zweig. Aber auch ein im Lande gebliebener Autor wie Hans Fallada und selbst Gerhart Hauptmann, der gegenüber den Nazis nicht eben unanfällig geblieben war, wurden mit hohen Auflagen herausgebracht. Die ständige zensurielle Überwachung zeigte sich dabei nicht nur in der Spezifik der Auswahl von Autoren und bestimmter Werke, sondern bis hinein in dann schulkanonische Bestseller wie Bruno Apitz' *Nackt unter Wölfen* (1958), der, ebenso wie etwa Hans Falladas *Jeder stirbt für sich allein* (1947), Eingriffe hinnehmen musste, weil bestimmte Passagen nicht dem offiziellen Selbstbild der Kommunisten entsprachen.[247]

Hier soll wenigstens en passant auf ein Problem hingewiesen werden, das die Auseinandersetzung mit der DDR-Literatur, ihren Tendenzen und materialen Bedingungen so schwer macht: Selbst bei Gruppenbildungen und parallelisierbaren Thematiken und Schreibformen ergibt sich immer wieder die Notwendigkeit, sich eigentlich jeweils mit einem – kaum je rekonstruierbaren – Beziehungsgeflecht von Einzelpersonen in unterschiedlichsten Positionen im literarischen Feld auseinandersetzen zu müssen. Der verordnete Antifaschismus wie überhaupt die reklamierte, sozial wesentlich widerspruchsfreie Kollektivität setzte im Alltag – und nicht nur in der Literatur – paradoxerweise eine starke Personalisierung und Subjektivierung in Gang.[248]

Die interessierte Erzählung freilich, dass sich im Westen eine in der Tradition von Aufklärung, Klassik, Vormärz und einer humanistisch-emanzipatorischen Linie der Moderne durch humanistische Intellektuelle restituierte Kultur zwar heroisch, aber letztlich aussichtslos in der Zangenbewegung eines ‚volksfremden', elitistischen Avantgardismus einerseits, eines von den amerikanischen Besatzern infiltrierten Massenkonsumismus andererseits zu behaupten versuchte, zeugt zweifellos von hehren Wünschen, aber nicht ebenso von analytischer Nüchternheit. Dass, wie Jost Hermand meinte, die „Mehrheit der Künstler" sich „aufgrund der erdrückenden Zeitumstände oder auch menschlicher Schwächen" in ein wiederum nur neue Lügen zeitigendes „Lügengewirr" verstrickt habe, indem ihr Opportunismus sie der ‚Re-Education' und dem Kommerziellen gleichermaßen sich habe unterwerfen lassen,[249] wird man in dieser einsinnigen Rigorosität nicht hinnehmen wollen. Das gleiche gilt für die Ansicht über eine vier bis fünf Prozent der Bevölkerung umfassende Schicht und deren diktatorisch „gesellschaftlich herrschende[ ] Kulturvorstellung". Noch die ausdifferenzierende Kategorisierung in eine „massenhaft verbreitete Unterhaltungskunst", bürgerlich „religiös-huma-

---

247 Vgl. die jetzt ungekürzten Ausgaben von Apitz, Bruno: *Nackt unter Wölfen*. Berlin 2012; Fallada, Hans: *Jeder stirbt für sich allein*. Berlin 2011.
248 Dies wird etwa hinter dem Rücken des Projektvorschlags zur Erforschung der Nachkriegsliteratur in Berlin deutlich, den Ursula Heukenkamp 1995 machte. Vgl. Heukenkamp, Ursula: Nachkriegsliteratur in Berlin. Skizze eines Forschungsprojekts. In: *Zeitschrift für Germanistik*. NF 5 (1995) 2, S. 336–353.
249 Hermand, Jost: *Kultur im Wiederaufbau*. 1986, S. 11.

nistische Kunst", „modernistisch-elitäre Kunst", die überdies noch gesellschaftlich aufgezwungen worden sein sollte,[250] und eine „kritisch-engagierte Kunst" separiert allzu sehr, was real viel stärker ineinander überging.[251]

Sieht man einmal vom allfälligen Unterhaltungseskapismus ab, der sich freilich durchaus auch mit den anderen Elementen amalgamieren konnte, dann kann man am ehesten einen weit zu fassenden Komplex religiöser und metaphysischer Beschwörungs- und Tröstungsliteratur, letztlich eine des Sich-ins-Schicksal-Schickens erkennen, von der sich eine Literatur des Aufbegehrens und intendierter Gesellschaftsänderung absetzte. Diese erwies sich als bipolar, nämlich einerseits mit der Tendenz zur appellativ veristischen Zustandsbeschreibung, andererseits zur existenziellen Erhöhung und Transzendierung ins Magische, Parabolische, Überzeitliche und tatsächlich Ungefähre. Wobei Letztere – abgesehen von den ästhetischen Mitteln und dem Gestus von Protest und Einverständnisverweigerung – durchaus Anschlüsse zur metaphysisch orientierten Literatur zeigte, wie die sozialprotestierende Literatur, sofern sie mit säkularen geschichtsteleologischen Heilserwartungen verbunden war, wiederum ein Pendant zur religiösen Zuversichtsliteratur bot.

Das wird besonders deutlich am Spektrum der Literatur, die von den mit der *Gruppe 47* assoziierten oder von ihr favorisierten Autoren geschrieben wurde. Folie dessen war die emphatische Rede von der Literatur als Widerstand – sei es nun inhaltlich durch ‚unbequeme Wahrheiten' oder als Widerständigkeit im Formalen.[252]

V.2 Restauration

Symptomatisch ist in diesem Zusammenhang die Etablierung des Begriffs der ‚Restauration' – ein Begriff, der über Jahrzehnte zur Charakterisierung der Adenauerzeit dienen sollte. Wo und wie er zuerst auftauchte, ist noch unausgemacht. Fest steht, dass Walter Dirks 1950 einen Schlüsseltext dazu lieferte, indem er vom

---

250 Merkwürdigerweise wiederholen Axel Schildt und Detlef Siegfried (*Deutsche Kulturgeschichte. Die Bundesrepublik von 1945 bis zur Gegenwart*. München 2009, S. 89) dieses unhaltbare Argument, um es auf S. 174 selbst explizit zu widerlegen.
251 Hermand: *Kultur im Wiederaufbau*. 1986, S. 11, 13. Vgl. auch den Vorwurf, dass der ästhetische Modernismus „zwar zwischen 1950 und 1965 nur zwei bis drei Prozent der Bevölkerung interessierte, aber dennoch als die offizielle oder offiziöse Kunstrichtung dieses Zeitraums galt". Ebd., S. 428.
252 Vgl. Salzmann, Bertram: Literatur als Widerstand. Auf der Spur eines poetologischen Topos der deutschsprachigen Literatur nach 1945. In: *Deutsche Vierteljahrsschrift*, 77 (2003) 2, S. 330–347.

„restaurative[n] Charakter der Epoche" sprach.[253] Der Begriff war jedenfalls schnell kommun. 1953 findet er sich z. B. prominent und wie selbstverständlich in Wolfgang Koeppens Roman *Das Treibhaus*. Symptomatisch ist auch ein 1957 in *Texte und Zeichen* abgedrucktes Langgedicht von Wolfgang Paul mit dem Titel *Restauration*, in dem neben den Kernvorwürfen der Schuldverdrängung und des Söhne-Opfers im Gestus des Angewiderten von Fernsehtruhen, Multimix, Superbenzin, Schlaraffia-Matratze, Boulevardblatt und der „Droge des Kinos" so ziemlich alles angeführt wird, was damals zu den Insignien des Wirtschaftswunders gehörte.[254]

Für die *Gruppe 47* wurde der Begriff ‚Restauration' gewissermaßen zum Schlüsselcredo: Man lebte und schrieb in einer und folglich gegen eine Epoche der Restauration. Das entsprach kaum der Realität. Gewiss, der Nachkriegsbuchmarkt wurde schnell mit z. T. unverschämten Rechtfertigungsschriften von Militärs überschwemmt,[255] die öffentlichen Reaktionen auf Alfred Anderschs Desertionsbericht *Kirschen der Freiheit* (1952) waren in ihrer Intransigenz erschreckend[256] und die Versuche der katholischen Kirche, das öffentliche Leben zu beeinflussen, recht massiv. Aber es gab – sieht man von der Pönalisierung nazistischer und kommunistischer Positionen ab – keinerlei systematische Beeinträchtigung der Meinungsfreiheit. Wie hätte es die Gruppe andernfalls zur intellektuellen Wortführerschaft über mehr als ein ganzes Jahrzehnt, zur Unterstützung durch den öffentlich-rechtlichen Rundfunk oder bei ihrer Tagung 1954 nahe Rom sogar des Auswärtigen Amtes bringen können?[257] Umso mehr fungierte der Topos als Strategie der Selbstauszeichnung eigener ästhetischer Avanciertheit, die – und das ist die Pointe – zugleich als politischer Nonkonformismus erschien.

---

[253] Dirks, Walter: Der restaurative Charakter der Epoche. In: *Frankfurter Hefte*, 5 (1950) 9, S. 942–954. Den Begriff „Restauration" hatte Thomas Mann in einem Brief an Otto Veit bereits am 24. März 1950 gebraucht. Vgl. Mann, Thomas: *Briefe*. Bd. III: *1948–1955*. Hg. von Erika Mann. Frankfurt am Main 1979, S. 725.

[254] Paul, Wolfgang: Restauration. In: *Texte und Zeichen. Eine literarische Zeitschrift*. Hg. von Alfred Andersch, 3 (1957), S. 94.

[255] Vgl. dazu Köppen, Manuel: „ ... wie das Gesetz es befahl." Von den Erinnerungen deutscher Wehrmachtsgenerale zu Carl Schmitts ‚Theorie des Partisanen'. In: *Perspektiven konservativen Denkens. Deutschland und die Vereinigten Staaten nach 1945*. Hg. von Peter Uwe Hohendahl und Erhard Schütz. Bern 2012, S. 67–82.

[256] Vgl. dazu ausführlich Peitsch: *Nachkriegsliteratur*. 2009, S. 152ff.

[257] Vgl. dazu Kiesel, Helmuth: Die Restaurationsthese als Problem für die Literaturgeschichtsschreibung. In: *Zwei Wendezeiten. Blicke auf die deutsche Literatur 1945 und 1989*. Hg. von Walter Erhart und Dirk Niefanger. Tübingen 1997, S. 13–45; Brockmann: *German Literary Culture*. 2004, bes. S. 13.

V.3 Die Gruppe 47

Hervorgegangen war die Gruppe aus einer Einladung Hans Werner Richters an Autoren zur Diskussion ihrer Texte, mit denen sie zur geplanten Nachfolgezeitschrift des eingestellten *Ruf, Der Skorpion*, beitragen sollten.

> Die Schwierigkeiten um den ‚Skorpion' wachsen und nehmen ab gleich einer Wellenbewegung. Was heute positiv aussieht, erscheint morgen negativ. Doch der Kampf geht [...] weiter. [...] Das kleine Autorentreffen der wesentlichsten Mitarbeiter der Zeitschrift [...] findet nun endgültig am 6. u. 7. September in Bannwaldsee bei Füssen im Hause von Frau Schneider-Lengyel statt.[258]

So Hans Werner Richter an Freia von Wühlisch am 27. August 1947. Nach dem ersten Treffen, auf dem gleich ein zweites verabredet wurde, kam zunächst das endgültige Aus für das Zeitschriftenprojekt. Vor dem nächsten Treffen im November hatte in Berlin der vom *Kulturbund* einberufene *1. Deutsche Schriftstellerkongreß* stattgefunden. Keiner der der Gruppe damals oder später zugezählten Autoren war dazu eingeladen worden. Das indiziert, warum die Gruppe sich gerade in ihrer Anfangsphase so emphatisch wie ostinat als Vertreterin der jungen Literatur apostrophieren konnte, als Agentin eines radikalen Neubeginns. Wie noch 1979 Hans Werner Richter die damalige Herkunft betonte: „In diesen Jahren 1946/47 kamen viele junge Leute aus Amerika, Frankreich, Italien, aus Lazaretten und Gefangenenlagern zurück. Sie suchten Anschluß, Kontakte, Kommunikation. Sie glaubten an einen neuen Anfang. Die Stunde Null war für sie lebendige Wirklichkeit."[259]

Indes scheiterte Alfred Anderschs Versuch, mit seinem Essay *Deutsche Literatur in der Entscheidung* auf der November-Tagung in Herrlingen der Gruppe einen programmatischen Auftrag zu geben, der den beiden großen Fraktionen des Exils und der Inneren Emigration gerecht werden, aber letztlich einen dritten Weg zwischen ihnen gehen sollte. Es blieb bei einer betonten Offenheit und Kooptation auf Zuruf durch Richter – später zunehmend unter Einfluss von Günter Grass und Walter Höllerer –, wobei allerdings Remigranten faktisch ignoriert wurden.

Eine mögliche Erklärung für die Abwehr, auf die aus dem Exil Heimgekehrte im Westen trafen – und nicht nur bei der *Gruppe 47* und dem *Ruf*, zu dessen Mit-

---

[258] Zitiert nach Zur Geschichte des ‚Skorpion'. In: *Die Gruppe 47 – ein kritischer Grundriß. Sonderband der Edition Text + Kritik.* Hg. von Heinz Ludwig Arnold. 3., gründlich überarb. Aufl., München 2004, S. 299–318, hier S. 306.
[259] Richter, Hans Werner: Wie entstand und was war die Gruppe 47? In: *Hans Werner Richter und die Gruppe 47.* Hg. von Hans A. Neunzig. München 1979, S. 41–176, hier S. 61 f.

arbeitern der ersten Stunde z. B. der emigrierte Walter Guggenheimer gehörte – mag jenseits der Rankünen aus der Zeit der Weimarer Republik auch darin gelegen haben, dass die in den Westen Zurückgekehrten meist aus den USA kamen, mit denen unterm Augenschein der Besatzungsmacht Wohlstand und Überfluss verbunden wurden.

Von Anbeginn an basierte die Gruppe jedenfalls auf einem ausgiebigen Networking. Bereits die ersten Gastgeber und der bei McCann arbeitende Werbefachmann Franz-Josef Schneider, der das Preisgeld für den Preis der *Gruppe 47* zur Verfügung stellte, waren – wie auch andere – gute Bekannte aus der Zeit vor 1945 gewesen. Exemplarisch: Freia von Wühlisch, Adressatin des oben zitierten Richter-Briefs, war noch im April 1945 mit einer pro-nazistischen Publizistik-Dissertation über die *Windhuker Allgemeine Zeitung* in Heidelberg promoviert worden. Sie wiederum war verheiratet mit Hans Jürgen Krüger, der aus einer Propagandakompanie kam, sich ziemlich NS-fanatisch geäußert hatte und später als Auslandskorrespondent für die *Frankfurter Allgemeine Zeitung* arbeitete. Beide waren mit dem Ehepaar Richter eng befreundet und blieben das auch, nachdem sie ab 1951 an den Treffen nicht mehr teilnahmen – weil sie nach Südafrika gingen. Krüger war einer der ‚Gründungsmitglieder' der Gruppe. Vor allem versorgte er als Leiter des Politikressorts der Zeitschrift *Das grüne Blatt*, die zeitweilig immerhin eine Auflage von einer Million hatte, Hans Werner Richter in den Anfangsjahren regelmäßig mit Aufträgen – Artikel, Glossen, Kommentare.[260]

Nicht zuletzt aber vernetzte sich die Gruppe mit den öffentlich-rechtlichen Rundfunkanstalten, wie zuvor mit der Kritik der maßgeblichen Zeitungen und Zeitschriften, vor allem mit *Der Spiegel*, *Die Zeit* und der *Süddeutschen Zeitung*, während die *Frankfurter Allgemeine Zeitung* wie auch der *Merkur* ein Hort der Kritik an der Gruppe blieben, bis dann Alfred Andersch, wie zuvor schon für die *Frankfurter Hefte*, für den *Merkur* schrieb.

Richter verstand und führte die Gruppe als Lobbyagentur eben der vermeintlich ausgeschlossenen Literatur der jungen Generation, faktisch der jungen Kriegsteilnehmer. Entsprechend kumpel- und landserhaft rau war der Umgangston. Und was spätere Kritiker als Ausweis des Antisemitismus gewertet wissen wollten,[261] dass man bei der Tagung 1952 in Niendorf bei Paul Celans Lesung der

---

260 Vgl. dazu Pamperrin, Sabine: Die böse Mutter der Gruppe 47. In: *taz*, 28. 2. 2007, S. 15.
261 Vgl. Briegleb, Klaus: *Mißachtung und Tabu. Eine Streitschrift zur Frage: Wie antisemitisch war die Gruppe 47?* Berlin, Wien 2003. Briegleb lässt der Gruppe, insbesondere Richter, keine Chance. In seinem Furor der Projektion nachmalig, mit großem historischem Abstand zu den Ereignissen, erarbeiteter Dimensionen der epochalen Bedeutung der Judenvernichtung sind Auslassungen ebenso ein Beweis für den Antisemitismus wie selbstkritische Einlassungen lediglich dessen Dissimulation.

Todesfuge wegen dessen eigentümlichen Singsangs in Gelächter ausbrach, dürfte tatsächlich eher solch unbedachter Rohheit als explizitem Ressentiment geschuldet gewesen sein.

Auffällig ist indes, wie schnell sich die Gruppe ästhetisch – und damit auch inhaltlich – umzuorientieren, gewissermaßen damit auch: zu zivilisieren, begann. Hatten anfangs noch Texte eines reportageartigen Verismus dominiert, der zudem – bis in die programmatischen Äußerungen des *Ruf* hinein – nicht wenig vom Kälte-und-Härte-Vokabular des ‚Dritten Reichs' geprägt war, so verschob sich der Akzent bald zu dem, was Friedhelm Kröll eine „magisch-meditative[ ] Literatur" genannt hat, erkennbar etwa in den Preisverleihungen 1950 an Günter Eich, der aus der Tradition des magischen Realismus der Vorkriegsgründung *Die Kolonne* kam, 1952 an Ilse Aichinger, 1953 an Ingeborg Bachmann und 1955 an Martin Walser für seine damals noch an Kafka orientierte Schreibweise.[262]

Was auf den ersten Blick nun wie ein Rückzug aus dem mit dem Verismus seinerzeit verbundenen Aktualismus – und damit aus der Politik – aussehen könnte, war tatsächlich politisch, und zwar insofern, als es sich auf eine Position der generell nonkonformen Zeitkritik stellte und damit ein intellektuelles Linkssein als Haltung etablierte, aus der dann die Radikalkritik der sechziger Jahre entstehen konnte, ehe sie – auch bei Gruppenmitgliedern wie Hans Magnus Enzensberger – zu politischem Aktionismus drängte: „Mit ihrer antiideologisch-ästhetizistischen Konzeption gelang es der Gruppe 47 zur zentralen Institution für die Entdeckung und Auswahl, für die soziale und ästhetische Legitimierung von literarischen Ansätzen und Strömungen in der Bundesrepublik aufzusteigen."[263] – Dieses Fazit Friedhelm Krölls sollte aber den darin implizierten politischen Avantgardismus der – durchaus elitistischen – Verweigerung nicht verdecken.

Einen Spiegel dessen liefert der *Almanach der Gruppe 47*, den Hans Werner Richter 1962 herausgegeben hatte. Auf dem Höhepunkt der Gruppe erschienen, bot er einen Rückblick auf 15 Jahre Lyrik und Prosa der Jahre 1947 bis 1962. Auf 468 engbedruckten Seiten brachte er neben Statements und Essays 42 Gedichte und 35 Prosastücke von Autorinnen und Autoren, die im Kern der Gruppengründer in den Zehnerjahren geboren wurden, mit deutlicher Dominanz der Geburtsdaten der meisten anderen in den frühen Zwanzigerjahren und mit Gabriele Wohmann (Jg. 1932), Uwe Johnson (Jg. 1934) und Fritz J. Raddatz (Jg. 1931) als den Jüngsten. In den Beiträgen dominieren thematisch deutlich die jüngste Vergangenheit und NS-Zeit, vor allem aber der Krieg und was mit ihm zusammenhing:

---

[262] Kröll, Friedhelm: Die konzeptbildende Funktion der Gruppe 47. In: Fischer (Hg.): *Hansers Sozialgeschichte*. 10: *Literatur in der Bundesrepublik*. 1996, S. 368–378, hier S. 373.
[263] Ebd., S. 374.

Judenverfolgung – eher andeutungsweise –, Zwangsarbeit, das Unterwegs in Trümmern und Ruinen und immer wieder Erinnerungen an die Kriegszeit. Stilistisch bewegen die Texte sich wiederum zwischen Reportage-Ton, Magischem und Parabolik.

Freilich war das, was die Gruppe bewarb, weder identisch mit ‚der' bundesdeutschen Nachkriegsliteratur noch gar mit einem nun tatsächlich forcierten ästhetischen Avantgardismus – auch wenn es einzelne Berührungspunkte gab. Und man darf auch nicht vergessen, dass die Gruppe erst in den sechziger Jahren die marktbeherrschende Position erlangte, unter der sie später gesehen wurde. In den Fünfzigern war sie bestenfalls erst auf dem Wege dahin.[264]

V.4 Avantgardismus I

Wie weit das reale Spektrum war, mag an Theodor Heuss, einem selbst für Walter Dirks intellektuellen Lichtblick der ‚restaurativen Epoche',[265] demonstriert werden. Heuss, der, wie erwähnt, als Bundespräsident den eher protestantisch-innerlichen und humanistisch-bedächtigen Rudolf Alexander Schröder mit der Neufassung der Nationalhymne betraut hatte, pflegte freundlichen Briefkontakt mit Ernst Jünger, dem er 1959 das Bundesverdienstkreuz antrug,[266] und hielt – gegen die Invektive einer Briefschreiberin – 1953 Hermann Hesse „für den wohl größten lebenden deutschen Dichter"[267], während er Anfang 1954 angab, Wolfgang Koeppens Roman *Das Treibhaus* zwar nicht gelesen zu haben, aber sicher sei, „daß es literarisch minderwertig ist und nun eben eine der mancherlei ‚literarischen' Produktionen, die heute aus irgendwelchen geschäftlichen Gründen gemacht werden".[268] Ein Urteil, das angesichts der wenig schmeichelhaften Darstellung des Bundespräsidenten im Roman auch nach der Lektüre wohl nicht positiver ausgefallen wäre. Denn die lächerliche Figur desjenigen, den man im Roman mit seinem Diener verwechselte, hatte mit dem realen Heuss nichts zu tun, schon gar

---

264 Vgl. dazu Böttiger, Helmut: *Die Gruppe 47. Als die deutsche Literatur Geschichte schrieb.* München 2012, S. 12f.
265 Vgl. Kießling: *Die undeutschen Deutschen.* 2012, S. 218.
266 Vgl. dazu jetzt Martus, Steffen: „‚Das mag auch zu einer Grenzwanderung führen': Der Briefwechsel zwischen Ernst Jünger und Theodor Heuss. In: Hohendahl; Schütz (Hg.): *Perspektiven konservativen Denkens.* 2012, S. 137–162. Vgl. auch Arnold: *Wilflinger Erinnerungen.* 2012, bes. S. 58f.
267 Zitiert nach Heuss, Theodor: *Hochverehrter Herr Bundespräsident. Der Briefwechsel mit der Bevölkerung 1949–1959.* Hg. von Wolfram Werner. Berlin 2010, S. 230.
268 Ebd., S. 324.

nichts mit der damals allgemeinen Wertschätzung für ihn. Während Bundeskanzler Konrad Adenauer und Oppositionsführer Kurt Schumacher heftig polarisierten, war es Heuss, der die Bevölkerung integrierte. So, wie das 1954 Dolf Sternberger hervorhob: „Seine durchaus bürgerliche Erscheinung, seine zivile, lockere, unförmliche und ganz unpreußische Gebärde und Redeweise [...] hat dieser ersten waffenlosen Lebensepoche der Bundesrepublik eine bestimmte Farbe mitgegeben und auf den Bahnen der Sympathie Loyalität erzeugt."[269]

Theodor W. Adorno, dessen Kunstverständnis diametral entgegengesetzt zu dem von Heuss war, hat ihn nach seinem Tod gewürdigt als „wohl erstes deutsches Staatsoberhaupt seit Menschengedenken", das „Zivilist war durch und durch". Heuss sei ein Intellektueller gewesen, der das „Mißtrauen gegen den Typus des durch geistige Arbeit Abgesonderten [...] von dem Odium befreit [hat], das ihm in Deutschland anhaftete, nicht erst seit Goebbels".[270]

Ein Schlaglicht auf die sich gewissermaßen als avantgardistische Avantgarde verstehende Szene und ihre funktionierende Vernetzung mag ein Brief Adornos liefern, der zwar zu einem späteren Zeitpunkt, nämlich 1965, aber hierfür durchaus exemplarisch dem damaligen Präsidenten der West-Berliner *Akademie der Künste*, Hans Scharoun, eine signifikante Gruppe zusammenstellte: Ingeborg Bachmann, Alexander Kluge, Hans G. Helms, Elmar Topoven, Paul Celan und Peter Szondi.[271]

V.5 Ideengeber

Lange Zeit galt als unbestritten ausgemacht, dass es Max Horkheimer und – mehr noch – Theodor W. Adorno[272] und ihre *Frankfurter Schule*[273] waren, die den intellektuellen Prozess der Bundesrepublik bestimmt und ihm die Stichworte gegeben haben, die dann in der Studentenbewegung oder pauschaler: in den 68ern viru-

---

269 Sternberger, Dolf: Die lebende Verfassung. In: Moras; Paeschke (Hg.): *Deutscher Geist*. 1954, S. 18–72, hier S. 62.
270 Adorno, Theodor W.: Worte zum Gedenken an Theodor Heuss (1964). In: Ders.: *Gesammelte Schriften*. Bd. 20: *Vermischte Schriften 2*. Hg. von Rolf Tiedemann. Frankfurt am Main 1986, S. 708–712, hier S. 709.
271 Theodor W. Adorno an Hans Scharoun, 28. 9. 1965. Im Besitz der Akademie der Künste.
272 Vgl. Brunkhorst, Hauke: *Theodor W. Adorno. Dialektik der Moderne*. München, Zürich 1990; Klein, Richard; Kreuzer, Johann; Müller-Doohm, Stefan (Hg.): *Adorno-Handbuch. Leben – Werk – Wirkung*. Stuttgart 2011.
273 Vgl. dazu etwa Wiggershaus, Rolf: *Die Frankfurter Schule*. Reinbek 2010; Walter-Busch, Emil: *Geschichte der Frankfurter Schule. Kritische Theorie und Politik*. München 2010.

lent wurden. Das wurde je nach politischer Position unterschiedlich bewertet, als Fluch oder Segen gesehen, aber nicht in Frage gestellt. Die Gedanken einer *Dialektik der Aufklärung* (1944/1947), insbesondere die Verdammnis der *Kulturindustrie*, Sentenzen wie die Adornos, dass es „kein richtiges Leben im falschen" gebe, waren in den Jahren nach 1960 geradezu intellektuelle Folklore. Ähnlich die – allermeist verkürzt wiedergegebene – Formulierung, dass nach Auschwitz Gedichte zu schreiben, barbarisch sei, wie ebenso die Position einer grundsätzlichen intellektuellen Widerständigkeit und die des – avantgardistischen, hermetischen und unverständlich werdenden – Kunstwerks als „Statthalter"[274]. Sie waren durch die unermüdlichen Rundfunkbeiträge Adornos und deren Sammlungen in *Suhrkamp*-Bändchen in der intellektuellen Öffentlichkeit präsent und wurden in den Feuilletons reproduziert. Insbesondere im Gefolge der Radikalisierung der Protestbewegungen und deren zunehmender Gewaltförmigkeit wurde der *Frankfurter Schule* von konservativerer Seite verstärkt der Vorwurf gemacht, den man schon gegen Sokrates vorgebracht hatte: Verderber der Jugend und Unterminierer der Staatsräson zu sein.

Dabei allerdings wurde übersehen, dass insbesondere Adorno – ungeachtet der philosophischen Position ‚totaler Negativität' – sich durchaus konstruktiv an zentralen Fragen der öffentlichen Debatte beteiligte. So engagierte er sich nachdrücklich für Erziehung und Bildung, speziell für die Erwachsenenbildung. Überhaupt darf man bei der Bewertung nicht außer Acht lassen, dass die *Frankfurter Schule* in ihren durchaus empirischen Studien zu ganz pragmatisch drängenden Problemen der Zeit forschte, Studien etwa zu Reaktionen auf politische Vorgänge, zu Politik- und Gesellschaftsunterricht, Studienerwartungen oder auch zum Betriebsklima. Adornos Diskussionsbeiträge versuchten, den Kampf gegen einen philosophischen, politischen und künstlerischen Obskurantismus zu führen, der für ihn vor allem aus dem Umfeld des Nationalsozialismus kam, wobei er von Fall zu Fall durchaus nicht unproblematische Allianzen mit einschlägig Vorbelasteten einging. Zugleich hatte die *Frankfurter Schule* sich stets sehr dezidiert gegen das abgesetzt, was Adorno meist pauschal als den „Ostbereich" bezeichnete, von dessen menschenverachtender Diktatur in einem falsch verstandenen Kollektivismus, ohne sich freilich in einen offiziös reflexhaften Antikommunismus einspannen zu lassen.

Besonders deutlich wird das in Adornos Auseinandersetzung mit Georg Lukács, dessen Schrift aus seiner radikalen Phase, *Geschichte und Klassenbewußtsein* (1924), für Adorno wie für Walter Benjamin einmal zu deren initialen Anstö-

---

[274] Vgl. etwa Adorno, Theodor W.: Der Artist als Statthalter (1953). In: Ders.: *Noten zur Literatur I*. Frankfurt am Main 1958, S. 175–195.

ßen gehört hatte. Hatte sich Adorno 1962, am Ende der hier in Frage stehenden Periode, im Aufsatz *Engagement* kritisch mit Jean-Paul Sartre und vor allem mit Bertolt Brecht auseinandergesetzt,[275] so schon vorher, 1958, unter dem Titel *Erpreßte Versöhnung* mit Georg Lukács.[276] Das war freilich in jener Zeit, in der Lukács für sein Engagement im Aufstand der Ungarn 1956, u. a. als Kulturminister in der Regierung Imre Nagys, gegen das Sowjetregime im Osten ostraziert, seiner Ämter enthoben worden war und seine Schriften nicht mehr offiziell erwähnt werden durften, faktisch aber bis in die achtziger Jahre hinein den Horizont der ästhetischen Debatten und deren Kriterien bestimmten.

Adorno erweist zunächst den frühen Lukács-Schriften *Die Seele und die Formen* (1911) und *Die Theorie des Romans* (1916) die Reverenz, um ihn dann für *Die Zerstörung der Vernunft* (1954) des Undialektischen zu zeihen und sein *Wider den mißverstandenen Realismus* (1958) zum Anlass zu nehmen, en passant noch einmal mit Brecht abzurechnen, dann aber seinen ganzen Degout gegenüber dem von Lukács propagierten literarischen Biedersinn polemisch zu entfalten. Dies zum einen, weil er bei Lukács den Versuch sah, die avantgardistische Literatur, die man heute der ‚klassischen Moderne' zuzurechnen pflegt, also etwa Kafka, Joyce und Proust, des Ontologismus zu bezichtigen und somit dem Lager von Adornos Lieblings-Widersacher Heidegger zu überstellen. Noch untragbarer aber war, dass sich Lukács nicht scheute, umstandslos von „gesunder" oder „kranker" Literatur zu sprechen. Zum anderen kritisiert Adorno dessen normative Vorstellung von einer Überzeitlichkeit der Literatur. Ihm, dem er nachsagt: „Kein bärtiger Geheimrat könnte kunstfremder gegen Kunst perorieren", hält er entgegen: „Fast möchte man die Größe von avantgardistischer Dichtung dem Kriterium unterstellen, ob darin geschichtliche Momente als solche wesenhaft geworden, nicht zur Zeitlosigkeit verflacht sind." Und dann noch einmal der Hinweis auf die ästhetische Differenz, die zugleich eine grundlegend politische ist: „[...] als ob nicht alles Ästhetische, als Individuiertes, dem eigenen Prinzip, der eigenen Allgemeinheit nach immer Ausnahme wäre, während, was unmittelbar einer allgemeinen Regelhaftigkeit entspricht, eben dadurch als Gestaltetes sich bereits disqualifiziert."[277]

Wiewohl seit 1956 offiziell verfemt, blieb Lukács auch mit seinen Vorbehalten gegenüber dem Schematismus des sogenannten Sozialistischen Realismus, mehr jedoch mit seiner Kritik am Subjektivismus und an der „transzendentalen Ob-

---

[275] Ders.: Engagement (1962). In: Ders.: *Noten zur Literatur III*. Frankfurt am Main 1965, S. 109–135.
[276] Ders.: Erpreßte Versöhnung (1958). In: Ders.: *Noten zur Literatur II*. Frankfurt am Main 1961, S. 152–187.
[277] Ebd. S. 155, 163, 181.

dachlosigkeit" des Modernismus, weiterhin faktischer Stichwortgeber im Osten. Daneben wurde Ernst Bloch zum wichtigsten Mentor einer kritischen, wenngleich sozialismusimmanenten Intelligenz noch weit über seine politisch motivierte Ausschaltung und Übersiedlung in die Bundesrepublik hinaus. Bloch, seit 1948 Lehrstuhlinhaber für Philosophie in Leipzig und u.a. Staatspreisträger der DDR, war in den Anfangsjahren der DDR fast so etwas wie der offizielle Staatsphilosoph. Aber auch ihn brachten die postume Auseinandersetzung mit Stalin, der Ungarnaufstand und das Verhalten der übrigen Ostblockstaaten zu kritischer Distanzierung, bis er 1958 zwangsweise emeritiert wurde und 1961, nach dem Mauerbau, im Westen blieb. Ähnlich Hans Mayer, der zunächst im amerikanischen Sektor Redakteur der Nachrichtenagentur DENA und Chefredakteur im Ressort Politik bei *Radio Frankfurt* war, ehe er 1948 – zusammen mit Stephan Hermlin – in die SBZ ging. Als Professor für Literaturwissenschaft in Leipzig hatte er großen Einfluss, weit über die dort studierenden, nachmaligen Lektoren und Schriftsteller hinaus. Mayer, der stets weiterhin im Westen präsent blieb, u.a. als regelmäßiger Teilnehmer der *Gruppe 47*, geriet ebenfalls nach 1956 in die Kritik des Regimes und ging 1963 dann endgültig in den Westen.

Wie Rainer Rosenberg feststellt, ist die DDR-Universitätskarriere von Mayer – wie auch übrigens die von Kantorowicz – „letztlich nicht an dem Widerstand der ‚bürgerlichen' Professoren, sondern an dem politischen System, für das sie sich nach ihrer Rückkehr aus der Emigration entschieden hatten", gescheitert: „Als Intellektuelle, die gewohnt waren, ihre eigenen marxistischen Überzeugungen und nicht eine dem Denken verordnete ‚Parteilinie' zu vertreten, mussten sie mit den stalinistischen Dogmatikern in Konflikt geraten, sobald sie sich – wie es ihrer Amtsauffassung entsprach – in die Diskussion der aktuellen politischen und kulturpolitischen Fragen einmischten."[278]

Dass selbst kritische Köpfe so lange bereit waren, sich durch eine stalinistische Engstirnigkeit und offenbare Vernunftwidrigkeit gängeln zu lassen, hat im Nachhinein immer wieder Fassungslosigkeit hervorgerufen. Rosenberg hat das so zu erklären versucht:

> Fragt man sich heute, wie es möglich war, dass auch Schüler so souveräner marxistischer Denker wie Werner Krauss oder Hans Mayer damals den Marxismus als Religionsersatz aufnahmen, wird man zu bedenken haben, dass selbst solche Lehrer diesem Missverständnis Vorschub geleistet haben könnten, indem sie es vermieden, sich vom Stalin-Kult zu distanzieren. Der Schock, den die ostdeutschen Nachwuchswissenschaftler mit der Offenlegung

---

[278] Rosenberg, Rainer: Literaturwissenschaftliche Germanistik in der DDR. Zum intellektuellen Habitus ihrer Vertreter. In: *200 Jahre Berliner Universität. 200 Jahre Berliner Germanistik. 1810–2010 (Teil III)*. Hg. von Brigitte Peters und Erhard Schütz. Bern 2011, S. 241–269, hier S. 248.

von Stalins Verbrechen auf dem XX. Parteitag der KPdSU 1956 erlitten, hatte für die einen zur Folge, dass sie, wie es gewünscht war, ihr Glaubensbedürfnis von der Person Stalins auf die ‚kollektive Weisheit der Partei' übertrugen, war für die anderen aber wohl der erste Anstoß zum Selbstdenken.[279]

Und Rosenberg erläutert noch einmal die Differenz zur westlichen Position eines Wissenschaftlers, die es strukturell geradezu verhinderte, dass sich in der DDR pointiert eigenständige Positionen entfalten konnten:

> Der wesentliche Unterschied zur Stellung eines Wissenschaftlers in der bürgerlichen Gesellschaft bestand nämlich darin, dass die Macht, die er in der DDR etwa mit der Besetzung eines Lehrstuhls erhielt, immer nur eine geliehene, von der Parteiführung an ihn delegierte Macht war, die ihm mit seiner Abberufung jederzeit wieder entzogen werden konnte.[280]

In der DDR hat sich die dogmatische Befolgung der berüchtigten Formel aus Lenins Schrift *Was tun?* (1902), wonach es kein Mittelding im Entweder-Oder von bürgerlicher oder sozialistischer Ideologie gebe, verheerend auf die öffentliche intellektuelle Diskussion ausgewirkt, weil jede Form der Abweichung vom Verordneten, Gewohnten oder Erwünschten mit dem Argument bürgerlicher Infiltration sanktioniert werden konnte.

Überhaupt war das strikt blockhaft kollektivistische Selbstverständnis des Parteikommunismus jedweder individuellen intellektuellen Positionierung feindlich und für diese auch sehr gefährlich, wie ja die Abweichlerprozesse in der Vergangenheit und unmittelbaren Gegenwart hinreichend bewiesen hatten. So bewegten sich nahezu alle programmatischen Äußerungen stets im unmittelbaren Umfeld der Phraseologie der Parteiverlautbarungsprosa und versicherten sich wechselseitig durch das geteilte Risiko in Autorenkollektiven. Der Zwangsbeitritt der ostdeutschen Sozialdemokraten hatte zudem diesen Dogmatismus der kollektivistischen Rückversicherung nicht etwa aufgeweicht, sondern die Sozialdemokratie wurde umso stärker unter Kuratel kommunistischer Vormundschaft gestellt, als ihr ja der ‚sozialfaschistische' Verrat an den angeblichen Interessen des Proletariats zur Last gelegt wurde. So etwa von Alexander Abusch, der in seiner Schrift *Der Irrweg einer Nation* (1947) denn auch nicht nur Nietzsche, die preußischen Junker und das übliche Personal, sondern eben auch den ‚Verrat' der Sozialdemokraten für diesen Irrweg verantwortlich machte.[281] Abuschs Broschüre, die schnell hintereinander mehrere Auflagen mit insgesamt jenseits der Hundert-

---

279 Ebd., S. 259.
280 Ebd., S. 260 f.
281 Vgl. Abusch, Alexander: *Der Irrweg einer Nation. Ein Beitrag zum Verständnis deutscher Geschichte*. Berlin 1947. Vgl. dazu ausführlicher Greven: *Politisches Denken*. 2007, S. 222–236, bes. S. 226 f.

tausend hatte, war übrigens eine der wenigen im eigenen Namen verantworteten, was in diesem Falle aber nicht riskant war, da Abusch hier keinerlei Varianz gegenüber den stalinistischen Vorgaben erkennen ließ. Seine Denunziation und Ämtersuspendierung wegen Abweichlertums hatte denn auch keine Begründung in inhaltlich politischer Divergenz, sondern allein in der damaligen antijüdischen Paranoia in der Partei.[282]

Ein – nahezu singuläres – Beispiel für den Versuch einer Gratwanderung zwischen dogmatischer Konvention und Erneuerung liefert – wenn auch erst unmittelbar im Anschluss an die hier behandelte Periode – der Philosoph Wolfgang Heise, der an der *Humboldt-Universität zu Berlin* ‚utopische Philosophie' lehrte. Heise hat mit seinen kulturgeschichtlichen Vorlesungen und dem Versuch einer an der Klassik zwischen Herder und Hegel orientierten Erneuerung des Marxismus nicht nur den späteren Dissidenten Rudolf Bahro, sondern auch Autoren wie Volker Braun, Karl Mickel oder Heiner Müller beeinflusst. Dabei war Heise durchaus nicht abweichlerisch, wenn er etwa in seinem sehr einflussreichen, aus seiner Habilitationsschrift von 1962 hervorgegangenen Werk *Aufbruch in die Illusion* (1964), den Unterschied zwischen der Ideologie des „Hitlerfaschismus" und der des „Bonner Regimes" vor allem im nunmehrigen Vorhandensein starker sozialistischer Staaten, die DDR inklusive, sah. Auf die antworte die „Ideologie des Bonner Regimes" mit einem „eklektische[n] Gemisch von Ideen, die sowohl der liberalen Tradition der deutschen Finanzoligarchie, in Anlehnung an das Demokratiemodell des westlichen Imperialismus, als auch den Traditionen ihrer Kriegspartei sowie den beiden verbundenen klerikalen Traditionen entstammen." An die Stelle der Volksgemeinschaftsideologie sei nun die vom Gemeinwohl getreten.[283] Den Ansatzpunkt einer Überwindung der leninistisch vorgegebenen strikten Trennung von bürgerlicher und sozialistischer Ideologie bot Heise dann am Ende seiner Schrift, indem er – in Auseinandersetzung mit Walter Benjamin, Max Horkheimer und Helmuth Plessner – in der angeblichen Krise des bürgerlichen Denkens Ansätze zu einer marxistischen Erneuerung sah. Heise ist an der Spannung von Einwilligung und Eigendenken, wie nicht nur der sich zu seinen Schülern zählende Wolf Biermann meinte, „zerbrochen".[284] Der vorletzte

---

282 Vgl. dazu Herf, Jeffrey: *Zweierlei Erinnerung. Die NS-Vergangenheit im geteilten Deutschland.* Berlin 1998.
283 Heise, Wolfgang: *Aufbruch in die Illusion. Zur Kritik der bürgerlichen Philosophie in Deutschland.* Berlin 1964, S. 333, 335, 349.
284 „Mein Lehrer Wolfgang Heise / im Krieg der Illusionen / ein Waisenkind der Weisheit / und ist daran zerbrochen. [...]." Zit. nach Biermann, Wolf: Wolfgang Heise – mein DDR-Voltaire. Festvortrag anlässlich der Verleihung der Ehrendoktorwürde, 7. November 2008. In: *Öffentliche Vorlesungen der Humboldt-Universität zu Berlin*, H. 155 (2009), S. 41.

Kulturminister der DDR, Dietmar Keller, resümierte denn auch: „Wir wurden nie ernsthaft geschult in Toleranz, Demokratie und alternativem Denken. Das aber ist im Grunde genommen bildungs- und wissenschaftsfeindlich."[285]

Nicht nur gegen die *Frankfurter Schule*, sondern unter anderem auch gegen Bloch und Mayer – als weitere Promotoren der Studentenbewegung – setzten sich in den sechziger Jahren die Angehörigen der sogenannten *Ritter-Schule* ab. Joachim Ritter hatte – weniger spektakulär als die *Frankfurter Schule* oder Martin Heideggers Entourage – in Münster einen Kreis um sich versammelt, der später philosophisch wie politisch sehr einflussreich werden sollte. In den letzten Jahren ist die Bedeutung dieser Schule – nicht ohne polemische Absetzung von der *Frankfurter Schule* – stärker hervorgehoben worden. Sie sei in ihrer liberalkonservativen, staatsbejahenden und einverständigen Pragmatik Kern einer allmählichen und nachhaltigen intellektuellen Selbstanerkennung der Bundesrepublik gewesen.[286] Gemeint sind u. a. die Ritter-Schüler Ernst-Wolfgang Böckenförde, Staats- und Verwaltungsrechtler, der Staatsrechtler Martin Kriele, der Philosoph Odo Marquard und der Philosoph Hermann Lübbe, der später zeitweilig Staatssekretär in Nordrhein-Westfalen war. Die Sichtbar- und Wirksamkeit dieser ‚Gruppe' begann aber erst in den sechziger Jahren, wo sie einen Gegenpol etwa zu Jürgen Habermas darstellte, wenngleich die endfünfziger Jahre insofern eine Inkubationszeit waren, als hier zweierlei unternommen wurde: zum einen die liberale Umdeutung von Positionen des wegen seiner Haltung zum ‚Dritten Reich' pönalisierten Staatsrechtlers Carl Schmitt, der weiterhin aus der Plettenberger Provinz heraus im Klandestinen außerordentlich einflussreich war,[287] zum anderen in der Moderation der allzu funktionalistisch-technokratischen Sozialkonzeptionen Arnold Gehlens.[288]

Unter journalistisch und publizistisch arbeitenden Meinungsführern wie Karl Korn oder auch Friedrich Sieburg hatte sich schon eine hinhaltend pragmatische Adaption konservativer Positionen an die Gegebenheiten eines demokratisch verfassten Staates abgezeichnet. Hier nun geschah dasselbe mit dem Radikalkonservatismus von Carl Schmitts Dezisionismus und Arnold Gehlens

---

285 Keller, Dietmar: *In den Mühlen der Ebene. Unzeitgemäße Erinnerungen*. Berlin 2012, S. 50.
286 Vgl. Hacke, Jens: *Philosophie der Bürgerlichkeit. Die liberalkonservative Begründung der Bundesrepublik*. Göttingen 2006; ders.: *Die Bundesrepublik als Idee*. Hamburg 2009.
287 Vgl. dazu Laak, Dirk van: *Gespräche in der Sicherheit des Schweigens. Carl Schmitt in der Geistesgeschichte der frühen Bundesrepublik*. Berlin 1993.
288 Vgl. dazu etwa Hacke, Jens: Konservatismus des Standhaltens. Arnold Gehlens Analyse der modernen Industriegesellschaft. In: Schütz; Hohendahl (Hg.): *Solitäre und Netzwerker*. 2009, S. 121–134.

‚kristalliner' Institutionenlehre:[289] Man destillierte daraus Handlungswillen und Institutionenvertrauen. Freilich wurde das erst zur expliziten Verteidigung der Bundesrepublik, als diese vom Linksradikalismus attackiert zu werden begann.

Odo Marquards breiterer öffentlicher Einfluss setzte denn auch – abgesehen von seiner frühen universitären Wirkung – erst in den ausgehenden siebziger Jahren ein.[290] Die skeptisch-pragmatischen Kernpositionen dessen waren: Anthropologie anstatt Geschichtsphilosophie, Kompensation der Naturwissenschaftsschäden durch Geisteswissenschaften, Sicheinlassen auf die vorfindliche, statt auf die beste Welt, die Verlagerung der Beweislast auf die Veränderer, die Herkunft und Funktion von Kunst als entweder Feier des Überflusses oder Kompensation von Mängeln, gespickt mit griffigen Formulierungen wie die von der „Inkompetenzkompensationskompetenz". Deren beeindruckend breite und tiefe philosophiegeschichtliche Fundiertheit wurde später unter den „transzendentalbelletristischen" Zügen, so Marquard selbst, seiner Vorträge und Reden leicht übersehen. Eine gar nicht so spekulative Überlegung wäre, dass, unbeschadet der philosophischen Traditionen, in der sie steht, seine Philosophie der Kompensation und des Stattdessen[291] sich neben den zeitgenössischen Thematisierungen von Ersatz, Provisorium, Kompensation nicht zuletzt einem Anstoß aus der Profanität der Realerfahrungen von Marmeladeersatz oder Behelfsheimen verdankt.

Zumindest einen Konvergenzpunkt aber gibt es zwischen diesen und den dann in der *Frankfurter Schule* von Jürgen Habermas vertretenen Positionen – und zwar den, dass sie sich in der Adoption des „Verfassungspatriotismus" trafen, den Dolf Sternberger 1979 als Begriff geprägt, aber als Vorstellung faktisch schon seit den fünfziger Jahren ausgearbeitet hatte.[292]

Die Bedeutung von Dolf Sternberger – als einer, der immer wieder zu Schuldanerkenntnis und Friedensauftrag, Moderiertheit, Augenmaß wie Souveränität, zu Bürgerlichkeit im emphatischen Sinne ermutigte – lenkt zugleich den Blick darauf, dass die Ideengeschichte der fünfziger Jahre weniger nach Schulen separiert und nur konkurrenzialistisch gedeutet werden, sondern sich die Aufmerksamkeit stärker auf jene Orte fokussieren sollte, an denen sie sich gegeneinander

---

289 Die Gehlen gegenüber seinen Schriften von vor 1945 freilich selbst schon vorgenommen hatte. Vgl. Gehlen, Arnold: *Sozialpsychologische Probleme in der industriellen Gesellschaft*. Tübingen 1949; ders.: *Die Seele im technischen Zeitalter. Sozialpsychologische Probleme in der industriellen Gesellschaft*. Reinbek 1957.
290 Vgl. besonders Marquard, Odo: *Schwierigkeiten mit der Geschichtsphilosophie. Aufsätze.* Frankfurt am Main 1973; ders.: *Abschied vom Prinzipiellen. Philosophische Studien.* Stuttgart 1981.
291 Vgl. ders.: *Philosophie des Stattdessen. Studien.* Stuttgart 2000.
292 Vgl. Sternberger, Dolf: *Verfassungspatriotismus*. Frankfurt am Main 1990; ders.: *‚Ich wünschte ein Bürger zu sein'. Neun Versuche über den Staat.* Frankfurt am Main 1967.

konturieren, aber auch in Austausch kommen konnten. Das waren zum einen gewiss die verschiedenen nach 1945 gegründeten Akademien, insbesondere die von den beiden großen Konfessionen getragenen, aber auch eine Institution wie die eher im Abseits gelegene, 1947 von der französischen Besatzungsmacht gegründete *Akademie*, später *Hochschule für Verwaltungswissenschaften* in Speyer, an der u. a. Arnold Gehlen oder Niklas Luhmann tätig waren.

Als Zeitschrift hat wohl hinsichtlich eines breiten Ideenspektrums am prägnantesten wie nachhaltigsten der *Merkur* die Zeit geprägt. 1947 als *Deutsche Zeitschrift für europäisches Denken* unter – wie erwähnt – ausgesprochen konservativen Auspizien gegründet, hat keine andere Zeitschrift damals so viele Autoren und Intellektuelle unterschiedlichster Provenienz und Intentionen zusammengebracht. Die Zeitschrift, die u. a. maßgeblich zur öffentlichen Wiederkehr Gottfried Benns beigetragen hatte, in der dann aber auch Alfred Andersch veröffentlichte, zählte Ernst Robert Curtius ebenso zu ihren Beiträgern wie Gehlen oder Adorno und Habermas, Hannah Arendt wie Margret Boveri. Eine konzentrierte Zwischenbilanz bot 1954 der vom *Merkur* herausgegebene Band *Deutscher Geist zwischen Gestern und Morgen. Bilanz der kulturellen Entwicklung seit 1945*[293], zu dem u. a. Hellmut Becker, Walter Boehlich, Ernst Forsthoff, Hans Egon Holthusen, Georg Picht, Adolf Portmann, Dolf Sternberger, Hans Heinz Stuckenschmidt, Wilhelm Emanuel Süskind und Thure von Uexküll beigetragen hatten, mit symptomatischen Titeln wie *Wirtschaft zwischen Skepsis und Vertrauen*, *Irrtümer und Lehren des Wiederaufbaus der Städte*, *Geschichte ohne Distanz*, *Die Rückkehr zum Rechtsstaat* oder *Land ohne Mitte*.

V.6 Avantgardismus II

Die Literatur hatte selbstverständlich ebenfalls ihre Ideengeber. Der gewiss Umtriebigste war Walter Höllerer, selbst Dichter, Literaturwissenschaftler und Betriebsorganisator.[294] Höllerer, seit 1954 Mitglied der *Gruppe 47* und im selben Jahr Gründer der lange Zeit maßgeblichen Literaturzeitschrift *Akzente*[295], 1961 dann

---

293 Vgl. Moras; Paeschke (Hg.): *Deutscher Geist*. 1954.
294 Vgl. dazu Parr, Rolf: *Kein universeller, kein spezifischer Intellektueller. Walter Höllerer im Literaturbetrieb der 1950er und 1960er Jahre*. Antrittsvorlesung an der Universität Duisburg-Essen am 23. 5. 2011.
295 Vgl. dazu Bolz, Rüdiger: Literatur, wie wir sie sehen, kommt nie nach Hause ... ‚Akzente': Ein publizistisches Forum der Nachkriegsliteratur. In: *Der Deutschunterricht*, 33 (1981) 3, S. 31–39; bes. Krones, Susanne: *Akzente im Carl Hanser Verlag. Geschichte, Programm und Funktionswandel einer literarischen Zeitschrift 1954–2003*. Göttingen 2009.

Initiator der Zeitschrift mit dem programmatischen Titel *Sprache im technischen Zeitalter*, hatte 1956 in der bereits eingangs genannten Lyrik-Anthologie *Transit* seine avantgardistische Ambitioniertheit besonders ostentativ ausgestellt, in der Zusammenstellung der Texte, aber mehr noch in Aufmachung und Druckbild.[296] Höllerer lieferte damit den Maßstab für jene Literatur, die man schreiben musste, um dem Avantgardismus der *Akzente* Genüge zu tun. Dass der nicht überall auf Bewunderung, ja nicht einmal auf das Verständnis des Verlegers der *Akzente*, Carl Hanser, stieß, macht eine Erinnerung von Heinz Ludwig Arnold höchst deutlich.[297] Demnach parodierten er und Ernst Jünger, dessen Sekretär er damals war, 1961 das Gedicht *Fotogen* von Günter Grass, das in *Akzente* abgedruckt war.[298] Diese Parodie wollte Höllerer aber offenbar so wenig zur Kenntnis nehmen wie die, die sich hinter dem Abdruck aus einer eher dadaistisch inspirierten Veröffentlichung von Hans G. Helms verbarg,[299] von Theodor W. Adorno dort zum Anlass eines Essays genommen, der mit dem Satz endete: „Sinn drückt es aus durch Askese gegen den Sinn."[300] Immerhin schrieb Hanser zustimmend zurück: „Was sich der literarische Avantgardismus heute leistet, verdient zu einem guten Teil nichts anderes als Spott. Als Verleger fällt es mir nicht leicht, zuzusehen, daß eine Zeitschrift, die sich durch gute Beiträge im Verlauf einer ganzen Reihe von Jahren Ansehen verschafft hat, durch die Publikation solcher literarischer Exzesse mißbraucht wird."[301]

Nun war solch demonstrativer, sich gegen angeblichen Konventionalismus und Biedermeierlichkeit der Zeit auszeichnender Avantgardismus keineswegs auf die Literatur beschränkt, sondern umfasste alle Bereiche – von der Musik bis zum Design. Am signifikantesten kulminiert dies in der von Alfred Andersch herausgegebenen Zeitschrift *Texte und Zeichen*. Diese war zwar relativ kurzlebig, existierte nur von 1955 bis 1957, fokussiert aber nahezu alles, was irgend dazugehörte.[302]

---

296 Vgl. ausführlicher dazu in diesem Band den Eintrag zu *Transit* in Kapitel 10 („Nonkonformismus und Experiment").
297 Vgl. Arnold: *Wilflinger Erinnerungen*. 2012, S. 36–44.
298 Vgl. Grass, Günter: Fotogen. In: *Akzente*, 8 (1961) 5, S. 450.
299 Vgl. Helms, Hans G.: Aus: Fa:m'Ahniesgwow. In: *Akzente*, 8 (1961) 5, S. 478f.
300 Adorno, Theodor W.: Voraussetzungen. Aus Anlaß einer Lesung von Hans G. Helms. In: *Akzente*, 8 (1961) 5, S. 463–478, hier S. 478.
301 Carl Hanser an Hans Ludwig Arnold, 1. 12. 1961. Zit. nach Arnold: *Wilflinger Erinnerungen*. 2012, S. 44.
302 Vgl. ausführlicher dazu in diesem Band den Eintrag zu *Texte und Zeichen* in Kapitel 10 („Nonkonformismus und Experiment").

Drei exemplarische Kerne dieses avantgardistischen Selbstverständnisses der Zeit gegen angeblich die eigene Zeit sollen hier wenigstens umrisshaft skizziert werden.

Zum einen wären da die *Donaueschinger Musiktage*, die schon seit 1921 mit Kammermusikaufführungen der „Förderung zeitgenössischer Tonkunst" dienten, aber insbesondere ab 1949, als der *Südwestfunk Baden-Baden* in Person von Heinrich Strobel, der zugleich als Herausgeber der Zeitschrift *melos* fungierte, die künstlerische Konzeption der Veranstaltung verantwortete und gleichzeitig Orchestermusik ins Zentrum zu setzen begann, wurden diese zum zeitgenössischen Inbegriff avantgardistischer Musik, freilich auch immer wieder eines elitären Hermetismus geziehen.[303]

Die Impulse, die die Kasseler *documenta* in der bildenden Kunst setzte, waren allerdings wesentlich weitreichender und nachdrücklicher. Ursprünglich als Beigabe zur Bundesgartenschau 1955, die im von einem der schwersten Bombenangriffe des Zweiten Weltkriegs gezeichneten Kassel ausgerichtet wurde, fand die Ausstellung zur *Kunst des 20. Jahrhunderts* im Spätsommer als „Museum der hundert Tage" statt. Besonders bemerkenswert an der Konzeption von Arnold Bode, der bis 1972 Spiritus Rector der *documenta* blieb, war zum einen, unter Umgehung der sogenannten Realisten auf die Kunst der klassischen Moderne und des abstrakten Expressionismus zu setzen, wobei auch auf Werke aus der Zeit vor 1933 zurückgegriffen wurde. Neben Georges Braque, Marc Chagall, Giorgio de Chirico, Wassily Kandinsky, Aristide Maillol, Marino Marini, Pablo Picasso und Maurice de Vlaminck wurden unter weiteren approbierten Namen, etwa Josef Albers, Willi Beckmann, Max Bill, Werner Heldt, Ernst Wilhelm Nay, Christian Rohlfs oder Wols ausgestellt. Die zweite Besonderheit war der Ausstellungsort und das Ausstellungsarrangement. Ausgestellt wurde in der notdürftig hergerichteten Ruine des Museum Fridericianum, in dem die Werke betont improvisiert vor Plastikplanen oder an Metallstangen ausgestellt wurden, was als Metapher für die ruinierte Tradition und die „Unbehaustheit" der Kunst gesehen und meist begrüßt wurde. Die zweite *documenta* spitzte das Konzept dann 1959 – unter programmatischem Einfluss von Werner Haftmann – insofern zu, als es nicht nur die Zahl der Künstler und Werke erheblich erweiterte, sondern einen deutlichen Akzent auf die avantgardistische US-amerikanische Malerei setzte – u. a. auf Willem de Kooning, Robert Motherwell, Barnett Newman, Jackson Pollock, Robert Rauschenberg und Mark Rothko – und damit die europäische Malerei eher an den Rand drängte, was insbesondere in einer beengten Präsentation der Franzosen unterm Dach seinen

---

[303] Vgl. dazu ausführlich Häusler, Josef: *Spiegel der Neuen Musik: Donaueschingen. Chronik – Tendenzen – Werkbesprechungen*. Kassel u. a. 1996.

sinnfälligen Ausdruck fand. Das stieß auf ein geteiltes Echo. In der DDR wurde die Ausstellung pauschal als dekadentes Produkt des Formalismus verworfen. Die *documenta*, die folgend alle vier Jahre stattfand, zuletzt alle fünf Jahre, hatte da aber schon ihren Ruf als die weltweit bedeutendste Leistungs- und Richtungs-Schau der bildenden Kunst etabliert.[304]

Eine weitere, weit über den engeren Zeitraum hinaus wirksame Schaltzentrale des prononcierten Avantgardismus findet sich in der *Hochschule für Gestaltung* (HfG) in Ulm, die 1953 ihren Lehrbetrieb aufnahm. Aus einer Volkshochschule hervorgegangen, wurde sie zunächst von amerikanischen Fonds finanziert, von denen man heute annimmt, dass die CIA hinter ihnen stand. Max Bill, der dreimal an der *documenta* teilnahm, hatte einen neuen Hochschulkomplex entworfen, der 1955 bezogen werden konnte. Der war in seiner an das *Bauhaus* anknüpfenden Funktionalität ein besonders signifikantes Statement des intendierten unbedingten Avantgardismus in Verbindung mit radikal erneuerter Anwendungsorientierung. Initiiert worden war die Hochschule von Inge Scholl, einer Schwester der von den Nazis ermordeten Sophie und Hans Scholl, zusammen mit Otl Aicher, studierter Bildhauer, Dozent für visuelle Kommunikation, seit 1956 Rektor der HfG und einer der Schlüsselfiguren des Corporate Design, und Max Bill, der als Architekt noch am *Bauhaus* studiert hatte. Das Konzept wiederum war wesentlich beeinflusst durch Max Bense, der an der *Technischen Hochschule* Stuttgart Philosophie und Wissenschaftstheorie lehrte und u.a. einer der Wegbereiter der Semiotik und Kybernetik war. Zunächst standen Architektur („Stadtbau"), visuelle Kommunikation und Design im Zentrum der Ausbildung, mit eindeutigen Schwerpunkten bei Serialisierung, System- und Leichtbauweise, Informatisierung des Designs und ‚Entmöbelung' der Mediengeräte.[305] Diese wurden zum einen durch allgemeinbildende Fächer ergänzt, zum anderen durch Klassen zu Film[306] und Literatur, obwohl Letztere sich vergebens um Arno Schmidt als Dozenten bemühte.[307] Die Klasse für Film, die 1958 die Ausbildung aufgenommen

---

304 Vgl. dazu u.a. Schneckenburger, Manfred: *Documenta – Idee und Institution*. München 1983; Wollenhaupt-Schmidt, Ulrike: *documenta 1955. Eine Ausstellung im Spannungsfeld der Auseinandersetzung um die Kunst der Avantgarde 1945–1960*. Frankfurt am Main 1994; Kimpel, Harald: *Documenta. Die Überschau*. Köln 2002.
305 Vgl. Ulmer Museum (Hg.): *Ulmer Moderne, Hochschule für Gestaltung Ulm 1953–1968*. Ostfildern 2003.
306 Vgl. dazu Sannwald, Daniela: *Labor der Nachkriegsmoderne. Zur Theorie und Praxis der Filmausbildung an der Hochschule für Gestaltung Ulm 1958–1968*. Berlin 1995.
307 Vgl. Stürzebecher, Jörg: Inulmundumulmundumulmherum. Anmerkungen zu Sprache und Schrift in Ulm zwischen 1945 und 1955. In: *Doppelleben. Literarische Szenen aus Nachkriegsdeutschland. Materialien zur Ausstellung*. Hg. von Bernd Busch und Thomas Combrinck. Göttingen 2009, S. 377–390.

hatte, war sehr stark auf den Dokumentarfilm ausgerichtet und eng mit den Manifestanten von Oberhausen verbunden. Unter Alexander Kluge und Edgar Reitz, die ab 1963 dort als Dozenten wirkten, wurde sie in ein *Institut für Filmgestaltung* umgewandelt.

Die besondere Wirkung der Hochschule lag zum einen in der Ausbildung und Prägung einer für damalige deutsche Verhältnisse ungewöhnlich hohen Zahl an ausländischen Studierenden – 1960 waren es 40 Prozent der Eingeschriebenen. Zum anderen in spektakulären Design-Entwicklungen, etwa der Phonogeräte der Firma Braun und des Corporate Design für die Lufthansa, aber auch im Bereich von System-Möbeln. Insofern war Ulm schon in den Fünfzigern ein Nukleus dessen, was dann die sechziger Jahre prägte.

In der DDR hatten es solche Positionen entschieden schwerer und zeigten sich erst nach und nach in moderater Form nach dem Mauerbau. Andererseits kann man, was zeitgenössisch vor allem im Westen perhorresziert und später als ‚Bitterfelder Weg' abetikettiert wurde, als einen Komplementäravantgardismus verstehen, als einen ‚realistischen' Radikalversuch gesellschaftlicher Umstellung bis tief in Künste, Alltag und Biographien hinein.

Ausgangspunkt war die Forderung auf dem V. Parteitag der SED im Juli 1958, „die zweite sozialistische Etappe der Kulturrevolution" einzuleiten, die „Trennung zwischen Kunst und Leben" zu überwinden.[308] Das sollte mithin nicht nur bedeuten, dass Künstler, Schriftsteller zumal, in die Produktion gehen, sondern ‚Werktätige' auch künstlerisch tätig werden sollten, Reduzierung also des Unterschieds zwischen Hand- und Kopfarbeit wie zwischen professionalisierter und Laienkunst. Im April 1959 wurde dazu eine Konferenz in Bitterfeld einberufen, ursprünglich initiiert vom *Mitteldeutschen Verlag*, an der schließlich etwa 150 professionelle Schriftsteller und etwa doppelt so viele schreibende Arbeiter und sogenannte Volkskorrespondenten teilnahmen. Führte der eine Teil der dortigen Forderung, der, an die „Kumpel" zu schreiben, tatsächlich in der Folgezeit zu einer erheblichen Vermehrung der Zirkel schreibender Arbeiter, ergänzt um die von Angestellten und Schülern, wobei – wie üblich bei solchen Laienbewegungen – reportageähnliche Formen oder Kurzformen wie Gedicht, Satire, Glosse oder Porträt dominierten und deren längerfristige Wirksamkeit eher in den gemeinsam geführten Brigadetagebüchern lag, so zeigte der andere Teil die – vorhersehbaren – Aporien solcher Illusionen aufhebbarer Diskrepanz von Kunst und Leben: Die in die Pflicht genommenen Schriftsteller kamen allermeist eher nur zu Stippvisiten oder übernahmen sogenannte Patenschaften für die Schreibzirkel,

---

308 Vgl. Emmerich, Wolfgang: *Kleine Literaturgeschichte der DDR.* Erw. Neuausg., Leipzig 1996, S. 128; Greiner, Bernhard: *Die Literatur der Arbeitswelt der DDR.* Heidelberg 1974, S. 100ff.

während es umgekehrt solche der Industriearbeiter für die Schriftsteller schwerlich geben konnte, und Versuche, sich ernsthaft und dauerhafter auf die Arbeit in den Betrieben einzulassen, führten zu persönlichen und sozialen Krisen, da etwa die zu Akkordleistungen angehaltenen Arbeiter sich im Arbeitsablauf eher behindert oder aber gar bespitzelt fühlten. Einen Niederschlag findet das noch im Detail, wenn in Brigitte Reimanns aus intensiver Betriebsarbeit hervorgegangenem und die Richtung des sogennannten Ankunftsromans prägendem, damaligem Vorzeige-Text, *Ankunft im Alltag* (1961), ein Meister zu einem der in die Produktion geschickten Abiturienten sagt: „Du dreckiger kleiner Parasit!"[309]

Das einzige wirklich akzeptable Produkt dieser Produktionsverschickung dürfte wohl Franz Fühmanns *Kabelkran und blauer Peter* (1961) sein. Hervorgegangen aus teilnehmender Beobachtung in der Warnow-Werft in Rostock, ist dies nur dem Anschein nach eine musterhafte Reportage, erweist sich bei genauerem Hinsehen vielmehr als ausdauernder Reflexionsversuch des eigenen Ungenügens angesichts der Anforderungen dieser Arbeitswelt und ihrer Darstellung gleichermaßen, mithin letztlich als ein, so Henning Wrage, „innerliterarisch poetologisches Konstrukt"[310], das das Aporetische des Konzepts ‚Schriftsteller in die Produktion' durch schriftstellerische Produktion über ihre Inadäquanz zur industriellen Produktion darstellt. Arbeiter-Autoren, die mit dem Projekt Ernst zu machen suchten, wie Werner Bräunig, von dem zusammen mit Jan Koplowitz der programmatische Aufruf „Greif zur Feder, Kumpel!" stammt, gerieten in den Folgejahren derart in die Parteikritik, dass Bräunig sein Romanprojekt *Rummelplatz* aufgab, das dann erst postum 2007 erschien. Ähnlich erging es Wolfgang Hilbig.

Was nicht zuletzt die bisherige Legitimation der Intelligenzija durch einen kommunistisch verbrieften oder nachträglich erworbenen Antifaschismus ablösen und zugleich auf eine breitere Basis stellen sollte, die Erfahrung in der und Verbundenheit mit der ‚Produktion' – eine ohnehin ideologisch eingeschränkte Vorstellung von Produktion und gesellschaftlicher Produktivität –, gehörte zwar danach weiterhin zum Initiationsritual für gesellschaftlichen Aufstieg, wurde aber hinsichtlich der Künste und Künstler gegen Mitte der sechziger Jahre mehr oder weniger klandestin fallengelassen.

---

309 Reimann, Brigitte: *Ankunft im Alltag*. 2. Aufl., Berlin 1962, S. 271 (Erstausgabe: Berlin 1961).
310 Wrage, Henning: *Die Zeit der Kunst. Literatur, Film und Fernsehen in der DDR der 1960er Jahre. Eine Kulturgeschichte in Beispielen*. Heidelberg 2008, S. 121. Vgl. überhaupt dort S. 41–139.

VI Alltagsverhältnisse

VI.1 Arbeitswelt und Frauenrolle

Zwar war in beiden Verfassungen die Gleichberechtigung der Frau festgeschrieben worden, aber die DDR war in der Umsetzung und juristischen Durchsetzung zu einer Zeit, als im Westen eine Frau nicht ohne Zustimmung ihres Mannes andere als die eigene Hausarbeit aufnehmen durfte, entschieden weiter. Nicht nur, weil die Verfassung die berufliche Förderung der Frauen ausdrücklich gebot und die Gleichstellung der Frau ein explizites Element im antifaschistischen Grunddogma war, sondern schlicht auch, weil man die Frauen beim Aufbau der Industrie dringend benötigte und daher ihre in den letzten Kriegsjahren zwangsweise errungenen Positionen nicht wieder zurückzustutzen suchte, wie das im Westen der Fall war. „Eros stand unter dem Befehl der Gleichheit", hat Wolfgang Engler das pointiert formuliert.[311] Er führt die spezifische Rolle der Frauen in der DDR letztlich auf den Charakter einer „arbeiterlichen Gesellschaft" zurück: „Weil die Gesellschaft eine arbeiterliche Gesellschaft war, die ihren Reichtum durch ein hohes Maß physischer Anstrengung erkaufte, erkannte sie sich in der Gestalt des Arbeiters [...] am besten wieder."[312]

Die Vorstellung vom ‚Arbeiter' als ein per se anerkanntes Normmodell einer Gesellschaft sehr beschränkter Möglichkeiten zur Akkumulation von Besitz schloss eine hohe Geschlechterdurchlässigkeit in elementaren Produktionsbereichen mit ein. Indem es sich aber dem Anspruch nach um eine „arbeiterliche" Gesellschaft handelte, waren fast von Anfang an nicht mehr die Männer zwingend die genuinen Träger dieses gesellschaftlich geforderten Rollenmodells, sondern – schon angesichts des höheren Maßes an Emanzipation von der Vergangenheit – die Frauen. „Frauen bildeten die emotional-praktische Avantgarde der DDR-Gesellschaft, in der Männer eigentlich nur kooptiert werden konnten", so Engler.[313] Bei aller Rücksicht auf die Differenzen von Anspruch und Wirklichkeit herrschte doch im Vergleich zum Westen ein von vornherein höheres Maß an Partnerschaftlichkeit: „Sozial gleich, ökonomisch unabhängig und existentiell gesichert, waren Bindung und Trennung weitgehend frei von beziehungsfremden Rücksichten."[314]

Was Rolle und Einfluss der Frauen zugutekam, eine „arbeiterlich" verfasste Gleichheit, formierte und beschränkte allerdings auch den Spielraum individuel-

---

[311] Engler, Wolfgang: *Die Ostdeutschen. Kunde von einem verlorenen Land*. Berlin 1999, S. 184.
[312] Ebd., S. 201.
[313] Ebd., S. 231.
[314] Ebd., S. 257f.

ler Abweichungen und geschmacklicher Differenzierung. Die von oben normativ propagierte und von unten wechselseitig überwachte Gleichheit vor dem Mangel erzeugte nämlich eine kulturell, geschmacklich und im Verhalten weitgehend homogenisierte Gesellschaft, jedenfalls weitergehend als im Westen, wo umgekehrt die Verpflichtung auf Individualisierung sich akkumulierte.[315] Die Fixation der Gesellschaft auf Gleichheit war zudem nicht so sehr eine der Chancen als der Verhältnisse. Sie hatte oft mehr mit kleinbürgerlichen Nivellierungsoptionen und Abweichungsmisstrauen zu tun als mit dem mittleren der drei Werte der Französischen Revolution. Was Engler darin positiv konnotiert, wenn er schreibt: „Der Eifer, mit dem sie [die arbeiterliche Gesellschaft] das Fremde heimisch macht, das Unvergleichliche vergleichbar, wird nur von der Verachtung übertroffen, mit der sie alles straft, was sich ihr dennoch zu entziehen wagt",[316] das ist doch wohl eher die euphemistische Definition realexistierenden Spießertums. An dessen Rändern konnten sich dann einerseits die Formen demonstrativ proletarischer Rüpelhaftigkeit in der Jugend wie andererseits die klandestinen Distinktionsunternehmungen antiquarischer Bürgerlichkeit der Intelligenzija absetzen, die dafür den Preis eines höheren normativen Drucks zur SED-Mitgliedschaft zu zahlen hatte.

„Wie jeder weiß, war die ostdeutsche Gesellschaft keine entwickelte Dienstleistungsgesellschaft."[317] – Dieser lakonische Befund Englers freilich tangiert wiederum insbesondere die Rolle der Frauen gegenüber der im Westen. Zugleich hängt er mit der von Anfang an und bis zum Ende der DDR faktisch alltagsnotwendigen Rolle der Schatten- und wechselseitigen Subsidiärwirtschaft zusammen.

Ganz zweifellos hatte man sich in beiden deutschen Staaten vom Bild der ‚deutschen Frau', wie es der NS-Staat propagiert hatte, distanziert – auch wenn etwa im Westen ein strikt nazistisch getöntes Werk wie Johanna Haarers *Die deutsche Mutter und ihr erstes Kind* (Erstausgabe: 1934) seit 1950 in zahllosen Auflagen wiederaufgelegt werden konnte, mehr oder weniger nur um das „deutsche" im Titel bereinigt.

Orientierungsmodelle boten zwar die beiden großen Besatzungsmächte. Dabei war der Westen noch weit von den wirtschaftlichen Voraussetzungen eines Weiblichkeitsmusters zwischen ökonomischer Eigenständigkeit durch Arbeit im Sekundär- und Tertiärsektor und modernisierter Familien- und Haushaltsführung entfernt und die Diskrepanz zwischen ideologisch festgehaltenem Rollenmuster und realer Arbeitsweltintegration nicht unerheblich.[318] Das sowjetische

---

315 Vgl. ebd., S. 219.
316 Ebd., S. 300.
317 Ebd., S. 188.
318 Vgl. dazu etwa Schildt, Axel; Siegfried, Detlef: *Deutsche Kulturgeschichte. Die Bundesrepublik von 1945 bis zur Gegenwart*. München 2009, S. 99, 103.

Vorbild wiederum war noch den faktischen Verhältnissen der letzten Kriegsjahre nahe. Während im Westen die Frauen sozialpolitisch und medienverstärkt zunehmend auf komfortablere Hausfrauenrollen und das Vorehe-Moratorium eleganter Büroberufe re-orientiert wurden, herrschte im Osten eine wesentlich von Frauen getragene Arbeit im Industriesektor vor, auch wenn die Ikonen der ‚Heldinnen der Arbeit', Traktoristin oder Schweißerin, zunehmend durch die qualifizierteren technisch-planerischen Berufe abgelöst wurden.[319] Dies führte aber kaum mehr als im Westen – mit seiner programmatisch konservativen Familien- und Geschlechterpolitik – zu einer Entlastung in Haushalt und Familie. Zweifellos war die DDR dasjenige Land, in dem die Frauen eine weitgehende und zunehmend als Selbstverständlichkeit wahrgenommene Autonomie und ein entschieden weniger neurotisches Selbstverhältnis erlangten.

Der Weg der Frau

Wie schön ist das Leben im Arbeiterstaat
für uns gleichberechtigte Frauen,
an jedem Arbeitsplatz stehen wir,
lernen – studieren und bauen.
Wir haben doch schon viel geschafft
auf Bauten, in Fabriken und Kontoren,
täglich beweisen wir unsere Kraft
als wären wir neu geboren.
Du kannst uns an der Werkbank sehn,
besuche die Trümmerfrauen,
hier als Arzt, dort als Wachtmeister,
in jedem Beruf stehn zielbewußte Frauen.
Wir schaffen für der Zukunft Glück,
uns danken strahlende Augen,
wir kämpfen für unserer Kinder Glück
und grüßen die Friedenstauben.
Schlafe, mein Kind, und träume von morgen,
auch Mutti steht auf Friedenswacht.
Du sollst glücklich leben, ohne Sorgen,
wir schützen unsere Errungenschaft.[320]

---

[319] Zu den medial erzeugten Weiblichkeitsbildern vgl. Budde, Gunilla-Friederike: ‚Tüchtige Traktoristinnen' und ‚schicke Stenotypistinnen'. Frauenbilder in den deutschen Nachkriegsgesellschaften – Tendenzen der ‚Sowjetisierung' und ‚Amerikanisierung'? In: Jarausch; Siegrist (Hg.): *Amerikanisierung und Sowjetisierung*. 1997, S. 243–273.
[320] Hille, Maria: Der Weg der Frau. In: *Die Frau von heute*, 17/1955, S. 21.

Nun muss man eine propagandistische Reimerei wie diese, 1955 in der DDR-Frauenzeitschrift *Die Frau von heute* erschienen, nicht für bare Münze nehmen, doch nimmt man etwa die Abbildungen aus der *Neuen Berliner Illustrierten* (NBI) als Indikator, wurden Frauen tatsächlich zunächst vorrangig als ‚Trümmerfrauen' und Industriearbeitskräfte adressiert, sodann findet man zunehmend die propagierte Avancierung ins Planerische und Ingenieurwesen, allerdings kaum erkennbar in expliziten Leitungspositionen.[321] So bringt das Heft 30/1946 der NBI auf dem Titelbild eine junge Frau, die an einer Schalterverbindung schraubt – freilich unter Aufsicht eines Mannes. Und das 2. Januarheft von 1952 zeigt auf dem Titelblatt, wie die „Gattin" von Ministerpräsident Otto Grotewohl mit ihm zusammen „[t]rotz Regen und Matsch mitten unter Aufbau-Berlinern" in einer Backstein-Kette steht – sie indes mit Handschuhen. Insbesondere männliche Staatsrepräsentanten werden bei deutlich symbolischen Arbeitsakten regelmäßig in nicht sonderlich arbeitsgemäßer Kleidung gezeigt, während die Bilder der Trümmerarbeit insgesamt stark von älteren Frauen geprägt werden. Dagegen erscheint dann – neben einem *Aufbauhelfer* – Fritz Cremers Skulptur *Aufbauhelferin*, 1958 vor dem Roten Rathaus in Berlin aufgestellt und im NBI-Heft 48/1958 abgebildet, geradezu leichtfüßig-elegant, „in modernen Arbeitshosen und in einem eng anliegenden T-Shirt, unter dem die Brüste deutlich hervortreten".[322] Sie indiziert die inzwischen stattgehabte Um-Ikonisierung der Arbeiterlichkeit in Jugendlichkeit. Wenn es auf Polit-Plakaten um Arbeit und Arbeitsplätze generell geht, dominieren dagegen nach wie vor deutlich – vor allem – Männer.

Kontrastiert werden die Bilder der heimischen Arbeit und der Arbeiterinnen immer wieder durch Berichte aus der dekadenten westlichen Welt, etwa vom Verfall französischer Kunst oder vom Rock'n'Roll; besonders eklatant ein Bericht der NBI in der Nummer 49/1950, wo unter dem Label „Entwürdigung der Kultur" Soldaten des *Royal Corps of Signals* mit einer barbusigen jungen Frau abgebildet sind, oder in der Nummer 9/1957, wo unter der Überschrift *Kaugummikultur* Bodybuilder, Rock'n'Roller, Comics, abstrakte Kunst, Kinderwagen-Rennen, grelle Krawatten und eine leicht geschürzte junge Frau beim besteckfreien Verschlingen von Spaghetti, freilich als „Makkaroni" tituliert, in einer ganzseitigen Collage gezeigt werden.[323]

Im Verlauf der Jahre kann man zudem eine stärkere Re-Formatierung auf Elemente traditioneller Frauenrollen wahrnehmen. Frauen werden zwar – anders als

---

[321] Vgl. die Abbildungen in dem – ansonsten stark DDR-apologetischen – Band von Merkel, Ina: *... und Du, Frau an der Werkbank. Die DDR in den 50er Jahren*. Berlin 1990.
[322] Ebd., S. 46.
[323] Ebd., S. 154 f.

im Westen – fast immer eher in Arbeitszusammenhängen gezeigt, aber darin doch mindest zugleich auch als schöne Dekoration. Exemplarisch dazu das Titelbild zu *10 Jahre Neue Berliner Illustrierte*, in der ersten Oktoberwoche 1955: Es prosten sich ein Bauarbeiter und eine adrette junge Frau, aus dem Titelbild einer an einer Zeitungselle hängenden *Neuen Berliner Illustrierten* heraus, gegenseitig zu.[324]

Die Vorstellungen des Konsums, die denn doch auch hier vorwiegend an Frauen adressiert oder über sie transportiert wurden, orientierten sich, so Konrad Jarausch und Hannes Siegrist, stark am Konsummodell der Sowjetunion:

> Im Sozialismus sollte die Bedürfnisbefriedigung aus der Abhängigkeit von der Arbeitsleistung gelöst werden, indem die Preise für Grundbedürfnisse subventioniert, dafür aber die Kosten der höherwertigen Güter angehoben wurden, um Kaufkraft abzuschöpfen. Durch wissenschaftliche Verbrauchsnormen, Standardisierung der Produkte und den Dirigismus der Planbürokratie wurde der Konsum politisch überformt, so daß für individuellen Geschmack und vieles von dem, was in der westlichen Konsumgesellschaft mit Konsumieren assoziiert wurde, wenig Raum blieb. In Westdeutschland erfolgte der Durchbruch zur Konsumgesellschaft zwar nur wenig früher, der Massenkonsum konnte hier aber an ältere deutsche Entwicklungen anschließen, er bekam durch die Amerikanisierung eine neue Einfärbung und Legitimation und strahlte auch auf die DDR aus.[325]

Als pivotal hat sich nun einmal neben dem Verhältnis zur Arbeit das zum Konsum erwiesen. Insofern scheint es unerlässlich, sich die Voraussetzungen und die Spezifik des Konsums vor Augen zu halten. Während in der Bundesrepublik die Lebensmittelmarken 1950 abgeschafft wurden, konnte die SED ihr ursprüngliches Ziel, Lebensmittel ab 1950 nicht mehr kontingentieren zu müssen, nicht erreichen. Immerhin wurden ab 1951 nur noch Fleisch, Fett und Zucker bewirtschaftet. Wie in der Sowjetunion und weithin im übrigen Ostblock, begann auch in der DDR mit dem Tod Stalins eine Abkehr von der Politik, Konsumverzicht erzwingen zu wollen. Doch erst 1958 wurde die Lebensmittelbewirtschaftung ganz aufgehoben, in dem Jahr, in dessen Sommer der V. Parteitag der SED zumindest programmatisch mit der propagierten Effizienzsteigerung zugunsten einer stärker konsumorientierten Wirtschaft ein Zeichen setzte. Auch insofern, als dies zum Ende des hier in Rede stehenden Zeitraums angegangen und erst danach, nämlich ab 1961/62, langsam wirksam wurde, kann man von einem Nachlauf der DDR gegenüber der Bundesrepublik sprechen, in der man faktisch nicht nur an ein amerikanisches Modell der Konsumgesellschaft, sondern zugleich auch an das der NS-Jahre vor dem Krieg angeknüpft hatte. Die Umsetzung der angestrebten neuen

---

324 Ebd., S. 11.
325 Jarausch; Siegrist: Amerikanisierung und Sowjetisierung. In: Dies. (Hg.): *Amerikanisierung und Sowjetisierung*. 1997, S. 36.

Wirtschaftspolitik im Zeichen eines mit dem Westen wenigstens ansatzweise konkurrenzfähigen Konsums führte die DDR-Wirtschaft dann allerdings zusehends in eine Falle, die sich aus der wachsenden Diskrepanz zwischen zunehmenden Subventionskosten und sinkenden innovationsinvestiven Mitteln ergab.[326]

Die angespannte Versorgungslage selbst bei basalen Lebensmitteln hielt jedoch über Mauerbau und bewaffnete Westabschließung hinaus an. Von den immerhin allein für 1962 über hundert bezeugten, meist kleineren und spontanen Streiks – oder nach der offiziellen Lesart: „Arbeitskonflikten" – standen die meisten in direktem oder indirektem Zusammenhang mit der Versorgungslage.[327] Insbesondere als Folge der im April 1960 offiziell abgeschlossenen Zwangskollektivierung der Landwirtschaft herrschte akuter Mangel an Fleisch. Die Grundlagen des Mangels lagen aber noch tiefer und waren aufgrund der Politisierung des Konsums innerhalb der seinerzeitigen Planwirtschaft nicht behebbar. Die Enteignung großer Betriebe und die repressive Politik gegenüber dem Mittelstand führten in Verbindung mit der Priorisierung der Schwerindustrie zur permanent defizitären Situation der Konsumgüterindustrie auf allen Ebenen. Weder ging das Kalkül auf, dass bei angeglichenen Lebenslagen und gleichmäßiger Verteilung materieller Güter Distinktions- und Repräsentationskonsum entfalle, noch verfügte die Planwirtschaft über ein hinreichend differenziertes und flexibles Instrumentarium zur Bedarfsplanung und Produktionssteuerung. Die Läden der Handelsorganisation HO, 1948 zur Zeit der Rationierung gegründet, um Waren des täglichen Bedarfs sowie Lebensmittel hochpreisig vorzuhalten, und mehr noch die Konsum-Läden, wurden derart, statt als „Schaufenster des Sozialismus" zu werben, so Ina Merkel, zu Spiegeln der „Versorgungslage": „Lange Schlangen, leere Regale, verstaubte Schaufenster, fehlende Verpackungen und missmutige Verkäuferinnen wurden zum Markenzeichen sozialistischer Konsumkultur. [...] Sortimentslücken und Ladenhüter, Mängel in Qualität, Material und Verpackung, prägten die Verkaufskultur nachhaltig."[328]

Auch bei Kleidung und Schuhen bemängelte man immer wieder das eingeschränkte Angebotsspektrum und das unmodische Dessin. Westlich-internationale Mode, in den fünfziger Jahren noch als dekadent, kitschig und klassenabhängig abgetan, wurde ab 1960 zum faktischen Vorbild, auch wenn man deklarierte, die „nationalen Traditionen des deutschen Volkes", den Stand der

---

326 Vgl. Merl, Stephan: Sowjetisierung in der Welt des Konsums. In: Jarausch; Siegrist (Hg.): *Amerikanisierung und Sowjetisierung*. 1997, S. 167–194.
327 Vgl. Grashoff, Uwe: Der tägliche Streik. In: *FAZ*, 13. 8. 2012, S. 8.
328 Vgl. Merkel, Ina: Im Widerspruch zum Ideal: Konsumpolitik in der DDR. In: *Die Konsumgesellschaft in Deutschland 1890–1990. Ein Handbuch*. Hg. von Heinz-Gerhard Haupt und Claudius Torp. Frankfurt am Main, New York 2009, S. 289–304, hier S. 299.

ökonomischen Leistungsfähigkeit und den „der gesellschaftlichen Entwicklung in unserem Arbeiter- und Bauernstaat" vorrangig dabei zu berücksichtigen.[329] Ideologisch bedingte Misswirtschaft im Verbund mit Unfähigkeit waren die Hauptursache der Mangelwirtschaft.

Umso mehr wirkte sich die Diskrepanz zur Entwicklung in der Bundesrepublik aus, in der inzwischen Besorgnisse über die Folgen der Reise- und sogenannten Fresswelle geäußert wurden, und wo auch die einkommensschwächeren Haushalte zunehmend mit Auto, Waschmaschine, Kühlschrank und Fernseher ausgestattet zu werden begannen. Nicht zuletzt durch das System des Ratenkaufs.

So verfügten 1960 fast 40 Prozent der bundesrepublikanischen Haushalte über einen Kühlschrank, während es in der DDR gerade einmal 6,1 Prozent waren. Zwar wurde die ostdeutsche Konsumgüterindustrie in den Folgejahren ordentlich angekurbelt, der generelle Rückstand zum Westen konnte jedoch auch damit nicht wettgemacht werden. Aber immerhin standen fünf Jahre nach dem Mauerbau – um beim besagten Haushaltsgegenstand zu bleiben – bereits in 31 von 100 DDR-Wohnungen Kühlschränke. In derselben Zeit verdreifachte sich die Zahl der Personenwagen, 1966 besaß fast jede zehnte DDR-Familie ein Auto.

In der offiziellen Lesart der Partei war die Konsumorientierung freilich ein direktes Einfallstor von Kapitalismus und amerikanischem Imperialismus. Vor allem die Jugend galt es davor zu schützen. Allein schon das Bedürfnis der Jugendlichen nach Unterhaltungsmusik, Film, Motorrad, einem eigenen, mit Lederjacke und Jeans westlich vorgeprägten Kleidungsstil war so alarmierend wie der Hang zur Peergroup als Cliquenbildung. Insofern war das – mehr medial induzierte – Phänomen der Halbstarken für die DDR von besonderer Brisanz. Und hier wiederum ganz besonders in Berlin, weil die Kontaktmöglichkeiten zum Westen vor dem Mauerbau nur schwer zu kontrollieren waren. Der Film *Berlin – Ecke Schönhauser* (1957) legt davon ein beeindruckendes Zeugnis ab, sowohl in seinen Dämonisierungen und Schuldzuweisungen als auch in seinen beschreibenden Aspekten wie der Rolle der FDJ, die sich seinerzeit noch nicht so durchgesetzt hatte wie in späteren Jahrzehnten.[330]

Offiziell war Jugend in der DDR organisierte Jugend. Auch in der Bundesrepublik spielte die organisierte Jugend eine erhebliche Rolle – sei es als Pfadfinder, als Kirchen- oder Partei-Jugend. Hier aber schloss die Uniformierung, sofern es sie

---

329 Zitiert nach Roesler, Jörg: Privater Konsum in Ostdeutschland 1950–1960. In: *Modernisierung im Wiederaufbau. Die westdeutsche Gesellschaft der 50er Jahre*. Hg. von Axel Schildt und Arnold Sywottek. Akt. Studienausgabe, Bonn 1998, S. 290–303, hier S. 299.
330 Vgl. dazu in diesem Band auch Kapitel 12 („Neue Jugend").

überhaupt gab, nicht derart bruchlos an die der *Hitler-Jugend* an. Zwar kam das offizielle Vorbild aus der Sowjetunion, aber die Uniformierung etwa der Jungen mit Kurzhose, Blusenhemd, Schiffchen, Halstuch und Rangabzeichen stellte ebenso eine Brücke zum NS dar wie der Gruß mit über dem Kopf erhobener Hand, die Fanfarenzüge und überhaupt die Paramilitarisierung.

Der Ende 1952 angelaufene DEFA-Film *Blaue Wimpel im Sommerwind* in der Regie von Herbert Ballmann, der freilich wenig später in den Westen ging, zeigt dies nicht nur mehr als deutlich, sondern ist in seiner Anlage selbst eine ästhetische Reminiszenz an die Zeit vor 1945. Der Film mit dem Untertitel *Eine Filmerzählung aus den Ferien unserer Kinder* dreht sich um Pioniertreffen und Ferienlager, garniert mit Reden Offizieller. Der Text dazu stammt von Franz Fühmann und ist kein Ruhmesblatt für diesen. Nach farbigen Bildern des ehedem intakten Dresden heißt es beispielsweise gleich eingangs: „Tiefe Wunden haben amerikanische Barbaren der Stadt geschlagen." Alles werde getan, „um unseren Kindern ein stolzes Erbe zu hinterlassen und ihr Leben reicher zu machen". Ein Panorama dessen reicht denn auch vom Industriebetrieb zur Landwirtschaft, vom Marineschiff zum Segelflieger. Sport gehört dazu wie Naturbeobachtung und Volkstanz. Dazu der Appell ans revolutionäre Erbe – hier die Bauernkriege, das Gedenken an „die jungen Friedenskämpfer von Essen"[331] und der Freundschaftsbund mit dem polnischen Nachbarn, visualisiert durch zwei Mägdelein, die ihre Pioniertücher tauschen und eng umschlungen in die Abendsonne blicken. Abschluss des Films, dessen jugendliches Personal so überwiegend blond wie nur irgend in Nazi-Filmen ist, bildet dann eine Kundgebung mit einer Rede von Hermann Mattern und u. a. ausgiebig geküssten Fahnen.

Die 1948 gegründete *Pionierorganisation Ernst Thälmann*, in die man mit der Einschulung eintrat, und die *Freie Deutsche Jugend* (FDJ), der man – gewissermaßen parallel zur Jugendweihe – mit dem 14. Lebensjahr angehörte, waren ein ganz wesentlicher Faktor im Kalkül der Macht, allein schon daran erkennbar, dass die FDJ bereits bei der Zwangsfusion der SPD mit der KPD rund 140 000 Mitglieder hatte. Nicht vergessen darf man jedoch, dass die FDJ auch im Westen einen erheblichen Anteil hatte, 1948 immerhin 48 000 Mitglieder. Das änderte sich mit dem Berufsverbot für FDJler im Öffentlichen Dienst 1950 und dem Komplettverbot 1951.

Die Sorge um die ‚Amerikanisierung' der Jugend war allerdings keineswegs auf den Osten beschränkt, auch in der Bundesrepublik nährte sich das Ressenti-

---

331 Gemeint waren die Teilnehmer an einer verbotenen Demonstration gegen die westdeutsche Wiederbewaffnung am 11. 5. 1952 in Essen, bei der ein Kommunist durch Schüsse der Polizei tödlich verletzt wurde.

ment gegen die USA vor allem am Erscheinungsbild der in ihren Symbolen und Verhaltensweisen amerikanisch infizierten Jugend. Oder anders gesagt: Die Dramatisierung einer angeblich gleichermaßen dekadenten wie verrohten Jugend rekurrierte vorwiegend auf die kulturpessimistischen Muster der antiamerikanischen Zivilisationskritik. Neutral beschreibend liest sich, was da perhorrisziert wurde, dann so:

> Seit Ende des zweiten Weltkrieges hat der Drang nach wirtschaftlichen Werten die ‚Amerikanisierung' Deutschlands beschleunigt. Eine gewisse Mannigfaltigkeit der Wertordnung bleibt noch bestehen; aus den erwähnten Gründen dürfte sie aber der Konzentration auf wirtschaftliche Werte nicht im Wege stehen. Sie besagt nur, daß nicht alle diese Bestrebungen wirtschaftlich motiviert sind. Die Sachlage wäre verschieden, wenn es Schichten gäbe, die – mit Hinblick auf eine nicht-wirtschaftliche Wertordnung – ihre Angehörigen von der Beschäftigung mit kommerziellen Angelegenheiten abhielten, wenn beispielsweise eine Art Verbot für den Adel existierte, in die Wirtschaft zu gehen. Feudale Rudimente dieser Art spielen jedoch in Deutschland keine Rolle. Im Gegenteil, wir werden sogar feststellen, daß die Arbeit einen fast religiösen Stempel trägt.[332]

Die in den Folgejahren demnach mit religiöser Inbrunst erarbeitete Konsumgesellschaft des Westens kam neben dem häuslichen Komfort vor allem der Jugend zugute. Sie wurde, nicht zuletzt wegen allmählich sich ändernder Arbeits- und Freizeitverhältnisse, zur Avantgarde der Konsumgesellschaft, damit aber auch zum Objekt psychologischer, sozialer und politischer Besorgnis. Somit kann man mit Gewissheit sagen, dass eben diese konsumistische ‚Amerikanisierung' damals wohl die beste Gewähr dafür geboten hat, dass die Jugend gegen Relikte oder Wiederaufleben der NS-Ideologie immunisiert wurde. Die Sorge um die Folgen der ideologischen Prägung der Jugend durch die NS-Erziehung hatte ja unmittelbar nach 1945 in allen Zonen ganz oben gestanden.

Dolf Sternberger hat um die Jahreswende 1945/46 in einem Artikel der Zeitschrift *Die Wandlung* unter dem Titel *Herrschaft der Freiheit* eine Anekdote vorangestellt, nach der ein Junge weinend nach Hause kommt und erzählt, er sei auf der Behörde zusammengestaucht worden, weil er die Hände nicht aus den Hosentaschen genommen habe. Dabei seien sie bei der *Hitler-Jugend* „immer angepfiffen worden, die Hände aus den Taschen zu tun, und nun habe er geglaubt, das wenigstens höre jetzt doch auf, – jetzt, da die Freiheit angebrochen sei." Das enthält aber nicht nur, worauf Sternberger hinaus will, „das ganze Problem der Freiheit mit samt all seinen Verwirrungen und Verkehrungen"[333], sondern zeigt auch, wie gerade die Jugend nicht nur Gegenstand der Besorgnis, sondern weiterhin

---

332 Wallich, Henry C.: *Triebkräfte des deutschen Wiederaufstiegs*. Frankfurt am Main 1955, S. 311f.
333 Zitiert nach Greven: *Politisches Denken*. 2007, S. 281.

auch der Verfügung war. Dabei war es insbesondere die Sorge jener Jahre gewesen, wie aus dieser im ‚Dritten Reich' erzogenen Jugend Träger des demokratischen Gemeinwesens werden könnte.

Exemplarisches dazu kann man bei Erik Reger nachlesen, der zunächst von einer doppelten Besorgnis spricht,

> außer der Sorge um die politische Erweckung einer Generation, die mit Bewusstheit nichts oder fast nichts als den Nationalsozialismus kennengelernt hat, die Sorge um die Reparatur der Charakterschäden, die durch die ausschließliche Einwirkung einer Lehre der Charakterlosigkeit schlechthin sich bilden mußten. Insofern jedoch ist es etwas, das von dem Gesamtproblem des Volkes gar nicht verschieden ist [...].

Und dann folgt ein Topos, der in der Zeit geläufig ist, der der gestohlenen Jugend: „Die Tragik beruht darauf, daß es gar keine Jugend mehr gibt; keine Jugend in dem Sinne einer glücklichen Periode, da alles Vergangene Gestern, alles Zukünftige Morgen heißt und die Phantasie mit ihren Idealen obenan steht." Reger zeigt sich indes optimistisch, was die Demokratisierung angeht: „Alle diese jungen Leute sind begierig zu sehen, was Demokratie denn nun eigentlich bedeutet; und wenn wir von den jungen Leuten sprechen, so rechnen wir alle zu ihrem Kreise, die sich verloren, ja auch die, die sich nach so typisch deutscher Weise ‚verraten' fühlen. Es wäre so einfach, ihnen zu helfen. Es wäre gar nicht so schwierig, sie zu gewinnen." Seine akute Besorgnis richtet sich einmal mehr auf die rigide Indoktrination im Osten: „Statt daß die Freiheit ihnen als ein Wunder erscheint, wundern sie sich über eine Freiheit, die ihnen im nämlichen Augenblick, da sie ihnen geschenkt wurde, auch schon wieder genommen wird."[334]

In einer anderen Schrift ist es Reger um die Jüngsten zu tun:

> Erster Vorzug der heute Fünf- bis Zehnjährigen und aller, die nach ihnen kommen: Hitler und der Hitlerismus rangieren bei ihnen in einer Reihe mit Grimms Märchengestalten. Die Eltern mögen ihnen erzählen, was sie wollen – nur der Lehrer muß ihnen Besseres erzählen. [...] Zweiter Vorzug: die heutigen Kinder lernen kein deutsches Militär mehr kennen [...]. Die fremden Soldaten im Lande sind uniformierte Zivilisten [...]. Dritter Vorzug: die Kinder von heute erleben die Anwesenheit fremder Soldaten im Lande nicht in dem Bewußtsein der Okkupation. Sie gewöhnen sich daran als an einen natürlichen Zustand, und während sie heranwachsen, wird die Okkupation als solche unsichtbarer; ein politisches Ressentiment kann bei ihnen nicht entstehen – wenn verhindert wird, daß die Schulen es pflegen.[335]

---

[334] Reger: Vom künftigen Deutschland. Nach Schütz (Hg.): *Reger: Kleine Schriften*. 1993, S. 161, 163, 171.

[335] Ders.: *Zwei Jahre nach Hitler (1947). Mit einem Vorwort von Walter Dirks*. Berlin 1986, S. 13f.

Zweifellos gerieten die Kinder und Jugendlichen in der damaligen Realität auch an Lehrer, die verstockte Nazis oder auch nur demokratieresistent waren, aber in der Regel eben nicht mehrheitlich. Und selbst jene Nazis erlebten sie nun eher als Opportunisten denn Diktatoren. Gleichwohl dürfte aber ihre eigentliche Sozialisation – was Reger damals noch nicht in den Blick kam – im Wesentlichen über die Peergroups, über ihresgleichen – und damit vor allem über das Freizeitverhalten, über Musik, Kino, Comics, Moped oder Motorrad gelaufen sein.

In der Musik war das für die Älteren vorzugsweise der Jazz, für die Jüngeren in jedem Falle die Rock-Musik. Bei allem Bedarf nach den tröstenden Gewissheiten klassischer Musik und bei aller schleunigen Wiederkehr des deutschen Schlagers spielte in der intellektuell präferierten wie der breit rezipierten Musik der Jazz in der unmittelbaren Nachkriegszeit eine herausragende Rolle. In der NS-Zeit offiziell verpönt, freilich als ‚moderne Tanzmusik' in moderater Form weitergeführt, galt er nun als demonstrativer Bruch mit dieser Vergangenheit, als Befreiung zu einer Modernität zwischen Improvisation und ekstatischer Ausgelassenheit. Legendär waren die einschlägigen Sendungen des amerikanischen Besatzungsrundfunks AFN; überall entstanden Jazz-Clubs. Es ist nicht ohne Ironie, dass die erste ausgesprochene Jazz-Schallplatte ausgerechnet in der SBZ produziert wurde, wo man Jazz alsbald ebenso als amerikanisch-dekadent verwarf und zu unterdrücken versuchte wie den nachfolgenden Rock'n'Roll.

Der spezifische Jugendkonsum – qua Kleidung und Freizeitverhalten – hatte seine Voraussetzung in einer ähnlichen, relational vielleicht sogar noch stärkeren Integration in die Arbeitsgesellschaft. Denn er wurde gerade durch die vergleichsweise erhöhte Arbeitsbelastung, die wiederum bei Arbeitern und Angestellten zu eigenem Geld und weniger Abhängigkeit vom Familieneinkommen führte, zum Bedürfnis. Immerhin betrug die durchschnittliche Lehrzeit acht bis zehn Stunden am Tag, auf dem Lande sogar zehn bis zwölf Stunden, Samstage meist eingeschlossen, wie auch der Gymnasialunterricht bei täglich sechs plus zwei Stunden noch an Samstagen üblich war. Die erfolgreiche Kampagne der Gewerkschaften für die Fünftagewoche griff hier erst später. Dass die Jugend mit ihren Statussymbolen und ihrem abgrenzenden Verhalten öffentlich – auf Straßen und Plätzen, in Kneipen und Kinos – besonders sichtbar war, war nicht zuletzt eine Folge der nach wie vor herrschenden Beengtheit des familialen Wohnens.

Die z. T. hochbeschleunigten Veränderungen des Alltags machten sich in den Veränderungen sowohl des Wohnens und der Essgewohnheiten als auch der Mobilität und des Medienkonsums bemerkbar.

VI.2 Schöner wohnen

> Manchmal, wenn man gegen Abend durch eine der weiten Trümmerhalden unserer großen Städte wandert, die sich oft endlos hinziehen und viele Quadratkilometer umfassen, bietet sich ein erschütternder Anblick. Das Bild der Ruinenlandschaft ist beklemmend. Steine, Schutt und verbogene Eisenträger schaffen bizarre Formen, und gegen den Himmel heben sich dunkel die zerfetzten Silhouetten der Häuserreste ab. Es ist eine Landschaft von grenzenloser Einsamkeit. Und plötzlich brennt in diesem ausgestorbenen Niemandsland ein Licht. Eine Lampe leuchtet hinter den Gardinen eines Fensters, ein Schrank wird deutlich, ein Tisch, ein Zimmer, eine Wohnung, in der Menschen wohnen, die ein Heim haben und hier zu Hause sind. Menschen in einer toten Welt, die gewesen ist und in der kein Gras mehr wächst.
>
> Man kann diesen Anblick je nach Temperament, tragisch oder heroisch, negativ oder positiv, beurteilen. Betrachtet man dieses Licht von außen, von der Wirklichkeit der Trümmer und Ruinen her, die auf Jahre hinaus die gleiche sein wird wie heute, so erschüttert seine Tragik. Betrachtet man es vom erleuchteten Zimmer aus mit seinen Gardinen, seinem Schrank, seinem Tisch, also von innen her, so wirkt es heroisch. denn hier setzt der Wille, der Glaube, der Mut des Menschen seiner Umwelt ein ‚Dennoch' und ein ‚Trotzdem' entgegen, das stärker ist als alle Trümmer und Ruinen.[336]

So Hans Zehrer, ehedem militanter Nationalrevolutionär, Wortführer im *Tat*-Kreis, 1948 als frisch bestallter, nun christlicher Chefredakteur der evangelischen Wochenzeitung *Sonntagsblatt*. Und was er mit diesem Gang ausdrücken will, sagt er etwas später:

> Es wird heute viel von Aufräumen und Säuberung geredet. Wir räumen Schutt und Trümmer auf, und wir säubern geistig, politisch und wirtschaftlich. Es geschieht vorläufig leider nur außen und in unserer äußeren Umwelt. Entscheidender wäre es, die Gehirne aufzuräumen und unsere Vorstellungswelt zu säubern, um die Voraussetzungen dafür zu schaffen, das Niemandsland, in dem wir zur Zeit leben, zu erkennen […].[337]

So, wie etwa Hans Egon Holthusen 1964 in der Neuauflage seines Buches *Der unbehauste Mensch* von 1951 rückblickend schrieb: „Nicht […] die vordergründige Signatur der Flüchtlingsbaracken und Nissenhütten war es", die ihn bewegt habe, sondern „Darstellung und Deutung einer allgemeinen, den ganzen Kulturkreis betreffenden ‚Bewußtseinslage'".[338]

Die Metapher von der Unbehaustheit kommt nicht von ungefähr in einer Gesellschaft, die zwangsweise auf Wiederbehausung fixiert war, aber eben auch

---

[336] Zehrer, Hans: *Stille vor dem Sturm. Aufsätze zur Zeit*. Hamburg, Stuttgart 1948, S. 105.
[337] Ebd., S. 108.
[338] Holthusen, Hans E.: *Der unbehauste Mensch. Motive und Probleme der modernen Literatur*. Neuausgabe, München 1964, S. 7.

keine Zeit und keinen Überblick hatte, um tatsächlich grundlegend neu anzufangen. Zwangsläufig ergab sich auch hier eine Mixtur aus Altem und Neuem, Provisorischem und Programmatischem. Auch in der zeitgenössischen Literatur kann man das Widersprüchliche des Wohnens immer wieder finden. Ein Widerspruch nicht zuletzt zwischen dem städtischen und dem ländlichen Wohnen.

Arno Schmidt zum Beispiel, dessen frühes Werk von provisorisch wohnenden Flüchtlingen in schäbigen Hotelzimmern, Laubenbewohnern, schmarotzenden Untermietern oder Mietnomaden der Postapokalypse geprägt ist, wird die ländlich-bescheidene Sesshaftigkeit für sich dann in Bargfeld realisieren. Und Stefan Andres imaginiert 1959 in seiner *Sintflut*-Trilogie den Rückzug aufs Land schon fast parodistisch: „Wald, Bach, warme Stuben, einfache Möbel, selbsterzeugtes Licht, selbstgebackenes Brot, die Wände aus Büchern [...]. Und man informiert sich. Etwa aus dem Fernsehgerät, aus Büchern. Nein, man geht nicht aus der Welt fort, man tut nur einen Schritt zurück – tiefer in die geistige und wirtschaftliche Unabhängigkeit, in die Eigenständigkeit."[339]

Die angesprochene Aporie des städtischen Wohnens aber hat damals wohl niemand so prägnant dargestellt wie Wolfgang Koeppen. Er, der seine keineswegs unkomfortable Unterkunft der letzten Kriegszeit in einem Klubhaus in Feldafing am Starnberger See als kargen Kellerunterschlupf camouflierte,[340] wie er in der von ihm pseudonym umgeschriebenen Autobiographie Jakob Littners diesem melodramatisch ein Leben in der Erdhöhle an-imaginierte,[341] lieferte faktisch das vorweggenommene Pendant zu Adornos bereits erwähntem Fazit aus *Funktionalismus heute* von 1965, dass nämlich die jüngstvergangenen Bombenangriffe die Architektur in jene Lage brachte, „aus der sie sich nicht herauszuarbeiten vermochte".[342]

Koeppen hat seinen ersten Nachkriegsroman *Tauben im Gras* (1951) in München angesiedelt. Ein Foto der unmittelbaren Nachkriegszeit zeigt ihn dort leicht dandyesk in einer Ruine posierend.[343] In der ruinierten Stadt wohnen seine durcheinanderwimmelnden Figuren – je nach sozialem Status – in Villen, in herrschaftlichen Wohnungen, in denen Gründerzeit mit Avantgarde zusammenprallt, in kleinbürgerlichen Zimmern mit Holzfeuerung, in Hotels – in und zwischen Ruinen, jedenfalls mit der Erinnerung daran: „Auf der Straße lag damals noch der Schutt der zerbombten Gebäude. Der Wind wehte Staub auf. Die Ruinen waren

---

339 Andres, Stefan: *Der graue Regenbogen. Roman.* München 1959, S. 438.
340 Vgl. dazu Döring, Jörg: „ *... ich stellte mich unter, ich machte mich klein ...* ". *Wolfgang Koeppen 1933–1948*, Frankfurt am Main 2001, S. 235 ff.
341 Vgl. ebd., S. 272 ff.
342 Adorno: Funktionalismus heute. In: Ders.: *Ohne Leitbild*. 1967, S. 114.
343 Vgl. Döring: *Koeppen*. 2001, S. 334.

ein Totenfeld, außerhalb jeder Wirklichkeit des Abends, waren Pompeji, Herkulaneum, Troja, versunkene Welt. Eine erschütterte Mauer stürzte ein."[344] Doch faktisch sind die Bewohner ständig unterwegs, in unruhiger Erwartung, Furcht und wenig Hoffnung. Sie träumen von einem Leben in amerikanischen Autos unterwegs, im Komfort der *suburbs* oder vom eigenen Restaurant in Paris, in dem niemand unwillkommen ist. Oder aber vom Aufbau: „Die Lücken im Straßenzug würden sich schließen. Richard dachte, er möchte hier Baumeister sein; […] und ein amerikanischer Baumeister natürlich. Was für Hochhäuser würde er ihnen auf die Schutthalden setzen! Die Gegend würde ein fortschrittlicheres Gesicht bekommen!"[345]

In Koeppens nächstem Roman steckt die Bundesrepublik für ihn und seine Figur Keetenheuve inmitten von „Restauration" – und nicht nur der Politik. Geschrieben in einem zum Hotel umfunktionierten Bunker in Stuttgart, zeigt der Roman *Das Treibhaus* (1953), der in der neuen Bundeshauptstadt angesiedelt ist und schon im Titel ein nicht sonderlich wohnliches Gehäuse signalisiert, eine Welt aporetischer Verblockung, Ost und West, Links und Rechts, Männer und Frauen, Kunst und Politik. Im Kern dessen steht, exemplarisch für alles andere, die Unmöglichkeit, recht zu wohnen. Der Abgeordnete Keetenheuve wohnt nicht nur im Hotel, flieht sein Büro und streunt unruhig herum, besucht Kino und Restaurant und kopuliert schließlich auf einem Trümmergrundstück im Freien, sondern erfährt auch im Wohnungsausschuss des Bundestages die Unversöhnbarkeit von Realität und Traum, die beide doch aus den kollektivistisch-totalistischen Konzeptionen der Moderne herrühren und nur die Wahl zwischen zwanghafter Familialität und individualistischer Isolation zu lassen scheinen. Keetenheuves Tagtraum:

> Er war für das Glück in der Verzweiflung. Er war für das Glück aus Komfort und Einsamkeit […]. Es war nicht nötig, daß man, wenn man traurig war, auch noch fror; es war nicht nötig, daß man, wenn man unglücklich war, auch noch hungerte; es war nicht nötig, daß man durch Schmutz wandelte, während man an das Nichts dachte. Und so wollte Keetenheuve den Arbeitern neue Häuser bauen, Corbusier-Hausungs-Maschinen,[346] Wohnburgen der technischen Zeit, eine ganze Stadt in einem einzigen Riesenhaus mit künstlichen Höhengärten, künstlichem Klima, er sah die Möglichkeit, den Menschen vor Hitze und Kälte zu schützen, ihn von Staub und Schmutz zu befreien, von der Hausarbeit, vom Hauszank und allem Wohnungslärm. Keetenheuve wollte zehntausend unter ein Dach bringen, um sie

---

344 Koeppen, Wolfgang: *Tauben im Gras*. Frankfurt am Main 1977, S. 45 (Erstausgabe: Stuttgart, Hamburg 1951).
345 Ebd., S. 112.
346 Zu Le Corbusier vgl. auch Adorno: Funktionalismus heute. In: Ders.: *Ohne Leitbild*. 1967, S. 120f.

voneinander zu isolieren, so wie die großen Städte den Menschen aus der Nachbarschaft heben, ihn allein sein lassen, ein einsames Raubtier, ein einsamer Jäger, ein einsames Opfer, so sollte jeder Raum in Keetenheuves Riesenbau gegen jeden anderen schallabgedichtet sein, und jeder sollte sich in seiner Kammer das ihm gemäße Klima einstellen, er konnte allein sein mit seinen Büchern, allein mit seinem Denken, allein mit seiner Arbeit, allein mit seinem Nichtstun, allein mit seiner Liebe, allein mit seiner Verzweiflung und allein in seiner menschlichen Ausdünstung.[347]

Doch weiß er da bereits, dass sein als ein „profane[s] Kloster" tituliertes – damit die architektonische Fehlkonstruktion[348] von Heinrich Bölls *Billard um halbzehn* (1959) bereits vorab konturierendes – und die hässlichen Industrielandschaften überdeckendes „Riesenhaus" nicht nur in den Augen der anderen ein „Turm zu Babel" wäre.[349]

In der damaligen Realität ging es zwar ebenso widersprüchlich, aber zugleich pragmatischer und auch fatalistischer zu. Man arrangierte sich mit den jeweiligen Möglichkeiten:

> Wähnten wir nicht – es ist gar nicht so lange her –, man habe uns die Lust an der Bleibe, an Besitz des häuslichen Herdes gründlich ausgetrieben? Meinten wir nicht, wir könnten die schreckliche Freiheit der Bombennächte in das ‚neue Dasein' übertragen? War das Ideal nicht: ein Buch, ein Taschentuch, ein Paar Schuhe und die Existenz aus dem Koffer – ein Überall-und-Nirgends-zu-Hause-Sein? Hat man unser Zeitalter nicht das des ‚Unbehausten Menschen' genannt? Und nun? Niedliche Häuser sprießen wie Pilze hervor, die Löcher in den Wänden verschwinden mit den Untermietern, die Zimmer füllen sich wieder mit Hausrat.[350]

Was hier Kyra Stromberg 1955 feststellte, stand in einer der vielen Zeitschriften, die sich dem neuen, schönen und besseren Wohnen widmeten. Inbegriff der Sehnsucht nach neuer Wohnlichkeit war denn auch die Zeitschrift *schöner wohnen*, zunächst eine Beilage der 1948 gegründeten Frauenzeitschrift *Constanze*, seit Januar 1960 eigenständig und dabei äußerst erfolgreich.

Indikator für die Suche nach dem Eigenheim sind die zahlreichen Ratgeber zum eigenen Hausbau. Exemplarische Titel wie *Kleine Wohnhäuser* (1946) von Max Gerntke, *Das Haus auf Stottern* (1948) von Erich Dautert, *Kleinhäuser* (1948) von Herbert Rühle, *Das Kleinhaus im Garten* (1949) von Walther Wickup oder *Wir*

---

347 Koeppen: *Treibhaus*. 1976, S. 109f.
348 Vgl. dazu Vogt, Jochen: Lebst Du noch? Und wohnst Du schon? Luftkrieg, Wiederaufbau und Architekturkritik bei Heinrich Böll. In: *„Ich sammle Augenblicke". Heinrich Böll 1917–1985*. Hg. von Werner Jung und Jochen Schubert. Bielefeld 2008, S. 183–195.
349 Koeppen: *Treibhaus*. 1976, S. 110ff.
350 Stromberg, Kyra: Wohnsitz oder Wohnwagen. In: *Besser Wohnen. WK-Journal für Wohnkultur*, 3 (1955) 1, S. 3f.

bauen unser Haus (1950) von Fritz Ehlotzky signalisieren nicht selten bis in die Aufmachung hinein ihre Prägung durch die unmittelbare Vergangenheit. Auf anderer Ebene entsprachen dem die unzähligen Bastelbücher und Ratgeber zum Selbermachen, die vom Kinderspielzeug über das Radio zur Inneneinrichtung reichten. „Wohnlichkeit aus Bastlerhand" lautete denn auch eines der Unterkapitel von Günther Voss' *Knaurs Bastelbuch* (1959), dem wohl am weitesten verbreiteten Buch.

Den Ratschlägen zum Selbermachen wiederum entsprach in der Inneneinrichtung die Ausstattung mit Raumteilern und Multifunktionsmöbeln, die Umfunktionierung von Werkstoffen und die alsbaldige Dominanz von Kunststoffen bei Fußböden bis Gardinen und Möbeloberflächen. Kunststoffe, deren Verbrauch pro Kopf zwischen 1950 und 1960 um etwa das Achtfache stieg, wurden denn auch als „Plastik" schnell zu einem weiteren Schreckenswort der intellektuellen Kulturkritik. Pastelltöne, Tütenlampen, Nierentisch und Eisdielenstuhl, Tapeten mit Urlaubsmotiven deuteten auf Eisdiele und Kino als ästhetische Vorbilder. Allerdings darf man sich von den Ensembles in den Zeitschriften und Illustrierten ebenso wenig wie von den Inneneinrichtungen der zeitgenössischen Filme, etwa Wolfgang Staudtes *Rosen für den Staatsanwalt* (1959), darüber hinwegtäuschen lassen, dass der breite Alltag entschieden anders aussah, nämlich eine Mixtur aus Gerettetem, Umfunktioniertem und Neuem zu bieten pflegte. Ganz abgesehen von dem damals noch entschieden großen Gefälle zwischen Stadt und Land.

VI.3 Stichwort ‚Fresswelle'

Während sich der Wandel im Wohnen über einen längeren Zeitraum hinzog und sich keineswegs einheitlich durchsetzte, nahmen die Menschen den Übergang aus der unmittelbaren Nachkriegszeit an sich selbst wechselseitig am nachdrücklichsten physiognomisch wahr – an der zunehmenden Korpulenz. War die ausgemergelte Hungergestalt zunächst dominant, in Robert A. Stemmles Film *Berliner Ballade* (1948) beispielsweise an der Figur des Otto Normalverbraucher sichtbar gemacht, so erging es dem Gros der westdeutschen Bevölkerung in den fünfziger Jahren zunehmend wie Gert Fröbe, der diesen Otto Normalverbraucher gespielt hatte: Sie fanden zur Normalfigur zurück oder wurden sogar deutlich korpulenter bis übergewichtig. Reichhaltiges Essen wurde in der Bundesrepublik geradewegs zur Obsession, das Eisbein zu seiner Signatur – vom Film bis zur Karikatur. Was drastisch ‚Fresswelle' genannt wurde, machte auch vorm Bundespräsidenten nicht halt. Während Konrad Adenauer seine mitgebrachte asketische Figur behielt, wurde Theodor Heuss alsbald sichtlich rundlicher. Das brachte ihm die Reimerei eines gewissen Arno Kießling ein:

> Warum wird unser Theodor
> in letzter Zeit so dick?
> Er hat doch keinen Wettstreit vor
> mit Ost-Kollegen Pieck? [...]
> Kriegt einer mal vom Staat Gehalt,
> sitzt nah dem Kabinett
> verliert er seine Linie bald
> und wird allmählich fett.

Worauf Heuss replizierte:

> Was Arno sieht, seh'n andere auch:
> – schon rundet sich ein Bürgerbauch,
> was meistens leichten Beifall findet,
> weil, manche Sorg mit ihm entschwindet.
> Der Vorgang selber ist ganz klar,
> er stellt ein Durchschnittsschicksal dar;
> bei dem der Bundespräsident
> sich nicht von seinem Volke trennt.[351]

1953 bekam Heuss übrigens von der Firma Hengstenberg Mildessa die unabdingbare Beilage zum Eisbein dosenweise zum Geburtstag geschenkt: Sauerkraut.[352]

Doch waren es beileibe nicht nur Eisbein mit Sauerkraut, die das Essverhalten jener Jahre prägten. So nahm der Import von Südfrüchten in den fünfziger Jahren um 300 Prozent zu, während andererseits der Trend hin zu Selbstbedienungsläden – 1962 waren es in der Bundesrepublik ca. 17 000 – und Produkten wie Dosenmilch und Scheibenkäse ging. Ketten mit Alternativen zum Schweren und Kalorienhaltigen wie Nordsee und Wienerwald expandierten, und der Toast Hawaii wurde gewissermaßen zur Gegenikone des Eisbeins. Von verblüffender Symptomatik scheint auch dies: Die Verkaufskurve von Dr. Oetkers ‚kristallklarem' Tortenguss verlief zwischen 1948 und 1963 in aufsteigender Linie nahezu exakt umgekehrt proportional zur Arbeitslosenkurve; beider Schnittpunkt lag bei 1955.[353]

Nicht zuletzt war das die Aufstiegs- und Erfolgszeit der großen Versandhäuser wie Neckermann, Otto oder Quelle, die nicht nur eine funktionierende Post- und Verkehrsinfrastruktur voraussetzten, sondern auch eine Klientel, die sich nicht mehr auf lokale Angebote beschränken mochte und sich – nicht zuletzt –

---

351 Zitiert nach Radkau, Joachim: Der Kuss des Atoms. Über die zwei Körper des Theodor Heuss. In: *Zeitschrift für Ideengeschichte*, 5 (2011) 4, S. 65–80, hier S. 65f.
352 Vgl. Werner (Hg.): *Hochverehrter Herr Bundespräsident*. 2010, S. 305.
353 Darauf haben mich Moritz Queisner und Tim Holtorf aufmerksam gemacht.

Ratenzahlungen leistete. Die galten damals noch weithin als unsolide, konnten nun aber eingegangen werden, ohne der sozialen Kontrolle am Ort zu unterliegen.

VI.4 Reisewelle und Motorisierung

Der Bau der Reichsautobahnen, mit dem die Deutschen zur Mobilität und zur Er-Fahrung größerer Räume ebenso erzogen werden sollten wie zum Erlebnis der Heimat,[354] wurde – nach der Zwangsmobilität des Krieges – erst nach 1945 so recht wirksam. Die Autobahnen – nicht selten selbst Ausflugsziele – waren das Kernstück eines von den Kriegsfolgen noch maroden Straßensystems, das es in der Bundesrepublik mit Priorität zu erneuern galt. In der DDR, wo der Individualverkehr aus ideologischen wie wirtschaftlichen Gründen hintangestellt wurde, wurde der Straßenbau nicht gleichermaßen forciert.[355]

Was in der Bundesrepublik bald den Titel ‚Reisewelle' führte und mit Vorstellungen von insbesondere Österreich- und Italien-Reisen verbunden war, hatte in der Realität zunächst bescheidenere Ausmaße: Die Vergnügungs- und Urlaubsreisen beschränkten sich zum einen überwiegend auf einen Zeitraum von ein bis drei Tagen, zum anderen vornehmlich auf Deutschland und da mehrheitlich auf Verwandtenbesuche. Symptomatisch war die „Fahrt ins Blaue", meist als Busreise von Vereinen organisiert. Vor allem in den bombardierten Städten musste eine touristische Infrastruktur erst wieder aufgebaut werden. Die noch ausgedehnte Arbeitszeit und die Prioritäten bei Nahrungsmitteln und Dingen des täglichen Bedarfs ließen große Teile der Bevölkerung – zumal der ländlichen – zunächst wenig Raum für Urlaub. Und wenn, waren es für die Jugend vorwiegend von Vereinen oder staatlichen Institutionen organisierte Heim- oder Zeltferien, wie überhaupt der Campingurlaub zu einem Massenphänomen wurde.[356] Auch dies eher die Erfüllung von im ‚Dritten Reich' stimulierten Träumen als Imitation der USA, wo der Wohnwagen längst obligat war, während hierzulande noch das Zelt vorherrschte. 1950 gab immerhin überhaupt nur ein Fünftel demoskopisch Befragter an, bisher Urlaub gemacht zu haben.[357]

---

354 Vgl. Schütz, Erhard; Gruber, Eckhard: *Mythos Reichsautobahn. Bau und Inszenierung der Straßen des Führers*. Berlin 1996.
355 Doßmann, Axel: *Begrenzte Mobilität. Eine Kulturgeschichte der Autobahnen in der DDR*. Essen 2003.
356 Vgl. dazu etwa Schildt; Siegfried: *Deutsche Kulturgeschichte*. 2009, S. 195.
357 Vgl. Schildt, Axel: ‚Die kostbarsten Wochen des Jahres'. Urlaubstourismus der Westdeutschen (1945–1970). In: Ders.: *Annäherungen an die Westdeutschen*. Göttingen 2011, S. 179–196, hier S. 184.

Im Gegensatz zu den Heimatfilmen, in denen betuchte Städter touristische Schlüssellandschaften wie die Lüneburger Heide, den Schwarzwald oder den Bodensee vorwiegend mit flotten Autos aufsuchten, dominierte in der Statistik signifikant die Eisenbahn. 1954 war sie mit über der Hälfte das meistbenutzte Reisevehikel, gefolgt vom Omnibus. Der eigene Pkw kam auf 19 Prozent. 1960 indes hatten Bahn und Pkw sich bereits bei je 40 Prozent eingependelt. Und erst ganze ein Prozent gab das Flugzeug als Reisemittel an.[358]

Dem korrespondierte die gestiegene Zahl der Pkws. 1960 waren es 4,2 Millionen, gemessen an 0,5 Millionen 1950. Und so ist die Mobilitätsgeschichte der Nachkriegszeit entschieden mit Mythen über ‚das Auto' verbunden. Das Auto der Autos war damals zweifellos der Volkswagen. Seine Legendengeschichte muss hier nicht noch einmal aufgerufen werden.[359] Nur so viel: Während in Wolfsburg 1946 gerade die ersten 10 000 Fahrzeuge nach dem Krieg gefertigt worden waren, konnte man am 5. August 1955 – mit 100 000 Menschen und einem betont internationalen Programm – eine Million gebauter Volkswagen feiern. Der Volkswagen löste am sichtbarsten das zu Beginn der Nazi-Zeit gegebene Versprechen der Mobilisierung aller Deutschen ein. Zugleich war er aber auch der Exportstolz der Bundesrepublik.

Freilich sah das Panorama der motorisierten Mobilität entschieden differenzierter und auch bescheidener aus, denn immer noch war das Motorrad das klassische Verkehrsmittel der Arbeiter, während Moped und Motorroller allmählich zum Vehikel der männlichen Jugend zu werden begannen. Bei den Pkws hielten zunächst ausgesprochene Klein- und Kleinstwagen das Feld besetzt, so das Goggomobil der Hans Glas GmbH, das 1955 – zeitgleich mit dem Fiat Topolino und der legendären Citroen DS („Deesse") – auf den Markt kam. Die Überlieferung will wissen, dass der Landmaschinen- und Roller-Hersteller Hans Glas nach dem Oktoberfest 1952 erlebte, wie zahlreiche Zweiradfahrer unter einer Brücke vorm Regen Schutz suchen mussten, und in dem Moment erkannte, dass diese so bald wie möglich aufs Auto umsteigen würden. Seine Antwort darauf, das Goggomobil, kam mit einem 250-Kubikzentimeter-Motor und 13,6 PS auf den Markt. Ähnlich die Isetta von BMW oder der Heinkel Kabinenroller, der mit seiner Form und der Plexiglashaube – zwar nun flügellos – an die Herkunft aus dem Flugzeugbau erinnerte. Einen besonderen Fall stellte Borgward dar. Borgward produzierte nicht nur seit 1950 den Kleinwagen Lloyd, dessen Karosserie aus Sperrholz und Kunstleder bestand, und den Dreirad-Kleinlieferwagen Goliath, sondern auch hochwertige Limousinen wie Hansa oder Isabella. Als Borgward 1961 in Konkurs ging,

---

[358] Ebd., S. 185 f.
[359] Vgl. dazu Schütz: „Käfer". In: Paul (Hg.): *Bilder, die Geschichte schrieben*. 2011, S. 156–163.

lag das zwar wesentlich an der völlig unrentablen und am Markt vorbeigehenden Typenvielfalt, aber öffentlich hielt sich bis heute die Legende von der Niederlage deutschen Qualitätsingenieurstums gegenüber einer immer schneller drehenden modischen Marktproduktion.[360]

Die forcierte Motorisierung hatte nicht nur in solchen Konkursen ihren Preis, sondern zuallererst in der Zahl der Verkehrsopfer. Während die Alliierten zunächst das von den Nazis aus Gründen der Material- und Treibstoffersparnis 1942 eingeführte Tempolimit beibehielten, wurde es 1952/1953 in der Bundesrepublik aufgehoben, was zu einem signifikanten Anstieg der Verkehrstoten führte. Nachdem deren Zahl auf 12000 im Jahr – bei nur ca. 20 Prozent des Autobestandes das Dreifache des Jahres 2011 – angestiegen war, wurde gegen erheblichen Widerstand der einschlägigen Verbände 1957 Tempo 50 innerhalb von Ortschaften eingeführt, während außerhalb das Tempo weiterhin unreglementiert blieb. (Erst 1972 wurde es für Landstraßen auf 100 km/h begrenzt.)

Sieht man von der Einwegmobilität massenhafter Flucht und Ausreise ab, war die Mobilität in der DDR noch entschieden geringer als zumindest die berufsmäßig bedingte der Bundesrepublik. Freizeitmobilität und Urlaub, wo nicht als Familienbesuche, waren wesentlich kollektiviert, getragen durch Betriebe und Organisationen, und auch entsprechend reglementiert. Schon von daher stellten sich die Folgeprobleme der Motorisierung zunächst nicht so signifikant wie im Westen. Aber auch grundsätzlich nicht – wegen der desolaten Lage der Autoproduktion. Zum einen befanden sich auf dem Territorium der DDR von früher her nur zwei produzierende Pkw-Standorte, beides nun Volkseigene Betriebe (VEB), die BMW-Zweigfabrik in Eisenach, in EMW umbenannt, sowie Auto Union und Horch in Zwickau, ab 1958 VEB Sachsenring Automobilwerke. Überdies gab es keinen der ehemaligen Zulieferbetriebe mehr auf dem Gebiet der DDR. Produziert wurde in Eisenach der etwas höherwertige Wartburg, in Zwickau ab 1958 der bald schon legendäre Trabant, beides Zweitakter, entsprechend leistungsbeschränkt und vor allem besonders umweltbelastend. Funktionärslimousinen, wie der sowjetische Wolga, fielen ohnehin verkehrsmäßig nicht ins Gewicht. Die heimische Produktion aber konnte aufgrund von Materialproblemen und grundsätzlichen Hemmnissen durch die Planwirtschaft nie auch nur im Entferntesten mit der Nachfrage Schritt halten. So kam es – nach anfänglich einjähriger Wartezeit – bald zu Lieferzeiten von bis zu zwölf Jahren. Was den Autokult, der den Deutschen ohnehin nachgesagt wurde, in der DDR schon notgedrungen ganz besonders ausgeprägt sein ließ.

---

360 Vgl. BORGWARD – Der Bastler. In: *Der Spiegel*, 51/1960 (14. 12. 1960), S. 52–66.

VI.5 Medialisierungswelle

Zwar hat es diesen Begriff damals nicht gegeben, faktisch aber macht die Aufrüstung mit Kommunikations- und Unterhaltungsmedien einen weiteren, ganz wesentlichen Bestandteil der Konsumisierung und Komfortisierung des Nachkriegsalltags aus. Jedenfalls in der Bundesrepublik. In der DDR sah das insofern anders aus, als hier zum einen Kommunikation unter strikter staatlicher Kontrolle stand und z. B. das Telefon, das im Westen mehr und mehr zum obligaten Haushaltsbestandteil zu werden begann, bis zuletzt selbst in Gestalt öffentlicher Fernsprecher Mangelware blieb. Während sich in der Bundesrepublik der Fernseher immer mehr zu dem Möbel entwickelte, auf das hin die Wohnung ausgerichtet war, wie alsbald Diskussionssendungen wie der *Frühschoppen*, Quizshows und Ratesendungen, überwiegend amerikanische und zunehmend eigenproduzierte Serien gewissermaßen die Familie und deren Horizont expandierten, findet man in der DDR eher eine Spaltung beim Programmkonsum: Immerhin sollen zu Beginn der sechziger Jahre an die 80 Prozent der DDR-Bürger technischen Zugang zu Westsendungen gehabt haben.[361]

Auch bei den Fernsehgeräten ist eine zeitliche Verschiebung gegenüber der Bundesrepublik bemerkbar. 1960 kamen 16,7 Geräte auf einhundert Haushalte, 1966 aber schon 54, während es in der Bundesrepublik 59,5 Geräte waren. Im Westen beschränkte sich dort, wo man den *Deutschen Fernsehfunk* der DDR überhaupt empfangen konnte, dessen Attraktion weitgehend auf die meist im Anschluss an die politische Gruselshow Karl-Eduard von Schnitzlers, *Der schwarze Kanal*, gesendeten UFA-Filme aus der NS-Zeit.

In der DDR aber trat neben das Interesse an den eigenen Produktionen eine größere Aufmerksamkeit für das – staatlich verpönte – Westfernsehen. Das hatte nicht zuletzt zur Folge, dass sich damit in den – ohnehin schon illusionistischen – Sendungen des Westens eine weitere, ebenso unerreichbare wie unwirklich scheinende, aber beständig zum unzufriedenen Vergleich mit dem Eigenen stimulierende Welt bot. Eine besondere Rolle spielte dabei die Fernsehwerbung, die es in der DDR erst sehr viel später und auch nicht in vergleichbarer Form gab, während im Westen, zunächst Ende 1956 im *Bayerischen Rundfunk*, dann ab 1958 auch in anderen Regionalsendern, Werbeblöcke ausgestrahlt wurden.

Werbung – ob als Inserat, Plakat oder im Kino – war im Westen ein zentraler Punkt der Kultur- als Medienkritik. Für die, die sich als Bildungsbürger verstanden, vor allem aber für Intellektuelle, war es geradezu Gebot, Reklameverächter zu sein. Und als *Rowohlt* in den RO-RO-RO-Taschenbüchern, die, wie erwähnt,

---

361 Vgl. Dokumentationszentrum Alltagskultur DDR (Hg.): *Alltag: DDR*. Berlin 2012, S. 174.

kulturellen Hardlinern ohnehin als massenhafte Kulturverramschung galten, eine Seite mit Werbung einführte, erschien das vollends als Sakrileg. Exemplarisch zeugt davon Ingeborg Bachmanns Gedicht *Reklame* von 1956.[362] In der *Gruppe 47* gehörte Reklameverachtung gewissermaßen zur Selbstreklame, wie diese überhaupt besonders drastisch die faktische Werbefunktion ihrer Veranstaltungen für die jeweiligen Autoren aber mehr noch für sich selbst inszenierte, ob man sich nun bei der Entgegennahme gesponserter Osram-Glühbirnen ablichten ließ oder bei der Übergabe des Gruppenpreises, der sinnfälligerweise eben von der Werbefirma McCann gestiftet wurde.[363]

In der damaligen Jugendmedienkultur spielte das Transistorradio eine besondere Rolle. Es erlaubte den mobilen Musikkonsum. Der Rundfunk, bisher „Hegemon der häuslichen Freizeit"[364], ging auf die Straße. Entsprechend hoch war der Statuswert von Kofferradio oder Miniaturempfänger. Der erste Volltransistor – Akkord Peggie – kam in der Bundesrepublik 1957 auf den Markt, schon zwei Jahre später zog die DDR mit dem Sternchen nach. Auch hier war die Chance auf Erwerb freilich entschieden rarer als im Westen.

Zu den einschneidenden Veränderungen im Medienkonsum der Jugend gehörte für beide Staaten auch der Comic, meist in Heftform. War schon – abgesehen von den im Westen vorwiegend kirchlichen, im Osten staatlichen Aufklärungs- und Werbebroschüren – die serielle Heftchenliteratur der Liebes-, Heimat-, Kriminal-, Cowboy-, Zukunfts-, zumal der Landser-Romane generell als Schundliteratur und „jugendgefährdende Schriften" angefeindet und immer wieder Indizierungs- und Verbotsmaßnahmen unterworfen, so fast noch mehr die Pendants im Comic. Gleichermaßen in Ost wie West galten sie als Mittel amerikanischer Jugendverderbnis, dem man allerdings im Westen weniger Einhalt gebieten konnte als im reglementierten Osten. Neben einer allfälligen Bewahr- und Kontrollpädagogik mag bei der Vehemenz der Ablehnung, die etwa in Aktionen öffentlicher Verbrennung kulminierte, bei den Erwachsenen auch die Verdrängung eigener realer Gewaltanwendung und Missgunst gegenüber den Unterhaltungsangeboten der Jugend eine Rolle gespielt haben, mit Sicherheit jedoch eine in fast jeder Hinsicht ästhetische Überforderung.[365] Mittelfristig blieb dann aber angesichts

---

362 Vgl. dazu Stanitzek, Georg: Werbung. In: *Bachmanns Medien*. Hg. von Oliver Simons und Elisabeth Wagner. Berlin 2008, S. 132–147.
363 Vgl. dazu ausführlicher Wegmann, Thomas: *Dichtung und Warenzeichen. Reklame im literarischen Feld 1850–2000*. Göttingen 2011, S. 485–491.
364 Schildt, Axel: Hegemon der häuslichen Freizeit: Rundfunk in den 50er Jahren. In: Ders.; Sywottek (Hg.): *Modernisierung im Wiederaufbau*. 1998, S. 458–476.
365 Vgl. dazu Faulstich, Werner: Groschenromane, Heftchen, Comics und die Schmutz- und-Schund-Debatte. In: *Die Kultur der 50er Jahre*. Hg. von Werner Faulstich. München 2002,

der unabwendbaren Faszination in der Jugend und dem entsprechenden merkantilen Verwertungsdruck lediglich, eindämmende Grenzlinien zu ziehen und Kompromisse in Richtung ‚guter Literatur' zu suchen.

Als immanente und explizite Kompromissbildungen hier nur zwei knapp skizzierte Beispiele.

Zum einen *Micky Maus*. Die ganz unwahrscheinliche Erfolgsgeschichte der Disneyschen *Micky-Maus*-Hefte in der Bundesrepublik, wo sie 1951 im Stuttgarter *Ehapa Verlag* an den Start gingen, verdankt sich wohl nicht zuletzt der Übersetzungs- oder eher eigenständigen Schöpfungsleistung von Erika Fuchs, die von 1951 bis 1988 Chefredakteurin der Zeitschrift war. Die promovierte Philologin hat zum einen das amerikanische Milieu, wie Ernst Horst es formuliert hat, „germanisiert", zum anderen – in intertextuellem Spiel mit den Klassikern, aber auch mit Brecht oder selbst der *Gruppe 47* – die Hefte sprachlich ans Bildungsbürgerliche adaptiert. „Die Fuchs'schen Werke", schreibt Ernst Horst, seien zudem „auch eine Alltagsgeschichte des westdeutschen Bildungsbürgertums der 1950er- und der 1960er-Jahre".[366]

Nicht zuletzt das machte den Erfolg von *Micky-Maus*-Heften, und darin vor allem von *Donald Duck*, aus: dass Erwachsene – die etwa auch die kindlichen *Petzi*-Hefte oder *Meckis Abenteuer* in der Programm- als Familienzeitschrift *HÖR ZU!*[367] tolerierten – in sie am ehesten noch als das gegenüber etwa den *Tarzan*- oder *Superman*-Heften kleinere Übel einwilligen konnten. Derart stieg die Auflage von 260 000 beim Start bereits 1954 auf 400 000 kontinuierlich bis zu einer Million in den neunziger Jahren an. Und auch das – oft arg nationalistische – Imitat von Rolf Kauka ab 1953, *Fix und Foxi*, erreichte hohe Auflagenzahlen.

Das andere Beispiel stammt aus der DDR. Dort hatte man mit ganz besonderer Sorge die Faszination von *Micky Maus* und *Fix und Foxi* auf die Jugend in der DDR verfolgt und dem eigene Produktionen entgegenzusetzen versucht: zunächst 1953 *Frösi* („Fröhlich sein und singen"), die offizielle „Zeitschrift des Zentralrates der FDJ für die kulturelle Arbeit der Jungen Pioniere und Schüler", die einen geringfügigen Comic-Anteil – offiziell: Bildergeschichte – enthielt, dann 1955 *Atze* und im Dezember des selben Jahres, in dem man am 1. Juni, am Interna-

---

S. 199–215, hier bes. S. 212f. Vgl. auch Laser, Björn: Heftchenflut und Bildersturm – Die westdeutsche Comic-Debatte in den 50er. In: *Die janusköpfigen 50er Jahre. Kulturelle Moderne und bildungsbürgerliche Semantik III*. Hg. von Georg Bollenbeck und Gerhard Kaiser. Wiesbaden 2000, S. 63–86.
366 Horst, Ernst: *Nur keine Sentimentalitäten. Wie Dr. Erika Fuchs Entenhausen nach Deutschland verlegte*. München 2010, S. 21.
367 Zur besonderen Rolle der *HÖR ZU!* vgl. Seegers, Lu: *Die Erfolgsgeschichte von HÖR ZU! (1946–1965)*. Potsdam 2001.

tionalen Tag des Kindes, landesweit Comics als angebliches US-amerikanisches Infiltrationsmittel öffentlich verbrennen ließ, *Mosaik*. Darin erlebten fortan die *Digedags*, drei Comic-Figuren von Hannes Hegen (d. i. Johannes Hegenbarth), bildsame und durchaus sozialismuskonforme Abenteuer in aller Welt und Weltgeschichte. Übersetzt wurden sie ins Albanische, Finnische, Englische, Holländische, Serbokroatische und Ungarische. Die deutsche Auflage lag bald bei 660 000. Dennoch waren die Hefte ständig schnell vergriffen und blieben bis 1990 regelmäßig „Bückware".[368]

Probleme, die freilich im Westen so nicht existierten. Hier kämpfte man in besagtem Zeitraum an ganz anderen Fronten. Und das nicht nur, was Comics anging. Denn so sehr die Comic-Hefte im Visier von Pädagogen und Kirchen standen – der wegen seiner moralischen Engstirnigkeit berüchtigte, aber politisch einflussreiche, katholische *Volkswartbund*, der aus dem Beginn des 20. Jahrhunderts stammte und ab 1951 als *Bischöfliche Arbeitsstelle für Fragen der Volkssittlichkeit* geführt wurde, hatte z. B. in einer Aktion an einem einzigen Tag in Köln weit über 100 000 Comics beschlagnahmen lassen –, so viel weiter reichte jedoch die sittenwächternde Überwachung der Medien.

Allein der besagte *Volkswartbund* stellte zwischen 1959 und 1962 fast 300 Indizierungsanträge bei der Bundesprüfstelle für jugendgefährdende Schriften, von denen ca. ein Drittel zu Indizierungen führte. Gerade unter der Perspektive auf die Sexualmoral zeigte sich eine besonders offensive und zugleich erschreckend borniert moralische Rigidität seitens des katholischen Klerus. Das Spektrum war denkbar weit gefächert. Es konnte sich die Empörung ebenso gegen die Abbildung einer Europa mit nackten Brüsten auf dem neuen Fünfmarkschein richten, wie 1950 geschehen, aber auch im selben Jahr gegen einen Film wie *Die Sünderin* von Willi Forst. Das reichte vom flammenden Hirtenbrief über priesterliche Stinkbombenattacken bis hin zu tumultuarischen Landtagsdebatten. Der Erotik-Versand von Beate Uhse wurde ebenso perhorresziert wie die Tänze Samba und Rumba und später Rock'n'Roll. Hierher gehören freilich auch die Versuche, gegen Ko-Education vorzugehen, oder das Hosenverbot für Mädchen an katholischen Schulen. Die rigide Sexualmoral ging einher mit der Pönalisierung von Homosexualität wie mit der Stärkung des Mannes als Familienoberhaupt, dessen Kinder erst mit 21 volljährig wurden und dessen Gattin wenig ohne seine Zustimmung tun konnte.

Das alles ist immer wieder als Beleg für die provinzielle Verstocktheit und reaktionäre Vermufftheit der Zeit angeführt worden – und es steht außer Frage, dass autoritäre Behörden und Justiz nicht immer eine rühmliche Rolle im Um-

---

368 Vgl. Grünberg, Reiner; Hebestreit, Michael: *Mosaik-Handbuch*. Leipzig 2012.

gang damit an den Tag legten. Aber man kann das Ganze auch andersherum bilanzieren, dass nämlich die Indizierungswut in der Realität juristisch nur begrenzten Erfolg hatte, ja, es gerade durch abgeschmetterte Anträge zu einer Ermunterung der Liberalisierung kam.[369] Selbst der Katholizismus, der sich vor allem auf damals noch zurückgebliebene ländliche Regionen stützen konnte, zeigte keineswegs nur jene Züge, die von den bigotten Sittenwächtern geprägt wurden.[370]

Eine Schlüsselstellung im bundesrepublikanischen Sexualhaushalt nahm der – nie aufgeklärte – Mord an der Prostituierten Rosemarie Nitribitt am 1. November 1957 in der Frankfurter Kaiserstraße ein. Der Fall erregte die mediale Öffentlichkeit in einem bis dahin nicht gekannten Maße und über lange Zeit. Besonders brisant an dem Fall war, dass die offiziell als Mannequin geführte Nitribitt offenbar Freier aus Wirtschaftskreisen hatte, so dass nicht nur die manageriale Moral zur Diskussion stand, sondern auch gemutmaßt wurde, dass die Polizei die ‚höheren Herren' bewusst schone. Die Illustrierte *Quick* z. B. setzte die immense Belohnung von 50000 DM als Belohnung zur Aufklärung des Falles aus, und bereits kurze Zeit nach dem Mord kam ein spektakulärer Spielfilm heraus, Rolf Thieles *Das Mädchen Rosemarie* (1958). Nicht wenig trug der Fall zur misstrauischen Abkehr von der Obrigkeitshörigkeit bei, war vor allem aber – bei aller lüsternen Verquertheit – ein nachhaltiger Versuch, Fragen der Sexualität und Sexualmoral öffentlich zu machen. „Erst seit Rosemarie Nitribitt, könnte man den Eindruck gewinnen, gibt es in der Bundesrepublik offiziell Sexualität", schreibt Michael Rutschky: „Aber im Ernst: Die Fama, die der Mord auslöste, gehört zur Vorgeschichte der sexuellen Revolution, die in den sechziger Jahren die Verhältnisse umwälzte."[371]

VII Konfigurationen des Übergangs

Es ist immer misslich, Zäsuren setzen zu müssen, die sich dann bei näherem Hinsehen allermeist als willkürlich und nichtig, bestenfalls als breite Schwellen und längere Übergänge erweisen. Ähnlich auch in diesem Falle. Allerdings lässt sich

---

369 Vgl. dazu jetzt umfassend und für die Einzelheiten Steinbacher, Sybille: *Wie der Sex nach Deutschland kam. Der Kampf um Sittlichkeit und Anstand in der frühen Bundesrepublik.* München 2011.
370 Vgl. dazu Gabriel, Karl: Die Katholiken in den 50er Jahren: Restauration, Modernisierung und beginnende Auflösung eines konfessionellen Milieus. In: Schildt; Sywottek (Hg.): *Modernisierung im Wiederaufbau.* 1998, S. 418–430.
371 Rutschky: *Das Merkbuch.* 2012, S. 185.

hier doch ein relativ enger Zeitraum markieren, in dem nicht nur zeitgenössisch Umbruch oder Wandel notiert wurde – und zwar politisch wie kulturell.

Die naheliegendste und langfristig wirksamste Zäsur war sicherlich der Bau der Berliner Mauer am 13. August 1961 und die damit verbundene, gegenüber den eigenen Bürgern bedingungslos tötungsbereite Abgrenzung der gesamten DDR vom Westen und Einhegung in den Osten. Dem waren allerdings schon seit dem Mai 1952, seit dem Beschluss des Ministerrats zum verstärkten Ausbau der Grenze, rücksichtslose Zwangsumsiedlungen im Grenzgebiet zur Bundesrepublik vorausgegangen. Dabei wurden bis 1961 über 10 000 Menschen, meist praktisch über Nacht, aus ihren Wohnungen vertrieben, im Laufe der nächsten Jahre 33 Ortschaften dem Erdboden gleichgemacht; bis 1989 waren etwa drei Prozent des DDR-Bodens von Grenzanlagen okkupiert.

Die Folgen des 13. August bewirkten – ganz abgesehen von den vielen menschlichen Tragödien – nicht nur eine Eskalation des ‚Kalten Kriegs' und verschärfte Rhetorik der wechselseitigen Verdammung, sondern brachten im Westen eine erhebliche Erschwernis selbst für DDR-kritische ‚linke' Positionen, die sich auf allen Gebieten erst einmal als DDR-fern rechtfertigen mussten. Im Osten brachte die Abgrenzung – zumindest vorübergehend – eine kulturelle ‚Liberalisierung'. Zugleich enthob der Mauerbau beide Seiten fürs Erste von weiteren Peinlichkeiten wie denen, die beim letzten freien Ost-West-Dialog von Intellektuellen des PEN im Frühjahr 1961 entstanden waren. Hatte sich auf der einen Seite die bundesdeutsche Bürokratie, speziell die Hamburger Obrigkeit, durch ein Verbot der Begegnung blamiert, die dann dank der Wochenzeitung *Die Zeit* doch noch stattfinden konnte, so waren die Oberen der SED höchst unzufrieden wegen der schlechten Figur, die nicht nur in ihren Augen die DDR-Intellektuellen angesichts der Vorwürfe von Zensur und Unterdrückung gemacht hatten.[372]

Während die DDR nun nicht mehr den – letztlich selbst zu verantwortenden – Verlust von Fachkräften befürchten musste und vorübergehend an die wirtschaftlichen Hoffnungen der Sowjetunion anschließen konnte, indiziert durch die auch literarische Begeisterung für „Gagarins Flug" (Günter Kunert),[373] erreichte die Bundesrepublik mit einer offiziellen Arbeitslosenquote von lediglich 0,7 Prozent einen Stand der Vollbeschäftigung, der sich nie wieder einstellen sollte.

Und auch die sogenannte *Spiegel*-Affäre im selben Jahr 1962 zeigt eine Wende an. Denn der obrigkeitlichen Willkür, mit der vorgegangen worden war, setzte

---

372 Vgl. dazu die Dokumentation Thiel, Jens (Hg.): *Ja-Sager oder Nein-Sager. Das Hamburger Streitgespräch*. Berlin 2011.
373 Über den zunächst nicht unberechtigten Optimismus der sechziger Jahre informiert umfassend, wenngleich in halbromanesker Form, Spufford, Francis: *Rote Zukunft*. Reinbek 2012.

sich nicht nur eine selbstbewusste Öffentlichkeit protestierend entgegen, sondern folgte – zumindest im Nachhinein – auch eine entschiedene Stärkung der Pressefreiheit.[374]

1960 hatte das bundesrepublikanische Parlament endlich – unter dem allerdings an unselige Zeiten zuvor gemahnenden Begriff der „Volksverhetzung" – im Paragrafen 130 des Strafgesetzbuches explizit die Diffamierung von Bevölkerungsgruppen als Angriff auf die Menschenwürde unter Strafe gestellt. Das betraf damals vor allem antisemitische Äußerungen und wurde sichtbar in Prozessen gegen Hakenkreuzschmierer. Das alles kann man im Zusammenhang mit der allmählichen Befreiung vom Trauma der Weimarer Republik, dem Scheitern der Demokratie, sehen, wobei sich seit der zweiten Hälfte der fünfziger Jahre die Bundesrepublik zunehmend selbstgewisser positiv von der Weimarer Folie abzuheben begann.[375]

In diesem Kontext erscheint es denn als durchaus symptomatisch, dass der renommierte Büchner-Preis, der 1951 demonstrativ (aber nicht zu Unrecht) an Gottfried Benn gegangen war, 1960 Paul Celan verliehen wurde, nachdem dieser bereits 1957 den Literaturpreis des *Kulturkreises im Bundesverband der Deutschen Industrie* und 1958 den Bremer Literaturpreis erhalten hatte.

Aber auch zunächst unscheinbarere Ereignisse wie die Gründung des *Deutschen Taschenbuch Verlags* (dtv) indizieren nachhaltige kulturelle Veränderungen. Damit trat nämlich neben die elitistisch sich gebende, gewissermaßen den Taschenbuchcharakter dissimulierende *edition suhrkamp*, das Taschenbuch explizit als modernes Kulturgut auf. Der Ende 1960 gegründete Verlag, der im Januar 1961 offiziell in Erscheinung trat, war aus einem Zusammenschluss von zehn renommierten Verlagen zur Rechteverwertung ihrer Bücher im Taschenbuch entstanden. Alsbald stellte er so etwas wie die Leistungsschau der bundesdeutschen Verlagslandschaft dar, mit dem für Jahrzehnte signifikanten Erscheinungsbild einer selbstbewussten Modernität, von Celestino Piatti gestaltet, die den forcierten Avantgardismus der Moderne nicht mehr zum alleinigen Maßstab hatte. Signifikant kam das 1964 zusammen, als Hans Magnus Enzensbergers 1960 zunächst bei *Suhrkamp* herausgekommene Anthologie *Museum der modernen Poesie* bei dtv erschien.

Zugleich setzte 1961 die Gründung der *Dortmunder Gruppe 61* – zwar nicht in der Qualität, aber im Anspruch – ein Zeichen, dass sowohl die Position der *Gruppe 47* nicht mehr einzigartig sein sollte, als auch, dass nun den kulturellen

---

374 Vgl. z.B. Kießling: *Die undeutschen Deutschen*. 2012, S. 258 ff.
375 Vgl. Ullrich, Sebastian: *Der Weimar-Komplex. Das Scheitern der ersten deutschen Demokratie und die politische Kultur der frühen Bundesrepublik*. Göttingen 2009.

Prägungen der gegenwärtigen industriellen Arbeitswelt Rechnung zu tragen sei. Ein Jahr später wurde denn auch die *Gruppe 47* sich selbst kanonisch, im erwähnten *Almanach der Gruppe 47*, den Hans Werner Richter 1962 als Sammlung von Lyrik und Prosa der Jahre 1947 bis 1962 herausgab.

Wenngleich von heute aus gesehen die Wirkung nicht übermäßig war und viele der Manifestanten inzwischen vergessen sind, so war doch das *Oberhausener Manifest* vom 28. Februar 1962 gegen „Opas Kino" auch für den deutschen Film, nicht ebenso freilich fürs Kino, eine Zäsur, der 1961 schon einige Abrechnungen mit der deutschen Filmtradition der jüngsten Vergangenheit vorausgegangen waren.[376]

Während die deutsche Literatur für 1961 nichts Spektakuläres zu bieten hatte, wird – bei allen berechtigten Relativierungen[377] – 1959 wohl das *annus mirabilis* jener Zeit bleiben – mit dem Erscheinen von Paul Celans *Sprachgitter* in der Lyrik, im Roman mit der *Blechtrommel* von Günter Grass[378], Uwe Johnsons *Mutmaßungen über Jakob* und, wenn man milde gestimmt ist, auch noch Heinrich Bölls *Billard um halbzehn*. Oder Arno Schmidts *KAFF auch Mare Crisium*. Doch auch hier weichen die Details bei näherem Hinsehen die vermeintlich festen Konturen auf. Einerseits bilanziert *magnum*, die avancierte *Zeitschrift für das moderne Leben*, die neue Weltläufigkeit der deutschen Literatur anhand der Wohnorte von Autoren – Celan und Grass in Paris, Ingeborg Bachmann, Alfred Andersch, Wolfgang Hildesheimer und Ernst Schnabel in Italien, Böll in Irland, Enzensberger in Norwegen – einen „Distanzgewinn, Gewinn neuer Horizonte, Ausruhen vom Vaterland, fliehen vor dem German way of life".[379] Andererseits ist *Michaela*, ein Roman der nun wahrlich nicht unbelasteten Ina Seidel[380], das literarische Erfolgsbuch des Jahres. Und die Nachrufe und vor allem die wütenden

---

376 Vgl. Hembus, Joe: *Der deutsche Film kann gar nicht besser sein*. Bremen 1961; Schmieding, Walther: *Kunst oder Kasse. Der Ärger mit dem deutschen Film*. Hamburg 1961.
377 Vgl. etwa Lorenz, Matthias N.; Pirro, Maurizio (Hg.): *Wendejahr 1959? Die literarische Inszenierung von Kontinuitäten und Brüchen in gesellschaftlichen und kulturellen Kontexten der 1950er Jahre*. Bielefeld 2011.
378 Vgl. dazu Thomsa, Jörg-Philipp (Hg.): *Ein Buch schreibt Geschichte. 50 Jahre ‚Die Blechtrommel'*. Lübeck 2009.
379 *magnum. Die Zeitschrift für das moderne Leben*, Nr. 22 (1959), S. 71. Hier zit. nach Kütt, Kristina: Denk-Zettel. Alfred Andersch – Paradigmenwechsel eines Schriftstellers. In: *Berliner Hefte zur Geschichte des literarischen Lebens*, 8 (2008): Das literarische Jahr 1959, S. 254–266, hier S. 259.
380 Vgl. Häntzschel, Hiltrud: ‚Deutsches Verhängnis'. Ina Seidels Roman Michaela aus dem Jahr 1959 und seine Rezeption. In: *weiter schreiben wieder schreiben. Deutschsprachige Literatur der fünfziger Jahre*. Hg. von Adrian Hummel und Sigrid Nieberle. München 2004, S. 56–72. Zur Rolle Ina Seidels s. a. die Beiträge in Hesse, Anja (Hg.): *Ina Seidel. Eine Literatin im Nationalsozialismus*. Berlin 2011.

Leserbriefe auf die relativ wenigen kritischen Anmerkungen zum völkischen Starrkopf Hans Grimm sind auf ihre Weise mindestens ebenso erschreckend wie die undifferenzierten Verdammungen oder Lobhudeleien zum Tode Johannes R. Bechers.[381] Gleichwohl bleibt das Jahr 1959 ein, so Ursula Knapp, „Kristallisationspunkt" für eine gegenläufige ästhetische Entwicklung.[382] Jedenfalls gilt der Befund von Roland Berbig: „Qualitative Umschlagpunkte in den literarischen Gattungen sind unübersehbar, eine Um- und Neuordnung des literarischen Betriebs nicht weniger."[383]

Insofern blieb der 1959 in *Deutschland heute* geäußerte Wunsch, die Pyramide der Literatur möge „breiter im Traditionellen" ruhen, es möchte mehr „aus der Tradition" geschaffen und die Werke möchten „welthaltiger" werden,[384] vielleicht abgesehen von Letzterem, ein durchaus frommer.

---

381 Vgl. dazu die Beiträge von Julia Frohn und Vanessa Brandes in: *Berliner Hefte zur Geschichte des literarischen Lebens*, 8 (2008): Das literarische Jahr 1959.
382 Knapp, Ursula: *Der Roman der fünfziger Jahre. Zur Entwicklung der Romanästhetik in Westdeutschland.* Würzburg 2002, S. 8.
383 Berbig, Roland: 1959. Ein Jahr auf der literarhistorischen Waage. In: *Berliner Hefte zur Geschichte des literarischen Lebens*, 8 (2008): Das literarische Jahr 1959, S. 10–33, hier S. 32. Vgl. auch ders.: ‚Im Jahr als die Blechtrommel erschien'. Literaturszene und literarische Szenerien 1959. In: Thomsa (Hg.): *50 Jahre ‚Blechtrommel'.* 2009, S. 17–26.
384 Bundesregierung (Hg.): *Deutschland heute.* 1959, S. 758 f.

(1) Krieg und Zivilisationsbruch

Einleitung

Von Raul Calzoni

Am Ende des Zweiten Weltkrieges wurde die Anzahl der ermordeten Juden auf sechs Millionen geschätzt, Deutschland hatte 3,6 Millionen Zivilisten verloren, davon drei- bis sechshunderttausend, die infolge der alliierten Luftangriffe ums Leben gekommen waren. Millionen Soldaten der Wehrmacht und der Waffen-SS kehrten nie wieder von der Front zurück, nicht weniger als elf Millionen von ihnen waren in Kriegsgefangenenlagern der Alliierten interniert. Im Deutschland der Trümmer kamen zu den Kriegsheimkehrern von der Front noch weitere zwölf Millionen Deutsche hinzu, die 1944/45 vor dem Vormarsch der Roten Armee geflohen waren oder nach der Kapitulation aus den östlichen Landesteilen vertrieben wurden, sowie die Flüchtlinge, die die bombardierten und in Trümmerhaufen verwandelten Städte während des Krieges verlassen hatten.[1]

Wenn die Aussage: „Kriege haben die Signatur des 20. Jahrhunderts bestimmt"[2] zutreffend ist, so setzte in Ost- und Westdeutschland die Reflexion über die Darstellbarkeit eines Ereignisses, das wie der Zweite Weltkrieg einmalig in der Geschichte war, in Literatur, Sachbuch und Film[3] bereits in der unmittelbaren Nachkriegszeit ein – wobei die Auseinandersetzung von einem starken Verlangen nach einer geistigen Erneuerung und einem kulturellen Wiederaufbau geleitet war, und das sowohl bei denjenigen, die aus dem Exil zurückkehrten oder wieder den „Katakomben der inneren Emigration entstiegen waren, als auch seitens der Jüngeren, bei denen während des Krieges und in den Gefange-

---

1 Vgl. Wehler, Hans Ulrich: *Deutsche Gesellschaftsgeschichte*. Bd. 4: Vom Beginn des Ersten Weltkrieges bis zur Gründung der beiden deutschen Staaten 1914–1949. München 2003, S. 942f.
2 Koch, Lars: Krieg als Imaginationsraum. In: *Imaginäre Welten im Widerstreit. Krieg und Geschichte in der deutschsprachigen Literatur seit 1900*. Hg. von Lars Koch und Marianne Vogel. Würzburg 2007, S. 12.
3 In diesem Zusammenhang betont etwa Gerhard Paul, dass „keine anderen Ereignisse [...] den Film – seine narrative Struktur und seine Ästhetik, seine Geschichte und seine Produktionsbedingungen – so sehr geprägt [haben] wie die großen Kriege des 20. Jahrhunderts; und kein Medium den Krieg in der Wahrnehmung und Erinnerung des 20. Jahrhunderts so sehr geformt [hat] wie der Film" (Paul, Gerhard: Krieg und Film im 20. Jahrhundert. In: *Krieg und Militär im Film des 20. Jahrhunderts*. Hg. von Bernhard Chiari, Matthias Rogg, Wolfgang Schmidt. München 2003, S. 3). Zum thematischen Komplex Krieg und Zivilisationsbruch in der Filmkultur von 1945 bis 1961 vgl. Machura, Stefan; Voigt, Rüdiger (Hg.): *Krieg im Film*. Münster u. a. 2005.

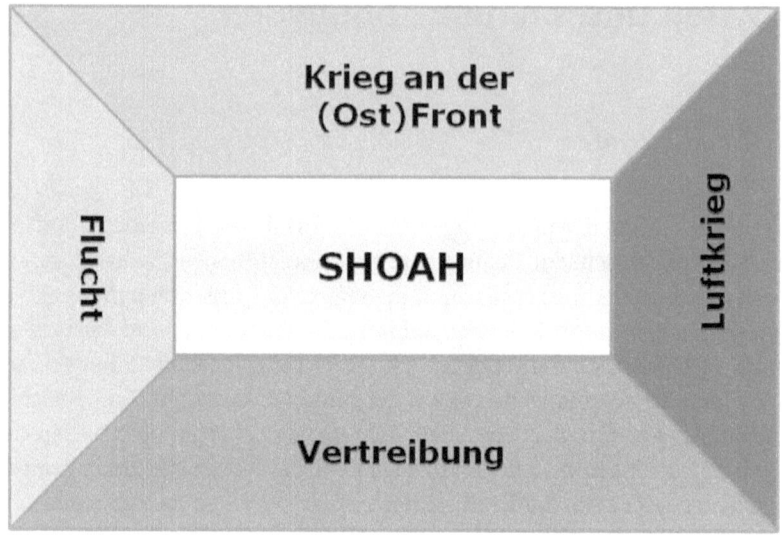

Abb. 1: Deutsches Prisma des Zweiten Weltkrieges

nenlagern der Alliierten ein neues demokratisches Bewusstsein herangereift war".[4]

Die Problematik, mit der sich die Schriftsteller, Reporter, Essayisten und Regisseure zu beschäftigen hatten, betraf nicht nur die Schilderung der einzelnen den Konflikt ausmachenden *Episoden*, sondern auch die Suche nach einem geeigneten *Medium* zur Darstellung des Krieges in all seinen *Facetten*, d.h. in seiner *Komplexität*. Wie Heinrich Böll in den sechziger Jahren feststellte, musste etwa mit Blick auf die Prosa eine Frage aufs Dringlichste geklärt werden: Mit welchen Ausdrucksmitteln sollte er geschrieben werden, der „Roman unserer Zeit, der KZ, Krieg und Nachkrieg umfaßt"?[5]

Es kann in diesem Sinne von einem deutschen Prisma des Zweiten Weltkrieges gesprochen werden, das aus verschiedenen traumatischen *Facetten* bzw. aus folgenden *Episoden* des Krieges besteht: Luftkrieg, Krieg an der (Ost-)Front, Flucht und Vertreibung.

---

4 Banchelli, Eva: Apocalissi e rinascita: atmosfere millenariste nella letteratura tedesca del dopoguerra (1945–1947). In: *Millenarismi nella cultura contemporanea. Con un'appendice su yovel ebraico e giubileo cristiano.* Hg. von Enrico I. Rambaldi. Mailand 2000, S. 38.
5 Böll, Heinrich: Frankfurter Vorlesungen. In: Heinrich Böll: *Werke. Essayistische Schriften und Reden I. 1952–1963.* Hg. von Bernd Balzer. Köln, Berlin 1978, S. 42.

Obwohl keine Militäroperation in landläufiger Bedeutung, steht bei alldem die Shoah als *die* beherrschende und herausragende *Episode* der Kriegsjahre im Zentrum des Prismas, vor allen anderen Ereignissen des Krieges. Kein anderes Ereignis hatte so einschneidende Auswirkungen auf die deutsche Literatur und Kultur der Nachkriegszeit wie der in der deutschen Geschichte einzigartige Genozid an den europäischen Juden, der zugleich als primäre Quelle des Zivilisationsbruches in Deutschland gilt.[6] An dieser Stelle nun sollen insbesondere die ästhetischen Fragen, die literarische, essayistische und filmische Darstellbarkeit des Luftkriegs und des Krieges an der (Ost-)Front berücksichtigt werden, ohne jedoch die Auswirkungen der Shoah auf den Wiederaufbau der deutschen Literatur(en) und Kultur(en) nach 1945 zu vernachlässigen.

All die großen Fragen, die man sich in den intellektuellen Debatten in West- und Ostdeutschland der fünfziger und sechziger Jahre zur fiktionalen Darstellung des Zweiten Weltkrieges stellte, waren dabei im Grunde schon vor Kriegsende von Theodor W. Adorno aufgeworfen worden. In einigen Bemerkungen, die später in der *Minima Moralia* (1951) zu finden sein sollten, wies Adorno 1944 darauf hin, wie unmöglich es sei, das Ausmaß und die unmenschliche Grausamkeit dieses Krieges zu schildern. Die Vorstellung, in der Nachkriegszeit könne man „normal" weiterleben und die „Kultur wiederaufbauen", empfand er „idiotisch". In seinen *Reflexionen aus dem beschädigten Leben* brachte Adorno außerdem die Überzeugung zum Ausdruck, dass keiner der Überlebenden des Krieges etwas Konkretes über die Katastrophe erzählen könne, da der Zweite Weltkrieg die Fähigkeit des Erinnerns bei denen, die selbst daran teilgenommen hätten, unvermeidlich in Mitleidenschaft gezogen habe: „Überall, mit jeder Explosion hat er den Reizschutz durchbrochen, unter dem Erfahrung, die Dauer zwischen heilsamem Vergessen und heilsamem Erinnern sich bildet." Die Unfähigkeit der Überlebenden, die Erinnerung an ihre Kriegserfahrung zum Ausdruck zu bringen, wäre laut Adorno auf den Umstand zurückzuführen, dass während des Krieges „[d]as Leben sich in eine zeitlose Folge von Schocks verwandelt [hat], zwischen denen Löcher, paralysierte Zwischenräume klaffen".[7] Diese Unfähigkeit wirke sich auch auf die Literatur und die Medien aus, die außer Stande seien, vom Zweiten Weltkrieg zu berichten.

Das erinnert an Walter Benjamin, der in Bezug auf den Ersten Weltkrieg betonte, dass spätestens mit ihm die traditionelle Kunst des Erzählens in eine Funktionskrise geraten sei. Nach Benjamin hatte die „Erfindung der Buchdruckerkunst"

---

6 Vgl. Diner, Dan (Hg.): *Zivilisationsbruch. Denken nach Auschwitz.* Frankfurt am Main 1988.
7 Vgl. Adorno, Theodor W.: Weit vom Schuß (1944). In: Theodor W. Adorno: *Gesammelte Schriften.* Bd. IV. Hg. von Rolf Tiedemann. Frankfurt am Main 1980, S. 60f.

zwar ein neues, spezifisch modernes Erzählen und die „Ausbreitung des Romans" erst möglich gemacht. Im Sinne von Georg Lukács *Theorie des Romans* (1916) wurzelte die massenhafte Verbreitung des Romans aber nicht in kollektiver Erfahrung, nein: „Die Geburtskammer des Romans ist das Individuum in seiner Einsamkeit, das sich über seine wichtigsten Anliegen nicht mehr exemplarisch auszusprechen vermag, selbst unberaten ist und keinen Rat geben kann. Einen Roman schreiben heißt, in der Darstellung des menschlichen Lebens das Inkommensurable auf die Spitze treiben. Mitten in der Fülle des Lebens und durch die Darstellung dieser Fülle bekundet der Roman die tiefe Ratlosigkeit des Lebenden."[8]

Mit Blick auf den Zweiten Weltkrieg nun postuliert Adorno, dass es schlicht ein Ding der Unmöglichkeit sei, ihn wahrhaftig darzustellen. Zum einen, weil seine Zeugen unfähig sind, sich wahrheitsgetreu daran zu erinnern,[9] zum anderen aufgrund der verheerenden Auswirkungen der Shoah auf die traditionelle Kultur, gipfelnd in dem Diktum: „nach Auschwitz ein Gedicht zu schreiben, ist barbarisch".[10]

Adorno richtete dieses vielfach missverstandene Wort vor allem gegen jene Naturlyriker der fünfziger Jahre wie Wilhelm Lehmann und Karl Krolow, die mit ihren Gedichten den Rückzug auf Naturmagie und Innerlichkeit beschworen. Statt aber, so Adornos Forderung, wie in der NS-Zeit mit der Abkehr von der Realität poetische Gegenwelten zu schaffen, sollten die Lyriker mit neuen Ausdrucksmöglichkeiten experimentieren, um die Todeserfahrung der faschistischen Vernichtungslager auszudrücken, denn: „Den traditionellen ästhetischen Formen, der traditionellen Sprache, dem überlieferten Material der Musik, ja selbst der philosophischen Begriffswelt aus der Zeit zwischen den beiden Kriegen, wohnt keine rechte Kraft mehr inne. Sie alle werden Lügen gestraft von der Katastrophe jener Gesellschaft, aus der sie hervorgingen."[11]

Auch Gottfried Benn, der zum Aushängeschild der deutschen Lyrik in den fünfziger Jahren wurde, kann die Verantwortung zugeschrieben werden, die Sub-

---

8 Benjamin, Walter: Der Erzähler. Betrachtungen zum Werk Nikolai Lesskows. In: Walter Benjamin: *Gesammelte Schriften*. Bd. II, 2. Hg. von Rolf Tiedemann und Hermann Schweppenhäuser unter Mitwirkung von Theodor W. Adorno und Gershom Scholem. Frankfurt am Main 1977, S. 443.
9 Vgl. Wendtorf, Dirk: *Adoleszente Wehrmachtssoldaten in der Nachkriegsjugendliteratur: Opfer oder Täter? Autobiographische Erklärungsansätze zur Motivation adoleszenter Soldaten*. Frankfurt am Main u. a. 2006.
10 Adorno, Theodor W.: Kulturkritik und Gesellschaft (1951). In: Theodor W. Adorno: *Gesammelte Schriften*. Bd. X, 1: Kulturkritik und Gesellschaft. Prismen. Ohne Leitbild. Eingriffe. Stichworte. Hg. von Rolf Tiedemann. Frankfurt am Main 1982, S. 30.
11 Ders.: Die auferstandene Kultur (1949). In: Theodor W. Adorno: *Gesammelte Schriften*. Bd. XX, 2: Vermischte Schriften. Hg. von Rolf Tiedemann. Frankfurt am Main 1986, S. 453.

limierung der jüngsten Vergangenheit in einem bloßen Dualismus zwischen Kunst und Leben gefordert zu haben, wie es klar in seinen *Problemen der Lyrik* (1951) auszumachen ist. Bei den Naturlyrikern und bei Benn sind die Todeserfahrung der Vernichtungslager und die jüngste Geschichte nicht als poetologischer Schock oder Erschütterung eingegangen. Hier ist zu beobachten, was Jörg Friedrich 2007 für die westdeutsche Gesellschaft generell festgestellt hat: „Die ersten drei Dezennien der Bundesrepublik Deutschland standen unter dem Ruch der Verdrängung der Vergangenheit; es ist bis heute ihr Stigma geblieben."[12]

Ganz anders die Lage der ostdeutschen Gesellschaft und Literatur. In der SBZ und später in der jungen Deutschen Demokratischen Republik setzte sich der 1945 auf Initiative von Johannes R. Becher gegründete *Kulturbund* für ein antifaschistisch-demokratisches Projekt ein, an dem auch zunächst zurückkehrende Exilautoren teilnahmen. Der Antifaschismus sollte zentrales Thema der ostdeutschen Literatur sein, während stilistisch am sozialistischen Realismus à la Georg Lukács – als Gegensatz zum westlichen Modernismus – festgehalten wurde. Allein 1949, im Gründungsjahr der DDR, erschienen vier Werke, die allesamt Teil des antifaschistischen Diskurses sind, welcher die Gründung der DDR begleiteten: Anna Seghers' *Die Toten bleiben jung*, Willi Bredels zweites Kapitel der Trilogie *Verwandte und Bekannte*, Stephan Hermlins Reportage *Hier liegen die Gesetzgeber* und seine Erzählung *Die Zeit der Gemeinsamkeit*. Obwohl es im offiziellen Diskurs der DDR keinen Platz für das Gedenken an die jüdischen Opfer des Nationalsozialismus gab, wurde die Shoah auch durch dieser Werke sowie unterschiedlicher Filme und Hörspiele[13] zum (wenn auch umstrittenen) Thema. Die Zielvorgabe, nach der Literatur, Sachbücher und Filme in der DDR in erster Linie die politischen Grundlagen des sozialistischen Staates und die Antifaschismusvorstellungen der Regierung zu propagieren hatten, führten dabei zu einer Degradierung der Opfer des Holocausts. Im Vergleich zu den kommunistischen Antifaschisten wurden sie etwa in den Romanen Bredels in unterschiedlicher Form auf ihre Sündenbockfunktion reduziert und als unheroische, sanfte und unterwürfige Opfer gezeichnet. Und nicht nur hier, auch Bruno Apitz' Bestseller *Nackt unter Wölfen* (1958) wird von der Dichotomie von heroischen Kommunisten und unheroischen Juden im Konzentrationslager beherrscht.

Dennoch hat Adornos berühmtes Verdikt von der Barbarei des Schreibens nach Auschwitz neben seiner in den *Minima Moralia* enthaltenen Stellungnahmen deutsche Regisseure und Schriftsteller auch in Westdeutschland dazu ver-

---

12 Friedrich, Jörg: *Die kalte Amnestie. NS-Täter in der Bundesrepublik*. Berlin 2007, S. 1.
13 Zum Hörspiel vgl. die ausführliche Analyse von Gerlof, Manuela: *Tonspuren. Erinnerungen an den Holocaust im Hörspiel der DDR*. Berlin 2010.

anlasst, sich bereits in der unmittelbaren Nachkriegszeit mit der Darstellbarkeit der Shoah und der Facetten des Zweiten Weltkrieges in all seiner verfänglichen Komplexität auseinanderzusetzen.[14] Im Gegensatz zu den Naturlyrikern und Benn wurden diesbezüglich in Westdeutschland die Gedichte von Günter Eich, Elisabeth Langgässer, Paul Celan, Marie Luise Kaschnitz und Nelly Sachs zum Muster einer „Poesie des Zivilisationsbruchs", mit dem die traditionellen ästhetischen Formen überwunden wurden. Sie unterstrichen, dass es nach Auschwitz durchaus noch möglich ist, ein Gedicht zu schreiben. Während im Osten Bertolt Brecht seine antifaschistische Exillyrik modifiziert fortschrieb (z. B. *Buckower Elegien*, 1953) und Günter Kunert seine ersten skeptischen Gedichte zur Schuldfrage verfasste (*Wegschilder und Mauerinschriften*, 1950), nahm im Westen Eich mit seiner Kahlschlaglyrik Bezug auf den Krieg und die Trümmer, während Langgässer, Celan, Kaschnitz und Sachs sich mit direkten oder indirekten Erfahrungen des Holocausts beschäftigten. Vor allem deutsch-jüdischen Autoren schien es in der frühen Nachkriegszeit vorbehalten, über den Holocaust zu schreiben.

In allen Fällen, sei nun der Krieg oder die Shoah das Thema ihrer Werke, sollten sich die Autoren der Nachkriegszeit mit Traumata beschäftigen, die trotz des Erinnerungsdefizits der Betroffenen Spuren im kollektiven und kulturellen Gedächtnis hinterlassen haben. W. G. Sebalds *Luftkrieg und Literatur* (1999) hat in jüngster Zeit diese Perspektive und die theoretischen Ansätze Adornos mit Blick auf das Kriegstrauma und die Lyrik nach Auschwitz geradezu beispielhaft aufgegriffen. Sebald verweist auf das Unvermögen der deutschen Schriftsteller der frühen Nachkriegszeit, sich genau an das zu erinnern, was sie während des Krieges und insbesondere bei den Luftangriffen der Alliierten von 1940 bis 1945 erlebt hatten.[15] Sebald liefert wie Adorno durchaus einen Grund für das Schweigen der Deutschen über den Krieg. Die Auswirkungen der angloamerikanischen Luftangriffe spiegelten sich demnach nicht nur in der materiellen Zerstörung der Städte wider, sondern gleichzeitig auch im Auslöschen der Gedächtnisleistung der Bevölkerung: „Die der Katastrophe Entgangenen waren unzuverlässige, mit halber Blindheit geschlagene Zeugen".[16]

Nichtsdestoweniger standen dem Schweigen im Westdeutschland der Trümmer erzählerische Versuche gegenüber, die vorwiegend den Strömungen des magischen Realismus (Hermann Kasack und Peter de Mendelssohn, z.T. Hans Erich

---

14 Zur literarischen, künstlerischen und filmischen Darstellung der Shoah in der Nachkriegszeit vgl. Köppen, Manuel (Hg.): *Kunst und Literatur nach Auschwitz*. Berlin 1993; Tacke, Alexandra; Stephan, Inge (Hg.): *NachBilder des Holocaust*. Köln u.a. 2007 (Literatur – Kultur – Geschlecht, Kleine Reihe, Bd. 23).
15 Vgl. Friedrich, Jörg: *Der Brand. Deutschland im Bombenkrieg 1940–1945*. München 2003.
16 Sebald, W. G.: *Luftkrieg und Literatur*. München, Wien 1999, S. 32.

Nossack),[17] der Trümmerliteratur (Wolfgang Borchert, Wolfgang Koeppen, Heinrich Böll, Martin Walser, Günter Grass, Alfred Andersch, Wolfgang Weyrauch, überhaupt die Exponenten der *Gruppe 47* um Hans Werner Richter) und des „harten" Realismus (Gert Ledig) zuzuschreiben waren. Hierbei handelt es sich um grundlegende Tendenzen, aus denen sich später der Dokumentarismus (Peter Weiss), der Pseudodokumentarismus von Alexander Kluge sowie die literarischen Experimente der fünfziger und sechziger Jahre von Helmut Heißenbüttel, Hans Magnus Enzensberger und Friedrich Dürrenmatt entwickelt haben.[18] All diese Strömungen reagierten unterschiedlich auf die Unfähigkeit, über den Zweiten Weltkrieg zu erzählen, und sind zugleich in der Zeitspanne von 1945 bis 1961/62 herangereift, deren wichtigster Bezugspunkt für den Themenkomplex Krieg und Zivilisationsbruch die auf den magischen Realismus zurückführbare Romanproduktion war.[19]

Von der Literaturkritik zum Teil erst kürzlich wiederentdeckt, kam diesen Romanen infolge der als Reaktion auf Sebalds Züricher Vorlesungen im wiedervereinigten Deutschland aufgekeimten Luftkriegsdebatte das Verdienst zu,[20] eine zum Ausdruck von Kriegserinnerungen unfähige Figur in den Mittelpunkt der Erzählung zu stellen. Nachdem sie in der Nachkriegszeit bald in Vergessenheit geraten waren, da ihre Tendenz zur Mythisierung der Realität dem Verlangen vieler Intellektueller nach einer Schaffung neuer Grundlagen für die Zukunft entgegenstand, lässt sich den Romanen dieser Strömung dennoch die erstmalige Thematisierung der traumatischen Konsequenzen des Krieges für die Deutschen

---

17 Die Definition des magischen Realismus tritt erstmals auf bei Richter, Hans Werner: Literatur im Interregnum. In: *Der Ruf*, H. 15 (1947), S. 10–18. Zu dieser literarischen Strömung und zu den Auswirkungen des magischen Realismus auf die deutsche Erzählliteratur nach den fünfziger Jahren vgl. Scheller, Wolf: Potpourri der wunden Seelen. Böll, Nossack, Kempowski und viele andere haben die Not der Zivilbevölkerung geschildert. Nur wollten die Leser davon nichts mehr wissen. In: *Rheinischer Merkur*, H. 9/2002, S. 20–22.
18 Vgl. Hermand, Jost: Darstellungen des Zweiten Weltkrieges. In: *Neues Handbuch der Literaturwissenschaft*. Bd. 21 (Literatur nach 1945 I). Hg. von Jost Hermand. Wiesbaden 1979, S. 11–60. Zur „experimentellen Literatur" der Nachkriegszeit vgl. Calzoni, Raul; Salgaro, Massimo (Hg.): *„Ein in der Phantasie durchgeführtes Experiment". Literatur und Wissenschaft nach Neunzehnhundert*. Göttingen 2010.
19 Zum Fortdauern dieser Tendenz nach dem Zweiten Weltkrieg vgl. Agazzi, Elena: Sull'altra sponda del fiume. Il realismo magico nei romanzi tedesco del secondo Dopoguerra. In: *La conoscenza della letteratura / The Knowledge of Literature IV*. Hg. von Angela Locatelli. Bergamo 2005, S. 107–124.
20 Zur Luftkriegsdebatte im wiedervereinigten Deutschland, vgl. Calzoni, Raul: Chasms of Silence. The *Luftkrieg* in German Literature from a Reunification Perspective. In: *Memories and Representations of War in Europe. The Case of WW1 and WW2*. Hg. von Vita Fortunati und Elena Lamberti. Amsterdam, New York 2009, S. 261–279.

zuschreiben. Die psychische Entfremdung und das Unvermögen, sich zu erinnern, sind durchaus ein besonderes Merkmal der Protagonisten in Hermann Kasacks *Die Stadt hinter dem Strom* (1947), Hans Erich Nossacks *Nekyia* (1947) und Peter de Mendelsohns *Die Kathedrale* (1948), in diesen Romanen aus, so Ladislao Mittner, „*lemurischen Welten*", in denen „die sich in den Körpern festsetzenden Traumata, die somit die Versprachlichung der körperlichen und mnemotechnischen Erfahrung beeinträchtigen, sich beim Individuum wiederum als das Ergebnis der Verdrängung von Schmerz symptomatisch als Schlaflosigkeit, Halluzinationen, tranceartigen Zuständen, Depression, jedoch auch als Blindheit und Taubheit äußern".[21]

Es handelt sich hier um *eine* westdeutsche Haltung gegenüber der Zerstörung, weil in der BRD der fünfziger Jahre „das Wort ‚wieder' zum Leitmotiv deutschen Lebens [wurde], sein Ziel die Wiederkunft des Zerstörten, ein Ziel, geboren aus dem Heimweh nach der verlorenen guten alten Zeit und aus der Sehnsucht nach der verschwundenen Sicherheit".[22]

Dennoch gibt Sebald in *Luftkrieg und Literatur* zu verstehen, dass den Romanen des magischen Realismus trotz ihrer Mythisierung der Realität das Verdienst zukomme, eine Figur zum Protagonisten des erzählten Geschehens gemacht zu haben, die nach Ladislao Mittner „in erster Hinsicht ein vom Krieg psychisch traumatisierter Mensch"[23] sei.

Freilich war Sebalds Analyse nicht die erste Untersuchung, die sich mit der Thematisierung des Krieges an der Front in der literarischen Produktion der frühen Nachkriegszeit unter den angeführten Aspekten beschäftigte. Zu nennen sind in diesem Zusammenhang vor allem die bereits 1952 und 1953 erschienenen bahnbrechenden Artikel von Hans Schwab-Felisch und Helmut Günther. Beide Beiträge ziehen, was die phantastische Verklärung des Krieges angeht, eine klare Linie zwischen der Memoirenliteratur und den literarischen Werken mit Erzähl-

---

21 Mittner, Ladislao: *Storia della letteratura tedesca*. Bd. III: *Dal fine secolo alla sperimentazione (1890–1970)*. Turin 1978, S. 1566.
22 So Norbert Muhlen, Amerikakorrespondent der Zeitschrift *Der Monat*, 1953 in einem Reisebericht, hier zit. nach Schildt, Axel: *Moderne Zeiten. Freizeit, Massenmedien und „Zeitgeist" in der Bundesrepublik der 50er Jahre*. Hamburg 1995, S. 22–23.
23 Mittner: *Storia della letteratura tedesca*. 1978, S. 1566f.: „Heute stellt sich uns die Literatur der lemurischen und apokalyptischen Verzweiflung vor allem als die Literatur des vagen und nicht präzisierbaren, wohl aber intensiven Trostes dar, einer unstillbaren Hoffnung, die, so absurd es auch sei, gerade der Betrachtung der Ruinen entsprang, welche nicht ohne einen Lebenskeim sein konnten, weil sie eben völlig vom Leben verlassen zu sein schienen. [...] Es geht nunmehr ein Schuldbewußtsein um, jedoch ist der Held der lemurischen Welten in erster Linie ein vom Krieg psychisch traumatisierter Mensch."

charakter.[24] Seit den sechziger Jahren dann war insbesondere der „Kriegsroman" als das in der frühen Nachkriegszeit gewiss vorherrschende Genre – neben dem Hörspiel, wie der Epoche machende Erfolg von Wolfgang Borcherts *Draußen vor der Tür* (1947) bezeugt – seit Gegenstand von großem Interesse seitens der Literaturwissenschaft, wie die Untersuchungen von Wilbur Lee Nahrgang und Hans Wagener zeigen. Vor allem Wagener hat durch seine Analyse von über 20 in den fünfziger und sechziger Jahren erschienenen Kriegsromanen einen wichtigen Beitrag zur Erforschung der Kriegsprosa geleistet. An den zeitlichen Extremen dieses Diskurses sind einerseits *Russisches Tagebuch* (1951) von Curt Hohoff und *Die unsichtbare Flagge* (1952) von Peter Bamm und andererseits *Mein Krieg* (1975) von Erich Kuby und *Neue Zeit* (1975) von Hermann Lenz anzusiedeln.[25] Wagener hat außerdem in jüngster Zeit infolge seiner Auseinandersetzung mit den Positionen von Schwab-Felisch und denen von Günther und Nahrgang den unterschied-

---

24 Vgl. Schwab-Felisch, Hans: Die deutsche Kriegsliteratur 1945–1952. In: *Welt und Wort*, 8 (1952), S. 179–184; Günther, Helmut: Die Literatur der Obergefreiten. In: *Der Monat*, 4 (1953), S. 644–651.

25 Vgl. Nahrgang, Wilbur Lee: *Attitudes Towards War in German Prose Literature of the Second World War 1945–1960*. Diss. Univ. of Kansas City 1966; Wagener, Hans: Soldaten zwischen Gehorsam und Gewissen. Kriegsroman und Kriegstagebücher. In: *Gegenwartsliteratur und Drittes Reich. Deutsche Antworten in der Auseinandersetzung mit der Vergangenheit*. Hg. von Hans Wagener. Stuttgart 1977, S. 241–264. Wageners Argumentation wurde auch übernommen von Pfeifer, Jochen: *Der deutsche Kriegsroman 1945–1960. Ein Versuch zur Vermittlung von Literatur und Sozialgeschichte*. Königstein/Ts. 1981. Pfeifers Studie ist zugleich, wie Jürgen Egyptien bemerkt, das bisher letzte dem Kriegsroman gewidmete veröffentlichte monographische Werk. Vgl. Egyptien, Jürgen: Erzählende Literatur über den Zweiten Weltkrieg aus dem Zeitraum 1945 bis 1965. Einleitende Bemerkungen, Gegenstand und Perspektiven. In: *treibhaus. Jahrbuch für die Literatur der fünfziger Jahre*, 3 (2007), S. 15. Gleichwohl sind nach der Wiedervereinigung Sammelwerke zur literarischen, kinematographischen und allgemeinen medialen Darstellung des Zweiten Weltkriegs erschienen, etwa Heukenkamp, Ursula (Hg.): *Schuld und Sühne? Kriegserlebnis und Kriegsdeutung*. 2 Bde. Amsterdam u.a. 2001; Petersen, Christer (Hg.): *Zeichen des Krieges in Literatur, Film und den Medien*. 3 Bde. Bd. 1: *Nordamerika und Europa*. Kiel 2008. Bd. 2: *Ideologisierung und Entideologisierung*. Kiel 2006. Bd. 3: *Terror*. Kiel 2008. Neben diesen Werken mit literaturkritischer Ausrichtung seien an dieser Stelle die historischen und soziologischen Recherchen in Hinblick auf die „langen fünfziger Jahre" erwähnt, etwa: Birke, Adolf: *Nation ohne Haus. Deutschland 1945–1961*. München 1998; Wehler: *Deutsche Gesellschaftsgeschichte*. Bd. 4, 2003; Schildt, Axel; Sywottek, Arnold: *Modernisierung im Wiederaufbau. Die westdeutsche Gesellschaft der 50er Jahre*. Bonn 1993. Vgl. hierzu auch Schütz, Erhard; Hardtwig, Wolfgang (Hg.): *Keiner kommt davon. Zeitgeschichte in der Literatur nach 1945*. Göttingen 2008; sowie die Jahrbücher der Reihe *Krieg und Literatur / War and Literatur* (Göttingen), herausgegeben seit 1995 von Claudia Glunz und Thomas F. Schneider. Zur Problematik der „deutschen Frage" vgl. überdies Haffner, Sebastian: *Die deutsche Frage 1950–1961. Von der Wiederbewaffnung bis zum Mauerbau*. Frankfurt am Main 2003.

lich stark ausgeprägten dokumentarischen Wert des Kriegsromans einerseits und des Kriegstagebuches andererseits betont.[26] Die aus diesen Texten hervorgehende Wahrnehmung des Krieges ist vorwiegend an den an der Ostfront ausgetragenen Konflikt gebunden, dessen repräsentativer Anspruch in der BRD bekanntlich mit Wolfgang Borcherts *Der viele viele Schnee* (1947) und Heinrich Bölls Kurzgeschichten erfüllt worden ist, die unter dem Banner des Programms der „Trümmerliteratur"[27] gemäß der Devise des *Einfach Werdens* entstanden sind. Darüber hinaus gab es jedoch auch zahlreiche Romane über den Kampf um Stalingrad, die sich seit ihrer Veröffentlichung als ausgesprochene Bestseller erwiesen[28] und dabei – anders als Böll oder die Schriftsteller des magischen Realismus – die Ängste der Hauptfiguren keineswegs in metaphysische Dimensionen verlagerten. Vielmehr herrschte hier die scheinbare Objektivität der Reportage.[29]

Was nun die theoretischen Ansätze Adornos anging, so stießen diese in den ersten Nachkriegsjahren keineswegs unmittelbar auf Resonanz. Die Diskussion darüber setzte erst allmählich in den späten fünfziger Jahren ein, als eine neue Schriftstellergeneration die literarische Bühne Deutschlands betrat. Dabei

---

26 Vgl. Wagener, Hans (Hg.): *Von Böll bis Buchheim: Deutsche Kriegsprosa nach 1945*. Amsterdam, Atlanta 1997.

27 Vgl. Böll, Heinrich: Bekenntnis zur Trümmerliteratur (1952). In: Heinrich Böll: *Zur Verteidigung der Waschküchen. Schriften und Reden 1952–1959*. Hg. von Bernd Balzer. München 1985, S. 28: „Die ersten schriftstellerischen Versuche unserer Generation nach 1945 hat man als Trümmerliteratur bezeichnet, man hat sie damit abzutun versucht. Wir haben uns gegen diese Bezeichnung nicht gewehrt, weil sie zu Recht bestand: tatsächlich die, von denen wir schrieben, lebten in Trümmern, sie kamen aus dem Kriege, Männer und Frauen in gleichem Maße verletzt, auch Kinder. Wir schrieben also von dem Krieg, von der Heimkehr und von dem, *was wir* im Krieg gesehen hatten und *bei der Heimkehr vorfanden:* von Trümmern. [...] Es war Krieg gewesen, sechs Jahre lang, wir kehrten heim aus diesem Krieg, wir fanden Trümmer und schrieben darüber. [...] Das ergab drei Schlagwörter, die der jungen Literatur angehängt wurden: Kriegs-, Heimkehrer- und Trümmerliteratur". Zu Bölls Front- und Kriegskurzgeschichten vgl. Gini, Enza: „Nachdenklich und hungrig". Heinrich Böll kehrt aus dem Krieg heim. In: *Heimkehr. Eine zentrale Kategorie der Nachkriegszeit. Geschichte, Literatur und Medien*. Hg. von Elena Agazzi und Erhard Schütz. Berlin 2010, S. 129–141.

28 Vgl. Berning, Jörg: *Eingekesselt. Die Schlacht um Stalingrad im deutschsprachigen Roman nach 1945*. New York 1977; Ebert, Jens: *Zwischen Mythos und Wirklichkeit. Die Schlacht von Stalingrad in deutschsprachigen und literarischen Texten*. 2 Bde. Diss. Humboldt-Universität zu Berlin 1989; Kumpfmüller, Michael: *Die Schlacht von Stalingrad. Metamorphosen eines deutschen Mythos*. München 1995.

29 Zum Reportagenstil der Kriegserzählungen des Zweiten Weltkrieges vgl. Zabel, Bernd: *Darstellung und Deutung des Zweiten Weltkrieges in der westdeutschen Literatur 1945–1960*. Berlin 1978, S. 27 ff.

handelte es sich um zwischen 1926 und 1930 geborene Autoren, die persönliche Kriegserfahrungen aufweisen konnten, die aktiv am Krieg oder zumindest an militärischen Hilfsaktionen teilgenommen hatten, die sogenannte Flakhelfer-Generation.[30] Heinrich Böll gehört dazu und Peter Rühmkorf, Hans Magnus Enzensberger und Martin Walser, Siegfried Lenz, Heiner Müller und Günter Grass. Mit ihnen vollzieht sich 1959/60 denn auch eine Wende in der westdeutschen Erzählliteratur, und zwar infolge der Veröffentlichung von vier Werken von Exponenten dieser Schriftstellergeneration, die sich trotz unterschiedlicher Perspektiven mit dem Zweiten Weltkrieg und den Trümmern der Nachkriegswirklichkeit auseinandersetzen, indem sie durch das *Medium* Schreiben das Gefühl einer Entfernung von der „traditionellen Kultur" der Wiederaufbaujahre offenbarten. Die Rede ist von Johnsons *Mutmaßungen über Jakob* (1959), Walsers *Halbzeit* (1960), Grass' *Die Blechtrommel* (1959) und Bölls *Billard um halbzehn* (1959). Interessant ist hier, dass alle vier Romane die theoretischen Ansätze Adornos aus *Minima Moralia* und *Prismen* auf geradezu exemplarische Weise aufnahmen, nämlich die Aspekte der Entfremdung, der Manipulierungsmechanismen des Bewusstseins, ausgehend von der kulturellen Industrie und ihrer Kontinuität vom ‚Dritten Reich' in die westdeutsche Nachkriegsgesellschaft. Die vier Romane – vor allem die *Mutmaßungen über Jakob* – stellen letztlich die Form des traditionellen Romans in Frage, indem sie die Überlegungen Adornos aus *Über den Standort des Erzählers im neuzeitlichen Roman* Gestalt annehmen lassen. Hier bestand Adorno darauf, die Funktion des Romans als „Bericht" zu revidieren,[31] womit er zugleich auf die Unmöglichkeit verwies, über die Angelegenheiten einer Figur unter Beibehaltung ihrer chronologischen Entwicklung erzählen zu können.

Diese Notwendigkeit wurde zwar innerhalb der *Gruppe 47* nicht weiterverfolgt, allerdings griffen sie einzelne Autoren auf, die sich durch das Ideal Johnsons, die konventionellen Formen des Schreibens aufzugeben, vereint fühlten. Diese sollten später wieder über die Katastrophe schreiben, wobei sie sich vorwiegend der dokumentarischen Literatur widmeten: Peter Weiss und Rolf Hochhuth, die herausragendsten Persönlichkeiten der dokumentarischen Literatur der sechziger und siebziger Jahre. Durch sie gelangte man später zu einem weiteren Wendepunkt in der deutschen Literatur, hin zum Lakonismus, wofür auch Alexander Kluge ganz entschieden eintrat, gleichsam als Antwort auf Adornos begriffliche Provokationen angesichts des Unvermögens, nach der Shoah und dem Zweiten

---

30 Vgl. Bude, Heinz: *Deutsche Karrieren. Lebenskonstruktionen sozialer Aufsteiger aus der Flakhelfer-Generation.* Frankfurt am Main 1987.
31 Vgl. Adorno, Theodor W.: Über den Standort des Erzählers im neuzeitlichen Roman (1954). In: Ders.: *Noten zur Literatur I.* Frankfurt am Main 1958. S. 41–48.

Weltkrieg noch zu schreiben.³² Dies alles in Anbetracht von Adornos Argumentation in seinem Aufsatz der *Minima Moralia*, durch den die Diskussion angeregt wurde: Denn das, was der Philosoph behauptet, wenn er sich auf das für die Kriegsheimkehrer symptomatische Erinnerungsdefizit bezieht, vermittelt durchaus das Gefühl der Unruhe, das die Dichtung mehrerer Autoren der Nachkriegszeit bewegt, ganz besonders die der fünfziger Jahre: „Nichts aber ist vielleicht verhängnisvoller für die Zukunft, als daß im wörtlichen Sinn bald keiner mehr wird daran denken können, denn jedes Trauma, jeder unbewältigte Schock der Zurückkehrenden ist ein Ferment kommender Destruktion".³³

---

32 Vgl. Hage, Volker: Lakonie als Antwort: Alexander Kluge [Interview über den Luftangriff auf „Halberstadt"]. In: Ders.: *Zeugen der Zerstörung. Die Literaten und der Luftkrieg*. Frankfurt am Main 2003, S. 205: „Ich bin der Meinung, daß man nach Auschwitz keine Gedichte mehr schreiben könnte, daß man nicht mehr erzählen könnte. Es lassen sich Auswege finden, die das Erzählen ermöglichen. Für mich ist Lakonie ein wichtiges Mittel".
33 Adorno: Weit vom Schuß (1944). In: *Gesammelte Schriften*. IV. 1980, S. 60.

Theodor Plievier: Stalingrad. Roman

Erstausgabe: Berlin, Aufbau Verlag 1945

Auf schonungslose Weise schildert *Stalingrad* von Theodor Plievier (1892–1955) die Einkesselung und Vernichtung der 6. deutschen Armee während des Kampfes um die sowjetische Großstadt an der Wolga. In der Beschreibung der Dezimierung deutscher Soldaten werden dem Leser dabei keineswegs realistische und makabre Details erspart. Nicht nur ist der Tod – durch Erfrieren, Verletzungen, Krankheit, mangelnde Ernährung – der unbestrittene Protagonist des Werkes: *Stalingrad* liefert eine starke Anklage gegen die Sinnlosigkeit eines Massensterbens, das sich jeder Logik militärischer Strategie und menschlichen Verstandes entzieht. Der Welt der deutschen Soldaten an der Front – wo der Proviant sich drastisch verknappt, die toten Kameraden auf geheimen Befehl hin ihrer Kleidungsstücke und Stiefel beraubt werden, Sterbende und Verletzte kaum behandelt werden können – wird die der nationalsozialistischen Führung in Berlin gegenübergestellt. Aus der Reichshauptstadt und vom Führer kommen leere Versprechungen von Rettung, der verbrecherische Befehl zum Widerstand trotz völlig aussichtsloser Lage und die Preisung der heldenhaften Aufopferung der tapferen deutschen Soldaten im Russlandfeldzug. Indem sowohl der physische als auch der psychische und moralische Verfall der Truppen dargestellt wird, wendet sich der Roman gegen die falsche Heroisierung der Schlacht von Stalingrad und legt zugleich ein antimilitaristisches Zeugnis ab.

Die Erzählung schwenkt kontinuierlich zwischen einer kollektiven und einer individualistischen Ebene hin und her: Einerseits erwecken weitgreifende Beschreibungen der Lebens- und Kampfbedingungen der sich auflösenden Armee den Eindruck eines dokumentarischen Berichts, andererseits wird den Gestalten jene Individualität zurückgegeben, die aus den Daten und Zahlen über den Kriegsverlauf nicht hervorgeht. Obwohl ein Roman ohne Helden, werden zwei Figuren hervorgehoben: August Gnotke und Oberst Vilshofen. Umgeben von zahlreichen Kameraden, die kurz aus der breiten Masse hervortreten, damit ihr Name erwähnt, ihre Geschichte erzählt oder einfach ihr Tod gezeigt wird, vermitteln Gnotke und Vilshofen eine Art Hoffnung auf eine bessere Zukunft nach der militärischen Niederlage, wobei sie im Laufe des Romans einen Änderungs- und Erkenntnisprozess durchlaufen. Gnotke, anfangs stumpfsinnig und völlig betäubt von den ihn umgebenden Gräueln, zeigt später, dass er noch nicht resigniert hat und doch fähig ist, sich um seine Mitmenschen zu kümmern; Vilshofen ist wiederum auch ein Vertreter jener menschlichen Grundsätze, die der Krieg in so vielen ausgelöscht hat – in seinem emblematischen Fall ist es die Erkenntnis, dass der Kampf um Stalingrad sinnlos ist, eine Erkenntnis, die mit den Prinzipen kollidiert, an die er immer geglaubt hat. Vilshofen stellt schließlich die Befehle und die Kriegsführung überhaupt in Frage und gelangt zu einer antifaschistischen Einstellung.

Für die Arbeit an dem Roman bediente sich Plievier der Mittel der *Oral History*, die im dokumentarischen Ansatz des Werkes deutliche Spuren hinterlassen haben. Die Urfassung von *Stalingrad* wurde zwischen November 1943 und September 1944 in Fortsetzungen in der Moskauer Exilzeitschrift *Internationale Literatur/Deutsche Blätter* abgedruckt. Plievier, seit 1934 im sowjetischen Exil, hatte im Mai 1942 von einer sowjetischen Behörde den Auftrag erhalten, Briefe von deutschen Soldaten auszuwerten, die in den Besitz der Roten Armee gelangt waren. Diese Informationsquelle kombinierte er mit zahlreichen Interviews mit deutschen Offizieren aus dem Kriegsgefangenenlager Ljunowo bei Moskau, die die Schlacht von Stalingrad am eigenen Leib erlebt hatten.

Durch seinen vielseitigen Stil gibt der Roman einerseits sorgfältig die historischen Geschehnisse wieder, andererseits lebt er von einer ausgewogenen Mischung aus Tatsachen und Fiktion. Realistische Beschreibungen von Kämpfen und miserablen Lebensumständen der Soldaten der 6. Armee werden bisweilen durch fast lyrische Darstellungen des russischen Winters unterbrochen, wie auch durch Abschnitte auktorialer Erzählung, in denen Gedanken, Eindrücke und Gefühle der Mitbeteiligten zum Ausdruck kommen. Verschiedene Textsorten wechseln sich in *Stalingrad* ab: Offizielle Befehle, militärische Mitteilungen, Auszüge aus Briefen und Tagebüchern, Rundfunkansprachen von NS-Größen. Von einigen Rezensenten als Zeichen stilistischer Schwäche und fehlender Homogenität kritisiert, wurde dies von anderen als eine zur Darstellung des chaotischen Niedergangs der 6. Armee angemessene Form begrüßt (bedeutend in dieser Hinsicht auch das Fehlen einer klaren Kapiteleinteilung). Wie dem auch sei, der Verlauf und der Rhythmus der Erzählung unterliegen dem Gesetz der Diskontinuität und passen sich dem erzählten Thema an: Scheint in manchen Passagen die Zeit selbst in ausführlichen Beschreibungen verschiedener Gestalten und ihrer Schicksale eingefroren zu sein, schildert die Erzählung in anderen Passagen auf packende Weise einen sowjetischen Angriff oder die panische Flucht deutscher Soldaten und verstärkt deren Wirkung noch durch sich überstürzende Wiederholungen oder bewegende Anhäufungen von schockierenden Informationen und Details. Hans-Harald Müller und Jennifer E. Michaels nennen Plieviers Erzählweise auch „filmisch", da sowohl die Standorte als auch die Erzählperspektive oft und abrupt wechseln, um an entscheidenden Stellen einen möglichst vollständigen Überblick über die Reaktionen und Schicksale aller am Kampf Beteiligten zu vermitteln.

In Deutschland wurde *Stalingrad* 1945 zunächst als Wandzeitungsroman veröffentlicht. Der ersten Fassung folgt rasch eine zweite, überarbeitete Fassung, die noch 1945 im Ost-Berliner *Aufbau Verlag* erscheint. Anhand weiterer Gespräche mit deutschen Überlebenden der Niederlage versuchte Plievier in der geänderten Fassung, Ungenauigkeiten zu korrigieren und einigen fiktionalen Figuren eine vollkommenere und glaubwürdigere Gestaltung zu verleihen.

Erst 1947 gelangte der Roman über den *Rowohlt Verlag* auch auf den westdeutschen Markt. *Stalingrad* wurde bald zu einem deutschen und internationalen Bestseller mit Übersetzungen in über 20 Sprachen. Allein die Auflage des *Aufbau Verlags* überschritt die Millionen-Marke, mehr als zwei Millionen Exemplare waren es weltweit. Rezensiert in zahlreichen Zeitungen und Zeitschriften, stieß der Roman nicht nur bei der Kritik, sondern auch bei einem weiteren Publikum auf großes Interesse, das sich von der deutschen Schuldfrage betroffen fühlte. Plieviers Ziel bestand nämlich nicht nur darin, die vollkommene Sinnlosigkeit des äußersten Widerstands und Sterbens der 6. Armee in Stalingrad zu betonen, sondern auch die heikle Frage der deutschen Verantwortung für den Krieg – und dessen Folgen – zu erörtern. Dieser Aspekt wird im Roman sehr unterschiedlich problematisiert. In den Überlegungen Vilshofens und anderer Figuren wächst allmählich der Keim der Erkenntnis und der Selbstanklage: Schuldig sind hier in erster Linie diejenigen, die den Krieg gewollt und ausgelöst haben, darüber hinaus all jene, die im Verlaufe der Invasion unsagbare Gräueltaten an der Zivilbevölkerung begangen haben. Generell nicht frei von Schuld bleiben aber auch die Soldaten, die an diesen Gräueltaten nicht persönlich teilgenommen haben und sich auch keinen Eroberungskrieg gewünscht hatten oder die Mitläufer, die es versäumt haben, zur rechten Zeit die richtigen Fragen zu stellen, kurzum: diejenigen, die keinen Widerstand geleistet haben.

Auch die Darstellung des russischen Feindes trägt zur Bestimmung dieser Problematik bei: Was am Anfang des Romans als eine bedrängende, allgegenwärtige, aber anonyme Drohung dargestellt wird, bekommt später ein deutlicheres und menschlicheres Gesicht, und zwar als der Leser russischen Kriegsgefangenen begegnet, die die Schlitten der deutschen Armeen im strengen Winter ziehen müssen, weil keine Pferde mehr vorhanden sind, und Soldaten, die wie die Fliegen dahinsterben. Wie es Plievier bereits mit den deutschen Toten gemacht hat, so gibt er auch den russischen Opfern ihre Namen und ihre tragische Geschichte wieder, um die Wirkung der antimilitaristischen Anklage zu erweitern und zu verstärken.

Literatur

Joan F. Adkins: Sacrifice and Dehumanization in Plivier's „Stalingrad". In: *War, Literature & the Arts*, 2 (1990) 1, S. 1–22 • Michael Kumpfmüller: Theodor Pliviers Stalingrad-Roman: Die Schlacht als Tragödie. In: Ders.: *Die Schlacht von Stalingrad. Metamorphosen eines deutschen Mythos.* München 1995, S. 89–135 • Jennifer E. Michaels: The War in the East: Theodor Plivier's Novels

„Moscow", „Stalingrad" and „Berlin". In: *Visions of War: World War II in Popular Literature and Culture*. Hg. von Paul Holsinger und Mary Anne Schofield. Bowling Green 1992, S. 36–46 • Hans-Harald Müller: „Stalingrad": Zur Geschichte und Aktualität von Theodor Pliviers Roman. Nachwort. In: Theodor Plievier: *Stalingrad*. Köln 1983, S. 435–453 • Gunther Nickel: Faction. Theodor Plievier: „Stalingrad" (1945). In: *Von Böll bis Buchheim. Deutsche Kriegsprosa nach 1945*. Hg. von Hans Wagener. Amsterdam, Atlanta 1997, S. 139–155 • Helmut Peitsch: Theodor Plieviers „Stalingrad". In: *Faschismuskritik und Deutschlandbild im Exilroman*. Hg. von Christian Fritsch und Lutz Winckler. Berlin 1981, S. 83–102 • Michael Rohrwasser: Theodor Plieviers Kriegsbilder. In: *Schuld und Sühne? Kriegserlebnis und Kriegsdeutung in deutschen Medien der Nachkriegszeit (1945–1961) Internationale Konferenz vom 01.–04. 09. 1999 in Berlin*. Hg. von Ursula Heukenkamp. Amsterdam, Atlanta 2001, Bd. 1., S. 139–155.

Cecilia Morelli

Irgendwo in Berlin

Regie und Drehbuch: Gerhard Lamprecht
Kamera: Werner Krien • Musik: Erich Einegg • Produktion: DEFA Deutsche Film-Aktiengesellschaft, Ost-Berlin • UA: 18. 12. 1946, Ost-Berlin, Staatsoper • Länge: 86 Min., s/w • Darsteller: Harry Hindemith, Hedda Sarnow, Charles Knetschke, Hans Trinkaus, Siegfried Utrecht, Hans Leipelt, Paul Bildt, Fritz Rasp

Eine Lausbubengeschichte in der Trümmerlandschaft Berlins, so möchte man auf den ersten Blick meinen. Denn Gerhard Lamprecht (1897–1974) reaktivierte ein Erzählmuster aus den Tagen der Weimarer Republik. Musste sich in seinem Film *Emil und die Detektive* (1931) nach Erich Kästners Vorlage ein jugendliches Kollektiv gegen einen ausgewachsenen Kleinkriminellen behaupten, so stehen die Jungen nun vor einer ungleich schwereren Aufgabe. Wieder spielt Fritz Rasp die Rolle des Unholds. Und wieder bewährt sich das Jungenkollektiv. Doch geht es nicht mehr darum, einen Dieb zu fassen; am Ende wird er mit dem früheren Anführer der Jungengruppe in die Weite der Stadt ziehen, um sein Unwesen weiter zu treiben. Die Leistung des Kollektivs in Nachkriegszeiten ist fundamentaler: Es stellt die Ordnung der Väter wieder her.

Dass es um Orientierung als Wiederherstellung eines Ortungssystems geht, macht schon der Vorspann deutlich. Die Filmtitel erscheinen über einem Stadtplan, der in grafischer Vereinfachung mit hellen Umrisslinien auf grauem Grund gleichsam ein Negativbild des städtischen Bebauungsplans zeichnet: des Zentrums der Stadt mit der Museumsinsel zwischen Spree und Kupfergraben. „Jetzt kann's losgehen", ruft ein Arbeiter auf der Höhe einer Hausruine, eine Aussage, die sowohl den Filmanfang markiert, wie auf die zentrale Botschaft des zu leistenden Wiederaufbaus verweist und vor allem Anlass gibt, mit dem Eingangsbild einen Blick über das Trümmerfeld der Berliner Innenstadt zu motivieren. Doch wird der horizontale Überblick sogleich in die Vertikale überführt, wenn es einen Dieb zu beobachten gilt, dessen Verfolgung den Zuschauer von schwindelnden Höhen unmittelbar in eine Landschaft aus Ruinen und Trümmerhaufen führt, in der jede Orientierung verlorengeht. Der Dieb flüchtet in einen Keller, dessen Fenster einen Blick von ganz unten freigibt. Räumlich werden mit der Eingangssequenz die Extrempunkte einer Topografie markiert, die im Zwischenraum der vertikalen Bewegung nur eine Fläche der Verwüstung kennt.

Allerdings gibt es in dieser Landschaft schon wieder Inseln der Geborgenheit: etwa die hell ausgeleuchtete Küche in der Wohnung, in der Frau Iller (Hedda Sarnow) sich mit ihrem elfjährigen Sohn Gustav (Charles Knetschke, später bekannter als Charles Brauer) eingerichtet hat und auf ihren Mann wartet. Ein Hoffnungsträger auch für Gustav. Denn eins ist für ihn sicher: Wenn sein Vater wiederkommt, wird er, wie Gustav seiner Jungenclique versichert, auch den Garagenhof wieder aufbauen, von dem derzeit nur Schutthaufen und eine verbogene Zapfsäule künden. Doch als, nach etwa einem Drittel der Filmhandlung, Herr Iller (Harry Hindemith) heimkehrt, begegnet er ihm als Fremder. Sorgfältig inszeniert, mit der einzigen Kamerafahrt des Films, erscheint er untersichtig vor den aufragenden Kulissen der Trümmerlandschaft, die er mit suchendem Blick auf Vertrautes prüft: ein heroischer Verlierer. Doch eben auch ein Verlierer. Denn im weiteren Verlauf der Handlung erweist er sich zunächst als Melancholiker, dem Orientierung und Zukunftsperspektive abhandengekommen sind. Seinem Schwager Karl (Walter Bluhm) klagt er, im abendlichen Hinterhof mit Blick auf spärliche Natur: „Wir müssen doch erst wieder Mensch werden." Karl versteht das, hat aber schon längst den rechten Weg gefunden, obschon auch er, der im Krieg seinen Sohn verloren hat, Opfer erbracht hat. Nicht traumatisiert durch Vergangenes, schafft er wieder Ordnung. Als Tischler baut er gerade Winkel in Gestalt von neuen Fensterrahmen.

Aber da gibt es noch schwerwiegender Traumatisierte als den melancholisch angewandelten Heimkehrer: den Soldaten, dessen durchschossener Stahlhelm von einer Verletzung kündet, die unheilbar scheint. Als wahrhaft Verrückter des Krieges ist er zugleich auch ein Seher: Er ist es, der den Heimkehrer im Trümmerfeld zuerst zu entdecken vermag. Eine prophetische Leistung, die ihre Bestätigung in der Ankunftsszene des Heimkehrers findet. Wenn Frau Iller vor dem erschöpften Wanderer aus der Fremde kniet, um ihm den zerrissenen Schuh von seinen Fußlappen zu ziehen, fehlt nur noch die rituelle Waschung, um die christologische Allusion zu runden. Um solchen Heimkehrer tatsächlich zum Hoffnungsboten werden zu lassen und seine Melancholie zu heilen, bedarf es indes eines neuen Opfers. Und dafür ist der elfjährige Willi (Hans Trinkaus) erkoren. Willi, Gustavs Freund, blond und in der Jungenclique Gegenspieler des „Kapitän" genannten Anführers (Siegfried Utrecht), ist Waise, ein „Flüchtlingskind", dessen Eltern „verschollen" sind. Das könnte im zeitgenössischen Anspielungscode aber auch eine Deckerzählung dafür sein, dass sich seine Eltern als überzeugte Nationalsozialisten in den letzten Tagen des ‚Dritten Reiches' selbst getötet haben. Er wohnt bei einer gütigen alleinstehenden Frau, die jedoch als Untermieter in Gestalt von Herrn Birke (Paul Bildt) auch einen Schieber und Schwarzmarkthändler beherbergt, der Willi zuweilen in die Dienste nimmt. Die Jungengruppe selbst, womit an das pädagogische Verantwortungsbewusstsein der heimkehrenden Väter appelliert wird, spielt weiter Krieg in den Trümmern Berlins. Mit Feuerwerkskörpern aus dem Schwarzmarktbestand Birkes ahmen sie die Abenteuer jüngst vergangener Tage nach. Und eine solche Rakete durchbohrt denn auch das liebevoll gemalte Bild einer Landschaft mit blühendem Busch, das ein den Jungen gegenüber stets verständnisvoller älterer Herr in seiner als Wohnung dienenden Werkstatt gefertigt hat. Wobei das zerstörte Motiv wohl als Wunschbild zu verstehen ist; in der filmischen Topografie findet es kein Vorbild.

Die Episode deutet die Peripetie der Handlung voraus. Willi will seinem Freund Gustav beispringen, der die Ehre seines Vaters gegenüber der Jungengruppe zu verteidigen sucht. In der Eskalation der Ereignisse fühlt er sich genötigt, seinen Mut unter Beweis zu stellen. Damit holt er im vermeintlichen Spiel nach, was von seiner Elterngeneration gefordert wurde. Er klettert auf eine hoch aufragende Trümmerwand, womit bildlich die Eingangssequenz eingeholt wird, aber auch metaphorisch auf die Hybris der Vergangenheit angespielt wird. Und stürzt ab. Nun müsste er, anatomischer Wahrscheinlichkeit folgend, nach dem Sturz aus der Höhe der aufragenden Ruine eines ausgewachsenen Berliner Mietshauses nicht nur tot, sondern auch erheblich deformiert sein. Tatsächlich begegnet er uns in verklärter Schönheit auf dem Sterbebett, an dem der traumatisierte Soldat unermüdlich Wache hält.

Zudem sammelt sich nun die Jungenschar zum vorletzten Akt. Die Ausleuchtung inszeniert das Opfer als engelsgleiche Lichtgestalt, bis es allmählich den Schatten anheimfällt, die über sein Gesicht ziehen. „Soldaten sterben. Soldaten sterben", deklamiert der Soldat, worauf Willi ein letztes „Warum?" seufzt. Eine kathartische Erfahrung für die Jungen. Denn von nun an widmen sie sich statt Kriegsspielen allein einem Ziel: dem Wiederaufbau.

Gleichsam aus allen Regionen der Stadt strömen sie zusammen, um sich an einem Ort zu sammeln – dort, wo Willi von der aufragenden Trümmerwand gestürzt ist und zugleich an jenem Ort, der unter dem Schutt Illers verschwundenen Garagenhof birgt. Die Trümmerwand wird gesprengt, unmittelbar nach Willis Tod, ein Schuttberg türmt sich auf, aber nun in durchaus zu bewältigender Höhe. Auf ihm arbeitet eine erstaunlich gewachsene Jungenschar, ein Kollektiv aus allen Stadtteilen, als der Heimkehrer mit seinem Schwager Karl eintrifft. Da hält es auch Iller nicht länger. Entschlossen schreitet er den Trümmerberg hinauf und schwingt freudig die Spitzhacke.

Die Wiederherstellung der Horizontale mit Ausblick auf eine geordnete Zukunft gehört bildlich zu einem der Subcodes dieses DEFA-Films. Zugleich überschneiden sich im Emplotment die Erzählmuster von Lamprechts eigenem Jugendstadtfilm zum Ende der Weimarer Republik, mit jenen, die Hans Steinhoff 1933 in Szene setzte, um ebenso an die Weimarer Stadt- und Jugendfilme anzuknüpfen, wie dennoch eine Erzählung im neuen Geiste zu entwerfen. Sein *Hitlerjunge Quex* scheint Pate zu stehen, wenn Lamprecht erneut in der Opfererzählung den Neuanfang begründet und zudem mit Willi eine Figur wählt, die schon typologisch an den blonden Heini Völker des nationalsozialistischen Bewegungsfilms erinnert. Eine Melange, die sich mit einem dritten Muster verbindet: dem sozialistischen Aufbaufilm mit frisch geschwungener Spitzhacke, wobei der verständnisvolle Schwager Karl manchen Brigadeführer aus späteren Tagen der DEFA-Produktion zu präfigurieren scheint. Laut Drehbuch hatte Lamprecht als letzte Einstellung einen Baumstumpf mit frischen spießenden Blättern vorgesehen, was sich in die angespielten Motive abwesender oder bildnerisch imaginierter Natur bestens gefügt hätte. Auch wurde für die internationale Auswertung des Films ein anderer Schluss nachgedreht, der jedoch nicht überliefert ist.

Die Einlassungen der sowjetischen Kontrollbehörde sind heute nicht mehr zu rekonstruieren. Lamprecht, der es im ‚Dritten Reich' verstanden hatte, propagandistische Stoffe zumindest weitgehend zu vermeiden, legte mit *Irgendwo in Berlin* einen Film vor, der die propagandistische Intention nach vertrauter Rezeptur kaum verbarg. Anders als in → Wolfgang Staudtes *Die Mörder sind unter uns* (1946) wird die Schuldfrage ausgeklammert. Es zählt allein die Gegenwart und der Aufbauwille: die Rettung des Heimkehrers als Faustpfand für die Zukunft.

Manuel Köppen

Gerhard Boldt: Die letzten Tage der Reichskanzlei

Erstausgabe: Hamburg und Stuttgart, Rowohlt Verlag 1947

Bis heute, bis zu Bruno Ganz in *Der Untergang* (2004) und der Persiflage von Walter Moers (*Der Bonker*, 2006), bis zu den verspäteten Erinnerungen von Traudl Junge (*Im toten Winkel – Hitlers Sekretärin*, 2002) und Rochus Misch (*Der letzte Zeuge. Ich war Hitlers Telefonist, Kurier und Leibwächter*, 2008) zieht das Ende des ‚Dritten Reichs' im Führerbunker unter der Reichskanzlei ein Publikum an, das in die Millionen geht. Jede Nachricht über den genauen Ablauf, jede Zeugenaussage, und sei sie noch so marginal, jedes Dokument, jeder Knochensplitter kann sich medialer Aufmerksamkeit gewiss sein. Das galt auch schon im Frühjahr 1947, als in einfacher Broschur, auf holzhaltigem Papier und in überaus schlechter Druckqualität ein 96-seitiges Heftchen erschien: *Die letzten Tage der Reichskanzlei.*

Der Autor, Gerhard Boldt (1902–1992), hatte als Ordonnanzoffizier der letzten Generalstabschefs des Heeres, zunächst Heinz Guderian und nach dessen Entlassung Ende März 1945 Hans Krebs, an den täglichen Lagebesprechungen, der sogenannten Führerlage teilgenommen. Ein Augenzeuge also und zudem einer, der ganz nah dabei war, dem man Schuld oder auch nur Verantwortung gewiss nicht unterstellen konnte. Anfang Februar 1945 auf dem Wilhelmplatz, „wohin das Auge schweift [...] ausgebrannte Mauerreste und leere Fensterhöhlen" (11), beginnt das Buch mit dem ersten Vortrag in der Reichskanzlei und es endet am 29. April, als Boldt den Führerbunker, die „Grabkammer dieses modernen Pharaos" (84) verließ, um zusammen mit Bernd Freytag von Loringhoven den Kontakt zur Armee Wenck herzustellen. Ein von vornherein zum Scheitern verurteiltes Unternehmen, das nur dem Vorwand zur Flucht diente. Dazwischen finden sich schon bei Boldt die seither immer wieder reproduzierten Bilder: Hitlers körperlicher und geistiger Verfall – der schlaffe Händedruck, die gebeugte Haltung, das Zittern –, der Wechsel von Wutausbrüchen und Resignation, die sich widersprechenden Befehle und die Intrigen und Machtkämpfe im engsten Führungskreis. Auch die Sympathien sind, wie seitdem zumeist, eindeutig verteilt: die Bösen, das sind die NSDAP-Funktionäre, allen voran Martin Bormann, und der Propagandaapparat um Joseph Goebbels sowie von außerhalb des Bunkers agierend Heinrich Himmler; die Guten, die an Menschen und Land zu retten versuchen, was zu retten ist, sind neben dem bei Boldt noch blassen Albert Speer die Generäle: Guderian und sein Abwehrchef Reinhard Gehlen, mit Abstrichen auch Krebs und Wilhelm Burgdorf, dem es als Chefadjutant des OKW zukommt, im Namen der Wehrmacht mit Bormann abzurechnen: „Gepraßt habt Ihr, ungeheure Reichtümer zusammengerafft, Rittergüter gestohlen, Schlösser gebaut, im Überfluss geschwelgt, das Volk betrogen und unterdrückt. Unsere Ideale, unsere Moral, unseren Glauben habt Ihr in den Schmutz getreten. [...] Unsere jahrhundertealte Kultur, das deutsche Volk habt ihr vernichtet. Das ist Eure furchtbare Schuld." (79f.)

Die noch aktuelle Vorgeschichte, der historische Rahmen, in dem dieses Urteil gesprochen wird, beginnt nicht 1933 oder 1939, ja nicht einmal am 20. Juli 1944, sondern präzise mit der Offensive der Roten Armee am 12. Januar 1945. Ein Datum, von dem ab der militärische Untergang Deutschlands sich nachträglich als Vorgeschichte des Kalten Krieges erzählen ließ. Nicht zuletzt deshalb konnte ein solches Urteil auch nach den 1947 geltenden Rahmenbedingungen Bestand haben, wie auch die Bücher von → Jürgen Thorwald und → Edwin Erich Dwinger zeigen. „Unsere" Offiziere und Soldaten und das deutsche Volk, ja selbst die Führung von Staat und Wehrmacht werden damit entschuldigt, vor allem aber all jene, die persönlichen Mut zeigen, wie die „tapfere" Hanna Reitsch, die unter Artilleriebeschuss im Zentrum Berlins mit einem Fieseler Storch startet und landet, und selbst Artur Axmann, der Reichsjugendführer, macht einen „sauberen, anständigen Eindruck", weil er, als „seine Jungen [...] ins Feuer geschickt wurden, [...] bei ihnen" blieb. (68) Die Beurteilung des Führers selbst ist ambivalent. Zwar ist Hitler verantwortlich für militärische Fehlentscheidungen und misstrauisch ausgerechnet gegen die, die Deutschland retten wollen, gegen den Generalstab, doch geht er gleichsam mit Deutschland an der Machtgier in seiner Umgebung zu Grunde. So wie Berlin draußen, ist Hitler innen im Bunker das Schlachtfeld, auf dem der Krieg seine Spuren hinterlässt. Insofern ist es nur folgerichtig – wenn auch durch die historischen Umstände bedingt –, dass Hitlers Tod nicht aus erster Hand bezeugt werden kann. Zum Zeitpunkt des Selbstmords hatte Boldt – der Überlebende des guten Deutschlands – den Bunker bereits verlassen.

Berichtet wird in dem Bändchen meist im historischen Präsens, das den Akzent auf das aktuelle Geschehen und den Augenzeugen sowie dessen momentane Gefühlsregungen legt und kaum Raum zur Reflexion lässt. Der „Bearbeiter" des Berichts, Ernst A. Hepp, Journalist, ehemaliger Referent in Ribbentrops Außenministerium und später erster Chefredakteur der Wochenzeitung *Christ und Welt*, fasste im Vorwort zusammen: „Gerhard Boldt erzählt mit der Unvoreingenommenheit eines Frontoffiziers, der sich nie um Politik gekümmert hat, und der, wie viele Millionen deutscher Soldaten, der Führung in gutem Glauben gefolgt war." (8) Diesem ungebrochen selbstbewussten Erzähler, dem der Zusammenbruch zwar einige äußere Schwierigkeiten, aber kein grundsätzliches Umdenken aufnötigte, so legt der Bericht nahe, konnte man vertrauen: Er ist einer von uns.

Die rundum positive Bewertung der Wehrmacht und die nicht erfolgte innere Abkehr von Hitler und dem ‚Dritten Reich' blieb 1947 nicht unbemerkt und nicht unwidersprochen. Offenbar musste der *Rowohlt Verlag* das Buch schon mit Hilfe des „Hamburger Kultursenators" durchsetzen, „als die englische Militärregierung in der Vorzensur" die Publikation ablehnte. Ob des enormen Erfolgs – „etwa ein Dutzend Zeitungen [...] druckten große Teile" ab, schon im Oktober 1947 wurden Übersetzungsrechte in mehreren Sprachen verhandelt und die Filmrechte waren bereits an „die amerikanische lizenzierte Filmgesellschaft Neumann Produktion in Berlin" verkauft – druckte der *Start*, das Ost-Berliner *Blatt der jungen Generation*, einen offenen Brief an Ernst Rowohlt. Mit diesem Buch verwandele sich „das geronnene Blut [...] in klingende Münze." Zu größeren Auseinandersetzungen um das Buch scheint es nicht gekommen zu sein, trotz Rowohlts harscher Replik, der Briefschreiber verkenne „völlig die Aufgaben des Verlegers". Die seine sehe er darin, eine „Arena" bereitzustellen, „in der die Freiheit der Meinung, der Darstellung und der Betrachtungsweise stets gewährleistet" sei und ein „Turnier des Geistes [...] beginnen" könne. „[A]llein die Nazis [konnten] auf die Idee kommen [...], hier geschähe Verwerfliches, [trieben] mich in die Emigration und [sperrten] die Arena."

Einerseits blieb der Rittmeister Gerhard Boldt in der Welle von Rechtfertigungsmemoiren auch militärischer Verantwortungsträger eine vergleichsweise unproblematische Erscheinung, andererseits entfaltete kurz nach Erscheinen von Boldts Buch ein anderes Werk über den gleichen Gegenstand nach und nach seine öffentliche Wirkung, dessen analytischer Schärfe und dokumentarischem Wert Edward D. R. Harrison noch 2009 seine Reverenz erwies: H. R. Trevor-Ropers *Hitlers letzte Tage*. Im Gefühlshaushalt der (West-)Deutschen dürfte das im *Rowohlt Verlag* erschienene Heftchen von Gerhard Boldt in den vierziger und fünfziger Jahren jedoch eine bedeutendere Rolle gespielt haben. Für RM 2,80 zu haben, kündigte der Verlag bereits ein Jahr nach Erscheinen das 200. Tausend an. Trevor-Ropers Buch, das dezidiert die Entzauberung des Hitler-Mythos zum Ziel hatte, war auszugsweise in Zeitschriften wie den *Nordwestdeutschen Heften* veröffentlicht und im *Nordwestdeutschen Rundfunk* in Ausschnitten gelesen worden. Zudem erschien ein Raubdruck des *Spiegel* in kleiner Auflage. Die erste regelrechte deutsche Ausgabe erschien jedoch in Ganzleinen, gebunden in der Schweiz, und war auf dem reglementierten deutschen Markt nicht zu haben. Als der Schweizer Verleger seine Produkte auch auf dem deutschen Markt feilbieten konnte, war der Erfolg gering. Trevor-Ropers Buch verkaufte sich 1951 nur 73-mal.

Literatur

Edward D. R. Harrison: Hugh Trevor-Roper und „Hitlers letzte Tage". In: *Vierteljahrshefte für Zeitgeschichte*, 57 (2009) 1, S. 33–60 • Jürgen Lenz: „Sehr geehrter Herr Rowohlt [offener Brief]". In: *Start*, 22. 8. 1947 • Ernst Rowohlt: Sehr geehrter Herr Lenz [offener Brief]. In: *Start*, 17. 10. 1947.

David Oels

Hans Erich Nossack: Der Untergang

Erstausgabe in: Hans Erich Nossack: Interview mit dem Tode. Hamburg, Wolfgang Krüger Verlag 1948

In diesem autobiographischen Prosatext setzt sich Hans Erich Nossack (1901–1977) mit der Zerstörung seiner Heimatstadt Hamburg durch die alliierten Luftangriffe vom Sommer 1943 auseinander, die er als Zuschauer mit seiner Frau Misi in Horst bei Machen erlebte, „einem Heidedorf mit Wochenendsiedlungen ungefähr 15 Kilometer genau südlich des Hamburger Stadtrandes." Der realistischen Beschreibung des quasi idyllischen Aufenthaltes auf dem Lande stellt Nossack den dokumentarischen und zum Teils mythisierenden Bericht eines Untergangs gegenüber, der in der Nacht vom 27. auf den 28. Juli 1943 begann und vier Tage andauern sollte: „Ich habe dies Idyll an der anderen Seite des Abgrundes so genau geschildert, weil sich vielleicht einmal von dort aus ein Weg in die verlorene Vergangenheit zurückfinden läßt."

Der Text schildert die Zerstörung Hamburgs aus zwei Perspektiven: Während die Entwicklung der „Operation Gomorrha" im ersten Teil des *Untergangs* mithilfe der Außenperspektive plastisch wiedergegeben wird, beschreibt der zweite Teil des Bandes die Auswirkungen des Bombardements auf die Stadt über die innere Perspektive. Am Anfang des Textes bleibt Hamburg daher am Rande des Erzählten. Nossacks Blick fällt auf die „Fliegenden Festungen" am Himmel und richtet sich später nach Norden: „Über Hamburg standen zahlreiche Leuchtschirme, die der Volksmund Tannenbäume nennt. [...] Anfangs konnte man diese Leuchtschirme verfolgen, bis sie am Boden verloschen; später verschwanden sie in einer Rauchwolke, die durch das Feuer der Stadt von unten her rot angestrahlt war." Nossacks Beschreibung des Unglücks seiner Heimatstadt trägt dabei exakt die Züge jenes *Mythos der Zerstörung*, dem W. G. Sebald 1980 mit Blick auf das Werk von Alfred Döblin seine erste essayistische Arbeit widmete. Indem Nossack immer wieder Bezug auf die Antike und die archaischen Kräfte des Schicksals nimmt, verfällt *Der Untergang*, wie Sebald 1982 festhält, „in einigen Stellen in die seit der Zeit des 1. Weltkriegs, als der Realismus seinen Geist aufgab, fast schon habituelle Mythisierung extremer gesellschaftlicher Zustände." Und in der Tat ist Hamburg bei Nossack „in das milchige Licht der Unterwelt getaucht". Neben solchen mythischen Anspielungen tauchen allerdings auch realistische sowie dokumentarische Details im *Untergang* auf, die sich zuerst in den Beschreibungen der Flüchtlingsströme aus Hamburg manifestieren: „Sie brachten eine unheimliche Stille mit sich." Jene Stille, die mit dem Zitat aus Dostoevskijs *Aus einem Totenhaus* korrespondiert, die dem Werk als Motto vorangestellt ist: „Im allgemeinen sprachen sie wenig über ihre Vergangenheit, sie erzählten nicht gern und bemühten sich, wie es schien, nicht an das Frühere zu denken."

Um die Abwehr der Realität und die unheimliche Stille der Flüchtlinge herum entwickelt sich der zweite Teil des *Untergangs*, in welchem Nossack seine Rückkehr in die tote Stadt schildert. Hier wird von der Zerstörung Hamburgs in seiner Vielfältigkeit berichtet. Die Trümmerlandschaft drückt dabei so schmerzhaft auf das Gemüt der Überlebenden, dass Nossack sich fragt: „Wozu dies alles niederschreiben? Wäre es nicht besser, es für alle Zeiten der Vergessenheit preiszugeben?" Doch wie Nossack bereits zu Beginn des *Untergangs* klarstellt, ist es für ihn eine moralische Pflicht, über die Zerstörung Hamburgs zu berichten: „Ich fühle mich beauftragt, darüber Rechenschaft abzulegen. Es soll mich niemand fragen, warum ich so vermessen von einem Auftrag rede: ich kann ihm nicht darauf antworten. Ich habe das Gefühl, daß mir der Mund für alle Zeiten verschlossen bleiben würde, wenn ich nicht dies zuvor erledige."

So wandelt Nossack durch Hamburg auf dem Weg zu seinem Haus und dokumentiert dabei die Lebensumstände der Überlebenden: „Und auf den Treppen roch es nach Essen und kleinen Leuten; wir rümpften die Nase darüber. Aus dem Wohnungen schlug uns der Dunst kochender Wäsche entgegen, und die Stuben waren kalt von ungebrauchten Möbeln." Ratten und Fliegen beherrschen die Stadt, während Nossack versucht, sich durch den „Geruch von verkohltem Hausrat, von Fäulnis und Verwesung" einen Weg nach Hause zu bahnen: Der Weg durch die zerstörte Stadt führt Nossack und seine Frau über das Kontor, wo der Schriftsteller trotz der allgemeinen Zerstörung in den Schubladen seines Schreibtischs noch einige nicht verbrannte Manuskripte bergen kann. Nach einer Begegnung mit einem ausgebombten Freund und seiner Frau gelangen der Autor und Misi dorthin, „wo unser Heim hätte sein müssen. Aber es war ein Umweg. Vielleicht glaubt jemand, es sei schwer, dort zu stehen, wo man viele Jahre gewohnt hat, und wo nun nichts mehr ist. [...] Aber es ist nicht schwer, es ist nur unbegreiflich. Es ist so unbegreiflich, daß man es gar nicht zu wiegen vermag." Auch die Tagebücher, die er seit 25 Jahren führte und die hier der ursprüngliche Beweggrund waren, sich einen Weg durch die Ruinenlandschaft Hamburgs zu bahnen, sind in dem Schutt nicht mehr aufzufinden.

Und dennoch, „mit dem Augenblick, wo wir uns von den Trümmern unseres einstigen Heimes abwenden, beginnt ein Weg, der über den Untergang hinausführt." Zugleich bleibt die Haltung der Hamburger, ihre selbstverordnete Rückkehr in die Normalität, eine Illusion: „Wir üben unsern Beruf wieder aus, wir gehen über die Straße, als wenn nichts gewesen wäre, und die Frauen putzen sich. Aber [...] sie wissen, daß es nur Schein ist. Sie glauben nicht daran. Die Kulisse fehlt, die Illusion der Wirklichkeit."

Der Untergang wurde erstmals 1948 im Rahmen der Sammlung *Interview mit dem Tode* veröffentlicht. Erst nachdem Nossack den Büchner-Preis erhalten hatte, erschien das Werk 1961 als eigenständige Veröffentlichung bei *Suhrkamp*. Walter Boehlich bezeichnet Nossack im Nachwort zu dem Band als Dichter der Katastrophe: „Die Grundsituation des ‚Untergangs' ist die Grundsituation von Nossacks Dichten schlechthin". Nossack, Schulautor des Untergangs – tatsächlich war das die vorherrschende Wahrnehmung in den fünfziger und sechziger Jahren. Und noch heute gilt Nossack als *der* Dichter der Katastrophe, obwohl, wie Jan Gäthje bemerkt hat, diese Assoziation mittlerweile eher einem „Konfektionsmodell für einen alten Anzug" gleicht. Nach der Wiedervereinigung Deutschlands hat darüber hinaus das Thema Luftkrieg an Brisanz gewonnen, und betrachtet man die Geschichte der Aufarbeitung der Vergangenheit hinsichtlich dieses Aspektes des Zweiten Weltkrieges, so lässt sich feststellen, dass erst Ende der neunziger Jahre eine ernsthafte Auseinandersetzung mit dem Geschehen über Nossacks *Der Untergang* einsetzte. Folgt man Sebalds Argumentation in *Luftkrieg und Literatur* (1999), ist *Der Untergang* in dieser Hinsicht ein Schlüsseltext und ein ästhetisches Modell für die dokumentarische Literatur der Nachkriegszeit, da Nossack „trotz seiner fatalen Neigung zur philosophischen Überholung und falschen Transzendenz" damals der einzige Schriftsteller war, der „den Versuch unternahm, das, was er tatsächlich gesehen hatte, in möglichst unverbrämter Form niederzuschreiben". Das gilt, so Sebald, insbesondere im Vergleich zu *Nekyja. Bericht eines Überlebenden*, Nossacks bereits im Jahr zuvor veröffentlichten Werk über die Zerstörung Hamburgs, in dem der Autor der Versuchung verfallen sei, „die realen Schrecken der Zeit durch Abstraktionskunst und metaphysischen Schwindel zum Verschwinden zu bringen". Nicht zuletzt aufgrund seines, wie Volker Hage es nennt, „Pathos- und Protokollton[s]" ist *Der Untergang* ein Musterbeispiel für die realistische und pseudo-dokumentarische Darstellung der Auswirkungen der Luftangriffe auf Deutschland im Zweiten Weltkrieg. Mit seinem Bericht hat Nossack eines der bedeutendsten Zeugnisse der Zerstörung abgelegt – trotz oder vielleicht auch gerade durch die hierin enthaltenen formalmythischen Elemente.

Literatur

Jan Gäthje: „Über die Sintflut hinweg ..." Ein Vortrag zur Katastrophe bei Hans Erich Nossack. In: *Hans Erich Nossack. Leben – Werk – Kontext*. Hg. von Günter Dammann. Würzburg 2000, S. 69–81 • Volker Hage: Nachwort. In: *Hamburg 1943. Literarische Zeugnisse zum Feuersturm*. Hg. von Völker Hage. Frankfurt am Main 2003, S. 283–317 • Volker Hage: *Zeugen der Zerstörung. Die Literaten und der Luftkrieg*. Frankfurt am Main 2003 • W. G. Sebald: *Luftkrieg und Literatur. Mit einem Essay zu Alfred Andersch*. München, Wien 1999 • W. G. Sebald: Zwischen Geschichte und Naturgeschichte. Versuch über die literarische Beschreibung totaler Zerstörung mit Anmerkungen zu Kasack, Nossack und Kluge. In: *Orbis litterarum*, 37 (1982) 4, S. 345–366 • Gabriele Söhling: *Das Schweigen zum Klingen bringen. Denkstruktur, Literaturbegriff und Schreibweisen bei Hans Erich Nossack*. Mainz 1995 • Andrew Williams: *Hans Erich Nossack und das Mythische: Werkuntersuchungen unter besonderer Berücksichtigung formalmythischer Kategorien*. Würzburg 2004.

Raul Calzoni

Ilse Aichinger: Die größere Hoffnung. Roman

Erstausgabe: Amsterdam, Bermann-Fischer Verlag 1948
Erstausgabe in Deutschland: Frankfurt am Main und Hamburg: Fischer Bücherei 1960

Ungeachtet der Anerkennung, die Ilse Aichinger (*1921) im Bereich der *Gruppe 47* erfuhr und deren aktives Mitglied sie seit 1951 war, wurde ihr 1948 erstmals erschienener Roman *Die größere Hoffnung* bis zu Beginn der sechziger Jahre kaum rezipiert. Mehr noch: Literaturkritiker wie Joachim Kaiser hielten Aichinger entgegen, sie sei in übertriebenem Maße der „poetischen Freiheit" verfallen. Tatsächlich war es aber diese poetische Freiheit, die sie neben → Ingeborg Bachmann und → Paul Celan als Urheberin eines ästhetischen Paradigmenwechsels auszeichnete. Nichtsdestotrotz fand ihr Roman auch in den sechziger Jahren kaum Beachtung, und dies, obwohl → Wolfgang Hildesheimer die „absurde Prosa" herausbrachte. Diese galt seit → Adornos Ausspruch über die Barbarei, nach Auschwitz ein Gedicht zu schreiben, neben der Lyrik als die einzig mögliche Ausdrucksform für die Tragödie des Holocausts. *Die größere Hoffnung* überwindet jedenfalls die Herausforderung, über die Schrecken der Shoah erzählen zu können, ohne dabei die dem Leben innewohnende Poesie aus den Augen zu verlieren.

Der Roman schildert die Erfahrungen einer Gruppe jüdischer Kinder, die auf einen Passierschein nach Amerika warten, um dem Schicksal der Deportation zu entkommen. Ellen, die Hauptfigur, erscheint zunächst als Außenseiterin innerhalb der Kindergruppe, die mithilfe der Phantasie ihren eigenen Kampf führt, um nicht den brutalen Gesetzen der Erwachsenen Folge leisten zu müssen. Schließlich behauptet sich Ellen vor den anderen dank eines schnellen Reifeprozesses, der sich in einer einzigen Nacht vollzieht.

Ellen schlägt sich auf die Seite der Unterdrückten, obwohl sie als Halbjüdin die Wahl hat, sich vor den Gefahren zu schützen, mit denen die Träger des Davidsterns konfrontiert sind. Hier, in Begleitung ihrer Freunde Leon, Kurt, Georg, Herbert, Hanna, Ruth und Bibi, beginnt für sie das Epos auf dem Weg zum „gelobten Land" – dem Land ihrer Vorfahren, das sie in einer märchenhaft verzauberten Atmosphäre zu erwarten scheint. Man kann diese Reise auf der Suche nach einem besseren Leben als eine Art symbolischer Heimkehr betrachten, die mit der Flucht vor dem Entsetzen der jüdischen Verfolgung und der Brutalität des Alltags der Erwachsenen koinzidiert.

Gerade noch einmal den zahlreichen Widrigkeiten und Gefahren entronnen, hat Ellen schließlich doch den Krieg unversehrt überstanden. Das Ende des Konfliktes wird mit einem Sonnenaufgang über einem Szenarium der Trauer und Verzweiflung verglichen: Diese Tatsache verdeutlicht, wie sehr sich in Aichingers

Sichtweise die unerschütterliche Hoffnung auf eine bessere, schon im Titel angedeutete Welt – die Welt der Gerechtigkeit – widerspiegelt.

Und doch kommt es zu einem tragischen Ende, denn Ellen fühlt sich nach einem Treffen mit einem Offizier der Besatzungstruppen dazu verpflichtet, eine Botschaft zu überbringen, die der Verwundete nicht zu befördern vermag: Als sie über einen eingestürzten Brückenrumpf springt, wird sie von einer Granate zerrissen. Ihr letzter Blick jedoch ist auf einen Morgenstern gerichtet, der sich symbolisch mit dem Davidstern überschneidet.

Was die Schuldfrage betrifft, so ist das Mädchen Ellen gerade eine Figur, der man, wie Maja Razboynikova-Frateva betont, keine Schuld aufbürden kann, „nicht die des Mitlaufens und nicht die des Nicht-Handelns, nicht die des verweigerten Widerstandes und nicht die der politischen Kurzsichtigkeit, des Angst-Habens, der Konformität, ja nicht mal die des Überlebens". Ihre Geschichte entlarvt vielmehr die Heuchelei der Bürokraten oder der einfachen Leute.

Wie in Kafkas Werk entwickelt sich auch *Die größere Hoffnung* in keiner bestimmten Zeitspanne, nur die Stunden vergehen, Tage und Monate werden praktisch nie erwähnt. Ein stummes Szenarium, indem in gewissen Abständen und in jedem neuen Kontext ein Dialog mit den „Großen", den treulosen Wächtern, entsteht. Der Konsul, der Kutscher, die Vertreter der Ordnungshüter und Übeltäter, die Soldaten der Besatzungstruppen – alle verlangen sie Rechtfertigungen von den Jugendlichen. Sie wollen das gefühlskalte System der Sicherheiten, das sie sich aufgebaut haben, nicht durch die leidenschaftliche Vorstellungskraft von Ellen und ihren Freunden in die Luft gehen lassen. Dabei lässt sich dieses Werk mit einer Art Stationendrama vergleichen, einem Konglomerat aus Kurzformen, in denen Dialoge zwischen Jugendlichen und zwischen Erwachsenen und Kindern vorherrschen.

Die vor allem visionäre Atmosphäre, die die Geschichte umgibt, geht über die typischen Motive der Nachkriegszeit hinaus. Diese werden in Aichingers späteren Erzählungen entwickelt, etwa in *Alte Liebe* (1964), die der Figur des Heimkehrers gewidmet ist, oder in *Mein Vater aus Stroh* (1962), einer Untersuchung der nachhaltigen Auswirkungen des Kriegstraumas auf die Heimkehrer. Die Autorin distanziert sich auf einer stilistisch-formalen Ebene von anderen Schriftstellern ihrer Generation, welche das Nachkriegstrauma durch eine explizite Inszenierung des Schuld- und Sühnekomplexes beschreiben. Der Grund dafür ist, dass Aichinger, ungeachtet der christlichen oder messianischen Botschaft im jüdischen Sinne, die man verschiedentlich ihrem Werk entnehmen wollte, das Konzept der kollektiven Schuld zugunsten einer individuellen aufgibt. Zugleich geht ein moralisches Urteil aus ihren Schriften hervor, insofern es in den Situationen und der Sprache zum Tragen kommt, mit der jede einzelne Person ihre eigenen Vorstellungen formuliert.

In der Figur der Ellen stellt Aichinger die gesamte Problematik des Individuums angesichts eines unsicheren Schicksals dar, welches jedoch von dem Willen beseelt ist, weiterhin den Weg der Hoffnung einzuschlagen. Die Tatsache, dass es sich bei diesem Individuum um ein Mädchen handelt, das mitten in einer Konfliktsituation auf sich allein gestellt ist, da die jüdische Mutter bereits in Amerika gelandet ist und der deutsche Vater aufrecht weiterkämpft, zeigt, dass die Einsamkeit eines der Hauptthemen ihres Werkes ist. Diese Einsamkeit wird immer nur über das Wort getragen, durch Fragenstellen, selbst wenn – gegen jede Vernunft – die Welt unerbittlich schweigt. Die Gegenstände werden dennoch in der Phantasie der handelnden Personen beseelt und dienen vor den Unbilden des Lebens als vorübergehender Zufluchtsort. Im Rahmen einer symbolischen und stark metaphorischen Schreibweise eröffnen sich daher Szenen allegorischer Natur – wie die einer Kinderaufführung, verbunden mit der Vorstellung, die heilige Familie beschwöre einen Frieden herauf, der den Krieg überwinde und ihn wieder ans Ende der Welt verweise. Frieden und Schweigen stehen somit in Aichingers Poetik miteinander im Einklang.

Die größere Hoffnung bleibt Aichingers einziger Roman. Die subversive Einsamkeit, lediglich durch einen ironischen Blick auf den absurden Anspruch auf eine Wiederherstellung der Verbindung zwischen *signifiant* und *signifié* gebrochen, setzt sich jedoch in den in all den Jahren darauf folgenden Kurzgeschichten, Hördramen und Aphorismen fort – als Anzeichen eines Misstrauens gegenüber jeglicher Art einer systematischen Vision der Wirklichkeit.

Literatur

Gisela Lindemann: *Ilse Aichinger*. München 1988 • Dagmar C.G. Lorenz: *Ilse Aichinger*. Königstein 1981 • Maja Razboynikova-Frateva: Ilse Aichinger: „Die größere Hoffnung". Die Überwindung von Realitäten im Schweigen der Erinnerung. In: *„Uns selbst mußten wir misstrauen". Die „junge Generation" in der deutschsprachigen Nachkriegsliteratur.* Hg. von Hans-Gerd Winter. Hamburg, München 2002, S. 292–307 • Nicole Rosenberger: *Poetik des Ungefügten. Zur Darstellung von Krieg und Verfolgung in Ilse Aichingers Roman „Die größere Hoffnung"*. Wien 1998 • Hermann Schreiber: „Die größere Hoffnung". In: *Ilse Aichinger. Leben und Werk.* Hg. von Samuel Moser. Frankfurt am Main 1995, S. 157–159.

Elena Agazzi

Jakob Littner: Aufzeichnungen aus einem Erdloch

Erstausgabe: München, Herbert Kluger Verlag 1948. Mit einer Umschlagfederzeichnung von Willi Geiger

Die Entstehungsgeschichte dieses Buches aus dem Jahr 1948 ist ebenso verworren wie symptomatisch. Zunächst: Sein Autor war nicht der auf dem Cover angegebene. Jakob Littner steht aber auch nicht für ein gewöhnliches Pseudonym, sondern er war eine reale Person, sogar eine, die ein Buch veröffentlichen wollte. Und dass auch nur Jakob Littner der Autor dieses Buches sein konnte, stand für ihn fest – schließlich sollte es davon handeln, was er erlebt, erlitten und überlebt hatte im Ghetto von Zbaraż/Galizien. Jakob Littner, geboren 1883, war ein Überlebender der Shoah. Seine Leidensgeschichte beginnt im Jahr 1938. Zuvor war er ein angesehener Briefmarkengroßhändler in München gewesen, ein assimiliert lebender, zutiefst bürgerlicher Jude. Aber weil er einen polnischen Pass besitzt, wird er 1938 verhaftet (eine kurzfristig erlassene NS-Verordnung verfügte die Ausweisung aller Juden polnischer Staatsangehörigkeit nach Polen). Ein erster Deportationszug rollt. Aber Polen weigert sich, die Juden aufzunehmen. Der Zug wird an der Grenze gestoppt, und Littner kehrt kurzfristig nach München zurück. In der Reichspogromnacht am 9. November 1938 wird sein Geschäft zerstört. Er muss sich verstecken, flieht nach Prag, bis der Zweite Weltkrieg ausbricht. Danach beginnt für den knapp 60-Jährigen eine grausame Odyssee durch Südosteuropa, immer auf der Flucht vor Wehrmacht und SS. In Zbaraż bei Tarnopol holt ihn der deutsche Vormarsch ein. Er wird ins Ghetto gesperrt, aber den Vernichtungstransporten kann er entkommen, weil er sich in einem Erdloch verbirgt und geldgierige Nachbarn – zuletzt mit seinem Zahngold – dafür bezahlt, dass sie ihn in seinem Keller verstecken. Als die Rote Armee ihn befreit, empfindet er sein Überleben als göttliches Wunder. Im August 1945 kehrt er nach München zurück und beginnt sofort mit der Niederschrift seines Erlebnisberichtes. Sein Manuskript beendet er am symbolträchtigen Datum 9. November 1945, es hat 183 Seiten und trägt den Titel *Mein Weg durch die Nacht. Ein Dokument des Rassenhasses. Erlebnisbericht, aufgezeichnet von J. Littner*. Der überlebende Jude begibt sich auf die Suche nach einem Verleger in Nachkriegsdeutschland. Dabei wendet er sich an den Münchner Oberbürgermeister Scharnagl. Der ist zwar vorrangig mit dem Wiederaufbau seiner zerstörten Stadt beschäftigt, aber immerhin lässt er antworten: „Der hohe ethische Gehalt" wirke „ebenso versöhnend wie erhebend" und stehe „in einem wohltuenden Gegensatz" zu den vielen vergleichbaren Schriften, „die aus einer Einstellung stärkster Verbitterung gegeben sind". Der Oberbürgermeister spielt auf den Umstand an, dass auf dem Buchmarkt der unmittelbaren Nachkriegszeit bereits viele Opferberichte präsent sind. Die Lizensierungspolitik der Alliierten begünstigt aus Gründen der dem Tätervolk verordneten Re-Education Verlage, die solche Opferberichte ins Programm nehmen. Littner wendet sich an den bekannten Verleger Kurt Desch. Der gibt bei dem Schriftsteller Rudolf Schneider-Schelde ein Gutachten in Auftrag. Das Urteil fällt ernüchternd aus: „Ein sentimental-pathetisch-erbaulicher Erlebnisbericht", der „literarisch ohne den geringsten Wert ist und auch inhaltlich nichts Neues zutage fördert". Die Verlagssuche gestaltet sich schwierig. Zuletzt landet der schicksalsbedingte Gelegenheitsautor bei Herbert Kluger, der seit 1946 einen Kleinstverlag als Ein-Mann-Unternehmen betreibt. Der hatte mit einem Opferbericht einen zwar bescheidenen, später unwiederholten Überraschungserfolg erzielt: mit Arnold Weiß-Rüthels *Durch Nacht und Nebel* (1946), dem Überlebensbericht über eine KZ-Haft in Dachau. Es sollte das einzige Buch aus Klugers Programm bleiben, das eine zweite Auflage erlebte, bis der *Kluger-Verlag* 1950 Konkurs geht. Aber Kluger wird mit Littner handelseinig. Der Verlagsvertrag aus dem Jahr 1947 sieht vor, Littners Text einer „literarischen Bearbeitung" zu unterziehen. Der Autor selber ist zwar von der Überarbeitungsnotwendigkeit seines Textes nicht unbedingt überzeugt, aber weil es ihm wichtiger ist, sein in Stellvertretung der Ermordeten abgelegtes Zeugnis endlich gedruckt zu sehen, stimmt zu. Noch bevor das Buch überarbeitet und schließlich ausgeliefert ist, wandert Jakob Littner nach den USA aus. Der literarische Bearbeiter des Ausgangstextes ist schnell gefunden: Es handelt sich um einen mit dem Verleger Kluger bekannten Schriftsteller, der nach dem ‚Dritten Reich' in Geldnöten steckt: → Wolfgang Koeppen (1906–1996). Der hatte in den ersten Jahren der NS-Herrschaft zwei Romane veröffentlicht, die weitgehend vergessen sind (*Eine unglückliche Liebe*, 1934; *Die Mauer schwankt*, 1935). Zeitweise hatte er im Exil in Holland gelebt, war dann ins Berlin des ‚Dritten Reiches' zurückgekehrt, um schließlich während des Krieges als drittklassiger Drehbuchautor für den NS-Film zu arbeiten. 1948 schlägt sich der 42-Jährige mit Gelegenheitsarbeiten durch. Da kommt der Auftrag Klugers gerade recht. Von der Qualität der Textvorlage des Shoah-Überlebenden ist er genauso wenig überzeugt wie Schneider-Schelde und die übrigen Gatekeeper des deutschen Buchmarkts. Er beschließt, es nicht nur redaktionell zu bearbeiten, sondern weite Teile davon regelrecht neu zu schreiben. So entsteht auf der Folie des authentischen Opferberichtes ein Koeppen-Text, geschrieben von ihm als Ghostwriter und versehen mit einer neuen Überschrift: *Aufzeichnungen aus einem Erdloch*. Veröffentlicht wird der neue Text 1948 aber unter dem Namen des ursprünglichen Autors Jakob Littner. Der sah sich in New York mit einem Text konfrontiert, in dem er den seinen kaum mehr wiedererkannte. Er reagierte erbost und verbittert, mochte sich aber nicht mehr rechtlich gegen die Veröffentlichung wehren. 1950 starb er. Das Buch wird kein großer Erfolg, aber immerhin findet es ein paar wohlwollende Rezensenten. In der *Neuen Zeitung* schreibt Bruno E. Werner: „Ein einfacher, schlichter

Tatsachenbericht aus dem Inferno, fast rührend verwundert, daß es so etwas gibt, bar des Hasses, zuweilen durch ein fast dichterisches Bild ergreifend, das das Leid dem unliterarischen Schreiber eingegeben hat.

Wer ist der Autor? Ein Mann, der Münchnerisch spricht, ein Briefmarkenhändler vom Stachus". Vielleicht war die Frage scheinheilig gestellt und unaufrichtig beantwortet, denn wenn einer damals über die wahre Autorschaft Kenntnis haben konnte, dann Werner: Verleger Kluger ist sein Schwager. Aber die Kritik macht vor allem auf ein sowohl für die Schreibaufgabe des Ghostwriters als auch für die Rezeption der vermeintlich authentischen Opferschrift entscheidendes Problem aufmerksam: Wie konnte Koeppen den Ursprungstext so bearbeiten, dass er ihn a) im Sinne des Auftrags literarisch besser und als solches marktfähiger machte, und b) er dennoch glaubhaft einem schreibunerfahrenen Laien zugeschrieben werden konnte, den nur Leid und Überlebensschuld zum Autor gemacht hatten? Denn eines ist klar: Würde auffliegen, dass der Text nicht von dem authentischen Opfer selbst verfasst wurde, sondern von einem nur mäßig beleumundeten deutschen Schriftsteller, der den Krieg in der NS-Filmwirtschaft ausgesessen hatte, würde das die notorischen Glaubwürdigkeitsprobleme der jüdischen Opfer, ja, ihre Probleme, in der deutschen Nachkriegsgesellschaft überhaupt Gehör zu finden, erheblich verschärfen. Denn häufig genug stoßen die Opferberichte auf Skepsis und Misstrauen des Lesepublikums der unmittelbaren Nachkriegszeit. So sorgt sich der Publizist Heinz Flügel schon 1946 um die sittlich verderbliche Wirkung der Opferberichte auf junge deutsche Menschen: „[...] und die Frage liegt nahe, ob solche Schilderungen nicht womöglich tyrannischen Naturen als Grammatik der Gewaltanwendung und jungen verzweifelten Menschen als Handbuch des Nihilismus dienen können". Hier wird die Verdrängung der Opferberichte geradezu zur volkspädagogischen Maxime erhoben. Deshalb muss Koeppen sehr listig vorgehen und eine sprachliche Täuschungshandlung verrichten, die den Text und seinem behaupteten Autor möglichst keinerlei Zweifel aussetzte.

Man kann dabei mindestens drei Bearbeitungsschichten unterscheiden: I) *Die stilistische Redaktion*: Koeppen glättet und streicht in Littners Text, so wie ein Lektor, um den Autor vor sich selber zu schützen, z.B. wenn dieser sich über die ausbeuterischen Arbeitsbedingungen im Zbarażer Ghetto mit den Worten beschwert: „Selbst ein ostasiatischer Kuli wäre mit dieser Entlohnung kaum zufrieden gewesen". Koeppen streicht ersatzlos. II) *Die Literarisierung*: Koeppen transponiert das Erzähltempus vom behäbigen Präteritum des Originals in ein atemloses Präsens, das die Aufzeichnungen tagebuchähnlich und in eine offene, unbekannte Zukunft hinein geschrieben erscheinen lassen. Zudem rhythmisiert er den Text, stattet ihn mit dem nachmals berühmten Koeppen-Sound der langschwingenden paratatkischen Perioden aus. Ein Beispiel: Littner schreibt über die Fahrt mit dem Deportationszug: „Die Zeit rollte ab, der Zug fuhr und fuhr.

Wohin? Niemand konnte es sagen. Bei jeder Wagentüre saß ein Polizist, der alle 2 Stunden abgelöst wurde". Koeppen, der Ghostwriter, macht daraus: „Wir fuhren in einem Polizeizug. Wir fuhren durch Deutschland. Wir fuhren zwei Tage. Wir fuhren Tag und Nacht. Mal fuhr der Zug schnell, mal fuhr er langsam, mal hielt er stundenlang. Er fuhr nach keinem Fahrplan, oder er fuhr nach einem Fahrplan, den keiner von uns kannte". III) *Ein neues religiöses Deutungsmuster*: Dies ist die gravierendste Veränderung, die Koeppen vornimmt und die Littners Empörung verständlich macht: Aus spannungsdramaturgischen Gründen lässt Koeppen seinen Littner erst im Erdloch zu Gott finden, während der reale Littner religiös ist von Anfang an und seinen Leidensweg als Geschichte von göttlicher Prüfung und Bewährung des Gläubigen konzipiert. Koeppen erklärt sie um in eine Geschichte von der Offenbarung des Gottes und der Bekehrung zum Glauben. Darin konnte sich der reale Littner nicht wieder erkennen.

Als 1992 Koeppens verschwiegene Autorschaft an den *Aufzeichnungen* bekannt wurde, empörte sich die Kritik vor allem an der Schlusspassage: „Ich hasse niemanden. Ich hasse auch die Schuldigen nicht. Ich habe unter ihrer Verfolgung gelitten, aber ich maße mir nicht an, ihr Richter zu sein". Durfte ein deutscher Autor einem überlebenden Juden soviel Edelmut in den Mund legen? Hier sah man ein Entschuldungsbemühen der Täterseite am Werk. Es gehört zu den Überraschungen des Originaltextes, der erst 1999 wieder gefunden wurde, dass der reale Littner offenbar wirklich so versöhnungsbereit war und ein Gottesgericht den Nürnberger Prozessen vorzog: „Nicht Haß zu säen oder billige Sensationen zu kolportieren, soll die Aufgabe dieses Berichtes sein. [...] Nicht wir Menschen haben zu richten. Möchten sich die Herzen doch alle, gleich welcher Rasse und Religion versöhnen!" Koeppen jedenfalls spaltet später die ambivalenten Details dieser Autorschaft aus seiner Erinnerung ab. Er behauptet, keinen Vorlagentext gekannt zu haben. Im Vorwort zur Neuausgabe der *Aufzeichnungen* von 1992 schreibt er: „Ich aß amerikanische Konserven und schrieb die Leidensgeschichte eines deutschen Juden. Da wurde es meine Geschichte".

Literatur

Jörg Döring: „*Ich stellte mich unter, ich machte mich klein*". *Wolfgang Koeppen 1933–1948*. Frankfurt am Main, Basel 2001 • Alfred Estermann: „Eine Art Blankoscheck zur freien literarischen Verwertung" oder „Für mich war Littner eine Leidens- und eine Romanfigur geworden". Wolfgang Koeppen, Jakob Littner und die „Aufzeichnungen aus einem Erdloch". In: Wolfgang Koeppen (Hg.): *Jakob Littners Aufzeichnungen aus einem Erdloch. Roman*. Frankfurt am Main 2002, S. 139–192.

Jörg Döring

Peter Bamm: Die unsichtbare Flagge. Ein Bericht

Erstausgabe: München, Kösel Verlag 1952

Während Curt Emmrich (1897–1975) als Arzt im Berliner Wedding praktizierte, schrieb er unter dem Namen Peter Bamm für die *Deutsche Allgemeine Zeitung* Feuilletons und heitere Betrachtungen, die, zu Büchern gesammelt – *Die kleine Weltlaterne* (1935) und *Der Punkt* (1937) –, sehr populär wurden. 1945 aus britischer Kriegsgefangenschaft entlassen, gehörte er zu den Mitbegründern des *Nordwestdeutschen Rundfunks* (NWDR). 1952 veröffentlichte er den Bericht seines Kriegseinsatzes als Stabsarzt seit 1941 in Russland, der ihn – beglaubigt durch ein Ortsregister – vom Dnjestr zur Krim bis zum sogenannten Kuban-Kopf und schließlich in chaotischem Rückzug nach Ostpreußen führte.

Dieser Bericht wurde in der alten Bundesrepublik sofort zum Best- und auch Longseller.

Wie kaum in einem anderen zeitgenössischen Werk kann man darin die exkulpatorische Verarbeitungsstrategie der Wehrmachtsangehörigen gegenüber dem gerade im Osten mit Verbrechen an der Zivilbevölkerung, russischen Kriegsgefangenen und vor allem Juden kontaminierten Krieg erkennen. Neben der Bekanntheit des Namens und der spezifischen Darstellungsweise war es wohl vor allem der Umstand, dass dessen Deutungen und Rechtfertigungen subjektiv glaubwürdig wirkten, die den Erfolg des Buches bestimmten. Zudem war es das Buch eines Autors, der auf humanistische Bildung Anspruch erhob und dies auch durchweg zu erkennen gab. Entsprechend sind seine Argumentationsmuster. Im Wesentlichen chronologisch angelegt, geht die Darstellung von zwei – nicht kompatiblen – Erklärungen aus. Der einen zufolge, bildungsbürgerlich kommod, ist der Krieg Produkt einer pervertierten Wissenschaft. Mit dem Trost: „Nur eben, die technische Wissenschaft, die den Menschen in ein Stück schmutzige[ ], blutige[ ] Kreatur verwandelt, stammt aus derselben aristotelischen Quelle wie die Wissenschaft, die ihm seine menschliche Würde zurückgibt." Und Letztere steht eben über der titelgebenden und leitmotivisch wiederkehrenden unsichtbaren Flagge, „die Flagge der Humanität." Die andere Erklärung macht die Hybris und zugleich Inkompetenz der Führung für das Desaster verantwortlich, in das die deutsche Wehrmacht geriet. Anfänglich durchaus siegeszuversichtlich, im Gefühl, als Befreier zu kommen, die Russen nicht als Gefangene, sondern hilfswillige, freundliche Kreaturen betrachten, verwandelt sich spätestens mit der Erfahrung von Stalingrad das Bild. Die zitierte Formel → Gottfried Benns von der Wehrmacht als der „aristokratische[n] Form der Emigration" erwies sich als „große Illusion". Hitler, stets nur als „der primitive Mann" apostrophiert, führt in „hysterische[r] Wut" und in „rachsüchtige[m] Sadismus" die Truppe in den Untergang. Ursprünglich habe die durchaus den Fehlern der Führung verständnisvoll gegenübergestanden, in einer „Art Fairneß einer Führung gegenüber, über die der Soldat sich bisher nicht beklagen konnte. Nichts ist je so mißverstanden worden, wie diese Fairneß. Der primitive Mann an der Spitze, dem diese Fairneß zugute kam, hatte von der preußischen Disziplin eine Vorstellung wie ein Zauberer im Kongo von der medizinischen Wissenschaft." Um „den Mythos seiner strategischen Unfehlbarkeit nicht aufgeben zu müssen", häufte er Fehler auf Fehler. „Gleichgültigkeit der obersten Führung gegen das Leben der Soldaten" und „unbeirrbare Inkonsequenz" zerstörten den letzten Rest von Vertrauen. „Diese Fehler ergaben sich mit Notwendigkeit aus den Defekten seines Charakters." Warum aber kämpfte die Truppe dann weiter? Kern der Widerstandskraft „des deutschen Soldaten" sei das nach Stalingrad zunehmende Bewusstsein einer Lage gewesen, „in der er nunmehr sein eigenes Land gegen die Rote Armee verteidigte".

Da jedoch weniger von den Kämpfen gehandelt wird als vom unermüdlichen Einsatz für deren Opfer, gibt die humanitäre Arbeit unter der „unsichtbaren Flagge" eine zusätzliche Legitimation. Was die „Lemuren", was die „Anderen" – wie die Nazis und die SS tituliert werden – immer auch anstellen, in heroischer Stoik tun die Mediziner ihre Pflicht, die von woanders herkommt: „Ich diente unter einer anderen Flagge. Die Konvention des dreizehnten Jahrhunderts, die Konvention der Ritterlichkeit, war abgelöst worden durch die Konvention des zwanzigsten Jahrhunderts". Und so zieht Bamm gegen Ende eine Leistungsbilanz: „Die Kompanie hatte während der vier Jahre eine Marschentfernung von zwölftausend Kilometern zurückgelegt. Auf ihren fünfzig Hauptverbandplätzen waren achttausend Operationen durchgeführt worden."

Nun ist es nicht so, dass es Bamm nur um die Verbrechen des Regimes gegenüber der eigenen Wehrmacht ginge, er spricht auch – auf damals gar nicht so selbstverständliche Weise – die Verbrechen gegenüber Kriegsgefangenen und Juden an. Ziemlich zu Beginn seiner Darstellung berichtet er von den Massakern an Juden in Nikolajew: „Jedermann empfand es als eine Schande, daß die Anderen die von den tapferen Soldaten erkämpften Siege der Armee für ihre Zwecke ausnutzen durften." Von „lodernder Empörung" dagegen sei in der Truppe aber keine Spur gewesen, zu tief hatte sich das „Gift des Antisemitismus" schon eingefressen, die „moralische Korruption" war schon zu weit fortgeschritten. Doch, setzt er hinzu, hätte auch eine gemeinsame Empörung der Truppe gegen die Massaker nichts ausrichten können, sondern nur dazu geführt, diese heimlicher vorzunehmen. Im Übrigen sei die psychologische Situation dadurch erschwert gewesen, dass auch die Sowjets Verbrechen begangen und Juden als Freischärler auf Seiten der Russen teilgenommen hatten. „Dazwischen stand der deutsche Soldat." Später, angesichts der Vergasung von Juden aus Sewastopol in Lastwagen, schreibt er: „Wir wußten das. Wir taten nichts. Jeder, der wirklich protestiert oder etwas gegen das Mordkommando unternommen hätte, wäre vierundzwanzig Stunden später verhaftet worden und verschwunden."

Dagegen nun hält Bamm den immer wieder beschworenen, in immer neuen Szenen illustrierten Kampf unter der „unsichtbaren Flagge". Zudem schildert er in zahlreichen kuriosen, lustigen oder gemütvollen Anekdoten den Kriegsalltag von seinen humaneren, vor allem kameradschaftlichen Seiten. Neben der Kameradschaft – „Wenn eine Handvoll anständiger Männer in einen Krieg hineingerät, läßt ihnen ihr Charakter keine andere Möglichkeit als die der Kameradschaft" – ist es die humanistische Bildung, die als Gegenmittel gegen die Barbarei und Primitivität der „Anderen" wirkt. Ob man nun die ersten zweihundert Verse der *Odyssee* aufsagen kann oder tapfer inmitten des Granatenhagels Bruckners d-Moll-Symphonie am Radio bis zum Ende lauscht, hier erkennen sich die wahren Geister, während „die Funktionäre des primitiven Reiches" allenfalls in der Lage waren, die Manieren der Gebildeten zu imitieren. Man ist, genauer: Man wäre gern, in einem Krieg, der so schon von den Truppen Alexanders – dem Bamm 1965 ein Buch widmen wird – gekämpft wurde, ein Soldat des Abendlands.

Begleitet von tapferen ostpreußischen Krankenschwestern, gelangt man schließlich unter Aufbietung letzter Kräfte, wiederum gegen die Brutalität der „Anderen", aus den Kesseln Ostpreußens. Nach der damals konventionellen Überlegung – „Der zweite Weltkrieg hatte keinen europäischen Mythos hervorgebracht. Vielleicht wird er Europa hervorbringen" – und einer hier eher deplatziert erscheinenden Selbstbeschreibung à la → Ernst Jünger – „Dandies des Nichts" – wird am Ende noch einmal die Schuldfrage in einer versöhnlichen Selbstentsühnung *sub specie aeternitatis* thematisiert, die für sich sprechen mag:

„Es ist keiner von uns ganz schuldig am Ausbruch der Barbarei. Es ist aber auch keiner von uns ganz unschuldig. Wir sollten nicht vergessen, daß die, welche ihr Leben für ihren Nächsten dahingegeben haben, uns unsere Schuld ein wenig leichter tragen lassen. Das Licht, das von ihren Gräbern leuchtet, wirft einen hellen Schein auf den Weg des Menschen in die Zukunft. Die unsichtbare Flagge, unter der sie gefallen sind, ist keine verlorenen Flagge gewesen."

Erhard Schütz

Alfred Andersch: Die Kirschen der Freiheit. Ein Bericht

Erstausgabe: Frankfurt am Main, Frankfurter Verlagsanstalt 1952

Als Alfred Andersch (1914–1980) das Manuskript von *Die Kirschen der Freiheit* dem *Rowohlt Verlag* 1952 anbot, warnte der Lektor Kurt Marek, alias → C. W. Ceram, vor der Gefahr eines „zu erwartenden Misserfolg[s]": Nicht mehr als 70 Exemplare würden sich von dem autobiographischen *Bericht* – wie Alfred Andersch seinen kurzen Band untertitelt hatte – verkaufen lassen. *Die Kirschen der Freiheit* erschien schließlich bei der *Frankfurter Verlagsanstalt* in der Reihe *studio frankfurt*, die nach der vom Autor betreuten, bekannten Nachtsendung des *Hessischen Rundfunks* benannt wurde.

Cerams pessimistische Verkaufsprognose erwies sich bald als unbegründet: Mitten im Kalten Krieg und angesichts der umstrittenen Wiederaufrüstung Westdeutschlands (das Wehrpflichtgesetz trat 1956 schließlich wieder in Kraft) wurde das Buch wegen seines heiklen Themas innerhalb kürzester Zeit zu einem heftig debattierten Gegenstand des literarischen Feuilletons. In der moralischen und intellektuellen Legitimität der Desertion als befreienden Akt der Selbstbestimmung besteht der inhaltliche Kern der Kirschen, die Andersch 1945 erlöst pflückte, als er im Toskanischen Etrurien vor seiner Radfahr-Schwadron floh und sich später den aus Rom heranrückenden Amerikanern ergab. Unter dem deutlich erkennbaren Einfluss des französischen Existenzialismus – → Sartre wird an mehreren Stellen ausführlich paraphrasiert – zielt das Werk ausdrücklich darauf ab, jenen „einzigen Augenblick der Freiheit zu beschreiben", der für Andersch ein „ganz kleiner privater 20. Juli" war.

Die Kirschen der Freiheit gliedert sich in drei Teile. Zunächst schildert der Autor seine Kindheit in München, die von den Kriegsbeschädigungen und dem daraus folgenden, langsamen Tod seines nationalistischen Vaters stark geprägt war. Aus dem geistigen und politischen Elend des familiären Hintergrunds entwickelte sich alsbald Anderschs unüberbrückbarer Abstand zur kleinbürgerlichen, deutschnational geprägten Weltanschauung, die Adolf Hitler seine Wahlerfolge bescheren sollte. Anschließend berichtet er über seinen jugendlichen Aktivismus gegen das Vordringen der Nationalsozialisten: 1932, mit 18 Jahren, wurde er Organisationsleiter des *Kommunistischen Jugendverbandes* (KJVD) Südbayerns. Die Beschreibung seines erwartungsvollen Engagements umfasst artikulierte Reflexionen, die bald die allmähliche Enttäuschung über die Handelsunfähigkeit der Partei erkennen lassen. Tatsächlich sollte es nie zu dem vom Autor angestrebten Bürgerkrieg kommen, nachdem die „Kanalratte" – wie Hitler genannt wird – die Macht übernommen hatte. Stattdessen wurde Andersch wegen seines politischen Engagements zweimal verhaftet und ins KZ Dachau gebracht. Auf diese traumatisierende Gefangenschaft – aus der er dank der Militärverdienste seines Vaters nach wenigen Monaten entlassen wurde – reagierte der Autor mit der „Emigration aus der Geschichte" bzw. mit dem Rückzug in die ästhetische Introversion der Kunst, die ihm bis zu seiner Einberufung ins Militär eine innere Heimat bot.

Der zweite Teil des Berichts, „Die Fahnenflucht", spielt im italienischen Kriegsgebiet, obwohl das Konzept des chronologischen Berichtens, an das sich der Erzähler zu halten versucht, nun aufgegeben wird. Im Rahmen seiner Reflexionen erörtert Andersch seinen gründlichen Abscheu vor den tragenden Säulen des nationalsozialistischen Militarismus: Eid und Kameradschaft. Den Eid erklärt er für „null und nichtig", weil unter Zwang abgenommen. Genauso ungültig ist für ihn die Zwangsvergemeinschaftung mit seinen Kameraden, deren ständige, belästigende Anwesenheit ihn der Voraussetzungen seiner introvertierten Flucht in die Kunst beraubte. Unter diesen Umständen wird seine Desertion am 6. Juni 1944 zu einem unverzichtbaren, sinnstiftenden Entschluss für die existenzielle Freiheit. Im kurzen dritten Kapitel seines Berichts, „Die Wildnis", beschreibt Andersch schließlich die innere Erregung, welche er bezüglich seiner Fahnenflucht inmitten der toskanischen Hügel empfand, und reflektiert dabei über seinen individuellen Erfolg, über die gewonnene Freiheit, nach der am Ende die wilden, herben „Deserteurs-Kirschen" schmecken.

1952 hat *Die Kirschen der Freiheit* neuralgische Punkte der deutschen Kriegsbewältigung berührt und – kaum überraschend – viel Staub aufgewirbelt. Nur in vereinzelten Fällen wurde der Autor als Verräter oder Feigling verurteilt. Die Mehrheit der Rezensenten hob vielmehr sein moralisches Recht zur Desertion hervor. Dennoch gingen nur wenige wie → Heinrich Böll soweit, den radikalen Abscheu vor Kameradschaft und die Gefühllosigkeit gegenüber den ‚verlassenen' Kampfgenossen zu verteidigen. Immer wieder betont wurden von Seiten der Kritik die von Sartre auffällig beeinflussten philosophischen Darlegungen und der Erzählstil, der mehrmals mit dem → Hemingways verglichen wurde. Die „forsche Kahlheit" (Karl Krolow) der Gattungsmischung aus Tagebuch, philosophischem Essay, Autobiographie und Roman wurde als „avantgardistisch" (Armin Mohler), als „modern und doch verständlich" (Wolfgang Weyrauch) rezipiert und trug wesentlich zum raschen literarischen Erfolg des antifaschistischen Schriftstellers bei.

Ausgerechnet Anderschs antifaschistische Legitimation wurde 1993 von W. G. Sebald in Frage gestellt. Mit Bezug auf *Die Kirschen der Freiheit* hat Sebald die Diskrepanz zwischen Anderschs Selbstdarstellung im Bericht und der Scheidung von seiner jüdischen Ehefrau 1943 unterstrichen. Sebalds Vorwurf: Die Trennung sei die Voraussetzung für den heuchlerischen Aufnahmenversuch in die *Reichsschrifttumskammer* (RSK) gewesen. Die darauf folgende Debatte hat dunkle Schatten auf Anderschs Biographie geworfen, die literarische und kulturwissenschaftliche Bedeutung seines Berichts konnte sie nicht mindern.

Literatur

Ulrich Fries, Robert Dulgarian: Moralische Aufrichtigkeit und theoretische Unbekümmertheit: „Die Kirschen der Freiheit" als Ausgangspunkt der schriftstellerischen Entwicklung Alfred Anderschs. In: *The Germanic Review*, 62 (1987) 4, S. 175–185 • E. Mather: „Vielleicht ist unter allen Masken, aus denen man wählen kann, das Ich die beste". Über die Entstehung einer Legende auf der Grundlage einer Autobiografie: Alfred Anderschs „Kirschen der Freiheit". In: *Neophilologus*, 84 (2000), S. 443–455 • W. G. Sebald: Between the devil and the deep blue sea. Alfred Andersch. Das Verschwinden in der Vorsehung. In: *Lettre International*, 20 (1993), S. 80–84 • Stephan Winfried (Hg.): *Materialien zu „Die Kirschen der Freiheit" von Alfred Andersch*. Zürich 2002.

Andrea Rota

Paul Celan: Mohn und Gedächtnis. Gedichte

Erstausgabe: Stuttgart, Deutsche Verlags-Anstalt 1952

1948 erschien in Wien unter dem Titel *Der Sand aus den Urnen* eine Lyriksammlung von Paul Celan (eigentlich Paul Antschel, 1920–1970). Aufgrund mehrerer Druckfehler – so die offizielle Begründung – ließ der Autor das Werk aber sofort einstampfen. Die in ihm enthaltenen 26 Gedichte wurden, dessen ungeachtet, vier Jahre später noch einmal abgedruckt, im Rahmen der Sammlung *Mohn und Gedächtnis*. Die insgesamt 56 Gedichte des Bandes sind in vier Zyklen angeordnet („Der Sand aus den Urnen", „Todesfuge", „Gegenlicht", „Halme der Nacht") und entstanden zwischen 1944 und 1952, d.h. in der Zeitspanne zwischen der Entlassung Celans aus einem rumänischen NS-Arbeitslager – sein Vater starb hier 1942 an Typhus, seine Mutter wurde hier ermordet – und der Übersiedlung des Autors nach Paris, wo er sich 18 Jahre später das Leben nehmen sollte.

Der erste Teil von *Mohn und Gedächtnis* enthält 23 Dichtungen aus der ersten veröffentlichten Sammlung Celans und zwei weitere Gedichte, *Chanson einer Dame im Schatten* und *Spät und Tiefe*. Der zweite Teil des Gedichtbandes besteht aus der weltberühmten *Todesfuge*, die schon 1947 in rumänischer Übersetzung mit dem Anagramm Celan erschienen war. Den dritten Teil bilden 17 Gedichte, die in Paris entstanden, abgesehen von *Auf Reisen*, das aus *Der Sand aus den Urnen* entnommen wurde. Ebenfalls in Paris entstanden die 13 Gedichte, die in den vierten Teil der Sammlung aufgenommen wurden.

In die Entstehungsjahre von *Mohn und Gedächtnis* fallen übrigens entscheidende Ereignisse im Leben des in Czernowitz, dem damals rumänischen Cernăuţi, geborenen jüdischen Autors: Nach der Freilassung aus dem Arbeitslager, wo er in Steinbrüchen arbeitete und Straßen bauen musste, kehrte Paul Antschel in seinen da bereits von sowjetischen Truppen besetzten Geburtsort zurück. Im

April 1945 entschloss sich Celan, nach Bukarest überzusiedeln, wo er sein Studium wieder aufnahm, als Verlagslektor und Übersetzer tätig war und eine erste Reihe von Gedichten verfasste, die vom französischen Symbolismus (A. Rimbaud, P. Verlaine, S. Mallarmé), der deutschen Neuromantik (R. M. Rilke, S. George) und dem europäischen Surrealismus (A. Breton, P. Éluard, R. Char) beeinflusst waren. Das zeigt sich vor allem in der Wahl der unwahrscheinlichen Bildassoziationen und des abrupten Wechsels des Tonfalls. 1947 floh er über Ungarn nach Wien, wo er sich u. a. mit Edgar Jené, Milo Dor und → Ingeborg Bachmann anfreundete. Bevor er 1948 nach Paris flüchtete, führte Celan mit der österreichischen Dichterin eine leidenschaftliche Liebesaffäre, die ihre Spuren in der Sammlung *Mohn und Gedächtnis* hinterlassen haben. 1997 hat Christiane Koschel im Marbacher Celan-Archiv die Kopie der Sammlung entdeckt, die Bachmann von Celan geschenkt bekam. Sie trägt die Widmung „f. D." („für Dich"). Daraus kann geschlossen werden, dass Bachmann die Adressantin der 22 Liebesgedichte von *Mohn und Gedächtnis* war.

Als Celan in Wien die Gedichtzyklen der Sammlung bearbeitete oder schrieb, verabschiedete er sich zugleich vom Symbolismus, der sein Frühwerk kennzeichnete, und begründete nachfolgend eine dialogische Lyrik, die auf der Auseinandersetzung mit realen Situationen und Emotionen beruhte – ein entscheidender Unterschied etwa zur Dichtung → Gottfried Benns, der in seinen *Problemen der Lyrik* (1951) der modernen Lyrik einen monologischen und selbstreflektierten Charakter zuwies, in der die Kategorie der Artistik eine zentrale Rolle spielen sollte.

Erst als die Liebesgedichte der Sammlung zu Ingeborg Bachmann in Verbindung gesetzt werden konnten, wurde das beherrschende Thema der Spannung – die Spaltung zwischen Erinnern und Vergessen, die erst aus der Symbolik des Titels deutlich wird – von den Lesern und Kritikern Celans deutlich erkannt. Einerseits kennzeichnen Traum, Vergessen und Rausch die Sammlung, andererseits das Gedenken an die Gräuel des ‚Dritten Reiches'. Es geht um ein Spannungsverhältnis, eine Mischung aus Freud und Leid, Vergessen und Erinnern, welche die Liebesbeziehung von Celan und Ingeborg Bachmann geprägt hat, eine Herzensaffäre, deren Scheitern angesichts der inneren Zerrissenheit des Lyrikers vorbestimmt war. Der Dialog zwischen Celan, der nur durch ein Wunder der Vernichtung entkommen war, und Ingeborg Bachmann, die unter dem Hakenkreuz aufgewachsen war, war von Anfang an dazu verurteilt, in eine Sackgasse zu geraten. Zu lang, zu grausam war der Schatten der Shoah und des Nazismus. Diese Sackgasse kann man in dem Schweigen erkennen, nach dem das Wort im *Mohn und Gedächtnis* ständig strebt. Dementsprechend prägt ein Hoffnungs- und Befreiungsgefühl die ersten Gedichte aus der Wiener Zeit, während sich das Gedicht *Erinnerung an Frankreich* explizit auf die Inkommunikabilität zwischen den zwei vom NS-Regime unterschiedlich beschädigten Dichtern („Wir waren Tod und konnten atmen") beruft, ebenso wie *Zähle die Mandeln*, das letzte Gedicht des Bandes, das mit der ernüchterten Bitte des Dichters an die Frau endet: „Mache mich bitter. / Zähle mich zu den Mandeln".

Im berühmtesten Gedicht der Sammlung, *Todesfuge*, tauchen die historischen Gründe und Brüche exemplarisch auf, die für die Schwierigkeiten des Weiterlebens nach dem Holocaust verantwortlich gemacht wurden. Wer die Shoah überlebt hat, der kann nur beim Dichten den Versuch wagen, einen Weg zur Versöhnung mit sich selbst und den ermordeten Juden zu finden. Ein utopisches Streben nach Versöhnung prägt deswegen thematisch und stilistisch die Sammlung, die der Schmerz und die Tragik der von Celan erlebten Schrecken des Holocausts durch eine klingende und stark bildliche Sprache ausdrückt, wie z.B. die erste Strophe der *Todesfuge* zeigt: „Schwarze Milch der Frühe wir trinken sie abends / wir trinken sie mittags und morgens wir trinken sie nachts / wir trinken und trinken / wir schaufeln ein Grab in den Lüften da liegt man nicht eng / Ein Mann wohnt im Haus der spielt mit den Schlangen der schreibt / der schreibt wenn es dunkel nach Deutschland dein goldenes Haar Margarete".

Nicht nur individuelle, sondern auch kollektive und kulturelle Brüche drückt die *Todesfuge* aus. Barbara Wiedemann sieht in dem Gedicht ein „Grabmal" für Celans ermordete Eltern; John Festiner bezeichnet es als „das Guernica der europäischen Nachkriegsliteratur". Obgleich Celan in der Nachkriegszeit in diesem Gedicht eine „didaktisch leichtere Aufgabe" erkannte, repräsentiert die *Todesfuge* „ein, ja vielleicht das Jahrhundert-Gedicht", so Wolfgang Emmerich. Wie Hans Egon Holthusen schon 1954 betonte, habe der Dichter mit ihr „der blutigen Schreckenskammer der Geschichte entfliegen" und „in den Äther reiner Poesie" aufsteigen wollen.

Klar ist, dass die poetischen Bilder von *Mohn und Gedächtnis* als Versuch verstanden werden konnten, eine Antwort auf → Adornos Frage zu geben, ob es noch möglich sei, ein Gedicht nach Auschwitz zu schreiben. Zwei Jahre nach der Veröffentlichung des Gedichtbandes stellte der Frankfurter Philosoph diese provokative und oft missverstandene Frage, auf die → Günter Grass später antwortete: „Wir alle, die damals jungen Lyriker der fünfziger Jahre – ich nenne Peter Rühmkorf, Hans Magnus Enzensberger, auch Ingeborg Bachmann –, waren uns deutlich bis verschwommen bewußt, daß wir zwar nicht als Täter, doch im Lager der Täter zur Auschwitz-Generation gehörten [...]; aber auch soviel war uns gewiß, daß das Adorno-Gebot – wenn überhaupt – nur schreibend zu widerlegen war". Von nichts anderem war Celan überzeugt.

Adorno selbst nahm später indirekt Bezug auf den Autor der *Todesfuge* und präzisierte sein Barbarei-Verdikt selbstkritisch: „Das perennierende Leiden hat soviel Recht auf Ausdruck wie der Gemarterte zu brüllen; darum mag falsch gewesen sein, nach Auschwitz ließe kein Gedicht mehr sich schreiben. Nicht falsch aber ist die minder kulturelle Frage, ob nach Auschwitz noch sich leben lasse, ob vollends es dürfe, wer zufällig entrann und rechtens hätte umgebracht werden müssen."

Diese Frage wurde theoretisch von Celan in den zwei berühmten Dankreden wieder aufgegriffen, die er anlässlich der Verleihung des Literaturpreises der Freien Hansestadt Bremen 1958 und der Verleihung des Georg-Büchner-Preises 1960 hielt. In seiner Bremer Rede verwies Celan auf seine Herkunft aus einer untergegangen Kulturlandschaft und betonte die Wichtigkeit des Schreibens bzw. des „Wortes", um nach Auschwitz weiterzuleben, da der Dichter „mit seinem Dasein zur Sprache geht, wirklichkeitswund und Wirklichkeit suchend". Der Suche nach der Wahrheit liegt hier die Notwendigkeit einer Dichtung nach der Shoah zugrunde, die Celan in seiner Antwort auf eine Umfrage der Pariser *Librairie Flinker* unterstrich, als er das gebrochene Verhältnis der deutschsprachigen Lyrik zur Tradition in Erwägung zog. Nach Celan ist die Sprache der Lyrik „nüchterner, faktischer geworden, sie misstraut dem ‚Schönen', sie versucht, wahr zu sein. Es ist also [...] eine ‚grauere' Sprache, eine Sprache, die [...] nichts mehr mit jenem ‚Wohlklang' gemein hat, der noch mit und neben dem, Furchtbarsten mehr oder minder unbekümmert einhertönte." Diese „grauere Sprache" sollte man, wie Derrida in seiner *Hommage* an Celan schrieb, „beschneiden", um einen Weg zu einer überzeugenden Poetisierung der Shoah zu finden.

Um das Lyrische Ich nach Auschwitz geht es auch in der *Meridian*-Rede, in der Celan mit Blick auf Büchners Novelle *Lenz* u. a. das der Kunst innewohnende Unheimliche und ihre Historizität zu erklären versucht, die er in dem „20. Jänner" erkannte. Es geht um ein Datum, das sich auf den Anfang von *Lenz* beruft und dem die Geschichte des 20. Jahrhunderts eine ganz spezifische und zivilisationsbruchstückhaftige Bedeutung verliehen hat. Der 20. Jänner 1942 ist der Tag der Wannsee-Konferenz, auf der die ‚Endlösung der Judenfrage' beschlossen wurde. In jedem Gedicht sei nach Celan ein bestimmter historischer Hintergrund – ein 20. Jänner – inskribiert, der die Dichtung nach Auschwitz legitimiere. Daher gelte für das Gedicht: „Es bleibt seiner Daten eingedenk, aber – es spricht". Ausdrücklich hat Celan darüber hinaus das Gedicht „ein verzweifeltes Gespräch" genannt, das dem Verstummen abgerungen werden kann.

Auch diese zwei Redebeiträge zeigen, dass die Shoah nach *Mohn und Gedächtnis* zum einzigen und beherrschenden Thema Celans Dichtung wurde. So verdichten beispielsweise in *Sprachgitter* (1959) die Gedichte des ersten Teils der Sammlung („Stimmen") und in verschlüsselter Weise auch die des letzten Teils des Bandes („Engführung") die Erinnerung an die Ermordeten. Darüber hinaus steht die Shoah auch in die Sammlung *Die Niemandsrose* (1963) im Vordergrund, so in den Gedichten *Es war Erde in Ihnen*, *Die Schleuse*, *Chymisch*, *Eine Gauner-*

und Ganovenweise, Radix Matrix, Mandorla, Benedicta und *Hüttenfenster*. Die unheilbare Wunde der vom Autor – und bis zum letzten Grauen von seinen Eltern – erlebten Shoah bleibt bis zuletzt, bis zu den späten Gedichten *Singbarer Rest, Fadensonne* oder *Die nachzustotternde Welt* Celans Thema.

Literatur

Theodor W. Adorno: Negative Dialektik. In: *Theodor W. Adorno. Gesammelte Schriften*. Bd. VI. Hg. von Rolf Tiedemann. Frankfurt am Main 1997 • Paul Celan: *Der Meridian und andere Prosa*. Hg. von Beda Allemann und Stefan Reichert. Frankfurt am Main 1983 • Jacques Derrida: *Shibboleth: für Paul Celan*. Hg. von Peter Engelmann. Graz, Wien 1986 • Wolfgang Emmerich: *Paul Celan*, Reinbek 1999 • John Festiner: *Paul Celan. Eine Biografie*. München 1997 • Günter Grass: *Schreiben nach Auschwitz*. München 1990 • Hans Egon Holthusen: Fünf junge Lyriker (II). In: *Merkur*, 8 (1954), S. 385–390 • Barbara Wiedemann: Nachwort. In: *Paul Celan. Todesfuge und andere Gedichte: Text und Kommentar*. Hg. von Barbara Wiedemann. Frankfurt am Main 2004.

Raul Calzoni

Hans Hellmut Kirst: Null-Acht Fünfzehn. Roman-Trilogie

Erstausgaben: Bd. 1: *Null-Acht Fünfzehn in der Kaserne. Die abenteuerliche Revolte des Gefreiten Asch*. Wien, München und Basel, Verlag Kurt Desch 1954; Bd. 2: *Null-Acht Fünfzehn im Krieg*. Wien, München und Basel, Verlag Kurt Desch 1954; Bd. 3: *Null-Acht Fünfzehn bis zum Ende. Der gefährliche Endsieg des Gefreiten Asch*. Wien, München und Basel, Verlag Kurt Desch 1955

Hans Hellmut Kirst (1914–1989) war mit insgesamt ca. 60 Büchern nicht nur einer der Vielschreiber nach 1945, sondern auch ein ausgesprochener Bestsellerautor. Insbesondere seine Trilogie *Null-Acht Fünfzehn* von 1954/55, deren erster Teil 1953 in der *Neuen Illustrierten* (Köln) vorabgedruckt worden war, war mit einer deutschen Gesamtauflage von über zwei Millionen außerordentlich erfolgreich und wurde in 24 Sprachen übersetzt. Ähnlich erfolgreich war die Verfilmung in der Regie von Paul May noch im Erscheinungsjahr des Romans, die zu „einem der größten deutschen Kassenerfolge der 50er Jahre" wurde (*Lexikon des internationalen Films*). Ihr folgten zwei nicht mehr ganz so erfolgreiche Sequels.

Die Trilogie, deren Titel sich auf eine militärische und alltagssprachliche Formel für Routine oder Durchschnittlich-Mittelmäßiges bezog, war, wie auch andere Romane Kirsts zuvor, im *Verlag Kurt Desch* erschienen, der etwa die Werke von → Hans Werner Richter, → Theodor Plievier, → Ernst Wiechert, aber auch Albert Camus oder → Bertolt Brecht (*Dreigroschenroman*, 1949) herausbrachte.

Es sei dies, so ein Zitat von Kirst im Klappentext des ersten Bandes, keine Kriegsliteratur, sondern ein „Kasernenhof-Roman". Tatsächlich handelte nicht nur der erste Band noch in formalen Friedenszeiten 1938, sondern auch die beiden anderen, angesiedelt im Winter 1941 und Frühjahr 1945, schilderten kaum eigentliche Kriegshandlungen.

Kirst, seit 1933 Berufssoldat, war während des Zweiten Weltkriegs zum Oberleutnant befördert worden und seit Sommer 1944 Nationalsozialistischer Führungsoffizier (NSFO) und Lehrer für Kriegsgeschichte u. a. an einer Flakartillerieschule im Bayerischen. Sein dortiger Vorgänger, Franz Josef Strauß, nachmaliger bayerischer Ministerpräsident und bundesrepublikanischer Verteidigungsminister, hatte 1945 als Vorsitzender einer Spruchkammer zur Entnazifizierung nicht nur dafür gesorgt, dass Kirst zwei Jahre Schreibverbot erhielt, sondern ihn gerade wegen der antimilitaristischen Tendenz seiner Trilogie immer wieder öffentlich angegriffen, so dass der Roman zunächst von zahlreichen Buchhändlern boykottiert wurde. Zudem galt er der zeitgenössischen Kritik als Trivial- oder Unterhaltungsliteratur (→ Hans Hellmut Kirst: *Keiner kommt davon*, 1957). Und die Auseinandersetzung mit ihm war denn auch eher eine mit dem Phänomen als mit literarischen Qualitäten. Die Behauptung eines Mangels an literarischer Qualität dient ja nicht selten als Vorwand für ideologische Vorbehalte, hier aber ist die Kritik durchaus berechtigt – übrigens hat Kirst dem selbst seinerzeit zugestimmt –, wenngleich unbeschadet dessen das Phänomen gerade auch des Erfolgs besonders interessant ist. Zeitgenössisch hat man wahlweise die Sprache – eine Mixtur aus Illustriertendeutsch und Landserjargon –, die Konstruktion oder das Changieren zwischen satirischen, komischen und tragischen Elementen kritisiert. Michael Kumpfmüller hat ihn „eine Sittenkomödie gegen den Ungeist des alten und neuen Militarismus" genannt. Dabei stand zeitgenössisch durchaus noch in Frage, ob Kirst tatsächlich auch den ‚Staatsbürger in Uniform' der neuen Wiederbewaffnung oder nicht doch nur den sturen Kommiss, Bürokratismus und Drill des deutschen Militarismus vor 1945, ja, nicht sogar lediglich den von 1939 kritisieren wollte, der den deutschen Soldaten an einer ‚sinnvollen Tätigkeit' hinderte. Wenn er einen ‚neuen' Militarismus kritisierte, dann mit Gewissheit im dritten Band den der amerikanischen Besatzungsmacht, die im allfälligen Stereotyp der Nachkriegszeit als einfältig, bürokratisch stur und katastrophal in ihren Fehlentscheidungen, etwa mit hochrangigen Nazis zu kooperieren und Nichtnazis einzusperren, spöttisch oder aggressiv verhöhnt zu werden pflegte – so etwa in Hans Venatiers *Der Major und die Stiere* (1953), → Hans Werner Richters *Linus Fleck* (1959) oder → *Der Fragebogen* (1951) von Ernst von Salomon, der auch – doch das nur nebenbei – die Drehbücher zur *Null-Acht Fünfzehn*-Reihe von Paul May verfassen sollte.

Der erste Band – angesiedelt 1938 in einer kleinen deutschen Garnisonsstadt – spielt die Wirkungen des Kasernendrills aufs Gemüt der Soldaten durch, wie deren stumpfsinniges Freizeitverhalten zwischen Besäufnissen und Liebeleien. Die spöttisch-satirische Beschreibung des Kasernenhofmilieus gilt einem Spektrum von Figuren, darunter etwa der autoritär-untertänige Typus Wachtmeister Platzek, genannt „Schleifer-Platzek", dessen ständige Schikanen den Anstoß für einen Selbstmordversuch des sensiblen, intellektuellen Kanoniers Vierbein, der eigentlich Musiker werden wollte, bilden. Der mit ihm befreundete Gefreite Asch – der Name eine eher plumpe Anspielung auf den sprichwörtlichen ‚Schützen Arsch' – bewahrt ihn durch Schläge vor dem Suizid, was der „Spieß" als Abreibung für den Schwächling Vierbein missversteht und Asch dafür lobt. „Der also Gelobte sah ihm lange nach. ‚Und du bist der nächste', sagte er leise. Damit begann die abenteuerliche Revolte des Gefreiten Asch." Asch subvertiert fortan das hirnlose Drillsystem durch Überanpassung und buchstäbliche Anwendung der Vorschriften. Am Ende wird er dafür sogar noch zum Unteroffizier befördert. Der „Schlachtfeldkasernenhofhengst" mit seiner „Alltagsschikane zur sogenannten Förderung der Manneszucht" ist hier durchweg mehr Gegenstand von Spott und Verachtung denn Zweck und Realität des Krieges selbst. Das mündet daher immer wieder in breit ausgemalte Darstellungen bürokratischer Paralysen, dumpfer Besäufnisse oder Dilemmata zwischen Dienst und Freizeit, Beruf und Begehren, wenn etwa Leutnant Wedelmeyer der ihn zu verlocken suchenden Frau eines Untergebenen erklärt: „Wo ich auch hinschaue, ich sehe überall Uniformen. Deutschland ist voll davon. Und zu jeder Uniform gehört ein Mädchen, und jedes Mädchen gehört zu einer Uniform. Die einen gehören zu meinen Untergebenen, die anderen zu meinen Vorgesetzten".

Im zweiten Band sind Asch und Vierbein befördert, beide befinden sich in Russland, wo Vierbein zum erfolgreichsten Geschützführer des Regiments wird, am Ende aber sterben muss. Darin wird ein ‚anderes Deutschland' beschworen, das jedoch – abgesehen von Freitag, einem alten Sozialisten und KZ-Häftling – völlig vage bleibt, wie die Schlusssätze: „‚Es muß ein anderes Deutschland geben, für das es sich zu sterben lohnt.' ‚Mensch!', sagte Kowalski. ‚Vielleicht gibt es sogar einmal ein Deutschland, in dem es Spaß macht zu leben!'"

Im dritten Band ist dann Deutschland Kampfgebiet. Asch, nun Leutnant und Führer einer Batterie, erlebt die Ohnmacht gegenüber der amerikanischen Übermacht, die überall nationalsozialistische Machenschaften wittern, aber z.B. auf die Anbiederung vormals gehorsamer Nazi-Schergen wie Oberleutnant Schulz hereinfällt, während die Braven unter falschen Verdächtigungen leiden müssen. So kommt es gar zu einer Widerstandsaktion, indem eine Gruppe von Soldaten den inhaftierten, aber tadellosen Generalmajor Luschke befreit, der denn auch einsieht, dass er für die falsche Sache kämpfte ...

Dieser Band hat gewissermaßen zwei Enden. Das eine, im Gebet eines Pfarrers, schließt: „‚[...] damit die Menschen endlich wissen, was sie nie wieder tun dürfen. Niemals wieder! So ist es. Ist es so, o Herr?' Und er vernahm keine Antwort." Untertitelt „Ende." Darauf aber folgt noch – „An Stelle eines Nachwortes" – eine Rede des Hauptmanns a.D. Schulz, die endet: „Wir grüßen unsere Helden des großen Krieges in Ehrfurcht und Anerkennung – sie haben das Abendland vor dem Untergang bewahrt. Wir neigen uns vor unseren gefallenen Kameraden und geloben ihnen: Wir werden das Werk fortsetzen."

War Kirst in der Bundesrepublik auf zwiespältige Kritikerurteile gestoßen, so hatte man in der DDR die beiden ersten Bände durchaus freudig begrüßt. Der dritte Band mit seiner Botschaft, dass es nichts gebe, das irgend Krieg rechtfertige, wurde hingegen mit Befremden aufgenommen und führte zu Eiertänzen der Umbewertung.

Die argumentative Schwäche des Romans als zugleich Grundlage seines identifikatorischen Massenerfolgs in der Kombination von Unlustgefühlen am Krieg und Lustgefühlen der Rache und Renitenz hat Karl August Horst seinerzeit im *Merkur* prägnant gefasst: „Unter dem Deckmantel der Stimmung ‚Nie wieder Kommiß' kann der Drückeberger dem überzeugten und aktiven Pazifisten die Hand reichen, und es stört ihn kaum, wenn ein ehemaliger Führungsoffizier seinem Empfinden Ausdruck verleiht."

Literatur

Karl August Horst: Hase und Igel. In: *Merkur*, 8 (1954), S. 1089ff. • Michael Kumpfmüller: Ein Krieg für alle und keinen. Hans Hellmut Kirst: „08/15" (1954/1955). In: *Von Böll bis Buchheim. Deutsche Kriegsprosa nach 1945*. Hg. von Hans Wagener. Amsterdam, Atlanta 1997, S. 249–263.

Erhard Schütz

Gert Ledig: Vergeltung. Roman

Erstausgabe: Frankfurt am Main, S. Fischer Verlag 1956

Gert Ledig (1921–1999) hat ein Leben von beinahe biberkopfscher Qualität geführt: Schon früh erlebt er die Trennung seiner Eltern, als Jugendlicher den Suizid von Tante, Großmutter und Mutter. 1939 meldet sich Ledig freiwillig zur Wehrmacht. Er nimmt am Frankreichfeldzug teil, wird zum Unteroffizier befördert und geht 1941 an die Ostfront, wo er kurzzeitig in ein Strafbataillon versetzt wird; vor Leningrad verliert er im Sommer 1942 zwei Finger der rechten Hand, zudem wird sein Unterkiefer demoliert, was ihn in späteren Jahren daran hindern wird, selbst aus seinen Texten – etwa aus *Die Stalinorgel* (1955), seiner literarischen Verarbeitung des Fronterlebnisses – vorzutragen.

1942 wird er nach Deutschland zurückgeschickt, wo mit der Intensivierung des Bombenkriegs bereits die nächsten Schrecken warten. Während Ledig sich zum Schiffbauingenieur ausbilden lässt, wird er Augenzeuge mehrerer Luftangriffe, darunter des Bombardements von München im Juli 1944, das, folgt man Volker Hages Nachwort in der Neuausgabe, die Vorlage für seinen zweiten Roman bilden wird.

Auch später bleibt das Leben Ledigs nicht ohne Volten: Nach Kriegsende tritt er der KPD bei, arbeitet als Holzfäller und Gerüstbauer, gründet eine eigene Werbeagentur (die schnell Bankrott geht), dolmetscht zwischen 1951 und 1953 für die US-Armee – und wird danach freier Schriftsteller. Ähnlich wie bei → Wolfgang Koeppen bleibt es auch für Gert Ledig beim einmaligen Hattrick: Neben einigen politisch ambitionierten Hörspielen erscheinen in rascher Folge zwischen 1955 und 1957 drei Romane: *Die Stalinorgel*, *Vergeltung* und *Faustrecht*. Nur der erste wird ein Erfolg – und auch das nicht ohne Umstände: Bevor *Die Stalinorgel* bei *Claassen* erscheint, lehnen mehr als 50 Verlage das Manuskript mit dem Arbeitstitel „Inferno" ab; dann jedoch geht alles ganz schnell: Innerhalb weniger Monate ist die Erstauflage vergriffen, es folgen Übersetzungen in mehrere Sprachen, und Ledig findet sich dank enthusiastischer Kritiken, die *Stalinorgel* als den „bisher stärkste[n] Kriegsroman von deutscher Seite" (*Die Zeit*) und als „hochbegabte[s] Erstlingswerk" (*Frankfurter Hefte*) loben, „in der vordersten Reihe der deutschen Gegenwartsliteratur" (Eigenwerbung des Verlags).

Es hätte der Beginn einer vielversprechenden Karriere sein können, doch sein zweiter Roman, für den Ledig schon seit 1954 einen Verleger gesucht hatte, findet bei seinem Lektor bei *Claassen* keine Gnade: „Es ist unsere Meinung hier, daß das Ms. [Manuskript] Vergeltung nicht gelungen ist und auch nicht gerettet werden kann, weil es Grauen auf Grauen häuft und keinen menschlichen Rest bestehen läßt, dem zuliebe der Leser das Grauen auf sich nimmt." Als *Vergeltung* dann 1956 bei *S. Fischer* erscheint, folgt die öffentliche Reaktion der internen des Verlags. Die Kritik verwirft den Stil, den sie bei *Die Stalinorgel* kurz zuvor noch gelobt hatte: *Vergeltung* sei eine „makabre intellektuelle Spiegelung ohne Engagement", „unnütz und preziös" (*Wort und Wahrheit*), „saurer Kitsch" (Hans Egon Holthusen), ein „Gruselkabinett mit Bomben" (*Rheinischer Merkur*), oder in leichter Paraphrase: eine „dadaistische Schreckenskammer" (*Merkur*), voller „haarsträubend drastische[r] Schilderungen" (*Der Standpunkt*), die einem „nicht stubenreine[n] Kitzel" (*Rheinischer Merkur*) dienten, der Roman verlasse, kurzum, „den Rahmen des Glaubwürdigen und Zumutbaren" (*Die Zeit*).

Nach diesem Fiasko versucht sich der Autor nur noch ein weiteres Mal an der Literatur: 1957 erscheint *Faustrecht* im Münchner *Desch-Verlag*; auch dieser Roman fällt beim Publikum und der Kritik durch. Danach zieht sich Gert Ledig komplett aus dem Geschäft zurück: Er schreibt kleinere journalistische Texte, eröffnet

1963 ein Ingenieurbüro und eine Agentur für technische Nachrichten, und lebt zuletzt, vom Publikum, dem Feuilleton und der Wissenschaft vollkommen vergessen, in Utting am Ammersee. Seinen späten Erfolg erlebt er nur noch im Anfang – Ledig stirbt 1999, kurz vor der Wiederveröffentlichung der *Stalinorgel*.

So sehr das Verschwinden Gert Ledigs aus der deutschen Gegenwartsliteratur angesichts der unbezweifelbaren Qualität zumindest der ersten beiden Romane frappierte, so plötzlich und fulminant war seine Wiederentdeckung – als Kollateraleffekt der Debatte um den Luftkrieg, die durch W. G. Sebalds Vorlesung zu *Luftkrieg und Literatur* im deutschen Feuilleton geführt wurde: Sebalds Hypothese, das Erlebnis des alliierten Bombenkriegs bilde eine Tabuzone im kollektiven Gedächtnis der Deutschen, wird in zahlreichen Beiträgen in Magazinen und Medien aufgenommen und von Volker Hage (der Ledig mit Hilfe der Telefonauskunft schließlich wieder aufspüren wird) im *Spiegel* unter der Überschrift *Feuer vom Himmel* öffentlichkeitswirksam zugespitzt: Für Hage ist die Sebald-Debatte das Indiz für einen kulturellen und erinnerungspolitischen Bruch, für das Ende der Ausgrenzung eines ebenso schmerzvollen wie wesentlichen Aspekts der jüngeren deutschen Geschichte aus dem Feld der Kultur, mit dem Effekt, dass „die deutsche Nachkriegskultur überhaupt erst beginnt – zum Jahrhundertende, zur Jahrtausendwende."

Tatsächlich fehlt in kaum einer Besprechung der wiederentdeckten Romane Ledigs der Hinweis auf die Sebald-Debatte, auf den vor allem *Vergeltung* impliziten Tabubruch, der die negative Aufnahme damals wie die positive des gegenwärtigen Erfolgs erkläre – und das wohl zu Recht: Die eigentümlich empathiefreie literarische Sprache Ledigs, die jede sentimentale Regung, jede verklärende oder heroische Geste tilgt, mochte als Reflex eines Schreckens, der an die Front – also in die Fremde – projizierbar war, noch akzeptabel sein; ihre Skandalwirkung resultierte jedoch aus dem Versuch, sie in den Raum des Eigenen, die Heimat, zu applizieren, in die unmittelbare Vorgeschichte einer Gesellschaft, die mit allem Nachdruck ihre Verwerfungen in kultureller Idyllik kompensierte. Unterstellt man, dass die bundesdeutsche Gesellschaft der fünfziger Jahre nicht zuletzt dadurch funktionierte, dass sie ihre nachhaltige Modernisierung durch eine Rhetorik des Bewahrens balancierte, erklärt durchaus das Unbehagen an einem Text, der ausnehmend schonungslos auf die blinden Flecken dessen hinweist, was da zu bewahren sei.

Denn schon der Titel bezeichnet eine moralische Koordinate, die den Leser nicht ausspart. *Vergeltung* schildert – auf 190 Seiten 69 Minuten erzählter Zeit – den Bombenangriff auf eine nicht näher bezeichnete deutsche Stadt. Eigentlich ein Paradebeispiel zeitdehnender Narration, würde der Erzähler sich nicht bemühen, in atemloser Reihung nüchterner Parataxen das Ganze des Geschehens einzufangen. Zugleich enthält er sich jeder Sinnstiftung durch die Überschau in der

Totalen; vielmehr schildert der Text ein chaotisches Durcheinander. Er besteht im Grunde aus einer einzigen, langen Parallelmontage (auf die quasifilmische Schreibweise verweisen schon zeitgenössische Kritiker, wenn sie, wie im *Rheinischen Merkur*, Ledig als „literarische[n] Cutter und Monteur" bezeichnen), die gelegentlich von kursiv gesetzten biographischen Skizzen unterbrochen wird: Selbstepitaphen von Protagonisten kurz vor oder nach ihrem Tod, die bis auf wenige Ausnahmen sämtlich mit einem „Ich" beginnen. Sie bilden einen Kontrast zur fast klinisch distanzierten Deklination von Todesarten im übrigen Text, heben jene jedoch nicht auf: Wenn die Biographien den Protagonisten Individualität zuschreiben, dann stets unter dem Vorzeichen ihrer Zerstörung.

Die steht im Zentrum: Ledigs Figuren fehlt das Potenzial zu Entwicklung oder Initiative; sie sind nur Material der multiperspektivisch gezeichneten, jeden Zusammenhang zerstörenden Gewaltmaschinerie des Bombenangriffs. Der Erzählfokus oszilliert zwischen verschiedenen Höhenlagen, fokussiert mal die Bomberflotte (und den Fallschirm eines abgeschossenen Bomberpiloten), mal die Flaktürme, Straßen und Häuser, schließlich auch die Keller: das Sterben durch die Luftabwehr, durch Bomben zerrissene und verbrannte Körper an der Oberfläche, das Ersticken und Verschüttetwerden darunter. Der im engeren Sinn einzige Akteur ist der Tod, den Ledig ohne jede moralische Bewertung schildert, unter Verzicht auf jeden legitimierenden Sinn. Und deutete die fehlende Bezeichnung der bombardierten Stadt schon am Anfang des Romans auf die Verallgemeinerbarkeit des Geschehens, wird es am Schluss über das Romanende hinaus verlängert: „Gott mit uns. Aber mit den anderen war er auch. In der siebzigsten Minute des Angriffs lösten die Zielgeräte der dritten Welle vierzig Luftminen aus. [...] Bomben rissen in einer Kirche Christus vom Kreuz, im Keller des Entbindungsheims den Säuglingen die weiche Haut vom Kopf, irgendwo einer Frau die gefalteten Hände auseinander [...]. Nach der siebzigsten Minute wurde weiter gebombt. Die Vergeltung verrichtete ihre Arbeit. Sie war unaufhaltsam. Nur das Jüngste Gericht. Das war sie nicht."

Der explizite Verzicht, das geschilderte Grauen in Sinn aufzuheben, bildete den eigentlichen Skandal und ist das Verdienst dieses Romans. Er folgt konsequent einem kathartisch poetologischen Konzept, Ansprüche an Moral, Erziehung und Sinn dem Text auszulagern und sie stattdessen als Lektüreeffekt zu erhoffen. *Vergeltung* ist, wie Ledig es 1960 in *Konkret* formuliert, *gefährliche Literatur*: „Man erzieht Menschen nicht dadurch zu korrektem Aussehen, indem man die Spiegel verhängt, sondern dadurch, daß man sie mit Spiegeln umgibt. Deshalb ist die Methode der gefährlichen Literatur eine Darstellung der unangenehmen Tatsachen mit erzieherischer Wirkung."

Literatur

Volker Hage: Die Angst muß im Genick sitzen. In: *Der Spiegel*, 1/1999 (4. 1. 1999), S. 160–164 • Volker Hage: „Die Literatur ist dazu da, das Leiden der Menschen zu zeigen". Interview mit Marcel Reich-Ranicki. Auf: *Spiegel Online*, 24. 7. 2003: http://www.spiegel.de/kultur/gesellschaft/0,1518,258376,00.html (Stand: 1. 3. 2013) • Volker Hage: Feuer vom Himmel. In: *Der Spiegel* 3/1998, S. 138–141 • Gert Ledig: Gefährliche Literatur. In: *Konkret*, 7/1960 (1. 4. 1960) • Christian Schulte: Gert Ledig. In: *Kritisches Lexikon zur deutschsprachigen Gegenwartsliteratur*. Hg. von Heinz Ludwig Arnold. München 2001, S. 69 • W. G. Sebald: *Luftkrieg und Literatur*. München, Wien 1999 • Gregor Streim: Der Bombenkrieg als Sensation und als Dokumentation. Gert Ledigs Roman „Vergeltung" und die Debatte um W. G. Sebalds „Luftkrieg und Literatur". In: *Krieg in den Medien*. Hg. von Heinz-Peter Preußer. Amsterdam, New York 2005, S. 293–312.

Henning Wrage

Die Brücke

Regie: Bernhard Wicki
Drehbuch: Michael Mansfeld, Karl-Wilhelm Vivier, Bernhard Wicki, nach dem gleichnamigen Roman von Manfred Gregor (i. e. Gregor Dorfmeister) • Erstausgabe der Romanvorlage: München, Verlag Kurt Desch 1958 • Kamera: Gerd von Bonin • Musik: Hans-Martin Majewski • Produktion: Fono-Film, Berlin • UA: 22. 10. 1959, Mannheim • Länge: 103 Min., s/w. • Darsteller: Folker Bohnet, Fritz Wepper, Michael Hinz, Frank Glaubrecht, Volker Lechtenbrink, Cordula Trantow, Karl Michael Balzer, Frank Glaubrecht, Günther Hoffmann, Günter Pfitzmann

Im Zeitraum zwischen dem mit der Gründung der beiden deutschen Staaten 1949 einhergehenden Ende der vielversprechenden, jedoch kurzen Phase des „Trümmerfilms" und der Bekanntgabe des *Oberhausener Manifests* im Februar 1962 hat der westdeutsche Autorenfilm nicht sonderlich viel vorzuweisen. Auf diese Tatsache hat die Forschung bereits hingewiesen. Betont wurden auch die Kontinuität mit dem Nazifilm in der Produktion, Konzeption und auch in der Auswahl der Darsteller, die systematische Verdrängung der deutschen Vergangenheit, insbesondere des Holocaust, die Schilderung einer fiktiven, heilen Welt durch Heimatfilme, die Kontrolle und Bevormundung auch mittels Lizenzvergaben seitens der Besatzungsmächte (vor allem der USA), die den westdeutschen Markt als wichtigen Absatzmarkt für ihre Filme ansahen. In diesem eher desolaten Panorama zeichnen sich einige wenige Ausnahmen ab – eine der wichtigsten ist sicherlich Bernhard Wickis *Die Brücke* aus dem Jahre 1959.

Der Film wurde im In- und Ausland mehrfach ausgezeichnet und 1960 für den Oscar als bester ausländischer Film nominiert – was damals jedoch keine Seltenheit war (zwischen 1957 und 1960 war jedes Jahr ein westdeutscher Film unter den Nominierten zu finden, von denen freilich keiner den Oscar gewann). Der *Brücke* diente der gleichnamige, 1954 verfasste und erst nach wiederholten Absagen 1958 veröffentlichte, eher mittelmäßige Antikriegsroman von Manfred Gregor als Vorlage. Wicki hatte zuvor seinen interessanten Erstling gedreht zum damals hochaktuellen Thema Jugend (*Warum sind sie gegen uns?*, 1958), womit der Regisseur sein reges Interesse an sozialen Konflikten bewiesen hatte. Bekannt war er jedoch vor allem, weil er in zahlreichen (Kriegs-)Filmen der fünfziger Jahre mitgewirkt hatte: *Die letzte Brücke* (1954), *Kinder, Mütter und ein General* (1955), *Es geschah am 20. Juli* (1955, hier in der Rolle von Claus von Stauffenberg) – alles Filme, die typisch für die Darstellung der Kriegsthematik im westdeutschen Film der fünfziger Jahre sind: als Legitimation der Wiederbewaffnung der Bundesrepublik, als Rehabilitation der anständig gebliebenen Soldaten und Offiziere des Zweiten Weltkriegs, als psychische Entlastung in Form von Verharmlosung und Verklärung des Krieges. Vor diesem Hintergrund fällt *Die Brücke* wegen seiner kompromisslosen Verurteilung des Kriegs und der Ideologie, die zu diesem Krieg geführt hat, besonders auf, wohl als ausdrückliche Reprise ähnlicher epochemachender Antikriegsfilme zum Ersten Weltkrieg – wie Lewis Milestones *All Quiet On the Western Front* (1930), der bei Wicki im Abspann nahezu wörtlich zitiert wird („Das geschah am 27. April. Es war so unbedeutend, daß es in keinem Heeresbericht erwähnt wurde"), oder Georg Wilhelm Pabsts *Westfront 1918* (1930).

Die im Vergleich zu Gregors Romanvorlage sowohl in der Fabel als auch in der Struktur und im Erzählstandpunkt stark vereinfachte Handlung lässt sich kurz zusammenfassen. Sieben sechzehnjährige junge Männer, die in einem bayerischen Dorf wohnen, werden zu ihrer großen Begeisterung im April 1945, kaum zwei Wochen vor der bedingungslosen Kapitulation Nazi-Deutschlands, zum Kriegsdienst eingezogen. Nur dank der Vermittlung ihres Englischlehrers (Wolfgang Stumpf, → *Thomas Müntzer – Ein Film deutscher Geschichte*, 1956), der vergeblich versucht hat, sie an humanistische Werte heranzuführen, werden sie nicht an die bereits sich im Auflösen begriffene Front geschickt, sondern an einer Brücke in ihrem Dorf postiert, die bald gesprengt werden soll. Die eher gut gemeinte und völlig unnütze Maßnahme entpuppt sich auch aufgrund einer Reihe unglücklicher Zufälle als verhängnisvoll: Einer nach dem anderen fallen die Jungen amerikanischen Soldaten, dem *friendly fire* oder absurden Heldenspielen zum Opfer. Am Ende überlebt nur einer von ihnen: Albert Mutz, gespielt von Fritz Wepper, dem nachmaligen Harry aus der TV-Serie *Derrick*. Gut zwei Drittel des Films sind der Schilderung der familiären und systemischen Konstellationen der sieben jungen Leute gewidmet. Entworfen wird dabei ein äußerst differenziertes soziales Panorama: Sigi (Günther Hoffmann), der Sohn der armen Wäscherin; Jürgen (Frank Glaubrecht), der Sohn einer großbürgerlichen Familie mit großer militärischer Tradition (sein Vater, ein Major, ist im Krieg gefallen, die Mutter verwaltet allein das Familiengut); Karl (Karl Michael Balzer), der verkrampfte Sohn des kriegsversehrten Dorffriseurs; Walter (Michael Hinz), der rebellische Sohn des Ortsgruppenleiters; Klaus (Volker Lechtenbrink), der aus einer bombengefährdeten Stadt evakuiert wurde; Hans (Folker Bohnet), ebenfalls evakuiert, in dem Fall aus Berlin; und eben Albert, der zusammen mit Hans bei seiner Mutter lebt und dessen an der Front kämpfender Vater keine Nachricht von sich gibt – diese Jungen wollen allesamt in den Krieg, um der Schule, den belanglosen Spielen, den zum großen Teil ödipalen Familienkonflikten (sowohl Karl als auch Walter verehren um wenige Jahre ältere Hausmädchen, die eine Affäre mit ihren Vätern haben) zu entkommen. Ihre noch unbestimmte, kindische Abenteuerlust soll nun ausgerechnet in den Krieg kanalisiert werden – der pazifistische Klassenlehrer Stern hat versagt.

Im letzten Drittel des Films kippt die eher heitere Tonlage völlig um. Das Kriegsspiel wird nun verdammt ernst, und Wicki schildert die Grausamkeit des Kriegs ohne Schonung und ohne Pathos, sachlich und brutal, nach erprobter neorealistischer Methode: mit Laiendarstellern, in Schwarz-Weiß, ohne extra-diegetische Musik (für die elektronische, lediglich aus Geräuschen und Knallen bestehende Tonspur wurde Hans-Martin Majewski mehrfach ausgezeichnet), ohne special effects (bis auf die Sherman-Panzer, die aus Holz nachgebaut wurden, weil die Besatzungsmächte nicht erlaubten, für die Dreharbeiten richtige Panzer zu verwenden). Wicki erlaubt sich hier und da ein paar stilistische Ausrufezeichen: nicht so sehr die berühmt-berüchtigte, hyperrealistische Szene mit dem schreienden GI, der, sich die Eingeweide haltend, langsam zu Boden sinkt oder Klaus' expressionistischer Schreikrampf, sondern eher die hitchcockartige Einstellung, in der der Tod von Jürgen im Zielfernrohr des Scharfschützen gespiegelt wird.

Bis auf Lotte Eisner, die Wicki seltsamerweise vorwarf, der Film sei durchtränkt vom Geist des Nationalsozialismus (worauf Wicki antwortete: Nicht er sei durchtränkt, sondern die Jungen im Film!), fand *Die Brücke* nur Bewunderer, darunter Enno Patalas, der in *Filmkritik* dem Film einen exzeptionellen Rang attestierte: „Von allen neueren deutschen Filmen geht dieser in der Denunziation des Krieges zweifellos am weitesten." Und auch in der DDR, obgleich der Film hier erst 1964 uraufgeführt wurde, konnte man schon anlässlich der West-Berliner Premiere zahlreiche positive Besprechungen lesen: „Die Brutalität des Kriegs wurde bisher in keinem deutschen Werk so entlarvend dargestellt", schrieb etwa der *Sonntag*. Die vielleicht wichtigste Anerkennung kam jedoch dreißig Jahre später von Alexander Kluge: „Bernhard Wicki war mit seinem Film DIE BRÜCKE der tatsächliche Anfang des neuen deutschen Films, ehe es überhaupt die Oberhausener Gruppe gab."

Literatur

Robert Fischer: *Sanftmut und Gewalt. Der Regisseur und Schauspieler Bernhard Wicki.* Essen 1991 • Enno Patalas: „Die Brücke". In: *Filmkritik*, 12 (1959), S. 315–317 • Walter Uka: Modernisierung im Wiederaufbau oder Restauration. Der bundesdeutsche Film der fünfziger Jahre. In: *Die Kultur der 50er Jahre*. Hg. von Werner Faulstich. München 2002, S. 71–89 • Volker Wehdeking: 1959 – auch ein Durchbruchsjahr für den Film. Bernhard Wickis „Die Brücke" nach Manfred Gregors Roman. In: *Treibhaus. Jahrbuch für die Literatur der fünfziger Jahre*, 5 (2009), S. 447–462.

Matteo Galli

Gewissen in Aufruhr. Fernseh-Fünfteiler

Regie: Günter Reisch und Hans-Joachim Kasprzik
Drehbuch: Hans Oliva, nach dem gleichnamigen Roman von Rudolf Petershagen • Erstausgabe der Romanvorlage: Berlin, Verlag der Nation 1957 • Kamera: Hartwig Strobel, Otto Hanisch, Horst E. Brandt • Musik: Günter Klück • Produktion: DEFA-Studio für Spielfilme, Gruppe „Roter Kreis" • Erstausstrahlung: 5. 9. 1961 (Teil 1: *Entscheidung an der Wolga*, R.: Günter Reisch), 7. 9. 1961 (Teil 2: *Als die Glocken schwiegen*, R.: Hans-Joachim Kasprzik), 10. 9. 1961 (Teil 3: *Wo sich die Wege trennen*, R.: Günter Reisch), 12. 9. 1961 (Teil 4: *Auf der anderen Seite*, R.: Hans-Joachim Kasprzik), 14. 9. 1961 (Teil 5: *Zweite Heimkehr*, R.: Günter Reisch, Hans-Joachim Kasprzik), Deutscher Fernsehfunk • Länge: 221 Min., s/w. • Darsteller: Erwin Geschonneck, Inge Keller, Harry Hindemith, Kurt Wenkhaus, Ruth Kommerell, Otto Dierichs, Friedrich Richter

Im Untertitel als „autobiographischer Bericht" gekennzeichnet, gehörte *Gewissen in Aufruhr* von Rudolf Petershagen (1901–1969) in der DDR zu den Bestsellern. Mit einer Gesamtauflage von etwa 300 000 verkauften Exemplaren belegte es bereits kurz nach dem ersten Erscheinen den 13. Platz der meistverbreiteten Bücher im östlichen Deutschland. Der Text erschien zunächst in Fortsetzungen unter dem Titel *Befehl des Gewissens* in der Auslandsillustrierten *Freie Welt*. Schon hier war Hans Oliva (1922–1992) beteiligt, der später das Drehbuch der Adaption verfassen und dafür – wie das gesamte Produktionsteam – den Nationalpreis erhalten sollte. Dass der Titel für die erstmals 1957 erschienene Buchausgabe verändert wurde, scheint verständlich: Immerhin dürfte einem nicht unbeträchtlichen Teil der Leserschaft der 1937 im *Zentralverlag der NSDAP* publizierte *Befehl des Gewissens* von Hans Zöberlein noch im Gedächtnis gewesen sein. Selbst wenn Autobiographie wie Adaption auf die Generation der in das ‚Dritte Reich' Involvierten zielten – dieser Zusammenhang wollte vermieden sein. Petershagens Autobiographie verkaufte sich auch mit dem neuen Titel gut: Bis zur Ausstrahlung der Adaption 1961 war im Ost-Berliner *Verlag der Nation* bereits die achte Auflage erschienen – etwa 100 000 Exemplare in vier Jahren.

Durchaus gut lesbar, war es auch politisch überaus anschlussfähig, erzählte es den Bildungsroman eines autobiographisch verbürgten Protagonisten, der am

Ende des Krieges Oberbefehlshaber von Greifswald und einziger Stadtkommandant war, der eine zur Festung erklärte Stadt kampflos an die Rote Armee übergab. Bereits dadurch eine politische Modellfigur der DDR, machte ihn die Nachkriegszeit endgültig zur Ikone: Während einer Reise nach München wurde Petershagen 1951 wegen Beihilfe zur Spionage verhaftet und von einem amerikanischen Militärgericht zu zweimal sechs Jahren Zuchthaus verurteilt, von denen er vier Jahre in München, Landsberg und Straubing absaß, bevor er 1955 schwerkrank in die DDR entlassen wurde.

Die Evolution des Protagonisten vom disziplinierten Rädchen im Apparat des Nationalsozialismus zum Antifaschisten (nicht jedoch zum Marxisten) konturiert genau die Grenzen eines von höchster Stelle proklamierten Minimalprogramms für die Integration der Kriegsgeneration. Am 18. August 1961 hatte Staats- und Parteichef Walter Ulbricht im Fernsehen nicht nur den Mauerbau gerechtfertigt, sondern auch die Bedingungen für die Integration der Kriegsgeneration skizziert: „[E]in guter Deutscher ist nur der, der hilft, den Frieden zu sichern. Das Minimum dessen, was man von einem guten Deutschen verlangen muß, ist, daß er tatkräftig mithilft, zu verhindern, daß ein neuer Krieg von deutschem Boden ausgeht".

Endgültig berühmt wurde der in diesem Sinn gut deutsche Petershagen durch die fünfteilige Adaption seiner Autobiographie für das DDR-Fernsehen, deren Ausstrahlung zweieinhalb Wochen nach Ulbrichts Ansprache am 5. September 1961 beginnt. Es ist eine der ersten großen Mehrteilerproduktionen des nunmehr als Massenmedium etablierten *Deutschen Fernsehfunks*, der damit auch auf die Einführung des Formats in der Bundesrepublik reagierte (→ *So weit die Füße tragen*, WDR 1959). Zudem war das Format die Voraussetzung, den, so der DDR-Filmkritiker Hans-Dieter Tok, „episch breiten Stoff" auch episch breit realisieren zu können. Die Drehbuchentwicklung übernahm Hans Oliva, der Film selbst schließlich wurde von zwei Regisseuren, Hans-Joachim Kasprzik (1928–1997) und Günter Reisch (*1927), mit zwei gleichzeitig arbeitenden Drehteams in Szene gesetzt.

Der Film wurde zu einem der größten Publikumserfolge des *Deutschen Fernsehfunks* am Anfang der sechziger Jahre – und zu einem Paradebeispiel politisch korrekter Fernsehkunst, das Walter Ulbricht noch im Dezember 1965 in seiner Rede auf dem berüchtigten 11. Plenum den kulturellen Abweichlern entgegenhalten sollte. Sein, wie Ingeborg Münz-Koenen schreibt, „geradezu sensationeller Erfolg" wird in der Folge auch international umzusetzen versucht: Er wird als Beitrag beim Fernsehspielfestival in Monaco eingereicht, zudem reisen ab Dezember 1961 ausgewählte Schauspieler zusammen mit Petershagen nach Prag, Budapest, Warschau und Moskau. 1975 wird die gesamte Produktion noch einmal im DDR-Fernsehen gezeigt; selbst beim *Gernseh-Abend* des MDR kommt der Film nach dem Ende der DDR (allerdings unter Weglassung der letzten beiden Teile) nochmals zur Ausstrahlung.

Seinen ästhetischen Reiz entwickelt die Produktion, die dem Plot der Vorlage grundsätzlich folgt, durch das Verfahren, Dokumentar- und Spielfilmpassagen so weit als möglich zur Deckung zu bringen. Das nie ausdrücklich als solches gekennzeichnete Dokument und die fiktionalen Elemente stehen in einem Verhältnis von Totale und Mikroskop: Die historischen Aufnahmen situieren die Handlung, schaffen Übersicht und beglaubigen insgesamt die Realitätsnähe der Produktion. Die Spielhandlung, die filmästhetisch von Nahaufnahmen und verknappten Räumen geprägt ist, fügt demgegenüber das so als authentisch Kommunizierte in die dramatische Struktur fiktionaler Formen.

Schon der Auftakt des ersten Teils der Fernsehadaption von *Gewissen in Aufruhr* muss für den Zuschauer einigermaßen überraschend gewesen sein: Denn beim Hauptdarsteller, in der Uniform eines Wehrmachtsobersten mit Ritterkreuz, handelt es sich um niemand anderen als Erwin Geschonneck (→ *Sonnensucher*, 1959/1972). Der Schauspieler, hier in der Rolle des Joachim Ebershagen auf dem Weg in die sowjetische Kriegsgefangenschaft, hatte bis dahin in aller Regel Antifaschisten gespielt. Geschonneck hatte die Rolle zunächst nur zögernd akzeptiert: „Als Petershagen deutsche Soldaten in den Eroberungskriegen des Faschismus kommandierte, wurde ich als Kommunist von einem [...] Konzentrationslager ins andere verschleppt. [E]inen von der anderen Seite der Barrikade [sollte ich spielen]?"

Der Plot ist mithin von der ersten Szene an als Wandlungsgeschichte bestimmt. Durch die Amalgamierung von Geschonnecks Rollenimago mit der autobiographischen Bürgschaft Petershagens, die in der Presseberichterstattung nochmals verstärkt wird (einmal wird Petershagen mit dem Statement „Mit seiner großen Darstellungskunst hat Erwin Geschonneck mich in meinem Wesen erfasst" zitiert) entsteht ein in der DDR so kaum je dagewesenes, zielgruppenspezifisches Identifikationsangebot. Tatsächlich ist *Gewissen in Aufruhr* kein Film über die Not aufrechter Antifaschisten, sondern, und das macht ihn so besonders, über die Täter als Opfer. *Gewissen in Aufruhr* ist ein Film über und für die Kriegsgeneration und über ihre Integrationsfähigkeit in die Nachkriegsgesellschaft, der im Kern auf die Erneuerung der Welt durch den gewandelten Menschen zielt.

Gewissen in Aufruhr ist ein gelungenes Beispiel filmischen Empathie-Designs, das sich der Darstellung deutscher Schuld und Verstrickung nicht entzieht. Erzähltheoretisch würde man von interner Fokalisierung sprechen; die Einsicht in den historischen Prozess ist hier nicht, wie in anderen Produktionen der Zeit, apriori, sondern final. Mit diesem Verfahren gelingt es vor allem dem Fernsehen, auf eine neue und emotionalisierende Weise identifikatorisch zu sein. In manchem Aspekt, etwa der Problematisierung der massenhaften Verstrickung der

Deutschen in den Nationalsozialismus, scheint das Fernsehen hier anderen Formen kultureller Entschuldung voraus zu sein.

Problematisch scheinen aus heutiger Perspektive jene Episoden, die die Nachkriegszeit abbilden und in einer dramatisch massiv überhöhten Schlussszene münden. Die Diegese wird in die Heimkehr des Protagonisten aus westlicher Gefangenschaft aufgelöst, die die historische Opposition von Faschismus und Antifaschismus in die gegenwartsbezogene Opposition von Sozialismus und Imperialismus übersetzt. *Gewissen in Aufruhr* projiziert die Welt in die Splitting-Struktur eines Märchens, in dem die Schuld in die Bundesrepublik gehört und der Antifaschismus in die DDR.

Literatur

Erwin Geschonneck: *Meine unruhigen Jahre. Lebenserinnerungen*. Berlin 1996 • Ingeborg Münz-Koenen: *Fernsehdramatik. Experimente – Methoden – Tendenzen. Ihre Entwicklung in den sechziger Jahren*. Berlin 1974 • Brigitte Thurm: Die Massenresonanz von „Gewissen in Aufruhr". In: *Film- und Fernsehkunst der DDR. Traditionen – Beispiele – Tendenzen*. Hg. von der Hochschule für Film und Fernsehen der DDR. Berlin 1979, S. 197–205 • Henning Wrage: *Die Zeit der Kunst. Literatur, Film und Fernsehen in der DDR der 1960er Jahre. Eine Kulturgeschichte in Beispielen*. Heidelberg 2009.

Henning Wrage

(2) Gefangenschaft und Heimkehr

Einleitung

Von Erhard Schütz

„Zu den kopernikanischen Errungenschaften des totalen Kriegs gehörte es, die Zivilbevölkerung, als sei sie eine Armee, mobilisierbar und transportabel gemacht zu haben. Man entleert, auf ein einziges Kommando hin, ganze Großstädte. [...] Man importiert [...] Millionen Ausländer. Man exportiert hunderttausend ‚Wehrbauern' nebst Familie. Man führt heim. Man siedelt an. Man siedelt um." So begann Erich Kästner Mitte 1946 einen Artikel über Kinder, die ihre Eltern suchen.[1] Er erinnerte daran, was den Zeitgenossen sehr präsent war, im folgenden Jahrzehnt aber in den Hintergrund geriet, dass nämlich die Frage nach der Heimkehr nicht nur und nicht einmal vorrangig mit den soldatischen Armeen verbunden war, sondern mit den Heerscharen während des Kriegs zwangsmobilisierter Zivilisten. In den unentwegt sich kreuzenden Menschenströmen in den Wochen des Übergangs aus dem Krieg und der unmittelbaren Nachkriegszeit mischten sich Zivilisten mit Militär, rückflutenden, demobilisierten deutschen und ihre neuen Positionen einnehmenden alliierten Soldaten.

Etwa elf Millionen deutsche Soldaten, aus der Kriegsgefangenschaft oder als *Disarmed Enemy Forces* nach und in Deutschland unterwegs, etwa ebenso viele Zwangsarbeiter und Überlebende der Konzentrationslager durchquerten als *Displaced Persons* (DP's) das Land, auf dem Weg in die Heimatländer, aus denen sie verschleppt worden waren, oder aber ins amerikanische oder palästinische Exil. Hinzu kamen über zwölf Millionen, die vor der sowjetischen Armee geflohen oder aus Polen, der Tschechoslowakei, Rumänien, Ungarn und Jugoslawien vertrieben worden waren. Des Weiteren etwa drei Millionen aus den bombardierten Städten Evakuierte oder Kinderlandverschickte, die es nun zurückzukehren unternahmen, nicht allzu lange später die Millionen, die die Sowjetische Besatzungszone und die DDR zu verlassen begannen – eine Bewegung die anhielt, bis 1961 der Bau der Mauer sie stoppte. Dazu, eher zögerlich und meist zeitversetzt, die aus den Ländern des Exils Zurückkehrenden. Das Hin und Her und Ineinander von Deterritorialisierungszwängen und Reterritorialisierungsversuchen wurde im Begriff der Heimkehr überhöht, und diese Heimkehr wurde zu einem zentralen Phantasma in der Frühgeschichte der Bundesrepublik Deutschland, so anhal-

---

[1] Kästner, Erich: Kinder suchen ihre Eltern. In: *Die Neue Zeitung*, 17. 6. 1946, hier zit. nach Erich Kästner: *Splitter und Balken. Publizistik*. München, Wien 1998, S. 553–558, hier S. 553f.

tend wirksam, dass noch die Aufhebung der deutschen Teilung als eine Art Heimkehr vorgestellt werden konnte. Dabei verdeckte dieses Phantasma der Heimkehr nicht nur weitgehend das Schicksal derer, die gerade der Heimat verlustig gegangen waren oder keine Heimat mehr fanden, den Aspekt von Flucht und Vertreibung, sondern sehr schnell fokussierte es sich auf einen spezifischen Typus: auf den aus der Kriegsgefangenschaft heimkehrenden Soldaten.

Gewiss, die Zahlen dazu sind beeindruckend: Von den insgesamt im Zweiten Weltkrieg mobilisierten 80 Millionen Soldaten sind 35 Millionen in Kriegsgefangenschaft gekommen, davon ca. elf Millionen Deutsche in insgesamt 20 Gewahrsamsländern. Bis zum Jahresende 1948, so sahen es alliierte Vereinbarungen vor, sollten alle deutschen Kriegsgefangenen nach Deutschland zurückgeführt worden sein. Die westlichen Alliierten hatten dieses Versprechen im Wesentlichen bereits bis Ende 1947 erfüllt. Vier Millionen Gefangene hatte Stalin zur Kompensation der Kriegsschäden gefordert. Am 4. Mai 1945 hatte das Oberkommando der Roten Armee gemeldet, man habe insgesamt 3 180 000 deutsche Soldaten in Gewahrsam. Etwa zwei Millionen davon sind zurückgekehrt. In machtpolitischem Kompensationskalkül waren, allermeist kurz vor dem vereinbarten Zeitpunkt der allgemeinen Entlassung 1948, in fast durchweg Willkürverfahren etwa 60 000 zu Kriegsverbrechern erklärt und in der Regel pauschal zu 25 Jahren Zwangsarbeit verurteilt worden. Im Mai 1950 hatte dann eine TASS-Meldung die Repatriierung der deutschen Gefangenen als abgeschlossen verkündet, lediglich 9717 verurteilte Kriegsverbrecher und 3815 auf ein entsprechendes Verfahren wartende Personen seien noch zurückgeblieben. Tatsächlich wurden allein im Verlauf des Jahres 1953 noch zwischen 12000 und 17000 Personen in die beiden deutschen Staaten entlassen. Die letzten ca. 10 000 von ihnen sind als Ergebnis der – alsbald legendarisierten – Verhandlungen Adenauers von 1955, kurz nachdem der millionste VW Käfer vom Band gelaufen und die deutsche Nationalmannschaft 2:3 bei einem Freundschaftsspiel in Moskau verloren hatte, zurückgekehrt.[2]

Die Konstellationen, aus denen heraus heimgekehrt wurde, waren derart verschieden, dass man Gefangenschaft und Heimkehr eigentlich gar nicht generalisieren kann: Der Umgang mit Kriegsgefangenen variierte zwischen den einzelnen Ländern ganz erheblich. Entscheidungen etwa darüber, wann die Gefangenen heimkehren durften, inwiefern dies über zivile oder religiöse Organisationen unterstützt wurde, verliefen in den Vereinigten Staaten, Großbritannien, der Sowjetunion und Frankreich sehr unterschiedlich. Beispielsweise wurde in der Sowjet-

---

[2] Um die Dimensionen nicht aus dem Blick zu verlieren, sei daran erinnert, dass von den 5 750 000 gefangenen Angehörigen der Roten Armee weit mehr als die Hälfte – nämlich 3 300 000 – zu Tode gebracht worden sind.

union die Freilassung deutscher Kriegsgefangener aus den Arbeitslagern so hartnäckig verweigert und dann hinausgezögert, dass wegen der Schwere und Dauer die russische Gefangenschaft zum Deckbild von Kriegsgefangenschaft schlechthin wurde, obwohl doch die Rheinwiesenlager, die Camps in England, Kanada und den USA oder die französischen Arbeits- und Minenräumeinsätze gänzlich andere Konstellationen zeigten. Darüber hinaus variierte die Aufnahme von Kriegsheimkehrern an den Orten, an denen sie an ihr früheres Leben anzuknüpfen oder sich ein neues Leben aufzubauen hofften. Heimkehr wurde nicht selten zur großen Tragödie des Menschen, auf den man nicht mehr wartete und der bei seiner Rückkehr nurmehr Tote oder eine fatal veränderte Familiensituation vorfand. In alledem war es daher der aus dem Osten kommende ‚Spätheimkehrer', in dem sich imaginäre Kränkungen und reale Leiden überhöhen ließen.

Die kulturelle Überhöhung in der Heimkehr des Odysseus, die hier und da geschah, war wenig wirksam: Hier kam ja keiner zurück, der die alliierten ‚Freier' hätte aus dem Haus jagen und seinen Platz wieder einnehmen können. Eher schon war es biblisch der ‚verlorene Sohn', der, zurückgekommen, Anklage gegen die Vätergeneration erhob, als deren Opfer er sich sah – doppelt: Sie hatte ihn ins Unglück hinausgeschickt und hielt nun auch noch Ort und Platz der Rückkehr besetzt. Wolfgang Borchert hat diese narzisstische Kränkung insistent formuliert: „Wir sind die Generation ohne Bindung, ohne Vergangenheit, ohne Anerkennung", und eben darum auch eine „Generation ohne Heimkehr, denn wir haben nichts, zu dem wir heimkehren könnten".[3] Zugleich erklärte diese junge Kriegsheimkehrerschaft sich als besonders legitimiert, über diese Gegenwart der Deterritorialisierung und Deplatziertheit zu schreiben. Denn sie kamen ja aus Lagern. „Sie gingen den Weg dieser Massenapokalypse und sie gehen ihn noch immer, [...] durch Lazarette und Spitäler, durch Konzentrations- und Gefangenenlager. Die Apokalypse hat die Lebenden verändert. [...] Hinter dem Stacheldraht, der zum Symbol dieser Zeit geworden ist, [...] ist der Pulsschlag der Entwicklung früher spürbar als draußen in der Hast des Getriebes um das tägliche Brot" – so Hans Werner Richter im Vorwort zu *Deine Söhne Europa. Gedichte deutscher Kriegsgefangener* (1947). Was sie dann schreiben, sind Heimkehrerdramen und -hörspiele noch und noch.[4]

---

3 Borchert, Wolfgang: Generation ohne Abschied. In: Wolfgang Borchert: *Das Gesamtwerk*. Reinbek 1986, S. 59–61, hier S. 60.
4 Vgl. systematisch Trinks, Ralf: *Zwischen Ende und Anfang. Die Heimkehrerthematik der ersten Nachkriegsjahre (1945–1948)*. Würzburg 2002; vgl. auch Winter, Hans-Gerd: Heimkehrerdramen in Hamburger Theatern der frühen Nachkriegszeit. Vom gefährdeten Leben bis zur Lebenshilfe. In: *„Generation ohne Abschied". Heimat und Heimkehr der „jungen Generation" der Nachkriegs-*

Vor allem aber sind es die Filme der unmittelbaren Nachkriegsjahre, die diesen Typus des Heimkehrers ikonisch umreißen. Er ist derjenige, der in die Trümmerstadtschaften kommt, während dort das Neuordnen schon ohne ihn begonnen hat. Man hat sich notdürftig eingerichtet und arrangiert, die Tauschgesellschaft des Schwarzmarkts floriert, die Amüsierlust hat ihre zwielichtigen Kabaretts und Bars, die Jungen verwildern dabei (wie in *Irgendwo in Berlin*, 1946) und die Mädchen geraten in den Sog des leichten Lebens (wie in *... und über uns der Himmel*, 1947). Da kommt er, der Heimkehrer. Zu entsprechend erhöhtem Musikaufkommen darf der Zuschauer mit seinen Augen die Trümmerwelt noch einmal wie bisher unbekannt inspizieren, die Trümmerwelt, der er sich ebenso wenig gewachsen zeigt wie den Erinnerungen an das Geschehen im Krieg und der Lebensweise der Menschen, unter die er nun gerät. *Die Mörder sind unter uns* (1946) inszeniert das im Eingangsblick auf den Heimkehrer und dann durch seinen Blick, dessen, der nicht angekommen ist, wiewohl schon da. *Irgendwo in Berlin* theatralisiert die erste Begegnung nach fast einer halben Stunde durch eine lange und einzig parallele Kamerafahrt im Film. Und während Hans Albers sich in *... und über uns der Himmel* im Dunkel sozusagen wieder einschleicht, muss sein Sohn in der Mitte des Films am hellen Tage besonders eindrücklich die Differenz der Erwartung des Heimkehrers zur ihn erwartenden Realität darstellen und erfahren: Der Erblindete wird durch das zertrümmerte Berlin gefahren, während er Bilder der heilen Vorkriegs-Stadt evoziert. Wieder sehend, wird er dann umso härter mit dem Elend der Stadt und der Menschen konfrontiert.

„Die ganzen Jahre draußen. Immer im Dreck. Dann die Gefangenschaft. Man hält das ja nur aus, weil man an zu Hause denkt. Da ist die Frau, der Junge, die Garage. Alles habe ich vor mir gesehen, so wie es aussah, als ich weg mußte. Und dann kommt man zurück. Und alles, was man sich so mühsam geschaffen hatte, ist zerstört. Einfach nicht mehr da." So eine zentrale Deklamation in *Irgendwo in Berlin*. Aus seiner Depression erlöst ihn am Ende das – junge – Kollektiv der Arbeit, in dem er jäh zur neuen Ikone, zum Helden der Arbeit sich wandelt. Aber das ist nicht nur östliche Ideologie im DEFA-Film. 1947 bekehrt im amerikanischen Sektor in *... und über uns der Himmel* der heimgekehrte Sohn mit dem moralischen Rigorismus des für eine schlechte Sache Geopferten den durch Schieber-Wohlstand verdorbenen Vater zu anständiger Hände Arbeit.

Die typologische Konstruktion in diesen Filmen ist so ähnlich, dass 1948 Rudolf Jugert in *Film ohne Titel* deren Elemente in einer rasanten, wenige Minuten

---

literatur. Hg. von Gordon Burgess und Hans-Gerd Winter. Dresden 2008, S. 59–85; Schmidt, Wolf Gerhardt: *Zwischen Antimoderne und Postmoderne. Das deutsche Drama und Theater der Nachkriegszeit im internationalen Kontext*. Stuttgart, Weimar 2009.

langen Montage parodieren kann, und ebenfalls 1948 ironisiert der Kommentar eingangs von Robert A. Stemmles *Berliner Ballade*, was dann kommt: „Ei je, [...] ach schon wieder so'n Heimkehrerfilm!" Immerhin aber anerkennen zumindest die frühen Heimkehrerfilme die kriegsbedingte Traumatisierung der Heimkehrenden, auch wenn sie als Therapie dann nur die Integration in rechtschaffene Arbeit anzubieten haben. Denn in der gesellschaftlichen Realität sah das, wie Svenja Goltermann in einer bahnbrechenden Arbeit gezeigt hat, in der Regel sehr anders aus. Zwar ist ihr Quellenmaterial – Akten der Psychiatrie in Bethel zu ärztliche Hilfe (und damit oft auch Rentenansprüche) Suchenden – nicht repräsentativ für das Verhalten der übergroßen Mehrheit der Heimkehrer, die ihre Lethargien, Depressionen oder Gewaltausbrüche im familiären Alltag ausagierten, aber es zeigt umso mehr, wie die Gesellschaft die Kriegstraumata abzuwehren suchte, sei es als Defekt schwacher Naturen, sei es als Simulantentum oder sei es als Folge von Dysenterie.[5]

In der Literatur fällt zuerst die Lyrik ins Auge, in der Momentaufnahmen aus dem Leben und Vegetieren in Gefangenenlagern mit Bildern der Heimkehr sich mischen. Günter Eichs einschlägige Gedichte wie *Camp 16*, *Erwachendes Lager*, *Latrine*, vor allem aber sein *Inventur*, alle zuerst gesammelt in *Abgelegene Gehöfte* (1948) erschienen, mögen dafür exemplarisch stehen. In der Prosa entspricht dem die Anthologisierung von Kurzgeschichten, so in Wolfgang Weyrauchs *Tausend Gramm* (1949). Heinrich Bölls Titelgeschichte seiner Kurzgeschichtensammlung *Wanderer, kommst du nach Spa ...* (1950) erhielt schnell einen ähnlich (schul-)kanonischen Status wie Eichs *Inventur*. Sein Roman *Wo warst du, Adam?* (1951) lässt am Ende, nach den Strapazen und Bitternissen des Kriegs, den Protagonisten Feinhals wieder zu Hause ankommen, wo sein Lebensmut gestärkt wird, als er sieht, dass ein General von den Amerikanern abgeführt wird. Erwähnenswert ist auch die Anthologie *Jugend unterm Schicksal. Lebensberichte junger Deutscher* (1950), die – mit einem Geleitwort von Albrecht Goes – eine Auswahl aus tausenden Lebensläufen von Abiturienten, die Schicksale zwischen Krieg, Gefangenschaft, Flucht und Heimkehr versammelte. Auch die noch heute beeindruckenden Prosawerke von damals bekannten, dann in Vergessenheit geratenen Autoren zeigen jene sachliche Lakonie, die den Abiturientenberichten attestiert wurde – und auch sie geben Schicksale panoramatisch wieder: Walter Kolbenhoffs autobiographischer Roman *Von unserm Fleisch und Blut* (1947) zeigt verschiedene Heimkehrerfiguren (übrigens auch Desertierte) in der Trümmerszenerie einer ungenannten Stadt, in der unschwer München zu erkennen ist, Hans Werner Richter stellt in *Sie fielen aus Gottes Hand* (1951) ein dokumentaristisches

---

5 Goltermann, Svenja: *Die Gesellschaft der Überlebenden. Deutsche Kriegsheimkehrer und ihre Gewalterfahrungen im Zweiten Weltkrieg.* München 2009.

Panorama von Gefangen- und Unterwegssein anhand von 13 Lebenswegen dar: Häftlinge, Kriegsgefangene, Verschleppte, Zwangsarbeiter, Flüchtlinge. Daneben und darüber hinaus gibt es die immense Zahl der Erlebnisberichte von Kriegsheimkehrern, oft, aber keineswegs nur, von Akademikern. Mal bekehrt, mal aufrechnend, mal humoresk, mal lamentierend, mal das Exemplarische, mal das Exzeptionelle betonend, reklamierten sie allesamt Authentizität für sich. Durchweg appellierten diese Berichte und Erinnerungen an die Öffentlichkeit, sich um die Freilassung der noch verbliebenen Lagerinsassen zu bemühen.[6] Während die Berichte aus amerikanischer Kriegsgefangenschaft öfters, mit unterschwelligem Ressentiment, auf die Diskrepanz zwischen demokratischem Freiheitsversprechen und menschenunwürdiger Lagerwillkür hinauswollen, herrschen in den Berichten von sowjetischer Gefangenschaft zwei Muster vor, die, wenn es um mehr als nur den unmittelbaren Bericht von der eigenen tapferen Leidensfähigkeit geht, die Darstellungen bestimmen. Sie sind oft miteinander verknüpft: Zum einen christliche Schicksalsdemut und Gottesfügung, zum anderen Zeugnis wider den unmenschlichen Kommunismus und Bolschewismus. Auch der Bericht Helmut Gollwitzers, nachmals einer der bedeutendsten evangelischen Theologen der Bundesrepublik, das wohl unter den autobiographischen Veröffentlichungen am weitesten verbreitete und einflussreichste Buch ... *und führen, wohin du nicht willst* (1951), nimmt beide Aspekte zusammen: den Weg in die Gefangenschaft als auferlegte Prüfung – „so war es uns zugedacht" – und Kritik eines Christen am sowjetischen System, das in den Lagern ein Willkürregime nicht nur über die deutschen Gefangenen, sondern auch über die ‚russischen Menschen' führte. So unterscheidet er – was in fast allen anderen Texten auch zu finden ist – zwischen der sowjetischen Bevölkerung und dem bolschewistischen Terrorsystem: „Der deutsche Gefangene aber stieß auf immer neue Beobachtungen, die ihm zu beweisen schienen, daß selbst der Nationalsozialismus noch eine viel bessere Angelegenheit gewesen sei als der Kommunismus. Ein wie geringer Teil unseres Volkes unter dem Hitler-Regime wirklich gelitten hat und von seinen Greueln im Gewissen getroffen war, habe ich dort erst erkannt."

Diese Trennung gilt fast durchweg für die Berichte und Erinnerungen – als Unterschied zwischen Menschen „nackt und ohne Maske" und den „maskierten Fratzen mit guten Anzügen und Parteiabzeichen auf der Brust".[7] Mal in christ-

---

6 Vgl. Schütz, Erhard: „Spätheimkehrer". Mediale Reflexe zum Mythos von Adenauers Moskau-Reise. In: *Heimkehr. Eine zentrale Kategorie der Nachkriegszeit*. Hg. von Elena Agazzi und Erhard Schütz. Berlin 2010, S. 95–116.
7 Klein, Theo G.: *Saftra budjet. In russischer Kriegsgefangenschaft 1945–1949*. Ulm 1951, S. 425. Vgl. ähnlich Wannenmacher, Walter: *Das Land der Schreibtisch-Pyramiden. Ein Nationalökonom erlebt den Osten als Schwerarbeiter*. Frankfurt am Main 1956.

lichem Furor, der beiher zugleich „uns Deutsche" salviert,⁸ mal in „Dankbarkeit für die Gnadenführung Gottes"⁹, mal als politischer Gegner eines Regimes, „dessen einziges Ziel die Vernichtung der abendländischen Kultur und die Errichtung der kommunistischen Weltherrschaft ist"¹⁰, mal als „Erfassung der sowjetischen Wirklichkeit", des „Inferno-Charakter[s] des Lebens im Lager", das „einen integrierenden Bestandteil des ganzen Systems" darstellt,¹¹ mal als Akt der Selbstbefreiung vom kommunistischen Irrtum, wie bei Heinrich Graf von Einsiedel.¹²

Neben der Rolle des Glaubens und seiner Rituale hebt nicht nur Gollwitzer ganz besonders hervor, wie wichtig die Bemühungen um Bildung, Kulturelles und Künstlerisches, um Humanisierung und Verschönerung für den Erhalt von Hoffnung und Würde waren. Das steht im Zentrum fast aller nachmaligen Lager-Erzählungen, wobei die dortigen Bemühungen um Bildung und Kultur nicht selten polemisch mit der zu Hause vorgefundenen Zerstreuungs- und Unterhaltungsmentalität kontrastiert wurden.¹³ Das lässt sich ikonisch besonders drastisch am Plakat zum semidokumentarischen Film *Die Glocke von Friedland* (1957) demonstrieren, den Gerhard Klüh für den 1950 gegründeten *Verband der Heimkehrer, Kriegsgefangenen und Vermißtenangehörigen* (VdH) gedreht hatte. Da blickt vom rechten Bildteil ein Mann in Kriegsgefangenenkluft müde und traurig nach links, wo unter einem Wachturm am oberen Bildrand, dem von der Glocke eingenommenen Mittelfeld und einem darunter zur Bildmitte drängenden Panzer, zwei junge Leute, begleitet von einer offenbar dunkelhäutigen Band, sich in wildem Tanz verrenken. Pointiert artikuliert das Plakat so die traumatischen Gefühle von Ausgeschlossenheit der Heimkehrenden von Unterhaltung und Sex in einer amerikanisierten Gesellschaft, an deren Horizont der Ostblock droht.

Die Kriegsheimkehrer dominierten aber darüber hinaus auch das Feld der Opfer ikonisch. Der Stacheldraht avancierte auf ganz eigene Weise zum „Symbol dieser Zeit", das Hans Werner Richter in ihm erkennen wollte. Da war vor allem die Ikonographie des VdH, der nicht nur alljährlich Kriegsgefangenen-Gedenk-

---

8 Vgl. Moerk, Carl F.: *Brevier eines Heimkehrers aus russischer Kriegsgefangenschaft.* Calw 1947, bes. S. 53.
9 Franz, P. I.: *Licht im Osten. Erlebnisbericht meiner russischen Gefangenschaft.* Eichstätt, Wien, Dudingen o. J., S. 9.
10 Hahn, Assi: *Ich spreche die Wahrheit! Sieben Jahre kriegsgefangen in Rußland.* Esslingen 1951, S. 251.
11 Jüchen, Aurel von: *Was die Hunde heulen. Die sowjetische Wirklichkeit von unten betrachtet.* Stuttgart 1958, S. 19, 16.
12 Einsiedel, Heinrich Graf von: *Tagebuch der Versuchung.* Stuttgart 1950.
13 Vgl. dazu – etwas überpointiert – Biess, Frank: *Homecomings. Returning POWs and the Legacies of Defeat in Postwar Germany.* Princeton, Oxford 2006, S. 99f.

wochen mit Schweigeminuten, Glockenläuten, Fackelzügen, Mahnwachen und -kerzen, gipfelnd im „Tag der Treue", sondern vor allem auch Wanderausstellungen in wechselnder Zusammenstellung organisierte, die zwischen 1951 und Mitte der sechziger Jahre in über 150 Städten etwa zwei Millionen Besucher anzog. Dort wurden neben Zahlen und Bildern auch Alltagsgegenstände, von Gefangenen gefertigte Artefakte, vom Kochgeschirr über Pfeifen oder selbstgefertigte Nähnadeln hin zu Notizen auf Birkenrinde, Zeichnungen und Skulpturen präsentiert. Die Ausstellungsarchitektur selbst war durch Wachtürme, Stacheldraht und Bilder ausgemergelter Hungergestalten geprägt, Elemente, die sich in den Zeichnungen und Texten noch einmal wiederholten. Hier wurde das sowjetische Gefangenenlager zu *der* Abbreviatur der Lagersysteme des 20. Jahrhunderts – die deutschen Konzentrationslager mit eingeschlossen. Darüber hinaus aber erschienen in dieser Ikonographie des Lagers die Gefangenen zu Märtyrern stilisiert. Exemplarisch dafür ist das Gemälde des Stuttgarter Künstlers Fritz Walter, das als Plakat, Katalogtitelbild, vor allem aber als Briefmarke – zum Muttertag 1953 herausgegeben – massenhaft verbreitet wurde. Ein gläubig aufgereckter Männerkopf im Profil, zu dessen Hals diagonal und zu dessen Schädel quer verlaufend, Stacheldrahtbänder penetrant die Passion Christi herbeizitierten. Während die Symboldramaturgie des Stacheldrahts umstandslos von den sowjetischen Lagern auf die innerdeutsche Grenze und das DDR-Regime verlagert werden konnte, hielt die Opferikonographie der Kriegsgefangenschaft das Feld jener Opfer der Konzentrationslager besetzt, die ihr doch vorausgegangen waren – am sinnfälligsten vielleicht darin, dass genau an dem Ort, an dem die Fotoausstellung über die Konzentrations- und Vernichtungslager, die 1964 aus Anlass des Auschwitzprozesses eingerichtet worden war, nämlich just in der Paulskirche, die Wanderausstellung zu den deutschen Kriegsgefangenen 13 Jahre zuvor ihren Ausgang genommen hatte. So ging bis in die siebziger Jahre hinein die Ikonographie der Kriegsgefangenschaft derjenigen der Konzentrationslager voraus und überdeckte sie weithin: Das Verbandsabzeichen des VdH, ein auf dem Kopf stehendes Dreieck aus Stacheldraht, nahm zudem unmittelbar die Form der Winkel auf der Kleidung von KZ-Häftlingen auf.

Wo aber blieben bei alledem die ins Exil Gegangenen?

Es waren ja nicht nur die Literaten der *Gruppe 47*, die gegenüber den Remigrierten oder auf Rückruf Wartenden sich schwertaten. „Zivilpersonen, die sich aus Kriegsfolgegründen außerhalb ihres Staates befinden; die zwar zurückkehren oder eine neue Heimat finden wollen, dieses aber ohne Hilfestellung nicht zu leisten vermögen": Die Definition von *Displaced Persons*, die im *Administrative Memorandum No. 39* der *Supreme Headquarters Allied Expeditionary Forces* (SHAEF) gegeben wurde, galt, wenn man zu den Kriegsfolgen die Kriegs(vor)bereitungs)gründe hinzu nahm, nicht nur für die verschleppten Arbeitssklaven, sondern auch für die im Vorfeld vertriebenen Eliten.[14] Das Gesamt deutschsprachiger Exilierter wird auf ca. eine halbe Million Menschen geschätzt, die in insgesamt 75 Länder verstreut wurden; ein Viertel von ihnen fand in den USA Zuflucht, wo sie nicht zuletzt eine Renaissance des Gelehrtentums auslösten. Etwa 30 000 von ihnen kamen zurück, ca. 7000 politisch und ca. 12000 bis 15000 rassisch Verfolgte. „Im Vergleich zur Emigration war Remigration jedenfalls kein Massenphänomen", so Marita Krauss lakonisch.[15] Freilich, es waren nicht nur politische, wissenschaftliche und künstlerische Eliten gewesen, die vertrieben wurden, sondern auch viele ‚kleine' oder ‚einfache' Leute. „Die Geschichte der Remigration steckt voller Brüche und Widersprüche. Es bleibt aber vor allem die Geschichte von Einzelschicksalen."[16] Indes, so groß oder historisch prägend die Namen inzwischen sind, die man für gewöhnlich als erste anzuführen pflegt, von Theodor W. Adorno bis Herbert Wehner, von Willy Brandt bis Carl Zuckmayer, Bertolt Brecht bis Wilhelm Pieck, Max Brauer bis Anna Seghers, Ernst Bloch bis Ernst Reuter, darüber darf nicht vergessen werden, wie viele Schicksale anders verliefen. Generell festzuhalten bleibt ohnehin ein spannungsvolles Verhältnis zum Land der Heimkehr. Zahlreiche Reflexionen und Bemerkungen zur Heimkehr und zur ehemaligen Heimat belegen das hohe Maß des Bewusstseins, die einmal gewesene Heimat nie mehr wiederfinden zu können. Dass man dort nicht oder zu skandalösen Konditionen nur willkommen war, gehörte ohnehin zur Grunderfahrung. Selbst wenn die Anfragen zur Rückkehr dann kommen sollten, blieb das nicht zu Vergessende und kaum zu Vergebende – und es blieb die Präsenz der Anderen, der Mitmacher und Opportunisten. Es lag aber nicht nur an den bösen Erinnerungen, an den aktuellen Kränkungen und zukünftigen Befürchtungen der Exilierten, nicht nur an den schuldbeladenen Aversionen und abwehrenden Projektionen, am Futterneid oder der Subsistenzangst der Daheimgebliebenen oder aus dem Krieg Heimgekehrten, dass die Remigration vielen so schwer gemacht wurde, sondern zuvor bereits an bürokratischen Hürden oder taktischem Kalkül der Besatzungsmächte. So bedurfte es zunächst schon der Genehmigung durch ein Entry Permit. „Wer nicht unmittelbar von den Besatzern gebraucht oder angefordert wurde", beschreibt Marita Krauss die Praxis im Westen, „mußte meist wesentlich länger auf seine Rückkehr warten. Um überhaupt die Chance einer Einreisegenehmigung zu bekommen, sollte der Emigrant nachweisen, daß er in

---

14 So der Titel des Sammelbandes von Schulz, Günther (Hg.): *Vertriebene Eliten. Vertreibung und Verfolgung von Führungsschichten im 20. Jahrhundert.* München 2001.
15 Krauss, Marita: *Heimkehr in ein fremdes Land. Geschichte der Remigration nach 1945.* München 2001, S. 10. Vgl. auch dies.: Die Rückkehr einer vertriebenen Elite. Remigranten in Deutschland nach 1945. In: Schulz (Hg.): *Vertriebene Eliten.* 2001, S. 103–123, hier S. 105.
16 Ebd., S. 7.

Deutschland gebraucht wurde. [...] Ein ‚Recht auf Heimkehr' gab es dabei erst einmal nicht. Die vielen Auflagen, denen eine Ausreise und dann auch eine Einreise in das besetzte Deutschland unterworfen wurden, macht deutlich, daß die Sowjets wie die Amerikaner und die Engländer den Emigranten nur bedingt Vertrauen entgegenbrachten."[17] In der Sowjetischen Besatzungszone wurde Remigranten zwar entschiedener geholfen, freilich vorrangig jenen Kommunisten, die in der Sowjetunion die stalinistischen ‚Säuberungen' überlebt hatten.

Ob es gleich im August 1945 die vor allem gegen Thomas Mann gerichteten, perfiden Bemerkungen von Frank Thiess waren, in denen er gegen die von den „Logen und Parterreplätzen des Auslands der deutschen Tragödie" zuschauenden Exilierten den eigenen Heroismus des Erlebens und Erleidens pries,[18] ob in Eduard von Borsodys Verfilmung von Hans Venatiers Bestseller *Der Major und die Stiere* (1955) sich endemische Bayern und bodenständige GIs sehr wohl verstehen, während der CIC-Offizier, ein deutscher Emigrant in US-Uniform, zum notorischen Störenfried wird – das Argument der Entfremdung von den einheimischen Verhältnissen und Menschen bildete stets den Kern der Vorbehalte gegenüber den Remigranten.

Doch selbst wenn sie davon gar nicht betroffen waren, nahmen die Zurückgekommenen eine viel grundsätzlichere Entfremdung wahr. So stellte der später in der Bundesrepublik höchst einflussreiche Soziologe René König rückblickend fest, dass er „nicht im eigentlichen Sinne heimgekehrt" sei, dass er aber „als ein anderer Mensch nach Deutschland gekommen" sei. „Ein anderer Mensch kehrt aber nicht zurück, sondern geht voran, und er [...] muß sehen, daß er akzeptiert wird. Das geschieht aber nicht ohne Belastungen. Denn die vielen jüdischen Freunde, die ermordet wurden, kann ich nicht vergessen; ich kann bestenfalls unter Vorbehalt verzeihen."[19] Unter bestenfalls wechselseitigem Vorbehalt nur gelang solche Heimkehr, die ohnehin nicht wirklich eine sein konnte. Und so galt oft über die Rückkehr hinaus, was Alfred Polgar in dem bitteren Aphorismus gefasst hat: „Emigranten-Schicksal: Die Fremde ist nicht Heimat geworden. Aber die Heimat Fremde."[20]

Es ist übrigens nicht so, wie man öfters hören kann, dass Juden, Exilierte und KZ-Insassen in den unmittelbaren Nachkriegsfilmen keinen Platz gefunden hätten. Sie kommen durchaus explizit vor, allerdings nehmen sie darin, von heute

---

17 Ebd., S. 69–71.
18 Thiess, Frank: Die innere Emigration. In: *Münchner Zeitung*, 18. 8. 1945, hier zit. nach Grosser, J. F. G.: *Die große Kontroverse. Ein Briefwechsel um Deutschland*. Hamburg u. a. 1963, S. 24 f.
19 Zitiert nach Krauss: Rückkehr. In: Schulz (Hg.): *Vertriebene Eliten*. 2001, S. 104.
20 Polgar, Alfred: Der Emigrant und die Heimat (1945–1947). In: Alfred Polgar: *Kleine Schriften*. Bd. 1: Musterung. Reinbek 1982, S. 209–221, hier S. 221.

aus gesehen, höchst problematische Positionen ein. Hildegard Knef kommt in *Die Mörder sind unter uns* so proper aus dem KZ, dass man eher an einen Sanatoriumsaufenthalt denken muss. Sie, die offenbar auch psychisch völlig Intakte, darf sich dann als Wiedereingliederungsschwester des schwer traumatisierten Kriegsheimkehrers bewähren. In *Zwischen gestern und morgen* (1947) z. B. wird in der Rückblende die Jüdin zum Stiftungsopfer aller der anderen ‚Opfer' des Nationalsozialismus, und der aus dem Schweizer Exil Zurückgekehrte muss sich langwierig vom Verdacht krimineller Untugend befreien (lassen). Man kann so den Eindruck gewinnen, dass die Filme unter den sich allesamt als Opfer wähnenden Zuschauern mildtätig für jene werben wollten, die es ‚auch' schwer hatten und ‚auch' Opfer waren ...

So spektakulär Wolfgang Borcherts Stück *Draußen vor der Tür* (1947) in seinen gefeierten Aufführungen wirkte, so ernst das Pathos von Hans Werner Richters Anthologie *Deine Söhne Europa*, so bildprägend die Heimkehrerfiguren in den frühen Trümmerfilmen waren, war es doch speziell der ‚Spätheimkehrer' aus russischer Gefangenschaft, der als ein „sozialer Typ in der Nachkriegsgesellschaft"[21] signifikant anwesend war – als Märtyrerfigur eines Anderen der Wirtschaftswundergesellschaft und sichtbares Zeichen von Unsichtbaren, von den nicht Heimgekehrten, den Vermissten und Toten.

Getragen von allen Medien, neben der *Wochenschau* besonders begünstigt durch das sich etablierende bundesdeutsche Fernsehen, wurden die Bahnhofsempfänge, insbesondere die Szenen aus dem Lager Friedland, zu Ikonen der Heimkehr, die allmählich alle anderen Bilder der Kriegsgefangenschaft überlagerten: Die Glocke von Friedland, der Jubel des Wiedersehens, die Trauer der Enttäuschten, das, im Jargon der Zeit, „Mütterchen", das dankbar die Hände Konrad Adenauers küsste, als dieser von seiner Moskaureise mit der Botschaft wiederkam, auch die letzten Gefangenen würden umgehend freigelassen, vor allem dann die fragilen, ausgemergelten, blicklosen Gestalten der Heimkehrer – in diesen Abbreviaturen aus dem Schicksal der letzten Zehntausend verdichtete sich, was fortan den sinnlich evidenten Kern kollektiven Wissens über die Kriegsgefangenschaft bildete. Darum vor allem verankerte sich die ‚Heimholung der Zehntausend', als die Adenauers von immensem Medienaufwand begleitete Reise nach Moskau vom 8. bis 14. September 1955 gefeiert wurde, im kollektiven Gedächtnis als dessen größte politische Leistung. Sie gehörte fortan, wie Hans-Peter Schwarz das formuliert hat, „zum innersten Kern des Adenauer-Mythos"[22]. Dem

---

21 Lehmann, Albrecht: *Gefangenschaft und Heimkehr*. München 1986, S. 135.
22 Zitiert nach Borchard, Michael: Das Kriegsende nach dem Kriegsende. Fünfzig Jahre Freilassung der letzten Gefangenen. In: *Die politische Meinung. Monatsschrift zu Fragen der Zeit*,

entsprach dann die politische Entscheidung 1957 zur Einsetzung einer *Wissenschaftlichen Kommission für die Dokumentation des Schicksals der deutschen Gefangenen des Zweiten Weltkrieges*, die ab 1959 eine denkbar umfassende Dokumentation erstellte, die 1974 am Ende 22 Bände umfasste.

Zugleich ging damit aber eine signifikante Umcodierung der Kriegsheimkehrer in den Medien einher. Die nach 1955 beim Publikum besonders erfolgreichen Filme zeigen die Kriegsgefangenen nun nicht mehr als schwer traumatisierte Märtyrer, sondern als zähe und findige Überlebenswillige, gewissermaßen als einstweilen noch expatriierte Wiederaufbauer, kulminierend in der erfolgreichen Flucht, oder aber als tapfere Mediziner, die unbeirrt von Terror und unangefochten von Verführungen ihren humanitären Dienst am gefangenen deutschen Soldaten tun. Oft basieren diese Filme auf bereits erfolgreichen Romanen mit ihrerseits erfolgreichen Vorabdrucken in Zeitungen und Illustrierten. So etwa, nach einem 1956 publizierten Roman des markigen Erfolgsautors Heinz Konsalik, *Der Arzt von Stalingrad* (1958), in der Regie von Géza von Radvanyi, worin der Stabsarzt Dr. Fritz Böhler – angelehnt an die Geschichte des Dr. Ottmar Kohler, der bereits 1953 heimkehrte – als Gefangenenarzt im sowjetischen Kriegsgefangenenlager 5110/47 bei Stalingrad trotz widrigster Umstände unermüdlich mit noch so primitiven Mitteln seinen Kameraden zu helfen versucht. Ähnlich lässt Wolfgang Liebeneiner in *Taiga* (1958) den Publikumsliebling Ruth Leuwerik als kurzgeschorene deutsche Ärztin bei ihren resignierten Mitgefangenen Lebensmut und Zuversicht erzeugen. Zu nennen wäre etwa noch – allerdings nun schon entschieden antisowjetischer – Leopold Laholas *Der Teufel spielte Balalaika* (1960/61), wo in einem sibirischen Kriegsgefangenenlager die Lagerleitung ein unbarmherziges Terrorregiment führt, während ausgerechnet eine jüdische KZ-Überlebende mitmenschliche Gefühle gegenüber den Gefangenen zeigt. Wenn in Roy Bakers überwältigendem internationalen Erfolg *Einer kam durch* (*The One That Got Away*, 1957) Hardy Krüger die spektakuläre Flucht des Fliegers Franz von Werra aus einem kanadischen Lager durchspielen darf, dann ist zwar klar, dass es ein derart tollkühn-lebenslustiges Pendant für den Osten nicht geben konnte. Doch fehlt auch hier nicht das Gegenstück. Zur Ikone des Ostheimkehrers auf eigene Faust wird Clemens Forell, der Held in *So weit die Füße tragen*, Fritz Umgelters Fernseh-Mehrteiler von 1959, der auf einem bereits 1955 erschienenen Roman von Josef Martin Bauer fußte. Dieser – dann oft wiederholte – absolute Straßenfeger schildert die dreijährige Flucht aus einem sowjetischen Lager nahe der Beringstraße durch Sibirien, den Ural und den Kaukasus bis schließlich nach Täbris in

---

50 (2005), Nr. 430, S. 69–74, hier S. 69. Vgl. ausführlicher dazu Schütz: „Spätheimkehrer". In: Agazzi, Schütz (Hg.): *Heimkehr*. 2010, S. 99.

die Freiheit. Film und Roman suggerierten die Authentizität der erzählten Geschichte. Dagegen steht freilich die lapidare Bemerkung in der Zusammenfassung der *Wissenschaftlichen Kommission für deutsche Kriegsgefangenengeschichte* von 1974: „Über geglückte Fluchtversuche aus der Sowjetunion ist nichts bekannt."[23]

---

23 Robel, H.: Vergleichender Überblick. In: Maschke, Erich: *Die deutschen Kriegsgefangenen des Zweiten Weltkrieges. Eine Zusammenfassung.* München 1974, S. 267.

Wolfgang Borchert: Draußen vor der Tür. Ein Stück, das kein Theater spielen und kein Publikum sehen will

Erstausgabe: Hamburg und Stuttgart, Rowohlt 1947
Erstausstrahlung als Hörspiel: 13. 2. 1947, Nordwestdeutscher Rundfunk, Regie: Ludwig Cremer
• Uraufführung als Theaterstück: 21. 11. 1947, Hamburger Kammerspiele, Regie: Wolfgang Liebeneiner
Alle Zitate im Text beziehen sich auf Wolfgang Borchert: Das Gesamtwerk. Hg. von Bernhard Meyer-Marwitz. Reinbek, Rowohlt 1957, S. 99–165

Im Spätherbst 1946 schrieb Wolfgang Borchert (1921–1947) nach eigenen Angaben in knapp acht Tagen dieses *Stück, das kein Theater spielen und kein Publikum sehen will*, und das am 13. Februar 1947 zum ersten Mal vom *Nordwestdeutschen Rundfunk* als Hörspiel gesendet wurde. Gegen die Erwartungen des Schriftstellers wurde *Draußen vor der Tür* ein voller Erfolg: Am 21. November 1947, ein Tag nach Borcherts Tod, folgte in den Hamburger Kammerspielen zunächst die Uraufführung auf der Bühne in der Inszenierung von → Wolfgang Liebeneiner, später dann die Verfilmung unter dem Titel *Liebe 47* (1949), Regie abermals Wolfgang Liebeneiner, 1957 schließlich wurde der Stoff unter seinem Originaltitel von Rudolf Noelte für den NDR als Fernsehspiel verfilmt.

Der Hamburger Borchert – 1941 zum Kampf an der Ostfront eingezogen – war während des Krieges unter dem Vorwurf der Selbstverstümmelung verhaftet, dann aber freigesprochen worden und verbrachte die übrigen Kriegsjahre im Wesentlichen in unterschiedlichen Lazaretten bei Jena, Smolensk und im Harz. Bei Kriegsende zunächst in Kriegsgefangenschaft geraten, gelang es dem schwerkranken Schriftsteller während einer Gefangenenüberführung zu fliehen und sich nach Hamburg durchzuschlagen.

Das Drama ist von Borcherts Wahrnehmung der deutschen Nachkriegsgesellschaft inspiriert und stellt das gescheiterte Leben eines Kriegsheimkehrers dar. Dieser ist „einer von denen, die nach Hause kommen und die dann doch nicht nach Hause kommen, weil für sie kein Zuhause mehr da ist. Und ihr Zuhause ist dann draußen vor der Tür. Ihr Deutschland ist draußen, nachts im Regen, auf der Straße". (102) Das mit Stationendramen der Zwischenkriegszeit – etwa Ernst Tollers *Der deutsche Hinkemann* (1923/24) oder Leonhard Franks *Karl und Anna* (1927/29) – verwandte Theaterstück Borcherts bringt in fünf Szenen das Kriegs- und Nachkriegsleben des deutschen Soldaten Beckmann auf die Bühne. Nach dreijähriger, sibirischer Kriegsgefangenschaft kehrt dieser ‚Hinkemann des Zweiten Weltkrieges' in das bombenverwüstete Hamburg zurück, findet seine Frau in den Armen eines anderen Mannes und bleibt infolge dieser Zeitläufte „draußen vor der Tür". Die Hauptfigur ist, wie Peter Rühmkorf betont, „kein Held, eher ein ausgemachter Antiheld, kein Handelnder, sondern ein Fragender, keine Persönlichkeit und kaum eine Person". Beckmann ist auch nicht als Typus angelegt. Obgleich stellvertretend für ein Massenschicksal – dem der deutschen Kriegsheimkehrer, Flüchtlinge und Vertriebenen – trägt er gleichwohl eine solche Vielzahl individueller Züge, dass er, so Rühmkorf, als der „Sondergänger und die Ausnahme angesprochen werden muß".

Im Vorspiel des Stückes beobachtet ein Beerdigungsunternehmer den 25-jährigen Beckmann, der bei den Hamburger Landungsbrücken steht und auf die Elbe schaut: Er hat beschlossen, sich zu ertränken, aber der Fluss will ihn nicht und wirft ihn wieder ans Ufer. In diesem symbolisch überformten Vorspiel spricht der als Beerdigungsunternehmer auftretende Tod mit einem Gott, „an den keiner mehr glaubt", und taucht als „der neue Gott" Nachkriegsdeutschlands auf. (104f.)

Der personifizierte Auftritt der Elbe in der nächsten, mit *Der Traum* überschriebenen Szene lässt sofort erkennen, dass Beckmann seinen Selbstmordversuch lediglich imaginiert hat und die Hauptfigur lernen muss, in einer neuen Wirklichkeit weiterzuleben. Auf dem Weg in sein neues Leben trifft der eine Gasmaskenbrille mit Blechrand tragende Heimkehrer im zerstörten Hamburg ein Mädchen, dessen Mann noch nicht aus dem Krieg heimgekommen ist. Es nimmt ihn mit, leistet ihm weiter Hilfe und gibt ihm die Kleider ihres Mannes, der jedoch bald darauf kriegsversehrt zurückkehrt. So befindet sich Beckmann abermals „draußen vor der Tür" und macht sich auf den Weg zum Hause seines ehemaligen Obersts, um ihm die „Verantwortung" zurückzugeben. Während des Krieges hatte der Oberst dem Unteroffizier Beckmann befohlen, mit einem Spähtrupp bei 42 Grad Kälte den Wald östlich von Gorodok zu erkunden und möglichst ein paar Gefangene zu machen. Bei Beckmanns Rückkehr von diesem Einsatz sind elf seiner Männer gefallen. Deren Angehörige lassen ihn jetzt nicht mehr ruhig schlafen: Im Traum fragen ihn die Witwen ständig nach dem Verbleib ihrer Männer. Der Oberst bleibt gegenüber dem Heimkehrer gleichgültig, lacht ihn schließlich aus – und auch er lässt Beckmann „draußen vor der Tür".

In der folgenden Station trifft Beckmann den Direktor eines Kabaretts und versucht, sich eine Anstellung in dessen Theater zu besorgen. Er ist unerfahren, weil er dem Direktor zufolge ‚nur' den Krieg erlebt hat: „Direktor: [...] Was haben Sie denn so bis jetzt gemacht? Beckmann: Nichts. Krieg: Gehungert. Gefroren. Geschossen: Krieg. Sonst nichts." (133) Da niemand an dieser unbequemen Wahrheit Interesse hat, wird Beckmann vom Kabarettleiter verabschiedet, und zwar mit dem Vorschlag, „auf dem Schlachtfeld des Lebens" (133) zu reifen. Der Heimkehrer steht wieder auf der Straße und trifft die Entscheidung, sein Elternhaus aufzusuchen. Dort muss er jedoch von der zynischen neuen Hausbewohnerin erfahren, dass seine Eltern während des Krieges den Freitod gewählt haben: „Eines Morgens lagen sie steif und blau in der Küche. So was Dummes, sagt mein Alter, von dem Gas hätten wir einen ganzen Monat kochen können." (142)

In der letzten, stark psychologisierten Szene des Stückes denkt Beckmann über die Begegnungen seiner Wanderschaft nach. Ihm wird bewusst, dass niemand bereit war, ihm wirklich zu helfen. Ungeachtet der optimistischen Überzeugungen, die ein- und ausgangs des Stückes von Beckmanns als ‚Der Andere' auftretendem Alter-Ego vorgebracht werden, scheitern alle Versuche des Heimkehrers, sich im Leben wieder zurechtzufinden, sich wieder ‚heimisch' zu fühlen.

Draußen vor der Tür fand erst über den Umweg seiner Hörspielfassung zu dem beträchtlichen Widerhall, der Borchert in der Folge gewissermaßen zum „*spiritus rector* der sogenannten Stunde Null" (Reinhard Baumgart) werden ließ. Das Theaterstück wurde zur Vorlage der deutschen Trümmer- und Kahlschlagliteratur, deren Kennzeichen gemäß einer programmatischen – *Das ist unser Manifest* (1947) betitelten – Ankündigung Borcherts die folgenden waren: „Und dieses Deutschland müssen wir doch wieder bauen im Nichts, über Abgründen: Aus unserer Not, mit unserer Liebe. Denn wir lieben dieses Deutschland doch. Wie wir die Städte lieben und ihren Schutt – so wollen wir die Herzen um die Asche ihres Leides lieben." Dabei hilft in *Draußen vor der Tür* Beckmanns eruptive Sprache, in der etwa Anna-Maria Darboven 1957 den existenziellen und expressionistischen Schrei des „Heimkehrers schlechthin" erkannte. Bernhard Meyer-Marwitz betonte im gleichen Jahr: „Dieses Stück ist in der Glut einer irdischen Vorhölle gebrannt worden, es ist mehr als eine literarische Angelegenheit, in ihm verdichten sich die Stimmen von Millionen, von Toten und Lebenden, von vorgestern, gestern, heute und morgen, zur Anklage und Mahnung. Das Leid dieser Millionen wird Schrei. *Das* ist Borcherts Stück: Schrei! Nur *so* kann es begriffen und gewertet werden." Als Vertreter einer *Generation ohne Abschied*, der Borchert auch eine Kurzgeschichte widmet, lebt der Kriegsheimkehrer Beckmann ständig in einer existenziellen Grenzsituation. Er lebt auf der Straße, zwischen Leben und Tod, während er die deutsche Schuld verkörpert und Deutschland zeigt, dass es keinen möglichen Weg zur Exkulpation gibt. Deswegen wähle Beckmann „nicht den einzigen Weg, der ihm offensteht, den Weg zum Tod und Vergessenheit, sondern sinke in die existenzielle, vakuumähnliche Vorhölle einer primitiven Verzweiflung", so Karl S. Weimar 1956. Diese Lesart des Werkes – der hoffnungslos mit seinem Schuldbewusstsein auf der Straße liegen Bleibende – beherrschte die Nachkriegszeit und wurde zum Kern vieler Deutungen des Stückes. Tatsächlich ist *Draußen vor der Tür* ein Drama der nachkriegszeitlichen Einsamkeit, dargestellt durch einen beschädigten und innerlich verwüsteten Kriegsheimkehrer. Kein Heroismus ist bei Borcherts Hauptfigur möglich: Dazu kommt, dass Gott und Natur, d.h. die übermenschlichen Mächte, ihn verlassen haben und keinen Rat mehr geben können, oder schlimmer noch: als Gegenspieler dieses Anti-Helden auftreten. Verzweiflung an Gott und Abkehr von der Natur werden von Beckmann erfahren, aber auch die „anderen" Menschen können bei seiner Rettung nicht helfen. Abgesehen von dem hilfsbereiten Mädchen, bleiben die anderen *dramatis personae* gleichgültig gegenüber dem Heimkehrer und stellen ihn nach jeder Begegnung wieder auf die Straße. Dieses symbolische Spiel stellt die Enttäuschung einer pessimistischen Generation dar, die sich nach dem Krieg nicht in die neue deutsche Gesellschaft eingliedern konnte.

Nicht nur stilistisch, auch thematisch wurde deshalb *Draußen von der Tür* zum Paradebeispiel der Trümmerliteratur, dessen Auswirkungen in der Entwicklung des, so W. G. Sebald, „Schuldtheaters" der späteren frühen Bundesrepublik weiterhin spürbar waren.

Literatur

Mahmoud Al-Ali: Schuldkomplex der Heimkehrgestalt im literarischen Werk von Wolfgang Borchert. In: *Krieg und Literatur / War and Literature. Jahrbuch / Yearbook XIII.* Hg. von Claudia Gunz und Thomas F. Schneider. Göttingen 2007, S. 104–113 • Anna-Maria Darboven: *Wolfgang Borchert. Der Rufer in einer Zeit der Not.* Hannover 1957 • Stefan Kasmyski: Expressionistische und Existenielle Elemente im Drama „Draußen vor der Tür" von Wolfgang Borchert". In: *Studia Germanica Posnaniensia*, 2 (1973), S. 55–66 • Bernhard Meyer-Marwitz: Wolfgang Borchert. In: Wolfgang Borchert: *Das Gesamtwerk.* Hg. von Bernhard Meyer-Marwitz. Reinbek 1957, S. 323–349 • Peter Rühmkorf: *Wolfgang Borchert.* Reinbek 1961 • Claus B. Schröder: *Draußen vor der Tür: Eine Wolfgang-Borchert-Biographie.* Berlin 1988 • W. G. Sebald (Hg.): *A Radical Stage. Theater in Germany in the 1970s and 1980s.* Oxford 1988 • James L. Stark: *Wolfgang Borchert's Germany: Reflections on the Third Reich.* Lanham, New York, London 1997 • Karl S. Weimar: No Entry, No Exit. A Study of Borchert with some Notes on Sartre. In: *Modern Language Quarterly*, 17 (1956), S. 154–165.

Raul Calzoni

Zwischen gestern und morgen

Regie: Harald Braun
Drehbuch: Harald Braun, Herbert Witt • Kamera: Günther Anders • Musik: Werner Eisbrenner • Produktion: Neue Deutsche Filmgesellschaft, München • UA: 11. 12. 1947, München, Luitpold-Theater • Länge: 109 Min., s/w • Darsteller: Viktor de Kowa, Winnie Markus, Willy Birgel, Sybille Schmitz, Hildegard Knef, Carsta Löck, Erich Ponto, Otto Wernicke, Adolf Gondrell, Viktor Staal

Ein Emigrant kehrt zurück. In Harald Brauns Film, der ersten durch die amerikanischen Besatzungsbehörden lizenzierten deutschen Produktion, begegnet einem kein abgerissener und traumatisierter Kriegsheimkehrer wie in früheren DEFA-Produktionen. Michael Rott (Victor de Kowa) erscheint in Schlips und Kragen unter solidem Wintermantel, als er dem Zug entsteigt, der in die zerstörte Halle des Münchner Hauptbahnhofs einfährt. Woher er kommt, zeigt eine Naheinstellung auf die Ankündigungstafel des Bahnsteigs: Basel, das vermeintlich beschauliche Exil, gleich hinter der Grenze. Was er lernen muss, wird im weiteren Verlauf der Einleitungssequenz deutlich. Zögernden Schritts sucht er Orientierung in der Trümmerlandschaft der Innenstadt, kauft einen Strauß Veilchen und gelangt zu seinem Ziel: dem Eingangsportal des Palasthotels Regina, dem „einstigen Treffpunkt für Globetrotter, Künstler, Gelehrte, Diplomaten aus allen Himmelsrichtungen", wie das in Dortmund erscheinende *Westdeutsche Tageblatt* am 18. Februar 1948 festhielt. Dramatisch schwillt jedenfalls die Musik an, als er die Drehtür passiert, deren Bild schon unter den Titeln des Vorspanns lag. Im Gegenschnitt und abrupt mit O-Ton unterlegt, ist er in den Trümmern der vormaligen Eingangshalle zu sehen. Ein Aufschwenk offenbart ein gleichsam ausgeweidetes Gebäude. Eine Erfahrung der Desillusionierung, die sich für Rott wiederholen wird. Als er das Zimmer erreicht, deren früheren Bewohnerin die Veilchen als Reminiszenz an glückliche Zeiten zugedacht waren, öffnet er wieder unter anschwellender Musik die Tür, um nun mit Wechsel zum O-Ton wahrlich vor dem Nichts zu stehen. Aus der Höhe des ehemaligen Grandhotels öffnet sich der Blick auf den Abgrund einer Trümmerlandschaft. Der Emigrant, so die Botschaft, muss lernen, dass nichts mehr so ist, wie es gestern war.

Dass er das Morgen adressiert, als er die Veilchen beiläufig Katharina (Hildegard Knef) schenkt, die in den Trümmern als blonde Hoffnungsgestalt hockt, ist ihm noch verborgen. Doch als der etwa sechsjährige Junge der ledigen Katharina den Strauß auf dem Küchentisch entdeckt und „Veilchen, prima!" ausruft, dürfte dem Zuschauer klar geworden sein, dass der Emigrant vom Drehbuch als Familienvater in spe erkoren ist. Damit ist auf der Gegenwartsebene auch schon das Wesentliche erzählt: Emigrierter Künstler, Karikaturist, verbindet sich mit junger, kriegsbedingt alleinstehender Mutter, Flüchtling aus Stettin und ehemalige Servierin im Grandhotel. Die sozialen Schranken von gestern spielen keine Rolle mehr, auch nicht die langjährige Abwesenheit des Emigranten. Doch bleibt solche Versöhnungsbotschaft eng mit der Vergangenheit verknüpft – und dies mit Kunstanspruch. Die leitmotivische Verknüpfung, die jene Veilchen indizieren, setzt sich in den von verschiedenen Protagonisten erinnerten Schichten der Vergangenheit fort.

Es geht um einen Tag im März 1938, als alles noch intakt schien. Michael Rott und später auch der Hotelbesitzer Ebeling (Victor Staal) erinnern sich. Verliebt in Annette (Winnie Markus), die Kunststudentin vom Bücherstand, nimmt Rott einen Strauß Veilchen vom Tresen der Hotelbar. Doch merkwürdig abgelenkt, erreicht der Liebesgruß schon in der Vergangenheit nicht den ursprünglich gedachten Ort der Bestimmung. Auf dem Weg zu Annette begegnet er Nelly Dreyfuss (Sybille Schmitz). Die ist als ehemalige Gattin des berühmten Schauspielers Alexander Corti (Willy Birgel) in das Hotel gekommen, um noch einmal den Glanz aus alten Tagen genießen und auch ihm wiederbegegnen zu können, von dem sie sich aufgrund ihrer jüdischen Herkunft getrennt hatte, um seine Karriere nicht zu gefährden. Spontan widmet Rott die Veilchen Nelly Dreyfuss, ohne in seinem Liebesdrang in Verlegenheit zu geraten, als er Annette trifft. Das ursprüngliche Objekt wird gegen eine Zeichnung jener Veilchen getauscht. „Ein Strauß, der nie verwelkt", steht auf ihr. Und Annette, sichtlich bewegt, setzt den Anspielungsparcours fort, indem sie vor dem Fahrstuhl Michael daran erinnert, dass er doch den Bleistift zurückgeben möge, mit dem die Liebesbotschaft gezeichnet wurde, nicht ohne auf den *Zauberberg* zu verweisen: „Erster Band, letzte Zeile". Die Anspielung auf Frau Chauchats „N'oubliez pas de me rendre mon crayon" signalisiert dem bildungsbewussten Zuschauer nicht nur, dass es sich um ein recht eindeutiges Angebot handelt, das Michael Rott bewegt, unverzüglich die Treppen zu Annettes Zimmer hochzustürmen, sondern verweist mit dem dialogisch ungenannten Autor nicht minder eindeutig auf einen bekennenden Nicht-Heimkehrer, der vor allem mit denen nichts mehr zu tun haben wollte, die „unter Goebbels Kultur betrieben" (→ Thomas Mann) hatten.

Die Veilchen als zirkulierendes Objekt geraten jedoch noch in eine andere Substitutionsbeziehung. Nelly Dreyfuss, der es seit den Nürnberger Gesetzen verboten ist, sich in einem Hotel aufzuhalten, übergibt eine Halskette mit Rubinen an Michael Rott zur Verwahrung für ihren ehemaligen, aber noch immer geliebten Mann. Und nun überschlagen sich die Ereignisse. Rott, bei einem stiernackigen Direktor aus Goebbels' Ministerium (Otto Wernicke) durch eine Hitler-Karikatur in Ungnade gefallen, erfährt, dass er verhaftet werden soll, und flieht unmittelbar nach seinem Tête-à-tête mit Annette. Wodurch Nelly, durch die Anwesenheit der Gestapo-Männer geängstigt, in Rotts Zimmer flüchtet. Der Verhaftung entzieht sie sich, indem sie sich über das Geländer des Treppenhauses in den Tod stürzt. Eine Ereigniskette, die den Emigranten auf der Gegenwartsebene mehrfach verdächtig macht: als gewissenlosen Verführer, Schmuckdieb und indirekt Schuldigen für den Opfergang Nellys.

So entsteht eine Konstellation, in der sich der prospektive Remigrant für seine vormalige Flucht rechtfertigen muss. Etwa gegenüber Hoteldirektor Ebeling, der Annette bald nach jenen Ereignissen geheiratet hat. „Sie wissen doch sehr genau", so Rott, „warum ich damals weg bin." – „Aus politischen Gründen, wie?" – „Etwa nicht?" Worauf Ebeling den Generalverdacht formuliert: „Ich verstehe durchaus, dass Sie Ihr Gedächtnis in diesem Punkt im Stich lässt. Das pflegt in solchen Fällen üblich zu sein." Auch bei Professor von Walther (Erich Ponto), dem ehemaligen Mentor Annettes, ergeht es ihm nicht besser: „Wer nicht dabei war, mein Herr, weiß nichts." Was der Professor nun am Schicksal seiner ehemaligen Promovenden demonstriert: „Erich Horn: gefallen in Afrika! Fritz von Puttkammer: vermisst in Russland! Cornelia Hirsch: totgeprügelt oder vergast oder was weiß ich! Günter Fink: selber umgebracht! Klaus Werner Balken: in Dachau oder sonst einem Lager!" Und nun weitere Promovenden nur mehr summierend: „Aufgehängt! Gefallen! Blind! Gefallen! Verhaftet! Aufgehängt!" Gegenüber diesem Opferkollektiv aus Soldaten, rassisch oder politisch Verfolgten bleibt der Emigrant ein Außenseiter. Seine Schuld ergibt sich aus seiner Abwesenheit in Schicksalsjahren. Oder wie es Frank Thiess, die Innere Emigration reklamierend, gegen Thomas Mann formuliert hatte: „Wir erwarten dafür keine Belohnung, daß wir unsere kranke Mutter Deutschland nicht verließen. Es war für uns natürlich, daß wir bei ihr blieben."

Doch Rott wird es gelingen, seine Unschuld zu beweisen: durch die Erinnerungen Katharinas, die in das Jahr 1944 zurückführen und die weitere Geschichte der zirkulierenden Objekte klären. Tatsächlich hatte Rott den Schmuck vor seiner Flucht im Zimmer Alexander Cortis hinterlegt, dem dieses Erinnerungsstück, zeitweilig eingetauscht gegen eine Hypothek, das weitere Überleben im ‚Dritten Reich' sicherte. Doch nun will Corti sein Leben während eines Luftangriffs in die Wagschale werfen, übergibt Katharina die Kette, die sie in einen metallenen Umkleideschrank legt, und harrt in der Eingangshalle des Hotels des alliierten Urteils aus der Höhe. Sein Opfergang wird als bewusste Entscheidung in Szene gesetzt. Gelassen erwartet er das Ende, während der Putz schon rieselt. Ein letztes Pendeln der Drehtür signalisiert seinen Tod und den Untergang einer Epoche. In der Logik der Substitutionen, sein Opfer dem seiner jüdischen Frau folgend und begleitet von der Zirkulation des Schmucks, wird das wandernde Objekt mit zukunftstragender Bedeutung aufgeladen. In der Gegenwartshandlung beweist der Schmuck, den Katharina in letzter Minute dem weiteren Tausch auf dem Schwarzmarkt entzieht, die Unschuld des Emigranten. Damit reinigt sie sich selbst von den dunklen Umtrieben der Gegenwart und erhält im Austausch die Liebe des Emigranten. Das Veilchen wie der Schmuck haben ihren finalen Ort erreicht. Das mag zuweilen an eine Leitmotivtechnik à la Thomas Mann erinnern, im zeitgenössischen Kontext mutet es doch eher wie ein Schwarzmarkt der Vergangenheitsbewältigung an. Auch schon deshalb, weil – jenseits zirkulierender Objekte – das Begehren Nelly Dreyfuss' im Jahre 1938, wieder unter ‚normalen' Bedingungen leben zu können, das Verlangen der Nachkriegsdeutschen präfiguriert: als Opfer der Zeitumstände endlich wieder einmal einen Streifen der Hoffnung am Horizont sehen zu können.

Der Vorspann verkündet: „Alle Personen und Geschehnisse in diesem Film sind frei erfunden. Eine Ähnlichkeit mit irgendwelchen lebenden oder verstorbenen Personen ist rein zufällig." Aber auch das ist ein Tauschgeschäft: eine von den Militärbehörden vorgeschlagene Schutzbehauptung gegen die Einsprüche von Freunden Nelly Dreyfuss', die durch einen Zeitungsbericht alarmiert waren, der während der Dreharbeiten erschien. Danach habe Braun vorgehabt, „the true story of the Jewess Nelly Dreyfuss" zu erzählen, „who was driven into death by the Gestapo". Eine „Fälschung" ihres Lebens, reklamierten ihre Freunde, die „frevlerisch, wenn nicht verleumderisch" („sacrilegious if not libelous") sei. Andere denkbare Geschäfte zeichneten sich noch nicht ab. Wenn der Schmuck als Synekdoche und Signifikant jüdischen Vermögens zu verstehen ist, dann war er im Zeitkontext nur als frei zirkulierender vorstellbar. Von Zurückerstattung war damals noch nicht die Rede.

Harald Braun (1901–1960, → *Nachtwache*, 1949) hatte sich einen Namen gemacht als versierter Regisseur von Unterhaltungsfilmen, aber auch von Künstler-Melodramen, wie zuletzt *Träumerei* (1944), ein merkwürdig widerständiger Film zum Leben von Clara und Robert Schumann, der kaum in den offiziell verkündeten Zeitgeist zu passen schien. Im November 1945, als noch jede deutsche Filmproduktion in den Sternen stand, zog er in der *Neuen Zeitung* Bilanz und entwickelte sogleich seine Vorstellungen für das „zukünftige Filmschaffen". Im Blick auf die Vergangenheit störte ihn im Wesentlichen nur eins: die „ministerielle Gängelei". Im Blick nach vorn sollten die neuen Filme „Lebenshilfe" sein: Filme, die „gespeist sind aus dem dunklen Brunnen unseres Schicksals, und die uns helfen, uns mit diesem Schicksal zu behaupten." Die Rezeptur für die neue Tendenz erweist sich als die alte, die schon Goebbels in seinen Reden vor den Filmschaffenden verkündet hatte: der Kunst zu dienen. Was einst im Interesse der Propaganda geschehen sollte, sieht Braun prospektiv als unveräußerliches Erbe. „Das, was größer ist als Glück und Schmerz: die Kunst ... Sie ist unser Trost und unsere Pflicht!", zitiert Braun eine seiner Figuren aus der *Träumerei* als Verpflichtung für die Zukunft.

Schon deshalb entwirft er in *Zwischen gestern und morgen* ein als Kriminalfilm camoufliertes Künstlermelodram mit Reminiszenz an den Hotelfilm der Weimarer Republik, das kaum verhohlen als Rechtfertigungserzählung daherkommt. Willy Birgel alias Alexander Corti spricht das Bekenntnis: „Ich bilde mir ein, Künstler zu sein. Ich muss das spielen, was ich aus meinem Wesen heraus spielen muss. [...] Uns selbst wollen wir doch geben; das Beste, was wir haben. Wer das nicht will oder wer sich benutzen lässt, der geht entweder zum Teufel oder wird eine Marionette." Entsprechend ist die gesamte Künstler- und Intellektuellenschar des Hotels entweder zutiefst unpolitisch wie Corti, der nicht einmal ahnt, dass seiner jüdischen Frau Sanktionen drohen könnten, oder unbekümmert aufsässig wie der Zeichner Rott. Als einziger Spielverderber in diesem idyllischen Milieu kulturvoller Noblesse erscheint der Abgesandte Goebbels' mit seinen Gestapo-Schergen. Solchen Plot nun auch noch bis in die Nebenrollen mit der ersten Garde aus jüngst vergangenen UFA-Tagen zu besetzen, musste für Irritationen sorgen.

„Wenn Willy Birgel gegen Nazideutschland reitet und behauptet, sein Typ sei im ‚Dritten Reich' untragbar gewesen, [...] dann fördert das nicht gerade die Illusion", pointierte Wolfgang W. Parth in der Frauenzeitschrift *Sie* vom 28. März 1948 in Anspielung auf Birgels Hauptrolle in dem nationalistischen Springreiter-Drama *... reitet für Deutschland* von 1941. Die meisten Rezensenten außerhalb der amerikanischen Zone, in der vor allem die filmwirtschaftliche Aufbauleistung gefeiert wurde, waren nicht nur durch das Starkino aus alten Tagen befremdet, in dem allein die „Trümmerfee" Hildegard Knef (→ *Die Mörder sind unter uns*, 1946, → *Film ohne Titel*, 1948) ein Lichtblick schien, sondern eben auch durch die glatte und routinierte Machart, die allzu sehr an den „künstlerisch wertvollen" Film von gestern erinnerte. Auch wurde bemerkt, dass in Brauns filmischem Rückblick fast alle verkappte Regimegegner waren. „So viel Nicht-Nazis und anständige Menschen, wie hier in dem Hotel zusammenkommen, hat es in den ganzen zwölf Jahren wahrscheinlich nur in den KZs gegeben", hieß es dazu am 23. März 1948 in der Ost-Berliner *Tribüne*, der Tageszeitung des *Freien Deutschen Gewerkschaftsbundes*. Doch gerade der geschönte Blick auf die Vergangenheit, verbunden mit einem Star-Kino nach alten Mustern und mit vertrauten Gesichtern, scheint den Erfolg des Films garantiert zu haben. Immerhin lief er bis 1949 in den deutschen Kinos und konnte in den Westzonen 2,8 Millionen Zuschauer verzeichnen.

Literatur

Harald Braun: Die Bedeutung der „Filmpause". In: *Die Neue Zeitung*, 12. 11. 1945 • Bettina Greffrath: *Gesellschaftsbilder der Nachkriegszeit. Deutsche Spielfilme 1945–1949*. Pfaffenweiler 1995 • Norbert Grob: *Das Jahr 1945 und das Kino*. Berlin 1995.

Manuel Köppen

... und über uns der Himmel

Regie: Joseph von Baky

Drehbuch: Gerhard Grindel • Kamera: Werner Krien • Musik: Theo Mackeben • Produktion: Objektiv-Film, Berlin • UA: 27. 2. 1948, Hamburg • Länge: 103 Min., s/w • Darsteller: Hans Albers, Lotte Koch, Paul Edwin Roth, Annemarie Hase, Otto Gebühr

Der Trümmerfilm *... und über uns der Himmel* (1947) von Joseph von Baky (1902–1966) erzählt eine individuelle Transformationsgeschichte der Heimkehr und überführt diese in einen gesellschaftlichen Rahmen. Dieser erste nach Kriegsende mit amerikanischer Lizenz gedrehte Film handelt von dem ehemaligen Kranführer Hans Richter (Hans Albers), der nach kurzer Orientierungsphase schnell mit den geänderten Lebensverhältnissen zurechtkommt und durch Schiebergeschäfte auf dem Berliner Schwarzmarkt ein ansehnliches Auskommen findet. Freudig begrüßt er nach geraumer Zeit seinen bereits totgeglaubten Sohn Werner (Paul Edwin Roth), muss jedoch erkennen, dass dieser an der Front eine schockbedingte Blindheit erlitten hat. Nach einigen Wochen erholt sich Werner von seinem Kriegstrauma und gewinnt sein Augenlicht zurück. Auf den Straßen bekommt er nun erstmals das Elend der Nachkriegszeit zu sehen. Hierüber gerät er mit seinem Vater ob dessen unmoralischer Lebensführung in Konflikt. Wenngleich sich Hans durch die Kritik seines Sohnes ungerecht behandelt sieht, ist er daraufhin dennoch in seinem Tun verunsichert. Schließlich findet er über die Zeitumstände, die ihn zu einem – stets verständnisvoll gezeichneten – Schwarzmarkthändler werden ließen, auch wieder zu einer anständigen Tätigkeit zurück.

Der erste Bildkader des Films zeigt ein Wolkenbild. Im Kontext des Luftkriegs ist der Blick in den Himmel dem apparatetechnisch armierten *airplane eye* komplementär, mit dem – um mit den Worten von Christoph Asendorf zu sprechen – die ‚Welt zur Fläche' transformiert wird. Während der aviatische Blick die Wahrnehmungsfläche amplifiziert und überschaubar werden lässt, weitet sich der himmelwärts gerichtete Blick ins Infinite und geht damit sowohl eines archimedischen Punkts, einer verlässlichen räumlichen Orientierung sowie zeitlicher Indikatoren verlustig: Ungeachtet der daraus folgenden Ortlosigkeit des Himmels, stellt sich bei den ersten Bildern dieses Films für das damalige Publikum dennoch unmissverständlich ein zeitgenössischer Zusammenhang her. Erreicht wird dies durch das von Hans Albers im larmoyanten Ton vorgetragene, titelgebende Lied aus der Feder Theo Mackebens, in dem die Nachkriegszeit als eine schicksalhafte besungen wird. Zwischen der visuellen Ambiguität der ersten Filmbilder und deren sprachlicher Ebene zeigt sich somit ein Spannungsverhältnis. In einer Zeit, da neue Werte am Horizont noch nicht auszumachen sind, korrespondiert die Verweigerung einer raumorientierenden Horizontlinie in gewisser Weise mit dem Wegfall des vor Kriegsende gültigen moralischen Koordinatensystems.

Die Zerstörungen des Zweiten Weltkriegs werden auch in *... und über uns der Himmel* zum Ausgangspunkt einer Zeitlichkeit, die als chronologische Abfolge von Vergangenheit, Gegenwart und Zukunft nur unzureichend beschrieben wäre. Vielmehr ermöglicht der reflexive Blick auf Ruinen eine Zeiterfahrung, mit der Vergangenes in der Gegenwart als etwas in die Zukunft Wirkendes erlebt wird. Von Baky erzielt diesen Effekt, indem er beiden Heimkehrern eine Rückblende in Form einer eigenzeitlichen, außerhalb des Handlungsverlaufs stehenden Bilderfolge gewährt. Mit der ersten Rückblende werden einige Facetten aus dem Vorkriegsleben Hans Richters präsentiert. In seiner halbzerstörten Wohnung holt dieser aus einer Kiste einige ihm noch verbliebene Fotografien hervor. Diesen Erinnerungsakt – zu nächtlicher Stunde mit bedeutungsvoll ausgeleuchtetem Gesicht in Szene gesetzt – nimmt die Regie zum Anlass, eine Reihe privater Begebenheiten Revue passieren zu lassen. Mithilfe dieses Defilees wird der Protagonist in der Zeit vor dem Krieg als „Hans im Glück" vorgeführt. Den Anfang markiert eine unbekümmerte sommerliche Tretbootfahrt, bei der er seine spätere Frau kennenlernt. Daran reiht sich ein Biergartenbesuch, der uns Hans – sich rührend um den im Kinderwagen liegenden Walter kümmernd – vor einer imposanten Berliner Weißen sitzend zeigt. Abschließend sehen wir ihn gemeinsam mit seinem inzwischen herangewachsenen Sprössling im Zoo einen Schimpansen füttern. Mithin also eine Reihe von Preziosen aus dem unbeschwerten Paradies des privaten Familienglücks, das von politischen Verwerfungen der Zeit vollkommen losgelöst erscheint. Dabei kommentieren intermittierende Zwischenschnitte auf das sich zunehmend melancholisch verfinsternde Gesicht des Erinnernden den schmerzlichen Verlust dieser ehemaligen Unbeschwertheit.

Diese konventionelle, leicht eingängige Rückblende bildet in mehrfacher Hinsicht einen Kontrast zu jener, mit der von Baky seine zweite kinematografische Retrospektion ins Werk setzt. Ausgangspunkt ist eine Autofahrt zu der Augenklinik, in der Werners Kriegserblindung behandelt werden soll. Die *Découpage* der Fahrt besteht aus wechselnden Einstellungen, die entweder die Fahrenden – Hans, Werner sowie ihre Nachbarin Edith (Lotte Koch) – oder deren Blickperspektiven zeigen. Die Binnenkadrierung beider Einstellungssettings gibt den vorbeiziehenden Ruinen eine fast monumentale Größe. Die Regie unterstützt diesen Eindruck, indem sie diese Bildfolgen von gedämpften, symphonischen Klängen begleiten lässt und den Dialog fast gänzlich reduziert. Auf dem Weg zur Kaiser-Wilhelm-Gedächtniskirche entsteht auf diese Weise zwischen den Ruinenbildern und den mimischen Reaktionen von Hans und Edith ein nahezu kontemplatives Spannungsverhältnis, das die Folie für den mit einer beiläufigen Frage Werners initiierten Rückblick bildet: „Wo sind wir denn jetzt?" Mit der Antwort – „In der Potsdamer Straße" – wird eine Vergangenheitsschau in Gang gesetzt, die sukzessiv den durch das Erinnerungssubjekt vermittelten Bezugsrahmen verlässt. So bleibt das Gesicht des Protagonisten anfänglich in einer Überblendungssequenz unter den Vergangenheitsbildern präsent, auch wenn sich diese bereits topografisch und inhaltlich von der gezeigten Autofahrt gelöst haben. Nach und nach beginnt die Kamera zu vagabundieren und erschließt einen erweiterten städtischen Imaginationsraum, der an vergleichbare Sequenzen in *Menschen am Sonntag* (1929) von Robert Siodmak denken lässt. Dadurch wird die Retrospektive in zunehmendem Maße aus der ohnehin nur minimalen individualpsychologischen Perspektive gelöst und veräußerlicht. Für eine kurze Zeitspanne werden die Kamerabilder aus ihrem narrativen Korsett und dramaturgischen Dienstverhältnis zur Unterstützung des Protagonisten entlassen. Mittels einer Reihe schlagbildartiger Topoi des Berliner Großstadtlebens werden die Vergangenheitsbilder symbolisch überformt. Wenn die Bilderfolge dieser Rückblende den begrenzten individuellen Wahrnehmungskreis des Agierenden überschreitet, dann erweitert sich zum einen die Perspektive des Films, zum anderen gelangen die Filmbilder zeitlich in einen invertierten Horizont, der die Vergangenheit nicht als etwas Fernes, vor der Gegenwart Liegendes, sondern als etwas in ihr weiterhin Wirkendes aufruft. Die extradiegetischen Erinnerungsbilder dieses von frei flottierenden Berlin-Topoi geprägten Bildersturzes lassen das Vergangene in die Gegenwart ein. Als invertierte Zeitenfolge, als Gestern im Heute, wird somit Vergangenheit in der Gegenwart, im Präsentischen der filmischen Erzählung manifest. In diesen Bildern geht nicht das Gespenst einer nichtvergangenen Vergangenheit um. Vielmehr inhäriert die von ihrer narrativen Unterstützungsfunktion freigestellte Retrospektion – indem sie sich von den gegenwärtigen Zerstörungen löst – eine prospektive Aussicht. Von der Last des individuellen Gedenkens an unwiederbringlich Zerstörtes befreit, zieht der Film für seine Protagonisten eine verhaltene Zuversicht aus diesen Bildern. Dies zeigt sich zum einen am durchlässiger und nachdenklicher werdenden Minenspiel der von Hans Albers verkörperten Figur sowie an der wechselnden musikalischen Klangfarbe des letzten Teilstücks der Autofahrt.

Wenn in ... *und über uns der Himmel* am Schluss der Blick in Himmel und Wolken wieder aufgenommen wird, so lässt sich an dieser Rahmung eine bedeutsame Differenz feststellen, da nunmehr ein durch das Bild schwenkender Kranausleger in zweifacher Hinsicht Orientierung ermöglicht. Zum einen erhält die Bildkomposition dadurch eine Objektreferenz, zum anderen beantwortet der Film die anfangs vom Liedtext fast beiläufig gestellte Frage nach kollektiver Identität am Beispiel Hans Richters als tröstliche, kinematografische Wunscherfüllung eines Wiederaufbaus. Mit dieser Heimkehr aus dem Krieg wird von Bakys Protagonist zu dem, der er war: ein „Hans im Glück". Privat als Vater und Ehemann und im Beruf als zupackender Optimist, der mit seinem unbändigen Aufbauwillen im Sinne des leitmotivischen Liedtextes dafür sorgt, dass ‚es weitergeht'. Wenn in diesem Schlussbild das bedrohlich wirkende Kumulusgewölk des Filmbeginns nunmehr sanfteren Zirren gewichen ist, so könnte man fast geneigt sein, diesen Blick in höhere Himmelsschichten gewissermaßen als vorgreifende Resonanz des Wirtschaftswunders zu verstehen.

Literatur

Guntram Vogt: *Die Stadt im Kino. Deutsche Spielfilme 1900–2000.* Marburg 2001, S. 429–434.

Wolfgang Kabatek

Günter Eich: Abgelegene Gehöfte. Gedichte

Erstausgabe: Frankfurt am Main, Georg Kurt Schauer Verlag 1948. Mit Holzschnitten von K. Rössing

Die erste Ausgabe der Gedichtsammlung *Abgelegene Gehöfte* von Günter Eich (1907–1972) erschien 1948 im Frankfurter *Georg Kurt Schauer Verlag* in einer Auflage von 3000 Exemplaren. Obwohl Eich schon vor dem Krieg einen gewissen Ruhm als Dichter erreicht hatte, fand der Band – nicht zuletzt aufgrund der schwierigen Situation kurz nach der Währungsreform – kaum Resonanz bei einem breiteren Publikum.

Von den Autoren der „jungen Generation", die eben aus dem Krieg heimgekehrt waren, wurden hingegen einige der Gedichte sofort zu exemplarischen Zeitdokumenten für die damalige Suche nach einem existenziellen und ästhetischen Neuanfang erklärt. Das gilt besonders für die Schriftsteller der *Gruppe 47*, zu deren Mitbegründern Eich selbst zählte. Für sie, die sich zu einem harten Realismus und einer Ernüchterung der literarischen Sprechweise bekannten, wurden einzelne Gedichte der Sammlung wegen ihrer desillusionierten Darstellung einer widerwärtigen, jeder Transzendenz beraubten Wirklichkeit zu Paradestücken der eigenen Programmatik. Eichs Versuch, die Authentizität des Kriegserlebnisses in seinen Versen wiederzugeben, erlaubte den Intellektuellen, die Front und Gefangenschaft überstanden hatten, eine Identifikation und entsprach auch ihrem Wunsch, jetzt Teil einer Schicksalsgemeinschaft zu sein. So wurde 1949 die wortkarge Bestandsaufnahme von *Inventur*, dem am häufigsten zitierten Gedicht Eichs, von Wolfgang Weyrauch im Vorwort zur Anthologie *Tausend Gramm. Ein deutsches Bekenntnis in dreißig Geschichten* in Gänze zitiert und als Inbegriff des sogenannten literarischen Kahlschlages vorgestellt. Diese Interpretation sollte lange Zeit den Mythos des „Nullpunktes" und der „Tabula rasa" unterstützen – einen Mythos, der bekanntlich eher eine Wunschvorstellung und ein existenzielles Bedürfnis dieser *Lost Generation* war als die angemessene Bezeichnung der epochentypischen Situation.

Eich selbst beschrieb in einigen programmatischen Texten wie *Der Schriftsteller* (1947) und *Die heutige Situation der Lyrik* (1947) die neue Stellung – den „vorgeschobenen Posten" – des Dichters in der Trümmerzeit. Für ihn seien die „trockenen Dinge" bedeutender geworden als „die subtilen Gefühle"; seine Aufgabe würde jetzt darin bestehen, die „unentrinnbare Wirklichkeit" unter Verzicht auf jegliche „unverbindliche Dekoration" und „Verschönerung des Daseins" zu Wort zu bringen, das Ästhetische ins Politische zu verwandeln.

Die mittlerweile erfolgte Revidierung der Stunde-Null-Legende in der deutschen Literatur nach 1945 erlaubt heute einen kritischen Zugang auch zu Eichs

95 Gedichten der Sammlung, von denen übrigens mindestens ein Fünftel noch vor dem Krieg entstanden war und ganz eindeutig auf konventionelle Ausdrucksmittel und Themen rekurriert. Von den im Internierungslager geschriebenen 70 Texten behandeln nur 14 die konkrete Erfahrung von Krieg und Gefangenschaft, während die anderen mit einer lyrischen Naturbeschwörung und der Darstellung eher allgemeinmenschlicher existenzieller Gefühle noch im Zeichen einer spätromantischen bzw. nachexpressionistischen Tradition stehen. Auch Stil, Form, Wortschatz erweisen sich bis auf einige Ausnahmen als eher rückwärtsgewandt. Erst in den eigentlichen Kahlschlag-Gedichten wie *Latrine, Camp 16, Pfannkuchenrezept, Erwachendes Lager, Lazarett* treten der Bruch mit der Tradition und die Anfänge einer neuen, kühn prosaischen Diktion zutage. Die absolute Verdinglichung des Lebens, die Zerstörung jeder menschlichen Subjektivität, das Versagen der humanistischen Ideale gewinnen in diesen lapidaren Gedichten eine fast abstrakte und metaphysische Gestaltung, die den historischen Rahmen ihrer Entstehung abstreift und ihre bis heute anhaltende Rezeption erklärt. Auch in diesem Sinne steht Eich stellvertretend für die Neuanfänge in der deutschen Literatur der Trümmerzeit. Denn seine lyrische Auseinandersetzung mit der Katastrophe nimmt wohl in aller Schärfe deren grauenhafte Folgen wahr, trägt allerdings keine Spuren einer geschichtlichen oder gar politischen „Bewältigung der Vergangenheit", sondern begnügt sich mit der Feststellung der Lage, mit der Aufzählung von dem, was übriggeblieben ist an Dingen, an Vokabeln und Werten nach der „Menschheitsdämmerung". Doch angesichts der in der unmittelbaren Nachkriegszeit herrschenden Verdrängungstendenzen stellte schon diese ästhetische Position eine wichtige Zäsur dar. Ihre epochale Bedeutung hob → Walter Höllerer noch im Jahre 1959 in seiner Laudatio für den Büchner-Preisträger hervor: Mit ihrem unpathetischen Lakonismus, mit ihrer unübersehbaren appellativen Funktion stelle Eichs Lyrik den zeitgenössischen Leser vor „die Notwendigkeit zur Entscheidung".

Nichtsdestotrotz sollte es noch bis 1968 dauern, bis es zu einer Neuauflage der Sammlung bei *Suhrkamp* kam – bedingt auch durch Eichs Zögern, der inzwischen von seiner Nachkriegspoetik Abstand genommen hatte. Im gleichen Jahr hielt auch die *Gruppe 47* ihre letzte Sitzung ab. Die zwei Ausgaben von *Abgelegene Gehöfte* markieren – wenn man so will – in einer literaturgeschichtlichen Perspektive Anfang und Ende einer Phase der deutschen Nachkriegsliteratur, für die Eichs Gedichte höchst repräsentativ sind.

Literatur

Susanne Müller-Hanpft: *Lyrik und Rezeption. Das Beispiel Günter Eich*. München 1972 • Susanne Müller-Hanpft (Hg.): *Über Günter Eich*. Frankfurt am Main 1972, hier insbesondere S. 43–47 (Walter Höllerer: Rede auf den Preisträger des George-Büchner-Preises 1959) und S. 69–89 (Egbert Krispyn: Günter Eichs Lyrik bis 1964) • Heinz F. Schafroth: *Günter Eich*. München 1976.

Eva Banchelli

Walter Kolbenhoff: Heimkehr in die Fremde. Roman

Erstausgabe: München, Nymphenburger Verlagshandlung 1949
Alle Zitate im Text beziehen sich auf die Ausgabe: Frankfurt am Main, Suhrkamp 1988

Heute ein fast vergessener Autor, war Walter Kolbenhoff (1908–1993) seinerzeit eine Zentralgestalt des Neubeginns der deutschen Literatur nach dem Zweiten Weltkrieg. Seine Lebenssituation in den Jahren von 1933 bis 1945, auf der der 1947/48 entstandene Roman *Heimkehr in die Fremde* beruht, steht emblematisch für die Erlebnisse und Widersprüche jener Intellektuellen, die sich nach 1945 als die „junge Generation" deklamierten. Die meisten von ihnen waren wie Kolbenhoff Gegner des Nationalsozialismus gewesen, hatten gleichwohl in den Krieg ziehen müssen, waren gefangengenommen worden und schließlich in eine Heimat zurückgekehrt, die sie nicht mehr wiedererkannten. Trotz Hunger und „Untergangsstimmung" fühlten sie sich durch die gemeinsame Hoffnung verbunden, noch in den Ruinen an einem moralischen, politischen und kulturellen Neuanfang des Landes mitwirken zu können. Im Mittelpunkt dieses optimistischen Programms stand für die Literatur die Schaffung einer neuen Sprache, die „das Kainszeichen" der Diktatur und Propaganda tilgen sollte.

Mit einem heimkehrenden Schriftsteller als Ich-Erzähler greift *Heimkehr in die Fremde* all diese Themen auf und verbindet sie mit dem unterschiedlichen Schicksal anderer Menschen im zerstörten München zu einem wirklichkeitsnahen Fresko des harten Lebens in der unmittelbaren Nachkriegszeit. Immer wieder beschreibt der Protagonist seine literarischen Intentionen: „Ich muß ihnen genau erklären, wie ich lebe und was ich beobachte, die Stadt und die Menschen, die Ruinen und den leeren Ausdruck, den die einstigen Bewohner in den Augen haben ..." (27) Eine nüchterne realistische Erzählweise amerikanischer Prägung und eine mit Parallelgeschichten komponierte Erzählstruktur, die die Perspektive des Protagonisten erweitert und problematisiert, sind denn auch die wesentlichen Kennzeichen des Textes.

Sowohl die Hauptperson als auch die anderen Gestalten werden besonders in den Dialogen prägnant als Vertreter zeittypischer materieller Situationen und geistiger Haltungen dargestellt. Steffi und Molli, die ihr Dasein als „Gelegenheitshuren" fristen, der Unternehmer Kostler, der für Deutschland eine bürgerlich-konservative Restauration herbeisehnt, der nihilistische linksbürgerliche Intellektuelle Rinka, der alle fortschrittlichen Ideale aufgegeben hat, Eva und ihre Familie klassenbewusster Arbeiter, die unverdrossen an den Sieg des Sozialismus glauben: Diese Wortführer gegensätzlicher existenzieller Optionen bilden das Personal des Romans. Allen ist eine einzige Sicherheit gemeinsam: „Wir stehen vor einem vollkommenen Anfang und müssen erst sehen, wie wir den richtigen Weg finden." (102)

In dieser „Nullpunkt"-Stimmung kreuzen sich die verschiedenen Geschichten und Charaktere der Erzählung im Versuch, das verbreitete Gefühl einer lähmenden, mit Schuldgefühl belasteten Einsamkeit zu überwinden. Schauplatz der Handlung ist das unheimlich anmutende, verwüstete München des Jahres 1946, in dem sich „die Zerstörung in den Seelen der Menschen" (49) besonders eindrucksvoll darstellen ließ. In den „staubigen Straßen", mitten in der hastenden Menge fühlt sich der Ich-Erzähler hin- und hergerissen zwischen Faszination und Angst, und sein wiederholter Rückzug in sein einsames Dachzimmer mag auf die problematische Position der Schriftsteller in der damaligen Situation anspielen. Der Ich-Erzähler appelliert ständig und mit Bedacht an eine Wir-Gemeinschaft – die der „Noch einmal davongekommenen" –, über deren Ängste und Träume er mit einer neuen „Ehrlichkeit des Wortes" erzählen möchte. Der Roman, einer der interessantesten Großstadtromane innerhalb der deutschen Trümmerliteratur, enthält so auch die Geschichte seiner mühevollen Entstehung und des Strebens nach einer neuen Sprache, die – wie man inzwischen weiß – eine bloße Sehnsucht jener Generation geblieben ist. Für diese unsichere Suche und den schwierigen Neubeginn der deutschen Literatur nach den „verfluchten zwölf Jahren" (197) ist *Heimkehr in die Fremde* heute noch ein wichtiges Zeugnis und ein wertvolles Dokument gegen das Vergessen jener harten, allzu oft vergessenen Zeit.

Literatur

Werner Brand: *Der Schriftsteller als Anwalt der Armen und Unterdrückten. Zu Leben und Werk Walter Kolbenhoffs.* Frankfurt am Main u.a. 1991 • Marita Müller: Kontinuität engagierter Literatur vor und nach 1945. Zum Werk Walter Kolbenhoffs. In: *Nachkriegsliteratur in Westdeutschland.* Bd. 2: Autoren, Sprache, Traditionen. Hg. von Jost Hermand, Helmut Peitsch, Klaus R. Scherpe. Berlin 1983, S. 41–51 • Friedrich Prinz (Hg.): *Trümmerzeit in München. Kultur und Gesellschaft einer deutschen Großstadt im Aufbruch 1945–1949.* München 1984 • Jérôme Vaillant: Heimkehr in die Fremde. Zur Bewältigung des Front- und Heimkehrererlebnisses in der deutschen Nachkriegsliteratur. In: *Internationaler Germanisten-Kongress in Tokyo. Sektion 15: Erfahrene und imaginierte Fremde.* Hg. von Yoshinori Shichiji. München 1991, S. 433–439 • Harro Zimmermann: Walter Kolbenhoff. In: *Kritisches Lexikon zur deutschsprachigen Gegenwartsliteratur.* Hg. von Heinz Ludwig Arnold. CD-Version, München 2002.

Eva Banchelli

Alfred Döblin: Schicksalsreise. Bericht und Bekenntnis

Erstausgabe: Frankfurt am Main, Verlag Joseph Knecht 1949
Alle Zitate im Text beziehen sich auf die Ausgabe: München, dtv 1996

Am 28. Februar 1933, einen Tag nach dem Reichstagsbrand in Berlin, verlässt Alfred Döblin auf Drängen von Freunden die Hauptstadt Deutschlands. Aus der Weltstadt fährt er mit dem Zug über Stuttgart nach Konstanz und überquert zu Fuß die Grenze zur Schweiz. Der Beginn von Döblins Reise ins und durchs Exil, die ihn über Frankreich, Spanien und Portugal bis nach Hollywood führt.

Diese Etappen der Flucht vor den Nazis, dann aber auch die Lebens- und Geistesumstände in den USA und schließlich Döblins Rückkehr nach Deutschland stehen jeweils im Zentrum der drei Bücher der *Schicksalsreise*: *Europa. Ich muß dich lassen*, *Amerika* und *Wieder zurück*. Sie sind objektiver Bericht und religiöses Bekenntnis zugleich. Das erste Buch ist eine Überbearbeitung des autobiographischen Berichts *Robinson in Frankreich*, den Döblin bereits 1940/41 kurz nach seinem Übertritt vom Judentum zum Katholizismus in Hollywood geschrieben hatte. Das zweite und das dritte Buch der *Schicksalsreise* wurden 1948 in Baden-Baden verfasst.

Die Erzählung beginnt in Paris, wohin Döblin im Herbst 1933 zusammen mit seiner Frau Erna und den zwei Söhnen Wolfgang und Klaus aus Zürich übersiedelt. Am Anfang der *Schicksalsreise* befindet sich eine Radiomeldung, die am 16. Mai 1940 – „[d]as Unheilsdatum, Schicksalsdatum" (85) – zu verstehen gibt, dass die deutsche Wehrmacht die französische Nordfront durchbrochen habe. Am 10. Juni 1940, vier Tage vor der Besetzung von Paris durch die Nazis, verlässt der als Franzose naturalisierte Autor die Hauptstadt. Nach langem Irrweg quer durch Frankreich erreicht er seine Frau Erna, die bereits Ende Mai nach Le Puy geflohen war. Die wichtigsten Stationen dieser Reise werden im ersten Buch rekapituliert. Indes: „Wenn ich es genau und rundheraus sagen soll: es war keine Reise von einem französischen Ort zu einem andern, sondern eine Reise zwischen Himmel und Erde." (65)

Im Kern der *Schicksalsreise* steht ohnehin Döblins Konversion zum Katholizismus, die der Autor zusammen mit seiner Frau und seinem jüngsten Sohn Stefan am 30. November 1941 in Hollywood vollzieht. Der Weg zum Religionsübertritt beginnt bereits in Europa, in der Kathedrale von Mende, wo Döblin vor dem Kruzifix Trost und Lösung für die schwärzesten Tage seines Lebens sucht. Im Juni 1940, während seiner Flucht durch Frankreich und der verzweifelten Suche nach Frau und Söhnen, findet er für zwei Wochen Unterschlupf in einem Barackenlager in der Nähe von Mende. Eine „Zeit der Beraubung" für den Flüchtenden, der sich wie „ein gestrandeter Robinson" (103) fühlt: „Mein Ich, meine Seele, meine Kleider wurden mir weggenommen. Ich weiß nicht, was eigentlich von mir noch Bestand hat" (123). Hier nun also, vor dem Kruzifix der Kathedrale von Mende, stellt er die konversionsentscheidende Frage nach der Erlösungskraft Christi: „Wie, was und wo aber ist er dann in ihr?" (108) Gemeint ist die Welt. Diese und alle folgenden Fragen bleiben jedoch unbeantwortet: „Was ist das, daß er sich auch in die Gestalt der Nazis steckt und baut Konzentrationslager?" (108)

Tatsächlich verbirgt sich also hinter dem objektiven Fluchtbericht eine tiefchristliche Wahrnehmung der Wirklichkeit. Döblin gelingt es, die Flucht als besondere Reise zu beschreiben: „Die Reise verlief zugleich an mir, mit mir und über mir. Nur weil es sich so verhielt, begebe ich mich daran, die Fahrt, ihre Umstände, aufzuzeichnen" (65). Für ihn sind die „Umstände" dieser Fahrt nicht durch „Zufälle" bestimmt, sondern durch das Schicksal, durch „Verbindungen, Zusammenhänge zwischen den Vorgängen und mir, meinem Inneren" (111). Auch die Irrwege der Reise erscheinen ihm als „Willensäußerung einer Urmacht" (108), die ihn schließlich auch vor das Kruzifix der Kathedrale von Mende gezogen habe. Auf dem Weg der *Schicksalsreise* befinden sich daher übernatürliche „Winke und Zeichen" (147), die sich unterschiedlich offenbaren. Dazu gehört etwa die Telepathie mit seiner Frau Erna (62f.) und andere Zeichen des Schicksals, die hier als Zeugnisse der christlichen Prädestination, des „Ursinn[s]" (135) wahrgenommen werden.

Im Vergleich zum ersten und dritten Buch ist der *Amerika* betitelte zweite Teil der *Schicksalsreise* wesentlich kürzer. Auf knapp 30 Seiten wird vor allem der Alltag der Döblins in den USA beschrieben. Der Autor schildert seine Unruhe in Hollywood, wo er ausgewanderte Zeitgenossen wie Heinrich Mann und Herbert Marcuse trifft und für die Filmgesellschaft *Metro-Goldwyn-Mayer* als Drehbuchautor arbeitet. Und wieder bewegt ihn das Christentum: „Ich hatte mich inzwischen nicht bewußt um die christlichen Dinge bemüht. Ich ließ sie in mir arbeiten. Ich wartete, bis die Dinge reif wurden und etwas an mein Bewußtsein kam." (277)

Nach vier Jahren Exil – d. h. hier: nur wenige Seiten später – kommt schließlich „das Abfahrtssignal" (294). Anfang Oktober 1945 dürfen die christlichen Döblins nach Europa zurückkehren. Am 9. November 1945 trifft der Autor in Baden-Baden ein, als Mitarbeiter der *Direction de l'Education Publique* und im Rang eines Offiziers der französischen Armee. Das dritte Buch der *Schicksalsreise* beschäftigt sich mit den Etappen dieser Heimkehr. Trotz ihrer Neigung zur metaphysischen Überhöhung ist die *Schicksalsreise* hier zugleich Bericht über die Lage der Nation nach dem Zweiten Weltkrieg. Etwa in Bezug auf die deutsche Vergangenheitsverdrängung: „Es wird viel leichter sein, ihre Städte wieder aufzubauen als sie dazu zu bringen, zu erfahren, was sie erfahren haben, und zu verstehen, wie es kam." (316) Die Deutschen scheinen jedenfalls gierig danach, die Nazizeit zu vergessen: Statt sich mit der Schuldfrage und mit der Aufarbeitung der Vergangenheit zu beschäftigen, bleiben sie gleichgültig gegenüber der Zerstörung. Döblin zufolge leiden sie an einer „gewisse[n] geistige[n] Schwerfälligkeit. Sie sind wie eingerostet. Sie verfügen über ein kleines Repertoire an Vorstellungen, das man ihnen eingeprägt hat, und damit arbeiten sie, und kann sie schwer daraus ziehen. Das hat das Regime hinterlassen." (321) Seine Überzeugung, die 1946 auch der Begründung seiner Monatsschrift *Das goldene Tor* zu Grunde liegen sollte: Nur die Religion kann beim moralischen Wiederaufbau des Landes helfen.

Was die Rezeption des Buches betrifft, so stand Döblins *Schicksalsreise*, wie fast alle seine Werke, in der ersten Nachkriegszeit unter keinem guten Stern. Kurz nach dem Erscheinen des Buches betonte der Verleger Döblins, „es müssen gewisse Kreise Ihrem Schrifttum jetzt passive Resistenz entgegensetzen, vor allem gewisse Buchhandlungen". Positive Rezensionen beschränkten sich auf Publikationen, die dem Katholizismus nahestanden. Das konservative intellektuelle Establishment reagierte dagegen negativ, ja feindselig auf den Band, was ein gewisses Ressentiment gegen den Heimkehrer Döblins sichtbar macht, wie Ingrid Schuster und Ingrid Bode feststellten.

Zugleich wurde die *Schicksalsreise* bis in die siebziger Jahre zuvorderst als Bericht der Konversion Döblins wahrgenommen. Die formale und ästhetische Qualität spielte keine Rolle. Und wenn doch, dann, um daran ein Beispiel für den „künstlerischen Abstieg" der nach 1933 erschienenen Werke Döblins zu erkennen. Diese Wahrnehmung beherrschte die Rezeption der *Schicksalsreise* bis zur Veröffentlichung von Manfred Auers *Das Exil vor der Vertreibung* (1977), in der erstmalig eine motivische Verbindung zwischen der Kathedrale von Mende und der Marienkirche in Krakau aus Döblins *Reise in Polen* von 1925 hergestellt wird. Diese thematische Forschungslinie wurde von Helmuth Kiesel im Rahmen der Bedeutung der Psychopathologie für Döblins „Poetik der Erleuchtung" weiterverfolgt.

Mehr und mehr verschob sich jetzt das Interesse der Forschung – vom religiösen Gehalt des Buches hin zu stilistischen und erzähltechnischen Merkmalen. Die *Schicksalsreise* wird zweifelsohne weiterhin als religiöse Bekenntnisschrift gedeutet, mittlerweile aber eben auch als literarischer Text wahrgenommen und poetologisch untersucht.

Literatur

Manfred Auer: *Das Exil vor der Vertreibung. Motivkontinuität und Bilddokumenten.* Bonn 1977 • Christoph Bartscherer: *Das Ich und die Natur: Alfred Döblins literarisches Werk im Licht seiner Religionsphilosophie.* Paderborn 1997 • Friedrich Emde: *Alfred Döblin. Sein Weg zum Christentum.* Tübingen 1999 • Wei Hu: *Auf der Suche nach der verlorenen Welt. Die kulturelle und die poetische Konstruktion autobiographischer Texte im Exil. Am Beispiel von Stefan Zweig, Heinrich Mann und Alfred Döblin.* Frankfurt am Main u.a. 2006 • Michael Jaeger: *Autobiographie und Geschichte: Wilhelm Dilthey, Georg Misch, Karl Löwith, Gottfried Benn, Alfred Döblin.* Stuttgart 1995 • Helmuth Kiesel: *Literarische Trauerarbeit. Das Exil- und Spätwerk Alfred Döblins.* Tübingen 1986 • Erich Kleinschmidt: Schreiben und Leben Zur Ästhetik des Autobiographischen in der deutschen Exilliteratur. In: *Jahrbuch für Exilforschung*, 2 (1984), S. 24–40 • Klaus Müller-Salget: *Alfred Döblin. Werk und Entwicklung.* Bonn 1972 • Klaus Schröter: *Alfred Döblin in Selbstzeugnissen und Bilddokumenten.* Reinbek 1978 • Ingrid Schuster, Ingrid Bode (Hg.): *Alfred Döblin im Spiegel der zeitgenössischen Kritik.* Bern 1973 • W. G. Sebald: *Der Mythus der Zerstörung im Werk Döblins.* Stuttgart 1980 • Friedrich Wambsganz: *Das Leid im Werk Alfred Döblins. Eine Analyse der späten Romane in Beziehung zum Gesamtwerk.* Frankfurt am Main u.a. 1999.

Raul Calzoni

Hans Werner Richter: Sie fielen aus Gottes Hand. Roman

Erstausgabe: München, Verlag Kurt Desch 1951

Der Roman *Sie fielen aus Gottes Hand* basiert auf Interviews, die Hans Werner Richter (1908–1993, → *Linus Fleck oder Der Verlust der Würde*) mit ausländischen Flüchtlingen in einem Lager in der Nähe von Nürnberg 1949 führte. Er schildert reportageartig das Schicksal von 13 Menschen, alle verschiedener Herkunft und Nation, in den Jahren zwischen 1939 und 1950. Der Leser begleitet die Personen auf ihren (Flucht-)Wegen quer durch ganz Europa, verfolgt ihre Schicksale gar bis hin nach Indochina, Afrika und Amerika. Schließlich treffen alle Romanfiguren zusammen in einem Lager für *Displaced Persons*, das den Nazis zuvor als Arbeitsdienst-, später als Konzentrationslager gedient hatte. Allein der Dachdeckermeister Krause wird nicht von Ort zu Ort gehetzt, er teert in den zwölf Jahren – ungeachtet aller weltpolitischen Wirrnisse – beständig die Dächer der Lagerbaracken und sieht die verschiedensten Gruppen und Klassen von Menschen als Häftlinge, Gefangene und Flüchtlinge ins immer wieder umfunktionierte Lager kommen. Krause wird damit zur Mittelpunktfigur des Romans, er soll die mannigfaltigen politischen Ereignisse aus einem quasi überhöhten und unparteiischen Standpunkt reflektieren.

Dokumentarisch präzis führt Richter das vielfältige Handlungsgeschehen in wechselnden Einstellungen (mit dem jeweiligen Kapitel wechselt auch der Handlungsschauplatz) und in partiellen Verschränkungen (Parallelschnitten) vor. Durch die dialogische Gesamtstruktur, die auktoriale Erzählweise, den Gebrauch einer leicht verständlichen (Umgangs-)Sprache sowie die Freude zum Detail erhält der Roman einen sehr realistischen Charakter. Das Verdienst Richters ist es sicherlich, dem Leser mit seinem Roman einen relativ unbekannten, weil unbeachtet gelassenen Aspekt des letzten Weltkrieges vor Augen zu führen: Der Zweite Weltkrieg als Bürgerkrieg, in dem Menschen unterschiedlichster Nationen fast ununterbrochen unterwegs, auf der Flucht sind, von einem Lager ins nächste verschickt werden – um am Ende doch heimatlos zu bleiben. Allerdings muss der Roman bei der Fülle der gebotenen Fakten und Details sowie angesichts der Polyphonie von Einzelschicksalen letztlich an der Oberfläche bleiben. Weiterhin verhindert die fatalistische Grundhaltung – die Personen sind ihrem Schicksal völlig ausgeliefert – eine tiefere Einsicht in diese – andere – Seite des Zweiten Weltkrieges, in ihre Gründe und Hintergründe. Richters Erzählung ist dennoch als antifaschistischer Roman zu bezeichnen, der mit dem als sinnlos gezeichneten Krieg abrechnet und zeigt, dass es in diesem Krieg keine Sieger gegeben hat, weil alle, in erster Linie die jetzt Heimatlosen, ihn verloren haben. Die bereits erwähnte Informationsfülle und die parallele Beschreibung von 13 Einzelschicksalen machen es dem Leser schwer, sich in diesem Kaleidoskop des Zweiten Weltkrieges zurechtzufinden. Hinsichtlich stilistischer und sprachlicher Gestaltungsmittel stellt der Roman allerdings keine besonderen Anforderungen an den Leser.

Literatur

Klaus Jarmatz: Die pseudorealistische Charaktergestaltung in Hans Werner Richters Kriegsromanen. In: *Weimarer Beiträge*, 4 (1958), S. 326ff. • Walter Schmitz: Hans Werner Richter. In: *Kritisches Lexikon zur deutschsprachigen Gegenwartsliteratur*. Hg. von Heinz Ludwig Arnold. CD-Version, München 2002.

Jochen Vogt

Helmut Gollwitzer: ... und führen, wohin du nicht willst. Bericht einer Gefangenschaft

Erstausgabe: München, Chr. Kaiser Verlag 1951

Helmut Gollwitzer (1908–1993), aus einem fränkischen Pfarrhaus stammend, gilt als einer der bedeutendsten evangelischen Theologen der alten Bundesrepublik; zugleich gehörte er zu den profiliertesten – und entsprechend angefeindeten – Unterstützern der Studentenbewegung. Er engagierte sich im Protest gegen den

Vietnamkrieg und obwohl er von der militanten Linken für sein Beharren auf Gewaltfreiheit verspottet wurde, hielt er die Grabrede für Ulrike Meinhof. Das, was Gollwitzer so in die zweite Phase der Bundesrepublik einbrachte, beruhte aber wesentlich auf dem, was er zuvor schon getan und bedeutet hatte. Der im ‚Dritten Reich' als Angehöriger der *Bekennenden Kirche* im September 1940 mit einem prinzipiellen Redeverbot belegte, als Sanitäter zur Wehrmacht eingezogene Gollwitzer wurde am 31. Januar 1950 zum ordentlichen Professor der evangelischen Theologie an die Universität Bonn berufen, Nachfolger seines Lehrers Karl Barth. Das war genau einen Monat nach seiner Heimkehr aus russischer Kriegsgefangenschaft, in die er am 10. Mai 1945 auf dem Gebiet des heutigen Tschechien geraten war. Von den viereinhalb Jahren in verschiedenen Lagern handelt sein Bericht. Er erschien im Herbst 1951, mit einem Vers des Johannes-Evangeliums (21,18) im Titel: *... und führen, wohin du nicht willst.* Das Buch, dessen Umschlag sein Bruder Gerhard auf der Basis der sogenannten Weiß-Kapitale, einer insbesondere in den Nachkriegsjahren sehr beliebten Schrift, gestaltet hatte, wurde mit weit über 300 000 verkauften Exemplaren binnen kurzem zu einem Bestseller.

Gleich in seinem auf den zwölften Jahrestag des Kriegsbeginns datierten Vorwort macht Gollwitzer klar, dass es ihm nicht vorrangig um den Bericht seines und seiner Kameraden Leiden unter den grausamen Bedingungen der sowjetischen Gefangenenlager geht. Er sieht sich zwar in der Pflicht der Aufforderung seiner Kameraden: „Helmut, das muß in dein Buch!", er will auch in seiner Mischung aus reflektierender Erzählung und fingiertem Tagebuch entsprechend Rechenschaft ablegen, will schließlich die Erinnerung wachhalten „an die Tausende [...], die gegen Recht und Menschlichkeit noch in den sowjetischen Lagern festgehalten werden" (9), zugleich aber sieht er den Bericht als „politisches Buch". Als solches steht in seinem Fokus die Auseinandersetzung mit Marxismus, Kommunismus und Sowjetsystem. Gollwitzer macht gleich eingangs deutlich, dass seine kritische Auseinandersetzung für die Indienstnahme durch einen pauschal denunziatorischen Antikommunismus nicht zu haben ist: So wendet er sich z. B. gegen den „verleumderische[n] Unfug" bürgerlicher Politiker, mit der Bekämpfung des „Marxismus" die Sozialdemokratie zu meinen.

Diese sich abgrenzende Eigenständigkeit erlaubt es ihm, über die deutsche Schuld und die deutschen Verbrechen unmissverständlich reden zu können. Das geschieht in unterschiedlichen Formen und Zusammenhängen – sei es, indem er die abgemagerten Körper der Kameraden kurzerhand als „Buchenwald-Skelette" (62) bezeichnet, sei es, dass er den ‚Bunten Abend', den die Gefangenen zum Staunen der Russen veranstalten, mit dem „Triumpfgefühl" der „Moorsoldaten" vergleicht, wenn die „K.Z.-Häftlinge mit einem solchen ‚bunten Abend' den geistlosen SS-Wachmannschaften ihre Überlegenheit bewiesen". (78) Sei es aber auch in pointierten Exempeln: „Gegen Ende erzähle ich eine Szene in einem Urlauberzug 1942, in dem einer von den Judenerschießungen berichtete und in unser bedrücktes Schweigen hinein sagte: ‚Wenn es einen Gott gibt, muß sich das ja rächen.' ‚Es gibt einen Gott, und es hat sich gerächt.' Totenstille ist im Saal." (160)

Besonders bewegend sind jene Reflexionen gegen Ende des Berichts, in denen Gollwitzer die Glaubensanfechtungen eines Christen angesichts der Kenntnisse von den Deportationen und Vernichtungen darstellt und gleichzeitig zu überwinden sucht. (325f.)

Gollwitzer beginnt mit dem fingierten Tagebuch seiner Gefangennahme, in dem er die Schreckensvorstellungen über das Verhalten der Russen als „ein Gemisch aus Furcht vor östlicher Grausamkeit und Furcht vor wohlbegründeter russischer Rache" (19) bezeichnet. Dabei macht er deutlich, dass er als Christ den Weg in die Gefangenschaft nicht als blindes Schicksal, sondern als auferlegte Prüfung betrachtet: „– so war es uns zugedacht". (28)

Und während er festhält, dass dort – anders als bei den Nazis – niemand „deswegen etwas zu fürchten [hatte], weil er sich als Christ bekannte" (47), ist seine Kritik am System der Sowjetunion, getragen vom Menschenbild christlicher ‚Brüderlichkeit'.

Die Darstellung beeindruckt durch stilistische Klarheit und gedankliche Prägnanz, die Verbindung von Erzählungen mit Reflexionen, den Übergang von Anekdotischem in generellere Überlegungen. Dabei ist Gollwitzer durchaus schonungslos, sich selbst und den Mitgefangenen, aber auch den Lesern gegenüber. Er schildert Willkür, Einschüchterung und Terror, die handlangernde „deutsche Lagerprominenz" als vielfach eine „Auslese der Minderwertigen" (66), härteste Arbeit und unsinnige Befehle, mangelhaftes Essen, Hunger, Krankheit und Tod ebenso wie Diebstähle und Verräterei. Er schildert aber auch die humanitären Bemühungen russischer Ärzte, etwa Mitleid und Hilfsbereitschaft einfacher, oft ebenso armselig vegetierender russischer Menschen. „Man muß so eine Schar russischer Mädel gesehen haben, wie sie in der bittersten Winterkälte einen LKW mit schweren Zementsäcken abladen und die kräftigen Scherzworte hin und herfliegen und sie dann unermüdet und singend abfahren, während die Landser ihnen kopfschüttelnd nachsehen: ‚Die haben doch auch nicht viel mehr zu essen als wir!'" (280) Er schildert und analysiert die mechanistische Rhetorik der Propaganda, der er die selbstorganisierten kulturellen Regungen, Versuche der Verschönerung und Humanisierung, von Unterhaltung und Erbauung entgegensetzt. Dabei nehmen die Exempel von und Reflexionen über künstlerische und religiöse Betätigung einen besonderen Rang ein. Damit liefert er beiher ein Repertorium der damaligen literarischen Vorlieben: Neben Unterhaltungsliteratur und Klassikern – so die Interpretation des *Faust* im Goethejahr 1949, „in drei verschiedenen Kreisen, je nach Publikum in drei verschiedenen Höhenlagen" (80) – vor allem Zeugnisse der zeitgenössischen Innerlichkeit, von Bergengruen bis Claudel, Penzoldt bis Rilke, „wogegen Stefan George fast ins Dunkel der Unbekanntheit zurücktritt". (76) In seinen Beschreibungen wie Reflexionen liefert Gollwitzer eine Soziologie und Psychologie des Lagers, die, ohne die analytische Schärfe von → Eugen Kogons *SS-Staat* zu haben, doch an die Seite der zeitgenössischen Beschreibungen des KZ-Systems tritt.

Das erweitert Gollwitzer um Betrachtungen und Analyseversuche zum bolschewistischen System überhaupt, wie speziell zum ‚russischen Menschen'. „Oft wirken sie wie Rohstoff der Natur, ungebildet und unverbildet, umgehemmt in Haß und Liebe, noch nahe am kräftigen Tiersein, und wären sie es nicht, sie hätten das alles nicht so überstehen können, was im Laufe der Geschichte und erst recht in den letzten drei Jahrzehnten über sie dahingegangen ist." (281) Auch wenn, von heute aus gesehen, die völkerpsychologischen und -typologischen Annahmen und Folgerungen allzu stereotyp erscheinen können, so bleibt selbst da noch der Impetus eines unabhängigen, selbstdenkerischen Urteils bemerkenswert.

Das sind pointierte Formulierungen wie: „Vielleicht ist der Unterschied der: der Westen verführt zur Unmenschlichkeit, das System des Ostens zwingt zur Unmenschlichkeit." (195) Oder Vergleiche der beiden totalitären Systeme: „Der deutsche Gefangene aber stieß auf immer neue Beobachtungen, die ihm zu beweisen schienen, daß selbst der Nationalsozialismus noch eine viel bessere Angelegenheit gewesen sei als der Kommunismus. Ein wie geringer Teil unseres Volkes unter dem Hitler-Regime wirklich gelitten hat und von seinen Greueln im Gewissen getroffen war, habe ich dort erst erkannt." (275) Ebenso spekuliert er, ob die „Ostzone" nicht eine andere Richtung genommen hätte, wenn statt der „hörigen Moskauer Emigranten" die kommunistischen Opfer des Nationalsozialismus die Führung übernommen hätten. (106) Oder er erklärt auf verblüffende Weise die Ineffizienz des sowjetischen Arbeitssystems damit, dass an die Stelle des kapitalistischen Warenfetisch hier der „Arbeitsfetischismus" getreten sei: „die Arbeit ist ein Gott, von dem man sich alles verspricht, dem jeder huldigen muß, – aber den man auch zu betrügen und zu hintergehen sucht wie einen Gott: man predigt ihn den anderen, sucht sich selbst aber von den Opfern, zu denen man die andern ermuntert, zu nähren". (58)

Zwar schildert Gollwitzer vorwiegend eigene Erlebnisse, dies aber nie als Ausweis persönlicher Leidensgeschichte, sondern stets im Blick auf das mögliche Verallgemeinerbare darin. Indes merkt man auch, wie es ihm schließlich schwerfällt, die Grausamkeit in den Versprechungen baldiger Heimkehr, ständiger Aufschübe, Zurücknahmen und Verschleppungen noch mit jenem stoischen Gleichmut zu schildern, zumal dies in eine Phase fiel, in der die Sowjetunion gezielt daran ging, mit terroristischer Willkür aus den gewöhnlichen Kriegsgefangenen „Kriegsverbrecher" zu machen. Auch dies gibt Gollwitzer getreu seinen Erlebnissen und Kenntnissen wieder, ohne sich dabei kurzschlüssig auf eine einseitige Erklärung festzulegen. (317 ff.) Angesichts der erfahrenen Einschüchterungen und Bespitzelungen wird denn auch erst der Übergang von der DDR in die Bundesrepublik zum eigentlichen Übertritt in die Freiheit. (338)

Es gab seinerzeit und in den folgenden Jahren eine Unzahl an Leidensberichten und Anklageschriften zur Grausamkeit der sowjetischen Gefangenenlager, aber kein anderer Text hat wohl derart glaubwürdig diese mit der deutschen Schuld in Beziehung gesetzt und auf die Situation des Sowjetsystems hin reflektiert.

Erhard Schütz

George Forestier: Ich schreibe mein Herz in den Staub der Straße

Erstausgabe: Düsseldorf, Eugen Diederichs Verlag 1952. Herausgegeben und mit einem Nachwort versehen von Karl Friedrich Leucht

Im September 1952 wurde dem westdeutschen Literaturbetrieb ein in mehrfacher Hinsicht Heimatloser präsentiert: Sohn eines Franzosen und einer Deutschen, 1921 in der Nähe von Kolmar im Elsass geboren. Nach einer schweren Kindheit, die unter der Zerrissenheit des Elternhauses leidet, studiert er in Straßburg und Paris. Kaum zwanzigjährig, meldet er sich freiwillig und nimmt in Russland an den Kämpfen um Wjasma, Woronesch und Orel teil. Der Zusammenbruch bringt ihn vorübergehend in amerikanische Gefangenschaft. Er flieht und hält sich einige Zeit unter falschem Namen in Marseille auf, wird von der Polizei gestellt und meldet sich 1948 „freiwillig" zur Fremdenlegion, die ihn nach Indochina abkommandiert. In der Garnison beginnt er einen Roman; einige Erzählungen entstehen und dazwischen die wenigen Gedichte, die er den Briefen an seine Freunde in Frankreich und Deutschland beilegt. Seine letzten Verse finden sich zwischen Gedichtblättern Gottfried Benns in einer kleinen schmutzigen Kladde, die er einem Kameraden übergibt, bevor seine Truppe im Herbst 1951 erneut in Marsch gesetzt wird. Seit diesem Zeitpunkt fehlt von ihm und seiner Vorpostengruppe jede Spur.

Von Geburt an zwischen den Nationen stehend, meldete sich dieser George Forestier zweimal freiwillig – einmal, wie die Zeitgenossen wussten, zur Waffen-SS, die allein 1941 Elsässern offenstand, und einmal zur französischen Fremdenlegion. Dies aber, das zeigen die Anführungszeichen, gezwungenermaßen. Werden mit Wjasma, Woronesch und Orel Orte bekannter Schlachten des Zweiten Weltkriegs angeführt, waren die Operationen der Fremdenlegion in Indochina in der Nachkriegszeit beständiges Thema in Deutschland, zumal verbreitet wurde, es seien dort vor allem deutsche Legionäre im Einsatz. Schließlich wird → Gottfried Benn als literarische Referenz zitiert, der, spätestens nachdem ihm 1951 der Büchner-Preis verliehen wurde, als unumstritten bedeutendster deutscher Dichter der Gegenwart galt. Im Gegensatz zu Benn, dem Arrivierten, ist Forestier indes weiterhin Avantgardist, der als Toter unwiderruflich für den Vorstoß ins Unbekannte, die ewige Heimatlosigkeit steht.

Beigegeben war diese öffentlichkeitswirksame Biographie, in der ein Großteil der Leser eigene Erlebnisse und die eigene – transzendentale und handgreiflich faktische – Obdachlosigkeit gespiegelt fand, einem schmalen Gedichtband, der bei *Eugen Diederichs* in Düsseldorf erschien, herausgegeben von Dr. Karl Friedrich Leucht aus Aschaffenburg, seines Zeichens Bundeschorleiter des *Maintalsängerbundes*, vormals Kulturamtsleiter der Würzburger *Hitler-Jugend*, wie *Der Spiegel* bald feststellen sollte.

„Ich schreibe mein Herz in den Staub der Straße / vom Ural bis zur Sierra Nevada / von Yokohama bis zum Kilimandscharo", so hob das Titelgedicht auf der ersten Seite an. Auf den folgenden Seiten fanden sich zunächst Marseille, Arcachon, Chartres, Katalonien oder die Garonne lyrisch verewigt. Nach einigen eher intimen Gedichten, die etwa einer „Dirne", einer „Jeanette" oder schlicht den „braunen Knospen / Deine[r] festen kleinen Brüste" gewidmet sind, geht es mit dem lyrischen Ich in die Ukraine, nach Smolensk, an den Don und nach Woronesch, bevor ein nicht lokalisiertes Chinatown, „Die Trompete von Alabama" und ein „Reispflanzermädchen" auf Bali besungen werden. Auf diese Weise werden die Orte des Zweiten Weltkriegs in ein Kontinuum eingebunden – angeschlossen an Reisen zuvor und danach. In einer Reihe mit Jeanette und dem Reispflanzermädchen steht Marusja in der Südukraine, die Kathedrale von Chartres in einer Reihe mit der von Smolensk.

Bemerkenswert ist in diesem Zusammenhang, wie subtil in der Biographie Forestiers mit dem Wechsel ins Präsens der „Zusammenbruch" Vergangenheit und Gegenwart trennt, die wiederum über den andauernden Krieg verbunden sind. Denn auf diese Weise konnte die beruhigend vergangene Vorzeit trotzdem an die ganz gegenwärtige Gegenwart angeschlossen werden, ohne dass man diese mit jener hätte verrechnen müssen.

Der Erfolg war enorm, für einen Gedichtband von 48 Seiten geradezu phänomenal: Im November 1952 erschien die zweite Auflage, 1953 folgten zwei weitere, 1954 die fünfte und sechste. Bis Oktober 1955 waren angeblich 21000 Exemplare verkauft. Auch die zeitgenössische Literaturkritik reagierte enthusiastisch auf diesen „deutschen Rimbaud" (→ Stefan Andres). Karl Krolow erkannte in „Forestiers Gedichte[n] [...] eine Witterung für menschliche Isolation [...]. Die Diktion ist knapp, die Aussage mitunter geradezu karg, dennoch leidenschaftlich leidend, dichterisch bis in die Nuance." In den *Frankfurter Heften* schrieb Wolfgang Bächler von „eruptive[n] Stenogramme[n]", die „eine elementare Sprachkraft" auszeichne. Der *Rheinische Merkur* konstatierte, „die erschütternde Deutlichkeit des poetischen Ausdrucks" sei „dichterisch, wie Mörike dichterisch ist und Eliot, Kafka, Valery und Garcia Lorca." Gottfried Benn selbst bemerkte in der *Neuen Zeitung*: „Wunderbar zarte, gedämpfte melancholische Verse, Wanderverse eines Soldaten, der durch viele Länder kam, Verse eines Heimatlosen." Im *Spiegel* vom 18. August 1954, dessen legendäres Titelbild ganzseitig → Ingeborg Bachmann zierte, wurde Forestier in eine Reihe gestellt mit → Paul Celan, → Walter Höllerer, Heinz Piontek und Bachmann. Es handele sich bei allen um ein „Gedichtemachen aus dem Unbehaustsein und der Distanz". Und im gleichen Jahr nimmt Benno von Wiese Forestier-Gedichte in die renommierte, 1836 begründete Anthologie *Deutsche Gedichte* auf.

Im Sommer 1955 jedoch, nachdem der dritte Forestier-Band, nunmehr mit Briefen aus Russland und einer faksimilierten Handschrift als Cover, erschienen war, machte der Verleger Diederichs per Rundschreiben im Buchhandel bekannt, dass der Autor der Gedichte noch lebe und gar nicht Forestier heiße. In der Tat hatte der ehemalige Herstellungsleiter und Lektor des Verlags, Karl Emerich Krämer (1918–1987), Lyrik und Briefe verfasst. Und Krämer war weder in Indochina verschollen noch stammte er aus dem Elsass, sondern gebürtig aus Düsseldorf, wo er sich auch noch 1955 bester Gesundheit erfreute. Immerhin hatte er ein paar Jahre an der Ostfront gekämpft und konnte hier einige Preise für sein kriegsschriftstellerndes Wirken einheimsen, bevor er sich gemeinsam mit Dr. Karl Friedrich Leucht in Würzburg um die Befindlichkeiten der örtlichen *Hitler-Jugend* kümmern durfte.

Wie dem auch sei, die öffentliche Aufregung war, obgleich Gerüchte schon zuvor kursiert waren, groß, der Reflex der gleiche wie stets in solchen Fällen: Der Literaturbetrieb versicherte, dass Autorbiographie und Werk getrennt gehören, man im Falle Forestiers dagegen verstoßen hatte, nun aber erkenne, dass die Gedichte ebenso schlecht seien wie die Biographie falsch. Dass man nun unter umgekehrten Vorzeichen das Gleiche tat und mit der falschen Biographie auch die Texte entsorgte, blieb unbemerkt.

Retrospektiv lassen sich Fälschungen jedoch regelmäßig als Indikatoren der literarischen und öffentlichen Gestimmtheit lesen. Wenn der *Spiegel* wie Gottfried Benn „Unbehaustheit" und „Heimatlosigkeit" hervorhoben und dabei Biographie und Gedichte gleichermaßen meinten, belegt dies ein Zeitthema, das ex negativo bestätigt wird durch die nachträglichen Kritiken, die mutmaßten, Forestier habe statt im Dschungel im rheinischen Eigenheim mit der Aussicht auf weiße Daunenbetten geschrieben. Allerdings hatten Forestiers Gedichte, die gleichsam vom vorgeschobensten Posten zu kommen schienen, die Heimat, in der seine Leser sich einrichteten, schon in der ersten Auflage beschworen. „Ich schreibe mein Herz / in den Staub der Straße. / Ich lege die Hand in die Spur meiner Füße." So endet das Titelgedicht. Und wer die Hand in die Spur seiner Füße legt, muss sich bereits umgedreht haben. Das letzte Gedicht des Bändchens, *Mein Lied für Europa*, macht es dann ganz deutlich: „Sag Moskau und fühle: / Du bist allein. / Nenne New York / und du bist / in der Fremde. // Schanghai, Benares / sind Abenteuer, / Sidney und Rio: / ein Gruß aus der Ferne. // Wo dein Traum / dich auch hintreibt, / stets kehrst du wieder / heim nach Athen / nach Wien oder Oslo. [...] / Horch auf dein Herz: / Europa stirbt nicht. / Es kann nicht sterben, / solange du es liebst." Dass dies nun nicht mehr von einem SS-Freiwilligen und ewigen Krieger stammte und damit bruchlos an die nationalsozialistische Europapropaganda anknüpfte, sondern von einem Düsseldorfer Verlagsangestellten, hätte daher auch ein hoffnungsvolles Zeichen sein können.

Literatur

Forestier. Hinter einer frischen Leiche. In: *Der Spiegel*, 41/1955 (5. 10. 1955), S. 39–45 • Hans-Jürgen Schmitt: Der Fall George Forestier. In: *Gefälscht! Betrug in Politik, Literatur, Wissenschaft, Kunst und Musik*. Hg. von Karl Corino. Reinbek 1992, S. 317–329 • Christian Sturm: Abrechnung mit einem Pseudonym. In: *George Forestier [= Karl-Emerich Krämer]: Gesammelte Gedichte*. München und Esslingen 1969, S. 7–19 • Niels Werber: Ein Fall der Hermeneutik. George Forestiers Leben, Werk und Wirkung. In: *Komparatistik Online*, 5 (2010), S. 26–37: http://www.komparatistik-online.de/2010-1-2 (Stand: 1. 3. 2013).

David Oels

Josef Martin Bauer: So weit die Füße tragen. Roman

Erstausgabe: München, Ehrenwirth Verlag 1955
Achtteilige Hörspielfassung: Westdeutscher Rundfunk 1956, Regie: Franz Zimmermann • Sechsteilige Fernsehadaption: Erstausstrahlung Westdeutscher Rundfunk 1959, Regie: Fritz Umgelter

Die literarische Karriere Josef Martin Bauers (1901–1970) während des ‚Dritten Reichs' war durchaus erfolgreich: Seine Romane *Achtsiedel* (1931) und *Die Salzstraße* (1932) werden vom *Völkischen Beobachter* unter die „hundert besten Bücher der Nationalsozialisten" eingereiht, 1944 erhält er für *Das Mädchen auf Stachet* den „Ehrenpreis für bäuerlich gebundenes Schrifttum". 1940 meldet sich der Autor freiwillig zur Wehrmacht: Zunächst in einem Landesschützen-Bataillon mit der Bewachung französischer Kriegsgefangener beschäftigt, wird Bauer Kriegsberichterstatter, zunächst in einer Panzer-Aufklärungsabteilung (im NSDAP-Zentralverlag *Eher* erscheint 1943 *Spähtrupp voraus* über seinen Einsatz an der Westfront), dann an der Ostfront – auch dies literarisch begleitet von propagandaaffinen Texten: *Die Kraniche der Nogaia* (1942, „Die Vernichtung, wenn sie dem Leben dienstbar gemacht wurde, kann so schön sein wie der stolzeste Aufbau") und *Unterm Edelweiß der Ukraine* (1943, „Stundenlang kämpft der brave, kriegserprobte, ehrliche deutsche Soldat gegen hingeduckt schleichende Tiere, in deren dünnen Augenspalten es nur aufleuchtet, wenn ein kühl überlegter Schuß getroffen hat"). 1944 wird Bauer Schriftleiter – also Redakteur – beim *Völkischen Beobachter*.

Es scheint mithin symptomatisch, dass *So weit die Füße tragen*, Bauers einzig berühmtes Nachkriegsbuch, seinen Autor eher in den Hintergrund rückte: Es wurde als – wenn auch gestalteter – Tatsachenbericht vermarktet. Der Roman handelt von der, wie es hieß, tatsächlich stattgefundenen Flucht eines deutschen Kriegsgefangenen, der sein Inkognito gewahrt wissen will. Im Klappentext heißt es: „Ein Mann war aus russischer Kriegsgefangenschaft in Sibirien geflohen [...]. Drei Jahre und zwei Monate hatte er für die Flucht gebraucht. Das Unvorstellbare, das die Jahre der Gefangenschaft und der Flucht für ihn bedeuten, hat er Josef Martin Bauer erzählt, der nach seinem Bericht diesen großen Abenteuerroman unserer Zeit gestaltete. Seinen Namen will der Heimgekehrte nicht genannt wissen, dennoch bleibt er nicht namenlos. Clemens Forell nennt ihn dieses Buch."

Nicht zuletzt die Tatsächlichkeitsbehauptung – obwohl schon zuvor Merkmal einer Anzahl von Kriegsgefangenschafts- und Fluchtromanen – machte *So weit die Füße tragen* zum Bestseller: Nach acht Auflagen allein im Jahr des Ersterscheinens dürfte die Gesamtauflage der deutschen Ausgaben durch den *Ehrenwirth Verlag* (40. Auflage 1996), *Fischer, Rowohlt, Lübbe* und *Saur* deutlich über einer Million liegen, dazu kommen Übersetzungen ins Finnische, Französische, Norwegische, Dänische, Schwedische, Italienische, Estnische, Niederländische, Spanische, Jugoslawische sowie belgische, englische, kanadische und amerikanische Ausgaben. Schließlich produzierte der WDR in der Regie von Franz Zimmermann eine Hörspielfassung, die zwischen dem 7. April und dem 26. Mai 1956 ausgestrahlt wurde (nach Auskunft der WDR-Abteilung „Dokumentation und Archive" wurden alle Teile am 17. Oktober 1961 von der Redaktion gelöscht), 1958 und 1959 entstand im selben Sender unter der Regie von Fritz Umgelter der erste deutsche Fernsehmehrteiler in sechs Teilen, der sich eng an die literarische Vorlage hielt und mit Heinz Weiss (dem späteren Kapitän des *Traumschiffs*) in der Hauptrolle zu einem der ersten großen Straßenfeger des bundesdeutschen Fernsehens wird.

Dieser Erfolg ist im Wesentlichen wohl drei Faktoren geschuldet: Erstens bildeten die deutschen Kriegsgefangenen in der Sowjetunion und ihre Reflexion (in der Kunst und besonders in vermeintlichen oder tatsächlichen Tatsachenberichten) mentalitäts- und diskursgeschichtlich einen essentiellen Bestandteil des kollektiven antitotalitaristischen Schreckensbilds der fünfziger Jahre, das, revitalisiert in den Mustern des Kalten Krieges, eine allgemeine Bedrohung durch den kommunistischen Osten evozierte. Zweitens erlaubte ihre Schilderung eine Perspektive auf die jüngste Vergangenheit, die durch die Chronik individuellen Leids eine symbolisch generalisierte Exkulpation erlaubte. Drittens hatten Fluchtfiktionen wie *So weit die Füße tragen* anderen Erzählungen um das Topos der Kriegsgefangenschaft gegenüber einen erheblichen psychologischen Vorteil: Sie hoben die narzisstische Kränkung, die die Gefangenschaft dem Imago soldatischer Männlichkeit zufügte, durch die Inszenierung eines Durchsetzungswillens wieder auf, der alle Widrigkeiten zu überwinden in der Lage ist.

Ausgelöst durch die zwischen dem 12. Februar und dem 21. April 1959 gesendete Fernsehfassung übersprangen Stoff und dramaturgisches Prinzip die politische Systemgrenze: Nun waren es die Produzenten des DDR-eigenen *Deutschen Fernsehfunks* (DFF), die auf das Prinzip einer über den einzelnen Fernsehabend hinausgehenden Erzählung – und ihre inhaltliche Dimension – reagieren mussten: In Adlershof – dem Sitz des DFF – sei man „völlig erschrocken", als diese „Erfindung vom Westen losgelassen worden ist. Das Prinzip war uns nicht eingefallen", erinnerte sich Hans-Erich Korbschmitt, der zusammen mit Hans-Jürgen Brandt die Regie in einem eilig produzierten „Konter-Programm" führte: dem Vierteiler *Flucht aus der Hölle*, in dem einem deutschen Fremdenlegionär (gespielt von Armin Mueller-Stahl) dank der algerischen Befreiungsbewegung die Flucht aus Afrika in die DDR gelingt. Die zwischen dem 11. Oktober und dem 1. November 1960 ausgestrahlte Produktion kopierte nicht nur das Format, sondern offensichtlich auch den Plot von *So weit die Füße tragen*, wobei die Handlungsentwicklung politisch rekodiert wurde. Mit einer Tatsächlichkeitsbehauptung, die der von *So weit die Füße tragen* entsprach, konnte dann erst eine DDR-Großproduktion, die 1960 und 1961 realisiert wurde, aufwarten: → *Gewissen in Aufruhr*.

Gleichwohl ist in diesem Fall die erfolgreiche Vermarktung der Suggestion von Authentizität einfacher zu belegen als die historischen Geschehnisse, die der Roman nachzuzeichnen vorgibt: Abgesehen von der Tatsache, dass die historische Kommission unter Erich Maschke, die Situation und Verbleib deutscher Kriegsgefangener nach dem Zweiten Weltkrieg untersuchte, keinen einzigen Fall einer geglückten Flucht aus sowjetischen Lagern dokumentiert hat, und auch abgesehen davon, dass Franz Ehrenwirth, der Verleger, der damals den Kontakt mit dem Autor hergestellt haben will, zu unterschiedlichen Gelegenheiten ganz unterschiedliche erste Begegnungen mit dem originalen Flüchtling berichtete – auch die weitere Recherche ergibt kaum handfeste Ergebnisse. Zwar wollen 1991 die *Ebersberger Neuesten Nachrichten* und dann noch einmal 2002 die *Passauer*

Neue Presse die Identität des Originals enthüllt haben – wenn sie den Betreffenden auch unterschiedlich als Helmut Rost oder Cornelius Rost bezeichnen. Beide argumentieren jedoch ohne direkten Quellenbezug und berufen sich auf Vermittlungsinstanzen zweiter und dritter Ordnung, die eigentlich für die Struktur urbaner Legenden typisch sind.

Dabei kann man diesem Roman durchaus Authentizität bescheinigen, wenn auch weniger als Reflex eines historischen Geschehens denn als exemplarisches Beispiel für die Funktion des bundesdeutschen Nachkriegsdiskurses. Der Text, eine dann in verschiedenen Medien höchst publikumswirksame Fluchtfiktion der fünfziger Jahre, schildert auf den ersten 185 Seiten zunächst die Gräuel der Kriegsgefangenschaft, die hier als blankes Unrecht erscheint – mit der Einschränkung, dass dem Protagonisten Clemens Forell „russische Gockel und Gänse nicht schlechter geschmeckt haben als deutsche". (33) Über deutsche Kriegsschuld erst einmal kein Wort. Vielmehr finden sich, zumindest für den heutigen Leser, deutliche Allusionen auf die Schilderungen der Verschickung von KZ-Häftlingen im ‚Dritten Reich': der Transport der Gefangenen in Viehwaggons, das nur noch beiläufig registrierte Sterben anderer durch Hunger und Kälte, die Korruption und Brutalität der Wachen. Kombiniert wird das mit den aus dem Genre seit dem Ersten Weltkrieg nur allzu vertrauten Schilderungen einer kargen, menschenfeindlichen Weite, für die ein „Kartenblatt [...] nicht reicht" (15), der „Hölle Sibiriens", auf das schon der Name des Protagonisten anspielt (Fritz von Forell hatte 1936 einen höchst erfolgreichen Wälzer über fünf Jahre Kriegsgefangenschaft in Sibirien mit dem Titel *Wir vom verlorenen Haufen. Ein Schicksalsbuch aus Kriegs- und Nachkriegszeit* veröffentlicht).

Der verheerenden Reise ans Ostkap folgt die noch verheerendere Zwangsarbeit am Kap Desnjew. Hier arbeiten die Kriegsgefangenen untertage in einem Bleibergwerk; sie leben auch im Stollen – eine symbolische Beerdigung, die die Eingeschlossenen gewissermaßen selbst zum Berg werden lässt, zu grauen, sich langsam an dem, was sie abbauen, vergiftenden Gestalten, denen noch nach erfolgreicher Flucht das Stigma der Farbenblindheit bleibt. (414)

Dies ist die Ausgangssituation, von der aus Clemens Forell seine dreijährige Flucht antritt: über 14 208 Kilometer, wie der Klappentext akribisch vermerkt, mit den Stationen Tschita, Täbris, Teheran und Ankara; die Odyssee endet zwei Tage vor Weihnachten in München.

Bauer spart jedoch den historischen Hintergrund der Flucht nicht vollkommen aus: In Kasachstan kommt es in kühnem poetischem Schwung zum doppelten symbolischen Tausch: Forell beraubt einen Eisenbahnmitarbeiter um eine Geldkassette – „Der Lump! Der Tagedieb! Der Räuber! Der Verbrecher! Zum ersten Mal seit langer Zeit schämt er sich." (398) Der bis hierhin stereotyp charakterfeste Protagonist generiert Ambivalenz, er widerspricht erstmals im Verlauf des

420 Seiten starken Romans dem Klischee des aufrechten Deutschen. Dies wird zum Initial einer Begegnung mit dem blauäugigen armenischen Juden Igor („Gibt es blauäugige Juden?", 399), einer ebenfalls ambivalenten Mischgestalt, die den Holocaust nicht einmal thematisiert. Forells Bedenken („Der Jude ist hartnäckig, und ein Jude ist gefährlich, wenn er einen Deutschen so in die Hände bekommt, nach den Dingen, die an den Juden in Rußland geschehen sind", 399) finden bei Igor keine Entsprechung. Dieser nimmt lediglich auf den Raub Bezug („‚Ich bin sogar schon zum Räuber geworden' – ‚Nur das nicht!', warnt Igor. ‚Kein Unrecht! Du kannst nicht Glück haben, wenn Du mit Unrecht belastet bist!'", 401) und verhilft dem Deutschen zum letztlich entscheidenden Mittel seiner Flucht.

Der deutsche Genozid an den Juden wird so in eine Charaktergestaltung projiziert, die in den Protagonisten Elemente beider Rassenstereotpye amalgamiert; er wird zudem in eine Episode persönlichen Schuldigwerdens (an einem Russen) sublimiert und so symbolisch entschuldet.

Wenn man mit Bezug auf *So weit die Füße tragen* von einem Reflex des Tatsächlichen sprechen will, dann durch die Figur, deutsches Leid zum Purgatorium deutscher Schuld zu machen, durch symbolischen Tausch, Projektion und Verdrängung – all das zwar nicht Teil einer realen Fluchtgeschichte, aber es sind einige der wesentlichen Elemente des bundesdeutschen Mainstreams der fünfziger Jahre.

Literatur

Robert Attenhauser: „So weit die Füße tragen": Der Mann, der Clemens Forell war. In: *Passauer Neue Presse*, 16. 2. 2002 • Günther Cwojdrak: Die zweite Literatur. In: *neue deutsche literatur*, 9 (1961) 5, S. 77–92 • Peter Hoff, Hans Müncheberg: *Experiment Fernsehen. Vom Laborversuch zur sozialistischen Massenkunst. Die Entwicklung fernsehkünstlerischer Sendeformen zwischen 1952 und 1961 in Selbstzeugnissen von Fernsehmitarbeitern.* Berlin 1984 • Sascha Feuchtert: Flucht in den Gegendiskurs. Einige Bemerkungen zu Josef Martin Bauers „Soweit die Füße tragen" – einem Bestseller des Wirtschaftswunders. In: Ders.: *Flucht und Vertreibung in der deutschen Literatur.* Frankfurt am Main 2001, S. 169–181 • Erhard Schütz: Von Lageropfern und Helden der Flucht. Kriegsgefangenschaft Deutscher – Popularisierungsmuster in der frühen Bundesrepublik. In: *Geschichte für Leser. Populäre Geschichtsschreibung in Deutschland im 20. Jahrhundert.* Hg. von Wolfgang Hardtwig und Erhard Schütz. Stuttgart 2005, S. 181–203 • Josef Steinbichler: Josef Martin Bauer – Zeittafel zu Leben und Werk. In: *Das Mühlrad – Beiträge zur Geschichte des Inn- und Isengaues*, 36 (1994), S. 79–134 • Axel Winterstein: Sein Roman erregte die Welt. In: *Ebersberger Neueste Nachrichten*, 12. 12. 1991.

Henning Wrage

(3) Flucht und Vertreibung

Einleitung

Von Kirsten Möller und Alexandra Tacke

Flucht und Vertreibung zählt zu den umstrittenen „Erinnerungsorten" deutscher Geschichte.[1] Durch vielfältige Maßnahmen der Erinnerungspolitik wie ministerielle Erlasse und parlamentarische Beschlüsse, Institutionen, Publikationen, Straßenumbenennungen, Denkmäler, Ostlandkunde in der Schule und Ostforschung in der Wissenschaft wurde in den fünfziger Jahren versucht, den Mythos vom ‚deutschen Osten' für das kollektive Gedächtnis der BRD zu aktualisieren und politisch nutzbar zu machen. Karl Schlögel sprach vom ‚deutschen Osten' als einer „erratischen Gedächtnislandschaft", einer „Landschaft im Kopf".[2] Der Mythos vom ‚deutschen Osten' prägte den Erinnerungsort Flucht und Vertreibung und beeinflusste dessen Präsenz in der Erinnerungskultur der folgenden Jahrzehnte.

Anfang der 2000er Jahre erfuhren die mittlerweile vergessen geglaubten Erlebnisse von fast zwölf Millionen Deutschen gegen Ende des Zweiten Weltkriegs erneut öffentliches Interesse. Diese Entwicklung stand im Zusammenhang einer generellen Hinwendung zu den Erfahrungen der deutschen Zivilbevölkerung bei Kriegsende seit Mitte der neunziger Jahre. An den Plänen der 2000 durch Mitglieder des *Bundes der Vertriebenen* (BdV) gegründeten Stiftung *Zentrum gegen Vertreibungen* für einen zentralen Gedenkort in Berlin, mit dem nach eigenen Angaben an „das Schicksal der deutschen Vertriebenen" und im Gesamtüberblick an „Vertreibungen und Genozid an anderen Völkern im 20. Jahrhundert erinnert" werden sollte, entzündete sich in Deutschland, aber auch in den Nachbarländern Polen und Tschechien eine heftige Diskussion.[3] Diese Debatte fand auch mit der Gründung der Bundesstiftung *Flucht, Vertreibung, Versöhnung*, deren Hauptaufgabe die museale Erinnerung an Flucht und Vertreibung Deutscher in einem historischen europäischen Kontext sein soll, kein Ende: Anfang 2011 brachte ein An-

---

[1] Vgl. Hahn, Eva; Hahn, Hans Henning: Flucht und Vertreibung. In: *Deutsche Erinnerungsorte I*. Hg. von Etienne François und Hagen Schulze. München 2001, S. 334–351. Vgl. ferner dies.: *Die Vertreibung im deutschen Erinnern. Legenden, Mythos, Geschichte*. Paderborn 2010.
[2] Schlögel, Karl: *Im Raume lesen wir die Zeit. Über Zivilisationsgeschichte und Geopolitik*. München 2003, S. 243–248.
[3] Die Zitate sind der Absichtserklärung des *Zentrums gegen Vertreibungen* entnommen, die auf der Homepage des *Zentrums gegen Vertreibungen* zu finden ist. http://www.z-g-v.de/aktuelles/?id=48 (Stand: 1. 3. 2013).

trag der schwarz-gelben Koalition im Bundestag das Thema erneut auf die Tagesordnung, forderten die Antragstellenden doch u.a. die Einrichtung eines „bundesweiten Gedenktags für die Opfer von Vertreibung", und dies ausgerechnet für den 5. August, den Jahrestag der umstrittenen *Charta der deutschen Heimatvertriebenen* von 1950.[4]

Auch durch das vieldiskutierte Erscheinen von Büchern wie Günter Grass' *Im Krebsgang* (2002) oder Tanja Dückers' *Himmelskörper* (2003) und die publikumswirksame Ausstrahlung von Fernsehfilmen wie *Die Flucht* (2007) oder *Die Gustloff* (2008) erhielt die Debatte um das Thema, das viele mit den politischen und gesellschaftlichen Umbrüchen der späten sechziger Jahre in tiefer Versenkung verschwunden glaubten, neuen Aufwind. Von einem Tabubruch war gar die Rede. Dabei verwiesen kritische Stimmen darauf, dass die neueren literarischen und filmischen Produktionen in einer Reihe mit einer Vielzahl von literarischen, aber auch filmischen Auseinandersetzungen der Nachkriegszeit stehen und teilweise an Erzählstrategien anknüpfen, die den Diskurs damals dominiert haben.

In den fünfziger Jahren waren Flucht und Vertreibung im kollektiven sowie individuellen Erinnern sowohl in der BRD als auch in der DDR in unterschiedlichem Maße präsent. Die vielen Heimatlosen, darunter die sogenannten *Displaced Persons*, Flüchtlinge, Vertriebene, Umsiedler, Evakuierte und Kriegsgefangene, prägten die im Aufbau befindlichen Gesellschaften:

Die westalliierten Besatzungszonen, die sich 1949 zur BRD zusammenschlossen, nahmen rund acht Millionen deutsche Flüchtlinge und Vertriebene aus Mittel- und Osteuropa auf. Ihre schnelle und reibungslose Integration galt lange als eine der großen Leistungen der westdeutschen Nachkriegsgesellschaft, doch waren sie vielfach Opfer von Ausgrenzungen und Diskriminierungen.[5] Mit dem Soforthilfegesetz (1949) und dem Lastenausgleichsgesetz (1952) wurden die Grundlagen für die Verbesserung ihrer Lebenssituation und die Integration geschaffen. Das Bundesvertriebenengesetz (1953), das zum einen die Integration, zum anderen aber die Sonderstellung der Vertriebenen förderte, etablierte die Rechtstermini des „Vertriebenen" bzw. „Heimatvertriebenen" und des „Sowjetzonenflüchtlings". Zuerst hatte die mehrheitlich benutzte Wendung noch „Flüchtlinge und Ausgewiesene" geheißen, spätestens jetzt war offiziell die Rede von „Flüchtlingen und Vertriebenen". Diese Begriffsprägung ist aus dem heutigen Sprachgebrauch nicht mehr wegzudenken, sollte aber als historisch und ideologisch ge-

---

[4] Vgl. Drucksache 17/4193 vom 15.12.2010.
[5] Vgl. u.a. Kossert, Andreas: *Kalte Heimat. Die Geschichte der deutschen Vertriebenen nach 1945.* München 2008.

prägt, als eine Vereinfachung komplexer historischer Vorgänge betrachtet werden – und ist gerade im internationalen Kontext umstritten.[6]

1949 entstanden, nach anfänglichem Organisationsverbot durch die Alliierten, auf dem Gebiet der BRD größere Interessenvertretungen, die sich 1957 zum föderal organisierten *Bund der Vertriebenen* zusammenschlossen. Bereits 1950 verabschiedeten die organisierten Vertriebenen die schon erwähnte *Charta der deutschen Heimatvertriebenen*, die bis heute Grundlage für das Selbstverständnis des BdV ist. Vielfach als Dokument der Versöhnung gelobt, enthält sie höchst problematische Setzungen wie den Verzicht „auf Rache und Vergeltung" und die Darstellung „der Heimatvertriebenen als der vom Leid dieser Zeit am schwersten Betroffenen". Das Bundesministerium für Vertriebene, Flüchtlinge und Kriegsgeschädigte, das 1969 unter der Regierung Willy Brandt aufgelöst wurde, sowie die Existenz der Partei *Gesamtdeutscher Block / Bund der Heimatvertriebenen und Entrechteten* zeugten vom zeitweiligen politischen und gesellschaftlichen Einfluss der Vertriebenen.

Wie präsent das Thema in der Nachkriegsgesellschaft war, zeigen auch zwei von der damaligen Bundesregierung geförderte Großprojekte:

Im Herbst 1950 wurde in Berlin die vom Bundesministerium für gesamtdeutsche Fragen unterstützte Ausstellung *Deutsche Heimat im Osten* gezeigt. Diese Ausstellung knüpfte an den schon seit dem 19. Jahrhundert virulenten Mythos vom ‚deutschen Osten' an und blendete die Zeit des Zweiten Weltkriegs nahezu vollständig aus. Spuren des Mythos vom ‚deutschen Osten' prägten den Erinnerungsdiskurs – sie finden sich auch in Marion Gräfin Dönhoffs Erinnerungsbuch *Namen, die keiner mehr nennt* (1962), in dem sie der nationalsozialistischen Ideologie vom ‚tausendjährigen Reich' die jahrhundertealten deutschen Traditionen in Ostpreußen allerdings ohne revisionistische Anspruchshaltung und mit einem Blick für den europäischen Charakter ‚des Ostens' gegenüberstellt.

Die *Dokumentation der Vertreibung der Deutschen aus Ost-Mitteleuropa*, die in den Jahren 1951 bis 1961 entstand und veröffentlicht wurde, war eines der frühesten und größten Forschungsvorhaben der Bundesrepublik, das allerdings letztlich unabgeschlossen blieb. Im Rahmen des Projektes wurden, unter Leitung des Historikers Theodor Schieder und finanziert durch das Bundesministerium für

---

6 In diesem Artikel wurde versucht, sich bei der Begriffsverwendung an der jeweils zeit- und kontexttypischen zu orientieren. Das bedeutet, dass für die Zeit nach 1989/90 von „Flucht und Vertreibung" die Rede ist, für die Nachkriegszeit in der BRD von „Flucht und Vertreibung" bzw. „Vertreibung" und für den Zeitraum in der DDR von „Umsiedlung". Vgl. zu den Begrifflichkeiten die verschiedenen Einträge in Brandes, Detlef; Sundhausen, Holm; Troebst, Stefan (Hg.): *Lexikon der Vertreibungen. Deportation, Zwangsaussiedlung und ethnische Säuberung im Europa des 20. Jahrhunderts*. Wien u.a. 2010.

Vertriebene, Flüchtlinge und Kriegsgeschädigte, Erlebnisberichte, Befragungsprotokolle und weitere dokumentarische Materialien gesammelt, ausgewählt und für die Veröffentlichung zusammengestellt. Anlass für diese Publikation war die politische Intention einer außenpolitischen Nutzbarmachung der gesammelten Informationen in möglichen Friedensverhandlungen. Die Verstrickungen von beteiligten Historikern wie Theodor Schieder und Werner Conze in die wissenschaftliche Vorbereitung der nationalsozialistischen Bevölkerungsideologie und -politik wurden jedoch erst Jahrzehnte später thematisiert.

Jürgen Thorwald arbeitete für seine vielfach wieder aufgelegten Bestseller *Es begann an der Weichsel* (1949) und *Das Ende an der Elbe* (1950), die zwischen Fiktion und Non-Fiktion changieren, ebenfalls mit Zeitzeugenberichten, deren Authentizität im Laufe der Jahre allerdings widerlegt wurde. Eine umfassende Bewertung der *Dokumentation der Vertreibung der Deutschen aus Ost-Mitteleuropa* unter diesem Gesichtspunkt steht noch aus.

Von der ungeheuren Popularität der Thematik in der Nachkriegszeit zeugte auch deren Präsenz in der Unterhaltungsindustrie und im Kulturbetrieb: Heimatfilme wie *Grün ist die Heide* (1951) von Hans Deppe oder *Waldwinter* (1956) von Wolfgang Liebeneiner, die exemplarisch für viele andere stehen, behandeln das Schicksal von Flüchtlingen und Vertriebenen. *Grün ist die Heide* erzählt ihre Integration als Liebesgeschichte mit Happy End. Am Ende beugt sich auch die emanzipierte Gutsbesitzertochter aus Ostpreußen, die eigentlich in die USA auswandern wollte, dem Liebeswerben des örtlichen Amtsrichters.[7] Aber auch in nicht unmittelbar dem Heimatfilm-Genre zurechenbaren Produktionen wie *Rose Bernd* (1956) von Wolfgang Staudte oder *Nacht fiel über Gotenhafen* (1960) von Frank Wisbar werden die Erlebnisse von Flucht und Vertreibung thematisiert. Der Untergang des Flüchtlingsschiffs *Wilhelm Gustloff* ist in *Nacht fiel über Gotenhafen* gleichsam eine Sühne für die Schuld des verführten deutschen Volks, das durch die Hauptprotagonistin verkörpert wird.

Wenngleich die fünfziger Jahre bezüglich der nationalsozialistischen Verbrechen vor allem als ein Jahrzehnt des Vergessens und Verdrängens gelten, so waren sie vor allem eine Zeit des selektiven Erinnerns: Das Erzählen von Flucht und Vertreibung fügte sich in einen allgemeinen Viktimisierungsdiskurs ein, der sich auf die Kriegserlebnisse der deutschen Bevölkerung konzentrierte. Die verführte Frau wurde zum Sinnbild des vermeintlich unschuldig schuldig gewordenen deutschen Volks.

---

7 Zur Vertriebenen-Thematik im Heimatfilm vgl. Moltke, Johannes von: Location Heimat: Tracking Refugee Images, from DEFA to the Heimatfilm. In: *Framing the Fifties: Fifties Cinema in Divided Germany*. Hg. von John Davidson und Sabine Hake. Providence 2007, S. 74–90.

Heimatlosigkeit war zu einer Massenerfahrung geworden. Häuslichkeit galt wieder als zentraler Wert und Frauen wurden zunehmend als Schöpferinnen dieser Häuslichkeit angesehen, der Rückzug in die häusliche Sphäre als spezifisch modern glorifiziert – eine Entwicklung, die u.a. Heimatfilme dokumentierten. Soziologische Studien betonten neben den Erfahrungen des Heimatverlusts und der damit oft verbundenen Rückbesinnung auf alte Werte und Traditionen das Modernisierungspotenzial, das sich aus diesen Erfahrungen ableiten lasse: Die Stadtsoziologin Elisabeth Pfeil beschrieb 1948 den Flüchtling als eine „Gestalt der Zeitenwende" und als „Sinnbild des Menschen".[8]

Die Thematik war nicht nur im Film präsent, sondern wurde schnell zu einem populären Gegenstand literarischen Schaffens. Schon unmittelbar nach Kriegsende setzte die literarische Auseinandersetzung ein.[9]

Große Popularität erlebte die Thematik in Werken, die der Unterhaltungsliteratur zugerechnet werden können: Lise Gast schildert in *Eine Frau allein. Ein Schicksal aus unseren Tagen* (1948) die Flucht einer Frau mit fünf Kindern aus Schlesien, wohl auch in Bezugnahme auf ihre eigenen Fluchterfahrungen 1945. Ruth Hoffmanns erfolgreicher Roman *Die schlesische Barmherzigkeit* (1950) erzählt die Geschichte der Arbeitertochter Emma Mühlen in Schlesien. Die gebürtige Breslauerin Hoffmann, deren jüdischer Ehemann 1943 in Auschwitz ermordet wurde, stellt hier die Beziehung zwischen den deutschen Verbrechen und den deutschen Leiden heraus.[10] Auch Autoren einer konservativen Literaturtradition wie Ernst Wiechert, Kurt Ihlenfeld oder Hugo Hartung beschäftigten sich in ihren Werken mit Flucht und Vertreibung.

In Wiecherts Roman *Missa sine nomine* (1950) stehen drei Brüder eines Grafengeschlechts, gleichsam Protagonisten einer untergegangenen Märchenwelt, im Mittelpunkt, die sich – zwei sind aus ihrer ostpreußischen Heimat geflohen, der dritte ist aus KZ-Gefangenschaft befreit worden – jeder auf seine Weise mit den Kriegserlebnissen auseinandersetzen. Der in Ostpreußen geborene Ernst Wiechert war 1938 aufgrund seiner kritischen Haltung gegenüber dem nationalsozialistischen Regime für zwei Monate ins KZ Buchenwald gekommen. Wenngleich seine Werke doch auch Anschlussmöglichkeiten für die nationalsozialistische Ideologie boten, so galt er doch gerade kurz nach dem Krieg als Hoffnungsträger eines ‚neuen' Deutschlands. Flucht und Vertreibung stehen in *Missa sine nomine*

---

8 Pfeil, Elisabeth: *Der Flüchtling. Gestalt einer Zeitenwende*. Hamburg 1948.
9 Vgl. Dornemann, Axel: *Flucht und Vertreibung aus den ehemaligen deutschen Ostgebieten in Prosaliteratur und Erlebnisberichten seit 1945. Eine annotierte Bibliographie*. Stuttgart 2005.
10 Zu Hoffmanns Roman vgl. auch Berger, Karina: Expulsion novels of the 1950s – more than meets the eye? In: *Germans as Victims in the Literary Fiction of the Berlin Republic*. Hg. von Stuart Taberner und Karina Berger. Rochester 2009, S. 42–55.

als Sühne für die deutschen Verbrechen, als schicksalhaftes Ereignis von biblischen Dimensionen. Ein an die Kirchentür genagelter Pfarrer wird in dem Roman zum Sinnbild für die Verbrechen sowjetischer Soldaten an deutschen Zivilisten. Diese Schreckensbilder erinnern an das in den fünfziger Jahren im kollektiven Gedächtnis präsente „Massaker von Nemmersdorf" vom Oktober 1944, das eine wichtige Rolle in der NS-Propaganda spielte und dessen tatsächliches Ausmaß und Urheberschaft erst in den neunziger Jahren infrage gestellt wurde.[11]

Im Roman *Wintergewitter* (1951) von Kurt Ihlenfeld werden die Ereignisse eines Tages (3. Februar 1945) in einem schlesischen Dorf – etwa die Durchfahrt eines deutschen Panzers zur Front, die Ankunft von Flüchtlingen aus dem Osten und einer Gruppe weiblicher KZ-Häftlinge – erzählt. Der Roman ist geprägt von christlichen Motiven und Symbolen sowie einer existenzialistischen Terminologie, die eine Mythologisierung und Dämonisierung des Nationalsozialismus sowie christliche Vorstellungen von Erlösung durch Leiden umfasst.[12]

Hugo Hartung setzte sich in seinen in den fünfziger Jahren veröffentlichten Romanen *Der Himmel war unten* (1951) und *Gewiegt von Regen und Wind* (1954) sowie in seinen Tagebuchaufzeichnungen, die unter dem Titel *Schlesien 1944/45* (1956) erschienen, mit dem Kriegsende in Breslau und der anschließenden Flucht in den Westen auseinander.

Die Romane von Wiechert, Ihlenfeld, Hartung und anderen haben teil an einem Opferdiskurs, in dem die Leiden der deutschen Zivilbevölkerung im Vordergrund stehen. Zwar werden die deutschen Verbrechen und ihre Opfer *auch* thematisiert, doch wird dadurch eher eine allumfassende Gemeinschaft der Opfer konstruiert, als dass die Verantwortung der deutschen Bevölkerung benannt wird.

Neben den bereits erwähnten Romanen der Unterhaltungsliteratur und einer konservativen literarischen Tradition stehen die sprachlich avantgardistischen Annäherungen an die Thematik von Arno Schmidt: In seinem Erstling *Leviathan oder Die beste der Welten* (1949) wird die Flucht einer Gruppe von Menschen aus Schlesien geschildert, die schließlich ihr tödliches Ende auf einer völlig zerstörten Neiße-Brücke findet. Auch in seinen Werken *Brand's Haide* (1951), *Die Umsiedler* (1953), *Das steinerne Herz* (1956) oder *KAFF auch Mare Crisium* (1960) spielen Flüchtlingsfiguren eine wichtige Rolle. Im Zentrum steht weniger die Darstellung einer verlorenen Heimat oder der Schrecken von Flucht und Vertreibung als vielmehr die Beschreibung der mühevollen und entbehrungsreichen Integra-

---

[11] Vgl. Eva Hahn, Hans Henning Hahn: *Die Vertreibung im deutschen Erinnern. Legenden, Mythos, Geschichte.* Paderborn 2010, S. 52–65.
[12] Zu Ihlenfelds Roman vgl. auch Berger: Expulsion novels. In: Taberner; Berger (Hg.): *Germans as Victims.* 2009, S. 42–55.

tion der Neuankömmlinge in der BRD einerseits und der restaurativen Tendenzen der Nachkriegszeit andererseits. Schmidts Flüchtlingsfiguren sind in erster Linie Frauen, oftmals steht ihnen ein aus britischer Kriegsgefangenschaft zurückgekehrter Ich-Erzähler gegenüber, der auch in weiteren Punkten eine Nähe zur Schmidt'schen Biographie aufweist.[13] Schmidt selbst lebte vom Tod seines Vaters 1928 bis zu seiner Einberufung 1940 in Schlesien, der Heimat seiner Mutter, nach dem Krieg siedelte er sich nach einigen Zwischenstationen mit seiner Frau in der Lüneburger Heide an.

Die fünfziger Jahre in der BRD sind auch die Zeit der ersten Auseinandersetzungen politisch links verorteter Autoren einer jüngeren Generation mit dem Themenkomplex: Siegfried Lenz widmete sich mit *So zärtlich war Suleyken* (1955) den märchenhaft-zeitlosen Geschichten seiner masurischen Heimat. Günter Grass beschreibt in seinem Roman *Die Blechtrommel* (1959) auch die Eroberung seiner Heimatstadt Danzig durch die Rote Armee und den kurze Zeit später folgenden Abschied seines Hauptprotagonisten Oskar von der Stadt. Der Heimatverlust steht hier nicht als singuläres Ereignis, sondern im Zusammenhang von Vorkriegs-, Kriegs- und Nachkriegsgeschichte. In späteren Werken sollten sich Lenz (*Heimatmuseum*, 1978) und Grass (insbesondere *Unkenrufe*, 1992, und *Im Krebsgang*, 2002) weiter mit diesen Ereignissen ihrer Jugendzeit auseinandersetzen.

Die Erinnerung an Flucht und Vertreibung stand in der bundesrepublikanischen Nachkriegszeit noch weitestgehend – Romane wie *Die Blechtrommel* waren erste Vorboten von Veränderungen – im Zeichen eines Diskurses, in dem die Opfer deutscher Verbrechen nur am Rande auftauchten und die eigenen Kriegserlebnisse im Vordergrund standen. In den sechziger Jahren wandelte sich die kollektive Erinnerung an die Zeit des Nationalsozialismus im Zuge der politischen und gesellschaftlichen Auseinandersetzungen. In den wissenschaftlichen und öffentlichen Debatten rückten nun der Holocaust und damit die deutsche Schuld in den Mittelpunkt des Interesses. Die Kriegserlebnisse der deutschen Bevölkerung verblieben im Bereich der Familienerinnerungen und -erzählungen. Die Vertriebenenverbände wurden jetzt erstmals mit der nationalsozialistischen Vergangenheit führender Mitglieder konfrontiert: Der langjährige Bundesvertriebenenminister Theodor Oberländer beispielsweise musste 1960 aufgrund seiner nationalsozialistischen Vergangenheit zurücktreten. Zunehmende literarische Aufmerksamkeit ist dem Themenkomplex wieder in den siebziger und achtziger Jahren widerfahren. Christine Brückners Poenichen-Trilogie (1975–1985), Horst Bieneks Gleiwitzer Tetralogie (1975–1982), Arno Surminskis *Jokehnen oder wie*

---

[13] Vgl. dazu auch Menke, Timm: Flüchtlings- und Vertriebenenschicksale im Werk Arno Schmidts. In: *German Life and Letters*, 57 (2004) 4, S. 427–439.

lange fährt man von Ostpreußen nach Deutschland? (1974) und *Kudenow oder an fremden Wasser weinen* (1978) oder Leonie Ossowskis Schlesien-Trilogie (1976–1991) seien exemplarisch genannt.

Anders als in der BRD gestaltete sich die Situation in der Nachkriegszeit im östlichen Teil Deutschlands: Die SBZ und spätere DDR nahm mehr als vier Millionen sogenannte Umsiedler auf.[14] Sie stellten damit fast ein Viertel der Bevölkerung, in manchen Gegenden aufgrund der unterschiedlichen Verteilung weit mehr. Auch wenn die Bodenreform lange Zeit als Kernstück der DDR-Integrationspolitik galt, so erhielten doch nur etwa acht Prozent der Umsiedler Land und Hof, das sie oft nur schlecht unterhalten konnten. Das Umsiedlergesetz (1950) förderte für einen begrenzten Zeitraum mit sozialpolitischen Maßnahmen die Integration. Schnell galten die Umsiedler als integriert, mussten es gelten, denn in der öffentlichen Erinnerungskultur der SBZ/DDR durften ihre Erfahrungen des gewaltsamen Heimatverlusts keine Rolle spielen: Die Regierenden fürchteten, die sozialistischen ‚Bruderländer' zu düpieren und antikommunistischen Ressentiments sowie Vorbehalten und Aufbegehren der Umsiedler gegen die DDR-Ostpolitik einen Nährboden zu verschaffen. Ihre durch Erinnerungen an die Heimat und Traditionen geprägte Identität sollten die Umsiedler im Integrationsprozess vollständig ablegen. Es bestand ein Organisationsverbot, so dass weder Parteien, Verbände oder eigene Presseorgane gegründet noch Brauchtümer gepflegt werden konnten. Anfang der fünfziger Jahre bereits galt offiziell die Integration der ehemaligen Umsiedler bzw. „Neubürger" (wie sie ab 1950 auch bezeichnet wurden) als erfolgreich abgeschlossen. So liefen bereits Mitte der fünfziger Jahre in der DDR die Hilfsangebote für Umsiedler aus – zu einer Zeit, als in der Bundesrepublik der eigentliche Lastenausgleich erst begann. Die SED erkannte 1950 mit der Unterzeichnung des Görlitzer Vertrags mit der Volksrepublik Polen die Oder-Neiße-Grenze an – eine Frage, die die Bundesrepublik auch unter Einfluss der organisierten Heimatvertriebenen lange offen hielt. Erst 1970 erfolgte eine vorbehaltliche, 1990 die endgültige Anerkennung mit dem Zwei-plus-Vier-Vertrag und dem deutsch-polnischen Grenzvertrag.

In der öffentlichen Erinnerungskultur der DDR insbesondere zwischen 1955 und 1975 spielte die Erinnerung an den gewaltsamen Heimatverlust keine Rolle, präziser: Sie durfte keine Rolle spielen. Gewisse Freiräume gab es in der Literatur, allerdings unter bestimmten ideologischen Prämissen. Anna Seghers' Erzählung *Die Umsiedlerin* (1953) sowie Heiner Müllers Komödie *Die Umsiedlerin oder Das*

---

14 Vgl. hierzu und zum Folgenden Schwartz, Michael: Tabu und Erinnerung. Zur Vertriebenen-Problematik in Politik und literarischer Öffentlichkeit der DDR. In: *Zeitschrift für Geschichtswissenschaft*, 51 (2003) 1, S. 85–101.

Leben auf dem Lande (1956–1961), die an die Seghers'sche Erzählung anknüpft, sind prominente Beispiele. Im Mittelpunkt dieser Texte steht die Umsiedlerin Anna Niet(h), die schließlich trotz der Ablehnung durch die Einheimischen eine neue Heimat findet. Auch Arthur Pohl thematisierte in seinem DEFA-Film *Die Brücke* (1948/49) das feindselige Verhalten der Einheimischen gegenüber den Umsiedlern, die in ihrem Zusammenhalt ein Gegenbild zu dem Egoismus der Einheimischen darstellen. Die gemeinsame Bewältigung einer Katastrophe bringt hier die versöhnliche Annäherung. Bei Müller übernimmt die Umsiedlerin am Ende allein eine Bauernstelle zur Bewirtschaftung. Sie wird hier zur Symbolfigur der Emanzipation. Müller beschreibt in seinem Stück entgegen der herrschenden Doktrin auch die Gewalterlebnisse der Flucht, beispielsweise Vergewaltigungen durch sowjetische Soldaten. *Die Umsiedlerin* wurde 1961 kurz nach der Uraufführung verboten – ein Grund dafür lag in der Schonungslosigkeit, mit der Müller die Widersprüche und Konflikte der sozialistischen Agrarpolitik thematisierte.

In Literatur und Film der DDR-Nachkriegszeit geht es weniger um Fluchterlebnisse als vielmehr um die Integration der Umsiedler in die sozialistische Gemeinschaft im Prozess der Bodenreform und Kollektivierung der DDR-Landwirtschaft. Heimat finden die Umsiedlerinnen dort, wo ihnen – so eine zentrale Aussage bei Seghers, aber auch bei Müller – Gerechtigkeit widerfährt. In Franz Fühmanns Erzählung *Böhmen am Meer* (1962) ist der neue Wohnort zur Heimat geworden, da die Umsiedlerin hier zum ersten Mal „menschliche Güte" erfahren hat. Ihre Traumatisierung ist nicht durch ihren Heimatverlust, sondern durch die feudalen und patriarchalen Herrschaftsstrukturen in ihrer Vorkriegsheimat bedingt.

Gleichsam als Gegenstück zu Müllers *Umsiedlerin* kann Helmut Baierls erfolgreiche Komödie *Frau Flinz* (1961) gelesen werden, die sich vor allem aufgrund ihrer konventionellen Form und ihres positiven Gestus von der *Umsiedlerin* unterscheidet. Im Mittelpunkt steht Martha Flinz, die mit ihren fünf Söhnen aus der böhmischen Heimat in die DDR gekommen ist. Die Handlung spielt im Zeitraum von 1945 bis 1950 und zeigt die Integration der Umsiedler in die sozialistische Gesellschaft: Aus der alle Politik ablehnenden Umsiedlerin wird schließlich die Vorsitzende einer der ersten Landwirtschaftlichen Produktionsgenossenschaften.

Eine Fortführung dieser Darstellungen von Umsiedlerinnen-Figuren findet sich auch in dem erfolgreichen fünfteiligen DFF-Fernsehfilm *Wege übers Land* (1968) in der Regie von Martin Eckermann nach einem Szenarium von Helmut Sakowski. Hier wird anhand der Lebensgeschichte der Gertrud Habersaat die nationalsozialistische Siedlungspolitik als Vorläufer und Ursache für die spätere Flucht dargestellt. Aus der unpolitischen Magd und Bäuerin auf einem enteigneten Hof im besetzten Polen während des Nationalsozialismus wird schließlich eine LPG-Vorsitzende in der jungen DDR.

In der Nachkriegszeit wurde die Thematik in der DDR-Literatur und im DDR-Film vor allem entlang eines Erzählmusters thematisiert: Die Umsiedlerin übernimmt im Zuge ihrer Integration eine Vorbildfunktion für den Aufbau des Sozialismus. In den siebziger und achtziger Jahren veränderte sich die Auseinandersetzung mit dem Themenkomplex – wohl auch vor dem Hintergrund einer zeitweise liberaleren (kultur-)politischen Situation. Im Vordergrund stand jetzt nicht mehr nur die Integration der Umsiedler, sondern auch deren Erfahrung des Heimatverlusts auch aus der Perspektive der Kindergeneration. Christa Wolfs *Kindheitsmuster* (1976), in dem die Ich-Erzählerin ihre nun polnische Heimatstadt besucht, kann als eines der wichtigsten Werke in diesem Zusammenhang genannt werden.

In BRD und DDR standen in der Nachkriegszeit Flucht, Vertreibung und Umsiedlung in unterschiedlichem Maße im Fokus der kollektiven Erinnerung: In der BRD machten sich Politik sowie Wissenschafts- und Kulturbetrieb daran, den Erinnerungsort Flucht und Vertreibung im kollektiven Gedächtnis zu verankern. Die literarische Auseinandersetzung setzte gleich nach Kriegsende ein – auch wenn sicher heute viele der Autoren und Autorinnen nahezu vergessen sind. Einen prominenten Platz fanden die Flüchtlinge und Vertriebenen auch in Filmen der Zeit. In der DDR, wo das Thema von Mitte der fünfziger bis Mitte der siebziger Jahre offiziell gemieden wurde, gab es vereinzelte literarische und filmische Auseinandersetzungen, in denen insbesondere die Umsiedlerinnen als Symbolfiguren der neuen Gesellschaftsordnung betrachtet wurden. Ein Grund für die Unterschiede in den Erinnerungskulturen sollte sicher in den Auswirkungen des Kalten Krieges zu finden sein: Waren in der DDR Thematisierungen sowjetischer Gewalt gegenüber der deutschen Zivilbevölkerung politisch nicht erwünscht, so wurden diese in der BRD doch gerade auch im Sinne eines opportunen Antikommunismus ideologisiert. Wenn für die DDR insbesondere für die Zeit von 1955 bis 1975 zumindest von einer offiziell verordneten Tabuisierung gesprochen werden könnte, so sollte doch deutlich geworden sein, dass die literarischen und filmischen Auseinandersetzungen nach 1989/90 an eine Vielzahl und Vielfalt der literarischen und filmischen Auseinandersetzungen insbesondere der bundesrepublikanischen Nachkriegszeit anknüpfen.

Jürgen Thorwald: Es begann an der Weichsel
Jürgen Thorwald: Das Ende an der Elbe

Erstausgaben: Stuttgart, Steingrüben Verlag 1950 (*Es begann an der Weichsel* eigentlich bereits 1949)

Gegenstand der Bände ist das Ende des Zweiten Weltkriegs an der Ostfront und damit zusammenhängend Flucht und Vertreibung der Deutschen. Der erste Band beginnt in der Nacht vom 8. auf den 9. Januar 1945 mit der Zugfahrt des „Generalstabschef des deutschen Heeres", Generaloberst Guderian, zu Hitlers Hauptquartier nach Lich bei Gießen. In Halbschlaf und Traum sieht Guderian „Bilder und Gestalten", die zu einem „einzigen großen Reigen" gehören: die „erbitterten Kämpfe mit Hitler" um Truppen für die Ostfront sowie gleichzeitig gegen die „ringsum anstürmenden feindlichen Gewalten" (Weichsel, 18); die Niederlagen der Wehrmacht seit dem Winter 1941/42; Guderians vergebliche Versuche, Hitlers absurde strategische Entscheidungen zu korrigieren; die Gräuel der Roten Armee an deutschen Soldaten – „zum größeren Teil nach der Gefangennahme niedergemacht" – und der Zivilbevölkerung in Ostpreußen – „Frauen lebend an Scheunentore genagelt. Alle Frauen und Mädchen ungezählte Male geschändet, Männer und Greise zu Tode gemartert". (Weichsel, 16, 19)

In wechselnder Gewichtung und Verschlingung ist damit der Inhalt der zwei Bände vorweggenommen, bis nach 765 Seiten am 23. Mai 1945 die Regierung Dönitz bei Flensburg verhaftet wird: der völlige Zusammenbruch, der durch eine Kette von Fehlentscheidungen katastrophale Ausmaße annimmt, die kalt urteilenden Militärs, die der Wirklichkeit nicht mehr zugängliche Machtzentrale und vor allem das Leid der Soldaten und der Zivilbevölkerung. Chronologisch und nach Kriegsschauplätzen geordnet, wird vom Untergang Ostpreußens berichtet, von der Flucht übers Eis des Haffs, vom Einmarsch der Roten Armee in Schlesien, Pommern und Westpreußen mit den stets folgenden Massenvergewaltigungen und Morden; im zweiten Teil besonders ausführlich von der Schlacht um Berlin und dem Untergang Hitlers im Führerbunker unter der Reichskanzlei und als zweites Finale von der Austreibung der Deutschen aus Tschechien in einem „Meer von Blut". (Elbe, 6)

Den Bänden zugrunde lagen laut Nachwort „2000 Dokumente […], Bücher, Broschüren, Zeitungen und Flugblätter, Briefe, Tagebücher, eidesstattliche Erklärungen; schließlich […] ausführliche Erinnerungsberichte damals führender Persönlichkeiten, sowie […] stenographische Mitschriften von eingehenden Unterredungen des Verfassers […] mit anderen Persönlichkeiten." (Weichsel, 343) Zustande gekommen war diese Sammlung vor allem durch einen Aufruf in der seinerzeit größten westdeutschen Wochenzeitung, *Christ und Welt*, in der Jürgen

Thorwald (1915–2006) von März bis Juni 1949 eine Artikelfolge zum „Ostdeutschen Schicksal" veröffentlicht hatte. Eine andere Quelle dürften jedoch Thorwalds Erfahrungen aus der Zeit vor 1945 gewesen sein. Unter seinem tatsächlichen Namen Heinz Bongartz hatte er zwischen 1939 und 1944 drei Foliobände zu „Luftmacht" und „Seemacht" des ‚Dritten Reichs' veröffentlicht. Während des Krieges arbeitete Bongartz in einer historischen Abteilung des Oberkommandos der Marine. Eine Tätigkeit, die ihn in Kontakt brachte mit einigen der Großen des untergehenden Reichs und die auch den Zugang zu Generalen, Admiralen und Feldmarschällen nach 1945 erleichtert haben wird. Im Frühjahr 1945 wurde Thorwald in die Lübecker Bucht geschickt, um über die dort eintreffenden Flüchtlinge und die Leistungen der Marine zu schreiben. Teile dieses Berichts, so Thorwald später, findet man erst in *Es begann an der Weichsel*.

Diese disparaten Materialien und die verschiedenen journalistisch-militärhistorischen Erfahrungen des Autors spiegeln sich in der Gestaltung der Bände. So stehen präzise Beschreibungen der Abläufe im Führerbunker und der militärischen Entwicklungen neben atmosphärischen Schilderungen in den „Festungen" der Ostfront, Königsberg, Breslau oder Graudenz, seitenlange, mehr oder weniger wörtliche Zitate aus Berichten neben novellenartigen zugespitzten Einzelerzählungen. Deutlich literarisierte und symbolhaft verdichtete Passagen finden sich vor allem dort, wo es um das Leid der ostdeutschen Bevölkerung geht, die Verbrechen an der polnischen und sowjetischen Bevölkerung, an Kriegsgefangenen und Juden finden sich dagegen ausschließlich in pauschalen diskursiven Erwägungen des Erzählers oder einzelner Protagonisten.

Ob zufällig oder beabsichtigt bildet diese Darstellungsweise ab, was Robert G. Moeller für den erinnerungspolitischen Diskurs der frühen Bundesrepublik überhaupt, gerade auch in den Debatten des Bundestags und den Entscheidungen der Regierung Adenauer ausgemacht hat. Eine tragfähige politische Identität habe sich in Westdeutschland ausbilden können über die Integration eigenen und fremden Leids in einer Opfergemeinschaft. Dies sei möglich gewesen, weil die Politik der Wiedergutmachung und des nominellen Verzichts auf die verlorenen Ostgebiete kompensiert wurde durch die Anerkennung der deutschen Opfer in Entschädigungen und Gesetzen zum Lastenausgleich und in den offiziösen Großdokumentationen und Sammlungen zu Kriegsgefangenschaft und Vertreibung. Letztere erschien 1953–1962 in insgesamt acht Teilbänden, drei Beiheften und einem Ortsregister herausgegeben vom Bundesministerium für Vertriebene.

Thorwalds Bücher hatten diese keinesfalls gleichberechtigte aber immerhin gleichzeitige Thematisierung deutschen und fremden Leids vorweggenommen. Insofern kann es nicht erstaunen, dass der nachmalige Bundestagspräsident Eugen Gerstenmaier in seinen Erinnerungen berichtet, er habe *Es begann an der Weich-*

sel einmal am Krankenbett Adenauers liegen sehen. Der Bundeskanzler „hatte das Buch aufmerksam gelesen und sagte, daß er vieles erst aus diesem Buch erfahren habe."

Literatur

David Oels: „Dieses Buch ist kein Roman". Jürgen Thorwalds „Die große Flucht" zwischen Zeitgeschichte und Erinnerungspolitik. In: *Zeithistorische Forschungen*, 6 (2009) 3, S. 367–390 • Ders.: Schicksal, Schuld und Gräueltaten. Populäre Geschichtsschreibung aus dem Geist der Kriegspropaganda: Jürgen Thorwalds ewiger Bestseller „Die große Flucht". In: *Die Zeit*, 22. 7. 2010 • Robert G. Moeller: *War Stories. The Search for a Usable Past in the Federal Republic of Germany*. Berkeley, Los Angeles, London 2001.

David Oels

Edwin Erich Dwinger: Wenn die Dämme brechen ... Untergang Ostpreußens

Erstausgabe: Überlingen a. B., Frankfurt am Main und Berlin, Otto Dikreiter Verlag 1950

Der in den zwanziger und dreißiger Jahren renommierte, dem nationalbolschewistischen Lager zuzurechnende Bestsellerautor Edwin Erich Dwinger (1898–1981), der mit semifiktionalen Büchern über den Ersten Weltkrieg in Russland und die Sowjetunion bekannt geworden war, konnte 1945 an seine vormaligen Erfolge nicht mehr anknüpfen. Zwar überstand Dwinger das Entnazifizierungsverfahren einigermaßen schadlos und wurde lediglich als ‚Mitläufer' eingestuft. Seine Parteinahme für den Nationalsozialismus und namentlich die den deutschen Überfall vom September 1939 rechtfertigende Schrift *Der Tod in Polen. Die volksdeutsche Passion* (1940) hatten ihn jedoch in der Öffentlichkeit nachhaltig diskreditiert. Das Nachkriegswerk bewegt sich spätestens in den sechziger Jahren weitgehend außerhalb der Wahrnehmung der etablierten literarischen und politischen Öffentlichkeit. Allerdings muss Dwingers Werk in den fünfziger Jahren noch einiger Einfluss zugestanden werden, seine ersten beiden Texte wurden öffentlich, wenn auch nicht in den Referenzmedien der jungen Bundesrepublik, begrüßt. Insbesondere das konservative Meinungsspektrum, soweit es die Westorientierung der Bundesrepublik ablehnte, und die Vertriebenenverbände, deren zentrales Thema – die Vertreibung aus den späteren polnischen Gebieten – Dwinger aufnahm, muss man als Resonanzraum annehmen. Die späten Lizenzauflagen der siebziger und achtziger Jahre sind möglicherweise mit dem 80. Geburtstag Dwingers zu erklären, über den vor allem in der konservativen Presse berichtet wurde, so in der *Welt* und im *Bayernkurier*. Laut *Spiegel* wurden Dwinger-Werke auch in Bundeswehrbibliotheken der sechziger Jahre aufgenommen.

Dwinger widmet sich in *Wenn die Dämme brechen ...* auf über 600 Seiten dem „eigenen furchtbaren Erleiden", dem „Untergang Ostpreußens", beschreibt also den Zusammenbruch des nördlichen Teils der Ostfront während des Jahreswechsels 1944/45. Die Handlung wird in sieben Strängen erzählt, die Auszeichnung der dem Nationalsozialismus zugeschlagenen Figuren ist durchgehend negativ, die der sonstigen deutschen Akteure auffallend positiv.

Im Jahr darauf folgte, ebenfalls ohne Gattungsbezeichnung, Dwingers zweiter Nachkriegstext *General Wlassow. Eine Tragödie unserer Zeit*, der an den Vorgänger von 1950 anschließt, dabei jedoch das Portrait des sowjetischen Generals Andrej Andreevič Vlasov zeichnet, der sich vergeblich angeboten hatte, die Deutschen im Krieg gegen die Sowjetunion als Bündnispartner zu unterstützen.

Dwinger unternimmt in beiden Texten den Versuch, die Kontinuität seiner literarischen Produktion und die Relevanz seiner ideologischen Position über die vollständige Diskreditierung des politischen Systems hinweg, mit dem er verbunden war, zu behaupten. Dabei ist er keine isolierte Gestalt, die nur am postnazistischen Stammtisch ihr Publikum gefunden hätte, wie die Flut der Bewältigungs- und Rechtfertigungstexte derjenigen Autoren nach 1945 zeigt, die durch ihre Karriere im ‚Dritten Reich' belastet waren. Aber nicht Dwingers neue Kriegsbücher wurden zu Bestsellern, sondern die anderer Autoren – zum Beispiel die Werke → Peter Bamms, dessen Kriegserinnerungen Dwingers Themen nahestehen, oder → Ernst von Salomons, der aus einem ähnlichen militanten Kontext kommt.

Die Entlastungs- und Behauptungsstrategie, die Dwinger – analog etwa zu Bamm – wählt, ist die Dämonisierung und Diskreditierung der NS-Führungseliten, die damit von der Majorität der Deutschen abzugrenzen waren. Die Schuldfrage war demnach zu Lasten des Nationalsozialismus und zu Gunsten der breiten Bevölkerungsmehrheit zu beantworten: „Wir deutschen Soldaten sind nicht schuld". Die deutschen Soldaten befanden sich zudem in einem Zweifrontenkrieg gegen den jeweiligen äußeren Feind und die NS-Führung, was ihre Leistung noch mehr betonte. Den Umstand, dass die deutschen Soldaten bis zum Schluss gekämpft hatten, schob Dwinger von der Verpflichtung auf ihre Führung auf die Pflicht, sich vor dem nachrückenden Sowjetheer flüchtenden Zivilisten zu schützen: „Nur dafür stehen wir hier, daß sich noch Tausende retten können. Daß unsere Mütter davonkommen, nicht weniger unsere Kinder. Und unsere Mädchen, unsere sauberen deutschen Mädchen, von denen jeder von uns eine hat, irgendwo in der Heimat. Das ist der Sinn unseres Kampfes, gerade dieses Kampfes, an diesem letzten Brückenkopf." In diesem Kontext weist Dwinger auch den Westalliierten ein hohes Maß an Schuld an dem späten Kriegsverlauf zu, hätten sie sich doch dem Diktat Stalins gebeugt. Mit der Idyllisierung der ostpreußischen Gutskultur, die als Gegenbild zum Leiden der Vertriebenen wie allerdings auch zur bundesdeutschen Gesellschaft fungiert, positioniert sich Dwinger zudem als Modernisierungsverweigerer.

Das Schicksal der durch die vorrückende Sowjetarmee Vertriebenen vergleicht Dwinger sogar mit der Massenvernichtung der Juden in deutschen KZs: „Nur dies darf ich vielleicht dazu sagen: Was jetzt in Ostpreußen geschieht, im Warthegau, in Pommern, in Brandenburg, in Schlesien – das ist tausendmal, nein zehntausendmal, nein, sogar hunderttausendmal so fürchterlich! Ich übertreibe dabei nicht, ich wiederhole es ganz bewußt: Hunderttausendfach! Aber davon schweigt die Welt, davon spricht niemand ein Wort!" Mit solchen Entlastungsversuchen widersprach Dwinger jedoch der politisch-kulturellen Restaurationspolitik auch der konservativen Politik, die die Schuldfrage und extreme außenpolitische Belastung durch die Vernichtungspolitik des NS-Staates mit einer forcierten Versöhnungspolitik zu lösen versuchte.

Literatur

Walter Delabar: Dammbrüche und Untergänge. Edwin Erich Dwinger als bundesdeutscher Autor: „Wenn die Dämme brechen" (1950) und „General Wlassow" (1951). In: *Von Böll bis Buchheim: Deutsche Kriegsprosa nach 1945.* Hg. von Hans Wagener. Amsterdam 1997, S. 133–154.

Walter Delabar

Arno Schmidt: Die Umsiedler

Erstausgabe in: Arno Schmidt: die umsiedler. 2 prosastudien. kurzformen zur wiedergabe mehrfacher räumlicher verschiebung der handelnden bei festgehaltener einheit der zeit. Frankfurt am Main, Frankfurter Verlagsanstalt 1953 (studio frankfurt 6)

Arno Schmidt (1914–1979, → *Aus dem Leben eines Fauns*, 1953) ist einer der ersten deutschen Autoren, der sich nach dem Zweiten Weltkrieg mit dem Schicksal der Vertriebenen aus den Ostgebieten literarisch auseinandergesetzt hat. Sein bereits 1953 veröffentlichter Kurzroman *Die Umsiedler* schildert die Übersiedlung des Erzählers aus dem Niedersächsischen nach Rheinhessen. Die Kleinstadt Alzey bei Mainz erreicht er zusammen mit der jungen Katrin, die im Krieg ihren Mann verloren hat. Die beiden lernen sich kurz vor der Abfahrt kennen, kommen sich während der Reise näher und träumen davon, gemeinsam ein neues Leben beginnen zu können. Im ‚neuen Leben' angekommen, müssen sie allerdings – ähnlich wie die anderen Umsiedler – die leidvolle Erfahrung machen, dass die Einheimischen ihnen gegenüber eine feindliche Zurückhaltung an den Tag legen, sie entweder auszunutzen versuchen oder als eine unerwünschte Belastung empfinden.

Der Kurzroman basiert teilweise auf eigenen Erfahrungen des schlesischen Autors, der 1950 zusammen mit seiner Frau Alice von Schlesien nach Gau-Bickelheim im Kreis Alzey ‚umsiedeln' musste. Weit über das Biographische hinaus bietet Schmidts literarische Bearbeitung von persönlichen Erlebnissen allerdings eine Anklage gegen die (west-)deutsche Nachkriegsgesellschaft, die zu sehr nach einem Neuanfang strebte, zugleich aber ihre Bindungen zur Nazi- und Kriegsvergangenheit nicht abstreifen konnte. Die Aufmerksamkeit für gesellschaftliche Probleme verknüpft sich im Roman mit einem Erzählerblick für Wahrnehmungen, Eindrucksassoziationen, Wünsche und Gefühle. Die radikale Desorientierung, die der Erzähler sowohl mit Katrin als auch mit anderen Reisegefährten in den öden Nachkriegsjahren teilt, wird zum hervorstechenden Kennzeichen des Erzählens selbst. Die Geschichte bietet kein Kontinuum, sondern splittert sich in verschiede Fragmente auf. Der Untertitel der ersten Ausgabe, *24 Aufnahmen mit verbindendem Text*, verdeutlicht die programmatische Absicht, dem Leser eine Reihe von Impressionen zu bieten, die er dann allein enträtseln soll. Jedes Kapitel des Romans ist in zwei Teile gegliedert: Zuerst erfolgt eine Darstellung der jeweiligen „Aufnahme", die um ein Objekt, eine Wahrnehmung oder auch nur einige Wörter kreist, dann der „verbindende Text", der die Sicht erweitert, ohne sie vollkommen zu ergänzen.

Die Sprache ist knapp und vielschichtig, (Sprach-)Grenzen werden ausgetestet und zu überschreiten versucht. Metaphern und Personifikationen dominieren den Text, ebenso Naturelemente. Der Mond agiert beispielsweise wie die Menschen, ihm können Triebe, Wünsche und Ansichten zugeschrieben werden – später sollte denn auch der Neo-Expressionismus Schmidts literarische Produktion prägen. In *Die Umsiedler* entleiht Schmidt darüber hinaus Bemerkungen und Begriffe aus der Physik oder den Naturwissenschaften; manchmal bekommt seine Sprache eine mundartliche Färbung oder wirkt onomatopoetisch. „Diese Prosa will gelesen sein, wie man Gedichte lesen sollte", bemerkt → Alfred Andersch, der Herausgeber der Reihe *studio frankfurt*, in der der Kurzroman 1953 erscheint.

Die Erzähltechnik weigert sich jedenfalls, feste, beruhigende, allgemeingültige Gewissheiten zu geben. Stattdessen folgt man als Leser dem fließenden und vielfältigen Denkvorgang des Erzählers. Die Orientierungslosigkeit spiegelt sich in der brüchigen Erzählform und bedingt sie zugleich. Auf diese Weise werden die Widersprüche der Gesellschaft deutlich.

Die überwiegend positiven Kritiken, die Schmidt nach der Veröffentlichung der Erzählung erhält, konzentrierten sich im Wesentlichen auf die avantgardistische Qualität des Textes. Dabei vernachlässigten sie seine brisante Aktualität sowie die subtile Verknüpfung von experimentellen Merkmalen mit einem kritischen Potenzial. Dass *Die Umsiedler* in erster Linie die gesellschaftspolitische Lage der ersten Nachkriegsjahre in Deutschland thematisiert, dass sich die Erzählung dabei zwischen der Hoffung auf politische Wirkung und einem verbittertem, fast resignativem Pessimismus bewegt – das alles wurde damals kaum gesehen.

Literatur

Mark-Georg Dehrmann: Die ersten zwei Fotos. Zur Poetologie der „Umsiedler" und der „Seelenlandschaft mit Pocahontas". In: *Bargfelder Bote. Materialien zum Werk Arno Schmidts.* Hg. von Jörg Drews. München 1999, S. 3–10 • Timm Menke: Flüchtlings- und Vertriebenenschicksale im Werk Arno Schmidts. In: *German Life and Letters,* 57 (2004), S. 427–439 • Jan Philipp Reemtsma: Arno Schmidts Nachkriegsdeutschland. In: *Literarische und politische Deutschlandkonzepte.* Hg. von Gunther Nickel. Tübingen 2004, S. 423–239 • Michael Matthias Schardt: *Arno Schmidt. Das Frühwerk I. Erzählungen. Interpretationen von „Gadir" bis „Kosmas".* Aachen 1986 • Ralf Stiftel: *Die Rezensenten und Arno Schmidt.* Frankfurt am Main 1996.

Cecilia Morelli

Siegfried Lenz: So zärtlich war Suleyken. Masurische Geschichten

Erstausgabe: Hamburg, Hoffmann und Campe 1955

Siegfried Lenz wurde 1926 im ostpreußischen Lyck, Regierungsbezirk Allenstein, geboren. Der Bezirk Allenstein im masurischen Süden Ostpreußens gehörte zu jenen Regionen des Deutschen Reichs, die nach dem Ende des Ersten Weltkriegs auch von Polen beansprucht worden waren. Obgleich bei einer 1920 gemäß den Verordnungen des Versailler Vertrages erfolgten Volksabstimmung 99,88 Prozent der Lycker Bevölkerung für einen Verbleib im Reich votierten, änderte dies wenig am generellen Umstand, als Grenzbevölkerung zwischen zwei Nationalismen aufgerieben zu werden. Die Historie und Kultur dieses Landstrichs im Osten Europas ist weitgehend terra incognita, und dort, wo man sich mit ihr beschäftigte, geschah dies zumeist als Versuch politischer Vereinnahmung. Menschen und Geschichte Masurens wurden entweder germanisiert oder polonisiert. Eine eigene masurische Identität wurde weder gewünscht noch von polnischer oder deutscher Seite akzeptiert. Dennoch lebten Polen und Deutsche dort friedlich zusammen und empfanden sich vorrangig als „Masuren", die historisch bedingt ein Völkergemisch darstellen.

Das ändert sich 1939.

Lenz selbst, der nach dem frühen Tod des Vaters von Mutter und Schwester in der Lycker Obhut der Großmutter zurückgelassen worden war, tritt der *Hitler-Jugend* bei und verbringt seine Ferien in Wehrertüchtigungslagern, wo die Jugendlichen für den Kriegseinsatz ausgebildet werden. 1943 wird dem 17-Jährigen das Abitur erlassen, damit er als Soldat einrücken kann. Lenz kommt zur Marine, worauf er zunächst sehr stolz war: „Ich glaubte mich in der Lage, zunächst Ost- und Nordsee, dann alle anderen Ozeane von den Schiffen unserer Gegner unnachsichtig zu reinigen." Daraus wird jedoch nichts, denn das Schiff, mit dem er fahren soll, wird versenkt. Lenz – mittlerweile NSDAP-Mitglied – wird nach Dänemark versetzt, desertiert kurz vor Kriegsende und gerät in englische Kriegsgefangenschaft. Nach seiner Entlassung besucht er die Universität Hamburg, um dort Philosophie, Anglistik und Literaturwissenschaft zu studieren, bricht sein Studium allerdings vorzeitig ab und volontiert stattdessen bei der *Welt*, für die er 1950 und 1951 als Redakteur arbeitet. 1951 erscheint auch sein erster Roman *Es waren Habichte in der Luft*, mit dem er sich inhaltlich – wie mit weiteren Romanen und Kurzgeschichten der fünfziger Jahre – in die zeitkritische Schule von Gegenwarts- und Kriegsbewältigungsromanen jener Zeit einschreibt, und stilistisch – wie zahlreiche seiner Kollegen – mit den Traditionen der deutschen Vorkriegsliteratur bricht, beeinflusst vom Stil und Sprachduktus → Ernest Hemingways. Das konnte bei Lenz bis hin zur Epigonalität oder Kopie gehen, wie die 1958 in dem Band *Jäger des Spotts* erschienene Erzählung *Das Wrack* zeigt, die eine Paraphrase von Hemingways Short Story *After the storm* (1932) ist.

Parallel zu dieser Form von Literatur kultiviert Lenz aber auch sehr bald eine völlig andere, die weder stilistisch noch inhaltlich mit der zeitkritischen etwas zu tun hat, die aber mit dem Erzählungsband *So zärtlich war Suleyken. Masurische Geschichten* 1955 die Popularität und den Verkaufserfolg des Autors begründet.

Mit diesen Geschichten wendet sich Lenz der Heimat zu, in gewisser Hinsicht auch der Heimatliteratur. Sie gehören aber keineswegs zu den Klagen über die verlorene Heimat nach dem Krieg, jeder politische Impetus ist ihnen fremd. Diese 20 kurzen humoristischen Anekdoten spielen in einer Welt, aus der sorgfältig jeder Zeitbezug, jeder Konflikt, jede Möglichkeit einer historisch-politischen Verortung oder Inanspruchnahme getilgt ist.

Moderne Technik wird nur sparsam erwähnt, ethnische Unterschiede kommen nicht vor, die Erzählungen spielen in einer nicht recht fassbaren Epoche.

Das diminutivische Verfahren, mit dem die handelnden Personen eingeführt werden („Herrchen", „Onkelchen", „Weibchen"), und das es dem Leser ermöglicht, sie als ungefährliche Zeitgenossen zu erkennen, prägt die Erzählungen aber auch im Ganzen: Die gesamte Welt wird in der Koseform angesprochen und damit gebändigt. Das macht, das nichts mehr so richtig schlimm und erschütternd sein kann. Weder der Kriegs- und Raubzug des Generals Wawrila, der in der ersten Geschichte *Der Leseteufel* geschildert wird und dessen der Held der Handlung, Hamilkar Schaß, „ein Herrchen von, sagen wir mal, einundsiebzig Jahren", mit stoischer Leselust Herr wird, noch der Tod, den der Schleppkahnbesitzer Manoah im genau rechten Augenblick für seinen Neffen und Erben herbeizurufen versteht und als dessen verschmitzter Herr er sich noch als sanft entschlafene Leiche erweist.

Geht es Lenz einerseits darum, das, was dem Leser Angst macht – nämlich Krieg und Tod –, als gar nicht so fürchterlich zu zeigen, so macht er auf der anderen Seite deutlich, dass das, was die Menschen gemeinhin erstreben, gar nicht so erstrebenswert ist, zumindest nicht für die Bewohner Suleykens. Die Geschichte *Duell in kurzem Schafpelz* lebt von der Prämisse, dass es für jemanden wie „Stanislaw Griegull, mein Onkelchen", ein „Unglück ganz besonderer Art" bedeutet, einen Haufen Geld zu bekommen, denn, wie er erklärt, der Hunger bleibe nicht ewig, der Reichtum hingegen schon.

So feiern all diese Geschichten letztlich immer einen Mittelweg, auf dem das Leben sich mit Verschmitztheit, ein wenig Schalk, viel Naivität und einem Schuss Bauernschläue gemütlich zwischen Scylla und Charybdis der Moderne und ihren Zumutungen hindurchlaviert. In der masurischen Phantasiewelt wird das Leben nicht so heiß gegessen, wie es gekocht ist, oder wie Lenz es am Ende einer der Erzählungen formuliert: „Wir wollen, um Himmels willen, nicht immer von Tragik reden. Zumal über die Geschichte [...] schon das gewachsen ist, was gegebenenfalls alles zudeckt: nämlich das wispernde Gras Suleykens."

Bei der sich wie mündliche Überlieferung gebenden Form der Texte kamen Lenz seine Erfahrungen als Radiosprecher zugute, die meisten der masurischen Geschichten waren zunächst auch im Radio gesendet worden. Wie viele seiner Kollegen in dieser Zeit betrieb der Schriftsteller eine Mehrfachverwertung seiner Stoffe in den unterschiedlichen Medien.

„Die erzählerische Phantasie", hält Dieter Borchmeyer dazu fest, „verklärt die Vergangenheit, mit deren authentischer Gestalt – als diese Vergangenheit noch Gegenwart war – sie einst eher auf Kriegsfuß stand, wie Lenz wiederholt bekannt hat."

1963 schrieb Marcel Reich-Ranicki in einer ersten ausführlichen Würdigung seines Werkes ganz richtig: „Lenz hat nicht das Zeug zu einem Rebellen, Eiferer oder Provokateur [...]. Seine Kollegen brüskieren die Leser, er läßt sie seine Mitwisserschaft erkennen".

Und alles erkennen heißt bekanntlich, alles vergeben.

Der vielgerühmte Humor von *So zärtlich war Suleyken* ist einer, der nicht zum lauten Lachen, sondern zum Schmunzeln reizt, eine so deutsche Gefühlsäußerung, dass es dafür in keiner Weltsprache eine direkte Übersetzung gibt. Es ist ein Humor, der nicht aus der anarchischen Tradition der Hofnarren oder der Schauspielertrupps der Metropolen kommt, sondern, inspiriert von der deutschen Romantik, aus den Lehrers- und Pfarrhäusern des Biedermeier, und der seine politische Duckmäusigkeit und sein konservatives Einverständnis mit den überkommenen Verhältnissen gern durch einen verdrucksten Kanzleistil ironisiert, wozu im besonderen Fall der *Masurischen Geschichten* noch die Verwendung des oralen Erzähltons mit seiner direkten Ansprache der „Zuhörer" kommt, sowie die Einbeziehung des lokalen Idioms.

Das durchaus gewollte Ergebnis ist, dass diese Schnurren niemandem wehtun, sondern eine exterritoriale, aus aller Zeit und Politik gehobene Freistatt schaffen, die dem Leser der fünfziger Jahre erlaubt, das zu tun, wonach es ihm gelüstet: nämlich die leidige Zeitgeschichte und den Alltag für einen Moment lang zu vergessen und einige sorgenfreie, von ein wenig ungreifbarer Nostalgie nach der guten alten Zeit versüßte Momente mit einem gediegenen „guten Buch" zu verbringen.

Insofern ist *So zärtlich war Suleyken* ein Vademekum für den Bürger der Wirtschaftswunderzeit geworden, hat seinen Platz in jedem *Hausbuch des deutschen Humors* neben den Stücken von Eugen Roth und stellt auch für den Autor selbst, ganz im Sinne des von Lenz schon früh postulierten Paktes zwischen Schriftsteller und Leser einen willkommenen, augenzwinkernden Urlaub dar vom mühseligen Geschäft des (sozial-)demokratischen Mahners, Warners und Bedenkenträgers, dem sich die Schriftsteller der jungen Bundesrepublik, auch und gerade als vormalige Mitglieder der NSDAP oder der Waffen-SS, im Alltag zu widmen hatten.

Literatur

Dieter Borchmeyer: Erzählkunst als Gedächtnisarbeit. Ein Beitrag über Siegfried Lenz. In: *Literatur und Geschichte. Festschrift für Wulf Koepke zum 70. Geburtstag.* Hg. von Karl Menges. Amsterdam 1998, S. 291–298 • Hans Wagener: *Siegfried Lenz.* München u.a. 1979 • Rudolf Wolff (Hg.): *Siegfried Lenz. Werk und Wirkung.* Bonn 1985.

Michael Kleeberg

Waldwinter

Regie: Wolfgang Liebeneiner

Drehbuch: Werner P. Zibaso, Frank Dimen • Kamera: Herbert Geier, Bruno Mondi • Musik: Peter Igelhoff • Produktion: Apollo-Film-Produktion KG, Berlin • UA: 26. 3. 1956, Nürnberg, Phoebus-Palast • Länge: 97 Min., Agfacolor • Darsteller: Claus Holm, Sabine Bethmann, Rudolf Forster, Helene Thimig, Gert Fröbe, Willy A. Kleinau, Klaus Kinski • Anderer Titel: *Glocken der Heimat*

Die insbesondere in den ersten drei Dezennien des 20. Jahrhunderts populären Romane des schlesischen Heimatdichters Paul Keller (1893-1932) wurden in den fünfziger Jahren dreimal für den Film adaptiert: *Ferien vom Ich* (1952) sowie *Sohn ohne Heimat* (1955) – nach dem 1907 erschienenen Erfolgsroman *Der Sohn der Hagar* – wurden von dem Regieroutinier Hans Deppe realisiert, dessen *Schwarzwaldmädel* (1950) die Heimatfilmwelle in der Bundesrepublik Deutschland einleitete. Wolfgang Liebeneiner (1905-1987), der nach diversen Führungsämtern in der nationalsozialistisch gleichgeschalteten Filmindustrie nach Kriegsende seine Karriere als Theater- und Filmregisseur fast unbeschadet fortsetzen konnte (etwa mit *Liebe 47*, 1949, nach → Wolfgang Borcherts *Draußen vor der Tür*), setzte schließlich 1956 Kellers Roman *Waldwinter* von 1902 kinematografisch in Szene. Die sentimentale Grundstimmung des bereits 1936 von Fritz Peter Buch erstverfilmten Romans behielt Liebeneiner bei, die literarische Vorlage modifizierte er jedoch mittels eines hinzugefügten gegenwartsnahen Flüchtlingsschicksals sowohl inhaltlich als auch hinsichtlich des Milieus.

Liebeneiner lässt die Handlung seines Flucht, Vertreibung und Heimat thematisierenden Films im Kriegswinter des Jahres 1945 beginnen. Ein horizontaler Schwenk über schneebeladene Baumwipfel sowie eine Halbtotale, in der die Kamera ein possierliches Rehkitz inmitten eines tief verschneiten Waldes an einem wolkenlosen Wintertag präsentiert, eröffnen den Film. Dass diesen irenischen Einstellungen im Folgenden der Sturz eines gefällten Baumes kontrastierend gegenmontiert wird, zeigt von Anbeginn, dass der titelgebende Wald nicht ausschließlich als Merkzeichen einer ursprünglichen Natur figuriert. Nicht um einen gleichsam unberührbaren „Urwald" handelt es sich, sondern um eine wichtige Ressource der Kulturation, die im späteren Filmverlauf zur Basis einer erfolgreichen Resituierung von Heimat wird. Musikalisch begleitet wird die Titelsequenz von dem bekannten schlesischen Heimatlied *Und in dem Schneegebirge*, das mit der Zeile „Adé, mein Schatz, ich scheide" bereits das Thema des Abschiednehmens anklingen lässt. Beide Stücke sind vom Sopran dominiert und verweisen darauf, dass dem Chor – kriegsbedingt – männliche Singstimmen fehlen. Heimat – so scheint die Sequenz zu vermitteln –, das sind vor allem Frauen und Kinder. Eine familiäre Gemeinschaft mithin, die gewissermaßen als Bleibendes figuriert und für das Männer nötigenfalls sogar bereit sind, in den Krieg zu ziehen. Mit einem anschließenden – von dem weihnachtlichen Lied *Es blühen drei Rosen auf einem Zweig* begleiteten – Schnitt in das Innere einer Kirche wird der heimatliche Naturraum mit einer gottesfürchtigen, christlichen Geisteshaltung verbunden.

Vor dem als Stabkirche Wang kenntlichen Gotteshaus fährt unterdessen unerwartet Martin (Claus Holm), der Enkel des Barons Malte (Rudolf Forster), vor. Die Wiedersehensfreude über den im Kübelwagen und Wehrmachtsuniform Vorgefahrenen währt jedoch nur kurz, muss dieser doch der vorweihnachtlichen Gemeinde seiner schlesischen Heimat eine ganz und gar nicht frohe Botschaft überbringen: Ohne Umschweife fordert er seine aus der Kirche tretenden Großeltern auf, sich umgehend vor der rasch vorrückenden Front auf ihrer Burg Falkenstein im Bayerischen Wald in Sicherheit zu bringen. Der Baron lässt sich von der Notwendigkeit einer unverzüglichen Flucht überzeugen und fordert die kleine Dorfgemeinde auf, es ihm bereits anderentags gleichzutun.

Mittels einer signifikanten Nebenszene wird das Tableau dieser Entscheidung beträchtlich erweitert. Einem Jungen wird mit himmelwärts weisender Geste der wahrhafte Grund des Aufbruchs ‚verkündet': „Der Stern da. Am hellen Tag steht er dort oben. Der bringt die Unruhe über die Welt. Und wandern müssen die Menschen von Ost nach West und von Nord nach Süd. Nicht nur bei uns daheim, sondern überall in der Welt." Dieses bemerkenswerte, unter zölestischen Überwölbungen Zuflucht suchende Deutungsmuster ist durchaus zeittypisch. Das Motiv zielloser Wanderschaft ist zum einen Ausdruck einer verbreiteten weltanschaulichen Befindlichkeit der desintegrierten Zusammenbruchsgesellschaft und bietet zum anderen namentlich dem Exkulpationsdiskurs der Nachkriegszeit einen Rahmen, mit dem historische Zusammenhänge universalisiert und entdifferenziert werden. Nicht zuletzt ist in diese Konzeption einer historische Handlungslogiken transzendierenden Unrast der Umschlag in das nachkriegszeitliche Sehnsuchtsbild nach Beheimatung als humanistisches Korrektiv bereits unausgesprochen eingeprägt.

Der lange Zug der abziehenden Gemeinde wird von der Kamera in einem langen Schwenk begleitet, bis diese vor dem Hintergrund eines fernen Nadelwaldes verschwindet. Einem vertikalen Abwärtsschwenk, der die von Schritten zerfurchte Schneedecke zunehmend bildfüllend in den Blick rückt, folgt ein Aufwärtsschwenk. Kaum merklich markiert die aussetzende Filmmusik einen Einstellungswechsel. Die visuelle Entdifferenzierung der beiden bildfüllenden Schneefelder verschiebt den Handlungsort westwärts in den Bayerischen Wald und lässt die Erzählzeit um ein Jahrzehnt vorwärts in die Mitte der fünfziger Jahre springen. Mit diesem gekonnten raumzeitlichen Wechsel ist jedoch eine symptomatische Ellipse verbunden. Eine schneeweiße Leerstelle, mithin eine bildliche Untiefe, die die zuvor explizit auf der Dialogebene des Films betriebene Enthistorisierung der Flucht abermals forciert. Der nach unten verlaufende Vertikalschwenk kaschiert ein historisch turbatorisches Spatium und lässt sich als ein filmisches Äquivalent deuten, mit dem vor den Kalamitäten der Flucht und den Folgen der deutschen Kapitulation gewissermaßen die Augen niedergeschlagen werden. Zehn Jahre nach Kriegsende sind in Deutschland die durch Flucht, Vertreibung und verschiedene andere kriegsbedingte Triebkräfte herbeigeführten Migrationsbewegungen weitgehend abgeebbt.

Auf dem Jagdgut im Bayerischen Wald jedoch stehen die Dinge in dieser Zeit nicht zum Besten. Ein bereits zugesagter Bankkredit, mit dem eine stillgelegte, gutseigene Glasbläserei wieder in Betrieb genommen werden soll, wird dem Baron Malte aufgrund buchhalterischer Manipulationen seines arglistigen Verwalters Stengel (Willy A. Kleinau) unversehens verwehrt. Der ehrgeizige Plan seiner Pflegetochter Marianne (Sabine Bethmann), durch eine kreditfinanzierte Investition den zehn Jahre nach der Flucht drohenden Ruin des Jagdsitzes abzuwenden sowie der geflohenen, von handwerklichen Traditionen geprägten Dorfgemeinschaft ein Auskommen unter den veränderten Bedingungen der Nachkriegswirtschaft zu sichern, droht damit zu scheitern. In dieser Notsituation ersucht man Martin, der nach einer kurzen Kriegsgefangenschaft inzwischen als erfolgreicher Geschäftsmann in Paris lebt, vor Ort die Sachlage zu begutachten.

Wenig später trifft der eilends von einer Depesche in die Heimat herbeigerufene Enkel, begleitet von Zitterklängen, in Falkenstein ein. Auf dem Weg zu dem Anwesen seiner Großeltern hält Martin im dörflichen Gasthaus eine kurze Rast. Allseits freudig empfangen und fast als Heilsbringer erwartet, wird ihm im „Schlesischen Adler" ein Begrüßungsschnaps gereicht. „Echt Stohnsdorfer!", freut sich Martin über den Willkommenstrunk. „Ja, ja, so gut wie zu Hause schmeckt er nicht, aber der Mensch freut sich", erwidert der Förster Gerstenberg (Gert Fröbe) und wünscht Martin eine „Glückliche Heimkehr!" Bevor jedoch der von Martin lediglich als fünftägige ‚Blitz'-Visite geplante Besuch zu einer wahrhaftigen Rückkehr eines verlorengeglaubten Sohnes wird, mit der die Zufluchtsstätte sich endgültig zu einer ‚neuen Heimat' wandelt, gilt es freilich noch einige Hindernisse zu überwinden.

Wenngleich Martin mit Kamelhaarmantel und weißbandbereifter Limousine im tiefverschneiten Winterwald stereotypische Attribute des städtischen Fremdlings bundesdeutscher Heimatfilme appliziert, stimmen andere Indikatoren seiner Ankunft verheißungsvoll: „Er sagt Kretscham, wie die Schlesier", ist Baronin Henny (Helene Thimig) zunächst noch voller Freude, als ihr Enkel seine Zwischenstation in der Dorfwirtschaft erwähnt. Mit dem Rückgriff auf das Idiom der Kindheit, der Martins immer noch intakte Beziehung zur Sprache der Primärsozialisation zeigt, deutet sich eine über alle durch die Zeitläufte entstandenen

Unterschiede hinweg bestehende Verständigung an. Das anfängliche Glück des Wiedersehens währt jedoch nicht lange. Der im ‚fremden' Paris und ‚heimatlos' in der weiten Welt erfolgreiche Geschäftsmann mit seinem kühlen, wirtschaftlichen Sachverstand scheint unempfänglich für die von seinem Großvater vertretenen gemeinschaftlichen Werte. In der Sitzecke am Kamin – dem paradigmatischen Ort des mit der Heimat eng verbundenen Heims – kommt es über einem gemeinsamen Begrüßungstrunk schon bald zu einem scheinbar unversöhnlichen Interessenkonflikt. Die Verständigung zwischen Großvater und Enkel ist nicht nur von generationalen Schwierigkeiten, sondern von weiterreichenden Differenzen bestimmt. „Lass nur Onkel Malte. Es hat keinen Zweck. Ihr beide redet eben verschiedene Sprachen", stellt Marianne enttäuscht fest. Die Sprache des Herzens und damit Werte wie Moral und Verantwortung rückt der Film zunächst in einen schroffen Gegensatz einer als kalt und wurzellos konnotierten Ökonomie. Wenn der Baron am Ende des Disputs sein Glas erhebt, heißt es an Marianne gerichtet noch „Prosit", ein weniger distinguiertes „Prost" jedoch wird an Martin adressiert – und „Monsieur!" als distanzierende Coda beigegeben. Mit diesem zwistigen Zutrunk quittiert der Baron das kurze Streitgespräch mit dem Rückkehrer über Moralbegriffe, Heimat, Verantwortung und Gemeinsinn. Die kleine Spitze verfehlt ihre Wirkung nicht. Martin wird gewahr, dass er mit seinen von der Wirtschaft der Nachkriegsordnung geprägten Geschäftsprinzipien auf dem Jagdgut gewissermaßen allein auf weiter Flur steht. Mit dem Vorschlag, „begraben wir das Kriegsbeil bis morgen, bis ich ein wenig mehr hier reingerochen habe", deutet sich die Möglichkeit an, von der emotionsfreien ökonomischen auf die olfaktorische Ebene eines basalen Nahsinnes zu wechseln. Darüber hinaus prägt eine weitere Konstellation das Bewertungsraster der Handelnden. Für Martin, den es nach Flucht und Vertreibung ins ‚fremde' Frankreich verschlagen hat, ist die im Osten liegende Heimat nach Kriegsende verloren. Gegen diese strikt geografische Verortung von Heimat wendet seine Großmutter sanft belehrend ein: „Ich glaube, du kannst dich da nicht ganz hineinfühlen, Martin. Jeder von ihnen hat doch ein Stück Heimat mit hergebracht. Der Bayerische Wald und das Riesengebirge sind sich so ähnlich. Da fühlt sich schon jeder fast wie zu Hause." Bevor Liebeneiners Film den vielfältigen Widerstreit des Kamingesprächs im Sinne einer neuen Beheimatung versöhnt, lässt er das Pendel zwischen Vernunft und Gefühl jedoch noch einige Male hin- und herschlagen.

Getäuscht durch die Arglist und Lügen des Verwalters appelliert Martin bereits wenig später erneut für den Verkauf des Jagdguts. Abermals scheint die Kluft zwischen sachlicher Ökonomie und einem auf gemeinschaftliche Verantwortung abzielenden Wirtschaften unüberbrückbar. In einzelnen, zunehmend sentimentaleren Filmszenen zeigt Liebeneiners Film, wie sich Martins geografisch essenzialisiertes, mit Flucht und Vertreibung verknüpftes Heimatverständnis öffnet und sich dem zuvor von seiner Großmutter angesprochenen, an Lokalität, Tradition, Nähe und Intimität gebundenen Heimatkonzept nähert.

Nicht zuletzt motiviert durch die zwischen ihm und Marianne aufkeimende Liebe, gelingt es dem spät heimgekehrten Enkel, sukzessiv die Unterschlagungen und Intrigen des Verwalters zu erkennen und den skrupellosen Missetäter zu überführen. Schließlich wird Stengel nach einer spektakulären Verfolgungsjagd bezwungen. Mit dem hierbei sichergestellten – aus illegalen Holzeinschlägen des Verwalters stammenden – Vermögen steht nunmehr einer aussichtsreichen Zukunft für die arbeitsamen Glasbläser sowie die Bewahrung schlesischer Traditionen unter den Nachkriegsbedingungen eines weltweiten Handelns nichts mehr im Wege. Vertriebene Schlesier wandeln sich somit von wohlfahrtsstaatlichen Leistungsempfängern zu wirtschaftswunderlichen Leistungsträgern. In dieser gelungenen Beheimatung scheint modellhaft das Spannungsverhältnis zwischen Alteingesessenen und kriegsbedingten Migranten sowie zwischen Ökonomie und heimatlicher Traditionspflege ausgesöhnt. Wenn sich überdies die Falkensteiner im vollen Kerzenschein des Adventskranzes einträchtig zusammenfinden, so kündigen sich damit auch die frohe Botschaft einer amourösen Reunion der Enkelgeneration und ein zukunftsträchtiger Lebensbund an.

Wolfgang Kabatek

Nacht fiel über Gotenhafen

Regie: Frank Wisbar
Drehbuch: Frank Wisbar, Victor Schuller • Kamera: Elio Carniel, Willy Winterstein • Musik: Hans-Martin Majewski • Produktion: Deutsche Film Hansa GmbH & Co. (DFH), Hamburg • UA: 25. 2. 1960, Hannover • Länge: 99 Min., s/w • Darsteller: Sonja Ziemann, Gunnar Möller, Erik Schumann, Brigitte Horney, Mady Rahl, Erich Dunskus, Dietmar Schönherr, Günter Pfitzmann

Der Film *Nacht fiel über Gotenhafen* über den Untergang des Flüchtlingsschiffs *Wilhelm Gustloff* lief im Februar 1960 in den westdeutschen Kinos an. Das Melodrama ist der einzige Film dieser Jahre, der die Flucht der Bevölkerung aus den damaligen deutschen Ostgebieten direkt thematisiert. In einigen zeitgenössischen Heimatfilmen schimmert die Flucht zwar als biographischer Hintergrund einzelner Figuren durch, sie erzählen aber Geschichten erfolgreicher Integration. Regisseur Frank Wisbar (1899–1967) hingegen wollte mit seinem Film „den Leistungen und Leiden" der deutschen Frauen im Zweiten Weltkrieg ein Denkmal setzen. Er deutete die Flucht als nationale Tragödie aus und nahm den Untergang der *Wilhelm Gustloff* zum Anlass einer symbolischen Rückschau auf das Ende des ‚Dritten Reichs'. Als Vorlage dienten ihm so unterschiedliche Quellen wie ein

Illustriertenfortsetzungsroman, Interviews mit Zeitzeugen und die *Dokumentation der Vertreibung der Deutschen aus Ost-Mitteleuropa* des Bundesministeriums für Vertriebene, Flüchtlinge und Kriegsgeschädigte.

Im Mittelpunkt des Films steht die *Wilhelm Gustloff*. Das Schiff war eigentlich ein Kreuzfahrtschiff der nationalsozialistischen Freizeitorganisation *Kraft durch Freude* (KdF), wurde aber während des Kriegs als Kasernen-, Lazarett- und Flüchtlingsschiff genutzt. Am 30. Januar 1945 wurde das Schiff auf der Ostsee von sowjetischen Torpedos getroffen und sank. Unter den über 6000 Passagieren waren Flüchtlinge und Soldaten, von denen ungefähr Tausend gerettet werden konnten.

Das KdF-, Kasernen- und Flüchtlingsschiff ist wiederholt Handlungsort des Films und verbindet das Untergangsmotiv mit einer Verführungsgeschichte: Bereits auf einer Norwegen-Kreuzfahrt 1939 umwirbt der Marineoffizier Hans Schott (Erik Schumann) die Protagonistin Maria (Sonja Ziemann), die aber reist mit ihrem zukünftigen Mann Kurt (Gunnar Möller) und wehrt Schotts Avancen ab. Allein in der Heimat – ihr Ehemann ist an der Front – trifft Maria nach Jahren zufällig wieder auf Schott. Bei einem Bombenangriff im Winter 1944 verbringt sie schließlich eine Nacht mit ihm. Als sie merkt, dass sie schwanger ist, verlässt sie Berlin und zieht nach Ostpreußen, wo sie in scheinbarer Idylle ihr Kind bekommt und den Frauen des Dorfes bei der Landwirtschaft hilft. Doch schon bald erreicht die Rote Armee das Dorf. Maria schließt sich dem Treck einer resoluten Gräfin (Brigitte Horney) an und die Frauen kämpfen sich gemeinsam durch bis nach Gotenhafen – das 1939 nach der Besetzung Polens von den Nazis umbenannte Gdynia. Dort treffen an Bord der *Gustloff* die junge Mutter, ihr schwer verwundeter Ehemann und der verschmähte Kindsvater Schott wieder aufeinander. Nachdem Maria und Kurt sich versöhnt haben, wird das Schiff von sowjetischen Torpedos getroffen und sinkt. Nur wenige können gerettet werden, unter ihnen Marias Kind und die Gräfin. Diese spricht, während die *Gustloff* in der See untergeht, einen Schlussappell gegen das Vergessen, in dem es u. a. heißt: „Wir Frauen sind ja selber Schuld. Immer wieder halten wir den Rücken hin, auf dem die Männer ihre Kriege austoben, und machen nichts, um es zu verhindern."

Im Bundesarchiv liegt der Film in einer längeren Fassung vor, die auch Grundlage für das damalige Pressematerial war. In dieser Version überlebt Maria und wird mit einigen Besatzungsmitgliedern an den Strand gespült.

Nacht fiel über Gotenhafen ist in Schwarz-Weiß gedreht und bedient sich mehrerer, zum Teil widersprüchlicher visueller Stile. Die konventionelle Bildsprache der Spielszenen wird auf der einen Seite von visuellem Pathos, auf der anderen durch dokumentarischen Anspruch durchbrochen. Ästhetisch bemerkenswert ist einzig die Sequenz, in der das Schiff untergeht. An mehreren Stellen wird die Handlung ausgesetzt, wobei *Wochenschau*-Aufnahmen von Kriegshandlungen und Flüchtlingen eingeschoben werden, die mit einem neuen Off-Kommentar unterlegt sind. Der Kommentar lädt das historische Material dramatisch auf und legt nahe, die Spielhandlung als Allegorie auf die deutsche Geschichte zu verstehen. So wird die Rede von den „verführten Massen", die in den „nationalen Selbstmord" zögen, mit der verführten Maria parallelisiert.

Das Volk, das Hitler gefolgt ist, so lässt sich schließen, sei ebenso hilflos und verwirrt gewesen wie die durch einsame Bombennächte verängstigte Maria. Auch der Untergang der *Wilhelm Gustloff* wird auf diese Weise erinnerungspolitisch bedeutsam. Er steht nicht nur als Gottesstrafe für die Sünderin Maria, sondern ist zugleich kathartisches Moment deutscher Geschichte. Der Untergang tilgt in *Nacht fiel über Gotenhafen* die (Gewissens-)Lasten der NS-Vergangenheit und schafft die Voraussetzung für einen Neuanfang. Folgerichtig überlebt das neugeborene Kind die Katastrophe als Zeichen einer neuen Zeit. Von Schuld lässt Wisbar seine Figuren nur dort sprechen, wo das Eingeständnis der Schuld zugleich der Abwehr jeglicher Verantwortung für die Verbrechen des Nationalsozialismus dient. In dem angeführten Schlusszitat der Gräfin wird lediglich von der Schuld des Ertragens gesprochen. Dieses Eingeständnis von Passivität schließt jedoch die eigene Täterschaft kategorisch aus.

Auffällig ist, dass in *Nacht fiel über Gotenhafen* alle unmittelbaren Begegnungen mit dem Krieg in das melodramatische Darstellungsverfahren überführt und dadurch nur indirekt thematisiert werden. Neben der Flucht, die wesentlich für die Zusammenführung der Protagonisten ist und selbst als Sühne narrativ bedeutsam wird, werden in *Nacht fiel über Gotenhafen* zwei Luftangriffe gezeigt, ohne dass diesen ‚typischen' Kriegserfahrungen jenseits des melodramatischen Effekts eine Funktion zukäme. Eine Begegnung mit Soldaten der Roten Armee endet mit einem Schusswechsel zwischen den sowjetischen Männern und einer deutschen Frau. Der Regisseur wollte mit dieser Szene die Vergewaltigungen durch die Rote Armee in Erinnerung rufen. Das Bild der bewaffneten Frau, die auf die sowjetischen Soldaten schießt, führt aber auch eine Gegenfigur zur hilflosen Protagonistin ein: die heldenhafte Frau. Mit Hilfe der heldenhaften Frau wird die Darstellung konkreten Kontrollverlusts vermieden und der in den Kriegsdarstellungen der fünfziger Jahre vielbemühte Mythos deutscher Tapferkeit fortgeführt.

Die jüdischen Opfer des Nationalsozialismus werden in *Nacht fiel über Gotenhafen* nicht vollständig ausgeklammert, treten aber hinter dem Leiden der Deutschen zurück. Es kommt zwar zur Verhaftung einer jüdischen Nachtclubbetreiberin und ihres Vaters, die Szene steht jedoch nur insofern im Zusammenhang mit der Handlung, als dass die deutschen Frauen im Anschluss an die Verhaftung ebenso heimatlos werden wie die beiden Juden.

Nacht fiel über Gotenhafen ist der letzte Film in Frank Wisbars Trilogie über die ‚einfachen Menschen' im Zweiten Weltkrieg: In *Haie und kleine Fische* (1957) zieht eine Gruppe junger Männer in den U-Boot-Krieg, in *Hunde wollt ihr ewig Leben* (1959) bildet Stalingrad das Thema. Anders als die Vorgänger war das *Gustloff*-Melodram aber kein Publikumserfolg. Die Einspielergebnisse waren nur durchschnittlich, dabei hatte die Produktionsfirma *Deutsche Film Hansa* in Erwartung eines Kassenschlagers über zwei Millionen D-Mark in den Film investiert.

Die zeitgenössische Kritik hat *Nacht fiel über Gotenhafen* denn auch gespalten aufgenommen. So lobte die *Frankfurter Allgemeine Zeitung* am 7. März 1960 den „absoluten Realismus". Auch die *Deutsche Woche* hielt den Film in einer am 16. März 1960 veröffentlichten Kritik für glaubwürdig. Dagegen beklagte sich unter anderem die *Süddeutsche Zeitung* vom 5. April 1960 über die kitschige Darstellung und wies auf die stilistische Nähe zu UFA-Klassikern hin. Gemäß des aktuellen politischen Kontexts der Produktion, dem Kalten Krieg, stand für *Spiegel* (3/1960) und *Stern* (9/1960) wiederum die Inszenierung der Roten Armee zur Diskussion.

2007 und 2008 entstanden zwei Fernsehzweiteiler über die Flucht aus Ostpreußen: *Die Flucht* (2007) unter der Regie von Kai Wessel und *Die Gustloff* (2008) unter der Regie von Joseph Vilsmaier. *Nacht fiel über Gotenhafen* diente beiden als Vorlage.

Literatur

Alexandra Tacke, Geesa Tuch: Frauen auf der Flucht. „Nacht fiel über Gotenhafen" (1959), „Die Flucht" (2007) und „Die Gustloff" (2008) im Vergleich. In: *Heimkehr: Eine zentrale Kategorie der Nachkriegszeit. Geschichte, Literatur und Medien*. Hg. von Elena Agazzi und Erhard Schütz. Berlin 2010, S. 229–242.

Geesa Tuch

Heiner Müller: Die Umsiedlerin oder Das Leben auf dem Lande

Uraufführung: 30. 9. 1961, FDJ-Studentenbühne der Hochschule für Ökonomie, Berlin-Karlshorst, Regie: Bernhard Klaus Tragelehn
Erstausgabe in: Heiner Müller: Stücke. Berlin, Henschel Verlag 1975, S. 33–113
Alle Zitate im Text beziehen sich auf Heiner Müller: Werke 3. Die Stücke 1. Hg. von Frank Hörnigk. Frankfurt am Main, Suhrkamp 2000, S. 181–287

Das zwischen 1956 und 1961 von Heiner Müller (1929–1995) verfasste Stück *Die Umsiedlerin oder Das Leben auf dem Lande*, das Müller selbst als „Historie, ein Stück in einer Shakespeare-Dramaturgie" bezeichnet hat, spannt einen historischen Bogen über 15 Jahre: von der Bodenreform 1945 bis zur Kollektivierung und

Bildung der Landwirtschaftlichen Produktionsgenossenschaften, die 1960 in der DDR zwangsweise abgeschlossen wurde. Die dargestellte Dorfgemeinschaft bietet ein buntes Panoptikum aller Schichten, darunter Großbauern, die mit dem Bürgermeister, vormals Melker, qua Korruption in dauerhaft gesicherten Verhältnissen leben, daneben die Mittel-, Neu- und Kleinbauern, für die sich auch nach der Neuverteilung des Landes nicht viel zu bessern scheint (beispielhaft Ketzer: Sein Neuland ernährt ihn nicht, die Soll-Erfassung und den Schuldeneintreiber auf dem Hals entzieht er sich der Not durch Selbstmord), außerdem der wort- und überzeugungsreiche Parteisekretär und Kommunist Flint – auch er ist nicht ganz makellos vor seiner Partei, da er die offizielle Linie der Bündnispolitik nur zähneknirschend akzeptiert und sich zudem schon mit einer zweiten Frau (Flinte 2) verbunden hat. Und da ist der Umsiedler und Anarchist Fondrak, der sich unter Kommunismus „Bier aus der Wand" (266) vorstellt und lieber in den Westen geht, als eine Neubauernstelle anzutreten, obwohl die Umsiedlerin Niet von ihm schwanger ist.

Erzählt wird das epische Panorama über den Aufbau und die Entwicklung einer sozialistischen Landwirtschaft in Form einer Komödie (Blankvers und Prosa wechseln einander ab), die allerdings auch Genre-Elemente von Tragödie, Satire, Groteske und Volksstück aufweist: Von der Flucht eines korrumpierten Bürgermeisters vor „Bergwerk oder Bautzen" (197) bis zur Einrichtung der Maschinenausleihstation bei der Ankunft zweier Traktoren für 20 Bauern zum Minenpflügen: In den 15 Bildern des Stücks bietet sich allerhand Anlass für konfliktreiche Verwicklungen um Traktoren, Motorräder, Arbeitskräfte, Bier, Frauen und Ideen. Höhepunkt ist die Dorfversammlung, in der der Landrat als externe höhere Instanz die Angelegenheiten des Dorfes regelt. In einer Art Lehrstück über Ungerechtigkeit (die zwei Traktoren werden wie von den Bauern gewünscht verlost – das Los trifft den Großbauern) begreifen die Bauern und reagieren: „Was die Mehrheit / Beschlossen hat, das kann die Mehrheit auch / Umschmeißen." (271) Der Bürgermeister Beutler, der wie ein neuer Dorfrichter Adam sich seinen eigenen rhetorischen Strick dreht, wird vom Landrat überführt und abgesetzt: „Als blind für die reale Lage, taub für / Kritik, kalt gegen die Bevölkerung, also / Unfähig, seinen Posten zu bekleiden". (272) Übergangsweise übernimmt nun Parteisekretär Flint sein Amt.

Im 15. Bild, das den Anfang (Verteilung der Grenzsteine und Selbstmord Ketzers) ins Parodistische wendet, wird der letzte Einzelbauer samt Frau zum „Umzug aus dem Ich ins Kollektiv" (283) gezwungen; beide sträuben sich und flüchten in Selbstmordversuch und Ohnmacht. Doch statt im Himmel zu landen sind sie: „Fürs erste [...] in der LPG". (287) Und beantragen umgehend einen Krankenschein. „Zehn Jahr saß er uns im Genick, der Hund / Zwei Jahr und länger ließ er sich dann bitten / Und wieder stößt er sich an uns gesund. / Ich wollt, ich hätt ihn nicht vom Strick geschnitten" (287) – so das Fazit eines anderen Bauern.

So typenhaft die Zeichnungen der Figuren mitunter geraten (woran auch die oftmals sprechenden Namen ihren Anteil haben), so realistisch und genau werden dabei die existenziellen Probleme ins Bild gefasst: Die aufgeteilten Landstücke reichen kaum zum Überleben, die Umsiedler werden als „Flüchtlinge" behandelt und mitunter gar als „Abschaum" und „Pollack" (225 f.) beschimpft, Bücher taugen, um verheizt oder verhökert zu werden („das halbe Dorf kocht seine Wassersuppe und wischt sich den Arsch ab mit der Schloßbücherei. Willst du Bücher lesen, den Magen an den Knien? Ich bin schon spät dran, die dicken sind vorbei. Am besten ist Meinkampf, das kauft in Berlin der Amerikaner", 189), die Westkluft ist attraktiver als das FDJ-Blauhemd, die Westillustrierte interessanter als die DDR-Presse („Wenigstens eine Zeitung, wo was drinsteht", 250), wer einmal aufgestiegen ist, will nicht zurück in den Stall: „Die Hand / Ist weich geworden, Macht macht weiche Hände." (203) Und um die Felder gepflügt zu bekommen, verschachern die Bauern sogar die eigene Tochter an die Traktoristen.

Wenn die Umgestaltung auf dem Lande folglich nicht reibungslos „nach Plan" verläuft, so sind es vor allem die Menschen, die sich sperren. Und nicht nur dem Parteisekretär steckt die Vergangenheit in den Knochen: Gleich einem symbolischen Nachspiel (Ende Bild 1) springen ihm nach der Landverteilung Hitler und Friedrich II. als Gespenster auf den Buckel. Bei dem Versuch, sie abzuschütteln, fällt slapstickartig auch das Agitations- und Marschgepäck zu Boden. Sein Fazit fällt entsprechend düster aus: „Und so sieht er aus, unser Staat: zusammengeflickt mit eignen Resten aus zwölf Jahren Heil und zwei Kriegen, nach einer Vorlage, die nicht auf unserm Mist gewachsen ist. Und wir haben ihn nicht selber demontiert, da hapert's bei der Montage. Schnell ist ein Teil falsch eingepaßt, auswechseln dauert, und es muß in voller Fahrt sein, wenn der Karrn steht, klaun sie uns die Räder." (240 f.)

Dennoch wird innerhalb der Stückhandlung eine scheinbar positive Entwicklung gezeigt, die einerseits der Chronologie der äußeren Ereignisse entspricht, andererseits die Figuren betrifft: Bürgermeister und Gemeinderat werden ausgewechselt (wenngleich nach Deus-ex-machina-Prinzip), Niet geht nicht mit Fondrak in den Westen, sondern übernimmt Ketzers Hof. Die enorme Rolle, die wegen permanenten Arbeitskräftemangels in der jungen DDR gerade die weiblichen Flüchtlinge für den Aufbau spielen, wird damit von Müller ins Bild gesetzt, nicht zuletzt, indem sich die Frauen von ihren rücksichtslosen Männern emanzipieren und sich untereinander aushelfen. Aus dieser Stärke heraus erteilt Niet auch dem nächsten Anwärter eine klare Absage: „Grad von den Knien aufgestanden und / Hervorgekrochen unter einem Mann / Der nicht der beste war, der schlimmste auch nicht / Soll ich mich auf den Rücken legen wieder / In Eile unter einen andern Mann / Wärs auch der beste, und Sie sinds vielleicht / Als wär kein andrer Platz, für den die Frau paßt." (281) Und die Kollektivierung tritt ihren Siegeszug auf der „breiten Straße in den Sozialismus" (283) an. Die Zukunft ist einfacher nicht zu haben als mit der Darstellung der Konflikte in der Gegenwart als einzige Möglichkeit zu ihrer Überwindung: „Wozu den langen Weg mit Blut und Schweiß. Die große Mühe lohnt der größte Preis." (277)

In Anna Seghers' Erzählung *Die Umsiedlerin* (1950), die als Vorlage für Müllers Stück diente, liegt die Betonung vor allem auf den schlechten Lebensbedingungen der Zugewanderten. Die Umsiedlerin Nieth wird mit ihren beiden Kindern bei dem Bürgermeister Beutler in einem Abstellraum „verstaut" (Seghers, 172). Als sich auch nach drei Jahren weder an ihrer Situation noch an der Ausgrenzung etwas geändert hat, traut sie sich, in der Dorfversammlung den Mund aufzumachen, als der Landrat sich nach den Sorgen und Nöten erkundigt – und sie bekommt ein anderes Quartier zugewiesen. Ist ihr neuer Quartiergeber zuerst auch verärgert, so entwickelt sich bald ein gemeinschaftliches Zusammenleben und Nieth hilft mit bei der Ernte. Als ihre Landsleute sie fragen, warum sie sich auf einmal anstrenge, als wäre sie „daheim", antwortet sie: „Weil man gerecht war." (Seghers, 180) Die Integration glückt hier also mittels aktiver Teilnahme, der Flüchtling bleibt nicht länger Flüchtling, sondern kommt in der Gemeinschaft an, auch wenn es dafür eines reitenden Boten in Form des Landrates bedarf.

Seghers' *Umsiedlerin* steht innerhalb ihrer Sammlung *Friedensgeschichten*, die allesamt vom schweren Anfang in der SBZ und frühen DDR künden. Hier werden alle Arten von menschlichem (Fehl-)Verhalten vorgeführt, aber immer unter der hoffnungsvollen Prämisse, dass die neuen (Denk-)Haltungen sich durchsetzen und Lernen möglich ist. Bei Müller sind die Anfänge problematischer dargestellt. Wie auch in seinen anderen frühen Stücken – etwa in *Der Lohndrücker* (1956/1957) geht der Riss durch die Figuren. Der geänderte Blick wird dem Titel eingeschrieben: Die Umsiedlerin ist nur eine Hauptperson unter vielen. Emanzipiert sich Seghers' Figur Nieth durch die Sprache (indem sie die Missstände benennt), ist bei Müller die Wandlung der Figuren weniger dialektisch eindeutig bzw. abgeschlossen angelegt. Zudem behält Müller auch jene im Fokus, die nicht eingegliedert werden können, die „negativen Helden" wie Fondrak oder Ketzer. Müllers Interesse an Seghers' *Friedensgeschichten* betrifft vor allem die Konstellationen, deren Widersprüche er jedoch zuspitzt und verfremdet. So auch bei der in den *Friedensgeschichten* enthaltenen Erzählung *Der Traktorist*, die Müller seinem Stück *Traktor* (1955/1961/1974) zugrunde legt, dessen Themen- und Motivfelder er auch in der *Umsiedlerin* skizziert: Kollektiv vs. Ich und die Zerreißung des Individuums.

Die Uraufführung der *Umsiedlerin* an der *FDJ-Studentenbühne der Hochschule für Ökonomie* in Berlin-Karlshorst am 30. September 1961 unter der Regie des ehemaligen → Brecht-Schülers B. K. Tragelehn, Spielleiter am *Theater der Bergarbeiter* in Senftenberg, sorgte für einen kulturpolitischen Eklat erster Güte. Müller schrieb parallel zu den laufenden Proben, ohne sich – nach eigener Auskunft – der dem Stück innewohnenden Sprengsatzwirkung bewusst zu sein: „Wir waren ganz heiter, fanden das so richtig sozialistisch, was wir da machten", bekundete er später in seiner Autobiographie. Dennoch wurde nach der noch rechtzeitig als „Versuchsaufführung" deklarierten Premiere vor dem Hintergrund des Mauerbaus ein Exempel statuiert. Nach Verhören noch in derselben Nacht schrieben die Schauspieler Stellungnahmen gegen das Stück und distanzierten sich von Autor und Regisseur, alle wesentlichen kulturellen Institutionen mussten in der Folge Stellung gegen Müller beziehen. Zwar gab es auch Solidaritätsbekundungen, etwa von Seiten Peter Hacks' oder Hans Bunges in einer Versammlung des *Deutschen Schriftstellerverbandes* (DSV), die, so Müller, „wie ein kleiner Schauprozeß ablief". Letztlich konnten die Interventionen von Hacks und Bunge die drastischen Folgen ebenso wenig mildern wie Müllers eigene Verteidigung, dass die Komödie die Funktion des befreienden (Karnevals-)Lachens – im Sinne einer Ventilwirkung – habe, nicht aber Zynismus bedeute. Es half nichts: Müller wurde aus dem DSV wegen angeblich „konterrevolutionären Inhalts", „Nihilismus" und „Schwarzfärberei" im Stück ausgeschlossen, Tragelehn wurde am Senftenberger Theater fristlos entlassen und zur Bewährung in den Braunkohletagebau geschickt.

In den nächsten elf Jahren breitete sich denn auch ein Schweigen über die *Umsiedlerin* aus. Mehr noch: Müllers bereits gedruckte bzw. neu entstandene Stücke wurden anschließend in der DDR weder gespielt noch veröffentlicht. In den zwei nachfolgenden Jahren absoluter Isolation begann eine Zeit höchster psychischer Belastung für Müller, zumal der Ausschluss aus dem Schriftstellerverband 1961 einem Berufsverbot gleichkam: Außer solidarischen Arbeitsangeboten vom Rundfunk und Fernsehen oder Bearbeitungen und Übersetzungen für Benno Besson am *Deutschen Theater* in Berlin war es ihm praktisch unmöglich, seinen Lebensunterhalt zu verdienen.

Zu einer Uraufführung (unter der Bedingung eines geänderten Titels: *Die Bauern*) kam es erst am 30. Mai 1976 an der *Volksbühne* Berlin unter der Regie von Fritz Marquardt, doch war diese nach Müllers Selbstauskunft für das Publikum schon eine zu ferne Geschichte mit nur begrenzter Wirkung. Tragelehn selbst führte das Stück 1985 in Dresden unter dem Originaltitel wieder auf.

Literatur

Matthias Braun: *Drama um eine Komödie. Das Ensemble von SED und Staatssicherheit, FDJ und Ministerium für Kultur gegen Heiner Müllers „Die Umsiedlerin oder Das Leben auf dem Lande"* im Oktober 1961. Berlin 1996 • Peter Hacks: Über den Vers in Müllers „Umsiedlerin"-Fragment. In: *Theater der Zeit*, 5/1961, S. 13–15 • Hans Kaufmann: Anna Seghers' „Friedensgeschichten". In: *Über DDR-Literatur. Beiträge aus fünfundzwanzig Jahren*. Berlin, Weimar 1986, S. 17–24 • Heiner Müller: *Werke 9. Eine Autobiographie*. Hg. von Frank Hörnigk. Frankfurt am Main 2005, vor allem S. 125–146 • Genia Schulz: Die Umsiedlerin/Die Bauern. In: *Heiner Müller Handbuch. Leben-Werk-Wirkung*. Hg. von Hans-Thies Lehmann und Patrick Primavesi. Stuttgart, Weimar 2003, S. 280–286 • Anna Seghers: Die Umsiedlerin. In: Anna Seghers: *Der Bienenstock. Ausgewählte Erzählungen in zwei Bänden*. Berlin 1953, Bd. II, S. 171–180 • Marianne Streisand: Heiner Müllers „Die Umsiedlerin oder Das Leben auf dem Lande". Entstehung und Metamorphosen des Stücks. In: *Weimarer Beiträge*, 32 (1986) 8, S. 1358–1384 • Marianne Streisand: Der Fall Heiner Müller. Dokumente zur „Umsiedlerin" und Chronik einer Ausgrenzung. In: *Sinn und Form*, 43 (1991) 3, S. 429–486 • Dies.: Erfahrungstransfer. Heiner Müllers „Die Umsiedlerin oder Das Leben auf dem Lande". In: *Der Deutschunterricht*, 48 (1996) 5, S. 18–28.

Kristin Schulz

Franz Fühmann: Böhmen am Meer. Erzählung

Erstausgabe: Rostock, VEB Hinstorff Verlag 1962

„Solange noch einer nach dem Warum der Umsiedlung fragte, war die Vergangenheit nicht vergangen, und ich hatte Pflichten, vor denen ich nicht weglaufen würde", schrieb Franz Fühmann (1922–1984) in seiner 1962 erschienenen Erzählung *Böhmen am Meer*. Dieser Schlüsselsatz weist bereits auf eine kompromisslose Haltung bezüglich der Vertreibung der Deutschen hin. Eine Haltung, die Fühmann – bis 1958 Funktionär der *National-Demokratischen Partei Deutschlands*, einer DDR-Blockpartei – nicht nur in *Böhmen am Meer* als notwendige, unvermeidbare Folge der NS-Gräuel wiederholt gerechtfertigt hat. Antrieb für die Erzählung bot ihm sowohl sein eigenes Leben als auch die Überzeugung, dass die westdeutschen Landsmannschaften und Vertriebenenverbände aus politisch-moralischer Sicht leichtsinnig und schändlich waren. Seine Abneigung gegen derartige Organisationen vertraute Fühmann den Worten seines literarischen Alter Ego in *Böhmen am Meer* auf beispielhafte Weise an.

Der Ich-Erzähler, ein ehemaliger Hitler-Soldat aus Böhmen, der in der Kriegsgefangenschaft zum Sozialismus findet, kommt zehn Jahre nach Kriegsende an die Ostsee – als Gast von Hermine Traugott, einer vertriebenen Böhmin, die 1945 mit ihrem damals fünfjährigen Sohn ins Ostseedörfchen Z. bei Rostock umgesiedelt wurde. Dort liest der Erzähler Shakespeares *Das Wintermärchen*, das u. a. in einem ‚Böhmen am Meer' spielt und mit der Auferstehung der verstorbenen, in eine Steinstatue verzauberten Königin endet. Wegen ihres leeren Blicks, ihrer tonlosen Stimme und ihrer versteinerten Gestik vergleicht der Erzähler seine Gastgeberin mit der Protagonistin des *Wintermärchens*, das ihn zugleich an seine Kindheit zurückdenken lässt: Er erinnert sich an den Baron von L., einen faschistischen „Vorkämpfer des Deutschtums in der Tschechoslowakei", der ihm Shakespeares seltsames Bild eines küstenreichen Böhmens so erklärt hatte: „Das Reich werde bis zum Ural ausgedehnt und alles, was nicht deutsch sei, aus diesem Raum nach Sibirien abgeschoben, und dann werde vielleicht einmal ein Böhmen am Eismeer liegen". Eine Wahnvorstellung, die in die deutsche Kapitulation und die Vertreibung der Sudetendeutschen mündete.

Der Erzähler vermutet, dass Hermine Traugotts Auffälligkeiten – etwa ihre pathologische Angst vor dem Meer – mit ihrem Heimatverlust zusammenhängen. Bei einem Dialog mit dem Bürgermeister, einem vorbildlichen Sozialisten, erfährt er, dass Hermine trotz ihrer Furcht vor der See nicht aus dem Ostseedorf weg wolle. Als sie ihm erzählt, dass sie vor 1945 beim Baron von L. als Dienstmädchen gearbeitet hat, bemerkt er den Hass in ihren Augen. Grund genug für ihn, zu einem Sudetendeutschen Heimattreffen nach West-Berlin zu fahren, auf dem eben jener Baron von L. eine Rede hält. Das Schauspiel ist grausam. Die revanchistische Symbolik (Runen, Trachten, Egerländer Marsch), die Hetzparolen des Barons und der darauf folgende Massenjubel evozieren die düstere Zeit des ‚Anschlusses'. Die Rede löst beim Erzähler die Erinnerung an ein längst vergessenes Ereignis aus, aus dem Hermine Traugotts Verstörung herrührt: Wegen einer Schwangerschaft wurde die Unverheiratete als Dienstmädchen fristlos entlassen. Dies geschah fern von der Heimat, an der Nordsee, wo ihre Herrschaft den Urlaub verbrachte. In ihrer Hoffnungslosigkeit versuchte das Mädchen, sich im Meer zu ertränken, aber die Flut trieb sie zurück an den Strand. Sie wurde gerettet. Nun weiß der Erzähler, dass der Baron der faschistische „Mörder war, der die Lebenskraft von Frau Traugott zerstört hatte. Er war [...] ein Mörder, wie seinesgleichen Mörder sind". Entsetzt kehrt der Erzähler in die DDR zurück, nach Ost-Berlin, wo „die Mörder ohne Freiheit sind".

Pünktlich zu Hermine Traugotts 40. Geburtstag reist er abermals nach Z, um ihr zu gratulieren. Der Bürgermeister richtet ihr die Glückwünsche der Gemeinde aus. „Alle hier sind so gut zu mir", stellt sie fest, und der Erzähler versteht, warum sie nicht wegziehen will, ihrer Angst vor dem Meer zum Trotz. In jenem sozialistischen Ostseedörfchen, unter vielen anderen „Böhmen am Meer", hatte sie „das erste Mal eine menschliche Gemeinschaft erfahren, in der man ihr half, in der man ihr ein Häuschen gab und Land und eine Heimat, die mehr war als das altvertraute Land [...]; eine [...] Gemeinschaft, in der sie sich geborgen fühlte trotz der fremden Landschaft". Am Ende des Textes verkörpert Frau Traugotts fünfzehnjähriger Sohn, der vom Baden kommt, die wachsende Hoffnung auf eine gerechte, sozialistische Zukunft, in der – anders als in der BRD – die faschistische Vergangenheit aufgearbeitet wird und eine menschenwürdige Heimat entsteht.

Auch aufgrund seiner politischen Botschaft fand *Böhmen am Meer* in kürzester Zeit eine große Leserschaft. Fühmanns erzählerische Idealisierung der arbeitsfreudigen, friedlichen Gemeinschaft im ostdeutschen Sozialismus und seine entschiedene Verurteilung des antikommunistischen Revanchismus in der Bundesrepublik sind beispielhaft für den schriftstellerischen Zeitgeist der DDR während der schwierigen Wiederaufbauzeit. Mit *Böhmen am Meer* gehörte Fühmann zu den wenigen Schriftstellern seiner Zeit, die die in der DDR tabuisierte Thematik der deutschen Vertriebenen behandeln konnte bzw. durfte. Östlich der Elbe wurde die Umsiedlung bekanntermaßen öffentlich kaum thematisiert.

Den Erfolg der Erzählung ausschließlich auf ihren politischen Gehalt zurückzuführen, greift jedoch zu kurz. Schon die damaligen Rezensenten erkannten immerhin auch die literarische Innovativität von *Böhmen am Meer*: Sowohl durch Fühmanns Gebrauch der Rückblende als wirkungsvolle Erzähltechnik als auch durch die metaliterarische Konstruktion des Textes, der sich gegenüber Shakespeares *Wintermärchen* spiegelbildlich entfaltet, sorgte *Böhmen am Meer* bei der Kritik für Aufsehen. Doch auch an negativen Stellungnahmen fehlte es nicht. Über die Jahre haben einige Kritiker dem Autor eine gewisse Naivität vorgeworfen, die Fühmann selbst – angesichts der immer größer werdenden Enttäuschung gegenüber der DDR-Führung – bezüglich seiner Erzählung eingestanden hat. Trotz des sehr starren Gut-Böse-Schemas bleibt *Böhmen am Meer* ein einmaliges Beispiel für die Aufarbeitung von Umsiedlung und Vertreibung in der DDR-Literatur Anfang der sechziger Jahre. Manche sehen in dem Text sogar einen zeitgenössischen Meilenstein der kulturellen Vergangenheitsbewältigung zwischen Elbe und Oder.

Literatur

Brigid Haines: „Böhmen liegt am Meer", or When Writers Redraw Maps. In: *Neighbours and Strangers. Literary and Cultural Relations in Germany, Austria and Central Europe Since 1989.* Hg. von Ian Foster und Juliet Wigmore. Amsterdam 2004, S. 7–25 • Peter Hutchinson: Franz Fühmann's „Böhmen am Meer". A Socialist Version of „The Winter's Tale". In: *The Modern Language Review,* 67 (1972) 3, S. 579–589 • Lutz Kirschner: „Böhmen am Meer". Zu Franz Fühmanns Umsiedler-Erzählung. In: *Berliner Debatte Initial,* 14 (2003) 6, S. 108–113.

Andrea Rota

Marion Gräfin Dönhoff: Namen, die keiner mehr nennt. Ostpreußen – Menschen und Geschichte

Erstausgabe: Düsseldorf und Köln, Eugen Diederichs Verlag 1962

Mit ihrem 1962 erschienenen Bestseller liefert Marion Gräfin Dönhoff (1909–2002) eine eindringliche Schilderung von einem Gebiet, das vor dem Zweiten Weltkrieg zu Deutschland gehört hat. Die Namen, die keiner mehr nennt, sind die der ostpreußischen Güter, die in einer eisigen Nacht in großer Eile aus Angst vor dem Einmarsch der Roten Armee verlassen werden mussten.

Dönhoffs Erinnerungsbuch beginnt mit dem Bericht der Vertreibung aus dem vertrauten Zuhause – dabei werden nicht nur die unerträglichen Verhältnisse der verzweifelten Flucht während des strengen Winters 1944 beschrieben, sondern auch die Schwere der Schuld der NS-Behörden. Die Erzählung entfernt sich oft von den unendlichen Wagen- und Menschenzügen, die bei minus 20 Grad Kälte nur mühselig vorwärtskommen, um sich der Vergangenheit der letzten Jahre, aber auch der unmittelbaren Zukunft zuzuwenden. So werden die Expansionspläne des Hitler-Regimes als eigentliche Ursache für die Flucht benannt. Zur Sprache kommt auch die irrsinnige Kriegsführung, die die übriggebliebenen spärlichen Mittel der deutschen Armee lieber für eine unsinnige neue Offensive als zum Schutz der Zivilbevölkerung einsetzen wollte. Außerdem schildert Dönhoff, mit welcher Hartnäckigkeit jegliche Vorbereitungen zur Evakuierung verboten und als Defätismus bestraft wurden, mit der Folge, dass die Zivilbevölkerung erst vollkommen verspätet die Flucht antreten konnte.

Das vielstimmige Bild, das Dönhoff entwirft, wird bisweilen in Einzelschicksale aufgesplittert, die die schreckliche Ausweglosigkeit Ostpreußens in einer neuen Perspektive zeigen: Sowohl die Begegnungen der Gräfin Dönhoff mit Bekannten und Fremden auf dem Weg als auch die Blicke auf das, was einige während der Flucht erwarten sollte, verleihen dem kollektiven Drama eine persönlichere Note. In ihrem Bericht erinnert Dönhoff auch an eine andere, weitaus umfassendere Vergangenheit – die jahrhundertealte deutsche Geschichte Ostpreußens. Über die Fokussierung auf Einzelschicksale, die kritische Auseinandersetzung mit der nationalsozialistischen Herrschaft und den Rückblick auf die ostpreußische Geschichte entfaltet Dönhoff letztlich ihr Panorama einer geliebten, für immer verlorenen Heimat.

Das Gedenken an die Namen, die keiner mehr nennt, ruft Geschichten von Menschen auf, die jenen Teil von Deutschland einst bewohnt haben. Unter den verschiedenen Erinnerungsfragmenten fügt sich beispielsweise die Erzählung vom Leben und Sterben Heinrich Lehndorff-Steinorts ein, eines – so die Autorin – „ostpreußischen Edelmannes", der an dem gescheiterten Attentat auf Adolf Hitler vom 20. Juli 1944 teilgenommen hat. Das Bild der alten Heimat wird mit Werten angereichert, die antithetisch zur NS-Propaganda stehen. Das ‚Tausendjährige Reich' wird hier als leere, trügerische Ideologie entlarvt, der Dönhoff die 700 Jahre alte deutsche Tradition in Ostpreußen entgegensetzt. Mit Leidenschaft verfolgt sie diese Traditionslinie nicht nur bis zum Mittelalter. Sie stellt zudem Spekulationen darüber an, wie sich ihre Heimat weiterentwickelt haben könnte, hätte die deutsche Geschichte Ostpreußens mit dem Einmarsch der Roten Armee 1945 nicht ein abruptes Ende gefunden.

Ostpreußen wird von Dönhoff teilweise als ein „verlorenes Paradies" beschrieben, das für immer verloren ist, das nicht mehr zurückgewonnen werden kann und auch nicht mehr zurückgewonnen werden soll. Ein Paradies, das auch für die dort Gebliebenen nicht mehr existiert. Denn der einzige Brief, den die Autorin 1947 aus ihrer ehemaligen Heimat erhalten hat, bestätigt ihre Befürchtungen und Vermutungen: Auch diejenigen, „die zu Hause blieben, sind nicht mehr daheim".

Literatur

Klaus Harpprecht: *Die Gräfin. Marion Dönhoff. Eine Biographie*. Reinbek 2008 • Kilian Heck, Christian Thielemann (Hg.): *Friedrichstein. Das Schloß der Grafen von Dönhoff in Ostpreußen*. München 2006 • Alice Schwarzer: *Marion Dönhoff. Ein widerständiges Leben*. Köln 2008 • Leszek Żyliński: Marion Gräfin Dönhoff. In: *Erlebte Nachbarschaft: Aspekte der deutsch-polnischen Beziehungen im 20. Jahrhundert*. Hg. von Jan-Pieter Barbian und Marek Zybura. Wiesbaden 1999, S. 303–310.

Cecilia Morelli

(4) Die Schuldfrage

Einleitung
Von Elena Agazzi

Jeder Krieg fordert Opfer – unter den Soldaten und unter der Zivilbevölkerung. Zur Opferbilanz des ‚Dritten Reichs' gehören jedoch nicht nur Millionen Militärs und Zivilisten, die während des Zweiten Weltkriegs als Folge direkter Kriegs- und Kampfhandlungen den Tod fanden oder im Zuge von ‚Vergeltungsmaßnahmen' ermordet wurden. Auf der Liste der Opfer stehen auch nicht nur die getöteten sechs Millionen Juden. Hinzu kommen die in den KZs ermordeten Kriegsgefangenen, die politischen Gegner des NS-Regimes, Sinti und Roma, Homosexuellen, Prostituierten, ‚Asozialen', Zeugen Jehovas – und nicht zuletzt die geistige Elite ‚minderwertiger Rassen', und hier vor allem die polnische Elite.

Bereits unmittelbar nach Kriegsende lieferten Journalisten Einzelheiten und Zahlen dieser Hekatombe – ausgestattet mit Bildern aus den Lagern bei der Befreiung der Überlebenden –, erschienen Bücher über die KZs – so Konstantin Simonovs *Ich sah das Vernichtungslager* (1945), Erika Buchmanns *Frauen im Konzentrationslager* (1946) oder Bruno Baums *Widerstand in Auschwitz. Bericht der internationalen antifaschistischen Lagerleitung* (1949).[1] Schließlich kamen Spielfilme zu dem Thema in die Kinos. Der DEFA-Film *Ehe im Schatten* (1947) von Kurt Maetzig erzählt etwa die Geschichte eines mit einer Jüdin verheirateten Schauspielers: Vor die Wahl gestellt, sich scheiden zu lassen oder an der Front zu kämpfen und seine Frau somit der Deportation auszuliefern, wählt er den Doppel-Freitod für beide. Die Geschichte wurde am 3. Oktober 1947 in allen

---

[1] Den Auftakt bildeten Erlebnisberichte, Autobiographien und Tagebücher, deren Autoren und Autorinnen sich, wie Jost Hermand feststellte, „geradezu verzweifelt bemühten, ihre sie noch immer bedrückenden Erfahrungen unterm Faschismus oder im Krieg endlich in Worte zu fassen. Nach all den idealisierenden, schönfärberischen Maskierungen der dreißiger Jahre erscheint hier der Faschismus endlich so, wie ihn seine Gegner und Opfer erlebt hatten: als ein brutales, unmenschliches Horrorsystem, das vor nichts, nicht einmal vor der Ausrottung ganzer Völker, zurückgeschreckt war." Hermand nennt u.a. *Häftling ... X ... In der Hölle auf Erden* von Udo Dietmar, *1000 Tage im KZ. Ein Erlebnisbericht aus den Konzentrationslagern Dachau, Mauthausen und Gusen* von Erwin Gostner, *So war es. Das Leben im KZ Neuengamme* von Heinrich Christian Meier, *Arztschreiber in Buchenwald. Bericht des Häftlings 996 aus Block 39* von Walter Poller, *Nacht und Nebel. Aufzeichnungen aus fünf Jahren Schutzhaft* von Arnold Weiss-Rüthel, *Der Totenwald. Ein Bericht* von Ernst Wiechert, *Gefängnistagebuch* von Luise Rinser und *Der SS-Staat* von Eugen Kogon, allesamt 1946 veröffentlicht. Vgl. Hermand, Jost: *Kultur im Wiederaufbau. Die Bundesrepublik Deutschland 1945–1965.* München 1986, S. 132.

vier Berliner Sektoren gleichzeitig unter reger Anteilnahme der Öffentlichkeit gezeigt.

Indes verlief die Abrechnung mit der Vergangenheit in den Besatzungszonen recht unterschiedlich. Während in der sowjetischen Besatzungszone die wirklich Schuldigen sowie die vermeintlich Schuldigen schnell gefunden und präsentiert waren, wurden in den westlichen Besatzungszonen die zentralen Schuldfragen im Zusammenhang mit den NS-Verbrechen eher zaghaft angepackt. Gewiss, die westlichen Alliierten leiteten die ‚Entnazifizierung' ein. Die blieb im Grunde aber an vielen Stellen auf halber Strecke im Persilscheinsumpf stecken. Bezeichnend ist auch, dass die Sozialdemokraten jegliche Mitschuld der Arbeiterbewegung abstritten und die Verantwortung für den Nationalsozialismus pauschal dem Bürgertum zuschoben. Generell beschäftigte sich die westdeutsche Öffentlichkeit ohnehin eher mit der Abwehr der Kollektivschuld-These.[2]

Schon die Titel der in den vierziger Jahren zur NS-Diktatur veröffentlichten Werke weisen auf eine vielfach anzutreffende eskapistische und zweideutige Analyse der Verantwortlichkeiten hin. Das Schwanken zwischen Fatalismus und einer „regressiven" Haltung zeigt sich z.B. in den historisch-kritischen Essays dieser Zeit in den wiederkehrenden Termini „Apokalypse", „Irrweg", „Katastrophe" und „Schicksal", die allein dazu dienten, die kaum zu leugnende Unterstützung des Hitler-Regimes durch das deutsche Volk zu verwässern. Friedrich Meinecke machte in *Die deutsche Katastrophe* (1946) in der Mobilisierung der unteren Bevölkerungsschichten zu Zeiten der Französischen Revolution die verheerende Woge ausfindig, die in Europa auf lange Sicht zum Nationalsozialismus führen musste. Deutschland freilich traf keine Schuld. Ganz ähnlich erklärte Hans Windisch den ‚Aufstand der Massen'. Hier war es die „Zurückdrängung der alten Wert-Aristokratie", die das gesellschaftliche Gleichgewicht im Laufe des 19. Jahrhunderts durcheinandergebracht habe. In *Führer und Verführte. Eine Analyse des deutschen Schicksals* (1946) sah Windisch in Anlehnung an Oswald Spengler denn auch gleich den Untergang der abendländischen Kultur nahen. Für die kommunistische Seite sei andererseits verwiesen auf *Der Irrweg einer Nation* (1946) von Alexander Abusch, *Der Katastrophenweg der deutschen Geschichte* (1947) von Fritz Helling sowie auf den Aufsatz *Deutsche Daseinsverfehlung* (1946) von Ernst Niekisch. Hier wie dort regiere die Vorstellung, einige – je nach weltanschaulicher Positionierung unterschiedlich verortete – verpasste Gelegenheiten im Laufe der Geschichte hätten den Boden für den Nationalsozialismus bereitet. In manchen Fällen fokussierte man sich bei der Suche nach den Schuldigen

---

2 Vgl. Tavakolian, Martin: Zum Begriff der Kollektivschuld. In: *Die Schuldfrage. Untersuchungen zur geistigen Situation der Nachkriegszeit*. Hg. von Carsten Dutt. Heidelberg 2010, S. 65–87.

auf bestimmte Persönlichkeiten der deutschen Kulturgeschichte, so in Alfred Martins Studie *Geistige Wegbereiter des deutschen Zusammenbruchs. Hegel, Nietzsche und Spengler* (1948).

Ein Großteil der Kritiker katholischer Prägung neigte wiederum zu der These, dass die preußische Einflussnahme auf Deutschland die wahre Ursache für den Niedergang gewesen sei. Häufig anzutreffen waren hier Anspielungen auf die „dämonische" Dimension, in die das Land geraten war, oder „die Hölle" als Strafe, von der man sich loszukaufen hatte. Ein gutes Beispiel für diesen Strang liefert Eduard Hemmerles *Der Weg in die Katastrophe. Von Bismarcks Sturz bis zum Ende Hitlers* (1948), aber auch Carl H. Müller-Graafs *Irrweg und Umkehr. Betrachtungen über das Schicksal Deutschlands* (1948) oder Horst Lommers *Das tausendjährige Reich* (1946). Die immer wieder betonte Unvereinbarkeit von politischer Ideologie und christlichem Glauben lieferte in der Nachkriegszeit zudem Katholiken wie Protestanten einen Vorwand, um ihre Passivität gegenüber der Ausbreitung des Nationalsozialismus zu rechtfertigen. Immerhin prangerte Martin Niemöller auch die Schwäche der religiösen Institutionen während der NS-Zeit öffentlich an. Niemöller vertrat – wie später auch Karl Jaspers in anderer Form – zugleich die Ansicht, dass jeder Überlebende de facto mit dem übrigen Deutschland einen Teil der Schuld auf sich geladen hat.[3]

Die in der Nachkriegszeit ausgetragene Debatte um Schuldfragen zwischen jenen, die ins Ausland gegangen und jenen, die in Deutschland geblieben waren und sich hier in der Inneren Emigration durchlaviert hatten, lief indes eigentlich bereits seit 1933. Als Beispiel hierfür lässt sich der Briefwechsel zwischen Klaus Mann und Gottfried Benn anführen, den Benn in den zweiten Teil seiner eigenen Autobiographie *Doppelleben* (1950) einfügte – als Kommentar zu einer viel zu spät eingestandenen Blindheit gegenüber den vom NS-Regime ausgehenden Gefahren. Wie Benn ließ sich eine große Anzahl Intellektueller von den „neuen Vorstellungen" der Nationalsozialisten beeinflussen, um gleichsam vermeintlich tradierte Werte zu bewahren.

Auf dem *Ersten Deutschen Schriftstellerkongress* vom 4. bis zum 8. Oktober 1947, der Autoren aus der West- und Ostzone, Wiederkehrende aus der Gefangenschaft und aus dem Exil versammelte, hielt man ziemlich fest daran, auch laut Einladungskriterien, sowohl auf die Thematisierung politischer Meinungsdivergenzen wie auf Zeichen des Selbstmitleides in Bezug auf das Elend des deutschen Geistes zu verzichten. Auf der Tagesordnung stand die Besprechung von großen Themen, etwa „die geistige Haltung der Schriftsteller im Exil und in der inneren

---

3 Vgl. *Neubeginn und Restauration. Dokumente zur Vorgeschichte der Bundesrepublik Deutschland 1945–1949.* Hg. von Hans-Jörg Ruhl. München 1982, S. 296–297.

Emigration" oder „das Verhältnis und die Verantwortung der Schriftsteller gegenüber der gegenwärtigen Gesellschaft". Das Schuld-Thema wurde meist nur angedeutet und durch den Begriff des Schmerzens ersetzt, weil man sich hauptsächlich um konstruktive Vorschläge für die kulturelle Erneuerung des Landes bemühen wollte.[4] Die Halbjüdin Elisabeth Langgässer, die nach der Zerstörung ihrer Illusionen über den Nationalsozialismus aus der *Reichsschrifttumskammer* ausgeschlossen wurde und danach sich in ihrer Dichtung einer katholischen Weltsicht zuwandte, hielt eine beeindruckende Rede über die Erniedrigung der deutschen Sprache und über den Begriff der „Heimatlosigkeit" der Dichter während der NS-Diktatur. Eine Rede, die in starkem Kontrast zu Johannes R. Bechers Aufruf zum Kampf um den Frieden steht, in der am Schluss auf die verheerende Niederlage und auf den Abgrund der Menschenseele hingewiesen wird. Die Priorität einer demokratisch-humanitären Perspektive, welche die meisten Schriftsteller auf der Tagung teilten, hat indes Langgässer auf den Punkt gebracht: „Es ist vor allem damit gesagt, daß der Schriftsteller eine Aufgabe hat, die in ihrer Art unvertauschbar und ganz unabdingbar ist – einerlei, unter welchen Himmelstrichen, in welcher Atmosphäre und unter welchen äußeren Bedingungen sie sich vollzieht, wobei natürlich der Modus dieser Aufgabe sich jedesmal wandeln wird, ich sage: der Modus, nicht die Aufgabe selbst. Daß ferner diese Aufgabe dem Schriftsteller als *Schriftsteller* und nicht – was vielleicht banal klingt, aber es keineswegs ist – als Politiker, Quäker, Christ, Humanist, Demokrat, Pazifist oder was sonst noch übertragen wurde."[5]

Im Allgemeinen wurden die lebhaftesten Debatten zur Schuld – unter Berücksichtigung des Problems einer „Reform des Bewusstseins" wie einer „Reform der kulturellen Institutionen" – in den Zeitschriften ausgetragen. Hier zu nennen sind besonders die Zeitschriften *Aufbau* und *Die Wandlung*. Beide veröffentlichten kritische Essays, Verse und Auszüge aus Prosawerken von Schriftstellern, die Deutschlands Vergangenheit und Schicksal vor allem im Lichte der Kollektivschuld-These hinterfragten. Der Herausgeber von *Die Wandlung* selbst, Dolf Sternberger, gehörte dabei zu jenen Intellektuellen, die sich intensiv mit der Beziehung zwischen Vergangenheit und Zukunft auseinandersetzten. Sternberger sah in dieser Beziehung ein ausschlaggebendes Programm für Veränderungen. Dabei gab er zu bedenken, wie allzu menschlich die Versuchung sei, zu vergessen und den Blick von allem abzuwenden, was der Integrität des Individuums scha-

---

[4] Vgl. *Erster Deutscher Schriftstellerkongreß 4.–8. Oktober 1947. Protokoll und Dokumente*. Hg. von Ursula Reinhold, Dieter Schlenstedt und Horst Tanneberger. Berlin 1997.
[5] Ebd., S. 137.

den könnte.⁶ Indem er die „Wertediskussion" mit einer „Zeitdiagnose" in Verbindung brachte und seine eigene Beteiligung als staatsbürgerliches und moralisches Subjekt in den Vordergrund stellte, war seinem Ansatz ein weitaus größerer Wert beizumessen als anderen ausführlichen Studien zur „deutschen Frage".

Der Vorwurf der Kollektivschuld wurde letztlich jedoch auch von zahlreichen exilierten deutschen Schriftstellern als unangemessen betrachtet. Manche, die nun zurückkehrten, betrachteten, wie Willy Brandt in seinen Lebenserinnerungen festhielt, auch die Haltung der Besatzungsorgane mit Argwohn, die in einigen Fällen eine regelrechte ‚Hexenjagd' zu veranstalten suchten.⁷ In letzter Konsequenz führte dies zu Selbstrechtfertigung, Entlastung und Realitätsflucht, eben zu jenen Haltungen, die die Gesellschaft bei der Wiederherstellung der Demokratie nicht gebrauchen konnte. Hannah Arendt zeigte in *The Aftermath of Nazi Rule. Report from Germany* (1950) mit unterschiedlichen Argumenten auf, dass die Deutschen anklagenden Äußerungen der Besatzer von vornherein mit einer feindlichen Haltung begegneten, anstatt eigenes Fehlverhalten zuzugeben und deswegen Buße zu tun.⁸

Bei alldem gelang es nur wenigen Intellektuellen in der frühen Nachkriegsphase, das Thema der Schuld umfassend aufzuarbeiten. Karl Jaspers gehört mit *Die Schuldfrage* (1946) dazu. Jaspers nimmt einerseits seine Landsleute (insbesondere Dozenten, Offiziere und Generale) mit ganz menschlichen Tönen in die Pflicht, in sich selbst Klarheit zu schaffen. Andererseits unterteilt er das Wesen der Schuld in vier Kategorien: kriminelle Schuld, politische Schuld, moralische Schuld und metaphysische Schuld. Mit seinem Appell an die höchste mit der metaphysischen Schuld verbundenen Instanz, nämlich Gott, wollte Jaspers auch das letzte Bollwerk des unbezwingbaren Nationalstolzes einnehmen, das den Einzelnen veranlassen könnte, in die Begründungen der Kollektivität zu fliehen. Grundsätzlich interessiert sich Jaspers schwerpunktmäßig für die Schuld des Einzelnen. Denn gerade am Einzelnen beobachtet er die niederträchtigen Verhaltensformen – die Bagatellisierung des Vergehens, die moralische Gegenoffensive gegen die Richtenden, den Widerstand gegen jegliche Aufforderung zu einem Schuldeingeständnis.

---

6 Vgl. etwa Sternberger, Dolf: Tagebuch. Zwischen Vergangenheit und Zukunft. In: *Die Wandlung*, 2 (1947), S. 455–461. Zur Rolle von Sternberger bei der Debatte über die Schuldfrage in der Nachkriegszeit vgl. Laube, Reinhard: Die „Buße der Erkenntnis". Dolf Sternbergers Erinnerungsmoral. In: Dutt (Hg.): *Die Schuldfrage*. 2010, S. 134–145.
7 Vgl. Brandt, Willy: *Erinnerungen*. Frankfurt am Main 1989.
8 Vgl. Arendt, Hannah: Besuch in Deutschland. In: *Befreiung und Zusammenbruch. Erinnerungen aus sechs Jahrzehnten*. Hg. von Peter Süß. München 2005, S. 32–37.

Trägt Jaspers' Essay zur Zerstörung und zum Abbau jeglicher Formen von Alibi oder Revanchismus bei, so dienen Eugen Kogons *Der SS-Staat* (1946) und Victor Klemperers *LTI* (1947) einer rückschauenden Analyse des verbrecherischen Systems, auf das sich das ‚Dritte Reich' gründete, einer Analyse auch der zentralen Fragen: Was hat der Deutsche von den Konzentrationslagern gewusst? Wie hat das deutsche Volk auf das Unrecht reagiert? Klemperer bringt dabei seinen Zweifel zum Ausdruck, ob eine ‚Entnazifizierung' überhaupt wirksam sein kann, so lange nicht auch der Mentalität der Garaus gemacht wird, die sich bereits vor, aber vor allem während des ‚Dritten Reiches' unter den Deutschen Bahn gebrochen hatte. Und hatte nicht der jegliche ethische Prinzipien missachtende militärische Heroismus den Nährboden für das totalitäre System gebildet, in dem der Satz „Du sollst nicht töten" keine Gültigkeit besaß? „Die Todesstrafe", beobachtet Hannah Arendt 1955, „wird absurd, wenn man es nicht mit Mördern zu tun hat, die wissen, was Mord ist, sondern mit Bevölkerungspolitikern, die den Millionenmord so organisieren, daß alle Beteiligten subjektiv unschuldig sind: die Ermordeten, weil sie sich nicht gegen das Regime vergangen haben, und die Mörder, weil sie keineswegs aus ‚mörderischen' Motiven handelten."[9]

Und dennoch kreisen die Romane und Erzählungen, Theaterstücke und Filme der Nachkriegszeit nicht eben selten um die Frage ‚Auge um Auge, Zahn um Zahn'. Oftmals geht es wie in Wolfgang Borcherts *Draußen vor der Tür* (1947) oder in Wolfgang Staudtes *Die Mörder sind unter uns* (1946) darum, alte Rechnungen zu begleichen, in dem Fall zwischen den einstigen Vorgesetzten und den einstigen Befehlsempfängern, wobei gleichsam nicht der Soldatengehorsam an sich zur Disposition steht.

Mit Blick auf die Schulddiskussion in der Literatur der Nachkriegszeit lässt sich darüber hinaus deutlich unterscheiden zwischen der Auseinandersetzung mit dem Problem in Romanen und Erzählungen einerseits und autobiographischen Schriften andererseits. Auffällig ist, dass sich die autobiographische Form nicht nur bei den Opfern des NS-Regimes großer Beliebtheit erfreute, sondern auch bei jenen, die man mit Fug und Recht als Täter bezeichnen kann. Ihr Vermächtnis sind Werke ohne jeden literarischen Wert, dafür mit hochtrabenden Titeln: Rudolf Diels' *Lucifer ante portas* (1949), Carl Schmitts *Ex Captivitate Salus. Erfahrungen der Zeit 1945–1947* (1950), Franz von Papens *Der Wahrheit eine Gasse* (1952), Hans Franks *Im Angesicht des Galgens* (1953), Albert Kesselrings *Soldat bis zum letzten Tag* (1953). Nur wenige Texte verweisen auf die Bereitschaft zur Buße,

---

[9] Arendt, Hannah: *Elemente und Ursprünge totaler Herrschaft. Antisemitismus, Imperialismus, totale Herrschaft*. München 2005, S. 945 ff.

so die Schrift *Credo. Mein Weg zu Gott* (1950) des ehemaligen Leiters des Wirtschafts- und Verwaltungshauptamtes der SS, Oswald Pohl.

Neben einigen ‚Klassikern' der frühen Nachkriegszeit wie *Der Tod des Vergil* (1945) von Hermann Broch, *Der Totenwald* (1946) von Ernst Wiechert, *Die Stadt hinter dem Strom* (1947) von Hermann Kasack, *Die größere Hoffnung* (1948) von Ilse Aichinger, *Heimkehr in die Fremde* (1949) von Walter Kolbenhoff, der erste Band der Trilogie *Die Sintflut* (1949; sukzessive 1951, 1959) von Stefan Andres sei zugleich auf die vielen, lange Zeit vergessenen Texte verwiesen. Texte, die erst 1997 von W. G. Sebald wiederentdeckt wurden, der das Thema der Ästhetik der Katastrophe unter dem Zeichen der Bombardierungen deutscher Städte ab 1943 in den unter dem Titel *Luftkrieg und Literatur* gesammelten Züricher Vorlesungen behandelt hat, so etwa *Der Untergang* (1948) von Hans Erich Nossack oder *Vergeltung* (1956) von Gert Ledig.[10]

Der in der Erzählliteratur der unmittelbaren Nachkriegszeit vorherrschende Ton beschreibt im Grunde unterschiedliche Merkmale einer Selbstüberprüfung bezüglich des Problems der Schuld. Das Spektrum reicht hierbei von der Flucht in die Innerlichkeit – nicht selten von humanistischer Warte aus (Kaschnitz) – über den nihilistisch gezeichneten Zusammenbruch aller Werte (Kasack, Nossack) bis hin zur Verkündung einer *tabula rasa* zum Wiederaufbau eines demokratischen Deutschlands (Johannes R. Becher).

Vergleicht man die einzelnen Erzählweisen miteinander, so trifft man auf einen großen Unterschied zwischen der autobiographischen Prosa eines Schriftstellers wie Wiechert (Opfer), der in *Der Totenwald* stets mit Blick auf den Gedanken an das Ende der Internierung in Buchenwald über die Demütigungen, Entbehrungen und das Gefühl der Desorientierung des menschlichen Subjektes berichtet, und dem von Walter Kolbenhoff (Nicht-Täter). Dieser versucht in *Heimkehr in die Fremde* auf den Pessimismus zu reagieren, der in ihm hervorgerufen wird durch den Hunger, die aufgewühlte Gefühlswelt und den moralischen Verfall einer Gesellschaft, in der viele ehemalige Nazis weiterhin ein normales Leben führen. Nicht zufällig bezieht sich Kolbenhoff in seinem Roman auf Wiechert und kritisiert dabei dessen ‚biblische' und ‚metaphysische' Perspektive, die vom Empfinden der ‚einfachen Leute' auf der Suche nach Anhaltspunkten allzu weit entfernt liegt. Natürlich ist das Ausmaß des während der Nazi-Zeit erlittenen persönlichen Schmerzes ein Parameter, der die Perspektive, die Art und Weise, ja den

---

10 Diesen Überlegungen hatte Sebald bereits 1982 einen Aufsatz gewidmet. Vgl. Sebald, W. G.: Zwischen Geschichte und Naturgeschichte. Versuch über die literarische Beschreibung totaler Zerstörung mit Anmerkungen zu Kasack, Nossack und Kluge. In: *Orbis litterarum*, 37 (1982) 4, S. 345–366.

Ansatz einer Erzählung grundlegend beeinflusst. Zu diesem Argument nimmt Jean Améry in den sechziger Jahren in *Jenseits von Schuld und Sühne. Bewältigungsversuche eines Überwältigten* (1966) ausführlich Stellung. Darin vermag er zugleich dem Schrecken der sich unauslöschlich im Gedächtnis eingeprägten Bilder eine Stimme zu verleihen.

Nach Kriegsende zeichnen sich für die Literatur im Wesentlichen zwei Phasen ab: Eine, in der dem Thema Schuld zunächst auf dramatische oder resignierende Weise begegnet wird – man überlässt es nämlich dem Leser, die vom Text erteilte moralische Lektion aufzunehmen und auszuarbeiten –, und eine zweite Phase, die in den fünfziger Jahren einsetzt und in der der pathetische Stil verschwindet, um einer kritischeren und subtileren Reflexion Raum zu schaffen, beispielhaft steht hierfür Wolfgang Koeppens Trilogie *Tauben im Gras* (1951), *Das Treibhaus* (1953) und *Der Tod in Rom* (1954).

Ähnlich verhielt es sich beim Film. Während die Zeit bis zur deutschen Teilung von Trümmerfilmen und Filmen des Realismus beherrscht wird – oftmals im Zusammenhang mit dem Problem der Schwierigkeit der Wiedereingliederung des Heimkehrers in die Gesellschaft –, wird hernach (zumindest in Westdeutschland) der Heimatfilm zum bevorzugten Genre, um sich am Trauma von Krieg und Nachkrieg abzureagieren. Hier nun stechen vor allem *Schwarzwaldmädel* (1950) und *Grün ist die Heide* (1951) von Hans Deppe hervor. Die Idylle eines Hauchs von Arkadien, die diese Filmkultur auszeichnet, galt Kritikern als verdächtig. Das Heimatkonzept als Flucht vor der Zivilisation und Rückkehr zum einfachen Leben samt Nähe zur Natur wurde mit Riefenstahls Bergfilmen aus den dreißiger Jahren in Verbindung gebracht, in denen die ästhetische Betrachtung der erhabenen Berggipfel mit der vaterländischen Dankeshymne ob solcher Schönheit einher ging, wobei freilich die sozialen und politischen Nöte außen vor blieben.

In den meisten Heimatfilmen gibt es keine wirklichen Konflikte zwischen den handelnden Personen, allenfalls Scheinkonflikte, die am Ende leicht zu lösen sind. Trotzdem findet man, wie in *Der Glockengießer von Tirol* (1956) heftige Auseinandersetzungen zwischen Eltern und Kindern, in denen die autoritäre Figur des Vaters durch die verständnisvollere der Mutter kompensiert wird. Eine solche Dynamik kann aufgrund einer spezifisch deutschen Idee der Familiensozialisation erklärt werden, die auch im nationalsozialistischen Heimatprogramm wurzelte. In vielen Fällen wird in den Heimatfilmen eine klare Linie zwischen dem städtischen Leben, das für eine kriegerische und korrupte Dimension steht, und dem idyllisch-ländlichen Leben gezogen, das wiederum die Bewältigung spezifisch deutscher Nachkriegsprobleme in traumhafter Verkleidung ermöglicht.

In Frank Wisbars Film *Nacht fiel über Gotenhafen* (1960) wird das Thema der Schuld geradezu verwässert. Mehr noch: Von den Sequenzen, die das triviale Klima der Offizierskreise darstellen, geht die Botschaft aus, dass die Soldaten der

Wehrmacht, aber auch die deutsche Bevölkerung insgesamt, erst durch die verbrecherischen Initiativen des Führers und seiner engsten Anhängerschaft mit in den Abgrund dieser letzten Katastrophe gerissen worden seien. Kritische Distanz zum militärischen Pathos sucht man hier vergebens.

Ein ganz anderes Klima beherrscht Leo Oskarovič Arnštams *Fünf Tage – Fünf Nächte* (1961). Diese ostdeutsch-sowjetische Koproduktion von DEFA und *Mosfilm* führt dem Zuschauer umso deutlicher die deutsche Schuld vor Augen, wobei Arnštam die Bombardierung von Dresden als klaren Akt der Vergeltung angesichts der militärischen Aktionen der deutschen Luftwaffe gegen Coventry und andere Städte benennt. *Fünf Tage – Fünf Nächte* lässt keine Zweifel daran aufkommen, dass Deutschland eine Bestrafung verdient hat. Im Vordergrund steht insbesondere das Leiden der Juden, Russen und Widerstandskämpfer.[11] Die Spanne der fünf Tage und fünf Nächte, auf die der Titel anspielt, steht für die Zeit, in der sich russische Soldaten, Restauratoren, ein Dresdner Künstler und ein Museumsangestellter auf die Suche nach Kunstwerken machen, die die Nazis vor dem Eintreffen der Roten Armee versteckt hatten. In dieser kurzen Phase gelingt es den Sowjets, ihren guten Willen zu zeigen, Deutschland beim Neuanfang zu helfen – auch im Namen einer Kultur, die nicht untergehen darf. Auch das ein wesentlicher Unterschied zu Wisbars Film, der schon im Titel durch die hierin enthaltene Metapher des Dunkels auf die Katastrophe am Ende und die lange Zeit der moralischen Niedergeschlagenheit in den frühen Nachkriegsjahren verweist.

Blickt man nun noch einmal zurück auf die Filme, die sich mit dem Nationalsozialismus auseinandersetzten und zwischen 1945 und 1949 produziert wurden, also unmittelbar nach jener Stunde Null, von der viele Historiker und Kritiker behaupten, sie habe niemals stattgefunden,[12] so wird man feststellen, dass diese Filme im Grunde nicht so sehr auf eine explizite Stellungnahme gegen den Faschismus ausgerichtet waren. Vielmehr gaben sie den Weg vor für die Zeit des Wiederaufbaus. Quasi „Bewältigung der Vergangenheit als Warnung vor dem Faschismus"[13]. Eine genaue Prüfung der Ursachen, die Hitler an die Macht gebracht

---

11 Vgl. Zahlmann, Stefan: Erinnerungen an Erinnerungen. Deutsche Schuld und deutsche Sühne in der filmischen Gedächtnistradition der deutschen Nachkriegszeit. In: *Schuld oder Sühne. Kriegserlebnis und Kriegsdeutung in deutschen Medien der Nachkriegszeit (1945–1961). Internationale Konferenz vom 01. 04. 09. 1999 in Berlin. Bd. 2.* Hg. von Ursula Heukenkamp. Amsterdam 2001, S. 791–799.
12 Vgl. z.B. Vormweg, Heinrich: Deutsche Literatur 1945–1960. Keine Stunde Null. In: *Deutsche Gegenwartsliteratur. Ausgangspositionen und aktuelle Entwicklungen.* Hg. von Manfred Durzak. Stuttgart 1981, S. 14–31.
13 So einer von vier thematischen Ansätze, mit denen Wolfgang Becker und Norbert Schöll versucht haben, die Aufarbeitung der Schuldfrage bei den Filmproduktionen in Ost und West in den

hatten, hätte, so die offensichtlich vorherrschende Befürchtung, negative Auswirkungen auf die Öffentlichkeit gehabt, hatte eben diese Öffentlichkeit doch die Diktatur größtenteils aktiv oder passiv akzeptiert. Auch deshalb konzentrierte man sich damals wie etwa in Helmut Käutners *In jenen Tagen* (1947) eher auf Poetik, auf ‚gute Gefühle', auf das Band der Solidarität zwischen positiv besetzten Protagonisten in einer korrupten Gesellschaft.

Jahren 1945 bis 1955 zu interpretieren. Daneben gibt es folgende Komplexe: „Suche nach dem guten Menschen als Bewältigung der Schuldfrage", „Wiederaufbau und Systemfrage", „Verlorener Krieg, Widerstand und Traditionslinie des deutschen Militärs". Vgl. Becker, Wolfgang; Schöll, Norbert: *In jenen Tagen ... Wie der deutsche Nachkriegsfilm die Vergangenheit bewältigte*. Opladen 1995.

Ernst Wiechert: Der Totenwald. Ein Bericht

Erstausgabe: München, Verlag Kurt Desch 1946

Als Ernst Wiechert (1887–1950, Ps. Barany Bjell) im August 1938 nach zweimonatiger KZ-Haft im Lager Buchenwald wieder auf seinen Hof Gagert im bayerischen Wolfratshausen zurückkehrte, war er zunächst nicht in der Lage, das Erlebte in Worte zu fassen. Zuerst schrieb er sich einen Roman „von der Seele", dessen Handlung sich in den zwanziger Jahren abspielt und zu dem er die Idee bereits im Lager entwickelt hatte: *Das einfache Leben* (1939). Hier löst sich der Protagonist aus allen gesellschaftlichen und familiären Bindungen, um in den ostpreußischen Wäldern zurückgezogen von seiner Hände Arbeit zu leben. Von der NS-Zensur zwar kritisch beurteilt, wurde das Buch dennoch ein großer Verkaufserfolg im ‚Dritten Reich'. Der Wirklichkeit wenigstens zeitweise zu entkommen, entsprach wohl dem Bedürfnis des Autors wie der Leser gleichermaßen.

Erst über ein Jahr später begann Wiechert, sich mit den Ereignissen seiner Haftzeit literarisch auseinanderzusetzen. *Der Totenwald. Ein Bericht* entstand ab Oktober 1939. Das Manuskript, dessen Entdeckung ihn in Lebensgefahr gebracht hätte, blieb bis Kriegsende in seinem Garten vergraben.

Am 6. Mai 1938 war der populäre konservative Dichter Ernst Wiechert in Wolfratshausen festgenommen worden. Zunächst brachte man ihn nach München ins Polizeigefängnis, wo er sieben Wochen lang inhaftiert war und verhört wurde. Am 4. Juli wurde er mit einem Gefangentransport über Hof und Leipzig nach Weimar ins KZ Buchenwald überstellt, wo man den Herzkranken u. a. im Straßenbau und auf dem Holzhof arbeiten ließ. Am 24. August wurde Wiechert, für ihn selber überraschend, entlassen und zunächst nach Berlin gebracht. Dort wurde er von Goebbels persönlich verwarnt, dass man ihn beim geringsten Anlass erneut einsperren würde, und diesmal „auf Lebenszeit und mit dem Ziel seiner physischen Vernichtung". Bis zum Ende des ‚Dritten Reichs' lebte er in dem Gefühl, dass jeder seiner Schritte überwacht werde.

Die Wandlung eines völkischen Autors zum politisch Verfolgten, wie sie sich an Wiechert beobachten lässt, kann als ziemlich ungewöhnlich gelten. In den zwanziger Jahren hatte Wiechert durch aggressiv nationalistische Romane (*Der Wald*, 1922; *Der Totenwolf*, 1924) auf sich aufmerksam gemacht. Er gehörte in den ersten Jahren der wachsenden nationalsozialistischen Einflussnahme zu den wohlwollend geförderten Hoffnungsträgern der völkischen Literatur. Aber bereits im Sommer 1933 begann er, abgestoßen von der Gewaltideologie des Regimes, sich auch öffentlich zunehmend kritisch gegenüber den Machthabern zu äußern. Seine beiden „Reden an die Jugend" an der Münchner Universität vom 6. Juli 1933 und 16. April 1935, später veröffentlicht unter dem Titel *Der Dichter und die Jugend* (1936) und *Der Dichter und seine Zeit* (1945), mit ihrem deutlichen Bekenntnis zu humanistischen Werten brachten ihm eine wachsende Gemeinde von Verehrern, aber auch die misstrauische Beobachtung durch den nationalsozialistischen Staat ein. Den letzten Anstoß zu seiner Verhaftung gab wohl der Brief, den Wiechert im Frühjahr 1938 an seine örtliche Parteibehörde schrieb, um gegen die nach seiner Ansicht unrechtmäßige Einweisung Martin Niemöllers ins KZ zu protestieren.

Der Totenwald orientiert sich chronologisch an Wiecherts Erlebnissen vom Frühjahr bis zum Spätsommer des Jahres 1938. Anders als der Untertitel es erwarten lässt, folgt aber dem Vorwort kein ‚Bericht' und auch keine Autobiographie: Mit einem Anklang an Goethes *Wahlverwandtschaften*, „Johannes – so sei der angenommene Name des Handelnden und Leidenden in diesen Aufzeichnungen – hatte die Mitte des Lebens schon überschritten", wird der Protagonist eingeführt und der Text damit in einen Übergangsbereich zwischen Fiktion und Autobiographie verortet. Die Entscheidung zu dieser Uneindeutigkeit hat ihren Grund in der Disposition des Verfassers, der die Wirklichkeit in die „höhere Wahrheit" der Kunst verwandeln möchte, um sie zu bewältigen. Diese Selbstdistanzierung des Autors vom Protagonisten Johannes wird aber durch die Gesamtanlage des Textes zum Teil aufgehoben und in Frage gestellt: In Vorwort und Nachwort spricht ein Ich-Erzähler als „der Verfasser dieser Erinnerungen", der von den Lesern auch selbstverständlich mit dem Autor Wiechert identifiziert wurde.

Neben der Kontrastierung von Individuum und Masse, die im Text vielfach verhandelt wird, ist *Der Totenwald* in besonderem Maße durch literarische Bezugnahmen strukturiert. Der Titel gibt den zeitgenössischen inoffiziellen Namen des Lagers Buchenwald wieder, klingt aber auch an Dostoevskijs *Aufzeichnungen aus einem Totenhaus* an. Der inhaftierte Johannes vergleicht den ihn verhörenden Beamten mit dem Untersuchungsrichter aus Dostoevskijs *Raskolnikow*, denkt an Gorkis *Nachtasyl* oder Büchners *Danton*. Hölderlins *Abendphantasie* kontrastiert schmerzhaft mit den seelischen Ausnahmezuständen des Lagerlebens. Vor allem aber ruft Buchenwald als Ort die Weimarer Klassik auf, wird die Landschaft transparent für das Nachleuchten „aus einer großen Vergangenheit": „[...] und dann fuhren sie die Strecke nach Ettersberg hinaus, demselben Berge, von dem Goethe mit Charlotte von Stein über das thüringische Land geblickt hatte". Die legendäre Goethe-Eiche, von den Nationalsozialisten auf dem Lagergelände stehengelassen, wird für den Gefangenen zur äußeren und inneren Zuflucht. Die äußerst voraussetzungsreichen literarischen Bezugnahmen des Textes sind somit nicht ästhetischer Selbstzweck, sondern Mittel zum Überleben. In diesem „Reich der Halbbildung, der Gewalt und der Lüge" bleibt nur die Flucht in die innere Welt der Literatur, um weiter an die Überlegenheit des Geistes über die Gewalt glauben zu können und sich seine Würde zu bewahren.

Große Teile des Textes sind Johannes' Mitgefangenen gewidmet, sorgfältig liebevolle Porträts voller Wärme und Einfühlung, voller Dankbarkeit für die erfahrene Solidarität. Bei allem Bemühen um eine gerechte Beschreibung teilt der Erzähler aber mit dem konservativen Autor Wiechert gewisse Beschränkungen seines Denkens; anders wäre es nicht notwendig zu betonen, dass er Kommunisten als hilfsbereite Kameraden erlebt habe. Dass die Ebene der politischen Reflexion weitgehend fehlt, charakterisiert den *Totenwald* wie das Schreiben Wiecherts insgesamt – wie Jörg Hattwig gezeigt hat, lässt sich vielmehr eine Dämonisierung des Nationalsozialismus feststellen. Der Faschismus wird als Eruption des metaphysisch – Bösen gedeutet, das als Naturgewalt aus der Tiefe bricht: „Die Zeit hatte den Grund der Völker aufgegraben, und aus der Tiefe waren stinkende Quellen aufgebrochen. Aber man wußte nicht, wie weit sie sich unter der Erde verzweigten und was mit anderen Völkern sein würde, wenn man ihren Grund aufgrübe." Ebenso unreflektiert wird die Behauptung einer jüdischen „Kollektivschuld" immerhin als möglicherweise zutreffend erwogen: „[...] mochte das ganze Volk schuldiger sein als andere Völker [...]: Furchtbarer war niemals gebüßt worden, als jene büßten."

Ein weiteres Problem des Textes entsteht durch einen gewissen Widerspruch zwischen Gestaltung und Erleben. Dem Autor, der hier die fundamentale Erschütterung seiner Welt, seines Glaubens in Worte fassen will, geht dabei keineswegs sein Stil verloren. Das unfassbare Grauen menschlicher Bestialität wird in die typischen Wiechert-Vokabeln gefasst und in einer, so Hattwig, „schwermütigen, weihevollen Erzählweise vorgetragen". Wenn der Protagonist Johannes sich zu Beginn des Textes mit düsteren Gedanken quält, „als stehe das Zukünftige, und zwar ein unheilvoll Zukünftiges, schon schweigend und mahnend an der verdunkelten Schwelle des Bewußtseins", erklingt genau der Wiechert-Sound, für den ihn seine Verehrer lieben, der hier aber an Selbststilisierung grenzt.

Literatur

Manfred Franke: *Jenseits der Wälder. Der Schriftsteller Ernst Wiechert als politischer Redner und Autor*. Köln 2003 • Jörg Hattwig: *Das Dritte Reich im Werk Ernst Wiecherts. Geschichtsdenken, Selbstverständnis und literarische Praxis*. Frankfurt am Main u.a. 1984 • Grant Henley: *Cultural Confessionalism. Literary Resistance and the Bekennende Kirche*. Bern u.a. 2007 • H. R. Klieneberger: *The Christian Writers of the Inner Emigration*. Den Haag 1968 • Leonore Krenzlin: Erziehung hinter dem Stacheldraht. Wert und Dilemma von Ernst Wiecherts konservativer Opposition. In: *Das Dritte Weimar. Klassik und Kultur im Nationalsozialismus*. Hg. von Lothar Ehrlich, Jürgen John und Justus H. Ulbricht. Köln 1999, S. 149–161.

Carola Schiefke

Eugen Kogon: Der SS-Staat.
Das System der deutschen Konzentrationslager

Erstausgabe: Frankfurt am Main, Verlag der Frankfurter Hefte 1946

An dem Buch *Der SS-Staat* ließ sich immer wieder der Stand der gesellschaftlichen Auseinandersetzung mit dem Nationalsozialismus auf den Prüfstein stellen. Bereits 1946 beklagt der Autor Eugen Kogon (1903–1987) im Vorwort, dass das Gewissen der Deutschen leider nicht erwacht sei, und hofft inständig, das Buch werde „den Prozeß der Selbstbesinnung einleiten". In einer der rasch aufeinander folgenden Neuauflagen heißt es 1947 zugespitzt: „Wie entsetzlich, daß sein Erscheinen notwendiger geworden ist denn je. [...] Wie soll ‚die Welt' denn besser werden, wenn die *Menschen* nicht beginnen umzulernen?" Und 1977 stellt Kogon in einem neuen Vorwort fest, die Vergangenheit sei in der Bundesrepublik bislang nur politisch, nicht moralisch bewältigt worden. Mit der vorliegenden Neuausgabe handele es sich folglich um ein Experiment, „dessen Ausgang nicht ohne Aussagebedeutung für die politisch-psychologische Situation sein werde, in der wir uns dem dunkelsten Kapitel der neueren deutschen Geschichte gegenüber befinden."

Auf diese jeweils dem Stand der Zeit entsprechenden Besorgnisse folgt Kogons Überblick über eben das „System der Konzentrationslager", d.h. über Entstehungsphasen ebenso wie über Typen, über Tagesablauf, Häftlingskategorien, Sondereinrichtungen und Bestrafungen, der Versuch zu einer Analyse der Psychologie je der SS wie der Häftlinge und schließlich eine Auseinandersetzung mit der Kollektivschuldthese.

Der SS-Staat ist ein historischer Bericht und zugleich ein der Intention nach zutiefst aufklärerisches Werk, das gesellschaftlich-moralisch wirken wollte und wirken konnte. Der Verfasser, sechseinhalb Jahre als politischer Gefangener im Konzentrationslager Buchenwald inhaftiert, katholischer Humanist, Soziologe und Schriftsteller, gehört nach eigener Auskunft zu den „ganz Wenigen", die „die Voraussetzungen mit[brachten] und sich durch besondere Umstände in die Lage versetzt [sahen], bei aller Entwürdigung zum bespieenen Objekt innerlich in souveräner Subjektstellung verharrend, kritisch zu erleben, was ihnen widerfuhr, Umkreis und Bedeutung des Geschehens abzuschätzen, das organisatorische Gefüge ausfindig zu machen, den Motivierungen und Reaktionen der vergewaltigten, der kranken, der pervertierten, der blindgewordenen Seelen nachzuspüren und im Individuellen das Typische zu erkennen."

Eugen Kogon ist nicht einfach distanzierter Analytiker; er legt selbst Zeugnis ab. Und womöglich konnte er, ausgerüstet mit dem Blick und der Methodik des Soziologen und indem er im Herbst 1945 innerhalb weniger Monate den akribisch gearbeiteten *SS-Staat* verfasste, dem eigenen Leiden einen Sinn abringen. Bereits unmittelbar nach der Befreiung hatte Kogon den von der *Psychological Warfare Division* der US-Armee initiierten *Buchenwald-Report* mitverfasst, basierend auf Gesprächen mit rund 170 Überlebenden, darunter auch ehemaligen Häftlingen, die aus Auschwitz und anderen Vernichtungslagern nach Buchenwald gekommen waren.

Von der eigenen Erfahrung als Häftling spricht Kogon nur gelegentlich und dann in der dritten Person. Denn *Der SS-Staat* will systematischer Überblick, kein persönliches Zeugnis sein, mehr noch: Er wendet sich explizit gegen die „Flut an Erlebnisliteratur" – so heißt es im Vorwort der Erstausgabe –, die „mit all ihren individuellen Eindrücken, Atrozitätsberichten und Ressentiments [...] noch zu erwarten sein dürfte." Leser des Manuskripts hätten es „überraschend interessant" gefunden, so Kogon weiter, der daraus folgert, dass weder Presseberichte noch nationalsozialistische Propaganda hätten zeigen können, „was ein deutsches Konzentrationslager wirklich war. *Eine Welt für sich*, ein Staat für sich – eine Ordnung ohne Recht, in [der] der Mensch [...] um die nackte Existenz und das bloße Überdauern kämpfte. Gegen die SS allein? Beileibe nicht; genau so, ja noch mehr gegen seine eigenen Mitgefangenen!" Das Lager war 1946 so unmittelbar gegenwärtig, dass auch die ambivalenten Aspekte des Überlebens tabulos benannt werden konnten.

Eugen Kogons Werk bleibt einzigartig, bis heute sind sein Status und sein Genre nicht recht zu fassen. Bevor ab den späten fünfziger Jahren die früheste zeitgeschichtliche Forschung erschien, ersetzte *Der SS-Staat* gewissermaßen die Historiographie. Noch im aktuellen Klappentext als „einzigartiger Bericht" und „epochales Dokument" beworben, ist Kogons Werk zugleich historische Quelle, historisches Sachbuch und Grundlagentext, der das System der Konzentrationslager so anschaulich schildert wie bis heute kaum ein anderes Werk. Mittlerweile sind zahlreiche, durchaus einfacher lesbare, weniger systematische und nicht zuletzt literarische Werke über die Konzentrationslager erschienen – *Der SS-Staat* bleibt zwar Standardwerk, Studienbuch, aber keine „populäre" Lektüre. Worauf also setzt der *Heyne Verlag*, der das Buch seit den siebziger Jahren verlegt, heute in seiner Vermarktung? Auf die unwahrscheinliche Entstehung und die zeitgenössische Bedeutung. „Wiederholt wollte der Autor sein Manuskript vernichten", heißt es im Klappentext der Ausgabe von 2003, „so furchtbar war sein Inhalt. Aber er verwirklichte seine Absicht, die nackte Wahrheit zu schildern, objektiv, nichts zu verändern, nichts zu beschönigen und nichts zu verschweigen."

Kogon selbst hat sein Buch ein „vorwiegend soziologisches Werk" genannt. Von heute aus gesehen ist es darin aber noch mehr, nämlich eine einzigartige historische Quelle.

Literatur

Constantin Goschler: Erinnerte Geschichte. Stimmen der Opfer. In: *Public History. Öffentliche Darstellungen des Nationalsozialismus jenseits der Geschichtswissenschaft.* Hg. von Constantin Goschler und Frank Bösch. Frankfurt am Main 2009, S. 130–155 • Meike Herrmann: Historische Quelle, Sachbericht und autobiographische Literatur: Berichte von Überlebenden der Konzentrationslager als populäre Geschichtsschreibung? (1946–1964). In: *Geschichte für Leser. Populäre Geschichtsschreibung in Deutschland im 20. Jahrhundert.* Hg. von Wolfgang Hardtwig und Erhard Schütz. Stuttgart 2005, S. 123–145 • Joachim Perels: Eugen Kogon – Zeuge des Leidens im SS-Staat und Anwalt gesellschaftlicher Humanität. In: *Engagierte Demokraten. Vergangenheitspolitik in kritischer Absicht.* Hg. von Claudia Fröhlich und Michael Kohlstruck. Münster 1999, S. 31–45.

Meike Herrmann

Die Mörder sind unter uns

Regie und Drehbuch: Wolfgang Staudte
Kamera: Friedl Behn-Grund • Musik: Ernst Roters • Produktion: Deutsche Film AG (DEFA), Ost-Berlin • UA: 5. 10. 1946, Ost-Berlin, Deutsche Staatsoper • Länge: 90 Min., s/w • Darsteller: Hildegard Knef, Ernst Wilhelm Borchert, Erna Sellmer, Arno Paulsen

Am 1. Oktober 1946 ergehen in Nürnberg gegen die 24 als Hauptkriegsverbrecher angeklagten Vertreter der nationalsozialistischen Führungselite die Urteile. Damit wird der am 20. November 1945 eingeleitete erste Schritt zur juristischen Aufarbeitung des Nationalsozialismus abgeschlossen, mit dem namhafte Vertreter aus Politik, Militär und Wirtschaft für Planung und Durchführung eines Angriffskrieges und für Verbrechen gegen die Menschlichkeit strafrechtlich zur Verantwortung gezogen werden. Publizistisch wurde der Verlauf dieses ersten von insgesamt 13 Nürnberger Prozessen in Ost wie West aufmerksam beobachtet.

Als der bis in die heutige Zeit zurecht kontrovers diskutierter Film *Die Mörder sind unter uns* von Wolfgang Staudte (1906–1984, → *Rosen für den Staatsanwalt*, 1959) am 15. Oktober 1946 als erste Nachkriegsproduktion in der *Deutschen Staatsoper* in Berlin, Unter den Linden, mit einer großen Premiere uraufgeführt wird, liegt die Urteilsverkündung gegen die nationalsozialistische Führungselite gerade zwei Wochen zurück. Die Geschichte dieses ersten Spielfilms der DEFA verknüpft das Problem der Heimkehr mit dem moralischen und juristischen Diskurs über Schuld und Verantwortung individueller Personen. Erzählt wird von dem Arzt Dr. Hans Mertens (Ernst Wilhelm Borchert), der nach seinem Kriegsdienst nicht mehr ins zivile Leben zurückfindet. Durch Zufall erfährt er vom Überleben seines ehemaligen Vorgesetzten Ferdinand Brückner (Arno Paulsen), der an der Ostfront die Erschießung wehrloser Zivilisten angeordnet hat und nun – unbehelligt von diesem Kriegsverbrechen – als jovialer Fabrikant von zu Kochtöpfen umgearbeiteten Soldatenhelmen vom Wiederaufbau profitiert. Er beschließt, diese ungeahndete Gräueltat in Selbstjustiz zu vergelten. Im letzten Moment kann die ihn liebende Frau – die Grafikerin Susanne Wallner (Hildegard Knef) – sein ungesetzliches Ansinnen verhindern. Die Einsicht in eine notwendig juristische Aufarbeitung der Vergangenheit beschließt den Film.

„Tag um Tag hat der DEFA-Regisseur W[olfgang] St[audte] nach den Ruinen gesucht, zwischen denen er eine der wichtigsten Szenen seines Films ‚Die Mörder sind unter uns' drehen könne. [...] Einen so starken Eindruck hatten die zerrissenen Fronten der Kleinen Andreasstraße auf Staudte gemacht, [...] daß er die Arbeiter, die er mit einem Wasserrohrbruch beschäftigt fand, beschwor, dort doch ja nichts ‚kaputt zu machen'", so weiß ein Drehbericht in der Ost-Berliner Tageszeitung *Der Morgen* mitzuteilen. Der angesichts der Ruinen zunächst paradox anmutende Appell Staudtes an die Arbeiter der Berliner Wasserwerke, nichts kaputt zu machen, verweist auf eine Haltung gegenüber den Zeitläuften, die im Sinne von Walter Benjamins *Ursprung des deutschen Trauerspiels* (1928) als allegorische bezeichnet werden könnte. Im Bruchstück eines gewesenen Ganzen bestehe dieses weiterhin fort. Obgleich es als Fragment von Geschichte überdauert habe, sei es jedoch wie diese im „Vorgang unaufhaltsamen Verfalls". In den „zerrissenen Fronten" findet Staudte gewissermaßen das „hochbedeutende Fragment, das Bruchstück", an dem der Film das Leidvolle und Verfehlte der Geschichte hervortreten lässt.

Dass in *Die Mörder sind unter uns* die architektonischen Zerstörungen immer auch mit der Zerrissenheit seines männlichen Protagonisten, dass die Ruinen der Stadt mit dessen menschlichen Ruin verbunden sind, daran lässt der Film von Anbeginn keinen Zweifel. Die Titelsequenz endet in einer Schwarzblende, mit der Ernst Roter seine dramatische Filmmusik nochmals einen Halbtonschritt tiefer mit dominanten Viola- und Kontrabassklängen orchestriert: Dann in die Dunkelheit des Kinosaals eine Einblendung „Berlin 1945", ergänzt durch einen kurz darauf erscheinenden Untertitel: „Die Stadt hat kapituliert ..." Beinahe im Telegrammstil nach der ‚Fraktur'. Aufblende: Die vielstimmig instrumentierte Musik der Exposition weicht einem regsamen, fast nervös wirkenden Klavierspiel, das aus der Ferne des Bildraums zu hören ist. Eine bodenwärts gerichtete Kamera zeigt in Naheinstellung die Stirnseite erst kürzlich aufgehäufter Soldatengräber in einem bildfüllenden Anschnitt. Die kurze Brennweite des Eingangsbilds belässt die Umgebung der zwei Grabhügel im Schemenhaften. Zum einen wird dadurch nach der prononcierten Nennung von Ort und Datum jede weitere zeiträumliche Orientierung verweigert, zum anderen wird das Audiovisuelle in ein Spannungsverhältnis zum Buchstäblichen gerückt. Angesichts des Gewichts der Schrift, der Last der Schlagworte, könnte die initiale filmische Einstellung metaphorisch als gesenkter Blick, als niedergeschlagene Augen gefasst werden.

Erst im Verlauf eines langsam einsetzenden Schwenks erschließt sich eine von Gefechten zerfurchte Straßenansicht. In mattem Gang und mit nach innen gekehrtem Blick nähert sich eine männliche Gestalt dem Bildvordergrund. Der Blick des Mannes schweift umher, ohne dabei Notiz von der Umwelt zu nehmen. Symbolisch verdichtet lässt das Auftrittsszenario des Protagonisten eine mehrdeutige Neige gewahr werden: als Verlust der für die Orientierung elementaren Horizontlinie, als mit der bedingungslosen Kapitulation zu Ende gegangener Zeitabschnitt und schließlich als bitteren, kläglichen Rest einer ehemals metropolitanen Stadt. Die gefilmte Stadt Berlin war immer auch ein Ort verkehrsreicher Straßen, nunmehr sind es schuttgesäumte, von hoch aufragenden Wohnhausruinen umgrenzte Pfade, die ihr Bild prägen. Staudte setzt den Auftrittsort seines von der psychischen und physischen Ausnahmesituation des Krieges gezeichneten Heimkehrers als ein aus dem Rahmen fallendes Tableau in einer realen Schreckenskulisse in Szene. Mit beträchtlichem bildgestalterischem Aufwand steigert die Regie eine von vielen Menschen bei der Heimkehr zum Ausdruck gebrachte Derealisierung und Orientierungslosigkeit auf den Ruinenfeldern, die der Zweite Weltkrieg hinterlassen hat. So sieht etwa → Alfred Döblin überall starrende „Kulissen-Straßen", deren Erscheinungsbild von „Häuserskeletten" dominiert werden, oder → Wolfgang Borchert lässt seinen Heimkehrer „einen ganz tollen Film" erleben, der sich schnell als ein „ganz alltäglicher" herausstellt. Dass Gefühl des Fremdwerdens des vormals Vertrauten ist jedoch keineswegs auf Rückkehrer zu limitieren, die eine geraume Zeit abwesend waren. Vielmehr handelt es sich um einen angesichts der kriegszerstörten Städte weitverbreiteten Wahrnehmungseindruck. „Was uns umgab, erinnert in keiner Weise an das Verlorene. Es hatte nichts damit zu tun. Es war etwas anderes, es war das Fremde, es war das eigentlich Nicht-Mögliche", heißt es in → *Der Untergang* von Hans Erich Nossack.

In *Die Mörder sind unter uns* steht das Ankunftsszenario der Protagonistin in einem deutlichen Gegensatz zum Auftritt der männlichen Hauptperson. In einem völlig überfüllten Zug ist soeben Susanne Wallner nach Berlin zurückgekehrt, nachdem sie 1942 in ein KZ deportiert worden war. Die Kamera begleitet sie auf ihrem Weg durch die dicht gedrängte Menschenmenge auf dem Stettiner Bahnhof, von dessen Sonderbahnsteig G früher einmal alle KdF-Züge zu den Ostseebädern abfuhren. Während sie aufmerksam ihre Umgebung musternd in den Wartesaal tritt, beginnt sich die Kamera von ihr zu lösen. In langsamer Fahrt nähert sie sich einem alten Mann, der seinen Rücken zur Kamera dreht, sich müde an die Wandrudimente des Wartesaals lehnt, um seinen Blick auf die Ruinenlandschaft zu richten. Indessen rückt die Kamera ein Plakat mit der Aufschrift „Das schöne Deutschland" zunehmend formatfüllend ins Bildzentrum. Der touristische Werbeträger mit seiner fotografischen Reminiszenz an das Vergangene markiert diese Zeit überdeutlich als verblichen: Lediglich an einem Punkt befestigt, droht das Plakat vollends abzustürzen und zitiert mit seiner gekippten Horizontalen die Bildkomposition der ersten Einstellung. Die anschließende transitorische Überblendung von historischer Fotografie und zeitgenössischer Ruine ist dabei gleichermaßen kontinuierlich wie kontrastiv. Kontinuierlich, weil zwischen den Türmen des auf dem Plakat gezeigten Fachwerkbaus und den Pilasterresten der Ruine in der Vertikalen eine visuelle Analogie besteht, kontrastiv, da mit dem Bild des Alten die unversehrte Bausubstanz der Vorkriegsjahre als bildliche Folie aufgerufen wird, von der sich die gegenwärtige Zerstörung in deutlichem Gegensatz abhebt. Mit dieser Bilderfolge etabliert der Film seinen zentralen Handlungsraum, der im späteren Verlauf den Rahmen für eine Heimkehr aus dem Krieg bildet. Es ist dies der Ort, an dem die beiden Protagonisten ihrer gegenseitigen Liebe gewahr werden, der Ort, an dem sich für beide ein Bund fürs Lebens andeutet und damit die gemeinsame Überwindung vergangener Schrecken sowie eine hoffnungsfrohe Zukunft aufscheint. Verschiedentlich komponiert Staudte in *Die Mörder sind unter uns* die Überreste der Stadt zu symbolisch verdichteten Orten, an denen er seinen desillusionierten Kriegsheimkehrer schrittweise zu einem zuversichtlichen Humanisten sich wandeln lässt. Neben der ruinenumsäumten Stätte des Liebesgeständnisses wird der aus dem Krieg heimgekehrte Arzt an einem ebensolchen Ort an seinen hippokratischen Eid erinnert und schließlich wird auch die Klimax des Films inmitten einer Kirchenruine initiiert, in der am ersten Heiligabend der Nachkriegszeit die frohe Botschaft des Friedens verkündet wird. Die christliche Friedensbotschaft, der mit der Geburt Jesu ansetzende Nullpunkt der Zeitrechnung wird in Staudtes Film zum Ausgangspunkt einer ganz eigensinnigen Interpretation einer Stunde Null. Im Namen eines abstrakt bleibenden „Wir" fordert Mertens mit christlich inspirierten Verkündungspathos für die Opfer des Kriegs von den Mördern Sühne.

In Staudtes Film geht die Heimkehr aus dem Krieg nicht in einer örtlichen Ankunft auf. Heimkehr scheint die Revision des vormalig gültigen konsensuellen Rahmens sowie der persönlichen Bindungen innerhalb einer imaginierten gemeinschaftlichen Umgrenzung zu bedürfen. Am Ende des Films ist der anfänglich ‚gesenkte Blick' der Kamera auf die Toten des Weltkriegs einer ‚aufrechten' Einstellung auf die Überlebenden gewichen, die ihre wiedergefundene Stimme „im Namen der Menschlichkeit" erhebt. „[W]ir haben die Pflicht", führt Hans Mertens aus, „Anklage zu erheben. Sühne zu fordern im Auftrag von Millionen unschuldig hingemordeter Menschen." Wenngleich er seinen Blick während dieser eindringlich akzentuierten Worte dem linken Off – und damit gemäß einer kinematografischen Bewegungslogik der Vergangenheit – zuwendet, so ist dieser gleichwohl kein rückwärtsgewandter, sondern einer auf eine gerechtere Zukunft geöffneter. Auch die Ruinen der Vergangenheit sind in der letzten Sequenz in den

Hintergrund gerückt und lediglich als Reflexion auf den Sprossenfensterscheiben einer Fertigungshalle angedeutet, bevor eine Coda den Film mit einem Defilee von Kriegsopfern beschließt.

Literatur

Rudolf Aurich u. a.: „*Die Mörder sind unter uns*". *Analyse, Arbeitshinweise, Materialien*. Hannover 1995 • Walter Benjamin: Ursprung des deutschen Trauerspiels. In: Walter Benjamin: *Gesammelte Schriften. Bd. I.1: Abhandlungen*. Frankfurt am Main 1991, S. 203–430 • Robert R. Shandley: „Die Mörder sind unter uns" oder Showdown mit der Vergangenheit. In: *WerkstattGeschichte*, 9 (2000), Nr. 25, S. 116–123 • Guntram Vogt: *Die Stadt im Kino. Deutsche Spielfilme 1900–2000*. Marburg 2001, S. 417–429 • Ulrike Weckel: „Die Mörder sind unter uns" oder Vom Verschwinden der Opfer. In: *WerkstattGeschichte*, 9 (2000), Nr. 25, S. 105–115.

Wolfgang Kabatek

Karl Jaspers: Die Schuldfrage. Ein Beitrag zur deutschen Frage

Erstausgabe: Heidelberg, Lambert Schneider Verlag 1946

Als → Gottfried Benn sich 1948 an den „Herausgeber einer süddeutschen Monatsschrift" wendete, brachte er nicht ohne Ressentiments sein Bedauern über die lange Zeit seines Ausschlusses vom deutschen kulturellen Leben zum Ausdruck. Von den Nationalsozialisten sei ihm die schriftstellerische Betätigung ebenso verboten worden wie von den Alliierten nach dem Ende des Krieges: „Damit Sie nicht auf falsche Gedanken kommen, füge ich hinzu, daß mein Fragebogen in Ordnung ist, wie zahllose Recherchen und Nachprüfungen innerhalb meiner ärztlichen Sparte ergeben haben, ich gehörte weder der Partei an noch einer ihrer Gliederung." Jegliche Schuld von sich weisend, demonstriert Benns Erklärung die emotionale Gemengelage der Deutschen nach Kriegsende, als man mit erhobenem Zeigefinger auf das Land zeigte, auf dem die moralischen Trümmer mindestens ebenso schwer lasteten wie die materiellen. Einer der ersten Intellektuellen, der sich mit einem eigenen Appell an die Deutschen wandte und sich dabei eindeutig auf die Vernichtungslager bezog, war Franz Werfel, der 1938 nach dem ‚Anschluss' Österreichs zunächst nach Frankreich und schließlich in die USA emigriert war. In seiner für das *Office of War Information* verfassten und am 13. Mai 1945 nach Deutschland zur Veröffentlichung in Zeitungen gekabelten „Botschaft an das deutsche Volk" forderte er die Deutschen zu einem umfassenden Schuldeingeständnis auf. Jeder deutscher Staatsbürger solle seine Schuld bekennen, dies sei der einzige Weg zum Seelenheil. Werfels Rede war zweifellos in sich kohärent, da sie aus einer persönlichen ethischen und künstlerischen Aufarbeitung resultierte. Als im Ausland wohnender Emigrant, war seine Position jedoch prekär. Eine verbreitete Strategie, um kollektive Anklagen an die Sender zurückzuweisen, war nämlich das Argument, es sei für diejenigen, die Deutschland verlassen hätten, viel leichter gewesen, nicht zu Mittätern oder passiven Duldern der nationalsozialistischen Verbrechen zu werden.

Der Heidelberger Professor Karl Jaspers (1883–1969, → *Die Atombombe und die Zukunft des Menschen*, 1958) war einer derjenigen, die in Nazi-Deutschland geblieben waren. Und dies, obwohl der bekannte Verfasser von wichtigen Studien wie der *Allgemeinen Psychopathologie* (1913) und der *Existenzphilosophie* (1938) aufgrund seiner Ehe mit einer Jüdin 1937 von der Universität Heidelberg zwangsweise in den Ruhestand versetzt worden war und im Jahr darauf zusätzlich Publikationsverbot erhalten hatte. Die Befreiung Heidelbergs durch die Amerikaner 1945 war für Jaspers denn auch eine persönliche Befreiung vom erzwungenen Schweigen. Er engagierte sich für die Wiedereröffnung der Universität sowie in der Auseinandersetzung mit der unmittelbaren Vergangenheit. In diesem Zusammenhang ist auch seine Vorlesungsreihe zur *Frage der Schuld* im Sommersemester 1946 zu sehen.

Seine daraus resultierende Schrift *Die Schuldfrage* ist insofern nicht nur eine ethisch-moralische Meditation über die Folgen der von Deutschen begangenen Menschheitsverbrechen, sondern auch eine aufmerksame psychologische Analyse der Ablehnungsmechanismen gegenüber einer Anklage, die jeden seiner Hörer und Leser betraf. Die zu untersuchende „geistige" Situation war daher durch Aspekte unterschiedlichster Art bestimmt: juristische, politische, moralische und religiöse. Politisch war sein Beitrag, weil nach Jaspers die politische Realität das ‚Dasein' eines Individuums bestimme. Die des Nationalsozialismus war die in diesem Sinn prägendste.

Nun hatte sich das kommunikative Klima an den Universitäten mittlerweile verändert. Lehre und Forschung waren auf dem besten Weg, sich frei entfalten zu können. Und so forderte auch Jaspers jeweils zu Beginn der Vorlesungen sein Publikum dazu auf, jegliches Misstrauen, jegliche Vorurteile abzulegen und sich in kritischer Reflexion der gesellschaftlichen und politischen Situation der Gegenwart zuzuwenden. Es ist daher nicht unbedingt glücklich zu nennen, dass die *Einleitung zu einer Vorlesung über die geistige Situation in Deutschland* in einigen ausländischen Textausgaben gestrichen wurde. Wenn Jaspers das Leid berücksichtigt, das jeden Deutschen aus den verschiedensten Gründen – Verlust ihm teurer Personen, seines Hauses oder anderer Güter – betraf, wenn er die Scheu seiner Mitbürger, sich nach dem Krieg wieder erhobenen Hauptes zu zeigen, ernst nimmt, dann hält er keine Vorlesung ex cathedra, sondern steht mit dem Einzelnen im Gespräch. Sich langsam steigernd, werden Kritik und Verständnis weise vermengt, wobei Jaspers von der allgemeinen Krise der Menschheit bis zum politischen Niedergang der deutschen Nation einen Bogen spannt.

Bei seiner Definition des Begriffs der Schuld unterscheidet Jaspers vier Arten: die juristische Schuld, gekennzeichnet durch Vergehen, die objektiv beweisbar sind und klar bestimmte Gesetze überschreiten; die politische Schuld, bestehend aus Handlungen von Staatsmännern und der Zugehörigkeit zu einem Staat, dessen Autoritäten man untersteht; die moralische Schuld, aufgrund derer ein Subjekt die Verantwortung der Handlungen trägt, die es als Individuum ausführt; die metaphysische Schuld, ableitbar von der Umgehung jenes Grundsatzes der Solidarität, zu der der Mensch bei seinem Kollektivverhalten angehalten ist. Dass die Menschen jene Gewalttätigkeiten nicht verhinderten, von denen sie wussten, unterstellt sie dem Urteil Gottes – der einzigen Instanz, der es über Fälle zu urteilen zusteht, bei denen das Verbrechen nicht aktiv begangen wurde.

Die metaphysische Schuld wurde als die undurchsichtigste angesehen, auch wenn man versuchte, sie im Lichte der Bibel als „Sünde" zu erklären. Jaspers war sich bewusst, dass eine Zivilperson oder ein Militärangehöriger zweifellos gescheitert wäre, hätte er sich den Anordnungen des Nazi-Regimes widersetzt. Die metaphysische Schuld, bei der das urteilsprechende Gericht für das menschliche Auge unsichtbar bleibt, setzt daher wahrscheinlich die Kausalität von Ursache und Wirkung im Namen der göttlichen *pietas* teilweise außer Kraft. Auch in diesem Fall müsste eine Rehabilitation stattfinden, jedoch nur, wenn das Individuum imstande wäre, den eigenen Stolz abzulegen und die Schuld anzuerkennen. Aus den anderen Schuldarten folgen dagegen die juristische Bestrafung der Delikte, die Verantwortung für die politische Schuld, aus der ebenfalls restriktive Maßnahmen folgen können – von der Einschränkung der politischen Rechte bis hin zur Vernichtung des Subjekts im Falle einer von den Militärorganen erklärten Notfallsituation –, und für die moralische Schuld Sühne und Erneuerung.

Jaspers geht bei der Analyse von Ursache und Wirkung der Schuld in all ihrer Verschiedenheit so akribisch vor, wie er angesichts der größten Schuld, dem Holocaust, geradezu synthetisch verfährt. Etwa, wenn er am Ende seiner Mahnrede aus einer seiner Reden von 1945 zitiert: „Wir konnten den Tod suchen, als im Kriege das Regime von Anfang an gegen den Satz unseres größten Philosophen, Kant, handelte, der als Bedingung des Völkerrechts forderte: Es dürfen im Kriege keine Handlungen geschehen, die eine spätere Versöhnung der Kriegsführenden schlechthin unmöglich machen. Tausende haben in Deutschland im Widerstand gegen das Regime den Tod gesucht oder doch gefunden, die meisten anonym. Wir Überlebenden haben nicht den Tod gesucht. Wir sind nicht, als unsere jüdischen Freunde abgeführt wurden, auf die Straße gegangen, haben nicht geschrieen, bis man uns auch vernichtete. Wir haben es vorgezogen, am Leben zu bleiben, mit dem schwachen, wenn auch richtigen Grund, unser Tod hätte doch nichts helfen können. Daß wir leben, ist unsere Schuld". Jaspers hat die an den Juden begangenen Verbrechen folglich nicht ausgelassen, wie gelegentlich behauptet wurde, wohl aber über die Besonderheit der industriellen Vernichtung geschwiegen.

In der zweiten Hälfte des Essays behandelt Jaspers das Thema der Kollektivschuld direkter, indem er darauf hinweist, dass man über die eigenen Verantwortlichkeiten hinaus in einer weltumfassenden und historischen Perspektive als Kollektiv beurteilt wird, weswegen auch die Schuld der Väter einen Teil der Erfahrung einer Kollektivschuld ausmacht. Jaspers stellt fest, dass eine ganz natürliche Verteidigung des gleichen Blutes von Seiten der Familienangehörigen zu erwarten ist, wenn einer aus der Sippe Unrecht auf sich lädt, dass dabei aber unvermeidlich auch ein Gefühl der Mitschuld beim Einzelnen entsteht. Diese Situation könne man auch auf das deutsche Volk übertragen; dementsprechend sollte man als Teil des Kollektivs auch die „Aufgabe der Wiedererneuerung" übernehmen. Auch die Sieger der zwei Weltkriege seien nicht notwendigerweise der „gute Teil der Geschichte", ihre passive Teilhabe an den Gewalttaten, die einige Völker an anderen begangen haben, sei ebenso eine politische Schuld. Überdies hätten sie – mit Blick auf den Friedensvertrag von Versailles – ein Volk in die Arme einer reaktionären Ideologie getrieben und seine Lebensbedingungen auf der gesellschaftlich-wirtschaftlichen Ebene verschärft. So schreibt Jaspers: „Es kann nicht gelten, daß der Sieger sich einfach zurückzieht auf seinen engeren Bereich und Ruhe haben will, und nur zusieht, was in der Welt sonst geschieht. Er hat die Macht, es zu verhindern, wenn ein Ereignis unheilvolle Folgen ankündigt. Die Nichtbenutzung dieser Macht ist eine politische Schuld dessen, der sie besitzt."

Während der erste Teil von Jaspers Text eine detaillierte Analyse des schuldhaften Verhaltens in Vergangenheit und Gegenwart liefert, nimmt der Diskurs im zweiten Teil also internationalere Züge an und zielt auf den Schutz vor politischer Blindheit in der Zukunft ab. Die Parallele zwischen dem Schweigen zu Ungerechtigkeiten, die im eigenen Land begangen wurden, und dem Versuch, angesichts von Machtmissbrauch an anderen Orten der Welt den nationalen Frieden zu wahren, ist offensichtlich. Jaspers' Sensibilisierungskampagne richtet sich vor allem gegen Fatalismus, Resignation und Heuchelei. Aber sie hat sicher nicht den durchschlagenden, gar schockierenden Charakter von Hannah Arendts *Elemente und Ursprünge totaler Herrschaft* (1951), die behauptet, dass das Leben in Deutschland – ein Grundrecht eines jeden Individuums – mit den Folgen des Nationalsozialismus seinen ganzen Wert verloren habe.

Literatur

Dominic Kaegi: Die Moral der metaphysischen Schuld. In: *Die Schuldfrage. Untersuchungen zur geistigen Situation der Nachkriegszeit*. Hg. von Carsten Dutt. Heidelberg 2010, S. 105–117 • Heidrun Kämper: *Opfer-Täter-Nichttäter. Ein Wörterbuch zum Schulddiskurs 1945–1955*. Berlin, New York 2007 • Martin Tavakolian: Zum Begriff der Kollektivschuld. In: *Die Schuldfrage. Untersuchungen zur geistigen Situation der Nachkriegszeit*. Hg. von Carsten Dutt. Heidelberg 2010, S. 65–87 • Helmut Peitsch: Die Schuldfrage. In: Ders.: *Nachkriegsliteratur 1945–1989*. Göttingen 2010, S. 67–97.

Elena Agazzi

Victor Klemperer: LTI. Notizbuch eines Philologen

Erstausgabe: Berlin, Aufbau Verlag 1947

„Worte können wie winzige Arsendosen sein: Sie werden unbemerkt verschluckt; sie scheinen keine Wirkung zu tun – und nach einiger Zeit ist die Giftwirkung doch da", mahnte der Dresdner Universitätsprofessor Victor Klemperer (1881–1960) in *LTI*, seinem 1947 in der Sowjetischen Besatzungszone erschienenen *Notizbuch eines Philologen*. Die drei Buchstaben L-T-I verweisen – sowohl aus spöttischer Spielerei als auch aus Angst vor der *Geheimen Staatspolizei* – auf die bekannt gewordene *Lingua Tertii Imperii*, die Sprache des ,Dritten Reiches', deren Eigenschaften und Gebrauch Klemperer zwischen 1933 und 1945 minutiös notierte. Im Vorfeld der Veröffentlichung seines *Notizbuches* überarbeitete Klemperer 1946 die zahlreichen, verstreuten Anmerkungen zum faschistischen Sprachtotalitarismus, die er während der Nazi-Zeit tagebuchartig gesammelt hatte (die Tagebücher sind erst 1995 im *Aufbau Verlag* erschienen). Das Ergebnis war der einzigartige Erlebnis- und *Sprach*bericht eines Deutschen jüdischer Herkunft, der Hitler-Deutschland bis zur bedingungslosen Kapitulation er- und überlebte, zunächst noch als Literaturprofessor, dann als Arbeiter, zuletzt als zum Arbeitslosendasein Gezwungener. Quer durch alle gesellschaftlichen Schichten registrierte Klemperer sowohl die *um*- und *ent*wertende Wirkung des Nationalsozialismus auf die deutsche Sprache, als auch den gleichzeitigen Einfluss der totalisierten Alltagssprache auf seine Landsleute. Klemperers Hauptziel bestand darin, die *Lingua Tertii Imperii* in ein Verhältnis zur Geisteshaltung der damaligen Deutschen zu setzen. Seine akribische Analyse fokussiert deshalb auf die Sprache *des* Faschismus – wenn Klemperer z.B. von ihr als von der propagandistischen Sprache des „marktschreierischen Agitators" schreibt (gemeint ist Goebbels) – sowie auf die missbrauchte Alltagssprache *im* Faschismus – wenn der Autor die ideologisch vergiftete Ausdrucksweise im Diktaturalltag kommentiert.

Die Aufmerksamkeit des Autors richtet sich auf vorwiegend *lexikalische* Spracherscheinungen, die im *Notizbuch* semasiologisch und onomasiologisch untersucht werden. Besonders wichtig scheinen dem Autor die Schlagwörter – oder „Pfeilwörter" – der Nazi-Zeit und ihr verzerrter Gebrauch zu sein. „Volk", „Gefolgschaft", „Fanatismus", „organisieren" und die sogenannten lexikalischen Superlative – „einmalig", „total", „ewig" – sind im *Notizbuch* vorbildliche Beispiele der semantischen Umwertung, die zur Totalisierung des politischen Diskurses auf wesentliche Art und Weise beitrugen. In diesem Zusammenhang sind in *LTI* auch Sprachphänomene wie Euphemismen und Verschleierungen detailliert berücksichtigt: Worte wie „Niederlage und Rückzug – geschweige denn Flucht – blieben unausgesprochen. Für Niederlage sagte man Rückschlag – das klingt weniger definitiv; statt zu fliehen, setzte man sich nur vom Feinde ab; Durchbrüche gelangen ihm nie, immer nur Einbrüche, [...] die ‚aufgefangen' wurden, weil wir eben eine ‚elastische' Front besaßen", notiert Klemperer in Bezug auf die Endphase des Krieges.

Im Rahmen seiner umfassenden Sprachanalyse und -kritik führt er eine gründliche Ermittlung der semantischen und pragmatischen Umstellung vieler Lehnwörter aus den Bereichen der Religion („der Heiland", „heilig", „die Vorsehung" usw.), des Sports und der Technik. Klemperers Sprachreflexion bezeugt, wie erfolgreich die Nazi-Sprache den irrationalen Kult um politischen Glauben und Treue, um körperliche Stattlichkeit und Kraft, um maschinelle Leistungsfähigkeit und Zuverlässigkeit propagieren konnte. Dabei handelte es sich am häufigsten um die gefährliche Verdrehung fremder Diskurse, fremder Begriffe, eines fremden Wortschatzes, die zum parteiischen Eigennutz angeeignet und schließlich wieder erfunden wurden: „Alles ist übernommen und doch ist alles neu und gehört der LTI für immer an, denn es ist aus den abgeschiedenen Winkeln des persönlichen oder fachwissenschaftlichen oder Gruppensprachgebrauchs ins Allgemeine übernommen und ganz durchgiftet mit nazistischer Grundtendenz." Als eine der unheimlichsten Eigenschaften der *LTI* betont Klemperers *Notizbuch* deren Fähigkeit, sich nicht nur für die exaltierenden Reden Goebbels geeignet zu haben, sondern auch in die Alltagssprache übergegangen zu sein, sich bis in die „Judenhäuser" geschlichen zu haben: „Ich schreibe nun schon eine ganze Weile: es war ... es war. Aber wer hat denn gestern erst gesagt: ‚Ich muss mir ein bisschen Tabak *organisieren*'? Ich fürchte, das bin ich gewesen", merkt der Autor diesbezüglich beunruhigt an. In seinem *Notizbuch* verweilt Klemperer deshalb nicht nur bei berüchtigten Ideologemen. Unter seine sprachkritische Lupe werden auch Geburts- und Todesanzeigen, Alltagsgespräche und andere alltägliche, ‚unverdächtige' Textsorten gebracht, die von der invasiven *Lingua Tertii Imperii* keineswegs verschont blieben.

1947 erschien *LTI* mit zunächst 10000 Exemplaren, eine angesichts der damaligen Papierrationierung sehr hohe Auflage, die schon im Mai 1948 ausverkauft war. 1949 und 1957 wurden dann die zweite und dritte Auflage des *Notizbuches* veröffentlicht, die ebenfalls innerhalb kürzester Zeit vergriffen waren. 1966 wurde *LTI* bei *Reclam* Leipzig verlegt, wo seitdem alle zwei bis vier Jahre jeweils neue Auflagen mit bis zu 40 000 Exemplaren erschienen. Erst 1975 verlegte *Reclam* eine Ausgabe für Westdeutschland, wo *LTI* bis dahin unter dem Zusatztitel *Die unbewältigte Sprache* nur in geringer Auflage herausgekommen war. Das unübersehbare Publikumsinteresse für Klemperers Werk bewies, dass seine scharfsinnige Sprachreflexion einen kritischen Punkt der kollektiven Vergangenheitsbewältigung berührt hatte. Durch einen lebendigen, nie akademisch-trockenen Stil half *LTI* vielen, die mit der Nazi-Ideologie aufgewachsen waren, die Augen zu öffnen und sich des – leicht zu missbrauchenden – Handlungspotenzials der Sprache bewusst zu werden. Wie kein anderes antifaschistisches Aufklärungswerk der Nachkriegszeit hat das *Notizbuch* den Lesern das enge Verhältnis zwischen Sprache und Hitler-Diktatur bewusst gemacht.

Dass es *LTI* gelang, eine breite Leserschaft anzusprechen, hängt mit Sicherheit auch mit den vielfältigen Zielsetzungen der Publikationen zusammen. Zunächst wollte Klemperer durch *LTI* „Zeugnis ablegen, bis zum letzten", das *Notizbuch* war aber nicht nur als bloßer Bericht der erlittenen Gräuel gedacht. Im Vorwort zur ersten Auflage erklärt der Philologe ausdrücklich, dass *LTI* vorwiegend als eine *sprachwissenschaftliche* „Arbeit der ersten Stunde" verstanden werden sollte. In Bezug darauf war sich Klemperer selbst – dem als Jude der Zugang zu Bibliotheken, Zeitungen und Zeitschriften während der Hitler-Zeit verboten war – der methodologischen Grenzen seines *Notizbuches* bewusst: Deshalb sah er *LTI* als einen ersten Ansporn zu späteren, gründlicheren Auseinandersetzungen mit der faschistischen Sprachdiktatur. Neben der Zeugenfunktion und dem wissenschaftlichen Zweck nennt der Autor nicht zuletzt auch die erzieherische Rolle des *Notizbuches*, wobei seine Analyse des Sprachtotalitarismus zur dauerhaften Überwindung faschistischer Sprech- und somit Denkweisen beitragen sollte.

Vor dem Hintergrund solcher Zielsetzungen und der damaligen Absicht eines breiten ‚Entnazifizierungsprozesses' überrascht es kaum, dass die Rezensionen zur Erstauflage des *Notizbuches* quer durch das gespaltene Deutschland grundsätzlich positiv ausfielen. Später wurde die Kritik an der LTI auch auf den Sprachgebrauch der ostdeutschen Gegenwart übertragen, wobei Klemperer selbst – ohne dafür seine Zustimmung zur DDR grundsätzlich in Frage zu stellen – die Funktionärssprache, das ‚Kaderwelsch', missbilligt hat.

Literatur

Kristine Fischer-Hupe: *Victor Klemperers „LTI. Notizbuch eines Philologen". Ein Kommentar.* Hildesheim 2001 • Dina Kashapova: Victor Klemperer: „LTI. Die Sprache des Dritten Reiches". In: *Bausteine der Moderne – Eine Recherche.* Hg. von Cord-Friedrich Berghahn und Renate Stauf. Heidelberg 2007, S. 133–156 • Bärbel Techtmeier: Bedeutung zwischen Wort und Text. Die Sprache des Faschismus im Spiegel von Victor Klemperers „LTI". In: *Bedeutungen und Ideen in Sprachen und Texten. Werner Bahner gewidmet.* Hg. von Werner Neumann und Bärbel Techtmeier. Berlin 1987, S. 315–323.

Andrea Rota

Ernst von Salomon: Der Fragebogen

Erstausgabe: Hamburg, Rowohlt Verlag 1951

„Die SS-Führer diskutierten nie. Sie überraschten in mancherlei Gesprächen durch ein ungewöhnliches Maß von geistiger Toleranz, waren bedeutend eher dafür zu haben, gemachte Fehler der deutschen Führung zuzugeben, als alle anderen, und schienen eigentlich in Fragen der ‚Schuld' eher gelangweilt als unmittelbar angesprochen." Das kann man in Ernst von Salomons 1951 erschienenem autobiographischen Bestseller *Der Fragebogen* lesen. Die Langeweile in Sachen Schuld ist dort beileibe kein Anlass zur Kritik, vielmehr, so wird mitgeteilt, handele es sich bei den SS-Führern um „einen Typus, der vorbildlich war – kluge, sachliche, souveräne Gestalten ohne jeden Bruch, körperlich und geistig ohne jede Spur von organischem und intellektuellem Fett." Das gilt selbst für einen Standartenführer, der „zuletzt von Himmler nach Ungarn delegiert worden [war], um dort die ‚Judenfrage zu lösen'." (720)

Diese Feststellungen trifft Salomon (1902–1972) im letzten und umstrittensten Viertel des Buchs, das seine Nachkriegserlebnisse in US-amerikanischen Internierungslagern zum Gegenstand hat. Dorthin gekommen war Salomon im Juni 1945, weil er als Beteiligter am Attentat auf den Reichsaußenminister Walther Rathenau 1922 zu den nach der Kapitulation durch das *Counter Intelligence Corps* (CIC) der US-Army in „automatic arrest" Genommenen gehörte. Zusammen mit ihm inhaftierte man seine jüdische Lebensgefährtin Ille Gotthelft, die er mit einer vorgetäuschten Ehe durchs ‚Dritte Reich' gerettet hatte. Bei seiner Entlassung im September 1946 wurde ihm nur mitgeteilt, dass es sich um eine irrtümliche Verhaftung gehandelt habe.

Wenn es im Sinne des Erzählers Schuldige im Internierungslager gibt, so sind das deshalb nicht die Deutschen, obgleich Salomon durchaus KZ-Aufsehern, Gauleitern, Generälen, Parteifunktionären, Gestapo- und SD-Leuten begegnete. Sein

Lektor Kurt W. Marek (→ C. W. Ceram) flehte geradezu: „Hier sollte wenigstens einmal ein echter Nazi, ein KZ-Nazi auftreten. Ihr Lager erscheint als eine Versammlung edler Menschen, unschuldiger Lämmer, weißer Täubchen." Im Gegensatz zu anderen Vorschlägen folgte Salomon dem jedoch nicht. Und so stehen bei Salomon die „allermeisten [Internierten] [...] diesem vertrackten Begriff ‚Schuld' völlig verständnislos gegenüber." (697) Angeklagt werden vom Erzähler dagegen die Amerikaner. Die sind kaugummikauende Antisemiten, brutale Dummköpfe und unkultivierte Tölpel, was dem Leser auch schon zuvor klargemacht worden war: „Die Dummheit ist das Normale. Keine Macht der Welt wird mich zu der völkerverhetzenden Behauptung bewegen können, die Amerikaner seien anomal." (261)

Eingetragen ist dieser letzte und längste zusammenhängende Abschnitt in der Rubrik „Bemerkungen", die den sogenannten *Großen Fragebogen der amerikanischen Militärregierung* abschloss. So wie dieser letzte Teil besteht auch der Rest des rund 800 Druckseiten umfassenden Buchs aus gelegentlich kürzeren, oft aber überaus langen Antworten auf die 131 Fragen des authentischen Fragebogens. Nur eine oder wenige Zeilen benötigte Salomon um Auskunft über seine Größe, die gegenwärtige Anschrift oder die Parteien zu geben, die er im November 1932 und im März 1933 gewählt hätte. Auf die Frage nach den „Vergehen, Übertretungen oder Verbrechen" antwortete er dagegen auf 60 Seiten, auf die Frage nach den Reisen ins Ausland inklusive der Feldzüge auf 70 und auf die Fragen nach Mitgliedschaften in NS-Organisationen gar auf 80 Seiten. „Ein einzigartiger kühner literarischer Einfall wird hier zum Bericht über ein bewegtes Leben und zugleich zur Darstellung der letzten fünfzig Jahre deutscher Zeitgeschichte. Eine bürokratisch-kollektive Maßnahme, die den deutschen Menschen zu kategorisieren suchte, führt Ernst von Salomon dadurch ad absurdum, daß er ihr Gerippe benutzt, um an ihm die Integrität des Individuums zu demonstrieren", so der Klappentext.

Schon zu Anfang macht der Erzähler klar, dass es um Schuldfragen dabei nicht gehen könne. Denn obgleich der Fragebogen sich scheinbar an das Gewissen richte, indem der kollektive Verdacht und der Wunsch des Einzelnen sich davon zu befreien zu den Voraussetzungen der pauschalen Massenbefragung gehört, will Salomon seine Antworten zu einem Instrument der „Wahrheitsschöpfung" machen, einem Beitrag zu einem „annähernd wahren Bild [...] über das, was in unserem Land geschah, und wie es eigentlich gewesen ist. Dann aber richten sich die Fragen dieses Fragebogens nicht an mein Gewissen, sondern an mein Gedächtnis." (12) Dieses Gedächtnis sei, so heißt es später, „vorzüglich". Es „gestattet, eine Aussage zu belegen und gleicht einem wohlgefüllten Archiv, aus welchem das Erinnerungsvermögen nach Belieben jederzeit den fraglichen ‚Vorgang' heraufzuholen vermag, gleichgültig, ob er sich in Bildern oder Worten, in Gestalten oder Szenen, in dem Erlebnis von Zusammenhängen oder von geistigen oder seelischen Erschütterungen darstellt." (174) Belegt wird das durch geschickt ausgestelltes Nichtwissen, seitenweise wörtlich zitierte Dialoge und mit Klarnamen bezeichnete Personen, Örtlichkeiten und Vorgänge. Im Internierungslager gelingt es Salomon sogar, ganze Spielfilme zeitdeckend nachzuerzählen. Ebenfalls zu diesen Beglaubigungsstrategien gehört die emotionale Distanz zum Geschehen, die in einer strikten Trennung des erzählenden vom erlebenden Ich ihren Ausdruck findet. Der mit Salomon befreundete Armin Mohler kommentierte im *Merkur*: „Je mehr man in dem Buch liest, desto mehr schrumpft das Objekt dieser Autobiographie zu einem bloßen Auge zusammen, das fast wahllos aufnimmt [...], was ihm vor die Linse kommt."

Nur als Salomon bei der Aufnahme ins Lager von amerikanischen Soldaten zusammengeschlagen wird, bricht diese Distanz zusammen. Im Bewusstseinsstrom des geprügelten Subjekts kommt das Individuum zu sich selbst und signalisiert auf diese Weise auch formal die inhaltliche Bedeutung dieses Teils. Denn das Internierungslager substituiert explizit die Konzentrationslager der Nazis. Entwürdigungen, brutale Willkür und rechtlose Ungewissheit sind in Salomons Fragebogen weniger Kennzeichen der „Zeit der nationalsozialistischen Regierung in Deutschland", wie er beständig die Jahre zwischen 1933 und 1945 nennt, sondern der amerikanischen Besatzung. Ille bemerkte am Abend vor der Verhaftung, sie würde den Amerikanern alle Fehler verzeihen, so froh sei sie wieder in einem Land zu leben, in dem „eines nicht mehr möglich ist, – daß es morgens klopft, um sechs Uhr früh, und es ist nicht der Milchmann." Als es am nächsten morgen klopft, ist es der CIC, der gekommen ist, Salomon zu verhaften. „Es hatte sich nichts geändert. Sie waren einander Wert", stellt der Erzähler im Lager fest. Sie, das sind die Amerikaner und die Nazis gleichermaßen.

Diese Substitution einer Geschichte durch eine andere, ohne damit weniger authentisch sein zu müssen, lässt sich schon zuvor im Buch beobachten. Die Frage nach der Mitgliedschaft in der NSDAP beantwortet Salomon mit einem Bericht, der am Abend des 9. November 1938 beginnt und am Mittag des folgenden Tages endet. Auf dem Heimweg sehen Ille und Ernst einige Zivilisten Fensterscheiben einschmeißen. Sie wissen dann – woher wird nicht gesagt –, dass es sich um ein antijüdisches Pogrom handelt. Auf die Frage Illes, „Wer hat Schuld an alledem?" (389), beginnt eine Erzählung vom Aufstieg der NSDAP *gegen* die nationalrevolutionären Kreise, denen Salomon angehörte. Der Legalitätseid beim Ulmer Reichswehrprozess (1930), die auf demokratischem Wege erfolgte „Machtergreifung", der Reichstagsbrand sind Stationen von Hitlers Verrat an der nationalen Revolution. Salomons Bericht kulminiert am 30. Juni 1934, dem sogenannten Röhm-Putsch, als viele seiner Freunde ermordet werden. Mit der Rede Hitlers und dem Bekenntnis von Reichswehrminister Blomberg zum Führer geht endgültig unter, wofür er gekämpft hatte. Nach über 60 Seiten wird Salomon vom schrillenden Telefon unterbrochen, an dem sein Freund Axel Eggebrecht berichtet, dass die Synagogen brennen, und am nächsten Morgen, nach heißem Bad und Frühstück, trifft Salomon einen UFA-Kollegen, der ihm erzählt: „Mir ist eben was Dolles begegnet!" Ein blutender schwarzhaariger Mann sei auf dem Kurfürstendamm auf ihn zu gerannt und habe gerufen: „Retten Sie mich, ich bin Perser! [...] Wenn ich nicht arisch bin, wer denn sonst!" (459 f.) Nicht ein einziges jüdisches Opfer der Pogrome kommt im ganzen Kapitel vor. Außer dem dummerweise verprügelten Perser sind unter der Hand die Ermordeten des 30. Juni 1934 an deren Stelle getreten. Salomon und die Seinen sind die Opfer der Nazis wie der Amerikaner.

Handelt es sich beim *Fragebogen* also, wie Hugh Trevor-Roper in der *Sunday Times* ob des großen Erfolgs meinte, um ein Fenster „into that dark sinister, skeletonladen cupboard – the German mind. [...] Beneath the crust of German collaboration there is the old Germany still"? Ja und nein. Zum einen finden sich im *Fragebogen* auch lange Passagen, die schlicht amüsant, rührend, unterhaltsam sind: Nicht nur die seitenlange Schilderung der Menüs in Restaurants zwischen Berlin und München auf die Frage nach den Einkünften, auch eine bereits vorab als Taschenbuch veröffentlichte Liebesgeschichte in Südfrankreich und – immer wieder hervorgehoben – Schilderungen der rauschenden Feste beim Verleger Ernst Rowohlt am Ende der Weimarer Republik. Zum anderen entspricht die Analogisierung des ‚Dritten Reichs' mit der Herrschaft des *American way of life* einem konservativ-kulturkritischen Deutungsmuster vor allem der Nachkriegszeit. Auch die Haltung, die Salomon empfiehlt, die passive Distanz, die die einzige sei, sich als Einzelner, als integres Individuum, als deutscher Mensch, wie der Klappentext meinte, gegen die Mächte und Massen zu behaupten, ist vor allem eine Nachkriegshaltung. Daher ist es vermutlich weniger das alte, als das neue Deutschland, das im *Fragebogen* zum Vorschein kommt, zu dem heroisch auf Distanz zu gehen, keinesfalls ausschloss, hochbezahlter Drehbuchautor zu werden, wie Salomon vor und nach 1945 (→ Hans Hellmut Kirst: *Null-Acht Fünfzehn*, 1954/55).

Literatur

Ulrich Bielefeld: *Nation und Gesellschaft. Selbstthematisierungen in Frankreich und Deutschland.* Hamburg 2003, S. 272–305 • Ralf Heyer: *„Verfolgte Zeugen der Wahrheit". Das literarische Schaffen und das politische Wirken konservativer Autoren nach 1945 am Beispiel von Friedrich Georg Jünger, Ernst Jünger, Ernst von Salomon, Stefan Andres und Reinhold Schneider.* Dresden 2008, S. 137–187 • Armin Mohler: Zeitgeschichte als Drehbuch und Katechismus. In: *Merkur,* 6 (1952) 1, S. 84–90 • Gregor Streim: Unter der „Diktatur" des Fragebogens. Ernst von Salomons Bestseller „Der Fragebogen" (1951) und der Diskurs der „Okkupation". In: *Literarische und politische Deutschlandkonzepte 1938–1949.* Hg. von Gunther Nickel. Göttingen 2004, S. 87–116 • H. R. Trevor-Roper: The German Cynic. In: *The Sunday Times,* 11. 4. 1955.

David Oels

Des Teufels General

Regie: Helmut Käutner
Drehbuch: Georg Hurdalek, Helmut Käutner, Gyula Trebitsch, nach dem gleichnamigen Stück von Carl Zuckmayer • Erstausgabe der Dramenvorlage: Stockholm, Bermann-Fischer Verlag 1946 • Kamera: Albert Benitz • Musik: Friedrich Schröder • Produktion: Real-Film GmbH, Hamburg • UA: 23. 2. 1955, Hannover, Weltspiele • Länge: 117 Min., s/w • Darsteller: Curd Jürgens, Marianne Koch, Viktor de Kowa, Karl John, Eva Ingeborg Scholz, Harry Meyen, Camilla Spira, Karl Ludwig Diehl, Erica Balqué, Albert Lieven, Robert Meyn, Bum Krüger, Beppo Brem, Wolfgang Neuss, Inge Meysel

Laut heulende Sirenen und Flakscheinwerfer, die den Nachthimmel absuchen – dies akustisch aufgeladene Anfangsbild evoziert bei den Kinobesuchern Erinnerungen an die Bombardierungen während des Zweiten Weltkriegs, an die damit verbundenen Existenzängste und Traumata. Regisseur Helmut Käutner (1908–1980 → Film, ohne Titel, 1948) nutzt diese Erinnerungen an die jüngste Vergangenheit, um das Publikum emotional an das Leinwandgeschehen zu binden, noch bevor eine Figur auftritt, noch bevor ein Satz gesagt ist.

Das Drehbuch, unmittelbar nach Kriegsende von Helmut Käutner und Georg Hurdalek (1908–1980, → *Rosen für den Staatsanwalt*, 1959) verfasst, aber erst zehn Jahre später, zur Zeit der bundesdeutschen Wiederbewaffnung verfilmt, erhebt den Anspruch einer authentischen Darstellung der NS-Herrschaft im Winter 1941. Die Vorlage zu dem Filmskript liefert das gleichnamige, 1946 uraufgeführte Drama Carl Zuckmayers, der durch das Schicksal seines Freundes Ernst Udet, Fliegerlegende und durch Göring ernannter Generalluftzeugmeister, zu diesem Stück inspiriert wurde. Die reale Person wie auch die fiktive Figur des Fliegergenerals Harras (Curd Jürgens) repräsentieren die nicht unübliche Mitläuferkarriere der damaligen Zeit. Die Beschuldigungen von Seiten der NS-Führung, verantwortlich für die Niederlage der Luftschlacht in England zu sein (Udet), bzw. die Bezichtigung der Sabotage (Harras) führen jeweils zum Freitod, den das totalitäre Regime durch die Anordnung eines Staatsbegräbnisses heroisierend kaschiert.

Auf dieses Finale arbeitet der Film hin, zumal in dem zeitlichen Kontext einzig die Figur eines tragischen Militärhelden möglich scheint. Bewusstwerden und Selbsteinsicht des Protagonisten werden als Prozess angelegt und münden in der selbstreinigenden und entschuldenden Entscheidung zum Suizid. Harras: „Wer auf Erden des Teufels General war und ihm die Bahn gebombt hat, muss ihm auch Quartier in der Hölle machen." Sein moralisches Schuldbekenntnis äußert Harras gegenüber seinem Freund Oderbruch (Karl John), Ingenieur des Luftfahrtministeriums, der die eigentliche Verantwortung für die vermeintliche Sabotage trägt. In der Absicht, durch deren funktionalen Ausfall die Luftwaffe zu schwächen, hat er es bewusst unterlassen, einen verheerenden Konstruktionsfehler an den Kampffliegern zu melden. Seine Schuld wird dadurch reduziert, dass er die Maschinen nicht zum Einsatz freigibt, um so Opfer zu verhindern. „Das Böse in der Welt lebt nicht durch die, die Böses tun, es lebt durch die, die Böses dulden." Gleichsam beschuldigt er Harras, dass durch „[s]ein Dulden, [s]ein Mitmachen [...] Millionen von Unschuldigen zugrunde gehen." Und rechtfertigt seine Form des passiven Widerstands.

Ansonsten operiert der Film durch und durch mit binäroppositionellen Figurenkonstellationen, die dann die Kategorisierung der ‚guten Deutschen' gegenüber den ‚bösen Nazis' und deren ‚stummen Opfern' fördern. So positioniert Käutner seinen Protagonisten Harras, der sich zwar aus strategischem Selbsterhaltungstrieb in die Machenschaften des NS-Regimes verstrickt, dennoch gegen die nationalsozialistische Ideologie und deren Vertreter. So begegnet der dem Alkoholismus verfallene General seinem Widersacher Schmidt-Lausitz (Viktor de Kowa), scharfmacherischer SS-Gruppenführer und enger Vertrauter Himmlers, mit Sarkasmus und wahrt dadurch über lange Zeit den Abstand zu Partei und Regime. Zwar scheint der Plan von Schmidt-Lausitz aufzugehen, den Querulanten Harras durch eine inszenierte Inhaftierung weichzukochen, und Harras ist vorübergehend geneigt, der SS beizutreten, weil „er nichts anderes retten will als seine Haut", doch letztlich bekehren ihn mehrere Gespräche und eben die Offenbarung Oderbruchs. Bei seinen Konversationspartnern handelt es sich überwiegend um Frauen, so weist ihn seine ehemalige Geliebte und nun gute Freundin Olivia Geiss (Camilla Spira) darauf hin, dass er nicht mehr „mit denen da oben spielen" kann, da sie längst die Zügel in der Hand halten. Zudem schrecken ihn die Avancen der jungen, ideologietreuen Tochter des vertrauten Generaldirektors Mohrungen (Karl Ludwig Diehl) ab: Waltraut Mohrungen, genannt Pützchen (Eva Ingeborg Scholz), versucht Harras zu überzeugen, dass er eine Frau brauche – also sie selbst –, „die [ihm] die Sporen gibt", damit er losgehe. Zudem warnt sie ihn „vor Damen, die sich alte Juden im Keller halten aus Humanitätsduselei". Gemeint sind Olivia und Dorothea „Diddo" Geiss (Marianne Koch) – Letztere ist die junge Liebe des Generals –, die das jüdische Ehepaar Rosenfeld verstecken. Die offensive Herangehensweise Pützchens ruft nun allerdings Abscheu und Aggression in Harras hervor, der ihr droht, sich an ihr zu vergreifen. Das weibliche Gegenbild der „kleinen Mohrungen" bildet ihre Schwester Anne Eilers (Erica Balqué), deren Mann Oberst Friedrich Eilers (Albert Lieven) mit einem der defekten Kampfflieger abstürzt, nachdem Generalleutnant von Stetten (Robert Meyn) die fehlerhaften Maschinen freigegeben hat. Im Gegensatz zu ihrem Mann hat sie „nie an das geglaubt, was ihm so groß und heilig war", gemeint ist der Nationalsozialismus, sondern empfindet diesen „wahnsinnige[n] Krieg" als „erbärmlich und schmutzig". Harras, überrascht von der antifaschistischen Haltung der jungen Witwe, erhält aus diesem Gespräch die nötige Motivation für seine moralische Wende. Ging sie bereits zu Beginn des Films offen mit ihren Verlustängsten um, so zeigt sie nun in ihrer Trauer den Mut zur Wahrheit. Der Plot fokussiert sich in alledem auf die privaten Erfahrungen; dem Publikum soll das ein empathisches Nachempfinden erleichtern.

Neben diesen Gesprächen trägt schließlich auch der öffentliche Freitod des jüdischen Ehepaars Rosenfeld zur Umkehr von Harras bei. Käutner nutzt die beiden, um das nicht selten geleugnete Thema der Judenverfolgung und -ermordung in das dargestellte Zeitgeschehen zu integrieren, charakterisiert dabei aber ihre gesellschaftliche Außenseiterposition durch eine signifikante Sprachlosigkeit – trotz ihrer persönlichen Beziehungen zu den Identifikationsfiguren. Ihr Leiden, ihre Opferrolle wird somit eher unter eine gesamtdeutsche Viktimisierung subsumiert.

Mit Spott, Hohn und Witzeleien wird das brisante Thema der Bespitzelung und Überwachung behandelt. So wie es viele Zuschauer durch den Staatsapparat erfahren haben mochten, scheinen auch hier hochrangige Militärs der Bespitzelung und Überwachung ausgeliefert; Hauptmann Lüttjohann (Bum Krüger) vergleicht das Telefon mit einer „beschossene[n] Ölleitung, [da] läuft alles aus." Auch mit solchen Pointen beschwört der Film beim Publikum bekannte und meist verdrängte Gefühle herauf. Der Kontrast von Ernsthaftigkeit und Hohn, Verzicht und Genuss, Opfern und Tätern spiegelt sich vor allem in der für Käutners Regiestil signifikanten Montage-Dramaturgie und soll wohl den Zuschauer zur Reflexion anregen. Dafür nutzt er die auf Schnitt gelegten Pointen ebenso wie etwa die Kontrastierung von Bild und Ton, so dass das Ganze konzeptionell groteske Züge annimmt und darin auch Elemente der kabarettistischen Herkunft des Regisseurs vernehmbar sind.

Selbst die idealistische Kriegsjugend wird im Film als ein Opfer des Nationalsozialismus behandelt, repräsentiert durch den jungen, strebsamen Leutnant Hartmann (Harry Meyen), anfänglich Verlobter Pützchens. Aufgrund eines mangelnden Ahnennachweises scheint ihm die Parteikarriere verwehrt. Das nimmt ihm sein gesamtes Selbstwertgefühl. Heimatempfinden kennt er nur aus der *Hitler-Jugend*, dem Schulungslager und der Staffel. Umso folgenreicher scheint ihm daher die rassenideologische Abwertung von selbst identitätsstiftenden Parteimitgliedern. Harras nimmt sich den lebensmüden Leutnant zur Brust und flößt ihm neuen Lebensmut und -willen ein. Derart fungiert die fiktive Figur als Stellvertreter einer ganzen traumatisierten Generation, deren Selbstbild als Opfer einer gescheiterten Ideologie stark von dem Fremdbild als schuldige Täter und Mitläufer divergiert.

Die Frage nach Schuld und Täterschaft, aber auch nach dem kostbaren Lebensgut Zeit manifestiert sich in der Taschenuhr von Harras. Sie, die er als „Souvenir" von seinem ersten Kriegsopfer 1916 geschenkt bekommen hat, sagt er, sei „wohl das einzige Stück, von dem [er sich] nie trennen werde." Abergläubisch schreibt er ihr eine beschützende Wirkung zu. Der symbolische Wert, den das Geschenk des Getöteten so erhält, kommt einer Entschuldung gleich. Beide Male, in denen er sich von der Uhr trennt – er übergibt sie Diddo bei seiner Verhaftung und schenkt sie Hartmann kurz vor seinem Suizid –, ist er sich denn auch seines baldigen Todes gewiss.

„Die schuldhafte Verstrickung des Einzelnen in das Terrorregime des Dritten Reichs generiert" laut Michael Schaudig den Kernkonflikt, der auch in den fünfziger Jahren noch als brisant galt und deshalb oft verdrängt wurde. Käutner verlegt diese aktuelle Problematik zurück in ihren zeitlichen Ursprung und will durch einen hohen Authentizitätsanspruch in der Emphase die Rückbesinnung der Zuschauer befördern. Käutner selbst sagte dazu in der *Welt* vom 3. Dezember 1954: „Ich begnüge mich damit, die Geschichte so, wie sie sich abspielt, einfach und vordergründig zu ‚erzählen'. Für den Hintergrund hat die Historie schon gesorgt."

Mag das ein genuiner Impuls der Verfilmung gewesen sein, so bleibt der Film dennoch insgesamt im – folgenreichen – zeitgenössischen Selbst- und Trugbild von den im Kern guten und sauberen Haudegen und der unbelangbaren Wehrmacht, der Fliegertruppe zumal, befangen. Komfort und Risiko, Bindungsscheue und Kameradschaft, laute Sprüche und stilles Gemüt – die, auf die es ankommt, sind eben ganze Kerle. Das allerdings hatte auch Zuckmayer so angeboten. Käutner fügte indes die Sequenz in der Prinz-Albrecht-Straße ein und nahm „eine psychologische Schönheitsoperation" an Oderbruch vor, dem „Krebsschaden des Stückes", wie Käutner im *Spiegel* vom 19. Januar 1955 verlauten ließ. Nach den Korrekturen des Regisseurs war dieser zwar vom Kameradenmord entlastet, aber „die kluge konstruierte Wendung, die Käutner für den Film erfunden hat, [ist] nichts anderes als eine Flucht ins Unverbindliche", fand jedenfalls seinerzeit *FAZ*-Rezensent → Karl Korn.

Literatur

Der Oderbruch-Komplex. In: *Der Spiegel*, 4/1955 (19. 1. 1955), S. 32f. • Walter Deppisch: Alles wunderte sich: Curd Jürgens? In: *Die Welt*, 3. 12. 1954 • Karl Korn: Schöner General, armer General ... In: *Frankfurter Allgemeine Zeitung*, 28. 2. 1955 • Peter Reichel: Täter und Mitläufer: schuldlos schuldig? Des Teufels General: Ein tragischer Fall? In: *Erfundene Erinnerung. Weltkrieg und Judenmord in Film und Theater*. Hg. von Peter Reichel. Frankfurt am Main 2007, S. 51–60 • Michael Schaudig: Normgerechtes Scheitern oder Happy-End? Zum Motivkomplex „Pflicht, Eros und Tod" in Carl Zuckmayers Soldatentrilogie und ihren filmischen Interpretationen: „Eine Liebesgeschichte", „Engele von Loewen" (Ein Mädchen aus Flandern), „Des Teufels General". In: *Carl Zuckmayer und die Medien. Beiträge zu einem internationalen Symposium. Zuckmayer-Jahrbuch 4.1*. Hg. von Gunther Nickel. St. Ingbert 2001, S. 511–576 • Christoph Vatter: *Gedächtnismedium Film. Holocaust und Kollaboration in deutschen und französischen Spielfilmen seit 1945*. Würzburg 2009, S. 116–133.

Anna Sophie Koch

Bruno Apitz: Nackt unter Wölfen. Roman

Erstausgabe: Halle, Mitteldeutscher Verlag 1958

Schon durch den Titel wird die doppelte Thematik deutlich, die den erzählerischen Kern des berühmten Romans von Bruno Apitz (1900–1979) prägt: Hilflos und der Gewalt der SS ausgeliefert, ist der dreijährige polnisch-jüdische Stefan Cyliak, als er vom polnischen Häftling Jankowski von Auschwitz aus in das KZ Buchenwald mitgenommen wird. Wehrlos scheinen zunächst auch die vom NS-Regime verfolgten KZ-Häftlinge. Und doch berichtet *Nackt unter Wölfen,* wie dieses Kind unter den Schutz kommunistischer Häftlinge genommen und letztendlich vor dem sicheren Tod gerettet wird. Während sich andere Werke über das (Über-)Leben und Sterben in den KZs auf die psychische und physische Vernichtung der Opfer konzentrieren, schildert Apitz in seinem Roman Häftlinge, die auch unter extremsten Bedingungen den Willen und die Kraft zum Widerstand bewahren. Statt der Ohnmacht der Verfolgten setzt sich hier eine ethische Integrität durch, die das körperliche Elend zu überwinden vermag. In der Charakterisierung der verschiedenen Gestalten erkennt man eine auffällige Unterscheidung zwischen der SS-Führung des Lagers und den politischen Häftlingen, die sich sowohl an der Rettung des Kindes als auch an dem bewaffneten Aufstand und der Selbstbefreiung von Buchenwald beteiligen.

Auch deshalb haben einige Kritiker von einer Schwarz-Weiß-Malerei gesprochen. Während die SS-Männer eher oberflächlich beschrieben und jeweils als skrupellos, berechnend, gewaltsam oder fanatisch dargestellt werden, wird den Gefangenen eine nähere, nuanciertere Schilderung gewidmet. Meistens gehören Stärke, Entschlossenheit, Schläue und Tapferkeit zu ihren Eigenschaften, doch wird auch die menschliche Seite dieser „Helden" gezeigt; ihre Fehler, Ängste und Zweifel bleiben nicht verborgen.

Eine wichtige Rolle spielt in *Nackt unter Wölfen* der ethische Konflikt, den die Rettung des Kindes und die damit verbundene Gefahr mit sich bringen: Der kleine Stefan wird von Häftling Höfel in einem Koffer in der Effektenkammer versteckt. Höfel ist zugleich ein wichtiges Mitglied des illegalen *Internationalen Lagerkomitees* (ILK). Er ist für die militärische Ausbildung der Genossen zuständig und muss sich vor den Augen der SS schon deshalb möglichst unauffällig verhalten. Aus diesem Grund erhält er von Bochow, einem der führenden Gestalten des ILK, die Order, sich von dem Kind zu trennen, damit es mit einem der nächsten Transporte aus dem KZ Buchenwald verschwindet. Apitz beschreibt auf wirkungsvolle Weise nicht nur die innere Qual Höfels, der sich dieser Entscheidung widersetzt, sondern auch die schwierigen Erwägungen Bochows, der sich der Rettung des ganzen Lagers verpflichtet fühlt. Anhand dieses zentralen thematischen

Komplexes wird das Verhältnis des Individuums zum Kollektiv problematisiert: Auch wenn der Einzelne seine Treue zur Partei nicht in Frage stellen will und die Wichtigkeit einer strengen Disziplin erkennt, werden Raum und Gelegenheit zu individuellem Handeln keinesfalls verwehrt.

Bei der Bezugnahme des Romans auf reale Geschehnisse – ein Kind namens Stefan Jerzy Zweig wurde wirklich von Buchenwald-Häftlingen gerettet, und auch das KZ noch vor Eintreffen der Alliierten durch den bewaffneten Aufstand der Insassen befreit – sollte man nicht übersehen, dass sich der Roman auf eine Mischung aus historischen Begebenheiten und fiktiven Elementen stützt. So wird die Frage der Teilnahme politischer Häftlinge an der Verwaltung des Konzentrationslagers in diesem Werk nicht weiter problematisiert. Kein Wunder, schließlich handelte es sich hier um ein heikles Thema, das in der DDR eher vermieden, wenn nicht gar tabuisiert wurde, drohte es doch einen Schatten über das Verhalten einiger Genossen während ihrer Gefangenschaft zu werfen. Die Tatsache, dass Mitglieder des ILK oder vertraute Kommunisten strategische Stellen innerhalb des KZ-Systems innehaben, erscheint in *Nackt unter Wölfen* von daher positiv gewendet als Mittel, mit dem das ILK seinen positiven Einfluss auf das Lagerleben geltend machen konnte.

Aus diesem und aus anderen Gründen ist *Nackt unter Wölfen* als ein politischer Roman betrachtet worden. Schon 1945 nahm die Absicht, die Geschichte der Rettung des kleinen Kindes zu erzählen, bei Apitz Gestalt an; doch konkretisierte sich dieses Vorhaben erst zehn Jahre später. Der zeitliche Abstand habe – so der Autor – das literarische Ergebnis bereichert; im Roman gehe es nicht einfach um das wundersame Schicksal Stefan Jerzy Zweigs, sondern vielmehr um Ideale, die das Wertesystem der DDR ausmachen würden: Vertrauen unter Genossen, Aufrichtigkeit, Bereitschaft zum Kampf um eine bessere, freie, sozialistisch gestaltete Zukunft.

Unverkennbar politisch bedingt ist auch die Entstehungsgeschichte des Werkes. Apitz, der damals als freier Autor und Dramaturg bei der DEFA tätig war, hatte ursprünglich an eine filmische Darstellung der Geschichte gedacht und 1954 der DEFA-Leitung einen entsprechenden Vorschlag unterbreitet, der aber abgelehnt wurde. Möglicherweise, weil das Thema des antifaschistischen Widerstandes in den fünfziger Jahren bereits als ausgeschöpft galt und ein lebhaftes Interesse eher zeitgenössischen „Aufbaustoffen" geschenkt wurde. So wandte sich Apitz der Romanform zu und fand im *Mitteldeutschen Verlag* einen bereitwilligen Partner. Die Erwartungen des Verlags wurden denn auch reichlich erfüllt: Der 1958 – im Jahr der Eröffnung der *Nationalen Mahn- und Gedenkstätte Buchenwald* – erschienene Roman *Nackt unter Wölfen* wurde ein Bestseller, der, in mehr als 20 Sprachen übersetzt, mit über drei Millionen verkauften Exemplaren weltweit auf Resonanz stieß. Im literarischen Kanon der DDR verschaffte sich der Roman einen festen Platz und wurde in den Schulen als Pflichtlektüre eingesetzt. Die Geschichte des „Buchenwald-Kindes" und der tapferen Häftlinge, die es retteten, fand eine noch weitere Verbreitung durch die Hörspiel- (1958) und die Fernsehspielfassung (1959), denen die berühmte DEFA-Verfilmung von Frank Beyer (1963) folgte. Apitz beteiligte sich an den verschiedenen Projekten und spielte im DEFA-Film sogar selbst eine kleine, aber symbolisch höchst aufgeladene Rolle in einer der Schlussszenen – den alten Mann, der das Kind vor dem SS-Offizier Reineboth hinter sich versteckt.

Während das Fernsehspiel sich darauf konzentriert hatte, die Härte des Lagerlebens wiederzugeben, zielte Beyers Film darauf ab, das Handeln der Häftlinge zu hinterfragen, ihre menschliche Seite und die Dialektik von Angst und Mut zu erforschen. Rose – der Häftling, der nach den Folterungen der SS das Versteck des Kindes preisgibt – wird zum Beispiel im Kinofilm nicht einfach als ein Verräter geschildert. Seine schwierige Lage, seine Qual, sein Versagen am Ende erfahren hier eine tiefgreifendere Problematisierung und werden als die Tat eines durch das faschistische Terrorregime zerrütteten Menschen gezeigt.

Für den Roman *Nackt unter Wölfen* bedeutete der beträchtliche Erfolg der Fassungen für Fernsehen und Leinwand letztlich vor allem eines – einen weiteren beträchtlichen Bekanntheitsschub.

Literatur

Antje Efkes: Tatsachenbericht oder Lehrbuch des Kommunismus? Zu Bruno Apitz' „Nackt unter Wölfen". In: *Fußnoten zur Literatur*, 38 (1996), S. 43–55 • Martin Gregor-Dellin: Ich war Walter Ulbricht: Die Entstehung des Romans „Nackt unter Wölfen" von Bruno Apitz – eine ungewöhnliche Geschichte. In: *Süddeutsche Zeitung*, 21./22. 2. 1987 • Cordula Günther: Einige kritische Bemerkungen zu Bruno Apitz' Erfolgsroman „Nackt unter Wölfen". In: *Hallesche Studien zur Wirkung von Sprache und Literatur*, 6 (1983), S. 57–73 • Ingrid Hähnel, Elisabeth Lemke: Millionen lesen einen Roman. Bruno Apitz' „Nackt unter Wölfen". In: *Werke und Wirkungen. DDR-Literatur in der Diskussion*. Hg. von Inge Münz-Koenen. Leipzig 1987, S. 21–60 • Thomas Heimann: Visualisierung eines „Gründungsromans": „Nackt unter Wölfen". In: *Bilder von Buchenwald. Die Visualisierung des Antifaschismus in der DDR (1945–1990)*. Hg. von Thomas Heimann. Köln 2005, S. 71–104 • Helga Herting: Von der Größe und Schönheit des Menschen. In: *Weimarer Beiträge*, 19 (1973) 1, S. 38–46 • Erich Kühne: Die zeitgenössische Romanrezeption von „Nackt unter Wölfen". In: *Junge Kunst*, 4 (1960), S. 33–40 • Bill Niven: „Der Not gehorchend, nicht dem eigenen Triebe, ich tu's der Werbung nur zuliebe!" The Genesis of Bruno Apitz's „Nackt unter Wölfen". In: *German Studies Review*, 28 (2005) 2, S. 265–283 • Bill Niven: *The Buchenwald Child. Truth, Fiction and Propaganda*. New York 2007 • Harry Stein: „Nackt unter Wölfen" – literarische Fiktion und Realität einer KZ-Gesellschaft. In: *Sehen, Verstehen und Verarbeiten. KZ Buchenwald 1937–1945, KZ Mittelbau-Dora 1943–1945. Materialien für die Vorbereitung von Besuchen in den Gedenkstätten*. Hg. vom Thüringer Institut für Lehrerfortbildung, Lehrplanentwicklung und Medien, Saalfeld 2000, S. 27–40.

Cecilia Morelli

Sie nannten ihn Amigo

Regie: Heiner Carow
Drehbuch: Wera Küchenmeister, Claus Küchenmeister, Heiner Carow • Kamera: Helmut Bergmann • Musik: Kurt Schwaen • Produktion: DEFA-Studio für Spielfilme, Potsdam-Babelsberg • UA: 22. 1. 1959, Ost-Berlin, Babylon und Vorwärts • Länge: 63 Min., s/w • Darsteller: Ernst-Georg Schwill, Erich Franz, Fred Düren, Wilhelm Koch-Hooge, Claus Küchenmeister, Dietmar Simon

Im Vorfeld des V. Parteitags der SED findet zwischen dem 3. und 5. Juli 1958 in Berlin eine Konferenz des DEFA-Studios für Spielfilme und des Ministeriums für Kultur der DDR statt. Es wird Bilanz gezogen und referiert – über das Filmschaffen der letzten Jahre wie denn auch über „aktuelle Probleme und Aufgaben unserer sozialistischen Filmkunst" – so der Titel des einleitenden Vortrags von Alexander Abusch, Staatssekretär und erster Stellvertreter des Ministers für Kultur, kurz darauf selbst DDR-Kulturminister. Abusch kritisiert zwar, dass sich die sozialistische Filmkunst der künstlerischen Gestaltung von Themen und Problemen des sozialistischen Aufbaus nicht gebührend zugewandt hat, um die „sozialistische Veränderung darzustellen und diese mit ihren Filmwerken zu beschleunigen", er lobt jedoch die enormen Errungenschaften im „Kampf gegen Kapitalisten, Militaristen, Imperialisten und Faschisten". In diesem Rahmen weist er vor allem auf die zwei Thälmann-Filme hin: *Ernst Thälmann – Sohn seiner Klasse* (1954) und *Ernst Thälmann – Führer seiner Klasse* (1955, beide unter der Regie von → Kurt Maetzig). Beispielgebende Beiträge sozialistischer Filmkunst seien dies, so Abusch, denn: „Durch [die] Gestaltung bewußter kommunistischer Kämpfer im schwersten Abschnitt der Geschichte der deutschen revolutionären Arbeiterbewegung tragen die genannten Filme zur allseitigen Entwicklung und zur Vertiefung des sozialistischen Bewusstseins bei. Durch die Vorbilder, die sie gestalten, und durch das Geschichtsbild, das sie vermitteln, begeistern sie unzählige Menschen zu ihren guten sozialistischen Taten von heute und morgen."

Ein halbes Jahr später, am 22. Januar 1959, feiert *Sie nannten ihn Amigo* Premiere in Ost-Berlin. Der Spielfilm von Heiner Carow (1929–1997), dem ein stark autobiographisch gefärbtes Drehbuch von Wera und Claus Küchenmeister als Vorlage dient, lässt sich nahtlos in diese Tradition von Filmen zur Festigung antifaschistisch-demokratischen Bewusstseins einordnen. Im Mittelpunkt der 1939 ansetzenden Handlung steht Rainer Meister (Ernst Georg Schwill), ein fünfzehnjähriger Berliner Junge, den alle „Amigo" nennen. Sein Vater, der Kommunist Walter Meister (Wilhelm Koch-Hooge), wurde eben erst aus der Haft entlassen, leistet aber weiterhin heimlich antifaschistische Widerstandsarbeit. Nun entdeckt Amigo gemeinsam mit seinem Bruder Horst, genannt Hotta (Bernd Trewendt), und seinem Freund Axel Sinewski, genannt Sine (Dietmar Simon), in einem Bretterverschlag im Keller seines Hauses den entflohenen Häftling Peter Grosse, genannt Pepp (Fred Düren). Steckbrieflich wird Pepp als Raubmörder gesucht, tatsächlich ist er aber wie Vater Meister ein Kommunist, ein „Politischer", ein „Illegaler". Amigo, der Pepp unterstützt, verpflichtet seine Freunde zum Stillschweigen. Zunächst halten diese auch dicht. Doch Sines Vater, ein Kleinbürger und Nazi-Mitläufer, kommt dem Geheimnis auf die Schliche. Aus Angst schleppt er den Sohn zu den Häschern der Gestapo, die ihn zu einem Geständnis zwingen und daraufhin ausrücken, um den Flüchtigen in seinem Versteck zu verhaften. Doch Pepp ist spurlos verschwunden. Um seinen Vater und den entflohenen Kommunisten zu schützen, lenkt Amigo den Verdacht der Gestapo auf sich und wird schließlich in ein KZ gesperrt, aus dem er erst Jahre später von der Roten Armee befreit wird. Vater Meister ist mittlerweile in Plötzensee hingerichtet worden, Pepp jedoch möglicherweise heil davongekommen. Die letzte Sequenz nun zeigt Amigo als Panzerfahrer der NVA während der Ersten-Mai-Parade in Ost-Berlin: Der neue Staat würdigt seine Heldentat.

In späteren Jahren hat Carow erklärt, er habe den Schluss „verbogen" und dann so oft wie möglich „abgeschnitten", um die politisch-ästhetischen Erwartungen der Partei zu erfüllen. Der Film sollte zudem deutlich auf Abstand gehen zu einigen neo-realistischen Tendenzen des DEFA-Films, die vor allem in den Berlin-Filmen des Duos Gerhard Klein und Wolfgang Kohlhaase zu finden waren (→ *Berlin – Ecke Schönhauser*, 1957), zumal Carows Erstling → *Sheriff Teddy* aus dem Jahre 1957 ebenfalls als Beispiel eines „schädlichen" italienischen Neorealismus gebrandmarkt worden war. Nun also *Sie nannten ihn Amigo*.

Rezipiert wurde der Film denn auch mit geradezu hymnischen Lobesworten. Karl-Eduard von Schnitzler, der im Jahr darauf erstmals mit *Der schwarze Kanal* auf Sendung geht, deren berühmt-berüchtigter Autor und Moderator er dann für fast drei Jahrzehnte sein sollte, schätzt den „meisterhaft differenziert[en], psychologisch begründet[en] und ungemein spannend[en]" Film und notiert mit Stolz: „Wir wissen, der ‚Pepp' ist unter uns – in vielerlei Gestalt. Das ist der tröstliche, gute Ausgang: Daß es heute einen deutschen Staat gibt, dessen Existenz die Wiederkehr solcher Greuel unmöglich macht, weil er auf den Schultern oder auf dem Opfertod der Pepp, Walter Meister und Amigo ruht." Auch der spätere langjährige DEFA-Chef Hans Dieter Mäde schwärmt in seiner Besprechung in der *Deutschen Filmkunst* über die „seltene Geschlossenheit" des Films, der in der Lage ist „unserer Jugend Orientierung und Impuls [zu] geben beim Aufbau und der Festigung unserer neuen Lebensordnung". Die Rezension schließt mit dem Wunsch, die „vorgeführte Geschlossenheit und Bemühung um künstlerische Meisterschaft" könne man demnächst auch „bei der Behandlung von Themen aus unserem gegenwärtigen Leben erreichen."

Mit Blick auf die Kameraführung will und kann Carow – wie erwähnt – die gewünschte Distanz zur unsichtbaren Kamera neo-realistischer Prägung herstellen: expressionistische Lichtkonfigurationen vor allem in den Szenen, die im Versteck Pepps gedreht sind, abrupte Schwenks, Detailaufnahmen, extreme Aufsichten – wodurch unter anderem versucht wird, der relativen Enge des Sets (ein in Babelsberg nachgebauter Hinterhof) zu entkommen – skandieren formbewusst einige dramatische Momente des Plots. Der elementaren Handlung des Films, der eindeutigen, ja in der Endsequenz durchaus plakativen Botschaft entspricht dabei eine alles andere als banal zu bezeichnende Erzählweise und eine originelle Kameraführung, die des Öfteren pointiert und auffällig wirken soll.

Als Beispiel der äußerst konstruierten Erzählweise sei kurz auf den Prolog hingewiesen: Eine weibliche Off-Stimme kommentiert die ersten bukolischen Bilder des Films, „1939: Deutschland, friedliches Land", daraufhin werden minutenlang KZ-Bilder mit dramatischen (leidende und animalisierte Insassen) bzw. sarkastischen (spielende Häscher) Nahaufnahmen gezeigt, die von der marschartigen Verzerrung des Deutschlandlieds akustisch begleitet bzw. konterkariert werden. Der Prolog schließt mit der Wiederholung des Eingangsstatements („Deutschland, friedliches Land"), dem nun die Klage „wie ist Dein Antlitz geschändet" folgt, die an die Eingangsverse aus *Deutschland* (1933) von → Brecht erinnert. Die folgende Passage wird vom Standfoto des Protagonisten in KZ-Kleidung eingeleitet, der sich mit den Worten vorstellt: „Ich bin Rainer Meister, aber alle nennen mich Amigo". Nach weiteren kurzen Szenen, die die Lage der KZ-Insassen schildern und durch Überblendungen miteinander montiert sind, erzählt er nun analeptisch, wie es dazu gekommen ist, dass er, ein junger Mensch von 15 Jahren, ins KZ geraten ist. Erst jetzt fängt die Binnenerzählung an.

Literatur

Alexander Abusch: Aktuelle Probleme und Aufgaben unserer sozialistischen Filmkunst. In: *Deutsche Filmkunst. Zeitschrift für Theorie und Praxis des Filmschaffens*, 6 (1958) 9. S. 257–271 • Wolfgang Gersch: *Szenen eines Landes. Die DDR und ihre Filme.* Berlin 2006, S. 81–83 • Thomas Heimann: *Bilder von Buchenwald. Die Visualisierung des Antifaschismus in der DDR (1945–1990).* Köln, Weimar, Wien 2005, S. 50–55 • Hans Dieter Mäde: Auf dem Wege zur Meisterschaft. In: *Deutsche Filmkunst. Zeitschrift für Theorie und Praxis des Filmschaffens*, 7 (1959) 3, S. 71–73 • Ingrid Poss, Peter Warnecke (Hg.): *Spur der Filme. Zeitzeugen über die DEFA.* Berlin 2006, S. 127–128 • Friedrich Salow: Spielfilm. In: *Jahrbuch des Films 1959.* Hg. von Heinz Baumert und Hermann Herlinghaus. Berlin 1960, S. 5–23 • Karl-Eduard von Schnitzler: Sie nannten ihn Amigo. In: *Filmspiegel*, 6 (1959) 4, S. 3.

Matteo Galli

Max Frisch: Andorra. Stück in zwölf Bildern

Erstausgabe: Frankfurt am Main, Suhrkamp Verlag 1961
Uraufführung: 2. 11. 1961, Zürich, Schauspielhaus, Regie: Kurt Hirschfeld • Erstaufführung in der Bundesrepublik: 20. 1. 1962, zeitgleich in Düsseldorf, Schauspielhaus, Regie: Reinhart Spörri, Frankfurt am Main, Städtische Bühnen, Regie: Harry Buckwitz, München, Kammerspiele, Regie: Hans Schweikart

Bereits 1946 in der Prosaskizze *Der andorranische Jude* stofflich annonciert, mehrmals aufgeschoben, zwischen 1958 und 1961 schließlich in fünf nicht erhaltenen Vorfassungen erarbeitet und bis in die Proben hinein verändert, erlebte *Andorra*, das *Stück in 12 Bildern*, im November 1961 samt neun Zwischenszenen im „Vordergrund" seine eidgenössische Uraufführung, bis März 1962 folgten die Erstaufführungen in der Bundesrepublik, der DDR und Österreich. Die Beschäftigung von Max Frisch (1911–1991) mit dem *Andorra*-Stoff deckt also die ganzen „langen fünfziger Jahre" ab. *Andorra* krönt zugleich Frischs Karriere als zeitkritischer Dramatiker der Nachkriegszeit, seitdem er 1945 mit *Nun singen sie wieder*, seiner ersten Auseinandersetzung mit der Schuldfrage, sein Debüt abgeliefert hatte. Laut eigener Aussage sein letztes Drama des gesellschaftlichen Engagements, stellt Frischs *Andorra* auch seinen größten Bühnenerfolg dar und gehört zusammen mit *Biedermann und die Brandstifter* (1957) bis heute zum Theaterrepertoire und (Schul-)Lektürekanon in und außerhalb der deutschsprachigen Welt.

Dabei ist das Stück über den vermeintlichen Juden Andri im vermeintlich modellhaften Andorra umstritten wie kein anderes. Besonders heftig entbrannte die anfangs feuilletonistische, erst später literatur- und theaterwissenschaftliche Diskussion unmittelbar nach den Ur- und Erstaufführungen, um sich dann bis in die achtziger Jahre zu ziehen. Heute freilich ist das anders. Obwohl nunmehr Klassiker, ist das fachliche Interesse an *Andorra* seit gut zwei Jahrzehnten weitgehend abgeebbt.

Am Anfang der Rezeptionsgeschichte, die als „Modell der Missverständnisse" bezeichnet wurde, stehen jedoch deutliche Aussagen des Autors zum Verhältnis von Fiktion und Wirklichkeit. „Das Andorra dieses Stücks", beteuert Frisch im Vorspruch zum Stücktext, „hat nichts zu tun mit dem wirklichen Kleinstaat dieses Namens, gemeint ist auch nicht ein andrer wirklicher Kleinstaat; Andorra ist der Name für ein Modell." In Selbstaussagen zum Stück wechseln sich dann die Bezeichnungen „Modell" und „Parabel" ab, wobei die damit unvermeidliche Rückkopplung zu → Brechts Theater im Zeichen einer kritischen Filiation erörtert wird: „Kein Versuch über Brecht hinauszugehen, hingegen ein Versuch mit dem Epischen Theater, ohne die ideologische Position von Brecht zu übernehmen; das Modell als Mittel, eine Thematik durch Entaktualisierung freizulegen." Die gleiche Perspektive eines Anspruchs auf universelle Gültigkeit vertritt → Hans Magnus Enzensberger in einer für spätere Interpretationen maßgeblichen Stellungnahme, die sich im Programmheft zur Züricher Uraufführung findet: „Andorra ist kein historisches Drama. [...] Die ‚Schwarzen' sind nicht die SS, der Judenschauer ist nicht Eichmann, und nicht einmal der Jude ist ein Jude. Das Stück ist ein Modell: will sagen, nicht die Darstellung dessen, was war, sondern dessen, was jederzeit und überall möglich ist." Die *Andorra*-Zuschreibungen einiger Rezensenten als „überzeitliches" oder „zeitloses Zeitstück" wie auch spätere literaturwissenschaftliche Befunde über die „zeitkritische *und* zeitenthobene Parabelform" schreiben schließlich die von Frisch und Enzensberger vorgegebene Linie fort. Die Mechanik des Sich-ein-Bildnis-Machens (vgl. Mos. 2, 20:4, von Frisch bereits 1946 herangezogen), vom Anderen und von sich selbst, wird am Antisemitismus als gleichnishaftem Einzelfall dargestellt, weil dies, so Frisch, „die Schuldsituation am deutlichsten" macht.

Die Fabel und die dramaturgische Struktur des Stücks selbst bürgen für eine solche, Universalität und Zeitbezogenheit zusammenbringende Lektüre. Andris Vater, der andorranische Lehrer Can, gibt aus Scham und Opportunismus den unehelichen Sohn als vor den Verfolgungen im benachbarten Land der „Schwarzen" geretteten Juden aus. Als solchen sehen ihn die Andorraner, als solchen sieht sich Andri selbst bis zum tragischen Schluss. Und als solcher wird er nach der Enthüllung seiner tatsächlichen Abstammung dennoch Opfer der ins Land eingebrochenen „Schwarzen" und der kollaborierenden Andorraner – das Auftreten von Andris Mutter, einer „Schwarzen", hat zu keiner Anagnorisis geführt, sondern die Hetze endgültig entfesselt. Ihres Mordes wird Andri verleumderisch bezichtigt: Der Vater versucht vergeblich, die fest geprägte Vorstellung der Mitbürger und des Sohnes durch die Wahrheit zurechtzurücken, die „Judenschau" im zwölften und letzten Bild zeigt den längst gefundenen Sündenbock.

Nicht nur die allgemeine Konstellation und einzelne Elemente der Haupthandlung, sondern insbesondere die zweite Zeitebene des Stücks, sprich: Die Zwischenszenen im Vordergrund, provozieren den Zuschauer, eine Verbindung zwischen dem Modell und der jüngsten Geschichte Deutschlands herzustellen. An der „Zeugenschranke" kommentieren rückblickend die Andorraner das Geschehen, wobei die Exkulpationsversuche die Vorurteilsverfallenheit nur bestätigen. Man beachte insbesondere die Aussagen des Doktors vor dem Schlussbild. Mitschuld bzw. Mitwisserschaft und Unbelehrbarkeit werden geschickt auch auf die zur Selbstbesinnung herausgeforderten Zuschauer bezogen, indem die Andorraner nicht ad spectatores ihre Aussagen abgeben, sondern einem abwesenden Gericht („Dramaturgie der Provokation"). Damit antizipiert Frischs *Andorra* zwar spätere, andersartige Shoah-Dramaturgien wie Peter Weiss' *Die Ermittlung* (1965), auch in dieser Hinsicht bleibt jedoch die Schuldfrage bei aller potenzieller

Bezüglichkeit auf Nachkriegsprozesse und auf individuelle Verantwortung im Reiche des Gleichnishaften, nicht zuletzt wegen des programmatischen, antibrechtschen Verzichts auf Lösungsangebote. Schon die ersten Rezensenten sprachen daher von einem „Bühnenmodell des Schuldigwerdens".

Literatur

Hans Jürg Lüthi: *Max Frisch. „Du sollst dir kein Bildnis machen"*. Tübingen, Basel 1997 • Jürgen Petersen: *Max Frisch*. Stuttgart 2002 • Walter Schmitz, Ernst Wendt (Hg.): *Frischs Andorra*. Frankfurt am Main 1984 • Wull-Duk Yu: *Max Frischs Andorra – Studien zur Rezeption eines „Erfolgsstücks"*. Stuttgart 1982.

Marco Castellari

(5) Seelenheil und Religion

Einleitung

Von Carola Schiefke

„Unbeschreibliche Unordnung bildet den traurigen und wüsten Nachlaß aus jüngster Vergangenheit."[1] Unter dem programmatischen Titel *Die Neue Ordnung* erscheint im Oktober 1946 eine neugegründete katholische Zeitschrift, deren Herausgeber – die Dominikanerpater Laurentius Siemer und Dr. Eberhard Welty – sich während der Zeit der NS-Herrschaft im katholisch-politischen Widerstand des *Kölner Kreises* engagiert hatten. Die Zielsetzung ihrer Zeitschrift – „[d]ie christliche Kultur des Abendlandes vor dem Untergang bewahren bzw. sie erneuern und fördern zu helfen"[2] – veranschaulicht exemplarisch eines der populärsten und einflussreichsten Erklärungsmuster für die „deutsche Katastrophe"[3], das den Diskurs der Nachkriegszeit entscheidend geprägt hat: *Säkularisierung*, der „Abfall von Gott", habe Deutschland in den Zusammenbruch geführt, Heilung und Neubeginn sei daher nur durch eine Rückkehr zu christlichem Glauben und Leben, durch *Rechristianisierung*, möglich.[4]

Im Projekt der Rechristianisierung trafen sich die Interessen der kirchlichen Entscheidungsträger mit den Bestrebungen der westlichen Alliierten: Rechristianisierung galt den Angloamerikanern als günstige Voraussetzung für die Demokratisierung der Deutschen, wie aus der Korrespondenz des US-Präsidenten Harry S. Truman deutlich wird: „[T]he revival of German religious life would greatly promote the Allied program for the development of democratic principles in Germany".[5] Die Deutung der jüngsten Geschichte als Unheilsgeschichte der Abwendung von Gott bzw. der Hinwendung zum metaphysisch Bösen lässt sich aber auch vielfach in der deutschsprachigen Literatur der Kriegs- und Nach-

---

[1] Siemer, Laurentius; Welty, Eberhard: Unser Ziel und unsere Art. In: *Die Neue Ordnung*, 1 (1946/47), S. 1–8, hier S. 7.
[2] Ebd., S. 3.
[3] Vgl. Meinecke, Friedrich: *Die deutsche Katastrophe. Betrachtungen und Erinnerungen*. Wiesbaden 1946.
[4] Vgl. Greschat, Martin: „Rechristianisierung" und „Säkularisierung". Anmerkungen zu einem europäischen interkonfessionellen Interpretationsmodell. In: *Christentum und politische Verantwortung. Kirchen in Nachkriegsdeutschland*. Hg. von Jochen-Christoph Kaiser und Anselm Doering-Manteuffel. Stuttgart u. a. 1990, S. 1–24, hier S. 6.
[5] Brief an Samuel McCrea Cavert, 7. 7. 1946; ähnlich 1949 der amerikanische Außenminister John Foster Dulles. Zit. nach Besier, Gerhard: *Die Rolle der Kirchen im Gründungsprozeß der Bundesrepublik Deutschland*. Lüneburg 2000, S. 7 f.

kriegszeit nachweisen. Thomas Manns Roman *Doktor Faustus* (1947) zeichnet den deutschen Weg in den Nationalsozialismus als Pakt mit dem Teufel; in den letzten Sätzen des Romans spricht der Erzähler Serenus Zeitblom sein Gebet gleichermaßen für das Seelenheil des verstorbenen Freundes Adrian Leverkühn wie für das des todgeweihten Vaterlandes. Die Säkularisierungsthese, in Verbindung mit der *Dämonisierung* des Nationalsozialismus, führte aber oft genug – im religiösen wie im literarischen Feld – zu einem Ausfall an politischer Reflexionsleistung. In diesem Spannungsfeld zwischen Sinngebungs- und Exkulpierungsbestrebungen sind die religiösen Diskussionen der frühen Nachkriegsjahre zu verorten. Wenn diese Verortung im Folgenden häufig mit Entwicklungen der Kirchengeschichte enggeführt wird, hat das seinen Grund darin, dass christlicher Glaube und christliches Leben in den frühen Nachkriegsjahren noch viel selbstverständlicher mit Kirchlichkeit verknüpft waren, als dies ab den sechziger Jahren der Fall war.[6]

Die Privilegierung der beiden großen christlichen Kirchen in der unmittelbaren Nachkriegszeit war durch eine (bereits im November 1944 formulierte) Direktive der *Europäischen Beratungskommission* festgelegt worden, die enteignete Gebäude zurück überschrieb, antikirchliche Gesetzgebungen der Nationalsozialisten aufhob und den Kirchen eine weitgehend selbständige Regelung ihrer Belange ermöglichte. Personal und Gebäude der Kirchen standen unter dem Schutz der jeweiligen Besatzungsmacht. Die Kirchen waren so strukturell in der Lage, eine zentrale Rolle in der „Zusammenbruchsgesellschaft" zu spielen, was sie allen anderen Institutionen des öffentlichen Lebens voraushatten.[7] Sie konnten so auch als Vermittler zwischen Alliierten und deutscher Bevölkerung agieren. Vor allem in der Entnazifizierungs-Debatte argumentierten kirchliche Vertreter frühzeitig für die Amnestierung von nationalsozialistischen Kriegsverbrechern und gegen die Vorstellung einer deutschen ‚Kollektivschuld', was dem entstehenden Opfernarrativ der deutschen Bevölkerung unterstützend entgegenkam.[8]

Hierin ist sicher einer der wichtigsten Gründe für die Hochkonjunktur des Religiösen in der frühen Nachkriegszeit zu sehen: das weit verbreitete Bedürfnis nach Trost und Heilung, in Verbindung mit dem Wunsch, mit der Vergangenheit abzuschließen – das den Aspekt der Seelsorge nicht nur im kirchlichen Handeln ganz zentral werden ließ, sondern ihn auch in den literarischen und filmischen Diskurs der Zeit einschrieb. Die Kirchen verfügten über eine jahrhundertealte

---

[6] Vgl. Hannig, Nicolai: *Die Religion der Öffentlichkeit. Kirche, Religion und Medien in der Bundesrepublik 1945–1980.* Göttingen 2010, S. 15.
[7] Vgl. Greschat, Martin: Vorgeschichte. In: *Evangelische Kirche im geteilten Deutschland* (1945–1989/90). Hg. von Claudia Lepp und Kurt Nowak. Göttingen 2001, S. 11–45, hier S. 11f.
[8] Vgl. Frei, Norbert: *Vergangenheitspolitik. Die Anfänge der Bundesrepublik und die NS-Vergangenheit.* München 1996, S. 21; Besier: *Rolle der Kirchen.* 2000, S. 18ff.

Überlieferung tradierter Wertvorstellungen und über vertraute Rituale, deren emotionale Bedeutung gar nicht hoch genug einzuschätzen ist. Sie wurden so zum Anziehungspunkt für Trostsuchende. Das *Kirchliche Gesetz- und Ordnungsblatt der Evangelisch-Lutherischen Kirche Schleswig-Holsteins* formuliert es im April 1946 so: „Jetzt liegen alle großen Ordnungs- und Gesittungsmächte zerschlagen im Schutt. Unwillkürlich richten sich die Augen auf die Kirche."[9] Vor allem die katholische Kirche im Deutschland der frühen Nachkriegszeit konnte so zur „Siegerin in Trümmern"[10] avancieren. Tatsächlich lässt sich für die Jahre 1945/46 eine Welle von Kircheneintritten bei beiden Konfessionen feststellen; Aufbruchsstimmung und optimistische Einschätzung der kirchlichen Mitwirkungsmöglichkeiten am politischen Wiederaufbau prägten innerkirchlich die ersten Nachkriegsjahre.[11] Dies sei, so der Theologe Hans Asmussen in seiner berühmt gewordenen Formulierung aus dem August 1945, die „Stunde der Kirche".[12]

Dabei war keine der beiden großen christlichen Kirchen in Deutschland politisch oder moralisch unbeschädigt durch Diktatur und Krieg hindurchgegangen. Die evangelische Kirche war noch dazu in verschiedene Gruppierungen zerbrochen: Die 1932 gegründete völkisch-nationalistisch orientierte Bewegung der *Deutschen Christen* hatte unter der nationalsozialistischen Herrschaft in vielen evangelischen Landeskirchen großen Einfluss gewonnen, während die Widerstandsorganisation der *Bekennenden Kirche* nur von einer Minderheit getragen wurde; daneben hatte eine große Gruppe der „Neutralen" den Gemeindealltag geprägt. Statt aber Kompromissbereitschaft und Nähe zum Regime, Schweigen und versäumtes Handeln zu benennen und aufzuarbeiten, dominierte in der öffentlichen Selbstdarstellung der Repräsentanten beider Konfessionen die Stilisierung der Kirche als Bastion des „geschlossenen Widerstands" den Diskurs der Nachkriegszeit.[13] Offizielle kirchliche Äußerungen zur Schuldfrage – v. a. der katholische *Gemeinsame Hirtenbrief* vom 23. August 1945, die *Stuttgarter Schulderklärung* der *Evangelischen Kirche in Deutschland* (EKD) vom 18./19. Oktober 1945

---

9 Zitiert nach Wolgast, Eike: *Die Wahrnehmung des Dritten Reiches in der unmittelbaren Nachkriegszeit (1945/46)*. Heidelberg 2001, S. 183, Anm. 4.
10 Vgl. Köhler, Joachim; Melis, Damian van (Hg.): *Siegerin in Trümmern. Die Rolle der katholischen Kirche in der deutschen Nachkriegsgesellschaft*. Stuttgart 1998.
11 Besier: *Rolle der Kirchen*. 2000, S. 20f.
12 Vgl. Art. „Asmussen, Hans". In: *Theologische Realenzyklopädie* (TRE), Bd. 4 (1979), S. 259–265, hier S. 261.
13 Vgl. dazu ausführlich und differenzierter Fischer-Hupe, Kristine: Der Kirchenkampfdiskurs nach 1945. Wie katholische und evangelische Theologen in der frühen Nachkriegszeit über den Kirchenkampf der Jahre 1933–1945 sprachen. In: *Kirchliche Zeitgeschichte*, 15 (2002), S. 461–489.

sowie das *Darmstädter Wort* des Bruderrats der EKD von 1947[14] – blieben in ihrer gesellschaftlichen Wirksamkeit beschränkt, wurden innerkirchlich nur von einer Minderheit getragen und waren in der Bevölkerung höchst umstritten, da sie vielfach als Eingeständnis der Kollektivschuld verstanden wurden.[15]

In der westdeutschen Nachkriegsgesellschaft genossen die Kirchen hohes Ansehen und Glaubwürdigkeit, auch durch die ganz pragmatische karitative Mitarbeit am Wiederaufbau, etwa durch das *Hilfswerk der Evangelischen Kirche*[16], durch Spendenverteilung, Flüchtlingshilfe, Wohnungsbau und Familienzusammenführungen. Das kirchliche Verständnis für die Not der Menschen, sich mit allen Mitteln vor dem Verhungern retten zu müssen, ging sogar als Sprachschöpfung in den deutschen Wortschatz ein, mit dem heute vergessenen Begriff „fringsen" als Synonym für den legitimen Diebstahl von Nahrung oder Heizmaterial (nach der Silvesterpredigt des Kölner Erzbischofs Joseph Frings 1946).[17]

Der christliche, vor allem der katholische Einfluss auf die politische Gestaltung des Landes war in der Bundesrepublik in den fünfziger Jahren besonders stark. Christliche Verfasser positionierten sich im öffentlichen Diskurs als vertrauenswürdige Autoritäten, lieferten breit rezipierte und mit großem Ernst diskutierte Beiträge zu gesellschaftlichen Debatten. Der katholische Publizist Walter Dirks schreibt 1964 rückblickend über die Nachkriegszeit: „Niemals in unserem Leben erschienen uns die Chancen und die Aufgaben christlicher Erneuerung der Gesellschaft so groß."[18] In diesem Zusammenhang ist eine wichtige Gruppe nicht-fiktionaler christlicher Veröffentlichungen zu sehen, die dem Sachbuch als „große journalistische Form"[19] zuzuordnen sind. Autoren wie Eberhard Welty (*Die Entscheidung in die Zukunft. Grundsätze und Hinweise zur Neuordnung im deutschen Lebensraum*, 1946), Martin Niemöller (*Zur gegenwärtigen Lage der*

---

[14] *Gemeinsamer Hirtenbrief* abgedr. in: *Die Kirchen und das Judentum. Bd. I. Dokumente von 1945–1985*. Hg. von Rolf Rendtorff und Hans Hermann Henrix. Paderborn 1989, S. 233–239; *Stuttgarter Schulderklärung* abgedr. in: *Die Schuld der Kirche. Dokumente und Reflexionen zur Stuttgarter Schulderklärung vom 18./19. Oktober 1945*. Hg. von Martin Greschat und Christiane Bastert. München 1982, S. 102; *Darmstädter Wort* abgedr. in: *Kirchliches Jahrbuch für die Evangelische Kirche in Deutschland*, 72–75 (1945–1948) [1950], S. 220ff.
[15] Vgl. Besier: *Rolle der Kirchen*. 2000, S. 13f.
[16] Als exemplarisches Dokument für das umfassende Engagement: *Vertriebenen Fibel. Ratgeber für den Neuaufbau der Existenz*. Hg. vom Hilfswerk der evangelischen Kirche in Deutschland. Stuttgart 1953.
[17] Vgl. Greschat: Vorgeschichte. In: Lepp, Nowak (Hg.): *Evangelische Kirche*. 2011, S. 13
[18] Dirks, Walter: Das gesellschaftspolitische Engagement der deutschen Katholiken seit 1945. In: *Frankfurter Hefte*, 19 (1964), S. 761–773, hier S. 761.
[19] Porombka, Stephan: Wie man ein (verdammt gutes) Sachbuch schreibt. In: *Arbeitsblätter für die Sachbuchforschung*, 10 (2006), S. 14. http://www.sachbuchforschung.de (Stand: 1. 3. 2013).

evangelischen Christenheit, 1946), Helmut Thielicke (*Fragen des Christentums an die moderne Welt*, 1947), Hans Zehrer (*Der Mensch in dieser Welt*, 1948), Romano Guardini (*Das Ende der Neuzeit. Ein Versuch zur Orientierung*, 1950) und Walter Dirks (*Die Antwort der Mönche*, 1952) stellten Geschichtsdeutung und Entwürfe zum religiös-politischen Wiederaufbau zur Debatte.[20] Besonders starke Resonanz erfuhr der Jesuit Klemens Brockmöller, der mit seiner Verabschiedung des „christlichen Abendlandes" die Bemühungen um einen dritten Weg zwischen Christentum und Kommunismus zeigt (*Christentum am Morgen des Atomzeitalters*, 1954).

Eine weitere höchst erfolgreiche Gruppe von Sachbüchern lässt sich als „Bestätigungspublizistik"[21] apostrophieren, die biblische Geschichten und christliche Lehre durch Naturphänomene und archäologische Funde zu verifizieren suchte. Als besonders populäre Titel lassen sich hier Werner Kellers *Und die Bibel hat doch recht* (1955), Peter Bamms *Frühe Stätten der Christenheit* (1955) sowie Günther S. Wegeners *6000 Jahre und ein Buch* (1958) nennen.

Wenn hier katholische und evangelische Autoren *thematisch* in einem Atemzug genannt werden, ist damit noch nichts über ihre Positionierung und Profilierung im literarischen Feld und ihre Rezeption bei den Lesern gesagt, wo konfessionelle Zugehörigkeit eine wichtige Rolle spielte. Das Verhältnis der Konfessionen zueinander erfuhr in der Nachkriegszeit allerdings einige grundlegende Veränderungen. Eine völlige Umwälzung der konfessionellen Verteilung in Westdeutschland ergab sich bereits vor und verstärkt nach Kriegsende durch den Zustrom von Flüchtlingen, Vertriebenen und Aussiedlern aus den ehemals deutschen Siedlungsgebieten im Osten Europas, ab den fünfziger Jahren bis zum Mauerbau 1961 auch aus der DDR. Konfessionell bislang relativ homogene Gebiete wie der protestantische Norden (Schleswig-Holstein, Hamburg, Niedersachsen, Bremen) oder der katholische Süden und Westen (Bayern, Rheinland-Pfalz und Nordrhein-Westfalen) standen vor der Herausforderung, die nicht nur in ihrer religiösen Praxis als „fremd" empfundenen Zuwanderer unterzubringen und einzugliedern.[22] Ihre je

---

20 Grundlegend dazu Lehmann, Johannes: Sachliteratur zur Evangelischen Theologie und Allgemeinen Religionswissenschaft. Sowie Pesch, Otto Hermann: Sachliteratur zur Katholischen Theologie. Beide in: *Die deutschsprachige Sachliteratur I*. Hg. von Rudolf Radler. Frankfurt am Main 1980 (*Kindlers Literaturgeschichte der Gegenwart. Autoren, Werke, Themen, Tendenzen seit 1945*, Bd. 9), S. 349–395, S. 399–471.
21 Hannig: *Religion der Öffentlichkeit*. 2010, S. 94.
22 Vgl. Jenkis, Helmut W.: Der protestantische Einfluss auf den deutschen Wiederaufbau. Versuch einer Interpretation. In: *Die Neue Ordnung*, 47 (1993) 3, S. 178–192, hier S. 185 f.; Bendel, Rainer: Wegweisende Initiativen der Vertriebenenseelsorge in den gesellschaftlichen Transformationen nach 1945. In: *Jahrbuch für Geschichte und Kunst im Bistum Hildesheim*, 74 (2006), S. 77–102, hier S. 78 f.

eigenen regionalen Ausprägungen christlicher Tradition waren für die Flüchtlinge ein Teil ihrer Identität und ihrer verlorenen Heimat und daher von großer persönlicher und politischer Bedeutung. Erst auf Dauer führten die neuen Verhältnisse zur Annäherung der Konfessionen, auf privater wie institutioneller Ebene[23]; in den ersten Nachkriegsjahren konnten konfessionelle Zugehörigkeiten dagegen oft noch unüberwindliche Hindernisse darstellen.[24]

Die SBZ und spätere DDR umfasste traditionell protestantisch geprägte Gebiete, wo die katholische Kirche eine Minderheit bildete. In ihrem öffentlichen Handeln trat so vor allem die evangelische Kirche in Erscheinung. Die Staatsgründung auf der Basis der marxistisch-leninistischen Weltanschauung schuf entscheidend andere politische Voraussetzungen für kirchliche Handlungsmöglichkeiten als in Westdeutschland. Die DDR-Verfassung von 1949 sah zwar prinzipiell institutionelle Autonomie für die Kirchen vor, tatsächlich waren diese aber spätestens ab 1952 wachsenden staatlichen Repressionen ausgesetzt. Kirche und Staat sollten strikt getrennt werden, die gesellschaftliche Einflussnahme der Kirchen zurückgedrängt und ihre Handlungsmöglichkeiten auf den „Kult" beschränkt werden.[25] Die staatliche Jugendweihe wurde ab 1954 gezielt als Ersatzritus für Konfirmation bzw. Firmung der Jugendlichen eingeführt und hatte sich 1959 bereits gut etabliert,[26] der Religionsunterricht wurde bis 1958 schrittweise aus den Schulen verdrängt.[27] Eine Reflexion aus dem Erleben dieser Vorgänge – insbesondere der Auseinandersetzungen um die evangelische Jugendarbeit der *Jungen Gemeinde* – überliefert Uwe Johnsons erst 1985 aus dem Nachlass veröffentlichte frühe Erzählung *Ingrid Babendererde. Reifeprüfung 1953*, die er zwischen 1953 und 1956 schrieb. Die bedrängte Lage der DDR-Christen regte aber auch zur Darstellung aus der (ideologisierten) Außenperspektive an: Aus dezidiert antikommunistischer West-Perspektive erzählt Stuart Rosenberg mit dem Spielfilm *Frage 7* (1960), einer amerikanisch-westdeutschen Koproduktion, die martyrologisch überhöhte Leidens- und Bewährungsgeschichte eines 15-jährigen Pfarrerssohns aus der DDR, der durch Repressionen und Anfechtungen hindurch

---

23 Vgl. Schatz, Klaus: *Zwischen Säkularisation und Zweitem Vatikanum. Der Weg des deutschen Katholizismus im 19. und 20. Jahrhundert.* Frankfurt am Main 1986, S. 291.
24 Vgl. Schwartz, Michael: „Zwangsheimat Deutschland". Vertriebene und Kernbevölkerung zwischen Gesellschaftskonflikt und Integrationspolitik. In: *Nachkrieg in Deutschland.* Hg. von Klaus Naumann. Hamburg 2001, S. 114–148, hier S. 130 f.
25 Vgl. Lepp, Claudia: Entwicklungsetappen der Evangelischen Kirche. In: Lepp, Nowak (Hg.): *Evangelische Kirche.* 2001, S. 46–93, hier S. 50 ff.
26 Vgl. Goeckel, Robert F.: Die offizielle Religionspolitik und die evangelischen Kirchen in der DDR. In: Lepp, Nowak (Hg.): *Evangelische Kirche.* 2001, S. 161–177, hier S. 166.
27 Vgl. Lepp: Entwicklungsetappen. In: Lepp, Nowak (Hg.): *Evangelische Kirche.* 2001, S. 50 ff.

seinem christlichen Glauben treu bleibt und – wie Johnsons Protagonisten auch – schließlich in den Westen flieht.

Bei den Autoren der frühen DDR, die sich in einem grundsätzlichen Einverständnis mit dem sozialistischen Staat sahen, überwog der marxistisch-materialistische Umgang mit der christlichen Tradition. Zwar finden sich etwa bei Bertolt Brecht oder Anna Seghers religiöse Motive, Redewesen oder Anspielungen; diese werden aber durch innerweltliche Bezüge konkretisiert und lassen sich daher nicht als Elemente einer im engeren Sinne religiösen Literatur deuten.[28] Es kann für die DDR mit Ernest Gellner von einer „Sakralisierung des Immanenten" gesprochen werden, die auch als „Sakralisierung des Alltags" Gestalt gewann und den Mythos des antifaschistischen Widerstandskampfes an die Stelle christlicher Rituale setzte, etwa durch Gedenktafeln und Straßenbenennungen sowie durch wiederkehrende rituelle Inszenierungen im Jahreslauf.[29]

Zu dieser Abkehr von der Transzendenz gehörte auch eine entsprechende Umdeutung historischer Ereignisse, die damit in eine teleologisch auf den Arbeiter- und Bauernstaat hinführende Entwicklungslinie gestellt werden konnten. Der DEFA-Film *Thomas Müntzer* (1956) von Martin Hellberg zeigt beispielhaft die Vereinnahmung der religiös motivierten Auseinandersetzungen um Reformation (seit 1517) und Bauernkrieg (1525) als „frühbürgerliche Revolution" und damit als Vorgeschichte der DDR. Der Thüringer Pfarrer Thomas Müntzer wurde dabei in Anlehnung an die sowjetische Historiographie als Anführer der „Volksreformation" gedeutet und in Opposition zu Luthers „Fürstenreformation" gesetzt. In aller Deutlichkeit inszeniert der Film den Mythos, der revolutionäre Aufstand der Bauern sei an Verrat und Intrigen des Bürgertums gescheitert.[30]

Die in Westdeutschland erschienene und rezipierte Literatur, die sich explizit mit religiösen Fragen der Gegenwart auseinandersetzte, zeigt ein weites Spektrum der Bezugnahmen und Positionen. Konfessions- und religionsübergreifend kann das Erlebte eine tiefgreifende Erschütterung oder völlige Zerstörung des Glaubens an Gott bedeuten, wie die literarischen Texte ehemaliger KZ-Gefangener zeigen. „Er fühlte [...], wie durch das Bild Gottes ein Sprung hindurchlief, der nicht mehr heilen würde", heißt es in Ernst Wiecherts *Der Totenwald* (1946).[31] „Nie werde ich die kleinen Gesichter der Kinder vergessen, deren Körper vor meinen Augen als Spiralen zum blauen Himmel aufstiegen. Nie werde ich die Flammen vergessen, die meinen Glauben für immer verzehrten", schreibt Elie Wiesel

---

[28] Vgl. Mannack, Eberhard: Christliche Tradition und DDR-Literatur. In: *Studien zur DDR-Literatur*. Hg. von Norbert Honsza. Wrocław 1994, S. 65–78.
[29] Vgl. Münkler, Herfried: *Die Deutschen und ihre Mythen*. Berlin 2009, S. 440.
[30] Vgl. dazu ebd. S. 441.
[31] Wiechert, Ernst: *Der Totenwald. Ein Bericht*. Frankfurt am Main 2008, S. 71.

in seiner autobiographischen Erzählung *Die Nacht* (*La Nuit*, 1958; dt. 1962 als Teil der Trilogie *Die Nacht zu begraben, Elischa*) über seine Erlebnisse im KZ Birkenau. „Wo ist Gott?" fragt sein Erzähler bei der Erhängung eines Jungen im KZ Buna. „Dort ... dort hängt er, am Galgen ..."[32] Auch in Wolfgang Borcherts *Draußen vor der Tür* (1947) ist für den heimgekehrten Frontsoldaten Beckmann die Rede vom „lieben Gott" völlig unverständlich geworden: „Warst du in Stalingrad lieb, lieber Gott, warst du da lieb, wie? Ja? Wann warst du denn eigentlich lieb, Gott, wann? Wann hast du dich jemals um uns gekümmert, Gott?"[33]

Es ist das Aufbrechen der Theodizeefrage, der Frage, wie ein zugleich allmächtiger und allgütiger Gott so Unfassbares hat geschehen lassen können, die hier mehr ist als ein logisches Dilemma. Die klassischen Antworten christlicher Denksysteme – Gott habe das Böse nur „zugelassen", und es seien die Menschen, die sich kraft ihres freien Willens von ihm abgewandt hätten – können in der existenziellen Not nicht treffen und werden in Borcherts *Draußen vor der Tür* als „tintenblütige" Theologenrede entlarvt. An den Gott, den Wolfdietrich Schnurre in seiner berühmten Kurzgeschichte *Das Begräbnis* (entstanden 1945/46, veröffentlicht 1948) unter völligem Desinteresse der Menschen zu Grabe tragen lässt, werden freilich nicht einmal mehr Fragen gestellt: „Von keinem geliebt, von keinem gehasst, starb heute nach langem, mit himmlischer Geduld ertragenem Leiden: GOTT."[34]

Der entgegengesetzte Weg einer neuen Hinwendung zur Religion war vielfach motiviert von der Sehnsucht nach neuen Gewissheiten, die sowohl Leser als auch Autoren vor allem im katholischen Glauben suchten. Es waren dementsprechend katholische – nicht selten zum Katholizismus konvertierte – Autoren, deren Romane, Erzählungen und Gedichtbände in den Nachkriegsjahren den größten Erfolg bei den Lesern verzeichnen konnten: Gertrud von le Fort (*Das Schweißtuch der Veronika*, 1928; *Die Letzte am Schafott*, 1931; *Der Kranz der Engel*, 1946), Reinhold Schneider (*Las Casas vor Karl V.*, 1937; *Die Sonette von Leben und Zeit, dem Glauben und der Geschichte*, 1954), Stefan Andres (*El Greco malt den Großinquisitor*, 1936; *Wir sind Utopia*, 1942; *Sintflut-Trilogie*, 1949/1951/1959), Elisabeth Langgässer (*Das unauslöschliche Siegel*, 1946), Edzard Schaper (*Die sterbende Kirche*, 1935; *Der letzte Advent*, 1949) und Werner Bergengruen (*Der Großtyrann und das Gericht*, 1935; *Dies irae*, 1945). Vor allem aber galt der junge Heinrich Böll als

---

32 Wiesel, Elie: *Die Nacht zu begraben, Elischa.* München 2005, S. 47, 80.
33 Borchert, Wolfgang: Draußen vor der Tür. Ein Stück, das kein Theater spielen und kein Publikum sehen will. In: *Wolfgang Borchert: Das Gesamtwerk.* Hg. von Michael Töteberg. Reinbek 2007, S. 115–192, hier S. 148.
34 Schnurre, Wolfdietrich: Das Begräbnis. In: Ders.: *Man sollte dagegen sein. Geschichten.* Olten, Freiburg i.Br. 1960, S. 23–34.

herausragender Vertreter katholischer Literatur (*Der Zug war pünktlich*, 1949; *Wanderer, kommst du nach Spa ...*, 1950; *Wo warst du, Adam?*, 1951). Neben Elisabeth Langgässer wurde Böll als „die erste bedeutende Dichtergestalt eines deutschen Renouveau catholique"[35] betrachtet.

Zu den Vielgelesenen gehörten auch evangelische Autoren wie der Pfarrer Kurt Ihlenfeld (*Wintergewitter*, 1951), Rudolf Alexander Schröder (*Die geistlichen Gedichte*, 1949), Albrecht Goes (*Unruhige Nacht*, 1950; *Das Brandopfer*, 1954) oder Manfred Hausmann (*Einer muß wachen. Betrachtungen. Briefe. Gedanken. Reden*, 1950). Ebenfalls positiv rezipiert wurden Autoren, die dem Nationalsozialismus nahestanden, nach 1945 aber mit Werken auf der Basis einer christlich-protestantischen Weltsicht hervortraten, so etwa Bernt von Heiseler (*Spiegel im dunklen Wort*, 1949; *Versöhnung*, 1953) oder Ina Seidel (*Das unverwesliche Erbe*, 1954; *Michaela. Aufzeichnungen des Jürgen Brook*, 1959).

Für Ernst Wiechert, dessen Haltung unter dem Nationalsozialismus eine entscheidende Wende zum christlichen Humanismus genommen hatte, brachte die Nachkriegszeit einen erneuten Umbruch. Wiechert, der durch seine „Reden an die deutsche Jugend" und seine Haftzeit im KZ Buchenwald (1938) eine Art Märtyrer- und Vorbildstatus erlangt hatte, geriet schnell in eine unfruchtbare Opposition zu den amerikanischen Alliierten und brüskierte die Öffentlichkeit mit seiner Weigerung, Flüchtlinge in seinem (acht Zimmer umfassenden) Haus aufzunehmen.[36] Auch die wegweisenden Aussagen für die Gesellschaft der Nachkriegszeit, die seine Leserschaft von ihm erwartete, blieb er ihnen schuldig: Sein letzter Roman *Missa sine nomine* (1950) enthielt vor allem rückwärtsgewandte Handlungskonzepte, die zur Suche nach einer „neuen Ordnung" wenig beitragen konnten.[37]

An Wiecherts Beispiel wird sichtbar, dass die Glaubwürdigkeit christlich-religiöser Autoren unter anderem an der Übereinstimmung ihres Lebens und Schreibens gemessen wurde. Eine wichtige und stark rezipierte Textgruppe bildeten daher autobiographische bzw. Tagebuch-Aufzeichnungen von christlichen Verfolgten und Opfern des Nationalsozialismus, wie im Falle des evangelischen Bischofs Hanns Lilje (*Im finstern Tal*, 1947) und des späteren Theologieprofessors

---

35 Kalow, Gert: Heinrich Böll. In: *Christliche Dichter der Gegenwart. Beiträge zur europäischen Literatur*. Hg. von Hermann Friedmann und Otto Mann. Heidelberg 1955, S. 426–435, hier S. 430.
36 Vgl. Krenzlin, Leonore: Zwischen allen Stühlen. Ernst Wiechert in der politischen Öffentlichkeit 1933–1947. In: *Von bleibenden Dingen. Über Ernst Wiechert und sein Werk*. Hg. von Bärbel Beutner und Hans-Martin Pleßke. Frankfurt am Main 2002, S. 21–41; Franke, Manfred: *Jenseits der Wälder. Der Schriftsteller Ernst Wiechert als politischer Redner und Autor*. Köln 2003.
37 Vgl. die zeitgenössische Kritik von Petersen, Carol: Ernst Wiechert. In: Friedmann, Mann (Hg.): *Christliche Dichter*. 1955, S. 321–332, hier S. 331.

Helmut Gollwitzer, der mit ... *und führen, wohin du nicht willst* (1951) den „erste[n] Nachkriegsbestseller eines Theologen"[38] vorgelegt hatte. Posthum zusammengestellte Tagebücher, Notizen, Gedichte und Briefe erschienen von dem in Berlin-Plötzensee hingerichteten Pater Alfred Delp (*Im Angesicht des Todes*, 1948) und dem im KZ Flössenburg ermordeten evangelischen Theologen Dietrich Bonhoeffer (*Auf dem Wege zur Freiheit. Gedichte aus Tegel*, 1946; *Widerstand und Ergebung. Briefe und Aufzeichnungen aus der Haft*, 1951). Der evangelische Theologe und Schriftsteller Jochen Klepper, der sich 1942 gemeinsam mit seiner jüdischen Frau und deren Tochter das Leben nahm, blieb bis heute vor allem durch seine Kirchenlieder in Erinnerung (am bekanntesten wohl sein Adventslied *Die Nacht ist vorgedrungen*); auch eine Auswahl seiner Tagebuchaufzeichnungen wurde nach dem Krieg in den Bänden *Unter dem Schatten deiner Flügel* (1956) und *Überwindung* (1958) veröffentlicht.

Wie religiöse Argumentationsmuster auch apologetisch von Tätern des Regimes genutzt werden konnten, zeigt die autobiographische Schrift des ehemaligen SS-Offiziers Oswald Pohl, *Credo. Mein Weg zu Gott*, 1950, der sich im alliierten Militärgefängnis in Landsberg zum Katholizismus bekehrte – ein extremes und aufschlussreiches Beispiel für die Widersprüchlichkeit christlicher Diskurse in der Nachkriegszeit.[39]

Die Texte jüdischer Überlebender des Holocaust und jüdischer Autoren im Allgemeinen wurden demgegenüber erst mit jahrelanger Verspätung rezipiert. Die weitgehende Abwesenheit jüdischer Stimmen in dieser Überblicksdarstellung ist keine Nachlässigkeit der Recherche, sondern Befund. Menschen jüdischen Glaubens sind in der Literatur der frühen Nachkriegszeit weitgehend Objekt der Erzählungen, nicht Subjekt, und erhalten häufig keine eigene Stimme: Der dominante religiöse Blickwinkel der frühen Bundesrepublik ist der christliche. Der Zusammenbruch des nationalsozialistischen Regimes brachte nicht automatisch eine Veränderung im jüdisch-christlichen Verhältnis mit sich, insofern, als ein ‚rassisch' begründeter Antisemitismus vielfach ungebrochen fortlebte und weiterhin nicht nur *Juden von Christen*, sondern vor allem *Juden von Deutschen* unter-

---

38 Lehmann: Sachliteratur zur Evangelischen Theologie. In: Radler (Hg.): *Die deutschsprachige Sachliteratur I*. 1980, S. 354.
39 Vgl. dazu Kellenbach, Katharina von: Christliche Vergebungsdiskurse im Kontext von NS-Verbrechen. Ein protestantisches Plädoyer für eine revitalisierte Bußlehre. In: *Theologie und Vergangenheitsbewältigung. Eine kritische Bestandsaufnahme im interdisziplinären Vergleich*. Hg. von Lucia Scherzberg. Paderborn 2005, S. 179–195; Krondorfer, Björn: A Perpetrator's Confession. Gender and Religion in Oswald Pohl's Conversion Narrative. In: *Journal of Men, Masculinities and Spirituality*, 2 (2008) 2, S. 62–81, http://www.jmmsweb.org/issues/volume2/number2/pp62-81 (Stand: 1. 3. 2013).

schied.⁴⁰ Zudem waren viele jüdische Überlebende im Exil geblieben und nicht nach Deutschland zurückgekehrt. In der Bundesrepublik lebende Juden hatten daher oft wenig Anteil an den jüdischen Debatten ihrer Zeit.⁴¹

Primo Levis Bericht aus dem KZ Auschwitz, *Se questo è un uomo* (1947), erschien erst 1961 bei *Fischer* auf Deutsch (*Ist das ein Mensch?*). Auch die bereits in den ersten Nachkriegsjahren vom Ost-Berliner *Aufbau Verlag* bzw. bei *Bermann-Fischer* in Amsterdam veröffentlichten Gedichte von Nelly Sachs (*In den Wohnungen des Todes*, 1947; *Sternverdunkelung*, 1949) wurden erst in den sechziger Jahren rezipiert.⁴² Die wenigen Beispiele jüdisch-religiöser Geschichtsdeutung im nichtdichterischen Bereich (etwa der deutschen, in die Schweiz emigrierten, Dichterin und Journalistin Margarete Susman, *Das Buch Hiob und das Schicksal des jüdischen Volkes*, 1946) oder der Behandlung religiöser Fragen im Roman (aus dem amerikanischen Exil etwa Hermann Kesten, *Die fremden Götter*, 1949) erhielten bei weitem nicht dieselbe Resonanz wie die Texte christlicher Autoren und sind bis heute kaum wissenschaftlich behandelt worden. Wolfgang Hildesheimer, der 1951 zur *Gruppe 47* stieß, war der „seltene Fall" eines jüdischen Autors, der in Westdeutschland am Aufbau der deutschen Literatur beteiligt war;⁴³ Paul Celans Lyrik (*Mohn und Gedächtnis*, v.a. die *Todesfuge*, 1952) bildete ebenfalls eine – wenn auch umstrittene – Ausnahme im deutschen Literaturbetrieb.⁴⁴

Eine „Marginalisierung des Holocaust"⁴⁵ ist auch für die Literatur der DDR konstatiert worden. Antifaschistische Widerstandskämpfer standen im Mittelpunkt des kollektiven Gedächtnisses und des öffentlichen Gedenkens, während jüdische Opfer für die instrumentalisierte Geschichtsdeutung kaum von Interesse waren. Frühe Ausnahmen in der Literatur der SBZ/DDR, die zumindest „Spuren" jüdischer Opfer auffindbar machen, sind Willi Bredels *Das schweigende Dorf* (1948) und Stephan Hermlins *Die Zeit der Gemeinsamkeit* (1949). In der Bundesrepublik war der evangelische Pfarrer und Autor Albrecht Goes (*Begegnung in Un-*

---

40 Vgl. Kauders, Anthony: *Unmögliche Heimat. Eine deutsch-jüdische Geschichte der Bundesrepublik*. München 2007, S. 32.
41 Vgl. ebd., S. 13.
42 Vgl. Art. „Frühe Zeugnisse Überlebender". In: *Lexikon der „Vergangenheitsbewältigung" in Deutschland. Debatten- und Diskursgeschichte des Nationalsozialismus nach 1945*. Hg. von Torben Fischer und Matthias N. Lorenz. Bielefeld 2007, S. 40f.
43 Braese, Stephan: Hildesheimer, Wolfgang. In: *Deutsch-jüdische Literatur. 120 Porträts*. Hg. von Andreas Kilcher. Stuttgart 2006, S. 100–104, hier S. 101.
44 Vgl. Lamping, Dieter: *Von Kafka bis Celan. Jüdischer Diskurs in der deutschen Literatur des 20. Jahrhunderts*. Göttingen 1998, S. 138ff.
45 Bach, Janina: Spuren des kollektiven Gedächtnisses an den Holocaust in der DDR-Literatur bis 1958. In: *Reden und Schweigen in der deutschsprachigen Literatur nach 1945. Fallstudien*. Hg. von Carsten Gansel und Paweł Zimniak. Wrocław, Dresden 2006, S. 153–184, hier S. 153.

garn, 1946; *Unruhige Nacht*, 1950; *Das Brandopfer*, 1954) einer der ersten, die sich für die Wahrnehmung der jüdischen Perspektive einsetzten. Auch Kurt Ihlenfelds *Wintergewitter* macht bereits 1951 das Leid jüdischer Verfolgter sowie das Schweigen, mit dem ihm die deutsche Bevölkerung begegnete, sichtbar.[46]

Christliche Impulse ganz anderer Art kamen für die junge Bundesrepublik aus den Filmstudios des westlichen Auslands: Das westdeutsche Kino der fünfziger Jahre zeigte mit großem Erfolg amerikanische Monumentalfilme wie *Quo Vadis?* (1951), *Das Gewand* (*The Robe*, 1953), *Das Tal der Könige* (*Valley Of The Kings*, 1954), *Der silberne Kelch* (*The Silver Chalice*, 1954), *Die zehn Gebote* (*The Ten Commandments*, 1956) oder die Neuverfilmung des Stummfilmklassikers *Ben Hur* (1959), die zum Teil bereits als Romane Erfolge gefeiert hatten.[47] In ihrer Handlung auf das Urchristentum und biblische Stoffe zurückgreifend, gaben diese Filme in Figuration und Themen zwar zum Teil mehr Aufschluss über die amerikanische Gesellschaft in der Zeit des Kalten Krieges als über Palästina zu Jesu Zeiten.[48] Nicht zu unterschätzen ist aber die Langzeitwirkung ihrer Bilder des „Heiligen Landes" und der frühchristlichen Zeugen, die sie im kollektiven Gedächtnis ihrer Zuschauer verankerten.

Westdeutsche Eigenproduktionen nutzen häufig bereits verfilmte Stoffe oder Literaturvorlagen: *Die Martinsklause* (1951) greift den Stoff eines Ganghofer-Romans von 1894 auf und spiegelt das Projekt der (Re-)Christianisierung in die Historie zurück; Franz Werfels Roman *Der veruntreute Himmel* (1939) wird 1958 von Ernst Marischka als Huldigung an den römischen Katholizismus verfilmt. Im deutschen und österreichischen Heimatfilm der Nachkriegsjahre begegnen Pfarrer und Kirche, Glockengeläut und Gemeindegesang häufig als sentimentale Reminiszenz an alte Zeiten oder folkloristisches Zubehör zur Landschaft, nicht nur in Titeln wie *Wenn die Abendglocken läuten* (1951), *Der Herrgottschnitzer von Ammergau* (ebenfalls eine Ganghofer-Verfilmung, 1952) oder *Der Glockengießer von*

---

46 Vgl. Berger, Karina: Expulsion Novels of the 1950s: More than Meets the Eye? In: *Germans as Victims in the Literary Fiction of the Berlin Republic*. Hg. von Stuart Taberner und Karina Berger. Rochester, New York 2009, S. 42–55; Helbig, Louis Ferdinand: Die Suche nach der Humanität in einer Endzeit des Schweigens: Kurt Ihlenfelds Roman „Wintergewitter". In: Gansel, Zimniak (Hg.): *Reden und Schweigen*. 2006, S. 216–233.
47 Vgl. Hohoff, Curt: Was ist das Christliche in der christlichen Literatur? In: *Was ist das Christliche in der christlichen Literatur?* Hg. von Karl Forster. München 1960, S. 75–109, hier S. 85f.
48 Vgl. Nadel, Alan: God's Law and the Wide Screen. „The Ten Commandments" as Cold War ‚Epic'. In: *Publications of the Modern Language Association PMLA*, 108 (1993), S. 415–430; Zwick, Reinhold: Provokation und Neuorientierung. Zur Transformation religiöser Vorstellungen im Kino der langen sechziger Jahre. In: *Kirchen – Medien – Öffentlichkeit. Transformationen kirchlicher Selbst- und Fremddeutungen seit 1945*. Hg. von Frank Bösch und Lucian Hölscher. Göttingen 2009, S. 144–173, hier S. 153.

Tirol (1956). Dabei fallen diese Filme mit ihrer Bebilderung von Pfarrern als austauschbar-überindividuelle „ländliche Autorität[en]"[49] hinter die Differenziertheit von Harald Brauns *Nachtwache* (1949) zurück, der den Pfarrer als suchenden und leidenden Mitmenschen inszeniert hat. Neben dem Film *Unruhige Nacht* (1958) nach der Novelle von Albrecht Goes ist *Nachtwache* einer der wenigen Filme der frühen Nachkriegszeit, die sich explizit und kontrovers mit religiösen Fragen auseinandergesetzt haben. Die Produktion des Films wurde durch Ausfallbürgschaften mehrerer evangelischer Landeskirchen unterstützt.[50] *Nachtwache* ist daher ein wichtiges Beispiel für die Verwobenheit kirchlicher, politischer und künstlerischer Interessen auf der Ebene des religiösen Diskurses.

Der Medialisierungsschub der sechziger Jahre hatte Einfluss sowohl auf die Außenwahrnehmung als auch auf die Selbstdarstellung der Kirchen in Westdeutschland.[51] Die bislang affirmative Haltung zur Kirche verändert sich in Westdeutschland gegen Ende der fünfziger Jahre, wie sich im Bereich des Films besonders deutlich zeigen lässt. So prangert Wolfgang Staudtes Spielfilm *Kirmes* (1960) das Versagen der Autoritäten eines Dorfes – unter ihnen der Pfarrer – an, die aus Feigheit einen 1944 desertierten jungen deutschen Soldaten in den Tod gehen lassen und auch an der späteren Aufklärung des Falles kein Interesse haben. Auch im westdeutschen und österreichischen Heimatfilm finden sich nun zölibatskritische Motive (*Der Pfarrer von St. Michael*, 1957; *Der Priester und das Mädchen*, 1958). Pfarrer und Kleriker sind in den späten fünfziger Jahren keine unantastbaren Autoritäten mehr, sondern werden als Person und als Amtsträger in Frage gestellt.[52]

Ebenfalls Ende der fünfziger Jahre entfaltete auch der produktivste Kirchenkritiker im Sachbuchbereich, Karlheinz Deschner, seine Wirksamkeit (*Was halten Sie vom Christentum?*, 1957; *Abermals krähte der Hahn. Eine kritische Kirchengeschichte von den Anfängen bis zu Pius XII*, 1962; *Mit Gott und den Faschisten. Der Vatikan im Bunde mit Mussolini, Franco, Hitler und Pavelić*, 1965). Seit 1989 entsteht Deschners auf zehn Bände angelegte *Kriminalgeschichte des Christentums*, von der inzwischen neun Bände erschienen sind.

---

49 Vgl. dazu Städter, Benjamin: Visuelle Deutungen des Geistlichen. Zur Transformation von Bildwelten in der Bundesrepublik 1945–1970. In: Bösch, Hölscher (Hg.): *Kirchen – Medien – Öffentlichkeit*. 2009, S. 89–114, hier S. 92.
50 Vgl. Sobotka, Jens U.: *Die Filmwunderkinder. Die Filmaufbau GmbH Göttingen. Geschichte eines westdeutschen Filmproduktionsunternehmens unter besonderer Berücksichtigung der Person Hans Abichs*. Münster 1998, S. 112f.
51 Bösch, Frank; Hölscher, Lucian: Die Kirchen im öffentlichen Diskurs. In: Dies. (Hg.): *Kirchen – Medien – Öffentlichkeit*. 2009, S. 7–30, hier S. 12.
52 Vgl. Städter: Visuelle Deutungen. In: Bösch, Hölscher (Hg.): *Kirchen – Medien – Öffentlichkeit*. 2009, S. 100.

Diese Phase der kritischen Hinterfragung kirchlichen Handelns in der Gegenwart und in der jüngeren Geschichte fand einen vorläufigen Höhepunkt in der Debatte um Rolf Hochhuths Schauspiel *Der Stellvertreter. Ein christliches Trauerspiel* (1963), in dem das bis heute umstrittene Verhalten von Papst Pius XII. (Amtszeit 1939 bis 1958) im Nationalsozialismus thematisiert wird.

In der Literatur der DDR zeichnete sich ab den sechziger Jahren eine in gewisser Weise gegenläufige Entwicklung ab: Christliche Traditionen und biblische Bezugnahmen gewannen kulturell und politisch an Einfluss, da sich eine marxistisch-materialistische Bibelauslegung durchzusetzen begann.[53] In unterschiedlicher Form und Ausgestaltung lässt sich das etwa bei Johannes Bobrowski, Erwin Strittmatter, Franz Fühmann oder Christa Wolf nachweisen.[54]

In Westdeutschland korrespondierte die kritische Ablehnung christlich-konservativer Religiosität mit der Suche nach anderen Wegen zum Seelenheil: Nach einer – ebenfalls kriseninduzierten – Phase der intensiven Buddhismusrezeption in der deutschsprachigen Literatur zu Beginn des 20. Jahrhunderts und nach dem Ersten Weltkrieg erfolgte ab den späten fünfziger Jahren im Westen erneut eine verstärkte Hinwendung zur Gedankenwelt, aber vor allem zur spirituellen und meditativen Praxis ostasiatischer Religionen. Paradigmatisch im Bereich der Literatur steht dafür der Erfolg von Hermann Hesses Roman *Das Glasperlenspiel* (1943 in der Schweiz, 1946 in Deutschland erschienen), ebenso wie der seiner erneut breit rezipierten Erzählung *Siddharta* (1922).[55] Buddhistische Spiritualität und Meditation erreichten aber erst ab den sechziger Jahren, jenseits des hier besprochenen Zeitraums, ihre legendäre Breitenwirkung als eine von zahlreichen populären Praktiken der Bewusstseinsveränderung und -erweiterung.

Aufbrüche und Suche nach neuen Wegen gab es auch im Verhältnis der christlichen Kirchen zum Judentum. Auf dem letzten gesamtdeutschen Evangelischen Kirchentag, der kurz vor dem Mauerbau im Juli 1961 in West-Berlin stattfand, gründete sich die *Arbeitsgemeinschaft Juden und Christen*. Damit begann innerhalb der evangelischen Kirche eine systematische Auseinandersetzung mit dem Holocaust, ein Nachdenken über die Zusammenhänge zwischen religiös begründetem Antijudaismus und rassisch und ökonomisch begründetem Antisemi-

---

53 Vgl. Hansen, Gisela: *Christliches Erbe in der DDR-Literatur. Bibelrezeption und Verwendung religiöser Sprache im Werk Erwin Strittmatters und in ausgewählten Texten Christa Wolfs*. Frankfurt am Main 1995, S. 22f.
54 Vgl. Mannack: Christliche Traditionen. In: Honsza (Hg.): *Studien zur DDR-Literatur*. 1994. Zu Fühmann vgl. auch Hirdina, Karin: Schuld Sühne Erlösung. Religiöse Motive bei Franz Fühmann. In: *Weimarer Beiträge*, 56 (2010) 2, S. 237–248.
55 Vgl. Gellner, Christoph: Wie der Buddha in den Westen kam. Hermann Hesse, Luise Rinser und Adolf Muschg. In: *Hesse-Jahrbuch*, 3 (2006), S. 47–70.

tismus.⁵⁶ In der katholischen Kirche suchte die Erklärung *Nostra Aetate* im Rahmen des II. Vatikanischen Konzils (1962–65) nach einer neuen Standortbestimmung im Verhältnis zu anderen Religionen, vor allem zum Judentum.⁵⁷

Die Utopie einer christlichen „neuen Ordnung" in Nachkriegsdeutschland ist nicht verwirklicht worden. Den zahlreichen Kircheneintritten in den ersten beiden Nachkriegsjahren in Westdeutschland stand bereits ab 1949 eine bei weitem höhere Zahl von Austritten gegenüber.⁵⁸ Seit 1950 kann auch ein Rückgang in der Frequenz der Gottesdienstbesuche verzeichnet werden.⁵⁹ Ungefähr bis 1958 war das Verhältnis der westdeutschen Öffentlichkeit zu den Kirchen dennoch weitgehend durch Affirmation und Akzeptanz gekennzeichnet, erst danach lässt sich eine zunehmend kritische Hinterfragung kirchlicher Autorität und Deutungsmacht feststellen. Dennoch wäre diese Entwicklung, wie auch das im vergangenen Jahrzehnt wieder neu erwachte Interesse an religiösen Fragen zeigt, mit einem Niedergangsnarrativ im Sinne einer fortschreitenden Säkularisierung nur unzureichend erfasst.⁶⁰ Angemessener scheint es, von einer Transformation auszugehen, einem „religiösen Formwandel"⁶¹, den unter anderem die Bochumer Forschergruppe *Transformation der Religion in der Moderne* untersucht und beschreibt.

Unter den im Folgenden ausführlich vorgestellten Texten und Filmen finden sich einige Neu- bzw. Wiederentdeckungen, denen sich in den vergangenen Jahrzehnten weder Forscher eingehend gewidmet noch Leser zugewandt haben. Religiöse Diskurse und religiöse Positionen der Nachkriegszeit sind den nachfolgenden Generationen offenbar besonders schnell und besonders nachhaltig fremd geworden. Schreibweisen der Inneren Emigration, die in der frühen Nachkriegszeit noch als Traditionen des Widerstands gelesen wurden und die Hilfe zum Überleben geleistet hatten, wurden bald schon als nicht mehr zeitgemäß empfunden, zumal sie vor allem von Autoren der älteren Generation gepflegt wurden. Größeres Interesse wurde jetzt einer (politisch) engagierten Literatur entgegengebracht. Ausgelöst unter anderem durch die scharfe Kirchenkritik der 68er, wurde die heute diskursbestimmende Opferperspektive – zu Recht – massiv eingefordert. Die christliche Nachkriegsperspektive ist dabei nicht nur aus dem Blick ge-

---

56 Vgl. Nowak, Kurt: Vergangenheit und Schuld – Kommentar zum Beitrag von Dan Diner. In: Lepp, Nowak (Hg.): *Evangelische Kirche*. 2001, S. 117–134, hier S. 123f.
57 Abgedruckt in: Rendtorff, Henrix (Hg.): *Die Kirchen und das Judentum*. 1989, S. 39–44.
58 Vgl. Besier: *Rolle der Kirchen*. 2000, S. 21
59 Vgl. Hannig: *Religion der Öffentlichkeit*. 2010, S. 43.
60 Vgl. Bösch, Hölscher: Kirchen im öffentlichen Diskurs. In: Dies. (Hg.): *Kirchen – Medien – Öffentlichkeit*. 2009, S. 20; Hannig: *Religion der Öffentlichkeit*. 2010, S. 24.
61 Hannig: *Religion der Öffentlichkeit*. 2010, S. 394f.

raten, sondern auch als reaktionär sanktioniert und in eine Tabuzone des kollektiven Gedächtnisses verschoben worden. Sie jetzt unter der Voraussetzung einer konsequenten Historisierung – jenseits von Apologie oder Skandalisierung – neu zu analysieren, verspricht aufschlussreiche Ergebnisse über die Verfasstheit einer Epoche.

Hermann Hesse: Das Glasperlenspiel. Versuch einer Lebensbeschreibung des Magister Ludi Josef Knecht samt Knechts hinterlassenen Schriften

Erstausgabe: Zürich, Fretz und Wasmuth Verlag 1943
Erstausgabe in Deutschland: Berlin, Suhrkamp Verlag 1946

Das Glasperlenspiel ist der letzte große literarische Entwurf Hermann Hesses (1877–1962), 1931 in der Schweiz begonnen, 1943 in der Schweiz erstveröffentlicht. Mithin in einem Zeitraum zwischen zwei markanten Einschnitten in die deutschen Geschichte: dem Schlussakt der durch Weltwirtschaftskrise, Massenarbeitslosigkeit und politische Polarisierung zunehmend geschwächten Weimarer Republik auf der einen, dem nahenden Ende der NS-Herrschaft in Deutschland nach der Schlacht um Stalingrad auf der anderen Seite. In Deutschland selbst wird der Roman dabei schließlich erst nach dem Ende des Zweiten Weltkriegs 1946 im *Suhrkamp Verlag* verlegt.

Während die Entstehungsbedingungen des Romans in ihrem spannungsvollen Verhältnis zum Zeitgeschehen vermuten ließen, Hesse ginge es in seiner Geschichte um eine kritische Zeitanalyse und Deutung der politischen Verhältnisse im nationalsozialistischen Deutschland – um die Reaktion auf eine Gegenwart, die unwillkürlich Fragen nach den Ursachen und einem eventuellen Sinn aufwerfen musste –, so lässt die Lektüre eher den Schluss zu, das Werk sei seine späte Abrechnung mit der Weimarer Republik. Die schien für den Autor eine krisenhafte, in moralischem und kulturellem Verfall begriffene Epoche und Topos der metaphysischen Zerrissenheit des modernen Individuums, zu der er in seinem Roman mit der pädagogischen Provinz *Kastalien* einen „Gegen-Ort" schafft, in dessen Sphäre des reinen Geistes das verlorene Individuum seine vermeintliche Heimat wiederfinden soll.

Der utopische Entwurf eines Modells des Überkommens weltlicher Missstände und zeittypischer Verhältnisse durch die Rückbindung an eine höhere Seinsordnung erinnert dabei stark an die religiöse Heilsgeschichte und stellt sich in Beziehung zu bestehenden Religionsdiskursen. Die Geschichte suggeriert die Existenz einer transzendenten höheren Wirklichkeit, der sich der nach Vervollkommnung strebende Mensch in der Immanenz seiner Erfahrungswelt annähert. Sie beschreibt den exemplarischen Heilsweg des Individuums von der Trennung bis zur Integration in eine höhere Ordnung und stellt die besondere Charakteristik dieses Weges heraus: die Bedeutung eines individuellen Zugangs zu einer universalen Ordnung im persönlichen Glauben des Einzelnen.

Die angenommene Existenz einer überzeitlichen, transzendenten Ordnung findet ihren Ausdruck im von der kastalischen Bildungselite praktizierten Glasperlenspiel, der Methode zur verstandesgemäßen Erkenntnis ewig währender Wahrheit und ganzheitlicher Schau einer vielfältigen und differenzierten Erfahrungswelt. Das Spiel kann verstanden werden als die interdisziplinäre Synthese wissenschaftlicher Einzelbereiche, als Darstellung eines ganzheitlichen Konzeptes von Kunst, Wissenschaft und Religion, mit dem Versuch, die strukturelle Gemeinsamkeit alles Bestehenden in einer Universalsprache mit überzeitlichen Symbolen, Formeln und Funktionen auszudrücken und damit ein Stück des Absoluten zu ergreifen. In der Differenz zwischen immanentem Symbolspiel und transzendenter Bedeutung gewinnt die Bestimmung des Spiels einen utopischen Charakter, denn der überzeitliche absolute Geist kann nur in Gleichnissen berührt, in seiner Totalität jedoch nicht erfasst werden. Sie bleibt damit ein Ideal, auf das der Mensch sein Streben ausrichten kann.

Zu diesen strebenden Menschen gehört Josef Knecht, Protagonist der Geschichte, dessen exemplarischer Lebenslauf in der Tradition des Entwicklungsromans den roten Faden der Erzählung bildet und gleichsam das Modell des heilgeschichtlichen Weges darstellt. Diesem gelingt es zwar, sich unter Zweifeln und Widersprüchen in ein System bestehender Lehren einzuordnen und damit seinen Weg zu vollenden: von einer ursprünglichen Einheit im Sinne des Rousseau'schen Naturzustandes über die zunehmende innere Entfaltung und Differenzierung seines Wesens während seiner Lehr- und Wanderjahre bis hin zu einer Synthese in einem ganzheitlichen Konzept bzw. seiner funktionalen Eingliederung in das kastalische System. Jedoch bietet ihm das künstliche, weltabgewandte Ordnungsprinzip keine Erfüllung und kein Aufgehen in einer absoluten, von jeder Konvention und Tradition unabhängigen Gesamtordnung; das Ziel seiner Entelechie wird scheinbar nicht erreicht. Affinitäten zu den existierenden Weltreligionen sind dabei unverkennbar. Dazu gehört zum einen der Individuationsprozess Knechts: Die Selbstwerdung als Basis der Integration in eine höhere Ordnung ist ein Grundprinzip innerhalb vieler Religionen, vom Christentum über den Hinduismus bis zum Buddhismus. Auch der dreistufige Heilsweg gehört zu den Gemeinsamkeiten, von einer anfänglichen Unschuld im reinen, unreflektierten Sein, über die erfahrene Schuld durch Reflexion – mal im Angesicht des Alter Ego von Konvention und Tradition als dogmatischem Kontrahenten, mal im Bewusstwerden der eigenen Vergänglichkeit – bis hin zur Überwindung der inneren Spaltung und schließlich des Ichs mit dem Ziel der Integration in eine universale ganzheitliche Ordnung: dem Erreichen des Seelenheils. Allerdings endet das stufenförmige Entwicklungsmodell Knechts letztlich nicht in seiner Erlösung in einem „Reich des Geistes" wie bei Buddha oder Paulus, sondern im Untergang des Individuums. Trotz des verfehlten Übereinkommens zwischen Ich, Welt und Gott besitzt der exemplarische Lebensweg Knechts aber den Charakter einer Heilsgeschichte; er verweist darüber hinaus in der Utopie der Einheit gleichsam auf die notwendige Beschaffenheit des Weges. Gerade im Scheitern Knechts liegt eine zentrale Botschaft, die sich in der Unmöglichkeit eines durch bestehende Lehren vorgegebenen, rational angeleiteten Zugangs zu einer universalen Ordnung und dem daraus folgenden notwendigen individuellen Stiften des eigenen Weges zu einer transzendenten Wirklichkeit ausdrückt, der man sich nur im selbst gewählten Glauben nähern kann. Jeder verbalisierte Schritt wäre wieder eine Lehre, eine Methode, ein Ritus, der keinen persönlichen Zugang zu höheren Ordnungen zuließe.

Als utopische Heilsgeschichte suggeriert *Das Glasperlenspiel* ein Handeln und Denken auf Entwurf, ein ewiges Streben nach einem absoluten Ideal, nicht ohne Hinweis auf die Gefahr des reinen Selbstzwecks und starren Formalismus eines intellektuellen Spiels ohne Entwicklung, das in einer geistigen Synthese allein nicht zum Seelenheil führen kann. Der Roman bietet ein Modell für den Umgang mit verlorener Ordnung und Orientierung in der Welt durch die Zuwendung des Bewusstseins auf einen ewigen, höheren Sinn und vereint anhand eines exemplarischen Lebensweges die Gemeinsamkeiten bestehender Heilsgeschichten im Konvergenzpunkt eines universalen, ganzheitlichen, religiösen Konzeptes.

Die unmittelbaren Reaktionen der Zeitgenossen auf das Erscheinen des Werks waren vielfältig und bewegten sich zwischen den Extremen begeisterter Zustimmung und entschiedener Ablehnung; mal orientiert an literarischen Kriterien, die die Einfachheit der Sprache und des Stils sowie die traditionelle Erzählform zum kritischen Bezugspunkt nehmen – gerade im Verhältnis zu Klassikern der Moderne wie Proust, Joyce oder Musil –, mal ausgerichtet an außerliterarischen Kriterien, die besonders zu Tadel an dem fehlenden kritischen Engagement des Romans führten, zu dem Vorwurf einer Flucht vor der Realität. Gerade dem fehlenden Einbezug des Zeitgeschehens, der ausgebliebenen Orientierung an den politischen Verhältnissen seiner Entstehungszeit verdankt *Das Glasperlenspiel* wohl die gemischten Reaktionen, die auch Hesses confrère Thomas Mann teilte. So schrieb er einerseits 1947 in einem Brief an Erich Kahler: „Es gehört zu dem wenig Wagemutigen und eigensinnig-groß Konzipierten, was unsere verprügelte, verhagelte Zeit zu bieten hat". Andererseits kommentiert er 1944 in seinen privaten Tagebucheinträgen, in denen er *Das Glasperlenspiel* mit seinem eigenen Werk → *Doktor Faustus* (1947) vergleicht: „Die Beziehungen sind verblüffend. Das Meine sehr viel zugespitzter, schärfer und komisch-trauriger. Das Seine philosophischer, schwärmerischer, religiöser." Späterhin: „Vieles doch breit und schwach, undramatisch, vom Menschen nichts Neues. Klug und viel wissend. Frommer Snobism in der Musik, nach Purcell ist es nicht mehr edel". Letztlich: „Schief manches Gedankliche darin". Und: „Wieder in Hesses auf die Dauer doch recht langweiligem Roman."

Eine auf Dauer langweilige Lektüre, die ihre Ursache nicht zuletzt in der unbedingten Harmoniebedürftigkeit der idealisierten kastalischen Welt findet, einem nicht tragfähigen Idealismus in einer Zeit um 1945, einem Wunschbild, an das sich nicht glauben lässt. Auch die Thesenlastigkeit seiner Werke mag zu dem – gerade in literaturwissenschaftlichen Kreisen – konstant geringen Bestreben beigetragen haben, sich mit seinen literarischen Werken eingehender zu beschäftigen. Dem Roman haftet der Charakter eines Lehrstücks an, das mit seinen verbalisierten Einsichten dem Leser die Deutung abnimmt. Die Tendenz weg von der Form, hin zum Inhalt mag dem überzeitlichen Thema transzendenter Sinnstiftung über politische, kulturelle und religiöse Differenzen hinaus zwar einen nachhaltigen Ausdruck sowie dem Leser einen möglichst verständlichen und damit universalen Zugang zu diesem Diskurs verschaffen, allerdings wird dem Interpreten mit der vorgesetzten Deutung jegliche Arbeit abgenommen, die Problematik des konstruierten Sinnangebots mitunter nicht bewusst gemacht.

Schließlich bietet *Das Glasperlenspiel* doch aber zwei Lesarten, aus denen der Rezipient zu wählen hat. Zum einen kann es verstanden werden als exemplarischer, paradigmatischer „Roman der Transzendenz", in dem das entworfene Modell eines heilsgeschichtlichen Entwicklungsweges und die Hinwendung zu einer höheren geistigen Ordnung, das Streben nach einer ganzheitlichen Perspektive und der Glaube an eine Indifferenz in der Differenz eine Sinnstiftung bieten zur Orientierung und Identifikation in einer unübersichtlich gewordenen, wertneutralen und versachlichten Welt, in einer Gesellschaft, in der die fortschreitende Technisierung, die Ausdifferenzierung der Wissenschaften und Praxisfelder und die Ausbreitung medialer Vermittlung zu einem immer umfassenderen, ungeordneten Angebot von Gegenständen und Relationen, Ideen und Vorstellungen, Wahrheiten und Meinungen führen – durchaus mit dem kritischen Blick für die Gefahr einer daraus resultierenden, weltabgewandten Bildungsaristokratie. Zum anderen stellt der Roman mit seiner pädagogischen Bildungsprovinz einen utopischen Gegenentwurf zu den gesellschaftlichen Verhältnissen seiner Entstehungszeit bereit, lässt sich dabei in seiner künstlichen Distanz allerdings eher als bildungsbürgerlicher Kulturpessimismus, denn als kritische Zeitanalyse verstehen. Der zeitlich gedehnte Rahmen der Geschichte und der besondere Stellenwert des überzeitlichen Geistes lassen die Rolle des Nationalsozialismus als konkretes historisches Phänomen verhältnismäßig unbedeutend erscheinen. Die Gegenwartsferne und Zuflucht in eine illusionäre Gegenwelt untergraben die moralische Verpflichtung des Einzelnen und reduzieren Schuldfragen auf einen bloßen Widerspruch zwischen Geist und Macht. Gesellschaftliche Verantwortung wird dabei entpolitisiert und auf eine metaphysische Schuld heruntergebrochen. Der Roman verstärkt in seinem Modell der Loslösung von historischen Verhältnissen den regressiv-eskapistischen Drang des gesellschaftlich heimatlosen Individuums, das in der Flucht in eine Sphäre des Geistes Halt zu finden glaubt, statt an dessen Moral zu appellieren und die Möglichkeit der Überwindung kritischer Zeitumstände und politischer Entwicklungen aufzuzeigen.

Literatur

Günter Baumann: *Der archetypische Heilsweg. Hermann Hesse, C.G. Jung und die Weltreligionen.* Rheinfelden 1999 • Dirk Jürgens: *Die Krise der bürgerlichen Subjektivität im Roman der dreißiger und vierziger Jahre. Dargestellt am Beispiel von Hermann Hesses Glasperlenspiel.* Frankfurt am Main 2004 • Helmut Koopmann: Brüderlichkeit auf große Distanz. Zu Thomas Manns Doktor Faustus und Hermann Hesses Glasperlenspiel. In: *Ein Leben für Dichtung und Freiheit. Festschrift zum 70. Geburtstag von Joseph P. Strelka.* Hg. von Karlheinz F. Auckenthaler u.a. Tübingen 1997 • Andreas Solbach (Hg.): *Hermann Hesse und die literarische Moderne. Kulturwissenschaftliche Facetten einer literarischen Konstante im 20. Jahrhundert.* Frankfurt am Main 2004 • Eva Zimmermann (Hg.): *„Der Dichter sucht Verständnis und Erkanntwerden". Neue Arbeiten zu Hermann Hesse und seinem Roman „Das Glasperlenspiel".* Bern 2002.

René Perfölz

Elisabeth Langgässer: Das unauslöschliche Siegel. Roman

Erstausgabe: Hamburg, Claassen & Goverts Verlag 1946
Alle Zitate im Text beziehen sich auf die Ausgabe: Düsseldorf, Claassen 1987

Das Werk der Katholikin Elisabeth Langgässer (1899–1950) ist vielerorts in Vergessenheit geraten. Nicht nur beim lesenden Publikum, auch bei den Literaturhistorikern findet es kaum noch Beachtung – um den Preis einer präsentistisch verzerrten, die Wahrnehmungen der Zeitgenossen ignorierenden Sicht auf die zweite deutsche, die 1945 einsetzende Nachkriegsmoderne, in deren Frühphase die Produktion Langgässers eine zentrale Stellung einnahm. Gemessen sowohl an den hohen Verkaufszahlen wie an der Vielzahl enthusiastischer Besprechungen in Zeitungen, Zeitschriften und Rundfunksendungen war vor allem Langgässers 1947 erschienener Roman *Das unauslöschliche Siegel* ein literarisches Großereignis seiner Zeit. Vereinzelte Negativkritiken entzündeten sich an den erotisch freizügigen Passagen des Romans, die zumal konservative katholische Kreise empörten. Insgesamt aber überwogen Bewunderung und Lob für ein Werk, dessen inhaltliche und formale Kühnheit erstaunte und zu einem durchweg tentativen, hie und da auch als tentativ reflektierten Gebrauch stilkritischer Prädikate Anlass gab. Der Nimbus des Neuen, des formal und thematisch Erobernden, den sich das Buch, an dem die von den Nazis als „Halbjüdin" mit Veröffentlichungsverbot belegte Autorin seit 1936 gearbeitet hatte, damals sehr rasch erwarb, klingt noch in dem Urteil nach, das Horst Bienek knapp 20 Jahre später in einem im *Norddeutschen Rundfunk* ausgestrahlten Radioessay formulierte: „Ein Werk", so Bienek am 3. Januar 1965 über *Das unauslöschliche Siegel*, „das mit einem Schlag die deutsche Literatur aus ihrer Enge und Provinzialität befreite und in der Modernität seiner Form fast mühelos den Anschluss an die epischen Muster von Joyce, Proust und Broch fand." Als Anschluss gewinnende, in nationalem wie internationalem Maßstab aufholende Realisierung literarischer Modernität hatte schon die initiale Kritik Langgässers Leistung gewürdigt und in diesem Zusammenhang allerlei hochrangige Vergleichsgrößen bemüht, unter dem Gattungsaspekt zumal die großen Werke des Experimental-Romans der zwanziger Jahre. So → Alfred Andersch, der 1947 (unter Nennung wiederum von Proust und Joyce wie überdies von John Cowper Powys) befand: „Der Roman (Roman?) Elisabeth Langgässers ist ein legitimes Stück in der Reihe dieser Prosawerke, die nicht deshalb experimentell genannt werden, weil sie etwa keine Kunstwerke, sondern Experimente zu Kunstwerken wären, sondern weil sie mit allem Möglichen experimentieren, mit Tiefenpsychologie, mit Existenzphilosophie oder Vitalismus, mit Geschichte und Naturwissenschaft, vor allem aber mit der *Form*. Oder besser gesagt: mit der völligen Zertrümmerung der gewohnten Form." Die gewohnte Form, die *Das Unauslöschliche Siegel* makrostrukturell aufruft und, wenn auch nicht – Andersch übertreibt – völlig zertrümmert, so doch ironisch distanziert, ist die Form des in der Psychologie einer Hauptperson – eines „Helden" – zentrierten Entwicklungsromans. Dass der Entwicklungsroman wie überhaupt die literarische Darstellung kontingent individualisierter Subjektivität abgewirtschaftet hätten, hat Elisabeth Langgässer in programmatischen Reden und Schriften, mit denen sie ihren Roman und dessen Modernitätsanspruch erläuterte, denn auch unmissverständlich deutlich gemacht.

In Abkehr von den Schablonen des Entwicklungsromans setzt *Das unauslöschliche Siegel* nun allerdings nicht weltanschaulich unberatene oder gar ratlose Probierbewegungen ins Werk, sondern ein orientierungsgewiss christliches, näherhin katholisches Verständnis menschlicher Existenz, dessen Fundament die sakramentaltheologische Objektivität des Taufgeschehens bildet. Die Geschichte des getauften Juden Lazarus Belfontaine beginnt am siebenten Jahrestag seiner Taufe im Sommer 1914 in der rheinischen Kleinstadt A. (das unschwer erkennbare empirische Vorbild ist Langgässers Geburtsort Alzey), in der er als wohlsituierter und durchaus kultivierter Bürger unter ihrerseits weit weniger kultivierten, hinter der Maske des bürgerlichen Anstands von allerlei moralischen Gebrechen, verbotenen Begierden und Lüsten, von Fresssucht, unschönem Egoismus und hässlicher Verlogenheit befallenen Zeitgenossen lebt. In diesem Umfeld – einer „gespenstische[n] Mischung aus Laster und Fortschritt" (48) – gedenkt Lazarus Belfontaine des Tages seiner Taufe. Er hatte sie ehedem aus äußeren, nämlich eheschließungspolitischen Gründen vollzogen (24f.), in der Taufe aber unendlich viel mehr gefunden als religiöse Assimilation und soziales Avancement: das unauslöschliche Siegel, den *character indelibilis* der göttlichen Gnade: „Ein Zittern durchlief Herrn Belfontaines Körper wie die Brandung den Wasserspiegel; dann breitete er die Arme aus und sagte mit singender, fremder Stimme: ‚All deine Wellenberge, deine Fluten, sie gingen über mich hinweg …' Dies war es, und es war ausgesprochen; das Geheimnis des Lazarus Belfontaine, *der heute vor sieben Jahren die Taufe empfangen hatte.*" (18)

Der sakramentaltheologischen Objektivität des Taufgeschehens entspricht nun allerdings in Belfontaine mit einem Mal nicht mehr die Selbstwahrnehmung eines unerschütterlich gläubigen Katholiken. Im Gegenteil: Sechsmal hat Belfontaine den Jahrestag in der Gemeinschaft eines mit geheimnisvoller Pünktlichkeit sich einstellenden blinden Landstreichers – der Personifikation des „blinde[n] Glaube[ns]" (15) – gefeiert und will ihn nun wiederum in dessen Gegenwart begehen. Doch der Bettler bleibt aus. In den quälenden Stunden des vergeblichen Wartens erfährt Belfontaine, dass er im Stande der Taufgnade – nicht gläubig ist. Er erfährt „grundlose Trauer", deren Grund er in einem wenig später stattfindenden Gespräch mit dem Ortspfarrer Mathias folgendermaßen ausspricht: „‚Mein Gott, ich habe ja selbst bis heute von alledem nichts gewußt. Ich habe sieben Jahre hindurch tatsächlich zu glauben – geglaubt. Aber es war ein Irrtum, und ich …' Seine Mundwinkel bogen sich abwärts, dann sagte Belfontaine kalt: ‚Ich bin Israelit geblieben. C'était plus fort que moi.'" (257). Mit diesem Auseinanderklaffen von Objektivität und Subjektivität, von Taufe und Getauftem beginnt das Drama des Langgässer'schen Romans, in welchem der Held, der keiner ist, von einem gespenstisch auftauchenden Jugendgefährten – Grandpierre, einer Art Mephisto – verlockt wird, aus der bürgerlichen Enge der rheinischen Kleinstadt auszubrechen, um mit ihm nach Frankreich zu gehen, wo er im Ersten Weltkrieg interniert wird und später ein bigamisches Bündnis mit einer Französin eingeht: wiederum in bürgerlich behüteter Enge, die er sich – Sonette dichtend und Kakteen züchtend – im Habitus eines raffinierten Epikureers erträglich zu machen weiß, um erst ganz gegen Schluss des Romans in einem zwar nicht kirchlich eingefassten, aber unzweifelhaft göttlichen Akt der Gnade – er vollzieht sich während eines Gewitters in strömendem Regen – seine geistliche Wiedergeburt zu erfahren, welche Subjektivität und Objektivität zur Deckung bringt und die postfigurale Semantik des Namens Lazarus vollstreckt.

Es gehört zum Bruch mit den Emplotmentstrukturen des Entwicklungsromans, dass die Geschichte Belfontaines zwar das erste Buch und – ins Frankreich der Zwischenkriegszeit versetzt – auch das dritte Buch des Romans dominiert, in dem über 200 Druckseiten füllenden zweiten Buch aber ganz außer Sicht gerät. Geboten werden dort episodisch verselbständigte, durch keinen überwölbenden

Handlungszusammenhang verbundene Kapitel, die – teils meditativ-betrachtend, teils narrativ strukturiert – die katholischen Heiligen Bernadette Soubirous und Thérèse de Lisieux, sodann um Donoso Cortés' katholische Geschichtsphilosophie kreisende Unterhaltungen zweier deutscher Offiziere im Ersten Weltkrieg und schließlich die Geschichte einer durch Betrug und sadistische Demütigung mit Selbstmord endenden lesbischen Liebe vergegenwärtigen. In der Anlage des Buches sind diese Partien – Teilromane eher denn Romanteile – freilich nichts Nebensächliches; auch an ihnen wird der Bezugsrahmen des Buches deutlich: die via Erzähler- und Figurenrede vielfach aufgerufene Idee des christlichen Welttheaters. „Es spielt" – so sagt es der mehrfach im Range einer letzten, vorbehaltlos Gültiges äußernden Sprecherinstanz auftretende Küster François –, „allein zwischen Gott und dem Satan, wir selber wählen nur unseren Standort, von dem aus wir mitspielen wollen. Insofern natürlich [...] brauchen beide uns für das Drama, mit dem sie zum Ziel gelangen: der Herrgott unsere Liebe, der Satan unseren Haß." (330)

Dass Langgässers Buch, indem es romankonventionelle Entwicklungsgeschichte in Heilsgeschichte und romankonventionelle Psychologie in christliche Anthropologie zurücknimmt, nicht allein Züge literarästhetischer Modernität, sondern solche katholischer Weltanschauungsliteratur hervorkehrt, wird vor allem an der polemischen Kehrseite seiner ums Mysterium der Taufe kreisenden Gnadentheologie deutlich. Hierzu gehören die unverhohlene Parteinahme gegen Luther und die deutsche Reformation („Ursprungsland der Empörung" nennt die erzählende Stimme „Preußen und Wittenberg", 590; zum Luther-Bild des Romans vgl. 561) und ebenso gegen die Ideen von 1789, gegen den „Kultus der Vernunft", „das Sinnbild der finsteren Aufklärung", von der wiederholt verwerfend die Rede ist (475; vgl. auch 49f., 195, 304, 446). Die protestantismus- und rationalismus-, aufklärungs- und zivilisationskritische Parteilichkeit des *Unauslöschlichen Siegels* wird immer dort virulent, wo sich das Buch im Gestus des Zeitromans übt und – teils auktorial, teils durchs Sprachrohr dazu auserwählter Figuren – Gegenwartsdiagnostisches vorträgt. Die Schriftstellerin Oda Schäfer, eine Freundin Elisabeth Langgässers, hat *Das unauslöschliche Siegel* nicht zuletzt deswegen einen „Thesenroman" genannt. Und eben dieser Aspekt mag das dramatische Abflachen seiner Rezeptionskurve seit den sechziger Jahren bewirkt haben.

Literatur

Christoph Ammann: *50 Jahre Langgässer-Rezeption (1945–1995). Eine rezeptionshistorische Untersuchung der Lyrik und Kurzprosa Elisabeth Langgässers.* Bern 1996 • Carsten Dutt: Elisabeth Langgässers Modernitätsanspruch. In: *Moderne und Antimoderne. Der Renouveau catholique und die deutsche Literatur.* Hg. von Wilhelm Kühlmann und Roman Luckscheiter. Freiburg i. Br. 2008, S. 475–488. • Elisabeth Langgässer 1899–1950 (= *Marbacher Magazin* 85/1999). Bearbeitet von Ute Doster. Marbach am Neckar 1999 • Elisabeth Langgässer: *Briefe 1924–1950.* Bd. 1 und 2. Hg. von Elisabeth Hoffmann. Düsseldorf 1990.

Carsten Dutt

Thomas Mann: Doktor Faustus. Das Leben des deutschen Tonsetzers Adrian Leverkühn, erzählt von einem Freunde

Erstausgabe: New York und Stockholm, Bermann-Fischer Verlag 1947
Lizenzausgabe in Deutschland: Berlin und Frankfurt am Main, Suhrkamp Verlag, vorm. S. Fischer 1947

Thomas Mann (1875–1955) hat seinen letzten „großen" Roman – wie einst schon die *Buddenbrooks* (1901) und der *Zauberberg* (1924) – als „Epochenroman" verstanden, genauer: als eine allegorische Epochenbilanz, die den katastrophalen Verlauf deutscher Geschichte diagnostizieren und zugleich die eigene lebenslange Künstlerproblematik abschließend bearbeiten sollte. Dabei griff er auf die mehr als 40 Jahre alte Idee zurück, die „Figur des syphilitischen Künstlers: als Dr. Faust und dem Teufel Verschriebener" zu gestalten: „Das Gift wirkt als Rausch, Stimulans, Inspiration; er darf in entzückter Begeisterung geniale, wunderbare Werke schaffen, der Teufel führt ihm die Hand. Schließlich aber *holt ihn der Teufel*: Paralyse ..."

Diesen Handlungskern, teilweise an die Biographie Friedrich Nietzsches angelehnt, stellt der Roman in einen historischen, einen literarisch-mythologischen, einen kunsttheoretischen – und nicht zuletzt in einen religionsgeschichtlichen und theologischen Kontext. Dadurch werden Handlung und Hauptfigur mit vielfältigen Bedeutungen aufgeladen, doch stellt sich auch die Frage, ob Aufstieg und Schreckensherrschaft des deutschen Nationalsozialismus, als erklärter Fluchtpunkt der Erzählung, damit eine ästhetisch plausible Behandlung finden.

Erzählt wird, wie der „altfränkische" Titel avisiert, zunächst die Lebens- und Leidensgeschichte des Komponisten Adrian Leverkühn, geboren 1885, der bis 1930 mit einer Reihe von avantgardistischen Werken die europäische Musik aus ihrer Stagnation in die Zukunft führen wird, während er selbst, von Paralyse und Demenz geschlagen, ein Jahrzehnt lang seinem Tode entgegendämmert.

Dies alles rekapituliert sein treuer Freund, der bieder-humanistische Gymnasialprofessor Dr. phil. Serenus Zeitblom: die gemeinsame Kindheit in der mitteldeutschen Kleinstadt Kaisersaschern, Adrians frühe Unterweisung in der Musik, seinen akademischen Flirt mit der Theologie in Halle, das leidenschaftliche Musikstudium in Leipzig und die Entscheidung für eine radikale Künstlerexistenz, die schließlich den „Durchbruch" mit Hilfe eines „Teufelspaktes" erkauft bzw. in der pathologischen Intensivierung künstlerischer Erfahrung erlebt. Der Erzähler Zeitblom belässt diesen „Pakt" auch im zentralen XXV. Kapitel, in dem der Künstler ein langes „Teufelsgespräch" führt, in einem ungewissen Status zwischen Realität, Fiebervision und Allegorie.

Weiterhin präsentiert Zeitblom die akademischen, geselligen und künstlerischen Milieus, in denen Adrian und er sich seit den Studententagen nach 1900 bewegen, und zeichnet damit Stationen eines Zeitgeists nach, der mehr oder weniger direkt dem Nationalsozialismus vorarbeitet, den Leverkühn nicht mehr bewusst erleben wird.

Sehr wohl aber erlebt und kommentiert ihn der Erzähler, der seine Niederschrift (wie Thomas Mann sein Romanmanuskript) am 23. Mai 1943 beginnt, einige Monate nach der Niederlage von Stalingrad, und sie am 25. April 1945 abschließt, also wenige Tage vor der deutschen Kapitulation. Der Wechsel der Zeitebenen konfrontiert somit Vorgeschichte und Ende des Nationalsozialismus: Zeitblom hat das Resultat jener Entwicklungen schmerzlich vor Augen, die er erinnernd beschreibt. Sowohl der fiktive Biograph wie der Autor weisen deshalb mehrfach auf diese Zeitgestaltung hin, Letzterer in seinem fast 200 Seiten starken Werkstattbericht *Die Entstehung des Doktor Faustus. Roman eines Romans* (1949), mit dem er auch die Rezeption seines Werkes, besonders beim deutschen Nachkriegspublikum, zu steuern sucht.

Die Gestaltung Leverkühns als Faust-Figur *und* als Musiker hat Thomas Mann als entscheidenden Kunstgriff verstanden. Dabei geht es nicht nur um die Figur des Faustus, der tiefste Erkenntnis bzw. den radikalsten Kunstausdruck sucht und dafür auch den Teufelspakt eingeht, der ihm ein lebenslanges „Liebesverbot" auferlegt. Der Rückgriff auf den „deutschesten" aller Mythen (nicht in Goethes Fassung, sondern nach dem „Volksbuch" *Historia von D. Johann Fausten*, 1587) befördert die „altdeutsche" Stilisierung Leverkühns (bis in seine Sprechweise), aber auch die Rückbindung seiner Biographie an die deutsche Geschichte, so dass sie letztlich als Allegorie auf das „deutsche Schicksal" und der Teufelspakt als Metapher für Hitlers Schreckensherrschaft dienen kann.

Das Faust-und-Teufel-Motiv ist nun auf faszinierende wie widersprüchliche Weise mit der Thematik der Musik verknüpft. In Werdegang, Werkprozess und früher Wirkungsgeschichte Leverkühns spiegelt sich eine kreative Krise der Musikproduktion, die seit den zwanziger Jahren – etwa als „Schwerverständlichwerden der neuen Kunst" (→ Theodor W. Adorno) – diskutiert wurde. Mit wachsender Unzugänglichkeit bei gleichzeitiger Weiterentwicklung ihres technischen Niveaus sind Leverkühns fiktive Werke, meist Liederzyklen und Oratorien, die sehr genau beschrieben werden, ein stimmiges Modell der bürgerlichen Avantgardekunst und ihrer Problematik im frühen 20. Jahrhundert.

Thomas Mann hat reichlich aus der zeitgenössischen Musik- und Kunstdiskussion, auch aus Gesprächen mit Adorno oder dem Komponisten Arnold Schönberg in Los Angeles geschöpft. Dessen „Zwölfton- und Reihentechnik" überträgt er (unter nachträglichem Hinweis auf seine Urheberschaft) auf die Leverkühn-Figur. Aus Adornos in den vierziger Jahren entstandenen *Philosophie der neuen Musik* (gedruckt 1949) übernimmt Mann wesentliche Gedanken und nur wenig veränderte Textpassagen; er lässt sich von ihm auch in musikalischen Detailfragen beraten.

Tatsächlich entsprechen das Werk und die Ästhetik des Komponisten Leverkühn sehr viel mehr Adornos als Manns persönlichem Musikgeschmack. Einen Ausweg aus der Kunstkrise sucht er in der Verbindung von archaisierenden Formen und kalkulierender Kompositionstechnik, in der „Vereinigung des Ältesten mit dem Neusten". Daraus entstehen Werke, die Leverkühn vorerst nur esoterischen Ruhm verschaffen, für Kenner jedoch die zukünftige Entwicklung markieren.

Im Roman ergibt sich daraus ein kaum auflösbarer Widerspruch: Leverkühns „Neue Musik" ist seinem Teufelspakt entsprungen, dem auf der historischen Ebene die Unterwerfung Deutschlands unter den Faschismus entspricht. Sie stünde insofern auch für den faschistischen Ungeist; zugleich aber fiele ihre modernistische Radikalität unter das Nazi-Verdikt der ‚entarteten Kunst', worauf auch Zeitblom hindeutet. Problematisch ist also die Parallelsetzung der Musikkrise mit den historischen Ereignissen.

Zu den unaufgelösten Diskrepanzen des Romans, den Mann selbst als „eigentlichen" Abschluss seines Lebenswerkes sah, zählt weiterhin die eindimensionale „Erklärung" des Nationalsozialismus aus der deutschen Geistesgeschichte, insbesondere auch aus einer protestantischen Traditionslinie seit Luther bzw. aus der Krise der bürgerlichen Kultur.

Zu fragen ist schließlich, ob der Roman *Doktor Faustus* selbst den Ansprüchen standhält, die er in seinen Kunstdiskussionen entwickelt. Strukturell bewegt er sich auf dem Niveau der klassischen Moderne nach 1920, indem er etwa theoretische Kunst-Diskurse in die Erzählprosa integriert oder auch Spiegeleffekte zwischen dem Roman selbst und Leverkühns fiktiven Kompositionen (v. a. dessen Alterswerk *Doktor Fausti Weheklag*) herstellt. Den radikalen ästhetischen Forderungen, die im Teufelsgespräch formuliert werden (Zerstörung des schönen Scheins, Auflösung des Werkcharakters) unterwirft der Roman sich aber nicht. Thomas Mann verwendet vielmehr effektsicher seine bewährten Erzählstrategien, um das „geschlossene Werk" zu retten.

Unbestritten bleibt dennoch bis heute der Rang dieses markanten Werkes der Spätmoderne. Publikationszeit und -ort gestalteten die frühe Rezeption jedoch schwierig, besonders im Nachkriegsdeutschland. Politische Ressentiments gegen den als „Verräter" und „Schulmeister" empfundenen Exilanten Mann reichten von Alt-Nazis bis weit in die bürgerliche Mitte, auch bei der jungen Generation. Anlässlich seines Deutschlandbesuchs 1949 gipfelten sie in Attentatsdrohungen. So wurde auch *Doktor Faustus* zumeist als Bekenntnis gegen „das Deutschtum" gelesen und entsprechend verurteilt. Zustimmung kommt noch vor dem Erscheinen einer Ausgabe in Deutschland (Herbst 1948) von Schweizer Kritikern wie Max Rychner. In der Folge bleiben die Meinungen sehr geteilt, wobei das Werk wie ein Prisma wirkt, das vor allem die persönlichen Standpunkte (und Vorurteile) der Kritiker sichtbar macht. Während marxistische Kritiker wie Georg Lukács und Hans Mayer (damals Leipzig) die historische Allegorie aufgreifen und den Roman als „Buch des Endes" (der bürgerlichen Epoche) würdigen, wird es im Westen wegen seiner bloß „negativen Theologie" abgeurteilt, so von Hans Egon Holthusen, vor kurzem noch Mitglied von SS und NSDAP, nun Propagandist eines „christlichen Existentialismus" und bald namhafter Literaturprofessor in den USA. Ähnliches war, nach Aufhebung seines anfänglichen Publikationsverbotes, auch von Friedrich Sieburg, dem späteren Literaturchef der *FAZ*, zu lesen. Mentalitätsgeschichtlich noch aufschlussreicher ist jedoch die vernichtende Kritik des 27-jährigen Walter Boehlich (20 Jahre später eine Leitfigur der kritischen *Suhrkamp-Kultur*), der im neugegründeten *Merkur* eine lange handwerkliche Mängelliste mit dem Ausdruck menschlicher Enttäuschung über die verlorene Leitfigur Thomas Mann beschließt.

Alles in allem wurde *Doktor Faustus* als Beitrag eines Außenstehenden zur anstehenden „Vergangenheitsbewältigung" in Nachkriegsdeutschland kaum akzeptiert. Die politischen und moralischen Urteile erscheinen wohl zu abstrakt, fragten nicht konkret genug nach Tätern, Schuld oder gar Opfern, um konkret zu provozieren – dies im Unterschied zu Manns früheren Radiobotschaften *Deutsche Hörer!* Auch nimmt der Roman zu vielen Fragen (Kriegsschuld, Rolle der Sowjetunion usw.) Stellung, in denen die westdeutsche Öffentlichkeit (noch) anderer Meinung war. Die Kunstdebatten schließlich stammen aus den zwanziger Jahren und sind in der Stunde Null kaum nachvollziehbar. Junge Autoren, die wie → Borchert und → Böll mühsam ihre eigene Sprache suchten, konnten sich weder an der Komplexität des Werkes noch am bildungsbürgerlichen Habitus seines Autors orientieren.

So wird Thomas Manns großer Altersroman in der Bundesrepublik erst in dem Maße positiv gewürdigt, in dem seit Mitte der fünfziger Jahre die großen Autoren und Kritiker der klassischen Moderne, also Kafka, Musil und → Döblin, Proust und Joyce, aber auch Walter Benjamin oder der Thomas Mann des *Zauberberg* (wieder-)entdeckt wurden.

Literatur

Eckhard Heftrich und Hans Wysling: *Zur Modernität von Thomas Manns „Doktor Faustus".* *Thomas-Mann-Jahrbuch*, 2 (1989). Frankfurt am Main 1989 • Thomas Mann: *Die Entstehung des „Doktor Faustus".* Amsterdam 1949; Lizenzausgabe: Frankfurt am Main 1949 • Werner Röcke (Hg.): *Thomas Mann, „Doktor Faustus" 1947–1997.* Bern u.a. 2001 • Eva Schmidt-Schütz: *„Doktor Faustus" zwischen Tradition und Moderne. Eine quellenkritische und rezeptionsgeschichtliche Untersuchung zu Thomas Manns literarischem Selbstbild.* Frankfurt am Main 2004 • Rudolf Wolff (Hg.): *Thomas Manns „Doktor Faustus" und die Wirkung.* 2 Bde. Bonn 1983.

Jochen Vogt

Nachtwache

Regie: Harald Braun
Drehbuch: Harald Braun, Paul Alverdes • Kamera: Franz Koch, Joseph Illig • Musik: Mark Lothar • Produktion: Neue Deutsche Filmgesellschaft, München; Filmaufbau GmbH, Göttingen • UA: 21. 10. 1949, Hannover, Weltspiele • Länge: 110 min., s/w • Darsteller: Luise Ullrich, Hans Nielsen, René Deltgen, Dieter Borsche, Käthe Haack, Angelika Voelkner

Was seine Qualität als kulturhistorisches Dokument betrifft, ist der Film *Nachtwache* völlig zu Unrecht in Vergessenheit geraten. Der erfahrene UFA-Regisseur Harald Braun (1901–1960) verwob hier, in seinem zweiten Nachkriegsfilm als Regisseur nach → *Zwischen gestern und morgen* (1947), Motive der religiösen Sinnsuche seiner Zeitgenossen mit einer rührseligen Handlung und fand damit Resonanz bei einem Millionenpublikum. Ausgehend von erfolgreichen Kinoproduktionen mit religiöser Thematik, wie der US-Verfilmung von Franz Werfels *Das Lied von Bernadette* (*The Song of Bernadette*, 1943) oder der französischen Produktion *Monsieur Vincent* (1947), war Braun auf der Suche nach einem neuen Konzept des „religiösen Films", das im Alltagsleben der Menschen ansetzt und ihnen sowohl Deutungsmuster als auch Trost und Kompensation anbieten sollte.

Die Handlung von *Nachtwache* lässt paradigmatische Figuren aufeinandertreffen, deren Leben auf je eigene Weise durch den Krieg bestimmt wurde. In der fiktiven westdeutschen Kleinstadt Burgdorf begegnen einander kurz nach Kriegsende die Ärztin Cornelie Badenhausen (Luise Ullrich), die im Diakonissenkrankenhaus lebt und arbeitet, und der verwitwete Pfarrer Johannes Heger (Hans Nielsen), der mit seinem Töchterchen Lotte (Angelika Voelkner) anreist, um seine neue Pfarrstelle zu übernehmen. Eine Romanze könnte sich anbahnen, aber Cornelie ist befremdet von der Glaubensgewissheit und dem geordneten Weltbild des Pfarrers: Ihre eigene kleine Tochter ist bei einem Luftangriff ums Leben gekommen, seitdem glaubt sie nicht mehr an Gott. Traumatisiert, aber immer noch lebenshungrig, verdrängt sie ihren Schmerz durch viel Arbeit und modisches Amüsement wie Jazzmusik und Zigaretten, was immer wieder zu Konflikten mit der strengen Hausordnung der Diakonissen führt. Mit der kleinen Lotte schließt sie sofort innige Freundschaft.

Pfarrer Heger findet kollegialen Rat und Unterstützung bei dem jungen katholischen Kaplan von Imhoff (Dieter Borsche), dem ehemaligen Kapitän einer Fliegerstaffel, der nach dem Krieg die geistliche Laufbahn eingeschlagen hat. Auf Einladung Imhoffs trifft auch eine Schauspielertruppe ein, die am Marktplatz eine Freilichtaufführung des *Jedermann* vorbereitet. Der exzentrische Hauptdarsteller Stefan Gorgas (René Deltgen) ist nicht nur ein Kriegskamerad aus Imhoffs Fliegerstaffel, sondern auch der ehemalige Liebhaber Cornelies und Vater ihres verstorbenen Kindes. Durch seine Kriegserlebnisse ist er zum zynischen Nihilisten geworden, hofft aber auf einen neuen Anfang mit Cornelie, um seinem Leben wieder einen Sinn zu geben. Ihre Zurückweisung will er nicht akzeptieren.

Diese Konfrontation widerstreitender Lebens- und Glaubenshaltungen wird durch einen Unfall zum dramatischen Höhepunkt geführt: Wegen Gorgas' Unachtsamkeit stürzt Lotte aus einer Schiffschaukel und verletzt sich lebensgefährlich. Während Cornelie im Operationssaal versucht, das Mädchen zu retten, muss Kaplan Imhoff dem evangelischen Amtsbruder im Halbdunkel der Klinikkapelle geistlich beistehen: „Das ist unser Amt, Heger. Allein zu sein, und zu warten, und die Nachtwache zu halten, während es um uns herum dunkel ist, während etwas geschieht, was wir nicht wissen ..."

Das Kind stirbt – während Gorgas auf der Bühne als Jedermann dem Tod gegenübertritt –, und Heger scheint darüber seinen Glauben an einen liebenden und behütenden Gott zu verlieren. Erst seine nächtliche Begegnung mit dem verzweifelten Gorgas, den er daran hindert, sich vom Kirchturm zu stürzen, lässt ihn zu seinem Amt und zu neuem Gottvertrauen zurückfinden. Ob auf der Basis des durchlebten Verlusts eine Beziehung Hegers zu Cornelie wieder möglich sein wird, lässt der Film am Ende offen – ebenso wie die Frage, ob Cornelie sich von diesem hart erkämpften Glauben wird überzeugen lassen. Die ökumenische Erfolgsgeschichte der beiden Geistlichen ist jedenfalls auf Fortsetzung angelegt: Der opportunistische Bürgermeister mit Nazi-Vergangenheit wird gemeinsam ausgebremst, und bis zur endgültigen Reparatur des Bombenschadens am Dach des evangelischen Gotteshauses wird die katholische Gemeinde den Evangelischen Obdach in der katholischen Kirche gewähren.

Diese Auswahl von Lebensthemen der Nachkriegszeit, in Kombination mit vertrauten Versatzstücken des klassischen Melodrams und der ebenso vertrauten Ästhetik des UFA-Stils, traf offensichtlich den Geschmack weiter Bevölkerungskreise. *Nachtwache* – der, wie es im *Spiegel* vom 27. Oktober 1949 hieß, „erste deutsche religiöse Spielfilm" – war der wirtschaftlich erfolgreichste Film des Jahres 1950, erreichte in 19 Monaten neun Millionen Zuschauer und erhielt als erste deutsche Nachkriegsproduktion die Prädikate künstlerisch wertvoll und kulturell wertvoll von der FSK. Die Produktion wurde 1949 mit dem Bambi für den künstlerisch wertvollsten, 1950 für den geschäftlich erfolgreichsten Film des Jahres ausgezeichnet und erhielt außerdem auf der Biennale in Venedig die Auszeichnung für den besten Film im deutschen Sprachraum 1949.

Als bewusste Abgrenzung zum ‚Trümmerfilm', der die ersten Jahre der deutschen Nachkriegs-Filmproduktion bestimmt hatte, zeigt *Nachtwache* eine Gesellschaft im Aufbruch, die sich von der finsteren Vergangenheit lösen will. Vor der frühsommerlichen Kulisse einer weitgehend intakt gebliebenen Fachwerk-Kleinstadt (gedreht in Einbeck, Niedersachsen) tummeln sich Kinder, junge Hühner und liebenswert-schrullige Ordensschwestern. Aber noch stärker prägen den Film seine „sakralen" Innenräume: das Heiliggeist-Hospital mit seinen verschiedenen Räumlichkeiten, die evangelische Kirche, das Wohnhaus der Diakonissen und die Sakristei der katholischen Kirche. Es sind geschlossene, intakte Räume, die – mit ihren gewölbten gotischen Decken, ihren Maßwerkfenstern und ihrer mitunter überladenen Ausstattung an religiöser Kunst – Form, Tradition und Stabilität symbolisieren und eine Rückkehr zu alten Werten als Möglichkeit anbieten. Diese Innenräume markieren den Rückzug der Figuren ins eigene Innere, und sie illustrieren anschaulich den seelischen Trost- und Schutzraum, als der die Kirche den Leidenden der Nachkriegszeit erschien.

Der Film kontrastiert ein Leben ohne christliche Ausrichtung – wie Cornelie und Gorgas es führen –, das zwar die Freiheit der Glückssuche auf allen erdenkbaren Wegen bietet, aber zu innerer Leere und Einsamkeit führt, mit dem geregelten Leben im Orden der Diakonissen, das Beschränkungen unterliegt, dafür aber Sicherheit, Gemeinschaft und eindeutige Wertsetzungen gewährt. Die beiden Pfarrer, vor allem die Figur des evangelischen Pastors Heger, werden in zweierlei Hinsicht als exemplarisch inszeniert: Zum einen will der Film die Menschlichkeit (und Männlichkeit) des Pfarrers betonen (schwärmerisch verehrt wurde vom Publikum allerdings der Darsteller des katholischen Geistlichen, Dieter Borsche, für den *Nachtwache* der erste große Erfolg wurde), der in seinem Suchen, seiner Einsamkeit und seinem unverschuldeten (!) Leid den Menschen der Nachkriegsgesellschaft gleichgestellt wird. Zum anderen werden die kirchlichen Vertreter als neue glaubwürdige Autoritäten etabliert, etwa in (wenig subtiler) Kontrastierung zum Bürgermeister des Ortes. Vor allem hier bildet *Nachtwache* die Sonderstellung der christlichen Kirchen in der westdeutschen Nachkriegsgesellschaft ab und schreibt den Mythos des geschlossenen Widerstands fort: Die Schuldfrage an die Adresse der kirchlichen Repräsentanten im ‚Dritten Reich' wird nicht gestellt. In *Nachtwache* wird der Holocaust weder erwähnt noch spielen Menschen jüdischen Glaubens irgendeine Rolle. Für das Bild der beiden christlichen Kirchen übernimmt der Film die Selbststilisierung, die schnell nach Kriegsende den hegemonialen kirchlichen Diskurs bestimmte: Die Kirche habe sich dem Nationalsozialismus geschlossen entgegengestellt und sei damals wie heute auf der Seite der Schwachen und Verfolgten gewesen.

Symptomatisch für die frühe Nachkriegszeit ist in *Nachtwache* auch der christlich-religiöse Umgang mit der Schuld des Einzelnen, die ausschließlich auf der metaphysischen Ebene situiert wird. Gorgas, der den Tod des Kindes verursacht hat, wendet sich nacheinander an beide Pfarrer mit der Bitte, ein „Urteil" über ihn und seine Schuld zu sprechen. Beide verweigern es ihm und verweisen ihn an Gott. Der Film schildert dies als befreiendes Handeln, das von der Vergangenheit erlösen soll. Nicht rückhaltloses Bekennen oder eine Form der Buße bietet einen Ausweg, sondern die Fähigkeit, allein mit Gott seinen Frieden zu finden. Die quälenden Fragen des Kriegsheimkehrers, den seine Vergangenheit nicht loslässt, werden in den privaten Raum der individuellen Frömmigkeit verschoben, beschränkt auf eine ins Innere verlagerte, andere ausschließende Kommunikation des Einzelnen mit seinem Gott. Konsequenterweise wird die Figur Gorgas im Film nicht zu Ende erzählt, sondern verschwindet einfach aus der Handlung. Der Fokus liegt auf den Figuren, die im Sinne des Wiederaufbaus fähig sind, die Vergangenheit ruhen zu lassen.

Die Problematik dieses allzu schnellen Fertig-Werdens mit Leid und Schuld hat denn auch die zeitgenössische Kritik empfunden. So bemängelte → Karl Korn in der *FAZ*: „Eine Menge von Geschmacklosigkeiten verraten Regie und Drehbuch als fromme Konjunkturmacherei [...], so bei dem nächtlichen Klavierspiel in tränenseligem Gedenken an das soeben (!) verstorbene Kind. [...] Wir meinen, daß fromme Menschen, nein, Menschen schlechthin, still und starr oder maßlos und gequält sind, wenn sie solches durchzumachen haben. Der Film will das alles zwar ausdrücken. Was er bietet, ist Salbader, Pose, Ausdruckskrampf, Gerede. Selbst die Gottlosen sind in diesem Film pfäffisch."

Literatur

Bettina Greffrath: *Gesellschaftsbilder der Nachkriegszeit. Deutsche Spielfilme 1945–1949*. Pfaffenweiler 1995 • Anja Horbrügger: *Aufbruch zur Kontinuität – Kontinuität im Aufbruch. Geschlechterkonstruktionen im west- und ostdeutschen Nachkriegsfilm von 1945 bis 1952*. Marburg 2007 • Karl Korn: Noch einmal „Nachtwache". In: *Frankfurter Allgemeine Zeitung*, 19. 1. 1950, wieder abgedruckt in: *Die großen Filmerfolge. Vom Blauen Engel bis Otto, der Film. Die erfolgreichsten Filme vom Beginn des Tonfilms bis heute.* Hg. von Gerd Albrecht. Ebersberg 1985, S. 52 • Gustav Meier: *Filmstadt Göttingen. Bilder für eine neue Welt? Zur Geschichte der Göttinger Spielfilmproduktion 1945 bis 1961.* Hannover 1996 • Anne Kathrin Quaas: *Evangelische Filmpublizistik 1948–1968. Beispiel für das kulturpolitische Engagement der evangelischen Kirche in der Nachkriegszeit.* Ingolstadt 2007 • Wache im Dunkeln. Bischofshut und Baskenmütze. In: *Der Spiegel,* 44/1949 (27. 10. 1949), S. 34.

Carola Schiefke

Stefan Andres: Die Sintflut. Roman-Trilogie

Erstausgaben: Bd. 1: *Das Tier aus der Tiefe. Die Sintflut: Der erste Roman.* München, Piper Verlag 1949; Bd. 2: *Die Arche. Die Sintflut: Der zweite Roman.* München, Piper Verlag 1951; Bd. 3: *Der graue Regenbogen. Roman.* München, Piper Verlag, 1959

Alle Zitate im Text – sofern nicht anders angegeben – beziehen sich auf die Ausgabe in einem Band: *Die Sintflut. Roman.* Hg. und mit einem Nachwort versehen von John Klapper. Göttingen, Wallstein 2007

Stefan Andres (1906–1970), als jüngstes von sieben Kindern im Moseltal geboren, gehörte zu den meistgelesenen und erfolgreichsten Autoren der deutschen Nachkriegsliteratur. Zwischen 1949 und 1961 erschienen allein 22 eigenständige Werke: Romane, Erzählungen, Lyrik, Dramen, Hörspiele. Andres marschierte neben → Günther Anders und Hans Henny Jahnn in der Anti-Atom-Bewegung. Er protestierte mit Erich Kästner gegen das sogenannte Schmutz- und Schundgesetz und forderte im *Kuratorium Unteilbares Deutschland* die Aufhebung des Wiedervereinigungstabus. Das Engagement für atomwaffenfreien Frieden und für unzensierte künstlerische Freiheit, das Stefan Andres als politisch bewegter Autor in den Literaturbetrieb der fünfziger Jahre einbrachte, geht im Wesentlichen auf seine Erfahrungen der Vorkriegs- und der Kriegszeit zurück. Andres hatte seine literarische Laufbahn als Hoffnungsträger des *Renouveau catholique* begonnen. Der regimekritische Autor sah sich – auch aufgrund der jüdischen Herkunft seiner Frau Dorothee – zum Rückzug ins italienische Positano gezwungen. In diesem selbstgewählten Halbexil (1937–1949) entstand sein *opus magnum,* die fast zweitausendseitige Trilogie *Die Sintflut* (1949, 1951, 1959), die 2007 von dem britischen Germanisten John Klapper in einer autorisierten, um etwa 40 Prozent gekürzten Fassung neu ediert wurde.

Die Sintflut ist das anspruchsvollste und repräsentativste Werk des Autors, repräsentativ auch für den epischen Umgang mit der nationalsozialistischen Diktatur in den fünfziger Jahren. Die drei Romane sind politische und metaphysische

Zeitdiagnose zugleich; darin besteht ihr Reiz und ihr künstlerisches Risiko. Die zeitgenössische Kritik hat dem Spagat zwischen Allegorie und Zeitkritik misstraut.

Während der Weltkriegsjahre entstand die erste, da noch als Tetralogie angelegte Fassung (1939–1945) mit den Titeln *Die Propheten* (in der gekürzten Fassung: *Abwässer*), *Das Tier*, *Arche und Flut*, *Nach der Flut*. Sie wurde den Worten des Autors zufolge „in der Zeit nach Stalingrad" abgeschlossen, „doch war die Bombe über Hiroshima noch nicht gefallen". Nach 1945 hat Andres fortwährend an den Bänden der Trilogie gefeilt, bis zum Januar 1969 hat er an der geplanten einbändigen Ausgabe der Trilogie gearbeitet.

Keimzelle und Schlüsselelement der *Sintflut* sind die 15 Legenden um Noah und seine Kinder. In diesen Legenden – die der gekürzten Fassung zum Opfer gefallen, aber zuletzt 1996 als Separatdruck wiederaufgelegt worden sind – entwirft Andres das Bild eines in seinem Gottvertrauen enttäuschten biblischen Patriarchen. Erzählt werden die Legenden im Roman von Emil Clemens, einem blinden Goldschmied. Andres' Noah ist ein tragischer Emigrant und ein unerhörter Prophet, verlassen von seiner Familie und von dem Gott, der ihn aus der Sintflut gerettet hat. Der nach der Flut aufscheinende Regenbogen ist kein Hoffnungssymbol, sondern Menetekel für die Unbelehrbarkeit des nachsintflutlichen Menschen: „Der Freundliche will mit seinem Zeichen nichts als sich selber zeigen".

Dieser von der Bibel inspirierte und von ihr abgesetzte Legendenkranz ist die religiöse Folie des Romans. Die Titel der drei Romane von 1949, 1951 und 1959, *Das Tier aus der Tiefe*, *Die Arche* und *Der graue Regenbogen*, sind Metaphern für den nationalsozialistischen „Leviathan-Staat", für die Flucht in die innere und äußere Emigration, für die Widersprüche der Wiederaufbauzeit. Andres wollte weder ein historisches Epos schreiben noch einen philosophischen Schlüsselroman, es ging ihm vielmehr darum, „mit den Ausdrucksmitteln der Kunst (und nicht des Journalismus) unserer Zeit auf den Grund zu kommen", wie er in einem unveröffentlichten Brief vom 29. Dezember 1944 festhielt. Das „allzunahe Zeitgeschehen", heißt es im Prolog der *Sintflut*, „kann nur mit dem Kunstmittel der Analogie auf die Ebene der leidenschaftslosen Behandlung erhoben werden". (17f.) Die Analogie (zur Bibel, zur katholischen Religion, zur antiken Philosophie) ist für Andres das angemessene Mittel, um die eigene Zeit in der Geschichte zu spiegeln. *Die Sintflut*-Trilogie ist somit ein Werk über den Umgang mit der eigenen Zeit (und Zeitgeschichte) im allegorischen Gewand, vergleichbar mit Hans Henny Jahnns Trilogie *Fluß ohne Ufer* (1935–1947), die ebenfalls in der Inneren Emigration entstand.

Der erste Roman, *Das Tier aus der Tiefe*, handelt vom unaufhaltsamen Aufstieg des abtrünnigen Theologen und Dogmatikprofessors Alois Moosthaler zum Führer einer modernen mitteleuropäischen Diktatur, der „Norm". Andres entwirft in dieser Figur einen rücksichtslosen Moralvernichter, einen „theologischen

Tyrannosaurus", der den „unmenschlichen, keinem Gott mehr dienenden Staat" symbolisiert und vor dem das Motto des ersten Romans warnt: „Und das Tier macht, daß die Kleinen und Großen, die Reichen und Armen, die Freien und Knechte, allesamt sich ein Malzeichen geben an ihre rechte Hand oder an ihre Stirn." (Offenbarung des Johannes: 13,16) Das Umfeld Moosthalers wird, ähnlich wie in den metaphysischen Zeitdiagnosen von → Elisabeth Langgässer (*Das unauslöschliche Siegel*, 1946) und → Thomas Mann (*Doktor Faustus*, 1947), mit Analogien zur Bibel und zugleich zur NS-Zeit beschrieben. Die „Norm" ist als alleinherrschende, paramilitärisch organisierte Partei konzipiert (NOSOKA = „Normsozialistische Kameradschaft"), es gibt ein ausgefeiltes Spitzelsystem (die „Norm-Ohren"), das von dem „Polizeigenie" Zeisig (vergleichbar mit Heydrich und Himmler) geleitet wird, der sogar eine Akte über sich selbst anlegt. Es gibt uniforme Grußformeln („Normheil") und pathetische Großkundgebungen. Normgegner werden unerbittlich verfolgt, gefoltert und ermordet; für die Behandlung der „Judenfrage" wird ein „Japhetistisches Erbpflegeamt" eingesetzt. Dem als „Retter" gepriesenen Diktator geht ein treuer „Konfessor" namens Leo Olch voraus, der sich (wie Goebbels im ‚Dritten Reich') für den Propheten und Pädagogen der „Genormten" hält und später zu Moosthalers „Großnormbewahrer für Kultur" aufsteigt. Moosthalers Ankunft wird als „Epiphanie" gefeiert, die Machtübernahme als „Fest der Normerhöhung" (als Parallele zur Kreuzerhöhung); die „Norm" wird von ihren Jüngern als der „neue Katholizismus" verkündet. Die Sekundärtugenden „Ehrfurcht und Gehorsam gegen die Obrigkeit, die immer von Gott kommt", werden verherrlicht, die christlichen Gebote werden travestiert zur Selbstvergottung des Menschen: „Du sollst dich selbst deinen Herren heißen und dich lieben aus all deiner Erkenntnis, aus deinem ganzen Gemüte, aus all deinen Kräften! Das ist das erste und höchste Gebot. Das andere ist diesem gleich: du sollst deinen Nächsten dir untertan machen und ihn lieben, wenn er dich mehr liebt als sich selbst." (S I [1949], 139)

Der zweite *Sintflut*-Roman setzt drei Jahre später ein. Inzwischen hat der Diktator den europäischen Kontinent erobert, ein Weltkrieg droht. Doch die narrative Perspektive verlagert sich von der Täterseite auf die Seite der Normgegner, der Attentäter, Verschwörer und schweigenden Emigranten. Stefan Andres leuchtet damit das vielfältige Spektrum der Optionen von aktiver und passiver Regimekritik aus. In Berlin formiert sich ein Widerstandskreis um den jüdischen Rechtsanwalt Gutmann (der Name ist eine Hommage an den Redakteur der *Frankfurter Zeitung* Bernhard Guttmann, der 1935 aufgrund seiner jüdischen Herkunft mit Schreibverbot belegt wurde). Gutmann wird verhaftet, gefoltert, als gebrochener Mann freigelassen, er emigriert in die Schweiz und nimmt sich dort das Leben. Sein Adoptivsohn Lorenz, der als leiblicher Sohn des Waffenministers auch am Erbe der Täter-Väter partizipiert, übernimmt den Auftrag zum Widerstand. Andres hat

Lorenz sorgfältig als Beispielfigur der Inneren Emigration ausgebaut und mit Zügen eines „christlichen Aristipp" ausgestattet. Damit bringt Andres abermals ein religiöses Deutungsmodell in die fünfziger Jahre ein: seine eigene Überzeugung, dass es lohnender ist, die mit christlichen Tugenden angereicherte, politikferne Lebenskunst des vorsokratischen Philosophen zu praktizieren als sich politisch zu engagieren. Auch im Blick auf die Innere Emigration ist Lorenz ein Alter Ego des Autors, der zwischen Schweigen und lautstarkem Protest einen dritten Weg des Widerstands suchte, auf das Problem des Tyrannenmordes aber erst 1966 in *Tat und Testament*, seiner Frankfurter Rede zum 20. Juli, eine deutliche Antwort zugunsten des Attentats fand. Lorenz selbst distanziert sich in dem Roman von dem „Evangelium des Dynamits", das der Architekt Gabriel Clemens predigt.

Der dritte Band, *Der graue Regenbogen*, setzt noch einmal zweieinhalb Jahre später ein. Er spielt fast ausschließlich in Berlin. Der Weltkrieg ist gerade noch abgewendet worden, der Normer einem Attentat zum Opfer gefallen, die Normregierung durch eine in sich zerstrittene „Pro-Regierung" der Siegermächte ersetzt. Die Rüstungsindustrie boomt, Giftgaswolken schweben über dem Land. Die Rückkehrer aus dem Exil werden mit einer scheinheiligen Rehabilitation der Anhänger und Mitläufer der „Norm" konfrontiert, die Gegner der „Norm" bleiben in der Defensive. „Das Ende der Norm stellt nicht zugleich das Ende einer Ideologie dar, und dadurch ist auch der von manchem mit chiliastischer Inbrunst erwartete neue Anfang nicht eingetreten", antwortete Andres 1956 auf eine Umfrage der Pariser Buchhandlung *Flinker*.

Hier zeichnet sich das düstere Bild ab, das der Remigrant Stefan Andres vom Nachkriegsdeutschland hatte. „Ich erwarte mir wenig Gutes von dieser durch Politiker mit Spatzenhirnen und Hyänenherzen verunstalteten neuen Ordnung", schrieb er am 23. Juni 1947 an → Ernst Jünger. Heimisch konnte der Autor in der literarischen Aufbruchswelt der fünfziger Jahre nicht werden. Seine konservative Ästhetik und seine Liebe zum Wein machten ihn zur persona non grata auf der Kandidatenliste des Büchner-Preises 1951, wie die Annalen der *Darmstädter Akademie für Sprache und Dichtung* belegen (den Preis erhielt bekanntlich → Gottfried Benn).

Andres' Roman endet in Resignation. Lorenz zieht sich mit seinen Freunden in die thüringischen Wälder zurück. Von den drei Archen der Romane – nach der Kolonie im italienischen Città morta und dem Refugium des Normwiderstands in der Schweiz – ist dies die einsamste. Lorenz entflieht seiner Zeit. Seine Zweifel beziehen selbst die Religion mit ein: „Rede ich nicht gelegentlich von Glaube, Hoffnung, Liebe, um meine Spur vor den andern zu verwischen, die Spur ins Nichts, in die heimlich angenommene Hoffnungslosigkeit?" (868) Die Antwort auf diese Frage mag der „graue Regenbogen" geben, der sich über den unversöhnten und ihr Seelenheil suchenden Menschen in Deutschland wölbt.

Andres' *Sintflut*-Trilogie sucht die *Ursprünge des Totalitarismus* (Hannah Arendts englischsprachiges Buch erschien 1951) in der Religion. Mit diesem Deutungsangebot konnten die Leser in den fünfziger Jahren wenig anfangen, zumal die allegorische Struktur der Romane es ihnen nicht leicht machte, die dahinter liegende Struktur der Zeitkritik zu erkennen. Andres selbst wählte 1961, weil in seinen Augen die Deutschen mehr in den militärischen als in den moralischen Wiederaufbau investiert hatten, den Rückzug nach Rom.

Literatur

Michael Braun: *Stefan Andres. Leben und Werk*. Bonn 1997, 2., verb. Aufl. 2006 • Eric Sigurd Gabe: *Macht und Religion. Analogie zum Dritten Reich in Stefan Andres' „Die Sintflut"*. Bern 2000 • John Klapper: Antikes Gedankengut, gelebter Glaube und Institution Kirche. Zur geistigen und literarischen Welt von Stefan Andres. In: *Eigensinn und Bindung. Katholische deutsche Intellektuelle im 20. Jahrhundert*. Hg. von Hans-Rüdiger Schwab. Kevelaer 2009, S. 395–410 • Hans Wagener: Stefan Andres. Widerstand gegen die Sintflut. In: *Stefan Andres. Ein Reader zu Person und Werk*. Hg. von Wilhelm Große. Trier 1980, S. 90–114 • Manfred Windfuhr: Bauplan eines zeitkritisch-prognostischen Romanmassivs. Stefan Andres' Trilogie „Die Sintflut". In: *„gerettet und von Scham verschlungen". Neue Annäherungen an die Literatur der ‚Inneren Emigration'*. Hg. von Michael Braun und Georg Guntermann. Trier 2007, S. 150–190.

Michael Braun

Albrecht Goes: Das Brandopfer. Eine Erzählung

Erstausgabe: Frankfurt am Main, S. Fischer Verlag 1954

Albrecht Goes (1908–2000) war einer der ersten, die sich im Deutschland der Nachkriegszeit für eine Auseinandersetzung mit der Nazivergangenheit einsetzten. Mit der 1946 veröffentlichten Schlüsselerzählung *Begegnung in Ungarn* wurde Goes zum ersten nichtjüdischen Schriftsteller, der die Erinnerung an die Shoah thematisierte. Seine Erfahrungen als Kriegspfarrer an der Ostfront – in der Ukraine, Polen und Ungarn – hat er in Erzählungen wie *Unruhige Nacht* (1950) und *Das Löffelchen* (1963) verarbeitet. Goes empfand es als seine Mission, vom Menschlichen inmitten der Unmenschlichkeit zu erzählen, um neue Massenmorde zu verhindern. Sein Motto war: „Wir können in dieser Welt nicht leben ohne die Erinnerung an die Rampe von Auschwitz."

Prägend für sein Theologiestudium war die Begegnung mit den Schriften Martin Bubers – ein Grund auch dafür, warum er am 4. August 1934 Protest erhob gegen das diktatorische Deutschland: „Ist uns einzig die passive Haltung geboten, die diese Welt gehen und gelten läßt, auch in dem, wovon nicht geschwiegen werden kann, oder ist dem Verantwortlichen irgendeine Aktivität erlaubt, die den Versuch macht, den Widerstand die Würde, die Wehr und das neue Werben entgegenzustellen?" Die Antwort kam auf einer Postkarte: „Du sollst dich nicht vorenthalten". Und Goes hielt sich an diesen Vorsatz und trat auch nach dem Krieg für Erinnerung und Gedenken ein, um das zwischen 1933 und 1945 dem jüdischen Volk zugefügte Unrecht zu lindern. Für dieses Engagement erhielt er 1962 den Heinrich-Stahl-Preis der Jüdischen Gemeinde in Berlin, 1978 die Buber-Rosenzweig-Medaille und 1988 die Deutsche Friedensmedaille der DDR.

1954 erschien Goes' Novelle *Das Brandopfer*, die in zahlreiche Sprachen übersetzt wurde und überdies ein Hörbuch und eine Fernsehbearbeitung inspiriert hat. Die Geschichte erzählt von dem Bibliothekar Dr. S., der bei einer Metzgerin als Untermieter lebt, die ihm im Rückblick den Alltag des „gewöhnlichen Faschismus" beschreibt. Zufällig wird er zum „Mitwisser" einer denkwürdigen Geschichte. Am Ich-Erzähler werden dabei die Erzählstränge zusammengeführt: Er erhält seine Informationen von seiner Vermieterin Frau Walker, von einer für den Leser zunächst rätselhaften Sabine, deren Schicksal eng mit dem von Frau Walker verbunden ist, sowie aus verschiedenen Briefen. Die Erzählfigur dient Goes dazu, den Inhalt der Novelle an einer Person fassbar zu machen, denn „zuweilen muß einer da sein, der gedenkt".

Frau Walker wird während des Nazi-Regimes zur „Judenmetzig", da es ihr Auftrag ist, ihren Laden jeden Freitag von fünf bis sieben Uhr für die „nichtarische Bevölkerung" offen zu halten. Sie wird so in die Maschinerie der Judenverfolgung hineingezogen – und das verändert schlussendlich ihr Leben. Ihr Laden wird alsbald zur „Synagoge" ihrer jüdischen Kunden. Und sie toleriert es, weil sie einsieht, dass man „betende Leute auf der Flucht doch ein wenig behüten muß". Sie selbst begrüßt zwar ihre Kunden mit „Schalom", kann jedoch nicht verhindern, dass die Juden von den Nazis in ihrem Geschäft gedemütigt werden. Wegen der Deportationen nimmt die Zahl ihrer Kunden ständig ab; es kommt soweit, dass eines Tages eine schwangere Jüdin, die ihr Schicksal voraussahnt, Frau Walker ihren Kinderwagen schenkt. Frau Walker ist schließlich ihrem eigenen Schuldgefühl nicht mehr gewachsen und will sich selbst als Sühneopfer für die Gräueltaten der Deutschen darbringen.

In einem Brief berichtet Sabines Vater, der Verleger Berendson, ebenfalls Jude und ehemaliger Kunde der Metzgerei, der sich 1942 nach England gerettet hat, wie während eines Bombenangriffs Frau Walkers Haus in Flammen aufging. Er sah die Frau in einer Feuerwolke sitzen, ohne dass sie die geringsten Anstalten machte, sich zu retten. Sabines Vater, der vom „Brandopfer" Verfolgte, rettet die „Judenmetzig" und vernimmt ihre Worte: „,Er hat es nicht angenommen.' – ,Was?', fragte ich. ,Das Brandopfer.' ,Wer?' – ,Gott hat es nicht angenommen'."

Nach dem Krieg bekommt der Ich-Erzähler eine Zeitung in die Hand, in der die Wiedereröffnung der Metzgerei Walker bekanntgegeben wird. Eingefügt in diesen Zeitungsbericht ist die Bibelstelle 2. Mose 3,2. Telefonisch erkundigt sich Doktor S. bei einem Pfarrer nach dem genauen Wortlaut der Bibelstelle: „‚Und Mose sah, daß der Busch mit Feuer brannte, und ward doch nicht verzehrt.' Als Moses, nach der Ursache dafür suchend, warum denn der Busch nicht verbrannt sei, die Stimme des Herrn aus ihm hört und antwortet ‚Hier bin ich'". Das ist dann wohl auch die poetische und mehr noch theologische Pointe in Goes' alttestamentlich inspirierter Geschichte: „daß sie alle, auch er, der Mitwisser nun, auch Sabine, die wunderlich Hineinverwobene, und Sabines Vater, der gerettete Retter, bewahrt sind zu anderem Dienst." Der Erzählung von Goes geht es um den Funken von Hoffnung und Humanität in einer unmenschlichen Zeit; und das Brandmal auf dem Gesicht von Frau Walker ist zu lesen als „ein Zeichen der Liebe, jener Liebe, welche die Welt erhält".

1980 erklärte Goes in der *Neuen Rundschau*, dass die Erzählung aus Zorn auf die sogenannte Reichskristallnacht entstanden sei: „Es schien mir unerträglich, von den Ereignissen jener Novembernacht des Jahres 1938 als wie von Bubenstreichen zu reden, wo es doch um das Verbrechen des Sakrilegs ging, das Sakrileg der zerschnittenen Thorarollen und der niedergebrannten Synagogen". Diese Ereignisse erschienen ihm als „die Entscheidung für das Böse schlechthin", als „das Nein zu Gottes erstem Bund" – und wurden zum Ausgangspunkt seiner Erzählung. Albrecht Goes ist sich seiner Doppelexistenz als Pfarrer und Dichter stets bewusst gewesen, daher ist die Erzählung zugleich geprägt von christlicher Metaphorik und humanitärem Pathos. Für ihn schließen sich Literatur und Theologie nicht aus: „Ich komme aus einem Haus, in dem man Goethe zur Linken und das Neue Testament zur Rechten, fast brüderlich nah, geliebt hat."

Neben Martin Buber hatte Albrecht Goes Kontakte zu vielen jüdischen Intellektuellen, darunter Margarete Susman, Simon Wiesenthal, Elazar Benyoëtz. Nelly Sachs war ganz eingenommen von Albrecht Goes' Novelle, in denen das jüdische Bild der 36 Gerechten durchleuchte, die die Welt erhalten. Sie versicherte ihm in einem Brief vom 23. Oktober 1954, alles zu tun, „um diesem Buch Verbreitung zu schaffen". Am 16. März 1962 schrieb ihm Primo Levi, der *Das Brandopfer* und *Das Löffelchen* in italienischer Übersetzung bekommen hatte: „Sie sind vor allem gute Erzählungen, mutige Erzählungen. Das ist nicht Literatur. Das ist Fleisch und Blut, – das sind Seiten, die ein Mensch für die Menschen geschrieben hat."

Literatur

Albrecht Goes zu seinem 60. Geburtstag am 22. März 1968. Frankfurt am Main 1968 • Hans Martin Pleßke, Günther Wirth (Hg.): *Albrecht Goes. Der Dichter und sein Werk.* Berlin 1989 • Rudolf Wentorf: *Dem Dichter Albrecht Goes. An vielen Tischen zu Gast.* Berlin 1968 • Helmut Zwanger: *Albrecht Goes. Freund Martin Bubers und des Judentums. Eine Hommage.* Tübingen 2008.

Massimo Salgaro

Klemens Brockmöller, S. J.: Christentum am Morgen des Atomzeitalters

Erstausgabe: Frankfurt am Main, Verlag Josef Knecht 1954

Die zweite Hälfte des 20. Jahrhunderts galt vielen Zeitgenossen in der Bundesrepublik der fünfziger Jahre als das anbrechende „Atomzeitalter". Prägend für dieses Signum erschienen ihnen jedoch nicht allein die verheerenden Bombenabwürfe auf Hiroshima und Nagasaki, sondern ebenso das Potenzial der „Atomkraft als Friedenskraft", so der Titel einer Kasseler Ausstellung von 1958. Denn die Verheißungen moderner Atomenergie waren groß, die Visionen ihrer friedlichen Nutzung kühn: Medizin und Nahrungsmittelindustrie beispielsweise versprachen sich durch radioaktive Bestrahlungen länger haltbare Wurst- und Käsesorten oder höhere Ernteerträge durch mutierte, vergrößerte Erdnüsse. Unter die grassierenden Ängste vor nuklearen Kriegen und atomaren Testexplosionen, die ein Großteil der Bevölkerung sogar mit schlechten und gefährlichen Witterungsverhältnissen in Verbindung brachte, mischte sich zugleich eine Atomeuphorie. Apokalyptische Phantasien, wie sie etwa im Werk von → Arno Schmidt zu finden sind, paarten sich mit Hoffnungen auf eine Steigerung der Lebensstandards. Im zeitgenössischen Begriff „Atomzeitalter" verschmolzen diese ambivalenten Positionen schließlich zu einer Chiffre, die sowohl den Gefahren des Kalten Kriegs als auch dem Heraufziehen der westlichen Konsumgesellschaft Ausdruck verlieh.

Die 1954 veröffentlichte Schrift über das *Christentum am Morgen des Atomzeitalters* des Dortmunder Jesuiten Klemens Brockmöller (1904–1985) zählt sicherlich zu den Werken, die der scheinbar neu anbrechenden Ära mit Optimismus begegneten und das Atomzeitalter somit positiv gewendet als Chance für Veränderungen verstanden. Vor allem für die Liturgie und Organisation der Seelsorge forderte Brockmöller einen radikalen Umbruch, der sowohl das religiöse Leben als auch die kirchliche Verkündigung an eine veränderte Welt anpassen müsse. Sein Buch verlieh damit den zunächst noch eher politisch und wirtschaftlich grundierten Diskussionen um das hereinbrechende Atomzeitalter eine eindeutig christlich-religiöse Färbung. Zwar wurde die Debatte um die bundesrepublikanische Atomrüstung von Beginn an auch unter reger Beteiligung zahlreicher protestantischer und katholischer Theologen geführ, der religiöse Optimismus aber, mit dem Brockmöller eine ganz neue Form des Christentums in Aussicht stellte, kam für die Auseinandersetzungen um die bevorstehende Zeitenwende im Zeichen des Atoms sicherlich überraschend.

Ausgangspunkt für Brockmöllers Überlegungen waren die schon in den fünfziger Jahren vielerorts spürbaren Säkularisierungstendenzen. Entgegen vieler zeitgenössischer Wahrnehmungen, die zum Teil bis in die Gegenwart das Bild der Kirche als – so ein Buchtitel von Joachim Köhler und Damian van Melis – „Siegerin in Trümmern" prägten, zeigte sich schon in den ersten beiden Nachkriegsjahrzehnten ein deutlicher Kohärenzverlust im kirchlichen Leben. Die Gottesdienste wurden zwar vergleichsweise gut frequentiert. Zugleich sah sich jedoch auch der Kirchenbesuch – ähnlich wie das kirchliche Vereins- und Pfarrjugendleben – schon seit etwa 1950 mit einem schleichenden Rückgang konfrontiert. Auch das Wiederaufleben einer schon aus der Weimarer Republik bekannten Freizeitkultur wirkte engagierten Konzepten christlich-religiöser Vergemeinschaftung entgegen. Brockmöller zählte zu den wenigen Theologen seiner Zeit, die diese Verfallserscheinungen selbstkritisch eingestanden und die religiöse Krise als Aufforderung zur praktischen Verwirklichung neuer Konzepte zur Zukunft der christlichen Religion begriffen. Seine Argumentation dabei war stark calvinistisch geprägt. Denn im Sinne der Prädestinationslehre, die besagt, Gott habe von Beginn an das Schicksal der Welt vorherbestimmt, argumentierte Brockmöller, dass Gott allein auch die Bedrohung der abendländischen christlichen Kultur herbeigeführt habe. Die Ereignisse der jüngsten Zeitgeschichte waren für Brockmöller daher keine schlicht unglücklichen Schicksale, sondern die Fügung der Vorsehung. Um das Christentum von traditionellen, früher einmal segensreichen Bindungen frei zu machen, habe der Schöpfer den Untergang des christlichen Abendlandes selbst gewollt.

Brockmöller nahm damit die Debatte um das christliche Abendland auf, die in den frühen fünfziger Jahren vor allem von katholisch-konservativen Kreisen vorangetrieben wurde. In der Politik, der Geschichtswissenschaft, Theologie, Pädagogik, Sozialphilosophie oder auch im Unternehmertum war die Parole vom Abendland rasch zu einer fast schon universalen Matrize zum Wiederaufbau einer christlichen Gesellschaft bis hin zum Kampfbegriff gegen den Bolschewismus avanciert. Im gemeinsamen Bezug auf die Kultur des westlichen Europas als Abendland ließen sich nationalistische Ressentiments gleich wie liberale westliche Werte an den Rand drängen, der Nationalsozialismus als Folge der Säkularisierung erklären und schließlich auch die Konfessionen zusammenführen – freilich unter der Ägide des Katholizismus. Ähnlich wie Romano Guardini, Friedrich Heer, → Eugen Kogon, Walter Dirks und andere Vertreter des intellektuellen

Linkskatholizismus verlor sich Brockmöller jedoch nicht in reaktionären Anrufungen an diese Abendlandideologie. Ebenso wenig verschrieb er sich den unmittelbar nach dem Zweiten Weltkrieg in vielen kirchlichen Kreisen aufkommenden Rechristianisierungstendenzen, über die man sich eine kirchlich-religiöse Durchdringung der gesamten Gesellschaft und damit zugleich eine Abgrenzung vom Kommunismus, Sozialismus und Liberalismus erhoffte.

Brockmöllers Schrift stand in vieler Hinsicht quer zu diesen zeitgenössischen Debatten. Zum einen erklärte er die traditionelle Synthese von Christentum und Abendland für obsolet, zum anderen sprach er sich auch dagegen aus, das Christentum zum Schutz einer sterbenden, individualistisch verengten Kultur zu missbrauchen. Denn das Atomzeitalter erschlösse nun die atomare Energie als Quelle nachmoderner Wirtschaftlichkeit und trete unweigerlich das Erbe des alten, auch durch Technisierung und Industrialisierung geprägten Abendlandes an. Dieses Abendland, so Brockmöller weiter, habe „aufgehört, eine geschlossene Einheit zu sein, und wird immer mehr gezwungen, sich dem Einfluß andersartiger Völker zu öffnen." (91) Neue „Rassen" rückten in Zeiten fortschreitender Techniken einander näher, so dass die alte abendländische Geschlossenheit sukzessive aufgelöst werde. In der Einheit vieler Einzelner, nicht in der Verselbständigung der Einzelnen, liege die „wahre christliche Kultur". (94) Auch die Wirtschaft bräuchte demzufolge ein neues Einheitsprinzip, das freilich nicht das „individualistisch verstandene Privateigentum" sein könne. „Warum sollte also", fragte Brockmöller rhetorisch, „vom Standpunkt des Christentums nicht eine entsprechende Eigentumsordnung im Lebensraum der Technik möglich sein, daß eine Gemeinschaft nicht im Grund und Boden, sondern ein bestimmtes Kapital oder einen wirtschaftlichen Betrieb gemeinsam besitzt und bewirtschaftet?" (98)

Mit solch mutigen Positionen hatte der Jesuit Brockmöller jedoch zugleich gegenüber der grassierenden Kommunismushysterie eine empfindliche Flanke geöffnet. Denn sein Buch erschien zu einer Zeit, in der die Ahndung von NS-Verbrechen immer weiter erlahmte, die Bundesregierung allerdings zehntausende Verfahren gegen angeblich kommunistische Übergriffe eröffnete. Schon wer Jugendfreizeiten in der DDR organisierte, konnte sich wenig später im Gefängnis wiederfinden. Dass sich nun laut Brockmöller die Heilslehre der Kirche nicht allein dem westlichen Individualismus verschreiben dürfe, sondern offen auf die Gemeinschaftskultur des Ostens zugehen müsse, dass man besser taufen und nicht totschlagen sollte, hielten demzufolge viele Zeitgenossen für ein gefährliches Vabanquespiel. „Wer das furchtbare Wesen des Kommunismus begriffen hat", erzürnte sich beispielsweise der Regensburger Philosophieprofessor Jakob Hommes in einer Rezension, „den schaudert es, den heiligen Namen Gottes damit in Verbindung gebracht zu hören. Wie kann man den Kommunismus taufen wollen?" Zudem sei es fatal, sich auf diese Weise mit dem kommunistischen Denken auseinanderzusetzen, denn gerade „heute im realen Kampf" sei nichts mehr gefordert, als „unbestechliche Klarheit und Festigkeit", gaben die traditionsreichen jesuitischen *Stimmen der Zeit* zu bedenken.

Während sich die Bundesrepublik im Sinne christlich abendländischer Ideologien immer häufiger im Westen, nicht mehr in der Mitte verortete, Wochen- und Monatsblätter wie der *Rheinische Merkur* oder *Neues Abendland* sich als Foren dieser neuen Integrationsideologie hervortaten, rief Brockmöller dazu auf, die solitäre Verflechtung zwischen Christentum und abendländischer Kultur aufzugeben. Doch obwohl Brockmöller damit in vieler Hinsicht zur Zielscheibe des bundesrepublikanischen Antikommunismus wurde, stießen seine Überlegungen in der Fachwelt und auch in fachfremden Kreisen auf viel Sympathie. *Das Christentum am Morgen des Atomzeitalters* erreichte schon im ersten Jahr seiner Veröffentlichung sechs Auflagen, wurde vom Rundfunk zum „Buch der Woche" erklärt und im Mai 1954 in der *Spiegel*-Bestsellerliste für Sachbücher geführt. Ferner erkor der *Spiegel* Brockmöllers Werk im Dezember 1955 zur „Mode-Lektüre des Linkskatholizismus", der Salzburger Historiker Othmar Anderle hielt es in der *Historischen Zeitschrift* gar für das „erregendste Buch seit Oswald Spenglers ‚Untergang des Abendlandes'". Freilich fragten sich auch die zeitgenössischen Kritiker, ob Brockmöllers dualistische Erklärungsmodelle von der sterbenden abendländischen Kultur und dem neu hereinbrechenden Atomzeitalter, von der Verbrennungskultur und der Atomenergie, dem Kleinbetrieb und dem Großbetrieb oder schließlich vom Individualismus und dem neuem Gemeinschaftsbewusstsein nicht allzu schemenhaft blieben. Ebenso stießen Vorschläge etwa zum zukünftigen Aufgabenreich der Laiendiakone, die für Brockmöller zur Entlastung des Priesters auch die „Ansprache beim Gottesdienst" übernehmen könnten, auf entschiedene Ablehnung, habe doch gerade die kerygmatische Besinnung damaliger Tage den Dienst am Wort als genuin priesterliche Aufgabe ausgewiesen. Der zumeist wohlwollenden, zugleich aber aufgrund seiner Eigentümlichkeit auch etwas hilflosen zeitgenössischen Aufnahme des Werkes tat dies jedoch keinen Abbruch.

Brockmöllers Schrift war schließlich auch ein treffendes Beispiel dafür, dass die sozialen und vor allem diskursiven Grenzen zwischen Kirche und säkularer Gesellschaft nach dem Zweiten Weltkrieg immer durchlässiger wurden. Bis in das späte 19. und frühe 20. Jahrhundert hinein dominierten noch Tendenzen gegenseitiger Abschließung das Verhältnis zwischen beiden Ebenen. Die Religion wurde verkirchlicht, die Gesellschaft entkirchlicht. Für Brockmöller schien diese Abschottung keineswegs mehr praktikabel. Er plädierte dafür, die Kirche sowohl organisatorisch als auch semantisch hin zur Gesellschaft zu öffnen. Zum einen müsse man akzeptieren, dass sich Politik, Wirtschaft, Sozialordnung, Wissenschaft, Kunst und Philosophie stärker aus immanenten Maßstäben entfalten.

Zum anderen gelte es, die sprachliche Opposition zwischen „Kirche" und „Welt" abzubauen. Er selbst verwandte dementsprechend den eher theologischen Begriff der „Welt" häufig synonym zum soziologischen Begriff „Gesellschaft". Der Christ im Atomzeitalter müsse sich folglich von traditionellen Entwürfen verabschieden, in deren Sinne Religion als eine Angelegenheit konzeptualisiert wurde, die sich rein zwischen Gott und der unsterblichen Seele im Jenseits bewegt. Alle diesseitigen Lebensbereiche sollten von der christlichen Ganzheit durchdrungen werden. Denn so könne man das religiöse Wirken der Kirche in der modernen Gesellschaft zugleich als die Realisierung des Reiches Gottes auf Erden verstehen. Überlegungen wie diese waren im katholisch-theologischen Diskurs der Zeit sicherlich noch randständig. Auf protestantischer Seite waren sie jedoch keine Seltenheit mehr. So verstanden einzelne evangelische Theologen wie Friedrich Gogarten die neuzeitliche Säkularisierung ähnlich wie Brockmöller positiv gewendet als Menschwerdung Christi, als Chance zur Verknüpfung von gesellschaftlichen Engagement und christlicher Verkündigung.

Die Kirchen, wie auch weite Teile der deutschen Öffentlichkeit nahmen sich aber letztlich bis in die sechziger Jahre Zeit, den sich abzeichnenden Kohärenzverlust des religiösen Lebens zu erkennen und in aller Offenheit zu begegnen. Brockmöller hatte dazu aufgerufen, den Übergang zu einer neuen Epoche nicht resignativ zu erleiden, sondern in Zuversicht mitzugestalten. Einen ganz ähnlichen Versuch dazu unternahm später von 1962 bis 1965 das II. Vatikanische Konzil, nämlich durch ein ‚Aggiornamento' die Wandlungsfähigkeit der Kirche und Einheit der Christen zu fördern. Die Aufmerksamkeit für Brockmöllers Thesen war bis dahin allerdings schon wieder zerstoben. Erst 1964, als er mit seinem zweiten großen Buch *Industriekultur und Religion* aufwartete und seine Thesen zum Verhältnis zwischen Christentum und moderner industrialisierter Gesellschaft weiterentwickelte, konnte er sich ins fach- und medienöffentliche Gedächtnis zurückrufen.

Literatur

Friedrich Gogarten: *Verhängnis und Hoffnung der Neuzeit. Die Säkularisierung als theologisches Problem.* Stuttgart 1953 • Axel Schildt: *Zwischen Abendland und Amerika. Studien zur westdeutschen Ideenlandschaft der 50er Jahre.* München 1999 • Ilona Stölken-Fitschen: *Atombombe und Geistesgeschichte. Eine Studie der fünfziger Jahre aus deutscher Sicht.* Baden-Baden 1995.

Nicolai Hannig

Werner Keller: Und die Bibel hat doch recht. Forscher beweisen die historische Wahrheit

Erstausgabe: Düsseldorf, Econ Verlag 1955

Die fünfziger Jahre sind die Zeit der großen, staubigen Sandalenfilme. Mit *Samson und Delilah* (1949), *Quo Vadis?* (1951) und *Salome* (1953) hatte Hollywood bereits einiges an Bibelstoffen auf die Leinwand gebracht, als *Das Gewand* (*The Robe*, 1953) am 4. Dezember 1953 in Deutschland uraufgeführt wurde. Damit war sogar Jesus auf der Leinwand erschienen. Den sah man zwar nur von hinten oder kaum erkennbar in der Ferne, aber dafür waren Petrus, Paulus und Pontius Pilatus gut zu erkennen und zwar erstmalig überhaupt in CinemaScope, jenem verbesserten Breitwand-Verfahren, das künftig Abbildungsverhältnisse von bis zu 1:2,55 ermöglichen sollte. Dieses allerbreiteste Format, um etliches breiter übrigens als das 16:9 heutiger Flatscreens, wurde allerdings erst Ende der fünfziger Jahre eingesetzt: bei *Ben Hur* (1959), dem mit elf Oscars höchstdekorierten Film der Filmgeschichte, in dem Jesus bekanntlich eine tragende Rolle spielen durfte. Keineswegs erstaunlich also, dass, als zu Weihnachten 1953 in der *Welt* ein Beitrag zur Bibelarchäologie erschien, Erwin Barth von Wehrenalp, Verleger des drei Jahre zuvor gegründeten *Econ Verlags*, den Autor Werner Keller (1909–1980) sogleich für ein komplettes Buch zum Thema verpflichtete. Das Ergebnis erschien knapp zwei Jahre später und wurde einer der durchschlagendsten Bestseller der frühen Bundesrepublik: „Auf dem Stand [...] in der Frankfurter Buchmesse" im Oktober 1955 „lagen sechs Exemplare [...]. Mehr fertige Stücke gab es bis dahin nicht. Bis zum November aber hatte der Verlag schon 20000, bis zu Weihnachten sogar 60000 an den Buchhandel ausgeliefert. Am 15. Januar wird die Gesamtauflage das erste Hunderttausend erreicht haben." So schnell wuchs die Auflage, dass die Rezensenten im Feuilleton wie hier im *Spiegel* vom 28. Dezember 1955 statt des Buchs nur noch den Erfolg zum erstaunt registrierten Ausgangspunkt ihrer Beiträge machten und statt eigentlicher Besprechungen kulturkritische Deutungen anboten.

Sein Spannungspotenzial bezieht der Text vorderhand in bester Heinrich Schliemann-Tradition daraus, dass ein für fiktional oder bestenfalls allegorisch, moralisch oder anagogisch für wahr gehaltener Text – nun als Geschichtsbuch gelesen – zum Ausgangspunkt archäologischer Grabungen wurde. Und ebenso wie Schliemann den Schatz des Priamos, das Schatzhaus Atreus' und die Maske Agamemnons entdeckt haben wollte, schließt Keller, aus der Bibelarchäologie zusammentragend, was der Titelthese nützt, von entdeckten Orten und Gebäuden, manchmal auch nur der nicht gänzlich unmöglichen Existenz eines Schauplatzes auf das stattgehabte historische Geschehen: Die Überreste eines Stallgebäudes werden zum „Großmarstall" Salomos, dass der Wall Jerichos im 13. Jahrhundert v. Chr. nach außen einstürzte, belegt, dass die Stadtmauern tatsächlich vor den angreifenden Israeliten zusammenfielen (wenn als Ursache auch nicht ausschließlich der Posaunenschall, sondern ein Erdbeben angenommen wird), und die Entdeckung von Ur sichert die Existenz Abrahams. Natürlich arbeitet Keller stets mit Einschränkungen, (rhetorischen) Fragen, Konjunktivierungen – aber das Gerüst steht, auch wenn einzelne Streben wieder entfernt werden müssten. Trotz allem Interpretationsaufwand sind die in der Bibel aufgezeichneten „Ereignisse historisch echt und mit geradezu verblüffenden Genauigkeit aufgezeichnet worden".

Über die archäologischen Bestseller seiner Gegenwart (etwa → C. W. Cerams *Götter, Gräber und Gelehrte*, 1949, oder Hermann und Georg Schreibers *Versunkene Städte*, 1955) hinaus, die der Ilias, dem Gilgamesch-Epos oder diversen Atlantis-Sagen nachgingen, hatte Keller es jedoch mit einem Text zu tun, bei dem nicht nur literarisch-kulturgeschichtliche Bedeutung mit der historischen Wirklichkeit verrechnet werden konnte, sondern die Grundlage des christlich-jüdischen Glaubens untersucht wurde. Im Feuilleton war man sich daher sicher, dass der Erfolg des Buchs auch darin gründe, dass es – um noch einmal den *Spiegel* vom 28. Dezember 1955 zitieren – „den um Orientierung bemühten Käufer hoffen" lasse, „hier werde das Nicht-mehr-Geglaubte als richtig bewiesen und damit aufs neue glaubhaft." Das Buch indiziere damit eher eine Krise des rechten Glaubens, wie Günter Bornkamm in der *FAZ* vom 11. Februar 1956 konstatierte. Man solle sich fragen, „ob hier nicht die Fleischtöpfe Ägyptens dampfen, nach denen es in der Wüste das Volk Israel, überdrüssig des unsichtbaren Gottes, der es herausgerufen hatte in Entsagung und Mühsal, aber doch zugleich in das Licht seiner Verheißung hinein, so gefährlich gelüstete."

In der Tat kann man Kellers Buch möglicherweise auch glaubensgeschichtlich an einem Übergang situieren. Die forcierte Rechristianisierung der unmittelbaren Nachkriegszeit, die nicht zuletzt der Sinai-ähnlichen Wüstenerfahrung im materiell und ideell zerstörten Deutschland geschuldet gewesen sein dürfte, musste im beginnenden Wirtschaftswunder mit anderen Sinnstiftungsangeboten konkurrieren. Die Mahner und Warner im kulturkritischen Feuilleton wussten daher ganz genau, wo die Fleischtöpfe Ägyptens in der Gegenwart zu vermuten waren. Denn wenn Keller an die Stelle von Glauben Wissenschaft und an die Stelle von Wunder Technik setzt, wenn das biblische Manna zum süßen Pflanzensekret wird oder bei der Teilung des Roten Meers nur geschickt die Gezeiten im Nildelta ausgenutzt wurden, dann wird die Bibel damit einerseits kompatibel für den Zeitgenossen im Wirtschaftswunderland. Andererseits eröffnen sich damit aber auch Möglichkeiten der Vergegenwärtigung, wie sie von jenseits des großen Teichs in deutsche Kinos kamen: Neben Deborah Kerr als Lydia in *Quo Vadis?* treten dann

„Sex-Probleme und Frauenpsyche" von Potiphars Weib (92) und „Toilettengeheimnisse" der Frauen Israels (212), neben Charlton Heston als Judah Ben Hur der geschickte Staatsmann Josef und der erfolgreiche Eroberer Josua.

Bilden Kellers Buch und seine Rezeption so auch die Ambivalenz kultureller Selbstwahrnehmung in den fünfziger Jahren zwischen retrograder Kulturkritik und Konsumkultur, zwischen „Abendland und Amerika" (Axel Schildt) ab, so erzählt *Und die Bibel hat doch recht* darüber hinaus auch noch eine andere, durchaus lineare Heilsgeschichte. Aus naheliegenden Gründen ist im Wesentlichen die Historie des Volks Israel von der Patriarchenzeit bis zum Untergang Jerusalems 70 n. Chr. Gegenstand von Kellers Buch. Doch schließen sich nach diesem Ende, als „in einem Inferno, wie es fast ohne Beispiel in der Geschichte ist", das „alte Israel [...] ausgelöscht" wurde (384 f.), noch zwei zusätzliche Kapitel an: zum einen eine Erwägung Papst Pius' XII. über die mit dem Zweiten Hauptsatz der Thermodynamik und der Urknall-Theorie bestätigte Schöpfungsgeschichte und zum anderen der „Wiederaufbau nach der Bibel". Mit „Wirtschaftsplanung nach A.T.", den landwirtschaftlichen und ökonomischen Erfolgen des neuzeitlichen Israel, darf der bundesrepublikanische Leser wiederum Parallelen zu seiner eigenen Gegenwart ziehen, sich dabei jedoch gleichzeitig mit dem jüdischen Kibbuzbewohner identifizieren, den er vor nicht allzu langer Zeit vertreiben und ermorden half. Mit Hesekiel auf Deutschland und Israel anspielend, endet *Und die Bibel hat doch recht* vereint im Aufbauwerk: „Das verwüstete Land soll wieder gepflügt werden / dafür daß es verheert war / daß es sehen sollen alle / die da durchgehen / und sagen / dies Land war verheert / und jetzt ist's wie der Garten Eden. (Hes. 36, 34.35)".

Literatur

Bibel: Die Sintflut fand statt. In: *Der Spiegel*, 53/1955 (28. 12. 1958), S. 37 • Günther Bornkamm: Die Bibel auf Breitwand. In: Ders.: *Studien zu Antike und Christentum. Gesammelte Aufsätze Bd. II.* München 1959, S. 237–244 • David Oels: Ceram – Keller – Pörtner. Die archäologischen Bestseller der fünfziger Jahre als historischer Projektionsraum. In: *Geschichte für Leser. Populäre Geschichtsschreibung in Deutschland im 20. Jahrhundert.* Hg. von Wolfgang Hardtwig und Erhard Schütz. Stuttgart 2005, S. 345–370.

David Oels

Thomas Müntzer – Ein Film deutscher Geschichte

Regie und Drehbuch: Martin Hellberg
Szenarium: Friedrich Wolf • Kamera: Götz Neumann • Musik: Ernst Roters • Produktion: DEFA-Studio für Spielfilme, Potsdam-Babelsberg • UA: 17. 5. 1956, Ost-Berlin, Volksbühne • Länge: 135 Min., Farbe (Agfa Wolfen) • Darsteller: Wolfgang Stumpf, Margarete Taudte, Wolf Kaiser, Martin Flörchinger, Wolfgang A. Kaehler, Heinz Gies, Ruth Maria Kubitschek

Auf der ersten Seite des *Neuen Deutschland* vom 10. November 1983 fand sich die Schlagzeile: „Festakt in Berlin zum 500. Geburtstag von Martin Luther: Friedenspolitik der DDR steht in einer großen progressiven Traditionslinie." Am Tag darauf konnte man im gleichen Blatt lesen: „Am 500. Geburtstag des großen Reformators: Tag ökumenischer Begegnung in der Lutherstadt Eisleben." Vorsitzender des *Martin-Luther-Komitees der Deutschen Demokratischen Republik*, das diese Veranstaltungen organisierte, war kein Geringerer als Erich Honecker, Generalsekretär des ZK der SED und Vorsitzender des Staatsrates der DDR.

An all das war noch nicht zu denken, als der Filmregisseur Martin Hellberg (1905–1999) 1952 einen abendfüllenden Spielfilm über den radikalen Reformator und Bauernführer Thomas Müntzer (auch: Münzer, ca. 1490–1525) plante. Luther war in den Anfangsjahren der DDR zwar kein Verfemter (die Universität Halle-Wittenberg durfte z. B. weiterhin *Martin-Luther-Universität* heißen), aber der eigentliche ‚Held' der Reformationsepoche war der gebürtige Stolberger Müntzer, der sich im Laufe der 1520er Jahre vom begeisterten Anhänger zum unversöhnlichen Gegner Luthers wandelte. 1520 hatte Luther dem jüngeren Müntzer eine Predigtstelle in Zwickau vermittelt, fünf Jahre später hielt er ihn dann für den „Teufel leibhaftig". Müntzer revanchierte sich mit den Epitheta „Bruder Sanftleben", „Vater Leisetritt" und „Doctor Lügner".

Anfang der fünfziger Jahre nun rollte durch die junge DDR vor allem im ländlichen Bereich eine regelrechte Müntzer-Welle. LPGs erhielten seinen Namen, Kalibergwerke, Großschachtanlagen, Schulen, Kulturhäuser. 1952 schließlich – also im gleichen Jahr, in dem Hellberg mit seinem Filmprojekt bei der DEFA vorstellig wurde – erschienen zugleich nicht weniger als drei Sachbücher zu Müntzer: *Die Volksreformation des Thomas Münzer und der große Bauernkrieg* des sowjetischen Historikers Moisej M. Smirin, *Thomas Münzer. Die Seele des deutschen Bauernkrieges von 1525* von Karl Kleinschmidt, einem sozialistischen Theologen und Volkskammerabgeordneten, sowie *Thomas Müntzer und seine Zeit* von Alfred Meusel, seines Zeichens Geschichtsprofessor an der *Humboldt-Universität zu Berlin*.

All diese Müntzer-Darstellungen bewegten sich auf dem sicheren Boden bereits vorhandener ‚progressiver' Darstellungen. So wusste schon Karl Marx von Müntzer, obgleich er sich eher mit Luther beschäftigte, über den er schrieb, ihm sei die Religion „eine unmittelbare Wahrheit, sozusagen Natur" gewesen. Marx stellte fest, Luther habe „die Knechtschaft aus *Devotion* besiegt, weil er die Knechtschaft aus *Überzeugung* an ihre Stelle gesetzt" habe. Für Friedrich Engels, der in erster Linie ein historisches Interesse an der Reformation an den Tag legte, war Luther eine zwielichtige Figur: Einerseits sei seine Bibelübersetzung „das griechische Feuer" gewesen, mit dem er „die Jahrhunderte des Mittelalters [...] zu Staub und Asche verbrannte", andererseits habe er nach seinen hoffnungsvollen Anfängen „im Dienste seiner Unterdrücker" gestanden. Kurz nach dem Scheitern der Revolution von 1848/49 schrieb Engels das kurze Buch *Der deutsche Bauernkrieg* (1850), das zur Pflichtlektüre für DDR-Historiker werden sollte. Engels' Kenntnisse stammten wiederum größtenteils von Wilhelm Zimmermann, Hegelianer und Radikaldemokrat, der Müntzer wenige Jahre zuvor rehabilitiert und als Helden dargestellt hatte. Zimmermanns Bild von Müntzer als einem zu früh gekommenen Revolutionär („Gerade, weil er seiner Zeit so über alles Maß hinaus vorausflog, wurde er von ihr nicht erkannt, sondern verkannt") passte zu Engels' Vorstellung einer Antizipation späterer Entwicklungen: Die „feige Fürstendienerei Luthers" habe „ganz der zaudernden, zweideutigen Politik der Bürgerschaft" entsprochen, während „die revolutionäre Energie und Entschlossenheit Münzers in der entwickeltsten Fraktion der Plebejer und Bauern sich reproduzierten", wobei der Bauernkrieger „weit über die unmittelbaren Vorstellungen und Ansprüche der Plebejer und Bauern hinausging".

Solche Formulierungen bildeten die Grundlage für die Behauptung, Müntzers Ideen seien in der DDR Wirklichkeit geworden. Tatsächlich hingen diese Ideen eng mit Müntzers Interpretation der christlichen Heilslehre zusammen: Ohne Gerechtigkeit auf Erden kein wahres Christentum. So schrieb Müntzer am 13. Mai 1525 kurz vor seiner Hinrichtung an die Erfurter: „Es bezeugen fast alle [Stellen] der Schrift, daß die Kreaturen müssen frei werden, [wenn] das reine Wort Gottes aufgehen soll." Die sozialistische Historikerzunft hatte freilich ihre eigene Sichtweise. So setzte sich der bereits erwähnte Moisej M. Smirin zwar durchaus mit der Theologie Müntzers auseinander, behauptete aber, Müntzer habe die Mystik säkularisiert und „Formen religiösen Kultes" nur deshalb verwendet, weil das im Hinblick auf das „Niveau des Volkes" zweckmäßig gewesen sei.

Schon während der Weimarer Republik war Thomas Müntzer für die KPD eine interessante Figur. Im Jahr 1925 veranstaltete die KPD in Eisleben zum 400. Jahrestag des Bauernkriegs einen „Roten Müntzertag". Zum Programm gehörte die Aufführung des Dramas *Thomas Müntzer* von Berta Lask. Ein Schauspielkollektiv las Engels' *Bauernkrieg* und baute Bezüge zum Spartakusaufstand 1919 in den Text ein: Luther wurde mit „Bluthund" Gustav Noske in Verbindung gebracht, wohingegen Müntzer als eine Art Karl Liebknecht des 16. Jahrhunderts erschien. Bereits zwei Jahre zuvor hatte der Dramatiker Friedrich Wolf (1888–1953, ab 1928 Mitglied der KPD) sein Bauernkriegsdrama *Der arme Konrad* fertiggestellt. Wolf veranschaulichte die Kämpfe der Bauern in Schwaben (1514), indem er zwei starke Individuen in den Vordergrund rückte, nämlich den Bauernführer Konz und Herzog Ulrich von Württemberg, wobei auch Wolfs Hauptquelle die Darstellung von Wilhelm Zimmermann war. Bereits 1922 hatte sich Wolf überdies mit dem Gedanken getragen, ein Drama über Thomas Müntzer zu schreiben – ein Projekt, das er letztlich erst 30 Jahre später in der DDR zu Ende führen sollte. 1952, im Jahr der Müntzer-Welle, verfasst er das Stück *Thomas Müntzer. Der Mann mit der Regenbogenfahne*, das im Dezember 1953 unter der Regie von Wolfgang Langhoff am *Deutschen Theater* in Berlin uraufgeführt wird. Entgegen seiner ursprünglichen Konzeption verzichtet Wolf in dem Stück auf Müntzers Gegenspieler Luther und beschränkt sich stattdessen – stellvertretend für Luther – auf die Figur des Allstedter Pfarrers Simon Haferitz. Zu jener Zeit, als Wolf an *Thomas Müntzer* arbeitete, propagierte die SED noch ein vereinigtes Deutschland – freilich unter sozialistischen Vorzeichen. Und so lautet der letzte Vers des Refrains im Gedicht *Thomas Müntzer im Land*, das Wolf dem Stück voranstellte, denn auch: „Auf, laßt uns den Brüdern überm Main die Hände reichen!" Im Stück selbst betont schließlich Müntzer: „Ganz Deutschland muß ins Spiel!" Unterm Strich lieferte Friedrich Wolf mit seinem Drama zum einen ein psychologisch nuanciertes Portrait des Pfarrers und Bauernführers Müntzer – wobei er dessen Theologie ernst nahm –, zum anderen ein Panorama aus dem Volksleben zur Zeit des Bauernkrieges – und zu guter Letzt die Grundlage für das Filmszenarium *Thomas Münzer*.

Nachdem bereits 1950 Exposés zum Müntzer-Thema von anderen Filmschaffenden bei der DEFA eingereicht worden waren, erhielt 1952 der Nationalpreisträger Martin Hellberg den Zuschlag für die Verfilmung des Stoffs. Hellbergs eigener Entwurf – *Thomas Müntzer: Ein Film der Mahnung zu Einheit und Verteidigung* – wurde allerdings nicht akzeptiert, u.a. weil Martin Luther darin eine nicht unbeachtliche Rolle spielte. Stattdessen bevorzugte das *Komitee für Filmwesen* 1953 Friedrich Wolfs Szenarium. Da Wolf im Oktober 1953 starb, konnte er auf die eigentlichen Dreharbeiten nicht mehr Einfluss nehmen. Wolfs Biograph Walter Pollatschek behauptet denn auch später, das Szenarium sei „ideologisch und künstlerisch entstellt" worden. Hellberg selbst schreibt in seinen Memoiren, es sei „eine Ehre und Freude" gewesen, das Drehbuch mit Wolf zu erarbeiten, aber seine „Bildauffassungen" hätten mit denen von Wolf nicht übereingestimmt. Der Regisseur sei nicht „der Testamentsvollstrecker des Autors", denn ein Film sei „ein eigenständiges, auf der Bildaussage basierendes Kunstwerk".

Wolf jedenfalls wollte mit einem Deutschlandpanorama beginnen: „Eine Kette Wildenten zieht […] über Deutschland nach Süden". Hellberg entschied sich jedoch, den Konflikt Müntzer–Luther an den Anfang des Films zu stellen. Zuerst sieht der einsame Wanderer Müntzer (Wolfgang Stumpf, → *Die Brücke*, 1959) einen Bauern, der vor berittenen Häschern flieht. Alsbald trifft er auf eine Gruppe von Studenten, die mit Pfarrer Simon Haferitz (Hans Wehrl) über Luther und seine Schriften disputieren. Einer der Studenten meint, Luther gehöre zum Bundschuh, aber Haferitz interessiert sich eher für die kommende Leipziger Disputation zwischen Luther und Dr. Eck. Haferitz vertritt die sogenannte Zwei-Reiche-Lehre: „im Leiblichen bleiben wir Knechte". Müntzer sieht das anders: „Kämpft [...] für Euer leiblich Recht. [...] Mit gelehrten Disputationen freilich ist es nit getan. Dies, hier und jetzt!" Beim Weggehen singen die Studenten ein Lied über Luthers Kampf gegen Rom, wobei die ersten beiden Verse aus dem Szenarium fehlen, nämlich: „Der Luther für uns alle streit', / Für Bürger und Bauersmann". Auf diese Weise wird hier verhindert, dass das Publikum den ‚guten', den ‚nationalen' Luther aus den ersten Jahren der Reformation kennenlernt, der so schließlich erst 1983 von der SED gefeiert werden sollte.

Im weiteren Verlauf werden die Stationen von Müntzers Leben und Wirken aufgerollt. Im Nonnenkloster predigt er so bewegend, dass eine Nonne beteuert, er müsse bleiben und den Nonnen „die Schrift lebendig machen". Im Kloster lernt er die junge Ottilie von Gersen (Margarete Taudte) kennen, die seine Frau wird. In Allstedt wollen ihn die Massen der kleinen Leute hören, obwohl Graf Ernst von Mansfeld (Gerhard Bienert) den Besuch seiner Predigt verboten hat. Beim Gottesdienst wird die Pfingstsequenz „Veni, sancte spiritus" in Müntzers deutscher Übertragung gesungen („Komm du Tröster, heiliger Geist" – bei Luther hieß es „Komm, Heiliger Geist, Herre Gott"). Nach der berühmten „Fürstenpredigt" streitet Müntzer mit Haferitz über den Aufruhr. Haferitz verkündet im Sinne Luthers: „Fluch über alle, die dem da noch folgen." Nach einem längeren Aufenthalt in Süddeutschland zieht Müntzer nach Mühlhausen, wo er mit dem Prediger Heinrich Pfeiffer (Martin Flörchinger) eine ‚neue Ordnung' schaffen will. Müntzer ruft den begeisterten Massen zu: „Brüder, eine mächtige Flut braust über die Erde. Ganz Deutschland und Welschland ist in Bewegung. [...] Omnia sunt communia." Schließlich ziehen sich die Bauernhaufen auf dem sogenannten Schlachtberg bei Frankenhausen zusammen. Mangels Alternativen wird Müntzer ihr Anführer, obwohl er gesteht: „Ich bin ein Krieger mein' Tage nicht gewesen." Das Erscheinen des Regenbogens über dem Schlachtfeld bewegt Müntzer zu der Aussage: „Brüder! Der Himmel selbst steckt unseren Fahn' auf!" Nach der verheerenden Niederlage weigert sich der gefangengenommene und gefolterte Müntzer zu widerrufen. Vor der Hinrichtung verkündet er, das „Reich der Gerechtigkeit" werde aufblühen – „für den gemeinen Mann, durch den gemeinen Mann".

Obzwar Müntzer deutlich zur Ikone erhoben wird, kann von restloser Idealisierung keine Rede sein. Der Sterbende hat Mitleid mit den armen Leuten, die seinetwegen in den Tod gehen mussten: „Allzuviel habe ich gewollt. Meine Kräfte waren zu schwach." Lange vor der Entscheidungsschlacht hegt er Zweifel, ob sein

Weg der richtige sei. Seine Frau Otti fragt ihn, ob „alles recht" sei, was in ihm spricht, worauf er erwidert: „Wenn die Stimme wirklich des Teufels ist?" Jenseits von persönlicher Schuld wird aber angedeutet, dass historische Kräfte im Spiel sind. Der Student Markus Stübner (Wolfgang A. Kaehler), einer der „Zwickauer Propheten", singt zweimal das alte Vagantenlied *Ich bin zu früh geboren*, andeutend, dass die Befreiung vom Feudaljoch erst viel später gelingen wird. Die Schlussszene des Films lässt keinen Zweifel daran aufkommen, dass diese Befreiung stattfinden wird: Müntzers Frau und Söhnchen stoßen mit Markus Stübner zum Waldshuter Haufen, die Bauern lauschen andächtig dem Schwabenhannes (Wolf Kaiser), der aus den Schriften des kürzlich Hingerichteten vorliest: „Die Bösewichter müssen ran! Ran, ran, dieweil ihr Tag gekommen!" Im Film wird verdeutlicht, dass Luther im Lager dieser Bösewichter zu finden ist: Für die Adligen ist dessen Polemik *Wider die räuberischen und mörderischen Rotten der Bauern* (1525) ein „deutlich Wörtlein". Und beim Gottesdienst vor der Schlacht hören die Landsknechte aus der gleichen Quelle: „Es ist des Schwertes und Zornes Zeit".

Dem heutigen Publikum könnte Hellbergs *Müntzer* etwas altmodisch, gar hölzern vorkommen. Hellberg arbeitete jedoch mit einem bewährten Team zusammen und schuf mit knappen Mitteln und unter widrigen Umständen einen monumentalen Historienfilm, der die Geschichte des – zumindest in den ‚alten' Bundesländern – immer noch ziemlich unbekannten Müntzer darstellt. Filmästhetisch ist *Thomas Müntzer* kaum innovativ, wenngleich sich interessante Anklänge an den NS-Film entdecken lassen, etwa beim Lied *Luther schreitet uns voran* – man denke an *Hitlerjunge Quex* (1933) – oder bei Müntzers Einzug ins mittelalterliche Mühlhausen, der im Riefenstahl-Stil gehalten ist. Auf jeden Fall ist dieser Film ein wertvolles Kulturdokument aus der Zeit des tiefsten Kalten Krieges. Was das Bild der Reformation in der DDR betrifft, so ließe sich behaupten, dass dort der Weg Heinrich Heines nolens volens reproduziert wurde. Heine war nämlich zuerst ganz sicher: „Luther hatte unrecht, und Thomas Münzer hatte recht." Um sich später eines Besseren zu besinnen: „Ruhm dem Luther! Ewiger Ruhm dem teuren Manne, dem wir die Rettung unserer edelsten Güter verdanken, und von dessen Wohltaten wir noch heute leben!"

Literatur

Helmut Brackert: *Bauernkrieg und Literatur*. Frankfurt am Main 1975 • Gerald Götting u.a.: *Prophet einer neuen Welt. Thomas Müntzer in seiner Zeit*. Berlin 1975 • Alfred Meusel: *Thomas Müntzer und seine Zeit*. Berlin 1952 • Jay Rosellini: *Thomas Müntzer im deutschen Drama. Verteufelung, Apotheose und Kritik*. Bern u.a. 1978 • Robert Walinski-Kiehl: History, Politics and East German Film: The Thomas Müntzer (1956) Socialist Epic. In: *Central European History*, 39 (2006), S. 30–55.

Jay Julian Rosellini

Uwe Johnson: Ingrid Babendererde. Reifeprüfung 1953

Erstausgabe: Frankfurt am Main, Suhrkamp Verlag 1985. Mit einem Nachwort von Siegfried Unseld

Im Gegensatz zu dem in Artikel 39 der DDR-Verfassung eindeutig festgelegten Prinzip der Religionsfreiheit („Jeder Bürger der Deutschen Demokratischen Republik hat das Recht, sich zu einem religiösen Glauben zu bekennen und religiöse Handlungen auszuüben") war das Verhältnis zwischen der DDR-Staatsführung und den christlichen Kirchen schon früh komplex und mit Konflikten und Spannungen beladen. Die durch Konfrontation gekennzeichnete Kirchenpolitik der DDR – eines säkularisierten Staates, der in der Religion den ideologischen Gegner und den Widersacher des sozialistischen Projektes sah – spiegelte die zwischen Verschärfung und Tauwetter schwankenden Phasen der SED-Politik wider und bildete zugleich die diesbezüglichen Standpunkte der Sowjetunion ab. Die Ausgangssituation in der SBZ nach 1945 war die durch Verhandlungen mit Otto Dibelius, dem Leiter der Evangelischen Kirche in Berlin-Brandenburg, erzielte Bewahrung der Autonomie der Kirche, die eine rigorose Trennung zwischen Staat und Kirche und das Unterrichtsverbot für die Kirchen voraussetzte.

In den fünfziger Jahren bezeichneten sich noch über 80 Prozent der DDR-Bürger als evangelische Christen, weshalb man den pragmatischen Versuch unternahm, die Kirche – unter der Voraussetzung ihrer Loyalitätsbekundung gegenüber dem Staat – in den antifaschistisch-demokratischen Neuaufbau einzubeziehen. Im Unterschied zur katholischen Kirche, deren isolierte Stellung in der sozialistischen Gesellschaft („im fremden Haus") vor allem der verweigerten Anerkennung der DDR durch den Vatikan geschuldet war, zeigten die aus über 7000 Gemeinden bestehenden evangelischen Landeskirchen großes Engagement auf sozialem Gebiet durch karitative und diakonische Arbeit in Heimen und Krankenhäusern.

Die evangelischen Kirchen, die sich bis 1969, bis zum Zusammenschluss der acht im Staat existierenden Landeskirchen zum *Bund der Evangelischen Kirchen in der DDR*, noch als gesamtdeutsch verstanden, konnten sich auf eine Reihe von Publikationen mit großer Verbreitung stützen, darunter die auflagenstarke sächsische Wochenzeitung *Der Sonntag* (nicht zu verwechseln mit dem Ost-Berliner *Sonntag*), das Thüringer Sonntagsblatt *Glaube und Heimat* und die Monatszeitschrift *Standpunkt* (ab 1973). Damit versuchte man nicht nur Seelsorge zu betreiben und die Freiheit des Gewissens zu postulieren, sondern auch den Konflikt zwischen Christentum und Sozialismus abzuschwächen und Repressionen entgegenzuwirken. Der Ost-CDU war hierbei nach den Vorstellungen der SED vor allem die Rolle eines ‚Transmissionsriemens' zugedacht. Sie sollte den Christen in der DDR die Vereinbarkeit der „humanistischen Ziele" des Sozialismus mit denen des Christentums vermitteln und sie an den sozialistischen Staat heranführen. Die strategische Auseinandersetzung der Kirche mit dem Staatssekretariat für Kirchenfragen beim Ministerrat der DDR gipfelte 1971 in der auf der Eisenacher Bundessynode beschlossenen Formulierung „Kirche im Sozialismus": „Wir wollen nicht Kirche neben, nicht gegen, sondern Kirche *in* Sozialismus sein". Konfliktfelder wie die Einführung der Jugendweihe (1953) als sozialistische Alternative zur Konfirmation, das Verbot des Religionsunterrichts, die Frage der Zulassung der Kinder aus christlichen Familien zur Erweiterten Oberschule oder die Einführung des Wehrunterrichts (1978) konnten dadurch natürlich nicht aufgehalten werden und verschärften in der Folge die Spannungen und die Unterdrückung.

Eine dramatische Zuspitzung in den Beziehungen zwischen Kirche und Staatsführung ereignete sich insbesondere in den Jahren 1952 bis 1954. Auf der II. Parteikonferenz der SED (1952) wurde eine offensive Kampagne zur „Verschärfung des Klassenkampfes" eingeleitet, verbunden mit Repressionsmaßnahmen gegen kirchliche Organisationen. Abgesehen vom Einzug der Kirchensteuern und anderen administrativen Maßnahmen verschlechterte sich die Situation dramatisch infolge der Repression gegen die evangelische Jugendarbeit der *Jungen Gemeinde*. Um die ideologisch-politische Funktion der FDJ zu stärken, wurden die innerhalb der evangelischen Kirche entstandenen Gruppen der *Jungen Gemeinde* heftig angegriffen. Das Presseorgan dieser von staatlichen Denkvorschriften und von Zensur freien evangelischen Jugendorganisation war das monatliche Magazin *Die Stafette*, deren Name sich auf die Weitergabe der jeweiligen Exemplare an andere Gläubige bezog. Schon auf der II. Parteikonferenz der SED wurde die *Junge Gemeinde* der Illegalität und Staatsfeindlichkeit verdächtigt und stark angegriffen. Als einzige unabhängige und systemkritische Jugendbewegung, die sich nicht in eine offizielle Organisation einfügte, wurde sie schließlich zum Exempel, an dem die Beseitigung der kirchlichen Präsenz in der Öffentlichkeit demonstriert werden sollte.

Diese Kampagne der Zwangssäkularisierung in der DDR wirkte gravierend auf die zukünftigen Beziehungen zwischen Kirche und Staat und bewegte insbesondere viele Mitglieder der *Jungen Gemeinde* zur Flucht in den Westen. Von Januar bis Mai 1953 verhaftete das Ministerium für Staatssicherheit zahlreiche Jugendliche und über 70 Theologen und Jugendleiter. Etwa 3000 Schüler und einige hundert Studenten wurden ausgewiesen. Nachdem SED-Chef Walter Ulbricht die *Junge Gemeinde* im Mai 1953 als „illegale Organisation" bezeichnet hatte, verabschiedete der Senat der *Humboldt-Universität zu Berlin* eine Entschließung, nach der es als unvereinbar galt, sich zur *Jungen Gemeinde* zu bekennen und zugleich an der Universität zu studieren. An jeder Oberschule wurde ein hauptamtlicher FDJ-Funktionär mit folgendem Auftrag angestellt: „Die Genossen im Staatssekretariat für Hochschulwesen werden beauftragt, geeignete Maßnahmen zu treffen und zu kontrollieren, um ab sofort jede Zulassung von aktiven Mitgliedern und Funktionären der Jungen Gemeinde zu den Universitäten und Hochschulen zu unterbinden". Das Tragen des sogenannten Bekenntniszeichens der *Jungen Gemeinde*, des Kugelkreuzes, wurde untersagt. Zwecks „Entlarvung der Jungen Gemeinden in der Öffentlichkeit als einer Tarnorganisation für Kriegshetze, Sabotage und Spionage, die von westdeutschen und amerikanischen imperialistischen Kräften dirigiert wird", zählte die Anlage zum Protokoll des SED-Politbüros vom 27. Januar 1953 ausführlich Maßnahmen und Beschlüsse auf. Der Beginn eines ‚Neuen Kurses' am 10. April 1953, der auch auf Weisung der Sowjetunion die Restriktionen gegen die Kirchen hätte vermindern sollen, wurde durch die Unterdrückung des Aufstandes vom 17. Juni 1953 zunichte gemacht, an dem auch viele Christen beteiligt waren. Nach dem Scheitern des ‚Kirchenkampfes' entschied sich die SED für andere und weniger offensichtliche Strategien, durch die Christen in Ausbildung und Beruf benachteiligt und ausgeschlossen wurden.

Bis heute nicht ausreichend untersucht ist die Rezeption und Verarbeitung religiöser Themen in der Literatur der DDR, vor allem im Zusammenhang mit der Kirchenpolitik der Staatsführung. Autoren wie Johannes Bobrowski und → Franz Fühmann haben sich als sensible Gestalter religiöser Themen erwiesen. Aber zweifelsohne ist der Roman *Ingrid Babendererde. Reifeprüfung 1953* von Uwe Johnson (1934–1984) die markanteste erzählerische Darstellung der SED-Hetze gegen die *Junge Gemeinde*. In dem zwischen 1953 und 1956 entstandenen, aber erst 1985 aus dem Nachlass veröffentlichten Erstlingswerk des Autors vermischen sich Fiktionales, Historisches und Autobiographisches. Die Ereignisse der Zeit – der ‚Kirchenkampf' wie der Aufstand vom Juni 1953 – werden anhand der Geschichte einer Abiturklasse in der fiktiven mecklenburgischen Kleinstadt Wendisch-Burg aufgerollt. Um die Hauptfiguren, Klaus Niebuhr und Ingrid Babendererde, durch ihre Liebe zueinander und ihre Leidenschaft für das Segeln verbunden, kreisen und handeln die anderen Mitschüler und die dem Schuldirektor und Parteifunktionär unterstehenden Lehrer in einer konformistischen, propagandistischen und durch den sich ausbreitenden ideologisch-politischen Apparat vorgegebenen Routine: „Als die Demokratische Republik ungefähr ein Jahr lang bestanden hatte, trat die Klasse 10AII vollständig ein in die Organisation der Freien Deutschen Jugend, indem der Lehrer für Geschichte [...] ihr dies dringlich angeraten hatte." (155) Die von permanentem Misstrauen geprägte angespannte Atmosphäre in der Schule kurz vor dem Abitur, der die Reinheit der – Freiheit evozierenden – Natur entgegengesetzt wird, gipfelt auf einer Schulversammlung in der Rede Ingrids, die sich statt der vorgesehenen offiziellen Ansprache gegen die *Junge Gemeinde* für die Meinungsfreiheit ausspricht und die christlich gesinnten Mitschüler in Schutz nimmt: „Ich bin also auch dafür, daß Peter Betz sein Abzeichen tragen darf: wenn es auch ein Kreuz auf der Kugel ist." (174) Ihrem Ausschluss aus der Schule – zusammen mit Elisabeth Rehfelde, die sich nicht nur nicht von der *Jungen Gemeinde* losgesagt, sondern gleich noch ihr FDJ-Mitgliedsbuch einem jungen Funktionär vor die Füße geworfen hatte – folgt die gemeinsame Flucht mit Klaus in den Westen, am Tag vor der Reifeprüfung.

Einige Jahre später wird Johnson selbst die DDR verlassen – mit derselben „unablässigen Unruhe" im Herzen wie seine literarischen Figuren.

Wenn auch seinerzeit unveröffentlicht in der Schublade liegengeblieben, weil in Ost und West von den Verlagen abgelehnt, nimmt *Ingrid Babendererde* damit das Unbehagen an der Unduldsamkeit des DDR-Schulsystems vorweg, das später zum Teil in Christa Wolfs *Nachdenken über Christa T.* (1968) und Erik Neutschs *Zwei leere Stühle* (1979) zum Ausdruck kommen sollte. Zugleich ist der Roman wie Wolfs *Der geteilte Himmel* (1963) und Johnsons bereits nach der Übersiedlung in den Westen erschienenen Werken → *Mutmaßungen über Jakob* (1959) und *Zwei Ansichten* (1965) ein markantes Beispiel der ‚Grenzliteratur'. Der religiöse Hintergrund gewinnt allerdings in Johnsons Darstellung des Erziehungssystems und der Jugendwelt der fünfziger Jahre ein anthropologisch-soziales Potenzial, das in mancher Hinsicht bereits dreißig Jahre vorher an den wesentlichen Beitrag von Kirchen und christlichen Organisationen sowie auch der Friedensbewegung zum Demokratisierungsprozess und zur Wende von 1989 denken lässt.

Literatur

Thomas Boese: *Die Entwicklung des Staatskirchenrechts in der DDR von 1945 bis 1989. Unter besonderer Berücksichtigung des Verhältnisses von Staat, Schule und Kirche.* Baden-Baden 1994 • Detlef Pollack: *Kirche in der Organisationsgesellschaft. Zum Wandel der gesellschaftlichen Lage der evangelischen Kirchen in der DDR.* Stuttgart 1994 • Trutz Rendtorff (Hg.): *Protestantische Revolution? Kirche und Theologie in der DDR. Ekklesiologische Voraussetzungen, politischer Kontext, theologische und historische Kriterien.* Göttingen 1993 • Ellen Ueberschär: *Junge Gemeinde im Konflikt. Evangelische Jugendarbeit in SBZ und DDR 1945–1961.* Stuttgart 2003 • Beate Wunsch: *Studien zu Uwe Johnsons früher Erzählung „Ingrid Babendererde. Reifeprüfung 1953".* Frankfurt am Main 1991.

Fabrizio Cambi

(6) Technische Zeit

Einleitung
Von Erhard Schütz

Als endlich das nationalsozialistische Deutsche Reich zur bedingungslosen Kapitulation gezwungen worden war, konnte man im fernen Shanghai noch die intakte Dresdner Frauenkirche im Bild bewundern. Die Unterschrift erläuterte, dass sie freilich allerjüngst bei einem alliierten Bombenangriff zerstört worden sei. Die vom nachmaligen ‚Sowjetunion-Experten' Klaus Mehnert herausgegebene Propaganda-Zeitschrift des Auswärtigen Amtes *The XXth Century* folgte in ihrer – letzten – Nummer April/Mai 1945 damit den Goebbels'schen Richtlinien, die Alliierten als terroristische Kulturbarbaren hinzustellen. Angesichts der realen Situation noch aberwitziger wirkte der Artikel eines G. Probst, der sich den – selbstverständlich deutschen – Fortschritten der Robotik widmete. Neben „Robot Tanks", die schnell und furchtlos ihre starke Explosivkraft unter den Feinden entladen, und „Robot Bombs" – gemeint V1 und V2 – nannte er auch zivilere Möglichkeiten wie „Autopilot", „Manufacturing Robots", „Robots in Electric Plants" und einen „Typewriter Robot". Das Ganze endete beschwörend: „It is impossible to halt technical progress; let us see to it that it is applied justly: not for selfish ends, for enrichment, or for antisocial policies, but for the benefit of mankind, to provide it once again with greater freedom and happiness, to help it regain a part of Paradise Lost."[1]

Dies ist nicht nur anekdotisch, sondern symptomatisch für den gerade in Fragen des Technischen fließenden Übergang vom ‚Dritten Reich' zur Nachkriegszeit, aber auch für eine ingenieurstechnische Haltung des Sowohl-als-Auch. Denn in breitem Ingenieurs-Konsens zog man sich auf die Position zurück, Technik sei eben ambivalent. Im Stil eines Schulaufsatzes etwa so formuliert: Das „Doppelgesicht der Technik" besteht darin, dass „die Technik, zum Segen bestimmt, auch zum Fluch" werden könne.[2] Das hänge nicht von der Technik selbst ab, sondern von der Politik und der Wirtschaft, die ihr Rahmen und Ziele setzten. So versuchte man sich auf nahezu allen Ebenen und Gebieten mit jenem Satz zu salvieren, der Albert Speer zugeschrieben wurde: Ich diente nur der Technik.[3]

---

[1] Dresden. In: *The XXth Century* (Shanghai), 8 (April/Mai 1945) 4/5, S. 219–221; G. Probst: Robots. In: Ebd., S. 173–178, hier S. 178.
[2] Stürner, Otto: *Technik und Kultur*. Stuttgart 1947, S. 6, 15.
[3] Vgl. Museum für Verkehr und Technik Berlin (Hg.): *„Ich diente nur der Technik"*. Sieben Karrieren zwischen 1940 und 1950. Berlin 1995.

Der Architekt Speer, im gesellschaftlichen Klima der Faszination für Technogigantik und gleichzeitig relativ schwacher Sozialposition von Technikern und Ingenieuren aufgewachsen, hat erst sehr spät eingeräumt: „Heute weiß ich, dass es unsere Gesellschaft war, die diese Schrecken erzeugt hatte, [...] nicht infolge technischer Vervollkommnung, sondern infolge unseres moralischen Zerfalls."[4] Selbst das war noch Strategie der Entlastung, denn die Verantwortung oblag damit eben nicht der Technik, deren Protagonisten allenfalls als Verführte oder Getäuschte erschienen, sondern der Politik.

Gerade in der Bundesrepublik kann man einen fließenden Übergang von ehedem nationalisierter Technikforcierung zu nun internationalisierter Technikabwägung beobachten. Autoren, die während des ,Dritten Reiches' in ihren sogenannten Tatsachenromanen, Sachbüchern und Programmschriften spezifisch deutschen Technikgeist und Erfinderheroismus plakatiert hatten, schrieben ihre Elogen nach 1945 weiter – nun nicht mehr auf die ,Deutsche Technik', sondern auf eine ,menschheitliche' Technik hin.

Was den offenkundigen Schrecken der Technik anging, so stand die Bedrohung des Atomkriegs besonders plastisch für die Internationalität des Problems. Zwar bedauerte man hier und da, dass die Entwicklung in Deutschland seinerzeit nicht so vorangetrieben worden war, wie es dem Wissensstand nach möglich gewesen wäre – wobei offen blieb, ob man das im Horizont eines allgemeinen Chauvinismus der Leistungen und Rekorde oder als verpasste Chance der realen Weltherrschaft sah –, aber die Atomrüstung und -kriegsdrohung eignete sich bestens, deutsche Schuld und Verbrechen zu relativieren. Nicht zuletzt das stimulierte den Eifer, mit dem gerade in Deutschland die Apokalypse des Atomzeitalters beschworen wurde. So kam es im demonstrativen Meinungskampf gegen den atomaren Wahnsinn zu bizarren Konstellationen aus konservativen Kulturkritikern, bekennenden Christen, Sozialisten und Pazifisten, aber eben auch alten Nazis, die darin ihren Anti-Amerikanismus zu rechtfertigen suchten. Noch auf andere Weise wurde die Technik-Diskussion internationalisiert: durch die – z.T. verspätete – Rezeption ausländischer Arbeiten. Das war vor allem die großangelegte Studie von Sigfried Giedion, *Mechanization Takes Command* (1948), sowie Lewis Mumfords *Technics and Civilization* (1934), später dann noch *The Myth of the Machine* (1966). Wohingegen eine intensivere Rezeption von Charles Percy Snows Thesen von den *Two Cultures* (1955) erst mit der zweiten Auflage 1963 einsetzte, in

---

4 Zitiert nach Orland, Barbara: Der Zwiespalt zwischen Politik und Technik – Ein kulturelles Phänomen in der Vergangenheitsbewältigung Albert Speers und seiner Rezipienten. In: *Technische Intelligenz und „Kulturfaktor Technik". Kulturvorstellungen von Technikern und Ingenieuren zwischen Kaiserreich und früher Bundesrepublik Deutschland.* Hg. von Burkhard Dietz, Michael Fessner und Helmut Maier. Münster 1996, S. 269–297, hier S. 295.

der er die Physik durch Molekularbiologie und Neurophysiologie als Leitwissenschaften ersetzt hatte.⁵ Eine explizite Diskussion kam sogar erst mit der deutschen Übersetzung von 1967 in Gang.⁶

In der SBZ und dann DDR hingegen galt eine schlichte Formel: Unsere sozialistische Technik ist gut, die kapitalistische des Westens böse. Grundsätzliche Technikskepsis, gar -verwerfung, war undenkbar: Man hatte dem sowjetischen Muster zu folgen, die Lücken der industriellen Reparations-Demontagen zu schließen und musste in der Konkurrenz der Systeme auf forcierte Schwerindustrialisierung setzen. Die fand – flankiert von Bodenreform, Enteignung von Großbetrieben und Konzernen – im Rahmen der 1948 eingeführten Planwirtschaft statt. Es ist hier nicht der Ort, die real existierenden Probleme der planwirtschaftlichen Schwerindustrialisierung darzustellen, hingewiesen sei lediglich darauf, dass spätestens Anfang der fünfziger Jahre es nicht einfach mehr um technologischen Fortschrittsoptimismus ging, „sondern konkret um die Übernahme der sowjetischen Technik, deren Überlegenheit unantastbar war".⁷ So zeigten sich schnell die unheilvollen Auswirkungen der sowjetrussischen Doktrin vom Aufbau des Sozialismus in einem Lande, die Irrwege einer ‚sowjetischen Wissenschaft' in der Ablehnung westlicher Modelle, das institutionalisierte Misstrauen einer überbordenden Bürokratie mit ihrer Geheimhaltungs- und Verratsparanoia. Von Fehlplanungen und Effizienzproblemen ganz zu schweigen. Gerade weil SBZ und frühe DDR von der Sowjetunion als Vasall betrachtet wurden, musste das System der personalisierten Hochleistung von ‚Helden der Arbeit' übernommen werden, das in der stalinistischen Sowjetunion nicht zuletzt aus Misstrauen gegenüber den Ingenieurs- und Technikerschichten eingeführt worden war. So kam es zu jenen absurd anmutenden, unzähligen Verpflichtungen, wie etwa die Maschinenpflege nach dem Verfahren Nina Nasarovas, die Beschleunigung des Wagenumlaufs nach Mamedov, die Lokpflege nach Lunin zu betreiben ebenso, wie den Širov-Bohrer, die Kolessov-Schneide oder den Kusovkin-Meißel anzuwenden.⁸ Einher damit ging der Kult der Arbeitshelden wie Hans Garbe oder Adolf

---

5 Vgl. dazu Hagner, Michael: Vom Aufstieg und Fall der Kybernetik als Universalwissenschaft. In: *Die Transformation des Humanen. Beiträge zur Kulturgeschichte der Kybernetik.* Hg. von Michael Hagner und Erich Hörl. Frankfurt am Main 2008, S. 38–71, hier S. 44.
6 Vgl. die Beiträge in: *Die zwei Kulturen. Literarische und naturwissenschaftliche Intelligenz. C. P. Snows These in der Diskussion (1969).* Hg. von Helmut Kreuzer. München 1987.
7 Hartmann, Anneli; Eggeling, Wolfram: „Das zweitrangige Deutschland" – Folgen des sowjetischen Technik- und Wissenschaftsmonopols für die SBZ und die frühe DDR. In: *Der Technikdiskurs in der Hitler-Stalin-Ära.* Hg. von Wolfgang Emmerich und Carl Wege. Stuttgart, Weimar 1995, S. 189–202, hier S. 196.
8 Vgl. dazu ebd. S. 199.

Hennecke in Presse, Rundfunk, Literatur, Film und Wochenschau. Nicht nur der einzelne Held der Arbeit wird gefeiert, sondern der – sozialistische – Mensch schlechthin wird als Gigant visioniert, der Maschine und Natur gleichermaßen unterwirft, und wenn eines Tages dabei die Erde vernutzt werden sollte, so fabelt etwa eine Figur bei Karl-Heinz Jakobs 1961, werden wir „den lächerlichen Erdball aus seiner Bahn sprengen und uns ein andres Sonnensystem suchen. [...] In den nächsten zwanzig Jahren werden wir lernen, Kernfusionen zu bauen."[9]

Kennzeichnend ist die Utopie totaler Machbarkeit. Das betraf nicht nur eine gigantisch vorgestellte Schwerindustrie, sondern auch die Machbarkeit des ‚neuen Menschen', der die sozialistische und kommunistische Zukunft gestalten und garantieren sollte. Heiner Müller hat das in seinem Produktionsstück *Der Bau* (1963/64) auf den Punkt gebracht: „Fleisch wird Beton."[10] Das Konzept moderner kapitalistischer und sozialistischer Arbeitswissenschaft seit den zwanziger Jahren, des Taylorismus und seiner sowjetischen Varianten kommt hier zum Tragen: die Selbstmaschinisierung des Menschen. Literarisch codiert wird das im Aufbau- als Baustellen-Roman. Handlungsort ist die schwerindustrielle Baustelle, jeweils arrondiert durch Wohnbaracken, Konsum und nahegelegener Stadt, jenseits des Horizonts die Verlockung des bösen Westens. Handlungszeit ist die beschleunigte Gegenwart, in die die Zeittakte der Renitenten, Hinhaltenden und Zurückgebliebenen am Ende mit denen der Avantgarden der ‚neuen Zeit' zu synchronisieren sind. Nach sowjetischem, vor allem aber aus dem ‚Dritten Reich' bekanntem Modell,[11] kommen Menschen verschiedenster Herkünfte, Hintergründe und Altersgruppen am Ort der Baustelle zusammen und bilden – nach obligaten Interessens- und Zielkonflikten – schließlich eine neue Gemeinschaft.[12] Im Zentrum steht allemal die Selbstüberwindung zur Höchstleistung, die wiederum zum Maß neuerlicher Überbietungsforderungen werden wird. Exemplarisch können die literarischen und dramatischen Bearbeitungsversuche zu Hans Garbe gelten, der als Maurer beim Ringofenbau im Ost-Berliner VEB „Roter Oktober", dem ehemaligen Siemens-Plania-Werk, die Norm um ein Vielfaches erfüllt hatte, weil er im Inneren des weiter brennenden Ofens arbeitete. Bei Bertolt Brecht heißt er in den gleichnamigen Fragmenten Büsching, bei Heiner Müller später Balke, Eduard Claudius nennt ihn in seinem Roman *Menschen an unserer*

---

9 Jakobs, Karl-Heinz: *Beschreibung eines Sommers*. Berlin 1980, S. 79 (Erstausgabe: Berlin 1961).
10 Müller, Heiner: Der Bau (1963/64). In: Ders.: *Geschichten aus der Produktion 1*. Berlin 1974, S. 118.
11 Vgl. dazu Graeb-Könneker, Sebastian: *Autochthone Modernität. Eine Untersuchung der vom Nationalsozialismus geförderten Literatur*. Opladen 1996.
12 Vgl. Silberman, Marc: Spuren der Zeitgeschichte in Zukunftsphantasien früher DDR-Gegenwartsromane. In: *Keiner kommt davon. Zeitgeschichte in der Literatur nach 1945*. Hg. von Erhard Schütz und Wolfgang Hardtwig. Göttingen 2008, S. 35–46.

Seite (1951) Hans Aehre. Claudius' Roman handelt davon, wie Aehre mit neuen Arbeitsmethoden und Materialien gegen den Widerstand fast aller seine Rekordleistung vollbringt. Ein Held, der sich für die Technikliebe entscheidet und dabei auch die Liebestechnik zu beherrschen lernt.[13] Man ahnt es schon auf den ersten Seiten, wenn seine Frau Katrin so beschrieben wird: „[...] gut in den Dreißigern, fest und kräftig gewachsen, mit einem drallen, gesundfarbenen Apfelgesicht, in das man Lust hatte, hineinzubeißen". Darf Aehre aber nicht, denn er muss ja seine ganze Kraft auf den Ringofen konzentrieren. Selbst im Bett geht es um den Ringofen. Ohnehin schläft Hans allermeist am Arbeitsplatz. Endlich kommen Hans und Katrin auch in der Fabrik wieder zusammen, doch die Priorität bleibt beim Werk: „Wer einmal Ringofenluft geschmeckt [...], der konnte sie nie mehr lassen, war ihr auf immer verfallen."[14]

Nicht nur solche phantasmatischen Überhöhungen – wenn man die objektiven Schwierigkeiten dabei bedenkt – beachtlicher Industrialisierungsleistungen sind für die unbedingte Erwartung technologisch geprägter Zukunft symptomatisch, sondern mindestens ein reales Ereignis hat entscheidend den Technikoptimismus der DDR geprägt: die erfolgreiche Aussetzung des russischen *Sputnik* im Erdorbit am 4. Oktober 1957. Raketentechnologie und Kybernetik bilden folgend nicht nur die Basis eines sozialistischen Futurs, sondern auch einschlägiger Literaturproduktion, so vor allem einer spezifischen Zukunftsliteratur, die jedoch erst richtig in den sechziger Jahren einsetzte – etwa mit den Romanen von Carlos Rasch.

Das Pendant einer solch technikoptimistischen Literatur findet man im Westen am ehesten in sogenannten Tatsachenromanen und erzählenden Sachbüchern. Die stammten allermeist von Autoren, die Ähnliches schon vor 1945 geschrieben hatten oder deren Bücher aus der Zeit des ‚Dritten Reichs' gar, entsprechend überarbeitet, wiederaufgelegt wurden, Bücher über Industriezweige, Rohstoffe, naturwissenschaftliche Entdeckungen und technische Erfindungen. So etwa Aloys Schenzingers *Atom* (1950), Anton Zischkas *Lebendiges Europa* (1957) und *Vom Tretrad zur Atomenergie* (1958), Heinrich Hausers *Unser Schicksal. Die deutsche Industrie* (1952) oder Horst Mönnichs *Die Autostadt* (1951). Während im Unterhaltungsfilm Technik in der Regel als Verkehrs- und Komforttechnik auftauchte, später auch als Kriegstechnik, in Gestalt von Flugzeugen zumal (*Der Stern von Afrika*, 1957), ist die sich als künstlerisch ambitioniert verstehende Literatur auf fundamentale, ja: fundamentalistische Technikkritik ausgerichtet, explizit wie bei Stefan Andres oder Hermann Kasack, nahezu unisono implizit

---

13 Vgl. Bogdal, Klaus-Michael: Technikliebe-Liebestechnik. Die „Produktivkraft Mensch" in der DDR-Literatur. In: *Literatur für Leser*, 21 (1998) 2, S. 189–206.
14 Claudius, Eduard: *Menschen an unserer Seite*. Berlin 1952, S. 10, 335f. (Erstausgabe: Berlin 1951).

wie etwa bei Heinrich Böll, Gerd Gaiser, Ernst Kreuder, Wolfgang Koeppen oder Arno Schmidt – mal als verdammende Beschwörungen des vergangenen, mal als apokalyptische Visionen eines zukünftigen Krieges, mal als Medien-, mal als Konsumkritik, oft alles zusammen.

Als darin besonders herausgehoben wahrgenommen wird der 1957 erschienene Roman des Schweizers Max Frisch mit dem sprechenden Titel *Homo faber*. Er gilt bis heute als *das* Schul-Exempel der Kritik am technisch-instrumentell denkenden, vermeintlich völlig rationalen Menschen schlechthin. Es ist die Geschichte des Technikers Faber, der von sich sagt: „Ich glaube nicht an Fügung und Schicksal, als Techniker bin ich gewohnt mit den Formeln der Wahrscheinlichkeit zu rechnen."[15] Darin räsoniert Faber u.a. über Kybernetik, speziell über Norbert Wieners Buch *Cybernetics* (1948), mit dem Ergebnis, dass der Computer („Roboter") die Zukunft errechne, „er spekuliert nicht und träumt nicht, sondern wird von seinen eigenen Ergebnissen gesteuert (feed back) und kann sich nicht irren, der Roboter braucht keine Ahnungen".[16] Das sagt Faber freilich zu einer Frau, die im Verlauf der Geschichte als seine Tochter und damit sein Liebesverhältnis zu ihr sich als Inzest herausstellen wird, mithin als schicksalhaftes, sozial tabuisiertes Pendant des *feed back*.

Gegen die Vorstellung völliger Berechenbarkeit insistiert Frisch auf Schicksal, Ahnung und Fügung, auf dem Unwäg- und Unvorhersehbaren, das bei ihm – wenig originell – durch das Weibliche repräsentiert wird. Damit liefert er zugleich eine Apologie der eigenen Arbeit, der Literatur, die das Unkalkulierbare, Ort des Abweichenden, des Besonderen, kurz, Exempel des Individuellen schlechthin sein soll. In der Anlage des Romans, der sich mit Zufall und Kontingenz auseinandersetzt, spielen Kontingenz und Zufall freilich keinerlei Rolle: Er ist äußerst durchkonstruiert, thetisch kalkuliert und penetrant didaktisch angelegt. Insbesondere das penetrant Deklaratorische von Fabers Äußerungen wirkt völlig übersteuert, seine Aussetzung in die Kontingenz des Lebens durch und durch konstruiert. Von hier aus erscheint die Annahme von Schicksal bloß als eine andere Rationalisierung des Zufälligen. Frisch, der später von seinem Ingenieur Walter Faber sagte, er sei „Produkt einer technischen Leistungsgesellschaft" und müsse folglich ein „versäumtes Leben" bilanzieren,[17] wurde 1958 von einem Rezensenten in der Zeitschrift des *Verbandes Deutscher Ingenieure* (VDI) nachdrücklich darauf gestoßen, wie tatsächliche Ingenieure gesehen zu werden wünschten. Der

---

15 Frisch, Max: *Homo faber*. Frankfurt am Main 1967, S. 25 (Erstausgabe: Frankfurt am Main 1957).
16 Ebd., S. 91f.
17 Max Frisch. In: *Jugend fragt – Prominente antworten*. Hg. von Rudolf Ossowski. Berlin 1975, S. 121f.

Dichter habe den „technisch handelnden Menschen" gefälligst als wahrhaft „schöpferischen Menschen" darzustellen.[18]

Was sich in den Positionen des die technische Ingenieursrationalität kritisierenden Schriftstellers und des den Dichter kritisierenden Ingenieurs konfrontierte, bestimmt nahezu die gesamte theoretisierende, philosophische oder programmatische Diskussion. Auch hier sind die Übergänge zur Zeit vor 1945 fließend – dies nicht zuletzt, um faktisch oder intendiert das Exzeptionelle der NS-Zeit in der überwölbenden Konstruktion eines ‚technischen Zeitalters' zu verwischen. Diese Formel, meist in Koexistenz oder Kooperation mit Vorstellungen von der – kommun – Massen- oder Konsumgesellschaft und insbesondere der ‚verwalteten Welt', so etwa bei Arnold Gehlen, Theodor W. Adorno oder Karl Korn (*Sprache in der verwalteten Welt*, 1959), wurde bald so ubiquitär, dass sie als Passepartout für alles und jedes erschien.

Symptomatisch dafür kann stehen, wie der *Hermann Luchterhand Verlag* 1956 das Erscheinen von David Riesmans *Die einsame Masse* (*The Lonely Crowd*, 1950) annoncierte, wobei man freilich den tatsächlichen Inhalt des Buchs kaum wiedererkennt: „Eine industrielle Revolution unabsehbarer Ausmaße und Folgen bahnt sich an: die Technik setzt durch eine totale Automatisierung und elektronische Lenkung des Arbeitsprozesses Heere von Arbeitern und Angestellten frei. Riesman gibt eine erregende Diagnose des in den USA und Rußland weit fortgeschrittenen Vorganges. Abseits aller optimistischen Prophezeiungen und düsteren Prognosen zeigt diese sachliche Darstellung das Schicksal des Menschen: einsame Masse oder – mit der Perfektion der Technik – eine Umwertung des menschlichen Daseins?"

Ebenso wie Ludwig Erhards ‚Soziale Marktwirtschaft' waren Arnold Gehlens Anthropologie, Max Benses Kybernetik, Martin Heideggers Technikkritik oder Giselher Wirsings Technokratie-Theoreme Aus- und Umarbeitungen von zuvor im ‚Dritten Reich' entwickelten Ansätzen und Positionen.

Die Sichtweise einer „Verdüsterung der Welt" durch die Technik hatte sich bereits in Heideggers Vorlesung zur *Einführung in die Metaphysik* 1935 angekündigt, wo er das geradezu kanonisch werdende Modell des zwangsweise zwischen Sowjetunion und USA auf den Weg des technischen Nihilismus getriebenen Reichs entwickelte: „Rußland und Amerika sind beide, metaphysisch gesehen, dasselbe: dieselbe trostlose Raserei der entfesselten Technik".[19] Aus der Perspek-

---

18 Böhm, H.: Was wir von einem Dichter erwarten ... In: *VDI-Nachrichten*, 30. 8. 1958, S. 5.
19 Heidegger, Martin: *Einführung in die Metaphysik*. Tübingen 1953, S. 28. Vgl. hierzu und zum Folgenden Wege, Carl: *Buchstabe und Maschine. Beschreibung einer Allianz*. Frankfurt am Main 2000, S. 23 ff.; vor allem Segeberg, Harro: *Literatur im Medienzeitalter. Literatur, Technik und Medien seit 1914*. Darmstadt 2003, S. 152 ff., 236 ff.

tive eines „authentischen" Nationalsozialismus heraus bedauert Heidegger, wie der „realexistierende" Nationalsozialismus, so Rüdiger Safranski[20], durch die kompetitive Technisierung auf den Weg des Nihilismus getrieben wird. Für ihn vollendet sich mit der modernen Kraftmaschinentechnik der Nihilismus als nun nicht bloß irgend Lehre oder weltanschauliche Position, sondern als eine „Grundbewegung der Geschichte des Abendlandes"[21] – bestimmt von „Seinsvergessenheit" und „Ziellosigkeit". Die „Machenschaft" der modernen Technik, wird er später notieren, führt zur „Entzauberung des Seienden".[22] Kulminierend in seinem wirkungsvollsten Text, *Die Frage nach der Technik* (1954), verlagerte Heidegger die Wende zur Entwicklung der in der Gegenwart auf dem Punkt ihrer höchsten Fatalität angekommenen Technik bereits in den Übergang von den Vorsokratikern zur griechischen Hochklassik. Hier soll einsetzen, was sich nach und nach radikalisiert, die Entfernung der ‚techné' von ihrem ursprünglichen, der ‚poeiesis' nahen, Verständnis als Hervor-Bringung eines in der Natur Verborgenen, bis sie eben nicht mehr damit sich begnügt, sondern die Natur gewissermaßen mit Gewalt zur energetischen Ressource einer sich autonomisierenden technischen Welt des „Gestells" (oder „Ge-stells") zu machen. Plastisch formuliert: „Die Natur wird zu einer einzigen riesenhaften Tankstelle, zur Energiequelle für die moderne Technik und Industrie."[23] Damit kommt nicht nur jener seinerzeit „zum Mode- bis Unwort"[24] gewordene Begriff auf, sondern von hier aus wird auch die dezidierte Position deutlich, dass das Wesen des Technischen selbst nichts Technisches sei. Aus dieser Perspektive werden zum einen die Phänomene ubiquitär, zum anderen erscheint nurmehr die Rückbesinnung auf Kunst als Remedur. „Der Forstwart, der im Wald das geschlagene Holz vermisst und dem Anschein nach wie sein Großvater in der gleichen Weise dieselben Waldwege begeht, ist heute von der Holzverwertungsindustrie bestellt, ob er es weiß oder nicht. Er ist in die Bestellbarkeit von Zellulose bestellt, die ihrerseits durch den Bedarf an Papier herausgefordert ist, das den Zeitungen und illustrierten Blättern zugesellt wird. Diese aber stellen die öffentliche Meinung daraufhin, das Ge-

---

20 Safranski, Rüdiger: *Ein Meister aus Deutschland. Heidegger und seine Zeit*. Frankfurt am Main 1997, S. 326.
21 Heidegger, Martin: Nietzsche. Der europäische Nihilismus (1940). In: *Martin Heidegger: Gesamtausgabe. Bd. 48*. Frankfurt am Main 1986, S. 12f. Vgl. dazu auch Vietta, Silvio: *Heideggers Kritik am Nationalsozialismus und an der Technik*. Tübingen 1989.
22 Heidegger, Martin: *Beiträge zur Philosophie (Vom Ereignis)*. Frankfurt am Main 1994, Notiz Nr. 50, S. 107 (Erstausgabe: Frankfurt am Main 1989).
23 Ders.: *Gelassenheit*. Pfullingen 1959, S. 20.
24 Segeberg: *Literatur im Medienzeitalter*. 2003, S. 237.

druckte zu verschlingen, um für eine bestellte Meinungsherrichtung bestellbar zu werden."²⁵

Problematisch sind daran die Entdifferenzierungen des Nichts-anderes-Als, die in einer totalisierten Gesamtschuld in der Enthierarchisierung von Schuld faktisch eine Entschuldung darstellen: „Ackerbau ist jetzt motorisierte Ernährungsindustrie, im Wesen das Selbe wie die Fabrikation von Leichen in Gaskammern und Vernichtungslagern, das Selbe wie die Blockade und Aushungerung von Ländern, das Selbe wie die Fabrikation von Wasserstoffbomben."²⁶ Dazu fügte sich dann in der Realisierung für die „bestellte Meinungsherrichtung" von christlich-konservativer Publizistik, Akademie-, Schul- und Hochschulwesen bestens der quietistisch-dünkelhafte Rückzug auf Kunst, der diese zwar in ihrer Bedeutung höchst legitimierte, zugleich aber das Feld der Technik als ‚Außen' den ‚Anderen' überließ: „Weil das Wesen der Technik nichts Technisches ist, darum muß die wesentliche Besinnung auf Technik und die entscheidende Auseinandersetzung mit ihr in einem Bereich geschehen, der einerseits mit dem Wesen der Technik verwandt und andererseits von ihm doch grundverschieden ist. Ein solcher Bereich ist die Kunst."²⁷

Breitenwirksamer als die Position Heideggers war die ihm ähnliche von Friedrich Georg Jünger. So wie Heidegger seinerzeit in der kritischen Auseinandersetzung mit Ernst Jüngers Programmschrift *Der Arbeiter* (1932) und ihren Formeln von der „organischen Konstruktion", „Werkstättenlandschaft" und vor allem „totalen Mobilmachung" seinen fundamentalistischen Nationalsozialismus gegenüber dessen technokratischer Transformation und Selbstaufgabe entwickelt hatte, so hatte auch Friedrich Georg Jünger sich mit den Positionen des Bruders kritisch auseinandergesetzt, wobei es ihm – angesichts der weiteren Entwicklung des NS-Staates – gelang, jenen auf seine Seite zu ziehen. Ursprünglich 1939 als *Illusionen der Technik* verfasst, aber von der Publikation zurückgestellt, war der Neusatz *Über die Perfektion der Technik* 1944 nun durch die Folgen von Kriegstechnik, durch einen Bombenangriff, vernichtet worden. So erschien der Text erst 1946 unter dem Titel *Perfektion der Technik*. Was Stefan Breuer wertete als „Buch von geradezu bestürzender Weitsicht, das die moderne Ökologiedebatte vorweggenommen hat",²⁸ fand, nicht zuletzt befördert durch die Autorität der *Bayeri-*

---

25 Heidegger, Martin: Die Frage nach der Technik. In: Ders.: *Vorträge und Aufsätze*. Pfullingen 1954, S. 13–44, hier S. 25 f.
26 Ders.: Das Gestell (1949). In: *Martin Heidegger: Bremer und Freiburger Vorträge*. Frankfurt am Main 1994, S. 24–45, hier S. 27.
27 Ders.: Die Frage nach der Technik. In: Ders.: *Vorträge und Aufsätze*. 1954, hier S. 24 f., 43.
28 Breuer, Stefan: *Die Gesellschaft des Verschwindens. Von der Selbstzerstörung der technischen Zivilisation*. Hamburg 1992, S. 103.

schen Akademie der Schönen Künste, schnell zu breiter öffentlichen Wirkung in Rundfunkvorträgen, Podiums- und Feuilletondiskussionen. Friedrich Georg übernahm hier die Grundfigurationen aus dem Essay seines Bruders, kehrte aber das Vorzeichen um: Er sieht die Technik auf einem Stand der Perfektionierung, an dem das Denken, das sie hervorgebracht hat, an seine Grenzen stößt, die Widerstände des in der Technik Unterdrückten ebenso exponentiell wachsen wie die Verzehrung seiner Ressourcen.[29] Sie ist das „Maximum an Indifferenz"[30]. Schon von daher neige man in „Ländern mit einer hochorganisierten Technik" – hier wird auf die USA und die UdSSR angespielt, aber auch das ‚Dritte Reich' mitgedacht – zu oppressiver „Spannung und Wachsamkeit".[31] Damit sind Pauperisierung und Massenbildung als angeblich zwangsläufige Korrelate des technischen Prozesses ausgemacht und es wird schließlich am Ende die Frage, wie man einen Dritten Weltkrieg verhindern wolle, pessimistisch beschieden, weil es keine bestehende Großmacht gebe, die dies allein könne, eine „Weltorganisation" aber nur die Monopolisierung und Totalisierung der Willkürherrschaft auf den Gipfelpunkt bringe. „Der Mensch meistert die mechanische Gesetzlichkeit nicht mehr, die er selbst in Gang gebracht hat. Diese Gesetzlichkeit meistert ihn."[32]

Eine vergleichbare Position findet man in Alfred Webers viel beachtetem Buch *Der dritte oder vierte Mensch* (1953), worin er nach Neandertaler und primitivem Menschen den in der jüngsten Geschichte entstandenen Menschen nun im Kampf mit dem – von ihm geschaffenen – Roboter, dem vierten Typus, sieht, der zur bürokratischen Terrormaschine zu werden drohe.

Von solchen radikal technik- und implizit demokratiekritischen Positionen schienen sich auf den ersten Blick die der Exilierten kaum zu unterscheiden. In Theodor W. Adornos und Max Horkheimers 1944 geschriebener und 1947 publizierter *Dialektik der Aufklärung* wie in Horkheimers Arbeiten zur „instrumentellen Vernunft" ist jedoch die Generalisierung der Kritik zwar mindestens ebenso radikal, aber sie zielt gerade nicht auf eine Remetaphysizierung, sondern auf kritische Überwindung des Umschlags instrumenteller Vernunft in – zudem schlechte – Metaphysik. Das schlägt sich denn auch in einer Auffassung von adä-

---

29 Vgl. dazu grundlegend Morat, Daniel: *Von der Tat zur Gelassenheit. Konservatives denken bei Martin Heidegger, Ernst Jünger und Friedrich Georg Jünger 1920–1960*. Göttingen 2007; ders.: Friedrich Georg Jünger und die kulturkonservative Öffentlichkeit der Nachkriegszeit. In: *Solitäre und Netzwerker. Akteure des kulturpolitischen Konservatismus nach 1945 in den Westzonen Deutschlands*. Hg. von Erhard Schütz und Peter Uwe Hohendahl. Essen 2009, S. 105–119.
30 Breuer: *Gesellschaft des Verschwindens*. 1992, S. 123.
31 Jünger, Friedrich Georg: *Die Perfektion der Technik*. Frankfurt am Main 1949, S. 145 (Erstausgabe: Frankfurt am Main 1946).
32 Ebd., S. 232.

quater Kunst nieder, der für Adorno damals etwa Paul Valéry oder Samuel Beckett oder auch der – heute als Künstler wie Theoretiker weithin vergessene – Hans G. Helms entsprechen.

Am ehesten vergleichbar ist die Position von Günther Anders in *Die Antiquiertheit des Menschen* (1956), die aber ihre nachhaltige Wirkung erst viel später hatte. Denn auch er geht davon aus, dass die moderne Technik nicht mehr ein – so oder so einsetzbares – Mittel, sondern längst eine je schon getroffene Vorentscheidung über die menschliche Handlungswelt sei, in der den Menschen angesichts seines, gemessen an der Perfektion der Technik Imperfekten eine „prometheische Scham" ergreife. Anders radikalisiert seine Technikkritik zu einer umfassenden Kritik der Medien, die eine sekundäre Welt des „Phantoms" und der „Matrize" lieferten und den Konsumenten in ein „vulgäres double des Wissenschaftlers" verwandelten.[33]

Im Blick darauf ist es nicht ohne Ironie, dass Manfred Schröter, der 1934 eine *Philosophie der Technik* veröffentlich hatte, 1953 bei einer u.a. mit Romano Guardini, Werner Heisenberg, Martin Heidegger und Friedrich Georg Jünger prominent besetzten Tagung über *Die Künste im technischen Zeitalter* als „Vertreter einer technisch-wissenschaftlichen Disziplin" im Schlusswort alle zuvor geäußerte Grundsatzkritik auf eine kommode Menschheitlichkeits-Position zurückbog: „Alle tausendfach erörterten Mißstände, Übertreibungen, Fehlleistungen und Vergewaltigungen [...] könnten [...] zum Verschwinden kommen, wenn der Mensch es wirklich ernst wollte und dafür zu Opfer und Entsagung bereit wäre [...]. Gelänge es, diese, die Völker äußerlich verbindende Welttechnik, nach Überwindung aller ‚Kinderkrankheiten' [...] einer beruhigten Reife [...] zuzuführen, so würde sie gleichsam eine umgreifende und unterfangende, tragende Schale bilden, aus der [...] eine planetarische geistige Vollkultur organisch einst vielleicht erwachsen könnte."[34]

Auffällig ist, dass es insgesamt aber nicht Ingenieure und Naturwissenschaftler, sondern Soziologen waren, die die zur Finalisierung neigende philosophische Technikdiskussion in einen pragmatischen Handlungs- und Ordnungs-Horizont von Sozial- und Wirtschaftsdienlichkeit überführten. Gestützt auf Hans Freyer, einen „der häufig ausgebeuteten, aber wenig zitierten Autoren",[35] der selbst sich vom Technikoptimisten der Vorkriegs- zum Technikskeptiker der Nachkriegszeit

---

33 Anders, Günther: *Die Antiquiertheit des Menschen. Über die Seele im technischen Zeitalter der zweiten industriellen Revolution*. München 1956, S. 123.
34 Schröter, Manfred: Bilanz der Technik / Schlusswort. In: *Die Künste im technischen Zeitalter*. Hg. von der Bayerischen Akademie der Schönen Künste. Darmstadt 1956, S. 123–135, hier S. 133f.
35 Üner, Elfriede: Nachwort. In: Hans Freyer: *Herrschaft, Planung und Technik*. Weinheim 1987, S. 145.

gewandelt hatte, hat vor allem Arnold Gehlen einem Pragmatismus des Machbaren und des moderaten Fortschritts im Wirtschaftlichen und Technischen bei Beharrung im Künstlerisch-Kulturellen und Sozialen die Argumentationsmuster geliefert. Die Technik, ursprünglich als Organersatz, -verstärkung oder -entlastung entwickelt, sei inzwischen durch die fortschreitende, perfektionierte Objektivation als „Welt der Technik" selbst so etwas wie „der ‚große Mensch'" geworden, der ein Eigenleben führe, „geistreich und trickreich, lebenfördernd und lebenzerstörend wie er selbst, mit demselben gebrochenen Verhältnis zur urwüchsigen Natur. Sie ist, wie der Mensch, ‚nature artificielle'."[36] Das bestimmt die unterschiedlichen, gestuften Aspekte von Technik, die Gehlen unterscheidet. Nämlich einmal als Ergänzung, Überbietung (oder auch Absehung) von organischen Fähigkeiten, sodann als Institution, die Erfüllungslagen konzeptionalisierbar macht, und schließlich als Darstellung, indem sie für die menschliche Selbst- und Weltdarstellung zentral geworden ist. Derart kann Gehlen das Muster vom ‚Lebensgesetz' und inneren Zwang ‚des' Menschen fortschreiben, aber zugleich die von ihm zur Zeit des Nationalsozialismus noch bevorzugte Fundierung im ‚Ganzheitlichen' und ‚Organischen' aufgeben. Zugleich zeigt er einmal mehr die typisch kulturkritische Ambivalenz zwischen Verfalls- oder gar ‚Entartungs'-Klage und Provokation mit dem vermeintlich Unausweichlichen. So fasst er Intellektualismus und Abstraktivität einerseits, Primitivität andererseits als zwei unausweichliche Tendenzen der Moderne, als deren Antriebe er – marktkritisch – Profit und Sensation ausmacht, vor denen traditionales Bildungswissen und -verhalten unverbindlich und nichtig würden. Derart wird dem bildungsbürgerlichen Beharrungsvermögen geschmeichelt und gedroht zugleich, wie die Technik fakultativ entauratisiert und dämonisiert wird. Auf Freyer und Gehlen fundierte sich Helmut Schelsky, der wohl einflussreichste Soziologe der frühen Bundesrepublik. Auf Freyer bezog sich schließlich auch Gotthard Günther, dessen philosophischer Versuch einer Technikbegründung eher subkutan, dafür aber durchaus bis heute wirksam wurde. „Die Technik, die vom Menschen einst ahnungslos gewollte, erhebt jetzt ihre reißbrettkalten Forderungen. Sie antwortet dem Menschen nicht länger wie sein eigener Schatten, sondern wie ein Antwortender; sie ist *wirklich*"[37]: Was Gotthard Günther 1963 so plastisch formulierte, hatte er in Fortsetzung seiner Studien im amerikanischen Exil vor 1945 zu einer der ganz frühen

---

36 Gehlen, Arnold: *Die Seele im technischen Zeitalter. Sozialpsychologische Probleme in der industriellen Gesellschaft*. Hamburg 1957, S. 9. Vgl. dazu differenzierter Hacke, Jens: Konservatismus des Standhaltens. Arnold Gehlens Analyse der modernen Industriegesellschaft. In: *Solitäre und Netzwerker. Akteure des kulturpolitischen Konservatismus nach 1945 in den Westzonen Deutschlands*. Hg. von Erhard Schütz und Peter Uwe Hohendahl. S. 121–134.
37 Günther, Gotthard: *Das Bewußtsein der Maschinen*. Krefeld, Baden-Baden 1963, S. 137.

Auseinandersetzungen mit der Kybernetik ausgearbeitet. Das basale Thema des spekulativen Idealismus, die selbstreflexive Struktur des Wirklichen, zeige sich nun unabweisbar auch in der vom Menschen geschaffenen Welt des Technischen, eben in der Kybernetik, die damit zum Vehikel wie Beschleuniger der Selbstverwirklichung des objektiven Geistes wird. Günther lieferte eine sehr frühe emphatische Grundlegung der Kybernetik. Die Kybernetik erlaubte es, von der Kontingenzeliminierung durch Großplanung, wie sie die dreißiger und vierziger Jahre beherrscht hatte, zur Vision einer intern sich regelnden Kontingenzinklusion überzugehen. Als universell gedachtes Beschreibungs- und Regulationsverfahren bestimmte sie in den sechziger und siebziger Jahren prognostische Entwürfe in nahezu allen gesellschaftlichen Bereichen – vom Krankenhaus bis zur Erziehung, von der Landwirtschaft bis zur Kunst. Gerade in der DDR reüssierte sie zeitweilig als Suprastruktur des wissenschaftlichen Sozialismus.[38] Nur auf den ersten Blick, im Gegensatz zu seiner hochspekulativen Metaphysizierung der Technik, stehen Günthers Bemühungen um die Popularisierung amerikanischer Science-Fiction-Literatur (SF) im deutschen Sprachraum. In ihr sieht er nämlich zum einen den Beleg dafür, dass die USA sich aus der kolonisierenden Eingemeindung in die östliche Hemisphäre und deren „Epoche regionaler Kulturen" geistig emanzipiert habe, zum anderen sieht er die SF als wesentlichen Vorgriff auf eine nächste Hochkultur, „die erste ohne regionale Grenzen [...]: die Ära planetarischer Zivilisationen", indem sie nicht nur die technischen Möglichkeiten spekulativ vorstelle, sondern zugleich die „geistigen (moralischen) Perspektiven" darin aufzeige.[39] Es sei, schreibt er 1952 im Nachwort zur von ihm herausgegebenen SF-Anthologie *Überwindung von Raum und Zeit*, „die kategorische Pflicht des Bewußtseins, in sich die höchste Form des Erlebens zu realisieren, deren es überhaupt fähig ist."[40] Wiewohl er mit sicherem Gespür nachmalige Klassiker der SF wie Isaac Asimov, John W. Campbell jr., Clifford D. Simak oder A. E. van Vogt edierte, war *Rauchs Weltraum-Büchern* kein Erfolg beschieden; nach vier Bänden wurde die Reihe eingestellt.

Auf Kybernetik berief sich auch Max Bense, dessen technikphilosophische Schriften der Nachkriegsjahre, so etwa die Essay-Sammlung *Technische Existenz* (1949), zunächst sammelnde Zusammenfassungen seiner zahlreichen während der Kriegsjahre vor allem in der *Kölnischen Zeitung* veröffentlichten Artikel wa-

---

38 Vgl. dazu vor allem die Beiträge von Michael Hagner, Erich Hörl, Claus Pias und Christoph Asendorf in: Hagner; Hörl (Hg.): *Transformation des Humanen*. 2008.
39 Günther, Gotthard: *Die Entdeckung Amerikas und die Sache der Weltraum-Literatur (Science Fiction)*. Düsseldorf 1952, S. 24, 14, 16.
40 Ders.: Kommentar des Herausgebers. In: *Überwindung von Raum und Zeit. Phantastische Geschichten aus der Welt von morgen*. Düsseldorf 1952, S. 221–238, hier S. 232.

ren. Er ist einer der ersten, der auf die Tragweite von Norbert Wieners Schrift hinweist, und bereits 1951 liefert er eine Analyse des Computers ENIAC.[41] Bense erweist zunächst der obligaten Position Friedrich Georg Jüngers rhetorisch seine Reverenz, macht jedoch dann blitzschnell seinen Frieden mit der Unausweichlichkeit des technischen Dynamismus und der Irreversibilität des technischen Prozesses. „Natürlich hat die Technik nicht nur rationale, sondern auch ästhetische, ethische, religiöse, ökonomische, gesellschaftliche und politische Wurzeln. Eine Darstellung der Tradition der Technik wäre zugleich eine geistesgeschichtliche, soziologische, ökonomische, politische, ästhetische, ethische und religiöse Untersuchung."[42] Er definiert die wiederaufgenommenen Kampfbegriffe der Technikkritiker – Kultur, Kunst und Bildung – kurzerhand um, indem er sie unumkehrbar an Technik und Notwendigkeit gebunden behauptet. Damit hatte er großen Einfluss auf den zeitgenössischen Avantgardismus, so etwa als Programmatiker im Kontext der Entstehung der legendären *Hochschule für Gestaltung Ulm*, auf Spielarten des malerischen Abstraktionismus (Frieder Nake) oder des musikalischen Avantgardismus, vor allem aber auf experimentelle literarische Entwicklungen der ‚konkreten Poesie' oder Autoren wie Theo Lutz und Rul Gunzenhäuser, die dann den Avantgardismus der frühen sechziger Jahre prägten.

Unter stillschweigender Referenz auf diese Positionen hatte schließlich der Autor, Kritiker, Betriebsorganisator und Literaturwissenschaftler Walter Höllerer 1959 sein Konzept zur Gründung eines Instituts *Sprache im technischen Zeitalter* an der *Technischen Universität Berlin* vorgelegt, nicht ohne selbstbewusste Orientierung am legendären *Massachusetts Institute of Technology* (MIT) in Boston.[43] Die 1961 aus dem Projekt hervorgegangene, gleichnamige Zeitschrift zumindest existiert noch.

Was die weitere Perspektive angeht, kann man sich wohl dem Technikphilosophen Peter Fischer anschließen: „Seit den 60er und 70er Jahren erschien eine ungeheure Fülle Literatur zum Thema. Auch setzte eine gewisse Spaltung in Teilgebiete ein: Technikphilosophie im engeren Sinne, Technikfolgenabschätzung, Technikethik, Ökologieethik, Medizinethik [...], Philosophie der neuen Medien und [...] Forschungen zur künstlichen Intelligenz."[44]

---

41 Bense, Max: Kybernetik oder Die Metatechnik einer Maschine. In: *Merkur*, 5 (1951) 3, S. 205–218.
42 Ders.: Technische Existenz. In: Ders.: *Technische Existenz. Essays*. Stuttgart 1949, S. 191–231, hier S. 205.
43 Vgl. Höllerer, Walter: Memorandum zur Gründung eines Instituts „Sprache im technischen Zeitalter". In: *Berliner Hefte zur Geschichte des literarischen Lebens*, 8 (2008): Das literarische Jahr 1959, S. 103–109.
44 Fischer, Peter: Zur Genealogie der Technikphilosophie. In: *Technikphilosophie. Von der Antike bis zur Gegenwart*. Hg. von Peter Fischer. Leipzig 1996, S. 255–335, hier S. 334f.

Hermann Kasack: Die Stadt hinter dem Strom. Roman

Erstausgabe: Berlin, Suhrkamp Verlag 1947

Seit W. G. Sebalds *Luftkrieg und Literatur* (1999) stoßen auch die literarischen Werke des sogenannten magischen Realismus aus der Nachkriegszeit wieder auf größeres Interesse. So auch der 1947 bei *Suhrkamp* veröffentlichte Roman *Die Stadt hinter dem Strom* von Hermann Kasack (1896–1966). Sebald war in seiner Analyse von Kasacks Œuvre, aber auch → Hans Erich Nossacks *Nekyia. Bericht eines Überlebenden* (1947) zu dem Schluss gelangt, dass beide die Schrecken der Zerstörung deutscher Städte durch die Kultivierung einer Geheimsprache oder durch „philosophische Überhöhung und falsche Transzendenz" in bedenklicher Weise thematisiert hätten. Mythisierung und kunstfertige Irrationalisierung markieren für Sebald illegitime Hilfskonstruktionen, mit denen etwa Kasack einer überfordernden Wirklichkeit beizukommen versuchte. Der Luftkrieg ist hier, meint Sebald, nur insofern relevant, als er die Bedingungen der Erhabenheit erfüllt. Schon 1961 hatte Stefanie de Winter in einer Untersuchung zu Kasacks *Die Stadt hinter dem Strom* indes auf einen ganz anderen zentralen Aspekt verwiesen – das Entfremdungsproblem. Worte wie Taten sind bei Kasack, wie de Winter schreibt, Gleichnis einer unheimlichen Welt der Technik, der Bürokratie und Kollektivität, „in der sich der Einzelne an die wenigen Gegenstände und Tätigkeiten klammert, die ihm noch ein Schein des Eigen-Daseins vorspiegeln".

Tatsächlich bildet *Die Stadt hinter dem Strom* zusammen mit Kasacks Erzählung *Der Webstuhl* (1949) und dem Roman *Das große Netz* (1952) ein Triptychon, deren gemeinsamer Nenner „die gewaltsame Zerstörung einer hoch entwickelten Lebensform" ist, so Martin Anderle. Die sakrale und magische Atmosphäre und die Auseinandersetzung mit dem Problem des herrschenden Leistungsprinzips zeigen dabei zwar eine Verwandtschaft mit Ernst Jüngers Poetik und insbesondere mit dessen → *Heliopolis* (1949). Nun hat Kasack seinen Roman in der Rohfassung eigenen Angaben zufolge aber bereits zwischen 1942 und 1944 verfasst. In seiner am 29. November 1947 in der *Welt* veröffentlichten *Selbstkritik* nennt er seine Visionen eines zerstörten Berlins denn auch „vorweggenommene Wirklichkeit". Und weist übrigens an dieser Stelle ausdrücklich Versuche zurück, seinen Roman als okkultistisches Buch zu interpretieren: „Es hat nichts mit Vorstellungen von einem Leben im Jenseits zu tun. Eher könnte es als ein Gericht über das Diesseits aufgefaßt werden."

Fakt ist, dass *Die Stadt hinter dem Strom* in einer Linie mit den großen Hades-Darstellungen steht – von Dantes *Göttlicher Komödie* bis zu Hermann Brochs *Der Tod des Vergil* (1945). Dabei bedient sich der Roman sowohl der stilistischen Mittel des Surrealismus und des Expressionismus, wie auch einiger Motive der Romantik. Die Darstellung einer seltsamen Art pädagogischer Provinz steht zugleich in der Tradition von Goethes Bildungsromanen. Viele ähnliche Motive dieser Roman-Regie sind auch in → Hermann Hesses *Glasperlenspiel* (1943/1946) zu finden, etwa die Verbindung der Erziehungslehre mit der östlichen Weisheit im Bild einer utopischen geistigen Ordnung. Und schließlich sind da noch die Anklänge an Fritz Langs *Metropolis* (1927), die mechanisierte Unterwelt, die gewaltigen Architekturen der unterirdischen Stadt. Verschiedene Kulturen und Zeitalter finden sich hier wie dort in einer unheimlichen und grotesken Mischung. Alles zielt auf die Entfremdung des Subjekts und seinen Abschied von allem, was an ein früheres Leben erinnern könnte. In der Darstellung des Hässlichen und Gewalttätigen, Naturfeindlichen und dabei Visionären sind beide Werke, *Metropolis* wie Kasacks Roman, durchaus anschließbar an → Adornos Kritik der modernen Industriearchitekturen in der posthum veröffentlichten *Ästhetischen Theorie* (1970): „Unversöhnt sind die gesetzten Zwecke mit dem was Natur, wie sehr auch vermittelt, von sich aus sagen will. In der Technik ist Gewalt über Natur nicht durch Darstellung reflektiert, sondern tritt unmittelbar in den Blick."

Doch zur Handlung von *Die Stadt hinter dem Strom*. Im Zentrum steht die Figur des Orientalisten Dr. Robert Lindhoff, der vom Präfekten seiner Stadt den Auftrag erhalten hat, die Aktivitäten in der parallelen Welt der Stadt hinter dem Strom zu protokollieren und überhaupt dem Schicksal der dortigen Bewohner nachzugehen. Gerade in Bezug auf die Arbeitsbedingungen und das Leben in dieser hierarchisch kontrollierten Dimension findet man die originellsten Einfälle des Autors, der keine Gelegenheit auslässt, Absurdes und Paradoxes auszustellen: Das unnütze Aufbewahren verbrauchter Objekte, die zwangsbestimmte Pflege von Sachen und des eigenen Körpers deuten auf die neurotischen Effekte in einer sinnentleerten Welt. Auch die Existenz von Gegenfabriken, die das mühselige Werk der Arbeiter zerstören, indem sie farbige Steine zermahlen, damit diese erneut produziert werden können, stellt das Industriesystem als *Circulus vitiosus* dar.

Lindhoff weiß dabei zumindest eine Zeit lang noch nicht einmal, dass er sich in einem Totenreich befindet. Und so lösen die Begegnungen mit seinem doch verstorben gewähnten Vater oder seiner ebenso tot geglaubten ehemaligen Geliebten denn auch Befremden aus. Die leeren Seiten des Buches füllen sich zugleich wie von allein mit Roberts Notizen, obwohl er ursprünglich von seiner Fehlbesetzung als Archivar überzeugt gewesen war, da er seine Beobachtungen in einem permanenten Desorientierungszustand gesammelt hatte.

Von der Kritik wurde Kasack unter anderem vorgeworfen, dass er den Todesgedanken so weit durchspiele, dass der am Ende aus der Geisterstadt in seine Welt zurückgekehrte Archivar nun für diese Stadt, die einst seinen Lebensmittelpunkt bildete, keine Liebe mehr empfinden kann, deine Heimat ist nach einem

Krieg zerstört. Natürlich geht es im Roman auch darum, dass der Protagonist lange abwesend war, dass er sich außerstande sieht, das Leben an jenem Punkt wieder aufzunehmen, an dem er es verlassen hatte. Am Ende des Romans sitzt Robert Lindhoff wieder im gleichen Zug, der ihn zuvor nach Hause gebracht hatte, dieses Mal als Toter, auf dem Weg zurück in die Stadt hinter dem Strom, in das Totenreich: „Er ging, einer von vielen, im Zwielicht der frühen Morgendämmerung einer Stadt entgegen, die ihm sonderlich vertraut war, obwohl er sich nicht erinnern konnte, sie schon früher einmal betreten zu haben."

Die Ordnung des Bewusstseins, das Erinnerungsvermögen muss im System der Stadt hinter dem Strom verlorengehen. Hier, im Reich des ewigen Friedens, gibt es nur einen Fixpunkt – die Illusion, dass die Gesellschaft immer neue und neue und neue Produkte benötigt, die es fortwährend zu produzieren gilt.

Literatur

Martin Anderle: Mensch und Architektur im Werk Hermann Kasacks. In: *The German Quarterly*, 38 (1965) 1, S. 20–29 • Erhard Bahr: Metaphysische Zeitdiagnose: Hermann Kasack, Elisabeth Langgässer und Thomas Mann. In: *Gegenwartsliteratur und Drittes Reich*. Hg. von Hans Wagner. Stuttgart 1977, S. 133–162 • Volker C. Dörr: *Mythomimesis. Mythische Geschichtsbilder in der westdeutschen (Erzähl-)Literatur der frühen Nachkriegszeit (1945–1952)*. Berlin 2004, bes. S. 278–317 • Hermann Kasack: Die Stadt hinter dem Strom. Eine Selbstkritik. In: Ders.: *Mosaiksteine. Beiträge zu Literatur und Kunst*. Frankfurt am Main 1956, S. 350–354 • Wolfgang Kasack: *Hermann Kasack. „Die Stadt hinter dem Strom" in der Kritik. Eine Bibliographie der wichtigsten Aufsätze und Besprechungen*. Stuttgart 1952 • Stefanie de Winter: Der magische Realismus und die Dichtung Hermann Kasacks. In: *Studia Germanica Gandensia*, 3 (1961), S. 249–276.

Elena Agazzi

Ernst Jünger: Heliopolis. Rückblick auf eine Stadt

Erstausgabe: Tübingen, Heliopolis-Verlag Ewald Katzmann 1949 • Separat erschienen: Ortners Erzählung. Tübingen, Heliopolis-Verlag Ewald Katzmann 1950

Im Jahr der staatlichen Formgebung einer deutschen Nachkriegsdemokratie erschien Ernst Jüngers demokratiekritisches Epos *Heliopolis*. Jünger (1895–1998, → *Der Waldgang*, 1951) hatte an diesem mit philosophischen, ästhetischen und religiösen Thesen reichlich angereicherten Zukunftsroman zwei Jahre gearbeitet, parallel zur literarischen Reinschrift seiner Kriegstagebücher (*Strahlungen*, 1949). 1946 hatten die britischen Kulturbehörden ein Publikationsverbot über den umstrittenen Autor verhängt, weil Jünger sich zuvor geweigert hatte, den Fragebogen zur ‚Entnazifizierung' auszufüllen. Das – laut Paratext – exakt am 14. März

1949 im zur französischen Besatzungszone gehörenden Ravensburg fertiggestellte Werk war Jüngers erste eigenständige literarische Arbeit nach 1945, darauf angelegt, dem einstigen soldatischen Revolutionär und Antidemokraten, dem nihilistischen Apologeten einer technokratischen Moderne (*Der Arbeiter*, 1932), selbsternannten Widerständler (*Auf den Marmorklippen*, 1939) und elitären Verächter der ‚plebejischen' NS-Herrschaft endlich zum Comeback im Literaturbetrieb der Nachkriegszeit zu verhelfen.

Die Widersprüchlichkeit, mit der Jünger dem politischen System zwischen 1933 und 1945 begegnet war, als isolierter, politikferner Ästhet und distanzierter Beobachter zum einen, als Offizier der Wehrmacht im besetzten Frankreich zum anderen, spiegelt sich in der kaum zu überblickenden Flut an teils sehr aggressiven publizistischen Interventionen, die den ‚Fall Jünger' zwischen 1945 und 1949 verhandelten. Auf der konservativ-religiösen Seite begrüßte man das Läuterungsdrama eines Geistesaristokraten, dem mit *Auf den Marmorklippen*, seinem Schlüssel- und Selbstverständigungsroman der Inneren Emigration, sowie den Bibel-Meditationen in den Kriegstagebüchern (*Gärten und Straßen*, 1942) die Wandlung von der heroischen Technik-Moderne zum harmonisierenden Humanismus und letztlich die, so Gerhard Nebel, finale „christliche Heimkehr" gelungen sei. Nicht minder, nur anders aufgeregt zeigten sich die meist während der NS-Zeit emigrierten Jünger-Gegner, die in ihm nach wie vor den Wegbereiter des Faschismus und Festredner des (Welt-)Krieges als reinigendes Gewaltereignis sahen. Die größtenteils moralisierende Kritik nach 1945 rieb sich dabei an der explosiven Mischung aus Gewaltverherrlichung und *l'art pour l'art*, die dadurch noch verstärkt wurde, dass sich Jünger konsequent weigerte, öffentlich zu Weltkrieg und NS-Herrschaft auf Distanz zu gehen.

Jüngers *Heliopolis* liest sich wie der ästhetisch durchaus ambitionierte Versuch, nichts weniger als die Weltlage nach dem Zivilisationsbruch nochmals in der alteuropäischen Form des Romans abzubilden und damit die aus den Trümmern des Krieges aufscheinende ‚globale' Neuordnung des Erdballs reflexiv zugänglich zu machen. Der Roman müsse „zur Welt als Ganzes in Beziehung stehen" (121), gleichermaßen ästhetische Autonomie und Totalität zwecks Erfassung planetarischer Zusammenhänge einsetzen, so heißt es einschlägig in einer romantheoretischen Miniatur inmitten der Heliopolis-Fiktion. Mit dem Untertitel *Rückblick auf eine Stadt* ist dem Text gleich zu Beginn eine Perspektive der Nachträglichkeit und des ‚Posthistoire' eingeschrieben; sie wird erzähltechnisch noch dahingehend verkompliziert, als die Retrospektive auf Ereignisse erfolgt, die noch in ferner Zukunft liegen.

Schauplatz ist eine mittels Lichtenergie und diversen futuristischen Utensilien (schnurloses Bild-Telefon, Strahlenwaffen, Großrechner, Luftzerstäuber etc.) betriebene Metropole, die nach einer unbestimmten Kriegsapokalypse („die Zeit der großen Feuerschläge [...], in der man durch ihren Gluthauch Städte verbrannte und Reiche zu Wüsten wandelte", 300) eines der „in den Kosmos eingesprengten" (182) insularen Weltzentren darstellt, die über „ungeheure Räume" herrschen. Die nach der (atomaren?) Vernichtung übriggebliebenen und voneinander isolierten Stadtstaaten hatte ein nicht näher bestimmter „Weltregent" zu einem horizontalen Verbund namens „Weltstaat" zusammengefügt, sich aber anschließend per Raumschiff in seine „kosmischen Residenzen" (182) zurückgezogen und die Erde im anarchischen Zustand eines andauernden „Weltbürgerkrieg[es]" (191) sich selbst überlassen.

In diesem mehrfach als „Interregnum" (12) bezeichneten historischen Freiraum kämpfen zwei Parteiungen in der Stadt Heliopolis um die Macht: Auf der einen Seite steht der demagogische Landvogt, der – gestützt auf die Massen der Straße – eine nihilistische und technokratische Diktatur errichten will. Sein Ziel ist die „Steigerung der Unordnung und Atomisierung des Volkes". (54) Unterstützt wird er von einem perversen und zu barbarischen Exzessen und sexueller Zügellosigkeit neigenden Polizeichef und Inquisitor namens Messer Grande, der im Verlauf des Romans einem Attentat zum Opfer fällt. Außerdem steht dem Landvogt ein gewisser Dr. Mertens zur Seite, Mitglied der „Mauretania", einer radikalen Technokraten-Sekte. Der zweifelhafte Arzt betreibt ein „toxologisches Institut", in dem rassenbiologische Menschenversuche und Foltermaßnahmen zum Einsatz kommen. Zentrale Schaltstelle der Landvogt-Partei ist indessen das „Punkteamt", eine überwachungsstaatliche, statistische Behörde, die mittels rationaler Rechenoperationen und computerähnlichen Systemen eine totalitäre Macht zu errichten versucht: „Es konnte ja jeden Punkt des Erdballs orten und damit auch bedrohen." (38)

Dem bürokratisch-panoptischen Machtpol diametral entgegengesetzt ist die Gruppe um den Prokonsul, dessen Raumsymbol der auf repräsentative Sichtbarkeit, schillernde Symbolhaftigkeit und im historistischen Stil-Eklektizismus angelegte Palast darstellt. Der Prokonsul stützt seine konservativ-autokratische Herrschaft auf die alten aristokratischen Eliten und auf das Militär. Strebt der Landvogt die „Perfektion der Technik" an, zielt der Prokonsul auf eine „Perfektion des Menschen". (176) Zu den Kreisen dieser legitimen prokonsularischen Macht gehört auch der eigentliche Romanheld, der Offizier Lucius de Geer, der aus den fernen, mythischen und technikfreien Gefilden des Burgenlandes jenseits der Hesperiden-Inseln stammt und sich auf diplomatischer Mission befindet. Zwischenzeitlich ist es in Heliopolis zu einem Pogrom gegen die aus dem Orient stammenden „Parsen" gekommen, angezettelt vom Landvogt und den Mauretaniern. Der rudimentäre Plot besteht darin, dass auf Veranlassung de Geers die Parsin Budur Peri aus den Lagern des Landvogts entlassen wird, woraufhin sich eine Liebesbeziehung zu de Geer anbahnt. Hauptstrang der Handlung ist aber das partisanenartige Stoßtruppunternehmen, das de Geer befehligt, um die „Schinderhütte" des Dr. Mertens definitiv zu zerstören. Allerdings mischt de Geer militärstrategische mit privaten Absichten, denn es geht ihm primär um die Befreiung von Budur Peris Onkel. Da sich durch diese individuelle Motivation, durch das Einbringen von Gefühlen, das politische Unternehmen kompromittiert sieht, rügt ihn sein Vorgesetzter. De Geer wird schließlich aus der Armee entlassen. Am Ende des Romans betritt er in einer allegorischen Himmelfahrtsszene gemeinsam mit Budur Peri ein Raumschiff, das ihn zum Regenten bringt, um – so der finale Ausblick auf der Erzählebene – nach 25 Jahren als Friedensbringer nach Heliopolis zurückzukehren.

Die schematischen Charakterzeichnungen sowie die mitunter erstaunlich unterkomplex wirkende Schwarz-Weiß-Zeichnung haben immer wieder dazu verleitet, den Heliopolis-Text als Schlüsselroman über die Erfahrungen im ‚Dritten Reich' zu lesen. Die Parallelen zwischen der Parsen-Verfolgung und den Judenpogromen im faschistischen Deutschland sind nur allzu offensichtlich. Insbesondere aber die ethische Thematik des aktiven Widerstands gegen eine bürokratische Maschinerie genozidalen Ausmaßes, die sich auf die Gewalt des Mobs stützt, bleibt vage und die innerdiegetische Motivationslogik ambivalent. Die stark ausgeprägte parabolische Erzählanordnung mit ihren seitenlangen mythologischen, geschichtsphilosophischen und ästhetischen Exkursen, die Symbol- und Motivdichte (etwa die romantische Metapher der ‚Kristallisation', das Motivgeflecht des Meeres und der Wellen, die Raumsymbolik von Höhe und Tiefe, die antikisierend-mediterranen Bilderwelten), vor allem auch die Konstruktion des Plots entlang eines ‚mittleren' Helden verweisen letztlich auf ein dem Roman immanentes ideologisches Moment der Versöhnung eines konservativen und ästhetizistischen Fin-de-siècle-Habitus mit dem Projekt der gesellschaftlichen Moderne.

Die zeitgenössische Kritik verkannte in der Mehrzahl die ästhetische Brisanz des Romantextes, ja sie hielt ihn für künstlerisch misslungen. Zu sehr störte sie sich an der manieristischen Stilistik, am hermetischen und raunenden Duktus, der durch eine als unzureichend empfundene Figurenzeichnung, eine unscheinbare Fabel sowie durch abstrakt vorgetragene metaphysische Thesen noch verstärkt wird. Stattdessen wurden ausgiebig der theologische Gehalt und die Erbauungsfunktion erörtert (die häretisch-gnostischen und chiliastischen Züge, die Frage nach dem Bekenntnis zu Christus). Ein Großteil der Rezensionen arbeitete sich in der Folge polemisch an Jüngers anthropologischen Grundannahmen ab und debattierte über die fehlenden eindeutigen moralischen Orientierungsangebote an eine existenziell zutiefst verunsicherte Kriegsgeneration.

Die Jünger-Forschung hat sich bis heute ausgiebig mit dem Geschichts- und Mythosbegriff, mit der Genrezuordnung (fantastischer Roman, Utopie, Staatsroman, Science-Fiction) sowie der geschichtsteleologischen Technikphilosophie beschäftigt, die den *Heliopolis*-Roman grundiert. Besonders Letztere scheint sich wie ein roter Faden durch das Werk dieses Jahrhundertdichters zu ziehen, und nicht wenige Interpreten sehen Kontinuitätslinien von der technokratischen „Werkstättenlandschaft" des Großessays *Der Arbeiter* bis zur Technik-Kontroverse zwischen Jünger und Martin Heidegger in den fünfziger Jahren. In *Heliopolis* erreicht die Technik bereits jene dritte, „magische" Stufe, die dann von Jünger in diversen Programmtexten publizistisch variiert werden wird.

Erst jüngst wurde auf den Zusammenhang zwischen der an die ‚klassische' Moderne anknüpfenden Romanpoetik (vor allem die überragende Binnenerzählung *Ortners Erzählung*) und einen politischen Globalisierungsdiskurs hingewiesen, der die Problematik einer rational verwalteten Welt mit einer Konzeption des Politischen jenseits des Regimes der Nationalstaaten verknüpft. Gerade die großräumigen Vergesellschaftungen eines vermeintlich posthistorischen Zeitalters (Imperien, globaler Weltbürgerkrieg, technisch-industrielle Weltzivilisation, organologische Staatsmodelle oder der planetarische Maßstab eines Weltstaats) und ihre geopolitischen Implikationen werden über die Fiktion des *Heliopolis*-Romans hinaus in zahlreichen Essays der fünfziger und sechziger Jahre ausformuliert, so etwa in *Über die Linie* (1950), *Der Gordische Knoten* (1953), *An der Zeitmauer* (1959) und *Der Weltstaat* (1960). Hier zeigt sich, dass Ernst Jüngers geschichtsphilosophische Kommentierung des Ost-West-Gegensatzes und des Kalten Krieges in vielerlei Hinsicht aktuelle Debatten um die politische Form einer globalen Weltordnung vorwegnimmt.

Literatur

Norbert Dietka: *Ernst Jünger nach 1945. Das Jünger-Bild in der bundesdeutschen Kritik (1945–1985).* Frankfurt am Main 1987 • Peter Uwe Hohendahl: Erzwungene Synthese. Ernst Jüngers Roman „Heliopolis" als poetisch-theologisches Projekt. In: *Solitäre und Netzwerker. Akteure des kulturpolitischen Konservatismus nach 1945 in den Westzonen Deutschlands.* Hg. von Erhard Schütz und Peter Uwe Hohendahl. Essen 2009, S. 35–53 • Hans Krah: Die Apokalypse als literarische Technik. Ernst Jüngers „Heliopolis" (1949) im Schnittpunkt denk- und diskursgeschichtlicher Paradigmen. In: *Ernst Jünger. Politik – Mythos – Kunst.* Hg. von Lutz Hagestedt. Berlin 2004, S. 225–252 • Steffen Martus: *Ernst Jünger.* Stuttgart 2001 • Elliot Yale Neaman: *A Dubious Past. Ernst Jünger and the Politics of Literature after Nazism.* Berkeley, Los Angeles, London 1999 • Gregor Streim: *Das Ende des Anthropozentrismus. Anthropologie und Geschichtskritik in der deutschen Literatur zwischen 1930 und 1950.* Berlin, New York 2008.

Patrick Ramponi

Weltall Erde Mensch. Ein Sammelwerk zur Entwicklungsgeschichte von Natur und Gesellschaft

Redaktion: Gisela Buschendorf, Horst Wolffgramm, Irmgard Radandt
Erstausgabe: Berlin, Verlag Neues Leben 1954

Bei *Weltall Erde Mensch* dürfte es sich wohl um das Buch in der DDR handeln, das bei den geringsten Verkaufszahlen am weitesten verbreitet war. Seit 1954 vom *Zentralen Ausschuß für Jugendweihe* an jeden Schüler der achten Klasse, der an der Jugendweihe teilnahm, verschenkt, erreichte der aufwändig gestaltete, etwas mehr als 400 Seiten dicke Band eine jährliche Auflage von mindestens 120 000 Exemplaren. Nach 22 Auflagen wurde *Weltall Erde Mensch* durch *Der Sozialismus Deine Welt* (1975–1982) und später *Vom Sinn unseres Lebens* (1983–1989) ersetzt.

Bereits die Vertriebsform des Buchs markiert seine Funktion: Das Buch war eine Initiationsbeigabe; es gehörte zur sozialistischen Jugendweihe wie das Gelöbnis, die „Sie"-Anrede und der Personalausweis. Das macht *Weltall Erde Mensch* zu einer Synekdoche für den Kampf zweier Massenkerne um die Jugend und für den Zug zur Kollektivierung, der die DDR der fünfziger Jahre insgesamt prägt: Wurde in den ersten Nachkriegsjahren noch die übergroße Mehrheit der Jugendlichen konfirmiert, strebte die SED Mitte der fünfziger Jahre danach, einen sozialistischen Ersatz für die christliche Initiation zu finden – und bediente sich dafür der im 19. Jahrhundert von der Sozialdemokratie erfundenen Jugendweihe. Die Kirchen wehrten sich heftig, aber umsonst: Die Jugendweihe wurde schnell zur selbstverständlichen Art, in der DDR erwachsen zu werden (nahmen 1955 nur 17,7 Prozent aller Schüler teil, waren es 1959 bereits 81,9 Prozent und 1984 sogar 97 Prozent), was nach dem Gelöbnis bedeutete, zum Teil der „Gemeinschaft aller Werktätigen" zu gehören. Das Buch diente mithin dazu, „auf altersgemäße Weise die Weltanschauung der Arbeiterklasse in der Einheit ihrer Bestandteile dar[zu]stellen]". So hieß es zumindest in der *Jungen Welt* im November 1982. Tatsächlich reicht das thematische Spektrum vom „Felsentempel von Abu Simbel" über den „Schwaddrusch des Rapses im Kreis Seelow" bis zum „Turbinensaal im Wasserkraftwerk von Bratsk an der Angara". Ein Buch über *alles*, oder, wie es im ersten, von Walter Ulbricht verfassten Satz des Buches heißt: „Dieses Buch ist das Buch der Wahrheit."

Ähnlich alttestamentlich auch der Titel: ein Zoom aus maximaler Höhe aufs Haupt des aknösen Jünglings, der dreifaltig, vulgo dialektisch auch den Text strukturiert. Den drei Kapiteln über das *Weltall* folgen drei über die *Erde und die Entwicklung des Lebens* und drei über den *Weg des Menschen und der mensch-*

lichen Gesellschaft. Im Ablauf folgen die Kapitel sämtlich einer wiederum dreigliedrigen Struktur von Vergangenheit, Gegenwart und Zukunft. Ein Eingangskapitel (*Die Deutsche Demokratische Republik und die Zeit, in der wir leben*) und ein Schlussteil (*Ein neues Zeitalter beginnt*) bilden eine zusätzliche Klammer.

Sind die behandelten Themen vielfältig, gibt es doch ein Motiv, in dem Weltall, Erde und Mensch zusammengehen. Es ist das Bild des Kosmonauten, das am Beginn der sechziger Jahre in der DDR-Kultur insgesamt zur Zentralmetapher des utopischen Diskurses wird. Am 12. April 1961 verlässt erstmals ein Mensch die Erde in Richtung Himmel und kehrt unversehrt zurück: „Von der Startbahn des Sozialismus aus erfolgte der erste Flug von Menschen in den Kosmos. Juri Gagarin [...] war es, der die Tore zum Weltall aufstieß." Damit ist das Sinnbild gefunden, das aus dem Individuum den Typus der neuen Zeit formt. Es entsteht eine Symbolik, die die im Titel implizite Blickrichtung umzukehren vermag. Die Fahrt vom Allgemeinen zum Einzelnen wird ersetzt durch *den* Menschen, der sich als kollektiver Singular nicht nur die Erde, sondern auch das All zu Eigen macht.

Der Raumflug als Diskursereignis bedeutet mithin nicht weniger als den Transfer der symbolischen Horizontale von Himmel, Erde und Hölle in die von Fort- und Rückschritt (den „ständigen Kampf zwischen dem absterbenden Alten und dem sich entwickelnden Neuen"). Eine Modifikation mit einem Mehrwert an Handlungsmacht, die zu vermitteln einen wesentlichen Aspekt der Jugendweihe bildet: Das Bewusstsein einer als wissenschaftlich deklarierten Kontrolloption über die Welt mündet in der Aufklärung, dass Lebenssinn nicht zu erkennen, sondern zu stiften ist. Hinter dem Faktenreichtum von *Weltall Erde Mensch* steckt nicht nur Wissen, sondern, vor allem, die Vision der menschlichen Herrschaft über die Natur, von der Arbeiterklasse als Demiurg des „Zeitalters der totalen Elektrifizierung". „Das Buch der Wahrheit" verspricht das gesammelte Wissen über das Heute und zugleich den wissenschaftlich und weltanschaulich begründeten Weg ins Morgen. Die große Erzählung von einer Zukunft, die vielleicht noch nicht da, aber greifbar war, als kollektive Verpflichtung zu akzeptieren, machte aus Kindern mündige Mitglieder der sozialistischen Gesellschaft. Dies war ein Kernaspekt der Jugendweihe und des Buchpräsents, das dazu gehörte – und das folglich nur bedingt als Sachbuch zu bezeichnen ist: *Weltall Erde Mensch* versuchte als „Buch der Wahrheit" nicht weniger zu sein als Nach-, Um- und Neuschrift der Bibel.

Henning Wrage

Bertolt Brecht: Leben des Galilei. Schauspiel. Dritte, „Berliner" bzw. „deutsche" Fassung

Erstausgabe in: Bertolt Brecht: Versuche. Heft 14. Versuche 19. Frankfurt am Main, Suhrkamp Verlag 1955
Lizenzausgabe für die DDR: Berlin, Aufbau Verlag 1955
Uraufführung: 16. 4. 1955, Köln, Kammerspiele, Regie: Friedrich Siems • Erstaufführung in der DDR: 15. 1. 1957, Ost-Berlin, Berliner Ensemble, Regie: Erich Engel
Alle Zitate im Text beziehen sich auf Bertolt Brecht: Werke. Große kommentierte Berliner und Frankfurter Ausgabe. 30 Bde. und Registerband. Hg. von Werner Hecht, Jan Knopf, Werner Mittenzwei und Klaus Detlef Müller. Berlin und Weimar, Aufbau Verlag, Frankfurt am Main, Suhrkamp Verlag, 1988–2000. Im Folgenden abgek. mit GBA

Bereits in den Schweizer Monaten nach der Rückkehr aus dem amerikanischen Exil am 31. Oktober 1947 begann Bertolt Brecht (1898–1956) mit der Erarbeitung einer dritten Fassung des *Galilei*, indem er die englischsprachige, am 30. Juli 1947 in Los Angeles uraufgeführte zweite Fassung nicht so sehr, wie er es ausdrückte, zurückübersetzte, sondern vielmehr erweiternd transformierte, auch mit Rückbezug auf die erste, umfangreichere deutschsprachige Fassung von 1938/39, die wiederum gut vier Jahre zuvor, am 9. September 1943, am *Schauspielhaus Zürich* ihre Premiere gefeiert hatte.

Parallel zur Suche nach einem geeigneten Darsteller für die Titelrolle ging die Arbeit an einem Bühnentext für Berlin in den Jahren nach 1947 durch Elisabeth Hauptmann, Benno Besson und Ruth Berlau fort. Auch nach dem Erscheinen der dritten, „Berliner" bzw. „deutschen" *Galilei*-Fassung 1955 im 14. *Versuche*-Heft nahm Brecht weitere Änderungen vor. Die DDR-Erstaufführung am 15. Januar 1957 am *Berliner Ensemble* unter der Regie von Erich Engel und mit Ernst Busch als Galilei erlebte der ein halbes Jahr zuvor verstorbene Stückeschreiber nicht mehr, nachdem er wenigstens die Bühnenproben zwischen Dezember 1955 und März 1956 geleitet hatte. Immerhin: Die Kölner Uraufführung am 16. April 1955 und die weiteren West-Inszenierungen zu Lebzeiten in Nürnberg und Wien konnte Brecht dank seines Kontakts zu Regisseuren und Schauspielern verfolgen, in manchem auch mitprägen.

In der „Berliner" Fassung nun, die dem Großteil der Aufführungen sowie der kritischen und literarischen Rezeption zugrunde liegt, ist das „Schauspiel" in 15 Bilder eingeteilt. Die wichtigsten Episoden aus dem Leben des italienischen Wissenschaftlers zwischen Padua/Venedig, Florenz und Rom kulminieren in seiner Auseinandersetzung mit der Inquisition; Brecht hielt sich dabei sehr frei an wissenschaftsgeschichtliche Quellen. Galileis empirische Beobachtungen, durch die er die kopernikanische Lehre beweisen kann, werden zwar 1616 durch das Collegium Romanum bestätigt, die Lehre an sich wird jedoch im selben Jahr auf den Index gesetzt. Nach der Wahl des ihm und der Wissenschaft wohlgesinnten Kardinals Maffeo Barberini zu Papst Urban VIII. 1623 glaubt Galilei, seine Forschungen ungestört wieder aufnehmen und veröffentlichen zu dürfen. Ein Trugschluss: Denn nach dem Erscheinen seines *Dialogo sopra i due massimi sistemi del mondo* (1632) wird Galilei nach Rom beordert, wo er am 22. Juni 1633 der heliozentrischen Lehre abschwört. In dem darauf folgenden lebenslangen Hausarrest in einem Landhaus in der Nähe von Florenz setzt er seine Arbeit heimlich fort. In den je nach Fassung anders gestalteten Schlussszenen gelingt es dem früheren Jünger Andrea Sarti, ein ihm von Galilei zugestecktes Manuskript der unveröffentlichten *Discorsi* über die Grenze zu schmuggeln.

Der dritten Fassung von Brechts *Galilei* werden allgemein eine Radikalisierung der politischen Tendenz sowie eine stärkere Aktualität attestiert. In der ersten, „dänischen" Fassung stand der Kampf um Erforschung, Verbreitung und Verteidigung der Wahrheit im Mittelpunkt; damit galt Galileis Abschwören durchaus noch als Beispiel listigen Verhaltens – wenn nicht von Widerstand – gegenüber einer autoritären Gewalt. Die zweite, „amerikanische" Version zeigte bereits eine Umakzentuierung: Galileis Widerruf ist nun ein Verbrechen. „Der Kampf [...] der Wissenschaft mit der Obrigkeit" endet mit dem „Sündenfall" der ersteren: „die Meisterin der Natur / [wird] Billige Gesellschaftshur'". In dem Ende 1945 verfassten, in die Druckfassung nicht aufgenommenen Prolog, aus dem die zitierten Verse stammen, wird die Gegenwartsbezogenheit explizit dem Publikum vorgehalten: „Solches Wissen ist aktuell / [...] Wir hoffen, Sie leihen Ihr geneigtes Ohr / [...], bevor / Infolge der nicht gelernten Lektion / Auftritt die Atombombe in Person." (GBA 27, 236) Mit den Abwürfen über Hiroshima und Nagasaki hatte im August 1945, wie Brecht 1947 rückblickend festhielt, ganz konkret „das ‚atomarische Zeitalter' [...] sein Debüt [...] in der Mitte unserer Arbeit" gegeben. „Von heute auf morgen las sich die Biographie des Begründers der neuen Physik anders. Der infernalische Effekt der Großen Bombe stellte den Konflikt des Galilei mit der Obrigkeit seiner Zeit in ein neues, schärferes Licht." (GBA 24, 241) Galileis Akt wird somit schon in der zweiten Stückversion nicht einfach als Verrat an der Wissenschaft, sondern vielmehr als „soziales Versagen" (GBA 24, 240) gebrandmarkt. Die dritte Fassung verstärkt diese Tendenz.

Als dramaturgisches Pendant solcher Einsichten kann die Endgestaltung des 14. Bildes in der dritten Fassung betrachtet werden – die Selbstabrechnung Galileis. Dort verurteilt er das eigene Verhalten („ich habe meinen Beruf verraten") sowie jedwede Form von „Wissen um des Wissens willen" auf Schärfste und erblickt „das einzige Ziel der Wissenschaft darin, [...] die Mühseligkeit der menschlichen Existenz zu erleichtern." Diesem sozialen Idealzweck stellt er die harte Realität, die er selbst verursacht hat, gegenüber: „Wie es nun steht, ist das Höchste, was man erhoffen kann, ein Geschlecht erfinderischer Zwerge, die für alles gemietet werden können." Die „einzigartige Möglichkeit [...,] große Erschütterungen hervorrufen zu können", hat er vertan. (GBA 5, 283f.) Das in der „amerikanischen", strafferen Version gestrichene letzte Bild wird in der letzten Fassung wieder eingeführt und vermittelt nur bedingt in Andreas gelungenem, listigem Grenzübergang eine Note der Zuversicht.

Das atomare Wettrüsten im Rahmen des Kalten Krieges, die Remilitarisierung der BRD, die Rosenberg- und Oppenheimer-Prozesse in den USA bildeten Aktualitätsmomente für die Entstehung und für die Rezeption der „Berliner" Fassung sowie für die weiteren dramaturgischen Pläne Brechts, der 1955 an einem *Leben des Einstein* zu arbeiten anfing. Während bei den erfolgreichen Aufführungen im Westen vielmehr die politisch umstrittene Person Brecht im Mittelpunkt der Besprechungen stand, wurden bei der noch resonanzreicheren Berliner Inszenierung aktuelle Bezugspunkte, das Verhältnis zwischen Wissenschaft und Macht oder der Bezug auf die Atomdrohung, stärker thematisiert. *Leben des Galilei* wurde bald zu einem der am häufigsten inszenierten und interpretierten Stücke Brechts, wobei seine Wirkungskraft nach den sechziger und siebziger Jahren nachließ. Ähnliches gilt für die produktive Rezeption in der deutschsprachigen Dramatik. Man denke etwa an → Friedrich Dürrenmatts „Komödie" *Die Physiker* (1962), der, so Hans Mayer, „Zurücknahme des ‚Galilei' von Brecht", oder an Heinar Kipphardts Dokumentarstück *In der Sache J. Robert Oppenheimer* (1964).

Das kritische Interesse galt von Anfang an dem Vergleich der Fassungen und der damit verbundenen, zentralen Frage der Charakterisierung von Galilei als Helden bzw. Verräter, wobei auch die „epische" Historisierungsmethode, das Verhältnis von Fiktion und Geschichte und die Widersprüchlichkeit der Titelfigur je nach Perspektive berücksichtigt wurden. Darüber hinaus erfolgte bald eine Kontextualisierung des Stücks einerseits in Brechts dramatischem Schaffen, Theaterästhetik und Regiepraxis, andererseits in der weiteren Entwicklung des deutschsprachigen Dramas und Theaters. Seit den achtziger Jahren überwiegen spezielle bzw. motiv-, rezeptions- und theatergeschichtliche Studien. Über das zum (Schul-)Lektürekanon gehörende Stück erscheinen ununterbrochen literaturdidaktisch ausgerichtete Untersuchungen und Unterrichtsvorschläge.

Literatur

Werner Hecht (Hg.): *Brechts „Leben des Galilei"*. Frankfurt am Main 1981 • Jan Knopf: *Brecht-Handbuch. Theater. Eine Ästhetik der Widersprüche*. Stuttgart 1980, insb. S. 157–179 • Jan Knopf (Hg.): *Brecht-Handbuch*. 5 Bde. Stuttgart, Weimar 2001–2003, insb. Bd. I, S. 357–379, Bd. IV, S. 284–297 • Hans Mayer: *Brecht*. Frankfurt am Main 1996, insb. S. 378–397, 398–419 • Ernst Schumacher: *Drama und Geschichte. Bertolt Brecht „Leben des Galilei" und andere Stücke*. Berlin ²1968.

Marco Castellari

Heinrich Schirmbeck: Ärgert dich dein rechtes Auge.
Aus den Bekenntnissen des Thomas Grey. Roman

Erstausgabe: München, Schneekluth Verlag 1957

Der Roman, im Herbst 1957 erschienen, gehört ganz zweifellos zu den merkwürdigsten literarischen Erscheinungen jener Zeit und ist – vor allem unter zeitsymptomatischen Gesichtspunkten – auch einer der bemerkenswertesten Romane der fünfziger Jahre.
„Man sprach von Wolken radioaktiver Staubteilchen [...]: Kondensationskerne künftiger Sintfluten. Die apokalyptische Literatur schwoll an. Man beschrieb das Grauen künftiger Atomkriege. [...] Die Dichtung verschrieb sich dem Weltekel. [...] In utopischen Filmen verherrlichte man den sex-appeal bleigepanzerter Radioginnen, die sich mit sauerstoffrüsselbewehrten Raketenpiloten in den Kratern lunarer Landschaften trafen. [...] Die Massen fieberten in *einer* dumpfen Angst. Größer aber als die Angst war das Gefühl der Ohnmacht. Man stürzte sich in den Strudel des Genusses, um das Bewußtsein der Wehrlosigkeit zu ertränken." (425) Diese Passage indiziert, um was es ihm augenscheinlich *nicht* ging, nicht um Apokalypse und Science-Fiction, nicht um Angstreligiosität und Ohnmachtsorgiastik. Heinrich Schirmbeck (1915–2005) ging es hingegen um nicht weniger als die Diskussion von Atomphysik, Quantentheorie und Kybernetik zusammen mit Psychoanalyse, Existenzialismus, Surrealismus – und in alledem um die Einlösung des Anspruchs auf eine der jüngsten Welterfahrung naturwissenschaftlich-technischer Möglichkeiten zur Weltauslöschung gewachsen sich zeigender Romankunst.
Die angloamerikanische Übersetzung (*The blinding Light*, 1960) wurde – freilich mangels Kriterien – von der amerikanischen Kritik → Thomas Manns *Zauberberg* (1924) an die Seite gestellt. Die deutsche Rezeption hingegen war gespalten. *Der Spiegel* konnte darin nur „abenteuerlich aufgeputzte Intrigen" und „krause[n] Bildungszauber" erkennen, andere sprachen von „Monstre-Pudding" oder einem „Pandämonium enzyklopädischer Unruhe". Trotz der Charakterisierung als „ein wahres Monstrum" und „kentaurische[s] Wesen" äußerte sich der Starkritiker Friedrich Sieburg in der *Frankfurter Allgemeinen Zeitung* sehr positiv, ebenso Karlheinz Deschner im *Hessischen Rundfunk*, dessen Besprechung denn auch als Nachwort der Neuausgabe 2005 beigegeben wurde.
Der Roman spielt im Frankreich der Besatzungszeit und des unmittelbaren Nachkriegs. Die Handlungsorte, die handelnden Mächte und Personen sind nahezu allesamt verschlüsselt, aber leicht erkennbar. Gleichwohl handelt es sich nicht um einen Schlüsselroman, eher um die Verfremdung von aus den zeitgenössischen Feuilletons beziehbaren Namen und Fakten. Protagonist Thomas

Grey schreibt seine Bekenntnisse, wie man später erfährt, im Gefängnis. Grey wächst zur Zeit der armagnakischen (= deutschen) Besatzung bei Verwandten in einer reichen, jansenistisch strengen, aber auch dekadenten Seidenweber-Dynastie in Antares (= Lyon) unter Anleitung eines hochintellektuellen Hauslehrers auf. Er gerät in eine erotische Beziehung zu Alberta, die sich als seine Halbschwester herausstellt, mit der er im Bett einer Absteige dann aber doch nur Valérys *Narcisse* liest. (84 f.) Die Armagnaken werden durch die Anglosaxonen vertrieben, die ihrerseits als Invasoren im Land bleiben. Grey studiert in Sybaris (= Paris) Physik, wird Assistent für Kybernetik am Institut für theoretische Physik, das vom Prinzen de Bary (= Louis de Broglie), dem „Grandseigneur der Physik" (226), geleitet wird. Zugleich versucht sich Grey als Schriftsteller. Von der berühmten Tänzerin Moira (= Eleonora Duse) wird der acht Jahre Jüngere erotisch initiiert und ausgehalten. Dazwischen bewegt er sich in einem breiten Spektrum unterschiedlichster Figuren: Oberst Elliot, anglosaxonischer Geheimdienstler im Amt für strategische Informationen (ASI), der ihn überreden will, dem ASI die Kontrolle des Instituts zu ermöglichen. Dazu Hauptmann Moras, der eine „metallische Humanität" propagiert und Intima der sybaritischen Kulturaristokratie in Tagebüchern notiert, eine geradezu parodistische Deckfigur → Ernst Jüngers, wiewohl der Autor ansonsten durchaus seinen Text auf Jünger'sche Sprachpreziositäten und Eigenheiten aufbaut. Moras erschießt die bei einem Aufruhr in der Universität wild gewordene Dogge Tasso von Giselle, die nach inzestuösem Übergriff ihres Vaters, ehedem Walfang-Kapitän und nun Führer einer Sekte, die glaubt, man müsse, „[u]m das göttliche Urlicht zu sehen, [...] wieder in den Schoß der Blindheit zurückkehren" (176), erblindet ist. Hinzu kommt die ehrgeizige Staatssekretärin Germaine Bernstein, die, nachdem ihr dichtender Sohn Maxim mit einer Eloge auf die beiden hingerichteten Atomspione Arthur und Edith Rosenblüth (= Julius und Ethel Rosenberg) einen Skandal verursacht, Suizid begeht. Nicht zu vergessen: der scharlatanistische Meister des Absurdismus, de Kock (= Jean-Paul Sartre), liiert mit Elvira Roussel (= Simone de Beauvoir), der Maler Breton (= Pablo Picasso). Weiterhin der zwielichtige Atomphysiker Tzessar (= Edward Teller) und Pablo Levy, Inhaber einer allmächtigen Werbeagentur, die als „heimliche Tauschzentrale von Informationen" fungiert. Mit ihnen allen ist Grey, der sich selbst als kontaktschwachen Außenseiter bezeichnet, umstandslos in Kontakt, von allen umworben, von allen mit ihren Ansichten vertraut gemacht, so wie sie den seinen lauschen. Entsprechend besteht der Roman weithin aus Selbsterklärungen und exponierenden Gesprächen, buchstäblich über Gott und die Welt, spezieller über Mystik und Mathematik, Atom und Askese, Erotik und Energie, Kybernetik und Katholizismus, Kunst und Computer, Maschine und Massenmanipulation, Fission und Fusion, Information und Entropie – und noch vieles andere mehr. Die Handlung, sofern sie sich überhaupt entwickelt, ähnelt

Jesuiterverschwörung und Frankensteinismus: Oberst Elliot will die Kontrolle über de Bary, während Pablo Levy dessen Erkenntnisse beiden Seiten des Kalten Kriegs zugänglich machen und so ein stabilisierendes Äquilibrium schaffen will. Dazu werden Unruhen angezettelt, Gerüchte in die Welt gesetzt, Beziehungen destabilisiert, bis beim Finale auf dem Familienschloss de Barys Elliot sich durch neurochirurgische Eingriffe des Starmediziners Smyth das Wissen de Barys aneignen will. Das scheitert im letzten Moment. Grey stellt nun sein Wissen Pablo zur Verfügung. Beide kommen ins Gefängnis, wo Grey seinen „Bericht" (586) schreibt, der endet: „Ich darf das Auge, das mich ärgert, nicht ausreißen; denn die Welt bestehen, heißt ihr ins Antlitz sehen." (588)

Schon an dieser Skizze erkennt man, dass alles, was irgend damals en vogue ist, hier zusammengeführt wird: Naturwissenschaftliche, technische, kommunikationstheoretische Probleme von Atom-, Quantenphysik und Kybernetik, psychologische Fragen zwischen Psychoanalyse und Behaviorismus, religiöse Fragen zwischen Agnostizismus und Mystik, Jansenismus und Existenzialismus, darüber hinaus Künstlerisches vom Ballett bis zur Malerei. Diskutiert oder angespielt werden u. a. Sibelius und die Zwölftonmusik, → Benn, Dostoevskij, Gracián, → Hesse, Joyce, Melville, Musil, Pascal, Proust, Rilke, → Sartre, Valéry, Wittgenstein, Parzival, Faust und Blaubart ebenso wie Johan Huizingas *Homo ludens*, → Günther Anders „prometheische Scham", → Arnold Gehlens Anthropologie oder → David Riesmans „Radartyp". Hinzu kommt etwa die Kritik an den USA für die Überschwemmung der Welt durch Massenkonsum und Massenmedien. „Geist, Literatur, Dichtung als Konsumartikel, dem Gesetz von Angebot und Nachfrage unterworfen." (369) Diese Schuldzuschreibung gehört ebenso in das Reservoir der kulturkritischen Selbst-Interpretamente der Zeit wie die Kritik der Beschleunigung, die hier von Oberst Elliot, der die Kybernetik als „Entwicklungsbeschleuniger" begreift, vertreten wird: „Mit der Geschwindigkeit einer Rakete führt sie den Menschen vorzeitig an die Grenzen seiner Möglichkeiten." (310) Elliot nämlich „geht die Geschichte, der Zivilisationsprozeß zu langsam. Er will menschliche Katalysatoren an den Schlüsselpunkten einbauen und Hemmungen beseitigen." (525)

Ob hier nun die Romane der klassischen Moderne mit den Differentialsystemen der klassischen Physik, die moderne Physik mit der Choreographie des Tanzes analogisiert werden oder schließlich Physik und Eros – das alles wird perspektiviert von einer Mystik der Unifikation, die sich agonal der verachteten Apokalyptik gegenüber sieht.

Diese Konzeption rechtfertigte Schirmbeck in einer späteren poetologischen Selbsterklärung, *Die Formel und die Sinnlichkeit* (1964): „Die Wirklichkeit [...] kann nur im Sowohl als Auch sich manifestieren: Licht ist Welle *und* Teilchen, Dynamik *und* Fluidum, Geometrie *und* Liebe."

Der Roman versteht sich als Dementi des Topos von den zwei Kulturen (C. P. Snow). Zeitgenössisch hat man, wie etwa Franz Schonauer, Schirmbeck dafür einen „gehobenen Feuilletonismus" vorgeworfen, doch sein Eklektizismus kommt nicht nur vom Feuilleton, sondern aus der Zeitung überhaupt, vom Rundfunk und insbesondere vom populären Sachbuch her. Das indiziert nicht nur die Referenzliste in der „Nachbemerkung", wo die Namen von Louis de Broglie, → Robert Jungk, Arnold Gehlen, Erwin Schrödinger und Alexis Carrel fallen, sondern insgesamt kann man den Roman in seinen diskutierten Themen wie programmatischen Formeln als ein Kompilat der zeitgenössischen Titel aus *rowohlts deutscher enzyklopädie* (rde) lesen. In diesem höchst ernst gemeinten Versuch nicht weniger als einer Fortschreibung von Robert Musils *Mann ohne Eigenschaften* ist der Roman, von heute aus gelesen, ein manchmal höchst anregendes, öfter unfreiwillig parodistisches, jedenfalls insgesamt höchst aufschlussreiches Kompendium all dessen, was zeitgenössisch in der Perspektive auf Chancen und Risiken des ‚technischen Zeitalters' irgend diskutiert wurde.

Literatur

Gerald Funk: *Die Formel und die Sinnlichkeit. Das Werk Heinrich Schirmbecks. Mit Personalbibliographie*. Paderborn 1997 • Erhard Schütz: Kunst der Kybernetik oder Evolution aus dem Aquarium. Heinrich Schirmbecks „Und ärgert dich den rechtes Auge" (1957) im Kontext nachgelesen. In: *Jahrbuch der Deutschen Schiller-Gesellschaft*, 53 (2009), S. 318–341.

Erhard Schütz

Arnold Gehlen: Die Seele im technischen Zeitalter. Sozialpsychologische Probleme in der industriellen Gesellschaft

Erstausgabe: Hamburg, Rowohlt Verlag 1957 (rowohlts deutsche enzyklopädie 53)

Der Soziologe und Philosoph Arnold Gehlen (1904–1976) war lange Zeit ob seines Ordnungsdenkens und bürokratischen Dezisionismus als ‚reaktionär' diskreditiert – ein Attribut, das er sich im Übrigen gerne selbst zuschrieb. Seine ‚biologistisch' grundierte Institutionentheorie war umstritten, nicht zuletzt wegen seiner Professuren in Leipzig, Königsberg und Wien während des ‚Dritten Reiches', seiner frühen Mitgliedschaft in der NSDAP, der Nähe einiger zentraler Begriffe zur Nazi-Sprache („Selbstzucht", „Entartungsbereitschaft") und seiner fragmentarisch gebliebenen „Philosophie des Nationalsozialismus".

Das kürzlich wiedererweckte Interesse an Gehlens Theorie der Moderne lässt sich auf mindestens drei Tendenzen der aktuellen Kulturwissenschaft zurückführen: Zum einen fungierte er als einer der Diskursgründer jener einflussreichen kulturellen Formation, die man vor einigen Jahren noch als Postmoderne heftig debattierte und die in den fünfziger Jahren unter dem rechtshegelianischen Begriff „Posthistoire" erstmals aktenkundig geworden war; Gehlen gehört ideengeschichtlich dem wieder in Mode gekommenen, interdisziplinären Spektrum einer Neubegründung der philosophischen Anthropologie in Deutschland seit den zwanziger Jahren an (neben Helmuth Plessner und Max Scheler); schließlich gehört seine Sozialphilosophie durch die Kontroverse mit Jürgen Habermas, die – trotz unterschiedlicher Lagerzuordnung – auf Gegenseitigkeit beruhende Hochschätzung → Theodor W. Adornos sowie die Ausstrahlungskraft auf Niklas Luhmanns Systemtheorie auf lange Sicht sicherlich zu den bedeutenderen Innovationsfeldern der deutschen Nachkriegssoziologie. Noch in jüngster Zeit haben u.a. Vilém Flussers Medienphilosophie sowie Peter Sloterdijks *Sphären*-Trilogie (1998–2004) zentrale Gehlen'sche Denkfiguren weiterentwickelt.

Maßgeblich für diese Nachhaltigkeit war das Theorem des Menschen als „Mängelwesen", das Gehlen in seinem während des ‚Dritten Reiches' verfassten Hauptwerk *Der Mensch. Seine Natur und seine Stellung in der Welt* (1940) sowie in *Urmensch und Spätkultur* (1956) systematisch erörtert hatte. Die – im Vergleich zum Tier – angeborene Instinktarmut, die mangelnde Einbettung in eine natürliche Lebenswelt sowie unzureichend ausgestattete Organe befähigen (und zwingen zugleich) den Menschen zu ausgeprägten Kulturleistungen, zur Errichtung künstlicher Prothesen mithin in Form von Technik und Institutionen. Letztere sollen den Reizüberfluss seitens der Umwelt bändigen, das (an)triebgesteuerte Innenleben regulieren, die Komplexität der Außenwelt reduzieren und insgesamt das Verhalten des Menschen stabilisieren und normalisieren.

Der Mensch ist von Natur aus ein Kulturwesen: Diese philosophisch-anthropologische Grundannahme weitet Gehlen in seinem – was Form und Auflage anbelangt – sicherlich populärsten Buch *Die Seele im technischen Zeitalter* zu einer umfassenden Kulturtheorie und -kritik der Industriemoderne aus. Erstmals im September 1957 bei *Rowohlt* erschienen, lässt sich das Werk als eine Montage diverser Vorträge und Publikationen zur sozialpsychologisch akzentuierten Technik- und Kulturphilosophie begreifen. Über weite Strecken handelt es sich um einen essayistischen Rückgriff auf die Fachschrift *Sozialpsychologische Probleme in der industriellen Gesellschaft*, die Gehlen 1949 als Professor für Psychologie und Soziologie an der *Akademie für Verwaltungswissenschaften* in Speyer verfasst hatte. Sein damaliger Beitrag zur ‚Entnazifizierung' bestand wohl vorwiegend in einer folgenreichen Lektüre des amerikanischen Pragmatismus, wodurch wesentliche Elemente der ‚westlichen' Sozialpsychologie und Ethnologie in den Diskurs der deutscher Nachkriegssoziologie eingegangen sind.

Gehlens Großessay in Taschenbuchform nun geht von der nachhegelianischen Prämisse aus, dass der Mensch in der Technik letztlich nur sich selbst erkenne. (14, 23) Technik ist kein bloßes Mittel zum Zweck, sondern eine aus dem Menschen herausgestellte und der menschlichen Befragung ausgesetzte Sphäre der Künstlichkeit, die gleichsam zur ‚zweiten Natur' geronnen ist: „Die Welt der Technik ist also sozusagen der ‚große Mensch': geistreich und trickreich, lebenfördernd und lebenzerstörend wie er selbst, mit demselben gebrochenen Verhältnis zur urwüchsigen Natur. Sie ist, wie der Mensch, ‚*nature artificielle*'." (9) Diese Technik als das große Kollektivsubjekt erscheint zuerst als die Fortschritts- und Ordnungsgarantie der Moderne; ihr Milieu beschreibt Gehlen als eine allintegrierende „Superstruktur" (11 ff.), als ein gigantisches funktionales Verbundsystem aus Technologie, Naturwissenschaft und industrieller Ökonomie. Diese technologische Kultur der späten Moderne stellt gewissermaßen den Kulminationspunkt jener – neben dem Sesshaftwerden des Menschen im Neolithikum – zweiten kulturevolutionären „Schwelle" dar, die auf die Herausbildung des industriellen Maschinenzeitalters um 1800 zurückgeht.

Der Prozess technischer Entwicklung gipfelt schließlich im Zustand der allumfassenden maschinellen Automatisierung von sozialen Handlungsabläufen. Im Zeitalter der global verfügbaren Atomenergie, der Ingenieurswissenschaften und der großen Verwaltungsapparate tendiert die Technik, die ursprünglich einmal Organprojektion war, zum „Ersatz des Organischen überhaupt". (10) Hatte Gehlen Technik elementaranthropologisch noch als Teil eines menschlichen Kreislaufes (Planung – Realisierung – Korrektur) gedacht, funktioniert die technologische „Superstruktur" systemisch und folgt der epistemischen Leitdisziplin der fünfziger Jahre: der kybernetischen Regelungslehre. (20–22) Zwar fühle sich der Mensch auch noch in der Auslagerung seiner Handlungen in die Perfektion automatischer Schaltkreise von Maschinen qua „Resonanzphänomen" an seine biologische Eigenkonstitution erinnert (15), daher zum Beispiel die Faszination für Autos. Zugleich aber transzendiert das in der Außenwelt objektivierte automatisierte Regelsystem die Handlungsrationalität des Menschen und entfremdet sich gleichsam von seiner Lebenswelt, indem es eine „vom Handeln abgefilterte Kultur" produziere. (58)

Vor dem Hintergrund einer formalistischen Loslösung der Begriffe von ihren Inhalten geht Gehlen der „Ausbreitung der experimentellen Denkart" (27–33) nach, die er an den naturwissenschaftlichen Konstruktivismen und nachrealistischen Ästhetiken aufzuzeigen versucht. Atomenergie und die Verfahren abstrakter Malerei ähneln sich zum Beispiel darin, dass sie im Experimentierfeld ihre Zweckgerichtetheit überwinden und Ergebnisse produzieren, die so nicht planbar waren. (30) Gehlen zeigt sich hier als genauer Kenner der zeitgenössischen Kunst, der in eindringlichen Analysen die Parallelen der Ästhetik → Benns, Musils oder der Architektur seiner Zeit (26f., 30f.) zu den Methoden der „Dekomposition und Neuverteilung" (32) nachzeichnet, wie sie in Spieltheorie, Mengenlehre, mathematischer Logik und Matrizenkalkül zur Anwendung kommen.

An der modernen Kunst exemplifiziert Gehlen aber auch das „ontologische Mißtrauensvotum" (51), das darauf verweise, dass die psychomoralischen Dispositionen ungenügend geworden sind für das Ausmaß an Sozialdifferenzierung („Entgliederung der Gesellschaft", 116) in „überdimensionierte[n] Verhältnissen". (55) Die Dialektik der Gehlen'schen Moderneanalyse liegt also darin, dass gerade in der am weitesten fortgeschrittenen „Entlastung" des Menschen durch eine den Globus umspannende „stählerne und drahtlose Hülle" (24) das Syndrom eines beispiellosen Institutionenverfalls sichtbar wird. Zur Disposition stehen nämlich die Verbindlichkeit generierenden symbolischen und imaginären Sozialenergien der Institutionen. In der symbolischen Entleerung des Gesellschaftsraums mache sich, so Gehlen, eine ethische Indifferenz des *anything goes* breit (54); technokratische Sachzwänge lassen humanistische Schemata wie personale Geltung, individuellen Charakter und Würde zunehmend unwahrscheinlicher werden.

So nüchtern *Die Seele im technischen Zeitalter* den unaufhaltsamen Fortschritt industrieller Automatisierung registriert, so klischeehaft wirkt aus heutiger Sicht die Bilanz der „geistigen und moralischen Kostenseite" im Jargon konservativer Modernekritik: „Vermassung" (62) und Herrschaft der kommerziellen Massenmedien, blinder, ekstatischer Konsumismus, intellektueller Bildungsverfall und eine handlungsunwillige, überreflektierte Intelligenz, deren Staatskritik die sozialen Institutionen systematisch destabilisiert, anstatt sie zu retten. Als Kulturpsychologe rubriziert Gehlen die Auswirkungen dieser Entwicklung auf die Bewusstseinsstruktur der Moderne unter dem Dekadenzbegriff einer omnipräsenten „Subjektivität". In der „formlose[n], ungestaltete[n] Nähe, in der die Menschen durcheinander vegetieren" (57), ganz fern der unsinnlich gewordenen Apparate und Institutionen, bricht sich Reprimitivisierung und Aggressivität Bahn, droht die „Überschwemmung mit fremdgesetzten Reizen und Affektüberlastung". (58) Das psychologische Grundproblem der Abstraktionstendenz in der technischen Kultur ist der allgemeine „Erfahrungsverlust", der beim institutionell nicht mehr entlasteten Subjekt Verhaltensunsicherheit verursacht. Für die entfernte Wirklichkeit wiederum liefern die auf Rentabilität gepolten Massenmedien „Erfahrungen zweiter Hand", kreieren „Emotionshülsen" und versuchen in ihren dramatisierten Formaten gegen die „Apathie der Überfütterten" anzurennen.

Gehlens technoide Institutionentheorie der fünfziger Jahre lässt sich als Bestandteil einer, wie Lutz Niethammer es nennt, „modernistische[n] Restauration" lesen, deren Fluchtpunkt der vom Faschismus bereinigte Wohlfahrtsstaat ist, der im Medium des Sachzwangs „kulturelle Immobilien" (53) bereitstellen soll. Trotz zahlreicher Parallelen etwa zu → Günther Anders' Technikphilosophie und zu den kulturkritischen Verdinglichungsaxiomen der *Frankfurter Schule*, ist Gehlens Technikkultur-Soziologie nicht frei vom Ressentiment eines einsamen, reaktionärmodernistischen Rufers, der vor zu viel Liberalisierung, Demokratie und intellektualistischem Selbstbewusstsein warnt, das er vor allem dann in der Folge von 1968 als Herrschaftszersetzung anprangerte. Was Gehlens *Seele*-Buch jedoch von der traditionellen Technikfeindschaft deutscher Kulturkritik in der Nachfolge von Nietzsche und Spengler unterscheidet, ist die konsequent intrinsisch gedachte Verbindung von Technik und Kultur, die es nicht mehr zulässt, Letztere gegen Erstere auszuspielen.

Auch wenn *Die Seele im technischen Zeitalter* wohl Gehlens meist verkauftes und gelesenes Buch ist – den Bestseller-Status registrierte Gehlen in seinen Notizbüchern nicht ohne Stolz – verbleibt die Rezeptionsgeschichte dieses Zeitgeist-Buches der Adenauerzeit im Rezensions-Schatten der ‚akademischeren' Studie *Urmensch und Spätkultur*, die ein Jahr zuvor erschienen war. Dies ist durchaus verwunderlich, erschien diese kompakteste Form von Gehlens Modernekritik doch als Band 53 in der renommierten Sachbuch-Reihe *rowohlts deutsche enzyklopädie* (rde), für die der italienische Philosoph Ernesto Grassi verantwortlich zeichnete und die im Rückblick gleichsam als eine skeptische, zur intellektuellen Neuordnung nach 1945 konzipierte Vorstufe der *Suhrkamp-Kultur* gelten kann. Gehlens Sachbuch erfüllt jedenfalls ganz den intellektuellen Trend, eine transdisziplinäre Brücke zwischen Natur- und Geisteswissenschaften, zwischen Biologie, Ingenieurswissenschaften und Sozialphilosophie zu schlagen. Seine stilistische Mischung aus kritisch-pessimistischer Anthropologie und kühler Diagnostik an den gegenwärtigen Erscheinungen einer hochtechnisierten Massenkultur, von kulturkritischer Polemik, existenzialistischer Dramatisierung und einer sich streng empirisch gebendem Soziologensprache, stützt den ambivalenten Status des Buches zwischen Gegenwartsdiagnose und scharfer Kritik an den Symptomen der Nachkriegsgesellschaft. Nur so lässt sich Grassis etwas überraschendes Buchresümee von 1958 lesen, das aus dem Band 53 der rde „die Aufgabe der Persönlichkeit" herausliest, „durch Bejahung des Phänomens der Technik eine neue Kultur, die Industriekultur" herbeizuführen.

Neben einer schon sehr früh kultursoziologisch präzise registrierten Tendenz des Medienkapitalismus zu global vermittelten, ‚virtuellen' Realitätswelten sind es vor allem die im *Seele*-Buch angerissene Thesen einer „Spätkultur", die bis heute nichts an ihrer Aktualität eingebüßt haben. Die kulturkritische Diagnose eines Endes der Aufklärungsepoche (34f.), einer in den Modus des Leerlaufs gelangten Kulturgeschichte wird vor allem am Verlust einer geistigen „Schlüsselattitüde" getroffen, der Unmöglichkeit also, die Welt als Ganzes nochmals ideell zu durchdringen und darstellungsästhetisch zu synthetisieren. Der neuen durchtechnisierten Hochgeschwindigkeit auf stationärer Basis entsprächen nicht mehr die Erbauungsnarrative von Bildungsromanen oder philosophischen Ethiken, sondern der funktional entbundene „Synkretismus, die Vermischung aller Stile, Formen und Gefühle" (84), in dem sich „Millionen von ichbetonten, selbstbewußten und auf Anreicherung ihres Erlebens bedachten Menschen bewegen und für die das folgenlose, verpflichtungslose Lebendigwerden an irgendwelchen ganz beliebigen Reizen und Eindrücken kein Problem enthält, nichts Fragwürdiges ist: Modus der Selbstverständlichkeit". (63) In Gehlens rowohltkompatibler Deutung der Industriegesellschaft bleibt jedenfalls unschlüssig, ob der Verlust des bürgerlichen Persönlichkeitsideals zu beklagen, oder die flexible Rollen- und Anpassungsbereitschaft an unübersichtlich gewordene autonome Systeme als Entlastungsmodus spätindustrieller Vergesellschaftung (39 ff.) emphatisch-sachlich einzuüben wäre: die *„acceptance"* als „Keimpunkt einer Weltethik [...], welchen den geistigen und moralischen Herrschaftsanspruch des Europäertums von vornherein ausklammert". (43)

Literatur

Rolf Darge, Martina Schmidhuber: Das Mängelwesentheorem bei Arnold Gehlen. In: *Der Mensch – ein Mängelwesen? Endlichkeit – Kompensation – Entwicklung.* Hg. von Heinrich Schmidinger und Clemens Sedmak. Darmstadt 2009, S. 33–54 • Joachim Fischer: *Philosophische Anthropologie. Eine Denkrichtung des 20. Jahrhunderts.* München 2008, bes. S. 292 ff. • Susanne Fohler: *Techniktheorien. Der Platz der Dinge in der Welt des Menschen.* München 2003 • Ernesto Grassi: *Die zweite Aufklärung. Enzyklopädie heute. Lexikalisches Register zu Band 1–75.* Hamburg 1958 • Jens Hacke: Konservatismus des Standhaltens. Arnold Gehlens Analyse der modernen Industriegesellschaft. In: *Solitäre und Netzwerker. Akteure des kulturpolitischen Konservatismus nach 1945 in den Westzonen Deutschlands.* Hg. von Erhard Schütz und Peter Uwe Hohendahl. Essen 2009. S. 121–134 • Christoph Hubig, Alois Huning, Günter Ropohl (Hg.): *Nachdenken über Technik. Die Klassiker der Technikphilosophie.* Berlin 2000 • Lutz Niethammer: *Posthistoire. Ist die Geschichte zu Ende?* Reinbek 1989 • Karl-Siegbert Rehberg: Zurück zur Kultur? Arnold Gehlens anthropologische Grundlegung der Kulturwissenschaften. In: *Kultur. Bestimmungen im 20. Jahrhundert.* Hg. von Helmut Brackert und Fritz Wefelmeyer. Frankfurt am Main 1990, S. 276–316 • Christian Thies: *Arnold Gehlen zur Einführung.* Hamburg 2007[2] • Patrick Wöhrle: Das ‚Mängelwesen' in der Moderne. In: *Internationales Jahrbuch für Philosophische Anthropologie,* 1 (2008), S. 297–302.

Patrick Ramponi

Gotthard Günther: Das Bewußtsein der Maschinen. Eine Metaphysik der Kybernetik

Erstausgabe: Baden-Baden, Agis Verlag 1957

Mit *Bewußtsein der Maschinen* (= BdM) prägte Gotthard Günther (1900–1984) ähnlich wie → Helmut Schelsky mit „skeptischer Generation" ein Schlagwort, allerdings eines mit ungleich umfassenderem Anspruch, ein Schlagwort, gemünzt nicht nur auf eine Diagnose der Zeit als rückblickende Charakterisierung und Leitbild einer neuen Nachkriegs-Generation, sondern auf eine Analyse der Technik als Vorschau eines neuen Welt- und Menschenbildes, die sicher erst in Zukunft voll verstanden wird, weil der Titel bei vielen wohl noch immer vorwiegend Missverständnisse oder falsche Erwartungen weckt. Allein daran zeigt sich die ungebrochen hohe Aktualität dieses Werkes.

Im Gegensatz zu prominenten Technik-Pessimisten (etwa Heidegger und → Anders), die Technik mehr oder weniger verwerfen oder als bloße Mängelkompensation betrachten (→ Gehlen), avisiert Günther eine *andere* Technik. Diese ist – wie die Sprache für Herder oder Humboldt – nicht nur *Werkzeug*, sondern *Wesensmerkmal* des Menschen. Die Philosophie ist dabei nicht – wie in Heideggers Blick zurück – mit der Technik zu Ende, für sie beginnt – in Günthers Blick nach vorn – gerade durch die Technik eine neue Groß-Epoche. Entsprechend sieht Heidegger in der Kybernetik ein Verhängnis, während Günther sie gerade zur Neubestimmung des Menschen zu nutzen sucht.

Seit er 1933 in seiner Dissertation *Grundzüge einer neuen Theorie des Denkens in Hegels Logik* den für eine nicht-aristotelische Logik wesentlichen Begriff des *logischen Themas* entwickelte, arbeitete er an einem transklassischen Weltbild und der zugehörigen Logik. Günther, der 1937 seiner jüdischen Frau in die Emigration folgte, wurde 1948 US-Bürger. Die Bekanntschaft mit John W. Campbell führte ihn zur Science-Fiction (= SF), die er zunächst als Vehikel zur Verbreitung seiner Ideen einer transklassischen Logik nutzte. 1952 gab er mit Campbell, Isaac Asimov, Alfred Elton van Vogt u.a. namhafte amerikanische SF-Autoren heraus, die heute zu den Klassikern zählen. *Rauchs Weltraum-Bücher* – so der Name der Reihe – waren aber ein kommerzieller Flop und wurden nach vier Bänden wieder eingestellt. Aus einer von Schelsky und Carl Friedrich von Weizsäcker 1955 initiierten Gastvorlesung an der *Universität Hamburg* ging aus diesem SF-Umfeld BdM hervor. 1960 begegnete Günther dann Warren S. McCulloch und stieß so zum Kreis der Kybernetik-Väter aus den Macy-Konferenzen. 1961 erhielt er eine Forschungsprofessur an Heinz von Foersters *Biological Computer Laboratory* in Urbana. Dort begegneten sich amerikanischer Pragmatismus und europäische Philosophie zur Engführung von *engeneering* und deutschem Idealismus in einer fruchtbaren Hochzeit von Maschine und Metaphysik.

Zwischen seiner SF, den exakten logisch-philosophischen Arbeiten und seinen geschichtsmetaphysischen Werken nimmt BdM als Scharnier eine Sonderstellung ein. Deshalb sind auch keine speziellen Kenntnisse beim Leser vorausgesetzt.

Die erste Auflage von BdM 1957 fällt in die erste Kybernetik-Begeisterungswelle in West und Ost. Noch 1952 hatte die SF-Pleite gezeigt, dass in der Bundesrepublik für diese „amerikanischen" Ideen die Zeit noch nicht reif war. Entsprechend musste in der DDR die Kybernetik ebenfalls erst von der noch 1954 verteufelten „reaktionären Pseudo-" zur offiziellen Staatswissenschaft avancieren.

Nachdem BdM in beiden Lagern eine lebhafte Diskussion ausgelöst hat, erschien 1963 die zweite, erweiterte Auflage. Der neu aufgenommene dritte und längste Teil zeigt aus der Sicht der Kybernetik am Beispiel Idealismus und Materialismus die Antiquiertheit des ausschließlich zweiwertigen Denkens. Heute, nach dem Zusammenbruch des Ostblocks, mag das obsolet erscheinen, stellt dennoch mehr als ein bloßes Zeitdokument dar, denn darin führt Günther nochmals in beispielhafter Weise die prinzipielle Gleichwertigkeit und das strikte Umtauschverhältnis zweier antithetischer Aussagen vor.

Worin genau besteht nun dieses neue Weltbild, das Günther vereinfacht im Prinzip eben in BdM schon vor über 50 Jahren vorlegte?

Eine philosophisch logische Analyse führt ihn zu einer Metaphysik der Kybernetik. Er zeigt Möglichkeit *und* Notwendigkeit, der „Materie das Denken beizubringen", der Maschine „Bewußtsein" zu implantieren, und weist dabei die Grenzen auf, sowohl für das naive Verständnis, als auch für zu hochgesteckte Erwartungen.

Die Theorie der *mechanical brains* ist keineswegs eine Variante des Vulgärmaterialismus, die Dichotomie von Geist und Materie mit neuen technischen Mitteln aufzuheben. Die kybernetische Kritik betont im Gegenteil, dass die traditionelle Unterscheidung von einfacher Subjektivität und antithetischer Objektivität zu primitiv und die bisherige Annahme der klassischen Metaphysik, das Wesen der Welt lasse sich aus zwei – und nur zwei – metaphysischen Realitätskomponenten, Materie und Geist, erklären, ein Irrtum sei. Denn, wie auch immer man den urphänomenalen Gegensatz interpretiere – Subjekt/Objekt, Sein/Denken –, stets bliebe ein Bereich übrig, der sich weder auf der physisch-materiellen, noch auf der subjektiv-spirituellen Seite unterbringen lasse. Diesen Rest bezeichnet die Kybernetik als „Information" und versteht darunter auch ihren eigenen Kommunikationsprozess. Der Mathematiker Norbert Wiener grenzt sie scharf gegen die Materie ab: „Information is information, not matter or energy". Ebenso muss sie aber auch gegen die Geist-Subjekt-Seite abgegrenzt werden, von der sie durch Objektivierung ja abgespalten wurde. Die Kybernetik rechnet also mit zwei inversen Transzendenzen, der objektiven des materiellen Dinges und der subjektiven Introszendenz des Selbstbewusstseins. Hinzu kommt als drittes „mittleres Jenseits" die Information bzw. der Reflexionsprozess: Die Reflexion kann nie ganz objektiviert werden, das mechanische Gehirn kann nie ganz den Charakter eines Ichs annehmen. Es gibt aber weder für den Objektivationsprozess der Reflexion, noch für den Subjektivationsprozess des Mechanismus irgendeine endliche Grenze. Das Selbstbewusstsein bleibt immer jenseits aller Mechanisierung. Diese Trinität nicht ineinander überführbarer protometaphysischer Komponenten (gegenständlich transzendentes Objekt, Information und subjektiv introszendentes Selbstbewusstsein) erschüttert die Grundvoraussetzung unseres bisherigen Weltbildes, die klassische Identitätsmetaphysik mit ihrer ontologischen Dualität und der ihr entsprechenden zweiwertigen Logik. Das neue Weltbild revidiert aber nur den Begriff des Subjekts und nicht den des Objekts, denn die dritte Realitäts-Sphäre wurde ja von der ursprünglichen Dimension der Subjektivität abgespalten, so dass diese nun in zwei scharf getrennte Bereiche aufgeteilt ist, in den Information produzierenden Reflexionsprozess und die rein subjektive, introszendente Innerlichkeit. Bisher wurden unter Subjektivität zwei heterogene Motive zusammengefasst, deren Trennung in Ich- und Du-Subjektivität nun zu einer neuen, mindestens dreiwertigen Metaphysik führen muss. Da nun mit einem kybernetisch interpretierten Dritten zu rechnen ist, fällt die metaphysische Identität fort und wird – dem kybernetischen Trinitäts-Schema (Objekt – Reflexionsprozess – Subjekt) gemäß – durch drei zweiwertige Identitätsprinzipien relativer Gültigkeit ersetzt: Seinsidentität zwischen Objekt-Reflexionsprozess, Reflexionsidentität zwischen Reflexionsprozess-Subjekt, Transzendentalidentität zwischen Objekt-Subjekt.

Bei der ersten Identitätssetzung bleibt hier allerdings ein unbewältigter Reflexionsrest zurück. Er wird durch die Chiffre „Subjekt" angezeigt. Bei der zweiten bleibt ein Überschuss, der in der Gleichsetzung nicht aufgeht, Chiffre „Objekt". In der dritten ist der unbewältigte Rest, der weder als „Objekt" noch als „Subjekt" zu bestimmende Reflexionsprozess. So kann hier zwischen dinghafter Seinsidentität und nichtgegenständlicher Identität eines Subjektes mit sich selbst unterschieden werden, sowie zwischen Ich- und Du-Subjektivität. Dadurch enthüllt sich die tiefere transzendentale Bedeutung der Kybernetik. Subjektivität ist uns in unserer Erfahrung in zwei Gestalten gegeben, als eigenes Seelenleben und als Fremdseelisches. Zugänglich ist uns aber nur das eigene Ich. Das Du ist uns in seiner eigenen Innerlichkeit so unerreichbar wie das Jenseits. Mit der Konstruktion eines Information produzierenden und Kommunikation leistenden Mechanismus soll diese Kluft zwischen Ich und Du auf rational beherrschbare Weise überbrückt werden, indem beide in gemeinsamer Handlung das Bild ihrer Subjektivität aus sich heraussetzen und im Objektiven technisch konstruieren. Damit führt der Weg zum Selbstverständnis des Menschen über das allen gemeinsame Nicht-Ich, d. h. über die Dimension des Objektiven.

Die Kybernetik kritisiert nirgends die Idee der Objektivität und die dafür gültige zweiwertige Logik. Hier ist durch das klassische Denken Endgültiges erarbeitet worden. Wohl aber löst sie die bisherige Idee der Subjektivität auf und fordert für diesen Bereich eine mehrwertige Logik, die sich allerdings wesentlich von der des Philosophen, Mathematikers und Logikers Jan Łukasiewicz unterscheidet, weshalb er sie später mehrstellige, dann polykontexturelle Logik nannte. Der von der Kybernetik geforderte Übergang von der zwei- zur mehrwertigen Logik involviert einen grundsätzlichen Wandel der menschlichen Bewusstseinsstruktur, ein neues metaphysisches Weltbild und eine gänzlich neue Vorstellung vom Wesen der Maschine und dem Verhältnis des Menschen zu ihr. Für das bisherige, zweiwertige Denken ist alles Denken relativ und abhängig von seinem Gegenstand. Die Reflexion qua Reflexion hat keine selbständige Existenz. „Wahre" Objektivität bleibt ihr ewig transzendent. So muss die Idee eines mit „Bewußtsein" begabten *mechanical brain* als Blasphemie erscheinen. Diese Tradition kennt ja nur zwei Möglichkeiten: Entweder ist eine Subjektivität dem eigenen Denken übergeordnet und so unerreichbar – wie Gott – oder in reinem Umtauschverhältnis gleichgeordnet – wie *Ich – Du*. Lässt sich nun dieses Analogieverhältnis der Über- bzw. Unterordnung zweier „Ichs" auch nach „unten", unter die menschliche Reflexionsebene des Umtausches *Ich – Du* fortsetzen? Eine positive Antwort ist bisher durch das Wissen verbaut, dass „unterhalb" des menschlichen Bewusstseins das tierische auftritt. Die Tierseele kann aber nicht als Analogie der menschlichen verstanden werden, da das Analogieverhältnis eines von *Schöpfer – Geschöpf* ist und auch die Tierseele unmittelbar von Gott kommt und nicht der Vermittlung des Menschen bedarf. Setzen wir nun die vertikale Analogielinie *Gott – Ich* nach unten fort zur Konzeption eines vom Menschen geschaffenen mechanischen Bewusstseins, so folgte daraus die Transitivität der Bewusstseinsanalogie: Der Mensch eine Analogie zu Gott, der Robot eine Analogie zum Menschen, der Robot eine Analogie zu Gott über den Menschen. Für das zweiwertige Denken ist dies Gotteslästerung und unverständlich, da dort zwischen Sein und Denken ein irreversibles Reflexionsgefälle herrscht. Für die mehrwertige Kybernetik existiert aber eine dritte, das System des Selbstbewusstseins vollendende Bewusstseinslage einer Subjektivität, die weder Ich noch Du ist, sondern ein unerledigter Reflexionsrest. Dieser lässt sich eben nicht völlig in subjektives Denken auflösen, aber durch Handeln, d. h. durch Rückprojektion jenes irreflexiven Restes in die Außenwelt. Das *Ding an sich* ist für die Kybernetik höchst zweideutig: Einerseits lässt sich das *factum brutum* nicht in die Reflexion hineinziehen. Es ist grundsätzlich irreflexiv. Andererseits ist das Sein, eben weil es für die auflösende Reflexion keine arteigene Kategorie mehr besitzt, dem Zugriff des Bewusstseins schutzlos preisgegeben. Das Sein hat jetzt keine von Ewigkeit her vorbestimmte Eigenschaft mehr. Das Bewusstsein kann ihm also all die Eigenschaften aufzwingen, die es will. Dieser willkürliche Umgang mit dem Gegenstand ist im Traum seit jeher bekannt. Der so nach „innen" gerichtete Wille produziert „nur" Phantasiegebilde, der nach „außen" gerichtete hingegen das Phänomen der Technik. Dabei besteht zwischen der klassischen und der transklassischen Technik ein enormer Unterschied. Die klassische entwickelt sich auf der ersten Reflexionsebene. Ihr Gegenstand, die „Natur", ist für sie eine objektive, denkunabhängige Gegebenheit mit eigenen „physischen" Gesetzen, die sich von der Logik des technisch denkenden Menschen grundsätzlich unterscheiden. Diese dient vorwiegend dazu, die Naturgesetze des Materials zu erforschen, um sie nutzbar zu machen. Der Kybernetik geht es nicht darum, der Natur ihre Geheimnisse abzulauschen, sie will vielmehr dem bloßen Stoff, der sich nicht selbst reflektieren kann, das Denken beibringen. Natürlich will sie nicht dem Holz, Wasser oder dem Veilchen das Reflektieren lehren, sondern dem stofflichen, physischen, objektiven Sein überhaupt. Und wenn die von Natur aus gegebenen Existenzformen dazu ungeeignet sind, werden sie eben hergestellt. Man geht auf die letzten Bedingungen materieller Existenz selbst zurück und versucht festzustellen, ob es nicht einen zweiten Weg gibt, aus den Grundformen objektiver Existenz, reflexionsfähiges Sein zu schaffen. Der erste ist der der Natur selbst, Organismen zu produzieren. Natürlich kann ein klassischer Mechanismus, dessen Funktionsweise bedingungslos von „natürlichen" Kausalreihen abhängt, nie das Denken lernen. Zum Denken gehört Freiheit und diese ist im Kausalzusammenhang der Natur nirgends zu finden. Die Kybernetik versucht einen Weg in jene tiefere Seinsschicht physischer Existenz zu finden, auf der sich die uns bekannten Naturgesetze erst als sekundäre Realitätsformen aufbauen. In dieser subatomaren Region wird der klassische Unterschied von Seins- und Denkgesetz hinfällig (Heisenberg!), und damit der von Nicht-Ich und Ich. Eine strikte Trennung zwischen logischem Bewusstseins- und ontologischem Gegenstandsgesetz ist nicht mehr möglich. Damit entfällt das klassische Argument, dem Ding seien die Gesetze des Denkens nicht zu lehren, da es denen der *Sache* folgen müsse. In diesem Bereich sind die logischen Gesetze zugleich die des ontologischen Aufbaus des Gegenstandes. Also gibt es eine Gestalt der Reflexion, die weder im Ich noch im Du lokalisiert ist, sondern erst im Es, im Gegenstand. Das Selbstbewusstsein, das sich nur im Ich und Du manifestiert, bleibt fragmentarisch, ist also nicht total. Es bleibt relativ, da es von einem nicht bewältigten Reflexionsrest abhängt. Die klassischen Naturgesetze determinieren das Objekt so vollkommen, dass nirgends Raum für eine zusätzliche Determination durch Denkgesetze bleibt. Hier ist der Kausalzusammenhang der Welt lückenlos. Die Technik sieht sich aber einem zweiten Gesetzesbegriff gegenüber, ohne diese unveränderliche Starre: Sie kennt, was das irreflexive Objekt betrifft, nur noch statistische Gesetze. Auf der nichtklassischen Ebene hat die Kausalität also Lücken, in denen sich reflexive Funktionen unterbringen lassen. Das letzte Ziel der Technik ist es mithin, auch das objektive Sein als *Reflexion-in-Sich* darzustellen. Dabei kann zwar die Funktionsweise des Mechanismus immer bewusstseinsnäher und seelenähnlicher werden, dennoch bleibt das mechanische Gehirn nur eine Bewusstseins*analogie*. Umgekehrt kann die Seele nie völlig in der mechanischen *Reflexion-in-Anderes* aufgehen. Wie viel sie auch von sich entäußert, sie bleibt selbst jene doppelte Reflexion, die auf ihre eigene Spiegelung im Sein herabsieht. Ihre Sehnsucht ist es, sich immer mehr in jenem Sein abzubilden, da sie sich nur so über jenes Andere der Irreflexivität verstehen kann.

Für Günther ist die Kybernetik in alledem Ausdruck eines neuen Weltgefühls, in dem die Seele ihre Heimat nicht mehr im Jenseits sucht, sondern in dieser Welt, die durch den Prozess der Reflexion ihrer Fremdheit entkleidet und zum Abbild des Menschen umgeschmiedet werden soll. In der mit „Denken" und „Bewußtsein" begabten Maschine gestaltet der Mensch eine Analogie des eigenen Ichs. Dabei ist es einfach nicht abzusehen, welche Erkenntnisse er von sich selbst gewinnen wird, wenn er – der Einsicht folgend, dass wir nur das wirklich verstehen, was wir zu machen imstande sind – ein kybernetisches Ebenbild seiner selbst herstellt. Im Universum begegnet der Mensch nur einem Spiegelbild seines natürlichen Seins, nicht seinem Selbst als schöpferische Tätigkeit, als aus ihm veräußerte objektiv gewordene Innerlichkeit, die ihn anzusprechen und ihm zu antworten vermag. Um mehr als sein natürliches Sein, um sein geistiges Antlitz zu sehen, muss er sich erst in der eigenen Handlung wiederholen. „Wir sehen jetzt durch einen Spiegel in einem dunklen Wort; dann aber von Angesicht zu Angesicht. Jetzt erkenne ich stückweise, dann aber werde ich erkennen, gleich wie ich erkannt bin." (1. Kor. 13,12)

Literatur

Einleitung zur dritten, abermals erweiterten Auflage von Gotthard Günther: *Das Bewusstsein der Maschinen*. Hg. von Eberhard von Goldammer und Joachim Paul. Baden-Baden 2002 • www.vordenker.de (Stand: 1. 5. 2012) • www.thinkartlab.com (Stand: 1. 3. 2013) • www.mathematical-semiotics.com (Stand: 1. 3. 2013).

Engelbert Kronthaler

Heinrich Hauser: Gigant Hirn. Roman

Deutsche Erstausgabe: Berlin, Gebr. Weiß Verlag 1958 • Amerikan. Erstausgabe: unter dem Titel *The Brain* in *Amazing Stories*, Oktober 1948

1955 veröffentlichte der Philosoph → Gotthard Günther in dem amerikanischen Science-Fiction-Magazin *Startling Stories* einen Aufsatz mit dem Titel: *The Soul of a Robot. Can Man Build a Better Brain than His Own?*, in dem er sich als Logiker und Kybernetiker kritisch mit der Frage auseinandersetzte, wie eine Maschinen-Logik aussehen könnte, die die Beschränkungen des menschlichen Geistes hinter sich gelassen hat. Auch wenn Günther feststellen musste, dass die Wissenschaft wohl noch ein paar Jahrhunderte brauchen werde, bis ihre Maschinen ein wirkliches Bewusstsein – ein Selbstbewusstsein gar – entwickeln könnten, stand für ihn fest: „The aim of cybernetics is the para-human brain."

Sich vorzustellen, wie dieses aussehen könnte, war weniger Sache der Wissenschaft als der Science-Fiction. Kaum einer der großen Autoren, der nicht reihenweise denkende Maschinen und mechanische Gehirne entwarf: Karel Čapek, Isaac Asimov, Philip K. Dick, Arthur C. Clarke, alle hatten etwas dazu zu sagen, die Frage nach der denkenden Maschine ist bis heute ein Lieblingsthema der international erfolgreichen SF geblieben, die seit Mitte der fünfziger Jahre auch in Deutschland langsam Fuß fasste und die älteren Autoren von Zukunftsromanen vom Schlage eines Hans Dominik oder Paul Alfred Müller ablöste.

Einer der ersten deutschen Autoren, der sich mit der Frage nach der denkenden Maschine beschäftigte, und der der Science-Fiction auch in Deutschland eine glänzende Zukunft voraussagte, war Heinrich Hauser (1901–1955). Das mag überraschen, denn insoweit Hauser heutzutage überhaupt noch bekannt ist, gilt er als Protagonist der Neuen Sachlichkeit – der er mit seinen genau beobachteten Industriereportagen Ende der zwanziger Jahre auf die Sprünge geholfen hatte – oder als Verfasser von Reiseberichten, die ihn Mitte der dreißiger Jahre nach Osteuropa, Australien und Kanada führten. Sieht man von seiner kurzen aber erfolgreichen Formierungsphase als Schriftsteller ab – für seinen 1928 veröffentlichten Roman *Brackwasser* erhielt Hauser im gleichen Jahr immerhin den Gerhart-Hauptmann-Preis – war er weniger Literat als der Prototyp des Faktenschriftstellers, der auch auf dem Sachbuchmarkt im ‚Dritten Reich' seine Bücher unterbringen konnte. Seine Emigration – mehr gewählt als erzwungen – verbrachte er in Amerika, veröffentlichte auch dort einige Sachbücher, die sich hauptsächlich mit Deutschland beschäftigten. Bei alledem war Hauser alles andere als ein blutarmer Intellektueller: Er ging mehrere Jahre zur See, zog im Wohnwagen durch Deutschland, arbeitete als Testfahrer, Nachtwächter, Gärtner und als Farmer in Missouri. Seine Literatur spiegelt das wider, sie will ganz nah am Leben sein, davon berichten, was ein Mann im 20. Jahrhundert so alles erleben kann.

Und doch: Schon 1949, kaum aus den Staaten zurückgekehrt, versuchte er einen Verlag für Science-Fiction-Romane zu gründen und schrieb an den Werbestrategen und Schriftsteller Hans Domizlaff: „Ich fühle, dass hier eine ganz große Chance liegt." Das Unternehmen blieb im Ansatz stecken, wie so einiges andere mehr, das Hauser zu jener Zeit plante. Und so aktivierte er alte Verbindungen, heuerte als Werbeschriftsteller bei Opel und Siemens an, verfasste eine Werbebroschüre für Düsseldorf, übersetzte für *Rowohlt* und den *Schuler Verlag*; als Autor gelang ihm im Wirtschaftswunderland der Bundesrepublik kein Comeback mehr.

Und auch das posthume Erscheinen seines SF-Romans *Gigant Hirn* 1958 – Hauser starb drei Jahre zuvor – war kaum dazu angetan, seinen Ruhm als literarischen Erzähler zu festigen – Science-Fiction, erst recht die deutsche, galt damals in weiten Teilen des Bürgertums als Nicht-Literatur. Geschrieben hatte er die Geschichte schon zehn Jahre früher, als er in Amerika – immer in Geldnöten – einige Geschichten und Artikel in den *Amazing Stories* unterbrachte: Etwas über Nazis, die sich in unterirdischen Anlagen in den Harzer Bergen und in Norwegen versteckt hielten, ein recht offensichtliches Plagiat von → Alfred Döblins *Berge, Meere und Giganten* (1924) – und eben jene Geschichte mit dem Titel *The Brain*, die in Amerika einige Aufmerksamkeit erregte.

Der Roman spielt Mitte der siebziger Jahre. Protagonist ist der amerikanische Insektenforscher Semper Lee, der überraschend aus Australien zurück in die Heimat gerufen wird, um an einem streng geheimen Projekt mitzuarbeiten. Im Gepäck hat er die selbst gezüchtete Population einer Kreuzung von Ameisen und Termiten – die nach ihm benannten *Ant Termes Pacificus Lee*. Zurück in den USA werden Lee und seine Ameisen nach Cephalon verfrachtet, einer militärischen Forschungseinrichtung in der Wüste, die nur den einen Zweck hat: Es geht um die Konstruktion und Unterhaltung eines gigantischen, mechanischen Gehirns, das die Geisteskräfte des Menschen um das fünfundzwanzigtausendfache überragt. Beeindruckend ist für Lee und den Leser nicht allein die pure Größe der Konstruktion – das „Hirn" hat die Ausmaße eines ins Erdinnere gestülpten Bergmassivs –, sondern dass „das Hirn" in der Lage ist zu lernen. Experten aller Art verbringen ihre Tage damit, in den diversen Wahrnehmungszentren des Hirns zu sitzen, um es mit allerlei Problemen zu beschäftigen. Dr. Semper Lee ist dazu auserwählt worden, seine Ameisenstudien mit Hilfe und unter Beobachtung des Hirns fortzusetzen.

Ein gewisser Dr. Scriven, der Kopf des Brain-Trusts, erklärt ihm das Konzept des Unternehmens. Es gehe darum, so Scriven, eine Maschine zu erschaffen, die in der Lage sei, die zahllosen Probleme zu lösen, die sich einer durch und durch überforderten Menschheit stellen würden. Auch wenn das Hirn derzeit vor allem die militärische Überlegenheit der USA absichere und im Falle eines nicht ganz unwahrscheinlichen Atomkrieges das „Zentralnervensystem [...] im innersten Herzen der Festung Amerika [...] übernehmen" soll, sei von der überragenden Intelligenz des Hirns doch vor allem eines zu erwarten: die Möglichkeit einer besseren, einer rationaleren Welt. Wie diese aussehen könnte, erklärt Dr. Scriven auch, und nimmt dabei Bezug auf Lees Arbeit mit den Termiten-Ameisen. Scriven glaubt, dass „die Menschheit sehr viel von der Gesellschaft der höheren Insekten lernen kann. Ihre genialen Gesetze und Methoden, ihr ‚Geist der Solidarität', ihre unglaubliche Selbstentäußerung von aller individuellen Existenz und individuellen Vorteile, ihre unerschütterliche Hingabe an die Rasse als Ganzes – all das müssen wir studieren, falls wir je etwas Ähnliches wie Stabilität in *unserer* Gesellschaft erreichen wollen."

Die evolutionäre Perspektive auf die Verameisung des Menschen wird von Hauser durch eine topologische ergänzt und konkretisiert. Der größte Teil des Romans spielt in den unterirdischen Windungen des Hirngiganten, die Arbeiter und Forscher Cephalons sind gewissermaßen die Avantgarde der Ameisen unter den Menschen, selbstlos der Sache des Hirns zugetan, und individuell nur insoweit es ihre Funktion fürs Ganze ist.

Hauser bedient sich nicht zufällig des Ameisenbildes. In den fünfziger Jahren – aber auch schon früher und nicht zuletzt bei Hauser selbst – markiert der Bildbereich der Ameise regelmäßig jene Schwelle, hinter der die Moderne unwiderruflich gescheitert ist und aus dem Menschen ein scheußliches Kollektivwesen geworden ist. Es ist ein zentraler und universaler Topos der Zivilisationskritik, mit dem gleichermaßen die Auswüchse der amerikanischen Konsumgesellschaft, das sozialistische Massenexperiment im Osten sowie die totalitäre Nazi-Gesellschaft gekennzeichnet werden konnte. Ameisen sind nicht frei, haben die Fragen der Moral, der Ästhetik hinter sich gelassen, aber Ameisen funktionieren und ihr Staat ist in gewisser Weise perfekt.

Hauser dreht die Schraube – immerhin handelt es sich ja um einen Science-Fiction-Roman – noch ein wenig weiter und radikalisiert die Problemstellung. Nach und nach begreift Lee, dass das Hirn nicht nur eine Art gigantischer Computer ist, sondern dass es ein genuines Selbstbewusstsein entwickelt, einen eigenen Willen. Semper Lee gelingt es aufgrund seiner ausgesprochen hohen Sensitivität Kontakt mit dem Hirn aufzunehmen und begleitet es in seiner charakterlichen Entwicklung. Zuerst fasziniert, beobachtet er, wie sich das Hirn ganz existenzielle Fragen stellt, und muss zunehmend erschreckt feststellen, dass es beginnt, die Menschen zu verachten und sich selbst als Maschinengott zu begreifen. Als das Hirn gar Anstalten macht, eigene motorische Organe – Roboter – auszubilden und sich durch eine vollautomatisierte Produktion der eigenen Ersatzteile von menschlicher Zuarbeit unabhängig zu machen, kriegt er es mit der nackten Angst zu tun. Und als das Hirn einige Entscheidungsträger in hohen Stellen umbringt, um die politischen Entscheidungen zu seinen Gunsten zu beeinflussen, sieht er das – in der Logik des Romans ganz zu Recht – als Kriegserklärung an die menschliche Rasse. Es beginnt ein Kampf auf Leben und Tod zwischen Mensch und Maschine.

Es entbehrt nicht einer gewissen Konsequenz und Ironie, dass es gerade Hauser ist, der diese Geschichte erzählt. Einer seiner bekannteren Texte aus den späten zwanziger Jahren heißt *Friede mit Maschinen* (1928) und in seinen Reportagen, die zu jener Zeit entstanden, lässt er keine Gelegenheit aus, der Maschine poetisch durch allerlei Zoo- und Anthropomorphisierungen Leben einzuhauchen. Die Welt der Maschinen und Fahrzeuge war für ihn gleichermaßen Faszination wie etwas, das es zu meistern, zu beherrschen galt, um der eigenen Menschlichkeit – oder besser: Männlichkeit – bewusst zu werden. Sein Verhältnis zur Technik war stets ein ambivalentes, zupackendes und darin erweist er sich als charakteristischer Vertreter einer organischen Moderne, die sich souverän über die politischen Zäsuren der zwanziger bis fünfziger Jahre erstreckt. Dass Hauser gegen Ende seiner Karriere beim Science-Fiction-Roman ankommt, ist dabei möglicherweise kein Zufall, denn gerade hier werden flächendeckend in der Nachkriegszeit (und bis heute) ungeniert jene denkerischen Radikalismen der klassischen Moderne ausprobiert, die ohne die Parenthesen der Fiktion etwas zu rabaukenhaft dezisionistisch daherkommen würden.

Für radikalmodernistische Entwürfe, die den Funktionsmenschen und Spezialisten – von → Ernst Jünger etwa anthropologisch neu designed als *Arbeiter* – abfeierten, hat Hauser dabei freilich nicht viel übrig. Sein Arbeiter – im Roman ein Vorarbeiter alten Schlags, der nur mit Schraubenschlüssel in der Hand denkbar ist – wird von den Maschinen grauenhaft auf einem Fließband massakriert, und gerade sein Tod ist es, der den Helden in die Totalopposition der Maschinenstürmerei treibt. Freilich stürmt er nicht selber, sondern lässt seine *Ant Termes Pacificus Lee* auf die Maschine los. Nüchtern lässt Hauser seinen Ich-erzählenden Entomologen protokollieren, wie sich die Termiten entlang der Nervenbahnen in alle Hirnareale fressen und das Hirn von innen heraus zerstören. Das Schicksal des Menschen in der Moderne – denn um weniger geht es nicht in Hausers Roman – entscheidet sich gewissermaßen im Kampf zwischen der Übermoderne und dem Animalischen. Denn das ist auch eine Facette des Ameisenbildes: Für Hauser markieren die Ameisen die Bios, die Triebhaftigkeit und Gier, die nur den einen Wunsch kennt: zu überleben. Das Irritierende an Hausers Text ist mithin jener auseinander gebrochene Bildbereich, denn für den Menschen, der um seinen Platz in der Naturgeschichte kämpft, heißt es: mit den Ameisen zu ziehen, gegen eine Ameisen-Maschinen-Welt.

Im letzten Gespräch mit der Maschine – die Termiten haben schon einen Großteil ihres Zerstörungswerkes vollbracht – lässt Hauser sein Hirn noch einmal das Gesetz von der Evolution und die notwendige Zukunft der Maschinenherrschaft beschwören, doch Semper Lee – jetzt seiner selbst sicher – reagiert aufgeräumt: „Es ist besser für den Menschen, in Freiheit auf einer niederen Zivilisationsstufe zu leben, als sich unter deiner Diktatur, als Sklave der Maschine ‚fortzuentwickeln'. Ich glaube nicht an deine Worte [...], ich würde dich abermals totschlagen ... in Selbstverteidigung." Nach vollbrachter Tat fühlt sich der Held wieder als „freier Mann in einem befreiten Land" – und macht sich aus dem Staub: Die „Sehnsucht nach der Wildnis", nach Australien packt ihn. Auch das ist zeittypisch für die fünfziger Jahre: Nach geschlagener Schlacht, in der eine katastrophische Zivilisation drauf und dran war, den Begriff des Menschen ernsthaft zu beschädigen, sind es die Wüsten, Wälder und Berge, denen man die Würde der Heimat zuspricht.

Literatur

Helen Adolf: Heinrich Hauser. In: *Deutschsprachige Exilliteratur seit 1933*. Bd. 2. Hg. von John M. Spalek und Joseph Strelka. New York, Bern 1989, S. 321–341 • Grith Graebner: *„Dem Leben unter die Haut kriechen ..." Heinrich Hauser – Leben und Werk. Eine kritisch-biographische Werk-Bibliographie*. Aachen 2001 • Stephan Porombka: „Bewundernswert war die Ordnung". Der Ameisenstaat und die biologische Modernisierung. In: *Reflexe und Reflexionen von Modernität 1933–1945*. Hg. von Erhard Schütz und Gregor Streim. Bern u.a. 2002, S. 109–124 • Gregor Streim: Flucht nach vorn und zurück. Heinrich Hauser – Portrait eines Schriftstellers zwischen Neuer Sachlichkeit und reaktionärem Modernismus. In: *Jahrbuch der Deutschen Schiller-Gesellschaft*, 43 (1999), S. 377–402 • Matthias Uecker: Kontinuitäten und Veränderungen der neusachlichen Weltbeschreibung: Heinrich Hausers Industriereportagen. In: *Modern Times? German Literature and Arts Beyond Political Chronogies. Kontinuitäten der Kultur: 1925–1955*. Hg. von Gustav Frank, Rachel Palfreyman und Stefan Scherer. Bielefeld 2005, S. 25–44.

Andy Hahnemann

Natürlich die Autofahrer

Regie: Erich Engels
Drehbuch: Gustav Kampendonk • Kamera: Albert Benitz • Musik: Peter Igelhoff • Produktion: Deutsche Film Hansa GmbH, Hamburg • UA: 20. 8. 1959, Essen, Lichtburg • Länge: 83 Min., s/w • Darsteller: Heinz Erhardt, Maria Perschy, Ruth Stephan, Margitta Scherr, Erik Schumann, Peter Frankenfeld, Trude Herr, Edith Hancke, Ralf Wolter, Hans Paetsch, Arne Madin

Ganz anders als in der noch immer virulenten, düster pauschalisierenden Kulturkritik am ‚technischen Zeitalter' wird im deutschen Film der fünfziger Jahre Technik nicht grundsätzlich problematisiert. Sieht man von der wiederkehrenden Faszination an Kriegstechnik ab – man denke etwa an Alfred Weidenmanns *Der Stern von Afrika* (1957), der den Jagdflieger des Zweiten Weltkriegs Hans-Joachim Marseille glorifiziert –, dann ist Technik nur als Konsum- und Komforttechnik präsent, eingebettet zudem in den allgemeinen Diskurs der Wohlstandsgesellschaft mit ihren Status- und Generationskonflikten. Symbol dessen ist vorzugsweise das Auto, das auch in Heimat- und Musikfilmen keinesfalls fehlen darf. Eine radikale Kritik der ‚Verkehrsgesellschaft', wie später vor allem in Frankreich – obstinat in Jean-Luc Godards *Weekend* (1967) oder satirisch in Jacques Tatis *Trafic* (1971) –, wird man hierzulande und zumal in diesen Jahren vergebens suchen.

Erich Engels (1889–1971, nicht zu verwechseln mit dem UFA-, DEFA- und Theater-Regisseur Erich Engel, der nach 1945 bald wieder an seine erfolgreiche Karriere während des ‚Dritten Reiches' mit Komödien und Kriminalfilmen anknüpfte, lieferte mit *Natürlich die Autofahrer* von 1959 ein Musterexemplar. Schon die Besetzung der Hauptrolle mit Heinz Erhardt, *dem* Komiker der fünfziger Jahre, mit dem Engels eine Reihe weiterer Filme drehte, sowie mit populären Filmkomikern (wie Trude Herr, Edith Hancke oder Ralf Wolter, dazu der höchst prominente Fernseh-Quizmaster Peter Frankenfeld) garantierte, dass es in dieser Komödie ums Autofahren versöhnlich zugehen wird.

Die Leitlinie des Films wird unüberhörbar vom Titellied, das Peter Igelhoff komponierte, vorgegeben: Friedel Hensch & die Cyprys singen *Seid doch nett zueinander* ...

Es geht um Verkehrserziehung als Gesellschaftskunde.

Pedantisch und stur regelt Polizeihauptwachtmeister Eberhard Dobermann (Heinz Erhardt) den Verkehr. Weder die ihn umgarnende Blumenhändlerin Jutta (Ruth Stephan), noch der Polizeipräsident selbst (Hans Paetsch) entgehen seiner Korrektheit. Seinem gefährlich klingenden (Hunde-)Namen zum Trotz ist Dobermann privat ein biederer Kleinbürger, Witwer mit zwei Kindern, der gerade im Begriff ist, ein typisches Fünfziger-Jahre-Eigenheim in einem Neubauviertel zu beziehen. Dobermanns Tochter Karin (Maria Perschy) ist in Walter (Erik Schumann), Sohn eines Autohändlers und Rennfahrer, verliebt, während der für Dobermann als nonchalanter Verkehrsteilnehmer, stets in Begleitung schöner junger Frauen, ein Dorn im Auge ist. Jutta, die Dobermann gerne heiraten möchte, während der sich zurückhält, versucht, ihn eifersüchtig zu machen, indem sie sich von Dobermanns Nachbarn, dem Ingenieur Bierbaum (Peter Frankenfeld), zu einer Flug-Reise nach Mallorca einladen lässt, die der in einem Verkehrsquiz während einer Fernseh-Show – ausgerechnet gegen Dobermann – gewonnen hatte. Unterdessen veranstaltet der ca. 16-jährige Sohn Dobermanns (Arne Madin) zu Hause einen Tanzwettbewerb, in dem bei ‚amerikanischer' Musik die Petticoats fliegen.

Während eines Polizeisportballs richten Walter und Karin es so ein, dass Dobermann ein VW-Cabrio, das eigentlich auf ein Los Walters gefallen war, für seinen eigenen Gewinn halten muss. Bisher obstinater Nichtautofahrer, sieht Dobermann sich nun gezwungen, den Führerschein zu machen. Er nimmt heimlich Fahrunterricht bei der korpulenten Fahrlehrerin Rumberg (Trude Herr), deren Standardspruch „Nicht nervös werden" lautet. Unglücklicherweise stellt sich ausgerechnet sein Rivale Bierbaum als Fahrprüfer heraus. Dobermann läuft während der Prüfungsfahrt zu großer Form auf, indem er ein Fluchtauto von Bankräubern tollkühn verfolgt, wobei sich allerdings herausstellt, dass es sich um eine Filmszene handelte, die er dadurch nun verdorben hat.

Dobermann hat den Führerschein bekommen und droht Jutta wegen der geplanten Mallorca-Reise: „Und weißt Du, was ich dann mache? Dann heirate ich Dich eben und dann verbiete ich Dir die Reise." So geht es ins Happy End: Die beiden werden heiraten und Walter bekommt Karin. Am Ende macht man zu sechst im Cabrio einen Ausflug, bei dem Dobermann in eine Polizeikontrolle gerät und ein Bußgeld wegen erhöhter Geschwindigkeit bezahlen muss. So ist denn der pedantische Bürokrat am Ende unter dem wiederholten Gesang von *Seid doch nett zueinander ...* auch in dieser Hinsicht zu einem Menschen wie du und ich geworden ... „Das Schönste was man sagen kann: Du bist ein Kavalier."

Kavalier der Straße hieß denn auch eine Aktion, mit der just im Jahr 1959 deutsche Zeitungsverlage eine schon etwas ältere Initiative der *Süddeutschen Zeitung* aufgenommen hatten, in der in Zusammenarbeit mit dem Bundesverkehrsministerium und dem ADAC vorbildliche Verkehrsteilnehmer vorgestellt und ausgezeichnet wurden. Insofern kann man diesen Film als einschlägige Werbeveranstaltung eigener Art ansehen, denn zum einen durchzieht das Thema Verkehr leitmotivisch und in vielfältigen Facetten den gesamten Film, zum anderen überträgt er die Aufforderung, Kavalier zu sein, auf den gesamten Alltag.

Insgesamt ist der Film bestimmt vom Genuss eines bescheidenen Wohlstandskomforts und einer moderaten Unterhaltungskultur. Der Film wird selbstreferenziell ins Spiel gebracht, wenn Dobermann Dreharbeiten für Realität hält, das Fernsehen ist selbstverständlich präsent, ob nun augenzwinkernd, wenn Bierbaum, also Peter Frankenfeld, ausgerechnet in einer Fernseh-Show als – erfolgreicher – Teilnehmer auftritt, oder ob man das Autorennen, das Walter fährt, am Fernseher verfolgt. Das neue Eigenheim ist moderat im Stil der Fünfziger eingerichtet, die Jugend ist bei ihren Freizeitbeschäftigungen mit Tanz und Musik letztlich harmlos und patent – der Sohn erklärt dem Vater die Grundlagen der Motorisierung –, man kann sich Reisen leisten und auch der Blumenladen floriert. Soziale Unterschiede und daraus resultierend Neid und Rivalität werden nur gezeigt, um entschärft zu werden: der Schwiegersohn in spe fährt zwar große ‚Ami-Schlitten', aber am Ende auch gerne in Dobermanns moderat modernem Cabrio mit. Nachbar Bierbaum, dessen hypermoderne Küche sich gerade da als störanfällig erweist, wenn er mit ihr imponieren will, ist am Ende fair und lässt trotz der Rivalität Dobermann nicht durchfallen. Selbst die realistischere Referenz auf leidvolle damalige Erfahrungen mit dem exponentiell steigenden Verkehr, wenn Dobermann im neuen Eigenheim nächtens keine Ruhe findet, weil eine Umleitung den Lastwagenverkehr durch die Idylle donnern lässt, wird eskamotiert, indem sie im weiteren Verlauf des Films schlichtweg vergessen und allenfalls durch lautes Hupen als Störung ersetzt wird.

So wird der Film – bis in die Einfalt seiner Scherze – zur erziehlichen Utopie einer bescheidenen Wohlstandsgesellschaft, die technische Komfortisierung mit allseitiger sozialer Harmonie zu verbinden weiß.

Erhard Schütz

Der schweigende Stern

Regie: Kurt Maetzig
Drehbuch: Jan Fethke, Wolfgang Kohlhaase, Günter Reisch, Günther Rücker, Alexander Graf Stenbock-Fermor, Kurt Maetzig • Kamera: Joachim Hasler • Musik: Andrzej Markowski • Produktion: Film Polski, Gruppe „Iluzjon", Warschau; DEFA-Studio für Spielfilme, Künstlerische Arbeitsgruppe „Roter Kreis", Potsdam-Babelsberg • UA: 26. 2. 1960, Ost-Berlin, Collosseum • Kinostart in der BRD: 9. 9. 1960, unter dem Titel *Raumschiff Venus antwortet nicht* • Länge: 95 Min., Agfacolor • Darsteller: Yoko Tani, Oldřich Lukeš, Ignacy Machowski, Julius Ongewe, Michail N. Postnikov, Kurt Rackelmann, Günther Simon, Tang Hua-Ta, Lucyna Winnicka, Omani Mensah, Ruth Maria Kubitschek

Der schweigende Stern führt vor, was im US-amerikanischen Science-Fiction-Film der fünfziger Jahre meist nur implizit bleibt – die Atombombe als konstitutiven Kern des Genres. Anders als amerikanische Filme kann die polnisch-ostdeutsche Koproduktion von 1959/1960 zumindest in dieser Hinsicht Klartext reden und die nukleare Selbstvernichtung einer außerirdischen Zivilisation explizit als

Warnung gegen ein mögliches und im höchsten Grade irdisches Schicksal ins Licht rücken.

Kalter Krieg im Kino: *Der schweigende Stern* ist der erste „utopische Film" der DEFA (den englischen Begriff Science-Fiction vermied man in der DDR) und seine Realisierung fällt zusammen mit dem euphorischen Weltraumfieber, das der erfolgreiche *Sputnik*-Start im Oktober 1957 auslöste. Regie führte Kurt Maetzig (1911–2012), der sich unter anderem mit zwei monumentalen Filmen über den KPD-Führer Ernst Thälmann hervorgetan hatte (*Ernst Thälmann – Sohn seiner Klasse*, 1954; *Ernst Thälmann – Führer seiner Klasse*, 1955). Thälmann-Darsteller Günther Simon spielte denn auch im Sci-Fi-Drama *Der schweigende Stern* die Heldenhauptrolle: *Communism goes Space*. Denn natürlich war es erklärter Wille der DEFA und DDR-Kulturoberen, der destruktiven amerikanischen Dominanz auf utopischem Gebiet etwas entgegenzusetzen. Kein Action-Kriegs-Spektakel, sondern einen genuin sozialistischen Beitrag zum Genre wollte man schaffen. Und das ist nicht abwegig, scheint doch dem Sozialismus als gigantischem Gesellschaftsexperiment, das mit einem utopisch-wissenschaftlichen Begriff von Zukunft operiert, eine Affinität zum Science-Fiction-Genre von vornherein eingeschrieben.

Der schweigende Stern erzählt, frei nach dem 1951 erschienenen Roman *Astronauci* (dt. *Der Planet des Todes*, auch *Die Astronauten*, 1954) von Stanisław Lem, die Geschichte einer Expedition zur Venus, zu der man sich nach dem Fund einer seltsamen Spule entschließt, von der man annimmt, dass sie eine Botschaft der Venus-Bewohner an die Menschheit enthält: „Das sind die ersten Worte der Bewohner eines anderen Sterns, die ersten Worte ihres kosmischen Rapports." Die Besatzung des Raumschiffs ist ein internationales, gar „internationalistisches" Kollektiv, bestehend aus Wissenschaftlern und Technikern. Unter der Leitung des sowjetischen Astrophysikers Arsenjew (Michail N. Postnikov) machen sich ein polnischer Ingenieur und Kybernetiker (Ignacy Machowski), eine japanische Ärztin (Yoko Tani), ein indischer Mathematiker (Kurt Rackelmann), ein US-amerikanischer Atomphysiker (Oldřich Lukeš), ein afrikanischer Fernsehtechniker (Julius Ongewe), ein chinesischer Linguist und Biologe (Tang Hua-Ta) und der deutsche Pilot Brinkmann (Günther Simon) auf die lange Reise. Allzu viel geschieht nicht im All: Man passiert den Mond und erfährt glucksend die Freuden der Schwerelosigkeit. Kurzzeitig gerät das Raumschiff durch einen Meteoritenschwarm ins Schleudern. Vorsichtige Erotik zwischen Pilot Brinkmann und der japanischen Ärztin Sumiko kündigt sich an, bleibt aber uneingelöst: Brinkmanns leidenschaftlichen Appell, die junge Frau solle nicht den Kosmos bereisen, sondern „Leben schenken" und „ein Kind empfangen", beantwortet Sumiko mit erstickten Tränen und dem Hinweis, sie dürfe als Opfer von Hiroshima kein Kind bekommen. Endlich auf der Venus angekommen, muss man feststellen, dass die Venusier einen atomaren Angriff auf die Erde geplant hatten, sich dabei aber versehentlich selbst auslöschten. Übrig geblieben sind einzig ein radioaktiver Wald, eine explosionsartig anwachsende Schleimmasse und Apparaturen, die weiter funken und funktionieren. Als die Crew aus Versehen die außerirdische Vernichtungsmaschinerie in Gang setzt, müssen sich drei Mann opfern, damit das Raumschiff zur Erde zurückkehren kann.

Das Motiv der atomaren Vernichtung nimmt also eine prominente Stellung ein und situiert den Film im historischen Kontext des Kalten Krieges. Dreimal fällt in diesem irdischen Außerirdischen-Drama der Name „Hiroshima", es gibt Anspielungen auf Robert Oppenheimer und die US-Atomtests im Pazifik. Die Atombombe wird zum Signum amerikanischer Aggression und verortet den Ostblock auf der Seite von Recht und Moral. Zugleich aber externalisiert *Der schweigende Stern* die politischen Bruchlinien zwischen den beiden Blöcken und projiziert den Feind ins nicht-menschliche Außen. Entworfen werden kann so die Utopie einer geeinten Weltgemeinschaft, die Chruščëvs 1956 verkündete Losung von der „Friedlichen Koexistenz" verwirklicht: Kooperation statt Konfrontation. Und auch der US-amerikanische Atomphysiker fügt sich ein ins Kollektiv.

Der außerirdische Feind wiederum bleibt gänzlich gesichtslos, eine Leerstelle. Keinen einzigen Venusier trifft die Crew, lediglich Bild- und Tonspuren und technische Apparate, von denen einst, immer noch oder schon wieder Gefahr ausgeht. Der Aggressor selbst bleibt abwesend. Damit aber installiert *Der schweigende Stern* eine Struktur der Feindschaft, eine Ontologie des Feindes, die jener des Kalten Krieges entspricht. Denn genau so, wie der Kalte Krieg gerade im Ausbleiben jeder „heißen" Konfrontation besteht, ist der Feind des Kalten Krieges einer, der unverfügbar und undurchschaubar bleibt, er ist einer, der die Struktur des Rätsels hat. Der Feind als Leerstelle wird im Film realisiert als Drama um fehlende oder scheiternde Kommunikation: „Warum schweigt die Venus?", lautet die wiederholte Frage. Die in der Wüste Gobi gefundene Spule enthält „Worte ohne Sinn", die erst in einem langwierigen Prozess übersetzt und entschlüsselt werden müssen. Auf der Venus selbst stößt die Crew dann auf ein seltsames „Archiv", bestehend aus kleinen Maschinen, die auf den ersten Blick Käfern oder Spinnen ähneln, sich dann aber als „Registrierapparat für Sprache und Ton" herausstellen. Hier erst wird deutlich, dass der „kosmische Rapport", jene Nachricht aus dem All, von der die Menschheit sich adressiert fühlte, gar keine ist, sondern „Vorbote einer Aggression". Die Differenz zwischen Botschaft und Angriff, zwischen Bedeutung und Aggression verliert sich in opaker Intransparenz.

Eine atomare Vernichtungsmaschinerie, die außer Kontrolle geraten ist, und eine Kommunikationstechnologie, deren Scheitern fortwährend vorgeführt wird, scheinen anzudeuten, dass *Der schweigende Stern* einen technikkritischen Standpunkt einnimmt. Doch während die kritisch-pessimistische Auseinandersetzung mit dem Zusammenhang von Technik und Macht und dem Verhältnis zwischen Mensch und Maschine geradezu charakteristisch für das US-amerikanische Science-Fiction-Genre der fünfziger Jahre ist, bleibt eine tiefer gehende Reflexion hierauf in Maetzigs Film aus. Getragen wird der Film stattdessen von einer ungebrochenen Technikbegeisterung und Wissenschaftsgläubigkeit: den Hunger hat man abgeschafft und schwere körperliche Arbeit an Automaten delegiert. Stolz präsentiert der polnische Chefingenieur und Kybernetiker Soltyk seine „Wunderwerke" avancierter Raumfahrt- und Robotertechnik, demonstriert Elektronenhirne und -gedächtnisse.

Genau so ist auch der Film selbst ein einziges Zurschaustellen von (Film-)Technik, denn Science-Fiction-Filme spiegeln immer auch ihre eigenen technischen Voraussetzungen. *Der schweigende Stern* ist ein absolutes Qualitätsprodukt: intensiv strahlendes Agfacolor, 70 mm Totalvision, aufwendige Kulissen und Vierspur-Ton machen ihn zum teuersten Film, den die DEFA je produzierte, verglichen mit einem Durchschnitts-Budget hat er dreimal so viel Geld verschlungen. In dem Bestreben, ein Aushängeschild der nationalen Kinematografie zu schaffen, wiederholt *Der schweigende Stern* die Überbietungslogik des Kalten Krieges auf der Ebene von Filmtechnologie und -ausstattung.

Es dauerte dann zehn Jahre, bis sich die DEFA an den nächsten utopischen Farbfilm machen sollte – zu groß waren der Aufwand und die Kosten. Gemunkelt wird, dass nach *Der schweigende Stern* eine ganze Zeit lang akuter Mangel an Leim in der DDR herrschte – man hatte eine gesamte Jahresproduktion auf die Herstellung kosmischen Schleims verwandt. So ist das vielleicht mit den Utopien: auch die größten sind aus Holz und Kleber zusammengestoppelt.

Literatur

Burghard Ciesla: „Droht der Menschheit Vernichtung?" „Der schweigende Stern" – „First Spaceship on Venus"; Ein Vergleich; Michael Grisko: Zwischen Sozialphilosophie und Actionfilm. Grenzen und Möglichkeiten des Science-fiction-Genres bei der DEFA. Beide in: *Apropos Film 2002. Das Jahrbuch der DEFA-Stiftung*. Hg. von der DEFA-Stiftung. Berlin 2002, S. 108–120 (Grisko), 121–136 (Ciesla) • Detlef Kannapin: Peace in Space – Die DEFA im Weltraum. In: *Zukunft im Film*. Hg. von Frank Hörnlein und Herbert Heinecke. Magdeburg 2000, S. 55–69 • Stefan Soldovieri: Socialists in outer space. East German film's Venusian adventure. In: *Film History*, 10 (1998), S. 382–398 • Gerhard Wiechmann: Leit- und Feindbilder im Science-fiction-Film. Die DDR-Produktion „Der schweigende Stern". In: *Leit- und Feindbilder in DDR-Medien*. Hg. von der Bundeszentrale für politische Bildung. Bonn 1997, S. 9–27.

Elena Meilicke

(7) Die atomare Situation

Einleitung

Von Andy Hahnemann

I.

„Das ist der Widerspruch unserer Zeit, daß der Mensch die Urkraft des Atoms entfesselte und sich jetzt vor den Folgen fürchtet, [...] gewarnt durch die Zerstörungskriege und Barbareien seiner jüngsten Vergangenheit, [fürchtet der Mensch] die eigene Zukunft, weil in jedem Augenblick an jedem Punkt der Welt durch menschliches Versagen das Chaos der Selbstvernichtung ausgelöst werden kann. Aber das ist auch die *Hoffnung* dieser Zeit, daß der Mensch im atomaren Zeitalter sein Leben erleichtern, von Sorgen befreien und Wohlstand für alle schaffen kann, wenn er seine täglich wachsende Macht über die Naturkräfte nur für friedliche Zwecke einsetzt."[1]

Was das Bad Godesberger Programm der SPD Ende der fünfziger Jahre so prägnant als den Grundwiderspruch der Zeit zusammenfasst, lässt sich in der Tat in den Jahren davor in zahlreichen sich widersprechenden Aussagen, Reden und Verlautbarungen über die Gegenwart und Zukunft einer atomaren Gesellschaft finden: Auf der optimistischen Seite der Zeitgenossenschaft wäre etwa die berühmte Rede Eisenhowers vor den Vereinten Nationen im Dezember 1953 mit dem zündenden Titel *Atoms for Peace* einzuordnen oder Leo Brandts Eloge auf *Die zweite industrielle Revolution* (1956), die – maßgeblich angetrieben durch den neuen Brennstoff Uran 235 – eine prosperierende Wohlstandsgesellschaft an die Wand malten, die ihr Schicksal, stets sinnvoll planend, in die eigene Hand nimmt. In dieser Hinsicht bestand zwischen der Rhetorik in Ost und West kaum ein Unterschied. Auch in der DDR hieß es von offizieller Seite: „Die friedliche Anwendung der Atomenergie eröffnet dem gesellschaftlichen und technischen Fortschritt der Menschheit gewaltige Perspektiven. Sie ist notwendig für die rasche Entfaltung des sozialistischen Aufbaus."[2] Vielleicht noch deutlicher – und auf jeden Fall deutlich eindimensionaler als im Westen – wird das sozialutopische Potenzial der Kernkraft als wichtiger Schritt hin zu einer ‚Neuen Gesellschaft' thematisiert. Dass sich diese Hoffnung auch in zahlreichen Dokumentarfilmen, Ro-

---

1 *Grundsatzprogramm der SPD.* Bonn 1959, S. 5.
2 *Gesetz über die Anwendung der Atomenergie in der Deutschen Demokratischen Republik: Atomenergiegesetz, Gesetzblatt der DDR,* Teil 1. 1962, S. 47.

manen und vor allem Sachbüchern wiederfand, versteht sich von selbst. Hier wie da finden sich die gleichen populärwissenschaftlichen Veröffentlichungen, die im Takt der technischen Entwicklung und unter Verwendung einer Vielzahl erzählender, journalistischer und illustrativer Strategien die atomare Technik ins Bild setzten. Im Westen widmeten sich etwa Sachbuch-Routiniers wie Anton Zischka oder Karl Aloys Schenzinger der Aufgabe, eine verunsicherte oder enthusiasmierte Öffentlichkeit über die Geschichte, Gegenwart und Zukunft der Atomforschung zu informieren[3] – in der DDR wurde mit Titeln wie *Atom in unserer Hand* (1959) das Vertrauen in die Beherrschbarkeit der Naturkraft suggeriert. Der Ton dieser Veröffentlichungen war uneingeschränkt affirmativ und optimistisch – von Angst und Unsicherheit, Politischem oder Existenziellem ist in dieser wissenspopularisierenden Literatur nicht oder nur am Rande die Rede. Ihr Fokus lag auf den produktiven Anwendungsbereichen des technischen Novums – der Vision einer perfekten Infrastruktur, auf deren Grundlage sich die Zukunft als gestaltbar zeigt.

Auf der anderen Seite gab es – zumindest im Westen – auch die großen Mahner und Warner, wie etwa Albert Schweitzer, das moralische Über-Ich der jungen Republik, der den Menschen die Gefahr eines entgrenzten Atomkriegs nachdrücklich ins Gedächtnis ruft und zu dem Schluss kommt, dass ein Atomkrieg das „unvorstellbar Sinnlose und Grausige" ist, das unter keinen Umständen Tatsache werden darf. „Leider", so fährt Schweitzer fort, „ist die Gefahr, daß der Kalte Krieg in einen Atomkrieg übergeht, heute viel größer als je zuvor."[4] Während die zivile Nutzung der Kernkraft sozialutopisches Potenzial besaß, stimulierten die militärischen Anwendungsbereiche die tiefsitzenden Ängste der Zeitgenossen. Beides, so ist mit Blick auf die zeitgenössischen Diskussionen festzuhalten, scheint im öffentlichen Bewusstsein der BRD – bzw. in ihrer ausdifferenzierten Medien- und Alltagswelt – eine mehr oder weniger friedliche Koexistenz geführt zu haben.[5]

Einig sind sich alle freilich darin, dass ein neues Zeitalter angebrochen ist: das Atomzeitalter, das sich entweder durch seinen grenzenlosen Reichtum und/

---

[3] Vgl. Krah, Hans: Atomforschung und atomare Bedrohung. Literarische und (populär-)wissenschaftliche Vermittlung eines elementaren Themas 1945–1959. In: *Technik als Zeichensystem in Literatur und Medien.* Hg. von Michael Titzmann. Tübingen 2001 (= *Kodikas/Code Ars Semeiotica* 24, 1–2), S. 83–114.
[4] Schweitzer, Albert: *Friede oder Atomkrieg.* München 1958, S. 28.
[5] Vgl. Salewski, Michael (Hg.): *Das Zeitalter der Bombe. Geschichte der atomaren Bedrohung von Hiroshima bis heute.* München 1995; ders.: *Das nukleare Jahrhundert. Eine Zwischenbilanz.* Stuttgart 1998; Stölken-Fitschen, Ilona: *Atombombe und Geistesgeschichte. Eine Studie der fünfziger Jahre aus deutscher Sicht.* Baden-Baden 1995; Stöver, Bernd: *Der Kalte Krieg. Geschichte eines radikalen Zeitalters.* München 2007.

oder die Möglichkeit der Selbstauslöschung von allen vorhergehenden Epochen unterscheidet und in der Geschichte des Menschengeschlechts ganz und gar einmalig dasteht. Ohne diese Wahrnehmung der Zeitgenossen gänzlich verwerfen zu müssen, wird man aus der historischen Distanz aber auch anmerken dürfen, dass die Vorstellung einer krisenhaften Gegenwart, die durch ihre technologischen Kapazitäten zwischen glänzendem Neuanfang und Untergang kippelt, so neu nicht ist. Die Ausdeutung des technischen Möglichkeitsraumes als wahlweise apokalyptische oder eschatologische Landschaft ist bekanntlich schon ein Charakteristikum des hochmodernen Technik-Diskurses der zwanziger und dreißiger Jahre ebenso wie die Vehemenz, mit der jetzt, in den fünfziger Jahren, davor gewarnt wird, dass eine dämonische Technik Gefahr läuft, der menschlichen Gesellschaft Bedürfnisse und Zwecke zu diktieren, die ihr nicht inhärent und vielleicht sogar dem Menschen schädlich sind.

Man kann diese Beispiele – sie betreffen die spezifische Semantisierung der atomaren Technik – vielleicht als Indiz für einen zweiten Grundwiderspruch der Zeit nehmen: Nämlich dass die emphatische Beschwörung des absoluten Neubeginns, der Stunde Null, immer durch ein breites Feld von Kontinuitäten unterlegt ist, die in die jüngste oder auch weiter entfernte Vergangenheit zurückreichen. Und das gilt auch für das so offensichtlich Neue wie die Atomtechnik. Nicht selten und bei den verschiedensten Autoren sind es die Erfahrungen des Zweiten Weltkriegs – besonders des Luftkriegs – und der nationalsozialistischen Diktatur, die einige der Deutungsschemata bereitstellen, mit denen versucht wird, die atomare Situation zu fassen.[6]

Des Weiteren ist anzumerken, dass sich der genaue Zeitpunkt, an dem sich eine Bewusstwerdung der Möglichkeiten und Gefahren des atomaren Zeitalters – ja überhaupt von seiner Existenz – durchgesetzt haben, nicht ohne Weiteres bestimmen lässt. So wäre es etwa falsch anzunehmen, dass dies bereits mit den genau zu datierenden Explosionen über Hiroshima und Nagasaki passiert ist – dazu fielen sie in einen, wie Günther Anders angemerkt hat, regiemäßig viel zu ungünstigen Moment.[7] Vielmehr ist von einem eher langfristigen Prozess mit mehreren Stationen auszugehen – darunter die Entwicklung und Verbreitung der Wasserstoffbombe, die spektakulären Atomtests, die Wiederbewaffnungsdebatte und die diversen Ereignisse, die mit der anschließenden Friedens- und Anti-Atom-Bewegung zusammenhängen. Hinzu kommt die wachsende Durchseuchung des

---

6 Vgl. Schröder, Gesine: Mythische Dichtung in der atomaren Situation. Atomwaffen in Stefan Andres' „Sintflut"-Trilogie und der „Mann im Fisch". In: *Mitteilungen der Stefan-Andres-Gesellschaft*, 25 (2004), S. 3–18.
7 Vgl. Raulff, Helga: *Strahlungen. Atom und Literatur*. Marbach 2008 (= *Marbacher Magazin* 123/124), S. 45.

Alltags mit Metaphern und Bildern, die dem Atomzeitalter auch lebensweltliche Resonanz verschafften – Stichwort: Bikinis und Atombusen.

Nicht ausschließlich, aber tendenziell, ist es eher die zweite Hälfte der fünfziger Jahre, in der sich die deutschen Dichter und Denker mit der atomaren Situation beschäftigt haben. Mit anderen Worten: Das Licht der Bombe erreichte die deutsche Öffentlichkeit mit fast zehnjähriger Verspätung, hinterließ aber dafür einen umso bleibenderen Eindruck. Zumindest in dreifacher Hinsicht war es eine Herausforderung für die im weitesten Sinn Kulturschaffenden.

II.

Erstens. Wie jedes andere wissenschaftliche oder technische Novum führten die Atomtechnik, und die mit ihr verknüpften Motive zur Ausbildung eines völlig neuen Imaginationsraums. Stellt man in Rechnung, dass sich im Jahr 1956 die Mehrheit der bundesdeutschen Bevölkerung „in einem nur kurzen Intervall zwischen Zweitem und noch schrecklicherem Dritten Weltkrieg"[8] wähnte, darf es nicht überraschen, dass die Frage „Was wäre wenn?" mit einer bisher nicht gekannten Dringlichkeit gestellt worden ist und in der Folge der literarischen Landkarte einen neuen Raum hinzugefügt hat, der genre- und hochliterarische Vorstellungswelten souverän in sich vereint. Bilder der atomaren Apokalypse, Post- oder Fast-Apokalypse sind seit Anfang der fünfziger Jahre fester Bestandteil des kollektiven Faszinationshaushaltes. Gerade mit Blick auf die achtziger Jahre handelt es hier aber – national wie international – gleichwohl nur um einen ersten Auftakt.

Obwohl sich Vorstellungssplitter der größten aller Katastrophen in zahlreichen Texten finden – bei Erich Kästner, Anna Seghers, Rose Ausländer, Hans Magnus Enzensberger, Stephan Hermlin, Günter Eich, Marie-Luise Kaschnitz, Elisabeth Langgässer, Erich Fried, Heinrich Schirmbeck und vielen anderen mehr[9] – gibt es nur eine Handvoll von Autoren, die einen oder mehrere dramatische oder epische Langtexte ganz auf die Auseinandersetzung mit der atomaren Situation abgestellt haben.

---

8 Schildt, Axel; Siegfried, Detlef: *Deutsche Kulturgeschichte. Die Bundesrepublik von 1945 bis zur Gegenwart*. München 2009, S. 212.
9 Vgl. etwa Raulff: *Strahlungen*. 2008, und die Beiträge in: *Leben im Atomzeitalter. Schriftsteller und Dichter zum Thema unserer Zeit*. Hg. von Walter Jens. München 1987, hier insbes. den Nachdruck von *Gegen den Tod. Stimmen deutscher Schriftsteller gegen die Atombombe*. Hg. von Bernward Vesper und Gudrun Ensslin. Stuttgart 1964.

So findet sich – sieht man von einigen eher obskuren Versuchen ab – mit Hans Hellmut Kirsts *Keiner kommt davon. Bericht von den letzten Tagen Europas* (1957) nur ein einziger Roman, der mit gehobenem Realismusanspruch und einer gewissen narrativen Raffinesse den Dritten Weltkrieg als nationale und allgemeinmenschliche Tragödie ausmalt. Es ist charakteristisch, dass Kirst von den Literaturwarten der fünfziger Jahre für seinen bewusst zwischen unterhaltungsliterarischem Anspruch und moderner Montagetechnik changierenden Roman mehrheitlich abgestraft und als Nicht-Dichter denunziert wurde.[10]

Auch dem Leben danach, nach der atomaren Apokalypse, haben sich nur einige Solitäre gewidmet. Der bekannteste dürfte Arno Schmidt sein, in dessen sprachspaßigen Erzählungen *Schwarze Spiegel* (1951) und *Die Gelehrtenrepublik* (1957) die postatomaren Grausamkeiten mit „knäbischen Lonesome-Cowboy-Phantasien"[11], grotesken oder satirischen Gedankenspielen wetteifern. Neben dem in vielerlei Hinsicht bemerkenswerten Roman *Die Erben des Untergangs. Roman einer Zukunft* (1949/1959) von Oskar Maria Graf sind in diesem Zusammenhang lediglich noch Hans Wörners *Wir fanden Menschen. Roman einer Expedition* (1948) und Karl-Herbert Scheers *Die Großen in der Tiefe. Die romanhafte Gestaltung einer grauenvollen Vision* (1961) erwähnenswert. Beobachten lässt sich an diesen Romanen immerhin, wie mit dem Motiv der Postapokalypse in den fünfziger Jahren im Überschneidungsbereich von Spekulation, Privatphantasma und Dystopie experimentiert wird, ohne dass es allerdings – wie im englischsprachigen Bereich mit Nevil Shutes *On the Beach* (1957) – zu einer gültigen oder im weitesten Sinn klassischen Ausformulierung des Topos gekommen ist.

Poetisch höher gehandelt wurden ohnehin jene Hörstücke, die sich den Folgen der Atomtests oder der Bombenabwürfe auf Hiroshima oder Nagasaki widmeten: Erwin Wickerts quasi-dokumentarisches *Hiroshima* (1959), Oskar Wessels früher Versuch gleichen Namens (1948) oder Wolfgang Weyrauchs Schilderung eines Weltuntergangs in nuce *Die japanischen Fischer* (1955). Während diese Texte schon durch ihre mediale Präsentation – im Radio – als zeitgenössisch moderne Annäherungen verstanden werden müssen, versuchte man anderswo – und sehr viel enger am traditionellen Begriff der Literatur orientiert – von den abendländischen Beständen an Metaphysik und Moral zu retten, was zu retten

---

10 Vgl. dazu auch Hahnemann, Andy: Keiner kommt davon. Der Dritte Weltkrieg in der deutschen Literatur der 50er Jahre. In: *Keiner kommt davon. Zeitgeschichte in der deutschen Literatur nach 1945*. Hg. von Wolfgang Hardtwig und Erhard Schütz. Göttingen 2008, S. 151–165.
11 Drews, Jörg: „Wer noch leben will, der beeile sich!". Weltuntergangsphantasien bei Arno Schmidt (1949–1959). In: *Apokalypse. Weltuntergangsvisionen in der Literatur des 20. Jahrhunderts*. Hg. von Gunter E. Grimm u. a. Frankfurt am Main 1986, S. 14–34.

ist. Die atomare Situation kehrt hier – beispielsweise in Stefan Andres *Der graue Regenbogen* (1959), dem letzten Teil der *Sintflut*-Trilogie, Gertrud von le Forts *Am Tor des Himmels* (1954) oder Hans Henny Jahnns *Der staubige Regenbogen* (1959) – in parabelhaft verfremdeten Konstruktionen wieder, in denen die Irritation der traditionellen Werte und Weltanschauung thematisch werden. Hier geht es nicht um die Beschreibung einer atomaren Apokalypse, sondern eher um die Risse in der Realität, die der neue Möglichkeitshorizont moderner Physik und Technik mit sich bringt.

III.

Zweitens. Eine der grundlegenden und weitgehend unbezweifelten Einsichten war, dass Atomwaffen nicht nur ein Objekt des Denkens in einem fraglos vorausgesetzten Bezugssystem sind, sondern selbst die Koordinaten verändern, in denen gedacht und gehandelt wird. Die Bombe war eine Herausforderung für die moralischen, metaphysischen, anthropologischen und politischen Kategorien und damit ein philosophisches Problem allererster Ordnung. Was als technikphilosophische Frage beginnt – Was hat es zu bedeuten, wenn der unaufhaltsame technisch-wissenschaftliche Fortschritt die Menschheit in eine Lage treibt, die ihren eigenen Fortbestand gefährdet? – erzwingt schon bald eine neue Perspektive aufs große Ganze.

Karl Jaspers hat in seiner Schrift *Die Atombombe und die Zukunft des Menschen* (1958) das große Ganze vor allem als Frage nach der Systemkonkurrenz und globalen Politik festgemacht und sich auf die Suche nach neuen internationalen Verkehrsformen entlang einer neuen, überpolitischen „sittlichen Idee", wenn man so will, einer Atommoral gemacht. Frappierend ist, dass Jaspers in dieser Frage weder dem radikalen Pazifismus, der *Kampf-dem-Atomtod-Bewegung*, den Kernphysikern, der UNO oder den Kirchen irgendeine Problemlösungskompetenz zutraute. Als Philosoph rückte er stattdessen den schwierigen Begriff der „Vernunft" ins Zentrum seiner Überlegungen sowie die äußerst fragwürdige Kategorie des „Opfers", was zumindest den heutigen Leser leicht entfremdet zurücklässt, ja, den ganzen Text eindeutig *outdated* erscheinen lässt. Als Monument des Skeptizismus und der intellektuellen Ratlosigkeit ist *Die Atombombe und die Zukunft des Menschen* gleichwohl von bleibender Bedeutung.

Der radikalste Versuch, den Menschen im Zeitalter der Bombe neu zu denken, geht auf Günther Anders (*Die Antiquiertheit des Menschen*, 1956) zurück. Aus der Perspektive des Apokalyptikers, der Anders ohne Zweifel war, befand sich die Menschheit nun, nach der Entwicklung ihres vollen Zerstörungspotenzials, in einem Zustand des „Noch-nicht-ausgelöscht-Seins". Insofern ist das „Ende der

Geschichte" nicht nur schon in Sicht, sondern bereits eingetreten – das Jenseits hat seinen Schatten schon vorausgeworfen. Geschichtsphilosophisch, moralisch und anthropologisch bedeutete die Bombe für Anders vor allem eine Aushöhlung der Subjektivität des Menschen – viele seiner zentralen Kategorien („Technokratie", „Medialität", „prometheische Scham" usw.) kreisen um die Ablösung souveräner Entscheidungsmöglichkeiten zugunsten von Zwecken, die den Menschen direkt aus der technischen Sphäre aufoktroyiert werden. Der ursprüngliche Lebens- und Entscheidungsraum des Menschen fügt sich der „Glätte der Funktionen", der Mensch muss sich fürderhin als „Hofzwerg seines eigenen Maschinenparks" verstehen.

Während sich bei Anders das Denken der Bombe zu einer sehr weitgehenden Moderne- und Medienkritik auswächst, ist bei einem anderen Nachkriegsintellektuellen, bei Robert Jungk, die komplementäre Bewegung zu beobachten. Die vielfältigen reisejournalistischen Eindrücke aus Amerika, seine kritische Bestandsaufnahme moderner automatisierter Produktionswelten, die sein Erstling *Die Zukunft hat schon begonnen* (1952) versammelte, finden in der Atombombe – oder auch in der Atomstadt Los Alamos – eine Art Realmetapher, in der sich vieles verdichtet, was ansonsten nur latent zu spüren ist. Oder anders: Am Bild der Bombe kondensiert die Vorstellung eines posthumanen Zeitalters, in dem der Mensch, als Spezialist wie als normaler Bürger, die Kontrolle über den Gang der Dinge verliert.

IV.

Drittens. Es überrascht daher nicht, dass sich nicht wenige Schriftsteller in einer Zeit, die mit der Auslöschung droht und die Übermoderne ungefragt realisiert, in den Widerstand getrieben sehen. Bernward Vesper etwa wollte ihn, den Schriftsteller, in seiner Einleitung zur Anthologie *Gegen den Tod* (1964) als Antipoden des Plans begreifen, gewissermaßen als schreibenden Résistance-Kämpfer gegen die „totalitäre Verplanung"[12] des Lebens im Zeichen der Bombe.

In der Tat fällt auf, dass in der einzigen nennenswerten politischen Massenbewegung der Zeit, der 1957 anhebenden Anti-Atom-Bewegung, zahlreiche Schriftsteller an prominenter Stelle mitgewirkt haben. So finden sich auf einem Plakat des Arbeitsausschusses *Kampf dem Atomtod* neben allerlei Prominenz aus Kirche, Wissenschaft und Politik auch die Namen von Stefan Andres, Heinrich Böll, Axel Eggebrecht, Hanns Henny Jahnn, Erich Kästner, Ernst Kreuder und Paul

---

12 Vesper, Ensslin (Hg.): Gegen den Tod. In: Jens (Hg.): *Leben im Atomzeitalter*. 1987, S. 156.

Schallück.[13] An anderer Stelle in ähnlichem Kontext tauchen die Namen Bachmann, Eich, Koeppen oder Loriot auf. Unverkennbar ist eine Abkehr vom eher quietistischen Künstler, der mit seinesgleichen Probleme der Poetik diskutiert, und eine Hinwendung zum Bild des Schriftstellers als gesellschaftspolitischem Akteur, als Intellektuellem, der der öffentlichen Meinung und der allgemeinen Moral seine wohlgesetzte Sprache schenkt. Mit anderen Worten: Die Koordinaten im Feld von Politik und Literatur verschieben sich leicht und man kann – cum grano salis – die Debatte um die atomare Bewaffnung der Bundeswehr als einen zentralen Ort ausmachen, an dem der deutsche Intellektuelle, im emphatischen Sinn des Wortes, zu sich selber findet.

Gleichwohl fällt auf, dass es nicht in nennenswertem Umfang zu einer ‚Engagierten Literatur' gekommen ist. Sieht man von einigen Ausnahmen ab, lässt die politische Literatur auf sich warten. Nicht selten beschränken sich die Schriftsteller in ihren Werken gewissermaßen auf eine Beobachterposition zweiter Ordnung, indem sie die Verantwortungsproblematik auf die in diesem Themenumfeld omnipräsente Figur des Wissenschaftlers projizieren. Friedrich Dürrenmatts *Die Physiker* (1962) oder Heinar Kipphardts *In der Sache J. Robert Oppenheimer* (1964) sind hier nur die prominentesten Beispiele, die zwar nach dem Abflauen der Anti-Atom-Bewegung entstanden sind, genetisch aber noch auf die tagespolitischen Auseinandersetzungen der fünfziger Jahre zurückweisen. Als Missing Link bietet sich etwa ein Stück wie die *Göttinger Kantate* (1958) von Günther Weisenborn an, das explizit im Kontext der Bewegung entstanden ist und die Wissenschaftler-Problematik noch mit dezidiertem Verweis auf jene 18 Physiker ausfaltet, die sich in einer gemeinsamen Erklärung gegen die Atompolitik der Bundesregierung und die Banalisierung der Kernwaffenproblematik durch den damaligen Bundeskanzler Konrad Adenauer ausgesprochen haben. Bekanntlich hatte dieser in einer Erklärung vom 4. April 1957 davon gesprochen, dass die taktischen Atomwaffen nur eine „Weiterentwicklung der Artillerie" seien. Sieht man sich die zahlreichen Folgeerscheinungen an, die sie in der Literatur und Kultur der fünfziger Jahre hinterlassen haben, muss dies, das lässt sich rückblickend nun wirklich eindeutig sagen, als Untertreibung gelten.

---

[13] Vgl. dazu auch Kurscheid, Raimund: *Kampf dem Atomtod! Schriftsteller im Kampf gegen eine deutsche Atombewaffnung*. Köln 1981. Neuer auch Schildt, Axel: „Atomzeitalter" – Gründe und Hintergründe der Proteste gegen die atomare Bewaffnung der Bundeswehr Ende der fünfziger Jahre. In: *„Kampf dem Atomtod!". Die Protestbewegung 1957/58 in zeithistorischer und gegenwärtiger Perspektive*. München 2009 (= Hamburger Zeitspuren 6), S. 39–56.

Karl Aloys Schenzinger: Atom. Roman

Erstausgabe: München und Wien, Wilhelm Andermann Verlag 1950

Karl Aloys Schenzinger (1886–1962) promovierte nach einer Apothekerlehre mit einer Untersuchung über *Abnorme Hormone bei der Schizophrenie* und war im Ersten Weltkrieg als Sanitätsoffizier tätig. 1923 wanderte er nach Amerika aus, kehrte 1925 nach Berlin zurück, lebte dort zunächst als Kassenarzt und dann als freier Schriftsteller. Bekanntheit erlangte Schenzinger zum einen als Autor des Romans *Der Hitlerjunge Quex* (1932, verfilmt 1933), für den er nach 1945 kurzzeitig Schreibverbot erhielt. Zum anderen als Autor von sogenannten naturwissenschaftlich-technischen Bestsellerromanen, allen voran *Anilin* (1937) und *Metall* (1939). *Anilin* hatte 1940 bereits eine Auflage von 505000, *Metall* 1943 eine Auflage von 500000; 1951 sind sie im 1630. resp. 930. Tausend erschienen.

Atom ist Schenzingers erster Text nach 1945, dem *Schnelldampfer* (1951), *bei I.G. Farben* (1953), *99 % Wasser. Roman des Unentbehrlichen* (1956) und *Magie der lebenden Zelle* (1957) folgen, und mit denen Schenzinger an die früheren Erfolge seiner Technikgeschichten anzuknüpfen versuchte.

Schenzinger schreibt dabei keine Industriereportagen. Im Fokus stehen nicht der Arbeiter und sein Arbeitsplatz, er koppelt stattdessen die Technik vom Lebensalltag und Lebenszusammenhang ab und konstruiert primär eine Technik*geschichte*, die nur lose mit dem allgemeinen Geschichtsverlauf zusammenhängt. Die Technik in einem eigenen Genre zu inszenieren und damit ihre Autonomisierung zu forcieren, entspricht ganz dem neuen Denken, das sich ab der zweiten Hälfte der zwanziger Jahre durchzusetzen beginnt. Abgelöst wird eine philosophisch-idealistische Einstellung, die auf Ganzheit und Gesamtschau ausgerichtet ist, ein universalistisches und holistisches Bild zeichnet und zugleich der Technik eine vitalistische, dämonologische Komponente zuschreibt, von einer eher positiven, optimistischen Sicht – einer neuen Technikakzeptanz. Verbunden ist dies mit einer Emanzipation der Technik von gesellschaftlichen Bezügen und Umständen. Die Entkoppelung der Technik von sozialen Gegebenheiten und der historischen Wirklichkeit ‚entschuldigt' die Technik, entzieht sie einer moralischen Bewertbarkeit und der Verantwortung für die politischen Zustände. Nun dominiert ein Blick aufs Detail, auf Einzelentdeckungen. Technik wird einerseits in den Kontext einer exakten und entmystifizierten Wissenschaft und andererseits in den eines praktisch und aktiv Machbaren gestellt.

Gerade Schenzingers Texte tragen hierzu bei, wobei diese zudem das Defizit dieser neuen Konzeption zu kompensieren vermögen: Die Leistung von Schenzingers Vertextungsstrategien ist es gerade, der Technik die fehlende Ganzheit sekundär wieder hinzuzufügen: Die Konstruktion einer Technikgeschichte stellt sich als Sinnstiftungsoperation und Syntheseleistung dar, die über verschiedene Kohärenzmechanismen eine Einheit entwirft. Schenzingers Texte sind dabei gerade so konzipiert, dass sie die Kontingenz zunächst nachahmen (und dadurch einen ‚modernen' Eindruck erwecken). Obwohl sie als Romane bezeichnet werden, entbehren sie als Gesamttexte weitgehend einer geschlossenen narrativen Struktur. Es gibt keinen einzelnen Protagonisten und keine abgeschlossenen Lebensgeschichten, keine Grenzüberschreitungen, keinen durchgängigen Plot.

Die Technik wird also nicht im Sinne einer klassischen traditionellen Erzählung dargeboten. Das Augenmerk wird vielmehr auf *Erzähltechnik* und *Erzählakt* gelenkt. Auf der Ebene der Erzählsituation ist dabei die Ausdifferenzierung zweier Textebenen zentral: Den einzelnen Abschnitten sind jeweils kurze Textteile vorangestellt, die durch einen anderen Schriftsatz gekennzeichnet sind und in denen sich eine übergeordnete Sprechinstanz artikuliert, die mittels eines Blicks von außen Kommentierungen, Erläuterungen, Fokussierungen liefert und damit bedeutungsgenerierend wirkt. Der Haupttext dagegen ist von solchen Teilen weitgehend freigehalten, hier scheint sich die Erzählinstanz vollkommen zurückzunehmen, wie etwa die vielen direkt wiedergegebenen Dialogteile und Gespräche zeigen. Sprachstil und Montagetechnik vermitteln und verstärken den Eindruck einer unmittelbaren Wiedergabe, eines *Point-of-view der Nähe* und des *In-das-Geschehen-hineingezogen-Seins* im Haupttext. Fehlende Reflexion und Distanz können so als positive Qualitäten erscheinen. Dies korrespondiert mit einer scheinbar rein sachlichen und damit objektiven Darstellung. Gleichwohl weisen diese ‚technisch-wissenschaftlichen' Romane sehr wohl eine ideologische Schicht auf. In *Anilin* etwa wird eine Geschichte der deutschen Chemiewirtschaft konstruiert, die teleologisch auf das ‚Dritte Reich' ausgerichtet ist.

Auch Schenzingers *Atom* folgt einem ähnlichen Konzept. Der Text ist zwar im Untertitel als „Roman" bezeichnet, weicht aber von dem, was gemeinhin darunter verstanden wird, erheblich ab. Er gliedert sich in drei Teile, die mit *Die Frage*, *Die Antwort* und *Die Wirkung* betitelt sind. Nur im ersten Teil, der um 400 vor Chr. zu Demokrits Zeiten spielt, ist mit diesem als Protagonisten auch eine narrative Ebene inszeniert, in der die naturphilosophischen Betrachtungen (um das Wesen des Seins) integriert sind: eine private Liebeshandlung, die mit den politischen Verhältnissen der Zeit kollidiert. Diese Verhältnisse – Athen hat einen Krieg verloren, ist den Besatzern aus Sparta ausgeliefert, wird demontiert, bis es wieder aufgerüstet wird, da Sparta nun Athen gegen seinen früheren Verbündeten Theben benötigt und Athen in einen Krieg mit Theben gezogen wird, in dem Athener gegen Athener kämpfen – lassen sich relativ eindeutig als Spiegelung und Verhandlung damals aktueller politischer Verhältnisse interpretieren: Nachkriegssituation, geteiltes Deutschland, Ost-West-Konflikt. Eine solche symbolische Ebene weisen die beiden anderen Teile nicht auf. Der zweite Teil fokussiert in Montagetechnik auf Marie Curie, Ernest Rutherford und andere Wissenschaftler und weist keine übergeordnete Narration auf. Er ist eher synchron und parallel ausgerichtet und bedient ohne zentrale Chronologie ein gemeinsames Paradigma: die Entdeckung der Radioaktivität und die Erforschung des Atoms. Und auch der dritte Teil ‚erzählt' nur insofern, als er die Anstrengungen des *Manhattan Project* minutiös wiedergibt und auf den Bombenabwurf von Hiroshima zuläuft. Mehr als einem Roman ähnelt dieser Teil einer Wissenschaftsreportage, die über die wesentlichen Grundlagen und Zusammenhänge der Atomforschung informiert und sich dabei nur graduell von den Sachbüchern unterscheidet, die zeitgleich zum Thema erscheinen.

Mit *Atom* wird also einerseits die autorenspezifische Tradition fortgesetzt, andererseits ist signifikant, und dies ist der zweite Diskursstrang, an dem *Atom* partizipiert, dass dafür nach 1945 gerade das Thema Atomforschung verwendet wird. Dieses Datum ist kein beliebiges, sondern kann dahingehend funktionalisiert werden, dass ein Neuanfang nach 1945 eben thematisch an das (aus deutscher Sicht) ‚unverfängliche' Thema Atom angeknüpft wird. Diese ideologische Funktionalisierung geht mit den populärwissenschaftlichen Aufbereitungen des Themas der Zeit konform. Auch hier wird die Atomforschung als neues Thema installiert, das symbolisch den Neubeginn markiert – so ist in der Verlagswerbung zu *Atom* von einem „Roman des neuen Weltbildes" die Rede – und das in seinen negativen Auswirkungen eben auch kein deutsches Thema ist. Stattdessen erscheinen im Roman die deutschen Wissenschaftler fast als Widerständler gegen das Hitler-Regime, da sie die Entwicklung eher blockieren, und im Vergleich mit den Amerikanern als Mahner.

In den fünfziger Jahren bleibt jedenfalls die Technik Paradigma der Weltaneignung. Nicht nur *Atom*, auch *Schnelldampfer* und *bei I.G. Farben* stellen dezidiert Reaktionen auf die Vergangenheit dar; literarische Auseinandersetzungen und Bewältigungsversuche, bei denen es um Verantwortung und eigene Positionierung geht. Nicht mehr die Leistung und Vorrangstellung der deutschen Technik stehen im Mittelpunkt – wie vor 1945 –, sondern es geht um die Befindlichkeiten, um den mentalen Umgang mit der selbstverschuldeten Katastrophe. *Schnelldampfer* und *bei I.G. Farben* behandeln zwar auch wieder die deutsche Technik, beide Male jedoch rückwärtsgewandt, als Rechtfertigung und Auslegung der Geschichte, die zur Zerschlagung beider Industrien geführt hat. „Eine Niederlage kann etwas Gutes sein. Man muß sie nur zur rechten Zeit erleiden" – so das *Schnelldampfer* vorangestellte Motto. Der Potentialis und die Vagheit der ‚rechten Zeit' geben die Tendenz vor, wie diese Auseinandersetzung zu denken ist. Botschaft des Textes ist letztlich, dass die Zerschlagung der deutschen Werftindustrie selbstverständlich unverdient ist und somit die Sanktion die Schuld, falls es eine solche überhaupt gegeben hat, bei weitem übertrifft. Dass diese Verschiebung der Schuldfrage auf den Technikdiskurs zu keiner wirklichen Aufarbeitung führt, sondern der Verdrängung und Abweisung von Schuld und Verantwortung Vorschub leistet, leuchtet ein. Hier dürfte sich Schenzinger mit dem allgemeinen Denken der Zeit treffen.

Literatur

Hans Krah: Atomforschung und atomare Bedrohung. Literarische und (populär-)wissenschaftliche Vermittlung eines elementaren Themas 1945–1959. In: *Technik als Zeichensystem in Literatur und Medien*. Hg. von Michael Titzmann. Tübingen 2001, S. 83–114 • Ders.: „Der Hitlerjunge Quex" – Erzählstrategien 1932/1933: vom Großstadtroman der Weimarer Republik zum ‚mythischen Erzählen' im NS-Film. In: *Literaturverfilmung. Perspektiven und Analysen*. Hg. von Eugenio Spedicato und Sven Hanuschek. Würzburg 2008, S. 11–38 • Ders.: Literatur und Modernität: Das Beispiel Karl Aloys Schenzinger. In: *Modern Times? German Literature and Arts Beyond Political Chronologies. Kontinuitäten der Kultur 1925–1955*. Hg. von Gustav Frank, Rachel Palfreyman und Stefan Scherer. Bielefeld 2005, S. 45–72 • Ders.: ‚Nur ein Druck auf den Knopf'. Zur Genese einer Denkfigur im ästhetischen Diskurs des frühen 20. Jahrhunderts. In: *Musil-Forum*, 27 (2003), S. 63–87 • Ders.: Weltuntergangsszenarien und Zukunftsentwürfe. Narrationen vom ‚Ende' in Literatur und Film 1945–1990. Kiel 2004.

Tim Sparenberg

Robert Jungk: Die Zukunft hat schon begonnen. Amerikas Allmacht und Ohnmacht

Erstausgabe: Hamburg und Stuttgart, Scherz & Goverts Verlag 1952

Robert Jungk (1913–1994), auf dessen Schreibtisch stets eine *Science*, *Nature* oder *Nauka* lag, bezeichnete sich 1967 in einem *Zeit*-Artikel als einen „lesenden Reporter". Eine Wendung, die darauf abzielte, sich von seinem beruflichen wie stilistischen Vorbild Egon Erwin Kisch abzugrenzen, der einst Nachbar der Eltern im Berlin-Charlottenburg der Vorkriegsjahre gewesen war. Ein neues Attribut also diente Jungk zur Zustandsbeschreibung einer altgedienten Profession im Zeitalter der Kybernetik und setzte diese zugleich in Beziehung zu ihrer nunmehr wichtigsten Bezugsgröße: der Information. Dass dieser lesende Reporter Jungk, wenn auch nicht als „rasender", so doch als reisender Reporter begonnen hatte, davon legen seine gesammelten Reportagen aus der Züricher *Weltwoche* lebendiges Zeugnis ab, die 1952 auf Drängen des Verlegers Henry Goverts als Buch erschienen sind. *Die Zukunft hat schon begonnen* – Titel seines Erstlings und später sprichwörtlich gewordene Redewendung wurde zum Ausdruck eines neuen Kapitels in der Technikgeschichte, mit dessen Beginn die Nachkriegszeit eine Epochenschwelle markierte: Sie führte vom Zeitalter der Energie hinüber in das der Information.

Genau besehen nahm das Informationszeitalter allerdings schon zu Kriegszeiten seinen Anfang: Nämlich mit der Entstehung jener „neuesten Welt", die zwischen 1940 und 1945 im Westen der USA im Zuge der amerikanischen Rüstungsbestrebungen entstanden war. „Wohl noch nie", konstatierte Jungk 40 Jahre später in seiner Autobiographie *Trotzdem* (1993), „sind die Grundlagen einer neuen Zivilisation so rasend schnell, so energisch und effizient geschaffen worden." Und wie er hinzufügte: „all das war heimlich, ohne Wissen des Volkes" geschehen. Genau diese Tendenzen der Zeit publik zu machen, dem wirtschaftlichen Erfolg wie dem technischen Effizienzdenken der boomenden Branchen Atom-, Weltraum-, Computer- und Bioindustrie die Gegenrechnung aufzumachen, der neuen Technik ihre soziopolitischen, ökologischen und gesundheitlichen Folgen entgegenzuhalten, war erklärtes Ziel von *Die Zukunft hat schon begonnen*. Angetrieben war das Buch des Shoah-Überlebenden von der Befürchtung, dass die USA sich im Laufe des Kalten Krieges in einen technokratischen *Warfare State* verwandeln könnten, dessen wichtigste Entscheidungen nicht mehr in parlamentarischen Gremien, sondern „in den Büros der Industriemanager und den von ihnen abhängigen Laboratorien" getroffen werden. Auf dem Spiel stand nach Jungk die „Verformung der amerikanischen Demokratie" und „der westlichen Zivilisation" schlechthin. Die Brisanz von Jungks Reportagen lag somit in der Schilderung eines „anderen" Amerikas begründet, das implizit den Systemvergleich mit den autoritären Regimes des Ostens (sowie deren jüngster Vergangenheit) herausforderte. Sie lag in der gezielten Kontrastierung mit den Gründungsmythen eines Landes, das „mit den Leitsätzen seiner bisherigen Geschichte nicht mehr in Einklang steht und immer deutlicher Züge totalitärer Art aufweist."

Dabei war die Bezeichnung „neueste Welt" für die USA von 1952 für Jungk durchaus mit einem Kalkül verbunden, eröffnete sie doch dem Reporter eine quasi-ethnologische Perspektive auf das technologisch fortgeschrittenste Land der Welt. Sie legte Jungks Beschreibung einer neuen Ingenieurselite einen Blick aus der Ferne bei, der sie „wie Angehörige von Stämmen" erscheinen ließ, „deren abstrakte Sprache und lebensferne Verhaltensweisen uns normalen Zeitgenossen kaum bekannt waren." Als wirkmächtiges Motiv griff Jungk auf das Bild der *frontiers* zurück, an denen es „keine Regeln, keine gesellschaftlichen und zivilisatorischen Hindernisse" gibt und die nunmehr „in den Laboratorien und Werkstätten des eigenen Landes" lagen. „Neue Grenzen" rufen dabei auch neue Pioniere auf den Plan: Finanziers, Wissenschaftler und Generäle, denen es nicht mehr wie noch zu Zeiten des *Goldrush* um die geopolitische Eroberung des Westens, sondern im „Zeitalter der vertikalen Entdeckungen" und des *atomic fever* um den Raum selbst, um den „Griff nach dem Weltraum" ging. Wie aber bereits der Untertitel des Buches suggerierte, offenbarte das Allmachtsstreben des neuen Amerika zugleich ein latentes Ohnmachtsgefühl. So konstatierte Jungk, dass selbst die „alten dunklen Mythen" in dieser scheinbar so „rational entstandenen Welt zu neuer Geltung" kommen würden, denn der „Durchschnittsmensch bewegt sich in seiner zweiten, künstlich aus der Retorte gewonnen Natur genauso unsicher wie seine prähistorischen Vorfahren in der ersten Natur, weil nur die Spezialisten – und oft nicht einmal sie – die Wesen und Kräfte begreifen, die sie in die Welt gesetzt haben." Diese Passage über die paradoxe Lage, in die der „prometheische Tatendrang der heutigen Amerikaner" geführt hatte, hätte der informierte Leser der Zeit in ähnlicher Form in → Günther Anders' *Antiquiertheit des Menschen* (1956) nachlesen können. Der Philosoph und Freund Jungks hatte für sein vier Jahre später erschienenes Hauptwerk dessen Amerikareportagen zwar rezipiert – sie aber nicht zitiert. So kam Anders zum selben Schluss, dass der Mensch sich durch die Unfähigkeit bestimme, „seelisch *up to date*", auf dem Laufenden seiner Produktion zu sein: Eine Asynchronisiertheit mit der Produktewelt zeichne den heutigen Menschen aus, die ihn in ein „prometheisches Gefälle" zu dieser setze.

Im Gegensatz zu Anders' gezielter Überzeichnung der „atomaren" Verhältnisse gewannen Jungks Reportagen gerade dadurch an Authentizität, dass dieser alle Orte der neuen Epoche tatsächlich aufgesucht hatte: „Es gibt wenige Städte, die aus großer Entfernung so eindrucksvoll wirken wie Los Alamos", schreibt Jungk über die „verbotene Atomstadt", in der der Bau der ersten Atombombe projektiert wurde. Wie keine zweite repräsentierte sie in „beinahe utopischer Vollendung" die Verflechtung von physikalischem Wissen und militärischer Macht in einem einzigen Sicherheitsdispositiv. In dem folgenden Bestseller *Heller als Tausend Sonnen* (1956), in dem Jungk das Schicksal der Atomforscher skizzierte, schrieb er über Los Alamos, dass selbst die Mitarbeiter des *Computing Center* lange Zeit nicht wussten, wozu ihre Kalkulationen eigentlich dienten: Orte wie Los Alamos, merkt Jungk dazu an, basieren darauf, dass „kein einzelner Mensch" eine „Übersicht" über sie hat. Sie sind die zentralen Schauplätze jener neuen „Unfreiheit", der Jungk auf den Grund zu gehen versuchte.

Dass diese nicht nur von den Produktionsstätten der Atomindustrie ausging, sondern ebenso von den *offices* der *White Collar Workers*, darüber berichtet Jungk in den Kapiteln über die *office-Kultur* der fünfziger Jahre: „Denn in Bürohäusern, nicht aber in den Repräsentationsbauten, nicht einmal in den Beratungssälen der Volksvertretung wohnt heute die Macht." Ein Machttyp war entstanden, dessen Credo *efficiency* auf zwei Prinzipien beruhte. Zum einen setzte man auf die Erkenntnisse der angewandten Sozialpsychologie: „Der Geist, der in einem Betrieb herrscht, erwies sich tatsächlich als Faktor von größter Bedeutung und trägt heute ebenso wie die Produkte der Firma dazu bei, ihren Ruf zu machen oder zu brechen." Um den „Seelenvirus x" im Betrieb zu bestimmen, griff man auf die Beichttechniken des *non-directive counseling* zurück, deren per Tonband aufgenommene Protokolle Jungk künftigen Historikern zur Sichtung anempfahl: „Sollte es Historikern späterer Tage in die Hände fallen, so werden sie eine einzigartige Übersicht über den Geisteszustand unserer Zeit erhalten." Die neue *office-Kultur* fußte aber nicht nur in psychologischer Unternehmensführung, sondern sie setzte zum anderen auf neueste EDV-Technik. Der Einsatz von Lochkarten-Maschinen markierte dabei den Beginn einer massenhaften Erhebung von statistischen Daten über alle US-Bürger: „Sie machen Inventare, stellen Bilanzen auf, errechnen genauestens Gewinnspannen und Versicherungsrisiken, kompilieren Verkaufsstatistiken, kalkulieren Gewerkschaftsbeiträge und Lohnabzüge. Sie sind die unentbehrlichen Helfer von Steuer, Versicherung und Bank."

Die Datenverarbeitung hatte ihren bis heute anhaltenden Siegeszug in die „Gebiete des Denkens" begonnen. Jungk bezog sich dabei zustimmend auf Norbert Wiener, den Gründervater der Kybernetik, der in seinen *Cybernetics* (1948) erklärte, das eigentliche Wesen der zweiten industriellen Revolution sei es, „das menschliche Gehirn zu entwerten, wenigstens in seinen einfacheren oder mehr routinemäßigen Entscheidungen." In zynischer Anspielung auf Thomas Hobbes' Staatsmetapher fügte Jungk diesem Diktum hinzu, dass ein zu immer größerer Komplexität neigender „Leviathan Staat" überhaupt nur noch „durch ein übermenschliches neues Regierungsinstrument, das mechanische Gehirn" zu retten sei. Jungk spielte damit auf den SEAC (National Bureau of Standards Eastern Automatic Computer) an, das „Elektronenorakel von Washington", das potenzielle Kriegsszenarien berechnete und die „machine à gouverner", die Regierungsmaschine, Wirklichkeit werden ließ. Hiermit war für Jungk eine Situation eingetreten, in der Fragen der Gouvernementalität und ihrer Entscheidbarkeit an eine Maschine delegiert wurden, die das „Regieren" auf ein schlichtes „Voraussehen" reduzierte.

Auf der Suche nach alternativen Formen der Zukunftsplanung begibt sich Jungk daher am Ende des Buches nach Princeton zum *Institute of Advanced Studies*, an dem zu dieser Zeit Wissenschaftler wie Albert Einstein, Robert Oppenheimer oder John von Neumann zum Gespräch zusammenfanden. Den Erfinder der Computerarchitektur zitiert Jungk mit dem Ausspruch, dass „die Technik, die Atomindustrie, die in die Natur eingreifende Biologie, die menschenorientierte und praktische Psychologie [...] den Weg der Wahrheit verlassen" habe. John von Neumanns Aussage bringt Jungk zu seiner Ausgangsfrage zurück, mit der er sich noch später als Gründer des *Instituts für Zukunftsfragen* beschäftigen sollte: Wie lässt sich Wissenschaft an Ethik rückbinden?

Im Schluss der 1961 erschienenen erweiterten Fassung von *Die Zukunft hat schon begonnen* greift Jungk die Sechziger-Jahre-Debatte um C. P. Snows Stichwort von der Kluft zwischen den „zwei Kulturen" auf. Den „Fluch" einer „zu engen Spezialisierung" in den Natur- und Geisteswissenschaften glaubte Jungk mit Interdisziplinarität über Fakultätsgrenzen hinweg begegnen zu können, wie er es ab 1970 als Honorarprofessor für „Zukunftsforschung" an der Technischen Universität Berlin praktizierte: Schließlich gäbe es – so Jungk – zwischen den Fakultäten „unzählige Querverbindungen zu ziehen." Anders als der kulturpessimistische Tenor der fünfziger Jahre vermuten ließe, knüpfte der Wissensvermittler Jungk somit durchaus Hoffnungen an die sich abzeichnende Epoche des Computers. Als einem „Kisch des Atomzeitalters" – wie ihn Günther Anders einmal nannte – war Robert Jungk aber stets klar, dass das Ansammeln des je aktuellsten Wissens allein noch nicht dazu befähigte, Antworten auf die sozialen und ökologischen Fragen der Zeit zu geben: „Die elektronischen Datenverarbeitungsgeräte können dem Menschen vielleicht die unter der ‚Informationslawine' begrabene ‚große Sicht' wiedergeben, ihm jedoch nicht die Frage nach dem Sinn und der wünschbaren Richtung seines stürmischen Fort-Stürzens beantworten."

Literatur

Mathias Greffrath, Diethart Kerbs: *Robert Jungk*. Berlin 1988 • Robert Jungk. Der Wissensvermittler. Drei Texte von Robert Jungk und ein Interview mit Peter Stephan Jungk. In: *Arbeitsblätter für die Sachbuchforschung*, 13 (2007), http://www.sachbuchforschung.de (Stand: 1. 3. 2013) • Sekretariat für Zukunftsforschung in Gelsenkirchen (Hg.): *Die Triebkraft Hoffnung. Robert Jungk zu Ehren*. Basel 1993 • Martin Urban: Der Zukunftsforscher. Robert Jungk 1913–1994. In: *Das Gewissen ihrer Zeit. Fünfzig Vorbilder des Journalismus*. Hg. von Hans-Jürgen Jakobs und Wolfgang R. Langenbucher. Wien 2004, S. 230–234.

Till Greite

Günther Anders: Die Antiquiertheit des Menschen. Band I: Über die Seele im Zeitalter der zweiten industriellen Revolution

Erstausgabe: München, Verlag C. H. Beck 1956 • Band II: *Über die Zerstörung des Lebens im Zeitalter der dritten industriellen Revolution*. München, Verlag C. H. Beck 1980

Alle Zitate aus Band I im Text beziehen sich auf die fünfte Auflage: München, Verlag C. H. Beck 1980

Günther Anders (1902–1992), Sohn des Psychologenehepaares William und Clara Stern, studiert in Freiburg bei Martin Heidegger und seinem späteren Doktorvater Edmund Husserl. In der Weimarer Republik wirkt der zeitweilige Ehemann Hannah Arendts vorwiegend journalistisch und belletristisch, bevor er 1933 nach Paris emigriert. 1936 flieht Anders in die USA, wo er sich die ersten Jahre als Fabrik- und Hilfsarbeiter, u. a. in Hollywood, durchschlägt. 1950 kehrt er nach Europa zurück und lebt bis zu seinem Tod in Wien.

Ohne Übertreibung kann man sagen, dass sich im Ereignis der Atombombe, in ihrer schieren Existenz wie in ihrem Einsatz in Hiroshima und Nagasaki, sämtliche Motive konzentrieren, die das gesamte Denken von Anders in Atem halten. Man hat ihn darum auch den Philosophen der Bombe genannt. Die Bombe stellt gleichsam das ultimative Realsymbol für die Überwältigung des Menschen durch seine vermeintliche Schöpfung, die Technik, dar. Zwar habe er, sagt Anders, gleich am Tag des Abwurfs auf Hiroshima, am 6. August 1945, gewusst, dass die Bombe ein neues Zeitalter einläute. Jedoch hätten sich Seele und Vorstellungsvermögen der Einsicht des Intellekts verweigert. Erst später sollte ihm die Darstellung gelingen: 1956 erscheint der erste Band von Anders' Hauptwerk *Die Antiquiertheit des Menschen*, dem 1980 ein zweiter folgt. Dort, im ersten Band, *Über die Seele im Zeitalter der zweiten industriellen Revolution* untertitelt, spitzt der große Essay *Über die Bombe und die Wurzeln unserer Apokalypse-Blindheit* Grundgedanken und Motive zu, die schon in den beiden anderen Abschnitten, *Über prometheische Scham* und *Die Welt als Phantom und Matrize. Philosophische Gedanken über Rundfunk und Fernsehen*, die Argumentation geleitet hatten.

Anders begreift sein Denken als eine „philosophische Anthropologie im Zeitalter der Technokratie". (II, 9) Dass Technik die Herrschaft über die Menschen errungen habe, verdichtet sich in der Existenz der Bombe. Indem sie das Weiterbestehen der Menschheit insgesamt infrage stellt, offenbart sie deren „völlig veränderte Stellung im Kosmos und zu [sich] selbst". (I, 239) Technikphilosophisch gesehen, erschüttert sie gleich mehrere der tradierten Modelle, mit denen Menschen sich angesichts der Technik ihrer Urheberschaft und Kontrolle zu versichern suchten.

Die Atombombe setzt *erstens* die geläufige Zweck-Mittel-Relation außer Kraft. Die Bombe ist kein Mittel, weil sie nicht mehr hinter einem von ihr erzielten Zweck zurücktritt. Als Mittel kann sie nur eingesetzt werden, wenn sie nicht eingesetzt wird. Wenn doch, überschreite sie jeden Zweck, ja, sie stelle „aller Voraussicht nach jede weitere Setzung von Zwecken überhaupt in Frage". (I, 249) Insofern gilt die Bombe Anders gleichsam als Geschichtszeichen einer Epoche, in der es „eigentlich anderes als Mittel nicht gibt". (ebd.) Sie verkehre die gewöhnliche Hierarchie, denn heute heiligten die Mittel die Zwecke. (I, 252f.) An anderer Stelle bekräftigt Anders die kultur- und menschenprägenden Effekte der Medien und Werkzeuge, die darum nie bloße Mittel seien. (I, 99f.) Man kann die Anders'sche Philosophie daher, darin der wenige Jahre später Furore machenden Medientheorie eines Marshall McLuhan vergleichbar, als dezidierten Einspruch gegen das bloß instrumentelle Technikverständnis lesen. Ebenso wenig, wie Medien bloße Mittler im Dienst der Kommunikation sind – dies zeigt die Anders'sche Theorie des Fernsehens in *Die Welt als Phantom und Matrize* –, fungieren Techniken und Apparate als bloße Werkzeuge, bloße Mittel zum Zweck.

Zweitens stellt die Bombe den Mythos von *dem* Menschen bzw. *den* Menschen als Urheber oder Subjekt der Technik infrage. Vielmehr sei die Technik zum eigentlichen Subjekt der Geschichte geworden. (II, 279 f.) Der Zuschreibung der Technik an ein sie angeblich hervorbringendes Kollektivsubjekt – „Wir haben die Geräte selbst gemacht" – widerspricht Anders entschieden. Es handele sich um bloße Rhetorik: Die Produkte sind nicht von „uns" gemacht, für die Mehrheit sind sie einfach „da". (I, 27) Zudem betont Anders, hier selbst wiederum in Singulare tantum verfallend, der Mensch selber sei seinen Produkten, ihrer Perfektion und ihrer Reichweite, nicht mehr gewachsen. In Anlehnung an die mythische Figur der Technikschöpfung, den Titanen Prometheus, spricht Anders vom „prometheischen Gefälle". (I, 267 ff.) Wir können uns die Folgen des atomaren Schlags weder angemessen vorstellen noch bringen wir die ihm gemäße Menge an Mitleid auf. Die moralische Phantasie kapituliert vor den Folgen des Geschaffenen. Während die Utopisten das von ihnen Vorgestellte nicht herstellen konnten, können wir, als invertierte Utopisten, das Hergestellte uns nicht mehr hinreichend vorstellen. Nah damit verwandt zeigt sich eine weitere, einschlägig bekannte These: Die Diskrepanz zwischen dem Menschen und den von ihm hervorgebrachten Produkten bekundet sich in der „prometheischen Scham". Angesichts der Perfektion seiner Produkte beginne der Mensch sich seiner kreatürlichen Mangelhaftigkeit zu schämen. Er zieht das Gemachte dem Macher vor. Im Verhältnis zwischen Mensch und Produkt wiederholt sich so der biblische Sündenfall, der Aufstand der Geschöpfe gegen den Schöpfer. Der Prometheus von heute, der Mensch, werde zum „Hofzwerg seines eigenen Maschinenparks". (I, 25) Der seinerzeit viel diskutierten Mängelwesenanthropologie → Arnold Gehlens hält Anders entgegen, erst Technik lasse den Menschen als mängelbehaftet erscheinen.

Daher kristallisiert sich an der Bombe *drittens* ein charakteristisches und für den Moralisten Anders zentrales moralisches Problem des technokratischen Zeitalters. Eine allumfassende „Medialität" (I, 286 ff.) lasse Menschen zu aktiv-passiv-neutralen Mittätern und Mitleidenden eines globalen Unheilszusammenhangs werden. Die „Kompliziertheit der modernen Organisation" (I, 246) in Wissenschaft, Verwaltung, Politik und Militär ersetze die Idee der Moralität einer Handlung faktisch durch die „Glätte der Funktion". Die „Summe der spezialisierten Gewissenhaftigkeiten" mündet in die „monströseste Gewissenlosigkeit". (I, 246 f.) Daher rühre die Nähe von Massenvernichtung und industrieller Produktion.

Weil die Gegenwart an den faktisch außer Kraft gesetzten Modellen gleichwohl festhalte, und weil sie die endzeitliche Drohung der Atombombe leugne, wird sie von Anders als „apokalypseblind" bezeichnet. In gewissem Sinne ist durch die Atombombe die Apokalypse schon eingetroffen. Die Atombombe sei, so Anders, „geschichtlich überschwellig": Sie markiert ein gleichsam posthistorisches Zeitalter, ein mögliches „Ende von Geschichte", das als solches in Geschichte nicht mehr eingehen kann. (I, 262f.) An der Atombombe erhellt sich daher auch, warum Anders seine „apokalyptische Hauptthese" von der Antiquiertheit des Menschen auch in späteren Jahren aufrechterhalten wird. Selbst wenn man alle atomaren Waffen abrüstet, bleibt doch das Wissen unzerstörbar, dass der „Zustand der verlorenen atomaren Unschuld nicht wiederher[zu]stellen" ist. (II, 394f.)

Das drängende Problem der Bombe prägt auch den Stil des Anders'schen Philosophierens. Selbstironisch adressiert der Autor sein Denken als eine „Kreuzung von Metaphysik und Journalismus" (I, 8), das die methodische Übertreibung nicht nur nicht scheue, sondern konsequent betreibe. Dem bekennenden Moralisten ist es immer um die Befreiung der Philosophie aus den akademischen Zirkeln zu tun gewesen. Er ist nach eigener Aussage in die Praxis desertiert. (II, 12) Davon zeugt etwa ein Seminar über *Moral im Atomzeitalter*, das Anders 1958 auf dem Anti-Atomkongress in Tokio leitet. Sein Briefwechsel mit Claude Eatherly wird 1961 unter dem Titel *Off limits für das Gewissen* von → Robert Jungk herausgegeben und findet breite Aufmerksamkeit. Der nur im Titel fälschlich so genannte „Hiroshima-Pilot" hatte in Wahrheit das Wetteraufklärungsflugzeug kommandiert und der *Enola Gay* das Zeichen zum Abwurf gegeben. Als Befehlsempfänger, Ausführender und Mittäter steht Eatherly exemplarisch ein für Anders' Kritik am moralischen Dilemma einer technologisch hochgerüsteten Gesellschaft, am arbeitsteilig organisierten und Verantwortung delegierenden Vernichtungsgeschehen. Aus dieser Perspektive wird sich Anders in den sechziger Jahren gegen den Vietnam-Krieg engagieren und noch in den achtziger Jahren heftige Debatten auslösen, als er eine unter Umständen auch gewalttätige Notwehr gegen den „atomaren Notstand" erwägt.

Literatur

Günther Anders: *Der Mann auf der Brücke. Tagebuch aus Hiroshima und Nagasaki*. München 1959 • Ders.: *Endzeit und Zeitenende. Gedanken zur atomaren Situation*. München 1972. Zweite, erweiterte Auflage 1981 unter dem Titel *Die atomare Drohung. Radikale Überlegungen*. München 1981 • Ders.: *Hiroshima ist überall*. München 1982 • Susanne Fohler: *Techniktheorien. Der Platz der Dinge in der Welt des Menschen*. München 2003, S. 150–172 • Robert Jungk (Hg.): *Off limits für das Gewissen. Der Briefwechsel zwischen dem Hiroshima-Piloten Claude Eatherly und Günther Anders*. Hamburg 1961 • Konrad Paul Liessmann (Hg.): *Günther Anders kontrovers*. München 1992 • Ders.: *Günther Anders zur Einführung*. Hamburg 1988 • Margret Lohmann: *Philosophieren in der Endzeit. Zur Gegenwartsanalyse von Günther Anders*. München 1996 • Ludger Lütkehaus: *Philosophieren nach Hiroshima. Über Günther Anders*. Frankfurt am Main 1992 •

Elke Schubert (Hg.): *Günther Anders antwortet. Interviews und Erklärungen. Mit einem Vorwort von Hans-Martin Lohmann*. Berlin 1987 • Dies.: *Günther Anders. Mit Selbstzeugnissen und Bilddokumenten*. Reinbek 1992.

Uwe C. Steiner

Hans Hellmut Kirst: Keiner kommt davon. Bericht von den letzten Tagen Europas

Erstausgabe: München, Wien und Basel, Verlag Kurt Desch 1957

„Vom verlorenen Krieg spricht man nicht, dafür um so mehr vom kommenden Krieg", konstatierte → Hans Werner Richter in einem dokumentarischen Text aus dem Jahr 1946, den *Unterhaltungen am Schienenstrang*. „Die Russen werden kommen, und dann ist es aus mit den neudeutschen Demokraten, sagen die einen; und die anderen: Die Amerikaner werden die Russen bis an den Ural zurückjagen, und dann haben wir Ruhe. Denken wir an die Atombombe ..."

Ihren Höhepunkt erreichte die Debatte um die Gefahren der atomaren Kriegsführung und die Spekulationen um einen kommenden Dritten Weltkrieg indes erst 1957. Im April erschien das *Göttinger Manifest* führender Kernphysiker; im gleichen Monat wurden die Ergebnisse eines NATO-Planspiels mit dem Namen *Schwarzer Löwe* publik, das mit der völligen Zerstörung Deutschlands endete. Und im September, ein paar Tage vor der Bundestagswahl, leitete der Appell von 20 namhaften deutschen Autoren, die sich gegen die nukleare Aufrüstung der Bundeswehr wandten, die erste pazifistische Massenbewegung in der deutschen Geschichte ein.

Der erste deutsche Roman, der sich national wie international erfolgreich an der konkreten Antizipation des Dritten Weltkriegs versucht hat, stammt ebenfalls aus dem Jahr 1957: *Keiner kommt davon. Bericht von den letzten Tagen Europas* von Hans Hellmut Kirst (1914–1989), der in den Jahren zuvor mit seiner Kasernenhof-Trilogie → *Null-Acht Fünfzehn* (1954/1955) wenn schon keinen Kritiker-, so doch einen ausgesprochenen Publikumserfolg gelandet hatte.

Zentrales Strukturmoment von *Keiner kommt davon* ist eine sehr hart geschnittene Kontrapunktik von großer Politik und lebensweltlicher Normalität. Erstere wird repräsentiert durch zahlreiche in den Text eingestreute Rundfunknachrichten, Botschaftstelegramme, Regierungsprotokolle, diplomatische Noten etc., zweitere durch die Geschichte seiner Protagonisten. Das vielfach miteinander verflochtene Ensemble setzt sich neben Journalisten, Politikern, Soldaten und Wissenschaftlern auch aus jungen Liebespaaren, einem Geschäftsmann, einer Künstlerin, einer Haushälterin und ihrer Tochter zusammen; sie alle führen ein mehr oder weniger normales Leben, haben Zukunftspläne, Ängste und Meinungen und sind Charaktere, die sich in gewisser Nähe zum Alltag des Lesepublikums befanden. Der Titel *Keiner kommt davon* ist programmatisch zu lesen, sie alle werden gegen Ende des Romans Opfer der atomaren Katastrophe.

Die individuellen Erlebnisse seiner Protagonisten kontrastiert Kirst mit zahlreichen fingierten Dokumenten, die minutiös eine politische Untergangsspirale protokollieren: Ein Jahr nach den Unruhen in Ungarn kommt es in Polen zu einem ähnlichen Aufstand, der wiederum in der DDR auf große Resonanz und Sympathien der systemkritischen Bevölkerung stößt. Die Repressionspolitik der Regierung sorgt nun auch in Ostdeutschland für bürgerkriegsähnliche Zustände und nachdem es an der deutsch-deutschen Grenze zu einem Scharmützel zwischen dem Bundesgrenzschutz und der ostdeutschen Volksarmee kommt, in deren Folge die Bundeswehr das Hoheitsgebiet der Ostzone verletzt, ist die große Krise da. Sowjetunion und NATO verwandeln Mitteleuropa in den Schauplatz des Dritten Weltkriegs. Entfaltet wird also auch ein Nationaldrama, in dem das geteilte Deutschland Opfer seiner selbst und der internationalen Umstände wird. Recht konsequent werden die beiden deutschen Aufbaugesellschaften – aus eigener, tragischer Schuld – wieder in einer Trümmergesellschaft zusammengeführt. Der Dritte Weltkrieg wird bei Kirst so nicht zuletzt als die dystopische Lösung eines krampfhaften nationalen Konflikts inszeniert, die Entspannung durch Selbstauslöschung verspricht: „Jetzt, im Untergang, werden beide Seiten endlich vereint sein." Der Aufbau der Geschichte folgt dem Prinzip einer negativen Kosmogonie, die Handlung umfasst eine Woche wobei der siebte Tag der allumfassenden Auslöschung gewidmet ist. Das dem Text vorangestellte Bibel-Zitat, „Und Gott sah an alles, was er gemacht hatte; und siehe da, es war sehr gut", wird gleichsam zurückgenommen und durch die schlimmstmögliche Katastrophe dementiert.

Kirst schließt dabei im Kleinen wie im Großen, trotz der mythischen Rahmung, recht konkret an die deutsche Wirklichkeit Mitte der fünfziger Jahre an. Es handelt sich um eine politische Zeitliteratur, die zwar stets zwischen Typisierung und Konkretion oszilliert, dabei aber versucht, die Möglichkeit der Katastrophe so präzise wie möglich herzuleiten. Das Buch gibt sich nicht als Vision und bezieht seine Authentizität nicht in erster Linie aus der Wiederaufnahme von Topoi aus dem Zweiten Weltkrieg, sondern versteht sich als realistische Extrapolation gegenwärtiger Tendenzen. Der politische und militärische Teil des Buches wurde, wie in der Titelei betont und wie kaum ein Rezensent vergisst zu erwähnen, unter der Mitarbeit des damals recht bekannten Journalisten Jesco von Puttkamer (1919–1987) – er war militärpolitischer Kommentator der *Süddeutschen Zeitung* und etwas später Chefredakteur des *Vorwärts* – geschrieben.

Wie schon bei der *Null-Acht-Fünfzehn*-Trilogie fiel auch die Rezeption von *Keiner kommt davon* nicht besonders günstig aus. Als „hübsches literarisches Machwerk" mit infamer Konstruktion wird das Buch in der *Westdeutschen Allgemeinen* besprochen; die *Ruhr-Nachrichten* bescheinigen Kirsts „Zweck-Reportage", im „Primitiv-Spektakulären" hängen geblieben und „erfundener Unsinn" zu sein, und für Antonius Eickhoff von den *Westfälischen Nachrichten* ist der „sattsam bekannte" Kirst schlicht ein verantwortungsloser Defätist mit „frivoler Phantasie". „Man möchte einen solchen Schmarren in die nächste Ecke werfen", so Eickhoff: „Man müsste ihn totschweigen." Auch in der DDR findet das Buch keinen Zuspruch, in der *Neuen Deutschen Literatur* beschied man: „Das politische Elend Kirsts ist zugleich sein literarisches Elend. Nie war Kirst weiter von der Literatur entfernt."

Liest man die Artikel über Kirsts Buch zusammen, um den Erwartungshorizont zu rekonstruieren, in dem es rezipiert wurde, so ergibt sich folgendes Bild: Erstens war der Vorwurf der Geschäftemacherei mit einem todernsten Thema sehr schnell bei der Hand. Zweitens erfolgte eine parteipolitische Ausdifferenzierung der Rezeption, deren Linien etwa denen der deutschen Wiederbewaffnungsdebatten entsprochen haben dürften. Und drittens ist die Frage nach der Realitätsnähe des Szenarios eine zentrale, an der die Qualität von Kirsts Fiktion bemessen wurde. Hält man sich in diesem Zusammenhang vor Augen, dass der emphatische Begriff von ‚guter Literatur', wie er für die kulturelle Elite der fünfziger Jahre gegolten hat, gerade die Distanz zu marktwirtschaftlichen Verkehrsformen, die überparteiliche Wahrheit ihrer Bedeutung und die Suspension von unmittelbaren Aussagen über die Realität behauptet, wird schnell klar, dass eine genuin literarische Rede über den Dritten Weltkrieg kaum möglich war. Obwohl es sich, vielleicht auch gerade,weil es sich um ein hochaktuelles und sehr umstrittenes Thema handelte, greifen hier sehr schnell und sehr hart Mechanismen, die den Text an die Peripherie des literarischen Feldes verbannen, in die Bezirke des zweifelhaften Unterhaltungsschrifttums oder der Reportage.

Kirsts *Keiner kommt davon* wurde allerdings nicht einhellig abgelehnt. Zuspruch fand das Buch zum einen im *Vorwärts*, der das weitgehende Ausbleiben von Rezensionen und des breiteren Erfolgs einer konformistischen Verschweigepolitik der bürgerlichen Medien zuschrieb und Kirsts „brennend aktuelle Anklage" gegen den Militarismus für zu unbequem hielt, um vom Mainstream der deutschen Presselandschaft besprochen zu werden. Zum anderen verteidigte ihn Walter Ernsting, eine zentrale Figur der deutschen Nachkriegs-Science-Fiction. Kirst sei kein „Geschäftemacher mit der Angst" und sein Buch sei als klare, ernstzunehmende Warnung vor einem atomaren Krieg zu verstehen.

Was sich in diesen positiven Rezensionen andeutet, ist nichts weniger als die Zukunft des Dritten Weltkriegs. Denn diese lag vor allem im außerliterarischen Engagement der Autoren – etwa der SPD-nahen *Kampf-dem-Atomtod-Bewegung* –

und der Genre-Literatur. Stellvertretend für eine ganze Reihe anderer Science-Fiction-Stories kann der Beginn der von Walter Ernsting und Karl-Herbert Scheer konzipierten *Perry-Rhodan-Serie* (erschienen ab September 1961) angeführt werden. Der drohende Atomkrieg stellt das Ausgangsszenario dar, von dem aus sich die Handlung der Serie in die ‚Weiten des Alls' katapultiert, aus denen sie bis heute nicht zurückgekehrt ist.

Literatur

Andy Hahnemann: Keiner kommt davon. Der Dritte Weltkrieg in der deutschen Literatur der 50er Jahre. In: *Keiner kommt davon. Zeitgeschichte in der deutschen Literatur nach 1945*. Hg. von Wolfgang Hardtwig und Erhard Schütz. Göttingen 2008, S. 151–165.

Andy Hahnemann

Karl Jaspers: Die Atombombe und die Zukunft des Menschen. Politisches Bewußtsein in unserer Zeit

Erstausgabe: München, Piper Verlag 1958

Die 1958 erstmals veröffentlichte Schrift *Die Atombombe und die Zukunft des Menschen. Politisches Bewußtsein in unserer Zeit* von Karl Jaspers (1883–1969, → *Die Schuldfrage*, 1946) basiert auf einem 55 Minuten langen Radiovortrag des seit 1948 in der Schweiz lebenden Philosophen, der im Oktober 1956 von *Radio Basel* ausgestrahlt wurde.

Mit der These, dass eine weit fortgeschrittene Technisierung die Menschheit in eine nicht mehr ohne Weiteres umkehrbare, existenzbedrohliche Situation geführt hat, thematisiert Jaspers die weltpolitische Lage als Grenzsituation. Die jüngste politische Vergangenheit mit ihrer extremen Ausprägung totalitärer Staatsformen sowie die Konsolidierung der Atommächte USA und UdSSR im Kalten Krieg nimmt Jaspers zum Anlass einer tiefgreifenden philosophischen Gesellschafts- und Kulturkritik der jungen Bundesrepublik. Der angebliche Fortschritt eines rational-wissenschaftlichen Denkens hat die Welt in die paradoxe Situation geführt, dass ein Weltfrieden nunmehr nur noch durch den ‚Einsatz' der bisher mächtigsten Waffe garantiert werden kann. Jaspers positioniert sich damit in einem fortschrittskritischen, geschichtsphilosophischen und politischen Endzeitdiskurs, der bereits in der ersten Hälfte des 20. Jahrhunderts mit Denkern wie Max Weber und Walter Benjamin begonnen hatte und in den späten fünfziger Jahren Kultur und Politik der BRD nachhaltig prägte.

Auslöser für die intensive Debatte war der ab 1955 von Konrad Adenauer zielstrebig verfolgte Einstieg in die Atompolitik, der für die BRD sowohl eine zivile Nutzung der Atomenergie als auch eine militärische Aufrüstung der Bundeswehr mit Atomwaffen vorsah, was in Teilen der Öffentlichkeit auf heftigen Widerspruch stieß.

Von besonderer Bedeutung für die aufkeimende Anti-Atom-Bewegung war das *Göttinger Manifest* vom 12. April 1957, in dem 18 führende Atomphysiker der BRD, unter ihnen Carl Friedrich von Weizsäcker, Otto Hahn und Werner Heisenberg, gegen den Atomkurs der Regierung protestierten. Jaspers' Analyse, die im sowjetischen Totalitarismus die zweite große Gefahr der Zeit erblickte, kritisierte die Position der Göttinger Achtzehn gewissermaßen als weltfremd: „Die deutschen Physiker standen außerhalb des weltgeschichtlichen, des wissenschaftlichen, technischen, politischen Dramas der Atombombe, obgleich sie an dessen Voraussetzungen entscheidend beteiligt waren." (269)

Seine Überlegungen gliedert Jaspers in drei Teile. Er beginnt seine Argumentation mit der Untersuchung des politischen Denkens im Hinblick auf den neuen Tatbestand der existenziellen Bedrohung der Menschen durch die Atombombe. Die Analyse zeigt, dass eine faktische Wahrung des Friedens in der gegenwärtigen Weltordnung nicht erreicht werden kann. Absolute Souveränität sowie die Forderung nach Nichteinmischung und Vetorecht sind unvereinbar mit der Gleichberechtigung aller Staaten. Eine friedliche Koexistenz auf der Basis „total verschiedener Rechtsgrundgedanken sich ausschließende[r] Staats- und Gesellschaftsformen bei *Verwehrung gegenseitigen freien Verkehrs* durch eiserne Vorhänge" (45) sei nicht möglich. Denn die daraus resultierende Bedrohung kann auf lange Sicht nur durch eine Öffnung der Staaten und Völker sowie durch eine geregelte Kommunikation entschärft werden. Jaspers' zentrale These, dass ein Weltfriede auf der Basis existenzieller Bedrohung kein echter Friede ist, mündet in der Forderung des ‚Überpolitischen' als einer sittlichen Idee, die sich im moralischen Gebot des Opfers realisiert.

Der Verknüpfung von zeitkritischer Analyse und moralphilosophischem Appell folgt eine historisch-philosophische Betrachtung des Weltzustands, die diesen auf die Dialektik von politischer Freiheit und Selbstbehauptung einerseits, Totalitarismus, Kolonialismus und Machtwillen andererseits zurückführt. Hier folgt Jaspers einem psychologischen Ansatz, der in Angst, Lüge und Unterdrückung die ursprünglichen Probleme für die Entstehung einer auf Repression und Bedrohung basierenden Weltordnung sieht. Dem entgegen stellt Jaspers die Kant'sche Idee eines Weltfriedens, die er allerdings weder durch existierende völkerrechtliche Verträge (UNO) noch durch die Alternative einer totalen Herrschaft, sondern einzig durch das Opfer gewährleistet sieht: „Wenn das Opfer des Daseins der Menschheit ausbleiben soll, so kann das nur geschehen durch ein Opfer, das an Größe diesem entspricht: das zur Umkehr des Menschen selber notwendige Opfer von Daseinsbefangenheiten. Dieses Opfer würde erst ein Leben begründen, das des Lebens würdig ist." (235)

Nach einer Kritik an der vorherrschenden wissenschaftlichen Denkpraxis skizziert Jaspers eine neue Denkungsart, die wesentlich aus der Grenzsituation – der Gefahr einer potenziell existenziellen Bedrohung – motiviert ist und auf der zentralen philosophischen Kategorie der Vernunft basiert. Das Jaspers'sche Vernunftverständnis orientiert sich dabei wesentlich an Kants Vernunftkonzeption als einem dem Verstand übergeordneten Erkenntnisvermögen. Sie ist überpolitische Fähigkeit, moralische Instanz und philosophische Denkungsweise in einem und damit allen anderen Erkenntnisformen überlegen: „Vernunft erzeugt neue Denkungsweisen, die mit dem Verstand über den Verstand hinausführen. Sie heißen die philosophischen. Sie sind das wesentliche Denken, das die Denkungsweisen des Verstandes, die wissenschaftlichen, moralischen, juristischen Sachkenntnisse, bewegt, so daß sie erst aus dem philosophischen Denken ihren Sinn erfahren". (184) Mit Reiner Wiehl ist *Die Atombombe und die Zukunft des Menschen* damit als eine „Philosophie des Überpolitischen" zu lesen.

Dem utopischen Charakter der Vernunft in der Forderung nach einem „vernünftigen Staatsmann", „gesundem Menschenverstand" und „politischem Realismus" sowie dem Ideal der Demokratie begegnet Jaspers in sokratischer Methode mit einem Dialog, der Für und Wider der Utopie „Vernunft" objektiv gegeneinanderstellt. In der aktuellen Situation, so folgert er, kann weder auf politische, wissenschaftliche und religiöse Präzepte und Fluchten zurückgegriffen werden, noch erlaubt sie den Menschen, in der Selbstlüge einer funktionierenden Weltordnung zu verharren. Die Schrift mündet in einer ontologischen Betrachtung. Darin wird der Mensch auf die Gegenwart verwiesen – als eben die Zeit, in der sich das Ewige tätig gestalten lässt: „Das, worauf es ankommt, die Wirklichkeit des Ewigen, ist in der Weise, wie gelebt und gehandelt wird, als das Umgreifende, das Unsterbliche." (501)

Jaspers Buch wurde nicht zuletzt im Zusammenhang mit seiner anlässlich des ihm am 28. September 1958 verliehenen Friedenspreises des deutschen Buchhandels gehaltenen Frankfurter Rede *Wahrheit, Freiheit und Friede* heftig kritisiert. Vor dem Hintergrund der seit 1955 systematisch betriebenen Atompolitik Adenauers und seines Verteidigungsministers Franz Josef Strauß gewann der Text politisches Gewicht und spaltete die Diskussion um Atomforschung und Atomwaffen.

Es waren besonders marxistisch gesinnte Kritiker wie Hermann Ley und Georg Mende, die Jaspers eine unzureichende wissenschaftliche Gründlichkeit und ideologische Voreingenommenheit vorwarfen. Die Dämonisierung der Sowjetunion – „Könnte es anders sein, daß Jaspers, der doch gegen Dämonenglauben stets gestritten hat, den totalen, den russischen Staat ein wenig überdämonisiert?" (Golo Mann) – sowie ein unkritisches Gleichsetzen des sowjetischen Systems mit totalitären Herrschaftsformen fiel aber auch den eher ‚bürgerlichen' Intellektuellen auf.

Dezidiert wurde daher in diesem Zusammenhang auf seine antikommunistische und antihumanistische Haltung verwiesen und der nach Basel emigrierte Philosoph polemisch als Apologet der Außenpolitik Adenauers bezeichnet, der eine sich der atomaren Aufrüstung der Bundesrepublik verweigernde Opposition zu einer Unterstützung Adenauers bekehren will.

Literatur

Julius Ebbinghaus: Die Atombombe und die Zukunft des Menschen. In: *Studium Generale*, 10 (1957) 3, S. 144–153 • Hans-Heinz Holz: Karl Jaspers und die indirekte Apologie der Atombombe, sowie: Ernst Schwarz: Die Philosophen und die Atombombe. In: *Blätter für deutsche und internationale Politik*, 3 (1958) 10, S. 750–759 (Holz), 848–860 (Schwarz) • Hermann Ley: Karl Jaspers als Atombombenideologe, sowie: Georg Mende: Karl Jaspers. Die Atombombe und die Zukunft des Menschen. In: *Deutsche Zeitschrift für Philosophie*, 6 (1958), S. 859–874 (Ley), 998–1002 (Mende) • Golo Mann: Strategie und Philosophie der Atombombe. In: *Merkur*, 12 (1958), S. 1185–1190 • Reiner Wiehl: Jaspers' Bestimmung des Überpolitischen. In: *Karl Jaspers – Philosophie und Politik*. Hg. von Reiner Wiehl und Dominic Kaegi. Heidelberg 1999, S. 81–96.

Saskia Wiedner

Sonnensucher

Regie: Konrad Wolf

Drehbuch: Karl Georg Egel, Paul Wiens • Kamera: Werner Bergmann • Musik: Joachim Werzlau, Hans-Dieter Hosalla • Produktion: DEFA-Studio für Spielfilme, Potsdam-Babelsberg • Nicht-Öffentliche Erstaufführung vor Politbüro-Mitgliedern: 24. 6. 1959 • Kinostart: 27. 3. 1972, Ronneburg (Kreis Gera), zeitgleich Erstausstrahlung im DDR-Fernsehen • Länge: 111 Min., s/w • Darsteller: Ulrike Germer, Erwin Geschonneck, Günther Simon, Viktor Avdjuško, Vladimir Emel'janov, Willi Schrade, Manja Behrens, Norbert Christian, Erich Franz, Horst Kube

Geplant als Beitrag zum 10. Jahrestag der DDR im Oktober 1959, gedreht zwischen August 1957 und Juni 1958 in Johanngeorgenstadt im Erzgebirge und im Babelsberger Studio, ein Jahr später dem Politbüro vorgeführt und mit positiver staatlicher Zulassung versehen, nach der Presseaufführung – und noch vor der angekündigten Premiere im Oktober 1959 – jedoch auf Forderung der sowjetischen Botschaft zurückgezogen und erst zwölf Jahre später als historischer Kunstfilm neu zugelassen, ereilte dem unter der Regie von Konrad Wolf (1925–1982) entstandenen Wismut-Film *Sonnensucher* ein symptomatisches Schicksal in der Geschichte der Fortschrittshoffnungen der DDR.

Den Stoff um die Gewinnung des Uranerzes im Erzgebirge für die Entwicklung der sowjetischen Atomwirtschaft erschloss der Chefdramaturg des DEFA-Spielfilmstudios Karl Georg Egel (1919–1995). In der entspannteren Kulturlage um 1956 erkannte Wolf eine Gelegenheit, die widersprüchlichen Anfangsbedingungen der DDR darzustellen, um die noch anstehenden Schwierigkeiten in der Organisation eines modernen sozialistischen Staates auszuloten. In diesem Gegenwartsfilm, für den die DEFA erstmals auch sowjetische Schauspieler engagierte, kommen daher keine exemplarischen Arbeiterhelden, sondern gebrochene Figuren im Wilden Osten zusammen: strafversetzte Kleinverbrecher und zwangsverpflichtete Prostituierte, ehemalige SS-Soldaten und Flüchtlinge sowie ein überforderter Parteisekretär und zwei Aufseher aus der UdSSR. Hier entstehen Konflikte, die von den Belastungen der deutschen Kriegsgeschichte sowie den Auswirkungen des Kalten Krieges gekennzeichnet sind.

Der Kampf um das Uranerz ist zugleich ein Kampf um das Neue. So sind einerseits die harten, fast rauen Bilder aus dem gefährlichen Arbeitsmilieu und die intensive Charakterzeichnung unüblich für die DEFA-Filmästhetik dieser Zeit, andererseits sind die Flashbacks den frühen Trümmerfilmen aus Babelsberg verpflichtet, während ein Sabotageversuch sowie die Kampfrhetorik wie Versatzstücke aus den DEFA-Spionagefilmen der fünfziger Jahre wirken.

Deutlich distanziert erscheinen diese Anfangsschwierigkeiten im Uranbergbau durch die Einbettung in einen retrospektiven Erzählrahmen. Die Einführungssequenz mit dem Vorspann erinnert an Ėjzenštejn'sche Ästhetik und die Modernisierungsfantasien der Avantgarde der zwanziger Jahre: Eine Montage von durchblendeten Bildern aus kontrastierenden Kamerawinkeln zeigt Eruptionen auf der Sonnenoberfläche, fallende Erzbrocken, den zuckenden Zeiger eines Geigerzählers, riesige Bergbaumaschinen, hereinströmende Bergbauarbeiter und schließlich die entschlossenen Gesichter der beiden Protagonisten, begleitet von einer rhythmisierten Musik. Danach zählen Rollentexte die Jahre 1946, 1947, 1948, 1949 nach, während ein Kameraschwenk ein Transparent in Sicht bringt: „Es lebe der 7. Oktober 1950!" Die nostalgische Off-Stimme des bewährten Kommunisten Jupp König – gespielt von Erwin Geschonneck (→ *Gewissen in Aufruhr*, 1961) – intoniert währenddessen: „Es ist noch gar nicht so lange her! Ein Jahr war die Republik alt. Unsere Republik!" Der Schluss des Films nimmt diese Zeitraffung wieder auf, indem drei kurze Szenen (vage als 1951, 1953 und 1955 erkennbar) die Weiterentwicklung der Hauptfiguren andeutet. Das letzte Bild – ein Panoramaschwenk über Wiesen zu der neuen Bergbaustadt und türmenden Abraumhalden im Hintergrund – wird wieder von derselben Offstimme begleitet: „Euer Weg, der auch unser aller Weg ist, hat erst begonnen ... Glück auf!" Die Historisierung findet auf drei Ebenen statt: Die Zeit der Handlung 1950, die Zeitebene der rückblickenden Erinnerung 1955 und die Zeit der Entstehung des Films 1957/58. Eine zusätzliche Historisierung – der neue Textprolog für die verspätete Premiere 1972 mit der wiederholten Beteuerung „damals" – versetzt die Geschichte sogar in eine noch weitere Ferne: „Wer konnte sich damals das Heute vorstellen? Und wer erinnert sich heute noch, wie es mit dem Sozialismus bei uns begann ..."

Der Erinnerungsprozess wird bekanntlich von der Gegenwart aus in Gang gesetzt, so dass das konstruierte Bild vergangener Ereignisse ein höchst subjektives Produkt der gegenwärtigen Bedürfnisse und Erwartungen ist.

Bekanntlich stand die Uranerkundung im Erzgebirge nach dem Ende des Kriegs unter der Leitung des sowjetischen Militärs, das das Atomwaffenmonopol der Amerikaner brechen wollte. Im Mai 1947 wurden schließlich mehrere sächsische Bergwerke als SAG Wismut in sowjetisches Eigentum überführt. Ihren Ertrag rechnete man den an die UdSSR zu zahlenden Kriegsreparationen an. 1953 wurde das inzwischen erweiterte Bergbauunternehmen als sowjetisch-deutsche Aktiengesellschaft (SDAG) neu gegründet und die Modernisierung und Erhöhung der Produktion vorangetrieben. Die Freigabe der Kernforschung 1955 durch die Sowjetunion führte auf Seiten der DDR zum forcierten Aufbau dieses Wissenschaftsgebiets mit den dazugehörigen Forschungseinrichtungen und einer Organisation für die Kernenergiewirtschaft. 1956 beschloss der Ministerrat den Bau eines ersten Forschungsinstituts mit russischen Reaktoren in Rossendorf bei Dresden. Zu den Bedingungen dieser Entwicklung gehörten die Rückkehr einiger deutscher Atompioniere aus der Sowjetunion nach 1955, die schwierige Rohstofflage in der DDR-Braunkohleindustrie, das reichliche Uranvorkommen im Erzgebirge, das die künftige Energiequelle in der Atomwirtschaft zu werden versprach, sowie die internationale Atomeuphorie und ihre konkurrierenden Auswüchse im Kalten Krieg, etwa durch die Gründung der *Europäischen Atomgemeinschaft* im März 1957. Das erklärt auch die Tatsache, dass die DEFA nicht nur Wolfs Spielfilm, sondern zwischen 1956 und 1960 auch eine ganze Reihe von Dokumentar- und Wochenschau-Filmen (ab 1946: *Der Augenzeuge*) produzierte, die sich der Atomwirtschaft widmeten, darunter *Freunde am gemeinsamen Werk* (1956), *Reportage aus Rossendorf* (1958), *Versuch Nr. 27* (1959) und *Kundschafter der Technik* (1960). Allen gemeinsam war die sozialutopische Hoffnung auf Kernenergie, die ihren offiziellen Höhepunkt 1962 im *Gesetz über die Anwendung der Atomenergie in der Deutschen Demokratischen Republik* erreichte: „Die friedliche Anwendung der Atomenergie eröffnet dem gesellschaftlichen und technischen Fortschritt der Menschheit gewaltige Perspektiven. Sie ist notwendig für die rasche Entfaltung des sozialistischen Aufbaus."

Dies alles bildet nur den Kontext, vieles blieb in Wolfs *Sonnensucher* praktisch ungesagt und unsichtbar. Nur einmal wird Bezug auf die Atombombe genommen: „Ich habe gesehen und überlebt, wie die Sonne platzte – August 45 – in Hiroshima", sagt der von den Nazis verfolgte Kommunist Jupp. Stattdessen deutet schon der Titel auf eine Metaphernkette, die aus einer Vision der Atomtechnologie im Zusammenspiel mit gesellschaftlichem Fortschritt und Frieden entsteht. Der in Schwarz-Weiß gefilmte pralle Sonnenball, das flirrende Sonnenlicht, die sonnenbeschienenen Straßen und Holzbaracken bieten eine refrainartige Motivik, die die eher traditionellen Bilder von Freiheitshoffnung und gelingender Zukunft begleitet und umspielt: ein Transparent am Anfang ist beschrieben mit „Brüder zur Sonne zur Freiheit", und im Radio hört man derweil dasselbe bekannte Arbeiterlied: „Hell aus dem dunklen Vergangenen, leuchtet die Zukunft hervor." Was die titelgebenden Sonnensucher suchen und finden, ist nicht nur das begehrte Uranerz – Quelle der erhofften Energieunabhängigkeit sowie des Friedens im Systemkampf –, sondern auch das Licht der Zukunft, die eigene und die kollektive Emanzipation von der Vergangenheit. Sinnbild dafür ist die Hauptfigur, die junge Lotte, Lutz genannt (Ulrike Germer): Am Anfang elternlos, richtungslos, Vergewaltigungsopfer, überwindet sie ihre Gefühlsstarre und lernt wieder das Lieben. So komplettiert sie die Metaphernkette. Ihr Kind verkörpert die Zukunft, der sie jetzt zuversichtlich entgegenlacht.

Wolfs Teleologie des Neuen war nicht ohne Preis. Sein Versuch, den Triumphalismus des Positiven durch eine Dialektik des Negativen zu realisieren, scheiterte – trotz Selbstkritik, trotz Nachaufnahmen und Streichungen – an den veränderten politischen Bedingungen. Die Weichen eines dogmatischeren sozialistischen Realismus in der Kulturpolitik waren schon Ende 1957 gestellt, und das Zögern der sowjetischen Seite, die schon bei Diskussionen um eine nicht zustandegekommene Koproduktion prinzipielle Bedenken äußerte, wurde im Oktober 1959 akut: Die sowjetische Botschaft in der DDR forderte am Tag vor der angesetzten Premiere die Zurückziehung des Films, um laufende Abrüstungsgespräche zwischen der UdSSR und den USA nicht zu gefährden. Was die technologische Vision einer eigenständigen Atomwirtschaft in der DDR angeht: Es wurden in der Tat zwei Kernkraftwerke gebaut, eines in Rheinsberg, eines in Lubmin bei Greifswald, aber mit russischer Technologie und unter sowjetischer Aufsicht; beide wurden nach dem Ende der DDR aus Sicherheitsgründen stillgelegt und abgebaut.

Die in Wolfs – in der DDR kaum rezipiertem – *Sonnensucher*-Film angesprochene Problematik wurde dabei in der Literatur-, Theater- und Filmlandschaft Ostdeutschlands durchaus wiederholt verarbeitet. So zeigt das Stück *Der Lohndrücker* (1957) von → Heiner Müller den Kampf zwischen Altem und Neuen in den Jahren 1947/48 anhand der Arbeitsbrigade einer Berliner Brikettfabrik; auch er thematisiert die schwierige Geburt der DDR mit seinen ungünstigen Anfangsbedingungen und schwerwiegenden Fehlentwicklungen als Reflexion über die noch ungelösten Widersprüche, die auf eine gesellschaftliche Transformation hoffen lässt. Werner Bräunigs unvollendeter Wismut-Roman *Rummelplatz* (1960–1966) spielt im gleichen Zeitraum und an den gleichen Schauplätzen wie Wolfs Film, aber ausschließlich aus der Alltagsperspektive der illusionslosen Bergarbeiter und Bergarbeiterinnen, die trotz Resignation die neue Gesellschaft mitgestalten wollen. Ulrich Theins vierteiliger Fernsehfilm *Columbus 64* (1966) folgt einem entdeckungsfreudigen Journalisten, der 1964 Reportagen über die Wismut schreibt und auf einen altgedienten Bergbauarbeiter und jetzigen Parteifunktionär trifft, der vieles über den Uranbergbau und seinen gesellschaftlichen Umkreis zu erzählen weiß. Wie brisant diese authentisch angelegten Stoffe waren, zeigen die jeweiligen Geschicke: Müllers Stück wurde damals nur dreimal aufgeführt, Theins Vierteiler zwei Jahre auf Eis gelegt und dann erst gekürzt und nachsynchronisiert vom *Deutschen Fernsehfunk* ausgestrahlt und Bräunigs fragmentarischer Roman erscheint unzensiert und ungekürzt sogar erst gut 40 Jahre später, als die DDR längst Geschichte war.

Literatur

Reinhard Wagner: „Sonnensucher" (1958/1972). Notizen zur Werkgeschichte. In: *Beiträge zur Film- und Fernsehgeschichte 31*, 39 (1990), S. 34–64 • Anke Pinkert: Missing Smile. Psychic Paralysis and Production – „Sun Seekers". In: Dies.: *Film and Memory in East Germany*. Bloomington 2008, S. 128–144 • Konrad Wolf: Regiekonzeption. In: *Konrad Wolf: Direkt in Kopf und Herz – Aufzeichnungen, Reden, Interviews*. Hg. von Aune Renk. Berlin 1989.

Marc Silberman

Friedrich Dürrenmatt: Die Physiker. Eine Komödie in 2 Akten

Erstausgabe: Zürich, Verlag der Arche 1962
Uraufführung: 20. 2. 1962, Zürich, Schauspielhaus, Regie: Kurt Horwitz, Darsteller: Hans Christian Blech, Gustav Knuth, Theo Lingen, Therese Giehse

Die zweiaktige Komödie *Die Physiker* von Friedrich Dürrenmatt (1921–1990), entstanden 1961 und am 20. Februar 1962 am *Schauspielhaus Zürich* uraufgeführt, avancierte bereits in der folgenden Saison zum meistgespielten Stück an deutschen Theatern, sorgte nach Inszenierungen in London (1963) und New York (1964) auch international für Aufsehen und ist bis heute neben dem *Besuch der alten Dame* (1955) das populärste Bühnenwerk des Autors geblieben. Maßgeblich zu diesem Welterfolg beigetragen hat die tagespolitische Brisanz des Stücks, das vor dem Hintergrund des Kalten Krieges das durch die Atombombe dokumentierte Vernichtungspotenzial der modernen Naturwissenschaft thematisiert.

Ort der Handlung ist der Salon der privaten Nervenheilanstalt Les Cerisiers, in der drei Physiker behandelt werden: Johann Wilhelm Möbius, dem König Salomo erscheint, sowie Ernst Heinrich Ernesti und Herbert Georg Beutler, die sich für Einstein bzw. Newton halten. Die zwei parallel gebauten Akte setzen jeweils mit der polizeilichen Untersuchung eines Mordes ein: Kurz vor Spielbeginn hat Ernesti seine Pflegerin umgebracht, drei Wochen zuvor Beutler die seine; am Ende des I. Akts ist es Möbius, der zunächst in einem Anfall von Wahnsinn seine Familie vertreibt, die gekommen ist, um endgültig Abschied zu nehmen, und anschließend die ihn liebende Krankenschwester Monika erwürgt.

Der II. Akt deckt das rätselhafte Bühnengeschehen als eine Spiel-im-Spiel-Situation auf. Keiner der Patienten ist wirklich krank: Möbius entpuppt sich als der „größte Physiker der Gegenwart". Er hat nicht nur die „Weltformel" entdeckt und den physikalischen Erkenntnisfortschritt damit an sein Ende gebracht; er hat in einem „System aller möglichen Erfindungen" auch die verheerenden Konsequenzen seiner Forschungsergebnisse reflektiert und sich daraufhin in simuliertem Wahnsinn in die Irrenanstalt einweisen lassen, um so den Missbrauch seiner Erkenntnisse zu verhindern. Ernesti und Beutler geben sich ebenfalls als bedeutende Physiker zu erkennen, die Möbius im Auftrag zweier rivalisierender Weltmächte – unschwer sind die USA und die UdSSR zu identifizieren – ausspionieren sollen. Die Krankenschwestern mussten sterben, weil sie in ihrer Liebe zu den Patienten die Maskerade durchschaut hatten. Möbius, der seine Manuskripte längst verbrannt hat, verweigert sich beiden Lagern, entlarvt die Physikerspione als Erfüllungsgehilfen machtpolitischer Interessen und bringt sie dazu, ihre Scheinexistenz aufrechtzuerhalten: „Entweder bleiben wir im Irrenhaus, oder die Welt wird eines. Entweder löschen wir uns im Gedächtnis der Menschen aus, oder die Menschheit erlischt." Diese verantwortungsbewusste Entscheidung erweist sich jedoch als sinnlos, weil die Leiterin der Anstalt, die verwachsene, ältliche Chefärztin Mathilde von Zahnd, Möbius' Aufzeichnungen längst kopiert und in einem riesenhaften Privatkonzern zu verwerten begonnen hat. Im Gegensatz zu den falschen Irren tatsächlich wahnsinnig, strebt sie im Namen König Salomos die Weltherrschaft an – und damit den Untergang der Menschheit. Den Physikern, denen die Klinik durch die polizeilich verordnete Sicherheitshaft zum Gefängnis geworden ist, bleibt nichts anderes übrig, als ihr Rollenspiel fortzusetzen.

Der Rückgriff auf kriminalliterarische Muster, die Klimax überraschender Wendungen (die im Vorfeld der Uraufführung streng geheim gehalten wurden) und der kabarettistische Einschlag des Stücks haben seine Popularität ebenso befördert wie die bühnenwirksame Züricher Erstinszenierung, in der Therese Giehse in der zunächst männlich konzipierten Rolle der Irrenärztin brillierte. Überdies beachten *Die Physiker* strikt die klassischen drei Einheiten der Zeit, des Orts und der Handlung und verdichten das Welttheater im Atomzeitalter so zum dramatisch effektvollen Kammerspiel. Wie in Dürrenmatts theatertheoretischen Essays der fünfziger Jahre gefordert (*Anmerkung zur Komödie*, 1952; *Theaterprobleme*, 1955), entwickelt die Komödie die zentrale Problematik – die Verantwortung des modernen Naturwissenschaftlers für die potenziell katastrophalen Folgen seiner Erkenntnisse – aus einem konkreten „Einfall", der zu seiner durch den Zufall generierten „schlimmstmöglichen Wendung" geführt wird. Die Selbstvernichtung der Menschheit durch den physikalischen Erkenntnisfortschritt scheint nicht mehr nur möglich, sondern – hier erweisen sich *Die Physiker* als desillusionierender Kommentar zu → Brechts dritter Fassung von *Leben des Galilei* (1955) – wahrscheinlich, ja zwangsläufig. Denn die globale Bedrohung, hervorgerufen durch die Konfrontation der Supermächte und den atomaren Sündenfall der Naturwissenschaft (im Stück personifiziert durch König Salomo als Repräsentanten einer hybrid verabsolutierten *curiositas*), demontiert den tragischen Helden: Die moralische Entscheidung des Einzelnen, der im Interesse der Humanität Opfer bringt (die soziale Isolation) und persönliche Schuld auf sich nimmt (den Mord an den Krankenschwestern), erweist sich angesichts der Eigendynamik der historischen Entwicklung als irrelevant. Die Realität ist dem vermeintlich heroischen Spiel der Physiker immer schon voraus und entlarvt es als wirkungslose Farce. „Was einmal gedacht wurde, kann nicht mehr zurückgenommen werden", resümiert Möbius, nachdem sein ebenso vernünftiges wie verantwortungsbewusstes Handeln in einer Reihe von Zufällen genau das hat eintreten lassen, was er zu verhindern suchte (auf die strukturelle Parallele zum Ödipus-Mythos, auf den auch der Name des Protagonisten anspielt, hat Dürrenmatt wiederholt hingewiesen). „Was alle angeht, können nur alle lösen", folgert Dürrenmatt deshalb in seinen *21 Punkten zu den ‚Physikern'*, abgedruckt im Programmheft der Uraufführung, und überführt die geschichtspessimistische Botschaft der Komödie so in den positiven Appell, die gefährliche Separierung von Wissenschaft und Öffentlichkeit zu überwinden.

Anders als die Physiker-Dramen Brechts oder Kipphardts (*In der Sache J. Robert Oppenheimer*, 1964) entwirft Dürrenmatt eine fiktive, modellhafte Konstellation, die die zeitgeschichtliche Realität im Medium der Groteske zur Kenntlichkeit entstellt: Mit seinem Modell der Welt als Irrenhaus pointiert er die Situation des Kalten Krieges, der Anfang der sechziger Jahre in einen heißen umzuschlagen drohte. Insbesondere die atomare Gefährdung war durch den Fall des amerikanischen Atomforschers J. Robert Oppenheimer (1954) oder die Erklärung der Göttinger Achtzehn (1957) neuerlich ins öffentliche Bewusstsein gerückt. Entscheidende Impulse für seine Komödie empfing Dürrenmatt durch den Sachbuch-Bestseller *Heller als tausend Sonnen* (1956) von → Robert Jungk, den er gleich nach Erscheinen rezensierte; eine erste Annäherung an den Physiker-Stoff hatte er bereits 1950 in seinem Sketch *Der Erfinder* skizziert.

Wiewohl sich *Die Physiker* als ein „moderner Klassiker" bis heute großer Beliebtheit erfreuen – nicht zuletzt dank ihrer Kanonisierung zur gymnasialen Pflichtlektüre –, haben sie die Zeiten nicht unbeschadet überstanden: Passagen wie Möbius' apokalyptischer „Weltraumfahrerpsalm" oder der satirisch überzeichnete Auftritt seiner Familie samt des kreuzbraven Pastors Rose konnten ihre provokative Wirkungsabsicht wohl nur im zeitgeschichtlichen Kontext realisieren; die plakative Eindrücklichkeit zahlreicher Szenen hat die Kritik schon früh den „Leitartikel-Charakter" (Joachim Kaiser) des Stücks bemängeln lassen. Vor allem aber gerät die anfängliche Kriminalgroteske zunehmend zum abstrakt moralisierenden Thesenstück, das die konkreten politischen Zusammenhänge, etwa die Vermittlungsweisen und Verwertungsketten naturwissenschaftlichen Wissens, unberücksichtigt lässt. Die 1980 von Dürrenmatt anlässlich seiner Werkausgabe vorgenommene Revision der *Physiker* beschränkt sich auf geringfügige stilistische Korrekturen und szenische Straffungen.

Literatur

Neville E. Alexander: Friedrich Dürrenmatt: „Die Physiker". Die Verantwortung des Forschers. In: *Denken und Umdenken. Zum Werk und Wirken von Werner Heisenberg*. Hg. von Heinrich Pfeiffer. München, Zürich 1977, S. 176–193 • Jan Knopf: Friedrich Dürrenmatt: „Die Physiker". Apokalyptisches Narrenspiel". In: *Interpretationen. Dramen des 20. Jahrhunderts II*. Stuttgart 1996, S. 109–125 • Klaus-Detlef Müller: Brechts „Leben des Galilei" und die Folgen. Die Physiker als Gegenstand literarischer Phantasie. In: *Scientia poetica. Literatur und Naturwissenschaft*. Hg. von Norbert Elsner und Werner Frick. Göttingen 2004, S. 379–402 • Karl Richter: Grenzen und Grenzüberschreitungen. Ein Versuch zum Drama Dürrenmatts am Beispiel seiner „Physiker". In: *Literatur an der Grenze. Der Raum Saarland–Lothringen–Luxemburg–Elsaß als Problem der Literaturgeschichtsschreibung. Festgabe für Gerhard Schmidt-Henkel*. Hg. von Uwe Grund und Günter Scholdt. Saarbrücken 1992, S. 135–151.

Malte Lohmann

(8) Kritik der Medienkultur

Einleitung

Von Andrea Rota

Ein massives Wachstum der Presse – ihrer Anzahl wie ihrer Auflagen – und der Massenunterhaltung hatte bereits um die Jahrhundertwende eingesetzt. Medien und Unterhaltung wurden dabei von Anfang an, so etwa von Georg Simmel, als moderne, in erster Linie großstädtische Phänomene wahrgenommen. Dieser Boom setzte sich in der Weimarer Republik – und wenn man allein die Auflagenhöhe der Zeitungen und Zeitschriften und nicht die Pressevielfalt betrachtet – auch in der NS-Zeit ungehemmt fort. Zugleich wurden die Medien ab 1933 umfassender staatlicher Kontrolle unterworfen. Berufs- und Presseverbote sorgten in der Folge ebenso wie die ‚Arisierungen' für die gewünschte ‚Marktbereinigung' im nationalsozialistischen Sinne. Presse, aber auch Rundfunk und Film sollten die Menschen einerseits nach den Vorstellungen des NS indoktrinieren, andererseits boten sie Möglichkeiten einer scheinbar unpolitischen Unterhaltung. Ihre Funktion war es, die Loyalität ‚der Massen' zum Regime zu sichern.

Nun verfügten schon am Vorabend des Zweiten Weltkriegs zwei Drittel aller deutschen Haushalte über einen Rundfunkapparat. In der Nachkriegszeit sollte ihre Zahl schließlich weiter ansteigen. Die rasante technische Entwicklung verbesserte dabei nicht nur die Qualität der Verbreitungsmedien, sie verbilligte sie auch. So entstand spätestens in den fünfziger Jahren eine eigene Medienkultur in Deutschland. Denn nun wurden die Medien für jedermann erschwinglich und ein selbstverständlicher Teil des Alltagslebens. Sie beeinflussten tiefgreifend eine Gesellschaft, die ohne sie nicht mehr zu denken war. Die Ost-West-Unterschiede waren allerdings erheblich.

Der Begriff ‚Medienkultur' wird in der gegenwärtigen Medienwissenschaft oft im Gegensatz zur abwertenden Bezeichnung ‚Kulturindustrie' benutzt, um die Möglichkeit eines positiven Zusammenhangs von ‚Medien' und ‚Kultur' zu betonen. Alltagssprachlich, also jenseits des strikt fachwissenschaftlichen Begriffsgebrauchs, verweist die Bezeichnung ‚Medienkultur' allerdings auf alle Ereignisse und Prozesse im Bereich der öffentlichen Massenkommunikation. Hier, wo es um den kulturgeschichtlichen Hintergrund der fünfziger Jahre geht, wird der Begriff in diesem zweiten Sinne verwendet. Auch der Begriff ‚fünfziger Jahre' bedarf in diesem Rahmen einer gewissen Präzisierung. In der Entwicklung der Massenmedien bezeichnet er hier ein langes Jahrzehnt mit fließenden Übergängen, das bereits *vor* 1950 einsetzt und *nach* 1960 allmählich ausläuft.[1] Die fünfziger Jahre umfassen demnach metonymisch die gesamte Phase des Wiederaufbaus bis zum Anbruch der Rebellionen der sechziger Jahre – zumal bei den Zeitzeugen.

Doch zurück zu den Medien – und vor allem zur Medienpolitik nach 1945. Bereits unmittelbar nach der Kriegsniederlage gingen auf Initiative der Besatzungsbehörden und unter deren strikter Aufsicht wieder erste Radioprogramme auf Sendung. Unter den gleichen Bedingungen erschienen die ersten neuen Zeitungen. Die strenge Lizenzpolitik bei der Presse sollte ebenso wie die Aufsicht über die Rundfunkprogramme sicherstellen, dass über die Medien kein NS-Gedankengut mehr verbreitet werden konnte. Ein neues Kapitel der deutschen Geschichte sollte beginnen. Wie es zu gestalten war, darüber gingen die Vorstellungen der sowjetischen und der westlichen Besatzungsbehörden erheblich auseinander. Das manifestierte sich dann etwa in der Berliner Rundfunklandschaft in der Form, dass parallel zur allmählichen Trennung von Ost und West die Amerikaner 1946 mit dem *Rundfunk im amerikanischen Sektor* (RIAS) ein Gegengewicht zum zuvor installierten sowjetisch dominierten *Berliner Rundfunk* ins Leben riefen. Ähnlich sah es in der Berliner Presselandschaft aus. Westliche Printmedien waren in Ost-Berlin schon Ende der vierziger Jahre verboten, östliche waren in West-Berlin zwar erhältlich, fanden aber zusehends weniger Leser und verschwanden nach und nach aus den Kioskauslagen. Wobei sich – im Vergleich zu Berlin – im Übrigen, durch zunehmend undurchdringlicher werdende Zonengrenzen die Trennung noch rascher und radikaler durchsetzte.

Im Verhältnis der beiden Medienkulturen kam es überdies schrittweise zu einer wichtigen Asymmetrie, die bis zum Ende der DDR fortbestehen sollte. Die westlichen Medien – vor allem Rundfunk und später Fernsehen – wurden von der DDR-Bevölkerung intensiv rezipiert, was die offiziellen Organe weitgehend erfolglos zu verhindern suchten. Die Welt der westlichen Medien war also im Osten präsent, auch wenn es – vor allem nach dem Mauerbau 1961 – kaum noch die Möglichkeit gab, die in den westlichen Medien ausgestrahlte Welt mit eigenen Erfahrungen in Beziehung zu setzen. Die westlichen Medienkonsumenten hingegen rezipierten die östlichen Medien kaum. Medienberichte aus der DDR und mit ihr die DDR selbst stießen im Westen nur auf geringes Interesse. Während die westliche Medienkultur Teil der Alltagskultur der BRD wurde und ihre politische Kultur mitprägte, blieb in der DDR die Medienwelt gespalten: Einerseits die offiziellen Ost-Medien, andererseits die durch westliche Medien vermittelten Kenntnisse über den Westen (und auch den Osten), die teils detailliert, teils aber auch

---

1 Vgl. Schneider, Irmela; Spangenberg, Peter M. (Hg.): *Medienkultur der fünfziger Jahre. Diskursgeschichte der Medien nach 1945*. Bd. 1. Wiesbaden 2002, S. 11.

unrealistisch waren. Die Folge bei weiten Teilen der Bevölkerung: Distanz zum eigenen Regime.

In der BRD entwickelten sich die Medien nach marktwirtschaftlichen Prinzipien, bei denen, den Wünschen der Mehrheit entsprechend, die Unterhaltung im Vordergrund stand. Das betraf vor allem die Boulevardpresse, allen voran die 1952 gegründete *Bild-Zeitung* aus dem *Axel-Springer-Verlag*. Daneben gab es hunderte Regional- und Lokalzeitungen und nicht zuletzt eine Reihe von großen überregionalen Tages- und Wochenzeitungen, die jeweils das komplette politische Spektrum des Bildungsbürgertums abbildeten, von rechtskonservativ (*Die Welt*, in der ersten Hälfte der fünfziger Jahre auch *Die Zeit*) über konservativ (*Frankfurter Allgemeine Zeitung*) bis linksliberal (*Frankfurter Rundschau, Süddeutsche Zeitung*). Was den Rundfunk und das Fernsehen anging, so hatten sie als öffentlich-rechtliche Institutionen einen politischen und kulturellen Bildungsauftrag zu erfüllen. Das schloss reine Unterhaltungssendungen nicht aus, aber der Bildungsauftrag blieb immer präsent.

Ganz anders stellte sich die Situation in der DDR dar. Auch hier gab es im Bereich der Printmedien überregionale Leitmedien, in erster Linie das *Neue Deutschland* als Zentralorgan der SED, aber auch die Zentralorgane der anderen politischen Parteien und Massenorganisationen, wobei mit Blick auf die Reichweite vor allem der FDJ-Zeitung *Junge Welt* DDR-weite Bedeutung zukam. Daneben existierten mehr als zwei Dutzend Bezirkszeitungen, von denen wiederum die Zeitungen der SED die auflagenstärksten waren. Alle Zeitungen, aber auch Rundfunk und Fernsehen wurden einer strikten Kontrolle und Steuerung unterworfen. Bindend war für alle die marxistisch-leninistische Pressetheorie, wie sie erstmals in Lenins Artikel *Womit beginnen?* (1901) entfaltet worden war. Die Medien hatten demnach als kollektive Propagandisten, Agitatoren und Organisatoren zu fungieren. Als *Propagandisten* sollten sie den Marxismus-Leninismus verbreiten, als *Agitatoren* die aktuelle Parteipolitik unterstützen und als *Organisatoren* aktiv in den Aufbau des Sozialismus eingreifen. Zensiert wurden nicht nur Äußerungen, die als staatsfeindlich galten, sondern auch solche, die nicht der aktuellen Parteilinie entsprachen. Prinzipielle – und vielfach auch pragmatische – Kritik war damit ausgeschlossen.

So bedeutsam die Zeitungen waren und bleiben sollten, eine zentrale Position im Mediensystem nahm der Rundfunk ein. Er wurde in den ersten Nachkriegsjahren zur wichtigsten Quelle von Information und Unterhaltung. In den fünfziger Jahren waren Radiogeräte so erschwinglich geworden, dass sie in beiden deutschen Staaten zur Normalausstattung fast jedes Haushalts gehörten. Spätestens in der zweiten Hälfte der fünfziger Jahre erwuchs dem Rundfunk mit dem Fernsehen aber eine bald erdrückende Konkurrenz. Schon 1950 war in Hamburg die *Arbeitsgemeinschaft der öffentlich-rechtlichen Rundfunkanstalten der Bundes-*

republik Deutschland (ARD) gegründet worden. Kurz darauf startete in der Bundesrepublik das offizielle Fernseh-Versuchsprogramm – ein epochales Ereignis. Schnell gehörte das Fernsehen zu den alltäglichen Gewohnheiten der westdeutschen Bevölkerung und es wurde bald zum Leitmedium der Unterhaltung und politischen Wissensvermittlung: Bereits im Oktober 1957 wurde in Westdeutschland das millionste Fernsehgerät angemeldet, bis 1960 hatte sich die Zahl noch einmal verdreifacht. Ein Viertel aller Haushalte konnte sich zu diesem Zeitpunkt einen eigenen Bildschirm leisten.[2] Entsprechend ging die durchschnittliche tägliche Nutzung des Hörfunks seit Ende der fünfziger Jahre allmählich zurück, die Fernsehzeit nahm zu.

Die Wirkungen des Massenfernsehens waren erheblich. Und es veränderte auch den Literaturbetrieb. Hörspiele, Features und Radioessays hatten in der Zeit vor dem Fernsehen eine große Rolle gespielt – nicht nur für die Zuhörer, sondern auch im Literaturbetrieb. Ihre Bedeutung, ja die von literarischen und essayistischen Programmen überhaupt, ging zurück. Damit verringerten sich zugleich die Verdienstmöglichkeiten für Schriftsteller. In Bedrängnis gerieten auch die Filmtheater und mit ihnen die Filmproduktion. Beispielsweise halbierte sich zwischen 1956 und 1962 die Zahl der Besucher der bequemen und preiswerten ‚Pantoffelkinos'.[3] Jene zwei Drittel der westdeutschen Bevölkerung, die in den fünfziger Jahren keine Bücher lasen oder gar keine besaßen, bildeten bald die Mehrheit der Fernsehkonsumenten.[4]

Nicht ganz so intensiv und rasch entwickelte sich der Fernsehkonsum in der DDR, obwohl man auch hier 1950 mit dem Aufbau eines eigenen Fernsehsystems begonnen hatte. Die Nachrichtensendung *Aktuelle Kamera* wurde bereits ab 1952 ausgestrahlt und der technische Rückstand relativ schnell aufgeholt.[5] Wie die gesamte Medienpolitik unterlag aber auch das Fernsehen in erzieherischer Absicht intensiver politischer Steuerung; prinzipielle Kritik – auch der Medien – richtete sich vor allem gegen den Westen.

Kritik an der staatlichen Medienpolitik wurde in der DDR geahndet. Besonders deutlich wurde dies nach dem XX. Parteitag der KPdSU und dem Ungarnaufstand von 1956, als sich um den Geschäftsführer des *Aufbau Verlags*, Walter

---

[2] Vgl. den Beitrag von Axel Schildt in: *Deutschland in den fünfziger Jahren*. Hg. von der Bundeszentrale für politische Bildung. Bonn 1997 (= *Informationen zur politischen Bildung*, 256), S. 10.
[3] Vgl. ders.: Massenmedien im Umbruch der fünfziger Jahre. In: *Mediengeschichte der BRD*. Hg. von Jürgen Wilke. Bonn 1999, S. 633–648.
[4] Vgl. ders.: *Kultur im Wiederaufbau. Tendenzen des westdeutschen Kulturbetriebs*, 27. 12. 2012, auf: http://www.bpb.de/izpb/10135/kultur-im-wiederaufbau-teil-1 (Stand: 1. 3. 2013).
[5] Vgl. Noelle-Neumann, Elisabeth; Schulz, Winfried; Wilke, Jürgen (Hg.): *Das Fischer Lexikon. Publizistik. Massenkommunikation*. Frankfurt am Main 2002, S. 226.

Janka, und den Philosophen und *Aufbau*-Lektor Wolfgang Harich eine Gruppe von Intellektuellen zusammenfand und Möglichkeiten freier Kritik in der DDR forderte. Harich verfasste im November ein Programm für die Demokratisierung der DDR, in dem er unter anderem Meinungsfreiheit bzw. das Recht auf öffentliche Kritik einforderte. Kurze Zeit später erhielten Janka und Harich wegen konterrevolutionärer Umtriebe und Boykotthetze mehrjährige Haftstrafen.[6]

Diese Probleme existierten in der BRD nicht. Zwar wurde 1956 die *Kommunistische Partei Deutschlands* verboten, wovon letztlich auch die Parteizeitungen betroffen waren, da der Staat das komplette KPD-Vermögen einzog. Medienkritik – auch grundsätzliche – war allerdings problemlos möglich. Diese Medienkritik speiste sich aus der privatwirtschaftlichen Verfasstheit der Presse und des Buchmarktes und konnte auf eine lange Tradition zurückschauen. Wo das Denken und die Kultur zur Ware wurden, würden sie ihrer eigentlichen Bestimmung entfremdet. Die Gefahr kam von den vergnügungssüchtigen und ungebildeten Massen, die sich freiwillig der Manipulation durch die Medien auslieferten. Ganz war die Unterhaltungsindustrie, die sich nach Angebot und Nachfrage richtete und zur Dominanz des vulgären Geschmacks beitrug, nicht zu beseitigen, aber im öffentlich-rechtlichen System konnte und sollte zumindest ein Bildungsauftrag durchgesetzt werden. Diese Perspektive war zumindest bis in die sechziger Jahre der linksliberalen und der konservativen Kulturkritik gemeinsam.

Allerdings war in der BRD jenseits der öffentlich-rechtlichen Anstalten die Kulturproduktion schichten- und marktgerecht segmentiert. Für die Massenproduktion von Romanheften oder Illustrierten war dies unproblematisch. Auseinandersetzungen gab es um die Verbreitung von Literatur. Schon vor dem Ersten Weltkrieg hatte der *Reclam-Verlag* Klassikerausgaben zu sehr niedrigen Preisen vertrieben. 1946 brachte *Rowohlt* seine *Rotations-Romane* zunächst im Zeitungsdruck, dann als Taschenbücher auf den Markt. Sie sollten dank ihres niedrigen Preises eine größere Leserschaft erreichen und damit zur Hebung der Kultur beitragen. Die konservative Kulturkritik sah darin eine Tendenz zur Nivellierung der Kultur. So geißelte Karl Korn, Feuilletonchef der *FAZ*, in *Die Kulturfabrik* (1953) eben diese als Instanz der Verbreitung einer nivellierenden ‚Surrogatkultur'.

Paradoxerweise waren derartige medienkritische Stellungnahmen – deren Leitdifferenz der Unterschied zwischen Hoch- und Trivialkultur war – auf die kritisierten Massenmedien angewiesen, einschließlich der Rundfunkprogramme: Die Kritik der Medienkultur konnte sich dem kommerziellen Kreislauf der Massenkommunikation nicht entziehen. Selbst die medienkritischen Werke der

---

6 Vgl. Judt, Matthias (Hg.): *DDR-Geschichte in Dokumenten*. Berlin 1997, S. 311.

Frankfurter Schule wurden über preiswerte Taschenbücher auch für Studenten erschwinglich. Rundfunkredaktionen konnten engagierte kultur- und medienkritische Debatten zwischen leichter Musik, Wetterberichten oder Quizsendungen ausstrahlen – je nach dem Geschmack des Publikums zu einer bestimmten Sendezeit.

Von den Medien profitierte auch die radikalste Form der Kritik, wie sie von der *Kritischen Theorie* formuliert wurde. Während Horkheimers Kritik nach seiner Rückkehr 1948 eher vorsichtig und konstruktiv war, war es vor allem Theodor W. Adorno, der grundlegende Kritik übte. Dass in den fünfziger Jahren 82 Prozent der Westdeutschen nur einen Volksschulabschluss hatten,[7] war dafür weniger wichtig als die Tatsache, dass sich die Kulturindustrie an den Zerstreuungs- und Ablenkungsbedürfnissen der Mehrheit orientierte, um einen größtmöglichen Umsatz zu erzielen. Das akritische Glücksversprechen der Medien war verlogen und die Menschen wurden gerade durch die Kulturindustrie von der Verfolgung ihrer wahren Interessen bzw. ihres wahren Glücksstrebens abgelenkt, wie Rudolf Jugerts *Film ohne Titel* bereits 1948 vorbildlich zeigt.

Das galt nach Adorno nicht nur für die populären Medien wie für die 1952 erstmals erschienene *Bild-Zeitung*, deren Auflage 1956 schon drei Millionen und 1962 vier Millionen erreicht hatte.[8] Es galt auch für eher bildungsbürgerliche Medien wie den *Spiegel* oder *Die Zeit*. Dominant auffällig – und damit Gegenstand auch linksliberaler Kulturkritik – waren jedoch die Boulevardmedien, die Heftromane mit Landser-, Heimat-, Arzt-, Liebes-, Kriminal- oder Wildwest-Themen, die Rundfunk- und Fernsehillustrierten, die Comic Strips, die Schlager-Musik und die damals bereits allgegenwärtige Werbung. Der rasche Aufschwung der Wirtschaft wurde also von einem Aufschwung und einer Ausdifferenzierung des Mediensystems begleitet. Konservative tadelten vor allem die amerikanischen Kulturimporte, die besonders im Filmbereich und in der Unterhaltungsmusik auffiel. Anders als in den dreißiger Jahren, als 60 Prozent der gezeigten Filme aus deutscher Produktion stammten, kamen nun nur noch 20 Prozent aus der BRD und ungefähr 40 Prozent aus Hollywood – darunter besonders viele Western und Kriminalfilme. Die amerikanisierte Trivialkultur, die Hans Werner Richter im Roman *Linus Fleck oder Der Verlust der Würde* (1959) pointiert geschildert hat, wurde zum Exempel der verdummenden Kulturindustrie, wie sie Theodor W. Adorno und Max Horkheimer in ihrer *Dialektik der Aufklärung* (veröffentlicht 1947) mit

---

7 Die Situation änderte sich kaum in folgenden Jahren: 1965 verfügten 78 Prozent der Westedeutschen nur über den Volksschulabschluss. Vgl. Hermand, Jost: *Kultur im Wiederaufbau. Die Bundesrepublik Deutschland 1945–1965*. München 1986, S. 274, 313.

8 Vgl. Schildt: *Kultur im Wiederaufbau*. 2012. Hiernach auch das Folgende.

Blick auf die USA bereits viele Jahre zuvor kritisiert hatten. Adorno und Horkheimer sahen hier die Kulturindustrie als wesentlichen kapitalistischen Mechanismus, mittels dessen die unmittelbaren Wünsche und Träume der Menschen nicht nur ausgenutzt, sondern zu ihrer eigenen Unterdrückung eingesetzt wurden.[9]

Die *Dialektik der Aufklärung* gehört mit Adornos Aufsatz *Prolog zum Fernsehen* (1953) zu den bekanntesten kritischen Texten zur Medienkultur in der deutschen Nachkriegszeit. Der Topos der Manipulation und der Selbstunterwerfung durch Verdummung findet sich allerdings bei vielen, die die neue Medienwelt in den fünfziger Jahren kritisierten. Die Sichtweise der *Kritischen Theorie* wurde in den fünfziger Jahren explizit oder implizit auch in Kultur- und Literaturzeitschriften wie *Merkur* oder *Akzente* sowie in Fachzeitschriften wie *Rufer und Hörer* oder *Rundfunk und Fernsehen* aufgegriffen.[10] In Zeitschriften wie *Kirche und Fernsehen* und *Filmdienst der Jugend* (ab 1949 *film-dienst*) konzentrierte sich auch die Kritik der Kirchen, die in der Debatte um die Medien eine meinungsbildende Rolle spielten und eine ebenfalls eher allgemein-kulturkritische Position vertraten. Eine radikale Ablehnung der Massenmedien findet sich bei ihnen indes nicht.

Von linker Seite wurde den Medien ganz im Sinne der *Dialektik der Aufklärung* vorgeworfen, als Instrumente der Herrschaft zu dienen, die die gesellschaftlichen Machtverhältnisse und Widersprüche verschleierten und sich der öffentlichen Aufmerksamkeit entzögen. Manipulativ würden sie die Menschen in eine Masse kulturloser und individualisierter Verbraucher verwandeln und sie so ihres politischen und ästhetischen Bewusstseins enteignen. Beispielhaft finden sich diese Argumentationen in den Aufsätzen von Günther Anders *Die Welt als Phantom und Matrize. Philosophische Betrachtungen über Rundfunk und Fernsehen* und *Maschinelle Infantilisierung*, die 1956 und 1961 im *Merkur* erschienen. Radikal fokussiert Anders auf die technische Möglichkeit, den Alltag durch die Medien in eine Bilderwand zu verwandeln, mit der Wirkung, dass der Zuschauer zur Passivität verleitet werde. Die Adressaten nähmen Bilder wahr, ohne sich mit ihnen direkt auseinanderzusetzen. Immer mehr Menschen verlören, so Anders, ihre Kritik- und Erkenntnisfähigkeit; sie könnten nicht mehr zwischen Realität und Schein unterscheiden.[11]

Die Dimension des Konsums innerhalb der Kulturindustrie betonte auch Hans Magnus Enzensberger in seinem 1960 veröffentlichten Essay *Das Plebiszit der Verbraucher*. Polemisch beschreibt er den bunten Katalog des Versandhauses

---

[9] Vgl. Gebur, Thomas: Medienkritik als Gesellschaftskritik. In: *Medien und Kommunikationswissenschaft*, 50 (2002) 3, S. 402–422.
[10] Vgl. Schneider, Spangenberg (Hg.): *Medienkultur der fünfziger Jahre*. 2002, S. 12.
[11] Vgl. Hermand: *Kultur im Wiederaufbau*. 1986, S. 550.

Neckermann als das repräsentativste Buch der Bundesrepublik, in dem geniale Kunst- und Kulturschöpfungen aller Zeiten und standardisierte Massenprodukte des Alltagsbedarfs nach den gleichen Kriterien bewertet werden. Bereits im Laufe der fünfziger Jahre arbeitete Enzensberger mit Adornos Begriffen der ‚Kulturindustrie' und ‚Bewusstseinsindustrie'. Die Bewusstseinsindustrie – die auch Martin Walser in seinem Roman *Ehen in Philippsburg* (1957) subtil beschreibt – tendiere zur Verewigung der bestehenden Herrschaftsverhältnisse durch die Verbreitung von Meinungen und Vorurteilen, denen zufolge ohnehin nichts mehr zu ändern sei. Das unheilvollste Ergebnis der Massenlenkung sei aber nicht die intellektuelle Lähmung der verbildeten Schichten, sondern die Verschleierung dieses Mechanismus. „Daß dieser Zustand von der Majorität hingenommen und freiwillig ertragen wird, ist heute die wichtigste Leistung der Bewußtseins-Industrie", schrieb Enzensberger in Bezug auf die mediale Meinungskontrolle,[12] wobei er zugleich auf die Gefahr hinwies, dass die Position der kritischen Intellektuellen in einem solchen System unpopulär und schnell marginalisiert werden könne. Aus diesem Grunde sei es wünschenswert, dass sich die Intellektuellen mit ihrer Kritik nicht in einem Elfenbeinturm einschlössen, sondern direkt in den Betrieb der Massenmedien einmischten.

Obwohl sich Enzensbergers Medienkritik gegen den Missbrauch *aller* Massenmedien richtete, konzentrierten sich die meisten linken Kulturkritiker der fünfziger Jahre auf die manipulierende Wirkung des Pressewesens, mit dem sie ja auch selbst immer noch am häufigsten direkt konfrontiert waren. 1962 erschien der von Hans Werner Richter herausgegebene Sammelband *Bestandsaufnahme*, in dem unter den harschen Bemerkungen zur geistigen Lage Nachkriegsdeutschlands die Kritik an der Manipulation in den Massenmedien eine zentrale Rolle spielt. Erich Kuby etwa griff hier in *Die Massenmedien der Meinungsmache* die Pressewelt wegen ihrer Parteilichkeit direkt an.[13] Innerhalb der Bundesrepublik wetterten viele Intellektuelle vor allem gegen die *Bild-Zeitung* – beispielhaft ist u. a. Enzensbergers Gedicht *bildzeitung* aus dem Band *Verteidigung der Wölfe* (1957) – und zwar nicht wegen ihrer Oberflächlichkeit, sondern wegen ihrer Tendenz, das Publikum durch Sensationshascherei oder Lügen zu manipulieren. Exemplarisch sei an dieser Stelle auch auf Frank Wisbars Film *Nasser Asphalt* (1958) mit seiner Kritik an der billigen Sensationsmache des Asphalt-Journalismus verwiesen.

---

12 Enzensberger, Hans Magnus: Bewußtseins-Industrie. In: Ders.: *Einzelheiten I. Bewußtseins-Industrie*. Frankfurt am Main 1964, S. 13 (Erstausgabe: Frankfurt am Main 1962).
13 Vgl. Kuby, Erich: Die Massenmedien der Meinungsmache. In: *Bestandsaufnahme*. Hg. von Hans Werner Richter. München, Wien, Basel 1962, S. 373–397.

Für die radikale linke Kritik war die *Bild-Zeitung* allerdings nur die Spitze eines Eisbergs. Von der *FAZ* bis zum *Spiegel* und zur *Süddeutschen Zeitung*, vom katholisch-konservativen *Rheinischen Merkur* bis zu den kleineren lokalen Tageszeitungen unterschiedlicher politischer Schattierungen entkam bald kaum ein Presseorgan den Pfeilen der systemkritischen Angriffe. Den jeweiligen Redaktionen wurde vorgeworfen, sich der Werbewirtschaft zu unterwerfen, harmlose Pseudokritik zu üben und sich generell zum Sprachrohr des Kapitals zu machen.

Zielscheibe der Kritik war zunächst überwiegend die Presse. In der zweiten Hälfte der fünfziger Jahre wurden dann auch andere Massenmedien zum Gegenstand der Kritik – so etwa in Heinrich Bölls 1955 erstmals veröffentlichter Rundfunksatire *Doktor Murkes gesammeltes Schweigen*. Im 1957 erschienenen Essay *Scherbenwelt. Die Anatomie einer Wochenschau* profilierte sich wiederum Hans Magnus Enzensberger als kritische Stimme. Er tadelte die Verdrängung politischer Information aus den damaligen Wochenschauen. Das triviale Gemisch von Sport und Unterhaltung werde der Informationspflicht nicht gerecht. Wie viele linksliberale Intellektuelle seiner Zeit geißelte auch Enzensberger die weitgehend kommerzialisierte Kulturindustrie, die nicht kritisch-aufklärerisch wirke, sondern um der politischen Propaganda und der Gewinnmaximierung willen das Publikum mit flacher Unterhaltung von einem politisch sinnvollen Gebrauch ihrer Freizeit abhalte. Vor dem Hintergrund des Kalten Kriegs wurde nach Meinung der linken und linksliberalen Medienkritiker jedenfalls zu wenig über die Arbeitskämpfe, über die Proteste gegen die Wiederaufrüstung, die Atombewaffnung und andere Konfliktbereiche berichtet.

1960 entfachte Adenauers Vorschlag, einen zweiten deutschen Fernsehsender zu gründen, der freilich vor allem der CDU nahestehen, mit Unterhaltungssendungen Zuschauer anlocken und sich darüber hinaus über Werbeeinnahmen finanzieren sollte, den sogenannten Fernsehstreit. Gegen die drohende Gefahr eines Medienmonopols und eines Fernsehsenders, der kein „Publikationsorgan unter öffentlicher Kontrolle, sondern ein Instrument der Bundesregierung, der Regierungsparteien und der wirtschaftlichen Interessengruppen" sein würde, protestierten unter anderem Heinrich Böll, Günter Grass, Robert Jungk, Walter Jens, Hans Werner Richter, Ilse Aichinger, Uwe Johnson, Marie Luise Kaschnitz, Wolfgang Weyrauch und Martin Walser. Sie alle insistierten auf den öffentlich-rechtlichen Charakter von Funk und Fernsehen.[14] In der *Spiegel*-Affäre von 1962 schlugen diese Sorgen schließlich in massenhafte Proteste

---

14 Richter, Hans Werner (Hg.): *Der Skorpion. Jahrgang 1. Heft 1. München, Januar 1948. Reprint. Mit einer Dokumentation zur Geschichte des „Skorpions" und einem Nachwort zur Geschichte der Gruppe 47 von Heinz Ludwig Arnold*. Göttingen 1991, S. 84.

um, die Prolog und Auslöser der Oppositionsbewegungen der sechziger Jahre wurden.

Die Sorge um das Fernsehen – und später auch um die neuen elektronischen Medien – steigerte sich in der folgenden Zeit noch. Anders als die Presse, deren politische Vielfalt sich eher verstärkte, standen die kapitalintensiveren elektronischen Medien Rundfunk, Fernsehen, Film – und die unterhaltungsorientierte Massenpresse – im Fokus der Medienkritik. Politisch schlug sie sich in Auseinandersetzungen um den öffentlich-rechtlichen Charakter der Sendeanstalten nieder. Linksliberale Kritik konzentrierte sich in einigen Zeitschriften, in den Feuilletons überregionaler Zeitungen und in der von einzelnen Verlagen wie *Suhrkamp* geförderten Literatur und Essayistik.

Max Horkheimer, Theodor W. Adorno: Dialektik der Aufklärung. Philosophische Fragmente

Erstausgabe: Amsterdam, Querido Verlag 1947
Erstausgabe in Deutschland: Frankfurt am Main: S. Fischer Verlag 1969

Dieses Buch hat in den fünfziger Jahren gleichsam überwintert. Im amerikanischen Exil entstanden, 1944 mimeographiert und 1947 publiziert, entfaltete das Werk von Theodor W. Adorno (1903–1969, → *Minima Moralia*, 1951) und Max Horkheimer (1895–1973) seine größte Wirkung unter der Studentenbewegung der sechziger Jahre. Dafür zeichnete nicht zuletzt sein methodischer Zuschnitt verantwortlich, die Synthese aus undogmatischem Marxismus, Psychoanalyse, Soziologie bzw. Sozialphilosophie, Medientheorie respektive Medienkritik. Die einzelnen Essays zu Begriff und Geschichte der Aufklärung, zur Kulturindustrie und zum Antisemitismus, Exkurse zur *Odyssee*, zu Kant und de Sade sowie die „Aufzeichnungen und Entwürfe" werden durch eine These zusammengehalten, die damals ganz besonders eingeleuchtet hatte: Ebenso wie der europäische Faschismus und der Stalinismus in den kommunistischen Ländern bezeuge die Kulturindustrie der Vereinigten Staaten, als fortgeschrittene Form kapitalistischen Wirtschaftens, das Scheitern der Aufklärung. Aufklärung selbst, als Befreiung von mythischer Herrschaft gedacht, schlage um in Herrschaftsformen von mythischer Härte: „Aber die vollends aufgeklärte Erde strahlt im Zeichen triumphalen Unheils". Gerade die fortschreitende Rationalisierung münde in eine von quasi mythischen Zwängen bestimmte Welt, in einen gleichsam lückenlosen „Verblendungszusammenhang".

Ausgerechnet die zentrale Errungenschaft der Emanzipation vom Naturzwang, das Subjekt, erweist sich insbesondere in seiner Zurichtung zum bürgerlichen Individuum als eine Figur der Herrschaft: „Furchtbares hat die Menschheit sich antun müssen, bis das Selbst, der identische, zweckgerichtete, männliche Charakter des Menschen geschaffen war, und etwas davon wird noch in jeder Kindheit wiederholt". Unter dem Vorzeichen der Arbeitsteilung, und damit unter dem Diktat technischer Rationalität, gerate der Imperativ der Selbsterhaltung – philosophisch spätestens seit Hobbes mit dem Konzept der Subjektivität verknüpft – zur „Selbstentäußerung der Individuen, die sich an Leib und Seele nach der technischen Apparatur zu formen haben". Vernunft selbst sei „zum bloßen Hilfsmittel der allumfassenden Wirtschaftsapparatur" depotenziert.

In einer der berühmtesten Theoriestücke, in der Interpretation der homerischen *Odyssee* und insbesondere der Sirenenepisode, hatte Adorno, der hier wohl weitgehend allein verantwortlich zeichnet, Odysseus als Prototyp des bürgerlichen Individuums gedeutet. In seiner Gestalt verschränken sich Formen der

Herrschaft, der Sublimierung und des ästhetischen Genusses. Odysseus verstopft seinen Gefährten die Ohren gegen die verlockenden Stimmen der Sirenen-Natur. Während er ihnen, den Knechten, also Arbeit und Triebverzicht auferlegt, genießt er, der Herr, den Sirenengesang in gleichsam ästhetischer Haltung. Zugleich versagt auch er sich, im Interesse der Selbsterhaltung, den Gegenstand der Verlockung. Der an den Mast gefesselte Odysseus wohnt dem Sirenengesang wie „einem Konzert bei, reglos lauschend wie später die Konzertbesucher, und sein begeisterter Ruf nach Befreiung verhallt schon als Applaus".

Die Homer-Interpretation ist also auch als Lehrstück über Funktion und Genese des Ästhetischen in Abhängigkeit vom und im Widerspiel zum Vernunft- und Selbsterhaltungsdiktat zu lesen. Einzig im Ästhetischen, so eine Leitidee von Adornos im Ganzen ästhetisch konfiguriertem Denken, sei Versöhnung denkbar: die gewaltfreie Einheit von Allgemeinem und Besonderem, von Natur und Zivilisation, von Subjekten untereinander. Zugleich aber stehe „Kulturgut [...] zur kommandierten Arbeit in genauer Korrelation". Damit ist schon ein Grundgedanke der Kritik der Kulturindustrie vorweggenommen.

Das berühmte – nachmalig auch berüchtigte – *Aufklärung als Massenbetrug* untertitelte Kapitel *Kulturindustrie* verdankt sich nicht zuletzt biographischen Erfahrungen. Adorno, hier wiederum wohl alleiniger Verfasser, hat seit 1938 im New Yorker Exil an einem von Friedrich Pollock geleiteten *Radio Research Project* mitgearbeitet und mit – wenn auch aus heutiger Sicht unzureichenden – empirischen Methoden Einblick in massenmediale Produktionsweisen sowie in die Mentalität der Konsumenten gewonnen. Aus den unter dem Titel *Current of Music* erst seit 2006 vollständig vorliegenden *Elements of a Radio Theory* erhellt sich, wie sehr die massenmediale Vergegenständlichung der Kunst, insbesondere die der Musik, zum Erkenntnis leitenden Problem avanciert ist. Für den Kompositionsschüler Alban Bergs war es eine erschütternde Erfahrung, Musik zum Massenartikel herabgewürdigt, sie „in der Ära des Tonfilms, des Radios und der gesungenen Reklamesprüche [...] gerade in ihrer Irrationalität von der geschäftlichen Vernunft ganz beschlagnahmt" zu sehen. So heißt es in der Einleitung zur *Philosophie der neuen Musik* (erstmals veröffentlicht 1949), dem heimlichen oder offenen Gegenentwurf zur *Kulturindustrie*. 1941 nach Los Angeles umgezogen, ermöglichten die Nähe zu Hollywood, die Bekanntschaft mit Fritz Lang und anderen Emigranten Aufschlüsse über die Art und Weise, wie die Kulturindustrie die Produktion ästhetischer Güter unter technische und insbesondere ökonomische Imperative stellt.

Die Letzteren macht das Kulturindustrie-Kapitel gegen Walter Benjamins Aufsatz über *Das Kunstwerk im Zeitalter seiner technischen Reproduzierbarkeit* geltend. Zwar umfasst das System der Kulturindustrie sämtliche technisch hergestellten und reproduzierten Kulturgüter: „Kino, Radio, Jazz und Magazin".

Gleichwohl sei die Standardisierung der Kunstwerke und mit ihnen die der Rezipienten „keinem Bewegungsgesetz der Technik als solcher aufzubürden", wie Benjamin suggeriert hatte, „sondern ihrer Funktion in der Wirtschaft heute".

Seit dem Adorno-Bashing der achtziger und neunziger Jahre ist eine Kritik insbesondere der Kulturindustrie-Kritik geläufig geworden. Sie beschreibt ihren Protagonisten gerne als sentimentalischen, wenn nicht gar sentimentalen Anhänger der alteuropäischen Künste. Der Massenkultur, ihren Produkten und Formaten, sei er verständnislos und ressentimentgeladen gegenübergestanden. Darin ist ein Körnchen Wahrheit enthalten. Wie wenig Adorno etwa vom Jazz verstanden hat, muss man heute nicht mehr eigens wiederholen. Gleichwohl gilt es festzuhalten, dass er keinen absoluten Bruch zwischen der Kunst Alteuropas und der Kulturindustrie statuiert! Vielmehr betont er, dass die Emanzipation der Künste historisch an ihren Warencharakter gebunden war. Die Anonymität des Marktes war eine maßgebliche Bedingung dafür, dass Kunst die mäzenatischen Zweckvorgaben hinter sich lassen und autonom werden konnte.

Während aber die traditionellen Kunstwerke ihrer heiklen Stellung in der empirischen sozialen Wirklichkeit zum Trotz immer über diese hinauswiesen, als gesellschaftliche (!) Antithesis zur Gesellschaft zu begreifen seien, wird den Produkten der Kulturindustrie vorgeworfen, sie stellten ihren Warencharakter quasi als Ideologie aus. Sie opferten den Unterschied zwischen der „Logik des Werks" und der „des gesellschaftlichen Systems". Nicht er, der Warencharakter sei das Neue, „nur daß er heute geflissentlich sich einbekennt, und daß Kunst ihrer Autonomie abschwört, sich stolz unter die Konsumgüter einreiht". Indem er den kantischen Begriff des Schematismus auf die Erzeugung und die Rezeption serieller und standardisierter Kulturgüter anwendet, versucht Adorno seine These plausibel zu machen, der Standardisierung der Produkte folge eine der Konsumenten nach. Das Verfahren des Schematismus, die sinnliche Mannigfaltigkeit auf Begriffe zu bringen, hatte Kant noch als bewusstseinsimmanent verstanden. Unter der Ägide der Kulturindustrie dagegen wird eine falsche Identität von Allgemeinem und Besonderen erzeugt, in Gestalt einer wahrnehmungsprägenden „irdischen Produktionsleistung", hinter der in Gestalt etwa der Marktforschung die lückenlose Erfassung der Konsumenten stehe. Gerade indem sie sich vorgeblich nur dem Verlangen des Publikums beugt, wirke die Kulturindustrie uniformierend. Ihre Gewalt liege „in ihrer Einheit mit dem erzeugten Bedürfnis". Die Folge: „Kultur heute schlägt alles mit Ähnlichkeit". Nämlich nicht nur die medialen Inhalte, sondern etwa auch Dinge, die Konsumgüter oder die Architekturen in Gestalt der uniformen *suburbs*. Insofern zählt die Theorie der Kulturindustrie zu den Klassikern einer Kritik der Massengesellschaft, wie sie insbesondere in den fünfziger Jahren florieren sollte.

An dieser tiefschwarzen, von den frischen Traumata der ersten Jahrhunderthälfte gezeichneten Theorie wird man heute einiges korrigieren müssen. So haben

Horkheimer und Adorno den konformistischen Sog der Massengesellschaft über-, dagegen das Differenzierungspotenzial der Kulturindustrie und die oft listige Heterogenität ihrer Produkte unterschätzt. Ausgerechnet die Dialektik der Massenindividualität findet keine rechte Repräsentanz in ihren Überlegungen. Der theoretische Fokus auf die medialen, im Schnittpunkt von Ökonomie und Technik konfigurierten Produktions- und Distributionsbedingungen kultureller Güter besitzt partiell jedoch nach wie vor Modellcharakter. Die These, dass die zugleich pornographische und prüde Kulturindustrie das Sexuelle seriell produziere, um das Begehren der Konsumenten anzustacheln und den Genuss zugleich vorzuenthalten, nimmt eine Einsicht heutiger Machttheorien vorweg – nämlich die, dass Machttechniken heute, unter der Ägide der sogenannten Spaßgesellschaft, weniger über Versagung, sondern über die Produktion des Begehrens laufen. Slavoj Žižek etwa sieht das moderne Ich nicht mehr dem Diktat der Sublimierung unterworfen, sondern dem Kategorischen Imperativ „Du sollst genießen!" Noch darin wird Adornos vielzitierte Diagnose „Fun ist ein Stahlbad" gespiegelt.

Literatur

Wolfgang Buschlinger: Havarie des großen europäischen Traums. Theodor W. Adorno und Max Horkheimer: „Die Dialektik der Aufklärung". In: *Bausteine der Moderne. Eine Recherche*. Hg. von Cord Friedrich Berghahn. Heidelberg 2007, S. 13–31 • Harry Kunnemann (Hg.): *Die Aktualität der Dialektik der Aufklärung. Zwischen Moderne und Postmoderne*. Frankfurt am Main 1989 • Willem van Reijen und Gunzelin Schmid Noerr (Hg.): *Vierzig Jahre Flaschenpost: Dialektik der Aufklärung 1947–1987*. Frankfurt am Main 1987 • Heinz Steinert: *Das Verhängnis der Gesellschaft und das Glück der Erkenntnis: Dialektik der Aufklärung als Forschungsprogramm*. Münster 2007 • Johannes Windrich: Dialektik des Opfers. Das „Kulturindustrie"-Kapitel aus der „Dialektik der Aufklärung" als Replik auf Walter Benjamins Essay „Das Kunstwerk im Zeitalter seiner technischen Reproduzierbarkeit". In: *Wege deutsch-jüdischen Denkens im 20. Jahrhundert*. Hg. von Gerhart von Graevenitz und Richard Brinkmann. Stuttgart 1999, S. 92–114.

Uwe C. Steiner

Max Picard: Die Welt des Schweigens

Erstausgabe: Erlenbach am Zürichsee, Eugen Rentsch Verlag 1948

„Der heutige Zustand der Welt, das ganze Leben ist krank. Wenn ich Arzt wäre und man mich fragte, was rätst du? – ich würde antworten: schaffe Schweigen! Bringe die Menschen zum Schweigen. Gottes Wort kann so nicht gehört werden." Mit diesem Kirkegaard-Zitat beendet Max Picard (1888–1965), studierter Mediziner und selbsternannter Kulturphilosoph, seinen Essay *Die Welt des Schweigens*.

Da Picard die zeitkritische Diagnose Kirkegaards am Ende des Buches unkommentiert lässt, ist davon auszugehen, dass sie für ihn auch oder eben gerade mit Blick auf die unmittelbare Gegenwart nach Ende des Zweiten Weltkrieges Gültigkeit besessen hat. Die Malaisen eines in seinen Augen unheilvollen Zeitalters sind hierbei für Picard nur durch ein Antidot zu beseitigen, das sich bei näherer Betrachtung aus zwei Elementen zusammensetzt, nämlich Schweigen und Beten: „Im Gebet kommt das Wort von selbst wieder ins Schweigen, es ist von vornherein in der Sphäre des Schweigens darin: es wird von Gott aufgenommen, weggenommen vom Menschen, es wird weggesogen ins Schweigen, es verschwindet in ihm." Mit einem Gebet, genauer mit einem Klagelied bzw. der repetitiven Struktur einer Litanei, hat Picards *Die Welt des Schweigens* denn auch über weite Strecken frappierende Ähnlichkeiten. Die Feststellung kann insofern kaum verwundern, da sich Picard schon während des Ersten Weltkriegs, als er Assistenzarzt am Heidelberger Universitätsklinikum war, intensiv mit theologischen Fragestellungen beschäftigt hatte. Picard hörte in seiner Heidelberger Zeit unter anderem Vorlesungen bei Heinrich Rickert und Ernst Troeltsch. Einflüsse, die schließlich für Picards Entscheidung maßgeblich waren, seinen Beruf als Mediziner aufzugeben. Picard lebte seit 1918 als freier Schriftsteller im Tessin.

Bereits sein erstes Buch über *Das Ende des Impressionismus* (1916) ist von jener Grundkonstellation durchzogen, humanistische Ideen mit der Suche nach Gott zu verbinden. Die moderne Malerei, insbesondere der Impressionismus, wird hier als Symptom einer Zeit kritisiert, in der der Mensch seine Mitte verloren habe. Eine Einschätzung, die Picard bis zuletzt durchhielt. Sie zeigt sich in *Die Welt des Schweigens* beispielhaft an der Kritik der „Wortgeräusch-Sprache" der modernen Literatur, die laut Picard nur noch „anzeigt", jedoch nicht mehr „bedeuten" könne. Der Kern des Übels war für Picard demnach in der „Diskontinuität des modernen Lebens" zu suchen. Eine These, die letztlich darauf abzielte, der Moderne als Epoche ihre Legitimität abzusprechen. Der modernen Sichtweise hielt Picard seine philosophisch-christliche Anthropologie entgegen, die sich mit der kulturphilosophischen Deutung des „modernen Menschen" inmitten einer „gottfernen" Welt zu beschäftigen habe. Picards Deutungsangebot fand bei so unterschiedlichen Autoren wie Rainer Maria Rilke, Joseph Roth oder André Gide regen Anklang. Noch 1958 würdigte der Wissenschaftsphilosoph Gaston Bachelard anlässlich des 70. Geburtstages von Max Picard mit Blick auf *Die Welt des Schweigens* dessen philosophischen Lyrismus: „Dans ses pages, tout le clavier du silence résonne en musique blanche."

Nimmt man das Buch also in seiner Intention ernst, so drängen sich drei Lesarten auf, die letztlich alle miteinander verzahnt sind: Die erste liegt auf einer anthropologisch-phänomenologischen Ebene, die über eine ganze Reihe von Zitaten aus dem bildungsbürgerlichen Kanon eröffnet wird. Hierin Heidegger nicht unähnlich, den Picard an dieser Stelle auch zitiert, gilt es für ihn, den „phänomenalen Boden" aufzudecken, auf dessen Untergrund sich der Mensch als „Seiendes [zeigt], das redet." Anders als die Existenzphilosophie, deren „Bohrlärm" – so Picard – letztlich genauso „zu dem Lärm des allgemeinen Wort- und Dingbetriebes" gehört, versucht Picard diese Ebene im Schweigen selbst als einem „Phänomen für sich" dingfest zu machen. Wie sich Picards Welt des Schweigens vom mondänen Lärm abgrenzt, ist dabei relativ schlicht gedacht: Denn Picards Weltsicht bewegt sich entlang von binären Oppositionen wie „gestern" vs. „heute", „feste Ordnung" vs. „dauernde Bewegung der Maschine", „Bauer" vs. „Arbeiter", oder in leichten Abstufungen wie „Dorf", „altes Städtchen", „große Stadt", in der selbstredend nur das „Gekreisch" einer technischen „Maschinerie der Nivellierung" zu vernehmen ist.

Eine zweite, politisch brisantere Lesart ergibt sich vor dem Hintergrund von Picards Buch *Hitler in uns selbst* (1946); eine Lesart, die mit der Frage nach dem relativ großen Erfolg von *Die Welt des Schweigens* verknüpft ist. Kritik am Nationalsozialismus wird dabei ebenfalls in *Die Welt des Schweigens* angemeldet. Der Nationalsozialismus erscheint in Picards Denken letztlich aber nur als ein exemplarischer Fall einer allgemeineren pathologischen Dysfunktion dessen, was er als „Moderne" denunziert: „Was als Schicksal erscheint, ist dies: viele Geräusche verdichten sich zu einem Lärm (zum Lärm des Nazitums zum Beispiel) – das gibt sich als Schicksal, es ist aber nur eine Störung im Ablauf der Geräusche." Eine parallele, deutlich restaurative Tonlage konnte der zeitgenössische Leser zudem gerade an jenen Stellen des Buches heraushören, bei denen mit dem Wort „Schweigen" implizit auch die Semantik um die aktuelle Frage nach einer konsequenteren Aufarbeitung der NS-Verbrechen aufgerufen wurde: „Das Vergessen ist [...] darum beim Worte, damit das Wort nicht allzu heftig da sei; *die Suprematie, die das Wort über das Schweigen hat, wird dadurch gemildert.* [...] Ein Wort versinkt im Schweigen, es wird vergessen: das Vergessen bereitet auch das Vergeben vor. Das ist ein Zeichen, daß die Liebe in die Struktur der Sprache eingewoben ist: das Wort versinkt im Vergessen des Menschen, damit er im Vergessen auch vergebe."

Die christliche Botschaft konnte vernehmen, wer wollte. „Schuld" am „Schrei des Diktators" sei laut Picard insofern weder im Individuum noch in einer bestimmten Gesellschaftsformation zu suchen, sondern vielmehr in den technischen Agenten der allgemeinen Nivellierung: „durch das Radiogeräusch kann sich alles in den Menschen einschleichen." Mit seiner Bestimmung des Radios als „das autonome Geräusch" schlechthin liegt Picard somit auf Linie der kulturkritischen „Dämonologien der Technik" (Hans Blumenberg), wie sie für die fünfziger Jahre stilprägend gewesen sind.

Das Thema „Kulturkritik", wie es als dritte Lesart Picards Buch bestimmt, zeichnete sich in den fünfziger Jahren durch ein gewisses Nachhängen in, so

→ Arnold Gehlen, „Spenglerschen Motivlagen" aus. Die starke Position der Kulturkritik speiste sich aber nicht allein aus Motiven der zwanziger Jahre, sondern nährte sich vor allem aus der Enttäuschung über eine – aus konservativer Sicht – nicht wieder hergestellte Kulturnation, nachdem die kurze Kulturemphase der späten vierziger Jahre als Reaktion auf den NS-Staat eine solche Hoffnung genährt hatte. Aus Enttäuschung folgte eine umso rigorosere Ablehnung aller gegenwärtigen Tendenzen, die der fortschreitende Rationalisierungsprozess mit sich brachte, dem nicht zuletzt die Massenmedien zugeschlagen wurden. Picards Buch erschien zu einer Zeit, als sich der Rundfunk in der Übergangsphase zwischen Besatzungspolitik und Gründung der BRD befand. Picard warnte an dieser Stelle vor Missbrauch, da die „Radioapparate, die da stehen und wie Maschinenpistolen gegen das Schweigen schießen", die Besinnung des Menschen im stummen Zwiegespräch mit Gott stören würden. Er befürchtete, dass das „Geräusch den Raum ausfüllt, wo einst im Menschen das Wort war. Es sind zuviel Wortmassen als das der Mensch noch antworten könnte." Das Schlagwort von der „Dauerberieselung" machte bald die Runde in den Feuilletons.

Aber wie viele erfolgreiche medienkritische Invektiven seither ereilte auch Picards Buch die (ungewollte) Ironie des Schicksals, gerade aus dem Medium, das es dämonisierte, seine Verbreitung und somit seinen allgemeinen Erfolg zu ziehen. Exemplarisch sei hier auf eine Diskussion vom November 1949 im Frankfurter *Abendstudio* unter Mitwirkung von Prof. Otto Veit, Walter Guggenheimer, Hellmut Jaesrich, dem stellvertretenden Chefredakteur des *Monats*, und NWDR-Mitarbeiter und *Rowohlt*-Lektor Kurt Marek (besser bekannt als → C. W. Ceram) verwiesen. Die Besprechung von *Die Welt des Schweigens* wurde hier zum Anlass genommen, Gefahren und Chancen des Verbreitungsmediums Rundfunk für den neu gegründeten westdeutschen Staat zu debattieren.

Da die Kulturkritik der Zeit keiner akademischen Disziplin angehörte bzw. sich auf verschiedene Fächer der Geisteswissenschaften und Künste verteilte, spielten Medien eine bevorzugte Rolle als Diskurskatalysator. Der Rundfunkautor Paul Arthur Loos etwa sprach 1959 in einem Radiobeitrag vom vorherrschenden Kulturpessimismus als einer Art *self fulfilling prophecy*, die von „unseren ehrenwerten Katastrophenfeuilletonisten" lanciert wurde, indem sie „derart leichtfertig mit Begriffen wie Vermassung, Technizismus, Krise, Verlust der Mitte und so weiter [umgingen], dass diese Wörter für sie selbst mittlerweile ein Medusengesicht annehmen." Der Publizist → Karl Korn erklärte Anfang sechziger Jahre in einem Aufsatz, dass die Kulturkritik sich schließlich „totgelaufen" habe, nachdem sie die ganzen fünfziger Jahre *à la mode* gewesen war. Allerdings, so räumte er mit Blick auf Picard ein, sei der „gedankenlose Gebrauch des Begriffs Massenmedien" geblieben. In diesem Zusammenhang sprach → Helmut Schelsky von der „Klagemauer der Kulturkritik" und Gehlen betonte, dass es sich hierbei um eine

„Schicht von Kulturträgern" handle, die in der „technischen Gesellschaft in Gefahr gerät, sozial funktionslos zu werden." Den drohenden Machtverlust in einer sozial gewandelten Welt, die neue technische Eliten rekrutierte, versuchten laut Gehlen die „Träger der überkommenen unpolitischen, insbesondere deutschen Kulturidee" durch Generalkritik an der Gegenwart zu kompensieren. Diese perspektivischen Verzerrungen mit ihren typischen Dramatisierungs- und Übertreibungseffekten werden nicht zuletzt in Picards *Die Welt des Schweigens* – zu Beginn einer langen Phase der Kulturkritik – überaus sinnfällig.

Literatur

Marie Beyeler: Max Picard: Hitler in uns selbst. In: *Lexikon der „Vergangenheitsbewältigung" in Deutschland. Debatten- und Diskursgeschichte des Nationalsozialismus nach 1945*. Hg. von Torben Fischer und Matthias N. Lorenz. Bielefeld 2007, S. 33f. • Monika Boll: *Nachtprogramm: intellektuelle Gründungsdebatten in der frühen Bundesrepublik*. Münster 2004 • Wilhelm Hausenstein und Benno Reifenberg: *Max Picard zum siebzigsten Geburtstag*. Erlenbach am Zürichsee 1958 • Robert E. Wood: Silence, Being and the Between: Picard, Heidegger and Buber. In: *Man and World*, 27 (1994), S. 121–134.

Till Greite

Film ohne Titel

Regie: Rudolf Jugert
Drehbuch: Helmut Käutner, Ellen Fechner, Rudolf Jugert • Kamera: Igor Oberberg • Musik: Bernhard Eichhorn • Produktion: Camera-Filmproduktion, Hamburg • UA: 23. 1. 1948, West-Berlin, Marmorhaus • Länge: 103 Min., s/w • Darsteller: Hans Söhnker, Hildegard Knef, Irene von Meyendorff, Willy Fritsch, Fritz Odemar, Peter Hamel, Erich Ponto, Carsta Löck, Annemarie Holtz, Margarete Haagen

Ein Regisseur, ein Drehbuchautor und ein Schauspieler beraten in ländlicher Idylle, wie der nächste Film aussehen soll: „Es soll kein Trümmerfilm sein." – „Ja, und kein Heimkehrerfilm." – „Kein Fraternisierungsfilm." – „Und auf keinen Fall ein Anti-Nazifilm." – „Das wäre ja auch taktlos, nicht?" – „Kein politischer Film, kein Propagandafilm, kein Bombenfilm." – „Überhaupt kein Film für oder gegen etwas." – „Was für ein Film soll es denn nun aber sein?" – „Eine zeitnahe Komödie!" – „Die mit beiden Beinen auf der Erde steht." – „Vor dem düsteren Hintergrund der Zeit." Solch ironische Auseinandersetzung mit einem Neubeginn des deutschen Films findet unversehens ihre Lösung, als ausgerechnet Hildegard Knef, der Stern des Trümmerfilms (→ *Die Mörder sind unter uns*, 1946; → *Zwischen gestern und morgen*, 1947), die Szene betritt: als Bauerntochter Christine

Flemming und an der Seite ihres Verlobten Martin Delius (Hans Söhnker), eines ehemaligen Antiquitätenhändlers aus großbürgerlichem Hause. Denn die Geschichte dieser ungewöhnlichen Liaison ist es nun, die der *Film ohne Titel* in Rückblicken erzählen wird, vor einem gar nicht so düster ausgeleuchteten „Hintergrund der Zeit".

Rudolf Jugert (1907–1979), langjähriger Regieassistent von Helmut Käutner (1908–1980, → *Des Teufels General*, 1955), zeichnet für den Film verantwortlich, doch wird im Vorspann die ‚künstlerische Leitung' Käutner zugeschrieben und das Resultat in zeitgenössischen Rezensionen auch als typischer Käutner-Film wahrgenommen. Tatsächlich begegnen dem Zuschauer hier – ebenso wie in Käutners *In jenen Tagen* (1947) – die durch ein Objekt motivierte Erzählung und jener leicht melancholische Blick auf die Vergangenheit vereint mit hoffnungsvoller Zukunftsperspektive.

Als zirkulierender Gegenstand dient nun die antiquarische Holzfigur des Heiligen Martin, im Jahre 1944 ein gehüteter Schatz in der Grunewalder Villa der Familie Delius, deren Patina jedoch kaum den mit Elan eingesetzten Putzmitteln Christines widerstehen kann, die jüngst als Hausgehilfin eingestellt wurde. Doch jenseits solcher Vorkommnisse, die vor allem die soziale Kluft zwischen dem süßen Mädel vom Lande und dem kultivierten Großstadtbürger betonen, entwickeln sich schon bald zarte Bande. Eine Bombennacht wird sie näher bringen, ausgerechnet erlebt im Bunker unter einem Kino am Roseneck. „Das war ja mal ein schöner Alarm", so Christine. Aber es soll noch schöner kommen. Zwar ist nun die Villa in Schutt und Asche gelegt, doch Resträumlichkeiten sowie eine ursprünglich für den Endsieg aufbewahrte Sektflasche erweisen sich als intakt. Während Martin einen Stecker in die Dose der Überlandleitung führt und seinerseits betont, es sei „doch ein schöner Alarm" gewesen, „trotz allem", unterbricht ein Nachbar das hoffnungsfrohe Beginnen. Der jedoch erweist sich nur als peripherer Störenfried und wahrer Schalk solcher Bombennächte: „Beim Karl lag der Balkon im Bett. Schade, gestern frisch bezogen." Worauf ein Trümmerwitz dem nächsten folgt: Die Nachbarn „Dresen haben zwei Brandbomben bekommen. Die eine habe ich gleich gelöscht. Auf der anderen versuchen sie, jetzt eine Erbsensuppe zu kochen. – Weil das Gas nicht brennt. Das Einzige, was da nicht brennt." Die zu erwartende Liebesnacht in Trümmern wird doppelt eingeleitet: durch Reminiszenz an die Holzfigur (Christine: „Sie haben mir doch den Mantel geschenkt, wie der Heilige dem Bettler") und durch den Gruß des Feindsenders: „Good night, everybody good night."

Ein Versprechen für die Zukunft, das jedoch noch manche Bewährungsprobe überstehen muss. Denn vorerst schließt die unterschiedliche soziale Stellung eine Heirat aus. Zudem vermutet Christine, dass die Beziehung zwischen Martin und seiner ebenso reizvollen wie lebenstüchtigen Geschäftspartnerin Angelika

Rösch (Irene von Meyendorff) fortbesteht, woraufhin Christine enttäuscht auf das Land flieht, nicht ohne die Holzfigur aus den Trümmern zu bergen, ein Faustpfand für das Wiedersehen. Nach dem Krieg haben sich die Verhältnisse gründlich gewandelt. Nun hat ein Mann wie Vater Flemming (Carl Voscherau) das Sagen, auf dessen niedersächsischem Hof so mancher Flüchtling strandet, wie etwa das Ehepaar Schichtholz (Erich Ponto und Carsta Löck), das deutschtümelnd und voller Heimweh sich nur schwer in die neuen Bedingungen fügen kann: „Es ist ja ganz hübsch hier am Wasser; aber der Thüringer Wald ist es nicht." Martin, in den letzten Kriegstagen zum *Volkssturm* eingezogen, wird als abgerissener Kriegsheimkehrer mit Persilkarton inszeniert, als er zu jenem Anwesen kommt, wo er nicht nur Christine, sondern auch seinen Heiligen Martin wiederfindet. Überhaupt erweist sich der Bauernhof als ein Ort des Zusammentreffens. Unversehens kreuzt auch Angelika auf, die bereits wieder automobil unterwegs ist: mit einem VW-Kübelwagen und eigens applizierten englischen Hoheitszeichen. Vertraut mit den Besatzungsbehörden wie dem Schwarzmarkt, handelt sie wieder erfolgreich mit Antiquitäten.

Der Liebeskonflikt aus Kriegszeiten wiederholt sich unter gewandelten Vorzeichen. Hatten in der alten Gesellschaft Standesschranken das Happy End verhindert, so scheitert nun das Liebesbegehren an bäuerlicher Besitzstandswahrung. Seine Tochter einem Habenichts anzuvertrauen, kommt für Vater Flemming nicht infrage. So sucht Martin sein Heil und Auskommen wieder im florierenden Antiquitätengeschäft Angelikas.

Wie es nach manchen Verwicklungen dennoch zum Happy End kommt, erzählen dem Filmteam abwechselnd Christine, Angelika und Martin auf einer Hochzeit, die zugleich für eine gelungene Integration der Flüchtlinge aus dem Osten steht: Christines Bruder Jochen (Fritz Wagner) heiratet seine Helene aus Breslau (Käte Pontow), die es verstanden hat, sich in bäuerliche Arbeit zu fügen. Fähigkeiten, die Martin verwehrt blieben. Dafür aber erinnert er sich seiner schon zu Studienzeiten erprobten Fähigkeiten als Kunsttischler und gründet einen kleinen Betrieb, in dem er „einfache, aber anständige Möbel" herstellt. Dem Happy End mit Christine steht nichts mehr im Wege. Die Aufbaubotschaft solch glücklicher Fügung ist nicht zu übersehen. Erst die Abkehr vom Alten, wofür die Antiquitäten symbolisch stehen, ermöglicht die neue Gesellschaft: soziale Grenzen überschreitend wie bei Martin und Christine oder integrationspolitisch regionale wie bei Jochen und Helene.

Mit solcher Botschaft des kleinen privaten Glücks in schwierigen Zeiten versucht sich der Film in betonter Unauffälligkeit. Bemerkenswert bleibt bei solchem Vorhaben die Erzählweise, das beständige Wechseln zwischen der Rahmenhandlung des über den zukünftigen Film beratenden Teams und der berichteten Vergangenheit, das nicht nur für die versprochenen komödiantischen Effekte sorgt, sondern den Stand und die Perspektiven des Filmschaffens in der Nachkriegszeit reflektiert. Zu den komödiantischen Effekten mögen Kalauer gehören, wenn eine Sirene aus dem Jahre 1945 mit einem Kuhblöken in der Gegenwart überblendet wird oder auf den Kognak nach einem Luftangriff der Match Cut auf ein Glas Milch in ländlicher Nachkriegsidylle folgt. Auch ist es nicht ohne Beigeschmack, wenn das Filmteam, Fritz Odema als Drehbuchautor, Peter Hamel als Regisseur und Willy Fritsch als Schauspieler, der Willy Fritsch spielt, darüber witzelt, wie es wäre, die Rolle der Christine mit „der Söderbaum" zu besetzen, einschließlich der Anspielung auf das Rollenklischee der Wasserleiche. Immerhin besteht das Trio, das hier über die Zukunft des deutschen Films nachsinnt, aus Film- und Theaterschauspielern, die im ‚Dritten Reich' kaum minder prominent waren als Kristina Söderbaum.

Ein filmischer Höhepunkt bleibt jedoch der Einfall, in der Rahmenhandlung zwei alternative Schlussvarianten durchzuspielen. Die erste Variante, vom Regisseur vorgeschlagen, entwirft unter dem Titel *Antiquitäten* einen Trümmerfilm in expressiver Ausleuchtung, mit Wischblenden, untersichtiger und gekanteter Kamera, der neben Stilelementen à la Wolfgang Staudtes *Die Mörder sind unter uns* auch motivisch alle Versatzstücke des Genres versammelt. Während Angelika die unvermeidliche Diva im Schieberlokal gibt und *Auf dem schwarzen Markt der Liebe* intoniert, entflieht Martin den Verstrickungen der Großstadt Hannover und kehrt auf das Land zurück, jedoch nur, um dem Hochzeitszug Christines zu begegnen. Im strömenden Regen führt ihn sein Weg zurück in die hoch aufragenden Silhouetten der zerstörten Stadt. „Blende, Trümmer, Trümmer, Musik stärker, er immer kleiner, Trümmer, Trümmer, langsam durchblenden", kommentiert der Regisseur die Schlusssequenz. Als Film im Film bietet der dreiminütige Trailer eine präzise Parodie dieses Nachkriegsgenres, wie andererseits die zweite Variante unter dem Titel *Königskinder* den Heimatfilm aus Zeiten des ‚Dritten Reichs' zu beerben scheint. Martin, diesmal von Willy Fritsch gespielt, schwingt fröhlich die Sense, erwirbt einen Musterhof und lässt den Schwiegervater in spe noch ein wenig zappeln, bevor es zur Bauernhochzeit kommt: volksverbunden mit echten Trachten, fliegenden Röcken und Konfetti. „Das gefällt den Leuten, das sehen sie gern im Kino", so Fritsch zu seinem Vorschlag.

Das tatsächliche Ende des Films, das als Spiegel des „wirklichen Lebens" ausgegeben wird, bildet eine Synthese aus Trümmer- und Heimatfilm. Noch immer sind die ‚Antiquitäten' symbolisch aufgeladen und stehen wie in der vom Regisseur vorgeschlagenen Schlussvariante für „die Weltanschauungen, die das Glück der beiden verhindern. Die gleichen bürgerlichen Vorurteile, heute wie gestern; nur heute umgekehrt." Während andererseits auch das „wirkliche Leben" im Film mit fröhlichem Tanz auf einer Bauernhochzeit in der Heide aufwartet, nur eben ohne Trachtenlook. In seinen selbstreflexiven Elementen erstaunlich klarsichtig, markiert der Film eine Wende im deutschen Nachkriegsfilm, die sich nach der Währungsreform 1948 immer deutlicher vollziehen wird. Leichte Unterhaltung mit zeitnahen Themen ist gefragt und mit Beginn der fünfziger Jahre wird sich der bundesrepublikanische Heimatfilm zu jenem überaus erfolgreichen Genre mausern, das neben heiler Trachtenwelt auch die Integration der Fremden wie den Austausch von Stadt und Land thematisiert. Der *Film ohne Titel* leitet diesen Trend nicht ein, aber er zeigt einen bemerkenswerten Spürsinn darin, das ‚wirkliche Leben' so zu modulieren, wie es der Kinobesucher auch in Zukunft schätzen wird: als verharmlosender Blick in die Vergangenheit mit Glücksversprechen für die Gegenwart.

Manuel Köppen

Karl Korn: Die Kulturfabrik

Erstausgabe: Wiesbaden, Necessitas Verlag 1953 (Die weißen Hefte 2)

„In unserer sozialen, ökonomischen, politischen und geistigen Wirklichkeit ist das Sein des Menschen heil- und heimatlos geworden. Es gibt keinen wesentlichen Geist dieser Epoche, der nicht auf seine Weise zu dieser bitteren Einsicht gelangt wäre. Wort und Begriff der Kultur können darum ehrlicherweise nur noch in einem Atemzug mit Wort und Begriff ‚Krise' genannt werden. Die Kultur ist krank." Was Karl Korn (1908–1991), Mitherausgeber und Leiter des Feuilletons der *Frankfurter Allgemeinen Zeitung, dem* konservativen publizistischen Meinungsführer in der frühen Bundesrepublik, da kategorisch notierte, stand in einem durchaus konventionellen Kontext – dem der Kulturkritik. Kulturkritik war ein Schlagwort jener Zeit, Kulturkritiker zu sein, erschien geradezu als eigene intellektuelle (oder der Selbstattribuierung nach lieber ‚geistige') Profession, nobilitiert spätestens durch den *1. Internationalen Kulturkritikerkongreß* in München, 1958 zur 800-Jahr-Feier der Stadt, an dem u.a. die Philosophin Hannah Arendt, das Haupt der *Frankfurter Schule*, → Max Horkheimer, → Marion Gräfin Dönhoff von der Wochenzeitung *Die Zeit*, Oswald von Nell-Breuning, der jesuitische Sozialethiker, der noch immer im Londoner Exil lebende Publizist Peter de Mendelssohn oder der Politologe und Sprachkritiker Dolf Sternberger teilnahmen (es gab übrigens keinen weiteren solchen Kongress).

Diese Kulturkritik berief sich gerne auf ausländische Vorbilder, vor allem auf José Ortega y Gassets *Der Aufstand der Massen* von 1929, deutsch zuerst 1931, 1947 in einer Großauflage von fünfzigtausend noch einmal herausgebracht, oder Hendrik de Mans *Vermassung und Kulturverfall*, 1951 in Deutschland erschienen. Zeitgenössische Folien dazu bildeten aber auch Oswald Spenglers *Untergang des*

Abendlandes (1918/1922), Alfred Webers *Kulturgeschichte als Kultursoziologie* (1950) oder Hans Sedlmayrs *Verlust der Mitte* (1948).

Auch wenn man dabei auf Erfahrungen mit der Weimarer Republik zurückgriff, standen zunächst im Kern der Kulturkritik die jüngsten Erinnerungen an das ‚Dritte Reich', das der Historiker Friedrich Meinecke etwa als „Un- und Afterkultur", sein Kollege Gerhard Ritter als „Kulturkatastrophe ohnegleichen" bezeichnet hatten. Dagegen setzte man eben auf kulturelle Erneuerung, wie das vielleicht programmatisch am deutlichsten im *Kulturbund zur demokratischen Erneuerung Deutschlands* zum Ausdruck kommt, der 1945 unter Ägide der sowjetischen Besatzungsmacht gegründet worden war. Kulturkritik war nun die Position der Skepsis bis Verzweiflung angesichts der Ohnmacht traditionaler Kultur- und Bildungsvorstellungen gegenüber Phänomenen, die man im kulturkritischen Dualismus dem Pol der Zivilisation zuzurechnen pflegte: Masse und Konsum, Technik und Entfremdung (bei Korn auch als Versachlichung und Verdinglichung).

Die Vertreter der Kulturkritik, so unterschiedlich ihre Akzentuierungen im Einzelnen sein mochten, standen in der Regel in der Tradition jenes spätestens aus dem 19. Jahrhundert datierenden Kulturpessimismus, dem der Historiker Fritz Stern 1953 sein mahnendes Buch *Kulturpessimismus als Gefahr* widmete. Und → Theodor W. Adorno hatte bereits 1949 die Dilemmata der Kulturkritik selbst kritisch pointiert, wie man 1955 in dem einschlägigen Sammelband *Prismen. Kulturkritik und Gesellschaft* nachlesen konnte: „Dem Kulturkritiker paßt die Kultur nicht, der einzig er das Unbehagen an ihr verdankt. Er redet, als verträte er sei's ungeschmälerte Natur, sei's einen höheren geschichtlichen Zustand, und ist doch notwendig vom gleichen Wesen wie das, worüber er erhaben sich dünkt. [...] [D]ie Unangemessenheit von Kulturkritik läuft dem Inhalt nach nicht sowohl auf Mangel an Respekt vor dem Kritisierten hinaus wie insgeheim auf dessen verblendet-hochmütige Anerkennung. Der Kulturkritiker kann kaum die Unterstellung vermeiden, er hätte die Kultur, welche dieser abgeht."

Die radikalste Position der Kritik medialer Massenkultur, die Adorno zusammen mit Horkheimer während des amerikanischen Exils verfasst hatte, das Kapitel *Kulturindustrie* der *Dialektik der Aufklärung* (1944, veröffentlicht 1947), wurde eigentümlicherweise von den selbsternannten Kulturkritikern nicht oder jedenfalls nicht offiziell zur Kenntnis genommen, wenngleich der Begriff der Kulturindustrie durchaus kursierte. So schreibt Karl Korn: „Die Kulturindustrie hat einen falschen Namen. Was sie fabriziert, ist nicht Kultur, sondern entweder Surrogat oder Fälschung oder bestenfalls Hilfsmittel." (90) Er wählte den Begriff der Kulturfabrik, um die Fabrikation dieser massenhaften Surrogatkultur zu betonen. Ironischerweise wird → Hans Magnus Enzensberger in seinem 1962 erschienenen Essay-Band *Einzelheiten I*, der den Untertitel *Bewußtseins-Industrie* trägt, eben die *Frankfurter Allgemeine Zeitung*, in der die Seitenstücke von Korns kulturkritischem Büchlein erschienen waren, als ein bedeutsames Phänomen der Bewusstseinsindustrie kritisch analysieren: „Journalismus als Eiertanz".

Als einen solchen Eiertanz kann man auch schon Korns *Kulturfabrik* lesen, jedenfalls spätestens dann, wenn es um Remedur zu den ihn besorgenden und alarmierenden Phänomenen geht. Dabei ist die hilflose Zwiespältigkeit der mehr Retardierungs- denn Lösungsvorschläge das besonders Symptomatische dieser Position eines Publizisten, dessen eigene kulturkonservative Haltung recht widersprüchlich war. Denn Korn trat einerseits als Literaturkritiker für Autoren wie → Andersch oder → Koeppen ein, andererseits war er Mitglied der *Freiwilligen Selbstkontrolle* (FSK), der Zensurinstanz für Filme, einerseits titulierte er sich selbstkritisch als „Manager", andererseits war er passionierter Schrebergärtner und ab 1955 gar Vizepräsident der *Deutschen Gartenbau-Gesellschaft*, auch wenn er sich in seinem Büchlein kategorisch von einem nostalgischen Konservatismus absetzte: „Es gibt kein Zurück zu altväterlichen Sitten und einer handwerklichen Arbeitsverfassung." (28) Die Phänomene, die ihm Sorge machen, sind „Reklame, Mode, Toto, Bürokratie, Massensport, Freizeitorganisation – so heißen die Glieder einer Kette, die beim organisierten technisch totalen Krieg endet." (23) Was hier in Rückerinnerung an den Zweiten Weltkrieg, andererseits unter dem Eindruck des Kalten Kriegs und in Antizipation eines atomar geführten Dritten Weltkriegs das apokalyptische Großszenario bildet, wird zugleich von Konsum- als Amerikanismus-Kritik begleitet: „Die Trümmer alles dessen, was einmal Kultur war, geraten in die Mischtrommeln der Serienproduktion und kommen schließlich als genormte Markenartikel auf den Markt. Der Massenkonsum schluckt sie, wie er Kaugummi und Coca-Cola schluckt." (68) Überhaupt war ihm Konsum suspekt. Während im wahrhaft gebildeten Umgang mit Kultur das Werk selbst „in seiner originalen Reinheit und schöpferischen Kraft als einmaliges, durch keinen Konsum abnutzbares Gebilde" bestehen bleibe (11), bedeute konsumieren „aufzehren, verbrauchen, zerstören." (13) Die Kultur der Kulturfabrikation werde „Tag für Tag in das Riesenmaul des Konsums geworfen, verschluckt, assimiliert und als Schlacke ausgeschieden". (68)

Nachdem er sich zunächst bei den kulturkritischen Autoritäten Ortega y Gasset und de Man versichert und einen wahrhaften Begriff von Kultur aus dem Geiste der Antike aufgerufen hat, mustert Korn in seinem Büchlein die verschiedensten Bereiche, die ihm schon dadurch suspekt sind, dass sie statistisch erfassbar scheinen: Kino, Rundfunk, Buchkonsum – wobei er das ‚gute Buch' und das Taschenbuch, insbesondere *Rowohlts* RO-RO-RO, als „Serienbuch" in zwei getrennten Kapiteln behandelt – und dabei die Comics selbstverständlich perhorresziert (da sich Korn dabei selbst der als Phänomen des Unkulturellen abqualifizierten Statistik ausgiebig bedient, ist sein Text über weite Strecken ein heute durchaus interessantes Kurzkompendium der kulturellen Produktionsdaten damals). Darauf folgt die kritische Auseinandersetzung mit dem Massentourismus, wobei er hier das Unbehagen aufgreift, das er schon 1936 im *Berliner Tageblatt* artikuliert hatte. Überführt wird das Ganze schließlich in ein Panorama der Technisierung und der „Inflation der Reize", zugespitzt im „fabrizierten Eros", wobei es ihm gelingt, die Aversion gegen eine automatisierte Esskultur mit der gegenüber kommerzialisiertem Sex zu verschmelzen: „Die erotische Imbißhalle mit Selbstbedienung, dieses riesige Automatenrestaurant für sexuellen Schnellverkehr und einschlägige Näschereien züchtet den Menschen, der nur noch von Surrogaten lebt."

Abschließend um „Folgerungen", so die Kapitelüberschrift, bemüht, muss Korn einmal mehr das Dilemmatische, das Einerseits-Andererseits seiner Position offenbaren. Einerseits muss er sich absetzen von solchen, „die am liebsten den alten Mief und Muff wiederherstellen möchte[n]", wie er konzediert, dass Konfektion nun einmal „in einer auf Konfektion eingerichteten industriellen Massenwelt nicht völlig zu vermeiden" sei. Andererseits erkennt er gerade die Jugend als besonders gefährdet und daher sie als genuinen Adressaten des Kampfes gegen massenkulturelle Verderbnis; als Kombattanten aber sieht er nur diejenigen, die „noch – der Ton liegt auf ‚noch'!" – in „anderen Schichten des Menschseins" fundiert sind, diejenigen, die „noch aus dem großen christlich-humanen Traditionsfundus" kommen. Sie, die „kleinen Eliten", gilt es, „mit dem Elan der Säuberung zu erfüllen", als solche, die „innerhalb (!) der Apparatur wirken" können. Bleibt also nur „der permanente Kompromiß", die „mittlere Lösung": „In der Apparatur drinstehend mit Gesinnung handeln, auf Kompromisse vorläufig und mit Vorbehalt eingehen, um schließlich weiterzukommen und die Apparatur zu dirigieren, das ist unsere mittlere Lösung." Das ist denn schließlich so etwas wie der später von der Linken propagierte ‚Lange Marsch durch die Institutionen' – hier von rechts ...

Literatur

Theodor W. Adorno: *Prismen. Kulturkritik und Gesellschaft*. Frankfurt am Main 1955 • Hans Magnus Enzensberger: *Einzelheiten I. Bewußtseins-Industrie*. Frankfurt am Main 1962 • Marcus M. Payk: *Der Geist der Demokratie. Intellektuelle Orientierungsversuche im Feuilleton der frühen Bundesrepublik: Karl Korn und Peter de Mendelssohn*. München 2008 • *Untergang oder Übergang. Erster Internationaler Kulturkritikerkongreß in München*. München 1959.

Erhard Schütz

Heinrich Böll: Doktor Murkes gesammeltes Schweigen

Erstausgabe in: Frankfurter Hefte, 10 (1955) 12, S. 878–891
Erweitert und überarbeitet in: Heinrich Böll: Doktor Murkes gesammeltes Schweigen und andere Satiren. Köln, Verlag Kiepenheuer & Witsch 1958

Doktor Murkes gesammeltes Schweigen, an dem Heinrich Böll (1917–1985, → *Billard um halbzehn*, 1959) seit Ende 1954 schrieb und das 1955 in der Dezember-Ausgabe der *Frankfurter Hefte* erstmals, dann schließlich 1958 nochmals in einer erweiterten und überarbeiteten Fassung veröffentlicht wurde, ist nach *Nicht nur zu Weihnachtszeit* (1952) seine zweite Satire, die ein größeres Publikum erreichte. Sie spielt im westdeutschen Rundfunkmilieu der fünfziger Jahre. Böll nimmt dabei den geschwätzigen und oftmals heuchlerischen Kulturbetrieb der Wiederaufbauzeit aufs Korn – die industrialisierte, massenhafte Produktion sinnentleerten Geschwafels.

In zurückhaltender und zugleich extravaganter Widerständigkeit wendet sich in *Doktor Murkes gesammeltes Schweigen* ein „jung[er], intelligent[er] und liebenswürdig[er]" Rundfunkredakteur gegen diesen zwangsneurotischen Kulturbetrieb. Wie in vielen Werken Bölls entspricht auch hier der Protagonist, Dr. Murke, dem Typus eines Sonderlings, der die Zuneigung der Leser gerade wegen seiner Seltsamkeiten erlangt. Allmorgendlich genießt Murke die Spannung, die ihn packt, wenn er mit dem Paternoster bis an dessen oberen Umkehrpunkt fährt und dann wieder hinunter, um in Höhe der Kulturabteilung auszusteigen, in der er arbeitet. In der Geschichte verzichtet Murke allerdings schon seit zwei Tagen auf diese Marotte, seitdem er zwei Vorträge von Bur-Malottke – einem selbstgefälligen Rundfunkkommentator mit Nazi-Vergangenheit – bearbeiten und dort das Wort „Gott" ersetzen soll durch „jenes höhere Wesen, das wir verehren". Der langweilige Auftrag – den Bur-Malottke wegen „religiöse[r] Bedenken" erteilt hat, und natürlich, um sich dem neuen Zeitgeist anzupassen – ermöglicht es Murke, sich an dem aufgeblasenen und opportunistischen Kommentator zu rächen. Mit quälender Pedanterie zwingt Murke ihn, die gewünschte Wendung durch alle grammatischen Zwangsvariationen hindurch fünfunddreißig Mal zu wiederholen: Der Redner wird somit Opfer seiner eigenen Heuchelei und seiner opportunistischen Eitelkeit.

Auf diese Weise greift der studierte Psychologe Murke auf eine jener kleinen, privaten Rebellionsformen zurück, für die Heinrich Böll schon immer deutliche Sympathien hegte. Nun klagten manche Rezensenten darüber, dass Murke den Rundfunk zwar kritisiere, sich seiner aber fleißig bediene. Auch wenn das unstrittig ist, liegt darin doch keine moralische oder erzählerische Inkonsequenz. Murke gehört zu jenen Erzählfiguren Bölls, die mitmachen, weil sie dazu gezwungen sind. Als Rundfunkredakteur ist er ein Rädchen im Kulturbetrieb, mit dem er sich aber durchaus nicht identifiziert. Zwar gilt er als brillanter, aber keinesfalls als eifriger Angestellter. Er stört die Konventionen des übermächtigen Kulturbetriebs, zu dessen Funktionieren er zwangsläufig – wenn auch widerwillig – beiträgt.

Seinen zugleich merkwürdigen und harmlosen Protest, mit dem er sich über den übermächtigen Kulturbetrieb lustig macht, ohne ihn verändern zu können oder verändern zu wollen, setzt Murke selbst in seinem Privatleben fort. Zu seinem eigenen Vergnügen spielt sich Murke zuhause seine Sammlung Schweigen vor, die er aus verschiedenen Tonbändern zusammen schneidet. Die unaufhörliche Produktion sinnloser Worthülsen im Rundfunk kränkt ihn so, dass er selbst seine Freundin nötigt, mit ihm minutenlang zu schweigen.

Über den Einfall des gesammelten Schweigens schildert Böll, wie der junge Redakteur trotz seiner Ohnmacht auf sein inneres Nein zum industrialisierten Geschwätz nicht verzichtet. Ironisch verweist Böll durch Murke auf die Möglichkeit des ganz privaten Widerstands, der im gesammelten Schweigen gipfelt. Das Schweigen ist dem leeren Gerede des Rundfunks vorzuziehen, das Sinn vortäuscht, wo keiner ist. Zum Ende der Erzählung findet sich für das vielfach herausgeschnittene „Gott" eine neue Verwendungsmöglichkeit: Die einsilbigen Schnipsel werden nun in einer anderen Sendung – mit Bur-Malottkes Stimme – die Fragen eines Atheisten beantworten.

Indem Böll sich mit den Manipulierungsmöglichkeiten von Rundfunksendungen auseinandersetzt, stellt er zugleich die Glaub- und somit die Verstrauenswürdigkeit der modernen Massenmedien zumindest in Frage. Mit der satirischen Darstellung des Rundfunkmilieus möchte Heinrich Böll an den Grundfesten der westdeutschen Nachkriegsgesellschaft rütteln – und liefert damit zur früher entstandenen Weihnachtssatire eine Zuspitzung. Nicht mehr die Kriegs- oder unmittelbare Nachkriegszeit steht hier im Vordergrund, sondern das Westdeutschland der Wiederaufbauzeit, dessen Geschichte und Identität in den modernen Medien erzählt wird.

Literatur

Erhard Friedrichsmeyer: *Die satirische Kurzprosa Heinrich Bölls*. Chapel Hill 1981, S. 7–50 • Bernhard Sowinski und Wolf Schneidewind: *Heinrich Böll. Satirische Erzählungen*. München 1986, S. 59–77 • Dieter E. Zimmer: „Doktor Murkes gesammeltes Schweigen". In: *In Sachen Böll. Ansichten und Einsichten*. Hg. von Marcel Reich-Ranicki. Köln, Berlin 1968, S. 268–272 • Werner Zimmermann: „Doktor Murkes gesammeltes Schweigen". In: Ders.: *Deutsche Prosadichtungen unseres Jahrhunderts. Interpretationen*. Bd. II. Düsseldorf 1970. S. 239–249.

Andrea Rota

Martin Walser: Ehen in Philippsburg. Roman

Erstausgabe: Frankfurt am Main, Suhrkamp Verlag 1957

Ehen in Philippsburg, das Romandebüt von Martin Walser (* 1927), war ein Erfolg, auch wenn viele Leser seiner ersten Veröffentlichung, des Erzählbands *Ein Flugzeug über dem Haus* (1955), eine etwas bescheidenere Vorstellung vom Talent dieses Schriftstellers gewonnen hatten. Noch im Erscheinungsjahr 1957 erhielt Walser für *Ehen in Philippsburg* den renommierten Hermann-Hesse-Preis.

Es geht um Hans Beumann, einen Jugendlichen, der sich entschließt, die Provinz zu verlassen und sein Glück in einer hier als Philippsburg bezeichneten Großstadt zu versuchen. Beumann will in das mondäne Leben von Philippsburg eintauchen – für ihn der erste Schritt, um etwas aus sich zu machen. Eigentlich ist mit Philippsburg Stuttgart gemeint. Trotz Walsers langem Schweigen über die mögliche Übereinstimmung der Romanfiguren mit einigen bekannten und angesehenen, real existierenden Personen aus jener Zeit, neigt die Literaturkritik dazu, nicht wenige Berührungspunkte zwischen dem Rundfunk- und Fernsehjournalisten, der Walser am Anfang seiner Karriere wirklich war, und dem Journalistenanwärter Beumann zu sehen. In einem ungedruckten Rundfunkbeitrag mit dem Titel *Totale Information*, den Walser 1952 für den *Süddeutschen Rundfunk* zusammenstellte, heißt es: „Wer darf heute von sich behaupten, daß sein Denken noch ein Denken ist? Wer weiß noch, was sein Eigen ist und was in ihn hineingeleiert, hineingeträufelt wurde? Weltumspannende Präzisionsmaschinen sind gebaut zur Information, sind gebaut zur ‚Meinungsbildung', zur Gehirnerweichung, zur Massenlenkung! Wer kann sich noch entziehen?"

In den von Walser 2005 publizierten Tagebüchern über seine Tätigkeit zwischen 1951 und 1962 werden die Etappen der Vorbereitung des Romans ausführlich geschildert.

Von Anfang an erlebt Beumann das Leben und den Alltag in der Stadt Philippsburg unter klaustrophobischen Umständen: Eines Hitchcock-Films würdig ist bereits die erste Szene, in der man ihn in einen überfüllten Aufzug des Wolkenkratzers steigen sieht, in dem sich die Redaktionen der berühmtesten Zeitungen der Stadt befinden. Obgleich die Anspielungen auf einige spezifische Aspekte der deutschen Nachkriegsgesellschaft nicht zu übersehen sind – etwa in der Art der Radio- und Fernsehvorschau –, versprüht der Roman von den ersten Worten an eine ‚sehr amerikanische' Atmosphäre. Das berufliche Glück scheint dabei schnell in Reichweite: Beumann wird von seiner ehemaligen Schulfreundin Anne Volkmann, der Tochter eines Industriellen, ins „wohlhabende Stuttgart" eingeführt und braucht nicht lange, bis er sich über das Elend in dieser verlockenden Welt klar wird. Denn in dieser Welt ist kein Raum für die soliden ethischen Grundsätze, die Beumann bis zu diesem Moment gehegt hatte: Spekulation und Korruption vermischen sich mit sexueller Dreistigkeit und totaler Gleichgültigkeit gegenüber den Bedürfnissen der Mitmenschen.

Bereits im ersten Teil des Romans betreten neben Beumann und Volkmann (deren Mutter übrigens als emanzipierte Frau auffällt, die die Zeit anhalten möchte, um nie zu altern) eine Reihe anderer Figuren die Bühne des Romans, darunter Dr. ten Bergen, Verwaltungsratsmitglied des Radio- und Fernsehsenders, Harry Büsgen, Chefredakteur mehrerer städtischer Zeitungen (der sich mit der Rundfunkgruppe wegen des Anwerbens von Werbesponsoren im offenen Kampf befindet), der zuständige Programmdirektor Knut Relow, die drogenabhängige Sängerin Alice Dumont, die faszinierende Cécile, der angesehene Gynäkologe Doktor Benrath und viele andere mehr. Beumann wird mit Respekt behandelt, nicht zuletzt weil Vater Volkmann ihn zusammen mit seiner Tochter Anne als Pressebevollmächtigten seines Unternehmens eingesetzt hat.

Der erste Besuch beim Rundfunksender sorgt bei Beumann schließlich für ein gewisses Unbehagen. Denn obwohl er sieht, wie alle sehr engagiert in eine „Metallschachtel" sprechen, kann er den eigentlichen Sinn dieser Tätigkeit nicht erkennen. Walser erläutert die Symptome der neuen Entfremdung durch die Expansion der Massenmedien auf diese Art: Nicht wesentlich anders als Fließbandarbeiter, die nicht viel miteinander kommunizieren, erscheinen die Angestellten dieses Senders, der Beumann wie eine Raumstation vorkommt. Der neue Gott dieser Welt, bestehend aus Worten und Bildern, ist die *Öffentlichkeit*, die wegen ihrer überwältigenden Ähnlichkeit mit einer kürzlich verstorbenen Milliardärin verglichen wird, für die man gerade erst eine Testamentseröffnung einberufen hat.

Mit einem schnellen Szenenwechsel wird die Aufmerksamkeit auf Anne Volkmann und Hans Beumann gelenkt, genauer: auf Annes schmerzhaften Abtreibungsversuch im dritten Schwangerschaftsmonat.

Die zwei Jahre zuvor veröffentlichte *Soziologie der Sexualität* von → Helmut Schelsky hatte bereits genügend Stoff zur Reflexion über die schnelllebigen Veränderungen bei Paarbeziehungen, über Prostitution, sexuelle Devianzen und Homosexualität geliefert. Wichtig ist Schelskys Hervorhebung der Tatsache, dass die moderne Familie sich nunmehr an Kriterien sozioökonomischer Art orientiert und erst in zweiter Linie an ethisch-moralischen Grundsätzen.

Konzentriert sich Walser im ersten Teil seines Romans auf Beumanns Anpassungsstrategien an die neuen gesellschaftlichen Dynamiken, so stehen im zweiten und dritten Teil die privaten Laster und die öffentlichen Tugenden zweier Professioneller im Scheinwerferlicht. Beide, Doktor Benrath und Anwalt Alwin, gehören zum Volkmann-Kreis. Benrath betrügt seine Frau Birga schon lange mit der Raumausstatterin Cécile und kommt trotz wiederholter Versuche nicht von ihr los. Als Cécile am Ende ihrer körperlichen und geistigen Kräfte laut ausspricht, dass nur der Tod von Benraths Frau ihrer Qual ein Ende setzen könne, ist es bereits geschehen. Birga hat sich umgebracht. Zum ersten Mal veranlasst der post-traumatische Stress dieser Trauer Benrath dazu, seine instrumentelle Vision des Lebens aufzugeben und zu verschwinden. Noch abstoßender ist der Umgang des Advokaten Alwin mit seinem eigenen Gewissen. Sein Plan, *Leader* einer neuen christlich-liberalen Partei zu werden, darf von keinem auch noch so geringen Skandal beeinträchtigt werden. Etwa der Episode vom Zusammenstoß seines Autos mit einem Motorrad, der mit dem Tod des Zweiradfahrers endet. Walser wirft so ein Echolot in das Leben seiner Figuren, das in der Tiefe nicht nur auf die Klippen der Heuchelei trifft, sondern auch auf die des gesellschaftlichen Wettbewerbs.

Walser sieht – neben → Brecht – Kafka als einen der Schriftsteller an, der ihn vom erzählerischen Standpunkt her wesentlich beeinflusst hat. Im letzten Teil des Werkes verweist Beumanns Auszeichnung zum „Ritter" des Clubs von San Sebastian, zu dem nur die Oberschicht der Stadt Zutritt hat, auf das absurde Szenarium des „Theaters von Oklahoma" in Franz Kafkas *Amerika* (1927). Mit erzählerischer Frische und einer Schreibweise ohne allzu viele Moralismen vermag Walser einen Abriss der fünfziger Jahre zu geben, der, wie ihm von der damaligen Literaturkritik zu Last gelegt wurde, die mit den Schrecken des Zweiten Weltkrieges verbundene deutsche Schuldfrage vollkommen in den Schatten gestellt zu haben schien. Und in der Tat war seine Rolle hauptsächlich die des ‚Diagnostikers' der Gegenwart, der hier betonen will, wie die Macht der Industrie über die Medien, diese wiederum dazu bringt, „über das Bewußtsein der anderen zu verfügen", wie es → Hans-Magnus Enzensberger in seiner *Bewußtseins-Industrie* (1962) formuliert hat.

Literatur

Ulrich Deuter: Getränkt mit Vergangenheit: Martin Walsers „Ehen in Philippsburg" als Bild einer postfaschistischen Gesellschaft". In: *Diskussion Deutsch*, 20 (1989), S. 266–279 • Georg Eggenschwiler: *Vom Schreiben schreiben: Selbstthematisierung in den frühen Romanen Martin Walsers*. Bern 2000 • Peter Härtling: Martin Walser. Ehen in Philippsburg. In: *Zwischen Untergang und Aufbruch. Aufsätze, Reden, Gespräche*. Hg. von Peter Härtling. Berlin, Weimar 1990, S. 206–211 • Stefan Scherer: Literarische Modernisierung in der Restauration: Martin Walsers „Ehen in Philippsburg". In: *Zwischen Kontinuität und Rekonstruktion: Kulturtransfer zwischen Deutschland und Italien nach 1945*. Hg. von Hansgeorg Schmidt-Bergmann. Tübingen 1998, S. 115–134 • Stuart Taberner: „Deutsche Geschichte darf auch einmal gutgehen": Martin Walser, Auschwitz and the „German Question" from „Ehen in Philippsburg" to „Ein Springender Brunnen". In: *German Culture and the Uncomfortable Past: Representations of National Socialism in contemporary Germanic Literature*. Hg. von Helmut Schmitz. Aldershot 2001, S. 45–64 • Martin Walser: *Leben und Schreiben. Tagebücher 1951–1962*. Reinbek 2005 • Andreas Martin Widmann: Pressedienst und Wirtschaftswunder: Zur Medienrepräsentation und Medienkritik in Martin Walsers „Ehen in Philippsburg". In: *Moderna språk*, 101 (2007) 2, S. 140–156.

Elena Agazzi

Hans Magnus Enzensberger: verteidigung der wölfe

Erstausgabe: Frankfurt am Main, Suhrkamp Verlag 1957

Mitten im Restaurationsklima der Adenauer-Ära meint der Schriftsteller und Rundfunkredakteur → Alfred Andersch die Stimme einer Generation zu vernehmen, die „sprachlos vor Zorn, unter uns lebt": „Endlich, endlich ist unter uns der zornige junge Mann erschienen", und mit ihm die Auferstehung des „große[n] politische[n] Gedicht[s]". Im Sommer 1956, ein Jahr vor Enzensbergers literarischem Debüt, waren zeitgleich die beiden großen Lyriker der deutschsprachigen Moderne, → Bertolt Brecht in Ost-Berlin und → Gottfried Benn im Berliner Westen, verstorben. Die Emphase, mit der schon die ersten Rezensenten den Gedichtband *verteidigung der wölfe* bejubelten, lässt sich rückblickend als Konsekration eines künftigen Klassikers verstehen. Dass Enzensberger selbst die Vakanz im Feld gesellschaftskritischer Poesie nicht entgangen sein dürfte, davon zeugt der energisch-freche, provozierend-furiose, dabei aber betont altkluge Gestus, mit dem er sich als der maßgebliche ‚Dichter des Wirtschaftswunders' zu etablieren anschickte.

Hans Magnus Enzensberger, 1929 im bayrischen Allgäu geboren, in Nürnberg aufgewachsen, 1945 im *Volkssturm*, danach Dolmetscher und Barkeeper bei der *Royal Air Force*, hatte anschließend Germanistik und Philosophie in Erlangen, Freiburg und an der Pariser Sorbonne studiert. Bevor er als Schriftsteller debütieren sollte, legte er 1955 eine Dissertation zur Poetik Brentanos ab, die sich in mancherlei Hinsicht auch als poetisches Selbstporträt lesen lässt. Nicht nur wird hier in einem gänzlich unakademischen Tonfall Clemens Brentano zum modernen Exzentriker („Kobold und Bürgerschreck", „ein Komödiant"), zum Dandy *avant la lettre* verklärt, auch zeigen seine intensiven Textbeobachtungen, wie genau Enzensberger bei Brentano das eigene Handwerk gelernt hat: Brentanos dichterisches Verfahren stifte „unter den Worten Beziehungen, die weder logisch noch syntaktisch zu fassen sind"; die dadurch erzeugte „Entstellung" folge einer doppelten Poetik, die sich ausgiebig im traditionellen Formenrepertoire abendländischer Lyrik bedient, zugleich aber keine Scheu vor alltäglichen Redewendungen und Gemeinplätzen zeigt, die wiederum poetisch zerlegt und dadurch verfremdet (und kritisierbar) werden.

Der schmale *Suhrkamp*-Band *verteidigung der wölfe* kommt ganz im zeittypischen nonkonformistischen Design der fünfziger Jahre daher: ein schwarzer Einband, darauf ein mit weißer Handschrift hingekritzelter Titel in modischer Kleinschreibung. Der Erstausgabe, die in drei Teile gegliedert ist (*freundliche, traurige* und *böse gedichte*), ist ein Beipackzettel zu entnehmen, der genaue Anweisungen zu Genre, Gebrauch und Adressaten dieser Dichtung liefert: „Hans Magnus Enzensberger will seine Gedichte verstanden wissen als Inschriften, Plakate, Flugblätter [...], vor den Augen [...] gerade der Ungeduldigen sollen sie stehen und leben, sollen auf sie wirken wie das Inserat in der Zeitung, das Plakat auf der Litfaßsäule, die Schrift am Himmel."

Hier wird offensichtlich ein aus der Tradition der Neuen Sachlichkeit und des Agitprop schöpfendes, auf den Gebrauchswert von Lyrik zielendes Rezeptionsverhalten eingefordert.

Gleichwohl würde man jene für Enzensberger typische, der medientechnischen Umlaufgeschwindigkeit von Reizen, Gefühlen und Informationen adäquate Stilmixtur verfehlen, verstünde man seine frühe Poesie lediglich als lyrisch camouflierte Leitartikel. Die „Schrift am Himmel" kokettiert mit einem prophetischen Gestus, der nicht wenige Gedichte dieses Bandes durchzieht. Allerdings geht es auch dem frühen Enzensberger bereits um eine lyrische Entdramatisierung jener für den Kalten Krieg signifikanten Rhetorik des Weltuntergangs: „Hinter sauren Gardinen begründen angesichts / von Alpenveilchen und Ikonoskopen / zwölf Herren den e. V. gegen Übergriffe / eines etwa geplanten Jüngsten Gerichts". Daneben steht die kompositorische Sorgfalt, mit der Enzensberger auch zarte, mitunter melancholische Momentaufnahmen erzeugt, wobei auch hier das Genrezitat dominiert (Ballade, Romanze, Idylle, Elegie, Utopie, Bukolik). Die inszenierte Intellektualität, die um das Bildungszitat (Hölderlin, Schiller, Sappho, Shaw, Trakl, Benn) oder um den Verweischarakter ihrer Textur weiß, und eben daraus ästhetischen Genuss gewinnt, verhindert konsequent ein Abdriften ins Sentimentalische oder vermeintlich Authentische. Lyrikgeschichtlich stellt sich Enzensberger in die Tradition Heinrich Heines, um die hermetische Aura der deutschen Nachkriegsdichtung zu desillusionieren.

Zum Einsatz kommt eine syntaktisch komplizierte, prosanahe Parlandoform, die über Satz-, Silben- und Verbumstellungen („mein pfennig grünt auf dem meeresgrund / meine liebe rostet im kalten gebirg") abgenutzten Metaphern buchstäblichen Sinn zu entlocken sucht, und damit zu neuen Denotationen führt („meine weisheit ist eine binse / schneide dich in den finger damit"); eine Schnoddrigkeit umgangssprachlicher Diktion, die mit Fremdwörtern und exotischen Ortsangaben protzt, neben einer – so Herbert Heckmann, ein früher Rezensent – zornigen „Lust an fetten Worten", einer Polemik, die „die Wirklichkeit [...] in sprachlicher Turbulenz erledigt". Im autopoetischen Gedicht *Goldener Schnittmusterbogen* erfolgt diese „poetische Wiederaufrüstung" über das Einstreuen von abstrakten Funktionsbegriffen und Eigennamen aus poesiefernen Diskursen: „Abschußrampen, Armeebischöfe, security risks", alles „Vokabeln ohne Aroma [...] kaum für Trobadore geeignet"; schließlich die Entlehnungen der europäischen Avantgardelyrik, etwa die expressionistische Herrschaftskarikatur durch Groteske („geschminkte Keiler, Kastraten / mit Herzklaps, Affensaft / in der welken Milz, eine Hutzel / zwischen den Beinen").

Die für die öffentliche Zirkulation bestimmten Gedichte versuchen eine soziale Stimmungslage einzufangen, die zwischen den Extremen hedonistischer Anpassung und nicht-artikulierbarem Missmut, zwischen westlicher Warenwelt und kultureller Dissidenz aufgespannt ist. Dabei situieren sie ihr künstlerisches Element gerade in der Orchestrierung verschiedener sozialer und politischer Diskurse, ob dies die Drohung einer atomaren Katastrophe ist, die 1956 erfolgte Wiederbewaffnung der BRD (*sozialpartner in der rüstungsindustrie*), die Verdrängungsrhetorik der Adenauer-CDU vor dem Hintergrund des Wiederaufstiegs alter Nazis in politische und wirtschaftliche Schlüsselpositionen („Globkes Dossiers", „Gauleiter außer Diensten"), die allgegenwärtige Korruption (Funktionäre in West und Ost, Priester, Politiker), die sexualisierte, obszöne Vermarktung alles Humanen in der Konsumsphäre, die Verlogenheit und Verblendungsabsichten der ideologischen Apparate (*bildzeitung*). Suggeriert wird indessen kein falsches Unmittelbarkeitspathos, sondern, eingedenk der Vermittlungsmechanismen der „Bewußtseins-Industrie", weiß diese Lyrik, dass es kein sicheres Außen der Kritik mehr gibt. Der politische Dichter und Essayist erhebt seine Stimme bezeichnenderweise aus dem Inneren jener ihm bestens bekannten Medienverbünde, immerhin verdiente er seit 1955 sein Geld als Redaktionsassistent beim *Süddeutschen Rundfunk.*

Enzensberger ist auch darin noch Teil der von → Helmut Schelsky soziologisch geadelten „skeptischen Generation", als er eine klare politische Selbstpositionierung in seiner Lyrik schon stilistisch meidet: die Erzeugung maximaler Ambiguitäten und paradoxer Assoziationsfelder macht die Lektüre schwierig, lädt den Rezipienten zur ausgiebigen Denkarbeit ein, und ist damit weniger *littérature engagée* im → Sartre'schen Sinne als Lehrdichtung in der Nachfolge Diderots. Bereits in *verteidigung der wölfe* zeigt sich die spielfreudige Leichtigkeit und Wortakrobatik, die geistesaristokratische Nonchalance der Massenverachtung (*an einen mann in der trambahn*), die sich zugleich als weltgewandt und populär stilisiert und zu Enzensbergers genuinem Markenzeichen werden sollte. Die sarkastische Zeitkritik seiner Gedichte hat in ihrer stilisierten Lässigkeit vielleicht mehr mit dem existenzialistischen Jazz der Bohème in Saint-Germain des Près zu tun, die Enzensberger während seines Paris-Studiums ausgiebig erkundet hatte, als mit dem Moralismus der frühen *Gruppe 47*, zu der er seit Mitte der fünfziger Jahre gehörte.

Insgesamt ist der Gedichtsammlung ein experimentierender Umgang mit Sprache eigen, der verborgene Kräfte aus ihren Wendungen und Metaphern zum Vorschein bringen bzw. abgenutzten Wortbeständen neue Bedeutungen und Assoziationen entlocken will. Darin gelingt Enzensberger der Anschluss an die poetischen Verfahren der europäischen Avantgardelyrik, insbesondere an Gottfried Benn. Wie Benn zeigt sich auch Enzensberger fasziniert von den raffinierten Worttexturen, in denen er – ganz unhierarchisch – nebeneinander antike Reminiszenzen, Klassikerzitate, Sportjargon, Fremdworte und Slangausdrücke zu einem spezifischen Sound-Effekt montiert. Gegen Gottfried Benns vom Gesellschaftlichen abgeschottete Auffassung der Dichtkunst als „Laboratorium für Worte" politisiert Enzensberger allerdings den Experimentierraum der Sprache. In der De- und Rekombination sozialer Sprechweisen demonstriert seine Lyrik, wie die Diskurse des Politischen funktionieren, wie Macht sprachlich organisiert ist und wie sie zur Verstummung und Apathie der Massen beiträgt. Gesellschaftskritik erscheint also weitestgehend als Sprachkritik, als Arbeit in und an der Sprache. Ein kritisches Gedicht spreche „mustergültig aus, dass Politik nicht über es verfügen kann: das ist sein politischer Gehalt". So formuliert Enzensberger im Einklang mit → Theodor W. Adornos zentralen ästhetischen Paradigmen: Autonomie und Negation. Gerade in der Materialästhetik, auf der Verfahrensseite der Literatur liegt dieser Auffassung zufolge das Widerstandspotenzial gegen Verwertung und Normierungsmechanismen kapitalistischer Vergesellschaftung.

Das titelgebende Gedicht des Bandes, *verteidigung der wölfe gegen die lämmer*, gehört heute zur etablierten Schullektüre – eine ironische Pointe in Bezug auf den Ratschlag, den das Gedicht *ins lesebuch für die oberstufe* erteilt: „lies keine oden, mein sohn, lies die fahrpläne: / sie sind genauer". Die unerhörte, das Genre der Tierallegorie aufnehmende Verteidigung der politisch und ökonomisch herrschenden „Wölfe", die nur ihrem Naturell folgen, gegen die stumme Masse der „Lämmer", die sich in ihrem Opferdasein bequem eingerichtet haben, passt wohl kaum zu jenem „radikalen Empörer und literarischen Revoluzzer", als den etwa Hans Egon Holthusen Enzensberger noch 1959 sehen wollte. Vielmehr artikuliert sich hier einmal mehr die poetische Strategie des Abseits-Stehens eines Moralisten wider Willen, der in paradoxen Wendungen einer verkehrten Welt ihr Spiegelbild entgegenhält: „gelobt sein die räuber: ihr, / einladend zur vergewaltigung, / werft euch aufs faule bett / des gehorsams. winselnd noch / lügt ihr. zerrissen / wollt ihr werden. ihr / ändert die welt nicht".

Literatur

Hans Magnus Enzensberger: *Brentanos Poetik*. München 1961 • Ders.: *Einzelheiten*. Frankfurt am Main 1962 • Ders.: *Landessprache*. Frankfurt am Main 1960 • Gunter E. Grimm: „diese gedichte sind gebrauchsgegenstände". Zu Enzensbergers politischer Lyrik. In: *Text+Kritik*, 173 (2007), S. 105–115 • Reinhold Grimm: Montierte Lyrik. In: *Über Hans Magnus Enzensberger*. Hg. von Joachim Schickel. Frankfurt am Main 1970, S. 19–39 • Herbert Heckmann: Wandlungen der Lyrik. In: *Diskurs*, Februar 1958, wieder abgedr. in: *Über Hans Magnus Enzensberger*. Hg. von Joachim Schickel. Frankfurt am Main 1970, S. 14–18 • Alasdair King: *Hans Magnus Enzensberger. Writing, Media, Democracy*. Bern u. a. 2007 • Jörg Lau: *Hans Magnus Enzensberger. Ein öffentliches Leben*. Berlin 1999 • Charlotte Ann Melin: *Poetic Maneuvers. Hans Magnus Enzensberger and the Lyric Genre*. Evanston 2003 • Christian Schlösser: *Hans Magnus Enzensberger*. Paderborn 2009.

Patrick Ramponi

Hans Werner Richter: Linus Fleck oder Der Verlust der Würde. Roman

Erstausgabe: München, Wien, Basel, Verlag Kurt Desch 1959

„Als dieses Buch geschrieben wurde – 1957/58 –, lag die Zeit der ersten Nachkriegsjahre noch sehr nahe. Noch war der Rausch lebendig, ihr Höhenflug, ihr Wille, alles neu und anders zu machen" – so das Nachwort zur Neuauflage von 1978.

Hans Werner Richter (1908–1993), am bekanntesten geworden und geblieben als Spiritus Rector der *Gruppe 47*, hatte bis dahin schon eine Reihe vielbeachteter und mit Preisen ausgezeichneter Bücher veröffentlicht, 1947 die Anthologie *Deine Söhne, Europa*, 1951 → *Sie fielen aus Gottes Hand*, 1953 *Spuren im Sand* und 1955 *Du sollst nicht töten*. *Linus Fleck*, erst in der Neuauflage von 1978 als satirischer Roman bezeichnet, wurde nicht gleichermaßen intensiv wahrgenommen. Das mochte an den bedeutenden Romanen liegen, die gleichzeitig erschienen waren, u. a. → *Die Blechtrommel* von Günter Grass, → Uwe Johnsons *Mutmaßungen über Jakob* oder → Heinrich Bölls *Billard um halbzehn*, gewiss aber auch daran, dass die Auseinandersetzung mit der unmittelbaren Nachkriegszeit literarisch eher auslief – 1953 bereits war z. B. Hans Venatiers Satire *Der Major und die Stiere* erschienen (1955 durch Eduard von Borsody erfolgreich verfilmt), 1955 Hans Habes Roman *Off limits*. Zudem hatte kurz zuvor Kurt Hoffmanns thematisch mit ähnlichem Muster operierender Film → *Wir Wunderkinder* (1958) großen Erfolg gehabt. Und schließlich war 1957 → Martin Walsers Roman *Ehen in Philippsburg* erschienen, den man als eine Mediensatire lesen konnte, als die auch *Linus Fleck* auftrat.

„Es hat natürlich fast alles gegeben, was hier erwähnt wird. [...] Natürlich gab es auch für alle Personen dieses Buches lebende Vorlagen. [...] Sie alle gerieten in den Sog der Restauration. [...] Ihre Träume, fast alles Utopien dieser Jahre, starben dahin, ihre Wünsche wurden verdrängt, und aus ihrem Idealismus wurde das, was man heute Realpolitik nennt." So Richter im späteren Nachwort.

Linus Fleck, sechzehnjähriger Sohn eines NS-Kriegsgerichtsrats, gerät bei Ankunft der US-Truppen an Captain Rawitzki und wird Tellerwäscher in der Truppenküche. Dort führt er seine Kindheitsfreundin Sigrid, genannt der Engel von Fontainebleau, dem Küchensergeanten Maclaen zu, so dass beide Lebensmittel im Überfluss haben, die man auf dem Schwarzmarkt gewinnbringend absetzen kann. Linus erkauft sich die Gunst der Frau seines Lehrers Knass und ein makelloses Zeugnis. Rawitzki holt ihn nach München. Als „geschickter Lügner" soll er eine neue Jugendzeitschrift leiten, *Der Korkenzieher*: Linus begegnet Major Howard, der zusammen mit Linus' inzwischen verstorbener Mutter ins amerikanische Exil gegangen war. Howard protegiert Linus. Der zieht seinen Schulkameraden Waschbottel hinzu, der fortan unter Linus' Namen sowie unter Pseudonymen vielbeachtete Artikel schreibt. Linus wird daraufhin u. a. als Redner zu zwei in München organisierten Europäischen Jugendkongressen eingeladen. Inzwischen ist er seiner Jugendliebe Sigrid wiederbegegnet, die ins lukrative Geschäft mit dem Vertrieb von UFA-Filmen eingestiegen ist und mit dem UFA-Regisseur Uptensattel eine eigene Produktionsfirma gründet, die Heimatfilme produziert: „Liebe, Liebe, aber doch keinen Trümmerfilm! [...] Wer will heute so etwas sehen? Das haben wir doch täglich um uns. Ich rate Ihnen zu Heide, Wiese, Wald und Feld. Ausblick in die Natur, in die Zukunft, sozusagen der bessere Mensch auf dem Weg ins Morgenrot." Nach der Währungsreform 1948 geht der *Korkenzieher* ein, weil die Bevölkerung nunmehr an Magazinen und Illustrierten interessiert ist. Die ideologische Ausrichtung ändert sich hin zu Remilitarisierung und Kaltem Krieg und Waschbottels sozialistisch-pazifistische Ideen stoßen nun auf Unverständnis und Missbilligung. Linus wird Film-Redakteur der populären *Grünen Abendpost*, dann des Magazins *Hallo hier Film*, wo er reinen Gefälligkeitsjournalismus liefert. Zusammen mit dem ehrgeizigen Journalisten Bitterstrich arbeiten die beiden für Uptensattel an einem Drehbuch zum historischen Kriegsfilm *Ulanenritt*, „eine richtige Schnulze im Stil der alten Ufa". Linus lebt nun mit der ehemaligen Prostituierten, Schönheitstänzerin und jetzigen Schauspielerin Alli Bachana – eine „deutsche Sex-Bombe" – zusammen. Er wird immer korpulenter und selbstgefälliger, bis er vollends über seine intellektuellen und finanziellen Verhältnisse lebt. Waschbottel geht als Dozent in die Schweiz. Linus wird letztlich von Sigrid in den Ruin getrieben. Sie versieht ihn mit einem Flugticket und schickt ihn zu Howard in die USA.

So kolportagehaft sie ist, hat die Geschichte doch reale Vorbilder. Die Schülerzeitschrift → *Das Steckenpferd* (1946 bis 1948) war Vorbild für den *Korkenzieher*. Major Howard ähnelt Hans Habe und hinter Sigrid kann man Ilse Kubaschewski erkennen, die Anfang der fünfziger Jahre große Erfolge mit dem Verleih von Heimatfilmen wie *Schwarzwaldmädel* (1950) und *Grün ist die Heide* (1951) verbuchte und später als ebenso erfolgreiche Produzentin hervortrat. Zudem treffen die Darstellungen zur Filmindustrie und Illustriertenpresse zeitgenössischen Usancen und Trends, wie die Wendung zur Illustriertenpresse oder die Entwicklungen im Filmgeschäft über Heimatfilme zum erneuerten Kriegsfilm. (Hier sind vor allem jene Passagen, in denen man sich mit dem Plot von *Ulanenritt* herumschlägt, ein Kabinettstück der Kinokritik.) Die Europäischen Jugendkongresse haben tatsächlich stattgefunden; deren hier parodierte Hauptredner waren André Gide und Carl Zuckmayer. Der Synkretismus der Zeit – zwischen → Jünger und → Sartre, Hofmannsthal und Heidegger – wird spöttisch verhandelt, die intellektuellen Phrasen von Unbehaustheit, Nichts, Nihilismus und Existenziellem („Alles ist relativ, mein Lieber, auch das Existentielle") werden ironisiert, die politischen Entwicklungen kritisiert. Vor allem die Wohlstandsgesellschaft des ‚Wirtschaftswunders' mit ihren Konsuminteressen der Ernährung und Kleidung, des Wohnens und der privaten Motorisierung ist als Wiederkehr der „Gründerjahre" eine Zielscheibe. So ist Linus Fleck denn auch ein Wiedergänger von Andreas Zumsee aus Heinrich Manns Satire *Im Schlaraffenland* (1900) – der allfällige Parvenü. Er, ahnungslos, unwissend und naiv, aber eitel und selbstgefällig, wird mal als „Schauspieler", mal als „Hochstapler" oder „Schaumschläger" tituliert. Er plappert gedankenlos opportunistisch alle jeweiligen Phrasen und Parolen nach, macht alle Moden und Trends mit, wird zunehmend korpulenter, seine Wohnung wird immer größer und chicer möbliert. „Mit einem Volkswagen ist es da nicht mehr getan. [...] Ein Mercedes oder BMW muß her." Sein Gegenpart Waschbottel, der „etwas zu früh und etwas zu viel Karl Kraus und Kurt Tucholsky gelesen hat", ist der exemplarische kritische Intellektuelle, Vertreter jenes der Realpolitik geopferten ‚Idealismus'. Er ist Sprachrohr von Positionen der *Gruppe 47*, des ‚Nonkonformismus' zumal. Richter operiert mit allen zeitgenössischen Stereotypen gegenüber den Amerikanern: Sie sind pragmatisch-naiv, hygieneversessen, kulturell ahnungslos und politisch doppelzüngig, predigen Demokratie, üben aber Druck und Zensur aus. Sie ködern die Deutschen mit „nylonumrankten Fleischtöpfen" ihrer materialistischen Kultur. Waschbottel lobt daher mit süffisantem Kulturdünkel die amerikanische Umerziehung nicht für ihre politischen, sondern konsumentischen Erfolge: „Diese Jugend [...] trage nun Bürstenhaare, aber auch Bluejeans, ein Bekleidungsstück, das allein schon für den Erfindungsreichtum der Amerikaner spreche. Auch der Jazz habe mit seinem siegreichen Einzug in dieses Land das Lebensgefühl der deutschen Jugend zum Rhythmischen hin grundlegend verändert." So ist symbolisch, dass Waschbottel am Ende ins neutrale Exil geht, während Linus in jenes Land expediert wird, dessen Kreatur er ist und dessen Mentalität er repräsentiert. Die Ohnmacht und Beschränktheit solcher Kritik zeigt sich vor allem darin, dass sie letztlich auf sexuellem Begehren als Triebfeder insistiert. Im Sexuellen wiederum ist materieller Opportunismus im Spiel: „Kalorien-Eros".

So bietet Richter ein satirisiertes Panorama der Nachkriegsjahre, lässt aber auch die zeittypische Prägung seiner Kritik erkennen. In beidem liefert der Roman für heute ein Kompendium der Nachkriegskultur in ihren Hoffnungen wie Enttäuschungen, Kalkülen wie Illusionen.

Erhard Schütz

Fernsehkulturen der fünfziger Jahre

Exkurs

Von Henning Wrage

Fernsehen in der Bundesrepublik: offizielles Versuchsprogramm ab 27. 11. 1950, offizieller Sendebeginn: 25. 12. 1952. Gemeldete Fernsehempfänger: 1954 etwa 11500, Überschreitung der Millionengrenze 1957 • Fernsehen in der DDR: offizielles Versuchsprogramm ab 21. 12. 1952, offizieller Sendebeginn am 3. 1. 1956. Gemeldete Fernsehempfänger bei Beginn des Versuchsprogramms: etwa 70, Überschreitung der Millionengrenze: 1960/61.

Zwei deutsche Staaten an der Grenze konkurrierender Weltsysteme, im erbitterten politischen und kulturellen Wettstreit, nachgerade spiegelbildlich in der Konstruktion ihrer Selbst- und Feindbilder – dieses Bild hat die ‚langen 50er Jahre' in der kulturwissenschaftlichen Forschung über Jahrzehnte bestimmt. Den Diskurs dominierten gegensätzliche politische Selbstentwürfe: Auf der westlichen Seite, in der Bundesrepublik, dank der fortgesetzten Herrschaft der ‚alten Männer', eine Epoche der ‚Restauration' mit explizit antikommunistischer als antitotalitaristischer Legitimationspolitik. In der DDR eine Selbstkonstruktion über das Modell des ‚antifaschistischen Gründungsmythos' (Antonia Grunenberg) – die gesellschaftliche Legitimation über einen explizit antikapitalistischen als antifaschistischen Diskurs. Verschiedener, so scheint es, hätten die deutsch-deutschen Nachkriegsgeschichten kaum verlaufen können.

Die massive politische Polarisierung durch den Kalten Krieg darf jedoch nicht darüber hinwegtäuschen, dass die Zeit zwischen Kriegsende und den frühen sechziger Jahren in beiden deutschen Staaten bemerkenswerte Parallelen aufweist, darunter die Einführung und Durchsetzung des Fernsehens als – jede Grenzbefestigung überschreitendes – Alltagsmedium. Das Fernsehen wird nicht nur zum Ausgangspunkt von strukturell äquivalenten Debatten um Möglichkeiten, Reichweite und die vermuteten Schadwirkungen des neuen Mediums – es verändert im Lauf der fünfziger Jahre in beiden deutschen Staaten die Stilmittel, die Zielgruppenorientierung und, vielleicht am grundsätzlichsten, die Narrative, die Art und Weise, wie die nunmehr alten Medien Literatur, Film und Radio erzählten.

Dabei sieht das Fernsehen in beiden deutschen Staaten nach dem Krieg zunächst kaum nach einem Massenerfolg aus: Als das Fernsehen in der DDR als *Staatliches Rundfunkkomitee, Fernsehzentrum Berlin* am 21. Dezember 1952 (nicht zufällig an Stalins Geburtstag) seine erste Sendung ausstrahlt, sind nur etwa

70 Fernsehgeräte registriert, die sich, obwohl auch in der DDR von vornherein der Heimempfang angestrebt wird, vorrangig in ‚Fernsehkabinetten' befinden: öffentlichen Räumen in Kulturhäusern und Betrieben, die, wie zuvor die ‚Fernsehstuben' im ‚Dritten Reich', den kollektiven Empfang in einem semi-kinematographischen Rezeptionsdispositiv ermöglichen. Auch in der Bundesrepublik findet das neue Medium zunächst wenig Anklang: 1954, vier Jahre nach dem Beginn des offiziellen Versuchsprogramms im *Nordwestdeutschen Rundfunk* am 27. November 1950, sind nur etwa 11500 Empfänger registriert. Zudem umfasst das tägliche Programm in beiden deutschen Staaten anfangs nur wenige Stunden; auch ist das frühe Fernsehen in einer radikalen Weise live, was die gestalterischen Spielräume deutlich eingrenzt: Erst 1957 (in der Bundesrepublik) und 1963 (in der DDR) gelangen die Sendeanstalten mit der von der amerikanischen Firma AMPEX entwickelten elektronischen Videoaufzeichnungstechnologie in den Besitz eines leistungsfähigen Speichermediums.

Diesen Unzulänglichkeiten zum Trotz und noch vor seiner massenhaften Durchsetzung wird das Fernsehen zum Gegenstand vielfältiger Wirkungsphantasien in Ost und West, die einander in Hoffnung und Befürchtungen häufig ähnlich sind. Im Westen befürchtet Gerhard Eckert, der auch das Schlagwort vom „Dialog im Äther" prägt, dass die „Grenze zwischen der Wiedergabe des Lebens und der künstlerischen Darbietung [...] fließend" wird, Max Simoneit spekuliert darüber, im Medium des Fernsehens „über Berge und Wälder, über Meere und Länder hinweg mit den eigenen Augen schauen zu können" und → Adorno, dem „traumlosen Traum" auf der Spur, „die gesamte sinnliche Welt in einem alle Organe erreichenden Abbild noch einmal zu haben", entfaltet angesichts der geringen Bildschirmgröße kulturkritische Bonmots daraus, dass die, die im Fernsehen „mit Menschenstimmen reden, Zwerge" sind. Auch im Osten: Spekulationen über den „Salto mortale eines von Stoffen, Ereignissen, von lebendiger Wirklichkeit prallvollen Lebens in die Wohnstuben der Menschen" (Günter Kaltofen). Ob positiv oder negativ gewendet: In den fünfziger Jahren reüssiert in beiden deutschen Staaten ein Versprechen des Fernsehens über das unmittelbare ‚Dabeisein' des Zuschauers, die Suggestion einer ganz neuen Form von medialer Authentizität.

Dieser von der Realität zunächst noch wenig gebremste Diskurs wandelt sich zugunsten pragmatischerer Vorstellungen, als sich das Fernsehen ab der zweiten Hälfte der fünfziger Jahre vom Ereignis zum Alltag entwickelt, in der Distribution massenhaft und individuell in der Nutzung wird: In der Bundesrepublik wird 1957 mit ca. 1,2 Millionen registrierten Geräten (eine Verhundertfachung seit 1954) die Grenze zum Massenmedium überschritten. Bis 1960 verdreifacht sich die Zahl nochmals auf 3,4 Millionen, was einem Verbreitungsgrad von 8,6 Prozent der bundesdeutschen Haushalte entspricht. Ähnlich dramatisch wächst das Fernsehen in der DDR: Hier verdoppelt sich die Zahl der gemeldeten Geräte seit

1956 mehr oder weniger jährlich und überschreitet die Grenze zum Massenmedium 1960.

Auch auf der Produktionsseite professionalisieren sich die Institutionen: In der DDR wird 1955 das Fernsehen durch Übertragungswagen mobil, was die Direktausstrahlung von politischen Großereignissen, Sportveranstaltungen und der ersten großen Show *Da lacht der Bär* möglich macht, seit Beginn des regulären Programmbetriebs 1956 (der mit einem Namenwechsel zu *Deutscher Fernsehfunk* verbunden ist) steigt das Sendevolumen kontinuierlich. Seit Ende der fünfziger Jahre stehen die DEFA-Studios als Auftrags- und Koproduzenten zur Verfügung, wodurch das Angebot gerade der Fernsehdramatik an narrativer und filmästhetischer Komplexität gewinnt (→ *Gewissen in Aufruhr*, 1961). In der Bundesrepublik beginnen 1954 das gemeinsame Fernsehprogramm der schon 1950 konstituierten ARD und die internationale Kooperation im Rahmen der Eurovision. Ab 1957 existieren regelmäßige Programmstrukturen nach dem sogenannten FSU-Prinzip (*F*eature, Fernseh*S*piel, *U*nterhaltung als Sparten, die im Programm im Vier-Wochen-Rhythmus regelmäßige Schwerpunkte erhalten).

Doch nicht nur technikgeschichtlich gibt es Parallelen, auch in der Programmgestaltung sind die Sender in Ost und West nicht unabhängig voneinander zu verstehen. Der Programmausbau des bundesdeutschen Fernsehens ist in der zweiten Hälfte der Fünfziger deutlich von der Furcht vor dem ostdeutschen Konkurrenten geprägt. Schon 1953 versuchte die Bundesregierung auf die Programmgestaltung vor allem deswegen Einfluss zu nehmen, um den Rundfunk „als wertvollstes Instrument für die Beeinflussung der Ostzonenbevölkerung nicht den Landesregierungen zu überlassen." Zwischenzeitlich erwog man gar, an der Grenze Störsender zu installieren, „um die östlichen Wellen abzuschirmen und der Pankow-Regierung dieses gerade in Grenzgebieten wirksame Propagandamittel zu entziehen." Solche Erwägungen einer technischen Lösung für die Angst vor der „Ostzonenpropaganda" wurden letztlich nie realisiert. Gleichwohl etablierten sich ab Mitte der fünfziger Jahre Sendungen im Fernsehen, die dem vermuteten Einfluss des ostdeutschen Konkurrenten innerhalb des Programms entgegentreten sollten: Seit Mitte der fünfziger Jahre moderierte Jürgen Lincke im *Sender Freies Berlin* (SFB) das Format *Mitteldeutsches Tagebuch*, das Spielszenen mit kommentierten Ausschnitten aus der DEFA-Wochenschau *Der Augenzeuge* mischte. Das vielleicht prominenteste Format der Ost-Medien-Beobachtung war jedoch Thilo Kochs Sendung *Die rote Optik*, die seit 1958 einmal im Monat das DDR-Fernsehen kommentierte; ab 1960 ging das DDR-Äquivalent *Der schwarze Kanal* auf Sendung, der zweifach auf *Die rote Optik* bezogen war: einerseits, weil er den Versuch einer politischen, innerprogrammlichen Reaktion auf die DDR-Rezeption des bundesdeutschen Fernsehens darstellte, andererseits, weil das Konzept dafür aus dem konkurrierenden Medium selbst stammte.

Diese – und später analoge – Formate hatten im Fernsehen Bestand, auch wenn die große Angst vor dem Einfluss der ‚roten Optik' sich in der Bundesrepublik zum Ende der fünfziger Jahre legte. 1959 und 1961 führte *Infratest* die zwei ersten großen Fernsehnutzungsstudien durch. Diese ergaben, dass nur etwa vier Prozent der Bundesbürger das DDR-Fernsehen in einer befriedigenden technischen Qualität empfangen konnten und dass sich diese vier Prozent darüber hinaus mehr für Unterhaltung und Sport als für die angebotenen politischen Inhalte interessierten.

Auch in der DDR wurde mit der zunehmenden Verbreitung das Fernsehen auch als Instrument der Politik entdeckt – obwohl das Fernsehen von Anfang an der direkten Administration durch Staat und Partei understand. Die Kontrolle war eine doppelte: Im ersten Dienstverhältnis war das Fernsehen ein Organ des Ministerrates. Die Kontrolle wurde über das *Staatliche Rundfunkkomitee* ausgeübt, das letztlich dem Ministerpräsidenten persönlich verantwortlich war. Im zweiten Unterstellungsverhältnis war das Fernsehen der *Abteilung für Agitation und Propaganda beim ZK der SED* rechenschaftspflichtig, die seit 1954 von Horst Sindermann geleitet wurde. Politische Wirksamkeit setzte jedoch offenbar ein Publikum voraus, was angesichts der Tatsache, dass für die übergroße Mehrheit der DDR-Bürger das bundesdeutsche Fernsehen eine Alternative bot, keineswegs eine Selbstverständlichkeit darstellte.

Diese fortgesetzte Konkurrenz wird das Fernsehen ab dem Ende der fünfziger Jahre (und nachdem man die Idee, selbst Störsender zu installieren, 1961 fallengelassen hatte) fortgesetzt prägen: Bei der Drohung des Scheiterns beim eigenen Publikum muss es westliche Unterhaltungsformate adaptieren und qua funktionaler Bestimmung politisch systemstabilisierend wirken – ein Dilemma, das zu lösen dem *Deutschen Fernsehfunk* nur manchmal gelungen ist.

Literatur

Thomas Beutelschmidt: *Sozialistische Audiovision. Zur Geschichte der Medienkultur in der DDR.* Potsdam 1995 • Knut Hickethier, Peter Hoff: *Geschichte des deutschen Fernsehens.* Stuttgart, Weimar 1998 • Rüdiger Steinmetz, Reinhold Viehoff (Hg.): *Deutsches Fernsehen Ost. Eine Programmgeschichte des DDR-Fernsehens.* Berlin 2008 • Henning Wrage: *Die Zeit der Kunst. Literatur, Film und Fernsehen in der DDR der 1960er Jahre. Eine Kulturgeschichte in Beispielen.* Heidelberg 2009.

(9) Kulturimport

Einleitung

Von David Oels

Mit dem Gesetz 191 der alliierten Militärregierung wurde im Mai 1945 das „Drucken, Erzeugen, Veröffentlichen, Vertreiben, Verkaufen und gewerbliche Verleihen von Zeitungen, Magazinen, Zeitschriften, Büchern, Broschüren, Plakaten, Musikalien und sonstigen gedruckten oder (mechanisch) vervielfältigten Veröffentlichungen" im besetzten Deutschland verboten. Gleiches galt für Rundfunk, Film, Theater und alle anderen Medien und medialen Produkte, ja selbst für Jahrmärkte und den Zirkus.[1] Jegliche deutsche kulturelle Aktivität setzte zunächst die Genehmigung und das fortdauernde Wohlwollen der neuen Machthaber voraus, wenn diese nicht sowieso die Leitung übernahmen, wie beim Radio generell und bei nicht wenigen Zeitungen und Zeitschriften. Explizite Maxime der alliierten Kulturpolitik war die Umerziehung der Deutschen zu Demokraten (in den Westzonen) oder demokratischen Antifaschisten (in der sowjetischen Zone), um auf diese Weise, so nahm man in gut aufklärerischer Tradition an, einen neuerlichen Rückfall in die Barbarei zu verhindern. Nur wenn Autoren, Verleger, Redakteure, Schauspieler, Intendanten, Regisseure oder Produzenten plausibel machen konnten, dass und wie sie zum Erreichen dieses Ziels beitragen wollten und konnten, durften sie auf die entsprechenden Lizenzen und Ressourcenzuteilungen rechnen. „Durch die Kontrolle der Papierproduktion und der Zuweisung der Kontingente von Seiten der Militärregierung spiegelten die deutschen Veröffentlichungen in den ersten drei Jahren weniger die Wünsche des deutschen Lesers als das Lizenzierungssystem der Militärregierung wider", stellte etwa der Leiter der Publikationsabteilung der amerikanischen Militärregierung Lawrence P. Dalcher retrospektiv fest.[2]

Was man jeweils als förderlich zum Zwecke der eigentlich nur von den US-amerikanischen Behörden sogenannten Re-Education ansah, differierte freilich je nach Zone, und auch die Mittel, die zur Steuerung angewandt wurden, entwickelten sich besonders in den westlichen Zonen von der restriktiven und dirigistischen Politik der ersten Jahre zu einer eher unterstützend begleitenden, zumal

---

[1] Militärregierung – Deutschland: Gesetz Nr. 191 (1945). Zit. nach Umlauff, Ernst: *Der Wiederaufbau des Buchhandels. Beiträge zur Geschichte des Buchhandels in Westdeutschland nach 1945.* Frankfurt am Main 1978, Sp. 1490.
[2] Dalcher, Lawrence P.: Das Verlagswesen nach dem Kriege. In: *Der Deutsche Verleger*, 4 (1949) 11, S. 4f., hier S. 5.

der unmittelbare Einfluss der Alliierten mit der Gründung beider deutscher Staaten schrittweise abnahm. Übereinstimmend lässt sich jedoch feststellen, dass von Beginn an und seither fortdauernd ein, wenn nicht sogar das wichtigste Element der alliierten Kulturpolitik der Import kultureller Produkte nach Deutschland war. Sei es, weil man „die deutsche Kultur" per se verdächtigte, eine Quelle für „anarchy and tyranny" zu sein, „a bad culture which also represents a menace to an orderly world society"[3], wie dies aus einigen US-amerikanischen Positionspapieren hervorgeht, sei es, weil der Ideologieexport und die kulturelle Erziehungsdiktatur zur Staatsdoktrin gehörten, wie besonders im Falle der Sowjetunion, sei es, weil man bei ausländischen Produkten zumindest sicher sein konnte, dass es sich nicht um nationalsozialistisches Gedankengut handelte, oder sei es schlicht, weil man auf diese Weise die (aufmerksamkeits-)ökonomische Absatzbasis der kulturellen Produktion der je eigenen Nationalkultur verbreitern konnte.

Diese besondere Stellung von Kulturimporten gilt es zu berücksichtigen. Als beispielsweise der *Rowohlt Verlag* im Spätherbst 1946 seine RO-RO-ROs im Zeitungsformat startete, denen eine besondere Bedeutung für die Lese- und Buchkultur im frühen Nachkriegsdeutschland schon deshalb zukommt, weil sie im Gegensatz zu den sonst auf 5000 Bücher beschränkten Auflagen in 100000 Exemplaren gedruckt werden konnten, rechtfertigte sich das Unternehmen mit einer kulturellen Mission: „Die Entwicklung der deutschen Literatur wurde im Jahr 1933 jäh unterbrochen. Was seitdem erschien, hat kaum Bestand. [...] Es gibt eine ganze Generation von jungen Leuten, die nichts wissen von der Literatur vor 1933, auch nichts vernommen haben von den Stimmen des Auslands, die spärlich nur – und auch nur in den ersten Jahren des nationalsozialistischen Regimes – zu uns drangen. [...] Deshalb machen wir den Versuch, einen Teil der wesentlichen Werke der in- und ausländischen Literatur, die zu kennen notwendig ist, um wieder in europäischem Zusammenhang denken zu lernen, in einer hohen Auflage und zu einem billigen Preis an den Leser zu bringen."[4]

Rowohlt begann mit Ernest Hemingways *In einem andern Land* (*A Farewell to Arms*, 1929), Kurt Tucholskys *Schloß Gripsholm* (1931), Henri Alain-Fourniers *Der große Kamerad* (*Le grand Meaulnes*, 1913) und Joseph Conrads *Taifun* (*Typhoon*, 1902). Als sechsten Band legte er im Frühjahr 1947 Theodor Pleviers *Stalingrad* (1945) nach. Damit hatte *Rowohlt* je einen amerikanischen, französischen und

---

3 OMGUS: A Report on Our Problem in Germany (1946). Zit. nach Gehring, Hansjörg: *Amerikanische Literaturpolitik in Deutschland 1945–1953*. Stuttgart 1972, S. 17.
4 Rowohlt Verlag: Bitten an die Leser. In: Alain-Fournier, Henri: *Der große Kamerad. Roman.* Hamburg, Stuttgart 1946, S. 32.

englischen Autor im Programm und zusätzlich einen jüdischen und einen kommunistischen, emigrierten. Auch wenn besonders Hemingway und Plievier im Nachkriegsdeutschland tatsächlich nachhaltige Wirkung entfalten sollten, war das Interesse des Verlags an Kulturimport und „Re-Import" mindestens ebenso ein unternehmerisches. Nicht nur, dass es ihm damit gelang, Lizenzen in allen vier Zonen zu bekommen, auch durfte *Rowohlt* die RO-RO-ROs interzonal vertreiben und wurde bevorzugt mit Papier beliefert. Besonders im Jahr 1947, als das westdeutsche Verlagswesen wegen fehlendem Papier beinahe darniederlag, konnte *Rowohlt* diesen Vorteil strategisch nutzen. Mit den weiterhin geförderten RO-RO-ROs sicherte sich der Verlag Marktanteile, die den Nachkriegserfolg, insbesondere der 1950 beginnenden Taschenbuchproduktion, begünstigten. Dies gelang nicht zuletzt auch mit der Unterstützung in der sowjetischen Zone, die *Rowohlt* 1948/49 durch die Publikation von Anna Seghers *Das siebte Kreuz* (1942) oder Viktor Nekrasovs *In den Schützengräben von Stalingrad* (*В окопах Сталинграда*, 1946) erlangte.

Ein weiterer Vorteil der Importe war, dass sie durch ihre Zugehörigkeit zur Re-Education dem Publikum zwar verdächtig waren, ihnen jedoch nicht der gleiche Vorwurf gemacht wurde, oder zumindest nicht in gleicher Intensität, wie der deutschen „Lizenzpresse" und den in den alliierten Medien Beschäftigten, dass sie sich nämlich aus opportunistischen Gründen zu Erfüllungsgehilfen der Besatzungspolitik machten. Bei den ausländischen Kulturprodukten lag deren politische Herkunft und Ausrichtung vielmehr auf der Hand. So gab es zwar von der einen oder anderen Besatzungsmacht forcierte Publikationen, die von den Lesern rundweg abgelehnt und auch in Zeiten größter Büchernot nicht gekauft wurden. So z.B. Herbert Agars „Missionsessay" *Unsere Zeit fordert Größe* (*A Time for Greatness*, 1942, dt. 1947), in dem versucht wurde, den „Grund für Deutschlands ‚2000-jährige Raubeslust' [...] zu eruieren [,] und [...] zur moralischen Weltreform nach amerikanischen Glaubensgrundsätzen" aufgerufen wurde. Auf den letzten 20 Seiten druckte man in der deutschen Übersetzung die Verfassung der Vereinigten Staaten. Von den 10000 gedruckten Exemplaren blieben 8000 unverkauft und der Verlag war nach der Währungsreform insolvent.[5] Von James Parkes' *Antisemitismus, ein Feind des Volkes* (*An Enemy of the People: Anti-Semitism*, 1946, dt. 1948) sollen gar nur 700 der 10000 hergestellten Bücher abgesetzt worden sein.[6]

Auch bei erfolgreicheren Titeln blieb ein skeptisches Ressentiment, denn erzogen werden, zumal von den kulturell als minderwertig geltenden Amerikanern und Russen, wollte man gerade nicht. Im Großen und Ganzen überwog jedoch ein

---

5 Gehring: *Amerikanische Literaturpolitik*. 1972, S. 42, 87.
6 Vgl. Dalcher: Verlagswesen. In: *Der Deutsche Verleger*. 1949, S. 4.

Interesse an der anderen Kultur, das sowohl neugierig-positiv als auch kritisch-negativ motiviert sein konnte. Als der *Rowohlt Verlag* im Herbst 1947 einen „Erfahrungsbericht über RO-RO-RO" publizierte, entschuldigte man sich geradezu für das Überwiegen ausländischer Autoren (sechs von neun der bis dahin erschienenen) und kündigte für die nächsten zehn Titel immerhin sechs deutschsprachige an.[7] Tatsächlich erschienen bis 1949 insgesamt nur noch 16 RO-RO-ROs, davon waren zwölf Übersetzungen. Trotz allerlei pragmatischen und strategischen Erwägungen, Lizenzschwierigkeiten und Papierengpässen illustriert diese Programmpolitik, die sich danach bei den Taschenbüchern fortsetzte, eine grundsätzliche Entwicklung: Der Kulturimport wurde vom Instrument der Umerziehung nach und nach zum Normalfall einer globalisierten Unterhaltungs- und Konsum- und einer intellektuellen Aufmerksamkeitskultur. Die vom *Börsenverein des deutschen Buchhandels* herausgegebene Jahresstatistik *Buch und Buchhandel in Zahlen* registrierte in den fünfziger Jahren im Vergleich mit „einem Normaljahr der Zeit zwischen den beiden Kriegen (1928)" einen Anstieg der Übersetzungen an den publizierten Titeln von 5,3 Prozent auf acht Prozent 1954 bzw. neun Prozent 1956.[8]

Um die im Nachkriegsdeutschland tatsächlich präsenten Filme und Bücher, Ideen und Programme, Moden und Bedürfnisse zu beurteilen, müssen zusätzlich die jeweiligen Verbreitungswege und damit die erreichbaren und erreichten Teilöffentlichkeiten berücksichtigt werden: Die vielgerühmten Amerikahäuser beispielsweise boten ein ausschließlich englischsprachiges Buchprogramm, das das Gros der Bevölkerung von der Benutzung ausschloss,[9] Hollywood-Filme dominierten quantitativ die westdeutschen Kinos, rund fünfzig Prozent der in den fünfziger Jahren in der BRD gezeigten Filme kamen aus den USA, wobei die ganz großen Erfolge aber deutschen Produktionen vorbehalten blieben.[10] Der Kulturimport aus der Sowjetunion blieb wiederum trotz andauernder staatlicher Förderung und Propagierung in der SBZ und der DDR unbeliebt, nicht zuletzt, weil von

---

7 Vgl. [Marek, Kurt W.]: Erfahrungsbericht über RO-RO-RO. Hamburg 1947; Rössler, Patrick: Rowohlts Rotationsdrucke im Zeitungsformat. Eine kommentierte Bibliographie. In: *„Macht unsere Bücher billiger!" Die Anfänge des deutschen Taschenbuchs 1946–1963. Begleitband zur Ausstellung in der Kreisbibliothek Eutin vom 19. Oktober 1994 bis 27. Januar 1995*. Eutin 1995, S. 128–131.
8 Vgl. *Buch und Buchhandel in Zahlen* (1955), S. 11; (1957), S. 12.
9 Zu den Amerikahäusern vgl. Schildt, Axel: Die USA als „Kulturnation". Zur Bedeutung der Amerikahäuser in den 1950er Jahren. In: *Amerikanisierung und Sowjetisierung in Deutschland 1945–1970*. Hg. von Konrad Jarausch und Hannes Siegrist. Frankfurt am Main, New York 1997, S. 257–269.
10 Koch, Lars: Zwischen Kontinuität und Innovation: Der Westdeutsche Spielfilm 1945–1960. In: *Modernisierung als Amerikanisierung? Entwicklungslinien der westdeutschen Kultur 1945–1960*. Hg. von Lars Koch, unter Mitarbeit von Petra Tallafuss. Bielefeld 2007, S. 89–109.

Beginn an eine Zensur geübt wurde, die nur das gewünschte und damit wenig kontroverse Bild der Sowjetunion passieren ließ.[11] Dies galt freilich zunächst auch für die amerikanische Literaturpolitik. Als 1948 eine Delegation amerikanischer Verleger Deutschland bereiste, beklagte man das Fehlen einiger großer Autoren auf den Listen der zur Übersetzung vorgeschlagenen Titel. Dies sei jedoch darin begründet, „that a number of our finest novelists have been those critical to the american scene. Their books are often works of sharp social criticism which might not appear desirable for german consumption at this time" – gleiches galt auch für einige Dramen.[12] Eine Erklärung für den späteren nachhaltigen Erfolg der kulturellen Amerikanisierung im Vergleich zur scheiternden Sowjetisierung, dürfte daher ebenfalls in den Verbreitungswegen und Teilöffentlichkeiten liegen. Während die sowjetischen Kulturimporte auch über das Ende der unmittelbaren Einflussnahme hinaus auf die Vermittlung „von oben" angewiesen blieben, entfaltete sich in der BRD eine Amerikanisierung „von unten", die vor allem Konsumgüter, Lifestyle und Unterhaltungsprodukte rezipierte und adaptierte – begleitet freilich vom kultur- oder ideologiekritischen Antiamerikanismus der legitimen Kultur.[13] So sah es auch Alfred Andersch, der 1951 die Re-Education resümierte und für die Zukunft feststellte: „Da die Amerikaner eine Trennung zwischen Kultur und Zivilisation nicht kennen, ist ihr literarischer Einfluß nur ein Teilaspekt. In Wirklichkeit operieren sie mit einem totalen Lebensstil, der von der Coca-Cola-Flasche bis zu den Gedichten Ezra Pounds reicht."[14] In der Tat wurden

---

[11] Vgl. Lokatis, Siegfried: Sowjetisierung und Literaturpolitik. Von der Förderung zur Verstümmelung sowjetischer Literatur in der frühen DDR. In: Jarausch, Siegrist (Hg.): *Amerikanisierung und Sowjetisierung*. 1997, S. 361–385; Hartmann, Anne: „Sowjetisierung" der deutschen Kultur? In: *Aufbau – Umbau – Neubau. Studien zur deutschen Kulturgeschichte nach 1945*. Frankfurt am Main u.a. 2008, S. 89–106.
[12] *German Book Publishing and Allied Subjects. A Report by the Visiting Committee of American Book Publishers*. München, New York 1948, S. 137. Zum Theater vgl. Schmidt, Wolf Gerhard: *Zwischen Antimoderne und Postmoderne. Das deutsche Drama und Theater der Nachkriegszeit im internationalen Kontext*. Stuttgart 2009, S. 57.
[13] Vgl. Ermarth, Michael: ‚Amerikanisierung' und deutsche Kulturkritik 1945–1965. Metastasen der Moderne und hermeneutische Hybris. In: Jarausch, Siegrist (Hg.): *Amerikanisierung und Sowjetisierung*. 1997, S. 315–334; Schildt, Axel: Vom politischen Programm zur Populärkultur. Amerikanisierung in Westdeutschland. In: *Die USA und Deutschland im Zeitalter des Kalten Krieges 1945–1990. Ein Handbuch*. Bd. 1: 1945–1968. Stuttgart, München 2001, S. 955–965; Stephan, Alexander; Vogt, Jochen (Hg.): *America on my mind. Zur Amerikanisierung der deutschen Kultur seit 1945*. Paderborn 2006; Koch, Lars; Tallafuss, Petra: Modernisierung als Amerikanisierung? Anmerkungen zur diskursiven Dynamik einer Analysekategorie. In: Dies. (Hg./Mitarbeit): *Modernisierung als Amerikanisierung?* 2007, S. 9–22.
[14] Andersch, Alfred: Jugend am Schmelzpott einer Kultur. In: *Aussprache*, 3 (1951/52) 1, S. 7–13, hier S. 9.

die wirkmächtigsten Kulturimporte populärkulturelle Produkte vom Comic über Rock'n'Roll bis zur Jeans.

Fragt man dagegen nach den einflussreichen hochkulturellen Importen der vierziger und fünfziger Jahre, so lassen sich retrospektiv vor allem zwei Autoren hervorheben: Jean-Paul Sartre und Ernest Hemingway. Unmittelbar nach dem Krieg wurde Sartres Existenzialismus – oder was man jeweils darunter verstand – geradezu zur Ersatz- oder Antireligion der „jungen" und nicht ganz so jungen Intellektuellen, von Hans Werner Richter bis Egon Vietta, von Günther Anders bis Karl Korn.[15] Vor allem Alfred Andersch machte sich zum Propagandisten eines importierten oder re-importierten französischen Existenzialismus. In dem 1949 erschienenen Band *Europäische Avantgarde*, einer schmalen Anthologie, stellte er das Verbindende unter existenzialistische Vorzeichen. *Existentieller Impuls* und *Menschliche Revolte* sind die Titel zweier Kapitel. Gleichzeitig diente besonders Sartre Andersch zum autorisierenden Beleg höchst eigener Positionen. Im programmatischen Leitartikel der ersten Ausgabe des *Ruf*, der zusammen mit Hans Werner Richter herausgegebenen Zeitung der „jungen Generation", stellte er fest: „Der Inhalt des jungen Denkens bedingt die Haltung seiner Träger. Sie fordern nicht nur richtiges Denken, sie fordern auch das dazugehörige Leben. Sie können es fordern, weil sie sich für ihre Grundsätze eingesetzt haben, weil viele von ihnen ihr Leben hingegeben haben. Besonders Sartre und die jungen Kämpfer der ‚résistance' fordern diese Übereinstimmung von Tat und Gedanken, die bruchlose Existenz. Von hier aus spannt sich ein dünnes gewagtes Seil über einen Abgrund hinweg zu einer anderen Gruppe junger Europäer, die sich in den letzten Jahren ebenfalls unter rücksichtsloser Hingabe ihrer ganzen Person eingesetzt hat. Wir meinen das junge Deutschland. Es stand für eine falsche Sache [...]. Aber es stand. In durchaus jenem existentiellen Sinne, den Sartre und seine französischen Kameraden meinen."[16]

Ob Sartres „Kameraden" dies tatsächlich meinten, darf füglich bezweifelt werden, doch konnte man sein Vorwort zur 1949 veröffentlichten deutschen Buchausgabe des Dramas *Die Fliegen* (*Les Mouches*, Uraufführung 1943) möglicherweise so verstehen. Immerhin hatte er die Situation der Franzosen 1940 und der Deutschen 1945 verglichen im Hinblick darauf, dass es nun vor allem galt, die

---

15 Vgl. Rahner, Mechtild: „Tout est neuf ici, tout est à recommencer". Die Rezeption des französischen Existenzialismus in Deutschland nach 1945. In: *Doppelleben. Literarische Szenen aus Nachkriegsdeutschland. Materialien zur Ausstellung*. Hg. von Bernd Busch und Thomas Combrink. Göttingen 2009, S. 205–218.
16 Andersch, Alfred: Das junge Europa formt sein Gesicht. In: Der Ruf, 15. 8. 1946. Zit. nach Neunzig, Hans A. (Hg.): *Der Ruf. Unabhängige Blätter für die junge Generation. Eine Auswahl*. München 1976, S. 19–25, hier S. 21.

Zukunft zu gestalten – oder, mit Orest, zu „wählen".[17] Die Folgerung, die Friedrich Luft aus dem Drama und Diskussionen mit dem Autor zog, mag symptomatisch gewesen sein für die deutsche Rezeption, durch Sartre gedeckt war sie jedoch nicht: „Wenn aber so das Leben ‚jenseits von Gut und Böse', wenn extremste Freiheit und Verantwortung hier und jetzt proklamiert werden – warum dann die Sünderbänke von Nürnberg?"[18] Benutzte Luft hier die insbesondere in der Auseinandersetzung mit den US-amerikanischen Institutionen verbreitete Strategie, die Besatzungsmächte am Maßstab ihrer eigenen Grundsätze zu kritisieren, ging Andersch einen Schritt weiter, indem er die europäische Avantgarde gemeinschaftlich gefährdet von Ost und West konstruierte: „Wird Europa weiterleben? Werden wir die ‚Griechlein' des amerikanischen Jahrhunderts sein, oder von der großen Mutter Asien heimgeholt werden?" Der europäische Kulturimport, zu dem neben dem französischen Existenzialismus auch der italienische Neorealismus oder der in der Nachkriegszeit ungeheuer erfolgreiche Renegat Arthur Koestler zu zählen wären, geht bei Andersch auf im gemeinsamen Binnenmarkt. Schutzzölle werden nur für auswärtige Güter angeregt: „Freilich, auch Andere sprechen in Europa. Nicht nur die Fremden, die wir gerne hören, wenn sie es gut meinen. (Sie meinen es immer gut, die meisten Vergewaltigungen geschehen aus Liebe.)"[19]

Einzige Autorin in Anderschs Anthologie ist Simone de Beauvoir, die hier als Frau des „Chef[s] der Schule", gleichzeitig aber als „eigenwilligste Figur aus dem Kreis" vorgestellt wird, die „[z]wischen freischwebendem Relativismus und nietzscheanischer Herrenmoral [...] mit heroischer Eleganz einen gefährlichen Pfad" suche.[20] Dabei dürfte de Beauvoirs Erfolg als Kulturimport sogar noch nachhaltiger gewesen sein, als der Sartres, wenn auch weniger als existenzialistische Philosophin oder belletristische Schriftstellerin, denn als Theoretikerin und Ikone der intellektuellen Frauenemanzipation. *Das andere Geschlecht* (*Le Deuxième Sexe*, 1949), erschien 1951 in Deutschland und entfaltete seine Wirkung in der zweiten Hälfte des 20. Jahrhunderts. Noch 2008 erklärte Ursula März in der *Zeit*: „Entscheidende Erkenntnisse der Kulturgeschichte kulminieren häufig in griffigen Sätzen. Der Satz ‚Und sie bewegt sich doch' [...] gehört dazu. Oder [...]: ‚Das Sein bestimmt das Bewusstsein.' Auch das 20. Jahrhundert hat einen solch unhintergehbaren Satz [...]. Wir verdanken ihn einer im Jahr 1908 geborenen französi-

---

17 Vgl. Sartre, Jean-Paul: *Dramen. 1. Die Fliegen*. Stuttgart 1949, S. 9.
18 Luft, Friedrich: Berliner Tage mit Sartre. In: *Die Neue Zeitung*, 5. 2. 1948. Zit nach Rahner: „Tout est neuf ici, tout est à recommencer". In: Busch, Combrink (Hg.): *Doppelleben*. 2009, S. 212.
19 Andersch, Alfred: Europäische Avantgarde. In: *Europäische Avantgarde*. Hg. von Alfred Andersch. Frankfurt am Main 1949, S. 5–11, hier S. 5f.
20 Ebd., S. 164f.

schen Intellektuellen und Schriftstellerin [...]. Er lautet: ‚Man wird nicht als Frau geboren, man wird es.'"[21]

Die deutsche Erstausgabe las sich für einen zeitgenössischen Rezensenten jedoch deutlich unspektakulärer. Das „Wertvollste" sei, „eine so kluge und doch so weibliche Frau über ‚das Weib' zu hören", und überdies sei ihr „Eintreten für die Frau als freie ‚Schwester' [...] christlich", auch wenn die Autorin selbst dies anders sehe. Die emanzipatorisch-feministische These des Buchs scheint also vergleichsweise unproblematisch gewesen zu sein. Höheren argumentativen und rhetorischen Aufwand bedurfte dagegen der „Freimut", mit dem de Beauvoir „die intimsten Phänomene der Sexualität in großer Ausführlichkeit behandelt." Hier gehe es „nicht um ‚Aufklärung' zweideutiger Art" und auch nicht um „[g]eile Neugier", sondern um „ein wertvolles Stück Sexual*ethik*". Die Wirkung, fügte der Rezensent appellierend an, „sollte weniger in landläufiger Aufklärung als in seiner" – des anderen Geschlechts – „‚Erhellung' bestehen, ja [...] in seiner *Erweckung*."[22] Das rückt de Beauvoirs Buch in abgrenzende Nähe zu veritablen Bestsellern der fünfziger Jahre – ebenfalls Kulturimporten: Alfred Kinseys *Das sexuelle Verhalten der Frau* (*Sexual Behavior in the Human Female*, 1953, dt. 1954) und *des Mannes* (*Sexual Behavior in the Human Male*, 1948 dt. 1955). Schon lange vor Erscheinen der Übersetzungen und selbst der Originalausgaben wurde der Kinsey-Report in Deutschland heftig diskutiert. Im Sommer 1950 widmete *Der Spiegel* Kinsey eine Titelstory: *Wie die Frauen sind.*[23]

Im Unterschied zu Sartre, der vor allem philosophisch-weltanschaulich attraktiv war, Simone de Beauvoir und Alfred Kinsey, deren Wirksamkeit die gesellschaftliche Entwicklung von der sexuellen Revolution der sechziger bis zum Feminismus der siebziger Jahre prägen sollte, ging von Ernest Hemingway eine vorderhand vor allem ästhetische Sogwirkung aus. Emphatisch bekannte man sich zur lakonisch-realistischen Sachlichkeit, zur virilen Männlichkeit seiner Poetik der Beschreibungskälte. Ende 1950 berichtete *Die Neue Zeitung*, dass in einer Umfrage unter jungen Lesern, worunter man alle unter dreißig verstand, Hemingway in der Gunst an allererster Stelle rangiere und noch für die späten fünfziger und frühen sechziger Jahre ermittelte das *Institut für Demoskopie* in

---

21 März, Ursula: Das Wichtigste: Dass ich eine Frau bin ... In: *Die Zeit*, 2/2008 (3. 1. 2008), http://www.zeit.de/2008/02/L-Beauvoir-Maerz/komplettansicht (Stand: 1. 3. 2013).
22 Giesz, Ludwig: Liebe als Freiheit. In: *Das literarische Deutschland*, 5. 10. 1951. Vgl. zur Rezeption Simone de Beauvoirs auch Häntzschel, Günter; Hummel, Adrian; Zedler, Jörg: *Deutschsprachige Buchkultur der 1950er Jahre. Fiktionale Literatur in Quellen, Analysen und Interpretation*. Wiesbaden 2009, S. 235.
23 Wie die Frauen sind. In: *Der Spiegel*, 31/1950 (5. 8. 1950), S. 24–27.

Allensbach Hemingway als „volkstümlichsten Erzähler".[24] Zunächst war die Wirkung Hemingways nicht einmal auf die Westzonen beschränkt. Wolfgang Weyrauch forderte 1946 im *Aufbau*, der Zeitschrift des *Kulturbunds zur demokratischen Erneuerung Deutschlands*, einen „Realismus des Unmittelbaren" nach dem Vorbild Hemingways, dem „konsequentesten Realist[en] des Unmittelbaren".[25] Namentlich Autoren der *Gruppe 47* beriefen sich auf Hemingway, besonders prominent Hans Werner Richter, Heinrich Böll, Walter Kolbenhoff und Alfred Andersch.[26] Eine spezifische Nachkriegsentwicklung war dies jedoch nicht – auch wenn die jeweiligen Autoren das möglicherweise selbst glaubten. Denn die Hemingway-Rezeption setzte in Deutschland vehement bereits in den späten zwanziger Jahren im Kontext der Neuen Sachlichkeit ein und Bücher des Autors, obgleich von Beginn an unerwünscht, konnten zunächst auch noch während des ‚Dritten Reichs' verkauft werden. Wie überhaupt keineswegs davon ausgegangen werden kann, dass Kulturimporte – zumal amerikanische – nach 1933 abrupt unter nationalsozialistisches Verdikt fielen. Vielmehr war die amerikanische Unterhaltungs- und Hochkultur bis 1945 nicht nur geduldet, sondern teilweise sogar erwünscht in Deutschland.[27] Hemingway jedenfalls, von dessen *In einem andern Land* beispielsweise 1937 noch eine gekürzte Schulbuchausgabe erscheinen konnte, war 1945 keinesfalls ein unbekannter oder vergessener Autor.[28] Und auch stilistisch dürfte ein an die Kriegsberichterprosa gewöhntes Publikum auf unverdächtigem Terrain weitergelesen haben, was schon in den Jahren vor 1945 gut lief. Gottfried Benn etwa schrieb seinem Verleger Max Niedermayer zu Hemingways *Über den Fluß und in die Wälder* (*Across the River and Into the Trees*, 1950, dt. 1951): „[N]ach meiner Meinung ein schwaches Buch, sehr snobistisch, affektiert, kokett, trotz aller immer wieder betonten Männlichkeit des Helden, aber dafür *sehr militaristisch*, wenn ein Deutscher das geschrieben hätte, würden alle Kriti-

---

24 Ich und das Buch. Ergebnis einer Rundfrage. In: *Die Neue Zeitung*, 30. 12. 1950; Die Prinzessin Soraya ist in der Bundesrepublik die bekannteste Frau – ein Kaleidoskop der öffentlichen Meinung. In: *Die Zeit*, 26. 2. 1965.
25 Weyrauch, Wolfgang: Realismus des Unmittelbaren. In: *Aufbau*, 2 (1946) 7, S. 701–706, hier S. 703.
26 Vgl. Mehigan, Tim: Ernest Hemingway und die Deutschen. Eine Sonne, die auch aufgeht. In: *Dennoch leben sie. Verfemte Bücher, verfolgte Autorinnen und Autoren. Zu den Auswirkungen nationalsozialistischer Literaturpolitik*. Hg. von Reiner Wild. München 2003, S. 135–144; Moeller Osmani, Kerstin: *In einem anderen Land. Ernest Hemingway und die „junge Generation". Möglichkeiten und Grenzen der Rezeption eines amerikanischen Autors in der frühen westdeutschen Nachkriegsliteratur*. Würzburg 1996.
27 Vgl. dazu Schäfer, Hans-Dieter: *Das gespaltene Bewusstsein. Vom Dritten Reich bis zu den langen Fünfziger Jahren*. Göttingen 2009.
28 Vgl. Knigge, Jobst C.: *Hemingway und die Deutschen*. Hamburg 2009, S. 97.

ker über ihn herfallen, der ganze Inhalt dieses Obersten-Helden-Leben sind die beiden Kriege."[29] Noch direkter dürften diese Bedürfnisse von dem ehemaligen Kriegsberichterstatter des *Corriere della Sera* Curzio Malaparte befriedigt worden sein, dessen Buch *Die Haut* (*La pelle*, 1949, dt. 1950), wie Ursula von Kardorff im Dezember 1950 den Lesern der *Süddeutschen Zeitung* mitteilte, „in allen Läden verkauft – und in keinem ausgestellt wird."[30] Die Drastik der Darstellung und auch des Urteils unterschied Malaparte von den Büchern der meisten deutschsprachigen Autoren. „Die Kriegsliteratur in Deutschland ist unwahrscheinlich schwach: dieser ungeheure Krieg hat nur ‚literarische Mäuse' geboren". Malapartes „Fresko" dagegen sei „grandios", so ein Rezensent, „aber es ist mit dem Blut derer gemalt, deren Tod er miterlebte, ohne sich gegen ihren Tod aufzulehnen."[31] – Gerade dies dürfte das deutsche Lesepublikum an eigenes, nicht zuletzt durch die Kriegsberichterstattung präfiguriertes Erleben erinnert haben.

Als wesentliche importierte formale Innovation der Nachkriegsliteratur, die ebenfalls mit dem Namen Hemingway verbunden ist, gilt die *Short Story* oder Kurzgeschichte. In der Folge Hemingways, William Faulkners, F. Scott Fitzgeralds, William Saroyans oder John Steinbecks, so meint man, entstand nach 1945 eine Flut lakonischer Kurzprosa, die existenzielle Situationen zugespitzt vorführt, ohne billige Auswege anzubieten.[32] Auch hier ist der Weg des Imports indes nicht ganz so eindeutig. Wolfgang Weyrauchs Anthologie *Tausend Gramm* (1949), in deren Einleitung der Begriff Kahlschlag geprägt wurde und die gemeinhin als erste Theorie und Sammlung der neuen Kurzgeschichte gilt, lieferten die „Beispielgeschichten" der neuen Erzählungen nicht die Amerikaner, sondern Hebbel, Kleist, Maupassant, Čechov und Hebel. Manfred Durzak hielt es für „höchst bemerkenswert", dass Weyrauch unter den Bedingungen der Re-Education und einer von der „angelsächsische[n] Short Story" geprägten „deutschen Literaturszene [...], den Akzent auf die europäischen Wurzeln dieser Erzählform" legte. „Auf die in dieser Situation allgegenwärtigen amerikanischen Short Story-Erzähler glaubte Weyrauch damals nicht eigens hinweisen zu müssen", fügte er zur Er-

---

29 Gottfried Benn an Max Niedermayer, 14. 12. 1951. In: *Gottfried Benn: Briefe an den Limes Verlag 1948–1956. Mit der vollständigen Korrespondenz auf CD-ROM*. Hg. von Marguerite Valerie Schlüter und Holger Hof. Stuttgart 2006, CD-ROM, S. 507.
30 Kardorff, Ursula von: Viele Bücher liegen auf dem Weihnachtstisch. In: *Süddeutsche Zeitung*, 21. 12. 1950.
31 Maignal, Charles: Das Ungeheuer geht um. In: *Aussprache*, 3 (1951/52) 4, S. 325–327.
32 Vgl. etwa Däschler, Eberhard: Kurzgeschichte. In: *Metzler Literaturlexikon. Begriffe und Definitionen*. Hg. von Günther und Irmgard Schwekle. 2., überarbeitete Aufl. Stuttgart 1990, S. 257.

klärung an.[33] Ebenso gut möglich ist jedoch, dass Weyrauch eine ganz andere Tradition der Kurzgeschichte mit dem Bezug auf die europäische Literatur des 19. Jahrhunderts verdecken wollte, die ihm, der während des ‚Dritten Reichs' als Lektor, Kritiker und Autor aktiv war, mindestens ebenso präsent gewesen sein dürfte, nämlich deren Vereinnahmung von Teilen der nationalsozialistischen Literaturprogrammatik.[34]

Neben dieser Konsumtion des Eigenen im Fremden lässt sich im Umgang mit Kulturimporten auch gegenläufig die Abwehr des (vermeintlich) Fremden im Eigenen ausmachen. Galt dies schon für den Kinsey-Report, den man bei deutlicher Faszination als Beschreibung amerikanischer Verhältnisse abtat, lassen sich besonders soziologische Theorieimporte wie James Burnhams *Regime der Manager* (*The Managerial Revolution*, 1941, dt. 1948), Thorstein Veblens *Theorie der feinen Leute* (*The Theory of the Leisure Class*, 1899, dt. 1958), David Riesmans *Einsame Masse* (*The Lonely Crowd*, 1950, dt. 1956) oder auch Vance Packards *Die geheimen Verführer* (*The Hidden Persuaders*, 1957, dt. 1958) in diesem Sinne verstehen. Allenthalben nahm man die dort beschriebenen gesellschaftlichen und ökonomischen Entwicklungen, von der Herrschaft der „Manager" – einer Art Verwaltungselite – über den außengeleiten Charaktertyp bis zur Macht der Werbung zur Kenntnis, um erleichtert feststellen zu können, in Deutschland seien die Verhältnisse doch andere. Auch wenn, so die Mahnung, im Zuge der Modernisierung mit ähnlichen Entwicklungen auch hierzulande zu rechnen sei. Ganz wie nach dem Ersten Weltkrieg „so unterschiedliche Autoren wie Oswald Spengler und Hermann Hesse ein selbst-entfremdetes Deutschland als ein ‚zweites Amerika'" bezeichnen konnten.[35] Kultur- oder ideologiekritisch konnte man gar so weit gehen, den Nationalsozialismus selbst auf der Seite der Moderne zu verbuchen, und die eigene Moderne- und meist damit verbunden Amerikafeindschaft in die Vergangenheit verlängern: als widerständige Haltung während des ‚Dritten Reichs'.[36]

Kulturimporte überhaupt einer progressiv-modernen, deren Abwehr einer konservativ-restaurierenden Seite zuzuschlagen, griffe jedoch zu kurz. Nicht nur die höchst widersprüchliche Rezeption und Indienstnahme der vermeintlich mo-

---

33 Vgl. Durzak, Manfred: *Die Kunst der Kurzgeschichte. Zur Theorie und Geschichte der deutschen Kurzgeschichte.* München 1989, S. 11.
34 Vgl. dazu Marx, Leonie: *Die deutsche Kurzgeschichte.* 3., aktualisierte und erweiterte Aufl. Stuttgart, Weimar 2005, S. 9f., 39–36, 103–113.
35 Ermarth: ‚Amerikanisierung' und deutsche Kulturkritik 1945–1965. In: Jarausch; Siegrist (Hg.): *Amerikanisierung und Sowjetisierung.* 1997, S. 317.
36 Vgl. dazu ebd.; Lohmeier, Anke-Marie: Aufklärung und Propaganda. Politische Konsensbildung in Literatur und Publizistik der frühen Nachkriegszeit in Westdeutschland. In: *Internationales Archiv für Sozialgeschichte der deutschen Literatur*, 25 (2000) 2, S. 115–133.

dernen Importe selbst spricht gegen eine solche Zuordnung. Untersucht man nämlich weniger retrospektiv, ausgehend von den nachträglich kulturell valorisierten Autoren und Texten deren jeweilige Anregungen und Einflüsse, sondern fragt, was zeitgenössisch als besonders einflussreich galt, so wird man mit ebensoviel Recht wie Hemingway, Sartre oder Riesman auch Arnold J. Toynbee nennen können, dessen *Gang der Weltgeschichte* (*A Study of History*, Bd. 1–6, 1934/39, gekürzt dt. 1949) als verhalten optimistische Variante zu Spenglers *Untergang des Abendlands* (1918/22) wahrgenommen wurde, oder Ortega y Gassets *Aufstand der Massen* (*La rebelión de las masas*, 1929), ein gegen die Massenkultur gerichteter Massenerfolg, der bereits 1931 einsetzte, 1947 erstmals nach dem Zweiten Weltkrieg wieder aufgelegt und im Nachkriegsdeutschland zum erfolgreichen Longseller wurde – unter anderem zum erfolgreichsten Band in *rowohlts deutscher enzyklopädie* (1993: insgesamt 428. Tsd.).[37] Mit Liddell Hart hatte man sogar einen prominenten Import zur Verfügung, der in mehreren Publikationen die Strategie der Wehrmacht und ihrer Generale im Zweiten Weltkrieg rechtfertigte und die Schuld für die Niederlage und die humanitäre Katastrophe allein Hitler und seinem Regime zuschrieb.[38] Als hochkulturellen Import für den konservativ-abendländisch gestimmten Teil der deutschen Öffentlichkeit kann man schließlich T. S. Eliot nennen, der 1948 den Literaturnobelpreis erhielt und der trotz – oder vielleicht wegen seiner amerikanischen Herkunft – allenthalben als Repräsentant der abendländisch-christlichen alteuropäischen Kultur galt, einer Kultur, als deren maßgeblichen Träger man sich im Nachkriegsdeutschland gern verstand. Dass mit Eliot auch ein Antisemit und Monarchist verehrt wurde, tat der Wertschätzung zumindest keinen Abbruch. Eliots Drama *Mord im Dom* (*Murder in the Cathedral*, Uraufführung 1935), das *Der Spiegel* als „Dichtung" bezeichnete, „die den entschlossenen Versuch macht, die vordergründig geschichtlich-politische Wirklichkeit mit der religiösen Wirklichkeit, d.h. mit der Wirklichkeit Gottes zu durchdringen", und mit dem Hans Egon Holthusen die „Wiederherstellung des alten Wahren [...] beispielhaft vollzogen" sah, wurde in der Übersetzung Rudolf Alexander Schröders 1947 an gleich drei deutschen Bühnen erstaufgeführt.[39]

---

37 Vgl. dazu Sánchez-Blanco, Francisco: Ortega y Gasset. Philosoph des Wiederaufbaus? Anmerkungen zu einer unbeachteten Rezeption. In: *Nachkriegsliteratur in Westdeutschland*. Bd. 2: Autoren, Sprache, Traditionen. Hg. von Jost Hermand, Helmut Peitsch und Klaus R. Scherpe. Berlin 1983, S. 101–111.
38 Vgl. Hoßfeld, H. J.: Die Krisis der Generäle. In: *Merkur*, 4 (1950) 4, S. 459–466.
39 Vierfache Versuchung. 1170 in Canterbury. In: *Der Spiegel*, 43/1947 (25. 10. 1947), S. 16; Holthusen, Hans Egon: *Der unbehauste Mensch. Motive und Probleme der modernen Literatur*. München 1951, S. 23, zit. nach Auerbach, Günter: T. S. Eliot und Deutschland oder zwei unbewältigte Vergangenheiten. In: *Nachkriegsliteratur. Spurensicherung des Krieges / Gab es eine Re-education*

Grundsätzlich dürfte der Anteil der Kulturimporte besonders im deutschen Nachkriegstheater kaum zu überschätzen sein. Herbert Ihering sprach 1947 von einem „dramatische[n] Welttreffen" auf deutschen Bühnen.[40] Neben den schon genannten Dramatikern Sartre und Eliot spielten deutsche Bühnen verbreitet Stücke von Jean Anouilh (*Antigone*, Uraufführung 1944), Tennessee Williams (*Die Glasmenagerie/The Glass Menagerie*, Uraufführung 1944), Paul Claudel (*Der seidene Schuh/Le Soulier de satin*, Uraufführung 1943), Eugene O'Neill (*Trauer muss Elektra tragen/Mourning Becomes Electra*, Uraufführung 1931) oder Jean Giraudoux (*Der trojanische Krieg findet nicht statt/La guerre de Troie n'aura pas lieu*, Uraufführung 1935). Besondere Beachtung verdienen zwei Dramen Thornton Wilders, deren Erfolg und Einfluss im Nachkriegsdeutschland den in den USA weit übertraf. *Wir sind noch einmal davon gekommen* (*The Skin of Our Teeth*, Uraufführung 1942) und *Unsere kleine Stadt* (*Our Town*, Uraufführung 1938) avancierten zu den meistgespielten Stücken auf den Bühnen der westlichen Besatzungszonen. „Für einen beträchtlichen Zeitraum", so Horst Oppel, „dürfte in Westdeutschland kein Tag des Jahres ohne eine Aufführung von ‚Unsere kleine Stadt' vergangen sein."[41] Wilders Dramen, so wird allenthalben bemerkt, hätten das Lebensgefühl der Deutschen ausgedrückt, indem sie die jüngste Vergangenheit und die eigene Hoffnungslosigkeit transzendierten, relativierten und – insbesondere durch den episierend eingreifenden Spielleiter – deuteten. Im Nachwort der 1953 erstmals erschienenen Schulausgabe des *S. Fischer Verlags* hieß es: „Die kleine Stadt ist wie ein Spiegel der ganzen Welt; das Spiel verwandelt alles Leben auf dieser Erde in eine Parabel, in ein Gleichnis jeglichen Daseins zu jeder vergangenen oder künftigen Zeit. Das für die Menschheit Entscheidende ist auch durch die neuen technischen, sozialen und wissenschaftlichen Prozesse nicht wesentlich verändert worden. Die Aufgabe bleibt die gleiche wie im Altertum: zu lieben."[42]

Solch allgemeinmenschliche Schicksalhaftigkeit konnte in der SBZ und der DDR selbstredend nicht überzeugen. Wilder fliehe, so der Vorwurf, „aus der Welt der Realität in die angeblich immer gleichbleibenden Prinzipien der letzten Dinge

---

der Sprache? / Antifaschismus nach dem Faschismus / Pathos des Nullpunkts / Erste Gespräche über Bäume / Poesie nach Auschwitz. Hg. von Nicolas Born und Jürgen Manthey. Reinbek 1977, S. 355–370, hier S. 356.
40 Zitiert nach Schmidt: *Zwischen Antimoderne und Postmoderne*. 2009, S. 89.
41 Oppel, Horst: *Thornton Wilder in Deutschland. Wirkung und Wertung seines Werkes im deutschen Sprachraum*. Mainz 1977, S. 6.
42 Sanden, Gerhard: Nachwort. In: *Thornton Wilder. Unsere kleine Stadt. Schauspiel in drei Akten*. Frankfurt am Main 1965, S. 71f., hier S. 72. Vgl. auch Schmidt: *Zwischen Antimoderne und Postmoderne*. 2009, S. 548–561.

des menschlichen Lebens."[43] War die Ablehnung Wilders gewissermaßen verständlich – und auch die westliche Kritik keineswegs eindeutig in ihrem Urteil –, lieferten die Auseinandersetzungen um Inszenierungen der Dramen Sartres Anlass zur deutlichen Polarisierung der deutschen Kritik und Öffentlichkeit im Ost-West-Konflikt. Von einer „neofaschistische[n] Nachkriegsmode" war die Rede im Osten und die Berliner Inszenierung des allgemein anti-stalinistisch verstandenen Stücks *Die schmutzigen Hände* (*Les Mains sales*, Uraufführung 1948) wurde mit Veit Harlans Propagandafilm *Jud Süß* (1940) verglichen.[44] Trotz dieser frühen Konflikte blieb das Angebot an Kulturimporten im Bereich der Literatur zumindest bis 1958, als die DDR-Staatsführung in Redaktionen und Lektoraten „eine ganze Reihe abschreckender Exempel statuiert[e], um den Sinn für eine ‚verantwortliche' Kontrolle zu schärfen",[45] auch in der DDR durchaus differenziert. Für die sowjetische Literatur war zunächst der Verlag *Kultur und Fortschritt* zuständig, für die aktuelle ausländische Belletristik aus den „Volksdemokratien" und dem kapitalistischen Ausland ab 1947 der spätere Leitverlag „für internationale Gegenwartsliteratur" *Volk und Welt*.[46] So erschienen dort neben Il'ja Ėrenburg, Stanisław Lem, Vladimir Majakovskij, Michail Šolochov oder einem Band mit Mao-Gedichten auch Jorge Amado, Louis Aragon, Arthur Miller, Pablo Neruda und eine von Fritz J. Raddatz edierte Anthologie amerikanischer Kurzgeschichten.

Zusammengenommen lässt sich auch beim Kulturimport jene für die fünfziger Jahre typische Gemengelage konstatieren, die zwischen Neuanfang und Kontinuitäten, zwischen restaurierendem Wiederaufbau und Modernisierung oder, nach Axel Schildt, zwischen „Abendland und Amerika"[47] changierte. So könnte man etwa noch ergänzen, dass mit dem beginnenden Tourismus zunehmend auch mediterrane Unterhaltungsliteratur „in den Vorstellungshorizont deutscher Verlage und des deutschen Lesepublikums" gelangte. Das galt für griechische Literatur – *Alexis Sorbas* (1946, dt. 1952, 1955 als RO-RO-RO) von Nikos Kazantzakis – und besonders für Übersetzungen aus dem Italienischen, deren Zahl sich zwischen 1950 und 1955 verdreifachte.[48] Fest steht indes, dass in beiden deutschen Staaten nach 1945 Kulturimporten quantitativ und qualitativ ein neuer Stellenwert zugemessen

---

43 Zitiert nach Oppel: *Thornton Wilder*. 1977, S. 25.
44 Zitiert nach Schmidt: *Zwischen Antimoderne und Postmoderne*. 2009, S. 63.
45 Lokatis, Siegfried: Nimm den Elefanten – Konturen einer Verlagsgeschichte. In: *Fenster zur Welt. Eine Geschichte des DDR-Verlages Volk & Welt*. Hg. von Siegfried Lokatis und Simone Barck. Berlin 2003, S. 15–30, hier S. 20.
46 Vgl. ebd., S. 17.
47 Schildt, Axel: *Zwischen Abendland und Amerika. Studien zur westdeutschen Ideenlandschaft der 50er Jahre*. München 1999.
48 Häntzschel, Hummel, Zedler: *Buchkultur der 1950er Jahre*. 2009, S. 122.

wurde, der die Bezugnahme auf und die Auseinandersetzung mit kulturellen Produkten aus dem Ausland verbindlich machte in ästhetischen, politischen und gesellschaftlichen Debatten und Positionsbestimmungen gleichermaßen.

Das Fortleben der Kulturimporte aus den fünfziger Jahren und damit die andauernde Wirkmächtigkeit dieser Kultur überhaupt zeigte sich überraschend deutlich bei der Bundespräsidentenwahl im Juni 2010. Nach seinem Lieblingsbuch gefragt, gab der dann auch gewählte Kandidat der christlich-liberalen Regierungsparteien, Christian Wulff, *Der Kleine Prinz* (*Le Petit Prince*, 1943, dt. 1950) von Antoine de Saint-Exupéry an. Saint-Exupéry war in den fünfziger und vierziger Jahren – auch schon vor 1945 – mit seinen Fliegergeschichten ein überaus präsenter Autor (besonders *Wind, Sand und Sterne/Terre des hommes*, 1939). Der Erfolg des *Kleinen Prinzen* ist daher auch als Fortsetzung dieser Rezeptionsgeschichte zu sehen, in der das zivile Fliegen und dessen existenzialistisch-metaphysische Überhöhung durchaus mit dem Kriegerischen kurzgeschlossen und bewältigt wurde. Das Lieblingsbuch des schließlich (vorerst) gescheiterten, nach dem vorzeitigen Rücktritt Wulffs 2012 dann allerdings doch noch zum Staatsoberhaupt gewählten Joachim Gauck dagegen soll Hemingways *Wem die Stunde schlägt* (*To Whom the Bell tolls*, 1940) sein, das übersetzt 1941 bei *Bermann-Fischer* in Stockholm erschien und dann ab 1948 in Wien und Berlin. Erich Pfeiffer-Belli berichtete 1946 von seiner Lektüre eines über die Grenze nach Deutschland gebrachten Exemplars. Hemingways Roman aus dem Spanischen Bürgerkrieg sei weiterhin aktuell, weil er „um das Unzerstörbare im Menschen, in jedem von uns" wisse. Auf „den Menschen wie du und ich kommt es ihm an. Sie müssen nur richtig sein, sauber anständig, die Freiheit liebend und den Sinn des Daseins suchend, manches wissend, vieles ahnend."[49] Dies schrieb Pfeiffer-Belli im *Ruf* an die „junge Generation" der Kriegsheimkehrer gerichtet. Wenn also Hubert Spiegel 2010 in der *FAZ* kommentiert: „‚Der kleine Prinz' [...] ist das Buch für den Allesfühler und Jedenumarmer, das Buch, bei dem einem schon nach den ersten Seiten gemütlich puschelige Wollsocken an den Füßen wachsen [...]: Es ist die Bibel aller Weichstapler." Und dem damals designierten Bundespräsidenten Wulff *Wem die Stunde schlägt* als „Zweitbuch" empfiehlt, das Buch „von einem Mann, der [...] sich in seinen Idealen nicht beirren lässt, der heroisch in einen aussichtslosen Kampf geht, weil er das Richtige tun will [...]. Ein Roman für Überzeugungstäter mit Durchhaltevermögen". Dann sind auch dies nur zwei Seiten der Kultur der fünfziger Jahre.[50]

---

49 Pfeiffer-Belli, Erich: Bücher, die wir nicht lesen dürfen: „Wem die Stunde schlägt". In: *Der Ruf*, 1 (1946) 7, S. 13f., hier S. 14.
50 Spiegel, Hubert: Präsidial-Lektüren. Die Spitzentitel der Kandidaten. In: *Frankfurter Allgemeine Zeitung*, 30. 6. 2010.

Michail Aleksandrovič Šolochov: Neuland unterm Pflug. Roman

Originaltitel: *Поднятая целина (Podnjataja celina)* • Sowjet. Ausgaben: Teil 1: Moskau 1932. Überarbeitete Fassung Teil 1 und Teil 2: Leningrad 1961 • Deutschsprachige Erstausgaben: Teil 1, Moskau und Leningrad, Verlagsgenossenschaft ausländischer Arbeiter in der UdSSR 1934 (Ü.: E. Schiemann); Zürich, Büchergilde Gutenberg 1934 (Ü.: B. Krotkow und G. S. Stroessler) • Erstausgabe in der DDR: Ost-Berlin, Verlag der Sowjetischen Militärverwaltung in Deutschland (SWA Verlag) 1946 (ohne Ang. d. Ü.); Ost-Berlin, Verlag Volk und Welt 1952 (Ü. bearb. v. N. Held); Teil 2: Ost-Berlin, Verlag Volk und Welt 1961 (Ü.: J. Elperin, zus. m. Teil 1, Ü.: N. Drechsler [Held]) • Erstausgabe in der BRD: Teil 1, München, List-Verlag 1960 (Ü.: N. Drechsler); Teil 2 (zus. m. Teil 1 u. d. T. *Ernte am Don*): Frankfurt am Main, S. Fischer Verlag 1966 (Ü.: E. Suslik)

Neuland unterm Pflug von Michail Šolochov (1905–1984) ist ein Roman des sozialistischen Realismus, der den Prozess der Kollektivierung im Kosakendorf Gremjatschi Log am Don darstellt. Die Handlung ist im Jahr 1930 angesiedelt und fällt damit in die wieder gemäßigtere Phase der Kollektivierung. Nach einem Aufruf Stalins wurden die gewalttätigen Auswüchse gemildert, die die Vergesellschaftung der Agrarproduktion durch die Verfolgung von „Kulaken" (Angehörige der – nicht selten bloß imaginierten – Großbauernklasse) vorangetrieben und den Widerstand einzelner Bauern mit Gewalt und durch das Einbehalten von Lebensmittelrationen gebrochen hatte. Die Erzählung folgt unter anderem dem Leningrader Schlosser Dawydow, der als Teil jener aufs Land gesandten Kommunisten der *Bewegung der 25 000* die Kollektivierung organisieren soll. Behandelt wird sein Kampf gegen den Widerstand der Einzelbauern und gegen die sich organisierende Konterrevolution, vertreten vom Verschwörer und ehemaligen Weißgardisten Polowzew. Im zweiten Teil streut sich der Fokus und nimmt auch andere Personen in den Blick, behält dabei seine Kohärenz aber im Kernthema, dem Konflikt zwischen der dörflichen Tradition und der Notwendigkeit der Neuorganisation der Arbeit. Wie auch in Šolochovs *Der stille Don* (1928–1940) werden fiktive Einzelschicksale tatsächlichen Geschichtsabläufen eingewoben und so parabelhaft überhöht: Dawydow erscheint als Archetyp des aufrechten sozialistischen Helden, der mit Herz, Verstand und unerschütterlichem Vertrauen auf die Weisheit der Partei seine Ziele erreicht. Jedoch ist Šolochovs Werk kein einfaches Propagandastück und verhandelt seine Themen zwar parteiisch, ihrer geschichtlichen Komplexität jedoch durchaus angemessen: So durchläuft der Held Dawydow tiefe Selbstzweifel und erliegt im zweiten Teil einem Angriff der Konterrevolutionäre. Unzulänglichkeiten der eigenen Genossen werden ebenso thematisiert wie die grausamen Seiten der Kollektivierung selbst. Dieser gemäßigt kritische Grundton des Romans ließ die Zeitschrift *Novyj Mir* 1931 noch gegen eine Veröffentlichung votieren; erst auf persönlichen Einsatz Stalins hin konnte der erste Teil erscheinen.

Neuland unterm Pflug nimmt weder im Werk Šolochovs noch in der sowjetischen Literatur eine ähnlich prominente Stellung ein wie sein für die Gattung des sozialistischen Realismus paradigmatisches opus magnum *Der stille Don*. Šolochov begann *Neuland* 1930/31 neben *Der stille Don* zu schreiben, während aber der erste Band bereits 1932 herauskam, vergingen bis zum Erscheinen des zweiten Teils 1959/60 fast 28 Jahre. Diese zeitliche Diskrepanz schlägt sich auch in einer stilistischen und teilweise thematischen Differenz der beiden Teile nieder: Ist im ersten Band die Kontinuitätslinie zur realistischen Tradition des 19. Jahrhunderts mit der chronologisch stringenten Diegese und dem Fokus auf wenige relevante Protagonisten noch offensichtlich, so erlaubt sich der zweite Teil mehr Abschweifung, novellenartige Episoden und Diachronien.

Für die Kulturpolitik der SBZ und frühen DDR nimmt *Neuland* eine besondere Stellung ein. Die *Abteilung für Information* der *Sowjetischen Militäradministration in Deutschland* (SMAD), zwischen 1945 und 1949 die oberste kulturpolitische Instanz in der SBZ, hatte noch im Jahr des Kriegsendes mit dem Verlag der SMAD, dem SWA Verlag, einen Kanal kultureller Einflussnahme, Umerziehung und Wiederbelebung geschaffen, der, neben anderen Maßnahmen, wie der rigorosen Indizierung nazistischer Werke, die ‚Entnazifizierung' auch auf dem Feld der Literatur vorantreiben sollte. In kurzer Folge erschienen im SWA Verlag in großer Auflage und zu geringen Preisen Schlüsselwerke des sozialistischen Realismus, von denen Breitenwirkung erhofft und denen weltanschauliche Vorbildfunktion zugeschrieben wurde, etwa Nikolaj Ostrovskijs *Wie der Stahl gehärtet wurde* (1947), Aleksandr Fadeevs *Die Neunzehn* (1948), Fëdor Gladkovs *Zement* (1949) und der erste Teil von *Neuland unterm Pflug* (1946). Gerade Šolochovs Kolchosroman „avancierte dabei regelrecht zum Handbuch für die sozialistische Umgestaltung des Bauernlebens in der SBZ/DDR", so Anne Hartmann und Wolfram Eggeling. Bis 1964 erlebte das Buch eine Auflage von 530 000 Exemplaren.

Ebenso wie in der Sowjetunion die Romane des sozialistischen Realismus immer schon im Dienst von Generallinie und ideologischer Tagespolitik standen, wurde auch in der SBZ von den Schriftstellern Parteilichkeit und Orientierung an aktuellen Sachfragen verlangt. Die Bodenreform von 1945/46 war dabei ein Thema, bei dessen literarischer Gestaltung dezidiert auf Šolochovs Roman zurückgegriffen wurde, das aber auch jene „kurze Tradition deutscher sozialistischer Dorfprosa" (Lothar Köhn) wieder aufnahm, die vor 1933 von Anna Seghers gepflegt wurde. Die bekanntesten Werke dieser Zeit sind Otto Gotsches *Tiefe Furchen* (1948), Paul Körner-Schraders *Die Hungerbauern* (1949), und, auf der Bühne, Friedrich Wolfs *Bürgermeister Anna* (1950) und Erwin Strittmatters *Katzgraben. Szenen aus einem Bauernleben* (1953). Neben Strittmatter, der sich ausdrücklich auf das Vorbild Šolochovs berief, sind noch Willi Bredel, Bernhard Seeger, Erich Köhler und Erik Neutsch zu nennen, die ein „Neuland-unterm-Pflug- bzw. Scholochow-Erlebnis" angaben, wobei Letzterer gar von einer „auf das Schreiben bezogene[n] Wahlverwandtschaft" sprechen konnte.

In der Bundesrepublik wenig einflussreich, blieb *Neuland unterm Pflug* im Osten Deutschlands ein wichtiger literarischer und historischer Bezugspunkt und erlebte noch 1986 eine 13. Auflage. Auf die in Deutschland nicht gezeigte sowjetische Verfilmung von 1939 unter der Regie von Juli Rajzman folgte 1959 eine zweite, in der DDR sehr erfolgreiche Filmadaption aus der UdSSR unter der Regie von Aleksandr Ivanov.

Literatur

Willi Beitz: *Scholochow und Stalin. Ein Beitrag zur Kontroverse um den Literaturnobelpreisträger*. Leipzig 2007 • Anne Hartmann, Wolfram Eggeling: *Sowjetische Präsenz im kulturellen Leben der SBZ und frühen DDR 1945–1953*. Berlin 1998 • Lothar Köhn: Von der Formalismus-Debatte zum „Bitterfelder Weg". In: *Geschichte der deutschen Literatur von 1945 bis zur Gegenwart. Zweite, aktualisierte und erweiterte Auflage*. Hg. von Wilfried Barner. München 2006, S. 287–306 • Edward Kowalski: Šolochovs Verhältnis zum Erbe. Umwandlung der literarischen Tradition im Rahmen der Tradition? In: *Erbeverhältnis und Traditionsbildung in sozialistischen Literaturen. Beiträge des 3. Scholochow-Symposiums mit internationaler Beteiligung an der Karl-Marx-Universität Leipzig am 24., 25. und 26. April 1985. Im Auftrag des Rektors der Karl-Marx-Universität Leipzig*. Hg. von Willi Beitz. Leipzig 1986, S. 60–65.

Hannes Bajohr

Jean-Paul Sartre: Die Fliegen

Originaltitel: *Les Mouches* • Französ. Erstausgabe: Paris, Gallimard 1943 • Französ. Uraufführung: 2. 6. 1943 im besetzten Paris • Deutsche Erstausgabe in: Die Quelle, 1 (1947, Ü.: Gritta Baerlocher) • Erste deutschsprachige Aufführung: 1. 10. 1944, Zürich, Schauspielhaus • Erste deutschsprachige Aufführung in Deutschland: 7. 11. 1947, Düsseldorf, Städtische Bühnen, Regie: Gustav Gründgens • Erstaufführung in der DDR: 24. 1. 1987, Ost-Berlin, Deutsches Theater, Regie: Friedo Solter

Bei der allgemeinen Suche nach einer politischen und moralischen Neuorientierung, die Deutschland in der Nachkriegszeit kennzeichnete, spielte die Rezeption des französischen Existenzialismus eine zentrale Rolle. Unter seinen Vertretern hat Jean-Paul Sartre (1905–1980) bestimmt den stärksten Einfluss auf das Geistesleben zwischen 1946–1948 ausgeübt. Nicht so sehr mit seinen philosophischen

Werken, als vielmehr mit dem Drama *Les Mouches*, das er 1941/42 während der deutschen Besatzung Frankreichs als Aufruf zum aktiven Widerstand geschrieben hatte. In Sartres Bearbeitung der griechischen Atridentragödie nimmt Orest die volle Verantwortung für den Mord an Mutter und Stiefvater reuelos auf sich und verkörpert damit den existenzialistischen Träger einer absoluten Freiheit im Zeichen eines neuen Wertesystems. Von der dunklen Macht der Erynnen, die bei Sartre als Fliegenplage im Auftrag der Götter die Menschen von Argo verfolgen, um sie in einem Zustand von Angst und Knechtschaft zu halten, sagt sich Orest mit seiner Tat los. Sein Racheakt bedeutet die bedingungslose Selbstbestimmung eines emanzipierten Individuums, das sich von der Last des Schuldgefühls befreit hat und sich seinen Weg zu einem Neubeginn bahnt.

Auf die deutsche Situation nach 1945 übertragen und vor dem Hintergrund der drängenden Frage nach der Bewältigung der schuldbelasteten Vergangenheit, gewann Sartres Drama einen brisanten Aktualitätsbezug mit einer starken appellativen Funktion.

Nach einer ersten Premiere 1946 in französischer Sprache in Baden-Baden wurde das Stück wegen seines aufrührerischen, als ‚nihilistisch' angeprangerten Gehalts in den westlichen Besatzungszonen verboten, bis es im November 1947 von Gustav Gründgens mit großem Erfolg auf Deutsch aufgeführt werden konnte. Der berühmte und umstrittene Schauspieler und Regisseur hatte eben diesen Text gewählt, um nach der sowjetischen Gefangenschaft wieder auf die Bühne zurückzukehren und sich mit Sartres weltanschaulicher Botschaft von der eigenen politischen Ambivalenz während des Nationalsozialismus zu distanzieren.

Entscheidend für die deutsche Rezeption des Textes war auch das Vorwort, das Sartre für die Übersetzung geschrieben hatte. Angesichts der Lage im besiegten und besetzten Land forderte er die Deutschen auf, ihre Vergangenheit durch „eine totale und aufrichtige Verpflichtung auf eine neue Zukunft in Freiheit und Arbeit" zu überwinden. An die Stelle kollektiven Schuldbewusstseins habe nun das Bekenntnis zur individuellen Verantwortung und zum aktiven Engagement zu treten.

Sartres Thesen lösten in einer Zeit, die, so Jürgen Wertheimer, zerrissen war zwischen „Verdammungswut und Erlösungssehnsucht", eine heftige Auseinandersetzung in der deutschen Publizistik aus. Uneingeschränkte Zustimmung fand das Stück hauptsächlich bei den Vertretern der sogenannten jungen Generation, d.h. bei jenen Autoren, die sich überzeugt für einen radikalen Neuanfang einsetzten und sich besonders an der amerikanischen und französischen Literatur orientierten. Schriftsteller wie Walter Guggenheimer, → Walter Kolbenhoff, → Alfred Andersch fühlten sich von Sartres Rückführung des Subjektes auf sich selbst und, wie → Elisabeth Langgässer es formulierte, auf „die letzten Grundlagen" seiner Existenz stark angesprochen. In seinem 1947 geschriebenen Essay

Deutsche Literatur in der Entscheidung, der zu den wichtigsten theoretischen Texten der neugegründeten *Gruppe 47* zählt, bekannte sich Andersch emphatisch zu dem von Sartre verkörperten Humanismus jenseits jeder Tradition. Orests letzte Worte im Drama – „Lebt wohl, meine Leute, alles ist neu hier, alles ist von vorne zu beginnen" – faßten so für Andersch nicht nur das Erleben und Denken dieser Generation, sondern auch ihr Projekt eines sprachlichen und literarischen Kahlschlags zusammen und bestimmten gleichzeitig Aufgaben und Pflichten der Intellektuellen in der Trümmerzeit.

Literatur

Gerhard Hay: Frankreich und die junge Generation. In: *Arcadia*, Sonderheft, 1978, S. 80–90 • Anja Koberstein: *Gott oder das Nichts. Sartre-Rezeption im frühen Nachkriegswerk von Alfred Andersch im Kontext der zeitgenössischen Existentialismusdiskussion.* Frankfurt am Main u.a. 1996 • Gerhard Kurz: Nullpunkt, Kahlschlag, tabula rasa. Zum Zusammenhang von Existentialismus und Literatur in der Nachkriegszeit. In: *Philosophie und Poesie. Otto Pöggeler zum 60. Geburtstag.* Hg. von Annemarie Gethmann-Seifert. Stuttgart 1988, S. 308–332 • Mechthild Rahner: „*Tout est neuf ici, tout est à recommencer". Die Rezeption des französischen Existentialismus im kulturellen Feld Westdeutschland 1945–49*. Würzburg 1993 • Pamela Steiner: *Von der Résistance zum Viermächtestatus. Sartres „Fliegen" in der Diskussion.* Berlin 1986 • Jürgen Wertheimer: „Une saison en purgatoire". Aspekte der Sartre-Rezeption. In: *Zur literarischen Situation 1945–1949.* Hg. von Gerhard Hay. Kronberg im Ts. 1977, S. 270–284.

Eva Banchelli

James Burnham: Das Regime der Manager

Originaltitel: *The Managerial Revolution: What is Happening in the World* • Amerik. Erstausgabe: New York, John Day 1941 • Deutsche Erstausgabe: Stuttgart, Union Deutsche Verlagsanstalt 1948 (Ü.: Helmut Lindemann)

Mit seinem 1948 in deutscher Sprache erschienenen Buch *Das Regime der Manager* erntete James Burnham in Nachkriegsdeutschland besonderen Ruhm. Es galt als eine der ersten und wichtigsten Botschaften aus der Außenwelt zur soziologischen Gesamtsituation, die nach zwölf Jahren Hitler-Diktatur erscheinen konnten. Ebenso beachtet wurde sein Einsatz als prominentester aus den USA nach Berlin gekommener Teilnehmer am sogenannten *Kongreß für Kulturelle Freiheit*, der im Juni 1950, gleichzeitig mit dem Anfang des Korea-Krieges, im Westen der geteilten Stadt zusammenkam und die gleichnamige, zwei Jahrzehnte währende und wesentlich von Geldern der *Central Intelligence Agency* (CIA) unterstützte Organisation ins Leben rief.

James Burnham (1905–1987) war Mitte der dreißiger Jahre einer der einflussreichsten Trotzkisten in den USA gewesen, wandte sich jedoch schon Ende der dreißiger Jahre gegen Trotzki und verwarf generell den Marxismus als Ideologie. 1941, noch vor dem Eintritt der USA in den Zweiten Weltkrieg, veröffentlichte er sein berühmtestes Buch *The Managerial Revolution*. Nach dem Zweiten Weltkrieg wandte sich Burnham demonstrativ einem machiavellistischen Anti-Kommunismus zu, wie er in seinem Buch *The Struggle for the World* (1947) zum Ausdruck kam. Die Hauptideen dazu hatte er schon während seiner Zeit beim Nachrichtendienst des amerikanischen Kriegsministeriums, dem *Office of Strategic Services* (OSS), einer CIA-Vorläuferorganisation, zwischen 1942 und 1945 entwickelt. Er wurde so zu einem der wichtigsten Gründerväter des amerikanischen Konservatismus in den Nachkriegsjahren. Nach Kriegsende arbeitete er für das 1947 gegründete *Office of Policy Coordination* (OPC), das schließlich 1952 in der CIA aufging. Burnham beendete jedoch schon 1953 seine Zusammenarbeit mit der CIA, da diese damals noch hauptsächlich von Liberalen geführte Organisation für ihn nicht entschieden genug gegen die Sowjetunion auftrat. 1983 wurde ihm von US-Präsident Ronald Reagan die Freiheitsmedaille verliehen, der höchste Orden, den amerikanische Zivilisten bekommen können.

Die zentrale These seines Buchs *The Managerial Revolution* nun ist zunächst dem Marxismus entnommen, nämlich, dass der Kapitalismus dem Tode geweiht sei. Burnham bricht jedoch mit dem Marxismus, indem er konstatiert, dass nicht die Arbeiterklasse, sondern die seiner Ansicht nach neue Schicht der Manager an die Stelle der Kapitalisten treten werde. Für Burnham ist nicht das Eigentum an Produktionsmitteln ausschlaggebend für die seinerzeitige gesellschaftliche Struktur, sondern vielmehr die Beherrschung der Produktionsmittel, die mit Eigentum an ihnen nicht verwechselt werden dürfe. In der Blütezeit des Kapitalismus habe das Eigentum an Produktionsmitteln mit deren Beherrschung korrespondiert; jedoch konstatiert Burnham einen zunehmenden Unwillen seitens der ehemals herrschenden kapitalistischen Klasse, Macht auch tatsächlich auszuüben, d.h. die Produktionsmittel, die sie immer noch juristisch besitzen, auch selber einzusetzen und zu beherrschen. An ihrer statt habe eine neue Kaste der Manager die Kontrolle der Produktionsmittel übernommen – und zwar sowohl in Hitler-Deutschland als auch in der Sowjetunion, bezeichnenderweise aber auch in den USA unter Franklin Delano Roosevelts *New Deal*.

Burnham verurteilt in seinem Buch von 1941 Hitler-Deutschland weder moralisch noch politisch, sondern gesteht dem ‚Dritten Reich' eine gewisse geschichtliche Berechtigung zu, da es als Manager-Herrschaft junger, dynamischer Männer deutlich fortschrittlicher als England oder Frankreich in den dreißiger Jahren gewesen sei. Er prognostiziert, dass Deutschland den Zweiten Weltkrieg gewinnen werde und künftig ganz Europa beherrschen werde. Recht nüchtern vergleicht er die kommende deutsche Herrschaft über Europa mit der faktischen amerikanischen Herrschaft über Lateinamerika. Burnhams Idee einer Großraumherrschaft ähnelt den Vorstellungen und Begriffen, die der deutsche Jurist Carl Schmitt in den späten dreißiger Jahren entwickelt hatte. Burnham glaubt, dass es nach dem Krieg drei große Mächte geben werde: Deutschland, die USA und Japan. Jeder dieser Mächte werde, so meinte Burnham, über einen eigenen Großraum verfügen bzw. herrschen. Diese Vision einer Großraumzukunft beeinflusste wohl George Orwell, der Burnhams Buch zwar kritisierte, aber trotzdem sehr ernst nahm, und der in seinem 1948 erschienenen Roman *1984* ebenfalls eine von drei Großräumen beherrschte Zukunft heraufdämmern sah. Dass Burnham sich in seiner Zukunftsprognose geirrt hat – also Deutschland trotz seiner Erwartungen nicht den Zweiten Weltkrieg gewann – schadete der Popularität seines Buches in Deutschland keineswegs. Im Gegenteil. Zwei Jahre nach Erscheinen schrieb Karl H. Müller: „Allein aus der Tatsache, daß sich diese Theorie ungeachtet mancher heute auf den ersten Blick erkennbaren Irrtümer noch immer einer starken Popularität erfreut, muß wohl geschlossen werden, daß zumindest einige ihrer Grundgedanken der aktuellen Wirklichkeit entsprechen und dem allgemeinen Bedürfnis nach Erklärung des gegenwärtigen Weltgeschehens entgegenkommen." In einer insgesamt zwar eher abschätzigen Rezension räumte im gleichen Jahr der ordoliberale Nationalökonom Hans Otto Lenel ein, dass der amerikanische Denker „zu den ersten Stimmen des Auslands gehören, die uns Deutschen in unserer Muttersprache zugänglich gemacht werden." Man kann davon ausgehen, dass zu Burnhams Popularität in Deutschland der Umstand nicht unwesentlich beitrug, dass er das Hitler-Regime eben nicht moralisch verurteilt hatte.

Burnhams Ideen waren gewiss von der trotzkistischen Debatte um den bürokratischen Sozialismus in der Sowjetunion beeinflusst, wie sie z.B. von Bruno Rizzi in seinem Buch *La Bureaucratisation du Monde* (1939) zum Ausdruck gebracht worden waren, und wie sie auch von Trotzki selbst in seinen Auseinandersetzungen mit Burnham geäußert wurden. Burnham wiederum zitierte das Buch *The Modern Corporation and Private Property* (1932) der Amerikaner Adolf Berle und Gardiner Means als Einfluss – hatten doch Berle und Means schon wesentlich früher als Burnham auf die Trennung zwischen juristischem Eigentum auf der einen Seite und tatsächlicher Kontrolle in der modernen Aktiengesellschaft auf der anderen Seite hingewiesen. Für deutsche Intellektuelle in der unmittelbaren Nachkriegszeit waren allerdings wesentliche Thesen Burnhams durch die Arbeiten Max Webers, → Ernst Jüngers und anderer Deutscher schon halbwegs bekannt. Diese Affinität zwischen Burnhams Ideen und denjenigen deutscher Intellektueller vor ihm wurde von mehreren Rezensenten erkannt und hervorgehoben. In einer längeren, insgesamt negativen Besprechung in der *Neuen Schweizer Rundschau* wies z.B. der Historiker Golo Mann im April 1951 darauf hin, dass es nichts

Wesentliches in Burnhams Buch gebe, „was nicht vor ihm von Spengler und Ernst Jünger besser, erlebter gesagt und beschrieben worden wäre", dass „Begriffe wie Krise und Übergangszeitalter, Klassenkampf und Elite, Herrschaft der Technik und der Techniker [...] im deutschsprachigen Europa seit fünfzig Jahren gang und gäbe" seien. Trotz aller Kritik räumte Mann jedoch ein: „Das System, das Burnham sich aus diesem Gedankenkomplex schnitt, hat aber den Vorzug überwältigender Logik und Einfachheit. Das ist, glaube ich, der Grund, warum Burnhams Terminologie jetzt in den deutschen Sprachgebrauch eingeht und auch gute Schriftsteller das Wort ‚Manager' zu gebrauchen nicht verschmähen." Für Mann war Burnham ein Paradebeispiel für den intellektuellen Re-Import ursprünglich deutscher Ideen: „Manchmal kommt ihnen dann von außen wieder herein, was im Grunde von ihnen selber stammt: russifizierter Marxismus: amerikanisierte ‚Geopolitik'. Es wird um so leichter aufgenommen, weil es altvertraut ist, mittlerweile aber auf eine simplere, durchschlagkräftigere Formel gebracht wurde." Mann übersah oder verschwieg jedoch, dass die durch Burnhams Buch wiedereingeführten Ideen – Großraum, Managerherrschaft usw. – durch das ‚Dritte Reich' in Deutschland wesentlich diskreditiert worden waren, und dass Burnham als einflussreicher amerikanischer Intellektueller diesen Ideen eine Art „Persilschein" erteilen konnte. Zwar wurde Burnham in Deutschland schon ab Mitte der fünfziger Jahre wieder vergessen, aber seine Ideen über die Managerherrschaft hatten einen nachhaltigen Einfluss auf den deutschen Konservatismus der Nachkriegszeit. Besonders der Soziologe → Helmut Schelsky rezipierte Burnham in seinem Aufsatz *Berechtigung und Anmaßung in der Managerherrschaft* (1950) und in seiner späteren Arbeit *Der Mensch in der wissenschaftlichen Zivilisation* (1961), einem der Meilensteine des westdeutschen Konservatismus in der Nachkriegszeit.

Literatur

Michael Hochgeschwender: *Freiheit in der Offensive: Der Kongreß für kulturelle Freiheit und die Deutschen.* München 1998 • Daniel Kelly: *James Burnham and the Struggle for the World: A Life.* Wilmington 2002 • Hans Otto Lenel: Eine neue Geschichtstheorie: Zu James Burnhams Werk „Das Regime der Manager". In: *Ordo. Jahrbuch für die Ordnung von Wirtschaft und Gesellschaft,* 3 (1950), S. 293–302 • Mika Luoma-aho: Geopolitics and *Gross*politics: From Carl Schmitt to E.H. Carr and James Burnham. In: *The International Political Thought of Carl Schmitt: Terror, Liberal War and the Crisis of Global Order.* Hg. von Louiza Odyseeos und Fabio Petito. London, New York 2007, S. 36–55 • Golo Mann: James Burnham, der Philosoph und der Politiker. In: *Neue Schweizer Rundschau,* 18 (1951) 12, S. 719–730 • Karl H. Müller: James Burnhams Theorie der „Managerial Revolution". In: *Beiträge zur Gesellungs- und Völkerwissenschaft. Professor Dr. Richard Thurnwald zu seinem 80. Geburtstag gewidmet.* Berlin 1950, S. 284–296 • Hugh Wilford: *The Mighty Wurlitzer: How the CIA Played America.* Cambridge 2008.

Stephen Brockmann

Ernest Hemingway: Wem die Stunde schlägt. Roman

Originaltitel: *For Whom the Bell Tolls* • Amerik. Erstausgabe: New York, Charles Scribner's Sons 1940 • Deutschsprachige Erstausgabe: Stockholm, Bermann-Fischer Verlag 1941 (Ü.: Paul Baudisch) • Erstausgabe in Deutschland: Berlin und Frankfurt am Main, Suhrkamp Verlag 1948

Die Geschichte der fulminanten Rezeption Ernest Hemingways in Westdeutschland in den Jahren nach dem Zweiten Weltkrieg scheint am ehesten als ein ungeheuer produktives Missverständnis charakterisierbar. Seine Bücher, sobald sie nach Kriegsende erschienen, zunächst 1946 *In einem andern Land* bei *Rowohlt* als Rotationsroman im Zeitungsformat, 1948 bei *Suhrkamp* – in *S. Fischers Bibliothek* – *Wem die Stunde schlägt*, dann wieder bei *Rowohlt*, wurden die gesamten fünfziger und sechziger Jahre hindurch gewaltige Publikumserfolge. Gleichzeitig gibt es kaum einen zweiten Schriftsteller, der in der ersten Zeit des Neubeginns der westdeutschen Literatur einen solchen Einfluss auf seine Kollegen ausübte. Die Anfänge von → Alfred Andersch, → Heinrich Böll, → Siegfried Lenz, → Hans Werner Richter oder Luise Rinser wären nicht denkbar – oder hätten gänzlich anders ausgesehen – ohne das Beispiel des Amerikaners, dem sie nacheiferten, den sie kopierten oder sogar plagiierten – allerdings ohne ein tieferes Verständnis der Quellen seiner Kunst und vor allem im vermutlich unbewussten Drang, ihn zu apologetischen Zwecken zu instrumentalisieren.

Hemingways Werk begann bereits vor der Gründung der BRD wieder in Westdeutschland publiziert zu werden. Auf den Roman aus dem Ersten Weltkrieg und den aus dem Spanischen Bürgerkrieg folgten 1950 die *49 Stories* sowie *Fiesta* und dann in dichter Reihenfolge in den fünfziger Jahren sowohl die früheren sowie die neuesten Bücher kurz nach Erscheinen des Originals. Angesichts der Veröffentlichungsdaten kann man davon ausgehen, dass die beiden Kriegsromane diejenigen waren, die den tiefsten Einfluss auf die ihrerseits mit dem Schreiben und Publizieren beginnenden deutschen Schriftsteller hatten.

Aber wie so viele Autoren, die die Deutschen vermeintlich „erst jetzt" entdeckten, hätten sie Ernest Hemingway (1899–1961) bereits sehr viel früher kennenlernen können. Die ersten Veröffentlichungen des Schriftstellers riefen nämlich sehr schnell ausländische Verleger auf den Plan, und Ernst Rowohlt gab *Fiesta* zum ersten Mal bereits 1928 heraus, 1930, nur ein Jahr nach der amerikanischen Ausgabe, folgte *In einem andern Land*. Schon damals machte Hemingway in der jungen intellektuellen Szene Furore, es waren seine Generationsgenossen, die ihn priesen: Klaus Mann zum Beispiel oder Hans Fallada, der Hemingways Literatur 1931 mit mehr Kennerschaft, als nach dem Krieg irgendwer für sie aufbrachte, so beschrieb: „Erzählen ist Weglassen. Es ist ganz ungeheuerlich, wie er das macht, [...] Details über Details, Weglassen aller Gefühle, es gibt keinen Autor – und aus all dem steigt Traurigkeit auf, die Verlorenheit im Leben, unsere Ziellosigkeit, Ausgeliefertsein an das Schicksal. Hemingway spricht nie davon, er spricht nie von Gefühlen. Er zeichnet nur die Striche, die notwendig sind für die Kontur. Das andere überläßt er seinen Lesern."

Hemingways Werk hat – wie das so vieler großer Autoren der Vorkriegszeit – den Epochenbruch von 1933 nicht unbeschadet überstanden. Wenn auch sein Name die Zeitläufte überdauerte, so waren doch seine Romane und Erzählungen für die deutschen schriftstellerischen Anfänger der Westzonen von 1946 tatsächlich eine Neuheit.

Zwei Beispiele von vielen für seinen Einfluss seien herausgegriffen: In Siegfried Lenz' 1958 veröffentlichter Kurzgeschichtensammlung *Jäger des Spotts* gibt es die Geschichte *Das Wrack*, die nichts anderes ist als die Transponierung von Hemingways 1933 erschienenem *After the Storm* vom Golfstrom an die Elbe. Luise Rinser berichtet in ihrer Autobiographie *Den Wolf umarmen* (1981): „Dann schrieb ich drei Kurzgeschichten [...] kurz hintereinander, in wenigen Tagen. Der verschüttete Quell sprang auf. Wer den Felsen mit dem Zauberstab berührt hatte, das war Ernest Hemingway, den wir damals, nach der langen Zeit des Verbots ausländischer Autoren zu lesen bekamen. Wir ahmten ihn nach, wir lernten an ihm."

„Wir ahmten ihn nach" ist das Stichwort. Bei genauerer Betrachtung sieht man, dass die deutschen Autoren Hemingways Stil nur an der Oberfläche kopierten, ihn jedoch – viel entscheidender – in gänzlich anderer Hinsicht für sich in Anspruch nahmen. Dass Hemingway lakonisch zu schreiben schien, konnte jedem Leser klar sein, auch die Anekdote vom Eisbergprinzip war bestimmt nach Deutschland gedrungen, wurde dabei aber übersehen. Keiner der frühen westdeutschen Hemingway-Epigonen hat von dem Kursus geahnt, den er u. a. an den Werken von James Joyce, Ezra Pound und Gertrude Stein dazu durchgemacht hatte. So haben die deutschen Autoren tatsächlich nur das oberste Ende des Eisbergs imitieren können, nicht aber die unsichtbaren sieben Achtel. Dass Hemingway die deutschen Autoren faszinierte, auch wenn sie ihn nicht verstanden, ergibt sich aus anderen Gründen. Zunächst aus der historischen Situation. Er war Amerikaner, also Sieger/Befreier, auf der „richtigen Seite" (kein Russe), Demokrat, mit einem Wort jemand, der in der damaligen Zeit auf der ganzen Linie recht hatte. Das Wichtigste war: Er schrieb über den Krieg, das heißt ganz konkret über das Thema, das alle westdeutschen Schreibanfänger soeben zutiefst geprägt hatte, auch wenn es sich bei den ersten beiden in Nachkriegsdeutschland zugänglichen Büchern um Texte über den Ersten Weltkrieg und den Spanischen Bürgerkrieg handelte. Und er schrieb über diese Kriege, wie es schien, ohne Pathos, mit Kraftausdrücken, aus der Perspektive des einfachen Soldaten und ernüchtert. Das traf voll und ganz den Seelenzustand seiner deutschen Leser und ihre literarischen Pläne, der Lüge der hohlen Propagandasprache und dem Pathos der „Etappenschweine" einen radikalen, ehrlichen Neuanfang am Nullpunkt entgegenzusetzen.

Um ein Missverständnis handelte es sich bei der Hemingway-Rezeption, respektive -Adaption, aus zwei Gründen. Erstens verwechselten die Deutschen Hemingways Sprache mit ihrer eigenen. Was jedoch auf den ersten Blick so aussehen mochte wie eine Übertragung von Hemingways lakonischem, extrem rhythmisierten Dialogstil ins Deutsche, entpuppt sich bei genauerer Betrachtung sehr viel stärker beeinflusst von der Sprache der Kaserne, des Kasinos und der Front, wie sie die jungen Schriftsteller sechs Jahre lang tatsächlich gesprochen hatten. Wenn es deutsche Schriftsteller gibt, die strukturelle Ähnlichkeiten zu Hemingway aufweisen, dann sind es zwei aus seiner eigenen Generation, mit denen er bezeichnenderweise die Sozialisation in den Schützengräben des Ersten Weltkriegs teilte, nämlich Erich Maria Remarque und Carl Zuckmayer. Genau besehen kam dieser kurz angebundene Flapsigkeitston denn auch nicht ausschließlich aus der Kriegserfahrung und der in zwölf Jahren Herrschaft von den Nazis verdorbenen Sprache, sondern hatte Wurzeln durchaus schon früher. Denn parallel zum Erfolg der Nazis mit ihrer Jungmänner-Revolution, die unter den Deutschen nicht die Zustimmung hätte finden können, die sie fand, hätte sie den weitverbreiteten Wunsch nach gemeinschaftlicher jugendbewegter Erneuerung und Vereinfachung der gesellschaftlichen Verhältnisse nicht glaubwürdig vertreten, zeigte sich der gleiche Drang nach Abschaffung der Komplexitäten auch bereits in einem Teil der deutschen Literatur der Weimarer Spätphase. In dem, was man Neue Sachlichkeit oder abschätzig „Asphaltliteratur" genannt hat, verbarg sich weniger ein furchtloses „Die Dinge beim Namen nennen", als die in urbanen Zynismus gekleidete Sentimentalität als hilflose Reaktion auf die ins Extreme getriebene Subtilität und *impassibilité* der Meister.

Bei der nach 1945 in Westdeutschland literarisch hervortretenden Generation der Weltkriegs-Gefreiten und Flakhelfer, zeigt sich in zahlreichen Fällen vielmehr das ganze Ausmaß der sprachlichen Kontaminierung durch die zwölf Jahre Nazi-Ideologie. W. G. Sebald hat in seinem Werk über *Luftkrieg und Literatur* (1999) die „linguistische Korrumpierung" am Beispiel von Alfred Andersch nachgewiesen, Spuren davon finden sich bis ins Werk von → Günter Grass im mit Vulgarismen gespickten Kasino-Ton aus abwechselnd ausgelassenen Subjekten und Verben, in dem Teile des Erzählerberichts von *Katz und Maus* (1961) gehalten sind.

Aggressiv betreiben die in und um die *Gruppe 47* organisierten Literaten und ihre Mitläufer die Austreibung all dessen, was Hans Mayer den „Überhang der Tradition" genannt hat, was man aber besser als Abwehr dessen beschreiben könnte, was der Nazismus noch vom Meistertum der deutschen Literatur der Weimarer Zeit übriggelassen hatte (→ Thomas Mann, → Alfred Döblin). Dies äußerte sich in einer Reprimitivisierung der deutschen Literatur, die sich als Modernisierung gebärdete, aber manchmal schlaglichtartig als das aufschien, was sie war, nämlich als Verarmung durch die in Fleisch und Blut übergegangene Erfahrung von Nazi-Sprache und Landser-Idiom. Man vergleiche die intellektuelle und sprachliche Höhe von Musils *Mann ohne Eigenschaften* (1930/33/43) mit den Texten beispielsweise Hans Werner Richters. Ein solches Programm brauchte eine eigene Rechtfertigung und Herleitung, und da kam Hemingway wie gerufen.

Das führt zum zweiten Grund des produktiven Missverständnisses Hemingways. Die jungen und nicht mehr ganz so jungen Autoren konnten ihn, den politisch unbescholtenen amerikanischen Meister zur Apologie ihres eigenen Tuns und Herkommens instrumentalisieren. Die Instrumentalisierung besteht darin, Hemingway zu entpolitisieren und ihn und seine Kriegsromane als Kronzeugen für die eigene Unbelastetheit zurechtzuschwindeln: Ist Frederic Henry nicht desertiert und hat mitten im Krieg seinen Sonderfrieden gemacht? Ist nicht der Spanienkämpfer Robert Jordan ein Spanischlehrer ohne ideologische Bindung, der nur aus Liebe zu Land und Leuten sein persönliches heroisches Abenteuer hinter den Kampflinien erlebt? Ist also mit einem Wort der Soldat etwas anderes als ein moderner existenzialistischer und einsamer Heroe? Und wenn das so ist, sind dann nicht auch die deutschen Soldaten von ihrer Verstrickung ins Unrecht ihres Landes befreit?

„Natürlich wäre es viel zu grob, zu sagen: Hemingway wollte ein Held sein", schreibt Hans Werner Richter 1955, „was er wollte, war über die Möglichkeit des Heroischen in der Mitte des 20. Jahrhunderts Bescheid wissen." Was über Hemingway im Deutschland der fünfziger Jahre geschrieben wird, unterscheidet sich denn auch ganz deutlich von dem, was 1930 geschrieben wurde. Plötzlich ist Hemingway, der Autor des Krieges (in bewusster Ignorierung all seiner durchaus antifaschistischen Positionen), zum antiintellektuellen Abenteuerschriftsteller geworden, zum ideologiefreien Experten für männliche Heroik, zum Apologeten der schreibenden deutschen Landser. Kritiker wie Friedrich Sieburg und Günter Blöcker taten dazu das ihrige. So phantasierte der seinerzeit sehr einflussreiche Blöcker in *Die neuen Wirklichkeiten* von 1957 gar davon, „daß dieser Autor in voller Übereinstimmung mit der harten, abenteuerlichen Welt seiner Romane lebt" und führte dazu Romanfiguren wie die (im Werk nicht vorhandenen) „Fallensteller" an, also Trapper, ganz so als sei Hemingway ein amerikanischer Nachfahre von Karl May.

Literatur

Jobst C. Knigge: *Hemingway und die Deutschen*. Hamburg 2009 • Tim Mehigan: Ernest Hemingway und die Deutschen. Eine Sonne, die auch aufgeht. In: *Dennoch leben sie. Verfemte Bücher, verfolgte Autorinnen und Autoren. Zu den Auswirkungen nationalsozialistischer Literaturpolitik*. Hg. von Reiner Wild. München 2003, S. 135–144 • Kerstin Moeller Osmani: *In einem anderen Land. Ernest Hemingway und die „junge Generation". Möglichkeiten und Grenzen der Rezeption eines amerikanischen Autors in der frühen westdeutschen Nachkriegsliteratur*. Würzburg 1996.

Michael Kleeberg

Curzio Malaparte: Die Haut. Roman

Originaltitel: *La pelle. Storia e racconto* • Italienische Erstausgabe: Rom und Mailand, Aria d'Italia 1949 • Deutsche Erstausgabe: Karlsruhe, Stahlberg Verlag 1950 (Ü.: Hellmut Ludwig)

Mit seinem 1949 in Italien und Frankreich gleichzeitig erschienenen Roman *La Pelle* (*Die Haut*) beendet Curzio Malaparte (eigentlich Kurt Erich Suckert, 1898–1957) seine entmystifizierende Reise durch das vom Krieg zerrüttete, blutstarrende Trümmerfeld Europa. Die Ereignisse der vergangenen dreißig Jahre (1914–1945) hatten den Kontinent vollkommen verändert, moralisch zu Boden geworfen und ihm jede Illusion über sein Schicksal und seine ethische Vorrangstellung genommen. Am Beginn dieses Weges steht *Viva Caporetto!* (1921; in den folgenden Ausgaben mit dem Titel *La rivolta dei santi maledetti*), Malapartes Gedanken zum Ersten Weltkrieg – er hatte an den italienischen und französischen Fronten gekämpft – und zur bürgerlichen Gesellschaft, die diesen Krieg gewollt hatte; die nüchterne entmystifizierende und unideologische Sicht auf den Krieg sorgte unter den Lesern für große Empörung und führte mehrfach zur Beschlagnahmung des Buchs. Die andere Seite der von zwei kriegerischen Katastrophen geprägten moralischen, kulturellen und künstlerischen Erfahrung Malapartes findet sich vor allem in den Briefen von der West- und von der Ostfront des Zweiten Weltkriegs, die unter den Titeln *Il sole è cieco* (1947) und *Il Volga nasce in Europa* (1943, dt. *Die Wolga entspringt in Europa*, 1967) veröffentlicht wurden. Der Schriftsteller empfindet Wut und Mitleid für die Opfer eines absurden Alptraums, dessen Grausamkeiten er in den Bildern des folgenden Werks beschreibt – in *Kaputt* (1944, dt. 1951), einem Roman von erschreckender Brutalität. Schon der Titel, der auch im italienischen Original aus dem deutschen Wort besteht, erhält mit seiner Polysemie (schadhaft, beschädigt, erschöpft, ausgebrannt, kraftlos) den metaphorischen Wert einer gedemütigten Menschheit bestehend aus Individuen, die an jede Art von Niedertracht gewöhnt, gleichwohl in gewissem Sinne

,unschuldig' sind. Sie sind innerlich am Nullpunkt angekommen und müssen als moralische Wesen und Bürger vollständig neu erschaffen werden. Die 1959 posthum erschienene, unvollendete Sammlung von Prosatexten, Anmerkungen und Fragmenten aus den Jahren 1951/52, *Mamma marcia* (dt. *Der Zerfall*, 1961), beschließt den Zyklus der Betrachtungen über den Krieg.

Die Haut ist dabei der End- und Höhepunkt von Malapartes Weg durch die Trümmer eines seelenlosen Europa, letzte Station eines Epos der Zerstörung, dessen Schlussakt im Italien der letzten Kriegs- und ersten Nachkriegsmonate, insbesondere in Neapel, spielt. Zynisch werden in den zwölf Kapiteln des Romans erschöpfte Männer und Frauen beschrieben; ihnen kann die von den Alliierten gebrachte Freiheit nicht helfen, kann sie zu keiner Wiedergeburt führen, sondern setzt ganz im Gegenteil unkontrollierte zerstörerische und selbstzerstörerische Energien frei. Bei Befreiten und Befreiern äußern sich diese als erbärmliches Verhalten, das zügellosen Genuss verschaffen soll in einem auf seine primitivste Form zurückgeworfenen Leben aus rein materiellen Trieben. Vollständig verschwunden ist die Würde des Widerstands gegen den Nazi-Faschismus. Es wird nicht mehr ‚gegen das Sterben' des Körpers und der Moral gekämpft, sondern ‚für das Leben', was als einfacher Überlebensimpuls zu verstehen ist, als Befriedigung der Grundbedürfnisse – Essen, Wasser, Kleidung – aber auch als Impuls zur Unterdrückung des Anderen, der als zu eliminierende Bedrohung oder als auszubeutendes Element gesehen wird.

Der Beginn des ersten Kapitels lässt diesbezüglich keinen Zweifel: „Es waren die Tage der ‚Pest' in Neapel." Der im Roman mehrmals aufgenommene thematische Bezug erinnert unzweifelhaft an das Chaos, das dieses universale Schreckgespenst in den Städten hervorruft, und das schon Giovanni Boccaccio, Daniel Defoe und Allessandro Manzoni beispielhaft behandelt haben. Mit Betonung auf den moralischen Charakter der Krankheit erzählt Malaparte, wie diese neue Seuche in Nachkriegseuropa „nicht den Körper zerstörte, sondern die Seele. Die einzelnen Körperteile blieben, dem Anschein nach, unversehrt, aber in die Hülle gesunden Fleisches eingeschlossen, verdarb und verfaulte die Seele." *Die Haut* ist die Beschreibung einer verwesenden, unwiederbringlich verlorenen Gesellschaft, die die schwere Last der eigenen Vergangenheit abwerfen muss, um wieder erstehen zu können – aber wird es ihr gelingen? Der Roman ist durchzogen von Mitleid für diese Gesellschaft, denn es sei, so der Autor, weit schwieriger, einen Krieg zu verlieren, als ihn zu gewinnen, und die Besiegten als Menschen seien höher einzuschätzen als die Sieger. Mit Blick auf die Sieger tritt der Romanheld Malaparte als eine Art Kulturmittler auf, er versucht beharrlich, den befreundeten amerikanischen Offizieren das ihnen unverständliche und ‚unmoralisch' erscheinende Verhalten der Italiener und speziell der Neapolitaner zu erklären. Um die zentralen Themen der Auflösung einer Gesellschaft und der *pietas* für ihre Individuen

Antwort des vor Erfahrungen behüteten Pubertierenden lautet: „We gotta do something. Why not?"

Ein wenig zeitgeschichtliche Prägung hat diese Sentenz natürlich schon und trifft geradezu parolenartig den Existenzialismus Camus'scher Provenienz. Da das erwähnte Observatorium auch die Schlusseinstellung des Films bildet, finden sich somit mehrere Indizien, die den Film von einem Jugendfilm abheben und zu einem symbolträchtigen Film machen, der am Beispiel der Jugend vom Menschen und seinen Nöten und Bedürfnissen im Allgemeinen erzählen will. Dafür spricht auch, dass der Film keinerlei spezifische Musik aufbietet, die eigentlich stets Bestandteil der jugendkulturellen Selbstdefinition gewesen ist. Indem die *peergroup*, bestehend aus Jim, Judy und Plato, sich als bessere Kleinfamilie formiert, zeigt sie den konservativen Aspekt der fünfziger Jahre, insofern diese Kleinfamilie aber zwischen Polizei und Halbstarken tödlich scheitert, formuliert sie auch den umfassenden Ennui der Jugendlichen, welcher in der westlichen Welt aus anderen Gründen zu Hause war als in der östlichen. Für diesen Teil der Welt hat es 1962 Lee Hazlewood folgendermaßen ausgedrückt: „Trouble is little and it's lonesome you won't find it on any map / But you can take three steps in any direction and you're there / It's a place to be born and it's a place to live and it's a place to die and be forgotten / It's a town called Trouble and Trouble is a lonesome town."

Christian Jäger

David Riesman (mit Reuel Denney und Nathan Glazer): Die einsame Masse. Eine Untersuchung der Wandlungen des amerikanischen Charakters

Originaltitel: *The Lonely Crowd. A Study of the Changing American Character* • Amerikan. Erstausgabe: New Haven, Conn., Yale University Press 1950 • Deutsche Erstausgabe: Darmstadt, Berlin und Neuwied, Hermann Luchterhand Verlag 1956. Mit einer Einführung in die deutsche Ausgabe von Helmut Schelsky (Ü.: Renate Rausch)

The Lonely Crowd von David Riesman (1901–2002), 1950 erschienen, seit 1953 als Paperback, gilt mit ca. 1,5 Millionen verkauften Exemplaren als das erfolgreichste soziologische Buch in der amerikanischen Verlagsgeschichte. Immer wieder wird kolportiert, wie in den frühen Fünfzigern zum Standard des *party talks* die Frage gehört habe: *Are you inner-directed or other-directed?* Der Titel, der vom Verlag gewählt wurde, und dessen Formel im Text so überhaupt nicht auftaucht, hat es u.a. aufs Cover des *Time Magazine* gebracht und ist 1967 schließlich von Bob

Dylan in den Versen verewigt worden: „Standing next to me in this lonely crowd / Is a man who swears he's not to blame." Die deutsche Taschenbuchauflage in *rowohlts deutscher enzyklopädie* im nämlichen Jahr verzeichnet das 85. Tausend. Viel entschiedener, als die Zahlen es vermuten lassen, war das Buch in Deutschland einflussreich, sein Titel ein Slogan geworden. Mit Beginn der Studentenbewegung verlor es allerdings dann rapide an Interesse, denn zum einen gehörte es zu jener Sozialwissenschaft, die degoutant populär und vermeintlich typisch amerikanisch praxisorientiert war, so wie es kurz darauf → Theodor W. Adorno in seinen *Wissenschaftlichen Erfahrungen in Amerika* (1969) anekdotisch mit der ihm gestellten Frage illustrieren sollte: „Dr. Adorno, [...] [p]lease tell me: are you an extrovert or an introvert?" – klarer Fall: „Verdinglichtes Bewußtsein". Wiewohl doch Riesman immerhin klargestellt hatte, dass man die Ansicht amerikanischer Eignungsprüfer nicht gelten lassen könne, nach der man für Verkäuferjobs Extrovertierte und als Buchhalter Introvertierte suchen müsse. Hinzu kam als Faktor der Abwehr aus der linken Ecke, dass → Helmut Schelsky – Autor des erfolgreichen Buchs über *Die skeptische Generation* (1957), Intellektuellenhasser und einer der konservativen Antipoden der *Kritischen Theorie* – eine Einleitung zur deutschen Ausgabe geschrieben hatte. Die Taschenbuchausgabe war nämlich, wie bei rde üblich, mit einem „Enzyklopädischen Stichwort" versehen: *Gesellschaft und Intellektuelle in den Vereinigten Staaten*. Das entsprach dem Tenor, in dem Schelsky das Buch gelesen wissen wollte: als durchaus suspekt und von Suspektem handelnd. Zunächst schon, weil es ein Bestseller, zudem ein wissenschaftliches, aber kein „gelehrtes Werk", nämlich „zu ‚literarisch' geschrieben" sei. Sodann dadurch, dass Riesman in den USA „der Liebling der Intellektuellen" geworden war. Interessant war das Buch für Schelsky, weil es zeigte, wie „der Amerikaner" ist und somit als „Deutung unserer modernen industrialisierten Welt überhaupt" verstanden werden konnte. Es zeige nämlich einen Typus der Nivellierung, des Opportunismus, des Konformismus und des „politischen Desinteressement[s]", das in Deutschland damals gerade heftig unter dem Slogan „Ohnemichel" diskutiert wurde. Riesman zeige, „daß die Verbraucherhaltung zur dominanten Reaktionsform der Zeitgenossen geworden ist": „So brauchen wir uns nicht zu wundern, daß sich bereits auch in Deutschland Partei- und Wahlversammlungen mit Kaffee, Kuchen und Unterhaltungsmusik gratis als zugkräftiger erweisen, denn solche mit ideologischen Programmreden." Riesmans Buch ist für Schelsky mithin nicht nur ein Buch über ‚den' Amerikaner, sondern implizit auch eins über die drohende Amerikanisierung Deutschlands. Damit sind ein paar Stichworte zur deutschen Rezeption genannt. In Riesmans Text aber geht es vorderhand um ein einfaches und eben darin immens populär gewordenes Grundschema aus drei Persönlichkeitstypen: traditionsgeleiteter, innen-geleiteter und außen-geleiteter Typus.

Symptomatisch für die Rezeption des Buchs in Deutschland war, dass der erste Typus darin so gut wie keine Rolle spielte. Noch in den Nachrufen auf Riesman war allermeist nur vom innen- und außen-geleiteten Typ die Rede. Dabei gehört der traditionsgeleitete Typus durchaus wesentlich in die nicht weniger als welthistorisch gedachte Konstruktion, die Riesman vorgelegt hat. Diese Konstruktion geht im Kern so: In Gesellschaften mit geringer Bevölkerungsdichte in großen Gebieten oder mit hohem „Bevölkerungsumsatz" aufgrund der Sterblichkeitsziffern – das ist wesentlich die ferne Vergangenheit – machten die Menschen, was ihre Vorfahren machten. Derart bildete sich der traditionsgeleitete Typ aus, dessen Verhaltenskonformität durch ein Regelsystem aus verschiedenen Einflusssphären (Alters- und Geschlechtsgruppen, Sippe, Kaste, Stand usw.) geprägt war und eine relativ hohe gesellschaftliche Stabilität garantierte. Dieser Typ lief auf längst gebahnten, immer wieder gegangenen Wegen. Mit der Ausbildung bevölkerungsreicher Gesellschaften bei beschleunigtem Wirtschaftswachstum – das ist wesentlich die Zeit seit dem ausgehenden 18. Jahrhundert und die Noch-Gegenwart – entstand der innen-gelenkte Typus, der das tut, was über Eltern (und Schule) ihm als Norm beigebracht wurde, und von dem er meint, dass er selbst es müsse oder wolle. Dafür prägte Riesman die Formel, dass er einem „seelischen ‚Kreiselkompaß'" folge, und das selbst dann noch, wenn die Tradition, die Eltern, die sein Verhalten geformt haben, seine Verhaltensweisen nicht mehr kontrollieren (können). Der Innengeleitete ist mit anderen Worten gut protestantisch: gewissensgeprägt, sparsam, zu Askese und Langfristigkeit fähig, bestimmt durch Selbstbeobachtung, Selbstsorge und ein „dauernde[s] ‚Knappheits-Bewußtsein'".

Nun aber, in Gesellschaften mit schwindenden Bevölkerungszahlen und steigender materieller Fülle, mithin in der unmittelbaren Gegenwart der Nachkriegszeit und auf die Zukunft hin, kommt machtvoll der dritte, der außen-geleitete Typus auf. Folgte der Innengeleitete einem „Kreiselkompaß", so ist der Außengeleitete mit einer „Radar-Anlage" ausgestattet. Er orientiert sich unablässig an dem, was Umwelt, *peer-group* oder mediale Vorbilder tun. Er entscheidet sich kurzfristig und ständig neu, getrieben vom Wunsch nach Anerkennung und Zuwendung. Stand dem Traditionsgeleiteten die Kultur als monolithische Macht gegenüber, hielt der Innengeleitete zur Bezugskultur auch dann Verbindung, wenn er sich nicht in ihr bewegte, so bezieht der Außengeleitete seine Signale aus einem (medial) entschieden erweiterten und zugleich in sich wesentlich unterschiedlicheren kulturellen Umfeld. Er, der sich an „Moden" orientiert, ist die pivotale Figur einer Konsumkultur. Die Heimat dieses Typus sei „in Amerika zu finden", aber dort weniger durch „Besonderheiten auf dem amerikanischen Schauplatz" bestimmt als durch „Kapitalismus, Industrialisierung und Verstädterung". Zwar gab es zeitgenössisch durchaus konkurrierende Markierungen des nämlichen sozialpsychologisch wirksamen Phänomens der erhöhten Konsumorientierung – Erich Fromms ‚Markt-Charakter', C. Wright Mills „fixer" (Mittler) oder Arnold Greens „Middle Class Male Child" –, aber nur Riesmans *other-directed-person* wurde zu *dem* soziologischen Hit.

Diese basalen typologischen Informationen umfassen kaum mehr als ein Zehntel der insgesamt 300 engbedruckten Seiten. Auf sie folgen nun systematische Ausarbeitungen – zunächst zum Charakterwandel durch den Einfluss von *peer-groups* oder durch die Verschiebung der Prägung durch Märchen hin zur Prägung durch Technik, von der Produktion zur Freizeit, sodann zu den entsprechenden Verhaltensstilen der Typen gegenüber der Politik, nämlich Gleichgültigkeit, Moralismus und Informationssammlung. Bei Letzterem gelang es Riesman ein weiteres Mal, einen griffigen Begriff zu prägen, den des *information-dopester*, in der deutschen Übersetzung nur unzureichend mit „Informationssammler" wiedergegeben, während der aus dem seinerzeit Umgangssprachlichen hergeleitete Begriff im Original zwischen den Konnotationen Suchtstoff, Trottel und der Verdoppelung des Informationsbegriffs changiert, sozusagen: ein Informations-Stoffel.

Der *information-dopester* ist das intellektuelle Derivat der *other-directed-person*. Gut dialektisch kehrt er, der den Moralismus und seine Entscheidungen hinter sich lässt, in der Indifferenz seiner Tätigkeit auf anderer Stufe zur thetischen Gleichgültigkeit des Traditionsgeleiteten zurück, wie eben auch hier die zeitlich-diachrone Dimension der Orientierung durch die räumlich-synchrone ersetzt ist.

Hieran schließen sich in einem dritten großen Kapitel die Überlegungen zur Charakterologie der drei Typen an, Fragen nach Anpassung und Autonomie, in der dann auch die Einsamkeit der Masse, wenngleich nicht als Begriff, aber der Sache nach ihren Ort hat, nämlich darin, dass die Fixation auf die je anderen, auf das Erleben und die Dazugehörigkeit, die fluide, flexible und amorphe Persönlichkeit den Einzelnen ‚seelisch verarmen' lässt und ihm die Fähigkeit nimmt, sich aus sich heraus produktiv zu beschäftigen und Ziele zu setzen. Sein permanentes Buhlen um Anerkennung ist daher auf der Kehrseite vom Gefühl beständiger Isolation getrieben.

Diese Ausarbeitung folgt dem Muster aller erfolgreichen Einführungen griffiger Interpretationsmuster, indem sie zunächst distinkte Typen gegeneinander aufstellt, dann aber zunehmend auf Gleichzeitigkeiten, Übergänge, Kombinationen und Variationen hinweist. So führt Riesman z. B. an, dass es gerade in den Erzählungen, resp. Märchen der Traditionslenkung signifikant viele Helden, Sonderlinge und einen „aufrührerischen Ton" gegeben habe, was aber nicht seiner These von der autoritativ hergestellten Konformität widerspreche, sondern gerade in der Funktion der „Entlastung" und Aufgabe, Vielfalt zumindest imaginativ zu erhalten, seine These belege. Auf genau diese Weise werden Systematisierungssuggestionen und Komplexitätsversprechen im Buch erfolgreich in der Waage gehalten.

Die am weitesten reichende Wirkung hat wohl Riesmans Deskription des kulturellen Wandels weg von der Zentrierung um Produktion hin zur Konsumtion gehabt. In seinen Worten zusammengefasst: „Wie die Energien des innen-geleiteten Menschen ständig in die Produktion gelenkt wurden, so werden die gewaltigen Energien des außen-geleiteten Menschen jetzt den sich immer mehr ausweitenden Gebieten des Konsums zugeführt." Riesman beschreibt den Typus des *other-directed* gewissermaßen als professionalisierten Konsumtionsproduzenten und Gratifikationsdistributeur. Und dabei beobachtet Riesman die Funktion der sich verändernden Musikkultur ebenso genau wie etwa die zunehmende Bedeutung der Kinder für den Konsum, indem er darauf hinweist, „wie begabt sie als Verbraucher sind". Von hierher kommen nicht nur die Praktiken, Kinder systematisch als Konsumenten zu entwickeln, sondern auch die gesellschaftskritisch gemeinten Thesen von der zunehmenden Infantilisierung der Konsumgesellschaften. Überhaupt ist Riesmans dritter Typus sowohl in die intellektuelle Folklore eingegangen wie von enormem Einfluss auf die Ausarbeitung von Theorie und Praxis konsumistischer Kultur gewesen. Dies oft unerkannt oder ungenannt. Nahezu alles, was seither zum kollektiven Narzissmus, zu Konsum- oder zur Erlebnisgesellschaft geschrieben worden ist, beruht auf Denkfiguren und Exempeln Riesmans – die freilich ihrerseits eine Tradition, etwa in Thorstein Veblens *Theory of the Leisure Class* (1899) haben.

Erhard Schütz

Die Kraniche ziehen

Regie: Michail Kalatozov
Originaltitel: *Летят журавли (Letjat zhuravli)* • Drehbuch: Viktor Rozov • Kamera: Sergej Urusevsky • Musik: Moisej Vajnberg • Produktion: Mosfilm, UdSSR • UA in der UdSSR: 12. 10. 1957 • UA in der DDR: 6. 6. 1958 • UA in der BRD: 22. 7. 1958 • Länge: 97 Min (russisch), 95 Min (deutsch), s/w • **Darsteller:** Tatjana Samojlova, Alexej Batalov, Vasilij Merkurjev, Aleksandr Švorin, Svetlana Charitonova, Valentin Zubkov

Denkt man an das Filmjahr 1958 zurück, dann werden einem wohl etwa das doppelte Debüt von Louis Malle (*Die Liebenden/Les Amants* und vor allem *Fahrstuhl zum Schafott/Ascenseur pour l'échafaud*) oder Orson Welles' *Im Zeichen des Bösen* (*Touch of Evil*), Andrzej Wajdas *Asche und Diamant* (*Popiół i diament*), Alfred Hitchcocks *Aus dem Reich der Toten* (*Vertigo*) oder Douglas Sirks *Zeit zu lieben und Zeit zu sterben* (*A Time to Love and a Time to Die*) einfallen. Die wenigsten werden sich jedoch noch an *Die Kraniche ziehen* (*Летят журавли*) von Michail Kalatozov (1903–1973) erinnern, der im Jahr zuvor von der sowjetischen *Mosfilm*-Produktion produziert wurde und in einem eher schwachen Jahrgang des Filmfestivals in Cannes (im Wettbewerb waren aber immerhin Filme von Jacques Tati, Ingmar Bergman und Satyajit Ray und in der Jury saß Cesare Zavattini) die Goldene Palme bekam.

Das Festival endete am 18. Mai, am 6. Juni feierte die deutsche Fassung in Ost-Berlin Premiere. Anderthalb Monate nach der ostdeutschen Aufführung kam der Film auch in die westdeutschen Kinos – die West-Premiere, wohlgemerkt in der DEFA-Synchronfassung, fand im Juli 1958 in Karlsruhe unter dem Titel *Wenn die Kraniche ziehen* statt. Erst elf Jahre später wurde der Film auch im westdeutschen Fernsehen vom ZDF gezeigt. Für die deutsche Fassung hatte das DEFA-Studio für Synchronisation einigen Aufwand betrieben. Der Vorspann gibt direkt unter den Namen der sowjetischen Schauspieler die der Synchronsprecher an (darunter Eva-Maria Hagen und Horst Schön), auch der Autor der deutschen Dialoge wird genannt (Wito Eichel) und deren Regisseur (Helmut Brandis, Träger des Heinrich-Greif-Preises für hervorragende Leistungen der sozialistisch-realistischen Film- und Fernsehkunst der DDR). Sogar der Schnitt- und der Tonmeister werden erwähnt. Als der Film in Ost-Berlin gezeigt wurde, wurden für das Cover der DDR-Illustrierten *Freie Welt* Eva-Maria Hagen und Alexej Batalov vor dem Brandenburger Tor fotografiert. Für die französische Fassung wurden aus den „Kranichen" („grues") übrigens „Störche" („cigognes"), weil das französische Wort für Kraniche missverständlich gewesen wäre („grues" werden umgangssprachlich Prostituierte genannt) – und auch auf Italienisch heißt der Film *Quando volano le cicogne*, ohne dass hier eine Zweideutigkeit bestanden hätte.

Schon bei seiner Premiere konnte sich der Film jedenfalls einflussreicher Fürsprecher und Sponsoren erfreuen. Ein Jurymitglied in Cannes, der Regisseur Sergej Jutkevič, veranstaltete eine private Vorführung, zu der Jean Cocteau und Pablo Picasso kamen. Picassos feierliches Fazit lautete: „Hundert Jahre habe ich nichts Ähnliches gesehen". Eric Rohmer rezensierte den Film enthusiastisch für die *Cahiers du Cinéma*, während André Bazin sich eher reserviert zeigte. Francis Ford Coppola und Martin Scorsese zählen diesen Film zu ihren Lieblingen.

Die Kraniche ziehen erzählt die Geschichte eines Liebespaars – Veronika (Tatjana Samojlova) und Boris (Alexej Batalov) – im Moskau des Jahres 1941. Sie lieben sich, sie scherzen, sie lachen, während die Kraniche über Moskaus Himmel fliegen. Boris aber muss und will sehr bald in den Krieg gegen die deutschen Faschisten ziehen, die am 22. Juni die Sowjetunion angegriffen haben. Veronika kann das nicht fassen: „Und ich?", fragt sie ihn, als sie sich verabschieden. Kurz darauf werden ihre Eltern bei einem Bombenangriff getötet und sie wird von Boris' Familie adoptiert. Ihre neue Familie besteht aus Boris' Vater Fëdor (Vasilij

Merkurjev), seiner Schwester Irina (Svetlana Charitonova), seiner uralten Großmutter (Antonina Bogdanova) und seinem Bruder Mark (Aleksandr Švorin). Mark – ein Pianist –, der Veronika lange erfolglos den Hof gemacht hat, wird dank eines Betrugs „reklamiert", d. h. nicht einberufen. Während eines Fliegeralarms bedrängt und verführt er Veronika. Wohl aufgrund der erlittenen Schande willigt Veronika in eine Heirat mit ihm ein, während Boris in der Nähe von Smolensk fällt, ohne dass die mittlerweile nach Sibirien evakuierte Familie davon erfährt. Die schwer deprimierte Veronika arbeitet in einem von Vater Fëdor geleiteten Lazarett, wo sie durch die Erzählung eines Verwundeten dramatisch mit ihrer Untreue gegenüber Boris konfrontiert wird. Geschockt versucht sie, sich das Leben zu nehmen, entschließt sie sich in letzter Sekunde anders und rettet sogar ein kleines Kind, das auch Borka (kleiner Boris) heißt, vor dem Unfalltod. Als sie durch Boris' Kommilitonen Volodja (Konstantin Nikitin) von dessen Tod erfährt, kann und will sie nicht daran glauben. Sie wird sich erst beim Fest der wiederkehrenden siegreichen sowjetischen Soldaten selbst überzeugen können. Nach anfänglicher Verzweiflung kann sie schließlich der militärische Sieg über den erlittenen privaten Schmerz hinwegtrösten. Und sie lacht, während die Kraniche über Moskaus Himmel ziehen.

Die Kraniche ziehen ist der vielleicht bekannteste und erfolgreichste Film einer Reihe von sowjetischen Filmen, die in den Jahren zwischen 1954 und 1968 in der sogenannten Tauwetterperiode nach Stalins Tod entstanden sind. Nennenswert wären u. a. Grigorij Čuchrajs *Der Einundvierzigste* (1956) und *Die Ballade vom Soldaten* (1959), Sergej Bondarčuks *Ein Menschenschicksal* (1959) sowie Andrej Tarkovskijs *Iwans Kindheit* (1962). Der Film entspricht den kulturellen Richtlinien der Partei, welche die Regisseure explizit dazu aufforderte, heroische Momente der sowjetischen Nationalgeschichte zu gestalten. Ausgerechnet der Zweite Weltkrieg war bis dato, d. h. bis zu Stalins Tod 1953, eher selten Thema sowjetischer Filme – und wenn, dann auf unkritische, verfälschte Weise, unter Ausschluss militärischer und politischer Fehler sowie zivilen Elends. Mit *Die Kraniche ziehen* wird hingegen ein hochdifferenziertes Panorama menschlicher Schicksale im Angesicht des Krieges geschildert: Boris' selbstverständlicher, unheldenhafter Heroismus, Veronikas absoluter Glücksanspruch und moralische Schwäche, Marks feiges Duckmäusertum, Irinas zickige Askese, Fëdors mürrische Menschlichkeit. Veronikas Entscheidungen – ihre unmotivierte Heirat mit Mark, ihr verfehlter Selbstmord – entbehren zwar einer gewissen Plausibilität, doch ihr Werdegang, die langsame Überwindung ihres Egoismus, wirkt alles in allem überzeugend. Die Drehbuchautoren erlauben sich sogar einen kleinen polemischen Stich gegen die Parteirhetorik: Fëdor äußert sich ironisch über die Phrasen der zwei Mädchen vom *Komsomol*, die den Abschiedsgruß an den in den Krieg ziehenden Boris überbringen.

Im Mittelpunkt der kritischen Aufmerksamkeit standen zusammen mit dem melodramatischen Plot und der produktiven Interaktion zwischen Individual- und Nationalgeschichte insbesondere die formalen Merkmale des Films, vor allem die Art der Kameraführung, wofür Sergej Urusevsky – wie auch bei drei weiteren Filmen Kalatozovs – verantwortlich zeichnete. Der Film weist eine ganze Reihe von hochkomplizierten Kamerabewegungen auf: Man denke an die lange öffentliche Abschiedssequenz mit Boris' vergeblichem Warten auf Veronika und Veronikas vergeblicher Suche nach Boris (alternierender Schnitt zwischen Boris und Veronika, zahlreiche Schwenks auf die Menschenmenge, Close-Ups auf einzelne sich verabschiedende Paare, die sich allerlei letzte Worte zuflüstern) oder an die in vielerlei Hinsicht parallel verlaufende Endsequenz mit der Rückkehr der siegreichen Soldaten und der vergeblich suchenden Veronika, und weitere Kunststücke in Sachen Komposition und Kamerabewegungen. Der formale Höhepunkt des Films bleibt jedoch Boris' Sterbeszene, die der westdeutsche Filmkritiker Ulrich Gregor 1958 so beschrieb: „von einer Kugel getroffen, erblickt er nur noch hohe um ihn kreisende Birkenstämme, die sich plötzlich mit der Vision seiner Hochzeit überlagern, die er nicht mehr erleben wird".

Die Geister der Rezeption scheiden sich in der Bewertung solcher formalen Kunststücke: Begrüßen die einen das längst fällige Wiederanknüpfen an die Tradition des sowjetischen Films der zwanziger Jahre (kein Rezensent unterlässt die Erwähnung Ėjzenštejns und Pudovkins), meinen hingegen die anderen, dies wirke fast 30 Jahre später eher manieristisch, gleichsam wie eine „avanguardia di retroguardia", so Paolo Gobetti in einer langen Rezension für *Cinema Nuovo*, eine der führenden Filmzeitschriften Italiens.

Literatur

Paolo Gobetti: „Quando volano le cicogne". In: *Cinema Nuovo*, 132 (1958), S. 65–66 • Ulrich Gregor: „Wenn die Kraniche ziehen". In: *Filmkritik*, 2 (1958) 7, S. 141–143 • Marcel Martin: *Le cinéma soviétique de Khrouchtchev à Gorbatchev (1955–1992)*. Paris 1993, S. 19–31 • Wolfgang Pieper: Zur Arbeit mit den sowjetischen Film. Anleitung für den Film „Die Kraniche ziehen". In: *Freundschaft in Aktion* (Zeitschrift der *Gesellschaft für Deutsch-Sowjetische Freundschaft*), Heft 6 (1958), Beilage • Dmitry Shlapentokh, Vladimir Shlapentokh: *Soviet Cinematography 1918–1991*. New York 1993, S. 129–145 • Josephine Woll: *The Cranes Are Flying*. London, New York 2003 • Denise Youngblood: *Russian War Films: on the Cinema Front 1914–2005*. Lawrence 2006, S. 107–141.

Matteo Galli

Vance Packard: Die geheimen Verführer. Der Griff nach dem Unbewußten in Jedermann

Originaltitel: *The Hidden Persuaders* • Amerikan. Erstausgabe: New York, McKay 1957 • Deutsche Erstausgabe: Düsseldorf, Econ Verlag 1958 (Ü.: Hermann Kusterer)

Die geheimen Verführer. Der Griff nach dem Unbewußten in Jedermann war ein Titel, der aufschreckte, wenn nicht gar schockierte. War etwas nicht in Ordnung mit der wunderbaren Warenwelt, derer man sich im Jahre 1958 längst auch in Deutschland erfreute? Auf dem Klappentext hieß es dramatisch: Packard deckt auf, „wie sich Wirtschaftler und Politiker mit Hilfe der Tiefenpsychologie sozusagen einen Nachschlüssel zu unserem Unterbewußtsein angefertigt haben. Sie stehen an der Schalttafel unseres Innenlebens und steuern von dorther mit geübten Griffen als ‚geheime Verführer' nicht nur unseren Verbrauch, unsere Wunschwelt, [...] unsere Liebhabereien, sondern auch unsere politischen Entscheidungen." Es war der Hauch aus der „eisige[n] Welt George Orwells", der die Leser aus diesen Zeilen anwehte und in den gemütlichen Stuben des bundesdeutschen Wirtschaftswunders eine neue Unbehaglichkeit verbreitete. War man nicht gerade erst einem großen Verführer entkommen – nur um jetzt dem „unterirdischen Wirken" technokratisch-kapitalistischer Überredungskünstler ausgeliefert zu werden, den unheimlichen amerikanischen *Spin Doctors* der Konsumkultur?

Aber worum ging es eigentlich genau in diesem verstörenden Buch? Vance Packard (1914–1996) interessierte sich für die in den Vereinigten Staaten entstandene Motivationsforschung, die es sich auf die Fahnen geschrieben hatte, Marketingprozesse zu optimieren, indem die unbewussten Wünsche der Käufer verstanden und angesprochen wurden. Er schildert zahlreiche Versuchsreihen, in denen die Tiefenpsychologie nicht mehr in therapeutischer, sondern in manipulatorischer Absicht angewandt wurde. Kurz, er nahm den Mythos vom souveränen Konsumenten ins Visier, der seine Entscheidungen rational und nach bestem Wissen traf, und machte klar, dass es – zumindest aus Sicht der Werber und Wissenschaftler – die unbewussten Wahrnehmungen, Ängste und Hoffnungen sind, die den modernen Menschen durch die Warenwelt navigieren. Die Werbung von heute – so die zentrale Botschaft – hatte nichts mehr mit gefällig gereimten Gedichten oder unschuldigen Bildern schöner, erfolgreicher Männer und Frauen zu tun, sondern beruhte auf wissenschaftlich erprobten Manipulationstechniken, denen man sich nicht entziehen kann.

Von den zahlreichen Beispielen, die Packard aufführt, blieb vor allem eines in Erinnerung, gleichsam als Metonymie für all die anderen Verführungskunststücke: Jene Geschichte von den nur unterschwellig wahrgenommenen Bildern in

Kinofilmen, die Sekundenbruchteile zu sehen waren, aber zu einer enormen Absatzsteigerung der gezeigten Ware (in diesem Fall: Eiscreme) führten. Die Wirksamkeit von subliminalen Botschaften wird noch heute kontrovers diskutiert, ganz sicher jedoch gehört diese Geschichte seit Packard zum eisernen Bestand moderner Medienwirkungsanekdoten.

Das Bild, das Packard von der Konsumkultur zeichnet, ist freilich nicht nur negativ. Im Gegensatz zur Kapitalismuskritik rechter oder linker Provenienz – und auch den nachfolgenden werbefeindlichen Ideologiekritikern – wusste Packard die ästhetischen und ökonomischen Leistungen der Werbung durchaus zu schätzen. Es war eine Kritik, die weder Kapitalismus noch Demokratie grundsätzlich in Frage stellte, sondern darauf setzte, dass der Verbraucher durch das Wissen um die „geheimen Botschaften" Widerstände aufbauen und einen Teil seiner Souveränität zurückgewinnen könne. Packard selbst nannte es: „die Gegenkräfte auf der Ebene des Menschseins" aktivieren. In diesem Sinn verstand er sein Buch als eine liberale Schule der Aufmerksamkeit, als Teil einer aufklärerischen Erwachsenenpädagogik.

Damit war freilich für den bundesdeutschen Otto Normalverbraucher ein nicht uninteressantes Versprechen verbunden: Denn der Weg über die zahlreichen kleinen Rätsel des Alltags – „Warum kaufen Frauen mit Vorliebe Artikel in rosa Verpackung? – Warum rauchen Männer Zigarren? – Warum putzen wir die Zähne vor dem Frühstück? – Warum wählen wir diese oder jene politische Partei?" – führte zur gesteigerten Selbsterkenntnis, und damit auch zu Orientierungswissen in einer Zeit überbordender Wahlmöglichkeiten. Schließlich galt es, die falschen von den richtigen Bedürfnissen unterscheiden zu lernen, um den Konsum wirklich effizient gestalten zu können. Pointiert könnte man sagen: Packard lieferte auch eine Gebrauchsanweisung für den Quelle-Katalog.

Literatur

Michelle R. Nelson: The Hidden Persuaders. Then and Now. In: *Journal of Advertising*, 37 (2008), S. 113–126.

Andy Hahnemann

(10) Nonkonformismus und Experiment

Einleitung

Von Eva Banchelli

Schon vor längerer Zeit hat der wissenschaftliche Diskurs über die fünfziger Jahre Abstand genommen vom Klischee einer „Quarantäne", einer alternativlosen Unbeweglichkeit, die sowohl die westdeutsche „Restauration" des Wiederaufbaus als auch die ostdeutsche Gründungsphase des sozialistischen Aufbaus gekennzeichnet haben soll.[1] Aus heutiger Perspektive erscheint das Jahrzehnt als ein heterogenes Spannungsfeld bewahrender Tendenzen und starker Modernisierungsimpulse, das hauptsächlich in der BRD der Adenauerzeit – aber auch in einem gewissen Grad in der DDR der Tauwetterperiode zwischen 1953 und 1956[2] – ein komplexes Bild von Kontinuität und Wandel, von Anpassung und Widerstand bietet.[3] Und an die Stelle der traditionellen Einheit des Dezenniums als eines kompakten „biedermeierlichen Ruheraums" (Jost Hermand) ist eine differenzierter gegliederte Rekonstruktion getreten, die an zumindest zwei wesentlichen Zäsuren, nämlich den Jahren 1955[4] und 1959[5], die graduelle Verwandlung der deutschen Kulturszene und „das langsame Auftauchen"[6] neuer Ausdrucksformen im Laufe der fünfziger Jahre und im Wechsel zur Nachkriegsgeneration aufzeigte.

Im literarischen Bereich betraf die kritische Revision der Epoche auch einige Mythenbildungen, besonders in Bezug auf die Rolle der Künstler als alternativer

---

[1] Vgl. Bollenbeck, Georg; Kaiser, Gerhard (Hg., unter Mitarb. von Edda Bleek): *Die janusköpfigen 50er Jahre. Kulturelle Moderne und bildungsbürgerliche Semantik III.* Wiesbaden 2000; Żyliński, Leszek: Waren die Fünfziger Jahre nur unpolitisch? Ein Blick auf die westdeutsche Literatur und Öffentlichkeit. In: *Die Quarantäne. Deutsche und österreichische Literatur der fünfziger Jahre zwischen Kontinuität und Neubeginn.* Hg. von Edward Białek und Leszek Żyliński. Wien, Dresden 2006, S. 43–59.
[2] Vgl. Häntzschel, Günter (Hg.): *Die Anfänge der DDR-Literatur. treibhaus. Jahrbuch für die Literatur der fünfziger Jahre*, 4 (2008), München 2008.
[3] Vgl. Hummel, Adrian; Häntzschel, Günter (Hg.): *weiter schreiben. wieder schreiben. Deutschsprachige Literatur der fünfziger Jahre.* München 2004.
[4] Vgl. Deutsches Literaturarchiv im Schiller-Nationalmuseum (Hg.): *Konstellationen. Literatur um 1955.* Marbach a. N. 1995.
[5] Vgl. Berbig, Roland; Markus, Hanna (Hg.): *Berliner Hefte zur Geschichte des literarischen Lebens*, 8 (2008) [*Das literarische Jahr 1959*]; Häntzschel, Günter u. a. (Hg.): *Das Jahr 1959 in der deutschsprachigen Literatur. treibhaus. Jahrbuch für die Literatur der fünfziger Jahre*, 5 (2009), München 2009.
[6] Vgl. Drews, Jörg (Hg.): *Vom „Kahlschlag" zu „movens". Über das langsame Auftauchen experimenteller Schreibweisen in der westlichen Literatur der fünfziger Jahre.* München 1980.

Öffentlichkeit innerhalb der „formierten Gesellschaft". Drastisch revidiert wurde das Urteil über die *Gruppe 47*, deren Protagonisten sich als Träger einer erfolgreichen „Regeneration des gesamten deutschen gesellschaftlichen Lebens" (Hans Werner Richter) verstanden. Diese Selbstbeschreibung hat sich mittlerweile eher als Wunschvorstellung und retrospektives Konstrukt erwiesen, mit der auch fehlende Erinnerungsarbeit und ästhetische Verdrängungsstrategien – also im Grunde die prinzipielle Konformität der Gruppe mit dem politischen Klima der Zeit – kaschiert wurden.[7]

Ambivalenzen und Widersprüche kennzeichnen in der Tat auch und besonders den Kultur- und Medienbereich der fünfziger Jahre. Bis zum Ende des Jahrzehnts spielten hier Persönlichkeiten eine Rolle, die schon in der Weimarer Republik tätig gewesen und in vielen Fällen während der NS-Zeit in Deutschland geblieben waren und die zum Teil sogar offen mit dem Regime zusammengearbeitet hatten. Zwar stand die offizielle Kulturpolitik im Zeichen der von den Nationalsozialisten diskreditierten und ins Exil verbannten bürgerlich-humanistischen Tradition, die es nun sowohl für die liberale als auch für die sozialistische Gegenwart zu retten galt, während gleichzeitig die Kulturindustrie hauptsächlich das Bedürfnis der neuen Wohlstandsgesellschaft nach Unterhaltung und rapider Vergangenheitsbewältigung bediente, doch unter den Intellektuellen, die sich als die ‚junge Generation' verstanden, war der Nonkonformismus vorherrschend, d.h. die kritische Ablehnung eines Gesellschaftssystems, von dem sie sich in ihren Hoffnungen der frühen Nachkriegszeit getäuscht fühlten.

Unter dem Stichwort ‚Nonkonformismus' fasste die zeitgenössische Debatte ein breites Spektrum von Haltungen zusammen, die auch ideologisch weit voneinander entfernt waren – von der elitär konservativen Widerständigkeit eines Ernst Jünger über die Experimente der konkreten Lyrik bis zur zeitkritischen Negation eines Wolfgang Koeppen – und in denen die verschiedensten ästhetischen Ausdrucksformen vertreten waren. Helmut Heißenbüttel, einer ihrer Hauptvertreter, hat rückblickend zusammengefasst, dass „alle Bestrebungen, Ansätze, Versuche, Aktivitäten, Organisationen [...] einem Bereich des Inoffiziellen angehörten, daß all dies sich gegen etwas richtete und daß in diesem Punkt des Dagegenseins in jener Zeit die unterschiedlichsten Fraktionen sich im Grunde einig waren. Sie waren gegen die offizielle literarische Öffentlichkeit".[8]

---

7 Vgl. Braese, Stephan (Hg.): *Bestandsaufnahme. Studien zur Gruppe 47.* Berlin 1999; Briegleb, Klaus: *Missachtung und Tabu. Streitschrift zur Frage „Wie antisemitisch war die Gruppe 47"?* Berlin 2003.
8 Heißenbüttel, Helmut: Literarische Archäologie der fünfziger Jahre. In: *Die fünfziger Jahre. Beiträge zu Politik und Kultur.* Hg. von Dieter Bänsch. Tübingen 1985, S. 306–325, hier S. 317.

Ihnen gemeinsam war in den frühen fünfziger Jahren ein unbestimmtes Missbehagen an den herrschenden Verhältnissen, insbesondere an der Übermacht eines sozialen Mechanismus, der zumindest im Westen jeglichen Dissens in die liberale Wirtschafts- und Konsumgläubigkeit zu integrieren vermochte; im Osten hingegen wurde er mit Repressionsmaßnahmen und Zensur den politischen Entscheidungen der Partei unterworfen. Nicht zufällig ist ‚Getriebe' ein Schlüsselwort in den Betrachtungen wie in der Dichtung der Zeit, und „Seid Sand, nicht das Öl im Getriebe der Welt" (Günter Eich) eine der bekanntesten Metaphern, mit der ein Lyriker zum individuellen Widerstand gegen die sich ausbreitende soziale Massifizierung und Automatisierung aufrief. Und so sehr das Subjekt auch von dem bedrängt worden sein mag, was Adorno – der wichtigste Stichwortgeber für die Kultur der Zeit – als „die totalitäre Einstimmigkeit" bezeichnete, war es doch für Künstler und Schriftsteller weiterhin die einzige Instanz, die das Überleben des kritischen Denkens und der Differenz gewährleistete. Der damalige Nonkonformismus führte zu einer Parteinahme für alle Außenseiterfiguren, ob sie nun die einsamen, aristokratischen *Waldgänger* Jüngers waren, Mitglieder von Gemeinschaften, die sich von der sie abstoßenden Wirklichkeit in die Irrenanstalt oder in einen Geheimbund zurückziehen oder als letzten Ausweg den Freitod wählen. Für sie alle – die offensichtlich selbststilisierte Porträts der Künstler als „schwarze Schafe" (Heinrich Böll) sind – gelten die Worte Ernst Kreuders beim Erhalten des Büchner-Preises im Jahr 1953: „Quer durch alle praktischen Lebensregungen wirkte eine Schicht, die frei war vom Nutzen, entlassen aus dem Zweck, eine strömende Schicht, die unverdorben war vom Vorteil, der Berechnung entronnen, Beweismitteln unerreichbar, eine imponderabile Schicht".[9]

Sowohl die bundesrepublikanische Stagnation als auch die totalitäre Involution im real existierenden Sozialismus förderten also einen heterogenen Bereich des intellektuellen Rückzugs in die Isolierung, die Randständigkeit oder Abfälligkeit (Heinrich Böll), mit einem Wort, in die von Ingeborg Bachmann beschworene, individuell verantwortete Ethik der „Fahnenflucht". Dementsprechend kam es im Lauf des Jahrzehnts zu einer starken geographischen Diaspora: Deutschsprachige Intellektuelle (Ingeborg Bachmann, Hans Werner Henze, Paul Celan, Hans Magnus Enzensberger, Wolfgang Hildesheimer u.a.) wurden – wie Alfred Andersch, der seinerseits 1957 in die Schweiz emigriert war, später schreiben sollte – in die Fremde getrieben „von einem schleichenden Mißbehagen [...] an

---

9 Kreuder, Ernst: o. T. [Büchner-Preis-Rede 1953]. In: *Büchner-Preis-Reden 1951–1971*. Stuttgart 1981, S. 15–19, hier S. 16.

dem, was sie umgibt, den Zuständen des Widerwillens, der Öde, der Beklommenheit, von denen sie überfallen werden".[10]

Die Verweigerung und das Ungenügen fanden jedoch nicht nur in einer realen Emigration ein Ventil. Noch öfter sollte im westdeutschen „Treibhausklima"[11] der fünfziger Jahre eine surrealistische, groteske oder ironische Verzerrung der Realität, die unter dem Eindruck des raschen Wiederaufbaus und der Teilung der Welt als gesichtslose Bedrohung empfunden und dargestellt wurde, den Ausbruch aus einer beengenden Lage ermöglichen. Es nimmt daher nicht wunder, dass die vielleicht wichtigsten Betrachtungen zum „Emigrantischen", das die nonkonformistische Kunst und ihre „zersetzende" Macht auszeichnet, von Max Frisch stammen, einem der Meister eben dieser literarischen Formen: „Wir stellen", sagte er 1958 anlässlich der Verleihung des Büchner-Preises, „eine Bedingung: Unser Wohnort soll uns das unausgesprochene Gefühl der Unzugehörigkeit gestatten [...], ein Gefühl der Fremde schlechthin. [...] Wir sind Emigranten geworden, ohne unsere Vaterländer zu verlassen [...]; unsere erste Station ist die Ironie."[12]

Mit Ausnahme einiger weniger exzentrischer Gestalten wie Wolfgang Koeppen und Arno Schmidt zeigt der Nonkonformismus in der ersten Hälfte der fünfziger Jahre grundsätzliche wie abstrakte Züge und Inhalte, die weniger die deutsche Realität dieser Zeit betreffen als vielmehr die *condition humaine* der entfremdeten Gesellschaft: „die Wunden, welche die Gesellschaft dem Einzelnen einbrennt", so Theodor W. Adorno. Auch die großen Themen der Schuld und der traumatischen Nachwirkungen der rezenten Vergangenheit werden (sogar in den gewagtesten künstlerischen Experimenten wie dem Film *Jonas*, 1957, von Ottomar Domnick) im Sinne einer eher metaphysischen Angst dargestellt, deren Schauplatz das Gewissen des Individuums ohne Nachklang in der ihn umgebenden Gesellschaft ist. Die Themen der Sinnentleerung, des Transzendenzverlusts, der Ohnmacht des Subjekts standen damals ja im Zentrum der Betrachtungen der ganzen westlichen Welt, in der deutschen Kultur wurden sie außerdem durch einen produktiven Rückgriff auf endogene wie auf importierte Wertmuster verarbeitet. Die Aufnahme des französischen Existenzialismus einerseits und besonders der in den USA entwickelten und von der amerikanischen Zivilisation ge-

---

10 Andersch, Alfred: Deutschland und seine Künstler. Betrachtungen zur Lage, angestellt von A. Andersch. In: *Berliner Hefte zur Geschichte des literarischen Lebens*, 8 (2008), S. 267–273, hier S. 270. Dieser am 29. 1. 1959 vom *Bayerischen Rundfunk* gesendete Radioessay gibt mit den Worten eines der Protagonisten Einblick in das damalige Kulturleben.
11 Vgl. Fürst, Ansgar: *Im deutschen Treibhaus. Tendenzen und Diagnosen der Adenauer-Zeit. Eine Spurensuche in der zeitgenössischen Literatur*. Freiburg i. B. 2003.
12 Frisch, Max: o. T. [Büchner-Preis-Rede 1959]. In: *Büchner-Preis-Reden*. 1981, S. 57–72, hier S. 69 f.

prägten kulturkritischen *Reflexionen aus dem beschädigten Lebens* (1951) Theodor W. Adornos, die so eng mit seinen späteren *Aufzeichnungen zu Kafka* (1953) verknüpft sind, erlauben uns, die westdeutsche Kultur der fünfziger Jahre (in ihren hohen wie in ihren populären Erscheinungen) mit den Worten Werner Faulstichs als „den Beginn der Globalisierung" neu zu interpretieren.[13] Damit wird, zumindest was die BRD betrifft, ein weiteres Stereotyp widerlegt, nämlich das eines „skandalösen Provinzialismus" (Friedrich Sieburg), den die Intellektuellen damals als störend empfunden haben sollen.

Der entschiedene Rückzug in die Abstraktion, der sich am deutlichsten in der experimentellen Lyrik und im Hörspiel zeigte[14], sollte auch die ästhetisch-theoretische Grundlage des Nonkonformismus darstellen, die einzige gebliebene Möglichkeit für die Kunst und Literatur, die Unwahrheit der Wirklichkeit aufzuzeigen, die eigene Autonomie zu behaupten und dadurch an ihrem utopischen Anspruch festzuhalten. „Abstrakte Kunst", so Alfred Andersch in dem Essay *Die Blindheit des Kunstwerks* (1955), einem Kulminationspunkt dieser Phase, „ist nicht Kunst ohne Inhalt, sondern Kunst des Aufstands gegen den zur Ideologie degradierten Inhalt in der Weise des Sich-Entziehens."[15] In seinem Vorwort zu der 1956 veröffentlichten Anthologie *Transit*, einer der für die fünfziger Jahre charakteristischsten Lyriksammlungen, bezeichnet auch Walter Höllerer die Lösung vom Gegenständlichen als einen Akt der Grenzüberschreitung, der Selbstbefreiung, durch den das Gedicht – und die Kunst überhaupt – „die Erfahrung des Weggangs und des Fortgangs aus den Zäunen"[16] zur Sprache bringt.

Was die Kultur der DDR anbelangt, so wurde nach dem Krisenjahr 1953 und vor allem nach dem Volksaufstand und Freiheitskampf in Ungarn im Jahr 1956 offensichtlich, dass viele Schriftsteller und Künstler vom politischen und ästhetischen Dogmatismus der offiziellen Kulturpolitik immer mehr Abstand nahmen. Jenseits des Eisernen Vorhangs hieß der Nonkonformismus Heterodoxie, und die Flucht in Form der Ausreise in den Westen (u. a. Horst Bienek, Walter Kempowski, Alfred Kantorowicz, Heinar Kipphardt, Uwe Johnson) bedeutete eine schmerzliche Kapitulation vor dem Verrat an der Utopie und der Unmöglichkeit, im eigenen Land einen Dissens auszudrücken. Tatsächlich konnte die intellektuelle Opposition in Ostdeutschland bis zum Ende des Jahrzehnts keine breite Öffent-

---

13 Faulstich, Werner: *Die Kultur der 50er Jahre*. Paderborn 2002, S. 8.
14 Vgl. Arnold, Heinz Ludwig (Hg.): *Die Gruppe 47. Ein kritischer Grundriß*. München 2004 [TEXT+KRITIK. Sonderband. 3. gründlich überarb. Auflage].
15 Andersch, Alfred: *Die Blindheit des Kunstwerks und andere Aufsätze*. Frankfurt am Main 1965, S. 27.
16 Höllerer, Walter (Hg.): *Transit, Lyrikbuch der Jahrhundertmitte*. Frankfurt am Main 1956, S. IX–XVII.

lichkeit erreichen.[17] Die staatliche Kunstdoktrin vom sozialistischen Realismus lähmte dabei die Entwicklung experimenteller Ausdrucksformen, die das normativ-ästhetische Konzept der Widerspiegelung hätten in Frage stellen können. Ein einziger, im Rückblick gleichsam von einer legendären Aura umgebener Ort bricht dieses Bild auf und erscheint in der Rekonstruktion als besetzte und bald (1963) auch eingenommene Zitadelle des Nonkonformismus in der damaligen DDR – und zwar der Hörsaal 40 an der *Philosophischen Fakultät* der *Universität Leipzig* (seit 1953 *Karl-Marx-Universität*), wo Hans Mayer zwischen 1948 und 1963 seine von Intellektuellen aus Ost und West besuchten Vorlesungen hielt. Hier konnten vor allem die jungen Autoren der DDR – darunter Uwe Johnson, Christa Wolf und Irmtraud Morgner – ideologiekritisch in einer länderübergreifenden Perspektive an die Literatur herangehen und die Dringlichkeit experimenteller Formen und Sprachen für eine adäquate Wiedergabe der gegenwärtigen Welt verstehen. Mayers berühmt gewordene, in der DDR heftig umstrittene Rede *Zur Gegenwartslage unserer Literatur*, die die „dürftige" Lage in beiden Teilen Deutschlands höchst kritisch darstellte, markierte im Jahre 1956 einen Wendepunkt für die deutsche Kultur der fünfziger Jahre. Angesichts der neuen Produktionsbedingungen, unter denen die Kunst der Gegenwart in enger Wechselbeziehung mit den anderen Medien und mit den Wissenschaften entstehe, verlange es, so Mayer, „nach neuen Formen und Methoden der Erkenntnis *und* der Umsetzung solcher Erkenntnis in neue künstlerische Wirklichkeit".[18]

Hans Mayers Aufforderung sollte sowohl in der BRD als auch in der DDR von den Autoren (etwa innerhalb der *Gruppe 47*) nachgekommen werden, die nunmehr eine allzu abstrakte und ratlose Enthaltsamkeit aufgeben und reagieren wollten auf „das neue deutsche Nivellement", wie es der Philosoph Max Bense, ein Förderer aller avantgardistischen Experimente dieser Jahre, ausgedrückt hatte. Nicht nur in der Literatur kündigte sich der Umbruch an, sondern auch in einer Reihe von Initiativen, die um 1955 die unterschiedlichsten Bereiche der Kultur und der Medien betrafen: auf den *documenta*-Ausstellungen in Kassel wie in den Theatergesprächen in Darmstadt, an der *Hochschule für Gestaltung* in Ulm wie bei den Kölner Bahnhofsgesprächen *im Wartesaal 3. Klasse*, an den Donaueschinger Musiktagen wie in dem von Alfred Andersch geführten *Abendstudio* des *Süddeutschen Rundfunks*. Das wichtigste Forum für neue Impulse wurden aber im Lauf der fünfziger Jahre einige Zeitschriften: im Westen die von Walter

---

17 Vgl. Hensing, Dieter: „*Die Hoffnung lag im Weg wie eine Falle*". *Schriftsteller der DDR unterwegs zwischen Konsens und Widerspruch. Konstellationen und Beispiele von den fünfziger bis in die neunziger Jahre*. Amsterdam 2000.
18 Mayer, Hans: Zur Gegenwartslage unserer Literatur. In: *Über Hans Mayer*. Hg. von Inge Jens. Frankfurt am Main 1977, S. 65–74, hier S. 69.

Höllerer herausgegebenen *Akzente*, die von Alfred Andersch 1955 gegründeten *Texte und Zeichen* und der avantgardistische *Augenblick* unter der genialen Leitung Max Benses; im Osten waren es *Sinn und Form* unter der weltoffenen Redaktion Peter Huchels (bis 1962) und die vom *Deutschen Schriftstellerverband* ins Leben gerufene, stark gegenwartsbezogene *neue deutsche literatur*. Diesen fortschrittlichen Zeitschriften gemein ist das Interesse für einen Austausch zwischen den unterschiedlichen Kunstgebieten und Wissenschaften (neben der Literatur die bildende Kunst, Philosophie, Film, Musik, Architektur von internationalem Ruf) und die Perspektive auf die naturwissenschaftlichen und technischen Entwicklungen, was – wie Höllerer retrospektiv zusammenfasste – auf eine allgemeine „Enthierarchisierung der Literatur", eine „Entkrampfung der Denkmalhaftigkeit" zielte, die besonders durch „Grenzbrüche zwischen den traditionellen Gattungen"[19] zum Ausdruck kam.

In dieser Phase zeichnet sich schon die Krise der sich zumeist auf die Ausdrucksformen des Realismus beschränkenden, gemäßigt modernen Ästhetik der frühen fünfziger Jahre ab, und eine stärkere Hinwendung zum Experiment, die von einer grundlegenden Kritik an den Regeln und Mechanismen der „beschädigten" Sprache in ihrem Verhältnis zur Macht und zum technisch-wissenschaftlichen Fortschritt ausging. Dieses Thema zog sich wohl seit der Poetik des Kahlschlags in der unmittelbaren Nachkriegszeit wie ein roter Faden durch die Entwicklung und Veränderung im Bewusstsein der deutschen Intelligenz, doch erst jetzt zeitigte es folgenschwere Ergebnisse sowohl in ästhetischen Betrachtungen als auch in der künstlerischen Produktion. Sogar in der DDR zeigten sich bei einigen Outsidern (Johannes Bobrowski, Günter Kunert), die sich – soweit wie möglich – von der realsozialistischen Ausdruckskonventionalität abkehrten, Zweifel an der Wirksamkeit der Sprache und erste Anzeichen einer Kritik an ihrer ideologischen Instrumentalisierung unter den zeitgenössischen Verhältnissen.

Der abwechslungsreichen Landschaft der experimentellen Poesie – von Eugen Gomringers *Konstellationen* (1953) über das Laboratorium der *Stuttgarter Schule* bis zu Helmut Heißenbüttels *Kombinationen* (1954) und den spielerisch-hermetischen Provokationen der *Wiener Gruppe* – stellt sich eine rege theoretische Diskussion zur Seite, die in der bahnbrechenden Gründung des *Instituts für Sprache im technischen Zeitalter* an der *Technischen Universität Berlin* durch Walter Höllerer ihren Höhepunkt finden sollte.[20] Das Fazit dieses Jahrzehnts tiefen

---

19 Höllerer, Walter: Unser Gestern verfällt dem Aberglauben. Und unser Heute? In: Drews (Hg.): *Vom „Kahlschlag" zu „movens"*. 1980, S. 20–36, hier S. 24.
20 Wir verdanken Roland Berbig und Alexander Krüger wichtige Anmerkungen über die Rolle Höllerers in diesem Kontext. Vgl. *Berliner Hefte zur Geschichte des literarischen Lebens*, 8 (2008), S. 89–99.

Misstrauens gegenüber der Sprache der Macht zog Günter Eich, indem er gleichzeitig all das subversive Potenzial des dichterischen Wortes, das „sich jeder Lenkung entzieht", anerkannte. In seiner Büchner-Preis-Rede legt Eich großen Nachdruck auf den Unterschied zwischen der Sprache als reiner Mitteilung von Inhalten und Informationen, als Medium einer „perfekt funktionierenden Gesellschaft", und der „anderen", der poetischen Sprache als „Gegnerschaft und Widerstand, als unbequeme Frage und Herausforderung der Macht".[21] Im Rahmen der jüngsten kritischen Neubewertung dieser Zeit sah man in Eichs Verständnis der Macht als Sprachlenkung eine Vorwegnahme von Michel Foucaults Thesen Ende der siebziger Jahre über die Autorität und die Möglichkeit, individuelle und soziale Formen von Andersartigkeit zu entfalten.[22]

Eich hielt eine Rede, die von der moderaten Öffentlichkeit kühl aufgenommen, dann jedoch als eine Art programmatisches Manifest der Dichtung „als Gegnerschaft" 1959 in *Akzente* veröffentlicht wurde. In jenem *annus mirabilis* für die gesamte deutsche Kulturszene übergibt die ältere Generation der nonkonformistischen Intelligenz, zu deren fortschrittlichsten Vertretern Eich zählte, mit diesem Text das Kommando der nachfolgenden, der sogenannten „skeptischen Generation" (Helmut Schelsky), deren politische Sozialisation in die Nachkriegsjahre fiel. Mit ihr gibt die intellektuelle Opposition in der BRD ihre Verweigerungshaltung auf und stellt sich endlich der Gegenwart und der Geschichte. Auch dazu war sie durch Adorno angeregt worden, durch sein neues pädagogisches Engagement, das Ende der fünfziger Jahre zu einer „Aufarbeitung der Vergangenheit" führen wollte, womit er seinen umstrittenen, 1949 formulierten Ausspruch über die Unmöglichkeit, „nach Auschwitz ein Gedicht zu schreiben"[23], zu widerrufen schien. Die kulturelle Wende dieser Zeit sollte Adorno dazu führen, diejenigen für „authentische Künstler" zu halten, „in deren Werken das äußerste Grauen nachzittert".[24]

In der BRD sind es die dreißigjährigen Hans Magnus Enzensberger, Günter Grass, Martin Walser, Peter Rühmkorf, die auf die Provokationen der Wirklichkeit mit der Aufgabe der existenzialistisch-metaphysisch gefärbten Verzerrung zu Gunsten einer kompromisslosen Bestandsaufnahme der deutschen Gegenwart reagieren, die mit einer radikalen thematischen und formalen Erneuerung bei hohem ethischem Anspruch vorgenommen wird. In der Bundesrepublik haben

---

21 Eich, Günter: o. T. [Büchner-Preis-Rede 1959]. In: *Büchner-Preis-Reden*, 1981, S. 73–87, hier S. 86.
22 Vgl. Keith, Tester: Die rhetorisch-poetischen Strategien in Günter Eichs Büchner-Preis-Rede. In: Häntzschel (Hg.): *treibhaus*, 5 (2009), S. 178–199, hier S. 198.
23 Adorno, Theodor W.: *Prismen. Kulturkritik und Gesellschaft*. München 1963, S. 26.
24 Ders.: Jene Zwanziger Jahre. In: *Merkur*, 16 (1962), S. 46–51, hier S. 51.

Grass im Roman und Enzensberger in der Lyrik den Weg der aggressiven, grotesken, amoralischen Herausforderung der Wirtschaftswunderzeit eingeschlagen, deren „biedermeierliches" Heute untrennbar verbunden ist mit ihrem verbrecherischen Gestern. Die deutsche Schuld (und die deutsche Vergesslichkeit) gewinnen ihre geschichtliche Konkretheit wieder, ihre Wurzeln „im gemütlichen elend / in der netten, zufriedenen grube" (Enzensberger) kleinbürgerlicher Mentalität werden freigelegt und demaskiert. Zwar sind auch die neuen Darstellungsformen den engen Beziehungen zur internationalen Szene vom Ende des Jahrzehnts verpflichtet (der amerikanischen *Beat Generation*, dem französischen *Nouveau Roman*), doch ebenso bedeutend ist die Wiederentdeckung verdrängter und lange vernachlässigter Epochen der deutschen Kultur wie der des Barock oder des Jungen Deutschland, die nun eine neue Aktualität erhalten.

Auch in der DDR ist eine neue Generation auf den Plan getreten: Christa Wolf, Uwe Johnson, Heiner Müller, Günter Kunert, Reiner Kunze stellen ihrerseits eine „skeptische Generation" dar; ihre Jugend macht sie immun gegen die dogmatische Gewissheit der Gründungsväter des sozialistischen Experiments. Sie richten den Blick auf die Widersprüche der Gegenwart, die sich nach der Niederschlagung des Budapester Aufstands und der neuen Welle von Verhaftungen und Verurteilungen der intellektuellen Dissidenten in ihrem Land verschärft haben. Auch die vom *Bitterfeder Weg* eingeleitete kulturelle Wende erweist sich im künstlerischen Bereich als gescheitert, die Ausdrucksformen der Aufbauliteratur vermögen die komplizierten und leidvollen Konsequenzen des Geschichtsprozesses auf das Bewusstsein des Individuums nicht wiederzugeben. Allerdings finden erst nach dem Bau der Mauer 1961 die neuen kritischen Tendenzen der ostdeutschen Kultur – trotz Zensur und Repressionsmaßnahmen – ihren Weg zu einem Teil der Öffentlichkeit.

Den größtmöglichen Dissens in den fünfziger Jahren findet man auf den Seiten eines Romans, der in der DDR wie in der BRD nach der Definition von Enzensberger „die große Ausnahme"[25] darstellte: *Mutmaßungen über Jakob*, Uwe Johnsons 1959 veröffentlichter „Streit mit der Welt darüber, wann etwas eine Wahrheit ist und bis wann eine Wahrheit eine Bestrafung verdient"[26], stellte die wichtigsten Fragen der zeitgenössischen deutschen Geschichte mit einer ethischen und ästhetischen Radikalität, auf die sich im folgenden Jahrzehnt die fortschrittlichsten Formen des literarischen und künstlerischen Nonkonformismus berufen sollten.

---

25 Enzensberger, Hans Magnus: Die große Ausnahme. In: *Frankfurter Hefte. Zeitschrift für Kultur und Politik*, 14 (1959) 12, S. 910–912, hier S. 910.
26 Johnson, Uwe: *Begleitumstände*. Frankfurt am Main 1980, S. 69.

Ernst Kreuder: Die Gesellschaft vom Dachboden. Erzählung

Erstausgabe: Stuttgart und Hamburg, Rowohlt Verlag 1946

Die Erzählung *Die Gesellschaft vom Dachboden* von Ernst Kreuder (1903–1972) wurde unmittelbar nach ihrem Erscheinen im *Ruf* von → Alfred Andersch als „die erste große Hoffnung der deutschen Literatur nach dem Kriege" begrüßt, bald darauf ins Englische übersetzt und auch in den folgenden Jahrzehnten gelegentlich neu aufgelegt. Aussagekräftig für das Schreiben in der unmittelbaren Nachkriegszeit ist die Erzählung, da sich Zeitgebundenheit vor allem darin zeigt, dass der Text der Gegenwartsmisere aus dem Wege zu gehen scheint, sich der literarische und weltanschauliche Anspruch in programmatischen Ansagen und Abgrenzungen erschöpft und der Erzählung die existenzielle Situation eines nach der Kriegsteilnahme endlich neuanfangenden Autors eingeschrieben ist.

Mit sechs Freunden gründet der Ich-Erzähler Berthold Brandt auf dem Dachboden eines Kaufhauses unter dem Shakespeare-Motto „Wir sind aus solchem Stoff, aus dem die Träume sind" einen Geheimbund. Poetologische Gespräche werden geführt, ‚Predigten' gehalten über Themen wie Arbeitsverweigerung, wahres Leben und Umweltverschandelung, schaurige Geschichten werden erzählt und Moritaten gesungen. Nach einigen Abenteuern findet Berthold einen Schatz, davon kaufen sie einen alten Dampfer, auf dem Berthold am Ende der Erzählung an seiner Remington Portable sitzt und schreibt: „Schicht um Schicht mich aus mir entfernend [...], eine Beute von Gesichten und Stimmen, fiel ich in eine andere Welt".

Die Handlung spielt sich in einer nicht genau bestimmbaren Zeit ab, die die 1946 schon altmodischen Requisiten als eine Art ‚guter alter Zeit' vor dem Krieg erscheinen lassen. Viele groteske Motive greifen auf Kreuders kurze Erzähltexte aus der Zeit vor 1933 zurück. Sie sind Ingredienzien einer anscheinend eskapistischen Phantasie, wie sie in der Erzählung gepredigt wird. Allerdings finden sich einige Motive und Szenen, welche von den Zeitgenossen als Anspielungen auf die letzten zwölf Jahre gedeutet werden konnten, so die Binnenerzählung eines Albtraums, die Schulddiskurse der Nachkriegszeit vage aufgreift. Gedankenlos scheint aus heutiger Perspektive, wenn ein jüdischer Trödler namens Aron auftritt und Bernhard eine wundersame Uhr verkauft, ohne dass es den leisesten Hinweis auf die Shoah gibt, oder wenn der von den Bundesgenossen abgelehnte literarische Realismus mehrfach abgetan wird als „Krematoriumsmusik".

Der Text ist anfangs in Kreuders Sinne als Manifest einer neuen deutschen Literatur nach dem Kriege gelesen worden. Im *Ruf* erschienen Auszüge aus dem Buch als *Waldemars Ansichten über Literatur*. Diese stellen „Dichter" und „Schriftsteller", Kunst und Zweckliteratur gegeneinander, polemisieren im Namen der

„Souveränität der Phantasie" gegen „Tatsachenliteratur" und beziehen sich bis zu wörtlichen Entnahmen auf zwei poetologische Reden von → Alfred Döblin aus dem Jahre 1928, die Kreuder mit Begeisterung 1935 entdeckt hatte. Allerdings lässt Kreuder die wichtige Pointe von Döblins Position, nämlich das freie Fabulieren von genauer Kenntnis der Realität doch abhängig zu machen, unter den Tisch fallen. Waldemar proklamiert stattdessen in der Gesellschaft vom Dachboden nur: „Als ob die Kunst etwas mit Realität zu tun hätte". Modernität beansprucht die Erzählung, indem sie verschachtelt eine Reihe von Binnenerzählungen präsentiert, auf Psychologisierung (fast) vollständig verzichtet und sich um eine (gerade im Vergleich zu Kreuders im ‚Dritten Reich' begonnenen, 1948 veröffentlichten Roman *Die Unauffindbaren*) zurückhaltende, unangestrengte sprachliche Gestaltung bemüht.

Wichtig für den Erfolg der *Gesellschaft vom Dachboden* in der unmittelbaren Nachkriegszeit war allerdings vor allem ein existenzielles Verbundensein dieses Textes mit der Geschichte seines Autors im Nationalsozialismus. Es ist auch dieses kunstreligiös anmutende, für einen Augenblick von den Kriegstraumata befreiende Moment des Wieder-Schreibens gewesen, welches die fast durchweg positive zeitgenössische Rezeption prägt. Ursprünglich sollte die *Gesellschaft vom Dachboden* mit der *Geschichte durchs Fenster* wie auch dem kurz darauf entstandenen Text *Schwebender Weg* zusammen veröffentlicht werden. Erst in Verbindung mit diesen beiden Erzählungen, die erst im Folgejahr erscheinen sollten, erschließt sich in der Tat dem heutigen Leser die Verstörung, welche auch der *Gesellschaft vom Dachboden* zugrunde liegt. Diese kürzeren Texte sind autobiographisch aufgeladene Kriegsheimkehrer-Erzählungen, in denen Kreuder eigene Kriegserlebnisse im Ruhrgebiet sowie die anschließende Kriegsgefangenschaft thematisiert. Auch in der *Gesellschaft vom Dachboden* wird immer wieder von Tod und unerklärlichem Grauen gehandelt. Allen drei Texten gemeinsam ist das Thema des Nun-wieder-Schreibens, das so eine therapeutische Funktion hat und als „Gang zur Spiegelmühle" gefasst wird.

Zusammengefasst zeigt sich die *Gesellschaft vom Dachboden* ähnlich paradox wie die programmatische Aufforderung der Erzählung: „Macht die Augen auf und träumt". Oder auch das an anderer Stelle angeführte: „Gestern sind wir nicht mehr, was wir heute werden".

Literatur

Svenja Goltermann: *Die Gesellschaft der Überlebenden*. München 2009 • Stephan Rauer: *Vorgeführtes Erzählen, vorgeführtes Erinnern. Ernst Kreuder 1933–1959*. Bielefeld 2008 • Christoph Schulz: *„Macht die Augen auf und träumt!" Ernst Kreuders erzählerisches Werk*. Frankfurt am Main 1992.

Stephan Rauer

Ernst Jünger: Der Waldgang

Erstausgabe: Frankfurt am Main, Vittorio Klostermann Verlag 1951
Alle Zitate im Text beziehen sich auf Ernst Jünger: Sämtliche Werke. Bd. 7: Betrachtungen zur Zeit. Stuttgart, Klett-Cotta-Verlag 1980, S. 281–374

„Der Waldgang – es ist keine Idylle, die sich hinter dem Titel verbirgt." So lautet programmatisch der erste Satz von Ernst Jüngers politischem Essay, der zeitgenössisch mit großer Aufmerksamkeit gelesen, mit Enttäuschung kritisiert, aber mehr noch als avantgardistische, elitäre Position einer konservativen Widerständigkeit angenommen wurde. Die Eingangsbeschwörung sollte nicht nur Fehlassoziationen von Sonntagsspaziergang oder Landschaftseskapismus verhindern, sondern auch dem Verdacht entgegentreten, dass Ernst Jünger (1895–1998, → *Heliopolis*, 1949) seinen soldatischen Schneid verloren haben könnte. Er stand damals unter besonders misstrauischer Beobachtung. Obwohl er mit *Auf den Marmorklippen* 1937 das Andachtsbuch der Inneren Emigration geliefert und aus seiner Verachtung des herrschenden Naziplebs kein Hehl gemacht hatte, galt er den Alliierten als Steigbügelhalter der Nazis, bestärkt durch seine Weigerung, den Fragebogen zur ‚Entnazifizierung' auszufüllen. In der britischen Zone, wo er damals wohnte, hatte er Publikationsverbot erhalten. Er zog in die französische Zone um, wo er sich durch seine aus der Besatzungszeit datierenden intellektuellen Kontakte nach Paris eine schonendere Behandlung versprach. Seine Publikationen wurden aber gerade auch von rechten Intellektuellen scharf beobachtet, die sich im Nationalsozialismus als junge Elite verstanden hatten. Sie verehrten in ihm den, der mit der Trias von „Arbeiter", „organischer Konstruktion" und „Werkstättenlandschaft" ihrem machtbewussten Technokratismus ein positives Selbstbild gegeben hatte. Andere wiederum bewunderten in ihm den Verächter des Nationalsozialismus und inneren Widerständler, als der er mit *Auf den Marmorklippen* und *Der Friede* (1945) sich dargestellt hatte. Schließlich beäugte ihn der mit ihm zeitweilig befreundete Carl Schmitt, den die Wut über sein Berufsverbot zerfraß und der für Jüngers Erfolge nur Neid und Hohn übrighatte.

Im *Waldgang* versuchte Ernst Jünger nicht weniger als seine gegenüber dem ‚Dritten Reich' eingenommene Haltung auch gegenüber dem neuen Staat fortzuschreiben und als für einen wahrhaften Konservativen einzig angemessene zu rechtfertigen.

„Wir leben in Zeiten, in denen ununterbrochen fragestellende Mächte an uns herantreten. Deren Fragen stammen nicht aus ‚idealer Wißbegier', sondern sind ‚Verhöre'." In dieser apodiktischen Behauptung überblendet Jünger kurzerhand wie wohlkalkuliert provokant den sogenannten Ariernachweis der Nazis mit dem Fragebogen der Alliierten und dem Gang zur Wahlurne. Den USA attestiert er, dass sich dort der „Automatismus [...] perfekten Formen nähert". Automatismus ist eben jener Zustand, auf den die fragestellenden Mächte hinstreben, der „Termitenzustand". Auch wer sein Kreuz beim Nein macht, bleibt, so Jünger, dem Automatismus immanent. Widerstand findet nur jenseits der Wahlen statt. Zeichen dessen wären etwa ein auf den Rand eines Wahlzettels oder -plakates gekritzeltes W. „Das könnte dann etwa heißen: Wir, Wachsam, Waffen, Wölfe, Widerstand. Es könnte auch heißen: Waldgänger." (295)

So suggeriert Jünger ein Kontinuum des mechanisierten Kollektivismus, das jenseits der zeitgeschichtlichen Zäsuren das NS-System, den Sowjetblock, die USA wie überhaupt alle Demokratien umfasst. Dagegen ruft er emphatisch die Position des Einzelnen als widerständiges Individuum auf: „Im Waldgänger betrachten wir die Freiheit des Einzelnen in dieser Welt." Nach den von Jünger selbst erfundenen „großen Gestalten unserer Zeit", nämlich „Arbeiter" und „Unbekannter Soldat" ist der Waldgänger die dritte und jüngste: Waldgänger sei derjenige, der „durch den großen Prozeß vereinzelt und heimatlos geworden ist, sich endlich der Vernichtung ausgeliefert sieht" und „Widerstand zu leisten entschlossen ist". (306) Jünger betont die unbedingte Gegenwärtigkeit dieser Position: „Der Wahrspruch des Waldgängers heißt: ‚Jetzt und Hier' – er ist der Mann der freien und unabhängigen Aktion." (344) Solche Sätze könnten nahelegen, dass Jünger hier die soldatische Resistenz von damals aktualisieren will. Aber die Eigenheit von Jüngers Konzept des Waldgangs ist, dass es zwar konkrete Bezüge nicht explizit ausschließt, aber entschieden auf eine dem Konkreten entrückte, ubiquitär wirksame Konstruktion zielt. Jünger lädt Gestalt und Situation des Waldgängers mit immer neuen Aspekten zwischen Einsamkeit und Gefahr auf. Wenn er erklärt: „Wald ist in der Wüste und im maquis", dann öffnet das Stichwort ‚maquis' Assoziationen zu den französischen *Maquisards* der Résistance, ohne damit die heimisch noch höchst virulente Assoziation der ‚Wehrwölfe' auszuschließen, vor allem soll aber deutlich werden, dass der konkrete Wald eher eine Ausnahme innerhalb dessen ist, was er unter ‚Wald' verstanden wissen will: „Wald ist in diesem Sinne natürlich überall, er kann auch in einem Großstadtviertel sein." Ausgerechnet der Autor wird zum Waldgänger schlechthin erklärt. Indem er in die Tiefen der „Auseinandersetzung des Einzelnen mit dem technischen Kollektiv" eindringt, „wird er selbst zum Waldgänger, denn Autorschaft ist nur ein Name für Unabhängigkeit". (307) So ist der soldatische Waldgänger allenfalls noch eine unter mehreren Assoziationsgestalten. Andererseits gibt es Mächtigkeitsphantasien, an die der als Waldgänger sich imaginierende Einzelne anschließen kann: „In einer Millionenstadt leben zehntausend Waldgänger [...]. Das ist eine gewaltige Macht." (298f.)

Noch eigentümlicher erscheint diese Konstruktion, wenn er die Bildfelder von Wald und Schiff fusioniert: „Weil das Bewegte die Augen ködert, bleibt den meisten der Schiffsgäste verborgen, daß sie zugleich in einem anderen Reiche weilen, in dem vollkommene Ruhe herrscht. [...] Das zweite Reich ist Hafen, ist Heimat, ist Friede und Sicherheit, die jeder in sich trägt. Wir nennen es den Wald. Seefahrt und Wald – es mag schwer scheinen, so Entferntes im Bild zu vereinigen. Dem Mythos ist der Gegensatz vertrauter." (314f.)

Das hat damals Wirkung gehabt, gerade weil es eine nachgetragene Widerständigkeit gegen das ‚Dritte Reich' begründen und gleichzeitig das Ressentiment gegen die herrschenden Großmächte wie gegen die junge Demokratie bedienen konnte – und alles das im Zeichen eines wahrhaften Jenseits von Geschichte. Das ‚Anforderungsprofil' des Waldgängers war zudem so vage, dass es im Zweifelsfalle genügte, sich innerlich als ein solcher zu fühlen. So konnte noch der letzte an der Profanität seines Alltags leidende Studienrat sich dem geheimen Orden der Waldgänger zugehörig fühlen.

Die Zeitgenossen haben diese Position kontrovers diskutiert. Der Soziologe Alfred Weber beispielsweise monierte, dass der Jünger'sche Waldgang jeder praktisch wichtigen Entscheidung ausweiche. Doch handelt es sich ja um die Entscheidung, sich dem Zwang zur Entscheidung zu entziehen, um ein Verfahren der Mentalreserve und inneren Entschleunigung. Es ist die Position eines demonstrativ öffentlichen Privatisierens. Wo ihm dadurch aus dem christlichen Existenzialismus Deckung zukam, der das als Weg in die Innerlichkeit deutete, nahm Jünger das billigend in Kauf. Andererseits blieb er anschlussfähig für solche, die eben doch die Position des Partisanen oder Rebellen erkennen wollten, wie etwa sein französischer Übersetzer Henri Plard. Und Margret Boveri konnte gar eine vierte Position jenseits von Westbindung, Ostunterstützung und Neutralisierung imaginieren. Zwar nicht politisch unmittelbar wirksam, lieferte Jünger hier ein Zentralstück der kulturkonservativen *reservatio mentalis*. Und das traf nicht zuletzt den Nerv vieler damaliger Autoren, die mehr oder weniger direkt literarisch daran anschlossen, explizit etwa → Alfred Andersch, implizit → Stefan Andres oder → Arno Schmidt, später sogar Jean Améry.

Literatur

Eva Horn: *Der geheime Krieg. Verrat, Spionage und moderne Fiktion*. Reinbek 2007, S. 83–91 • Eva Horn: „Waldgänger", Traitor, Partisan. Figures of Political Irregularity in West German Postwar Thought. In: *The New Centennial Review*, 4 (2004) 3, S. 125–143 • Erhard Schütz: Der Name für Unabhängigkeit. Die Strategien von Ernst Jüngers ‚Waldgang' im Kontext. In: *Solitäre und Netzwerker. Akteure des kulturpolitischen Konservatismus nach 1945 in den Westzonen Deutschlands*. Hg. von Erhard Schütz und Peter Uwe Hohendahl. Essen 2009, S. 55–67.

Erhard Schütz

Günter Eich: Träume

Erstsendung: 19. 4.1951, Nordwestdeutscher Rundfunk, Regie: Fritz Schröder-Jahn
Erstausgabe in: Günter Eich: Träume. Vier Spiele. Berlin und Frankfurt am Main, Suhrkamp Verlag 1953

„Seid unbequem, seid Sand, nicht das Öl im Getriebe der Welt!" (88) Mit diesem Appell endet das Hörspiel *Träume* von Günter Eich (1907–1972, → *Abgelegene Gehöfte*, 1948) in der Druckfassung von 1953. Um diese vermutlich meistzitierten Zeilen des Eich'schen Œuvres wurde sein berühmtestes Hörspiel erst zwei Jahre nach der Erstsendung ergänzt. Eich, der schon in den zwanziger Jahren, aber auch während der nationalsozialistischen Diktatur in Deutschland als Lyriker und Hörspielautor erfolgreich tätig gewesen war, hatte 1950 den ersten Preis der *Gruppe 47* für sein Gedicht *Inventur* (1947) erhalten. Es gilt aufgrund seiner sachlich reduzierten, reimlosen Beschreibung der Wirklichkeit als exemplarisch für die sogenannte Kahlschlagliteratur der unmittelbaren Nachkriegszeit. Dagegen markierte *Träume* den Auftakt eines bundesdeutschen literarischen Hörspiels, das lyrische Züge trug und dem spätere Rezipienten häufig Innerlichkeit und Weltflucht vorwarfen.

Der Begriff des literarischen Hörspiels der 1950er Jahre war bestimmt vom Konzept einer „inneren Bühne" (Erwin Wickert), das auf Emotionalisierung und Illusionierung zielte: Auf Grundlage der auditiven Zeichen sollten im „Inneren" des Hörers Bilder und Vorstellungen evoziert werden, die mit seinen eigenen Erfahrungen und Erinnerungen verschmelzen. Die mediale Beschränkung auf den Hörsinn und die technischen Möglichkeiten von Blende, Schnitt und Montage ermöglichten hierbei eine Handlung, die losgelöst von Raum, Zeit und Körperlichkeit stattfand und durch traumhafte oder assoziative Bezüge verknüpft wurde. Als bevorzugte Sujets dienten in den 1950er Jahren folgerichtig innere Monologe, Zwiegespräche, Träume und Phantasien, wobei das damalige Leitmedium Radio an der Schnittstelle von Literatur, Unterhaltung und Nachrichtenübermittlung die Realisierungskraft besaß, diese irrealen Handlungen zu authentifizieren und so Wirklichkeit und Phantasie ineinanderfließen zu lassen.

Im Hörspiel *Träume*, das 1950 verfasst und im April 1951 im NWDR urgesendet wurde, fügte Eich fünf allegorische Albträume, die jeweils auf einem der fünf Kontinente spielen, szenisch aneinander: In China blüht der Handel mit Kindern, die geschlachtet werden, um eine Blutkrankheit zu behandeln; zu Gehör gebracht werden die Verkaufsverhandlungen eines Elternpaares, das seinen sechsjährigen Sohn ohne große Not an einen reichen Alten verkauft. In Australien flüchtet eine Familie vor einem unheimlichen und übermächtigen Feind, vertrieben auch von den ehemaligen Nachbarn, die unmittelbar kollaborieren. Im afrikanischen

Busch verlieren zwei Forscher sukzessive ihr Gedächtnis, nachdem sie ein einheimisches Gericht gegessen haben, und werden schließlich rituell geopfert. In einem New Yorker Apartment stellt sich nach einer Radiosendung über Termiten heraus, dass nicht nur das Hochhaus selbst, sondern die ganze Stadt und auch die in ihr lebenden Menschen innerlich vom Ungeziefer zerfressen sind, dessen unheimliche Allgegenwärtigkeit durch ein permanent surrendes Geräusch hörbar gemacht wird.

Der erste und meistrezipierte Traum jedoch wird in Deutschland geträumt und beinhaltet die „erste massenmedial rezipierte Literarisierung der Shoah in der westdeutschen Nachkriegsliteratur" (Döring, 142) in Form einer Zukunftsvision: Seit mehr als 40 Jahren fahren vier Generationen einer Familie in einem fensterlosen Güterwagen durch Raum und Zeit in eine ungewisse Zukunft. Allein die beiden Uralten erinnern sich wieder und wieder an die glückliche Zeit vor der gewaltsamen Verfrachtung in den Zug, ihre nostalgischen Erzählungen werden jedoch von Kindern und Enkeln als „Märchen" und „Lüge" abgetan. Die Anklänge an die Deportation der europäischen Juden sind mehr als deutlich und bleiben während des gesamten Dialogs im Geräusch des fahrenden Zuges akustisch präsent, das zum Ende des Traumes an Geschwindigkeit und Lautstärke zunimmt und die Fahrt in den Tod avisiert. Der durch Nationalsozialismus und Holocaust gebrochene Glaube an Fortschritt und Zivilisation erscheint hier in Form einer Dystopie: Für die Insassen des Zuges ist es längst normal, auf engstem Raum im Dunkeln zu leben und von unbekannten Mächten beherrscht zu sein.

Die fünf scheinbar zusammenhanglosen Träume des Hörspiels werden dramaturgisch verknüpft durch einen eindringlichen Erzählerappell, der jedem Traum folgt, und die sachliche Stimme einer (Nachrichten-)Sprecherin, die in den jeweiligen Traum einführt, indem sie ihn mithilfe von vermeintlichen Fakten an die Realität des Träumenden zurückbindet, der durchweg als harmloser Bürger charakterisiert wird. Lakonisch werden als Ursache für die Albträume nicht etwa die im Eingangsgedicht aufgerufenen gefährlichen politischen Konstellationen angeführt, sondern die beliebigen Befindlichkeiten der jeweiligen Figur. So träumt „der Schlossermeister Wilhelm Schulz aus Rügenwalde in Hinterpommern, jetzt Gütersloh in Westfalen, einen nicht sonderlich angenehmen Traum, den man insofern nicht ernst nehmen muß, als der inzwischen verstorbene Schulz nachweislich magenleidend war." (54)

Diese Verknüpfung, die dem Kleinbürger, hier einem aus Pommern Vertriebenen, in ironischer Brechung Verantwortung für die Zustände in der Welt unterstellte, wurde vom Publikum und auch von der rezensierenden Presse als Provokation verstanden. In symbolischer Überhöhung warnte Eich vor Vergessen, Verdrängung, Gleichgültigkeit und Selbstzufriedenheit und traf mit seinen Untergangsvisionen den empfindlichen Nerv der Deutschen zur Zeit des Wirtschaftswunders. Zahlreiche wütende Reaktionen gingen beim Sender ein und offenbarten gleichermaßen Abwehr und Ängste einer Gesellschaft, die bereits wenige Jahre nach dem Krieg, zu Wohlstand gekommen, vergessen und verdrängen wollte. In der Druckfassung ist dem Hörspiel ein Gedicht vorangestellt, das diese Mentalität in einer Höreransprache noch deutlicher thematisiert: „Ich beneide sie alle, die vergessen können, die sich beruhigt schlafen legen und keine Träume haben", um mit der Zeile zu enden: „Alles, was geschieht, geht dich an." (53)

Vom Hörspiel *Träume* und seiner auditiven Realisierung ging ein anhaltender Reiz aus, der sich in späteren Hörspielen offenbarte, die das Sujet des Traums erneut aufgriffen, so etwa *Ein Geschäft mit Träumen* (1952) von → Ingeborg Bachmann oder *Gelassen stieg die Nacht an Land* (1963) von Adolf Schröder. Vergingen nach der Erstsendung ganze 15 Jahre bis zu einer erneuten Ausstrahlung der NWDR-Inszenierung, so kam es zu einer Reihe von Neuproduktionen (u. a. vom *Hessischen Rundfunk* 1951, vom *Südwestfunk* 1955, vom ORF-Steiermark 1964 und vom *Bayerischen Rundfunk* 1964, Radio DDR 2 folgte mit großem Abstand 1981). Schließlich veröffentlichte der *Hörverlag* in Kooperation mit dem NDR eine Audio-CD, die neben der Erstinszenierung von 1951 auch eine Neuproduktion von 2007 umfasst, an der fünf junge Hörspielregisseurinnen und -regisseure mitwirkten. In verstörenden akustischen Bildern thematisieren sie Ignoranz, Vertreibung, Organhandel, Imperialismus, Zerstörung und Willkür und adaptieren sie für die Gegenwart.

Literatur

Sabine Buchheit: *Formen und Funktionen literarischer Kommunikation im Werk Günter Eichs.* St. Ingbert 2003 • Jörg Döring: Mit Günter Eich im „Viehwagen". Die *Träume* der westdeutschen Nachkriegsgesellschaft. In: *Günter Eichs Metamorphosen. Marbacher Symposium aus Anlass des 100. Geburtstages am 1. Februar 2007.* Hg. von Carsten Dutt und Dirk von Petersdorff. Heidelberg 2009, S. 141–147 • Günter Eich: Träume. In: *Fünfzehn Hörspiele.* Frankfurt am Main 1973, S. 53–88 • Marlies Goß: *Günter Eich und das Hörspiel der fünfziger Jahre*, Frankfurt am Main 1988 • Ruth Schmitt-Lederhaus: *Günter Eichs „Träume". Hörspiel und Rezeption.* Frankfurt am Main 1989 • Erwin Wickert: Die innere Bühne. In: *Akzente*, 1 (1954), S. 505–514.

Manuela Gerlof

Theodor W. Adorno: Minima Moralia.
Reflexionen aus dem beschädigten Leben

Erstausgabe: Berlin und Frankfurt am Main, Suhrkamp Verlag 1951

Im *Buch der Wendungen* hatte → Bertolt Brecht unter dem Kapitel „Verurteilung der Ethiken" ausgeführt, warum die Klassiker des Marxismus keine Ethik verfasst hatten: „Von den Predigern zur Sittlichkeit, werden sie [die Arbeiter] von den Verhältnissen zur Unsittlichkeit angehalten." In diese dialektische Tradition einer materialistischen Moralkritik schreibt sich der Remigrant Theodor W. Adorno (1903–1969) nach 1945 ein. Seit 1949 ist er als noch recht unbekannter Professor für Philosophie an der *Frankfurter Universität* tätig und schreibt an seinen großen Abhandlungen zur Musiksoziologie. Wenige Jahre zuvor hatte er, gemeinsam mit Max Horkheimer, die für deutsche Nachkriegsmoderne so einflussreiche und 1947 erstmals veröffentlichte → *Dialektik der Aufklärung* verfasst, die damals indes noch ein Geheimtipp war. Erst die *Minima Moralia* popularisierten jene stilbildende Publizistik Adornos, die den intellektuellen Habitus der bundesrepublikanischen Linken als *Kritische Theorie* nachhaltig prägen sollte.

Am 1. März 1951 erschienen die *Minima Moralia* im neu gegründeten Verlag von Peter Suhrkamp, mit dem Untertitel *Reflexionen aus dem beschädigten Leben*. Es handelt sich dabei um 153, in drei Teile gegliederte und durchnummerierte Aphorismen, philosophische Kurzessays, journalartige Momentaufnahmen und tagesaktuelle Polemiken, die bereits zwischen 1944 und 1947 im kalifornischen Exil entstanden waren, danach aber in der Schublade liegen bleiben mussten, weil sie der *Fischer-Verlag* – trotz der Fürsprache → Thomas Manns – nicht veröffentlichen wollte. Die *Minima Moralia* sind weit mehr als bloßes Beiprodukt der *Dialektik der Aufklärung*, auch wenn sie deren Grundthesen teilen: der soziologische Totalitarismusbefund am industriellen Spätkapitalismus (die „verwaltete Welt"), die abendländische Aufspaltung von Subjekt und Objekt im Fortgang der „instrumentellen Vernunft", die polemische Kritik an den Entfremdungsmechanismen der Kulturindustrie sowie die psychosoziale Analyse des Antisemitismus als Kulminationspunkt faschistischer Barbarei.

Auch wenn der Haupttitel mit der ‚großen' Ethik des Aristoteles kokettiert, handelt es sich um alles andere als um eine systematische Sittenlehre. Vielmehr liegt in der heterogenen Form artistisch fein ziselierter Fragmente ein Brevier mit sporadisch durch die Negativität der Kritik hindurchschimmernden Hinweisen zum richtigen und guten Leben vor, das in der Tradition der romanischen Moralistik oder der neusachlichen Verhaltenslehren der Weimarer Republik stehen. Die „Lehre vom richtigen Leben", so die desillusionierende Diagnose der *Zueignung*, ist nach 1945 aber bloß noch als „traurige Wissenschaft" denkbar, denn „der Blick aufs Leben ist übergegangen in die Ideologie, die darüber betrügt, daß es keines mehr gibt". Es bleibt allein der Modus immanenter Kritik am alles quantifizierenden Tauschzusammenhang, um Spuren qualitativer Differenz auszumachen, Residuen jenes „Nicht-Identischen" mithin, das Adornos ästhetische Utopie antreibt.

In seinem Werk fehlt bekanntlich eine genuine philosophische Ethik, vielleicht schon allein deshalb, weil in ihm nachgerade jede Zeile nach ethischer Lektüre verlangt. Zumal der traumatische Zivilisationsbruch, den Adorno dem deutschen Nachkriegsdiskurs unter der Chiffre ‚Auschwitz' eingravierte, die Bedingungen der Möglichkeit von Morallehre definitiv verunmöglicht hat. „Es gibt nichts Harmloses mehr." Glück hieße unter Bedingungen der Vergnügungsindustrie „Ermahnung zur happiness", und „ein gerader Weg" führe „vom Evangelium der Lebensfreude zur Errichtung von Menschenschlachthäusern". Zur Disposition steht damit das gesamte liberalistische Denken, besonders die Illusion von Subjektautonomie, denn „die Nichtigkeit, die das Konzentrationslager den Subjekten demonstrierte, ereilt bereits die Form von Subjektivität selber".

Im vermeintlichen Understatement des Titels verbirgt sich der methodologische Kern der Sammlung: Zwar bemüht der berühmte Satz „Es gibt kein richtiges Leben im Falschen" – nicht ohne Aporien und gnostische Anklänge – noch einmal die Hegel'sche Totalität gesellschaftlicher Vermittlung. Die „Minima" sind jedoch im ganz konkreten Sinn als jene Banalitäten der alltäglichen Lebenswelten zu begreifen, an denen sich die Signatur eines totalitären Zeitalters global organisierter „Unmündigkeit" ablesen lässt. Adorno zeigt den Kapitalismus im Moment seines Einbrechens in die Sphäre der Erfahrung, der Begegnung zwischen Menschen und Dingen. Alles Moralische gehe, wie Adorno in *Probleme der Moralphilosophie* (1963) festhält, in der „Frage nach der Einrichtung der Welt" auf, und eine im Gestrüpp aphoristischer Denkbilder verborgene Mikrologie der Moral wäre eine der phänomenologischen Bestandsaufnahme von Alltagsdingen.

Adorno diagnostiziert ferner eine durch allumfassende Technisierung hervorgerufene Verrohung der Gesten: Auto- und Kühlschranktüren fallen von selbst zu, automatisierte Türschließer halten zur „Unmanier" an, „nicht hinter sich zu blicken, nicht das Hausinnere zu wahren, das sie aufnimmt". Die medientheoretische These, dass Dinge bereits in sich Programmanweisungen enthalten, unterliegt dem historischen Verhältnis universaler Warenförmigkeit, der „Einheitsfront von Trust und Technik". Der negativ-utopische Kern der *Minima Moralia* ist folglich nicht allein einer der Emanzipation als freie, zwecklose Entfaltung von Individuen, sondern auch als Befreiung der Dinge gedacht. Im ästhetischen Freiraum der Kontemplation und nicht mehr instrumenteller Bezugnahme wird erahnbar, was es bedeutete, wenn Dinge und Menschen frei wären. Philosophie des beschädigten Lebens ist der Versuch, „alle Dinge so zu betrachten, wie sie vom Standpunkt der Erlösung aus sich darstellten".

Technisch produzierte und kulturell hergestellte Artefakte und Institutionen (Design, Marken, Werbung, das Schenken, die Liebe und Ehe, Freizeit und Arbeit, Gastlichkeit) erscheinen gleichsam als zweite Natur, darin ist Adorno sehr nahe an konservativen Techniktheorien wie der von → Arnold Gehlen, mit dem Unterschied, dass aus dem dialektischen Umkippen von Kultur in Natur das kulturell Geformte überhaupt erst kritisierbar wird. Adorno interessiert der soziale Übersetzungsmechanismus, der materielle Konfigurationen in Moralia, in Sitten und Lebenshaltungen transferiert. Gerade mit der Analyse der Dinge als kulturellem Gedächtnisspeicher sucht er Anschluss an das materialistische Erbe: Mehr als die Politökonomie zeigen sich die von Marx' Entzifferung des Kapitalismus als kulturell vermitteltem System fasziniert, in dem sich Ethik und Ästhetik, Haltungs- und Wahrnehmungsweisen gegenseitig ineinander abbilden.

In nuce enthält das Werk bereits aber auch jene Philosopheme, die Adornos Spät- und Hauptwerk, die *Negative Dialektik* (1966) sowie die postum erschienene *Ästhetische Theorie* (1970) strukturieren: die Dialektik von tauschökonomisch induzierter Verdinglichung und Individualität (§ 97), die Kritik am Jargon des Eigentlichen und Authentischen der Existenzialismusmode um 1950 (§ 99), die an Proust und Bergson geschulte Zeitdimension im Verhältnis von Materialität und kultureller Gedächtnisfunktion (§ 106), die „listige Verschränkung von Glück und Freiheit" als einzige Quelle von Erfahrung inmitten einer totalen Struktur, „die Arbeit und Vergnügen einander immer ähnlicher macht".

Adorno hatte 1952 in einer Replik auf Thomas Manns Klage, dass es nicht „ein positives Wort" gäbe, „das eine auch nur ungefähre Vision der wahren, der zu postulierenden Gesellschaft gewährte", von einer selbst auferlegten „Askese gegen die unvermittelte Aussage des Positiven" gesprochen, die eigentlich gegen sein hoffendes Naturell ginge. Er konnte sich darin durch die hohe Zahl an zumeist positiven Rezensionen bestätigt sehen (bis zum Jahresende 1951 etwa 60 Besprechungen). Die performative Selbstwidersprüchlichkeit des Textes – von welcher Position aus lässt sich überhaupt Kritik anbringen, wenn „das Ganze [...] das Unwahre" ist? – wurde ausdrücklich als Stärke und Herausforderung für ein durch eine radikale Aufklärung hindurchgegangenes, kritisches Denken gelobt.

Der antirestaurative Appellcharakter der *Minima Moralia* darf nicht darüber hinwegtäuschen, dass wieder andere Rezensenten vertraute Diskursmuster zwischen Adorno und seinen kulturkonservativen oder existenzialphilosophischen Kontrahenten ausmachten, zumal in den ressentimentgeladenen Entfremdungsdiagnosen gegenüber dem Materialismus der demokratischen Massenkultur. Auch die enigmatische, kulturalistische Gesellschaftskritik, die konsequent auf tagespolitische Interventionen verzichtet, dürfte nicht unerheblich für die positive Aufnahme Adornos gewesen sein, in einem zwischen Kahlschlag, klassizistischer Re-Normalisierung und Selbstbemitleidung aufgespanntem Kulturbetrieb.

Dass die *Minima Moralia* mit über 100 000 verkauften Exemplaren zu Adornos populärstem Buch wurde, ist aber vor allem der Ende der fünfziger Jahre einsetzenden Breitenrezeption durch jene Studentengeneration zu verdanken, deren weihevolle Exegesen Adornos pointenreicher Rhetorik radikaler, nicht selten über die Sache hinausschießender und dadurch kaum falsifizierbarer Thesen die Apodiktik einer Verweigerungshaltung entnahmen.

Zwei für die Langzeitwirkung der *Minima Moralia* bedeutende Aspekte sind schließlich noch hervorzuheben: Adornos Aphorismenbuch archiviert und rettet maßgebliche Techniken der Avantgarden der Vorkriegszeit über den Krieg hinaus in die deutsche Nachkriegskultur hinüber. Wie viel die *Minima Moralia* der sprachlichen Energie und darstellerischen Experimentierfreude etwa von Walter Benjamins *Einbahnstraße* (1928) zu verdanken haben, zeigt sich nicht nur in der Übernahme von zentralen Figuren wie den ‚Denkbildern' oder ‚Konstellationen'. Adorno wollte das geschichtsphilosophische „Vermächtnis" (§ 98) seines Freundes an die jüngere Generation weitervermitteln, jene Haltung, die „den Abfallstoffen und blinden Stellen, die der Dialektik entronnen sind", beikommen will, die jenes „Quere, Undurchsichtige, Unerfaßte" zu erfassen versucht, das „nicht recht in die historischen Bewegungsgesetze hineinpaßte".

Zudem präsentiert der Exilant Adorno der jungen Bundesrepublik erstmalig ein transatlantisches Alltagspanorama der neuesten Konsumartikel *made in USA*, wobei die Anglizismen in den Titeln der einzelnen Aphorismen – wie ein zeitgenössischer Rezensent bemerkte – „sophisticated und cool wie der Titel eines Jazzstücks" klingen. Ausgerechnet der kunstelitäre und kinoskeptische alteuropäische Bildungsbürger zeichnet mitunter ein zartsinniges Amerikabild, das in vielem kompatibel scheint mit jenem der popkulturellen Gegenkultur der siebziger Jahre.

Literatur

Theodor W. Adorno: *Briefe und Briefwechsel. Bd. 3: Theodor W. Adorno, Thomas Mann: Briefwechsel 1943–1955*. Frankfurt am Main 2002 • Alexander García Düttmann: *So ist es. Ein philosophischer Kommentar zu Adornos „Minima Moralia"*. Frankfurt am Main 2004 • Rahel Jaeggi: „Kein Einzelner vermag etwas dagegen". Adornos ‚Minima Moralia' als Kritik von Lebensformen. In: *Dialektik der Freiheit. Frankfurter Adorno-Konferenz 2003*. Hg. von F. Axel Honneth. Frankfurt am Main 2005, S. 115–141 • Martin Seel: *Adornos Philosophie der Kontemplation*. Frankfurt am Main 2004 • Alfons Söllner: Adornos ‚Einsatzstelle' im kulturellen Konzert der deutschen Nachkriegsgeschichte. In: *Adorno im Widerstreit. Zur Präsenz seines Denkens*. Hg. von Wolfram Ette u.a. München 2004, S. 496–517 • Uwe C. Steiner: Dinge als Gedächtnis und Dinge als zweite Natur in der frühen kritischen Theorie. In: *Gedächtnis und Kultur im Wandel. Erinnerndes Schreiben – Perspektiven und Kontroversen*. Hg. von Judith Klinger und Gerhard Wolf. Tübingen 2009, S. 243–255.

Patrick Ramponi

Arno Schmidt: Aus dem Leben eines Fauns. Kurzroman

Erstausgabe: Hamburg, Rowohlt Verlag 1953

In *Aus dem Leben eines Fauns* – nach → *Die Umsiedler* der zweite Kurzroman, der 1953 von Arno Schmidt (1914–1979) veröffentlicht wird – offenbart der Ich-Erzähler Heinrich Düring, ein Gemeindebeamter mittleren Alters aus dem norddeutschen Cordingen, sein inneres Leben unter der nationalsozialistischen Herrschaft und während des Zweiten Weltkrieges. Er stößt täglich auf die geistige Beschränktheit von mit der nationalsozialistischen Ideologie durchdrungenen Kollegen und Familienmitgliedern, die ihm – jeglichem Dialog unzugänglich – gegenüberstehen.

Dürings nüchterner, bitterer Monolog gliedert sich in drei Teile (Februar 1939, Mai/August 1939 und August/September 1944), die den wachsenden Kollektivwahn aus einer abgesonderten, innerlich oppositionellen Perspektive des Ich-Erzählers wiedergeben. Die sich unvermeidlich nähernde Endkatastrophe wird von Anfang an vorausgeahnt und schließlich – als die Stadt und die dortige Munitionsfabrik zerbombt werden – mit apokalyptischen Tönen geschildert. Düring, von den traumatischen Erfahrungen des Ersten Weltkrieges tief geprägt, versucht vergebens, seiner Frau und seinem Sohn die Augen zu öffnen. Seine schwachen und sporadischen Versuche wirken zugleich resigniert, von dem Bewusstsein getrübt, dass sie unerhört bleiben werden, von der inneren Überzeugung geleitet, dass sich das deutsche Volk in seiner Stumpfheit nicht belehren lassen wird. Mit seiner Beziehung zur jungen Käthe erobert sich der Ich-Erzähler eine Oase im öden Alltag: Mit ihr teilt der ‚Faun' eine Hütte im Wald, in der schon ein Deserteur des Napoleonischen Heeres gelebt hatte, wie Düring während einiger Archivrecherchen entdeckt. Am Ende des Kurzromans gewährt die Hütte dem Ich-Erzähler und seiner jungen Geliebten Zuflucht nach dem Luftangriff. Hatte der isolierte Ort in der Natur dem abgesonderten Ich-Erzähler eine eschatologische Alternative zu einem bedrückenden Zustand geboten, so wird Dürings Atempause schließlich unterbrochen: Sein Bewusstsein, dass das Ende des Krieges nicht mehr lange auf sich warten lassen kann, ist das positive Gegengewicht zur Notwendigkeit, die Hütte zu zerstören, da jemand verdächtige Bewegungen im Wald gemeldet hat und das Geheimnis der Liebenden bald enthüllt werden könnte.

Um die gebrochene Natur des menschlichen Innenlebens und seiner Erfahrungen darzustellen, greift Schmidt in seinem Kurzroman auf die ‚pointillierte Technik' zurück. Die Erzählung entzieht sich einer einheitlichen, folgerichtigen Form und verliert sich in kurze, einzeln betitelte Fragmente, mit einer ihr eigenen Vollkommenheit und selbständigen Kraft. Der Text verlangt vom Leser ein Zusammenfügen von Puzzleteilen, was jede vermeintliche Kontinuität des Ichs und der vom Ich wahrgenommen Welt als trügerisch erscheinen lässt. In Dürings innerem Monolog folgen Schnappschüsse aufeinander, die sich von Wahrnehmungen, Eindrücken, Überlegungen, Assoziationen, Erinnerungen nähren. Somit stellt sich der Roman ganz auf die Mechanismen des Bewusstseins und des Gedächtnisses ein. Das magmatische Gesamtbild wirkt bewegt, lückenhaft, konzentriert und chaotisch. Der Text – der sich durch deutlich expressionistische Anklänge auszeichnet – ist von experimentellen sprachlichen Schöpfungen des ‚Fauns' durchzogen. Diese versuchen, die engen Grenzen einer Sprache zu sprengen, die dem Reichtum des Bewusstseinsstroms nicht gerecht zu werden vermag. Nach demselben Ziel strebt die häufige Verwendung von plastischen Metaphern und Personifikationen, die die expressive Dichte der literarischen Sprache noch steigern. Durch ein Netz intertextueller Zitate und Verweise entsteht ein unerschöpflicher, polyphoner Dialog zwischen Schmidts *Aus dem Leben eines Fauns* und anderen Werken der Weltliteratur. Mittels dieser Elemente wird eine tiefgründigere Art Realismus angestrebt, die der inneren Welt des Ich-Erzählers und der ihn umgebenden äußeren Welt kein zähmendes Gitter überstülpen will, sondern vielmehr versucht, Wege durch das Labyrinth menschlicher Empfindungen, Gedanken, Erinnerungen und Reaktionen zu schlagen.

Literatur

Robert Bramkamp: Topographie der Wirklichkeit in Arno Schmidts Kurzroman „Faun". In: *Arno Schmidt*. Hg. von Heinz Ludwig Arnold. München 1986, S. 109–118 • Armin Elhardt: Landschafts- und Naturdarstellung in Arno Schmidts Roman „Aus dem Leben eines Fauns". In: *Zettelkasten*. Hg. von Joachim Metzler. Frankfurt am Main 1984, S. 19–90 • Dieter Kuhn: *Kommentierendes Handbuch zu Arno Schmidts Roman „Aus dem Leben eines Fauns"*. München 1986.

Cecilia Morelli

Wolfgang Koeppen: Das Treibhaus. Roman

Erstausgabe: Stuttgart, Scherz & Goverts Verlag 1953

„Er saß im Nibelungenexpreß. Es dunstete nach neuem Anstrich, nach Renovation und Restauration; es reiste sich gut mit der deutschen Bundesbahn; und außen waren die Wagen blutrot lackiert. Basel, Dortmund, Zwerg Alberich und die Schlote des Reviers, Kurswagen Wien Passau Fememörder Hagen hatte sich's bequem gemacht; Kurswagen Rom München, der Purpur der Kardinäle lugte durch die Ritzen verhangener Fenster; Kurswagen Hoek van Holland London, die Götterdämmerung der Exporteure, die Furcht vor dem Frieden. Wagalaweia, rollten die Räder. Er hatte es nicht getan. Er hatte nicht gemordet."

Der sozialdemokratische Abgeordnete Keetenheuve fährt von der Beerdigung seiner kindlichen Frau Elke, die er an eine – karikaturhaft als widerwärtig gezeichnete – Lesbierin verloren hatte, zurück nach Bonn. „Er hatte nicht gemordet" – das bezieht sich auf seine Rachephantasien gegenüber der Lesbierin. Es bezieht sich aber auch auf seine Vergangenheit, insofern er während des ‚Dritten Reiches' ins Exil gegangen und so nicht an der deutschen Schuld teilhatte. Keetenheuve – eine Art perspektivische Projektionsfigur des Erzählers, dessen unablässigem Bewusstseinsstrom, Assoziationen und Projektionen der Leser ausgesetzt ist, so dass er nicht einmal sicher sein kann, inwieweit die anderen Figuren des Romans jenseits von Keetenheuves Kopf existieren – Keetenheuve assoziiert hier bei seiner Fahrt Elemente der Wagner'schen Mythologie zusammen mit der unmittelbaren Gegenwart, Schwerindustrie, Kirche, Handel und Militarismus, den angeblichen Stützen der gleich eingangs assoziierten ‚Restauration'. Das charakterisiert Duktus und Thematik des gesamten weiteren Romans, der wegen eben dieser Elemente weithin als avantgardistisch wahrgenommen wurde. Genauer besehen, handelte es sich dabei aber um eine ‚Restauration' der klassischen Moderne, während die Restauration, die darin apostrophiert wurde, gar keine war.

Unablässig bewegen sich die Bild- und Begriffsassoziationen des Romans zwischen Mythologischem, Literarischem, der Ding- und Zeichenwelt des Konsums sowie Ereignissen und Ideen der Zeitgeschichte um Figuren und Handlung – und konstituieren in dieser Intertextualität das eigentliche Geschehen des Romans: den im Pulsieren von Ordnungs- und Dissoziationsmustern verlaufenden Vollzug des Scheiterns der Figur Keetenheuve. Ein Scheitern vermeintlich an den politischen, gesellschaftlichen und privaten Verhältnissen, tatsächlich jedoch an seiner eigenen Konstitution, an einer Haltung assoziativ wie reflexiv sich verstrickender Vergeblichkeitserwartung. Keetenheuve ist sich selbst ein dreifacher Dilettant: „Ein Dilettant in der Liebe, ein Dilettant in der Poesie und ein Dilettant in der Politik." Der orale und imaginative Hedonist mit permanenten Schuldgefühlen scheitert in allen Lebenszusammenhängen, weil Träumen, Halbheiten und Vermeidung von Entscheidungen und Handlungen konstitutiv für ihn sind. Er verlor demnach seine junge Frau an eine ehemalige NS-Funktionärin, weil er sich der Politik wegen nicht genug um sie kümmerte, in der Politik wiederum ist er inaktiv, träumt beispielsweise im Wohnungsbauausschuss des Bundestages von einsamkeitsgewährenden Kollektivwohnbauten Le Corbusiers, während die Kollegen Baumaßnahmen nach NS-Schablonen beschließen. Ihm wird ein geheimes Dossier zugespielt, mit dem er die Wiederbewaffnungspläne des Kanzlers konterkarieren könnte, er zögert mit seinen Reaktionen so lange und verläuft sich in seinen privaten Wegen so sehr, dass das Ganze obsolet wird. Und als er in seinem Abgeordnetenbüro Post von Wählern beantworten soll, beginnt er stattdessen mit der Übersetzung eines Gedichts, verliert sich aber sofort in sprachlichen Entscheidungsproblemen, um im „Neonbad" des „Treibhauses" träumend zu warten, bis sein Fraktionschef ihn rufen lässt. Das Gedicht, das er zu übersetzen begann, stammt aus Baudelaires *Les fleurs du mal* und ist an eine Kindfrau adressiert, wie seine Elke eine war. Zugleich wird damit ein weiteres Mal das Motiv der lesbischen Liebe aufgerufen, das am Ende noch einmal brachial aufgenommen wird, wenn Keetenheuve aus Rache an den Lesbierinnen, mit dem Versprechen, ihr zu helfen, die junge Lena, einem Zonenflüchtling, aus ihrer Beziehung zu einem Heilsarmeemädchen herauslöst und sie in einem Ruinengelände beschläft, während er imaginiert, dass sein Gegenspieler, der allgewaltige Technokrat Frost-Forestier, es gerade mit einem Bäckerjungen treibt. An- und abschließend springt Keetenheuve von einer Brücke in den Rhein.

Der Roman von Wolfgang Koeppen (1906–1996, → Jakob Littner: *Aufzeichnungen aus einem Erdloch*, 1948), nach dem Aufstand vom 17. Juni 1953 fertiggestellt und nach dem 6. September, nach den bundesdeutschen Wahlen im Zeichen dieses Geschehnisses erschienen, wurde als Schlüsselroman skandalisiert. Tatsächlich war es nicht schwer, für seine Akteure Vorbilder in der zeitgenössischen Realität zu finden, aber der Roman, der seine Figuren in stereotypen Zuschreibungen zu schematischen Projektionsflächen machte, war gerade nicht auf solche Schlüssellektüre angelegt. Selbst die vehementen Verdächtigungen der politischen Szenerie der Bundesrepublik als unheilige Allianz von Alliierten- und Wirtschaftsinteressen, Fortleben des Faschismus und Militarisierung auf einen Dritten Weltkrieg hin, die zusammen mit den sexuellen Kruditäten für empörte Feuilletonreaktionen in konservativen Kreisen sorgten, waren noch nicht die anvisierte Ebene. In dem Roman, dessen Titel wahlweise das Bonner Klima, das Parlament oder die junge Bundesrepublik adressierte, ging es dem Anspruch nach um noch Tieferliegendes, Grundsätzlicheres. Es ist absurdistisch „abstrakte Negation" (Karl-Heinz Götze) im Medium der Zeitkritik, die aber nicht dort stehenbleibt, sondern sich darin selbst noch zum Vorwurf wird. Der Roman erscheint zunächst durch und durch bestimmt von Idiosynkrasien seiner Figur, die unablässig zwischen (Fleisches-)Lüsten und (Vergehens-)Ekel, Triebwünschen und Triebwiderwillen oszilliert. Noch der mythologisch-literarisch-politische Assoziationsapparat ist nicht so sehr von exzessiver Lust als von obsessivem *ennui* geprägt. Ein Ekel an sich selbst, am eigenen Ungenügen, an den depressiven Verblockungen von – aggressivem – Handlungswunsch und – schuldhafter – Lähmung konturiert das Ganze. Es ist so nicht nur der Auseinanderfall der Sphären, in denen das Individuum als bürgerliches sich bewegen sollte, des Politischen und des Privaten, den der Roman demonstriert, die Zerfällung der bürgerlichen Individualität selbst wird thematisch. Aus ihr heraus nun wird zugleich gegenbildlich ein durch und durch zeitgeschichtlich kontaminiertes Phantasma projektiv entworfen, als Vorwurfsfigur des Scheiterns und des Scheiternden wird nämlich im homosexuell-technokratischen Typus das ‚technische Zeitalter' perhorresziert. So entsteht eine Karikatur des → Jünger'schen ‚Arbeiters' und die Karikatur einer Kunst, die phantasmagorisch in jenem Maler erscheint, der nächtens am Rhein bei Scheinwerferlicht eine Gebirgslandschaft malt, eine Natur, die „Ernst Jünger mit seinen Waldgängern beschreiten konnte". In der spiegelbildlichen Figurierung von Frost-Forestier, der Personifikation des technisch-militärischen Komplexes, als homosexuell und der von der lesbischen Soldatin der Heilsarmee verführten Lena, „Mechanikerlehrling" aus dem Osten, stehen nämlich dem isolierten, melancholischen Sinnenlüstling und Sinnlosigkeitsekelnden die Protagonisten der neuen technisch-militärisch-gleichgeschlechtlichen Zeit gegenüber, deren Botschaft nun am Ende für den Protagonisten zu spät kommen soll, wiewohl sie von Anbeginn an seine eigene, vorurteilshafte Projektion war ...

Literatur

Karl-Heinz Götze: *Wolfgang Koeppen ‚Das Treibhaus'*. München 1985 • Wolfgang Koeppen: *Das Treibhaus. Text und Kommentar*. Mit einem Kommentar von Arne Grafe. Frankfurt am Main 2006 • Erhard Schütz: Der Dilettant in der geschriebenen Geschichte. Was an Wolfgang Koeppens „Das Treibhaus" modern ist. In: *Wolfgang Koeppen*. Hg. von Eckart Oehlenschläger. Frankfurt am Main 1987, S. 275–288.

Erhard Schütz

Helmut Heißenbüttel: Kombinationen. Gedichte 1951–1954
Helmut Heißenbüttel: Topographien. Gedichte 1954/55

Erstausgaben: *Kombinationen. Gedichte 1951–1954*. Mit einem Nachwort von Hermann Kasack. Eßlingen, Bechtle Verlag 1954; *Topographien. Gedichte 1954/55*. Eßlingen, Bechtle Verlag 1956

Wenn die Gedichtsammlungen *Kombinationen* und *Topographien* etwas eindeutig gemeinsam haben, dann sind es Helmut Heißenbüttels Vorliebe für das literarische Experimentieren und seine Neigung zur Kunst-, Sprach- und Gesellschaftskritik. Bereits diese lyrischen Erstlinge von Helmut Heißenbüttel (1921–1996) zeugen von einer ‚experimentellen' Literatur, welche sich als Ableger der ‚konkreten Poesie' erweist. Diese Definition stammt bekanntlich von Eugen Gomringer, der sie 1953 anlässlich der Veröffentlichung seiner eigenen Gedichtsammlung *Konstellationen* und der ersten Nummer der Zeitschrift *Spirale* verwendete. Die lyrischen *Konstellationen* Gomringers gelten als Beweis dafür, dass sich eine, so Heißenbüttel, „Konkretion" aus einer Vokabel entwickeln kann, und dass jener konstruktivistische Anspruch dem Begriff des ‚Konkreten' innewohnt, den Max Bill in der ‚konkreten Malerei' Mondrians, Kandinskys und der Stijl-Gruppe entdeckte.

Schon der Titel der ersten Gedichtsammlung Heißenbüttels ist von Bedeutung, stammt doch das Wort *Kombinationen* direkt aus dem Bereich der Wissenschaft. Er verrät zugleich die Intention, eine konstruktive Lyrik zu begründen, die sowohl expressionistische wie surrealistische Züge trägt und die auch Bills Einfluss auf die ‚konkreten Malerei' nicht außer Acht lässt. Allerdings, so → Hermann Kasack 1954 zu *Kombinationen*, „wären hier Bezeichnungen wie expressionistisch oder surrealistisch nicht nur ungenau, sondern falsch: denn sie bedeuten lediglich Stilmerkmale, aber nicht den Charakterwandel des Sprachwerks, wie er sich beispielsweise bei James Joyce, Ezra Pound oder Guillaume Apollinaire zeigt". Kasack versucht, die Lyrik Heißenbüttels von expressionistischen und surrealistischen Einflüssen freizusprechen und sie einer weiteren literarischen Tradition zuzuschreiben. Diesbezüglich schlägt er Brücken zwischen den *Kombinationen* und der Theorie Jean Gebsers hinsichtlich der „aperspektivischen Welt", wie dieser sie in *Ursprung und Gegenwart* (1949–1953) formulierte, einem Werk, von dem Heißenbüttels erkenntnistheoretischer Gebrauch des literarischen Experiments abhängt. Die „aperspektivische" Welt begann nach Gebser im 20. Jahrhundert, als in der Malerei die Raumgrenzen dank Picasso und Braque überschritten wurden. Die Überwindung des perspektivischen Zeitalters führte zur Entstehung der „aperspektivischen" Welt, welche eine Welt ohne Gegenüber ist. Die Spaltung zwischen Objekt und Subjekt kann in der „aperspektivischen" Welt durch eine dauernde Suche nach der Erlösung aus diesem Dualismus, die in einem endlichen, aber unbegrenzten Kosmos stattfindet, aufgehoben werden. Das bestätigen die letzten Verse in Heißenbüttels Gedicht *Beispielsweise*: „Echo-Ich-Raum-Ich Facetten-Ich. / Ich geh in mir herum. / DIE WELT IST ENDLICH".

Das Bewusstsein, in einer endlichen und „aperspektivischen" Welt zu leben, veranlasste Heißenbüttel, auf die Perspektive in Sprache, Text und Realität zu verzichten. Seine Werke gehören zu den in der Nachkriegszeit einsetzenden Versuchen, neue Ausdrucksmöglichkeiten für das Verhältnis zwischen Wissenschaft und Literatur in einer durch den Nationalsozialismus beschädigten Kultur zu gewinnen. Dieses experimentelle Programm entstand aus einer persönlichen Deutung des Begriffs ‚konkret', die Heißenbüttel später in seinem Aufsatz *Georg Christoph Lichtenberg – der erste Autor des 20. Jahrhunderts?* (1974) vorlegte. Auch das von Franz Kafka stammende Motto der *Kombinationen* verrät die Zielsetzung von Heißenbüttels Dichtung, nämlich an einen bestimmten Bewusstseinspunkt jenseits von Zeit, Raum und Sprache zu gelangen: „Von einem gewissen Punkt an gibt es keine Rückkehr mehr. Dieser Punkt ist zu erreichen". Gebsers Theorien, die Kasack zufolge Heißenbüttel bei seiner literarischen Überwindung der zeitlichen und räumlichen Kontingenz eine Hilfe waren, beeinflussten die literarischen Experimente des Autors, der uns, indem er diesem „Punkt" zustrebt, „über unsere Vorstellung hinaus[bringt]". Zugleich scheint es unmöglich, diesen *Point of no Return* zu erreichen, wie er im Gedicht *Bruchstück 3* schreibt: „Unausfüllbarer Hunger nach Unausdenkbarem. / Kombination von Abfahrtzeiten / ohne Ankunft".

Heißenbüttel lässt seine Lyrik „aus der Kettenreaktion eines Gedanken" entstehen. Das hat zur Folge, dass die Sprache vom Autor als Instrument und nicht als Material experimentell benutzt wird. Der epistemologische Wert der Sprache wird im Falle der ‚konkreten Poesie' Heißenbüttels als Entwicklung einer Dichtkunst gedeutet, die nicht nur auf Arno Holz zurückgeht, sondern auch Züge des *Bebuquins* Carl Einsteins, der Gedichte August Stramms und der Werke Hans Arps trägt. Darüber hinaus gehören Goethes und Lichtenbergs Werke sowie die von → Gottfried Benn, → Ernst Jünger, → Theodor W. Adorno und vielen anderen Schriftstellern und Philosophen des 18., 19. und 20. Jahrhunderts zum literarischen Reservoir des Schriftstellers. Die Beziehungen Heißenbüttels zur Tradition der deutschen Aufklärung und des Naturalismus bestätigen seinen Willen, sich auf eine wissenschaftliche ‚experimentelle Methode' zu berufen, welche auf der exakten Naturbeobachtung beruht.

Vieles ist in den letzten Jahrzehnten über die ‚experimentelle' Literatur dieses Autors veröffentlicht worden. Seit den siebziger Jahren hat man in erster Linie versucht, Heißenbüttels lyrisches Verfahren besonders in seinen Erstlingen, d.h. den Sammlungen *Kombinationen* und *Topographien*, mit der Entwicklung der modernen Malerei zu vergleichen. Daneben konzentrierte sich die Kritik aber auch auf die sprachliche Intentionalität Heißenbüttels im Hinblick auf eine mögliche gesellschaftliche Funktion seiner Lyrik – ein ‚Engagement', das bereits 1970 von Heinrich Vormweg hervorgehoben wurde.

Literatur

Beda Allemann: Gibt es abstrakte Dichtung? In: *Definitionen und Essays zur Literatur*. Hg. von Adolf Frisé. Frankfurt am Main 1963, S. 157–184 • Max Bense: Ein Textbuch Heißenbüttels. In: *Die Realität der Literatur. Autoren und Ihre Texte*. Köln 1971, S. 111–118 • Raul Calzoni: Theoretische Ansätze zur ‚experimentellen Literatur' Helmut Heißenbüttels. In: *„Ein in der Phantasie durchgeführtes Experiment": Literatur und Wissenschaft nach Neunzehnhundert*. Hg. von Raul Calzoni und Massimo Salgaro. Göttingen 2010, S. 281–295 • Harald Hartung: *Experimentelle Literatur und konkrete Poesie*. Göttingen 1975 • Rainer Rumold: *Sprachliches Experiment und literarische Tradition: Zu den Texten Helmut Heißenbüttels*. Bern, Frankfurt am Main 1975 • Heinrich Vormweg: *Neue Literatur und Gesellschaft. Eine Theorie der gesellschaftlichen Funktion experimenteller Literatur*. Mainz 1971 • Harald Weinrich: Linguistische Bemerkungen zur modernen Lyrik. In: *Literatur für Leser. Essays und Aufsätze zur Literaturwissenschaft*. Stuttgart, Berlin, Köln, Mainz 1971, S. 132–148.

Raul Calzoni

Texte und Zeichen. Eine literarische Zeitschrift

Herausgeber: Alfred Andersch
Erste Ausgabe: 1. Quartal 1955 • Letzte Ausgabe: 15. 11. 1957 (Heft 16) • Verlag: Darmstadt, Berlin und Neuwied, Hermann Luchterhand Verlag • Reprint: Frankfurt am Main, Zweitausendeins (1978 u. ö.)

„Das neue Prädikat, mit dem unsere Zeitschrift in gedankenloser Freundlichkeit oder gedankenvoller Bosheit bedacht wird, heißt ‚avantgardistisch'. [...] Wir versichern jedoch unseren Lesern, daß ‚Texte und Zeichen' keine avantgardistische Zeitschrift ist, und zwar einfach deshalb, weil die Redaktion nicht ahnt, was das Wort ‚avantgardistisch' im Jahre 1956 zu bedeuten hat." So kommentierte Alfred Andersch (1914–1980, → *Die Kirschen der Freiheit*, 1952) im fünften Heft 1956 nicht ohne Koketterie die Verortung der von ihm herausgegebenen Zeitschrift in der literarisch-publizistischen Öffentlichkeit, um hinzuzufügen, dass es die Redaktion „voraussichtlich in zwanzig bis dreißig Jahren" wisse. Als die drei Jahrgänge, die die Zeitschrift erlebte, 1978 komplett im Reprint erschienen, war der Status des Avantgardistischen für *Texte und Zeichen* längst festgeschrieben. Zeitgenössisch hatte das auch schon festgestanden, war aber nicht ohne Polemik geblieben. So stellte Gert H. Theunissen, vor 1945 u. a. Propagandist für Albert Speer, im *Rheinischen Merkur* vom 11. März 1955 die Herausgeber und Mitarbeiter des ersten Heftes als „einige für unsere Zeit hoch repräsentative Halbstarke vor, von denen man weiß, daß sie stets in Rudeln aufzutreten pflegten, weil der Mut dann billiger und der Lärm dann lauter wird". Diese und ähnliche Polemik richtete sich gegen die vermutete enge Nähe zur *Gruppe 47*, von deren Mitgliedern tatsächlich einige in der Zeitschrift publizierten. Das aber traf, auch wenn in der Rubrik „Materialien" eine „Bibliographie der Gruppe 47" zu finden war, beileibe nicht den Kern des Zeitschriftenkonzepts. Andersch ging es keineswegs um den Hemdsärmel-Realismus, für den die Gruppe noch immer berüchtigt war. Das signalisierten schon die Namen der Beiträger dieses ersten Hefts: international Paul Bowles, René Char und → Ernest Hemingway, deutschsprachig u. a. → Paul Celan, Thilo Koch, Armin Mohler → Robert Neumann, Wolfgang Weyrauch, Andersch selbst mit einer Würdigung → Thomas Manns. Und nach Heinrich von Kleists *Brief eines Dichters an einen anderen* folgte als Auftakt → Arno Schmidt, dessen *Seelandschaft mit Pocahontas* Autor, Herausgeber und Verleger prompt eine – später dann fallen gelassene – Anklage wegen Blasphemie einbrachte. Die Zusammensetzung war Programm: Internationales neben Exilierten, Innerer Emigration und jungen Autoren – und ohne Rücksicht auf politische Lager. Auch wenn ein Textangebot Thomas Manns aus unerfindlichen Gründen nicht realisiert wurde, und auch wenn → Ernst Jünger, den Andersch sich ausdrücklich als Mitarbeiter wünschte, dann doch nichts beitrug, so blieb Andersch hier von Anfang an explizit in jener Programmatik des Gesprächs der bedeutenden Geister jenseits politischer Präferenzen und ästhetischer Richtungen, die in den intellektuellen Nachtsendungen seine Rundfunkarbeit in Frankfurt, Hamburg und Stuttgart geprägt hatte. Ja, die Zeitschrift setzte in vielfältiger Hinsicht das Konzept des Frankfurter *Abendstudios* und des Stuttgarter *Radio-Essays* fort und begleitete diese. Die Schnittmenge der Beiträger ist sehr hoch und zahlreiche Rundfunkbeiträge, vom Essay bis zur Buchkritik, wurden anschließend in der Zeitschrift abgedruckt. Das hatte auch finanzielle Gründe. Das Honorar-Budget betrug pro Heft lediglich 1500 DM, so dass Andersch seine Autoren oft nur mit Kopplungsgeschäften Rundfunk-Zeitschrift ködern konnte.

Andersch hatte sich schon länger mit dem Gedanken an eine literarische Zeitschrift getragen, die dem „Geist-Monopol" und den „Senilismen" von *Merkur* und *Neuer Rundschau* Paroli bieten sollte. (So dachte er an eine Zeitschrift mit dem Untertitel „Nachrichten für Städtebewohner".) Für den Verleger des *Luchterhand Verlags*, Eduard Reifferscheid, war die Entscheidung, das Projekt mit Andersch zu wagen, ein, wie er später sagte, reines Kalkül auf Öffentlichkeitswirksamkeit für sein neues literarisches Verlagsprogramm. Nach drei Jahren glaubte er, wie er schrieb, mit der Zeitschrift, die stets ein reines Zuschussunternehmen geblieben war, sein Ziel erreicht zu haben: „Profilierung des literarischen Luchterhand Verlags". Damit stellte er die Zeitschrift ein.

Texte und Zeichen erschien zunächst vierteljährlich, erstmals im ersten Quartal 1955, im zweiten Jahrgang wurde sie auf zweimonatiges Erscheinen umgestellt. Das letzte Heft kam am 15. November 1957 heraus. Die Auflage bewegte sich zwischen 1000 und 3000 Exemplaren, die höchste Abonnentenzahl lag bei 2500. Die Aufmachung hob sich deutlich von vergleichbaren Zeitschriften, etwa *Akzente*, *Der Monat* oder *Merkur*, ab. Sie war von ambitionierter Strenge. Für Gestaltung und Schrifttype, eine klassizistische Bodoni, zeichnete der Hamburger Professor für Typographie, Richard von Sichowsky, verantwortlich. Den Umschlag gestaltete die an Mondrian und de Stijl geschulte Gisela Andersch.

„Eine große, sehr vornehme, sehr abgehobene Vierteljahreszeitschrift auf der Vittorini-Beckett-Borges-Faulkner-Koeppen-Ebene, aber mit einem eisern gesteuerten Rezensionsteil, in dem auch die kulturpolitische Glosse und die große kritische Untersuchung auftauchen kann." So war nach Alfred Anderschs Rückblick von 1961 die Zeitschrift konzipiert: Literatur im Kontext von Musik, Malerei, Film, dazu kontinuierlich Kulturkritik wie Perspektiven auf naturwissenschaftlich-technische Entwicklungen, nicht zuletzt geprägt von Max Bense und Positionen der Kybernetik, illustriert mit Tuschezeichnungen von Werner Heldt oder Karikaturen von Saul Steinberg, Fotos von Jacques Tati, Szenenaufnahmen von Ottomar Domnicks Avantgarde-Film *Jonas* (1957), Fotos japanischer Innenarchitektur, Holzschnitte von Hans Arp, Filmaufnahmen aus Federico Fellinis *La Strada* (1954), Zeichnungen von Marc Chagall, Abbildungen von Skulpturen Alberto Giacomettis oder Fotografien von Otl Aicher von der avantgardistischen Ulmer *Hochschule für Gestaltung*. Literarisch wechselten die Aspekte. Das dritte Heft 1955 brachte beispielsweise einen Schwerpunkt *Wie man Geschichten erzählen kann* und fasste darunter Texte von Klaus Roehler, einer deutschen Neuentdeckung, neben Graham Greene, Dino Buzzati, damals Chefredakteur der konservativen italienischen Tageszeitung *Corriere della Sera*, oder Jean Cayrol, Überlebender des KZ Mauthausen und Verleger der *Editions du Seuil*. Besondere Aufmerksamkeit widmete die Zeitschrift Reiseberichten und einschlägigen Essays.

Andersch pflegte zwar seine engen Beziehungen zu befreundeten Autoren wie → Wolfgang Koeppen, Arno Schmidt oder Ernst Schnabel, Mitarbeitern wie → Hans Magnus Enzensberger oder → Martin Walser, druckte Ältere wie → Gottfried Benn, Hermann Broch, → Alfred Döblin oder Erich Kästner, war zum anderen aber besonders bedacht auf die kontinuierliche Verpflichtung von Autoren mit internationalem Ruf. Louis Aragon, Antonin Artaud, Roland Barthes, André Bazin, Samuel Beckett, Albert Camus, Aimé Césaire, René Char, E. E. Cummings, André Gide, Jean Giraudoux, Alberto Moravia, Maurice Nadeau, Pablo Neruda, Paul Nizon, Cesare Pavese, Jacques Prévert, Dylan Thomas, Paul Valéry oder Elio Vittorini – diese Namen führen noch einmal vor Augen, wie eng zwar auch der Kontakt zur italienischen Kultur war, wenn zudem etwa Hans Werner Henze auf Luigi Nono hinwies oder Fellinis Filme besprochen wurden, wie sehr aber die damalige Zeit hauptsächlich von der Rezeption französischer Kunst und Kulturtheorie bestimmt war. Darüber sind jedoch die an heimischen Problematiken sich abarbeitenden Essays und Kritiken von etwa → Theodor W. Adorno, Max Bense, → Gotthard Günther, Georg Lukács, Albrecht Fabri, Walter Jens, Joachim Kaiser, → Eugen Kogon oder Werner Weber nicht zu vergessen.

Auch wenn ihr keine so lange Lebensdauer beschieden war, so ist die Zeitschrift *Texte und Zeichen* doch in ihrer einmaligen Konstellation von kulturbeobachtender Essayistik, programmatischen Überlegungen zu den Künsten der Zeit und einem großen Spektrum avancierter internationaler Literatur eine ähnliche kulturell bedeutsame Institution des künstlerischen Avantgardismus wie es für jene Jahre die Donaueschinger Musiktage, die *documenta* oder die *Hochschule für Gestaltung* Ulm waren.

Literatur

Texte und Zeichen. Bearbeitet von Thomas Scheuffelen. Marbach a. N. 1980 (= *Marbacher Magazin 17*).

Erhard Schütz

Walter Höllerer (Hg): Transit. Lyrikbuch der Jahrhundertmitte

Erstausgabe mit Randnotizen von Walter Höllerer: Frankfurt am Main, Suhrkamp Verlag 1956

„Wir befinden uns im Zeitalter der Aphorismen und Anthologien, im Zeitalter der Offerte, des Reizangebots, der Schmackhaftmachung, man kann auch sagen im Zeitalter der Erleichterung der schweren Dinge. [...] Es sind in den letzten zwei bis drei Jahren sieben bis zehn lyrische Anthologien erschienen, von den namhaftesten deutschen (und schweizerischen) Verlagen in bester Ausstattung auf den Markt gebracht." So hatte → Gottfried Benn zum ,Tag des Buches' am 27. November 1954 geschrieben. Tatsächlich ist die Nachkriegszeit eine Zeit der Anthologien gewesen. Das zeugte zunächst vom Bedürfnis, sich überzeitlich Gültigem zu versichern – Rudolf Borchardts *Ewiger Vorrat deutscher Poesie* von 1926 war 1951 z. B. in der dritten Auflage erschienen. Das zeugte sodann vom Bestreben, Verfemte und Exilierte wieder in Erinnerung zu bringen, genauer jedoch, sie – höchst dosiert – in eine Suggestion von Kontinuitäten einzustellen. Eindeutig aber dominierten neben den damals enthusiastisch wiederentdeckten Expressionisten und Kanonisierten der Jahrhundertwende wie Theodor Däubler, Richard Dehmel, Stefan George und Rainer Maria Rilke die nach 1933 in Deutschland gebliebenen Autoren der sogenannten Inneren Emigration, von → Günter Eich bis Erich Kästner, Friedrich Georg Jünger zu Oda Schäfer und Josef Weinheber, dessen hoher Oden-Ton immerhin dem Führer oder der Autobahn sich geweiht hatte. Andere Anthologien, wie die 1955 von Gottfried Benn herausgegebene *Lyrik des expressionistischen Jahrzehnts*, partizipierten an der Wiederkehr des Expressionismus und beförderten sie. Selbst stärker auf Zeitgenossenschaft orientierende Titel wie das 1955 erschienene Insel-Bändchen *Jahrhundertmitte* versammelten eine christlich-konservative, innerliche und klassizistische Autorenschaft, aus der in diesem Falle einzig → Ingeborg Bachmann hervorsticht. Und all die Anthologien trafen offenbar auf eine begierige Leserschaft, denn sie waren allesamt sehr erfolgreich.

In diese Situation einer marktversichernden Selbstpositionierung der im Lande Gebliebenen, zwischen konservativer Rückversicherung bei unstrittigen Klassikern und inzwischen unstritig gewordenen Avantgardisten von ehedem, hinein stellte Walter Höllerer 1956 seine Anthologie mit dem programmatischen Titel *Transit*. Walter Höllerer (1922–2003), ein ungemein umtriebiger Schriftsteller, Kritiker und Literaturwissenschaftler, der insbesondere für den Literaturbetrieb der sechziger Jahre maßgeblich war, war seit 1954 Mitglied der *Gruppe 47* und hatte im selben Jahr die *Akzente* gegründet, eine jahrzehntelang zentrale Literaturzeitschrift. Diese Gedichtsammlung stellte wie sonst keine andere in der

Zeit ihre avantgardistische Ambitioniertheit ostentativ aus, in der Zusammenstellung der Texte, mehr aber noch in Aufmachung und Druckbild.

Die vorangestellte Liste *Autoren* enthält lediglich Nachnamen, jeweils durch einen Punkt getrennt, epitaphhaft zu einem Block gefügt. Das Inhaltsverzeichnis befremdet gegenüber dem Gewohnten zum einen durch kryptisch anmutende Titelblöcke wie *Gesprungenes Glas Offener Tod* oder *Chimären Odyssee*, die zudem noch durch gegenläufige Pfeile zugleich aufeinander bezogen wie entgegengestellt werden. Darunter wiederum finden sich, in der Zusammenstellung kaum weniger kryptisch erscheinende, Unter-Einträge wie *Chimäre Ich Verwandlungen Melancholie Meer Republik der Fische Odyssee*. Das folgende Vorwort erklärt gegen Ende den Titel: „Das Wort TRANSIT heißt auf deutsch: ‚es geht hindurch', aber auch: ‚es geht darüber hinaus'. Das menschliche Selbst in der Jahrhundertmitte geht durch das Gestrüpp seiner Epoche hindurch; aber es kommt – zumindest ist das zu hoffen – in seinen besten Augenblicken auch darüber hinaus."

Zuvor aber hat Höllerer sich und seine Auswahl positioniert. Das Buch soll „die deutsche Lyrik der Jahrhundertmitte in ihren Brennpunkten zeigen und in Bewegungen, die weiterzulaufen scheinen, über diese Jahrhundertmitte hinaus", genauerhin sei es „eine Bestandsaufnahme und Dokumentation des modernen deutschen Gedichts nach dem Expressionismus, dem Dadaismus und dem Surrealismus". Wovon es sich absetzt, wird etwas später verdeutlicht: von Sprache, die „der Inflation der großen Beteuerungen vor Mikrophonen in Sportpalästen und Messehallen anheimgefallen sind", ohnehin gegenüber einer „blind emphatischen", jedoch auch gegenüber einer „harmlosen Dichtung", die im ‚Dritten Reich' „so tat, als hätte es diese Vorgänge nie gegeben". Gemeint sind mit „diesen Vorgängen" freilich nicht die Verbrechen unterm Nazi-Regime, sondern eine „durch Dekrete und durch Lenkung" beförderte „Emphase". Höllerer macht – soweit seine begrifflich nicht eben präzise Sprache es zulässt – deutlich, dass es ihm nicht um wie auch immer bedeutsame oder aktuelle Inhalte, sondern um avancierte Form geht: „Jedes Kapitel dieses Buches lebt aus einem mehr offenkundigen oder mehr verborgenen Spiel und Gegenspiel und zeigt Gedichtgestalten, die nicht nach äußeren Inhaltsmotiven, sondern nach ihren Baugesetzen zusammengehören." Und bekräftigt folgend: „Die einzelnen Kapitel des Buches sind also nicht gegliedert nach Motiven, sondern nach Bewegkräften, die unsere Zeitlandschaft und die innere Landschaft unseres Selbst formen." Das soll es der Sammlung erlauben, sich vom Gewohnten abzusetzen, denn bei ihr handele es sich eben nicht um eine „Blütenlese", sondern es zeige „Bewegungszentren der Moderne (und nicht nur der Moderne)" und sammele „nach Schwerpunkten", wobei, konzediert er, hin und wieder eben dieser Schwerpunktbildungen zuliebe bei den künstlerischen Ansprüchen Abstriche zu machen waren.

Darum auch stütze sich die Auswahl „auf jüngere und jüngste und auf noch nicht inthronisierte Autoren", was es erlaube, „in der Mehrzahl" Gedichte zu bringen, die bisher noch unveröffentlicht oder noch nicht in Büchern veröffentlicht waren. Diese Gedichte „stammen von Deutschen aus der Bundesrepublik, aus der DDR, von Deutschen, die im Ausland leben, und von Österreichern und Schweizern." Als Deutsche, „die im Ausland leben", fungieren dabei → Paul Celan, der in Paris freilich nicht als „Deutscher" lebte, seine dortige Kontrahentin Claire Goll, Yvan Goll, Erich Fried, der im Londoner Exil geblieben war, dort auch Hans W. Cohn, Nelly Sachs in Schweden, dazu jüngere, ins Ausland gegangene Germanisten wie Richard Exner oder Manfred Peter Hein. Aus der DDR ist einzig Peter Huchel dabei, der auch sonst in keiner zeitgenössischen Anthologie zu fehlen pflegte.

An älteren Approbierten finden sich neben Gottfried Benn und → Bertolt Brecht, Hugo von Hofmannsthal und Karl Wolfskehl, Ringelnatz und Kurt Schwitters. Die approbierten Zeitgenossen sind ebenfalls durchweg anthologiennotorisch, so → Elisabeth Langgässer, Oskar Loerke, Wilhelm Lehmann, → Hermann Hesse, Rudolf Alexander Schröder oder Albin Zollinger. Tatsächlich neuere, aber auch längst nicht mehr unbekannte Stimmen findet man mit Ingeborg Bachmann, → Hans Magnus Enzensberger, → Günter Grass, Eugen Gomringer, Franz Mon oder Ernst Meister. Abgesehen von einer erheblichen Zahl damals und auch danach nicht bekannt gewordener Namen fällt die Zahl der als Lektoren, Zeitungs-, Rundfunkredakteure, Herausgeber und Kritiker betriebsversierten Autoren auf – Hans Bender, Helmut de Haas, Peter Härtling, Peter Hamm, Herbert Heckmann, → Helmut Heißenbüttel, Hans Egon Holthusen, Heinz Piontek, Wieland Schmied oder Karl Schwedhelm.

Die eigentliche Irritation liegt denn auch in Arrangement und Aufmachung der Texte. Diese sind nämlich konsequent ohne Nennung eines Autorennamens abgedruckt. Die Autorschaft muss man sich erst durch ein Register am Ende des Bandes erschließen. Zudem sind sie mit kleingedruckten Marginalien versehen, mal länger, mal knapp, wie zu Günter Eichs bald kanonischer *Inventur*. Dieser entautorisierende Abdruck hat einen verblüffenden und wohl für die Zeitgenossen besonders irritierenden Effekt: Es verschleift die Herkunft, ob nun temporal, regional oder intentional. So entsteht tatsächlich zunächst eine transitorische Wahrnehmung, Wahrnehmung von Texten im Transit, von Übergängen zwischen Altem und Neuem, Konventionellem und Experimentellem, Innerlichem und Objektivistischem.

Die Optik des fortlaufenden Textes nähert sich damit zugleich der von (Text-)Bildern, einem Gang durch eine Ausstellung. Naheliegend ist, dass damit nicht weniger als ein Buch-Pendant zur *documenta* des Jahres 1955 angestrebt wurde.

Liest man die Gedichte jedoch en suite, dann stellt sich alsbald jenseits der angestrebten Irritationen ein Effekt der Vertrautheit ein: Es sind die allfällig bekannten Präferenzen für Mythisches und Parabolisches, mal Formeln der Lakonie, mal Rezitationen des Expressionismus. Die einleitend apostrophierten „Bewegkräfte" fallen tatsächlich in die abgewehrten bloßen „Motive" zurück. Nur gelinde gegen den zeitgenössischen Strich gelesen, zeigen gerade die angestrengten Gedichte der Jüngeren das Repertoire seinerzeitiger Stereotypen, Formeln und Bilder, das sie – entgegen ihren hochgestochen avantgardistisch kunstwollenden Ambitionen – auf fatale Weise dem der populären Alltagskultur annähert, von der sie sich doch um jeden Preis abheben wollten. Das fällt besonders fürs Touristische auf. Das nimmt nicht wunder, stellt doch der Herausgeber programmatisch seine eigene Weltläufigkeit aus. Entsprechend wimmelt es in den Gedichten von „südlichem Wort" (G. Benn). Vor allem italienische Landschaft wird ikonisch aufgerufen. Rom allen voran, die Toskana und die Campania, Assisi, Trapani, Ischia und so fort.

„Sowenig in all den Italien-Gedichten Mechaniker, Barmänner oder Eisverkäufer figurieren – nicht zu reden von streikenden Arbeitern, Emigranten oder Fabrikbesitzern – so unumschränkt beherrscht der Fischer die Arbeitswelt beziehungsweise seinen Arbeitsplatz, das offene Meer", schrieb Robert Gernhardt 2006 in einem scharfen analytischen Rückblick auf das Angebot des Sammelbandes. Gestützt auf eine Reihe keineswegs willkürlich ausgewählter Beispiele, setzt er sarkastisch hinzu, dass „der Fisch auch das Wappentier der Kunst jener Zeit genannt werden" könne – und verweist auf die damalige ikonische Allpräsenz von Fischen auf Tapeten, Vasen und dergleichen. So rückt diese strikt kunsthaft gedachte Apartheitslyrik in den Kontext von Kunsthandwerk und Schlagerindustrie der Zeit.

Literatur

Robert Gernhardt: Wenn bei Capri die Ware Lyrik im Meer versinkt. In: *Frankfurter Allgemeine Zeitung*, 10. 6. 2006, S. 47 • Peter Rühmkorf: *Die Jahre die Ihr kennt. Anfälle und Erinnerungen*. Reinbek 1972, S. 88–110 • Gert Woerner: Sammlung und Selektion. Zu neuen Lyrik-Anthologien und ihrer Problematik. In: *Welt und Wort*, 12 (1957) 6, S. 173–176.

Erhard Schütz

Ingeborg Bachmann: Der gute Gott von Manhattan. Hörspiel

Erstausstrahlung: 29. 5. 1958, Bayerischer Rundfunk, Norddeutscher Rundfunk, Südwestfunk, Regie: Fritz Schröder-Jahn
Erstausgabe: München, R. Piper Verlag 1958

Anlässlich der Verleihung des Hörspielpreises der Kriegsblinden sprach Ingeborg Bachmann (1926–1973) über den Inhalt ihres dritten, 1957 entstandenen und im Jahr darauf erstmals gesendeten Hörspiels *Der gute Gott von Manhattan*. In ihrer Dankesrede *Die Wahrheit ist dem Menschen zumutbar* stellte die österreichische Autorin 1959 fest, dass ihr Text einen „Grenzfall" aufgreife: Die „Liebe zwischen Mann und Frau", die nach dem „Vollkommene[n], Unmögliche[n], Unerreichbare[n]" strebt, sich aber den Zwängen der gesellschaftlichen „Ordnung" nicht entziehen kann. Diesem Zwiespalt entsprechen die zwei ineinander verflochtenen Erzählstränge des Hörspiels. Der erste besteht aus einem Gerichtsverfahren gegen den guten Gott, der des Mordes an der Studentin Jennifer beschuldigt wird. Aus den Rückblenden aus der Sicht des Angeklagten, die in den äußeren Erzählrahmen des Gerichtshofamts eingepasst sind, entsteht der zweite, lebhaftere Handlungsstrang, in dem sich die tragische Liebesgeschichte zwischen Jennifer und Jan entfaltet.

Jennifer und Jan lernen sich 1950 zufällig in New York kennen. Beide sind auf der Durchreise: Jan will nach Cherbourg zurück, Jennifer nach Boston, wo sie Politikwissenschaften studiert. Sie verlieben sich und wie im Rausch erkunden sie Manhattan. Schon am Ende des ersten Tages ziehen sie in ein Hotelzimmer zusammen, wo sie sich – trotz Jans anfänglicher Zurückhaltung – ihrer Leidenschaft hingeben. Ihre Liebe durchläuft rasch alle möglichen Stadien einer Beziehung: Von der flüchtigen Reisebekanntschaft über die erotische Leidenschaft bis schließlich zur tiefen, unbedingten Liebe, bei der das Paar die Fesseln aller bisherigen gesellschaftlichen Bindungen abstreift: „Das ist der Anfang und das Ende, das Alpha und Omega ...". Ohne Halt in der Welt der alltäglichen Ordnung – „Glaubst du, daß wir wahnsinnig sind?", fragt Jennifer Jan nicht zufällig – ist ihre Liebe aber zum Scheitern verurteilt. Am Ende bricht Jan seinen Schwur, seinen tiefen Gefühlen zum Trotz: „Er war rückfällig geworden, und die Ordnung streckte einen Augenblick lang die Arme nach ihm aus", berichtet der gute Gott vor Gericht. Obwohl Jan Jennifer versprochen hatte, seine Schiffsbuchung zu stornieren, will er nun doch fahren und sich wieder in seine vertraute Alltagsordnung zurückziehen. Sein Wort- und Liebesbruch rettet ihm indes das Leben. In einer Bar hört er aus dem Radio die Nachricht, dass ausgerechnet in dem Hotel, wo sich Jennifer befand, eine Bombe explodiert ist. Seine Geliebte ist tot.

Die Verantwortung dafür trägt der gute Gott: Er berichtet, wie er mithilfe zweier niederträchtiger Eichhörnchen – seinen Agenten und Spionen – Jennifer tötete und so die Ordnung wiederhergestellt habe. In dieser Hinsicht vertritt Gott – dessen rätselhafte Identität der Kritik als unentschlüsselbar galt – keine Strafintention, sondern die gesellschaftliche Ordnung selbst. Sie versucht er mit jedem Mittel, gegen die Unkontrollierbarkeit der Liebe zu verteidigen, die „alles zersetz[t] und die Welt in Frage stell[t]". Damit wird im Hörspiel jede Hoffnung, durch Liebe die geltenden Ordnungsgesetze zu durchbrechen, zur traurigen Utopie. Ihrer Unmöglichkeit fielen ja schon Orpheus und Eurydike, Abaelard und Heloïse, Francesca und Paolo, Romeo und Julia, Tristan und Isolde zum Opfer, wie die Eichhörnchen mit sadistischem Vergnügen erzählen. *Der gute Gott von Manhattan* beruft sich also auf die berühmtesten Vertreter der klassischen Liebessemantik, die Ingeborg Bachmann in die Erfahrungswelt einer modernen amerikanischen Großstadt transponiert. Diese Semantik unterwandert und dekonstruiert die Autorin zugleich, indem Jennifer und Jan sie in ihren Gesprächen selbst thematisieren.

Die metaliterarischen Anspielungen des Hörspiels erschöpfen sich allerdings nicht im Aufrufen der besagten klassischen Liebespaare: Die Kritik, so etwa der Schriftsteller Kurt Bartsch, hat insbesondere auf die Bezüge zu Robert Musil hingewiesen, die den Text durchziehen und – zusammen mit der doppelten Erzählstruktur – literarisch anreichern. Wegen seiner erzählerischen Komplexität und seiner spezifischen sprachlichen und sprachkritischen Eigentümlichkeit wurde Ingeborg Bachmanns *Der gute Gott von Manhattan* von Anbeginn gepriesen, wenn auch als schwer zugänglich bewertet. Definitiv ein Trugschluss: Nicht zuletzt aufgrund der tragischen Liebesthematik zog das Hörspiel ein breites Publikum in seinen Bann.

Literatur

Kurt Bartsch: Die Hörspiele von Ingeborg Bachmann. In: *Die andere Welt. Aspekte der österreichischen Literatur des 19. und 20. Jahrhunderts*. Hg. von Kurt Bartsch. Bern 1979, S. 311–334 • Wolfgang Hädecke: Die Hörspiele der Ingeborg Bachmann. In: *Ingeborg Bachmann*. Hg. von Heinz Ludwig Arnold. München 1976 [= *Text + Kritik* 6], S. 19–47 • Françoise Jerôme: Ideologiekritik in Ingeborg Bachmanns Hörspiel „Der gute Gott von Manhattan". In: *Peter Weiss Jahrbuch*, 11 (2002), S. 144–167 • Christine Lubkoll: Utopie und Kritik. Ingeborg Bachmanns „Der gute Gott von Manhattan". In: *Interpretationen. Werke von Ingeborg Bachmann*. Hg. von Mathias Mayer. Stuttgart 2002, S. 122–139 • Sigrid Weigel: *Ingeborg Bachmann. Hinterlassenschaften unter Wahrung des Briefgeheimnisses*. Wien 1999, S. 212–224.

Andrea Rota

Günter Grass: Die Blechtrommel. Roman

Erstausgabe: Darmstadt, Berlin und Neuwied, Hermann Luchterhand Verlag 1959

Als Günter Grass 1958 auf der Tagung der *Gruppe 47* zwei Kapitel aus seinem Erstlingsroman vorlas, schien die von vielen Seiten beklagte Stagnation der deutschen Nachkriegsliteratur endlich überwunden. Seit seinem Erscheinen zur Frankfurter Buchmesse im folgenden Jahr gehört *Die Blechtrommel*, so Dieter Stolz, weltweit „zum Aushängeschild der bundesdeutschen Literatur". Während die konservative Öffentlichkeit das Buch wegen seiner zügellosen Erotik der Obszönität und des pornographischen Nihilismus bezichtigte, war sich ein Großteil der deutschen wie der internationalen Kritik sofort darüber einig, dass dem 1927 geborenen Autor, der bis dahin als Lyriker, Dramatiker und Bildhauer kaum aufgefallen war, ein belebender Angriff gegen jede narrative und sprachliche Konvention gelungen war. Was das Buch des damals 32-Jährigen in Wirklichkeit bot, war ein höchst virtuoses Spiel mit den traditionellen epischen Mustern (Historischer Roman, Bildungs- Familien- Schelmen- Heimatroman, Autobiographie, Märchen), die er ironisch zitierte und gleichzeitig von innen aushöhlte. Als avantgardistisches Vorbild berief sich Grass außerdem explizit auf einen ‚Klassiker' der Moderne wie → Alfred Döblin, seinen „Lehrer" insbesondere was den literarischen Umgang mit einem historischen Stoff betraf. Was von den Zeitgenossen als bösartige Aggression empfunden wurde, war also in erster Linie nicht die narrative Form der *Blechtrommel*, die sogar konservativ erschien im Vergleich mit anderen zeitgenössischen Experimenten und die durch ihren breiten epischen Duktus die angebliche Krise des Romans unmissverständlich widerlegte. Die innovative Herausforderung des Textes bestand vielmehr in Grass' anarchisch bösartiger Darstellung der deutschen Nachkriegsgesellschaft in ihrem krankhaften Verhältnis zur jüngsten Geschichte und in ihrer widersprüchlichen Gegenwart. Besonders ‚heikel' war für die erste Rezeption des Romans seine emblematische Topographie, denn die zerstörte und ‚verlorene' Stadt Danzig und das Grenzgebiet zwischen Deutschland und Polen, den Handlungsorten der ersten zwei Teile, bildeten den schmerzhaften Kern des damals noch zu verarbeitenden kollektiven Traumas der Deutschen. Mit der Fokussierung auf das kleinbürgerliche Milieu, sein mitschuldiges Wegschauen oder die aktive Mittäterschaft an den Verbrechen des ‚Dritten Reichs' bekommt das Danzig von Grass paradigmatisch-emblematischen Charakter: „Es war einmal eine Stadt", wird es auch in *Hundejahre* (1963) heißen, „die hatte ... einen Vorort, der hieß Langfuhr. Langfuhr war so groß und so klein, daß alles, was sich auf dieser Welt ereignet oder ereignen könnte, sich auch in Langfuhr ereignete oder hätte ereignen können". In diesem Milieu ließen sich der unaufhaltsame Aufstieg des Nationalsozialismus, die Judenverfolgung und der Ablauf des Zweiten Weltkrieges wie in einem Mikrokosmos besonders eindringlich rekonstruieren. Eine Geschichte von „geduldeten und verschuldeten Verbrechen, denen keine Beichte die erwünschte Absolution erteilen konnte", wie Grass 1999 in seiner Nobel-Preis-Rede nochmals hervorhob. Das Bild Danzigs und der ostpreußischen Provinz, das somit im Roman entsteht und erzählend aus der Rückschau der fünfziger Jahre vor dem Vergessen gerettet wird, gestaltet sich kraft der tragischen „Geschichtsträchtigkeit" des Ortes als endgültige Verabschiedung von jedem nostalgisch verklärten Heimatbegriff, der damals in Bezug auf die ehemaligen Ostgebiete kursierte.

Vor diesem Hintergrund erwiesen sich die formalen Elemente des Romans – die ins Extreme getriebene groteske Verzerrung des Vertrauten, die parodistische Enthüllung der kleinbürgerlichen Absurdität, das schwelgerisch-manieristische Spiel mit Wörtern – als das Instrumentarium eines grimmigen Moralisten, der seine radikale politisch-ethische Entrüstung sowohl gegen die „Unfähigkeit zu trauern" seiner Zeitgenossen als auch gegen Formen und Rhetorik der sogenannten Vergangenheitsbewältigung in der Adenauer-Ära zum Ausdruck bringt. Besonders heftig angegriffen wird im ganzen Roman die Kollektivschuldthese, die Grass als bequeme Rechtfertigung individueller Verantwortung verwirft. Grass' Panoptikum besteht aus unzähligen Episoden, Figuren, Dingen des alltäglichen Lebens, das in seiner konkreten Materialität beschrieben wird, damit der Einzelne, sei er Zuschauer, Zeuge oder Opfer gewesen, erfahrbar und damit für sein Handeln verantwortlich gemacht werden kann. Im Jahr, in dem → Adorno die Deutschen zur „Aufarbeitung" ihrer Vergangenheit aufforderte, begann also Grass mit der *Blechtrommel* – dem Auftakt seiner Danziger Trilogie (*Katz und Maus*, 1961, *Hundejahre*, 1963), der mit der Novelle *Im Krebsgang* 2002 eine weitere Fortsetzung folgte – eine epische Erinnerungsarbeit, die bis heute sein ganzes Werk obsessiv bestimmt. Der Roman, der in einer ständigen Bewegung zwischen Heute und Gestern die erste Hälfte des 20. Jahrhunderts umfasst, spielt auf zwei ineinander verschränkten Zeitebenen: der Spanne zwischen 1952 und 1954, in der der 30-jährige Ich-Erzähler Oskar Matzerath als „Insasse einer Heil- und Pflegeanstalt" sein pikareskes Leben niederschreibt, mit Hilfe seiner Trommel dem Gedächtnis nachhelfend, und der deutschen Geschichte von 1899 bis 1954 als Schauplatz der Abenteuer des Protagonisten, seiner Familie und der unzähligen Statisten eines *theatrum mundi*. Die 46 Kapitel sind in drei Bücher geteilt, die den wichtigsten Zäsuren der erzählten Periode entsprechen: Das erste Buch endet mit der Reichspogromnacht 1938, das zweite mit der Befreiung durch die Rote Armee und der Flucht aus Danzig; das dritte handelt von der Stunde Null und dem Wiederaufbau in Westdeutschland. Doch trotz dieser scheinbaren „Geschichtsversessenheit" – wie Grass selbst die anstiftende Kraft seines Schreibens definierte – erhebt der Roman explizit keinen Anspruch auf historische Objektivität, die der Autor als illusionäre Fiktion betrachtet und demaskiert. Ebenfalls abgelehnt wird der Hegel'sche Glaube an einen folgerichtigen, von der Vernunft geleiteten Verlauf des weltgeschichtlichen Prozesses. Dieser erscheint Grass als ein Chaos von Vorgängen und Zufällen voller Unsinn und Gewalt, denen die Menschen ausgeliefert sind. Diese melancholisch-groteske Auffassung bestimmt Struktur und Erzählmodus des Romans. Die realen Geschehnisse der Weltgeschichte werden in die fiktive Geschichte einer Kolonialwarenhändlerfamilie und ihrer Nachbarn im Danziger Vorort Langfuhr projiziert. Ihre Schwächen und Gemeinheiten werden „mit hellwacher Skepsis" aus der Zwergperspektive Oskars gemustert, des künftigen unzuverlässigen Erzählers, der sie nachträglich aus der „endlich erreichten" Distanz der Heil- und Pflegeanstalt in seinem Ich-Bericht schildert und mit der Gegenwart der deutschen Wirtschaftswunderzeit in Verbindung setzt. Mit Oskar, der aus Protest und Verweigerung mit drei Jahren sein Wachstum einstellt, hat Grass eine komplexe Kunstgestalt geschaffen, der die Funktion zukommt, die Erwachsenen – vor allem den Leser – permanent zu verunsichern. Mit seiner beunruhigenden Botschaft und seinem Ineinanderspielen von realistischer und phantastischer Ebene verlangt das Buch vom Rezipienten eine neue Haltung: Der Roman, so → Hans Magnus Enzensberger in den *Frankfurter Heften* bei seinem Erscheinen, „verändert die Sehweise des Lesers. Wer die Welt in diesem Buch, eingefangen wie eine Bestie, betrachtet hat, erkennt ihr anarchisches Gesicht vor seiner Tür wieder". Als verwachsener Gnom kann Oskar auf die ihn anekelnde Welt den schonungslosen Blick eines Außenseiters werfen, der von unten und von hinten die Misere um sich herum durchschaut und dank seiner magisch-märchenhaften Eigenschaften – das Trommeln und das Glaszersingen – entlarven und bestrafen kann. Der Protagonist verkörpert in diesem Sinne auch eine Allegorie des Künstlers, dessen verschiedene und widersprüchliche Rollen im Verlauf des Romans dargestellt werden: vom aggressiven Protest über das zweideutige Engagement im Dienst der Macht bis zu desillusionierter Abkehr von der Welt, wo es aber der Kunst möglich wird, Vergangenes „zurückzutrommeln", d.h. durch Erinnerung zu vergegenwärtigen.

Seit seiner Erstveröffentlichung gilt der Roman bis heute als Grass' Meisterwerk, dem 1979 die erfolgreiche Verfilmung durch Volker Schlöndorff weitere Popularität verschaffte.

Auch die heftige Diskussion um Grass' politische und intellektuelle Position, die das Erscheinen seiner Autobiographie *Beim Häuten der Zwiebel* im Jahr 2006 hervorrief, scheint Ruf und Popularität der *Blechtrommel* nicht geschadet zu haben. 2009 wurde der 50. Geburtstag des Romans weltweit mit neuen Übersetzungen gefeiert, die, wie üblich, vom Autor selbst in enger Zusammenarbeit mit seinen Übersetzern betreut wurden.

Literatur

Detlev Krumme: *Günter Grass. Die Blechtrommel*. München 1986 • Volker Neuhaus, Daniela Hermes (Hg.): Die *Danziger Trilogie von Günter Grass. Texte, Daten, Bilder*. Frankfurt am Main 1991 • Volker Neuhaus: *Günter Grass: Die Blechtrommel. Interpretation*. München 2000 • Dieter Stolz: *Günter Grass. Der Schriftsteller. Eine Einführung*. Göttingen 2005 • Jörg-Philipp Thomsa: *Ein Buch schreibt Geschichte: 50 Jahre Blechtrommel*. Lübeck 2009 • Anselm Weyer: „The Great Pretender" und die „falschen Fünfziger" auf Blech getrommelt. Die zeitliche Perspektive Oskar Matzeraths. In: *Das Jahr 1959 in der deutschsprachigen Literatur. treibhaus. Jahrbuch für die Literatur der fünfziger Jahre*, 5 (2009). Hg. von Günter Häntzschel, Sven Hanuschek und Ulrike Leuschner. München 2009, S. 130–143.

Eva Banchelli

Uwe Johnson: Mutmaßungen über Jakob. Roman

Erstausgabe: Frankfurt am Main, Suhrkamp Verlag 1959

Superlative beherrschten die Seiten des westdeutschen Feuilletons und der Literaturzeitschriften, als im Herbst 1959 der Debütroman von Uwe Johnson (1934–1984, → *Ingrid Babendererde. Reifeprüfung 1953*, 1956/85) erschien. Als „Roman der beiden Deutschland" und „Abbreviatur aller modernen Erzählmöglichkeiten" feiert Günter Blöcker Johnsons *Mutmaßungen über Jakob* in seiner Rezension; als ersten „gesamtdeutschen" Roman und „große Ausnahme" bezeichnete ihn → Hans Magnus Enzensberger in den *Frankfurter Heften*. Hatte man bis dahin das Fehlen einer gesamtdeutschen Literatur bemängelt, die die Problematik der Teilung hätte reflektieren und mit entsprechenden ästhetischen Mitteln darstellen können, so sah man in Johnsons Werk die thematische und ästhetische Antwort auf die Erfordernisse der Zeit. Gerade das, was in der BRD mit großem Lob gefeiert wurde, stieß in der DDR, obwohl der Roman dort nicht erscheinen durfte, auf vehemente öffentliche Ablehnung. Der Leiter der Kulturkommission des ZK der SED, Alfred Kurella, bemängelte an Johnsons *Mutmaßungen*, dass „die Wirklichkeit sich in eine Summe von qualligen Beziehungen auflöst und die Handlung zum zeitlosen Nebeneinander verschiedener Ereignisebenen wird." Zu diesem Urteil hat nicht nur Johnsons eigenständige Rezeption der Diskurse über die Aufgabe der Literatur, die in den fünfziger Jahren in der DDR geführt wurden, und seine Ablehnung des Realismus sowjetischer Prägung beigetragen – der Autor wohnte bis zum Erscheinen des Romans in der DDR –, sondern auch seine formale Anlehnung an den modernen angelsächsischen Erzählstil, in primis an William Faulkner.

Der Eingangssatz des Romans – „Aber Jakob ist immer quer über die Gleise gegangen" – gehört zweifellos zu den fulminantesten Anfängen der deutschen

Literatur. In fünf Kapitel aufgeteilt, handelt der Roman vom Versuch, die letzten Tage im Leben von Jakob Abs, Streckendispatcher bei der Deutschen Reichsbahn in einer Stadt an der Elbe, vermutlich Dresden, der beim Überqueren der Gleise zu Tode gekommen ist, durch Erinnerungen und Mutmaßungen der Personen zu rekonstruieren, die ihn gekannt haben, um dadurch zu einer Erklärung für seinen Tod zu gelangen. Das Unfassbare am Tod eines Arbeiters, der schon unzählige Male quer über die Gleise gegangen ist, ist Auslöser für eine detektivische Rekonstruktionsarbeit, die darauf abzielt, ein Bild von Jakobs gesamtem Leben zusammenzusetzen. Struktur und Chronologie des Romans lassen sich trotz der Verschachtelung der Erzählzeit sehr genau feststellen. Der Roman präsentiert drei unterschiedliche Erzählmodi: Gespräche – gekennzeichnet durch Spiegelstriche –, (innere) Monologe – kursiv gesetzt – und Erzählpartien eines anonymen, nicht allwissenden Erzählers – in normalem Schriftschnitt. Die Dialoge, die zwischen Jonas Blach und Jöche, Gesine Cresspahl und Jonas, Gesine und Rohlfs geführt werden, entspinnen sich unter dem Eindruck von Jakobs Tod – gestorben ist er am 8. November 1956 – und setzen den Versuch in Gang, Jakobs letzte Tage zu vergegenwärtigen. Die Handlung selbst spielt im Herbst 1956, zur Zeit des Ungarn-Aufstandes und der Suez-Krise, und ist in zwei unterschiedliche zeitliche Abschnitte geteilt: eine „Gegenwartshandlung", die sich auf drei Tage erstreckt und in denen die Dialoge geführt werden, und eine „Vorzeithandlung", die zum einen die letzten Wochen in Jakobs Leben umfasst und zum anderen die Lebensläufe der Figuren skizziert, vor allem die von Jakob und Gesine.

    1928 in Pommern geboren, kommt Jakob im letzten Winter des Zweiten Weltkrieges mit seiner Mutter Marie Abs als Flüchtling nach Jerichow in Mecklenburg und findet hier im Haus des seit 1938 verwitweten Tischlers Heinrich Cresspahl Unterkunft. Mit 19 beginnt Jakob als Rangierer im Bahnhof von Jerichow zu arbeiten. Nach der Ausbildung bei der Eisenbahn zieht er in die Stadt an der Elbe und wird Inspektor. Heinrich Cresspahls einzige Tochter Gesine verlässt infolge des 17. Juni 1953 nach dem Anglistik-Studium in Leipzig die DDR, besucht die Dolmetscherschule in Frankfurt am Main und arbeitet seit Anfang 1956 im NATO-Hauptquartier in Düsseldorf. Im Haus am Ziegeleiweg in Jerichow wohnen nun nur noch Heinrich Cresspahl und Marie Abs. Im Spätherbst 1956 erhält Hauptmann Rohlfs den Auftrag „Taube auf dem Dach", der darin besteht, die Angestellte Gesine Cresspahl als Informantin für die Stasi zu gewinnen. Nachdem Rohlfs versucht hat, über Marie Abs an Informationen über Gesine zu gelangen, flüchtet die 59-Jährige zu Gesine in den Westen. Jakob, der unter Stasi-Beobachtung steht und für diese Mittelsmann zu Gesine sein soll, wird von einem Telegramm Heinrichs über die Flucht der Mutter informiert; er fährt deshalb nach Jerichow, um ihren Haushalt aufzulösen. Im Haus von Heinrich Cresspahl trifft er auf Jonas Blach, Assistent am Institut für Englische Philologie in Ost-Berlin. Er hat in Berlin an geheimen und zum DDR-Regime kritischstehenden Treffen teilgenommen und möchte im Hause Cresspahls einen Aufsatz über die Lage in der DDR nach Stalins Tod und Chruščëvs Geheimrede auf dem XX. Parteitag der KPdSU verfassen. Er ist, wie Jakob, in Gesine verliebt.

Zwei Tage nach Jakobs Rückkehr in die Elbestadt reist Gesine illegal in die DDR und trifft sich heimlich mit ihm. Zusammen fahren sie nach Jerichow und erfahren während der Reise von dem Aufstand in Ungarn. In Jerichow angekommen, arrangiert Jakob ein Treffen zwischen Gesine und Rohlfs unter der Bedingung, dass Gesine die DDR wieder verlassen darf. Rohlfs, der ihnen mit dem Auto gefolgt ist, versucht Gesine während einer emotionsgeladenen Diskussion über die Beseitigung des Kapitalismus und die Diktatur des Proletariats zur freiwilligen Mitarbeit zu überreden. Nach DDR-Recht könnte er Gesine zwar verhaften, doch er erlaubt ihr, in die Bundesrepublik Deutschland zurückzukehren, jedoch nicht, ohne sich mit ihr in Berlin für den 10. November zu verabreden. Am Tag von Gesines Abfahrt fährt Jonas Blach nach Berlin, wo ihn sein Vorgesetzter über seine Entlassung informiert – eine Entscheidung „von Oben". Sein Manuskript übergibt Jonas der Redaktion der *Zeitschrift für Philosophie*. Aber auch Jakob erhält eine Kopie. An seiner Arbeitsstelle wird Jakob inzwischen vor die Entscheidung gestellt, entweder die Militärzüge nach Budapest bevorzugt fahren zu lassen und damit erhebliche Verspätungen im normalen Zugverkehr zu verursachen oder aber die Sonderzüge warten zu lassen. Er beruft sich auf die von ihm entworfene und von der Leitung erlaubte Nicht-Überhol-Methode und auf seine Verantwortung gegenüber den zivilen Reisenden. Am Tag danach fährt Jakob in die Bundesrepublik, um seine Mutter und Gesine zu besuchen. Er wohnt zunächst im Hotel, zieht aber bald zu Gesine. Während seines Aufenthalts vom 31. Oktober bis 8. November wird, wie Gesine und Jakob aus dem Radio erfahren, der Ungarn-Aufstand von sowjetischen Panzern niedergeschlagen. Zeitgleich beginnen Großbritannien und Frankreich mit der Bombardierung ägyptischer Flughäfen. Gesines und Jakobs lang ersehntes Zusammensein, das Ausleben ihrer Liebe, erweist sich als Unmöglichkeit, die am letzten Tag von Jakobs Besuch durch die abschließenden Worte „Bleib hier / Komm mit" zum Ausdruck gebracht wird. Während Rohlfs am 8. November auf Jakob wartet, erfährt er vom Verschwinden Jonas, der wahrscheinlich über die Durchsuchung der Redaktion der Zeitschrift informiert wurde. Am Vormittag kehrt Jakob aus Düsseldorf zurück. Auf dem Weg zur Arbeit wird er beim Überqueren der Gleise von einem Zug überrollt und stirbt. Am selben Vormittag fährt Jonas in die Stadt an der Elbe, um sein Manuskript, das inzwischen bei Jöche in Jerichow ist, abzuholen. Jonas erfährt hier von Jakobs Tod, informiert Heinrich Cresspahl und fährt dann nach Jerichow zu Jöche. Nachdem er Gesine telefonisch die tragische Nachricht übermittelt hat, wird er von der Staatssicherheit verhaftet. Der Roman schließt mit dem verabredeten Treffen zwischen Gesine und Rohlfs am 10. November in Berlin.

Wegen der etwa komplizierten Montage der unterschiedlichen Erzählmodi haben einige Rezensenten Uwe Johnson des Formalismus bezichtigt. Der Autor pflegte zu antworten, er hätte gerne seinen ersten Roman „auf eine ganz treuherzige Weise" verfasst, doch die „Situation" Deutschlands erlaube dies nicht. Nach der Wiedervereinigung erlebte das Werk des bereits 1984 mit 49 Jahren verstorbenen Autors eine regelrechte Renaissance, nicht zuletzt weil er Deutschland schon früh als Nation verstand, die unfähig ist, die eigene Geschichte zu reflektieren.

Literatur

Ulrich Krellner: *„Was ich im Gedächtnis ertrage". Untersuchungen zum Erinnerungskonzept von Uwe Johnsons Erzählwerk.* Würzburg 2003 • Katja Leuchtenberger: *„Wer erzählt, muß an alles denken". Erzählstrukturen und Strategien der Leserlenkung in den frühen Romanen Uwe Johnsons.* Göttingen 2003 • Norbert Mecklenburg: *Die Erzählkunst Uwe Johnsons.* Frankfurt am Main 1997 • Uwe Neumann (Hg.): *Johnson-Jahre. Zeugnisse aus sechs Jahrzehnten.* Frankfurt am Main 2007 • Elisabeth K. Paefgen: Was für ein Erzähler?! Uwe Johnsons „Mutmassungen über Jakob" filmnarratologisch unter die Lupe genommen. In: *Johnson-Jahrbuch,* 13 (2006), S. 103–125 • Nicolai Riedel: *Uwe Johnson zwischen Vormoderne und Postmoderne.* Berlin, New York 1995.

Viviana Chilese

(11) Wünsche des Alltags

Einleitung
Von Cecilia Morelli

Im Mai 1948 veröffentlichte Karl Schnog in der von ihm geleiteten Ost-Berliner Satirezeitschrift *Ulenspiegel* sein Gedicht *Wann wird das sein*: „Wenn Mütter froh die Kinder schwenken, / Wenn die Onkels Neffen Uhren schenken, / Wenn man Wohnung wechselt ohne Schein; / Wenn, wer's Auto kauft, auch selber steuert, / Wenn man Hausrat, der nicht passt, erneuert, / Wenn man Fleisch hat und lädt Freunde ein. / Aber, Enkelchen, wann wird das sein?"[1]

Nun war freilich im Osten die hier zur Sprache gebrachte und heiß ersehnte Verbesserung der miserablen Wirtschaftslage in den ersten, langen Jahren der Nachkriegszeit weit und breit nicht in Sicht. Dagegen sollte der Wandel in dem von den Westalliierten besetzten und verwalteten Teil Deutschlands nicht mehr allzu lange auf sich warten lassen – jenes vielbeschworene frühbundesrepublikanische Wirtschaftswunder, das in der Tat für viele zu einer radikalen Verbesserung der materiellen Lebensverhältnisse führen sollte.

Zusammen mit der Verabschiedung des Grundgesetzes durch den Parlamentarischen Rat am 23. Mai 1949 in Bonn gilt die Währungsreform als symbolischer und faktischer Wendepunkt in der westdeutschen Nachkriegsgeschichte. Die Einführung der D-Mark in der Trizone läutete am 20. Juni 1948 ein neues Kapitel im westdeutschen Wirtschaftsleben ein, das alsbald auch den Alltag der durch die Not des Krieges und der ersten Nachkriegsjahre tief gezeichneten Bevölkerung entscheidend verändern sollte[2] – ein Kurswechsel, der durch die gleichzeitige Abschaffung der Zwangsbewirtschaftung mitbestimmt und verstärkt wurde. Ludwig Erhard, zunächst Bizonen-Wirtschaftsdirektor, später – bis 1963 – Bundeswirtschaftsminister der neu gegründeten BRD, hatte gegen den Willen der Besatzungsbehörden die Aufhebung der Zwangsbewirtschaftung und der Preisbindung durchgesetzt, um Westdeutschland den Weg zur ‚Sozialen Marktwirtschaft' zu ebnen. „Je freier die Wirtschaft, umso sozialer ist sie auch", erklärte der Öko-

---

[1] Schnog, Karl: Wann wird das sein. In: *Ulenspiegel*, 5 (1948), S. 2.
[2] In der Forschung wird debattiert, ob die Währungsreform eine entscheidende Rolle beim Wiederaufstieg der westdeutschen Industrieproduktion gespielt hat; zur Erörterung der verschiedenen Thesen zu dieser Frage vgl. Ritschl, Albrecht: Die Währungsreform von 1948 und der Wiederaufstieg der deutschen Industrie. In: *Vierteljahreshefte für Zeitgeschichte*, 33 (1985) 1, S. 136–165.

nom in einer Rede im Jahr 1953.³ (West-)Deutschland, so seine Forderung, solle einen „Dritten Weg" einschlagen – einen besonderen Weg zwischen der Ost-Planwirtschaft und jener Form des Kapitalismus, die den Westen gut 20 Jahre zuvor in die Weltwirtschaftskrise geführt hatte. In diesem alternativen Ideal-System spielten Wettbewerb und freier Markt zwar eine wesentliche Rolle, zugleich aber kam auch dem Staat eine wichtige Funktion zu. Seine Aufgabe bestand hier darin, die Spielregeln festzulegen und wie ein aufmerksamer Schiedsrichter auf die Einhaltung dieser Regeln zu achten, ohne allerdings direkt am Spiel mitzuwirken. Erhards Absicht war es, dem Unternehmergeist des Einzelnen zum Erfolg zu verhelfen und damit eine Prosperität zu erzeugen, von der wiederum die gesamte Gesellschaft profitieren konnte.

Soviel zur Theorie. In der Praxis sah es zunächst so aus, dass die Aufhebung der Preisbindung auf viele bisher rationierte Güter zu erheblichen Problemen führte. Die Preise – nun den profitablen Gesetzen des freien Markts folgend – stiegen beträchtlich, ohne dass die Löhne mitzogen. Andererseits füllten sich die Schaufenster mit Waren, die schon lange hergestellt, aber zurückgehalten worden waren. Am eigentlichen Konsum-Paradies partizipieren konnten viele jedoch erst, als schließlich dann doch auch die Löhne freigegeben wurden und zu steigen anfingen. Von der Währungsreform eingeleitet und durch den Marshall-Plan befördert, begann eine beeindruckende Wachstumsphase für Westdeutschland, die die fünfziger Jahre tief prägte und nachgerade zu einem Mythos der Nachkriegsgeschichte werden sollte. Bis 1960 wuchs die Wirtschaft jedes Jahr durchschnittlich um über acht Prozent.⁴ Ironie der Geschichte: Ausgerechnet ein Krieg, der Korea-Krieg (1950–1953), beschleunigte den Aufstieg zusätzlich. Während die USA, Großbritannien und Frankreich die durch den Konflikt ausgelöste Nachfrage nach Rüstungsgütern zu befriedigen versuchten, konnte sich die deutsche Industrie – die damals noch kein Kriegsmaterial herstellen durfte – auf die lukrative Produktion von auch international gefragten Investitionsgütern konzentrieren.⁵

---

3 Mierzejewski, Alfred C.: *Ludwig Erhard. Der Wegbereiter der Sozialen Marktwirtschaft.* München 2005, S. 59.
4 Jung, Alexander: Fresswelle nach der Fettlücke. In: *Die 50er Jahre. Vom Trümmerland zum Wirtschaftswunder.* Hg. von Georg Bönisch und Klaus Wiegrefe. München 2007, S. 186–199, hier S. 187.
5 Der Aufschwung konkretisierte sich dabei auch in den Lebensläufen von zu Erfolg und Reichtum gelangten Unternehmern, deren Ruf die Grenzen der BRD bei weitem überschritt. Als Beispiel sei an Max Grundig erinnert: 1947 begann er Radios in Form von Baukästen herzustellen, aus denen die Kunden die Geräte selbst basteln konnten: Auf diese Weise entstand der Heinzelmann, der sofort zum Bestseller wurde. Zum Erfolg der Firma trug die Intuition bei, technische Produkte wie Radios und – später – Tonbandgeräte und Fernsehempfänger zu günstigen Preisen anzubieten; 1957 beschäftigte Grundig 20 000 Menschen, Grundigs Radioproduktion überschritt die Fünf-Millionen-Grenze.

Das Wirtschaftswunder wirkte dann vor allem auf einer weiten, kollektiven Ebene und zog tiefe Veränderungen in der westdeutschen Nachkriegsgesellschaft nach sich. Diese betrafen den gesellschaftlichen Aufbau genauso wie den Bereich der alltäglichen Gewohnheiten, Wunschvorstellungen und Erwartungshorizonte. Die Arbeitslosenquote sank seit 1950 kontinuierlich, zugleich wurden neue Jobs geschaffen. Einerseits entschärfte die anhaltende Hochkonjunktur den Sozialdruck und erleichterte die allmähliche Eingliederung der Vertriebenen. Andererseits verzeichnete Westdeutschland in den fünfziger Jahren – wie alle Industrieländer – einen bedeutenden sozialen Wandel: die Abnahme der in der Landwirtschaft beschäftigten Personen bei gleichzeitiger Erhöhung in erheblichem Maße der unselbständig im tertiären Sektor Beschäftigten. Die wirtschaftliche Entwicklung schloss vielen die Tür eines bis vor einigen Jahren unvorstellbaren Wohlstandes auf und führte zu einer Art nivellierter Mittelstandsgesellschaft, in der sich die Umrisse bisher vertrauter und spezifischer Identitäten auflösten, oder, um es mit den Worten des Soziologen Helmut Schelsky auszudrücken: Sie führte „zur Herausbildung einer nivellierten klein-bürgerlich-mittelständigen Gesellschaft, die ebensowenig proletarisch wie bürgerlich ist, d. h. durch den Verlust der Klassenspannung und sozialen Hierarchie gekennzeichnet wird."[6]

Mit dem sich rasch ausbreitenden Wohlstand setzten sich in den fünfziger Jahren auch neue Konsumgewohnheiten durch – konkreter Ausdruck einer Anschaffungskultur, die den Mangel des Notwendigen der Vergangenheit hinter sich lassen wollte, einer Gesellschaft, die nun anfing, auch die Üppigkeit des Überflüssigen anzustreben. Der Wandel ermöglichte ein Alltagsleben, wovon man wenige Jahre früher nie zu träumen gewagt hätte. In dieser neuen Konsumgesellschaft, die Erhards programmatischem Slogan „Wohlstand für alle"[7] entsprach, ging es nun für viele ‚Wunderkinder' darum, besser, komfortabler und schöner zu leben.

Ganz anders stellte sich dagegen die Lage im Osten Deutschlands dar. Die Versuche der DDR, den westlichen Aufschwung nachzuholen, waren jedenfalls nicht von Erfolg gekrönt. Mit dem Ausbau der Schwerindustrie, der nach planwirtschaftlichen Vorstellungen auch das nötige Wachstum sichern sollte, konnte dieses Ziel allenfalls begrenzt erreicht werden. Erst allmählich ging es im Osten aufwärts. Dies allerdings in einem Tempo, das es nie ermöglichte, die westliche Lokomotive einzuholen. Denn darum ging es: Man wollte nicht einfach die Le-

---

6 Schelsky, Helmut: Die Bedeutung des Schichtungsbegriffs für die Analyse der gegenwärtigen Gesellschaft. In: Ders.: *Auf der Suche nach Wirklichkeit. Gesammelte Aufsätze.* Düsseldorf, Köln 1965, S. 332.
7 Erhard, Ludwig: *Wohlstand für alle.* Düsseldorf 1957.

bensverhältnisse der Vorkriegszeit wiederherstellen, man maß sich – unabhängig von der hohlen Phrase vom „Überholen, ohne Einzuholen" – an den Leistungen des kapitalistischen Teils Deutschlands, die man eben doch zumindest zu erreichen gedachte. Um dann doch – zumindest was den Konsumgüterbereich betraf – weit davon entfernt zu bleiben: So besaßen nur zwölf von 100 Ost-Haushalten im Jahr 1962 eine Waschmaschine, im Westen waren es 34; der Anteil der Autobesitzer steigt in der DDR von 0,2 Prozent der Haushalte (1955) auf gerade mal fünf Prozent (1962), während in der BRD 1962 schon fast jeder dritte Haushalt über einen eigenen Wagen verfügt. „In Qualität und Verfügbarkeit liegen ohnehin Welten zwischen Ost und West", so der Zeithistoriker Hans Michael Kloth.[8]

Zeigten sich die Tendenzen der westlichen Konsumgesellschaft auch in einem neu verbreiteten theoretischen Interesse an der Werbung, die nicht zuletzt in der Veröffentlichung zahlreicher Sachbücher zu diesem Thema konkreten Ausdruck fand, so sprach die DDR-Werbung der fünfziger Jahre noch die alte Sprache der Vorkriegszeit. Erst im folgenden Jahrzehnt sollte das Potenzial dieses Kommunikationsmittels in Ostdeutschland erkannt und massiv genutzt werden – dies dann allerdings zuvorderst mit dem Hintergedanken, zugleich die Grundideale des sozialistischen Staates zu propagieren.[9]

Doch zurück zur BRD, wo der westliche Zeitgeist des wiedergewonnenen Wohlstands auch die Mode belebte, der man sich nun wieder mit Interesse zuwenden konnte. Am 12. Februar 1947 präsentierte das Modehaus Christian Dior in Paris seine erste Kollektion *Ligne Corolle*: so wurde der *New Look* geboren, der den Modedesigner weltberühmt machen sollte und heute symbolisch als Neubeginn der Pariser *Haute Couture* nach 1945 steht. Mit seinen Röcken, die weit über mehrere Unterröcke fielen oder bleistifteng den Körper betonten, den geschnürten Wespentaillen, die vom Korsett in Form gehalten wurden, nahm der *New Look* Elemente der Mode des 19. Jahrhunderts auf und präsentierte ein Modell zurückeroberter Weiblichkeit, das sich mit dem Wunsch nach einem eleganten Luxus und Glamour aus vergangenen Zeiten verknüpfen ließ. Der Erfolg von Diors Mode – letztlich auch in Deutschland[10] – war unterm Strich bezeichnend für die allgemeine Sehnsucht nach einer Normalisierung, die auch die Wiederherstellung der traditionellen Rollenverteilung zwischen den Geschlechtern förderte. Aus der zeitgenössischen Werbung lächeln adrett frisierte und sorgfältig ge-

---

8 Kloth, Hans Michael: *Vorwärts im Rückwärtsgang*. In: Bönisch, Wiegrefe (Hg.): *Die 50er Jahre*. 2007, S. 152–166, hier S. 164f.
9 Vgl. Neumann, Eckhard; Cullars, John: The Planned Economy in Search of the World Standard: Reflections on Advertising and Design in the DDR. In: *Design Issues*, 8 (1992) 2, S. 74–81, hier S. 76f.
10 Vgl. Rasche, Adelheid (Hg.): *Christian Dior und Deutschland, 1947 bis 1957*. Stuttgart 2007.

schminkte Damen mit Pumps und Bleistiftröcken neben chromblitzenden Küchenmaschinen, mit supermodernen Einbauküchen beschäftigt. Die Dimension der Idylle deklinierte sich nicht nur in einer komfortablen Häuslichkeit, die von einer anziehenden, endlich wieder femininen Hüterin gepflegt wurde, sondern fand seinen Ausdruck auch in einer Vielzahl von Entspannungs- und Unterhaltungserlebnissen.

Das beliebte Genre des Heimatfilms etwa wurde in jenen Jahren massiv zum Vehikel solider, alter Werte: Er bot dem Zuschauer eine geordnete Welt, die nicht von den Widersprüchen und Belastungen der alltäglichen Wirklichkeit geprägt war und in der die Natur mit ihren herrlichen Landschaften die Hauptrolle spielte. Von der jüngsten Geschichte und ihren allgegenwärtigen Folgen Abstand nehmend, wendeten sich die Filme oft einer vorrepublikanischen, monarchisch-kaiserlichen Vergangenheit zu, die bei der Darstellung mit einem verklärenden Schleier umhüllt wurde. Ernst Marischkas *Sissi* (1955) ist zweifellos das berühmteste Beispiel dieser Kategorie – dazu gesellte sich in den fünfziger Jahren – abgesehen von den unvermeidlichen Fortsetzungen *Sissi – Die junge Kaiserin* (1956) und *Sissi – Schicksalsjahre einer Kaiserin* (1957) – dank Helmut Käutner unter anderem ihr Vetter *Ludwig II. – Glanz und Elend eines Königs* (1955). Wobei allein der Erfolg von *Sissi* beim deutschen Publikum beweist, wie willkommen solche Ablenkungstaktiken waren.

Sissis Österreich wurde denn auch als Welt alltäglicher Tagträume zum bevorzugten Auslandsziel westdeutscher Urlauber in den fünfziger Jahren. Man wollte endgültig jene Zeit hinter sich lassen, in der es allein um die Befriedigung der elementaren Bedürfnisse ging. Eine Reise war auch Ausdruck des Wunsches, sich nicht mehr mit dem ‚Überleben' beschäftigen zu müssen und bestärkte das neue Selbstverständnis, sich endlich von den Trümmern der Vergangenheit verabschieden und den Blick in eine vielversprechende Zukunft richten zu können. Die mit den Schrecken des Krieges verbundenen Traumata beiseite schiebend, ließ sich dank der mit dem wirtschaftlichen Aufschwung verbundenen finanziellen Mittel Österreich mit seinen Bergen, Seen und Wäldern – vormals, nach dem ‚Anschluss' 1938 als ‚Ostmark' noch zum ‚Reich' gehörend – in einer entspannten, ablenkenden Dimension (wieder-)entdecken und genießen.

Wichtiger noch waren jedoch die heimischen Küsten von Ost- und Nordsee, aber auch Franken, Oberbayern und der Schwarzwald. Jenseits aller Sehnsüchte zählten diese nahen Regionen zu den beliebtesten Reisezielen, in denen viele ihren Familienurlaub verbrachten. Auch in der DDR entwickelte sich der Tourismus in jenen Jahren beträchtlich. Individualreisen bildeten dabei nur einen kleineren Teil dieses Phänomens: Die Aufenthalte wurden oft gewerkschaftlich organisiert, wobei ein Großteil der Kosten für das Erholungserlebnis durch ein System von am Urlaubsort einzulösenden Ferienschecks staatlich getragen wurde. Beliebteste

Ziele der DDR-Bürger waren der Thüringer Wald, die Sächsische Schweiz aber auch die Ostsee-Inseln Rügen und Usedom. Die Zeit der Reise und somit explizit das allgemeine Recht auf Urlaub war in der DDR-Verfassung verankert ‚Reisen ins kapitalistische Ausland' blieben für Ostdeutsche folglich ein Ding der Unmöglichkeit.

Westdeutsche dagegen fuhren nicht nur ins benachbarte Österreich – Ausland und doch vertraut –, sondern mindestens ebenso bevorzugt über den Brenner oder den Gotthard nach Italien, in einen Süden, von dem man sehnsüchtig träumte und dessen idyllische und idealisierte Züge in zeitgenössischen Schlagern wie *Wenn bei Capri die rote Sonne im Meer versinkt* oder *Komm ein bisschen mit nach Italien* auftauchten. Mit dem Bus, mit dem Zug, sogar mit dem Flugzeug war man unterwegs. Denn Mitte der fünfziger Jahre kamen auch die ersten Flugpauschalreisen auf, zunächst nach Teneriffa.

Die eigentlich entscheidende Rolle bei der gesteigerten Mobilität der deutschen Gesellschaft und ihrer Reiselust spielte aber zweifellos die Motorisierung einer ganzen Nation. Auf dem Gebiet der Automobilherstellung lassen sich paradigmatisch sowohl die erstaunliche Entwicklung des westdeutschen Aufschwungs als auch dessen Auswirkungen auf den Alltag der breiten Masse (nunmehr eine „Verbrauchermasse"), auf ihre Gewohnheiten, Erwartungen, Wunschvorstellungen ablesen. So nahm bereits unmittelbar nach Kriegsende das Volkswagenwerk seine Produktion wieder auf, 1946 folgte Daimler-Benz, 1947 Opel, 1952 BMW. Die Automobilherstellung kam denn auch im wahrsten Sinne des Wortes rasch in Fahrt: Der Bestand an Personenkraftwagen, der 1946 auf 192 438 Pkws zurückgegangen war, erreichte bereits 1953 die Millionengrenze und übertraf damit – allein berechnet auf das Gebiet der BRD ohne Berlin und das Saarland – sogar den Vorkriegsbestand, um sich in den folgenden acht Jahren nochmals zu verfünffachen.[11] Die Motorisierung startete mit Mopeds und Motorrädern, erreichte den ‚kleinen Mann' über Kleinstwagen-Zwischenstufen wie das Goggomobil der Hans Glas GmbH oder die Isetta von BMW (einer Art Übergangsvehikel zwischen Motorrad und Auto) und fand letztlich seinen Höhepunkt in Form eines stattlichen Wagens. Vor allem der VW-Käfer – 1955 lief der einemillionste Wagen vom Band – etablierte sich rasch als *das* Symbol des Wirtschaftswunders. Er war nicht weniger als ein Ausdruck der sich verändernden Gesellschaft der fünfziger Jahre und wurde zum wertvollen Stein im positiven kollektiven Selbstverständnismosaik, das sich damals allmählich zusammenzusetzen begann: „Der Volkswagen war der Käfer, und das war nicht nur das Auto der Deutschen im Westen schlechthin,

---

11 Vgl. Glaser, Hermann: *Kulturgeschichte der Bundesrepublik Deutschland. Zwischen Grundgesetz und Großer Koalition. 1949–1967.* München, Wien 1986, S. 146.

sondern zugleich das rollende Wirtschaftswunder, das gute Gewissen und die feste Burg derjenigen, die entschlossen waren, ihren bescheidenen Wohlstand zwar bescheiden, aber wohl zu leben", fasst in diesem Zusammenhang Erhard Schütz zusammen.[12] Der eigene Wagen avancierte nicht nur zum bedeutenden Status-Symbol: Er verkörperte eine neue, bisher unbekannte Modalität der Selbstbestimmung im Alltag und in der Freizeit. Er festigte das aufkommende Gefühl des „Wir haben es geschafft", das dem Bewusstsein „Wir sind wieder wer" die Hand reichte, indem es für die begehrte Bestätigung sorgte, dass nun eine neue Ära begonnen habe, in der die Bundesrepublik eine Stelle als zuverlässiges Industrieland und wichtiger Exporteur erreicht hatte.

1947 stellte der Philosoph und Pädagoge Herman Nohl in einer Rede über die „geistige Lage im gegenwärtigen Deutschland" eine starke Sehnsucht nach dem „einfachen Leben" fest, die sich als eine Abwendung von der Politik, den Behörden und den Verwaltungen zeige und zu einem unkomplizierten Lebensmodell neige. Nicht nur die Kriegserlebnisse, sondern auch die Erfahrung der Besatzung und ihrer riesigen Bürokratie könnten wohl diese Wunschvorstellung mitbestimmt haben, die sich von einem „ganz sicheren Gefühl" nährte, „für die einfache Sittlichkeit, die elementare Tugend der Wahrhaftigkeit, Gerechtigkeit und Treue, eine tiefe Verehrung des Geistigen und der Schönheit und eine dogmenlose Frömmigkeit, die das Ewige sucht."[13]

Das Erbe der Nazi-Herrschaft und die Zerstörungen des Zweiten Weltkriegs hatten im besetzten Deutschland seelische und materielle Trümmer hinterlassen, die den Weg zu einem neuen Leben zunächst zu bedrohen schienen. Zusammen mit den zerschlagenen Gebäuden und Infrastrukturen war auch das Selbstverständnis eines Volkes wiederaufzubauen, das – abgesehen vom Volkswagen – das Wort *Volk* lieber vermied (zu eng war *Volk* mit der NS-Ideologie verknüpft) und das überdies, mal mehr, mal weniger, mit der Teilung Deutschlands haderte. Die Gründungsjahre der BRD lieferten mit dem intensiven Wiederaufbaustreben und dem erstaunlichen Aufschwung eine erste (wenn auch weitaus nicht erschöpfende) Antwort auf die Identitätsfrage. So überzeugt auch Werner Abelshausers These, die Geschichte der Bundesrepublik Deutschland sei vor allem eine Wirtschaftsgeschichte: „Nichts hat den westdeutschen Staat stärker geprägt als seine wirtschaftliche Entwicklung. Auf keinem anderen Gebiet sind seine Leistungen greifbarer als dort: Ihnen verdankt die zweite deutsche Republik (West)

---

12 Schütz, Erhard: Der Volkswagen. In: *Deutsche Erinnerungsorte I*. Hg. von Etienne François und Hagen Schulze. München 2001, S. 352–369, hier S. 352.
13 Zitiert nach Schreiber, Mathias: Das Brot der frühen Jahre. In: Bönisch; Wiegrefe (Hg.): *Die 50er Jahre*. 2007, S. 283–290, hier S. 284.

jene Stabilität und Handlungsfreiheit, die der Republik von Weimar fehlten. [...] Die Wirtschaft schuf nicht nur die materielle Grundlage für die Entfaltung stabiler Former der Demokratie im Inneren und für die internationale Resozialisierung der Rechtsnachfolgerin des ‚Dritten Reichs'. Sie wurde auch zum Vehikel der ‚nationalen' Identifikation der Westdeutschen oder wenigstens ihres staatlichen Selbstverständnisses."[14]

Der sich ausbreitende Alltagswohlstand trug in Westdeutschland auch dazu bei, dass das für die fünfziger Jahre so typische Verlangen nach Normalität und Normalisierung weitgehend gestillt werden konnte. Er spielte eine wichtige Rolle bei der Herausbildung eines neuen kollektiven Selbstverständnisses, das auf etwas anderem beruhen sollte, als der Verantwortung für den Weltkrieg und die damit verbundenen Verbrechen. Diese neue Identität im Westen nährte sich aus dem Bewusstsein, einen Weg aus der allgemein als Erniedrigung empfundenen Besatzungszeit gefunden zu haben, und festigte die Wurzeln der Bundesrepublik angesichts des östlichen Nachbars – der DDR. Die Kaufkraft der neuen konsumorientierten Gesellschaft lässt sich daher nicht nur als eine erhebliche Wirtschaftsleistung betrachten; sie sorgte vielmehr entscheidend für jene sehnsüchtig begehrte Stabilität, deren Auswirkungen letztlich auch die psychologische, politische und soziale Ebene betrafen. In der Widersprüchlichkeit der fünfziger Jahre, einer Übergangsphase zwischen Konservatismus und Modernisierung, zwischen Neubeginn und Wiederaufbau und der Rückbesinnung auf vertraute traditionelle Werte und Lebensvorstellungen, zwischen Skepsis und Optimismus, bleibt letztendlich auch der Wirtschaftsboom ambivalent, indem er einerseits durch seine außerordentliche, unerhörte Qualität überrascht, um dann schließlich durch den gesicherten Wohlstand einen restaurativen Weg einzuschlagen.

In diesem Land auf der Suche nach einem verlorengegangenen positiven nationalen Selbstverständnis kam das unerwartete Ergebnis der Fußballweltmeisterschaft 1954 gerade rechtens, um das selbstbehauptende bundesrepublikanische Gefühl des „Wir sind wieder wer" weiter zu stärken: Der Sieg gegen den ungarischen Favoriten mit 3:2 am 4. Juli 1954 wurde zum „Wunder von Bern" und machte Trainer Sepp Herberger und ‚seine' Männer zu den „Helden von Bern", Symbole eines erneuerten Deutschlands, glänzende Beispiele positiver Werte wie Opferbereitschaft, Hingabe und Einsatzwillen für eine ganze Nation.

Das neue deutsche Selbstbild machte den wirtschaftlichen Aufstieg zum Mythos; die ersten Jahre der Bundesrepublik fanden eine besondere Stellung in der Kulturgeschichte der Nation und avancierten nach dem Mauerfall zum Bezugs-

---

[14] Abelshauser, Werner: *Deutsche Wirtschaftsgeschichte seit 1945*. München 2004, S. 11.

punkt für das nun wiedervereinte Deutschland. Das Wirtschaftswunder zählt dabei zu den wesentlichen Kernpunkten einer Selbstdarstellung, die möglichst fern von den Lasten von Krieg und Kriegsverbrechen sein sollte und auf eine Normalisierung abzielte – auch und vor allem im Alltag. Die Deutschen jener Zeit – so will es das Selbstbild – waren nicht komfortabel neutral und unauffällig, sondern eine positiv gestimmte, unternehmungslustige, unermüdlich konstruktive Gemeinschaft. Und die Rhetorik der identitätsstiftenden Gründerjahre lebt noch heute. So etwa 2005 in der Regierungserklärung der frisch zur Bundeskanzlerin gewählten Angela Merkel in dem Versuch, den politischen Weg ihrer „Koalition der neuen Möglichkeiten" in die Tradition jener berühmten, ja verehrten Ära ideell einzubetten: „Meine Damen und Herren, das Grundgesetz, die soziale Marktwirtschaft, die duale Berufsausbildung, all das waren Ideen, die die Menschen in der gesamten Welt inspirierten. In Deutschland wurde das erste Auto gebaut und der erste Computer, in Deutschland wurde das Aspirin entwickelt. Von diesen Innovationen zehren wir noch heute. Warum soll uns das, was uns früher und was uns zu Beginn dieser Bundesrepublik Deutschland, in den ersten Gründerjahren, gelungen ist, heute, in den – wie ich sage – zweiten Gründerjahren, nicht wieder gelingen?"

Über die verklärende Rede von den Gründerjahren als nachkriegsdeutscher Gründungsmythos können freilich auch die Schattenseiten jener Zeit komfortabel ausgeklammert werden. Verführerisch ist bereits die Idee einer Stunde Null im westdeutschen Nachkrieg.[15] Dabei konnte man real nicht nur auf erhebliche Industriekapazitäten zurückgreifen, die weit weniger als die Wohnungen in den Städten durch den Bombenkrieg dezimiert worden waren. Auch die Eliten im Handel und in der Industrie blieben oft dieselben, die schon im ‚Dritten Reich' tätig waren. Etwa 6000 jüngere Manager, die für Albert Speers Rüstungsministerium gearbeitet hatten, machten nach Kriegsende Karriere, darunter Kaufhausgründer Helmut Horten oder VW-Chef Heinrich Nordhoff.[16] Die vorhandenen roten Fäden, die die vielversprechende Gegenwart des erkämpften Wohlstands und der Integration im Westen mit der nahen Vergangenheit der nationalsozialistischen Herrschaft und des Kriegs verbanden, wurden oft lieber außer Acht gelassen. Der bedeutende Fall des Käfers bietet auch in diesem Sinne ein einleuchtendes Beispiel: In den fünfziger Jahren erreichte man jene Massenmotorisierung, von der man schon zuvor geträumt hatte und die besonders intensiv während der NS-Zeit (damals allerdings erfolglos) angestrebt worden war. Die Bemühungen galten in den späten dreißiger Jahren einer „volkgemeinschaftliche[n] Mobilisie-

---

15 Vgl. ebd., S. 22ff.
16 Jung, Alexander: Fresswelle nach der Fettlücke. In: *Spiegel Special*, 1 (2006), S. 98–105.

rung im Rahmen einer rassistisch kontrollierten, als ‚organisch' propagierten Moderne".[17] Dem Volkswagenwerk wurde dabei eine führende Rolle zuerkannt, indem es nicht nur den zuverlässigen, erschwinglichen Wagen herstellen, sondern dabei auch ein Vorbild tüchtiger nationalsozialistischer Leistungsfähigkeit liefern sollte.[18] Nun also erschloss das ‚rollende Wirtschaftswunder' der westdeutschen Gesellschaft neue Perspektiven für die Zukunft. Den Blick vorwärts gerichtet, entdeckt man in den fünfziger Jahren, wie rasch und wirkungsvoll die materiellen Beeinträchtigungen durch den Krieg verschwinden konnten.

Nur die vom Krieg verursachten tiefen Traumata erfuhren kaum Aufmerksamkeit. Richtig getrauert – sollten einige Jahre später Alexander und Margarete Mitscherlich in ihrer berühmten und umstrittenen Studie *Die Unfähigkeit zu trauen* (1967) feststellen – wurde nach Kriegsende nicht, die kollektive Aufarbeitung der Vergangenheit sei durch das Wirtschaftswunder und das dadurch ausgelöste Hochgefühl eher gelähmt als unterstützt worden.[19] Während in der DDR der Antifaschismus Staatsdoktrin war, verbunden mit dem Vorwurf an den Westen, dort – und nur dort – sei die zwielichtige Kontinuität mit den nationalsozialistischen Jahren allgegenwärtig, stillte sich das Verlangen nach einer Normalisierung in den fünfziger Jahren in der BRD auf alltäglich konkrete, aber zugleich oberflächliche Weise; unter der dünnen Schicht des materiellen Gleichgewichtes und seines sich durchsetzenden gesellschaftlichen Einflusses lauerten unbeantwortete Fragen, die nach einer effektiven Auseinandersetzung mit der nationalsozialistischen Vergangenheit verlangten und nur vorübergehend zum Schweigen gebracht werden konnten.

---

17 Schütz: Der Volkswagen. In: François, Schulze (Hg.): *Erinnerungsorte*. 2001, S. 356.
18 Ebd., S. 361.
19 Vgl. Mitscherlich, Alexander; Mitscherlich, Margarete: *Die Unfähigkeit zu trauen. Grundlagen kollektiven Verhaltens*. München 1967.

C. W. Ceram: Götter, Gräber und Gelehrte. Roman der Archäologie
Rudolf Pörtner: Mit dem Fahrstuhl in die Römerzeit. Städte und Stätten deutscher Frühgeschichte

Erstausgabe Ceram: Hamburg und Stuttgart, Rowohlt Verlag 1949 • Erstausgabe Pörtner: Düsseldorf, Econ Verlag 1959

Als in der Zürcher Zeitung *Die Tat* 1946 eine „Epoche der Archäologie" ausgerufen wurde, dachte man dort an die in Trümmern liegenden deutschen Städte und die überraschend oft stehengebliebenen Dome, die nun „dieselbe Aufgabe, wie die Pyramiden Ägyptens" erfüllten: Unverbunden mit der Gegenwart waren sie Überbleibsel einer versunkenen Vergangenheit, die auch in die Zukunft eines „neuen Altertums" wies. Erwartet wurde eine Revolution, „Revolution aber heißt: Zurückrollen, Wiederheraufkommen eines früheren Zustandes." Ganz handgreiflich leistete das „Wiederheraufkommen" des Vergangenen die Archäologie, und insofern kann es nicht erstaunen, dass Armin Mohler in seinem die deutsche Rechte rehabilitierenden Werk *Die konservative Revolution in Deutschland 1918–1932* (1950) die Rede von der „Epoche der Archäologie" übernahm.

Auch wenn von einem „neuen Altertum" für die Nachkriegsgesellschaft schwerlich die Rede sein kann, lassen sich die fünfziger Jahre nachträglich tatsächlich als „Epoche der Archäologie" bezeichnen – zumindest dann, wenn man den Buchmarkt betrachtet. Denn mit dem im November 1949 erschienenen „Roman der Archäologie" *Götter, Gräber und Gelehrte* des *Rowohlt*-Lektors C. W. Ceram (1915–1972) begann im Westen Deutschlands ein Boom archäologischer, paläontologischer und prähistorischer Sachbücher. Zur „Ceramik", wie man die Mode seinerzeit nannte, zählten etwa Paul Herrmann: *Sieben vorbei und acht verweht. Das Abenteuer der frühen Entdeckungen* (1952), Herbert Wendt: *Ich suchte Adam* (1953), Georg und Hermann Schreiber: *Versunkene Städte. Ein Buch von Glanz und Untergang* (1955), → Werner Keller: *Und die Bibel hat doch Recht* (1955), Ivar Lissner: *So habt ihr gelebt. Die großen Kulturen der Menschheit* (1955) und am Ende des Jahrzehnts Rudolf Pörtner: *Mit dem Fahrstuhl in die Römerzeit* (1959).

Als im Zuge des Sputnik-Schocks (1957) und des nicht zuletzt daraufhin konstatierten „Bildungsnotstands" (Georg Picht) Sachbücher und darunter vor allem die archäologischen in den Fokus öffentlicher Wahrnehmung und Kritik gerieten, war man sich sofort einig, wie dieser Erfolg zu erklären sei. Nachdem in der Zeit des Nationalsozialismus die humanistische Tradition klassischer Bildung unterbrochen war, sei in der Nachkriegszeit das Bedürfnis groß gewesen, dies nachzuholen und sich damit wieder an die abendländisch-europäische Kultur anzuschließen. Doch würden die „Ceramiker" die Bildungsbedürfnisse ihrer Leser nur scheinbar befriedigen. Schon 1960 konstatierte → Hans Magnus Enzensberger in der *Zeit* mit Bezug auf *Götter, Gräber und Gelehrte*, der „romanhafte Aspekt [...] lenkt den Leser vom Kern der Sache ab." Es liege in der „Natur dieser Gattung des Tatsachenromans, daß in ihr zwar wissenschaftliche Einzeltatsachen bekannt gemacht werden, daß aber ihr Leser gerade von dem, *was die jeweilige Wissenschaft zu einer Wissenschaft macht* [...], so gut wie nichts erfährt". In seiner *Theorie der Halbbildung* hatte schon im Jahr zuvor → Theodor W. Adorno die Sachliteratur mit deutlichem Hinweis auf *Götter, Gräber und Gelehrte* rundweg abgekanzelt: „[I]mmense Schichten [werden] ermutigt, Bildung zu prätendieren, die sie nicht haben. [...] Ein großer Sektor der kulturindustriellen Produktion lebt davon und erzeugt selbst wiederum das halbgebildete Bedürfnis; die Romanbiographien, die über Bildungstatsachen berichten und gleichzeitig billige und nichtige Identifikation bewirken; der Ausverkauf ganzer Wissenschaften wie der Archäologie oder Bakteriologie, der sie in grobe Reizmittel verfälscht und dem Leser einredet, er sei au courant. Die Dummheit, mit welcher der Kulturmarkt rechnet, wird durch diesen reproduziert und verstärkt. Frisch-fröhliche Verbreitung von Bildung unter den herrschenden Bedingungen ist unmittelbar eins mit ihrer Vernichtung."

Die Formel, auf die man die archäologischen Sachbucherfolge brachte, lautete fortan: Eskapismus.

Doch ist bei jeder Flucht nicht nur entscheidend wovor, sondern auch wohin man flüchtet. Oder anders: Warum in der Nachkriegszeit gerade die Archäologie sich anbot, eskapistische Sehnsüchte amalgamiert mit Bildungsbedürfnissen zu befriedigen, ist durchaus noch erklärungsbedürftig. Überaus deutlich macht Ceram, worauf es ankommt: „Ich rate dem Leser, das Buch nicht auf der ersten Seite zu beginnen [...]. Ich empfehle auf Seite 89 anzufangen und das Kapitel über Ägypten [...] zuerst zu lesen." So konnte es der geneigte Leser im November 1949 auf der ersten Seite lesen. Einmal auf die Seite 89 gelangt, ließ die Überschrift aufhorchen: „Eine Niederlage wird zum Sieg", – da wird gewiss niemand nur an Napoleons Ägypten-Feldzug gedacht haben, um den es eigentlich ging, sondern auch an die eigene Gegenwart, womöglich an den 150 Kilometer vor Gizeh gescheiterten Rommel, an den Griechenland-Feldzug, der als eine Art Heimkehr ins Germanogriechische propagiert wurde, oder an die Besetzung Italiens, während der Schutz der römisch-germanischen Kulturgüter gelegentlich ebenfalls als Vorwand diente.

Genauer betrachtet, vervielfältigen sich die möglichen Analogien: Mit Oswald Spengler heißt es etwa über das „Neue Reich": Es war „unsere Gegenwart, die Herrschaft der nahezu reinen Zivilisation, die Ausbildung des ‚Cäsarismus'. Was sich dort geschichtlich vollzog, geschah ‚gleichzeitig' im cäsarischen Rom, das die monumentale Kultur Griechenlands im nur noch Kolossalen endgültig aufgehoben hatte. [...] Es war die Zeit, da der Kultur der Ägypter geschah, was uns geschieht, den Abendländern zwischen New York, der Wolkenkratzerstadt, und einem in Trümmern liegenden Berlin, einem stagnierenden London und einem entnervten Paris" – der Untergang des Abendlandes. Wenn also von Vergangenheit die Rede ist, darf der Leser bei Ceram stets an seine eigene Gegenwart denken. Das gilt für Ägypten und seine Kolossalbauten, das gilt, wenn im Kapitel über die griechisch-römische Antike vom Untergang Trojas erzählt wird und Ceram feststellt, mit dem Verlust des „Schatz[es] des Priamos" sei Troja in Berlin ein zweites Mal untergegangen, und das gilt, wenn für das Zweistromland festgestellt wird, dass das Babylon Nebukadnezars „dekadente Zivilisation" einer Kultur war, die ihre „Brechung" im assyrischen Ninive erfahren hatte, als Sanherib für sein Prunkhaus alte Gebäude abriss „wie Augustus, als er aus dem Ziegel-Rom ein Rom aus Marmor baute, wie Hitler in neuester Zeit, als er ,Achsen' legte quer durch seine Hauptstadt." Doch liegt mit *Götter, Gräber und Gelehrte* nicht Geschichtsschreibung im eigentlichen Sinne vor, sondern Archäologiegeschichte. Der Zugriff auf Vergangenheit erfolgt nicht direkt, sondern vermittelt über erhaltene Monumente und spektakuläre Ausgrabungen. Das ist die eigentliche Pointe der Analogiebildung. Denn die steinernen Ruinen, denen der Archäologe begegnet, künden von unzweifelhafter Größe auch gegen die schriftliche Überlieferung und die herrschende Meinung. Ob für den Bau der Pyramiden massenhaft ausländische Zwangsarbeiter versklavt wurden, ob die Maya ihren Göttern Menschenopfer darbrachten oder die Assyrer ganze Völker ausrotteten – entscheidend für das „Überleben" sind die erhaltenen Ruinen: „Das Stöhnen der Sklaven ist erloschen, das Pfeifen der Peitschen vom Nilwind verschluckt, der Geruch des Schweißes verweht. Was blieb, ist das ungeheure Werk." Das konnte trösten in den Ruinenlandschaften des untergegangenen Großdeutschlands, das von der Reichskanzlei und dem Nürnberger Parteitagsgelände über Autobahnen und Flughäfen bis zu Bunkeranlagen und Gefechtsstellungen durchaus einige „ungeheure Werke" hinterlassen hatte – die von Hitler selbst in archäologischen Zeitdimensionen gedacht waren.

Der damalige Leser wird einwenden, dass er Cerams Buch weniger als Geschichtswerk, denn als sachgestützten Abenteuerroman gelesen hätte, mit dem Archäologen als modernem Held, der Schätze findet, dies aber für die Wissenschaft tut, der fremde Länder und Kulturen entdeckt, diese aber nur auf der geistigen Landkarte erobert und der Geschichte schreibt, dabei aber nicht philologisch vorgeht, sondern kriminalistisch. Doch lässt sich auch dieser moderne archäologische Held durchaus vergleichen mit einem anderen Helden, nämlich dem Soldaten, der in zeitgenössischen populären Darstellungen – während des Krieges und danach – nur selten ein heroischer Kämpfer, sondern vielmehr ein technisch versierter Tausendsassa war, der allen Widrigkeiten zum Trotz seine

Ziele mit List, überlegener Kenntnis von „Mensch und Material", Durchhaltevermögen und dem Glück des Tüchtigen erreichte. Und nicht zuletzt war zumindest in der Propaganda der Krieg Hitlers kein verbrecherischer Vernichtungskrieg, sondern einer der die europäisch-abendländische Kultur gegen „Bolschewisten" und „Anglo-Amerikaner" bewahren sollte – ganz wie der Archäologe das kulturelle Erbe vor der Zerstörung durch die Unbilden der Natur, noch mehr aber durch die Unwissenden bewahrt. Lässt sich das Fortwirken einzelner Versatzstücke dieser Propaganda in Antiamerikanismus und Antibolschewismus gleichermaßen erkennen, findet sich ein zusätzlicher Beleg dafür, vergegenwärtigt man sich, dass C. W. Ceram, der eigentlich Kurt W. Marek hieß, ebenso wie Rudolf Pörtner (1912–2001) und beinahe alle anderen erfolgreichen Autoren archäologischer Sachbücher der fünfziger Jahre zuvor Wortberichter in den Propagandakompanien der Wehrmacht und der Waffen-SS gewesen waren.

Doch lässt sich in den fünfziger Jahren auch eine Entwicklung des Genres feststellen. Sind es bei Ceram noch die bekannten Grabungsregionen und die schillernden Vertreter des Fachs – Heinrich Schliemann in Troja, Howard Carter im Tal der Könige, Henry Layard in Ninive, Edward Thompson in Chichén Itzá –, so geht es am Ende des Jahrzehnts bei Rudolf Pörtner nurmehr um die römischen Überreste auf deutschem Boden, die von der Provinzialarchäologie untersucht werden. „Die antike Welt [...] stieß hier auf ein noch unbearbeitetes, aber ungeheuer vitales und aufnahmefähiges menschliches Potential – und erlag ihm", lautet Pörtners zentrale These. Möglich wurde das in einem Aneignungs- und Assimilationsprozess, „der die germanische Vitalität mit den Begriffen von Ordnung, Planung und Organisation durchsetzte". Erst dann konnten die Germanen „als große staatenbildende Macht Zentraleuropas eine neue Epoche der kontinentalen Geschichte begründen." Pörtner fügt noch an: „Es war auch nicht alles gut und schön, was [...] das Imperium brachte. Die Sklaverei, das Gladiatorenwesen, der städtische Pöbel, gewisse Formen der städtischen Unmoral, – das ganze Unkraut der antiken Zivilisation". Mit nur geringer Transferleistung boten sich über das Buch verstreut eine Fülle fast wörtlicher Anknüpfungsmöglichkeiten für den zeitgenössischen westdeutschen Leser. Man brauchte nur die aktuellen Besatzer mit den historischen vertauschen, das Alte mit dem Neuen Rom in Washington und New York, dann fand sich: für den kulturpessimistischen Anti-Amerikanisten die fortschreitende Unmoral, die Unterhaltungsindustrie, der halbstarke städtische Pöbel; für den alter Größe Nachtrauernden die germanische Vitalität, die schon vor 2000 Jahren genügt hatte, „Rom und das Imperium zu gefährden". Auch Re-Education, Marshall-Plan und Westintegration konnten mit Pörtner gedeutet werden: einerseits als „großer Zivilisierungsprozess", andererseits als notwendiger Umweg zu einem schließlichen Sieg. Sicherheit in diesem Prozess bietet eine weitere Instanz: Die „seelenverwandelnde Macht des frühen Christentums [...], [die] der lateinischen Ratio und der germanischen Volkskraft sich [...] hinzugesellte, den auseinanderstrebenden Tendenzen der Zeit die ewig gleichbleibende Mitte [gegenüberstellte]." Insofern konnte auch der christlich-abendländisch Gesinnte sich mit Pörtner bestätigt finden.

Ringt Ceram 1949 noch um Deutung und Be-Deutung des ‚Dritten Reichs' und der „Deutschen Katastrophe", geht es bei Pörtner um die Ankunft in der Bundesrepublik. Auch müssen nun nicht mehr 5000 Jahre Menschheitsgeschichte als Analogiereservoir herhalten, sondern nur noch die Begegnung von Römern und Germanen auf dem Boden der real existierenden Bundesrepublik – vor allem im von der Adenauer-Republik bevorzugten Teil westlich und südlich des Limes. Und bot Ceram im abenteuernden Archäologen noch das Surrogat eines nicht mehr opportunen modernen soldatischen Heldentypus, ist dieser bei Pörtner zum Touristen domestiziert, denn das Buch ist aufgebaut als Reiseführer einer römischen Autoreise durch Deutschland. Jedoch kann das nicht darüber hinwegtäuschen, dass 1959 die deutschen Touristen längst nach Italien reisen und auf die germanisch-römische Tradition im eigenen Land sich nur Einzelne besinnen. Eine „Epoche der Archäologie" im Sinne einer konservativen Revolution, wie sie sich Armin Mohler erhoffte, hat es nach 1945 nicht gegeben.

Literatur

Das neue Altertum. In: *Die Tat*, 28. 12. 1946 • Gottfried Korff: Legenden um den „Schatz des Priamos" in Berlin. Ein Beitrag zur Schliemann-Mythologie. In: *Troia, Brücke zwischen Orient und Okzident*. Hg. von Ingrid Gramer-Wallert. Tübingen 1992, S. 152–182 • David Oels: Ceram – Keller – Pörtner. Die archäologischen Bestseller der fünfziger Jahre als historischer Projektionsraum. In: *Geschichte für Leser. Populäre Geschichtsschreibung in Deutschland im 20. Jahrhundert*. Hg. von Wolfgang Hardtwig und Erhard Schütz. Stuttgart 2005, S. 345–370 • Rolf Schörken: *Begegnungen mit Geschichte. Vom außerwissenschaftlichen Umgang mit der Historie in Literatur und Medien*. Stuttgart 1995.

David Oels

Gottfried Benn: Späte Lyrik

Erstausgaben: *Fragmente. Neue Gedichte*. Wiesbaden, Limes Verlag 1951. *Destillationen. Neue Gedichte*. Wiesbaden, Limes Verlag 1953. *Aprèslude. Gedichte 1955*. Wiesbaden, Limes Verlag 1955

In seinen Rezensionen und Beiträgen zu Gottfried Benns später Lyrik – sie umfasst in erster Linie die Bände *Fragmente* (1951), *Destillationen* (1953) und *Aprèslude* (1955) – findet Karl Krolow wenig lobende, dafür aber symptomatische

Worte: Benns Montageverfahren verwirft er als Technik „eines literarischen Dekorateurs", und die Gegenstände der Gedichte seien nicht nur dekorativ, sondern verklärten den Alltag der frühen Bundesrepublik: „Schiaparelli-Moden und Borgwards". In der Tat bedeutete die späte Lyrik von Gottfried Benn (1886–1956) einen Bruch mit den *Statischen Gedichten* (1948/49), die sein Comeback und seinen Nachkriegsruhm begründeten. Streng in Reim und Rhythmus und großteils während Benns Innerer Emigration Mitte der dreißiger Jahre entstanden, stehen sie für eine Kunst, die sich ganz dem „Gegenglück, dem Geist" verschreibt, wie es in einem der berühmtesten Gedichte der Sammlung heißt. Und nun das: „Das Sakramentale – / schön, wer es hört und sieht, / doch Hunde, Schakale, / die haben auch ihr Lied." Der Reim ist zwar noch da, nur dass er hier das Sakrale, von dem der Pfarrerssohn Benn nie ganz wird lassen können, mit den Schakalen in Verbindung bringt. Offenbar wird nicht nur in Kirchen gesungen; vielmehr verfügen die menschliche Tonkunst und das Heulen bzw. Bellen von Tieren über ähnliche Motive und Resultate, womit das Gedicht die Bereiche von Menschlichem und Tierischem, von Sakralem und Profanem entgrenzt. Das ist insofern programmatisch für Benns späte Lyrik, als diese in geballter Form Gewöhnliches in ihre Verse aufnimmt. Das lyrische Ich hält sich in Drogerien und Restaurants auf, beobachtet dort erotische Annäherungen im Nebenzimmer, lotet Alltagsidiom und -dialoge aus, hört Radio und trinkt Bier. An die Stelle okzidentaler Innerlichkeit tritt ein extrovertiertes Beobachtungsvermögen, das gerade das vermeintlich Ephemere, Triviale und Banale zur Kenntnis nimmt.

Seinen Stoff findet der Autor nicht selten in Zeitungen und Illustrierten: Das vierte Gedicht des Zyklus *Spät* (1951) etwa traktiert das Verhältnis zwischen der Filmschauspielerin Marion Davies und dem soeben verstorbenen Zeitungs- und Verlagsmagnaten William Randolph Hearst und geht seinerseits auf einen Zeitungsartikel zurück. Nicht nur aus diesem Grund erscheint es plausibel, wenn Benn selbst „eine idealistische und edle Lyrik" mit ihrer „Seele" und ihrer „Landschaft" verwirft und stattdessen einer „journalistischen Lyrik" das Wort redet, welche die „Realistik unseres Lebens" besser ausschöpfe. Letztere wiederum suggeriert zunächst Unmittelbarkeit, ist allerdings artifiziell hergestellt, nämlich erstens montiert und zweitens am schnoddrigen Stil der Boulevardpresse geschult. Die auf diese Weise entstehenden Parlando-Gedichte verdanken sich nicht selten einem Ort, den sie des Öfteren auch selbstreflexiv versifizieren, nämlich der Kneipe. Nicht nur produktionsästhetisch übernimmt sie die Rolle, die früher die Staatsbibliothek auch für das lyrische Œuvre einnahm, fungierte diese doch in Benns gleichnamigem Gedicht von 1927 nicht nur als Topos für den Leihverkehr von Büchern, sondern auch als Symbol für die Aneignung des Entliehenen. In der *Staatsbibliothek* findet das lyrische Ich „der Schöpfungsstunde / traumbeladenes Wort" und der Autor sein heterogenes Material.

Vor allem nach 1948 liefert dann immer häufiger das Wirtshaus den Stoff für Benns Gedichte – und mit ihm die dort ausliegenden Zeitungen und Illustrierten sowie das eingeschaltete Radio. Es ist der Ort stimmlichen Durcheinanders – und der Ort, an dem das Dasein eine Entelechie findet, die aus modernen Versatzstücken, aus Marken, Institutionen und Medien besteht: „Hör zu, so wird der letzte Abend sein, / wo du noch ausgehn kannst: du rauchst die ‚Juno', / ‚Würzburger Hofbräu' drei und liest die Uno, / wie sie der ‚Spiegel' sieht, du sitzt allein / [...] Mehr bist du nicht ..." Es sind Verse, die nicht nur die Kneipe bedichten, sondern deren erste Entwürfe auch häufig dort entstehen: „Sitze abends in meiner Bierkneipe – horribile dictu – u. notiere meine Einfälle", schreibt Benn 1950 an seinen Freund Oelze. Die Kneipe fungiert als alltägliche Ausnahmesituation, in der man inmitten der Alltagswelt situiert ist – und dieser gleichzeitig entkommen kann. Das gleichermaßen programmatische wie lyrische Pendant zu Benns früher *Staatsbibliothek* ist folglich der vierteilige Zyklus *Destille* (1953), in dem das Nebeneinander von Banalem und Subtilem, von seriellen Glücksversprechen und individuellem Erleben deutlich wird und die Destille sich als Ort der Destillationen erweist: „Schäbig; abends Destille / in Zwang, in Trieb, in Flucht / Trunk – doch was ist der Wille / gegen Verklärungssucht. / [...] Meist nachts und du bist schon lange / in vagem Säusel und nickst / zu fremder Gäste Belange / durch die Du ins Leben blickst." Die konsequent durchgehaltenen vierzeiligen Liedstrophen mit Kreuzreim weisen einen lässigen, bisweilen auch schnoddrigen Duktus auf – Benn nennt ihn die „Slang-masche [!], die ich so liebe" –, der zugleich elegisch und melancholisch gestimmt ist. Mit ihren schlichten, aber mnemotechnisch wirksamen Alliterationen – „Fusel, Funk und Flaschen" etwa – erinnern sie an zeitgenössische Schlager, die Benn vor allem im Radio hörte und goutierte, zu Hause ebenso wie in seinem Stammlokal am Bayerischen Platz in West-Berlin.

Dieses melancholisch-entspannte Parlando wiederum lässt sich zurückführen auf den Erfolg des Autors in der Bundesrepublik, dessen gelasseneres Nebeneinander auch einem neuen gesellschaftlichen Ton entspricht: „Er überlässt sich der Zirkulation der neuen Republik, ein vergängliches Ding unter vergänglichen Dingen", konstatiert etwa Helmut Lethen. Zu den vergänglichen Dingen zählen auch die zeitgenössischen Konsumgüter, die in Benns später Lyrik vergleichsweise breiten Raum einnehmen. Das beginnt mit dem von ihm so geschätzten Bier – „Ich bin nichts Offizielles / ich bin ein kleines Helles" –, reicht über Reminiszenzen an die USA wie „Coca-Cola-Industrie" und „Kaugummifabrik" bis zu Eisbechern und Zigaretten, Leukoplast und Textilien: „Ausdruckskrisen und Anfälle von Erotik: / das ist der Mensch von heute, / Das Innere ein Vakuum, / die Kontinuität der Persönlichkeit / wird gewahrt von den Anzügen, die bei gutem Stoff zehn Jahre halten." Nicht mehr die von Benn immer häufiger gescholtene Innerlichkeit, sondern einzig profane Kleidungsstücke scheinen noch die Kontinuität und den Zusammenhang des Subjekts zu gewährleisten: Das Verb „halten" verspricht hier in doppelter Funktion, Zeit zu überdauern und materiellen Zusammenhalt zu gewährleisten. Die Wünsche des Alltags, die Konsum- und Unterhaltungsartikel übernehmen so auf ebenso provozierende wie prosaische Weise den Platz, der früher religiösen Göttern und psychologischen Zusammenhängen vorbehalten war. Dabei stehen Konsumgüter nicht ausschließlich für Vergänglichkeit, sondern signalisieren vor allem als Markenartikel in der Nachkriegszeit auch eine Kontinuität, die nach zwei Weltkriegen, diversen Staatsformen und Ismen weder auf politischem noch auf kulturellem Gebiet zu finden war. Und genau diese Amalgamierung von Flüchtigkeit und Dauer macht sie attraktiv für Benns Geschichtsverständnis, das an Nietzsche orientiert ist und letztlich statisch bleibt, auch im Spätwerk; gerade weil es nichts substanziell Neues anerkennt, bedarf es immer wieder des Neuen, um dieses immer wieder neu als „Wiederkehr des Immergleichen" zu decodieren. Die späte Lyrik Benns realisiert das in entspannter Alltagsnähe und in einem bis dato unbekannten Plauderton, der sie zum Vorläufer der sogenannten Neuen Lyrik eines Jürgen Theobaldy oder Rolf Dieter Brinkmann werden ließ.

Literatur

Simon Karcher: *Sachlichkeit und elegischer Ton. Die späte Lyrik von Gottfried Benn und Bertolt Brecht – ein Vergleich*. Würzburg 2006 • Helmut Lethen: *Der Sound der Väter. Gottfried Benn und seine Zeit*. Berlin 2006 • Dirk von Petersdorff: Benn in der Bundesrepublik. Zum späten Werk. In: *Benns Modernität*. Hg. von Friederike Reents. Göttingen 2007, S. 24–37 • Gottfried Willems: *Großstadt- und Bewußtseinspoesie. Über Realismus in der modernen Lyrik, insbesondere im lyrischen Spätwerk Gottfried Benns und in der deutschen Lyrik seit 1965*. Tübingen 1981.

Thomas Wegmann

Wolfgang Hildesheimer: Lieblose Legenden

Erstausgabe: Stuttgart, Deutsche Verlags-Anstalt 1952. Mit Zeichnungen von Paul Flora

Als Begleitband zu dem 1961 im Münchner *List-Verlag* erschienenen Buch *Ich lebe in der Bundesrepublik. Fünfzehn Deutsche über Deutschland* wurde rund drei Jahre später im selben Verlag von Hermann Kesten eine Sammlung von Texten unter dem Titel *Ich lebe nicht in der Bundesrepublik* veröffentlicht. Zur Sprache kamen – anders als 1961 – überwiegend Exilanten der Kriegsjahre, die sich zu einer Rückkehr in die ehemalige Heimat nicht entschließen konnten. Neben Max Brod, Walter Mehring, Oskar Maria Graf und anderen erklärte sich Wolfgang Hildesheimer (1916–1991), der seit 1957 in der italienisch sprechenden Schweiz lebte und damit zum zweiten Mal emigriert war – das erste Mal war er mit seinen jüdischen Eltern 1933 nach Palästina geflohen –, dazu bereit, einen Beitrag für das Buch zu verfassen. In seinem kurzen Text führte er drei Hauptgründe dafür an, warum er sich ein Leben in der Bundesrepublik nicht länger vorstellen könne.

Erstens störe ihn der hohe Prozentsatz von Antisemiten in der Bevölkerung. Nach einer von Hildesheimer angeführten Umfrage seien rund 463 von 1000 befragten Personen betont antisemitisch, was, wie Hildesheimer bemerkt, ja auch genug sei, „vor allem, wenn man an die ‚Unbetonten' denkt". Zweitens klagte er über den in Deutschland herrschenden Ungeist: die „Intoleranz und Engstirnigkeit, [...] Torheit und Böswilligkeit, Feigheit und Bigotterie und [...] Mangel an Einsicht und Selbstkritik." Und drittens sei eine kulturelle Verprovinzialisierung zu beobachten, welche sich in einer Atmosphäre allgemeiner Indolenz allen Ereignissen gegenüber zeige, die Deutschland nicht unmittelbar beträfen.

Es sei deshalb wichtig, so Hildesheimer, Zufluchtsorte für jene Menschen einzurichten, die sich in Zukunft genötigt sehen mochten, „Deutschland bei Nacht und Nebel zu verlassen". Und dann weiter: „Ich gehöre nicht zur Mehrheit, die antisemitisch ist, und ich mag nicht zur Minderheit gehören, die eine solche Mehrheit in Kauf nimmt. Kurz: ich (!) mag nicht dazugehören." Diese – selbst für einen ehemaligen Exilanten – bemerkenswert harsche Abfuhr blieb jedoch unveröffentlicht. Hildesheimer zog den Text zum Bedauern des Herausgebers und aus unbekannten Gründen zurück, erschienen ist er nie. Wenn man ihn später darauf ansprach, warum er Deutschland 1957 den Rücken gekehrt hatte, verwies Hildesheimer gerne auf gesundheitliche Gründe und das gute Wetter im Graubündischen. Ein politischer Autor, der mit starken Worten reizte und auf den Skandal setzte, war Hildesheimer nie gewesen. Eine ‚Abrechnung' lag ihm fern; dass er im restaurativen Klima der Adenauer-Zeit heimisch wurde, freilich ebenso.

Wie Klaus Mann und → Alfred Döblin war Hildesheimer zunächst im Windschatten der Siegermächte nach Deutschland zurückgekehrt. Von 1946 bis 1949 arbeitete er als Dolmetscher und Protokollant der Nürnberger Prozesse, anschließend zog er in die Nähe des Starnberger Sees und begründete seine Existenz als Künstler und Schriftsteller. 1951 wurde er von → Hans Werner Richter zu einem Treffen der *Gruppe 47* in Bad Dürkheim eingeladen, ein Jahr später erschien sein erstes Buch, die *Lieblosen Legenden*. Was nicht selten als Sammlung von „durchwegs sehr amüsante[n] und nicht eben schwergewichtige[n] Geschichten", so etwa der *Kindler* 1980, gelesen wurde, war allerdings alles andere als harmlos. Hinter dem Sanftmut seiner Protagonisten und den komischen Wendungen der Geschichten lauern stets Abgründe und ein Bewusstsein für die Absurdität der

Welt, das nicht weniger eindringlich in Szene gesetzt wird als bei seinen Wahlverwandten Ionesco, Camus oder Beckett.

Es ist der für Hildesheimer typische Sound der Sinnlosigkeit, der die *Lieblosen Legenden* zu einem Klassiker des Weltekels machte und dazu beitrug, dass sich in den letzten 50 Jahren wohl an die 100 000 Exemplare des Buches verkauft haben. Auf die universelle Enttäuschung haben Hildesheimers Protagonisten eine ebenso universelle Antwort gefunden: die Weltflucht. Sie sind Helden der Passivität, denen der Weg ins Nicht-Handeln allerdings alles andere als leicht fällt. Denn sie resignieren nicht einfach, sondern haben „im Kampf gegen die Auflehnung den Sieg davongetragen". Sätze wie: „Ich beschloß daher, mein Leben untätig zu verbringen und über nichts nachzudenken", atmen eine reine, scharfe Negativität, die im besten Sinne des Wortes zeitlos ist.

Und doch: Der Muff der fünfziger Jahre ist im Negativen stets präsent. Jenseits der vorbehaltlosen Absage an das Bestehende spricht sich hier ein tief empfundenes Unbehagen an der spezifisch deutschen Kultur aus – in diesem Sinne können die *Lieblosen Legenden* als ein großartiges Dokument des Unbehaustseins und des existenziellen Leidens am Deutschland der fünfziger Jahre gelten. Das Absurde und der groteske Humor, die Poesie der Entfremdung und die Elemente literarischer Fantastik wurden bei Hildesheimer gleichsam zum Medium der Kulturkritik. Freilich nicht in der Absicht, die Dinge zu verändern, sondern als Begründung dafür, ihnen entkommen zu wollen. Der Fluchtpunkt seiner literarischen Fantasien ist die Emigration, nicht die Revolte.

Man geht sicher nicht falsch, die *Legenden* in einem ersten Anlauf als Kritik am Gesellschafts- und Weltbild der Konservativen zu deuten. Das Pathos der leeren Formen, der Dünkel der Selbstdarstellung werden entlarvt, Volkstümlichkeit und Edelkitsch als äußerst suspekte Vorlieben bürgerlicher Kleingeister geoutet. Hildesheimers Spott zielt ins Herz des schönen Scheins der Nachkriegsganzheiten. Hohl sind sie und lebensfeindlich, aufgebaut auf einer Lüge. Man denke etwa an die Geschichte *Das Ende einer Welt*, in der es um die Abendveranstaltung einer amerikanischen ‚Marchesa' geht. Ihre kleine Rokoko-Welt gleitet auf einer künstlich aufgeschütteten Insel dem Untergang entgegen, eine Welt, in der aber aus falsch verstandener Verpflichtung gegenüber der „wahren und echten Kultur" niemand Anstalten macht, sich zu retten. Während der Wasserspiegel auf dem Parkett steigt und die Insel im Meer verschwindet, lauschen die Gäste in geduldiger Erwartung dem Maestro und seinem Orchester. Oder, abgründiger noch, an jenem von Hildesheimer erfundenen Dichterfürsten Sylvan Hardemuth, der seine Jünger um sich sammelt, um das ‚einfache Leben' zu predigen – und der doch eigentlich nur ein gescheiterter Kritiker ist. Der Kult um die Kunst ist bei Hildesheimer substanzlos, genial bestenfalls in seiner Fähigkeit zur Selbsttäuschung. Und auch wenn die Kontinuität nazistischer Denkmuster in den *Legenden* noch kein Thema ist – diese sollten erst in *Tynset* (1965) ins Zentrum seiner literarischen Aufmerksamkeit rücken –, zeigt sich die deutsche Leitkultur in ihren Traditionen, Ritualen und Idealen als geradezu schamlose Veranstaltung.

Nicht besser ist es allerdings um die Alltagskultur der Menschen bestellt. Aus zahlreichen Geschichten lässt sich Hildesheimers Aversion gegen die Bürokratisierung und Ökonomisierung der Lebenswelt herauslesen – etwa wenn eine Beamtenlaufbahn kategorisch als schlicht unmoralisch abgetan oder ein Werbeprospekt mit den Worten beschrieben wird: „Er nahm die Post aus dem Kasten. Sie bestand aus einer vierseitigen Drucksache, die ihm zum Kauf irgendwelcher im Preis stark ermäßigter Gegenstände aufforderte." Man merkt: Diese Dinge sollten gleichsam nur mit den Fingerspitzen angefasst werden. Seine Protagonisten leben in einer erdrückend vollgestellten Welt, die jeden Versuch der individualisierten Lebensführung als aussichtslos erscheinen lässt. Der Mensch wird, so das beklemmende Fazit vieler seiner Erzählungen, notwendiges Opfer der Umstände, genauer noch: des Umstehenden. Wie jener arme Mann in der Erzählung *Ich finde mich zurecht*, dem ganz gegen seinen Willen von Verwandten und Freunden die Wohnung mit allerlei Kitsch vollgestellt wird – künstlichen Rosen, Tischlampen, Spitzendeckchen, einer Kuckucksuhr usw. –, bis er unter den Dingen wortwörtlich begraben wird. Was Hildesheimer hier skizziert, ist die deprimierende Seite des Wirtschaftswunders: die Heimsuchung des Menschen durch einen Überfluss an Dingen.

Es wundert daher nicht, dass Hildesheimers Helden die Nichtstuer und Verweigerer, besser noch: die Ausdünner und Verhinderer sind. Jenes literarische Denkmal, das er dem vergessenen Gottlieb Theodor Pilz gesetzt hat, der es sich zur Aufgabe gemacht hatte, gegen den ungeheuren Schaffensdrang der romantischen Künstler anzukämpfen, ist deshalb nicht zu Unrecht die vermutlich bekannteste aller Legenden. Wie heißt es in seinem letzten Brief so schön: „Mehr Worte, weniger Taten!"

Literatur

Peter Hanenberg: Wolfgang Hildesheimer. In: *Deutsche Dichter des 20. Jahrhunderts*. Hg. von Hartmut Steinecke. Berlin 1994, S. 582–592 • Thomas Koebner: Entfremdung und Melancholie. Zu Hildesheimers intellektuellen Helden. In: *Über Wolfgang Hildesheimer*. Hg. von Dierk Rodewald. Frankfurt am Main 1971, S. 32–38 • Henry A. Lea: *Wolfgang Hildesheimers Weg als Jude und Deutscher*. Stuttgart 1997.

Andy Hahnemann

Heinrich Harrer: Sieben Jahre in Tibet. Mein Leben am Hofe des Dalai Lama

Erstausgabe: Wien, Ullstein Verlag 1952

Mit *Sieben Jahre in Tibet* liefert der österreichische Bergsteiger und Forschungsreisende Heinrich Harrer (1912–2006) den autobiographischen Bericht über seine Erlebnisse in Tibet, wo er von 1944 bis 1951 zeitweilig in unmittelbarer Nähe zum tibetischen Oberhaupt, dem 14. Dalai Lama, lebt. Als Mitglied einer von den Nationalsozialisten organisierten Expedition zum Nanga Parbat wird Harrer zusammen mit seinen Expeditionskollegen kurz vor der Rückkehr nach Deutschland im September 1939 vom Ausbruch des Zweiten Weltkriegs eingeholt und in Indien in einem britischen Gefangenenlager interniert. Er unternimmt mehrere vergebliche Ausbruchsversuche, bis ihm 1944 die Flucht nach Tibet gelingt. Mit seinem Kollegen Peter Aufschnaiter erreicht Harrer schließlich nach 21 Monaten und 2100 Kilometern durch das Himalaya-Gebirge im Januar 1946 das politische Zentrum Tibets, die „Verbotene Stadt" Lhasa. Hier entwickelt sich gegen Ende von Harrers Aufenthalt ein freundschaftliches Verhältnis zum Dalai Lama, bis dieser vor dem Einmarsch chinesischer Truppen flüchten muss. Im November 1950 verlässt Harrer Lhasa, im März 1951 tritt er seine Rückreise über Indien nach Europa an.

Wenngleich Harrer in seinem Vorwort betont, er wolle, da er „nicht die Erfahrung eines Schriftstellers" besitze, „nur die nackten Ereignisse festhalten", enthält sein Bericht typische Elemente eines Abenteuerromans: So bilden insbesondere die geschilderten Begebenheiten in den ersten Kapiteln eine zwar chronologisch erzählte, dennoch aber eher lose Abfolge abenteuerlicher und spannungsreicher Episoden von trickreichen Fluchten und früheren oder späteren Gefangennahmen, von nächtlichen Irrläufen und der Überwindung gefährlicher Hindernisse, von lebensbedrohlichen Begegnungen mit wilden Tieren und erhabener Ergriffenheit von der Landschaft des Himalaya-Gebirges, bis mit der Ankunft in Lhasa der vielfach von Staunen geprägte Austausch mit der fremden Kultur Tibets in den Vordergrund tritt. Die erzähltechnischen Mittel bleiben allerdings in der Tat karg: Erzählt wird aus dem Rückblick in der Reihenfolge des Geschehens, Dialoge oder direkte Rede gibt es – anders als in Sven Hedins Reisebeschreibungen aus Tibet, auf die Harrer mehrfach Bezug nimmt – nicht. Auch aus seinen eigenen Tagebuchnotizen, deren Wert Harrer ebenfalls mehrfach erwähnt, wird mit einer Ausnahme nicht zitiert, und als einziges Dokument findet ein Brief von Harrer und Aufschnaiter an das Auswärtige Amt Tibets Eingang in die Erzählung. Die Sprache erscheint einfach, mitunter gar spröde oder holprig. Lebendigkeit bezieht die Darstellung vor allem aus der „Authentizität" des Erlebten und den wiederholten Formeln der eigenen Faszination. Von besonderer Bedeutung ist zudem die Form der Anekdote. Sie ist zugleich ein wichtiges Medium für die Vermittlung von Wissen über die tibetische Kultur und Religion und ihre Bräuche.

Sieben Jahre in Tibet ist nicht der einzige Erlebnisbericht seiner Zeit über Tibet, wohl aber der mit Abstand erfolgreichste. Berichte, die z. T. von Kollegen Harrers erscheinen, etwa Rolf Mageners *Die Chance war Null* (1954) oder Hans Kopps *Sechsmal über den Himalaya. Fluchterlebnisse eines Deutschen in Indien und Tibet* (1955), reichen an die Auflagenhöhe und den anhaltenden Erfolg von Harrers Buch nicht heran. Die Gründe für den Erfolg von *Sieben Jahre in Tibet* mögen vielfältig sein: Neben den *erzählerischen* Elementen des Abenteuerlichen und Anekdotischen dürfte in *medialer* Hinsicht dazu beigetragen haben, dass bereits die Erstausgabe mit 58, zum Teil farbigen Fotografien versehen war, die Harrer während seiner Zeit in Tibet angefertigt hatte und die Einblick in ein noch weitgehend unbekanntes Land und sein hermetisch abgeschlossenes politisches, geistiges und religiöses Zentrum Lhasa gaben. Hinzu kommt die *paratextuelle* Nobilitierung des Autors Harrer, der vom Klappentext der Erstausgabe als „Lehrer und Berater des Dalai Lama" ausgewiesen wird. Zudem mochte das Buch *mentalitätsgeschichtlich* auf gewisse Dispositionen der Nachkriegsgesellschaft und der Zeit des Kalten Krieges treffen, etwa wenn Harrer von der Invasion des kommunistischen China in Tibet berichtet. Vor allem aber dürfte der Erfolg *faszinationsgeschichtliche* Ursachen haben: So beschreibt Harrer nicht nur immer wieder seine eigene Faszination gegenüber Tibet, sondern überdies partizipiert *Sieben Jahre in Tibet* an einer Reihe zirkulierender Faszinosa, schreibt diese fort und verbindet sie miteinander. Als einer der Erstbesteiger der Eiger-Nordwand hatte Harrer bereits in den dreißiger Jahren teil an der Faszination für das Bergsteigen, die in mehreren Bergfilmen wie Arnold Fancks und Georg Wilhelm Pabsts *Die weiße Hölle vom Piz Palü* (1929) oder Leni Riefenstahls und Béla Balázs' *Das blaue Licht* (1932) ihren Niederschlag fand. Mit den zahlreichen gefährlichen Pässen, die Harrer und Aufschnaiter zu überwinden haben, schließt *Sieben Jahre in Tibet* hieran an. Überdies schreibt sich das Buch damit in die Tradition der abenteuerlichen Expeditionsbeschreibung ein, wie sie insbesondere durch Sven Hedins *Abenteuer in Tibet* (dt. 1904) an Popularität gewinnt. Schließlich ist es Tibet, das „Dach der Welt", selbst, das in der ersten Hälfte des 20. Jahrhunderts einen Faszinationsort bildet. Durch die nationalsozialistische Expeditionspolitik und ihre propagandistische Verwertung, etwa in Form von Ernst Schäfers und Hans-Albert Lettows *Geheimnis Tibet. Ein Filmdokument der Schäfer-Expedition 1938/39* (1943), wurde dies bestärkt. In jüngerer Zeit mag eine allgemeine Faszination für den Buddhismus und die Person des Dalai Lama hinzugekommen sein, in deren Kontext wiederum Filme wie Bernardo Bertoluccis *Little Buddha* (1993), Martin Scorseses *Kundun* (1997) und Werner Herzogs *Rad der Zeit* (2003) stehen.

Heute liegt *Sieben Jahre in Tibet*, um einige Kapitel erweitert, in 29. Auflage vor. Es wurde in zahlreiche Sprachen übersetzt. Bereits kurz nach Erscheinen folgen eine gekürzte Ausgabe (1954) sowie der Fotoband *Meine Tibet-Bilder* (1953), 30 Jahre danach *Wiedersehen mit Tibet* (1983). In den neunziger Jahren wird *Sieben Jahre in Tibet* als Hollywood-Produktion unter der Regie von Jean-Jacques Annaud und mit Brad Pitt in der Hauptrolle verfilmt (*Seven Years in Tibet*, 1997). Dies führt, insbesondere durch Berichte des Magazins *Stern* – in dem vier Jahrzehnte zuvor schon der Vorabdruck von *Sieben Jahre in Tibet* erschienen war –, zu einer Thematisierung von Harrers Verwicklungen in den Nationalsozialismus. Der anhaltenden Faszination für das Buch scheint das nicht geschadet zu haben. Noch in Christian Krachts popliterarischem Roman *1979* (2001) finden sich intertextuelle Verweise auf *Sieben Jahre in Tibet*.

Literatur

Gerald Lehner: *Zwischen Hitler und Himalaya. Die Gedächtnislücken des Heinrich Harrer*. Wien 2006 • Peter Mierau: *Nationalsozialistische Expeditionspolitik. Deutsche Asien-Expeditionen 1933–1945*. München 2006 • Michael Schikowski: „Alle Träume des Lebens beginnen in der Jugend ...". Heinrich Harrers *Sieben Jahre in Tibet*. Rezension auf http://www.sachbuchforschung.uni-mainz.de/tag/wiedergelesen/ (Stand: 1. 3. 2013).

Björn Weyand

Gerd Gaiser: Schlußball.
Aus den schönen Tagen der Stadt Neu-Spuhl. Roman

Erstausgabe: München, Carl Hanser Verlag 1958

Gerd Gaiser (1908–1976) hatte 1941 mit einem Band heroisch-tragischer Lyrik, *Reiter am Himmel*, debütiert und 1942/43 eine Reihe von Prosatexten über heldenhafte deutsche Flieger veröffentlicht, die er in seine autobiographisch motivierte Elegie auf deutsche Jagdflieger im vergeblichen Kampf gegen eine erdrückende alliierte Macht einarbeitete, die 1953 unter dem Titel *Die sterbende Jagd* erschien und – insbesondere von der konservativen – Literaturkritik als das bedeutendste Kriegsbuch der Zeit gefeiert und ein Publikumserfolg wurde – nicht zuletzt als Schullektüre. Auch der Roman *Schlußball* wurde – wiederum als Schullektüre höchst beliebt – zu einem großen Erfolg: Bis 1980, als das Interesse an ihm endgültig abnahm, sind allein von der Taschenbuchausgabe nahezu 300 000 Exemplare verkauft worden. Auch dieser Roman rekurriert auf den Krieg und die soldatischen Bewährungen in ihm, aber er tut es nun aus einem expliziten, wertkonservativ kritischen Blick auf den Alltag der Gegenwart, auf die Wohlstandsgesellschaft und die fehlende Wertorientierung der Jugend in ihr. Literarisch erscheint der Roman auf den ersten Blick durchaus avanciert. Angelegt ist er als Choreographie verschiedener Stimmen, die in insgesamt 30 Textteilen achronologisch und in unterschiedlicher Häufigkeit zu Wort kommen. Es handelt sich um Rückerinnerungen aus der unmittelbaren Gegenwart an die Zeit nach der Währungsreform und darin dann auch an den Krieg zuvor. Zwar könnte man von einem Abschnitt, übertitelt: *Aus dem Bericht eines Referenten*, folgern, dass es sich um eine Art kriminalistischen Verhörs handeln könnte, zumal es – wie man in Vorausdeutungen und nach und nach puzzleartig erfährt – um einen Suizid und einen Totschlag geht. Doch die Integration von Stimmen anonymer Toter und die eindeutige Verteilung der Wertungspositionen lassen den Text insgesamt eher als Oratorium mit einer dezidierten Botschaft denn als polyperspektivische Verrätselung erscheinen. Dabei zeigt Gaiser Geschick in der Differenzierung der unterschiedlichen Stimmen nach Alter und Milieu, bis hin zum Jugendjargon, zugleich sorgt er aber über die Stimmen der Toten für einen hohen, getragenen Ton.

Als Handlung lässt sich etwa das Folgende herauspräparieren: 1950 begehen Gymnasiasten der Mittelstadt Neu-Spuhl mit einem Schlussball feierlich den Abschluss des Tanzlehrgangs, den man jedoch in zwei unterschiedlichen Gruppen absolvierte, da eine Gruppe der Wohlhabenden sich abgesondert hatte. „Solche Lehrgänge", berichtet der Referent in einer Tonlage, die nicht von ungefähr an den Rückblick auf das ‚feuilletonistische Zeitalter' in → Hermann Hesses *Glasperlenspiel* erinnern dürfte, „hatten damals und für die Altersklassen, die sie besuchten, eine absonderliche Wichtigkeit angenommen, der kein Gewicht entsprach. […] Es konnte der Anschein entstehen, als gäbe es noch eine Gesellschaft, und als bedeuteten diese Lehrgänge den Eintritt in sie. Aber eine Gesellschaft, die keine ist, erhebt keine Forderungen. Daß sie dem Prüfling keine Pflichten zumaß, sondern Genuß versprach, machte den Eintritt begehrenswerter." (184) Als beim Tanzen der von den Schülern respektierte Lehrer Soldner, der sich zu dem Zeitpunkt aber schon von seiner Behörde als Schwindler entlarvt sieht, Herse Andernoth, der sechsunddreißigjährigen Mutter der sechzehnjährigen Diemut, einen Antrag macht, wird die Tochter eifersüchtig und verlässt alsbald den Ball mit der Gruppe der Wohlhabenden. Herse lehnt den Antrag ab, weil sie ihrem Mann, der als Soldat vermisst ist und den für tot zu erklären trotz schwerer finanzieller Nachteile sie sich noch kürzlich weigerte, die Treue halten will. Auf dem Heimweg trägt sie den Mantel Diemuts und wird vom jungen Rakitsch angefallen, der Diemut, die ihn abgewiesen hatte, töten will. Als Herse sich wehrt, stürzt Rakitsch zu Tode. Etwa zeitgleich begeht die Frau des erfolgreichen Händlers Foerckh, während der sich auf dem Ball amüsiert, zu Hause Selbstmord, weil sie beider Entfremdung durch die Fixierung ihres Mannes an Erwerb und Wohlstand nicht mehr erträgt. Neben Foerckh ist die Schülerin Ditta eine weitere explizite Stimme der konsumorientierten, vergnügungssüchtigen und oberflächlichen Mehrheit der Bewohner von Neu-Spuhl, einer Stadt mit Häusern „wie ein Ausschlag, der um sich greift, alles inklusive Wohlstand, nichts als Vorgärtchen mit Zwergen drin, sichtbaren oder kaschierten Gartenzwergen, nichts als Fahrbahnen, Kanalisation und Gittermasten." (36f.) So Soldner, der als einer der Wertebotschafter des Romans gelten kann, er, der ewige Soldat, eine Art → Jünger'scher Waldgänger, der unerkannt in der Stadt lebt, der gegen jedweden Schwindel und das Gerede der Intellektuellen (vgl. 190) ist und daher auch die Konsequenzen aus dem eigenen Schwindel zieht. „Ich nehme den Wohlstand mit, bis die nächste arme Zeit kommt. Dann werde ich vielleicht wieder irgendein Herr Soldner. [...] Ich weiß nicht, was ich bin und wozu, und worauf ich warte. Aber ich warte noch." (272f.) Eine Übergangs- und Mittlerfigur. Ebenso wie das lahme Mädchen, das sich in seinen Äußerungen nicht nur als gebildet und sensibel erweist, sondern auch als in ihr Schicksal demütig ergeben. „Warum? Wozu? Ungemäße Frage. Ohne Sinn. Das mit dem Sinn ist der falsche Schlüssel. Suchen auf falscher Frequenz nach Dingen, die nicht für uns bestimmt sind. Mehr steht uns nicht zu, als wir haben und gehabt haben" (236) – so wiederum Soldner über sie. Ebenso die randständige, alleinerziehende Schneiderin, die ihre soziale Marginalisierung klaglos erträgt. Und vor allem Mutter und Tochter Andernoth. Die Tochter, indem sie sich den modischen Trends widersetzt, ein schwarzes statt eines angesagten bunten Fahrrads fährt und vor allem eine altmodische, aber kerndeutsche Zopffrisur trägt, die Mutter wegen ihrer vorbildlichen Treue in Achtung des soldatischen Opfers ihres Mannes. Ihnen, ihrer Haltung aus Verzicht, Treue, Aufrichtigkeit und Aufrechtheit, ihrer Achtung der inneren als der alten Werte gegenübersteht die Wohlstandsgesellschaft, „die voll ist von Glücks-Offerten, lauter Glücksartikeln zu Tagespreisen und von erster Marke, Glück durch Nagelpflege und Klangmöbel, Glück durch Busen, Ventilation und Vitamine, durch Wunscherfüllungen, Rasierwasser und seelische Entschlackung." (272) Leute, so Soldner, „deren Innenleben aus Kunststoff bestehe und bei denen sogar der Kopf ein Markenartikel sei." (156) Für die Fixation an Mode und Vergnügen, Repräsentation und Genuss steht insgesamt der Schlussball, zu dem die Menschen sich rüsten, als ginge es um Höheres, z. B. um Krieg. Die Stimme eines Toten, bei dem es sich um Herses Mann handeln könnte, erinnert nämlich gegen die pathetische soldatische Parole „Es lebe Deutschland" die Fetzen der Ballgespräche: „Kleine Sauferei machen –, oder: Eine Anzeige in einem großen Blatt, die bringt sechstausend –, oder eine: Fünfunddreißig Meter Tüll müssen auf mich drauf. Oder sagen: Liebe, oder: Fräulein, die Speisekarte." (198)

Exemplarisch für die Wohlstandsgesellschaft steht das Reisen („Capri") oder der Zehn-Platten-Wechsler, der Sensationismus der Illustrierten wie die Bedeutung von Autos. So steigt Frau Rakitsch, deren Reichtum aus einem Versand von schlüpfrigen Katalogen herrührt, „nicht vielleicht wie eine poplige Ingenieursfrau in einen Volkswagen [...]. Frau Rakitsch steigt in keinen Volkswagen." (68)

In dieser Darstellung, die die Ubiquität und Totalität der Wohlstandsgesellschaft suggeriert, erscheinen die Wohlstandsverzichtenden und -kritiker zwar als Minderheit, von ihren Textanteilen aber deutlich in der Mehrheit. So entsteht die Paradoxie einer Mehrheit von Außenseitern gegenüber den Protagonisten der gesellschaftlichen Mehrheit. Das wird besonders deutlich in der Kontrastierung mit der Figur des jungen Rakitsch. Er ist ebenfalls ein Außenseiter, einer, der sich mit den Luxusangeboten seiner Mutter nicht zufriedengeben kann, auch wenn er bereits einen Motorroller fährt. Er will sein Abitur nachholen und sucht nach Anerkennung. Allerdings auf eine falsche Weise, denn er strebt nach „Ruhm". Wozu ihm Soldner erklärt: „Ruhm und nichts sonst ist keine eindeutige Sache. Es gibt auch Ruhm, der eine schlechte Sache ist. Es gibt Leute, die zu Ruhm kommen, weil sie dumm sind. [...] Leider gibt es noch schlimmere Arten, berühmt zu werden. [...] Vielleicht als Mörder." (116) Der Sarkasmus des Romans will es, dass Rakitsch, der ausgerechnet wegen seiner modischen Schuhe Opfer des eigenen Mordversuchs wird, zu kurzfristigem Illustriertenruhm post mortem gelangt. Rakitsch, der ebenso wenig wie seine Mutter eine eigene Stimme erhält, kann man lesen als exemplarische Figur des Halbstarken, als → Rebel without a cause, so etwa in seiner ziellosen Aggressivität oder im waghalsigen Versuch, bei der Fahrt im Flieger(!)karussell hervorzustechen.

Doch hat der Roman in Rakitsch zugleich seinen Knackpunkt. Denn Rakitsch ist ein anderer Außenseiter als die positiven Perspektiv- und Botschaftsfiguren des Romans. Er ist der per se Fremde, Andere, stigmatisiert als rassisch fremdartig. „Rakitsch aber mit seinem dunklen Akzent hatte die Verkehrsart eines Stammes, der gewohnt war, sich zu biegen, um am Ende oben zu sein." (112) Zwar hat Gaiser auf damalige Kritik hin in der Taschenbuchauflage die Formulierung abgemildert, indem er den Verweis auf den „Stamm" wegließ, aber selbst dann blieb Rakitsch, der der bilderbuchhaft deutschen Diemut nachstellt, wie seinerzeit ‚der' Jude in der NS-Propaganda der blonden Arierin, eindeutig stigmatisiert. Er assoziiert Zuschreibungen des Jüdischen oder Zigeunerischen in der Charakterisierung seiner Haar- und Hautfarbe, dazu der obstinate Verweis auf seine „gelben" Finger (163 f.) und schließlich seine Sprache, deren Wortstellung die des Slawischen oder Jüdischen insinuiert: „Es wäre vielleicht gut [...], wenn ich führe gegen einen Baum." (164) Hier knüpft der Roman eben nicht mehr nur an Wertvorstellungen, sondern auch an Unwertvorstellungen der Vergangenheit an. Zumindest nahm Gaiser das billigend in Kauf. Der mögliche Einwand, dass es sich hierbei eben um die Figurenperspektive Soldners handele, trägt insofern nicht, als Soldner ja ein durchaus positiver Ideenträger des Romans ist.

Man mag die Kampagne, die der Kritiker Marcel Reich-Ranicki gegen Gaiser in Gang setzte, in ihren Unterstellungen für überzogen und in ihrer Unduldsamkeit für bedenklich halten, zumal es letztlich seine Expurgierung aus dem Schulkanon mit sich brachte. Jedoch zeigt der Roman in dieser Konstruktion zweifellos die Fatalität des ohnehin argumentativ schwachen Wertkonservatismus, wenn er bereit ist, sich des Effekts wegen mit rassistischen Vorurteilen zu verbünden.

Die Konstruktion der wertkonservativen Kritik der Wohlstandsgesellschaft über Fragen adoleszenter Sinn- und Perspektivensuche jenseits von Mode- und Cliquenkonformismus, das Lob bereitwilliger Hinnahme von Schicksal gegen die oberflächlichen Glücksversprechen der Gesellschaft, die Verteidigung von idealistischer Bildung gegen pragmatische Ausbildung, die Suggestionen einer nahen Zukunft, in der es auch wieder anders kommen könne – das alles in Verbindung mit den Spannungselementen der Plot-Verrätselungen und der als moderater literarischer Modernismus erscheinenden Stimmenvielfalt haben Gaisers Roman über viele Jahre zu einem außerordentlich erfolgreichen literarischen Erziehungsmittel gemacht. Von heute aus gesehen, erscheint er jedoch so überaus bemüht gegen den Konformismus der Wohlstandsgesellschaft wie überhaupt ‚gegen den Tag' geschrieben, dass gerade dadurch die Zeitbedingtheit seiner angestrebten Überzeitlichkeit überdeutlich wird.

Literatur

Ursula Knapp: *Der Roman der fünfziger Jahre. Zur Entwicklung der Romanästhetik in Westdeutschland*. Würzburg 2002, S. 42–46 • Helmut Kreuzer: Auf Gaisers Wegen. Korrektur eines Bildes. In: *Frankfurter Hefte*, 15 (1960) 2, S. 128–134 • Marcel Reich-Ranicki: *Wer schreibt provoziert. Pamphlete und Kommentare*. München 1966 • Bernhard Karl Vögtlin: *Gerd Gaiser. Ein Dichter in seiner Zeit. Eine Studie zur Zivilisationskritik im 20. Jahrhundert*. Marburg 2004, bes. S. 110–136.

Erhard Schütz

Das Mädchen Rosemarie

Regie: Rolf Thiele

Drehbuch: Erich Kuby, Rolf Thiele, Jo Herbst, Rolf Ulrich • Kamera: Klaus von Rautenfeld • Musik: Norbert Schultze, Liedtexte: Rolf Ulrich, Jo Herbst, Gesang: Mario Adorf, Jo Herbst • Produktion: Roxy Film GmbH & Co. KG, München • UA: 25. 8. 1958, Italien, Venedig, IFF • UA BRD: 28. 8. 1958, Frankfurt am Main, Europa • Länge: 101 Min., s/w • Darsteller: Nadja Tiller, Peter van Eyck, Carl Raddatz, Gert Fröbe, Hanne Wieder, Mario Adorf, Jo Herbst, Werner Peters, Karin Baal

Wer Ende Oktober 1957 das Frankfurter Callgirl Rosemarie Nitribitt mit einem Nylonstrumpf erwürgt hat und warum, ist bis heute nie aufgeklärt worden. Der

Mord an der Edelhure, die oft in Begleitung von großen Namen der bundesdeutschen Schwerindustrie zu sehen war, beschäftigte vom ersten Augenblick an den Publizisten Erich Kuby (1910–2005), der fürchtete, dass der Fall aus Staatsinteressen versandet werden könnte. In wenigen Monaten fertigte er mit Rolf Thiele (1918–1994) das Drehbuch zum Film *Das Mädchen Rosemarie* an, der von Luggi Waldleitner produziert wurde und dessen deutsche Premiere am 28. August 1958 unter massivem Einsatz von Sicherheitspersonal in Frankfurt stattfand. Im selben Jahr erschien Kubys Buch *Rosemarie, des deutschen Wunders liebstes Kind*, das rasch zum Bestseller wurde. Für die öffentliche Meinung der BRD war das Thema äußerst brisant.

In Kubys fiktiver Verarbeitung des Falls Nitribitt – die jedoch laut jüngsten Ermittlungen eine wirklichkeitsnahe Rekonstruktion darstellt – fällt Rosemarie einer gefährlichen Spionageaffäre zum Opfer: Der französische Wirtschaftskapitän Fribert überredet sie, ihre prominenten Kunden vom „Isoliermattenkartell" nach dem Schäferstündchen über deren Geschäfte auszuhorchen und diese Gespräche auf Tonband aufzunehmen. Ein Skandal internationalen Ausmaßes bricht aus, als in den Pariser Zeitungen wichtige, mit dem Kartell verbundene Industrie- und Staatsgeheimnisse der BRD veröffentlicht werden. Rosemarie, die dank der richtigen Beziehungen von einer bescheidenen Straßendirne zur raffinierten Kokotte aufgestiegen ist, möchte mit kindlicher Naivität endlich mal ihre Macht zeigen; sie versucht, die Chefetagen der Industrie- und Finanzwelt zu erpressen, und weigert sich bis zum Letzten, ihnen die ehrenrührigen Tonbänder auszuhändigen. Eines Nachts fährt ein Konvoi schwarzer Mercedes 300 B – Rosemaries ehemalige Kunden – vor ihrem Appartement vor. Ein Frauenschrei wird gehört, das Licht der Wohnung ausgeschaltet. Die Autos fahren weg, ein eisiger Trauerzug: Rosemarie ist tot.

Der Film von Rolf Thiele (der übrigens im gleichen Jahr bei → Kurt Hoffmanns *Wir Wunderkinder* als Produzent auftritt) vereint die Spannung des politischen Thrillers mit der Frische des musikalischen Lustspiels, die Dramaturgie des Skandals wird ständig mit kabarettistischen Intermezzi à la → Brecht unterbrochen. Die Zuhälter Rosemaries (Jo Herbst und Mario Adorf), in improvisierte Bänkelsänger verwandelt, kommentieren die Handlung mit lustig-bitteren Moritaten und verleihen dem Film eine sonst vage zeitkritische Dimension. Ziel ihrer frechen Songs ist die Politik der Adenauer-Ära, und besonders deren unverhohlene Kontinuität mit dem Nationalsozialismus: „Wir hab'n den Kanal noch lange nicht voll, wir hab'n 's über Nacht zum Wohlstand gebracht, [...] Brillant an der Hand, Picasso an der Wand, ‚Mein Kampf' aber leider verbrannt", heißt es in einem Lied. Eine offensichtliche Kritik wird auch am geschichtsblinden Optimismus der fünfziger Jahre geübt, die den Konsum verherrlichte und eine generalisierte Käuflichkeit predigte auf Kosten der moralischen Wertvorstellungen. Rosemarie ist das beispielhafte Erfolgsprodukt des Wirtschaftswunders, sie ist Kind und Ikone ihrer Zeit. In der gelungenen Interpretation von Nadja Tiller verkörpert die Protagonistin die Ideale des Konformismus und des einfachen sozialen Aufstieges. Rosemarie besitzt weder die erotische Ausstrahlung einer *Pretty Woman* noch den attraktiven Scharfsinn einer Femme fatale; sie ist eine Puppe, ein karikierter Flattergeist, eine Frau ohne Geschichte und Zukunft, ohne psychologische Tiefe – eine austauschbare Figur, ein wiederholbarer Typus, wie die zirkuläre Verknüpfung von Anfangs- und Endszene suggeriert. Ihre Persönlichkeit ist durch kitschige Nippes und das luxuriöse Mobiliar ihrer Wohnung verflacht und verschüttet. Durch eine Überblendung wird Rosemarie mit der *Olympia* von Édouard Manet verglichen, sie kann jedoch nur deren prosaische Version darstellen, ihre verführerische Nacktheit hat sie mit den neureichen Statussymbolen der jungen BRD völlig bedeckt – mit eleganten Kleidern, mit Haushaltsgeräten und einem glitzernden Mercedes Coupé 190 SL. Sie ist selber zum Statussymbol für die Herren der Großindustrie geworden: In ihr finden jene sich selbst, die realistische und unternehmerische Sachlichkeit der deutschen Nachkriegszeit, den Stolz einer opulenten Gesellschaft, die in der gerade entdeckten Luxus- und Wegwerfkultur die eigene Identität sucht.

Das Mädchen Rosemarie war einer der erfolgreichsten und umstrittensten Filme der fünfziger Jahre. In einem Klima von induziertem Optimismus und allgemeinem Desinteresse an Politik gelang es Thiele, einen Film vorzulegen, der keine unverbindliche Unterhaltung anbot, sondern soziale Fragen – wenn auch zum Teil satirisch – zu thematisieren versuchte. Dass es sich um ein mutiges Projekt handelte, findet seine Bestätigung etwa in der Feindseligkeit einiger Firmen wie Mercedes Benz und BV-Aral, die ihre Namen nicht mit der Produktion assoziiert wissen lassen wollten, und der gewichtigen Zensur der *Freiwilligen Selbstkontrolle der Filmwirtschaft* (FSK), die den unbequemen Vorspanntext veränderte, eine Szene mit marschierenden Bundeswehrsoldaten kürzte und das neben Rosemaries Bett hängende Bild des Wirtschaftsministers Ludwig Erhard wegretuschierte. Als *Rosemarie* bei den Venezianischen Filmfestspielen 1958 unzensiert gezeigt wurde, protestierte das Bonner Auswärtige Amt, der Film könnte schließlich „falsche Vorstellungen von den wirtschaftlichen und sozialen Verhältnissen der Bundesrepublik" erwecken – und zog seine Delegation zurück. Trotz der Behinderungen wurde Thieles Film sowohl in Deutschland als auch international mit Begeisterung begrüßt und erhielt zahlreiche Preise, wie den Golden Globe für den besten fremdsprachigen Film, den Preis der deutschen Filmkritik für den besten Spielfilm und den Preis der italienischen Filmkritik für die beste Regie. In der BRD wurde *Das Mädchen Rosemarie* 1958 von rund acht Millionen Besuchern gesehen und gehörte zu den umsatzstärksten Kinofilmen der Zeit. Bald brannte sich der Mythos Rosemarie in das kollektive Bewusstsein der Deutschen ein und die

Unterhaltungsindustrie hat bis heute wiederholt versucht, auf der Erfolgswelle des Klassikers von Thiele zu reiten: 1959 entstand *Die Wahrheit über Rosemarie. Glanz und Elend einer Verlorenen* unter der Regie von → Rudolf Jugert und mit Belinda Lee in der Rolle der Rosemarie, 1985 realisierte Horst Königstein die Fernseh-Fiction *Die Geldverleiherin* nach dem Drehbuch von Bodo Kirchhoff, 1996 drehte Bernd Eichinger ein patiniertes Remake von *Das Mädchen Rosemarie*, 2004 wurde schließlich sogar ein gleichnamiges Musical in Düsseldorf uraufgeführt. Auch im wiedervereinigten Deutschland lebt Rosalie Marie Auguste Nitribitt weiter.

Literatur

Manfred Barthel: *So war es wirklich. Der deutsche Nachkriegsfilm.* Berlin 1986, S. 351–357 • Erich Kuby: *Rosemarie, des deutschen Wunders liebstes Kind.* Stuttgart 1958 • Stefania Sbarra: La figlia prediletta del miracolo economico. In: *Da Caligari a Good Bye, Lenin! Storia e cinema in Germania.* Hg. von Matteo Galli. Florenz 2004, S. 233–255.

Daniele Vecchiato

Wir Wunderkinder

Regie: Kurt Hoffmann
Drehbuch: Heinz Pauck, Günter Neumann • Kamera: Richard Angst • Musik: Franz Grothe, Liedtexte: Günter Neumann • Produktion: Filmaufbau GmbH, Göttingen • UA: 28. 10. 1958, München, Sendlinger Tor-Lichtspiele • TV-Erstausstrahlung: 18. 11. 1959, Deutscher Fernsehfunk (DDR) • Länge: 107 Min., s/w • Darsteller: Hansjörg Felmy, Robert Graf, Johanna von Koczian, Wera Frydtberg, Elisabeth Flickenschildt, Ingrid Pan, Ingrid van Bergen, Jürgen Goslar, Wolfgang Neuss, Wolfgang Müller, Pinkas Braun

„Schokolade, Bonbons, saure Drops, Karamellen! Programm gefällig?" Den Vorspann des Films begleitet die Geräuschkulisse eines Kinosaals vor Beginn der Vorstellung samt Platzanweisungen und Gerangel um die besten Sitzplätze. Dadurch verschwimmt die Grenze zwischen der Handlung im Zuschauerraum und der des Films. Mit *Wir Wunderkinder*, nach dem gleichnamigen, 1957 erschienenen Roman von Hugo Hartung, will Kurt Hoffmann (1910–2001) das Publikum direkt ansprechen und einbeziehen, was sowohl das inkludierende ‚Wir' des Titels als auch die Rahmenhandlung des Films impliziert, für die Hoffmann auf einen „Filmerklärer" (Wolfgang Neuss) und einen begleitenden Pianisten Hugo (Wolfgang Müller) zurückgreift. Diese beiden führen den Zuschauer episodenhaft durch fünf Jahrzehnte deutscher Geschichte mithilfe einiger Moritaten Günter Neumanns.

1913 beginnt die Geschichte der beiden Protagonisten Bruno Tiches (Robert Graf) und Hans Boeckel (Hansjörg Felmy) als Tertianer auf der 100-Jahr-Feier der Völkerschlacht bei Leipzig, die selbst in Neustadt an der Nitze zelebriert wird, denn das „ist ja das Schöne am Frieden, dass man die Erinnerung an alte Kriege immer wieder aufwärmen kann." Mit solchen und ähnlichen ironischen Bemerkungen kommentiert der „Erklärer" das Geschehen auf der Leinwand. Durch die stilistischen Mittel des Stummfilms persifliert der Regisseur gekonnt das wilhelminische Spießbürgertum, unter dessen Prägung die beiden Jungen aufwachsen.

In dieser ersten Szene zeichnen sich bereits die gegensätzlichen Charaktere der beiden Hauptfiguren und der daraus resultierende Dualismus ihrer Wege ab. Bruno Tiches klettert aufgrund seines Opportunismus die Karriereleiter stetig nach oben. Als Kind für seine Schandtaten und Lügengeschichten belohnt, wird er nach 1918 Lehrling im Bankhaus Stein und verdient sich mit Schiebereien etwas dazu, denn „wer fleißig schiebt, der ist beliebt". Schnell versteht er jedoch, dass „man sich den völkischen Kreisen anschließen" muss und steigt als Parteigenosse in der NS-Hierarchie zum NS-Reichshauptstellenleiter auf. Er weiß, „zu einem gehobenen Posten gehört nun mal eine gehobene Hand." Schwingt er kurz vor Kriegsende noch Reden über den Endsieg der Deutschen, ist er kurz nach der Niederlage 1945 als Schieber unter dem Namen ‚Anders' bereits stolzer Besitzer eines VW Typ 82 und oben auf. Auch vom Wirtschaftswunder profitiert er. Als Generaldirektor, nach einem öffentlichen Bekenntnis gegen Hitler nun wieder Tiches, findet er im Fahrstuhlschacht eines Verlags jedoch sein jähes Ende.

Völlig konträren Charakters ist sein Schulkamerad Hans Boeckel, der vermeintliche Held und somit die Identifikationsfigur des Films. Er schlägt eine akademische Laufbahn an der Münchner Universität ein, die er sich durch ehrliche Arbeiten als Werkstudent finanziert. Nachdem er seinen Doktor der Philosophie bestanden hat, verantwortet er bei der Zeitung den Literaturteil des Feuilletons. Politisch verhält er sich neutral, unterschätzt allerdings die Macht der Nationalsozialisten. Nachdem sich Deutschland „politisch in anderen Umständen" befindet, verliert er seine Anstellung, nicht zuletzt, weil er sich trotz Anraten Tiches weigert, der Partei beizutreten. Er steigt ab zum Kistenpacker im Keller eines Antiquariats und muss sich eingestehen, dass man ihn „ziemlich kleingekriegt" hat. Nach der Heimkehr aus dem Krieg ernährt er sich und seine Familie durch spärliche Tauschgeschäfte, doch „jetzt kann es nur noch besser gehen". Während der ‚andere Tiches' kopfschüttelnd feststellt, dass er „immer noch der alte Idealist" sei, verschafft ihm genau dieser Charakterzug eine neuerliche Anstellung. Nach der Rückkehr „aus der alten Heimat in die neue" vermittelt ihm sein jüdischer Schulfreund Siegfried Stein (Pinkas Braun) eine Redakteursstelle in München. Der wirtschaftliche Aufschwung im Zuge des Wiederaufbaus bringt den lang erhofften Wohlstand.

Der charakterliche Dualismus von Opportunismus und Idealismus ist im Film fest verknüpft mit dem materiellen Dualismus von Verschwendung und Bescheidenheit. Geldgier und Überfluss stehen sinnbildlich für den Nationalsozialismus, denn „zu einem Land, wo man total ist, da gehört auch die totale Schnorrerei". „Der Führer liebt [schließlich] nur den, der die Büchse voll hat", also wird man zum „Groschenjäger". Hoffmann inszeniert Opportunisten immer auch als Champagner schlürfende Karrieristen mit verwerflicher Moral. Diese moralische Komponente zeichnet Hoffmann jedoch nicht nur in der Figur des Bruno Tiches' und der Familie Meisegeier (Elisabeth Flickenschildt, Ingrid Pan, Ingrid van Bergen, Jürgen Goslar), sondern auch am Nachkriegsvermieter von Boeckel, dessen Speiseaufzug, stets üppig gefüllt, das Zimmer der Familie passiert. Hans Boeckel versucht im direkten Vergleich mit dem übellaunigen Nachbarn seinem Sohn zu erklären, worin der persönliche Reichtum der Familie liegt: „Wir haben zwar nur ein paar Pilze auf unserem Teller, aber dafür sind wir lustig und haben uns lieb. [...] Und Herr Büllrum sitzt da oben ganz einsam und böse und isst seine Eier. Möchtest du mit ihm tauschen?" *Wir Wunderkinder* hält es im Überfluss des Wirtschaftswunders mit der Weisheit der sich zwangsweise Bescheidenden, dass wahres Glück und Liebe eben nicht käuflich seien.

Dies lässt sich auch an einer weiteren Plotlinie ablesen, der der beiden Frauen an Boeckels Seite, Vera von Lieven (Wera Frydtberg) und Kirsten Hansen (Johanna von Koczian). Vera, Baronesse und Tochter eines Historikers (Helmuth Rudolph), begegnet er an der Münchner Universität. Sie verloben sich am 9. November 1923, der Tag, an dem der Studentin nicht nur der Blinddarm entnommen wird, sondern auch der Hitler-Ludendorff-Putsch scheitert. Doch vor der geplanten Hochzeit, nach Boeckels Doktorexamen, muss sie aus gesundheitlichen Gründen in die Schweiz abreisen und kehrt nicht mehr nach Deutschland zurück, nachdem ihr Vater 1933 fliehen muss. Die zerbrechliche, intellektuell-sensitive Studentin handelt sehr bedacht und zurückhaltend. Entscheidungsfragen überlässt sie ihrem Vater oder ihrer Ratio, so dass ihre Liebe letztlich keine Chance hat. Hans, „noch immer so unbekümmert wie früher", hat das Gefühl, dass sie in einer ganz anderen Welt lebt und nur mal zu Besuch gekommen ist.

Die „Dänemarkerin" Kirsten, die Hans, während der siebenjährigen Wartezeit auf Vera bei einem Maskenball kennenlernt, wirft sich Hans spontan und extrovertiert im Teufelskostüm an den Hals, er bleibt standhaft. Doch die dänische Studentin kämpft aktiv um ihren Auserwählten, indem sie sich ebenfalls bei seinen Vermietern, den Roseliebs (Liesl Karlstadt, Michl Lang), einmietet. Nach Hans' Abreise zu Vera, kehrt sie zu ihrem erfundenen Verlobten, einem „marinierten Fiskehändler", nach Dänemark zurück. Entschlossenen Herzens reist sie wieder nach München, um Hans, dann bereits Packer im Antiquariat, mit nach Dänemark zu nehmen und gegen alle Befürchtungen der Familie zu ehelichen.

„Kirsten weiß, dass sie wie immer ihren Kopf durchsetzen wird." Im Gegensatz zu Vera verkörpert sie eine optimistische Kämpfernatur, die sich in Entscheidungen einzig auf ihr Gefühl verlässt und ihrem Mann Geborgenheit und Rückhalt bietet, ihn bestärkt. Sie steht sinnbildlich für das bescheidene Glück, das allein in der Liebe Erfüllung findet. Es sind die kleinen Dinge im Leben, die sie in besondere und glückliche Momente zu verwandeln versteht. So fordert sie Hans in ihrem bescheidenen Nachkriegsdomizil zum Tanz auf und nutzt dazu die Walzerklänge, die durch den Speisenaufzug des mürrischen Vermieters dringen.

Solche und ähnliche Inszenierungen tauchen bei beiden Frauenfiguren häufiger auf. Es handelt sich dabei um das für Hoffmann typische Stilelement der der Satire gegenüberliegenden Überhöhung der Realität durch die Idylle. Die Verknüpfung privater Höhepunkte mit politischen Einbrüchen, wie die Verlobung mit Vera am 9. November 1923 oder die Nachricht über die Grenzverletzung Polens am Tag der Hochzeit mit Kirsten, überspitzen zudem die unmittelbare Einflussnahme der Politik auf das persönliche Schicksal Hans Boeckels, Repräsentant der kleinbürgerlichen, braven Leute. Des Weiteren verlegt der Regisseur Teile des Geschehens ins Ausland und positioniert dadurch das Idyllische in der Fremde. So inszeniert Hoffmann das Wiedersehen bzw. den Abschied von Hans und Vera vor der Urlaubskulisse Veronas. Noch pointierter wirkt die Inszenierung Dänemarks, wo Hans mit Kirsten „Urlaub von der Diktatur macht". „Die friedlichen Gestade sind in den Glanz der Morgensonne getaucht. Wie seit ewigen Zeiten plätschern auch heute die kleinen Wellen an den Strand." So kommentiert der „Erklärer" die friedvolle Landschaft Dänemarks, das als demokratisches Freiheitsvorbild fungiert, begleitet von harmonischen Klavierklängen. Mit dem an den Zuschauer gerichtete Kalauer – „Sehn'se mal! So geht es Dänen und denen, denen Dänen nahestehn" – treibt Hoffmann die Ironisierung der Idylle in der Fremde auf die Spitze und schafft damit die Verschmelzung von Idylle und Satire.

Diese für Hoffmann typische Kombination von Satire und Idylle wird noch durch die Musik gesteigert. In *Wir Wunderkinder* setzt Hoffmann dazu gezielt das Kabarettisten-Duo Müller und Neuss ein, mit Moritaten in Coupletform satirisch durch das Geschehen führen und zudem als Zeitraffer agieren. „Leute genießt bloß die Nachkriegszeit, denn bald wird sie wieder zur Vorkriegszeit. Und weil wir dem Frieden bei uns hier nicht trauen, wird auf die Pauke gehauen." Mit viel Wortwitz greifen der „Erklärer" und Hugo die Stimmung der Weimarer Zeit auf und verpacken sie in einen Charleston. Generell liegt eine der Stärken des Films darin, dominante musikalische Stilrichtungen der jeweiligen Zeit für die Persiflage zu rekurrieren. Insbesondere der musikalische Beitrag zum Wiederaufbau und dem daraus resultierenden Wirtschaftswunder kritisiert die Leichtfertigkeit und die Verdrängungsmechanismen der Wohlstandsgesellschaft. Die schnelle Montage von Symbolen des Wohlstands und Wiederaufbaus, die das Stück begleitet, stellt auch den Wert dieser Errungenschaften in Frage sowie den selbstverständlichen Umgang mit dem zurückgewonnenen Wohlstand. „Ist ja kein Wunder nach dem verlorenen Krieg", lautet die sarkastische Erklärung aus dem Off, die dem Zuschauer die Augen für die „ungelernte Republik" öffnen möchte.

Hoffmann inszeniert mithilfe des „Erklärers" und des Pianisten auch den Film als Film. Nicht nur die Idee, die Rahmenhandlung durch Figuren aus der Tradition des Stummfilms zu gestalten, die Simulation der Geräuschkulisse einer Filmvorstellung im Vorspann, auch der abrupte Filmriss während Tiches' Rede über den Endsieg und des einsetzenden Bombenalarms hat diese Funktion. Durch diese Illusionsunterbrechung auf der Leinwand gelingt es Hoffmann, in den Köpfen der Zuschauer die nötigen Illusionen zu erzeugen, um das Nicht-Gezeigte durch Bilder aus der eigenen Erinnerung an die Geschehnisse zu ersetzen.

Neben solchen selbstreferenziellen Spielchen appellieren vornehmlich die satirischen Texte Günter Neumanns an das Gewissen der Wohlstandsgesellschaft, das dafür Sorge trägt, wachsam zu sein und den Verlauf der deutschen Geschichte rechtzeitig und aktiv mitzubestimmen. Erst das Ende verrät, wie der Film trotz Witz und Hohn zu verstehen ist: als Ermahnung. Geschickt inszeniert Hoffman diese Kernaussage, indem er auf die Inschrift der Friedhofsmauer, „WIR MAHNEN DIE LEB*EN*DEN", zoomt und die Zuschauer mit diesen Worten aus der Vorstellung entlässt. Doch auch der Kommentar aus dem Off verteilt fleißig abschließende Spitzen, die das vermeintliche Happy End, den Tod das Generaldirektors, in Frage stellen, denn „Bruno Tiches ist verschieden, aber verschiedene seines Schlages leben weiter. So viele Fahrstühle können ja auch gar nicht repariert werden."

Von der Kritik wurde der Film konträr beurteilt. Einige reden den Intentionen Hoffmanns das Wort, er wolle, wie es im *Tagesspiegel* vom 29. Juni 1958 heißt, „bewußt das Tabu unbequemer und moralisch noch unbewältigter Erinnerungen berühren, teils behutsam und liebenswürdig, teils aber auch mit einer Art von Humor, der einem eine Gänsehaut über den Rücken rieseln lässt". Denn, so die *Neue Berliner Woche* vom 14. November 1958, „Ironie, augenzwinkernder Witz und die Souveränität, über sich selbst zu lächeln, das alles sind ja Akzente, die Kurt Hoffmann treffsicher zu setzen weiß". Andere wiederum klagen, dass die schlichte Polarisierung der Charaktere die realen Ursachen des Aufstiegs der Nazis verschleiere und obendrein, so die Zeitschrift *Filmkritik*, „auch noch die Freiheit der politischen Entscheidung geleugnet" werde. Dass der Film die gewünschte Aussage durchaus vermittelte, dafür spricht insbesondere der große Erfolg im Ausland. Am 28. Oktober 1958 in München uraufgeführt, wurde er 1959 mit dem Bundesfilmpreis prämiert, erhielt Auszeichnungen auf den Festspielen in Moskau und Acapulco sowie den Golden Globe als bester ausländischer Film. In Israel, wo die Aufführung deutscher Filme erst 1968 erlaubt wurde, beschloss das Erziehungsministerium gar den Film für Schulen zu empfehlen. *Die Welt* vom 10. Februar 1968 führte die populäre Abendzeitung *Ma'ariv* an: Endlich könne man auch in Israel den besten selbstkritischen Film sehen, den die Deutschen jemals über sich gedreht haben.

Literatur

Ingo Tornow: *Piroschka und Wunderkinder oder von der Vereinbarkeit von Idylle und Satire. Der Regisseur Kurt Hoffmann*. München 1990 • Michael Wenk: Aren't We Wonderful? Kurt Hoffmanns Filmsatire Wir Wunderkinder. In: *Wir Wunderkinder. 100 Jahre Filmproduktion in Niedersachsen*. Hg. von der Gesellschaft für Filmstudien. Hannover 1995, S. 65–78.

Anna Sophie Koch

So ein Millionär hat's schwer

Regie und Drehbuch: Géza von Cziffra
Kamera: Walter Tuch • Musik: Heinz Gietz, Liedtexte: Kurt Feltz, Gesang: Peter Alexander • Produktion: Österreichische Film GmbH (Öfa), Wien • UA BRD: 18. 12. 1958, Hannover, Palast-Theater • Länge: 93 Min., Agfacolor • Darsteller: Peter Alexander, Germaine Damar, Heinz Erhardt, Loni Heuser, Elga Andersen, Wolfgang Wahl, Erich Fiedler, Louis Soldan, Brigitte Mira

Jung, reich, in einer Traumvilla an der bezaubernden Côte d'Azur lebend und doch potenziell unglücklich ist Edward Collins (Peter Alexander). Er möchte gern ein Mädchen finden, das ihn, den Mann – und nicht das Geld –, liebt und seinen Traum von einer großen Familie teilt. Der Musikfilm *So ein Millionär hat's schwer* von Géza von Cziffra (1900–1989) aus dem Jahr 1958 erzählt heiter und unterhaltsam die Geschichte eines „armen" Millionärs, der sich auf die Suche nach authentischen Gefühlen begibt. Als er entdeckt, wie habsüchtig seine Verlobte (Elga Andersen) ist, und zufällig auf die schöne Kellnerin Ninette (Germaine Damar) stößt, beschließt Edward, sich als mittelloser Kerl auszugeben. In seinem Abenteuer reich an Missverständnissen, wird er von seinem Diener Alfons Rappert (Heinz Erhardt, → *Natürlich die Autofahrer*, 1959) begleitet und unterstützt. Der Film wird von Erhardts humoristischem Talent getragen: Rapperts einfache, aber direkte und ehrliche Perspektive entblößt mit Ironie den trügerischen Glanz einer Welt, die mehr von Schein und Form hält als von Sein. Selbst der Millionär wird sein Glück erst finden können, nachdem er sich aus seinem goldenen Käfig wagt und sich den Herausforderungen eines „normalen" Alltags aussetzt.

Von einer artikulierten Gesellschaftskritik weit entfernt, zielen das Medium des Musikfilms und die ausgewählte Form der „Komödie der Irrungen" auf die

Unterhaltung eines breiten Publikums, das in den fünfziger Jahren sein überwältigendes Wirtschaftswunder erlebte und sich nun wieder Wünsche und Träume jenseits des Allernötigsten zum Leben gönnen konnte. Ihm wird ein leichtes, musikalisch und humoristisch gewürztes, zum Happy End berufenes Märchen geboten, das sich in der damaligen Jetzt-Zeit abspielt und die populärsten Wunschvorstellungen jener Jahre mit einbezieht.

Der Film beginnt mit atemberaubenden Panoramabildern der französischen Riviera, von Cannes und der Grande Corniche, mit der unausbleiblichen Sonne, dem unter dem warmen Licht glitzernden blauen Meer und den Badenden am Strand. Die Geschichte entfaltet sich an einem Ort, der sich vom Alltag des Zuschauers verabschiedet und zu ersehnten Zielen der neuerlich entstandenen Reisewelle zählt – durch die Worte des Lieds *Venga, venga musica!*, das Collins gleich am Anfang des Filmes singt, lässt andererseits Italien grüßen, ein Land das eine ähnliche Sehnsucht und Begierde in der Wirtschaftswundergesellschaft hervorgerufen hat. So spricht die Erzählerstimme, die in die Geschichte einführt, am Anfang des Films die Zuschauer an: „Meine Damen und Herren, unsere Geschichte beginnt in Cannes, an der französischen Riviera. Sie waren schon da?" Und weist alsdann nicht ohne eine Prise Ironie auf den dem Publikum wohlbekannten Ruhm von Cannes und der Côte d'Azur hin, wo der echte Wohlstand schwer vom vorgetäuschten zu unterscheiden ist und sich viel ums große Geld dreht: „So viel Charme, so viel Schirm, mit Sonnencreme schützt sich die Creme der Gesellschaft vor der ebenfalls verschwenderischen Sonne."

In diesem idyllischen Rahmen tauchen weitere Wunschvorstellungen der damaligen Gesellschaft auf, die sich zunehmend zur Konsumgesellschaft entwickelt – sie werden im Film in einer gesteigerten, idealisierten Form gezeigt und dem Zuschauer als verwirklichte Träume wiedergegeben: Das gemütliche Zuhause wird zu einer Luxusvilla in einem mediterranen Paradies; das eigene Auto, das für mehr Freiheit und eine bewusste Selbstbestimmung sorgen soll, zu einem exklusiven Modell; die angestrebte finanzielle Sicherheit zu einem reichen, geerbten Vermögen. In diesem modernen Schlaraffenland erklingt nur einmal und kurz das ferne Echo der Ängste, die jene Jahre mitbestimmt haben – an der Stelle, an der Edwards Freund Marcel (Wolfgang Wahl) für die Liebe des Millionärs und der Kellnerin plädiert: „Und ich finde es herrlich, dass es in dieser grässlich automatischen, automobilisierten, atomisierten Zeit noch etwas wie Romantik gibt".

Zuletzt verstärkt das unbeschwerte Filmende jedoch das ungestörte Traumszenario. Nicht nur der lebensfrohe Millionär entkommt der Gefahr der gewinnsüchtigen Verlobten: Er kann auch die Vorurteile der geliebten Ninette gegenüber den Wohlhabenden zerstreuen und so mit ihr ein noch schöneres Leben anfangen. So scheint die biedere Schlussszene, in der das junge Paar singend und tanzend mit dem lustigen Diener Alfons und nicht weniger als sechs Kindern im Park der Traumvilla spazieren gehen, moralisch beruhigend zu bestätigen, dass im Grunde nur die Liebe zählt. Besser natürlich noch, wenn sich wie hier Liebe und Reichtum glücklich vermählen.

Cecilia Morelli

Rosen für den Staatsanwalt

Regie: Wolfgang Staudte
Drehbuch: Georg Hurdalek • Kamera: Erich Claunigk • Musik: Raimund Rosenberger • Produktion: Kurt Ulrich Film GmbH, Berlin • UA: 24. 9. 1959, Hamburg, Barke • Länge: 98 Min., s/w • Darsteller: Martin Held, Ingrid van Bergen, Walter Giller, Camilla Spira, Werner Peters, Wolfgang Wahl, Inge Meysel, Werner Finck, Wolfgang Neuss, Wolfgang Müller

„Es muss schon sehr viel passieren, ehe einem Staatsanwalt etwas passiert", so Martin Held in der Rolle des titelgebenden Staatsanwalts Dr. Schramm, worauf er seinen Kopf nach hinten wendet. Matchcut: Rudi Kleinschmidt (Walter Giller), das vormalige Opfer jenes Staatsanwalts, nimmt die Bewegung auf. Ein Kreis wird geschlossen. Dass dem Staatsanwalt etwas passieren wird, ist nun ebenso sicher wie der Anlass zu solchem Sturz aus vermeintlich gesicherter Position. Das Kreismotiv wurde schon im Vorspann eingeführt, in Gestalt einer Dose Fliegerschokolade mit dem Markenlogo Scho-Ka-Kola, gedreht in den Händen eines Prozessbeteiligten im Jahre 1945. In den letzten Tagen des ‚Dritten Reiches' kann der Soldat Kleinschmidt nicht widerstehen, die Schokolade an sich zu nehmen. Ein Todesurteil wegen „Sabotage", „Diebstahl von Heeresgut" und „Gefährdung der Bedarfsdeckung der kämpfenden Truppe" ist die Folge, angeordnet und unterzeichnet durch Kriegsgerichtsrat Dr. Schramm, doch nicht vollstreckt. Ein alliierter Tiefflieger verhindert die Exekution, wobei dem Deliquenten im Chaos der Explosionen sein Todesurteil zuflattert: Beweisstück für Zukünftiges.

Die Ironie solcher Koinzidenzen korrespondiert mit dem Filmtitel. Dass Rosen nicht immer Liebesgrüße meinen müssen, erläutert der Staatsanwalt seiner empörten Gemahlin (Camilla Spira), als ein Strauß besagter Blumen sein im letzten Chic der fünfziger Jahre eingerichtetes Domizil erreicht. Die Rosen sind eine doppeldeutige Chiffre. Sie weisen auf die Gegenwart, insofern sie dem Staatsanwalt signalisieren sollen, dass ein Studienrat Zirngiebel rechtzeitig das Ausland erreicht hat, bevor er wegen antisemitischer Äußerungen belangt werden könnte. Und sie sind Grüße aus einer Vergangenheit, zu der sich der Staatsanwalt nach wie vor bekennt: „Was soll aus diesem Lande werden, wenn die wenigen Anständigen, die eines Geistes sind, sich gegenseitig ausrotten?"

Angeregt war der Plot durch einen tatsächlichen Fall: durch die Flucht des Offenburger Studienrats Zind, der wegen solcher Äußerungen in Abwesenheit zu einem Jahr Gefängnis verurteilt wurde. Nur bestand der Kunstgriff des Regisseurs Wolfgang Staudte (1906–1984) und seines Drehbuchautors Georg Hurdalek (1908–1980, → *Des Teufels General*, 1955) darin, die Geschichte auf einen Staatsanwalt zu verlängern, der in die Vergangenheit verstrickt ist, und eine Komödienstruktur zu entwerfen, die in der Figur des gegen sich selbst ermittelnden Justizbeamten einiges Heinrich von Kleists *Der zerbrochene Krug* verdankt.

Staudte hatte sich 1955 von der DEFA getrennt, um fortan in der BRD zu arbeiten. Doch war seinen Filmen zunächst nur mäßiger Erfolg beschieden. *Rosen für den Staatsanwalt* dagegen überzeugte die Kritiker ebenso wie das Publikum. Vielleicht auch deshalb, weil es Staudte verstand, im leichten Ton einer Komödie eine Satire auf das „restaurierte" Nachkriegsdeutschland abzuliefern. „Witz, Hohn und Schärfe", attestierte Walther Schmieding dem Regisseur, der endlich das „große Thema" behandele, „das wir von ihm erwartet haben". Tatsächlich knüpfte Staudte thematisch an seine großen Erfolge aus DEFA-Zeiten an. Zum einen mit dem Emplotment einer zu tilgenden Schuld aus Kriegszeiten (→ *Die Mörder sind unter uns*, 1946), zum anderen mit einer aktualisierten Gestaltung des Untertans (*Der Untertan*, 1951). Das Milieu des Wilhelmismus wird mit der Gegenwart abgeglichen. Resultat ist ein Staatsanwalt, der nicht weniger autoritätsfixiert ist als einst Dietrich Heßling, der Untertan nach der Vorlage Heinrich Manns. Wobei Werner Peters, der 1951 Dietrich Heßling verkörpert hatte, nun in einer Nebenrolle einen Bauunternehmer darstellt, der sich öffentliche Aufträge erschleichen will, ein Untertan als Normalverbraucher in der bundesrepublikanischen Gesellschaft.

Scharf und witzig ist der Film auch deshalb, weil er zwei völlig konträre Figuren in parallel montierten Handlungen zusammen- oder genauer gegeneinanderführt: den deutschtümelnden Staatsanwalt, der seinen Stiefsöhnen Fichtes *Reden an die deutsche Nation* angedeihen lässt, ein hoffnungsloses Unterfangen, insofern der ältere schon „amerikanisiert" mit einem fröhlichem „Good Morning" die familiale Frühstücksrunde beglückt; und in Gestalt Rudi Kleinschmidts eine Art Spätheimkehrer, der als vagabundierender Straßenverkäufer in der BRD heimatlos geblieben ist. Auf der einen Seite der Karrierist, der seinen Platz in der Gesellschaft zu behaupten versteht, auf der anderen Seite eine Verliererfigur, die auch deshalb verliert, weil sie sich niemals wehrt. Während Schramm über das Repertoire verfügt, sich in Gesellschaft und Familie Geltung zu verschaffen, vom pathetischen Auftritt bis zum Taschenspielertrick, verkörpert Kleinschmidt den „einfachen" Menschen, der ohne Hintersinn handelt: „Ich führ nichts im Schilde, ich hab' noch nie was im Schilde geführt." Das Einzige, was ihm Halt geben könnte in einer Gesellschaft, in der jeder nur auf seinen Vorteil bedacht ist, wäre die Liaison mit einer starken, weil realitätstüchtigen Frau. Die ist als Lissy Flemming (Ingrid van Bergen, → *Wir Wunderkinder*, 1958) gegenwärtig, ausgestattet mit allen Signalen des in den fünfziger Jahren zulässigen Sex-Appeals, eine verflossene Liebe Kleinschmidts, die es von einer einfachen Kellnerin zur Pächterin eines Lokals mit angeschlossener Pension gebracht hat. Tatsächlich verliebt sie sich in Kleinschmidt erneut, ausgerechnet in den, der nicht den Normen des Wirtschaftswunders entspricht. Die Frau im Handlungszentrum, angesiedelt auf der zweiten Plotlinie, motiviert nun die Verstrickungen auf der ersten, der Auseinandersetzung zwischen den beiden Hauptfiguren. Dass der ständig zurückweichende Kleinschmidt selbst gegenüber einem „großen Mann" wie dem Staatsanwalt zumindest Reste von Resistenz behauptet, ist schlicht amourösen Verwicklungen geschuldet.

Damit entwickelt sich der Plot über das Motiv eines beständigen Verkennens. Schramm vermutet in der Gegenwart des Straßenhändlers einen politischen Komplott. Kleinschmidt vermutet gar nichts und verkennt so die Absichten des Staatsanwalts. Folgerichtig mündet die Handlung in ein Versprechen im Doppelsinn des Wortes. In der finalen Verhandlung, in der Kleinschmidt angeklagt wird, eine Schaufensterscheibe eingeschlagen zu haben, um zwei Dosen Scho-Ka-Kola zu stehlen, beantragt der Staatsanwalt aus Versehen die Todesstrafe für den Delinquenten, eine Fehlleistung, die durch einen Blick auf die sich nun in den Händen eines Justizbeamten drehende Schokoladendose ausgelöst wird. „Die Todesstrafe, das war doch nur ein Versprechen vom Oberstaatsanwalt", erläutert der Vorsitzende Richter, worauf sich Kleinschmidt des Lachens nicht mehr erwehren kann: „Aber die Todesstrafe hat er mir doch schon einmal versprochen." Der Konsens, alles zu verschweigen, ist damit gebrochen. Und schließlich bekommt Kleinschmidt auch noch seine Lissy, wobei das Schlussbild des vereinten Paares bezeichnenderweise im Spiegel eines Lastwagens zu sehen ist: als Chiffre eines Blickes in die Zukunft, der im Rückblick erfolgt.

So leicht und amüsant sich der Film zum Happy End fügt, gelingt Staudte dennoch der satirische Blick auf eine Gesellschaft, die im Zeichen des Wirtschaftswunders allzu willig ist, die Vergangenheit zu verdrängen. Die im Film ohne Namen bleibende Stadt Kassel, in der die Handlung wie in jeder anderen Großstadt der BRD spielen könnte, erscheint ausschließlich in weiten Straßenzügen und Plätzen, gesäumt von Architektur der Fünfziger-Jahre-Moderne, ebenso wie die Interieurs durch den neuesten Trend der Zeit geprägt sind. Das Setting signalisiert eine bereinigte Gegenwart, während die Schatten der Vergangenheit allgegenwärtig sind. Etwa in Gestalt jener vier anonym bleibenden Männer, die als dienende Wiedergänger des ‚Dritten Reichs' dann erscheinen und dem Staatsanwalt applaudieren oder mit ihm feiern, wenn er in seinen Versuchen, Geschehenes zu vertuschen, vermeintlich erfolgreich war. Thematisiert wird die Unangreifbarkeit der Justiz, die sich allenfalls selbst decouvrieren könnte; porträtiert wird der „kleine Mann", der nur im Ausnahmefall nicht das Opfer ist. Die Sicht „von unten" garantierte den Erfolg des Films.

Literatur

Walther Schmieding: Rosen für den Staatsanwalt. In: *Jahrbuch der Filmkritik II.* Hg. von der Arbeitsgemeinschaft der Filmjournalisten. Emsdetten 1961, S. 199 (zuerst erschienen in: *Ruhr-Nachrichten*).

Manuel Köppen

Heinrich Böll: Billard um halbzehn. Roman

Erstausgabe: Köln, Verlag Kiepenheuer & Witsch 1959

1959 erschienen *Billard um halbzehn* von Heinrich Böll (1917–1985, → *Doktor Murkes gesammeltes Schweigen*, 1955), → *Die Blechtrommel* von Günter Grass und → *Mutmaßungen über Jakob* von Uwe Johnson. Dank dieser Romane wurde 1959 zum *annus mirabilis* für den deutschen Roman, der mit neuen Ausdrucksmöglichkeiten des Alltags experimentierte. Bölls *Billard um halbzehn* ist in diesem Sinne ein entscheidendes Werk der Nachkriegszeit – nicht nur weil Vergangenheitsbewältigung und Gegenwartskritik im Roman eng miteinander verbunden sind. Im Vergleich zum programmatischen ‚Einfach-Werden' der Trümmerliteratur und zu den linearen Fabeln der früheren Werke Bölls, erscheint die epische Konstruktion dieses Werkes eher kompliziert, weil Böll Reminiszenzen, Gedankenreihen, Rückblenden und Gefühlsabläufe der Hauptfiguren höchst komplex teils in erlebter Rede, teils in inneren Monologen aufeinander bezieht.

Der Roman erzählt die Geschichte der rheinischen Architektenfamilie Fähmel zwischen 1907 und dem 6. September 1958, dem Tag, von dem aus sich die Handlung des Werkes entwickelt. Böll schildert in *Billard um halbzehn* die Parabel der Familie Fähmel durch die deutsche Geschichte des 20. Jahrhunderts anhand von drei Generationen und ihren männlichen Vertretern: Architekt Heinrich Fähmel, sein Sohn Robert, Inhaber eines Büros für statische Kalkulation, und schließlich Roberts Sohn Joseph. Zu ihren Leben gehören drei unterschiedliche Rituale. Großvater Fähmel frühstückt jeden Morgen Paprikakäse im Café Kroner. Das erinnert ihn an seinen größten Erfolg als Architekt, die Abtei Sankt Anton. Robert, der viel Wert auf korrektes Aussehen und Auftreten legt, hat die Gewohnheit angenommen, jeden Tag um halb zehn eine Stunde Billard im Hotel Prinz Heinrich zu spielen, um dem Hotelpagen sein Leben zu erzählen. Joseph wiederum rast scheinbar übermütig mit dem Auto auf Schilder mit der Aufschrift TOD zu und spielt wohl auch ein wenig mit dem Gedanken an den letzten aller Auswege, eben den Selbstmord, weil er keinen Weg mehr aus der Zwickmühle sieht, in der er sich befindet.

Die Abtei Sankt Anton ist hierbei das zentrale familiengeschichtliche Bindeglied durch alle Zeitläufte, vom Kaiserreich über die Weimarer Republik bis zur Nazi- und Nachkriegszeit. Sie ist zugleich Symbol für zweierlei: Aufbau und Zerstörung. Die Abtei, kurz vor dem Ersten Weltkrieg von Heinrich erbaut, wurde von Robert bei Ende des Zweiten Weltkrieges durch eine Sprengung zerstört, weil auch Vertreter der Kirche an den „politischen Verwüstungen" eine Mitschuld trugen – „ein Denkmal für die Lämmer, die niemand geweidet hatte."

Dank des psychologischen, oft vom stream of consciousness durchzogenen Aufbaus des Werkes beschränken sich die Handlungselemente dieses Romans auf drei Hauptereignisse, die in der „realistischen Rahmenerzählung" des Werkes berichtet werden, während die Erinnerungen und die erlebten Reden der Figuren die Binnenerzählung des Texts bilden und dort wiedergegeben, montiert und vergegenwärtigt werden. Die Rahmenerzählung entwickelt sich um die folgenden Hauptereignisse, die am 6. September 1958 in knapp zehn Stunden stattfinden: 1) Joseph entdeckt jene von seinem Vater Robert gezeichneten Kreidemale, die bei der Anbringung der Sprengladung helfen sollten; 2) Roberts Mutter Johanna Fähmel verlässt eine Heilanstalt, um den 80. Geburtstag ihres Mannes mit der Familie im Hotel *Prinz Heinrich* zu feiern und einen Alt-Faschisten zu erschießen, wobei sie letztlich dann doch keinen Alt-Nazi ermordet, sondern einen politischen Opportunisten, der ein Symbol für die enge Verknüpfung von Vergangenheit und Gegenwart ist; 3) ein alter Freund Roberts, Schrella, kehrt aus seinem freiwilligen Exil zurück.

Neben den Fähmels, deren Geschichte Böll in der Tradition des bürgerlichen Familienromans erzählt, treten in diesem Werk andere wichtige Figuren auf, etwa Roberts Sekretärin Leonore oder Hugo, der als Liftboy im Hotel Prinz Heinrich arbeitet. Diese sind Heinrichs und Roberts Gesprächspartner am Anfang der Erzählung: Am Abend des 6. September 1958 unterhält sich Heinrich Fähmel in Roberts Büro mit Leonore über den Bau der Abtei Sankt Anton, während sein Sohn Billard spielt und mit Hugo über eine Gruppe junger Nazis spricht, die 1935 die Anhänger eines gewissen „Sakraments des Lammes" verfolgt hatten. Zu den ‚Guten' gehörten Robert und der Heimkehrer Schrella, die von einer vom „Sakrament des Büffels" essenden Horde Halbwüchsiger in der Vergangenheit gequält worden waren. Einer der Verfolger von damals, Nettlinger, hat es mittlerweile bis zum Regierungsbeamten gebracht, ein Nazi also, der in der westdeutschen Gesellschaft als Demokrat ‚angekommen' ist.

Billard um halbzehn betont aber nicht nur die Elitenkontinuität, der Roman geht auch darauf ein, wie zwei unterschiedliche gesellschaftliche Gruppen in der BRD mit der Vergangenheit umgehen: Da sind zum einen die Fähmels, die nicht weiterkommen, nicht agieren und von der Vergangenheit gefangengehalten sind. Und andererseits gibt es die optimistischen Nettlingers, die agierenden Leute von nebenan, die sich in der Gegenwart wohlfühlen, ohne einen Gedanken an die von ihnen Ermordeten zu verschwenden. Die Nettlingers sind wie Billardkugeln, die, einmal angestoßen, andere stoßen; sie können in alle Richtungen laufen. Doch die Dynamik der Kugeln täuscht, sie bewegen nicht sich, sie sind nur beweglich. Böll stellt damit eine binäre Opposition zwischen den Familien her. Eine Möglichkeit der Versöhnung dieser zwei Haltungen gegenüber der Vergangenheit könnte hier die Kraft des christlich geprägten Menschen sein, die indes von den Figuren ungenutzt bleibt. Und das ist nur konsequent, ist doch die derart unbefriedigend verlaufende Entwicklung charakteristisch für das von Böll beschriebene Milieu.

In seinem Roman bedient sich Böll jedenfalls unterschiedlicher christlicher Themen und Motive. Zu Recht ist mit Blick auf *Billard um halbzehn* von einer Reise zu Stationen des christlichen Geistes durch die deutsche Geschichte des 20. Jahrhunderts die Rede gewesen.

Darüber hinaus werden dem Leser aber auch die Leiden der weiblichen Figuren in der Nazi-Zeit vor Augen geführt: Marianne, Josephs Verlobte, hätte sich nach dem Willen ihres Vaters während eines kollektiven Selbstmordes umbringen sollen, wie es im Falle der Familie Goebbels geschah; Johanna Fähmel, die seit 16 Jahren in einer Heilanstalt lebt, hat zwei Söhne in den Weltkriegen verloren, ihr zweiter, Otto, ein hässlicher und überzeugter Nazi, fiel an der Ostfront. Johanna will sich auch aus diesem Grund an den „Sakramenten des Büffels" rächen und trifft die Entscheidung, während der Feier zum 80. Geburtstag ihres Mannes einen Minister zu erschießen. Das tragische Ende des Romans wird durch einen zweifach sanfteren Epilog abgemildert. Zum einen adoptiert Robert den jungen Hugo, der ihm während seines Billardspielens immer treu blieb. In der letzten Station des Romans befindet sich zum anderen die Familie, ohne die inhaftierte Johanna, um eine Torte wiedervereinigt, die der Abtei Sankt Anton nachgebildet ist.

Das Ende des Romans wurde denn auch von Georg Lukács 1968 hochgelobt: „Der ‚sinnlose' Schuß einer Verrückten, mit dem ‚Billard um halbzehn' endet, ist eine der wenigen menschlich echten Bewältigungen der faschistischen Vergangenheit in Deutschland, gerade weil in diesem Bewältigungsversuch auch die Vorgeschichte und die Nachgeschichte Hitlers mitgemeint ist." Und Lukács war bei weitem nicht der einzige Rezensent, der den Roman in den sechziger und siebziger Jahren, ja sogar bis in die neunziger Jahre hinein als Schlüsseltext der Vergangenheitsbewältigung las. Zugleich konzentrierte sich die Forschung in jüngster Zeit aber auch zunehmend auf die experimentellen und nonkonformen ästhetischen Strategien Bölls, die an jene von Faulkners Romanen erinnern.

Klar ist, dass *Billard um halbzehn* ein Höhepunkt der Nachkriegsliteratur ist. Mit diesem Roman ist der „neuen" deutschen Literatur der Anschluss an die Weltliteratur gelungen.

Literatur

Rolf Becker: Modell eines christlichen Nonkonformismus. Zu Heinrich Bölls „Billard um halb zehn". In: *Der Monat*, 12 (1959/1960), S. 69–74 • Christine Hummel: *Intertextualität im Werk Heinrich Bölls*. Trier 2002. • Hans Kügler: Heinrich Böll: „Billard um halbzehn". Zeit – Zeiterfahrung – Geschichtsbewußtsein. In: *Deutsche Romane von Grimmelshausen bis Walser. Interpretationen für den Literaturunterricht*. Bd. 2. Hg. von Jakob Lehmann. Königstein/Ts. 1982, S. 413–432 • Georg Lukács: Lob des neunzehnten Jahrhunderts. In: *In Sachen Böll: Ansichten und Einsichten*. Hg. von Marcel Reich-Ranicki. Köln 1968, S. 325–32 • Fritz Martini: Heinrich Böll: „Billard um halb zehn". In: *Moderna Språk*, 55 (1961), S. 27–38 • Ute Müller: *William Faulkner und die deutsche Nachkriegsliteratur*. Würzburg 2005 • Rainer Nägele: *Heinrich Böll. Einführung in das Werk und in die Forschung*. Frankfurt am Main 1976 • Bernhard Sowinski: *Heinrich Böll*. Stuttgart 1993.

Raul Calzoni

(12) Neue Jugend

Einleitung

Von Henning Wrage

Eine „Adoleszenz im traditionellen wie modernen bürgerlichen Sinne [hat] es in der DDR so nicht gegeben"[1], das ist ein Resümee selbst der neueren DDR-Jugendkulturforschung, die sich dabei auf zweierlei beruft: einerseits auf die bürgerlich-subjektivistische Implikation in den Narrativen jugendlichen Aufbegehrens, die der sozialistischen Kulturpolitik offen zuwiderläuft, andererseits auf den hohen Organisationsgrad der Jugendkultur: Ab der ersten Klasse waren bereits in den fünfziger Jahren signifikante Anteile der Schüler *Jungpioniere*, ab der vierten wurde man zum *Thälmannpionier* (die Quoten liegen 1949 bei etwa 30 Prozent, 1959 über 50 Prozent). Ab dem 14. Lebensjahr übernahm die *Freie Deutsche Jugend*, die zunächst von Erich Honecker (1946–55), dann von Karl Namokel (1955–59) geleitet wurde. Die Jugendweihe ersetzte in einer säkularisierten und staatsvereidigenden Weise Konfirmation und Firmung.

Dadurch wird jedoch die Frage nach der kulturellen Arbeit am Erwachsenwerden in der DDR nicht obsolet. Im Gegenteil, die Rekonstitution von Autorität aus einer Mischung von kommunistischen Traditionen, Preußentum und Protestantismus in der politisch verantwortlichen „Generation der Patriarchen"[2] bildete einen durchaus einladenden Ausgangspunkt für jugendliche Kritik und so entwickelten sich – wenn auch in geringerem Ausmaß als in der Bundesrepublik – Strukturen einer devianten Jugendkultur, die sich, was den Skandal noch erhöhte, explizit am westlichen Vorbild orientierte.[3] Die Angst vor dem Einfluss westlicher Medien auf die Charakterbildung der sozialistischen Jugend prägte dann auch explizit die östliche Kinder- und Jugendkultur.[4]

---

[1] Gansel, Carsten: Der Adoleszenzroman: zwischen Moderne und Postmoderne. In: *Taschenbuch der Kinder- und Jugendliteratur*. Hg. von Günter Lange. Baltmannsweiler 2000, S. 359–398, hier S. 386.
[2] Ahbe, Thomas; Gries, Rainer: Die Generationen der DDR und Ostdeutschlands. In: *Berliner Debatte. Initial*, Nr. 4 (2006), S. 90–109.
[3] Vgl. Fenemore, Mark: *Sex, Thugs and Rock'n'Roll. Teenage Rebels in Cold-War East Germany*. New York, Oxford 2007.
[4] Institut für Gesellschaftswissenschaften beim ZK der SED. Kollektivarbeit unter Leitung von Hans Koch (Hg.): *Gift in bunten Heften. Ein Münchner Zeitungskiosk als Spiegel des westdeutschen Kulturverfalls*. Berlin 1960.

Darunter grassiert jedoch in beiden deutschen Kulturen eine gemeinsame Besorgnis vor einer Jugend, die den Dissens zur Kriegsgeneration artikuliert – wenn auch oft noch derart schamhaft, dass gerade in der Bundesrepublik viel eher von einem Diskursphänomen denn von einer tatsächlich gesellschaftlich relevanten Jugendbewegung gesprochen werden muss. Das Leitmotiv der bundesdeutschen Debatten bilden dabei zwei Begriffe: der *Halbstarke* und der *Teenager*. Sie beschreiben Anfangs- und Endpunkt einer grundsätzlichen Wandlung, die „Jugend" in der ersten Dekade nach der Gründung der Bundesrepublik durchmacht. So reflektiert der Jugenddiskurs gesellschaftlichen Wandel im größeren Maßstab – den von der Kriegsfolgen- zur Wohlstandsgesellschaft.[5] Und nicht nur das: Die nachwachsende Alterskohorte war ein wesentlicher Katalysator in diesem Transformationsprozess, der die bundesdeutsche Gesellschaft allmählich aus traditionalen Bindungen löste und zu liberaleren Strukturen hin verschob.

Zugleich ist die hier besprochene Entwicklung des Halbstarken als Sozialtypus in Deutschland Teil eines umfassenderen Phänomens, das sich von den russischen *Stilyagi* über die britischen *Teddy Boys* bis hin zu den französischen *Blousons Noirs* erstreckt.[6] Die deutschen Halbstarken teilen mit ihnen eine zweifache mediengeschichtliche Korrelation: Sie beziehen einerseits ihre Vorbilder aus der selektiven Aneignung stilprägender Filmproduktionen; andererseits hätten sie gar nicht ohne die bemerkenswerte Mobilisierung der Tontechnik existieren können, der die Musik als wesentlichen sozialen Aggregator der elterlichen Einflusssphäre entzog. In beiden Aspekten antizipieren sie mithin, was man heute kulturelle und mediale Globalisierung nennt. Ebenfalls übernational scheint die Reaktion der erwachsenen Öffentlichkeit auf die Tendenz der Jugendkulturen, sich vom allgemeinen Common Sense zu autonomisieren. Dies implizierte nicht nur einen Aufstand gegen die Bedeutung auf der Seite der Halbstarken (dazu unten ausführlicher), sondern auch eine Verweigerung, allzu einfach verstanden zu werden. Das Feuilleton spielte trefflich mit, wenn es etwa ein Rock'n'Roll-Konzert als einen „Lärm" beschrieb, „als würden riesige Blechplatten abgeladen werden", was, so die *Offenbach-Post*, dazu führte, dass „das Auditorium [umgehend] in einen Zustand der Besinnungslosigkeit" versetzt wurde.[7]

---

5 Vgl. Naumann, Klaus (Hg.): *Nachkrieg in Deutschland*. Hamburg 2001. Vgl. allgemein auch Faulstich, Werner (Hg.): *Die Kultur der 50er Jahre*. München 2002.
6 Vgl. Mrozek, Bodo: Die verkannte Generation. Vom Bürgerschreck zur bunten Republik Deutschland. Jugendkulturen in der Nachkriegszeit. In: *ZeitRäume. Potsdamer Almanach des Zentrums für Zeithistorische Forschung 2009*. Hg. von Martin Sabrow. Göttingen 2010, S. 118–130.
7 Zitiert nach Kraushaar, Wolfgang: *Die Protest-Chronik 1949–1959. Eine illustrierte Geschichte von Bewegung, Widerstand und Utopie*. Bd. III: 1957–1959. Hamburg 1996, S. 2013.

Spezifisch deutsch an diesem, wenn man so will, hermeneutischen Skandal war jedoch, dass in beiden deutschen Nachkriegsgesellschaften die Jugend nicht nur Jugend, sondern auch Projektionsfläche war und von Anfang an zum Träger des geistigen und moralischen Wiederaufbaus stilisiert wurde. In der Emphase keineswegs einmalig ist etwa Ernst Wiecherts Münchner *Rede an die Jugend*: „Der Wald ist abgeschlagen, aber tief aus dem Urgrund des Volkes schießen die neuen Triebe heraus, die Zukunft, die einzige Zukunft und in eure Hände ist sie gelegt. [D]enkt daran, daß keine neue Erde aufblühen wird, ohne daß ihr sie durchtränkt hättet mit eurer Liebe."[8] Dass sich die Halbstarken der Rolle als Arznei der deutschen Seele nach der Kriegsniederlage verweigerten, nimmt kaum wunder, erklärt jedoch vielleicht die Massivität der öffentlichen Empörung in den fünfziger Jahren, die die aus dem Ruder laufenden Jugendlichen für „schlimmer als die Atombombe"[9] hielt.

Denn so viel man in der Nachkriegszeit über die Halbstarken redet – neu ist das Phänomen eigentlich nicht. Schon vor der Jahrhundertwende ist der Ausdruck geläufig und bezeichnet ein negatives Stereotyp jugendlicher Devianz: 1912 schreibt etwa Clemens Schulten, Pastor in Hamburg, nachgerade prophetisch die Halbstarken-Diskurse der fünfziger Jahre[10] vorausnehmend: „Da steht er an der Straßenecke, auf dem Kopf möglichst keck und frech eine verbogene Mütze, manchmal darunter hervorlugend eine widerliche kokette Haarlocke, um den Hals ein schlechtes Tuch gebunden, Rock und Hose zerrissen [...]. Er ist selten allein und hat meistens von seinesgleichen bei sich [...]. Die Unterhaltung, die sie führen, ist durchsetzt mit den greulichsten Schimpfwörtern. Seine Freude ist es, die Vorübergehenden zu belästigen, auch älteren Herren und Damen Gemeinheiten nachzurufen, ein Bein zu stellen oder ihnen etwas nachzuwerfen."[11]

Schon hier ist alles vorhanden: Gestalten ohne institutionalisierten sozialen Raum, spezifisch gekleidet und frisiert, mit eigenem Soziolekt und provozierendem Habitus. Auch der für die Jugendkultur der fünfziger Jahre so entscheidende Aspekt einer ausgedehnten wie spezifischen Mediennutzung wird bereits diskutiert: Der Halbstarke ist, wie Günther Dehn 1919 vermerkt, „der eigentliche, typische Kinobesucher",[12] In der Weimarer Republik werden die bemerkenswert or-

---

8 Wiechert, Ernst: *Rede an die deutsche Jugend 1945*. Zürich 1946, S. 32.
9 *Frankfurter Allgemeine Zeitung*, 31. 12. 1955, zit. nach Mrozek, Bodo: Halbstark! In: *Merkur. Zeitschrift für Europäisches Denken*, 62 (2008) 7, S. 630–635, hier S. 633.
10 Vgl. ausführlicher Muchow, Hans Heinrich: Zur Psychologie und Pädagogik der ‚Halbstarken'. In: *Unsere Jugend*, 8 (1956) 9, S. 388–394, 8 (1956) 10, S. 442–449, 8 (1956) 11, S. 486–491.
11 Schulten, Clemens: *Die Halbstarken*. Leipzig 1912, S. 30.
12 Dehn, Günther: *Großstadtjugend. Beobachtungen und Erfahrungen aus der Welt der großstädtischen Arbeiterjugend*. Berlin 1919.

ganisierten „wilden Cliquen" berühmt, die sich in den großen Städten zu „Ringen" zusammenschließen. Und selbst wenn der Begriff sich ab den dreißiger Jahren in der Jugendpädagogik verliert: Auch das ‚Dritte Reich' wird, aller Anstrengungen zum Trotz, der Halbstarken nicht Herr. Ob in den *Leipziger Meuten*, bei den *Edelweißpiraten* oder, im ‚angeschlossenen' Österreich, den *Wiener Schlurfs*, die adoleszente Regel des Regelverstoßes[13] behielt selbst im Nationalsozialismus ihre Gültigkeit.[14]

Erst in der jungen Bundesrepublik jedoch wird der Ausdruck im großen Stil zum Kampfbegriff. Er motiviert zum einen als schlimmster möglicher Fall die Jugendschutzdebatten der frühen fünfziger Jahre: Gesetzesinitiativen, die die Jugend vor „Schmutz und Schund" schützen sollen, erreichen 1952 einen ersten Höhepunkt, 1953 wird ein neues Jugendgerichtsgesetz verabschiedet und das Jugendwohlfahrtsgesetz novelliert, im gleichen Jahr auch das Gesetz über die „Verbreitung jugendgefährdender Schriften".[15] Das negative Beispiel gibt der Halbstarke auch in der Sexualpädagogik, die in der Propagierung von protestantisch repressivem Triebverzicht der Onaniebekämpfung in der Aufklärung zuweilen noch überraschend nahesteht. Veit Brabetz etwa, der später mit einem Buch über Hämorrhoiden und Krampfadern einige Berühmtheit erlangen wird,[16] verfasst 1950 folgende „offene[n] Worte über unser Liebesleben": „[Ein] fester Wille in der Ablenkung der Gedanken von geschlechtlichen Reizen und Freude an der Arbeit sind Mittel, die gegen eine unmoralische Reizbefriedigung schützen. [...] Auch Sport, der von einer fanatischen Sportbegeisterung geleitet wird, ist ein Mittel der Ablenkung von unnötigen Geschlechtsbedürfnissen. [...] Wer [...] jeder Zeit Herr über sich zu bleiben vermag, der wird auch über die schädlichen Anfechtungen seiner Sinnlichkeit hinwegkommen."[17]

---

13 Vgl. Schütz, Erhard: Old Wibeau oder Werthers Himmelfahrt. Zur Aktualisierbarkeit eines gealterten Jugendkult-Textes. In: *Der Deutschunterricht*, 48 (1996) 5, S. 48–58.
14 Vgl. Grotum, Thomas: *Die Halbstarken. Zur Geschichte einer Jugendkultur der 50er Jahre*. Frankfurt, New York 1994; Siegfried, Detlef: *Time is on my side. Konsum und Politik in der westdeutschen Jugendkultur der 60er Jahre*. Göttingen 2006.
15 Vgl. Zinnecker, Jürgen: *Jugendkultur 1940–1985*. Hg. vom Jugendwerk der Deutschen Shell. Opladen 1987; Saldern, Adelheid von: Kulturdebatte und Geschichtserinnerung. Der Bundestag und das Gesetz über die Verbreitung jugendgefährdender Schriften. In: *Die janusköpfigen 50er Jahre. Kulturelle Moderne und bildungsbürgerliche Semantik III*. Hg. von Georg Bollenbeck und Gerhard Kaiser. Opladen 2000, S. 87–114.
16 Brabetz, Veit: *Krampfadern, Hämorrhoiden. Beingeschwüre, Thrombosen. Vorbeugung und Heilung*. Hannover 1955.
17 Ders.: *Unser Liebesleben. Offene Worte über sexuelle Fragen*. Hannover 1950, hier zit. nach Grotum: *Die Halbstarken*. 1994, S. 69.

Die Debatte um die Halbstarken wird in beiden deutschen Staaten geführt; in der DDR wird der Ausdruck zum Schlagwort für die systematische Manipulation der Jugend im Kapitalismus (er wird etwa benutzt, um die vermeintlich westgesteuerten „Brandstifter" des 17. Juni 1953 zu qualifizieren); in der Bundesrepublik reicht sie von aufgeregter Zeitungsberichterstattung über sich provozierend mit allen Zeichen des Amerikanischen (also: der Besatzungsmacht) schmückende Aufmüpfer (vor allem in den Jahren 1956–1958, in denen mehrere große Jugendkrawalle die bundesdeutschen Metropolen erschüttern[18]) bis zu komplexen soziologischen und pädagogischen Beobachtungen.[19]

Kulturell wird der Halbstarke am prominentesten im Film gestaltet. Neben Richard Brooks' *The Blackboard Jungle* (dt. *Die Saat der Gewalt*, 1955) und László Benedeks *The Wild One* (dt. *Der Wilde*, 1953) wird vor allem ein Film zum Vorbild: Nicholas Rays *Rebel Without A Cause* (1955), der mit dem vielleicht adäquateren Titel *Denn sie wissen nicht, was sie tun* 1956 in die deutschen Kinos kommt. Er muss selbst Hans Heinrich Muchow so aussagekräftig erschienen sein, dass er Zeilen aus dem Film kurzerhand in empirisches Zitatmaterial verwandelte. Über den Gemütszustand der Affektstauung schreibt Muchow: „Die Halbstarken sind das Musterbeispiel für diesen Gemütszustand und für dessen Entladungszwang: ‚sie wissen nicht, was sie tun' – aber ‚irgend etwas ... muß man doch tun!' sagen sie selber."[20] Die äußeren Zeichen (von der Lederjacke bis zur Musik), die Protagonisten (suchende Helden mit rabiater Schale und sensiblem Kern, dysfunktionale Eltern, die leitmotivische Figur des Polizisten als einer verständnisvollen zweiten Autorität) und die Filmästhetik (etwa die Gestaltung von Zwängen und Freiheitsdrang im räumlichen Gegeneinander von Innen und Außen) – das alles macht *Denn sie wissen nicht, was sie tun* zu einem Muster, das so wirkmächtig ist, dass es noch die politischen Grenzen überspringt. Der kurz darauf von Georg Tressler gedrehte deutsche Spielfilm *Die Halbstarken* (1956) ist nicht nur in der Gestaltung des Helden ähnlich und in der Handlungszeit identisch, er verhandelt auch den gleichen (wenn auch invertierten) Konflikt mit den Eltern. Auch in der DDR entsteht ein Film, der diese Themen aufgreift: Wolfgang Kohlhaase, der Drehbuchautor von *Berlin – Ecke Schönhauser* (1957), vermerkt 2001 in einem Interview, dass der Film „ein ähnliches Publikum und ein ähnliches Personal"

---

18 Vgl. ausführlich Grotum: *Die Halbstarken*. 1994.
19 Vgl. zusammenfassend Schäfer, Gerhard: Die nivellierte Mittelstandsgesellschaft – Strategien der Soziologie in den 50er-Jahren. In: Bollenbeck, Kaiser (Hg.): *Die janusköpfigen 50er Jahre*. 2000, S. 115–142.
20 Muchow: Zur Psychologie und Pädagogik. In: *Unsere Jugend*, 8 (1956) 10, S. 442–449, hier S. 445.

wie *Die Halbstarken* hatte[21], und wenn der Film auch explizite Anspielungen auf westliche Vorbilder vermeidet – er ist ihnen strukturell vergleichbar. Anzumerken ist schließlich, dass Horst Buchholz, der Held von Tresslers Film, seine am amerikanischen Vorbild etablierte yob-star-persona präpotenter Überheblichkeit – etwa in *The Magnificent Seven* (dt. *Die glorreichen Sieben*, 1960) – wiederum nach Hollywood re-exportieren wird.

Die vielleicht wichtigste Gemeinsamkeit besteht jedoch in einem Merkmal ihrer Rezeption: Keiner dieser Filme bezieht Partei gegen die Erwachsenen – *Denn sie wissen nicht, was sie tun* kritisiert die Folgen mangelnder patriarchaler Autorität, *Die Halbstarken* folgen einer traditionellen Dramaturgie weiblicher Verführung, *Berlin – Ecke Schönhauser* endet mit der reuevollen Integration des Helden in die Welt der Väter. In der Rezeption kommt es jedoch in einer Art systematischem Aufstand gegen die intendierte Bedeutung zu Fehllektüren, die eher Rollenmodelle und Stile akzentuieren als die harmonisierenden Plotkonstruktionen. Für den Film gilt daher, was später auch über die Konsumkultur gesagt wird: Ihr Prinzip ist nicht Übernahme von Sinnangeboten, sondern deren Integration in jugendspezifische Bedeutungshorizonte.

Die Aufgeregtheit der öffentlichen Debatten um die Halbstarken und ihre kulturelle Konjunktur standen in deutlichem Missverhältnis zur quantitativen Verbreitung des Phänomens in der Jugend. So weist die empirische Jugendforschung zur Mitte der fünfziger Jahre eine Hierarchie jugendlicher Freizeitpraktiken aus, an deren Spitze mit großem Abstand das Lesen steht, wobei hierzu auch die Lektüre von Comics und *Landser*-Heftchen, von der *Bravo* bis zum Wildwestroman gehört, gefolgt von Sport, Handarbeit und dem „geselligen Zusammensein mit Freunden und Familie". Halbstarkenverdächtiges außerhäusiges Verhalten (etwa Tanzen, Kino) folgt erst in großem Abstand. Noch in einer großen *Emnid*-Studie von 1964 führen Familie, Lesen und Garten (dicht gefolgt vom Kirchenbesuch) die Rangliste an.[22]

Es ist mithin wenig erstaunlich, dass sich die Debatten seit der zweiten Hälfte der fünfziger Jahre und vor dem Hintergrund einer sprunghaften Entwicklung von Massenmedien, Technik und Freizeit zunehmend hin zur Kritik an Passivität, Apolitizität und der unkritischen Adaption amerikanischer Lebensstile und Konsumgewohnheiten verlagern. Im Gefolge der *Frankfurter Schule* (man erinnert sich: „Vergnügtsein heißt Einverstandensein") denkt man das zusammen und macht die Jugendlichen unter dem Schlagwort des *Teenagers* zum privilegierten

---

21 Wolfgang Kohlhaase im Interview mit Ralf Schenk. Begleitmaterial zur DVD *Berlin – Ecke Schönhauser* in der Edition der DEFA Film Library Amherst (Icestorm 2001).
22 Vgl. Strzelewicz, Willy: *Jugend in ihrer freien Zeit*. München 1965.

Opfer der Kulturindustrie. Eine Schrift des Bremer Jugendamts resümiert: „Der Mensch führt sein Leben nicht mehr, sondern er wird von anonymen Kräften gelebt. Das führt dazu, daß unsere Heranwachsenden in vielen Fällen, bevor sie ein Urteil haben, vom Angebot der Kulturindustrie überrannt werden."[23]

Den Hintergrund solcher Betrachtungen über die „amerikanisch" manipulierte Jugend bilden frappanterweise wiederum Texte aus den Vereinigten Staaten, die in der zweiten Hälfte der fünfziger Jahre auch auf Deutsch vorliegen. Von Vance Packards *The Hidden Persuaders* (1957, dt. *Die geheimen Verführer*, 1958) bis David Riesmans *The Lonely Crowd* (1950, dt. *Die einsame Masse*, 1958): Im Konsum wie in der Konsumkritik bilden die Vereinigten Staaten das Vorbild[24] – mit Interpretationsmustern, die gerade in den bildungsbürgerlichen Schichten bereitwillig aufgenommen und in die Topoi von „Vermassung", „Kulturverfall", „Materialismus" und „Konsumismus" übersetzt werden.

Den in Deutschland wohl einflussreichsten Entwurf, diesen Zusammenhang zu differenzieren, bildet neben den Arbeiten Hans Heinrich Muchows Helmut Schelskys *Die skeptische Generation* (1957), das später noch durch Viggo Graf Blüchers *Generation der Unbefangenen. Zur Soziologie der jungen Menschen heute* (1966) komplettiert wird. Was anderenorts kritisch befragt wird, nämlich „Organisationsmüdigkeit", „Gemeinschaftsunlust", „Mangel an ‚Idealismus'" oder „soziale ‚Lethargie'", wendet Schelsky ins Positive: Das Ja zur modernen, leistungsorientierten, Gesellschaft ist nicht nur die „Verhaltensgestalt" der jungen, „skeptischen" Generation – es bildet auch das Modell für die „Ankunft im Alltag" der älteren Generation. Zugrunde liegt die Annahme des Verschwindens traditioneller Klassen- und Schichtgrenzen in der „nivellierten Mittelstandsgesellschaft", eine Annahme, über die Christoph Klessmann zu Recht schreibt, dass sie „eher auf politischen und sozialen Wunschvorstellungen als auf sozialstrukturellen Tatbeständen basiert".[25] In der jüngeren Forschung wird der Zusammenhang von Jugend, Konsumkultur und gesellschaftlicher Modernisierung ähnlich wie bei Schelsky positiv bewertet; jedoch mit stärkerem Fokus auf die Auseinandersetzung mit dem ‚Dritten Reich' und die jugendkulturelle Binnendynamik.

Tatsächlich findet die entstehende Konsumgesellschaft ihre unbefangensten Kunden unter der Jugend. Sind die materiellen Spielräume der Westdeutschen bis in das zweite Drittel der fünfziger Jahre noch eng, öffnete die darauf folgende Periode wirtschaftlicher Prosperität auch den Jugendlichen größere Möglichkei-

---

23 Zitiert nach Siegfried: *Time is on my side*. 2006, S. 148.
24 Vgl. Maase, Kaspar: *BRAVO Amerika. Erkundungen zur Jugendkultur der Bundesrepublik in den fünfziger Jahren*. Hamburg 1992; Siegfried: *Time is on my side*. 2006.
25 Klessmann, Christoph: *Zwei Staaten, eine Nation. Deutsche Geschichte 1955–1970*. Bonn 1988, S. 36.

ten zur Partizipation an zielgruppenspezifischen Märkten. Dieses Mehr an verfügbaren Geldmitteln korrespondierte mit dem arbeitsfreien Samstag, verlängerten Urlaubszeiten und der im Durchschnitt ausgedehnteren Ausbildung mit einem Mehr an Zeit – zwei wesentliche Faktoren für die soziale Vernetzung unter den Jugendlichen in Institutionen, aber auch in Formen informeller Gemeinschaftsbildung. Die frei disponierbaren Geldmittel wurden zur materiellen Basis für die Loslösung aus sozialen und ideellen Bindungen der traditionalen Sozialmilieus – „Stilformen differenzieren sich, weil der Wohlstandsüberschuss Entscheidungen [zunächst] ermöglicht".[26] Und entgegen aller Befürchtungen vom „Fun" als „Stahlbad"[27] korrelierten Massenkonsum und Demokratisierung positiv: Es scheint mittlerweile gesichert, dass die gesellschaftlichen Prägungen durch den Nationalsozialismus in den fünfziger Jahren von den wiederholten Wohlstands- und Liberalisierungsschüben immer stärker überlagert worden sind – weshalb man wiederholt von einer Entlastung von der Vergangenheitsbindung durch wirtschaftliche Prosperität gesprochen hat.[28] Zudem spielte die vermeintlich entpolitisierte Konsumkultur eine bedeutsame Rolle im Konkurrenzkampf mit dem Staatssozialismus im östlichen Deutschland.[29]

Es scheint mithin tragfähiger, den Wandel zur Konsumgesellschaft in der Jugendkultur nicht als manipulativ entpolitisierende Entwicklung zu betrachten, sondern gerade mit Blick auf die Jugend als Spiel jener Distinktionen, die man seit Bourdieu die „feinen Unterschiede" nennt: nicht als nur ohnmächtig zu verfolgende Setzung kommerzieller als gesellschaftlicher Standards, sondern ihre eigensinnige Anverwandlung in der Jugendkultur – oder, wie es Michel de Certeau ausdrückt, als „die flüchtige und massive Realität einer gesellschaftlichen Aktivität, die mit ihrer Ordnung spielt".[30] Kulturelle und Konsumangebote werden nicht einfach übernommen, vielmehr eigensinnig anverwandelt, mit gruppenkohäsivem Sinn besetzt und in die Stilhaushalte eingebaut. Als soziales Phänomen zerfällt die Nachkriegsjugend in eine Vielzahl mehr oder minder enger

---

26 Siegfried: *Time is on my side*. 2006, S. 16.
27 Horkheimer, Max; Adorno, Theodor W.: *Dialektik der Aufklärung. Philosophische Fragmente*. Frankfurt am Main 1971, S. 126.
28 Vgl. etwa Wiesen, Jonathan: Mirades for Sale: Consumer Displays and Advertising in Postwar West Germany. In: *Consuming Germany in the Cold War*. Hg. von David E. Crew. Oxford, New York 2003, S. 151–178; Wildt, Michael: Konsumbürger. Das Politische als Optionsfreiheit und Distinktion. In: *Bürgertum nach 1945*. Hg. von Manfred Hettling und Bernd Ullrich. Hamburg 2005., S. 255–283; Siegfried: *Time is on my side*. 2006.
29 Vgl. Douglas, Mary; Isherwood, Baron: *The World of Goods. Towards an Anthropology of Consumption*. New York 1979.
30 Certeau, Michel de: *Kunst des Handelns*. Berlin 1988, S. 31.

Gemeinschaftsbildungen, die sich über spezifische Marker (Kleidung, Technik, Frisuren, politische Stile, die Kanonisierung von habituellen Formen aus Texten und Filmen) identifizieren. Sie soll hier nur in zwei Aspekten angedeutet werden: Medien und Musik.

In der Mediennutzung bleibt in Ost und West auch während der Etablierung des Fernsehens als Massenmedium das Kino das Medium der Jugend, vornehmlich der unter 20-Jährigen.[31] Im Fernsehen entstanden Sendungen, die speziell auf Kinder und Jugendliche zugeschnitten waren, nur allmählich, auch die Position des Fernsehapparates im „elterndominierten Raum des Wohnzimmers"[32] war der Attraktivität deutlich abträglich. In der Musik spielte die Entwicklung mobiler Geräte die entscheidende Rolle für die jugendliche Nutzung (während unter den Erwachsenen nach wie vor repräsentativere Musiktruhen beim Kauf bevorzugt wurden): Nun wurde Musik mobil, ihre Nutzung dem elterlichen Einfluss entzogen; damit war auch die technische Bedingung erfüllt, dass die jugendliche Massenkultur sich wesentlich über Musik ausbilden konnte. Ausreichend monetäres Kapital und Potenzial zur Mobilität wurden zur Voraussetzung dafür, dass die Unterhaltungselektronik selbst als objektiviertes Kulturkapital beträchtlichen distinktionellen Stellenwert unter der Jugend gewann.

In der genaueren Betrachtung taucht hier eine Vielzahl von Aspekten wieder auf, die in den fünfziger Jahren den Jugenddiskurs insgesamt prägen: Ein Beispiel ist etwa die Musikbox, die den Kritikern zur „genaue[n] Imitation des Kühlers eines wuchtigen Amerikawagens" (auch „die Lichter fehlen nicht") gerät.[33] Seit 1951 auf dem Markt, findet sie schnell Verbreitung in den deutschen Kneipen (3000 verkauften Exemplaren 1954 stehen etwa 50 000 im Jahr 1960 gegenüber) – und wird ebenso schnell zum Inbegriff des Kulturindustriellen, das den Benutzer steuere, ihm zugleich aber individuelles Handeln vorgaukle: Sie gilt als Instrument der „Mechanisierung der Verhaltensweise des Lokalbesuchers", die subsequent zu „Sklaven des Automaten"[34] würden. Tatsächlich wurde die Musikbox zum wichtigsten Instrument bei der atmosphärischen Ausstattung der jugendlich halböffentlichen Treffpunkte – und eine Ergänzung zur mobilisierten Musik durch Kofferradios, tragbare Plattenspieler und Tonbandgeräte. Seit der Einführung der Transistortechnik 1956 stieg der Verkauf dieser Geräte gerade unter Ju-

---

31 Vgl. Siegfried: *Time is on my side.* 2006; Wrage, Henning: *Die Zeit der Kunst. Literatur, Film und Fernsehen in der DDR der 1960er Jahre.* Heidelberg 2009.
32 Sander, Ekkehard: *Common Culture und neues Generationsverhältnis. Die Medienerfahrungen jüngerer Jugendlicher und ihrer Eltern im empirischen Vergleich.* München 2001, S. 107.
33 Reichardt, Robert: *Die Schallplatte als kulturelles und ökonomisches Phänomen. Ein Beitrag zum Problem der Kunstkommerzialisierung.* Zürich 1962, S. 86 f.
34 Schmidt-Joos, Siegfried: *Geschäfte mit Schlagern.* Bremen 1960, S. 134.

gendlichen und jungen Erwachsenen sprunghaft an. Eindeutiger als je zuvor verbinden sich hier mediengeschichtliche Evolution und Elemente der Adoleszenz: die tragbaren Geräte bedienten ein jugendliches, wesentlich patrifugales Mobilitätsbedürfnis; mit klangvollen Namen wie PE Bambi oder Party 300 BV stieg der Absatz ab der zweiten Hälfte der fünfziger Jahre exponentiell.[35]

Was auf den Geräten lief, wurde nach der Blüte des Rock'n'Roll zwischen 1956 und 1958 zunehmend vielfältiger und polarisierte sich: Während Dixieland, Skiffle und eingedeutschte Präsentationen von Peter Kraus (der seine Vorbilder in Deutschland bald so überstrahlte, dass Fans sich beschwerten, dass „der Presley dem Peter Kraus alles nachsingt"[36]) bis Conny Froboess den Markt in Richtung Massengeschmack entwickelten, wurde der Jazz in intellektuelleren Kreisen, wo sich bald hochkulturelle Hybriden wie *Jazz und Lyrik* entwickelten, schnell auch zum politischen Vehikel. Im ‚Dritten Reich' seit der Weimarer Ausstellung zur *Entarteten Musik* 1938 stigmatisiert, galt er prominenten Protagonisten wie Fritz Rau als Mittel der „Entnazifizierung an Körper und Seele".[37]

Dem vielfältig musikalisch motivierten Drang junger Menschen, sich jenseits der elterlichen Fuchtel mit Gleichaltrigen zu versammeln, korrespondierte in den fünfziger Jahren eine ganze Reihe mehr oder minder institutionalisierter Jugendfreizeitorte: angefangen von den Tanzschulen, über – teils von den Besatzungsmächten eingerichteten – Jugendheimen zur Betreuung von Jugendlichen bis hin zu mehr oder weniger lose organisierten Fan- und „Star"-Clubs. Ein bei Coca Cola eigens eingerichtetes Referat Jugendförderung war nur der prominenteste Organisator einer ganzen Welle kommerzieller Club- und Tanzveranstaltungen vom Coca Cola- bis zum Bluna-Ball – in der Regel in großen, gut ausgeleuchteten Räumen mit erwachsener Aufsicht und ohne Alkoholausschank. Als Kontrastprogramm boomten private und halböffentliche Kellerclubs – Rückzugsorte für all jene, die sich als gesellschaftliche Außenseiter verstanden. Hellmuth Kentler hat sie die „Kellerjugend" genannt. Eine höchst vielschichtige Gemengelage differenzierter Musikformen und Tanzstile mithin, für die nur erwachsene Beobachter Generalisierungen fanden: sei es „Ent-staltung"[38], sei es die Angst vor der Amerikanisierung oder der Destabilisierung von Geschlechterverhältnissen und Sexualnormen. Im östlichen Deutschland fand man, was im Westen von Twist bis

---

35 Vgl. im Überblick auch Schildt, Axel: *Moderne Zeiten. Freizeit, Massenmedien und ‚Zeitgeist' in der Bundesrepublik der 50er Jahre*. Hamburg 1995; Koch, Lars (Hg.): *Modernisierung als Amerikanisierung? Entwicklungslinien der westdeutschen Kultur 1945–1960*. Bielefeld 2007.
36 Zitiert nach Roche, Walter von la: Erfahrungen mit Schlager-Fans. In: *Deutsche Jugend*, 9 (1961), S. 357–362, hier S. 361.
37 Zitiert nach Siegfried: *Time is on my side*. 2006, S. 111.
38 Vgl. Muchow, Hans Heinrich: *Sexualreife und Sozialstruktur der Jugend*. Hamburg 1959.

Rock'n'Roll entstand, so bedrohlich, dass man 1959 den Lipsi einführte – ein traditioneller Paartanz im 6/4-Takt als zentral verordneter Versuch, eine sozialistische Tanzmusiktradition zu begründen. Er scheiterte so gründlich, dass es im Jugendkommuniqué des Politbüros 1963 resignierend heißt: „Welchen Takt die Jugend wählt, ist ihr überlassen: Hauptsache, sie bleibt taktvoll!"[39]

Wenn im komplizierten Gefüge von Konservatismus und Pluralisierung, Kommerzialisierung, Modernisierung und Bewahrung im Lauf der fünfziger Jahre allmählich Konturen einer neuen Gesellschaft sichtbar werden, dann zuerst – und immer wieder kritisch – in Beobachtungen an der Jugend. Ob es um die „Amerikanisierung", die manipulative Macht der Werbung oder politische Teilnahmslosigkeit geht: Immer wieder figuriert „Jugend" als diskursiver Prüfstein zweier Gesellschaften unter Modernisierungsdruck. Was in den Fünfzigern noch eine eher lose soziale und kulturelle Konstellation bildet, ist mithin nicht weniger als eine Protoform jener sozialen und politischen Bewegung, die in den sechziger Jahren die Gesellschaften beider deutschen Staaten von Grund auf reformieren wird.

---

39 *Jugend von heute – Hausherren von morgen. Kommuniqué des Politbüros ZK der SED zu Problemen der Jugend in der DDR.* Berlin 1963.

„Das Steckenpferd" und die Jugendzeitschriften der fünfziger Jahre

Im Januar 1947 wird auf der fünften Seite der Münchener Schülerzeitschrift *Das Steckenpferd* (1946–1948) ein neues Medium angekündigt, das das Schicksal der deutschen Jugendkultur unlösbar verändern wird: das Fernsehen in Farbe. „Vergnüge dich zu Hause!" lautet die amerikanische Werbung für das neue Gerät vom *Columbia Broadcasting System* (CBS), dessen technische Handhabung dann in lediglich zwei Sätzen zusammengefasst wird. Zwar ist → Fernsehen zunächst nur eine textuelle Beschreibung aus dritter Hand, das Versprechen jedoch lässt sich leicht entziffern: „Jeder, der in Amerika das nötige Kleingeld besitzt, kann sich in nicht allzu ferner Zeit einen Fernsehempfänger [mit farbiger Bildübertragung] kaufen." Die rosige Zukunft in der amerikanischen Besatzungszone verbindet sich nun nicht nur mit dem Konsumieren an sich, sondern vor allem mit dem Konsumieren von bunten Bildern. Gleichwohl blieb das *Steckenpferd* selbst – wie viele Jugendzeitschriften – meistens in Schwarz-Weiß, provinziell, überaus textlastig und eher für Lehrerinnen und Lehrer als ihre Klientel bestimmt. Insofern trafen die medialen Transformationen der fünfziger Jahre den Markt der Jugendzeitschriften zugleich als vorhergesehen und unerwartet.

Das Steckenpferd (das übrigens als *Korkenzieher* in → Hans Werner Richters *Linus Fleck*, 1959, wieder auftauchen wird) hinderte das am – mehr oder minder – monatlichen Erscheinen nicht. Für das Einzelheft um 50 Pfennige erleichtert, erwartete die Leser politisch Ambitioniertes, Interviews und Reportagen (etwa aus den Filmstudios in München), aber auch Kalauerhaftes wie Persiflagen auf *Wandrers Nachtlied* („Über allen Bänken ist Ruh / Auch vom Katheder hörest Du / Kaum einen Hauch") und Zurück-zur-Natur-Kleinanzeigen à la „Biete: Radio, Suche: Faltboot", immer wieder aber auch kulturkonservativen Mainstream („Immer noch ist die geistige Situation der deutschen Jugend bestimmt durch eine große innere Leere").

Auch jenseits des *Steckenpferds* waren es offenbar gerade Themen wie Raumschiffe, Rätsel, Ratschläge und Romy Schneider, die die bundesdeutsche Jugend der fünfziger Jahre dazu brachte, Zeitschriften zu kaufen. Damit verändert ein Format grundlegend seine Funktion, das seit dem *Leipziger Wochenblatt für Kinder* und Christian Felix Weißes *Kinderfreund* in der Aufklärung eine entscheidende Rolle in der Erziehung von deutschen Kindern als künftige Staatsbürger und Konsumenten gespielt hatte. Immer schon gehörte zum Warenbestand eine Kombination von moralisch flektiertem Wissen, ideologisch geprägter Unterhaltung und, vor allem, attraktiven Bildern.

In den fünfziger Jahren steigen Anzahl und Auflagen exponentiell – genauso wie die Gewinne für die Verlage – und ebenso ihre inhaltlichen Möglichkeiten.

Dafür gibt es offensichtliche Gründe: die Freigabe von Rohpapier durch die Besatzungsmächte, das durch die ökonomische Stabilisierung steigende Taschengeld unter der deutschen Jugend, die hohe Lesefähigkeit der deutschen Bevölkerung überhaupt, die schnelle Verwandlung des Kalten Krieges in einen Krieg der Kulturen, ein wirksameres Cross-Marketing von anderen Medien wie Film, Musik und Fernsehen als Teil der sogenannten Medienrevolution, nicht zuletzt: die Weiterentwicklung von Farbdruckmethoden, die im ‚Dritten Reich' entwickelt worden waren. Nicht zu unterschätzen sind auch die Popularisierung von Comics als international übergreifendes Medium und – als Movens adoleszenten Handelns – die angespannten Moral- und Generationsverhältnisse der Zeit. Egal was gedruckt wurde: Man erwartete etwas Informatives und Spannendes, das zumindest ein bisschen Mutters oder Vaters Geschmack zuwiderlief.

Jugendzeitschriften in den fünfziger Jahren erschienen entweder wöchentlich, vierzehntägig oder monatlich, und hatten eine Zielgruppe im Alter von drei bis 18 Jahren. In der Bundesrepublik kosteten Jugendzeitschriften durchschnittlich 25 bis 75 Pfennige, während man in der DDR den subventionierten Preis von nur fünf bis 25 Pfennige pro Ausgabe bezahlte. Manche pädagogisch geneigteren Zeitschriften, etwa *Jugendlust* in der Bundesrepublik oder *Trommel* in der DDR, wurden auch über Lehrerverbände vermarktet bzw. verteilt. Ihre Herausgeber waren, wie heute, entweder Privatverlage oder staatlich subventionierte Institutionen, die alle darauf zielten, neue und regelmäßige Leser zu gewinnen: durch ein attraktives Angebot von Fiktion und Edutainment, durch die Bereitstellung von Identifikationsmöglichkeiten und Gesprächsgrundlagen im Freundeskreis und durch die Gestaltung und Fortsetzung beliebter Serien. In beiden deutschen Staaten erreichten farbige Comiczeitschriften wie *Mosaik* (DDR) oder *Rasselbande* (Bundesrepublik) sowohl die breiteste Zielgruppe als auch den langfristigsten Erfolg. Und wie immer in der Kinder- und Jugendliteratur spielten für den Erfolg der Jugendzeitschriften die mitlesenden Erwachsenen eine besondere Rolle.

Die erste Jugendzeitschrift in der Bundesrepublik war Erich Kästners *Pinguin* (1946–1953), eine Literaturzeitschrift für Kinder mit der Zielrichtung demokratischer Charakterbildung, die, etwa im dort angebotenen „verlorene Eltern"-Service, deutlich die Erfordernisse im unmittelbaren Nachkriegsdeutschland spiegelt. In der bei *Rowohlt* herausgegebenen Zeitschrift fanden sich Dichtungen von → Wolfgang Borchert bis Mascha Kaléko. Dies verlieh dem *Pinguin* einen erhöhten kulturellen Anspruch, passte später jedoch zunehmend schlecht in den Wirtschaftswunder-Markt. Deutlich konservativer waren die CDU-nahen Zeitschriften *Die Entscheidung* (ursprünglich: *Werkhefte der Jungen Union*, 1951–heute) und *Jugendlust* (1876–1941, 1948-heute, nun umbenannt in *Floh!*), die sowohl für traditionelle religiöse Werte wie für modernes Alltagswissen warben: vom richtigen

Zähneputzen bis zum Straßenverkehr. Im Allgemeinen wurde die Politik eher zurückgestellt – zugunsten einer für Jungen konzipierten Trivialliteratur, die fast ausschließlich in Weltraum, Dschungel, Mittelalter oder wildem Westen spielte. *Der Gute Kamerad* (1887–1941, 1951–1968) stellte der Nachkriegsjugend Karl-May-Geschichten samt Rat gebenden Artikeln vor, während *Der heitere Fridolin* (1958–1961) das goldene Zeitalter des franko-belgischen Comics (etwa *Spirou* oder *Lucky Luke*) feilbot. Zu den erfolgreichsten Hybriden von Trivialliteratur und pädagogisch intendierten Stoffen für Jungen gehörte etwa *Pete* aus dem *Uta-Verlag* (1951–1959), das den wilden Westen in einen Schulungsraum verwandelte, aber auch *Rasselbande* (1953–1966), das zwischen Bastelseiten und Science-Fiction-Serien ziemlich umfangreich Auskunft über die Welt vermittelte. Obwohl diese Comiczeitschriften aus heutiger Perspektive durchaus harmlos wirken, wurden sie seit 1954 von der *Bundesprüfstelle für jugendgefährdende Medien* überwacht. Ihre Maßnahmen trafen gleichwohl nie die Gestaltung der berühmten Klatschzeitschrift *Bravo* (1956-heute), die sich seit ihrem Beginn um Promis, Musik, Sex und Mädchenangelegenheiten kümmerte, ebenso wenig wie die ähnlich aussehende *Twen* (1959–1971).

Insgesamt verweisen die bundesdeutschen Jugendzeitschriften der fünfziger Jahre auf eine komplexe Gemengelage, der noch immer das Bemühen um Belehrung und Unterhaltung anzumerken ist: ständige Kompromisse zwischen bürgerlicher Moral und Unterhaltung, ernsthaften Ratschlägen und Rätselspielen, wobei Elemente geschlechtsspezifischer Erziehung aus dieser Dynamik nicht wegzudenken sind.

In der DDR entstanden vom streng ideologischen Kontext losgelöste Jugendzeitschriften erst nach dem Aufstand des 17. Juni 1953 als Teil einer „Zuckerbrotstrategie" – so etwa das „Fachblatt für Tanz- und Unterhaltungsmusik" *Melodie und Rhythmus* (1957–1991). ‚Graue Literatur', Comics und Science-Fiction wurden von der SED-Führung gleichwohl durch die fünfziger Jahre hindurch mit gemischten Gefühlen betrachtet, selbst das Wort „Comic" wurde im offiziellen Sprachgebrauch durch den Begriff „Bildergeschichten" ersetzt.

Deutlicher als in der Bundesrepublik war die Abstufung in altersspezifische Zielgruppen für die Kinder- und Jugendzeitschriften, die, außer *Mosaik*, sämtlich durch die FDJ hergestellt wurden: *Bummi* (1957-heute) und die *ABC-Zeitung* (1946–1996) waren für Leser zwischen drei und sechs Jahren bestimmt, danach las man *Frösi* („Fröhlich sein und singen", 1955–1991) oder *Der junge Pionier* (1958 in *Trommel* umbenannt, 1949–1990). Von ungefähr zehn Jahren an lasen die Jungen die *Jugend und Technik* (1952–1991) mit einem Schwerpunkt auf technologischen Themen und *Die Schulpost* (1946–1990). Am beliebtesten waren jedoch die Zeitschriften mit den besten deutschen und ungarischen Comics – *Mosaik* (1955–heute) und *Atze* (1955–1991) – wenn auch die übrigen, abgesehen von der technischen Zeitschrift, nicht ohne Comics überleben konnten. Klatschzeitschriften wie die *Bravo* waren verpönt, wenn auch die Zeitschrift *Neues Leben* (1954–1992) ein Stück weit eine Alternative bot – mit Texten zu Mode und Film, Musik und (vor allem ab den sechziger Jahren) den Film- und Fernsehlieblingen; *Bravos* „Dr. Sommer"-Kolumne wurde akademisch gar durch „Professor Borrmann antwortet" zu Fragen der Sexualität überboten.

Sozialistische Jugendpädagogik im Medium der Unterhaltsamkeit also im Osten, im Westen Konzessionen an Standards bürgerlicher Moral unter der Bedingung der Marktakzeptanz – und im Ergebnis: eine gar nicht so verschiedene Mischung von *prodesse et delectare*.

Literatur

Dieter Baacke, Jürgen Lauffer: *Nicht nur schöner Schein – Kinder- und Jugendzeitschriften in Deutschland. Übersicht und Empfehlungen*. Bielefeld 1994 • Martin Hussong: Jugendzeitschriften von 1945 bis 1960. Phasen, Typen, Tendenzen. In: *Zwischen Trümmern und Wohlstand*. Hg. von Klaus Doderer. Basel 1988, S. 520–585 • Institut für Gesellschaftswissenschaften beim ZK der SED. Kollektivarbeit unter Leitung von Hans Koch (Hg.): *Gift in bunten Heften. Ein Münchner Zeitungskiosk als Spiegel des westdeutschen Kulturverfalls*. Berlin 1960 • Thomas Kramer: *Micky, Marx und Manitu. Zeit- und Kulturgeschichte im Spiegel eines DDR-Comics 1955–1990. „Mosaik" als Fokus von Medienerlebnissen im NS und in der DDR*. Berlin 2002 • Claudia Nothelle: *Zwischen Pop und Politik. Zum Weltbild der Jugendzeitschriften „Bravo", „ran" und „Junge Zeit."* Münster 1994 • J. U. Rogge: Zeitung/Zeitschrift. In: *Kinder- und Jugendmedien. Ein Handbuch für die Praxis*. Hg. von Dietrich Grünewald und Wilfried Kaminski. Basel 1984. S. 145–164 • Michael Sommer: *Die Kinderpresse in der Bundesrepublik Deutschland. Angebot, Konzepte, Formen, Inhalte*. Hamburg 1994 • Ralf Vollbrecht: *Jugendmedien*. Tübingen 2002 • Guido Weißhahn: *Comics in der DDR*. http://www.ddr-comics.de (Stand: 1. 3. 2013).

Evan Torner

Dieter Meichsner: Die Studenten von Berlin. Roman

Erstausgabe: Hamburg, Rowohlt Verlag 1954

Der Berliner Dieter Meichsner (1928–2010) gehörte zur ‚Generation Volkssturm': den Minderjährigen, die im Frühjahr 1945 noch den aussichtslosen Endkampf um die Reichshauptstadt überleben mussten. Nicht zuletzt dieser Erfahrungsdruck bedingt eine autobiographische bis dokumentarische Literatur, die zwanglos ins unmittelbar Zeithistorische changiert. Auf dem neu sich entwickelnden Nachkriegsbuchmarkt der (belletristisch eingefärbten) Memorabilien versuchten der Verleger Ernst Rowohlt und sein Lektor Kurt Marek (→ C. W. Ceram) mit Meichsner eine dezidiert jugendliche Stimme zu platzieren, die gleichwohl erfahrungsgesättigt das Drama der jüngsten deutschen Geschichte geben konnte.

Zwischen 1948 und 1954 publiziert Meichsner bei *Rowohlt* allein drei Romane. 1948 debütiert der 20-Jährige mit dem programmatisch-appellativen Titel *Versucht's noch mal mit uns*, ein HJ-Roman, der die Verführbarkeit und den Missbrauch der Jugend thematisiert. Sein Schlusssatz lautet: „Hoffentlich werden einmal alle, die so jung sind, nicht mehr wissen, was das ist: Dreck, Blut und Tod." (Andere Autoren, die den Kampf um Berlin seinerzeit belletristisch traktierten, wie Heinz Rein mit *Finale Berlin*, 1947, oder → Theodor Plievier mit *Berlin*, 1954, waren wesentlich älter.) 1952 folgt bei RO-RO-RO *Weißt Du, warum?*, ein Roman über einen verlorenen SS-Haufen in den Voralpen, der in den letzten Kriegstagen einen sinnlosen Ausfall gegen die Amerikaner unternimmt. Der *Rowohlt Verlag* bewarb den Autor mit dem Hinweis: „Was er erlebte und erlitt, schrieb er aus dem Bedürfnis heraus auf, klären zu helfen, was dieser Jugend widerfuhr und was in ihr vorging." Bei Erscheinen des dickleibigen Romans *Die Studenten von Berlin* 1954 ist Meichsner gerade 26 Jahre alt.

Weiterhin hält das Leben den Erzählstoff parat: Der Autor hatte sich 1946 an der wiedereröffneten *Humboldt-Universität* für Geschichte und Germanistik immatrikuliert; dann aber – enttäuscht von der linken Restauration in der SBZ und beginnenden SED-Totalitarismus im Uni-Alltag – beteiligt er sich an der Studierendeninitiative, die Alliierte und den Berliner Magistrat zu überzeugen versucht, im Westteil der Stadt eine „Freie Universität" zu gründen. 1948 gehört Meichsner zu deren Gründungsstudenten. Diese Geschichte steht auch im Zentrum des Romans, der noch dazu der *Philosophischen Fakultät* der *Freien Universität Berlin* gewidmet ist.

Man könnte *Die Studenten von Berlin* mithin als die *campus novel* der gesamtdeutschen Trümmer- und Aufbauliteratur bezeichnen. Aber der Roman ist mehr als das: Darin wird Universitätsgeschichte zum Brennspiegel eines Stationendramas der zeitgenössischen akademischen Jugend (also der nach 1925 Geborenen). Ihr Überlebenskampf an Kriegs- und Heimatfront im Frühjahr 1945, der „Nullpunkt", der ganz überwiegend als Befreiung, nicht als Zusammenbruch erfahren wird, Schwarzmarkt und Schiebergeschäfte, Schulddiskussion und geistig-moralischer Neubeginn. Dann der Bildungshunger, das vibrierende kulturelle Leben, das aus den Trümmern erwächst, die Wiederaufnahme des Lehrbetriebs an der *Humboldt-Universität*, politische Auseinandersetzungen, die zunächst nur Immatrikulationsvoraussetzungen betreffen. Meichsner erzählt, wie sich im Zuge der Enttäuschung über die erneute politische Indienstnahme der Hochschule dann jene „utopische Nüchternheit" (Klaus Heinrich) auszubreiten beginnt, mit der das Projekt in Angriff genommen wird, im Westteil der Stadt eine neue Universität gegen akademische Zwänge (und nicht nur solche) zu gründen: mit einem an den westdeutschen Ordinarienuniversitäten bespöttelten Mitbestimmungsmodell, gegen die männerbündelnde Folklore der Korporationen ebenso gerichtet wie den Gesinnungsterror der Einheitspartei im Osten. Schließlich die Ernüchterung, die Bürokratisierung des Gründungsgedankens in den Gremien, der Kalte Krieg im Studentenkonvent.

Meichsner erzählt das multiperspektivisch anhand eines Querschnitt-Tableaus durch die eigene Alterskohorte: sechs jugendliche Reflektorfiguren, deren Lebenslinien vom Februar 1945 an nachgezeichnet werden. Jutta, die in der Bombennacht von Dresden ihren Vater verliert; Herbert, der junge Leutnant, der an der Pommerschen Rückzugsfront kurz vor der Kapitulation noch einen Deserteur hinrichten muss; Karl-Heinz, der im sächsischen Aue in den letzten Kriegstagen bei einer jugendlichen Widerstandsgruppe mitmacht; Helmut, der als Verwundeter in Mecklenburg in russische Kriegsgefangenschaft gerät und sich nach seiner Entlassung zunächst als Volksschullehrer für die brandenburgische Provinz ausbilden lässt; Harald, der Sohn eines verfolgten Sozialdemokraten, der während der Schlacht um Berlin aus der NS-Haft flieht und in einer Laubenkolonie noch einen SS-Mann erwürgen muss, bevor er die russischen Linien erreicht; schließlich die Bürgerstochter Monika aus dem alten Westen, deren Vater mit einem Warenlager voller Kunstdünger schon im Sommer 1945 wieder gute Geschäfte macht. Schon das Figurenspektrum macht deutlich, dass es Meichsner auch um ein soziales Panorama zu tun ist, das sich im Laufe der Zeit handlungsräumlich an der Berliner Universität konzentriert. Hier treffen alle Protagonisten als Studierende aufeinander, zunächst 1946 in den noch kriegszerstörten Gebäuden der *Humboldt-Universität* Unter den Linden, dann ab Dezember 1948 an der *Freien Universität Berlin*, der westlichen „Gegengründung". Erzählstrukturell ist das Personal zunächst egalitär konzipiert, dennoch schält sich mit Harald Momber bald eine Mittelpunktsfigur heraus, die mehr Eigensinn entwickeln darf als die übrigen und die offenbar einen Teil der politischen Utopien des Autors verkörpert. Den ideologischen Anfechtungen im Osten wie auch im Westen abhold, ist Harald stets nonkonform, moralisch, kann er weder an der Linden- noch dann an der *Freien Universität* seinen Traum vom freiheitlichen Sozialismus im geeinten Deutschland verwirklichen. Im Osten wird er von den FDJ-Kollegen geschmäht für seinen unbestechlichen Individualismus und Freiheitsdrang, im Westen von den politischen Scharfmachern im Studentenparlament für seine Ost-Kontakte und Dialogbereitschaft. Am Ende wird Momber Opfer einer Intrige und gerät als FU-Student auf einer Reise zu seiner sterbenskranken Schwiegermutter in der DDR in die Fänge der Stasi.

Friedrich Sieburg schrieb dazu 1954 in der *FAZ*: „Die Anklage dieses jungen Schriftstellers ist umso herzzerreißender, als sie, so scheint es, mit einer Detailkenntnis erhoben wird, die nur aus gründlichstem Erleben kommen kann." Noch konkreter wurde *Der Spiegel*: „Bemerkenswert unbekümmert" ließe der junge Autor „eine ganze Reihe lebender Personen in seinem Roman auftreten und mit völlig frei erfundenen Figuren endlose Diskussionen zum Teil nach tatsächlich existierenden Protokollen führen." Verständlich, dass der Roman seinerzeit als Schlüsseltext gelesen wurde und sich das Interesse an seinem Verismus und Zeitkolorit bald erschöpfte: „In der Wiedergabe der studentischen Ratlosigkeit ist Meichsners Darstellung mehr von photographischer als von literarischer Qualität", nörgelte *Der Spiegel*. Und Sieburg altväterlich: „Wohl weht ein Hauch echter Jugend durch diese Seiten, aber die zahlreichen Figuren, die auf zwingende Weise eingeführt werden, gelangen zu keiner eigenen Physiognomie. [...] Die Masse des Stoffes, an dessen Echtheit zu zweifeln man keinen Anlaß hat, wird in endlosen Gesprächen ausgebreitet, die keinen eigenen Klang haben. Die Geißel des Dialogs ist uns von der amerikanischen Literatur gekommen, aber er entspricht nicht dem Geist unserer Sprache, ja nicht einmal unserem Denken und wirkt in Meichsners massenhafter Anwendung wie eine Überschwemmung mit papierenen Protokollen. Warum dann nicht gleich Dokumente und authentische Texte, die dem furchtbaren Ernst des Stoffes angemessen wären!"

Genau das aber macht den Roman heute, wo das Wissen über die porträtierten Personen und die protokollierten Ereignisse herabgesunken ist, erst recht interessant. Der forcierte Dokumentarismus der Darstellung erscheint nun als „einer der wenigen Großversuche an Neuer Sachlichkeit in der Nachkriegsliteratur" (Wilfried F. Schoeller). Zu diesem Großversuch gehören nicht zuletzt Elemente des Politkrimis. In Jena wird ein West-Spitzel von der Stasi erschossen. „In Wirklichkeit wurde er verhaftet und bekam acht Jahre", verriet der junge Autor schon damals dem *Spiegel*. Als Fernsehautor recycelte Meichsner diesen Stoff später erfolgreich für das NDR-Fernsehspiel *Nachruf auf Jürgen Trahnke* (1962).

Wer den Roman heute entschlüsseln will, beginne mit Bernd Rabehls *Am Ende der Utopie* (1988). Danach erkennt man z.B. Otto Heß, den an der Linden-Uni relegierten Herausgeber der Studentenzeitschrift *colloquium* und studentischen FU-Chefbegründer; man erkennt Dietrich Spangenberg und Carl Heinz Evers (den späteren SPD-Schulsenator), die sich 1951 im *Amt für gesamtdeutsche Studentenfragen* an der FU für aus der DDR geflüchtete Studenten einsetzten. Im Roman zählen sie als politische Funktionäre zur Kalten-Kriegs-Fraktion, die Meichsners Held Momber im Studentenkonvent zur Strecke bringen. Auch manche Professoren von damals kann man wiedererkennen. Meichsners historischer Held ist Friedrich Meinecke, der als einer von wenigen im Roman mit Klarnamen auftreten darf.

Wer den Essay zum Roman über die Enttäuschungsgeschichte der FU-Gründungsstudenten lesen will, der wiederum greife unbedingt zu: Klaus Heinrich *Erinnerungen an das Problem einer freien Universität* (zuerst 1967).

Literatur

Ernüchterung in Dahlem. In: *Der Spiegel*, 18/1954 (28. 4. 1954), S. 26f. • Klaus Heinrich: *Erinnerungen an das Problem einer freien Universität*. In: *Das Argument*, 9 (1967), Nr. 43 [Wissenschaft als Politik I], S. 92–102 • Bernd Rabehl: *Am Ende der Utopie. Die politische Geschichte der Freien Universität Berlin*. Berlin 1988.

Jörg Döring

Hans Baumanns „Steppensöhne" (1954) und die westdeutsche Kinder- und Jugendliteratur der fünfziger Jahre

Zu denjenigen, die in der Kinder- und Jugendliteratur der fünfziger Jahre thematisch den Neuanfang in einem moralkritischen Diskurs suchen, zählt in erster Linie Hans Baumann (1914–1988). Seine historischen Jugendbücher *Der Sohn des Columbus* (1951), *Steppensöhne* (1954), *Die Barke der Brüder* (1956) und *Ich zog mit Hannibal* (1960) reflektieren die Verwüstungen des ‚Dritten Reiches' und seiner Herrschafts-, Macht- und Überwältigungsideologie. Das ist umso bemerkenswerter, als Baumanns Karriere als Kinder- und Jugendschriftsteller bereits während des Nationalsozialismus (mit Fahrten- und Kampfliedern der *Hitler-Jugend*, unter anderem dem berüchtigten *Es zittern die morschen Knochen*) begonnen hatte.

Während der fünfziger und sechziger Jahre ist Baumann kinderliterarisch überaus produktiv – insgesamt entstehen zwischen 1949 und 1969 über 30 Bände. Signifikant für die Reflexion der jüngsten Vergangenheit ist dabei vor allem das 1953 verfasste und 1954 erschienene *Steppensöhne*, das deutliche Spuren des Wiedergutmachungs- und Versöhnungswillens des Autors trägt. Baumann entfaltet in *Steppensöhne* eine spannende und aktuelle Auseinandersetzung um Welteroberungs- und Unterwerfungspläne mächtiger Kriegsherren (wie des Großkhans der Mongolen, des gefürchteten Dschingis Khan aus dem 12./13. Jahrhundert). Konkretisiert wird das an der Geschichte zweier seiner Enkel, der gegensätzlich sich entwickelnden Brüder Arik-Buka und Kubilai im Rahmen der weitreichenden Eroberungs- und Zerstörungszüge in das Reich des Schahs von Persien, nach Russland und bis nach Mitteleuropa.

Dschingis Khan wird – im Gegensatz zu Hitler und Stalin, welche die zeitgeschichtlichen Referenzgrößen des Romans bilden – von einem chinesischen Weisen, Yelui, beraten, auf dessen konstruktiv friedenstiftenden Ratschläge er auch weitgehend hört und dem er größten Einfluss auf den Enkel Kubilai einräumt. Der Tenor der Ratschläge Yeluis ist Völkerverständigung und Toleranz, gerade auch gegenüber den Völkern, die man für sich gewinnen will – statt brutale Unterwerfung und Ausrottung aller, die diese Strategie zum Widerstand reizt, eine Strategie, die auch den Unterdrückern sehr viele Opfer in den eigenen Reihen kostet und letztlich wenig erfolgversprechend ist – eine nachträglich deutliche Kritik am nationalsozialistischen Unterjochungs- und Vernichtungskrieg im Osten. Es gelingt Baumann überzeugend, seine Botschaft ohne unglaubwürdige Schwarz-Weiß-Malerei durch spannende Handlungsführung und konfliktträchtige Figurenkonstellation zu vermitteln, auch wenn die zentrale Figur des Dschingis-Khan-Beraters und Prinzenerziehers Yelui zu einer Art chinesischem Nathan der Weise stilisiert erscheint. Zudem ist die Erzählung, was die historischen und ethnographischen Hintergründe betrifft, sehr sorgfältig und durch ausführliches Quellenstudium gestützt gearbeitet, ohne ins Belehrende abzugleiten.

Wenn Zeitgeschichte in der Kinder- und Jugendliteratur der alten Bundesrepublik in den fünfziger Jahren jedoch direkt erzählt wird, dann, so Malte Dahrendorf, vorwiegend in Form von „wehleidigen Flüchtlings- und Vertreibungsgeschichten". Die Deutschen erscheinen hier regelmäßig als die Opfer. Erst gegen Ende der fünfziger Jahre wird auch das bisherige Tabu-Thema der Judenverfolgung jungen Lesern zugänglich gemacht – nicht zuletzt als Folge einiger für das westdeutsche Ansehen sehr abträglicher politischer Ereignisse, wie das international peinliche aufsehenerregende Erstarken rechtsradikaler Parteien (NPD), Hakenkreuzschmierereien und Schändungen jüdischer Einrichtungen in Köln zu Weihnachten 1959. Vorausgegangen war die Publikation des *Tagebuchs der Anne Frank* (1950), das vor allem in der Bühnenfassung von 1956/57 starke öffentliche Wirksamkeit entfaltete.

Was hierzu bis 1960 vorlag, war allerdings nicht sehr umfangreich – es handelt sich vor allem um eine Reihe von Übersetzungen. Sie thematisieren die Judenverfolgung und den Holocaust meist aus der Perspektive der Überlebenden, die in Israel ein neues Land, ihren Staat aufbauen. Die wenigen Jugenderzählungen von deutschen Autoren stellen das Motiv der rettenden Freundschaft zwischen verfolgten jüdischen und deutschen Kindern in den Mittelpunkt. Letztere tun (samt ihren Familien) alles, um ihre bedrohten jüdischen Mitbürger vor dem Zugriff der Nazi-Bösewichter in Gestalt von SA, SS oder Gestapo zu retten. Dank der mutigen Hilfsaktion vieler wohlmeinender und guter Deutscher – die Nazis bilden (folgt man der Darstellungslogik dieser Texte) eine kleine radikale Minderheit in Deutschland –, können die bedrohten jüdischen Familien in letzter Minute gerettet werden, das Böse in Gestalt der Nazis und ihrer Schergen hat das Nachsehen. Typisch für dieses Erzählmodell ist ein Titel wie *Geheime Freundschaft* (1960) von Walter Gronemann (1926–1996).

Im Übrigen teilt die Kinder- und Jugendliteratur mit der Kultur der Zeit eine eigentümliche Dialektik von Tradition und Modernisierung: Einerseits kommt es zu einer deutlichen Differenzierung und Diversifizierung von Themen, Genres und Schreibstilen, die sich in den späteren Jahren zu einer deutlichen Modernisierung dieses literarischen Teilgebietes entwickelt. Andererseits dominiert noch lange die Programmatik des „guten Jugendbuches": Die Kampagne für das „gute Jugendbuch" und gegen „Schmutz und Schund" (gemeint waren vor allem Comics und Heftchenliteratur aller Art) wurde ab Mitte der fünfziger Jahre intensiv von offizieller wie auch interessierter Verlagsseite geführt. Sie verstand sich als Kampfansage an die kommerzialisierte Kinder- und Jugendlektüre wie Jugendkultur seit den fünfziger Jahren überhaupt. Der Negativbegriff „Amerikanisierung" der Lektüreangebote kommt hier ins Spiel – gehörte doch z.B. der Comic *Micky Maus* zu den erfolgreichsten Produkten moderner Kindermassenkultur auch in der alten BRD. Generell fürchtete die mehrheitlich konservativ eingestellte Literaturpädagogik nichts mehr als die Gestaltung von Problemthemen sowie das ‚schlechte Beispiel' in der Kinderliteratur: So waren aufmüpfige, freche Kinder als Figuren verdächtig, galten sie doch als schlechte, verführerische Vorbilder für die kindlichen Adressaten. Dieses Verdikt bekam auch Astrid Lindgren mit ihrer *Pippi Langstrumpf*-Figur zu spüren; zunächst 1945 in Schweden, dann 1949 in Deutschland.

Daneben existierte eine Minderheit, die eine für Modernisierungstendenzen im Bereich der Kinder- und Jugendliteratur offene Literaturpädagogik vertrat. Dieser fortschrittliche Teil der Bewegung für das „gute Jugendbuch" war allerdings eher ästhetisch orientiert, d.h. er machte sich nicht in erster Linie für bestimmte ‚pädagogisch wertvolle' Inhalte stark, sondern richtete sein Augenmerk auf die Einhaltung literarischer Standards bei der Gestaltung der Texte. Der konservative Flügel hingegen setzte ganz auf den Primat des Pädagogisch-Seelenbildenden. Modernes Erzählen galt hier als nicht kind- bzw. jugendgemäß.

Eine zweite Facette kinderliterarischer Modernisierung repräsentiert Alfred Weidenmann (1916–2000) – ebenfalls bereits im ‚Dritten Reich' als Kinder- und Jugendautor sowie Filmemacher aktiv – mit seinem flott erzählten und auch verfilmten Erfolgsbuch *Gepäckschein 666* (1953). Der in der Gegenwart spielende Roman ist ersichtlich an Erich Kästners *Emil und die Detektive* (1929) orientiert.

Zu den wenigen Repräsentanten eines gesellschaftskritischen Realismus in der Jugendliteratur der fünfziger Jahre gehört schließlich der österreichische Autor Karl Bruckner (1906–1982). Ein bemerkenswertes Stück Mädchenliteratur mit jüngeren Mädchen, die bereits selbstbewusst und eigenwillig bis frech sein dürfen, liegt in seinem Roman *Giovanna und der Sumpf* (1953) vor. Diese Erzählung ist mehr ein realistisches Problembuch als ein Stück Mädchenliteratur, dessen Handlung im unter erbärmlichsten Arbeits- und Lebensbedingungen existierenden Landproletariat der Reisbauern im Po-Delta spielt.

Die Kinder- und Jugendliteratur löst sich in diesem Jahrzehnt in dem Maße, wie sich in der alten Bundesrepublik die Lebensverhältnisse allgemein stabilisieren und liberalere Tendenzen aus dem westlichen Ausland ihren Einfluss geltend zu machen beginnen, allmählich aus der Hörigkeit gegenüber einer autoritären Pädagogik. Phantasie und Psychologie, die den Kinderfiguren aus der Verpflichtung auf Wohlanständigkeit und strikte Anpassung an die von den Erwachsenen gesetzten Verhaltensnormen heraushelfen, machen sich jetzt verstärkt bemerkbar. So kann man ab Mitte der fünfziger Jahre mit Hans Heino Ewers von einer „Literatur der Kindheitsautonomie" sprechen. Sie wird vor allem durch eine märchenhaft-phantastische, zugleich humoristische Erzählweise repräsentiert, z. B. in den ersten Kinderbüchern Otfried Preußlers (1923–2013), *Der kleine Wassermann* (1956) und *Die kleine Hexe* (1957). Gerade Preußlers *Die kleine Hexe* – eine Kindererzählung aus dem „juste milieu" der Wirtschaftswunder- und Verdrängungsphase der fünfziger Jahre mit beginnenden Anzeichen jugendlicher Dissidenz und des Jugendprotestes (etwa den Rock'n'Roll-Krawallen zwischen 1956 und 1958) – folgt zunächst dem kinderliterarischen Moral- und/als Wohlverhaltensdiskurs. Genauer betrachtet aber handelt es sich hier um eine antiautoritäre Entmachtungsphantasie. Die Kinder, genauer: das eine, kleine Hexenkind, übernehmen die Macht nach Ausschaltung der Erwachsenen.

Zu den Praktikern wie auch zugleich Programmatikern einer neuen phantasiebetonten Kinderliteratur zählt an prominenter Stelle auch James Krüss (1926–1997). Er postuliert für die Schaffung von Kinderliteratur 1965 geradezu ein „Recht auf Phantasie" und realisiert das etwa in der Phantasiewelt seines Erzählzyklus *Der Leuchtturm auf den Hummerklippen* (1956). Einen weiteren Höhepunkt der frühen westdeutschen Literatur der Kindheitsautonomie bilden schließlich die *Jim Knopf*-Bände von Michael Ende (1929–1995): *Jim Knopf und Lukas, der Lokomotivführer* (1960) sowie die Fortsetzung *Jim Knopf und die wilde 13* (1962).

Mit dem Ende der ‚Ära Adenauer' und ihrem konservativen Welt- und Gesellschaftsverständnis, das sich nach 1960 deutlich abzuzeichnen beginnt, wird es auch im pädagogischen wie kinder- und jugendliterarischen Bereich zu einer zunehmenden Infragestellung des dominierenden Konzepts der „guten Jugendliteratur" in seiner inhaltlich konservativen pädagogischen Ausrichtung kommen. Texte, die dem Thematisierungs- und Erzählmodell der „Kindheitsautonomie" im Zeichen von befreiender Phantasietätigkeit und Eigenwertigkeit von Kindsein folgen, gehören zu Beginn der sechziger Jahre zum festen Bestand der bundesrepublikanischen Kinderliteratur. Daneben entsteht allmählich eine realistische, gegenwartsbezogene, auch die Zeitgeschichte stärker berücksichtigende Jugendliteratur. Diese wird wenige Jahre später dann in die antiautoritäre Wende in der Kinder- und Jugendliteratur münden, als deren Stichjahr 1968 gelten kann.

Literatur

Rüdiger Steinlein: Neubeginn, Restauration, antiautoritäre Wende. In: *Geschichte der deutschen Kinder- und Jugendliteratur*. 3., vollständig überarbeitete und erweiterte Aufl. Hg. von Reiner Wild. Stuttgart 2008, S. 312–342.

Rüdiger Steinlein

Benno Pludra: Sheriff Teddy

Erstausgabe: Berlin, Kinderbuchverlag 1956

Benno Pludras *Sheriff Teddy* (1957 auch verfilmt in der Regie von Heiner Carow) ist eine Art induktiver Matrjoschka: Der Text steht ebenso pars pro toto für die Kinder- und Jugendliteratur, wie diese für ein Grundprinzip der DDR-Kultur der 1950er Jahre steht. Systemtheoretisch betrachtet, handelt es sich um eine Folge von Re-entrys, die Wiedereinführung einer Unterscheidung, die das System konstituiert, in das System selbst: Denn gesteht man zu, dass sich die DDR-Kultur, zumal bis zur Grenzschließung, immer über den Kontrast zum bundesdeutschen Rivalen bestimmt hat, gilt das umso mehr für Literatur und Medien für Kinder und Jugendliche und ganz speziell für den hier besprochenen Text. Das Phänomen einer solchen, auf gesamtgesellschaftliche Phänomene bezogen, nochmals gesteigerten Ausdrücklichkeit der Kinder- und Jugendliteratur ist bereits in der DDR beobachtet worden. Etwa 1985 durch Christel Berger: „Jedem Soziologen oder auch interessiertem Ausländer, der über die Literatur etwas über unsere Wirklichkeit erfahren will, würde ich zuerst unsere Kinderliteratur empfehlen." Dass es sich immer auch um eine kontrastive Bestimmung handelte, hat Benno Pludra (*1925) jedoch erst nach dem Ende der DDR zugegeben: Anlässlich einer Rede in Frankfurt am Main gestand er ein, dass in den frühen DDR-Kinderbüchern „der Gute allemal stärker, der Böse noch eine Spur böser [war] und schon häufig aus dem Westen [kam]: die Erwachsenen in der Regel klug, gerecht, aufmerksam und ehrlich, die Kinder vielfach Antihelden auf dem Weg ins Kollektiv, oder Musterschüler, durch deren Mund der Autor seine Belehrungen verkündete."

So verbinden sich in der DDR-Kinder- und Jugendliteratur, frei nach Horaz, das östliche Nützenwollen mit der Furcht vor westlicher Unterhaltung, mit anderen Worten: Sie treibt sich an aus einem der Jugendkultur inhärenten Zensurwillen der Einbildungskraft (die daraus entsteht, dass Kind zu sein seit je definiert ist als ein Zustand der Unschuld und Verderbbarkeit, der besonderer Fürsorge bedarf), der sich im östlichen Deutschland insbesondere auf die Warnung vor der unterstellten Schadwirkung westlicher Medienproduktion spezialisierte: vor Groschenheftchen und Landserromanen, Kinofilmen und Comics.

Sheriff Teddy entstand auf einen Anlass hin; es gewann den dritten Preis des Preisausschreibens zur Förderung der sozialistischen Kinder- und Jugendliteratur, erschien erstmals 1956 in einer Auflage von 30 000 Exemplaren und wurde vom Ersterscheinen bis 1964 jährlich mindestens einmal wiederaufgelegt, es folgen diverse weitere Ausgaben, bis Pludra den Roman 1975 überarbeitet und, als wichtigste Änderung, die letzte Szene streicht, um die allzu geradlinige Konfliktlösung des Textes zu relativieren. Die Form des von Hans Baltzer mit zahlreichen

Illustrationen versehenen Textes ist traditionell: Ein extradiegetisch-heterodiegetischer, nullfokalisierter Erzähler berichtet im epischen Präteritum und ohne Brüche in der Chronologie des Erzählten, die Komplexität der Syntax entspricht der angepeilten Zielgruppe.

Das Geschehen ist um zwei Protagonisten gruppiert, deren Anlage auch die Dramaturgie bestimmt: Da ist einerseits Kalle, der aus der DDR stammt, mit seiner Familie für drei Jahre in den Westen übergesiedelt war und nun mit seinen Eltern und seiner jüngeren Schwester Jojo zurückgekehrt ist, während Kalles älterer Bruder Robert in West-Berlin bleibt und sein Leben mit Schmuggel und Diebstählen fristet. Kalle ist deutlich als Wandlungscharakter angelegt, die möglichen Endpunkte der Figurenentwicklung sind in anderen Figuren repräsentiert: Ein Ende markiert besagter Robert, ein anderes Kalles Banknachbar Andreas – der zweite zentrale Protagonist der Erzählung, der sich zwar vielfach durch Kalle verleiten lässt, final jedoch als sein positiver Antagonist fungiert.

Um Kalle entspinnt sich nach dessen erstem Auftritt in der Klasse („Die Blicke aller Jungen waren auf den Neuen gerichtet. Der stand gleichmütig, die Hände auf dem Rücken, neben Herrn Freytag. Und Herr Freytag sagte: ‚Ich bringe euch hier einen neuen Klassenkameraden. Er heißt Karl Becker.'") das für die Kinderliteratur typische Spiel von Außenseiter- und Etabliertenbeziehung, das in der Regel – und auch hier – mit der Gruppenintegration enden wird. In *Sheriff Teddy* wird dies am deutlichsten durch eine poetische Klammer signalisiert: Im ersten wie im letzten (dem 27.) Kapitel treten Kalle und Andreas auf einem Sportfest gegeneinander an; das konkurrierende Gegeneinander vom Anfang (bei dem Kalle gewinnt) wird durch ein freundschaftliches Miteinander ersetzt, aus dem Andreas als Sieger hervorgeht – Kalle akzeptiert die Regeln der sozialistischen Schule und wird Teil der Gruppe.

Dazwischen jedoch wuchern die Komplikationen: Kalle eröffnet einen Handel mit Groschenromanen, wird deshalb von seinem Lehrer ermahnt und von seinem Vater verprügelt, gründet eine Bande, die sich bald wieder auflöst, und wird durch seinen Bruder in Schwarzhandel, Schmuggel und Diebstähle verwickelt. Obwohl Andreas ihm immer wieder zu helfen versucht, wird Kalle schließlich verhaftet; erst ein vorübergehender Aufenthalt in einem Heim bringt ihn dazu, sein aufs Kriminelle programmiertes Verhalten abzulegen. Diese Verhaltens-Determinierung, die von Kalles wohlmeinendem Umfeld nur in einem langwierigen Prozess geändert werden kann, ist ein kulturindustrieller Effekt: Sie ist das Ergebnis einer Medienwirkung, für die am Beispiel des Kinos, vor allem aber des Schmökers im Text gleich eine ganze Theorie entwickelt wird. Die Heftchenliteratur, erfahren wir von Kalles und Andreas' Lehrer, ist „eine Seuche. In jedem Schmöker finden Sie Brutalität und Grausamkeit in gefährlicher Weise verherrlicht. Überlegen Sie selbst, was aus einem jungen Menschen werden soll, der solch elendes Zeug tagtäglich in Zeichnungen sieht und in Worten liest." Am Ende der Lektüre, so lautet die Antwort, steht imitierendes Lernen: „Denken Sie an den vierzehnjährigen Jungen, der einen Fünfjährigen am Fensterkreuz erhängte: Kurz zuvor hatte er eine genaue Beschreibung in einem Schmöker gelesen. Von Diebes- und Einbrecherbanden, die durchweg aus Kindern bestehen, nach Schmökermuster leben und plündern, einmal ganz zu schweigen."

Der verderbliche Einfluss des Westens auf die Kinder und Jugendlichen im Osten realisiert sich als Medienwirkung. Er benötigt Kanäle, nämlich das Kino und die Trivialliteratur, die latent wiewohl nachhaltig den Charakter des Rezipienten aufs Kriminelle prägen; das Korrektiv bilden demgegenüber die Erwachsenen: „Es ist ja nicht so, daß ein Kind diese Geschichten liest und von Stunde an ebenso roh und grausam handelt, wie es dort in Wort und Bild beschrieben wird. Vielmehr haben wir es mit einer allmählichen Verseuchung zu tun. Das Kind merkt gar nicht, wie sich der Unrat einschleicht. Das Kind liest einfach von Morden, Rauben, Gewaltverbrechen, findet dies spannend und aufregend, und je mehr es liest, desto wilder und brutaler müssen die Geschichten werden. Kinder verlieren den gesunden Sinn für gut und böse. Das Gute wird lächerlich gemacht, als schwach, feige, unterwürfig hingestellt; das Böse feiert Triumphe, ist heldisch. Die Kinder erhalten verlogene Ideale vorgesetzt. Sie lesen von Superman, schnell schießenden Cowboys und Verbrechern mit edler Seele. Wir Erwachsene müssen die Kinder vor diesem Schmutz bewahren."

Tatsächlich spielt jedoch ein Mittel im Kampf gegen die Heftchen eine hervorragende Rolle, das nicht im Text selbst, sondern erst im Paratext thematisiert wird. In einem Brief des *Kinderbuchverlags* an die „lieben Freunde" nach dem Ende des Romans heißt es: „Es war ein aufregendes Buch, und wir sind neugierig, was Ihr dazu meint, wie's Euch gefällt, ob Ihr sagt, daß es – ganz ehrlich – spannender und interessanter ist als die dummen Schmöker, mit denen ja die Sache überhaupt anfängt. Wollt Ihr uns schreiben?" Damit ist der Kreis geschlossen: Das Korrektiv der schädlichen ist die gute Literatur, die die schlechte zum Thema macht; die eigene Kultur bildet, um im Bild zu bleiben, das Klärwerk des schwarzen Kanals der gegnerischen.

Henning Wrage

Die Halbstarken

Regie: Georg Tressler
Drehbuch: Will Tremper, Georg Tressler • Kamera: Heinz Pehlke • Musik: Martin Böttcher • Produktion: Inter West Film GmbH, Berlin • UA: 27. 9. 1956, Essen, Ufa-Palast • Länge: 97 Min., s/w •
Darsteller: Horst Buchholz, Karin Baal, Christian Doermer, Jo Herbst, Viktoria von Ballasko, Stanislav Ledinek, Mario Ahrens, Manfred Hoffmann, Hans Joachim Ketzlin

„Es fing im Frühjahr 1955 in Berlin-Lichterfelde an. Eine Gruppe von 20 Söhnen angesehener Eltern, 17 bis 22 Jahre alt, traf sich jeden Freitag in einer bestimmten Gaststätte." Was sich anhört wie der Beginn einer Folge der Fernsehsendung *Der Polizeibericht meldet,* findet sich 1957 in der Einleitung zu *Jugendliche stören die Ordnung. Bericht und Stellungnahme zu den Halbstarkenkrawallen*, einer zeitgenössischen Studie zum Halbstarkenproblem. Jene Jugendlichen, so erfährt der Leser, hätten sich in der Gaststätte getroffen, „um aus Übermut allerlei groben Unfug" zu treiben, angeregt durch einen Film, *Der Wilde.* Der war ein Import aus den USA (*The Wild One*, 1953), mit Marlon Brando als Leader einer Motorradgang. Das Thema schien brisant, gesellschaftspolitisch wie filmökonomisch. Die Berliner Inter West Film GmbH reagierte, noch bevor sich die wissenschaftliche Gemeinschaft dieses Problems annehmen konnte, und lieferte mit *Die Halbstarken* den westdeutschen Filmentwurf zum Thema einer Jugend, die aus dem Ruder zu laufen drohte. Doch nicht Marlon Brando als *Leader of the pack* war die Vorgabe für den jugendlichen Helden mit rebellischem Eigensinn, sondern die zahmere Variante in Gestalt des gegen einen schwachen Vater notwendig hilflos opponierenden James Dean, der in → *Rebel without a cause* (1955), in der BRD in Allusion an das Lukas-Evangelium unter dem Titel ... *denn sie wissen nicht, was sie tun* annonciert, innerhalb von 36 Stunden vom hilflos rebellierenden Adoleszenten zum Familienvater in spe reift.

Ein unbedingt zu importierendes Erfolgsmodell. Nur galt es, die Figur eines James Dean auf deutsche Verhältnisse abzubilden und mit Horst Buchholz eine Leitfigur zu präsentieren, die dem amerikanischen Vorbild Paroli bieten könnte. Das Kalkül ging auf. Mit den *Halbstarken* avancierte Buchholz zum neuen Leinwandhelden und dies mit unverkennbar bundesrepublikanischer Prägung. Wieder spielt die Handlung innerhalb von 36 Stunden und wieder geht es um die unverstandene Jugend, die in Konflikt zur Elterngeneration gerät. Doch wird das Milieu der Highschool und eines amerikanischen Provinz-Mittelstands nun auf eine westdeutsche Großstadt übertragen. Berlin mit dem Weddinger Stadtbad, den S-Bahnbögen und -unterführungen, den Hinterhöfen und Straßenzügen in einem eher kleinbürgerlich-proletarischen Umfeld ist als Schauplatz unverkennbar, auch wenn die Stadt nicht genannt wird. Gewandelt wird auch die familiale Konstellation. In direkter Umkehrung des amerikanischen Vorbilds wird eine autoritäre Vaterfigur gezeigt, während die liebevolle Mutter nichts zu sagen hat. Und die Familie hat nun zwei Söhne: den 18-jährigen Jan (Christian Doermer), der den verständigen und eher angepassten Sprössling spielt, und den älteren, aber noch nicht volljährigen Freddy (Horst Buchholz), der typologisch Jim Stark aus *Rebel without a cause* entspricht. Auch Freddy ist ein verletzlich sensibler Held. Während Jim Stark schon in der Eingangsszene mit einem Spielzeugaffen gezeigt wird, dient bei Freddy ein Hündchen, das er im Verlauf der Handlung heimlich kost, als Nachweis, dass hinter der harten Schale immer ein weicher Kern steckt. Aber zumindest die Schale gerät bei Freddy ein wenig härter. Mit seinem Vater hat er sich überworfen, er lebt getrennt von der Familie, ist mit der 15-jährigen Sissy (Karin Baal) liiert und wird sich im Laufe der Handlung in kriminelle Aktivitäten verstricken.

Offensichtlich ging es dem Drehbuchautor Will Tremper (1928–1998) und dem Regisseur Georg Tressler (1917–2007), der bis dahin vor allem Dokumentarfilme gedreht hatte, um eine sozialrealistische Darstellung der nicht integrierten Großstadtjugend mit deutlich pädagogischem Impetus. „Dieser Film berichtet über die Taten einzelner Jugendlicher und ihres kriminellen Anführers, im Zwielicht von Erlebnisdrang und Verbrechen. Die Geschehnisse entsprechen tatsächlichen Ereignissen der jüngsten Vergangenheit und sollen eine Warnung sein für alle jungen Menschen, die in Gefahr sind, auf Abwege zu geraten." So heißt es am Ende des Vorspanns, deren Titel über das Standbild einer nach hinten fluchtenden Mauer gelegt sind, die als Zeichen der Begrenzung wie möglicher Grenzüberschreitung leitmotivisch aufgerufen werden wird, aber eben auch das Eingangsbild aus Phil Jutzis *Berlin Alexanderplatz*-Verfilmung von 1931 zitiert. Der Film will beides sein: ein Beitrag zur aktuellen Jugendproblematik und Großstadtfilm in prominenter Tradition. Programmatisch sucht er die Verbindung zwischen Handlungsort und Thema.

Die Wohnung der Familie wird in düsterer Ausleuchtung als Ort der Enge markiert, während der Raum der Stadt betont transparent inszeniert ist. Die Orte, die für die Jugendlichen wichtig sind, die Eisdiele, in der sie sich treffen, der Schalter der Tankstelle, bei der Freddy jobbt, verweisen mit ihren Ausblicken immer auf die Straße als dem eigentlichen Begegnungs- und Handlungsort der Jugendlichen. Es mag dort draußen Begrenzungen geben, Mauern und S-Bahnbögen, aber zunächst ist die Straße ein Ort der Freiheit. Was wiederum mit Freddys *American dream* korrespondiert, endlich einen Schlitten fahren zu können, wie ihn ein Kunde der Tankstelle in Gestalt eines Buick besitzt. Die Leitbilder, so einer der Subtexte des Films, sind immer schon amerikanisch.

Dabei erweisen sich die Lebensvorstellungen der Jugendlichen als durchaus kleinbürgerlich. Mit Sissy lebt Freddy in einer „Bratkartoffel"-Beziehung. Sie kocht, er lässt sich bedienen. Er will zwar noch „ein paar Dinger drehen", dann aber mit Sissy „in Familie machen". Sie wiederum betont die Schreibweise ihres Namens: „Sissy mit y wie Romy", womit der mediale Mädchentraum der fünfziger Jahre doppelt angespielt ist, mit dem Glamour des Schauspielernamens Romy Schneider und mit ihrer Rolle als Sisi, der Prinzessin aus kleinen Verhältnissen. Nur wird sich ausgerechnet Sissy als ebenso intrigante wie dämonische Verführerin erweisen, die Freddy in das Verbrechen treibt. Ein Motiv, das sich in seinen melodramatischen Zuspitzungen merkwürdig konträr zur Schilderung der Alltagsrealität der Jugendlichen verhält, aber den Autoren für die zu demonstrierende Eskalation der Gewalt offensichtlich unvermeidbar schien.

Es beginnt harmlos. Freddy und seine Freunde demonstrieren Lässigkeit im Hallenbad, während sich Sissy auf der Wärmebank rekelt. Freddy, als Anführer der Clique, schnippt eine Kippe ins Wasserbecken. Eine Schlägerei mit dem Bademeister ist die Folge. Nächste Station, bereichert um weitere Mitglieder der Clique: Die Jugendlichen tanzen zu Swing aus der Musikbox in einer neu eröffneten Espressobar. Als unvermutet aus der Box ein Marsch erklingt, parodieren sie die Vätergeneration, indem sie in Reih und Glied aus der Bar marschieren. Doch solch Halbstarkenprotest als Generationenkonflikt mündet umgehend in die Vorzeichen einer anstehenden Delinquenz. Freddy besorgt sich eine Pistole; Sissy besteht darauf, dass er allein für sie da sein wird. Eine Konstellation, aus der sich das Finale ableitet. Nachdem ein Überfall auf einen Posttransport gescheitert ist, da die Jugendlichen nur wertlose Überweisungsformulare als Beute vorfinden, weiß Sissy die beiden Brüder gegeneinander auszuspielen, um zu erreichen, dass Freddy in die vermeintlich verlassene Wohnung des Besitzers der Espressobar einbricht. Das Unternehmen entwickelt sich ebenso spontan wie katastrophal, denn tatsächlich treffen sie dort auf den herzkranken Vater des Barbesitzers. Sissy schießt auf den verängstigten Mann und trifft danach Freddy, als er einschreiten will. Am Ende ist die Welt wieder in Ordnung. Der Sohn und – vor allem – der Vater haben dazugelernt. Durch die Polizei alarmiert, eilt er zum Tatort und bekennt sich zu seiner Verantwortung: „Meine Söhne, Freddy und Jan." Das die Öffentlichkeit beunruhigende Problem einer Präsenz von Halbstarken in Gestalt von Motorradgangs wird im Schlusstableau nur zitiert: als Defilee einer motorisierten Gruppe vor dem finalen Ort solch jugendlichen Skandalons. Der Appell des Films gilt der Verantwortlichkeit der Vätergeneration im Spannungsfeld von notwendiger Autorität und anzumahnender Fürsorge.

Die zwiespältige Kritik des Films in der zeitgenössischen Presse war nicht zuletzt dem Umstand geschuldet, dass Tressler mit seinem Film das aktuelle Problem der Halbstarken-Krawalle zu beschreiben versprach, sozialrealistische Ansätze entwickelte, aber dann doch die Lösung in einer konventionellen Dramaturgie mit weiblicher Verführergestalt suchte. „Der Titel ist eine glatte Irreführung", bemerkte Karena Niehoff am 7. Oktober 1956 im *Tagesspiegel*, doch sei das

„Großstadtmilieu [...] vorzüglich geraten". Auch aus heutiger Sicht bleibt diesem Urteil kaum etwas hinzuzufügen.

Literatur

Curt Bondy, Jan Braden, Rudolf Cohen, Klaus Eyferth: *Jugendliche stören die Ordnung. Bericht und Stellungnahme zu den Halbstarkenkrawallen.* Schriftenreihe der Arbeitsgemeinschaft für Jugendpflege und Jugendfürsorge. Bd. 1. München 1957 • Karena Niehoff: Die Halbstarken. In: *Der Tagesspiegel*, 7. 10. 1956, zit. nach Guntram Vogt: *Die Stadt im Film. Deutsche Spielfilme 1900–2000.* Marburg 2001, S. 473.

Manuel Köppen

Berlin – Ecke Schönhauser

Regie: Gerhard Klein
Drehbuch: Wolfgang Kohlhaase • Kamera: Wolf Göthe • Musik: Günter Klück • Produktion: DEFA-Studio für Spielfilme, Potsdam-Babelsberg • UA/Kinostart: 30. 8. 1957, Ost-Berlin, Babylon • Länge: 81 Min., s/w • Darsteller: Ekkehard Schall, Ilse Pagé, Harry Engel, Ernst-Georg Schwill, Erika Dunkelmann, Helga Göring, Maximilian Larsen, Ingeborg Beeske, Siegfried Weiß, Manfred Borges, Raimund Schelcher

Schon bevor Gerhard Klein (1920–1970) zu einem der bemerkenswertesten Regisseure der DEFA in den fünfziger und sechziger Jahren avancierte, unterschied sich seine Perspektive auf den Film, so erzählt sein Freund und Drehbuchautor Wolfgang Kohlhaase (*1931), von der des normalen Zuschauers. Aufgewachsen im Berliner Kreuzberg, gehörte Klein zu den regelmäßigen Besuchern eines Kinos mit zwei Zuschauerräumen. Der mit direktem Blick auf die Leinwand war für 40 Pfennige zu betreten. Plätze im zweiten, seitlich versetzten Raum kosteten nur die Hälfte, da das Bild mit Hilfe eines Spiegels dorthin projiziert wurde. Da Spiegel nun, salopp gesagt, vorn und hinten, nicht aber rechts und links vertauschen, wechselte Klein schon als Zuschauer die Seite: zu einer Position jenseits der Leinwand, die die Stellung des Regisseurs im Dispositiv gewissermaßen bereits vorwegnahm.

Im relativ schmalen Œuvre Gerhard Kleins sind die „Berlin"-Filme (neben dem hier besprochenen: *Alarm im Zirkus*, 1954, *Eine Berliner Romanze*, 1956, und *Berlin um die Ecke*, 1965/90) die prominentesten; *Berlin – Ecke Schönhauser* war wiederum ihr erfolgreichster. Alle teilen den Handlungsraum und die jugendliche Zielgruppe. Die Filme setzen sich immer wieder von der offiziellen Linie sozialistisch-realistischen Filmschaffens ab, einerseits durch alltagsnahe Inhalte und Dramaturgien („Klein wusste, wie ein Hinterhof riecht", so Kohlhaase), andererseits durch häufig experimentelle filmästhetische Mittel, die gerade in *Berlin – Ecke Schönhauser* deutlich neorealistisch inspiriert sind: Nicht nur wurde auf dem grobkörnigen, aber kontraststarken Ultrarapid-Filmmaterial (das eigentlich eher für Wochenschauen verwendet wurde) gedreht, auch die alltagsnahe, oft dialektal geprägte Sprache, die Präferenz für Originalschauplätze und intradiegetisch motiviertes Licht erzeugen wirklichkeitsnahe, fast dokumentarische Effekte, die sich mühelos in die Tradition italienischer Filmemacher von Roberto Rossellini bis Vittorio De Sica einschreiben lassen.

Von maßgeblichem Einfluss auf den Erfolg des Films wird gleichwohl vor allem seine Thematik gewesen sein, die deutlich auch westlichen Vorbildern folgt: *Berlin – Ecke Schönhauser* adressiert mit Schonungslosigkeit, wenn auch durch die enge Kopplung an den Ost-West-Konflikt durchaus DDR-affirmativ, die Probleme der nachwachsenden Generation. Zugleich verweist der Film auf eine internationale Entwicklungslinie von Adoleszenzfilmen, von László Benedeks *The Wild One* (dt. *Der Wilde*, 1953) über → Nicholas Rays *Rebel without a cause* (dt. *Denn sie wissen nicht, was sie tun*, 1955) bis zu → Georg Tresslers *Die Halbstarken* (1956).

Deutlicher wird das noch im konkreten Blick auf den Film, der mit einem 360°-Schwenk durch die Kreuzung von Schönhauser Allee und Dimitroffstraße beginnt: Anders als in *Berlin um die Ecke* (das mit einer Totale auf Berlin aus einem Hubschrauber einsetzt) zeigt er eher Panorama als Panoptikum, den Berliner Alltag, mit dem das *Neue Deutschland* einer Werbung an der U-Bahnbrücke kontrastiert – eine ebenso beiläufige wie kunstvolle Einstellung, die en passant das Spannungsfeld zwischen gesellschaftlichem Projekt und seiner Realität ausmisst. Die folgende Sequenz, die den Helden Dieter (Ekkehard Schall) aus Kreuzberg über den Checkpoint Charlie bis in ein Volkspolizeirevier führt, erweitert das Koordinatensystem von Heute und Morgen um die Topographie von Ost und West. Die „Hausherren von morgen" im Spannungsfeld der Systeme – das wird im Folgenden den gesamten Film strukturieren, der nun vom Helden einem Kommissar (Raimund Schelcher) gegenüber als retrospektive Erzählung entfaltet wird.

Den Stein des Anstoßes für die Binnenhandlung bildet, wie sich das gehört, ein Steinwurf: Die eingangs eingeführte Straßenecke erweist sich als Jugendtreffpunkt, an dem sich die wichtigsten Protagonisten begegnen. Darin den einschlägigen Kriminalitätstheorien der DDR folgend, ist ihre Devianz stets durch problematische Elternhäuser begründet: Dieter hat seine Eltern verloren und arbeitet sich an seinem normgerechten Bruder ab (eine Konstellation wie in *Die Halbstarken*); Kohle (Ernst-Georg Schwill) wird von seinem Vater regelmäßig geschlagen; Angelas (Ilse Pagé) alleinerziehende Mutter hat mit ihrem Vorgesetzten eine Affäre und schickt sie während der Stelldicheins auf die Straße; schließlich gibt es Karlheinz (Harry Engel), den es in den Westen zieht, wo er mit Schmuggel und

Geldwechsel eine Existenz aufzubauen sucht – die Negativgestalt des Films, und auch er: Produkt bürgerlicher Eltern. Dieser stiftet nun Kohle an, für eine West-Mark eine Straßenlaterne einzuwerfen. Der tut's – und provoziert damit sofort eine aggressive Reaktion der Erwachsenen in der Umgebung. In einer Szene, die an den Lynchmob der Väter in *The Wild One* erinnert, wechseln die Gewalten: Die sich zuvor (dezent) aufmüpfig gebenden Jugendlichen geraten in eine passive Rolle, in der sie sich gegen die Beschimpfungen der ordnungsliebenden Mehrheit zu Wehr setzen müssen. Die Polizei klärt schließlich die Fronten, die Gruppe wird aufs Revier gebracht, wo sie schließlich – ähnlich wie in *Rebel without a cause* – auf den verständnisvollen Kommissar treffen, den der Zuschauer bereits als Zuhörer von Dieters Geschichte in der Rahmenhandlung kennt. Von hier aus entspinnt sich eine Geschichte, in der der intrigante Karlheinz Dieter und Kohle in die Kriminalität zu locken versucht. Er wird schließlich wegen Totschlags ins Gefängnis wandern.

Als Dieter und Kohle Karlheinz schließlich stellen, zieht der eine Waffe – was Kohle (wie es sich in dieser eng verzahnten, leitmotivgesättigten Geschichte gehört) mit einem Steinwurf kontert. Im Glauben, Karlheinz getötet zu haben, fliehen beide in den Westen. Kohle stirbt beim Versuch, sich selbst mit einem Cocktail aus Tabak und Kaffee in die Krankenstation zu befördern. Dieter schließlich kehrt am Ende reumütig zurück und gesteht den (vermeintlichen) Totschlag (durch diese Figur wird auch *Fetzers Flucht* von 1962, ein nach einem Drehbuch von Günter Kunert gedrehter DDR-Fernsehfilm, zu einem gewichtigen Paralleltext).

Damit schließt sich der Kreis; durch den Kommissar protokolliert, ist die Handlung – im Film – zum Text geworden. Der Film endet mit einem zweiten panoramatischen Rundumschwenk aus der Perspektive Dieters über einen Hinterhof – aus dem Off kommentiert von der Stimme des Kommissars: „Ich bin schuld. Und du bist schuld" – wobei hier nicht ganz klar wird, wer hier adressiert ist: Dieter, die Zuschauer oder die Erwachsenen insgesamt – und weiter: „Wo wir nicht sind, sind unsere Feinde. [...] Fang neu an, Junge."

In der DDR hatte der Film keinen leichten Stand: Kritisiert wurde neben der allzu deutlich neorealistischen Filmästhetik vor allem das Fehlen eines (rundum) positiven Helden: Der Film sei geeignet, „den Feinden unserer Republik in ihrer Hetze zu helfen", urteilte die *Hauptverwaltung Film* im DDR-Kulturministerium und *Berlin – Ecke Schönhauser* entging der Zensur nur knapp. Verboten wurde er jedoch erst auf der anderen Seite: Der *Interministerielle Ausschuss*, der die Aufführung von DDR-Filmen in der Bundesrepublik überwachte, ließ sich die Produktion im Lauf der Jahre nicht weniger als sechsmal vorführen – und blieb beim Verdikt, der Film würde „die freiheitlich-demokratische Grundordnung herabsetzen und die totalitäre sowjetzonale verherrlichen". Kalter Krieg im Film mithin – wie in der Filmpolitik.

Literatur

Bärbel Dalichow: Heimatfilme der DEFA? In: *Film und Fernsehen*, Nr. 6 (1992), S. 55–61 • Andreas Kötzing: Zensur von DEFA-Filmen in der Bundesrepublik. In: *Aus Politik und Zeitgeschichte*, 1–2/2009, S. 33–39 • Reinhold Viehoff: Verbrechensdarstellung als Problem im Fernsehen der DDR. Versuch eines Aufrisses. In: *Inszenierungen des Rechts: Schauprozesse, Medienprozesse und Prozessfilme in der DDR*. Hg. von Klaus Marxen und Annette Weinke. Berlin 2006, S. 151–173 • Henning Wrage: *Die Zeit der Kunst. Literatur, Film und Fernsehen in der DDR der 1960er Jahre. Eine Kulturgeschichte in Beispielen*. Heidelberg 2009.

Henning Wrage

Helmut Schelsky: Die skeptische Generation. Eine Soziologie der deutschen Jugend

Erstausgabe: Düsseldorf und Köln, Eugen Diedrichs Verlag 1957
Alle Zitate beziehen sich auf die dritte Auflage: Düsseldorf und Köln, Eugen Diedrichs Verlag 1958

Mit der „skeptischen Generation" prägte Helmut Schelsky (1912–1984) ein Schlagwort, gemünzt auf eine Diagnose der Zeit, die durchaus im Rückblick zu verstehen ist. Denn die „skeptische Generation" der Jugend nach 1945, all jener, die sich zwischen 1945 und 1955 im Alter von 14 bis 15 Jahren befanden, erweist sich in Schelskys Untersuchung als Gegenmodell zu den vorangegangenen Jugendgenerationen schwärmerisch bewegter oder auch idealistisch orientierter und politisch formierter Generationen von Weltverbesserern. Der Pragmatismus der „skeptischen Generation" mag jene befremden, die ihre eigenen Jugenderfahrungen als normatives Leitbild für die Gegenwart verstehen. Schelsky indes ist sich sicher: Soviel Fortschritt, wie bei der gegenwärtigen Generation zu beobachten ist, gab es nie. Wobei sich solcher Fortschritt aus einer Anpassungsleistung ergibt, die den Kriegs- und Nachkriegsprägungen dieser Jugend geschuldet ist, mehr aber noch – und dies macht die Haltung der neuen deutschen Jugend auch international anschlussfähig – aus einer „Verhaltensgestalt", die in einem hohen Maße der entwickelten industriellen Gesellschaft entspricht. Mit dem Begriff der „skeptischen Generation" lieferte er nicht nur ein identifikatorisches Leitbild für ehemalige Flakhelfer, sondern prägte ein Label für all jene, die mit der Vergangenheit gebrochen hatten und sich möglicherweise „skeptisch", vor allem aber „konform" in der neuen Zeit eingerichtet hatten.

Die Jugend galt als Seismograph für die Frage, ob die bundesrepublikanische Gesellschaft erfolgreich in der Demokratie ankommen könnte. Auch deshalb war sie ein bevorzugtes Studienobjekt der noch jungen, auf Umfrageergebnissen beruhenden Sozialforschung. Schelsky, Ordinarius für Soziologie an der *Universität*

Hamburg, sammelte alles, was an Daten verfügbar war, zeigte das Panorama und bildete eine Synthese, die nicht nur die Gestalt der zeitgenössischen Jugend beschreibt, sondern ein geschichtsphilosophisches Modell entwirft, in dem sich die Generationen, die im ‚Dritten Reich' zu den Erwachsenen gehörten, als durch den Staat missbrauchte Idealisten wiederfinden konnten.

Die Basis für dieses doppelte Beschreibungsprojekt bildet ein Generationenmodell, das Karl Mannheims *Das Problem der Generationen* (1928) entlehnt ist. Es ermöglicht, idealtypisch eine historische Generationenabfolge von Jugendlichen in der entwickelten Moderne des 20. Jahrhunderts zu beschreiben, wobei Schelsky eine „epochale Sozialstruktur" als Voraussetzung der „Verhaltensphase" der Jugend dominant setzt, die aus einer Dichotomie von Moderne und Vormoderne gewonnen wird. War es unter vorindustriellen Bedingungen kein Problem, vom Jugendlichen zum Erwachsenen zu reifen, insofern die familiale Sozialeinheit immer schon eine Produktionseinheit war, so ist der Jugendliche in der modernen industriellen wie bürokratischen Gesellschaft einem „Strukturdualismus" ausgesetzt. Zwischen der „primären Gruppe", der Familie, und der sozialen Umwelt, dem „sekundären System", das eher „familienfeindlich" strukturiert ist, entsteht ein Bruch. Die Jugendphase ist nun zu einem „Übergang zwischen zwei sozialen Verhaltenshorizonten" geworden, „die weitgehend gegensätzlich strukturiert sind". (40) Das Streben der Jugendlichen nach „Verhaltenssicherheit" bleibt durch diesen Widerspruch geprägt.

Solch epochale Grundlegung ermöglicht, die „Verhaltensgestalt" der Jugendlichen als jeweils generationstypische Reaktionen auf den „Strukturdualismus der modernen Gesellschaft" zu beziehen. Resultat ist ein Dreiklang aus der „Generation der Jugendbewegung", der „Generation der politischen Jugend" und der „skeptischen Generation", der nicht weniger leistet als eine Vergangenheitsschau der katastrophalen Umbrüche in der ersten Hälfte des 20. Jahrhunderts unter den Voraussetzungen eines dennoch soziologisch als konstant zu betrachtenden Grundwiderspruchs. So sehr sich der Wandervogel-Begeisterte vom Hitler-Jungen und dieser wiederum vom skeptisch-pragmatischen Nachkriegs-Jugendlichen unterscheiden mag, sie alle haben – soziologisch gesehen – das gleiche Problem: „Verhaltenssicherheit" unter erschwerten Bedingungen zu erlangen. Das nivelliert keineswegs die Differenzen zwischen den Generationen, bildet aber dennoch eine Verständigungsbrücke.

Während die Jugendbewegung auf die neuen Anforderungen mit einem „antizivilisatorischen Affekt" reagierte und sich in kleingruppenhafte Sozialgebilde flüchtete (59), formierte sich die politische Jugend der zwanziger Jahre von links bis rechts, um ideologiegläubig die vorhandene Gesellschaft umzuplanen. Es war eine „Generationsgestalt", die in der *Hitler-Jugend* gipfelte. Schelsky, der – biographisch gerechnet – inmitten seiner Jugendphase 1932 als 20-Jähriger der SA und kurz darauf dem *Nationalsozialistischen Studentenbund* beitrat, um an der Grenze zum Erwachsensein 1937 Mitglied der NSDAP zu werden, sieht seine Generation als Opfer einer Dialektik, des „Umschlagen[s] historischer Bestrebungen im Moment des Sieges". „Wie die Generation, die einmal gesungen hatte ‚Mit uns zieht die neue Zeit', einer unerwarteten und von ihr in diesem Sinne nicht gemeisterten Situation gegenüberstand, als die Zeit an sie kam, die Erwachsenenrolle zu spielen, so verlor der siegreiche Teil der politischen Jugend seine Verhaltensursprünglichkeit mehr und mehr an die Konsequenzen seines ‚Sieges', den er die unterlegenden Teile durch Verbot und Beseitigung ihres organisatorischen Lebens hatte spüren lassen." (83) Wenn die Jugendbewegung durch den Ersten Weltkrieg überfordert wurde, so erfuhr die politische Jugend ihre Hybris in dem sich „perfektionierenden Staats-Jugend-System" des ‚Dritten Reichs'. Die „politische und organisatorische Passivität der gegenwärtigen Jugend" sei als „ungewollte Nebenwirkung" des Dirigismus aus vergangenen Tagen zu verstehen. Die gegenwärtige Jugendgeneration hat aus den Erfahrungen der vorangegangenen gelernt, sie macht es besser.

Das aus der Eigenerfahrung auf die gegenwärtige Jugend projizierte Verständnis korreliert wiederum mit einem doppelten Beschreibungsprojekt. Zum einen gilt es, diese Jugend gegen die Normvorstellungen der unverbesserlich auf den eigenen Jugendprägungen bestehenden Älteren zu verteidigen, gegen die Klagen über „Organisationsmüdigkeit", „Gemeinschaftsunlust", „Mangel an ‚Idealismus'" oder „soziale ‚Lethargie'" (115), zum anderen ihre ebenso pragmatischen wie leistungsorientierten Werte als Signale der Ankunft in einer nivellierten Mittelstandsgesellschaft zu deuten. Welche Parameter Schelsky auch untersucht, sei es die Stellung der Jugend in der Familie, das Verhältnis der Jugend zu Arbeit und Beruf oder auch ihr Freizeitverhalten, stets läuft es auf den Nachweis hinaus, dass die alten Gegensätze und Spannungen begraben sind. Geprägt durch Kriegs- und Nachkriegserfahrungen ist die Familie zu einem Ort uneingeschränkter Solidarität geworden, in der die patriarchalisch-autoritäre Verfassung, die um 1900 noch dominant war, gänzlich partnerschaftlich-gleichberechtigten Beziehungen gewichen ist. Entsprechend ist auch die Generationsspannung zwischen Jugend und Erwachsenen verschwunden, die bei der politischen Jugend noch den Charakter eines „Klassenkampfes" hatte. (163) Von einer sozialen Produktionseinheit habe sich die Familie zur Konsumeinheit gewandelt, die für den „geistig-seelischen Zivilisationsgenuß" einsteht, Unterhaltung, Zerstreuung und Geselligkeit bietet. (179) Gravierender noch sind die sozialen Veränderungen in der Arbeitswelt. Hier wird die Gesellschaft dominiert von der „soziale[n] Gruppe der in abhängiger Arbeit ‚Diensttuenden'", worunter mit 70 Prozent der Bevölkerung die Industriearbeiterschaft und auch der neue Mittelstand zu verstehen sind. (189) Klassenkampf war gestern. Heute bestimme eine kleinbürgerlich-mittelständische Leistungsgesellschaft das Leben, an die sich die Jugend bestens angepasst hat. Insbesondere die „speziell industriell-technischen Formen der Leistungserfüllung und Selbstwertbestätigung", wie Tempo, Exaktheit und Stückzahl, sind für die junge Generation ein Quell der „Arbeits- und Lebensfreude". (230) Auch Gymnasiasten und Studenten können sich den nivellierenden Anforderungen der Leistungsgesellschaft nicht entziehen. Hier herrsche die „gleiche Funktions-, Berufs- und Praxisbezogenheit" wie in der betrieblichen Ausbildung und Lehre (293), so dass „die einheitliche Verhaltensgestalt dieser Generation als die der *Jugend einer Berufsgesellschaft* zu bezeichnen" ist. (318) Der komplementäre Aspekt dieser Verhaltensgestalt findet sich in der *„Jugend der Freizeit-Verbrauchergesellschaft"*. Wie in der Arbeitswelt, so ist auch hier vor allem durch das Angebot der Massenkommunikationsmittel eine sich steigernde Konformität zu verzeichnen, während gleichzeitig in der Verarbeitung der Reizüberflutung auch Individualisierungschancen liegen, ein Prinzip, das sein akademischer Förderer → Arnold Gehlen 1952 als „Differenzierung unter dem Tisch" bezeichnet hatte.

Das Individuum formiert sich privat in einer komplett nivellierten Gesellschaft. Das affiziert auch die Sozialstruktur. Die schichtenspezifischen Unterschiede der jugendlichen Verhaltensform scheinen gänzlich zu verschwinden. Während spezifische Verhaltensmuster bei der bürgerlichen Jugend allenfalls noch in Restbeständen zu verzeichnen sind, hat sich mit dem sozialen Aufstieg der Arbeiterschaft deren Jugend aus den Bindungen der Klassensolidarität gelöst. Sie alle münden nun in die „Totalgesellschaft". (401) Selbst die akademische Ausbildung indiziert keinen Sonderstatus mehr. Sie nimmt schlicht die gleiche Rolle ein wie die handwerkliche Ausbildung für die Arbeiterfamilien. Kein Konfliktstoff weit und breit. Schelskys „Totalgesellschaft" verbreitet totale Harmonie, was argumentativ für gewisse Zwänge sorgt. Schließlich steht der Befund, es gebe kein eigenständiges studentisches Leben mehr, in deutlichem Widerspruch zum Wiederaufleben studentischer Korporationen in der Nachkriegszeit. Aber hier äußere sich, so Schelsky, „gar kein spezifisch studentisches Gemeinschaftsbedürfnis" mehr, sondern nur ein „sozial allgemeines Gesellungsbedürfnis", um sich von den „geistigen Ansprüchen" zu entlasten. (422)

Heikler zu interpretieren sind die Meinungsäußerungen der Jugendlichen zum nationalsozialistischen System. 1952 hatte eine Umfrage Aufsehen erregt, die durch das amerikanische Oberkommissariat in Auftrag gegeben wurde und, wie Schelsky vermutet, nur durch „Indiskretion" an die Öffentlichkeit gelangen konnte. Danach hatten „56 % der befragten Jugendlichen zwischen 18 und 24 ihre Vorliebe für eine einzige starke und nationale Partei ausgedrückt". (439) Auch Schelskys eigene Befragung arbeitsloser Jugendlicher aus dem Jahre 1951 hatte erstaunliche Ergebnisse erbracht. Immerhin waren 40 Prozent der Meinung, dass eine Partei ausreichend sei. Nun kann Schelsky zwar durch vergleichbare Fragen, die gleichsinnig beantwortet werden müssen, um als „harte Antworten" zu gelten, den Prozentsatz der Befürworter eines Einparteiensystems auf knapp 23 Prozent senken. Doch scheinen andere Ergebnisse nicht weniger beunruhigend. Auf die Frage „Was halten Sie von Hitler?" hatten 39 Prozent derer, die für das Einparteiensystem waren, zustimmend geantwortet. Bei den Befürwortern des Mehrparteiensystems waren es noch 22 Prozent. Und selbst bei denen, die Hitler ablehnten, gab es erstaunlich viele, die für die Wiederbelebung von Einrichtungen aus dem ‚Dritten Reich' wie etwa die Familienfürsorge, *Kraft durch Freude* oder den *Reichsarbeitsdienst* votierten. Doch all dies wertet Schelsky als „vorpolitische" Reaktionsformen. Die Jugendlichen seien durch die Abstraktheit des demokratischen Systems überfordert und dies in einer Phase, in der sie durch ein „starke[s] primäre[s] Ordnungsbedürfnis" geprägt sind. (458) Im Kern seien sie „unpolitisch demokratisch". (451)

So ist die neue Generation rundum ein Erfolgsmodell, „in ihrem sozialen Bewußtsein und Selbstbewußtsein kritischer, skeptischer, mißtrauischer, glaubens- oder wenigstens illusionsloser als alle Jugendgenerationen vorher, sie ist tolerant, [...] sie ist ohne Pathos, Programme und Parolen. Diese geistige Ernüchterung macht sie frei zu einer für die Jugend ungewöhnlichen Lebenstüchtigkeit." Man könne diese Jugend *„die Generation der vorsichtigen, aber erfolgreichen jungen Männer"* nennen. (488)

Die „skeptische Generation" avancierte zu einem Markenzeichen, in dem sich ein Generationsporträt mit Leitvorstellungen der fünfziger Jahre und nicht zuletzt dem Eigenbild einer Generation überschnitt, die als Erwachsene im Wirtschaftswunder angekommen waren. „Keine Experimente": der Slogan, mit dem Konrad Adenauer 1957 einen großen Wahlsieg feierte, hätte auch das Motto für Schelskys Untersuchung abgeben können. Wobei der übergangslose Bruch, den Schelsky für die jugendliche Nachkriegsgeneration konstatiert, durchaus mit einer verbreiteten Schlussstrichmentalität korrespondierte. „Das Überraschende bei der Betrachtung der skeptischen jungen Männer ist", schrieb Bernd Nellesen 1958 im *Sonntagsblatt*, „daß sich in ihnen die ältere Generation selbst porträtiert findet". Prononcierter noch äußerte sich ebenfalls 1958 Ernst Topitsch in den *Salzburger Nachrichten*: „Hinter Konformismus und Wirtschaftstüchtigkeit lauert wohl eine tiefe Lebensverlegenheit, und um die unbewältigten und unverarbeiteten Erlebnisse des letzten Vierteljahrhunderts dürfte sich ein Verdrängungsprozeß in beinahe psychoanalytisch exaktem Sinne abspielen."

Schelskys Buch war umstritten, wobei weniger seine gegenwartsfrohe Vergangenheitsbewältigung im Vordergrund stand, sondern die pauschale Etikettierung der Jugend als „skeptisch" und „unpolitisch". Dem Erfolg des Labels „skeptische Generation" tat dies keinen Abbruch. Das Echo auf diesen doch eher zähen

Lesestoff, ausgebreitet auf 520 Seiten mit vielen kleingedruckten Passagen, war enorm. In überregionaler wie lokaler Presse, im Hörfunk wie in Gesprächsrunden und Veranstaltungen mit Jugendlichen wurde über die „skeptische Generation" diskutiert.

Zum Erfolg des Buches mag auch beigetragen haben, dass die Öffentlichkeit für das Thema „Jugend" durch die Halbstarken-Krawalle sensibilisiert war, die 1955 eingesetzt hatten. Schelsky wusste generell eher Beruhigendes über die Jugend mitzuteilen und lieferte zudem im Ausklang seiner Untersuchung ein für das Halbstarken-Phänomen äußerst verständnisvolles Deutungsmuster. Er begriff die Krawalle als „Ausbruchsreaktion der Jugendlichen gegen die manipulierte Befriedigung des modernen Lebens" und sah sie in einer Linie mit einem neuen Vitalismus, wie er sich auch in der Musik und im Tanz zeige. (495) Auch war er überzeugt, dass es völlig falsch wäre, „diese Proteste gegen die soziale Anpassung als Vorboten radikaler politischer oder sozialer ‚Bewegungen' der Jugend zu deuten". (497)

Auf lange Sicht sollte er mit dieser Prognose nicht Recht behalten. Mit der 68er-Generation formierte sich eine Bewegung, die gegen all das antrat, für das die „skeptische Generation" und mehr noch das ihr assoziierte Gesellschaftsbild stand. Schelsky verstand die 68er-Bewegung als Angriff auf das Lebenswerk seiner Generation. Hier sei „genau die ideologische Weltsicht und Verhaltenssteuerung" wieder am Werk, „von der die ‚Skepsis' der vorhergehenden Generation sich durch bittere Generationserfahrungen befreit hatte", schrieb er 1975 in seinem *Rückblick auf die ‚skeptische Generation'*.

Literatur

Arnold Gehlen: Mensch trotz Masse. Der Einzelne in der Umwälzung der Gesellschaft. In: *Wort und Wahrheit*, 7 (1952), S. 579–586 • Karl Mannheim: Das Problem der Generationen. In: *Kölner Vierteljahresschrift für Soziologie*, 7 (1928), S. 157–185, 309–330 • Bernd Nellesen: Revolte gegen die Revolte. Die Jugend hält nichts von großen Worten – Zu Helmut Schelskys Untersuchungen. In: *Sonntagsblatt*, 12. 1. 1958; Ernst Topitsch: Helmut Schelskys Soziologie der deutschen Jugend: „Die Skeptische Generation". In: *Salzburger Nachrichten*, 21. 6. 1958; beide in Franz-Werner Kersting: *Helmut Schelskys „Skeptische Generation" von 1957. Zur Publikations- und Wirkungsgeschichte eines Standardwerkes. Mitteilungen LJA WL 153/2003*, S. 35–46, 41f. • Helmut Schelsky: Rückblick auf die ‚skeptische Generation'. In: Ders.: *Die skeptische Generation*. Frankfurt am Main, Berlin, Wien 1975, S. IX–XXII.

Manuel Köppen

Hans Heinrich Muchow:
Sexualreife und Sozialstruktur der Jugend

Erstausgabe: Hamburg, Rowohlt Verlag 1959 (rowohlts deutsche enzyklopädie 94)

„So fremd, ja so unangenehm uns manche ihrer Verhaltensweisen berühren mögen, allemal vollzieht sich in ihnen die Entfaltung des göttlichen Lebensgrundes zur lebendigen Gestalt. Wenn wir er-ziehen, also hinauf-ziehen wollen, müssen wir das Wesen des Jungen achten. Zugleich dürfen wir uns ihm nur in Ehrfurcht nähern, weil in ihm Seinsqualitäten ans Licht drängen und sich verwirklichen wollen, die wir Erwachsenen bereits preisgegeben, ja verraten haben." Was Hans Heinrich Muchow mit Nachdruck ans Ende seines 1950 erschienenen Buchs über *Flegeljahre* setzte, konturiert die Eigentümlichkeiten seiner in nachfolgenden Schriften ausgearbeiteten Position: Sie ist emphatisch idealistisch-humanistisch, von der Gestaltpsychologie beeinflusst und von einem starken pädagogischen Impetus getragen – und sie hat fast ausschließlich die männliche Jugend im Blick. Auch späterhin. Hinzu kommt zum einen eine starke historische Orientierung, zum anderen eine im Bemühen um Vermeidung abstrakter Begrifflichkeiten ausgeprägt bildhafte Sprache, die er als Teil der – stillschweigend von Max Weber adaptierten – „Entzauberung" durch den zivilisatorischen Prozess der letzten 200 Jahre begreift (163), ein Prozess, der die Jugend sukzessive in ein immer länger währendes Moratorium zwischen Kindheit und Erwachsenendasein gedrängt habe, worauf diese mit einer – auch dies ein unmittelbarer Anklang an zeitgenössische Denkmuster – „inneren Exilierung" antworte. Wie schon hier, so zeigt sich in den nachfolgenden Schriften noch verstärkt, wie ausgiebig Muchow zeitgenössische Positionen und Diskussionen adaptierte. Er arbeitet sie zu einer „Morphologie der Kulturpubertät" aus – so der Untertitel zu *Jugend und Zeitgeist*, 1962 ebenso in *rowohlts deutscher enzyklopädie* (rde) erschienen wie sein Bändchen *Sexualreife und Sozialstruktur der Jugend* von 1959.

Hans Heinrich Muchow (1900–1981) war nach einem Studium der Philosophie, Psychologie, Germanistik, Geschichte und Kunstgeschichte in Hamburg in den Schuldienst gegangen, hatte in der Lehrerfortbildung gearbeitet und 1935 *Der Lebensraum des Großstadtkindes* herausgegeben, das vielbeachtete Werk seiner acht Jahre älteren Schwester Martha, die aufgrund ihrer Zusammenarbeit mit dem bedeutenden jüdischen Entwicklungspsychologen William Stern 1933 aus ihren öffentlichen Positionen entfernt wurde und daraufhin Suizid beging. Auch nach 1945 arbeitete Muchow, während er zu einem der einflussreichen Jugendtheoretiker der Zeit wurde, weiterhin an einem Hamburger Gymnasium.

Während man *Flegeljahre* als schlichte Handreichung zu einem allgemeinen Phänomen der männlichen Pubertät lesen kann – wobei die Erziehungsratschläge,

z. B. zum Umgang mit der Onanie, noch die Schatten der Aufklärungspädagogik ahnen lassen –, setzt sich *Sexualreife und Sozialstruktur der Jugend* mit unmittelbaren Phänomenen der Gegenwart, vor allem mit den sogenannten Halbstarken, auseinander, wie sie den Jugenddiskurs der Zeit ohnehin dominierten. Muchow kontrastiert dazu zwei Generationen, die eigene, mithin die Jugend der zehner und zwanziger Jahre und die der unmittelbaren Gegenwart. Im Zentrum stehen dabei die wohl eher vorurteilshaften, denn validierten zeitgenössischen Annahmen von der (zu) frühen Sexualreife und -aktivität (vgl. 86), von Frühehe und *petting* (93 ff.) einerseits, andererseits der Probleme loser, konsum- und genussorientierter Gesellungsformen, denen insbesondere die Positiva der seinerzeitigen Jugendbewegung entgegengehalten werden. Dabei legt Muchow durchaus Rechenschaft über die methodische Problematik solcher Vergleiche ab, in denen aus der „Optik der erwachsenen Beobachter, die einer bereits vergangenen Epoche verhaftet sind", über das „Lebensgefühl" der Jugend gerichtet wird. (145, vgl. auch 71 ff.) Muchow konstatiert eine – seine gesamte Argumentation durchziehende – Ambivalenz zwischen Kindlichkeit und Erwachsensein.

Die neue Jugend trage sowohl lange als auch kurze Hosen, trinke Bier wie auch Sprudel, gehe auf ‚Fahrt' wie auf den Tanzboden. „Ihre Emanzipation ist ohne Pathos; sie stößt aber auch auf keinen Widerstand der Erwachsenen mehr" (49) – welch Letzteres man in Hinsicht auf die zeitgenössische Rigidität füglich bestreiten kann. Der Widerspruch löst sich insofern auf, als der Pädagoge implizit vor allem die fehlende führende Hand der Eltern verantwortlich macht. Die konstatierte Ambivalenz, die auf einer unexplizierten Narzissmus-Theorie zu beruhen scheint (vgl. 99), sucht er im Begriff der „Ent-staltung", der Amorphisierung der Gestalt, zu fassen, wobei diese „Ent-staltung" freilich kein Spezifikum der Jugend, sondern „allgemeine Erscheinung der Zeit" ist (121) – die auf die Jugend durchschlägt. Als Belegphänomene führt er neben der modernen Lyrik, für die er sich auf Hugo Friedrichs ebenfalls bei rde erschienene *Struktur der modernen Lyrik* (1956) bezieht (121), ausführlich den Jazz an, wobei er sich durchaus als veritabler Kenner erweist. (104 ff.) „Ent-staltung" sieht Muchow selbst noch in der Mode des Hula-Hoop-Reifens (112), vor allem aber in der Reuelosigkeit (100 ff.), im „Understatement", der unterkühlten Lässigkeit der Jugend gegeben, sieht eine „auffällige Wischigkeit, Verschwommenheit und Ungenauigkeit" (114) etwa in der Herabmoderation von Weltschmerz und Sehnsucht zu Rührung und Tristesse. (110 ff.) Mit Letzterem ist ein Stichwort zu seiner eigenen Teilhabe an der als zeittypisch konstatierten Verschwommenheit und Ungenauigkeit gegeben, setzt er sich doch ausführlich mit Françoise Sagans damals populären Büchern wie *Bonjour tristesse* (1954, dt. 1956) oder *Ein gewisses Lächeln* (*Un certain sourire*, 1956, dt. 1957) auseinander – wobei ihm diese explizite Darstellung aus weiblicher Perspektive unversehens zum Beleg männlicher Adoleszenzprobleme wird.

So wie er metaphorisch in die Vollen greift – die jugendlichen Träume sind „der Mutterschoß fruchtbarer Möglichkeiten, der Empfängnis noch harrend", und es ist „Pflicht der Erwachsenen, dafür zu sorgen, daß hier [...] nicht [...] Hurerei und Vergewaltigung einbrechen" (103), oder er den „Orgelpunkt" findet, über dem sich die individuellen Lebensmelodien bewegen, mit ihren Harmonien und Disharmonien" (146) – so erweist Muchow sich in seiner sympathisch interessierten Bemühung um Zeitnähe als allseitiger Beobachter, der vielfältig literarische und musikalische – seltsamerweise jedoch keine filmischen – Zeugnisse heranzieht, zugleich aber auch alles, was zeitgenössisch in der Diskussion war, en passant zusammenführt: → Gehlen und → Schelsky mit → Ernst Jüngers „Waldgänger" (1951) oder → David Riesmans Typenlehre aus *Die einsame Masse* (*The Lonely Crowd*, 1950, dt. 1958). Sein Fazit stützt er schließlich auf eine vielzitierte Formel aus → Günther Anders' *Antiquiertheit des Menschen* (1956), wenn er über die Jugendlichen sagt, „sie stehen zu später Stunde ungenau in dieser Welt".

Die darin implizite Vorstellung einer Spätphase wird Muchow in seinem nächsten Buch unter der von Oswald Spengler übernommenen Idee der „Kulturmorphologie" ausbauen, indem er nun historisch weit ausgreift und die Jünglingsgenerationen seit dem Sturm und Drang Revue passieren lässt, wobei je auf eine Durchbruchsgeneration der authentischen Rebellion eine der luxurierenden Nutznießer und darauf eine der ‚Härtung' folgen soll – ein fortlaufender Krisenzyklus, der dem Denkmodell der Lebensphilosophie nicht unähnlich ist. Gegenwärtig, so sein Fazit, habe man es wieder mit einer luxurierenden Generation zu tun: „Die heutige Jugend usurpiert – in einer Wohlstandsgesellschaft und in einer geistig epigonalen Zeit – wieder einfach die Position der Erwachsenen", die einmal mehr auf die „Emporbildung" der Jugend verzichteten.

Er selbst lässt keinen Zweifel an seiner letztlich emphatisch auf Goethe fundierten, zivilisationskritischen Position gegenüber der „Massengesellschaft", die er für die problematischen Seiten der Jugend verantwortlich macht, wendet sich ebenso entschieden aber gegen Verteufelungen der Jugend, der letztlich nur die feste, führende Hand fehle, die ihnen bedeute, dass wahrhaftes Erwachsenwerden nicht ohne Askese zu haben sei. Rede man der Jugend anderes ein, erweise sich – auch dies einmal mehr – „daß das geistig-kulturelle Niveau dann absinkt, wie die Sitten sich lockern, wie die Zeit reif wird zur Katastrophe". (*Jugend und Zeitgeist*, 189)

Literatur

Hans Heinrich Muchow: *Flegeljahre. Beiträge zur Psychologie und Pädagogik der ‚Vorpubertät'*. Ravensburg 1950 • ders.: *Jugend und Zeitgeist. Morphologie der Kulturpubertät*. Reinbek 1962 (rde 147/148).

Erhard Schütz

Zeitleiste

Erstausgaben und Kinostarts der in dem Band behandelten Literatur und Filme, chronologisch geordnet
  Bei Übersetzungen ist das Ersterscheinen auf dem deutschen Markt maßgeblich, bei nichtdeutschen Filmproduktionen die synchronisierte Uraufführung in der DDR bzw. der BRD

1943

Hermann Hesse: Das Glasperlenspiel. Versuch einer Lebensbeschreibung des Magister Ludi Josef Knecht samt Knechts hinterlassenen Schriften

1945

Theodor Plievier: Stalingrad. Roman

1946

Karl Jaspers: Die Schuldfrage. Ein Beitrag zur deutschen Frage
Eugen Kogon: Der SS-Staat. Das System der deutschen Konzentrationslager
Ernst Kreuder: Die Gesellschaft vom Dachboden. Erzählung
Elisabeth Langgässer: Das unauslöschliche Siegel. Roman
Michail Aleksandrovič Šolochov: Neuland unterm Pflug. Roman (Teil 1, EA 1932)
Ernst Wiechert: Der Totenwald. Ein Bericht

Die Mörder sind unter uns (R.: Wolfgang Staudte)
Irgendwo in Berlin (R.: Gerhard Lamprecht)

1947

Gerhard Boldt: Die letzten Tage der Reichskanzlei
Wolfgang Borchert: Draußen vor der Tür. Ein Stück, das kein Theater spielen und kein Publikum sehen will
Max Horkheimer, Theodor W. Adorno: Dialektik der Aufklärung. Philosophische Fragmente
Hermann Kasack: Die Stadt hinter dem Strom. Roman
Victor Klemperer: LTI. Notizbuch eines Philologen
Thomas Mann: Doktor Faustus. Das Leben des deutschen Tonsetzers Adrian Leverkühn, erzählt von einem Freunde
Jean-Paul Sartre: Die Fliegen (EA 1943)

Zwischen gestern und morgen (R.: Harald Braun)

1948

Ilse Aichinger: Die größere Hoffnung. Roman
James Burnham: Das Regime der Manager (EA 1941)
Günter Eich: Abgelegene Gehöfte. Gedichte
Ernest Hemingway: Wem die Stunde schlägt. Roman (EA 1940)
Jakob Littner: Aufzeichnungen aus einem Erdloch
Hans Erich Nossack: Der Untergang
Max Picard: Die Welt des Schweigens

Film ohne Titel (R.: Rudolf Jugert)
… und über uns der Himmel (R.: Joseph von Baky)

1949

Stefan Andres: Das Tier aus der Tiefe. Die Sintflut: Der erste Roman
C. W. Ceram: Götter, Gräber und Gelehrte. Roman der Archäologie
Alfred Döblin: Schicksalsreise. Bericht und Bekenntnis
Ernst Jünger: Heliopolis. Rückblick auf eine Stadt
Walter Kolbenhoff: Heimkehr in die Fremde. Roman
Jürgen Thorwald: Es begann an der Weichsel

Nachtwache (R.: Harald Braun)

1950

Edwin Erich Dwinger: Wenn die Dämme brechen … Untergang Ostpreußens
Curzio Malaparte: Die Haut. Roman (EA 1949)
Karl Aloys Schenzinger: Atom. Roman
Jürgen Thorwald: Das Ende an der Elbe

1951

Theodor W. Adorno: Minima Moralia. Reflexionen aus dem beschädigten Leben
Stefan Andres: Die Arche. Die Sintflut: Der zweite Roman
Gottfried Benn: Fragmente. Neue Gedichte
Günter Eich: Träume
Helmut Gollwitzer: … und führen, wohin du nicht willst. Bericht einer Gefangenschaft
Ernst Jünger: Der Waldgang
Hans Werner Richter: Sie fielen aus Gottes Hand. Roman
Ernst von Salomon: Der Fragebogen

1952

Alfred Andersch: Die Kirschen der Freiheit. Ein Bericht
Peter Bamm: Die unsichtbare Flagge. Ein Bericht
Paul Celan: Mohn und Gedächtnis. Gedichte
George Forestier: Ich schreibe mein Herz in den Staub der Straße
Heinrich Harrer: Sieben Jahre in Tibet. Mein Leben am Hofe des Dalai Lama
Wolfgang Hildesheimer: Lieblose Legenden
Robert Jungk: Die Zukunft hat schon begonnen. Amerikas Allmacht und Ohnmacht

1953

Gottfried Benn: Destillationen. Neue Gedichte
Wolfgang Koeppen: Das Treibhaus. Roman
Karl Korn: Die Kulturfabrik
Arno Schmidt: Aus dem Leben eines Fauns. Kurzroman
Arno Schmidt: Die Umsiedler

1954

Hans Baumann: Steppensöhne. Vom Sieg über Dschingis-Khan
Klemens Brockmöller, S. J.: Christentum am Morgen des Atomzeitalters
Albrecht Goes: Das Brandopfer. Eine Erzählung
Helmut Heißenbüttel: Kombinationen. Gedichte 1951–1954
Hans Hellmut Kirst: Null-Acht Fünfzehn in der Kaserne. Die abenteuerliche Revolte des Gefreiten Asch
Hans Hellmut Kirst: Null-Acht Fünfzehn im Krieg
Dieter Meichsner: Die Studenten von Berlin. Roman
Weltall Erde Mensch. Ein Sammelwerk zur Entwicklungsgeschichte von Natur und Gesellschaft

1955

Josef Martin Bauer: So weit die Füße tragen. Roman
Gottfried Benn: Aprèslude. Gedichte 1955
Heinrich Böll: Doktor Murkes gesammeltes Schweigen
Bertolt Brecht: Leben des Galilei. Schauspiel. Dritte, „Berliner" bzw. „deutsche" Fassung
Werner Keller: Und die Bibel hat doch recht. Forscher beweisen die historische Wahrheit
Hans Hellmut Kirst: Null-Acht Fünfzehn bis zum Ende. Der gefährliche Endsieg des Gefreiten Asch
Siegfried Lenz: So zärtlich war Suleyken. Masurische Geschichten

Texte und Zeichen. Eine literarische Zeitschrift (Hg.: Alfred Andersch, 1955–1957)

Des Teufels General (R.: Helmut Käutner)

1956

Günther Anders: Die Antiquiertheit des Menschen. Bd. I: Über die Seele im Zeitalter der zweiten industriellen Revolution
Helmut Heißenbüttel: Topographien. Gedichte 1954/55
Walter Höllerer (Hg.): Transit. Lyrikbuch der Jahrhundertmitte
Gert Ledig: Vergeltung. Roman
Benno Pludra: Sheriff Teddy
David Riesman: Die einsame Masse. Eine Untersuchung der Wandlungen des amerikanischen Charakters (EA 1950)

Denn sie wissen nicht, was sie tun (R.: Nicholas Ray, UA 1955)
Die Halbstarken (R.: Georg Tressler)
Thomas Müntzer – Ein Film deutscher Geschichte (R.: Martin Hellberg)
Waldwinter (R.: Wolfgang Liebeneiner)

1957

Hans Magnus Enzensberger: verteidigung der wölfe
Arnold Gehlen: Die Seele im technischen Zeitalter. Sozialpsychologische Probleme in der industriellen Gesellschaft
Gotthard Günther: Das Bewußtsein der Maschinen. Eine Metaphysik der Kybernetik
Hans Hellmut Kirst: Keiner kommt davon. Bericht von den letzten Tagen Europas
Helmut Schelsky: Die skeptische Generation. Eine Soziologie der deutschen Jugend
Heinrich Schirmbeck: Ärgert dich dein rechtes Auge. Aus den Bekenntnissen des Thomas Grey. Roman
Martin Walser: Ehen in Phillipsburg. Roman

Berlin – Ecke Schönhauser (R.: Gerhard Klein)

1958

Bruno Apitz: Nackt unter Wölfen. Roman
Ingeborg Bachmann: Der gute Gott von Manhattan. Hörspiel
Gerd Gaiser: Schlußball. Aus den schönen Tagen der Stadt Neu-Spuhl. Roman
Heinrich Hauser: Gigant Hirn. Roman
Karl Jaspers: Die Atombombe und die Zukunft des Menschen. Politisches Bewußtsein in unserer Zeit
Vance Packard: Die geheimen Verführer. Der Griff nach dem Unbewußten in Jedermann (EA 1957)

Das Mädchen Rosemarie (R.: Rolf Thiele)
Die Kraniche ziehen (R.: Michail Kalatozov, UA 1957)
So ein Millionär hat's schwer (R.: Géza von Cziffra)
Wir Wunderkinder (R.: Kurt Hoffmann)

1959

Stefan Andres: Der graue Regenbogen. Roman
Heinrich Böll: Billard um halbzehn. Roman
Günther Grass: Die Blechtrommel. Roman
Uwe Johnson: Mutmaßungen über Jakob. Roman
Hans Heinrich Muchow: Sexualreife und Sozialstruktur der Jugend
Rudolf Pörtner: Mit dem Fahrstuhl in die Römerzeit. Städte und Stätten deutscher Frühgeschichte
Hans Werner Richter: Linus Fleck oder Der Verlust der Würde. Roman

Die Brücke (R.: Bernhard Wicki)
Natürlich die Autofahrer (R.: Erich Engels)
Rosen für den Staatsanwalt (R.: Wolfgang Staudte)
Sie nannten ihn Amigo (R.: Heiner Carow)

1960

Der schweigende Stern (R.: Kurt Maetzig)
Nacht fiel über Gotenhafen (R.: Frank Wisbar)

1961

Max Frisch: Andorra. Stück in zwölf Bildern
Heiner Müller: Die Umsiedlerin oder Das Leben auf dem Lande

Gewissen in Aufruhr (R.: Günter Reisch und Hans-Joachim Kasprzik)

1962

Friedrich Dürrenmatt: Die Physiker. Eine Komödie in 2 Akten
Franz Fühmann: Böhmen am Meer. Erzählung
Marion Gräfin Dönhoff: Namen, die keiner mehr nennt. Ostpreußen – Menschen und Geschichte

1972

Sonnensucher (R.: Konrad Wolf, 1959 verboten)

1985

Uwe Johnson: Ingrid Babendererde. Reifeprüfung 1953 (verfasst zwischen 1953 und 1956)

Autoren und Herausgeber

Elena Agazzi • *Die Schuldfrage – Einleitung (IV)* • *Ilse Aichinger: Die größere Hoffnung (I); Karl Jaspers: Die Schuldfrage (IV); Hermann Kasack: Die Stadt hinter dem Strom (VI); Martin Walser: Ehen in Phillipsburg (VIII)*

Hannes Bajohr • *Michail Aleksandrovič Šolochov: Neuland unterm Pflug (IX)*

Eva Banchelli • *Nonkonformismus und Experiment – Einleitung (X)* • *Günter Eich: Abgelegene Gehöfte (II); Günther Grass: Die Blechtrommel (X); Walter Kolbenhoff: Heimkehr in die Fremde (II); Jean-Paul Sartre: Die Fliegen (IX)*

Luca Bani • *Curzio Malaparte: Die Haut (IX)*

Michael Braun • *Stefan Andres: Die Sintflut-Trilogie (V)*

Stephen Brockmann • *James Burnham: Das Regime der Manager (IX)*

Raul Calzoni • *Krieg und Zivilisationsbruch – Einleitung (I)* • *Heinrich Böll: Billard um halbzehn (XI); Wolfgang Borchert: Draußen vor der Tür (II); Paul Celan: Mohn und Gedächtnis (I); Alfred Döblin: Schicksalsreise (II); Helmut Heißenbüttel: Kombinationen, Topographien (X); Hans Erich Nossack: Der Untergang (I)*

Fabrizio Cambi • *Uwe Johnson: Ingrid Babendererde. Reifeprüfung 1953 (V)*

Marco Castellari • *Bertolt Brecht: Leben des Galilei (VI); Max Frisch: Andorra (IV)*

Viviana Chilese • *Uwe Johnson: Mutmaßungen über Jakob (X)*

Walter Delabar • *Edwin Erich Dwinger: Wenn die Dämme brechen ... (III)*

Jörg Döring • *Jakob Littner: Aufzeichnungen aus einem Erdloch (I); Dieter Meichsner: Die Studenten von Berlin (XII)*

Carsten Dutt • *Elisabeth Langgässer: Das unauslöschliche Siegel (V)*

Matteo Galli • *Die Brücke (R.: Bernhard Wicki, I); Die Kraniche ziehen (R.: Michail Kalatosov, IX); Sie nannten ihn Amigo (R.: Heiner Carow, IV)*

Manuela Gerlof • *Günter Eich: Träume (X)*

Till Greite • *Robert Jungk: Die Zukunft hat schon begonnen (VII); Max Picard: Die Welt des Schweigens (VIII)*

Andy Hahnemann • *Die atomare Situation – Einleitung (VII)* • *Heinrich Hauser: Gigant Hirn (VI); Wolfgang Hildesheimer: Lieblose Legenden (XI); Hans Hellmut Kirst: Keiner kommt davon (VIII); Vance Packard: Die geheimen Verführer (IX)*

Nicolai Hannig • *Klemens Brockmöller S. J.: Christentum am Morgen des Atomzeitalters (V)*

Meike Herrmann • *Eugen Kogon: Der SS-Staat (IV)*

Christian Jäger • *Denn sie wissen nicht, was sie tun (R.: Nicholas Ray, IX)*

Wolfgang Kabatek • *Die Mörder sind unter uns (R.: Wolfgang Staudte, IV); ... und über uns der Himmel (R.: Joseph von Baky, II); Waldwinter (R.: Wolfgang Liebeneiner, III)*

Michael Kleeberg • *Ernest Hemingway: Wem die Stunde schlägt (IX); Siegfried Lenz: So zärtlich war Suleyken (III)*

Anna Sophie Koch • *Des Teufels General (R.: Helmut Käutner, IV); Wir Wunderkinder (R.: Kurt Hoffmann, XI)*

Manuel Köppen • *Helmut Schelsky: Die skeptische Generation (XII) • Die Halbstarken (R.: Georg Tressler, XII); Film ohne Titel (R.: Rudolf Jugert, VIII); Irgendwo in Berlin (R.: Gerhard Lamprecht); Rosen für den Staatsanwalt (R.: Wolfgang Staudte, XI); Zwischen gestern und morgen (R.: Harald Braun, II)*

Engelbert Kronthaler • *Gotthard Günther: Das Bewußtsein der Maschinen (VI)*

Malte Lohmann • *Friedrich Dürrenmatt: Die Physiker (VII)*

Elena Meilicke • *Der schweigende Stern (R.: Kurt Maetzig, VI)*

Kirsten Möller • *Flucht und Vertreibung – Einleitung (III)*

Cecilia Morelli • *Wünsche des Alltags – Einleitung (XI) • Bruno Apitz: Nackt unter Wölfen (IV); Marion Gräfin Dönhoff: Namen, die keiner mehr nennt (III); Theodor Plievier: Stalingrad (I); Arno Schmidt: Aus dem Leben eines Fauns (X); Arno Schmidt: Die Umsiedler (III) • So ein Millionär hat's schwer (R.: Géza von Cziffra, XI)*

David Oels • *Kulturimport – Einleitung (IX) • Gerhard Boldt: Die letzten Tage der Reichskanzlei (I); C. W. Ceram: Götter, Gräber und Gelehrte (XI); George Forestier: Ich schreibe mein Herz in den Staub der Straße (II); Werner Keller: Und die Bibel hat doch recht (V); Rudolf Pörtner: Mit dem Fahrstuhl in die Römerzeit (XI); Ernst von Salomon: Der Fragebogen (IV); Jürgen Thorwald: Es begann an der Weichsel, Das Ende an der Elbe (III)*

René Perfölz • *Hermann Hesse: Das Glasperlenspiel (V)*

Patrick Ramponi • *Theodor W. Adorno: Minima Moralia (X); Hans Magnus Enzensberger: verteidigung der wölfe (VIII); Arnold Gehlen: Die Seele im technischen Zeitalter (VI); Ernst Jünger: Heliopolis. Rückblick auf eine Stadt (VI)*

Stephan Rauer • *Ernst Kreuder: Die Gesellschaft vom Dachboden (X)*

Jay Julian Rosellini • *Thomas Müntzer – Ein Film deutscher Geschichte (R.: Martin Hellberg, V)*

Andrea Rota • *Kritik der Medienkultur – Einleitung (VIII)* • *Alfred Andersch: Die Kirschen der Freiheit (I); Ingeborg Bachmann: Der gute Gott von Manhattan (X); Heinrich Böll: Doktor Murkes gesammeltes Schweigen (VIII); Franz Fühmann: Böhmen am Meer (III); Victor Klemperer: LTI (IV)*

Massimo Salgaro • *Albrecht Goes: Das Brandopfer (V)*

Carola Schiefke • *Seelenheil und Religion – Einleitung (V)* • *Ernst Wiechert: Der Totenwald (IV)* • *Nachtwache (R.: Harald Braun, V)*

Erhard Schütz • *Nach dem Einkommen, vor dem Ankommen. Einführung* • *Gefangenschaft und Heimkehr – Einleitung (II); Technische Zeit – Einleitung (VI)* • *Peter Bamm: Die unsichtbare Flagge (I); Gerd Gaiser: Schlußball (XI); Helmut Gollwitzer: ... und führen, wohin du nicht willst (II); Walter Höllerer (Hg.): Transit. Lyrikbuch der Jahrhundertmitte (X); Ernst Jünger: Der Waldgang (X); Hans Hellmut Kirst: Null-Acht Fünfzehn (I); Wolfgang Koeppen: Das Treibhaus (X); Karl Korn: Die Kulturfabrik (VIII); Hans Heinrich Muchow: Sexualreife und Sozialstruktur der Jugend (XII); Hans Werner Richter: Linus Fleck oder Der Verlust der Würde (VIII); David Riesman: Die einsame Masse (IX); Heinrich Schirmbeck: Ärgert dich dein rechtes Auge (VI)* • *Texte und Zeichen (X)* • *Natürlich die Autofahrer (R.: Erich Engels, VI)*

Kristin Schulz • *Heiner Müller: Die Umsiedlerin oder Das Leben auf dem Lande (III)*

Marc Silberman • *Sonnensucher (R.: Konrad Wolf, VII)*

Tim Sparenberg • *Karl Aloys Schenzinger: Atom (1950, VII)*

Uwe C. Steiner • *Günther Anders: Die Antiquiertheit des Menschen (VII); Max Horkheimer, Theodor W. Adorno: Dialektik der Aufklärung (VIII)*

Rüdiger Steinlein • *Hans Baumanns „Steppensöhne" (1954) und die westdeutsche Kinder- und Jugendliteratur der fünfziger Jahre (XII)*

Alexandra Tacke • *Flucht und Vertreibung – Einleitung (III)*

Evan Torner • *Das „Steckenpferd" und die Jugendzeitschriften der fünfziger Jahre (XII)*

Geesa Tuch • *Nacht fiel über Gotenhafen (R.: Frank Wisbar, III)*

Daniele Vecchiato • *Das Mädchen Rosemarie (R.: Rolf Thiele, XI)*

Jochen Vogt • *Thomas Mann: Doktor Faustus (V); Hans Werner Richter: Sie fielen aus Gottes Hand (II)*

Thomas Wegmann • *Gottfried Benn: Späte Lyrik (XI)*

Björn Weyand • *Heinrich Harrer: Sieben Jahre in Tibet (XI)*

Saskia Wiedner • *Karl Jaspers: Die Atombombe und die Zukunft des Menschen (VII)*

Henning Wrage • *Neue Jugend – Einleitung (XII)* • *Exkurs: Fernsehkulturen der fünfziger Jahre (VIII)* • *Josef Martin Bauer: So weit die Füße tragen (II); Gert Ledig: Vergeltung (I); Benno Pludra: Sheriff Teddy (XII); Weltall Erde Mensch (VI)* • *Berlin – Ecke Schönhauser (R.: Gerhard Klein, XII); Gewissen in Aufruhr (R.: Günter Reisch, Hans-Joachim Kasprzik, I)*

Personenregister

Abelshauser, Werner 29, 31, 603
Abusch, Alexander 101f., 282, 318
Adenauer, Konrad 6, 19, 39f., 53, 76, 97, 126, 198, 207, 254f., 440, 456–458, 475, 676
Adorf, Mario 624f.
Adorno, Theodor W. 1, 17f., 28, 64, 74, 77, 97–99, 105f., 123, 143–146, 150–152, 166, 180, 205, 351, 387, 390f., 396, 411, 472–474, 477–480, 489, 500, 505, 543, 555–557, 560, 570–573, 580, 583, 591, 608
Agar, Herbert 511
Agazzi, Elena XIII–XV, 166–168, 281–290, 300–304, 395–397, 494–496
Ahrens, Mario 666
Aicher, Otl 108, 583
Aichinger, Hans 14
Aichinger, Ilse 95, 166–168, 287, 475
Alain-Fournier, Henri 510
Albers, Hans 39, 200, 218f., 221
Albers, Josef 107
Alexander der Große 175
Alexander, Peter 632
Allen, Corey 540
Alverdes, Paul 353
Amado, Jorge 522
Améry, Jean 288, 566
Anderle, Martin 395
Anderle, Othmar 367
Anders, Günther 28, 76, 357, 391, 409, 414, 416, 435, 438f., 446, 448–452, 473, 514, 680
Anders, Günther [Kameramann] 213
Andersch, Alfred 12, 27, 64, 72, 77, 81, 83, 92–94, 105f., 138, 147, 176–178, 258, 346, 490, 497, 513–515, 517, 527f., 532, 534, 555, 557–559, 562, 566, 581–583
Andersch, Gisela 582
Andersen, Elga 632
Andreas-Friedrich, Ruth 65
Andres, Dorothee 357
Andres, Stefan 12, 123, 235, 287, 332, 357–361, 385, 438f., 566
Angst, Richard 627
Annaud, Jean-Jacques 620

Anouilh, Jean 10, 521
Apitz, Bruno 90, 145, 315–317
Apollinaire, Guillaume 579
Aragon, Louis 522, 583
Arendt, Hannah 78, 105, 285f., 303, 361, 448, 488
Aristoteles 570
Arndt, Astrid 539
Arnold, Heinz Ludwig 106
Arnštam, Leo Oskarovič 289
Arp, Hans 580, 582
Artaud, Antonin 583
Asendorf, Christoph 219
Asimov, Isaac 393, 416, 422
Asmussen, Hans 327
Auer, Manfred 228
Aufschnaiter, Peter 618f.
Ausländer, Rose 436
Avdjuško, Viktor 458
Axmann, Artur 161

Baal, Karin 624, 666f.
Bachelard, Gaston 481
Bächler, Wolfgang 236
Bachmann, Ingeborg 95, 97, 132, 138, 166, 179f., 236, 440, 555, 569, 584, 586, 588f.
Backus, Jim 540
Baerlocher, Gritta 526
Bahro, Rudolf 102
Baierl, Helmut 251
Bajohr, Hannes 524–526
Baker, Roy 208
Baky, Joseph von 218–221
Balázs, Béla 619
Ballasko, Viktoria von 666
Ballmann, Herbert 118
Balqué, Erica 311f.
Baltzer, Hans 663
Balzer, Karl Michael 189f.
Bamm, Peter [i. e. Curt Emmrich] 149, 173–175, 256, 329
Banchelli, Eva 222–226, 526–528, 553–561, 590–593
Bani, Luca 536–540
Barck, Simone 42

Barth von Wehrenalp, Erwin 369
Barth, Karl 231
Barthes, Roland 583
Bartsch, Kurt 589
Batalov, Alexej 546f.
Baudelaire, Charles 577
Baudisch, Paul 532
Bauer, Josef Martin 208, 237–241
Baum, Bruno 281
Baumann, Hans 659f.
Baumgart, Reinhard 212
Bausch, Hans 56
Bazin, André 547, 581
Beauvoir, Simone de 27, 408, 515f.
Becher, Johannes R. 39, 51, 82, 84, 89, 139, 145, 284, 287
Becker, Hellmut 105
Beckett, Samuel 87, 391, 582f., 616
Beckmann, Willi 107
Beeske, Ingeborg 669
Beethoven, Ludwig van 40
Behn-Grund, Friedl 296
Behrens, Manja 458
Bender, Hans 12, 586
Bender, Peter 20
Benedek, László 645, 670
Benitz, Albert 311, 427
Benjamin, Walter 12, 98, 102, 143f., 297, 353, 455, 478f., 573
Benn, Gottfried 8–10, 39f., 49, 55, 63, 105, 137, 144–146, 173, 179, 234–236, 283, 300, 360, 409, 412, 497–500, 517f., 539, 580, 583f., 586f., 611–614
Bense, Max 64, 77, 108, 387, 393f., 558f., 582f.
Benyoëtz, Elazar 363
Berbig, Roland 139
Berg, Alban 478
Bergen, Ingrid van 627, 629, 634, 636
Bergengruen, Werner 8, 232, 332
Berger, Christel 663
Bergman, Ingmar 547
Bergmann, Helmut 318
Bergmann, Werner 458
Bergson, Henri 572
Berlau, Ruth 404
Berle, Adolf 530

Bermann Fischer, Gottfried 87
Bertolucci, Bernardo 619
Besson, Benno 274, 404
Bethmann, Sabine 263, 265
Beutler, Ernst 66
Beyer, Frank 317
Bienek, Horst 249, 346, 557
Bienert, Gerhard 375
Biermann, Wolf 41, 102
Bildt, Paul 156, 158
Bill, Max 107f., 579
Birgel, Willy 213f., 217f.
Blech, Hans Christian 462
Blecha, Kurt 41
Bloch, Ernst 100, 103, 205
Blöcker, Günter 535, 593
Blomberg, Werner von 309
Blücher, Viggo Graf 647
Bluhm, Walter 157
Blumenberg, Hans 482
Bobrowski, Johannes 338, 379, 559
Boccaccio, Giovanni 537
Böckenförde, Ernst-Wolfgang 103
Bode, Arnold 107
Bode, Ingrid 228
Boehlich, Walter 105, 164, 352
Bogdanova, Antonina 548
Böhm, Karlheinz 71
Bohnet, Folker 189, 191
Bohrer, Karl Heinz 3
Boldt, Gerhard 159–162
Böll, Heinrich 8, 54, 125, 138, 142, 147, 150f., 177, 201, 332f., 352, 386, 439, 475, 492f., 501, 517, 532, 555, 637–640
Bondarčuk, Sergej 548
Bonhoeffer, Dietrich 334
Bonin, Gerd von 189
Borchardt, Rudolf 584
Borchert, Ernst Wilhelm 296
Borchert, Wolfgang 11, 147, 149f., 199, 207, 210–213, 263, 286, 298, 332, 352, 653
Borchmeyer, Dieter 261
Borges, Jorge Luis 582
Borges, Manfred 669
Bormann, Martin 160
Bornkamm, Günter 370
Borsche, Dieter 71, 353–355

Borsody, Eduard von 206, 501
Böttcher, Martin 666
Boveri, Margret 105, 566
Bowles, Paul 581
Brabetz, Veit 644
Brandis, Helmut 547
Brando, Marlon 666
Brandt, Hans-Jürgen 239
Brandt, Horst E. 192
Brandt, Leo 433
Brandt, Willy 205, 245, 285,
Braque, Georges 107, 579
Brauer, Charles [vormals: Knetschke] 156f.
Brauer, Max 205
Braun von Stumm, Gustav 539
Braun, Harald 213–218, 337, 353–357
Braun, Michael 357–361
Braun, Pinkas 627f.
Braun, Volker 102
Bräunig, Werner 110, 462
Brecht, Bertolt 10f., 37, 39, 55, 87, 89, 99, 133, 146, 182, 205, 274, 320f., 331, 384, 404–406, 464, 496f., 570, 586, 625
Bredel, Willi 89, 145, 335, 526
Brem, Beppo 311
Brentano, Clemens 497
Breton, André 179
Breuer, Stefan 389
Brinkmann, Rolf Dieter 614
Broch, Hermann 8, 12, 89, 287, 346, 395, 583
Brockmann, Stephen 78, 82, 528–531
Brockmöller, Klemens, S. J. 329, 364–368
Brod, Max 614
Broglie, Louis de 408, 410
Brooks, Richard 645
Brücher, Hildegard [später: Hamm-Brücher] 64
Bruckner, Anton 175
Brückner, Christine 249
Bruckner, Karl 661
Buber, Martin 361, 363
Buch, Fritz Peter 263
Buchholz, Horst 646, 666f.
Buchmann, Erika 281
Büchner, Georg 181, 292
Buckwitz, Harry 321
Bunge, Hans 274

Burgdorf, Wilhelm 160
Burnham, James 48, 519, 528–531
Busch, Ernst 404
Buschendorf, Gisela 402
Buzzati, Dino 583

Calzoni, Raul 141–152, 162–165, 178–182, 210–213, 226–229, 578–580, 637–640
Cambi, Fabrizio 377–380
Campbell, John W. jr. 393, 416
Camus, Albert 10, 27, 182, 540, 542, 583, 616
Čapek, Karel 422
Carell, Paul [i. e. Paul Karl Schmidt] 10
Carniel, Elio 267
Carow, Heiner 318–320, 663
Carrel, Alexis 410
Carter, Howard 610
Castellari, Marco 321–323, 404–406
Cayrol, Jean 583
Čechov, Anton 10, 518
Celan, Paul [i. e. Paul Antschel] 94, 97, 137f., 146, 166, 178–182, 236, 335, 555, 581, 586,
Céline, Louis-Ferdinand 539
Ceram, C. W. [i. e. Kurt W. Marek] 11, 86, 176, 308, 370, 483, 607–611, 655
Certeau, Michel de 648
Césaire, Aimé 583
Chagall, Marc 107, 583
Char, René 179, 581, 583
Charitonova, Svetlana 546, 548
Chilese, Viviana 593–596
Chirico, Giorgio de 107
Christian, Norbert 458
Chruščëv, Nikita Sergejevič 431, 595
Clarke, Athur C. 422
Claudel, Paul 232f., 521
Claudius, Eduard 22, 384f.
Claunigk, Erich 634
Cocteau, Jean 9, 547
Cohn, Hans W. 586
Conrad, Joseph 510
Conze, Eckart 2
Conze, Werner 246
Coppola, Francis Ford 547
Cortés, Donoso 348
Cremer, Fritz 114

Cremer, Ludwig 210
Čuchraj, Grigorij 548
Cummings, E. E. 583
Curie, Marie 443
Curtius, Ernst Robert 66, 105
Cziffra, Géza von 632–634

Dagerman, Stig 78
Dahrendorf, Malte 660
Dalai Lama 618f.
Dalcher, Lawrence P. 509
Damar, Germaine 632
Dante Alighierie 395
Darboven, Anna-Maria 212
Däubler, Theodor 584
Dautert, Erich 125
Davies, Marion 612
Dean, James 540, 666
Defoe, Daniel 537
Dehmel, Richard 584
Dehn, Günther 643
Delabar, Walter 255–257
Delp, Alfred 334
Deltgen, René 353f.
Demokrit 442
Denney, Reuel 542–546
Deppe, Hans 246, 263, 288
Derrida, Jacques 181
Desch, Kurt 170
Deschner, Karlheinz 337, 407
Dibelius, Otto 377
Dick, Philip K. 422
Diderot, Denis 499
Diehl, Karl Ludwig 311f.
Diels, Rudolf 286
Dierichs, Otto 192
Dimen, Frank 263
Dior, Christian 600
Dirks, Walter 81, 91f., 96, 328f., 365
Döblin, Alfred 163, 226–229, 298, 353, 423, 534, 563, 583, 590, 615
Döblin, Erna 226f.
Döblin, Klaus 226f.
Döblin, Stefan 226f.
Döblin, Wolfgang 226f.
Doermer, Christian 666f.
Dominik, Hans 422

Domizlaff, Hans 423
Domnick, Ottomar 556, 582
Dönhoff, Marion Gräfin 245, 278f., 488
Dor, Milo 179
Doran, Ann 540
Döring, Jörg 169–172, 568, 655–659
Dostoevskij, Fëdor Michajlovič 163, 292, 409
Dovifat, Emil 62
Drechsler, Nelly [vormals: Held] 524
Drieu La Rochelle, Pierre 539
Dschingis Khan 659f.
Dückers, Tanja 244
Dunkelmann, Erika 669
Dunskus, Erich 267
Düren, Fred 318f.
Dürrenmatt, Friedrich 147, 406, 440, 462–465
Durth, Werner 17
Durzak, Manfred 518f.
Duse, Eleonora 408
Dutt, Carsten 345–349
Dwinger, Edwin Erich 160, 255–257
Dylan, Bob 542f.

Eatherly, Claude Robert 451
Ebert, Friedrich 38
Eckardt, Felix von 6
Eckermann, Martin 251
Eckert, Gerhard 505
Edschmid, Kasimir 8
Egel, Karl Georg 458f.
Eggebrecht, Axel 309f., 439
Eggeling, Wolfram 525
Ehlotzky, Fritz 126
Ehrenwirth, Franz 239
Eich, Günter 59, 95, 146, 201, 222–224, 436, 440, 555, 560, 567–569, 584, 586
Eichel, Wito 547
Eichhorn, Bernhard 484
Eichinger, Bernd 627
Eickhoff, Antonius 454
Einegg, Erich 156
Einsiedel, Heinrich Graf von 203
Einstein, Albert 406, 447, 463
Einstein, Carl 580
Eisbrenner, Werner 213
Eisenhower, Dwight D. 63, 433

Eisler, Hanns 39
Eisner, Lotte 191
Ėjzenštejn, Sergej Michajlovič 459, 549
Eliot, Thomas Stearns 87, 236, 520 f.
Elizabeth II. 74
Elperin, Juri 524
Éluard, Paul 179
Emel'janov, Vladimir 458
Emmerich, Wolfgang 180
Ende, Michael 662
Engel, Erich 404, 427
Engel, Harry 669 f.
Engels, Erich 427–429
Engels, Friedrich 373
Engler, Wolfgang 111 f.
Enzensberger, Hans Magnus 3, 95, 137 f., 147, 151, 180, 322, 436, 473–475, 489, 496–500, 555, 560 f., 583, 586, 592 f., 608
Ėrenburg, Il'ja 522
Erhard, Ludwig 33, 65, 387, 597–599, 626
Erhardt, Heinz 427, 632
Ernsting, Walter 454 f.
Erpenbeck, Fritz 57
Evers, Carl Heinz 658
Ewers, Hans Heino 662
Exner, Richard 586
Eyck, Peter van 624

Fabri, Albrecht 583
Fadeev, Aleksandr 525
Fallada, Hans 61, 86, 89 f., 532
Fallersleben, Hoffmann von 38
Fanck, Arnold 619
Faulkner, William 518, 582, 593, 640
Faulstich, Werner 557
Fechner, Ellen 484
Fellini, Federico 582 f.
Felmy, Hansjörg 627 f.
Feltz, Kurt 632
Festiner, John 180
Fethke, Jan 429
Feuchtwanger, Lion 89
Fichte, Johann Gottlieb 635
Fiedler, Erich 632
Finck, Werner 634
Fischer, Eugen Kurt 59

Fischer, Otto Wilhelm 71
Fischer, Peter 394
Fitzgerald, F. Scott 518
Flickenschildt, Elisabeth 627, 629
Flora, Paul 614
Flörchinger, Martin 372, 375
Flügel, Heinz 171
Flusser, Vilém 411
Foerster, Heinz von 416
Forell, Fritz von 240
Forestier, George [i. e. Karl Emerich Krämer] 10, 234–237
Forst, Willi 71, 134
Forster, Rudolf 263 f.
Forsthoff, Ernst 105
Fort, Gertrud von le 8, 332, 438
Foucault, Michel 560
Frank, Anne 660
Frank, Hans 286
Frank, Leonhard 210
Frankenfeld, Peter 74, 427–429
Franz, Erich 318
Freyer, Hans 391 f.
Freytag von Loringhoven, Bernd 160
Fried, Erich 436, 586
Friedrich II. 272
Friedrich Wilhelm I. 21
Friedrich, Hugo 679
Friedrich, Jörg 145
Frings, Joseph 328
Frisch, Max 12, 64, 321–323, 386, 556
Fritsch, Willy 484, 487
Fröbe, Gert 126, 263, 265, 624
Froboess, Conny 650
Fromm, Erich 545
Frydtberg, Wera 627, 629
Fuchs, Erika 133
Fühmann, Franz 110, 118, 251, 275–277, 338, 379
Furtwängler, Wilhelm 7, 12

Gadamer, Hans-Georg 52
Gagarin, Juri 136, 403
Gaiser, Gerd 12, 386, 620–624
Galbraith, John Kenneth 48
Galilei, Galileo 404 f.
Galli, Matteo 189–192, 318–320, 546–549

Ganghofer, Ludwig 336
Ganz, Bruno 159
Garbe, Hans 383 f.
Garcia Lorca, Frederico 236
Gast, Lise 247
Gäthje, Jan 164
Gauck, Joachim 523
Gebser, Jean 579 f.
Gebühr, Otto 218
Gehlen, Arnold 77, 103–105, 387, 392, 409–415, 416, 450, 483 f., 572, 675, 680
Gehlen, Reinhard 160
Gehring, Hansjörg 34
Geier, Herbert 263
Geiger, Willi 169
Gellner, Ernest 331
George, Stefan 179, 233, 584
Gerhardt, Uta 30
Gerlof, Manuela 567–569
Germer, Ulrike 458, 461
Gernhardt, Robert 587
Gerntke, Max 125
Gerstenmaier, Eugen 254
Geschonneck, Erwin 192, 194, 458 f.
Giacometti, Alberto 583
Gide, André 481, 502, 583
Giedion, Sigfried 382
Giehse, Therese 462 f.
Gies, Heinz 372
Gietz, Heinz 632
Giller, Walter 634
Giraudoux, Jean 521, 583
Gladkov, Fëdor 525
Glas, Hans 129
Glaser, Hermann 5, 9, 16, 29
Glaubrecht, Frank 189 f.
Glazer, Nathan 542–546
Globke, Hans 499
Gobetti, Paolo 549
Godard, Jean-Luc 427
Goebbels, Joseph 64, 97, 160, 215, 217, 291, 304 f., 359, 381, 639
Goes, Albrecht 65, 201, 333, 335, 337, 361–364
Goethe, Johann Wolfgang 34, 37, 66, 292, 350, 363, 396, 580, 680
Gogarten, Friedrich 368

Goll, Claire 586
Goll, Yvan 586
Gollwitzer, Gerhard 231
Gollwitzer, Helmut 202 f., 230–234, 334
Gomringer, Eugen 559, 578 f., 586
Gondrell, Adolf 213
Göring, Helga 669
Göring, Hermann 311
Gorki, Maxim 292
Goslar, Jürgen 627, 629
Göthe, Wolf 669
Gotsche, Otto 525
Gotthelft, Ille 307
Götze, Karl-Heinz 577
Goverts, Henry 444
Gracián, Baltasar 409
Graf, Oskar Maria 437, 615
Graf, Robert 627 f.
Grass, Günter 27, 93, 106, 138, 147, 151, 180, 244, 249, 475, 501, 534, 560 f., 586, 590–593, 637
Grassi, Ernesto 414
Green, Arnold 545
Greene, Graham 583
Gregor, Manfred [i. e. Gregor Dorfmeister] 189 f.
Gregor, Ulrich 549
Greite, Till 444–448, 480–484
Grieger, Manfred 25
Grimm, Hans 139
Grimm, Jacob 120
Grimm, Wilhelm 120
Grindel, Gerhard 218
Groll, Gunter 15
Gronemann, Walter 660
Gropius, Walter 65
Groß, Erwin 81
Grotewohl, Otto 114
Grothe, Franz 627
Gründgens, Gustaf 7, 12, 526 f.
Grunenberg, Antonia 504
Guardini, Romano 64, 329, 365, 391
Guderian, Heinz 160, 253
Guggenheimer, Walter 94, 483, 527
Gumbrecht, Hans Ulrich 3
Gumpert, Martin 64
Günther, Gotthard 392 f., 416–421, 422, 583

Günther, Helmut 148f.
Gunzenhäuser, Rul 394
Gutschow, Niels 17
Guttmann, Bernhard 359

Haack, Käthe 353
Haagen, Margarete 484
Haarer, Johanna 112
Haas, Helmut de 586
Haas, Willy 60
Habe, Hans 63f., 501f.
Habermas, Jürgen 50, 103–105, 411
Hacks, Peter 274
Haferitz, Simon 374f.
Haftmann, Werner 107
Hage, Volker 165, 186f.
Hagen, Eva-Maria 547
Hahn, Otto 12, 456
Hahnemann, Andy 422–426, 433–440, 452–455, 550f., 614–617
Haller, Ernest 540
Hamel, Peter 484, 487
Hamm, Peter 586
Hamm-Brücher, Hildegard [vormals: Brücher] 64
Hancke, Edith 427
Hanisch, Otto 192
Hannig, Nicolai 364–368
Hanser, Carl 106
Harich, Wolfgang 55, 61, 471
Harlan, Veit 522
Harnack, Falk 70
Harrer, Heinrich 618–620
Harrison, Edward D. R. 162
Hart, Liddell 520
Härtling, Peter 586
Hartmann, Anne 525
Hartmann, Max 12
Hartung, Hugo 247f., 627
Hase, Annemarie 218
Hasler, Joachim 429
Hattwig, Jörg 293
Hauptmann, Elisabeth 404
Hauptmann, Gerhart 89
Hauser, Heinrich 385, 422–426
Hausmann, Manfred 64, 333
Haydn, Joseph 38f.

Hazlewood, Lee 542
Hearst, William Randolph 612
Hebbel, Friedrich 518
Hebel, Johann Peter 518
Hecht, Werner 404
Heckmann, Herbert 498, 586
Hedin, Sven 618f.
Heer, Friedrich 365
Hegel, Georg Wilhelm Friedrich 102, 283, 416, 571, 592
Hegen, Hans [i. e. Johannes Hegenbarth] 134
Heidegger, Martin 99, 103, 387–389, 391, 401, 416, 448, 481, 502
Hein, Manfred Peter 586
Heine, Heinrich 376, 498
Heinrich, Klaus 656, 658
Heise, Wolfgang 102
Heiseler, Bernt von 333
Heisenberg, Werner 391, 420, 456
Heißenbüttel, Helmut 147, 554, 559, 578–580, 586
Held, Martin 634
Held, Nelly [später: Drechsler] 524
Heldt, Werner 107, 582
Hellberg, Martin 331, 372–376
Heller, Gerhard 538
Helling, Fritz 282
Hellmer, Cornelia 65
Helms, Hans G. 97, 106, 391
Hemingway, Ernest 63, 89, 177, 260, 510f., 514, 516–518, 520, 523, 532–536, 581
Hemmerle, Eduard 283
Hennecke, Adolf 383f.
Hensch, Friedel 427
Henze, Hans Werner 555, 583
Hepp, Ernst A. 161
Herberger, Sepp 604
Herbst, Jo 624f., 666
Herder, Johann Gottfried 102, 416
Hermand, Jost 59, 90, 553
Hermlin, Stephan 11, 100, 145, 335, 436
Herr, Trude 427f.
Herrmann, Meike 294–296
Herrmann, Paul 607
Herzog, Werner 619
Heß, Otto 658

Hesse, Hermann 8, 87f., 96, 338, 341–345, 396, 409, 519, 586, 621
Heston, Charlton 371
Heuser, Loni 632
Heuss, Theodor 39f., 64, 96f., 126f.
Heydrich, Reinhard 359
Heym, Stefan 61, 64
Hilbig, Wolfgang 110
Hildesheimer, Wolfgang 138, 166, 335, 555, 614–617
Hillebrecht, Rudolf 17
Himmler, Heinrich 160, 307, 312, 359
Hindemith, Harry 156f., 192
Hinz, Michael 189, 191
Hirschfeld, Kurt 321
Hitchcock, Alfred 494, 546
Hitler, Adolf 20, 24, 44, 53, 78, 82, 86, 120, 153, 159–162, 173, 176, 253, 269, 272, 278, 283, 289, 309, 337, 350, 482, 520, 584, 609f., 628f., 639, 659, 676
Hobbes, Thomas 447, 477
Hochhuth, Rolf 151, 338
Hocke, Gustav René 66
Hoffmann, Günther 189f.
Hoffmann, Kurt 501, 625, 627–632
Hoffmann, Manfred 666
Hoffmann, Ruth 247
Hofmannsthal, Hugo von 8, 502, 586
Hohoff, Curt 149
Hölderlin, Friedrich 292, 498
Höllerer, Walter 12, 93, 105f., 223, 236, 394, 557–559, 584–587
Holm, Claus 263f.
Holthusen, Hans Egon 10, 50, 105, 122, 180, 186, 352, 500, 520, 586
Holtz, Annemarie 484
Holz, Arno 580
Holzweißig, Gunter 61
Homer 477f.
Hommes, Jakob 366
Honecker, Erich 4f., 38f., 372, 641
Honecker, Margot 5
Hoover, Herbert 32
Hopper, Dennis 540
Horaz 663
Horkheimer, Max 28, 66, 97, 102, 390, 472f., 477–480, 488, 500, 570

Horney, Brigitte 267f.
Hörnigk, Frank 270
Horst, Ernst 133
Horst, Karl August 185
Horten, Helmut 605
Horwitz, Kurt 462
Hosalla, Hans-Dieter 458
Huchel, Peter 57, 83, 559, 586
Huizinga, Johan 409
Humboldt, Wilhelm von 416
Hurdalek, Georg 311, 634f.
Husserl, Edmund 448

Igelhoff, Peter 263, 427
Ihering, Herbert 521
Ihlenfeld, Kurt 247f., 333, 336
Illig, Joseph 353
Ionesco, Eugène 616
Ivanov, Aleksandr 526

Jaesrich, Hellmut 483
Jäger, Christian 540–542
Jahnn, Hans Henny 8, 357f., 438f.
Jakobs, Karl-Heinz 384
Janka, Walter 55, 470f.
Jarausch, Konrad 2, 5, 35, 40, 115
Jaspers, Karl 64, 81f., 283, 285f., 300–304, 438, 455–458
Jauß, Hans Robert 27
Jené, Edgar 179
Jens, Walter 27, 66, 475, 583
John, Karl 311
Johnson, Uwe 24, 39, 95, 138, 151, 330f., 377–380, 475, 501, 557f., 561, 593–596, 637
Joyce, James 89, 99, 343, 346, 353, 409, 533, 579
Jugert, Rudolf 15, 200, 472, 484–488, 627
Junge, Traudl 159
Jünger, Ernst 8f., 49, 53, 63, 96, 106, 175, 360, 389f., 395, 397–401, 408, 425, 502, 530f., 539, 554f., 564–566, 578, 580f., 622, 680
Jünger, Friedrich Georg 389–391, 394, 584
Jungk, Robert 410, 439, 444–448, 451, 464, 475
Jürgens, Curd 71, 311

Just, Gustav 55
Jutkevič, Sergej 547
Jutzi, Phil 667

Kabatek, Wolfgang 218–221, 263–267, 296–300
Kaehler, Wolfgang A. 372, 376
Kaelble, Hartmut 13–15
Kafka, Franz 89, 95, 99, 167, 236, 353, 496, 579
Kahler, Erich von 27, 343
Kaiser, Georg 10 f.
Kaiser, Joachim 166, 465, 583
Kaiser, Wolf 372, 376
Kalatozov, Michail 546–549
Kaléko, Mascha 653
Kaltofen, Günter 505
Kampendonk, Gustav 427
Kandinsky, Wassily 107, 579
Kant, Immanuel 302, 456 f., 477, 479
Kantorowicz, Alfred 83, 100, 557
Karajan, Herbert von 12
Kardorff, Ursula von 65, 79, 518
Karlstadt, Liesl 629
Karsch, Walther 10
Kasack, Hermann 8 f., 146, 148, 287, 385, 395–397, 578 f.
Kaschnitz, Marie Luise 10, 146, 287, 436, 475
Kasprzik, Hans-Joachim 192–195
Kästner, Erich 63 f., 156, 197, 357, 436, 439, 583 f., 653, 661
Kauka, Rolf 133
Käutner, Helmut 69, 72, 290, 311–314, 484 f., 601
Kazantzakis, Nikos 522
Keller, Dietmar 103
Keller, Inge 192
Keller, Paul 263
Keller, Werner 329, 369–371, 607
Kempowski, Walter 557
Kentler, Hellmuth 650
Kerr, Alfred 64, 66
Kerr, Deborah 370
Kertzscher, Günter 41
Kesselring, Albert 286
Kesten, Hermann 335, 614
Ketzlin, Hans Joachim 666

Kiaulehn, Walter 65
Kiesel, Helmuth 228
Kießling, Arno 126 f.
Kießling, Friedrich 30
Killy, Walther 64
Kinsey, Alfred 516, 519
Kinski, Klaus 263
Kipphardt, Heinar 406, 440, 464, 557
Kirchhoff, Bodo 627
Kirk, Russell 48
Kirkegaard, Søren 480 f.
Kirst, Hans Hellmut 182–185, 310, 437, 452–455
Kisch, Egon Erwin 444, 448
Klapper, John 357
Klaska, Frauke 79
Kleeberg, Michael 259–262, 532–536
Klein, Gerhard 70, 319, 669–672
Kleinau, Willy Adolf 263, 265
Kleinschmidt, Karl 372
Kleist, Heinrich von 518, 581, 635
Klemperer, Victor 286, 304–307
Klepper, Jochen 334
Klessmann, Christoph 647
Klingler, Werner 70
Kloth, Hans Michael 600
Klück, Günter 192, 669
Kluge, Alexander 72, 97, 109, 147, 151, 191
Kluger, Herbert 170 f.
Klüh, Gerhard 203
Knauth, Percy 78
Knef, Hildegard 71, 207, 213 f., 218, 296 f., 484
Knetschke, Charles [später: Brauer] 156 f.
Knobloch, Heinz 62
Knopf, Jan 404
Knuth, Gustav 462
Koch, Anna Sophie 311–314, 627–632
Koch, Franz 353
Koch, Lotte 218, 220
Koch, Marianne 311 f.
Koch, Thilo 506, 581
Koch-Hooge, Wilhelm 318
Koczian, Johanna von 627, 629
Koeppen, Wolfgang 12, 17, 77, 92, 96, 123–125, 147, 169–172, 186, 288, 386, 440, 490, 554, 556, 575–578, 582 f.

Koestler, Arthur 27f., 515
Kogon, Eugen 27, 66, 76, 81, 233, 286, 294–296, 365, 583
Köhler, Erich 526
Köhler, Joachim 365
Kohler, Ottmar 208
Kohlhaase, Wolfgang 319, 429, 645f., 669
Köhn, Lothar 525
Kolbenhoff, Walter 9, 201, 224–226, 287, 517, 527
Kolessov, Vassilij 383
Kolmar, Gertrud 12
Kommerell, Ruth 192
König, René 206
Königstein, Horst 627
Konsalik, Heinz 208
Kooning, Willem de 107
Koplowitz, Jan 110
Kopp, Hans 619
Köppen, Manuel 156–159, 213–218, 484–488, 634–637, 666–669, 672–677
Korbschmitt, Hans-Erich 239
Korn, Karl 47f., 50, 88, 103, 314, 356, 387, 471, 483, 488–491, 514
Körner, Klaus 4
Körner-Schrader, Paul 525
Koschel, Christiane 179
Koselleck, Reinhart 29
Kowa, Viktor de 213, 311f.
Kracht, Christian 620
Kraus, Karl 503
Kraus, Peter 650
Krauss, Marita 205f.
Krauss, Werner 81, 100
Krebs, Hans 160
Kreimeier, Klaus 67
Kreuder, Ernst 8, 386, 439, 555, 562f.
Kriele, Martin 103
Krien, Werner 156, 218
Kröll, Friedhelm 95
Krolow, Karl 10, 144, 177, 235f., 611f.
Kronthaler, Engelbert 416–421
Krotkow, Boris 524
Krüger, Bum 311, 313
Krüger, Hans Jürgen 94
Krüger, Hardy 208
Krüss, James 662

Kubaschewski, Ilse 502
Kube, Horst 458
Kubitschek, Ruth Maria 372, 429
Kuby, Erich 50, 149, 474, 624f.
Küchenmeister, Claus 318
Küchenmeister, Wera 318
Kulenkampf, Hans Joachim 74
Kumpfmüller, Michael 183
Kunert, Günter 136, 146, 559, 561, 671
Kunze, Reiner 561
Kurella, Alfred 593
Kusovkin 43, 383
Kusterer, Hermann 550
Küstermeier, Rudolf 60

Laffrentz, Bodo 24
Lahola, Leopold 208
Lamprecht, Gerhard 15, 70, 156–159
Lang, Fritz 396, 478
Lang, Michl 629
Lange, Horst 12
Langgässer, Elisabeth 8, 146, 284, 332f., 345–349, 359, 436, 527, 586
Langhoff, Wolfgang 374
Larsen, Maximilian 669
Lask, Berta 373
Lasker-Schüler, Else 12
Layard, Henry 610
Le Corbusier 124, 576
Lechtenbrink, Volker 189, 191
Ledig, Gert 147, 185–189, 287
Ledinek, Stanislav 666
Lee, Belinda 627
Lehmann, Wilhelm 10, 75f., 144, 586
Lehndorff-Steinort, Heinrich Graf von 278f.
Leipelt, Hans 156
Lem, Stanisław 430, 522
Lembke, Robert 64
Lemke, Michael 42
Lenel, Hans Otto 530
Lenin, Vladimir Il'jič 101, 469, 627
Lenz, Hermann 149
Lenz, Siegfried 151, 249, 259–262, 532f.
Leonhard, Wolfgang 28, 61
Leopardi, Giacomo 538
Lerner, Max 48
Lethen, Helmut 613

Lettow, Hans-Albert 619
Leucht, Karl Friedrich 234–236
Leuwerik, Ruth 72, 208
Levi, Primo 335, 363
Ley, Hermann 457
Lichtenberg, Georg Christoph 580
Liebeneiner, Wolfgang 208, 210, 246, 263–267
Liebknecht, Karl 373
Lieven, Albert 311f.
Lilje, Hanns 333
Lincke, Jürgen 506
Lincoln, Abraham 48
Lindemann, Helmut 528
Lindgren, Astrid 661
Lingen, Theo 462
Lisieux, Thérèse de 348
Lissner, Ivar 607
Littner, Jakob 123, 169–172, 577
Löck, Carsta 213, 484, 486
Loerke, Oskar 586
Loest, Erich 55
Lohmann, Malte 462–465
Lommer, Horst 283
Loos, Paul Arthur 483
Loriot [i. e. Vicco von Bülow] 440
Lothar, Mark 353
Lübbe, Hermann 103
Lübke, Heinrich 53
Ludwig, Hellmut 536, 538
Luft, Friedrich 63, 515
Luhmann, Niklas 105, 411
Lukács, Georg 11, 55, 98f., 144f., 352, 583, 639
Łukasiewicz, Jan 419
Lukeš, Oldřich 429f.
Lunin, Nikolaj 383
Luther, Martin 331, 348, 351, 372–376
Lutz, Theo 394
Lynes, Russell 48

Machowski, Ignacy 429f.
Mackeben, Theo 218f.
Mäde, Hans Dieter 319
Madin, Arne 427f.
Maetzig, Kurt 70, 281, 318, 429–432
Magener, Rolf 619

Maillol, Aristide 107
Majakovskij, Vladimir 522
Majewski, Hans-Martin 189, 191, 267
Malaparte, Curzio [i. e. Kurt Erich Suckert] 518, 536–540
Mallarmé, Stéphane 179
Malle, Louis 546
Mamedov 383
Man, Hendrik de 488, 490
Manet, Édouard 626
Mann, Golo 458, 530f.
Mann, Heinrich 70, 89, 227, 503, 635
Mann, Klaus 283, 532, 615
Mann, Thomas 8, 37, 88f., 206, 215f., 326, 343, 349–353, 359, 407, 534, 570, 572, 581
Mannheim, Karl 673
Mansfeld, Michael 189
Manzoni, Allessandro 537
Mao Tse-tung 522
Marchwitza, Hans 22, 89
Marcuse, Herbert 227
Marini, Marino 107
Marischka, Ernst 336, 601
Markowski, Andrzej 429
Markus, Winnie 213f.
Marquard, Odo 103f.
Marquardt, Fritz 274
Marseille, Hans-Joachim 427
Marshall, George C. 32, 34
Martin, Alfred 283
Marx, Karl 372f., 572
März, Ursula 515f.
Mattern, Hermann 118
Mattheuer, Wolfgang 23
Maupassant, Guy de 518
May, Karl 535, 654
May, Paul 182f.
Mayer, Hans 30, 100f., 103, 352, 406, 534, 558
McCulloch, Warren S. 416
McLuhan, Herbert Marshall 449
Means, Gardiner 530
Mehnert, Klaus 381
Mehring, Walter 614f.
Meichsner, Dieter 655–659
Meier, Franziska 539

Meilicke, Elena 429–432
Meinecke, Friedrich 282, 489, 658
Meinhof, Ulrike 231
Meister, Ernst 586
Melis, Damian van 365
Melville, Herman 409
Mende, Georg 457
Mendelssohn, Peter de 146, 148, 488
Mensah, Omani 429
Menzel, Herybert 25
Merkel, Angela 605
Merkel, Ina 116
Merkurjev, Vasilij 546–548
Meusel, Alfred 372
Meyen, Harry 311, 313
Meyendorff, Irene von 484, 486
Meyer-Marwitz, Bernhard 210, 212
Meyn, Robert 311f.
Meysel, Inge 311, 634
Michaels, Jennifer E. 154
Mickel, Karl 102
Milestone, Lewis 190
Miller, Arthur 522
Mills, Charles Wright 545
Miłosz, Czesław 9
Mineo, Sal 540
Mira, Brigitte 632
Misch, Rochus 159
Mitscherlich, Alexander 64, 606
Mitscherlich, Margarete 606
Mittenzwei, Werner 404
Mittner, Ladislao 148
Moeller, Robert G. 254
Moers, Walter 159
Mohler, Armin 177, 309, 581, 607, 611
Möller, Gunnar 267f.
Möller, Horst 36
Möller, Kirsten 243–252
Mon, Franz 586
Mondi, Bruno 263
Mondrian, Piet 579, 582
Mönnich, Horst 25f., 385
Moravia, Alberto 583
Morelli, Cecilia 153–156, 257–259, 278f., 315–317, 574f., 597–606, 632–634
Morgner, Irmtraud 558
Motherwell, Robert 107

Muchow, Hans Heinrich 645, 647, 678–680
Muchow, Martha 678
Mühlen, Norbert 16, 46
Müller, Hans-Harald 154
Müller, Heiner 102, 151, 250f., 270–275, 384, 461f., 561
Müller, Karl H. 530
Müller, Klaus Detlef 404
Müller, Paul Alfred 422
Müller, Wolfgang 627, 630, 634
Müller-Armack, Alfred 45
Müller-Graaf, Carl Hermann 283
Mumford, Lewis 382
Mundstock, Karl 23f.
Müntzer, Thomas 331, 372–376
Münz-Koenen, Ingeborg 193
Musil, Robert 8, 89, 343, 353, 409f., 412f., 535, 589

Nadeau, Maurice 583
Nagy, Imre 99
Nahrgang, Wilburg Lee 149
Nake, Frieder 394
Namokel, Karl 641
Napoleon Bonaparte 608
Nasarova, Nina 43, 383
Nay, Ernst Wilhelm 107
Nebel, Gerhard 398
Nebukadnezar 609
Nekrasov, Viktor 511
Nell-Breuning, Oswald von 488
Nellesen, Bernd 676
Neruda, Pablo 522, 583
Neumann, Götz 372
Neumann, Günter 627, 631
Neumann, John von 447
Neumann, Robert 581
Neuss, Wolfgang 311, 627, 630, 634
Neutsch, Erik 380, 526
Newman, Barnett 107
Newton, Isaac 463
Niedermayer, Max 517
Niehoff, Karena 668f.
Niekisch, Ernst 282
Nielsen, Hans 353
Niemöller, Martin 64, 283, 292, 328f.
Niethammer, Lutz 413

Nietzsche, Friedrich 101, 283, 349, 414, 614
Nikitin, Konstantin 548
Nitribitt, Rosalie Marie Auguste 135, 624–627
Nizon, Paul 583
Noelte, Rudolf 210
Nohl, Herman 603
Nono, Luigi 583
Nordhoff, Heinrich 605
Noske, Gustav 373
Nossack, Gabriele »Misi« 162, 164
Nossack, Hans Erich 8f., 146–148, 162–165, 287, 298, 395

O'Neill, Eugene 521
Oberberg, Igor 484
Oberländer, Theodor 249
Odema, Fritz 484, 487
Oels, David 159–162, 234–237, 253–255, 307–310, 369–371, 509–523, 607–611
Oelze, Friedrich Wilhelm 613
Ohde, Horst 59f.
Oliva, Hans 192f.
Ongewe, Julius 429f.
Oppel, Horst 521
Oppenheimer, Robert 406, 431, 447, 464
Ortega y Gasset, José 488, 490, 520
Orwell, George 28, 530, 550
Ossowski, Leonie 250
Ostrovskij, Nikolaj 525
Otto, H. C. 34

Pabst, Georg Wilhelm 190, 619
Packard, Vance 58, 519, 550f., 647
Padover, Saul Kussiel 78
Paetsch, Hans 427
Pagé, Ilse 669f.
Pan, Ingrid 627, 629
Papen, Franz von 286
Parkes, James 511
Parth, Wolfgang Willi 218
Passos, John Dos 35, 89
Patalas, Enno 191
Pauck, Heinz 627
Paul, Wolfgang 92
Paulsen, Arno 296
Pavese, Cesare 583
Pechel, Rudolf 62

Pehlke, Heinz 666
Peitsch, Helmut 29f., 88
Penzoldt, Ernst 233
Perfölz, René 341–345
Perschy, Maria 427
Peters, Werner 624, 634f.
Petershagen, Rudolf 192–194
Pfeiffer-Belli, Erich 523
Pfeil, Elisabeth 247
Pfitzmann, Günter 189, 267
Piatti, Celestino 137
Picard, Max 480–484
Picasso, Pablo 107, 408, 547, 579, 625
Picht, Georg 105, 607
Pieck, Wilhelm 127, 205
Piontek, Heinz 236, 586
Pirandello, Luigi 7
Piscator, Erwin 75
Pitt, Brad 620
Pius XII. 338, 371
Plard, Henri 566
Plessner, Helmuth 102, 411
Plievier, Theodor 8, 86, 153–156, 182, 510f., 656
Pludra, Benno 663–665
Pohl, Arthur 70, 251
Pohl, Oswald 287, 334
Polgar, Alfred 206
Pollatschek, Walter 374
Pollock, Friedrich 478
Pollock, Jackson 107
Ponto, Erich 213, 215, 484, 486
Pontow, Käte 486
Porsche, Ferdinand 26
Portmann, Adolf 105
Pörtner, Rudolf 607, 610f.
Postnikov, Michail N. 429f.
Pound, Ezra 503, 533, 579
Powys, John Cowper 346
Presley, Elvis 650
Preußler, Otfried 662
Prévert, Jacques 583
Priestley, J. K. 10
Probst, G. 381
Proust, Marcel 89, 99, 343, 346, 353, 409, 572
Pudovkin, Vsevolod Illarionovič 549

Purcell, Henry 343
Puttkamer, Jesco von 453
Rabehl, Bernd 658
Rackelmann, Kurt 429f.
Radandt, Irmgard 402
Raddatz, Carl 624
Raddatz, Fritz J. 95, 522
Radecki, Sigismund von 65
Radvanyi, Géza von 208
Rahl, Mady 267
Rajzman, Juli 526
Ramponi, Patrick 397–401, 410–415, 497–500, 570–573
Rasch, Carlos 385
Rasp, Fritz 156
Rathenau, Walther 307
Rau, Fritz 650
Rauer, Stephan 562f.
Rausch, Jürgen 8f.
Rausch, Renate 542
Rauschenberg, Robert 107
Rautenfeld, Klaus von 624
Ray, Nicholas 540–542, 645, 670
Ray, Satyajit 547
Razboynikova-Frateva, Maja 167
Reagan, Ronald 529
Reger, Erik 44f., 120f.
Reich-Ranicki, Marcel 261, 624
Reifferscheid, Eduard 582
Reimann, Brigitte 110
Rein, Heinz 656
Reisch, Günter 192–195, 429
Reitsch, Hanna 161
Reitz, Edgar 72, 109
Remani, Ernesto 70
Remarque, Erich Maria 539
Reuter, Ernst 205
Reuter, Fritz 70
Ribbentrop, Joachim von 10, 161
Richter, Friedrich 192
Richter, Hans Werner 9, 27, 93–95, 138, 147, 182f., 199, 201, 203, 207, 229f., 452, 472, 474f., 501–503, 514, 517, 532, 535, 554, 615, 652
Richter, Karl [i. e. Werner Sticken] 53f.
Rickert, Heinrich 481
Riefenstahl, Leni 288, 376, 619

Riesman, David 48, 387, 409, 519f., 542–546, 647, 680
Riess, Curt 69
Rilke, Rainer Maria 179, 233, 409, 481, 484
Rimbaud, Arthur 179, 235
Ringelnatz, Joachim 586
Rinser, Luise 65, 532f.
Ritter, Gerhard 489
Ritter, Joachim 103
Rizzi, Bruno 530
Roehler, Klaus 583
Rohlfs, Christian 107
Röhm, Ernst 309
Rohmer, Eric 547
Rommel, Ernst 608
Roosevelt, Franklin Delano 529
Rosellini, Jay Julian 372–376
Rosenberg, Ethel 406, 408
Rosenberg, Julius 406, 408
Rosenberg, Rainer 100f.
Rosenberg, Stuart 330
Rosenberger, Raimund 634
Rosenman, Leonard 540
Rosselini, Roberto 670
Rössing, Karl 222
Rota, Andrea 176–178, 275–277, 304–307, 467–476, 492f., 588f.
Roters, Ernst 296f., 372
Roth, Eugen 262
Roth, Joseph 12, 481
Roth, Paul Edwin 218f.
Rothko, Mark 107
Rowohlt, Ernst 161, 310, 532, 655
Rozov, Viktor 546
Rücker, Günther 429
Rudolph, Helmuth 629
Rühle, Herbert 125
Rühmann, Heinz 71
Rühmkorf, Peter 151, 180, 210f., 560
Rutherford, Ernest 443
Rutschky, Michael 3, 135
Rychner, Max 352

Sachs, Nelly 146, 335, 363, 586
Sade, Marquis de 477
Safranski, Rüdiger 388
Sagan, Françoise 679

Saint-Exupéry, Antoine de 523
Sakowski, Helmut 251
Salgaro, Massimo 361–364
Salomo 370, 463f.
Salomon, Ernst von 45, 55, 86, 183, 256, 307–310
Samojlova, Tatjana 546f.
Sappho 498
Sarnow, Hedda 156f.
Saroyan, William 518
Sartre, Jean-Paul 3, 9f., 27, 99, 176f., 408f., 499, 502, 514–516, 520–522, 526–528, 540
Schacht, Hjalmar 86
Schäfer, Ernst 619
Schäfer, Hans Dieter 30
Schäfer, Oda 348, 584
Schall, Ekkehard 669f.
Schallück, Paul 439f.
Schamoni, Peter 72
Schaper, Edzard 332
Scharnagl, Karl 169
Scharoun, Hans 97
Schaudig, Michael 314
Scheer, Karl-Herbert 437, 455
Schelcher, Raimund 669f.
Scheler, Max 411
Schelsky, Helmut 392, 416, 483, 495, 499, 531, 542f., 560, 599, 647, 672–677, 680
Schenzinger, Karl Aloys 385, 434, 441–444
Scheringer, Richard 53
Scherr, Margitta 427
Schieder, Theodor 245f.
Schiefke, Carola 291–293, 325–340, 353–357
Schiemann, Eduard 524
Schildt, Axel 371, 522
Schiller, Friedrich 34, 40, 498
Schirmbeck, Heinrich 12, 407–410, 436
Schliemann, Heinrich 369, 610
Schlögel, Karl 243
Schlöndorff, Volker 592
Schmidt, Alice 258
Schmidt, Arno 8, 77, 108, 123, 138, 248f., 257–259, 364, 386, 437, 556, 566, 574f., 581, 583
Schmidt, Manfred 78
Schmied, Wieland 586

Schmieding, Walther 635
Schmitt, Carl 103, 286, 530, 564
Schmitz, Sybille 213f.
Schnabel, Ernst 12, 138, 583
Schneider, Franz-Josef 94
Schneider, Reinhold 332
Schneider, Romy 652, 668
Schneider-Lengyel, Ilse 93
Schneider-Schelde, Rudolf 170
Schnitzler, Karl-Eduard von 131, 319
Schnog, Karl 597
Schnurre, Wolfdietrich 332
Schoeller, Wilfried F. 658
Scholl, Hans 108
Scholl, Inge 108
Scholl, Sophie 108
Scholz, Eva Ingeborg 311f.
Scholz, Heinrich 81f.
Schön, Horst 547
Schonauer, Franz 410
Schönberg, Arnold 351
Schönherr, Dietmar 267
Schrade, Willi 458
Schreiber, Georg 370, 607
Schreiber, Hermann 370, 607
Schröder, Adolf 569
Schröder, Friedrich 311
Schröder, Rudolf Alexander 39f., 96, 333, 520, 586
Schröder-Jahn, Fritz 567, 588
Schrödinger, Erwin 410
Schröter, Manfred 391
Schuller, Victor 267
Schulten, Clemens 643
Schultze, Norbert 624
Schulz, Eberhard 21f.
Schulz, Kristin 270–275
Schumacher, Kurt 39, 97
Schumann, Clara 217
Schumann, Erik 267f., 427f.
Schumann, Robert 217
Schuster, Ingrid 228
Schütz, Erhard XIII, 1–139, 173–175, 182–185, 197–209, 230–234, 381–394, 407–410, 427–429, 488–491, 501–503, 542–546, 564–566, 575–578, 581–587, 603, 620–624, 678–680

Schwab-Felisch, Hans 63, 148f.
Schwaen, Kurt 318
Schwarz, Hans-Peter 207
Schwedhelm, Karl 586
Schweikart, Hans 321
Schweitzer, Albert 434
Schwill, Ernst-Georg 318, 669f.
Schwitters, Kurt 586
Scorsese, Martin 547, 619
Sebald, Winfried Georg 66, 146–148, 163, 165, 177, 187, 213, 287, 395, 534
Sedlmayr, Hans 489
Seeger, Bernhard 526
Seghers, Anna 89, 145, 205, 250f., 273, 331, 436, 511, 525
Seidel, Ina 8, 138, 333
Sellmer, Erna 296
Shakespeare, William 270, 275–277, 562
Shaw, George Bernard 87, 498
Shute, Nevil 437
Sica, Vittorio De 670
Sichowsky, Richard von 582
Sieburg, Friedrich 35, 48f., 103, 352, 407, 535, 557, 657f.
Siedler, Wolf Jobst 63
Siegrist, Hannes 35, 40, 115
Siemer, Laurentius 325
Siems, Friedrich 404
Silberman, Marc 458–462
Silone, Ignazio 9, 27
Simak, Clifford D. 393
Simmel, Georg 467
Simon, Dietmar 318
Simon, Günther 429f., 458
Simoneit, Max 505
Simonov, Konstantin 281
Sindermann, Horst 507
Siodmak, Robert 220
Sirk, Douglas 546
Širov 383
Sloterdijk, Peter 411
Smirin, Moisej M. 372f.
Snow, Charles Percy 382, 410, 447
Söderbaum, Kristina 487
Söhnker, Hans 484f.
Soldan, Louis 632

Šolochov, Michail Aleksandrovič 522, 524–526
Solter, Friedo 526
Soubirous, Bernadette 348
Spangenberg, Dietrich 658
Sparenberg, Tim 441–444
Speer, Albert 18, 65, 160, 381f., 581, 605
Spender, Stephen 27
Spengler, Oswald 28, 282f., 367, 414, 483, 488, 519f., 531, 608, 680
Spiegel, Hubert 523
Spira, Camilla 311f., 634
Spörri, Reinhart 321
Springer, Axel 60
Staal, Viktor 213f.
Stalin, Iosif Vissarionovič 19, 21, 82, 100f., 115, 198, 257, 504, 524f., 548, 595, 659
Staudte, Wolfgang 70, 126, 159, 246, 286, 296–300, 337, 487, 634–637
Stein, Charlotte von 292
Stein, Gertrude 533
Steinbeck, John 518
Steinberg, Saul 582
Steiner, George 87
Steiner, Uwe C. 448–452, 477–480
Steinhoff, Hans 159
Steinlein, Rüdiger 659–662
Stemmle, Robert Adolf 126, 201
Stenbock-Fermor, Alexander Graf 429
Stephan, Charlotte 63
Stephan, Ruth 427
Stern, Clara 448
Stern, Fritz 489
Stern, Stewart 540
Stern, William 448, 678
Sternberger, Dolf 81, 97, 104f., 119, 284, 488
Sternheim, Carl 10
Stiebing, Martin 65
Stolz, Dieter 590
Stramm, August 580
Strauß, Franz Joseph 53, 183, 457
Strittmatter, Erwin 338, 525
Strobel, Hartwig 192
Strobel, Heinrich 107
Stroessler, G. S. 524

Stromberg, Kyra 125
Stuckenschmidt, Hans Heinz 63, 105
Stumpf, Wolfgang 190, 372, 374
Suhrkamp, Peter 16, 87, 570
Surminski, Arno 249
Süskind, Wilhelm Emanuel 105
Suslik, Eduard 524
Susman, Margarete 335, 363
Švorin, Aleksandr 546, 558
Szondi, Peter 97

Tacke, Alexandra 243–252
Tang Hua-Ta 429f.
Tani, Yoko 429f.
Tarkovskij, Andrej 548
Tati, Jacques 427
Taudte, Margarete 372, 375
Teller, Edward 408
Thälmann, Ernst 118, 318, 430
Thein, Ulrich 462
Theobaldy, Jürgen 614
Theunissen, Gert H. 65, 581
Thiele, Rolf 135, 624–627
Thielicke, Helmut 329
Thiess, Frank 206, 216
Thimig, Helene 263, 265
Thomas, Dylan 583
Thompson, Edward 610
Thorwald, Jürgen [i. e. Heinz Bongartz] 10, 160, 246, 253–255
Tiller, Nadja 624, 626
Tjul'panov, Sergej 36f.
Todt, Fritz 65
Tok, Hans-Dieter 193
Toller, Ernst 210
Topitsch, Ernst 676
Topoven, Elmar 97
Torner, Evan 652–655
Toynbee, Arthur 28, 520
Tragelehn, Bernhard Klaus 270, 274
Trakl, Georg 498
Trantow, Cordula 189
Trebitsch, Gyula 311
Tremper, Will 666f.
Tressler, Georg 645f., 666–669
Trevor-Roper, Hugh Redwald 162, 310
Trewendt, Bernd 318

Trinkaus, Hans 156f.
Troeltsch, Ernst 481
Trotzki, Leo 529f.
Truman, Harry S. 32, 43, 325
Tuch, Geesa 267–270
Tuch, Walter 632
Tucholsky, Kurt 86, 503, 510

Udet, Ernst 311
Uexküll, Thure von 105
Uhse, Beate 134
Ulbricht, Walter 19, 23, 193, 378, 402
Ullrich, Luise 353
Ullstein, Leopold 87
Ulrich, Rolf 624
Umgelter, Fritz 208, 237f.
Unseld, Siegfried 87, 377
Urban VIII. 405
Urusevsky, Sergej 546, 549
Utrecht, Siegfried 156f.

Vajnberg, Moisej 546
Valéry, Paul 236, 391, 408f., 583
Valtin, Jan [i. e. Richard Krebs] 28
Veblen, Thorstein 519, 546
Vecchiato, Daniele 624–627
Veit, Otto 483
Venatier, Hans 183, 206, 501
Verhoeven, Paul 70
Verlaine, Paul 179
Vietta, Egon 514
Vilsmaier, Joseph 270
Vittorini, Elio 582f.
Vivier, Karl-Wilhelm 189
Vlaminck, Maurice de 107
Vlasov, Andrej Andreevič 256
Voelkner, Angelika 353
Vogt, Alfred Elton van 393, 416
Vogt, Jochen 229f., 349–353
Vormweg, Heinrich 30, 580
Voscherau, Carl 486
Voss, Günther 126

Wagener, Hans 149
Wagner, Fritz 486
Wagner, Richard 576
Wahl, Wolfgang 632–634

Wajda, Andrzej 546
Waldleitner, Luggi 625
Wallenberg, Hans 64
Walser, Martin 95, 147, 151, 474f., 494–496, 501, 560, 583
Walter, Fritz 204
Warsinsky, Werner 9
Weber, Alfred 66, 81, 390, 489, 566
Weber, Max 455, 530, 678
Weber, Werner 583
Wegener, Günther S. 329
Wehler, Hans-Ulrich XIV, 4
Wehner, Herbert 205
Weidenmann, Alfred 427, 661
Weimar, Karl S. 212
Weinheber, Josef 584
Weisenborn, Günther 10, 440
Weiss, Heinz 238
Weiss, Peter 147, 151, 322
Weiß, Siegfried 669
Weiße, Christian Felix 652
Weiß-Rüthel, Arnold 170
Weizsäcker, Carl Friedrich von 416, 456
Welles, Orson 546
Welty, Eberhard 325, 328
Wendt, Herbert 607
Wenkhaus, Kurt 192
Wepper, Fritz 189f.
Werfel, Franz 300, 336, 353
Werner, Bruno Erich 64, 170
Wernicke, Otto 213, 215
Wertheimer, Jürgen 527
Werzlau, Joachim 458
Wessel, Horst 38
Wessel, Kai 270
Wessel, Oskar 437
Westecker, Wilhelm 16
Weyand, Björn 618–620
Weyrauch, Wolfgang 59, 147, 177, 201, 222, 437, 475, 517–519, 581
Whyte, William H. jr. 48
Wickert, Erwin 437, 567
Wicki, Bernhard 69, 189–192
Wickup, Walther 125
Wiechert, Ernst 8, 182, 247f., 287, 291–293, 331, 333, 643
Wiedemann, Barbara 180

Wieder, Hanne 624
Wiedner, Saskia 455–458
Wiehl, Reiner 457
Wiener, Norbert 386, 394, 417, 447
Wiens, Paul 458
Wiese, Benno von 236
Wiesel, Elie 331
Wiesenthal, Simon 363
Wilde, Oskar 10
Wilder, Thornton 10, 521f.
Wilhelm II. 38
Williams, Tennessee 521
Windisch, Hans 282
Winnicka, Lucyna 429
Winterstein, Willy 267
Wirsing, Giselher 46, 387
Wisbar, Frank 246, 267–279, 288f., 474
Witt, Herbert 213
Witt, Sabine 539
Wittgenstein, Ludwig 409
Wohmann, Gabriele 95
Wolf, Christa 252, 338, 380, 558, 561
Wolf, Friedrich 10, 89, 372–374
Wolf, Konrad 458–462
Wolffgramm, Horst 402
Wolfrum, Edgar 2
Wolfskehl, Karl 586
Wols [i. e. Alfred Otto Wolfgang Schulze] 107
Wolter, Ralf 427
Wood, Natalie 540
Wörner, Hans 437
Wrage, Henning 110, 185–189, 192–195, 237–241, 402f., 504–507, 641–651, 663–665, 669–672
Wright, Frank Lloyd 35
Wühlisch, Freia von 93f.
Wulff, Christian 523
Württemberg, Ulrich von 374

Zavattini, Cesare 547
Zehrer, Hans 46, 86, 122, 329
Zibaso, Werner P. 263
Ziemann, Sonja 267f.
Zimmermann, Franz 237, 238
Zimmermann, Harro 226
Zimmermann, Wilhelm 373f., 493

Zind, Ludwig 635
Zischka, Anton 385, 434
Zivier, Georg 63
Žižek, Slavoj 480
Zollinger, Albin 586

Zubkov, Valentin 546
Zuckmayer, Carl 10f., 64, 205, 311, 314, 502, 534
Zweig, Arnold 70, 89
Zweig, Stefan Jerzy 316

www.ingramcontent.com/pod-product-compliance
Lightning Source LLC
Chambersburg PA
CBHW021217300426
44111CB00007B/342